中共泉州市委市直机关工作委员会工作志

中共泉州市委市直机关工作委员会　编

方志出版社
Publishing House of Local Records

图书在版编目（CIP）数据

中共泉州市委市直机关工作委员会工作志 / 中共泉州市委市直机关工作委员会编. —北京 : 方志出版社, 2021.12

ISBN 978-7-5144-5245-7

Ⅰ. ①中… Ⅱ. ①中… Ⅲ. ①国家行政机关－工作概况－泉州－1949－2017 Ⅳ. ①D675.73

中国版本图书馆CIP数据核字(2021)第274043号

责任编辑：张健
责任校对：刘玉霞
责任印制：梅中英
出 版 者：方志出版社
地　　址：北京市朝阳区潘家园东里9号（国家方志馆4层）
邮　　编：100021
网　　址：http://www.zgfzcb.cn
发　　行：方志出版社图书营销中心（010-67110500）
印　　刷：福州远榕印刷有限公司
开　　本：889毫米×1194 毫米　　1/16
印　　张：47.75
字　　数：1176千字
版　　次：2021年12月第1版
印　　次：2021年12月第1次印刷
定　　价：460.00元

《中共泉州市委市直机关工作委员会工作志》编纂委员会名单

2013 年 1 月—2016 年 8 月

主　　任：黄春淮
副 主 任：郑天文　陈炯仁　黄英林
成　　员：王志强　林明义　吴志宏　谢江山　陈沙龙　庄　禾　苏文笔

2016 年 8 月—2021 年 9 月

主　　任：黄黎波
副 主 任：郑天文　陈炯仁　吴艺晖
成　　员：王志强　苏文笔　吴志宏　谢江山　庄　禾　潘向前　曾艳松

2021 年 9 月—2021 年 12 月

主　　任：史思泉
副 主 任：郑天文
成　　员：王志强　苏文笔　吴志宏　谢江山　庄　禾　潘向前　曾艳松

编辑部：

主　　编：郑天文
责任编辑：郑玉冰
成　　员：（按姓氏笔画为序排列）
王沥萍　吕桂林　刘建锋　刘景峰　许　静　苏彬彬　李　玫
杨进发　杨瑞华　吴金辉　张伯平　张彩云　陈顺华　陈思思
陈振裕　陈循祥　林跃进　林曙铭　赵忠欣　黄海波　曾达坤
廖昭阳

审查验收小组：

周顺安　张惠评　许晓松　陈雪娥　周益民

凡　　例

一、本志以马克思列宁主义、毛泽东思想、邓小平理论、“三个代表”重要思想、科学发展观、习近平新时代中国特色社会主义思想为指导，坚持辩证唯物主义和历史唯物主义的立场、观点和方法，实事求是地记载晋江专区（地区）直属机关党委、泉州市直属机关党委、泉州市委市直机关工作委员会工作的历史进程，力求做到思想性、科学性、资料性相统一。

二、本志记述范围为晋江专区、晋江地区和泉州市直（地级市）共产党机关、人大常委会机关、行政机关、政协机关、纪检监察机关、审判机关、检察机关、人民团体机关的党组织，以及党的关系在地（市）直机关党委和市直机关工作委员会的驻泉省部属单位党组织、市直企事业单位党组织。各级党组织机构名称前省略“中共”两字，凡称“党”，均指中国共产党。

三、本志记述时间，上限为1949年10月1日，下限为2017年12月31日，个别事项，根据需要，适当上溯或下延。本志中时间间隔中的“至今”均指至2017年12月31日时仍为书中所记状态。

四、本志文体采用规范的现代语体文，文风力求严谨、朴实、简洁。考虑到社会使用习惯，全书中亩、斤不统一修改为公顷、公斤。正文根据记述内容分类，按时间顺序编写。概述概览全貌。

五、本志一律采用公元纪年。

六、本志所记机构、党派、团体等名称，首次出现时用全称，重复出现时用简称。如中共晋江地委直属机关委员会、中共晋江地区直属机关委员会均简称“地直机关党委”；中共泉州市直属机关委员会简称“市直机关党委”；中共泉州市委市直机关工作委员会简称“市直机关工委”。机构、党派、团体简称依此类推。简称为《实施办法》《贯彻意见》《实施细则》的文件是指相应机构针对《中国共产党党和国家机关基层组织工作条例》出台的文件。

七、本志凡称“省委”“地委”“市委”“县委”“党委”“党总支”“党支部”，均指中国共产党各级组织；凡称“政府”，均指“人民政府”；凡称“市直”，均指“泉州市直机关”。

八、本志对领导人的称呼，首次写明职务、姓名，如职务没有变动，再次记述只写姓名，姓名之后均不加“同志”两字。副书记、书记都担任过的同志保留其在职记录。违纪官员的姓名若在代表名单中则保留，若在其他位置则予以删除。

九、本志以人物简介、人物名录体裁记述人物事迹。

十、本志资料主要来自泉州市档案馆、泉州市委市直机关工作委员会档案室和有关部门、单位史料。为实事求是，本志部分资料引用原始档案记录原文。由于引用的资料来源广泛，一般不注明出处。

目　　录

概　述

2017年，泉州市辖鲤城、丰泽、洛江、泉港4个区，石狮、晋江、南安3个市，惠安、安溪、永春、德化、金门5个县和泉州经济技术开发区、泉州台商投资区。

中华人民共和国成立之后，泉州行政区先后称福建省第五专区、泉州专区、晋江区、晋江专区、晋江地区、泉州市（地级市）。党的领导机构先后称为中共福建省第五地方委员会、中共泉州地方委员会、中共晋江地方委员会、中共晋江地区委员会、中共泉州市委。机关基层党组织领导机构先后称为中共晋江地委直属机关委员会、中共晋江地区直属机关委员会、中共泉州市直属机关委员会、中共泉州市直属机关工作委员会、中共泉州市委市直机关工作委员会；机关纪律检查工作领导机构先后称为中共晋江地区直属机关委员会纪律检查委员会、中共晋江地区直属机关纪律检查委员会、中共泉州市直属机关纪律检查委员会、中共泉州市直属机关纪律检查工作委员会、中共泉州市纪委市直机关纪律检查工作委员会。

机关党的工作是党的工作重要组成部分。中华人民共和国成立以来，晋江专区、晋江地区、泉州市直属机关、企事业单位和驻泉省部属单位党组织按照《中国共产党章程》规定的党的基层组织的基本任务，坚持党要管党、从严治党原则，切实加强自身建设，充分发挥党组织的战斗堡垒作用和党员的先锋模范作用，带领干部职工为社会主义革命、社会主义建设和建设有中国特色的社会主义而奋斗。

中华人民共和国成立以后，逐步在晋江地委和专署机关建立中国共产党的基层组织。1950—1951年，根据“严肃慎重”的原则，整顿党组织，对党支部和党员进行登记，有计划有重点地发展党员。在党员干部中普及学习毛泽东著作，学习马列部分著作。开展提高人民群众政治觉悟，粉碎国民党反动势力的经济封锁，克服困难，恢复生产。开展抗美援朝宣传教育，捐款捐物，以实际行动支援抗美援朝。1951年12月至1952年9月，在晋江专区机关、单位内部开展反贪污、反浪费、反官僚主义的“三反”运动，在城镇开展反行贿、反偷税漏税、反盗骗国家财产、反偷工减料、反盗窃国家经济情报的“五反”运动，改进干部作风，克服官僚主义，密切党同人民群众的关系。1952年6月，成立中共晋江地委直属机关总支部委员会。1952年12月至1953年，分期分批开展以结合“三反”问题和纯洁组织为重点的整党工作。1953年6月，中共晋江地委直属机关总支部委员会改为中共晋江地委直属机关委员会（简称地直机关党委），共有党支部22个、党员556名。1953年9月起，学习中共中央公布的党在过渡时期的总路线，宣传个人利益和国家利益的一致性，眼前利益服从长远利益的道理；贯彻“组织工作为政治任务服务”方针，培养和发现大批积极分子，巩固发展党的组织；

加强纪律教育，与违反党的政策决议、损害党的利益、个人主义、腐化堕落行为作斗争，纠正某些党员干部思想作风上的错误和缺点，搞好党的团结。同年，成立共青团晋江专区直属机关委员会。1954年，在党政机关、群众团体和企事业单位全面开展对干部的审查工作。1956年，实行干部理论教育7年规划，组织学习毛泽东《改造我们的学习》等5篇文章。同年6月，召开中共晋江专区直属机关（简称专直机关）第一次代表大会，选举产生中共晋江地委直属机关第一届委员会。

1956年9月，宣传中共第八次全国代表大会重大意义，明确当时国内的主要矛盾是人民对于建立先进的工业国的要求同落后的农业国的现实之间的矛盾，是人民对于经济文化迅速发展的需要同当前经济文化不能满足人民需要的状况之间的矛盾。党和全国人民当前的主要任务就是要集中力量来解决这个矛盾，把中国尽快地从落后的农业国变为先进的工业国，进一步认识加强党的领导的重要性。1956年12月，专直机关共有党组织89个，其中党委2个、党总支8个、党支部79个，党员1597名。1957年5月，贯彻中共中央关于整风运动的指示，开展以反官僚主义、反主观主义为内容的整风运动。1958年，开展群众性的学哲学用哲学活动。学习《政治经济学教科书》（第三版），从政治上认识经济工作中的新问题，了解马列主义政治经济学原理；根据中央、省委指示精神，分期分批组织干部下放劳动锻炼；5月，中共晋江地委决定撤销中共晋江地直机关党委，10月，复设；成立以干部、职工为主体，吸收家属参加的专直机关人民公社。1959年8月，开始进行“反右倾，鼓干劲，继续大跃进”的学习，学习中共八届八中全会决议《关于为保卫党的总路线、反对右倾机会主义而斗争》；学习《马克思 恩格斯 列宁 斯大林论共产主义社会》，学习政治经济学资本主义、社会主义部分。1959年起，国民经济遭遇严重困难，专直机关响应地委号召，发展以粮食为主的农、林、牧、渔、副生产，改善职工生活，渡过自然灾害困难时期；根据中共中央指示和省委、地委部署，至1963年先后分5批为部分“右派分子”摘帽并安排工作。1960年，组织学习毛泽东著作《改造我们的学习》《整顿党的作风》《反对党八股》，掀起群众性学习毛泽东思想运动，进一步树立理论联系实际的学风；开展技术革新运动、爱国卫生运动、救灾、捐献活动；建立党的组织生活汇报制度，改变党的组织包办行政事务工作的现象，改变忽视共青团和工会、民兵组织职能作用的现象；成立地直机关人民武装部。至此，地直机关党委设办公室、组织部、宣传部、武装部。开展纠正“共产风、浮夸风、命令风、干部特殊风”和对生产瞎指挥风的整风整社运动和“反贪污、反浪费、反官僚主义”的“三反”运动，退回平调农民生产资料和生活资料。1961年，开展作风学习，学习毛泽东《关心群众生活，注意工作方法》等著作，改进工作方法和工作作风，执行党政干部三大纪律八项注意；贯彻中共八届九中全会对国民经济实行“调整、巩固、充实、提高”的方针，精简机构、下放干部，进行党内思想教育。1962年，组织学习《毛泽东选集》第四卷，学习政治经济学资本主义部分，运用马克思主义原理分析问题、认识问题；对1958年以来“双反双比”“反右倾”“拔白旗、插红旗”以及工交、财贸、卫生系统“三反”整风运动等批判处理的案件进行甄别工作，贯彻党的政策，平反纠正错误批判处理的案件；进一步健全党的组织生活，支部党员每月至少过一次组织生活，检查履行党员义务，行使党员权利，开展批评与自我批评，恢复并落实党课制度。1963年1月，召开中共晋江专区直属机关第二次代表大会，选举产生中共晋江地委直属机关第二届委员会和监察委员会；组织学习马列主义基本理论和毛泽东思想，学习党的基本知识和刘少奇《论共产党员的修养》；贯彻中共八届七中全会精神，正确评价"大跃进"，开展反修正主义学习，学习中共中央《关于国际共产主义运动总路线的建议》和《两种根本对立的和平共处政策——六评苏共中央的公开信》；根据党章规定，各级党组织健全委员会制度，实行集体领导和个人分工负责相结合制度，反对分散主义，加强集中统一；加强党的纪律教育，使党员认真贯彻执行党的各项政策，与不良作风、违反党的利益和破坏党的团结的行为作斗争。1964—1965年，组织学习毛泽东《为人民服务》《纪念白求恩》《愚公移山》著作；抽调专区机关、单位干部参加社会主义教育工作队；抓党支部的整顿教育，有控制有重点地发展党员，开展"怎样做一个共产党员"讨论，进行社会主义、爱国主义、集体主义教育，整顿后进党支部。

1966年5月，"文化大革命"开始。1968年9月25日，中共晋江专区革命委员会成立。1968年10月至1969年11月，专直机关开展"斗、批、改"，进行"清理阶级队伍"和整党整风运动。1970年，各单位成立党的核心小组，临时行使党组织职权；开展打击现行反革命，反对贪污盗窃、投机倒把和铺张浪费的"一打三反"运动；1971年7月1日，晋江专区改称晋江地区，党组织名称相应更改。中共九届二中全会召开后，进行思想和政治路线方面教育，进一步增强党的观念，加强党的领导；分期分批开展整顿和建立共青团组织活动。1972年初，设立晋江地区革命委员会政治处直工组，负责地区直属机关、单位党的日常工作；2月，成立晋江地区直属机关党的核心小组，临时行使党委职权；抓紧在基层建立党组织，整顿和建立共青团和妇女组织；对党员进行党的性质、党的纪律、党的传统作风和党员的权利、义务教育，严格党的生活和组织纪律。1973年，组织学习中共第十次全国代表大会精神。1974年，按照毛泽东关于"以安定为好，全党全军要团结"批示精神，掀起抓革命、促生产热潮。1975年，组织学习中共十届二中全会和四届全国人大一次会议精神；10月，撤销晋江地区直属机关党的核心小组，成立中共晋江地区直属机关委员会；12月，直工组被撤销。1976年5月，开展所谓"批邓、反击右倾翻案风"运动，使党组织再度陷入混乱之中。

1976年12月起，开展揭、批、查与江青反革命集团有牵连的人和事运动；纠正冤、假、错案，落实干部政策工作，对错划"右派"进行改正；开展"四清""反右倾""整风整社""文化大革命"四大运动案件复查工作，处理地下党遗留问题。中共十一届三中全会召开后，开展"实践是检验真理的唯一标准"学习讨论，从思想上进行拨乱反正；对在"文化大革命"中遭受严重破坏的党组织进行全面整顿，充实党组织领导班子，并随着全党工作重点的转移，不断加强基层党的建设。1980年8月，成立中共晋江地区直属机关委员会纪律检查委员会。1982—1983年，学习宣传中共第十二次全国代表大会精神，开展学习十二大通过的新党章教育；开展打击经济领域中的严重犯罪活动，查处领导干部以权谋私不正之风，清理精神污染。1984年11月，清理党政机关经商办企业、乱发钱物不正之风；召开中共晋江地区直属机关第三次代表大会，选举产生第三届党委和纪委；12月，成立地直机关"五讲、四美、三热爱"活动委员会，领导精神文明建设。1985年1月起，分两批开展全面整党，以增强党性为重点，开展党内教育、批评和自我批评，进行组织处理、党员登记工作。1986年1月，晋江地区改为泉州市，实行市管县体制。党组织在原有基础上按行政隶属关系进行组建、调整和充实，设立系统党委，配备专职副书记和党务干部；成立市直机关端正党风办公室，清理六股不正之风。1987年4月，召开市直机关第一次妇女代表大会，成立妇委会；11月，召开中共泉州市直属机关第四次代表大会，选举产生第四届党委和纪委。1987—1988年，以中共第十三次全国代表大会提出的党在社会主义初级阶段基本路线为主要内容，开展党员教育；实施马列主义正规化教育。1989—1991年，组织学习《邓小平同志关于坚持四项基本原则 反对资产阶级自由化的论述》，坚定不移地坚持四项基本原则；实施马克思主义哲学、政治经济学、建设有中国特色社会主义和中国革命史4门基础理论课学习；成立市直机关集邮协会、市直机关老年人体育协会、市直机关妇女工作委员会、市直机关工会工作委员会；推行“两公开一监督”。1992年，组织学习邓小平视察武昌、深圳、珠海和上海时的讲话，开展“进一步解放思想”大讨论，加深对邓小平提出的“三个有利于”（是否有利于发展社会主义社会的生产力，是否有利于增强社会主义国家的综合国力，是否有利于提高人民的生活水平）判断是非得失标准的认识，增强加快改革开放的紧迫感和责任感。1992年10月至1994年，学习宣传中共第十四次全国代表大会精神，理解建设有中国特色社会主义理论，坚持党的基本路线一百年不动摇；学习贯彻《中共中央关于加强党的建设几个重大问题的决定》，进一步理顺党组织的隶属关系，制定《市直机关党工委议事规则（试行）》等9项制度，完善党组织制度。1995—1997年，组织学习《邓小平同志建设有中国特色社会主义理论学习纲要》和党章；学习宣传中共第十五次全国代表大会精神，增强高举邓小平理论伟大旗帜，坚持党的基本路线的坚定性和自觉性；成立市直机关业余艺术团、市直机关关心下一代工作委员会。1998年，中共中央印发《中共中央关于在全党深入学习邓小平理论的通知》，市直机关兴起学习邓小平理论新高潮；6月起，开展建设“五好”（有一个好的领导班子、有一支好的党员队伍、建立健全一套好的党建制度、形成一种好的思想作风、创造一流的好业绩）党支部活动，夯实基层组织建设基础；12月起，贯彻《中共泉州市委关于贯彻〈中国共产党党和国家机关基层组织工作条例〉的意见》，加强机关党建工作的规范化、制度化和科学化；成立泉州市直业余党校。1999—2000年，开展“讲学习、讲政治、讲正气”党性党风教育，加强领导班子建设，提高领导干部素质；经市委批准，在市直机关开展创建“党建工作先进单位”活动，推动机关党建“走前头”。市直机关共青团工作委员会设立。

进入21世纪，抓好新形势下机关党建工作。2001—2003年，开展增强党的建设活力、机关党建“走前头”专题调研；根据市委部署，调整机关党组织设置，明确隶属关系、领导成员及党务工作人员配备和党组织机构设置等问题；成立市直机关精神文明建设领导小组，负责市直机关、驻泉省部属单位精神文明建设的指导、协调、监督、检查；结合市级机关机构改革，落实党务干部编制、党建经费等问题；学习宣传中共第十六次全国代表大会精神，开展“三个代表”重要思想学习，理解什么是社会主义、怎样建设社会主义的问题，建设什么样的党、怎样建设党的问题；制定《中国共产党泉州市直机关基层委员会工作规范（试行）》《中国共产党泉州市直机关基层纪律检查委员会工作规范（试行）》，健全基层党委、纪委工作制度。2004年，学习贯彻《中共中央关于加强党的执政能力建设的决定》，研究机关党建如何体现党的执政能力建设，坚持以提高执政能力建设为重点，加强和改进基层党的建设，夯实执政基础；开展创建“学习型党组织”活动，明确指导思想、总体要求和基本原则，落实阶段性任务和工作要求，强化工作措施和保障机制。2005—2007年，开展以实践“三个代表”重要思想为主要内容的保持共产党员先进性教育活动，贯彻落实中央四个长效机制，巩固和发展教育成果；推进省、市、县机关党建“三级联创”活动；建立党组（党委）书记汇报党建工作的会议制度；学习宣传中共第十七次全国代表大会精神，开展“海西应先行、泉州走前头、机关作奉献”主题活动；撤销市直机关工会工作委员会，成立市直机关工会联合会。2008—2010年，开展学习实践科学发展观活动，学习《毛泽东邓小平江泽民论科学发展》《科学发展观重要论述摘编》，开展“解放思想、四求先行”大讨论，召开领导班子专题民主生活会，开展批评和自我批评；成立福建省机关党建研究会泉州市分会；在市直机关66个单位开展“五评机关”活动，评议服务态度、办事效率、工作质量、协同配合、廉洁自律5个方面；学习贯彻《中共中央关于加强和改进新形势下党的建设若干重大问题的决定》，结合市直机关实际，制定贯彻落实措施；制定在全市机关党的基层组织和党员中深入开展“创先争优”活动的意见，通过“一个班子一个龙头”“一个党组织一个堡垒”“一名党员一面旗帜”主题活动，推动“创先争优”活动深入开展；在全市机关开展党建“特色活动”，抓特色、创品牌、抓合力、促提升，探索机关党建工作的新思路、新途径、新办法；制定并贯彻《泉州市直机关文明单位管理办法》，促进创建文明单位活动健康发展；建立市直机关廉政文化建设联席会议制度，开展“学廉政准则，做遵纪模范”教育。2011—2013年，开展市直机关党群系列绩效评估暨“五大战役”考评工作，按照职能工作目标和共性工作目标两大部分进行考评；推进“1263”机关党建工作机制，努力实现机关党建走前头“一个目标”，落实服务中心、建设队伍“两大任务”，抓好一岗双责、促进履职、思想作风、党内监督、文明和谐、基层组织“六个重点”；开展“强化创新、强化服务、强化绩效”活动；开展“下基层、解民忧、办实事、促发展”活动；贯彻执行中共泉州市委《关于贯彻〈中国共产党党和国家机关基层组织工作条例〉实施细则》，加强对贯彻执行情况的监督检查，推动机关党的工作创新发展；开展基层组织建设年活动，做好基层党组织整改提高晋位升级工作；开展市直机关“百名优秀科长”评选活动；贯彻《十八届中央政治局关于改进工作作风、密切联系群众的八项规定》及实施细则；梳理并出台《中共泉州市委市直机关工委制度》，规范工委机关会议制度、学习制度、管理制度等3个方面21项制度。2014—2016年，开展党的群众路线教育实践活动，着力解决“四风”（形式主义、官僚主义、享乐主义，奢靡之风）突出问题；在县处级以上领导干部中开展“三严三实”专题教育，查修身严不严、用权严不严、律己严不严，查谋事实不实、创业实不实、做人实不实，建制度、立规矩；开展“学党章党规、学系列讲话，做合格党员”学习教育活动，在学习习近平总书记系列重要讲话中加深对党章党规的理解，在学党章实践中领悟习近平系列重要讲话的基本精神和实践要求，深化“承诺、践诺、评诺”工作，开展“好党课”竞赛活动；开展“机关党旗红、‘五个泉州’在行动”主题实践活动，实施看齐对标、创牌亮旗、示范表率、正风提效、固本强基五项行动。2017 年，学习宣传习近平在中共第十九次全国代表大会所作的《决胜全面建成小康社会 夺取新时代中国特色社会主义伟大胜利》的报告和中共十九大修改通过的《中国共产党章程》，明确把习近平新时代中国特色社会主义思想作为党的指导思想写入党章的重大意义，贯彻落实习近平在十九大报告中关于新时代党的建设总要求，加强基层党的建设和党员队伍建设，提高新时代机关党的建设质量，为建设“创新、智造、海丝、美丽、幸福”现代化泉州提供坚强保障。

截至 2017 年 12 月，市直机关共有基层党组织 1029 个，其中机关党组织 423 个；设党委 86 个，其中机关党委 38 个；设党总支 33 个，其中机关党总支 20 个；设党支部 910 个，其中机关党支部 365 个；共有党员 19264 名，其中机关党员 6244 名。市直机关工委内设办公室、组织部、宣传部（统战部）、市直纪工委，市直机关人民武装部、市直机关工会、市直业余党校。

大 事 记

1949 年

9 月 9 日，成立中共福建省第五地方委员会。

10 月 1 日，组织机关干部职工参加庆祝大会和大游行，庆祝中华人民共和国成立，宣传人民政权的诞生。

10 月 7—12 日，地委召开首次县委书记、县长联席会议，提出整顿、建立党组织的任务，根据会议精神，开展整顿、建立基层党组织工作。

12 月，地委成立学习委员会，专直各党支部成立学习委员会分会，举办干部培训班，组织干部学习理论。

是年，抽调部分人员配合部队开展支前工作，组成运输队、担架队、救护队支援前线。

1950 年

5 月，组织在职干部学习《社会发展简史》和《政治经济学》。

5—6 月，全区连续 30 多天阴雨，山洪暴发，机关党组织和党员积极参加抗灾救灾工作。

7 月，派出干部，动员民工，配合部队修建军用机场。

9 月 1—16 日，地委召开县级干部整风会，专直机关干部整风工作逐步展开。

10 月，根据《中华人民共和国惩治反革命条例》，开展镇压反革命的宣传教育工作。

11 月，组织干部参加土改工作队，开展土改政策宣传，发动群众开展减租活动，组织农副业生产。

是年，整顿党支部，对党支部和党员进行登记，有计划有重点地在工人、知识分子中发展党员。

是年，朝鲜战争爆发，美国随即进行武装干涉，战火即将烧到鸭绿江边，威胁中华人民共和国的国家安全。中共中央应朝鲜党和政府请求，作出“抗美援朝、保家卫国”战略决策。机关党组织开展抗美援朝宣传教育活动，捐款捐物，写慰问信。

1951 年

1 月 1 日，组织机关干部职工参加集会，庆祝元旦及抗美援朝战争取得的胜利。

2 月 10 日起，根据地委要求，在党组织设立报告员和宣传员，定期对群众宣传党的方针政策和国内外形势。

5 月，贯彻全国组织工作会议精神，开展整党，并对每个党员的历史进行详细的审查。

8 月，组织学习中国共产党历史，发扬革命传统。

9 月，开展中共中央《关于农业生产互助合作的决议（草案）》宣传教育工作。

12 月 25 日起，根据地委决定，用 3 年时间对党的基层组织进行一次普遍整顿。

12 月，在机关内部开展反贪污、反浪费、反官僚主义的“三反”运动，至 1952 年运动结束。

是年，在党政机关和企事业单位进行清理和审查干部工作。

1952 年

5 月，在“三反”运动的第四阶段，结合思想普查进行整党，至 9 月结束。

6 月，成立中共晋江地委直属机关总支部委员会，至 12 月底，地委直属机关、专署机关、企事业单位共有党支部 15 个，党员 428 名，占干部职工总数的 21. 39%。

7 月 1 日起，执行中共中央关于交纳党费的规定，按期按标准做好党费收缴工作。

10 月，根据《中华人民共和国民兵组织暂行条例》规定，在专直机关和企事业单位建立民兵组织。

是年，组织学习毛泽东《矛盾论》《实践论》，以及有关新民主主义和社会主义经济建设文献，学习《政治常识读本》，至 1953 年学习活动结束。

1953 年

5—6 月，把性质不同、多单位合一的党支部分开设立党支部，8 个党支部进行改选或补选，健全组织生活制度。

6 月，中共晋江地委直属机关总支部委员会改为中共晋江地委直属机关委员会，设党委委员 9 名，孟进城任书记，靳连才任副书记。至 12 月底，专直机关、单位共有党支部 22 个，党员 556 名，占干部职工总数的 15. 1%。

6 月，学习宣传《中华人民共和国全国人民代表大会及地方各级人民代表大会选举法》，组织干部职工参加普选。

6—7月，开展反官僚主义斗争，自内而外发扬党内民主，解决党不管党和单纯业务观点。

7月起，做好整顿、巩固党支部和对新党员的教育考察工作。

夏，抽调9批、504名干部参加抗旱，支援农业生产。

8月起，掀起一场大规模的过渡时期总路线和总任务的宣传教育，延续到1956年。

是年，成立共青团晋江专区直属机关委员会，组织团员学习中共在过渡时期的总路线。

是年，开展反对命令主义、违法乱纪、官僚主义的“新三反”运动，结合处理“老三反”遗留问题，通过两次“三反”，教育党员，党员违纪现象明显减少。

是年，实行普遍民兵制，开展建立民兵基干团工作。

1954年

2月，召开党支部书记联席会议，全面部署发展党员工作。

5月14日，建立党支部每月向党委汇报1次支部工作情况的制度。对党员组织关系转移作出规定，党员调动工作或离职学习，必须亲自转移组织关系。

6月，学习中共中央《关于增强党的团结的决议》。

7月，申万江任中共晋江地委直属机关委员会书记。

8月，设立地直机关党委组织部，岳伟玉任部长。

10月，贯彻“积极慎重”发展党员方针，严格审查政治历史，确定培养对象73人，其中发展对象55人。

12月7日，经地委批准，专直机关设党群、政法、地委党校、企业、交通运输、工业6个党总支，均设书记、副书记、委员。

是年，旱灾、虫灾严重，专区机关干部半天工作，半天抗旱，开展群众性的防治病虫等工作。

1955年

1月，开展党的基本知识和党员权利、义务教育，以党支部为单位每月集体上1次课，共上6次党课，至6月结束。

1月29日，在党支部设立政治学习教员，专直共31人。

2月2—25日，进行1954年年度干部鉴定工作。

6月22日，简化党员组织关系接转手续，转移组织关系由地委组织部直接办理，不必经过地直机关党委。

6月，开展肃清反革命运动，至1957年结束，受各种处理55人。

10月28日，岳伟玉任地直机关党委副书记。

10月，抽调200多名干部下乡，支持农村完成国家1955年度农业生产计划。

10—12月，组织学习毛泽东《关于农业合作社问题》讲话，开展关于农业合作化宣传教育。

是年，世界和平理事会发表《告世界人民书》，号召全世界人民行动起来，防止原子战争，保卫世界和平。地直机关党委开展宣传教育活动，发动干部职工在《告世界人民书》上签名。

1956年

1月，组织学习宣传《中共中央关于资本主义工商业改造问题的决议》。

1月，检查党的知识分子政策落实情况，调整知识分子工作中安排使用不当的问题。

3月5日起，地直党员组织关系转移手续原由地委组织部办理，改变为地直机关党委办理。

3月28日，印发《关于地直机关知识分子工作计划》，组织学习中央关于知识分子工作的指示，解决党内忽视科学文化，轻视知识分子倾向。

4月26日，地直机关党委对组织生活会作出规定：党支部（党小组）每个月至少召开1次组织生活会。

4月，晋江专区建筑工程公司党委成立，刘愿田任书记。

6月2—6日，召开中共晋江专区直属机关第一次代表大会，选举产生第一届党委委员12名，常委7名，申万江任地直机关党委书记；张健任党委专职书记（地委于8月4日任命）。

6月26日，地直机关党委重新划分党总支，设党群、政法、文教卫生、交通运输、企业、公安、建筑、党校8个党总支，共有党支部66个，党员1396人。

6月26日，为保证1956年干部训练计划完成，抽调30名干部作为政治工作或文化理论教育干部。

6月，贯彻国务院《关于工资改革的决定》，加强工资改革中的思想教育。

6月，对1956年上半年发展党员工作进行检查，已完成全年发展党员计划的59.4%。

7月，设立地直机关党委宣传部，张凤鸣任部长。

7月26日，地直机关党委对党总支主要任务作出具体规定。

7月，抽调290多名干部下乡支援农村，组织40多人成立13个工作组到各县落实地委中心工作。

7月，经与地委宣传部、文教部研究，地直机关党委负责政治理论学习的政治、文化教育工作。

8月3日，原政法党总支改为专署党总支，原公安党总支因包括检察院、法院党支部，改为政法党总支。

8月7日起，组织干部职工参加泉州市（县级市）1956年普选。

8月30日，地直机关党委对加强工会、共青团工作提出具体要求。

8月，坚持党课制度，各级党组织采用集体备课办法，提高授课质量。

8—9月，以陈村㑚冤狱案件、南平化工厂出现的1起堕落腐化案件为教材，开展党纪教育。

9月1—15日，组织学习《目前国内侨务工作若干政策问题》等文件。

9月19—20日，泉州遭受20多年来未有的大水灾，组织2707人参加抢险救灾，抢救出物资价值230万元，转移群众1400多人。

9月29日，根据正规理论学习需要，重新划分业余政治学校，设中级业余政治学校，第一、二、三初级业余政治学校。

9月，学习宣传中共第八次全国代表大会精神，组织学习八大通过的《中国共产党章程》。

9月，开展增产节约运动，把增产节约精神贯穿到一切工作中去。

10月5日起，组织相当于县委书记一级的机关干部学习毛泽东《改造我们的学习》《整顿党的作风》《反对党八股》等5篇文章。

11月6日，地直机关党委印发《关于进一步学习中共第八次全国代表大会文件的意见》，在精读文件基础上开展专题讨论。

11月，组织414人参加地委多次召开的传达中共第八次全国代表大会精神大会，分2个单元组织学习，由地委领导作辅导报告。

12月19日起，开展收集革命历史档案，保护和利用党的历史材料。

12月20日起，对专直各单位枪支进行登记、审批发证和收缴。

12月20日，地直机关党委对党员交纳党费作出规定，对于没有正当理由，连续6个月不交纳党费的党员，按照党章规定进行处理。

是年，组织学习马列主义基本知识，主要学习哲学和政治经济学等著作。学习各个时期国内外形势与党的任务、方针、政策。

是年，组织学习文化、科学技术，一部分文化程度较低的干部参加地委党校文化班和泉州市（县级市）机关干部学校学习文化。至1962年，培养出相当于初中、高中文化程度的干部1800多人。

是年，进一步健全党的组织生活，开展党支部和党员评比，树红旗立标兵。

是年，开展党的监察工作，进行党纪国法教育，处理一批违纪案件。

1957年

1—3月，加强宣传教育，普遍上2—3次党课，学习党的基本知识。

4月下旬，组织学习毛泽东《关于正确处理人民内部矛盾的问题》。

5月中旬，在专直机关和学校开展反对官僚主义、宗派主义和主观主义的整风运动，发动群众向党提出批评建议，形成大鸣大放、大字报运动。

6月下旬，开展反右派斗争，但反右派斗争被严重扩大化了，一批知识分子、爱国人士和党内干部被错划为“右派分子”，造成不幸的后果。1959—1963年，先后为绝大部分“右派分子”摘帽。

6—9月，雨量稀少，全区受旱面积215多万亩，组织干部职工参加抗旱抢种、抗旱保苗活动。

9月，在党内错误开展“反地方主义”斗争，伤害不少本地干部，至1958年上半年结束。

1963—1964年进行甄别、平反。

11月，学习中共八届三中全会精神和中共中央制定的《1956年到1967年全国农业发展纲要（草案）》，开展宣传教育活动。

是年，贯彻中共中央提出的“基本停止吸收新党员，以巩固提高为主”的方针，加强对党员教育和预备党员考察了解及转正工作。同时在文教、卫生等部门适当吸收一些新党员。

1958年

3月21日起，根据晋江地委部署，在专直机关、企事业单位开展以“反保守、反暮气、比先进、比干劲”为内容的“双反双比”运动。

5月27日，地委决定撤销地直党委会机构，并于5月31日起停止对外办公。

7月14—18日，暴雨成灾，组织干部职工参加“六抢”（抢排水、抢洗苗、抢收、抢种、抢晒入库、抢种晚地瓜），搞好灾后生产。

8—9月，地直机关人民公社成立。成立后，投入全民炼铁运动，组织家属参加生产。

9月，晋江地委党校党委成立，姚源堂任副书记。

10月，地委决定恢复地直机关党委，由13名委员组成，江琦任书记，王文芳任副书记。

11月，各级党组织制定发展党员计划，结合肃反复查对发展对象的政治历史、社会关系进行全面调查。

12月24日，召开机关党员、干部大会，听取地委领导传述中共八届六中全会通过的《关于人民公社若干问题的决议》精神，开展宣传教育。

是年，专直机关开展征兵工作。

1959年

1月，召开基层党委、党总支、党支部组织委员会议，检查发展党员工作情况，交流经验。

1月，根据地委《关于各级干部参加体力劳动的决定》，抽调197名干部参加春耕生产检查团，组织232名干部下放劳动锻炼。

2月，组织3个调查组，赴16个省、市对48人开展肃反调查。

4月，学习报刊上关于西藏问题的评论文章，开展正确对待西藏上层政治集团一些人为保留封建农奴制发动武装叛乱的形势教育，拥护国务院关于平定叛乱和解散原西藏地方政府的命令。

7月18日，总结推广泉州日报社党总支开展思想政治工作的经验。

8月4日，专直各单位完成中华人民共和国成立以来档案资料整理，建立档案室和档案工作制度。

8月7日起，组织学习《人民日报》社论《克服右倾情绪　厉行增产节约》，开展“大干八、九月迎接国庆”活动。

8月15日，制定专直机关干部学习《政治经济学教科书》计划，分为中级组和初级组，学习政治经济学资本主义、社会主义部分。

8月底，泉州遭遇大风暴，出现洪水，派出1391人抢修海堤。抽调59人组成检查团下县协助工作，433人下乡支援中心工作。

9月18日起，学习浦城县干部“红专八化”经验，对“红专规划”进行修订。

9月23日，地直机关党委分2场向2000多名党外干部、团支部委员、学生中的党员传达中共八届八中全会精神。

9月，听取地委领导关于庐山会议精神传达，错误地开展“反右倾”斗争。

10月28日，全面开展以保卫总路线为中心的整风运动，至12月3日运动基本结束，专直单位共有2718名干部职工参加。

10月，地直机关党委在“大跃进”中创办《跃进简报》，当年共编发14期。

11月3—20日，出动6269人次支援秋收冬种，割、打、运1760多亩粮食。

12月21日，制定《地直机关干部“社会主义教育课程”的意见》，分别由地委领导、部门领导讲课，进行社会主义教育。

12月23日，检查专署商业党总支的中百、食品、外贸3个党支部开展“反右倾”整风运动情况。

是年，中国遭受严重自然灾害，开展生产自救，大搞机关生产，搞“试验田”，建立机关农副业基地，种试验田151.2亩，建养猪场21个，养猪1795头。

是年，晋江专区交通局党委成立，王嘉田任书记，孙浩如任副书记，下设1个党总支、8个党支部。

是年，泉州大学党委成立，下设4个党支部。1960年泉州大学停办，党委撤销。

1960年

1月2日，开展整风“八个问题”学习，51个单位组织3046名干部参加学习。3月31日结束。

1月12日，对1959年党费收缴情况进行检查，开展交纳党费工作，提高组织观念教育。

1月18日，王文芳任中共晋江地委直属机关委员会书记。

1月，根据省、地委对生产蔬菜的指示，地直机关党委提出“一个人1分菜地、一头猪1分菜地”的要求。至3月18日，共种地687.17亩，其中蔬菜385.65亩。

2月7日，召开专题会议，贯彻地委扩大会议关于发展畜牧业生产的决议，提出发展猪、牛、羊等畜牧规划。

2月，召开专直机关党支部工作现场会，总结推广先进经验。

3月，执行中央和省、地委指示，抽调109名没有参加过体力劳动的干部下放到工农业生产第一线参加1年劳动。

3月，开展技术革新、技术革命运动。至4月6日，提出合理化建议8496条，创造、仿造机具3191件，举办技术革命展览10天，展出实物1147件。

4月1日起，开展全民总动员，人人齐动手，大搞爱国卫生运动，消灭残存四害（鼠、蝇、蚊、臭虫）。

4月4日起，各党总支（党支部）成立毛泽东思想学习委员会，配备5—7名兼职讲师（辅导员），组织学习《改造我们的学习》等著作。

4月25日，召开党总支宣传委员会议，对进一步严格执行组织生活会制度作出规定。

4月29日，地直机关人民武装部成立，是地直机关党委军事部。

4月，设立地直机关党委办公室，姚文清任主任。

4—6月，开展煤、铁、粮战役，大干第二季度，打好两个战役，夺取两大丰收。

5月8日，在福德钢铁厂建立政治炉。至5月12日，炼出30多吨铁。

5月，学习贯彻全国第五次党的监察工作会议精神，领会中央监委提出的城市监察工作任务。

5月10日，建立党建工作汇报制度，基层党委、党支部每月向地直机关党委进行1次全面工作综合报告。

5月12—25日，在大炼钢铁中建立炼铁高炉，政法炉、外贸炉、地专炉先后开炉，专直单位共有10座炼铁高炉。

5月16日，推广政法党总支公安处一科做好思想政治工作的经验。

5月20日，下放永春天湖山煤矿的地委机关干部李金德等10人制定5条“红专规划”和3条措施，地直机关党委转发该“红专规划”，各单位普遍制定“红专规划”。

5月25日，召开专直机关干部大会，布置突击开荒。至5月31日，共出动6491人次，插上地瓜苗485亩。

5月30日，地直机关党委制定《关于发展机关人民公社初步方案》，机关人民公社由地直机关党委领导，大队设基层党委、分党委或党总支，生产队设党支部。

5月，向炼铁工人捐献衣服7261件，组织慰问团到5个县、12个炼铁基地慰问。

6月9日，强台风暴雨袭击泉州，组织2685人参加抢险救灾。

6月15日，捐献物资14678件，加工馒头34980斤，支援尤溪灾区。

6月23日，开设“社会主义政治经济学”讲习班，参加150人，共讲13堂课。

6月，“反右整风”揭发出来的各类分子处理问题审批结束。1961年进行甄别工作，属于批判、处理全错和基本错的，宣布一律平反。

7月1日至8月16日，举办3期干部短期脱产文化学习班，参加127人，达到全日制高小毕业文化程度。

7月16日，地直机关党委制定整顿民兵组织工作意见，专直机关民兵团改编为民兵师，以基层党委为单位成立民兵团、直属营、文工团。

7 月 17 日，地直机关党委制订大搞群众性学习毛泽东思想运动的意见，组织学习毛泽东关于社会主义政治经济学的理论。

7 月 26 日至 8 月 9 日，组织学习《列宁主义万岁》、人民日报社论《高举莫斯科宣言的马克思列宁主义革命旗帜》《莫斯科宣言》等文章，提高对国际重大问题的认识。

8 月 28 日，召开贯彻“中央关于全党动员、大办农业、大办粮食的指示”“中央关于开展以保粮保钢为中心的增产节约运动的指示”“中央关于大力紧缩社会集团购买力的指示”情况交流会。

10—11 月，开展“五好”党支部和“五好”党员评比竞赛活动。进行第一次评比，召开现场会总结推广“五好”党支部经验。

11 月，组织基层党组织宣传贯彻《中共中央关于农村人民公社当前政策问题的紧急指示信》（简称“十二条”）。

是年，在专直机关人民公社中实行全民皆兵，开展支前备战和民兵训练，巩固壮大民兵组织。

是年，泉州师范学院党委成立，欧阳任党委副书记。

1961 年

1 月，组织宣传贯彻中共八届九中全会提出的“调整、巩固、充实、提高”八字方针，开展整风运动，纠正“大跃进”以来的工作失误。

2 月，宣传贯彻中共中央“十二条”政策的指示，反对“一平二调”共产风，专直机关、单位退出平调土地 408. 37 亩，劳动力折价赔偿现金 519. 2 万元，退回房屋 212 间。

3—5 月，学习宣传中共中央“十二条”政策、人民日报社论《正确执行党的政策》，进行党的政策教育。

4 月，组织学习《农村人民公社工作条例（修正草案）》，理解农村人民公社的政策规定。

6 月 11 日，晋江专区建筑工程公司收归省统一领导，“中共晋江专区建筑工程公司委员会”改名为“中共福建省建设厅第五建筑工程公司委员会”（简称省五建党委）。

6 月，在专直机关生产运动中，共有土地 964. 19 亩，其中开荒 587. 9 亩，生产粮食 83802 斤，猪、牛、羊等共 3309 头（只）。

8 月 11 日，地直机关党委制订《关于进一步贯彻大办农业、大办粮食生产的意见》，落实下半年生产发展计划。

8 月 12 日，组织 820 名党员干部参加地委召开的城镇工作会议，进行城市支援农村、工业支援农业、全党全民大办农业、大办粮食的思想教育。

9 月，对 1957 年以来受处理的 343 名党员干部进行甄别，纠正错误，对受到错误处理的人进行平反。

10 月，在机关生产运动中，共生产粮食 305024 斤、蔬菜及瓜果 1727970 斤，开展生产自救，渡过最困难时期。

12 月 11 日，地直机关党委印发《关于进一步开展干部业余文化教育的通知》，组织文化程度未达初中毕业的干部参加业余文化学习。

12 月 23—29 日，召开党总支、党支部书记和甄别工作专职干部会议，进行 5 天培训。

1962 年

1 月 15—16 日，分两批组织机关党员干部参加学习关于周恩来在全国人大二届三次会议上所作政府工作报告的宣讲，参加 4100 多人。

1 月，进一步健全党的组织生活制度，党员每月至少过 1 次组织生活，严格思想汇报制度，党员向党支部、党支部向党总支、党总支向党委每月汇报或报告 1 次思想或思想动态。

1 月，对 1958 年以来“双反双比”“反右倾”“拔白旗、插红旗”“三反整风”运动受处理的 872 个案件进行甄别。11 月 30 日甄别结束，共编印《甄别工作简报》7 期。

1 月，组织学习《毛泽东选集》第四卷，举办理论学习讲座，参加 300 多人。

2 月，组织学习中共中央扩大会议精神（又称“七千人大会”），总结 1958 年以来工作的基本经验和教训。

4 月，成立专直机关武装委员会，以全国民兵十大倡议为动力，劳武结合，进行“三防”教育。

4 月，坚持党课制度，每月 1 次，由机关部门领导、党校教员作党课辅导，培训党课教员，教员每月到地直机关党委备课 1 次。当年，共上 9 次党课。

5 月，在基层党组织建立党的报告员，每个党支部 1 名，讲解形势、任务和党的政策。

7 月，组织传达省委书记林修德“关于当前形势和任务”报告精神，揭露台湾敌对势力妄图侵犯大陆沿海地区的阴谋，开展支前和备战工作。

11 月，组织学习中共八届十中全会和周恩来、陈毅在国庆十三周年庆祝大会及招待会上的讲话，讨论国内外形势。

12 月 19 日，晋江地委同意地直机关党委呈报的《地直机关党的基层组织的调整方案》，各党委、党总支配备专职或兼职干部，调整后设 4 个党委、13 个党总支、89 个党支部，共有党员 1935 人。

是年，专直机关抽调干部组成工作组或检查团，深入县、社、队动员群众开展生产运动和群众性政治运动。

是年，成立统战、农林水、养路段党总支，专直共有党委、党总支 17 个，除 1 个党总支因党员分散在外地未改选外，16 个进行改选，63 个党支部进行改选。

是年，福建省交通运输局泉州运输总站党委成立，王书田任书记，孙清濯、赵常山任副书记。

1963 年

1月9—12日，召开中共晋江专区直属机关第二次代表大会，选举产生地直机关第二届党委委员15名、候补委员3名，其中常委7名，王文芳任党委书记；选举产生地直机关党委监察委员会委员7名，李明堂任监委书记。

1月，开展民兵整顿工作，114个单位全部完成调整民兵组织工作。组织基干民兵参加泉州市民兵军事体育检阅游行大会。

1月，开展1962年干部鉴定工作。至3月底结束，参加鉴定3216人，占干部总数的93.4%。

2月18日，开展社会主义教育工作，恢复、建立、健全规章制度，促进机关各项任务完成。至3月8日，教育工作结束。

2月，在社会主义教育和反修正主义学习基础上开展增产节约运动。

3月5日，毛泽东等老一辈革命家题词，号召“向雷锋同志学习”，专直机关各级党组织组织干部职工采取多种形式学习雷锋精神。

3月中旬，开展反修正主义学习，学习中共中央关于国际共产主义运动总路线和《两种根本对立的和平共处政策——六评苏共中央的公开信》。

春，旱情严重，抽调76人参加抗旱工作组，252人下乡，222名专业技术干部支援抗旱。

5月，组织3支歌咏队90人参加泉州市军民革命歌曲比赛，华侨服务社、泉州日报印刷厂分别获得二、三等奖。

7月，组织基干民兵开展一次军事训练，总训练时间60个小时。开展广东民兵歼灭9股武装特务及纪念东山战斗10周年宣传活动。运输总站等6个单位开展军事体育活动。请英雄模范人物作报告，参加300多人。

9月13日，张玉英任地直机关党委副书记。

9月，晋江专区行政干校党委成立，何绍光任书记。

11月18日起，根据地委部署，地直机关开展“五反”运动（反对贪污盗窃、反对投机倒把、反对铺张浪费、反对分散主义、反对官僚主义）。

12月11日，地委成立计划生育领导小组，专直机关开始开展计划生育工作。

是年，召开共青团晋江专区直属机关第四次代表大会，选举产生第四届委员会。

是年，专直机关监委处理来信来访32件，占总数的86.5%，其中检查控告件15件、申诉件17件。

1964 年

1 月 20 日，组织对张德贞代表地委所作整风检查报告的讨论，提出意见。

1 月，组织学习中共中央关于开展“五反”运动的指示、目前农村工作“十条决定”和“十条规定”文件。

1 月，开展比先进学先进帮后进活动，形成争先进创先进氛围。

2 月，学习中共中央军委扩大会议《关于加强军队政治思想工作的决议》以及“大庆油田会战情况汇报”，掀起学习解放军、学习大庆油田经验热潮。

4 月，抽调 371 名在职干部参加社会主义教育工作队。

9 月，贯彻机关干部每星期参加集体劳动半天的制度，专署党总支累计组织劳动 26 次，共 2000 个工日。

是年，组织学习贯彻共青团全国第九次代表大会精神，机关团组织开展文体活动，坚持广播操，组织会操，获泉州市会操评比一等奖、万人登山优秀奖。

1965 年

1 月，组织学习中共中央《农村社会主义教育运动中目前提出的一些问题》，理解和把握社会主义教育运动的方针政策。

3—5 月，组织学习毛泽东“老三篇”（《为人民服务》《愚公移山》《纪念白求恩》）和《中国社会各阶级的分析》《关心群众生活，注意工作方法》，集中学习时间 3 个月。

7 月，开展社会主义教育和培养革命接班人学习，以生活会方式，检查和揭露机关中的“四不清”问题，进行“兴无灭资”。

10 月，学习解放军“四个第一”“三八作风”，大庆油田“三老”“四严”“四个第一”精神和事迹，开展“五好”评比活动。

是年，各党支部坚持每月过 1 次组织生活，自上而下自我检查，开展批评和自我批评。

1966 年

5 月下旬，根据晋江地委会议精神，专直机关开展“文化大革命”运动，基层党的建设受到冲击。

6 月，开展批判所谓“文艺黑线”，专直机关召开声讨会 50 场，贴出大字报 1 万多张。

8月，“红卫兵”组织开始“踢开党委闹革命”和批判地委领导执行“资产阶级反动路线”，党政机关和机关党组织处于半瘫痪状况。

是年，地直机关党委所属党组织共发展党员13名，开除党员党籍1名。

1967年

1月23日，“造反派”组织非法夺取晋江地委、专署权力，专直机关和党组织处于瘫痪状况。

1月，地直机关人民武装部配备专职武装干部。

2月，陆军某部奉命执行“三支两军”（支左、支工、支农、军管、军训）任务，专区成立革命生产领导小组，取代党政机关职能。

6月，成立晋江专区军管会，对全区实行军事管制。

1968年

9月23日，晋江专区革命委员会成立，实行党政“一元化”领导，下设办公室、生产指挥处、政治处，取代地委、专署各部、委、局工作机构的职能。地直机关党委专职党务干部参加学习班学习，党委工作停止。

10月，晋江专区革命委员会政治处增设组织组，专直机关党的工作由组织组负责。10月起至翌年1月，开展“斗、批、改”，进行清理阶级队伍和整党整风运动。

1969年

4月，开展一年一度的民兵组织整顿，民兵组织逐步恢复。

10月11日，晋江专区革命委员会发出《关于做好省、专下放干部工作的通知》，大批干部进“五七”干校，边劳动改造边继续接受审查。

1970年

1月，成立晋江专区革命委员会直属办事处（简称直属办），领导专直单位开展“一打三反”运动（打击现行反革命，反对贪污盗窃、反对投机倒把、反对铺张浪费）。

2月25日，直属办对外办公。2月27日至4月30日，共编印《情况简报》9期，报道“一打三反”运动情况。5月1日，改为《简报》，当年共编发5期。

3月17—18日，直属办分别在专区百货站、公交站、木材分公司召开职工大会，由晋江专区革命委员会组织组杨克敏作报告，9个单位、2000多人参加。之后，开展大批判。

3月27日，省五建在革命委员会内成立党的核心小组，行使党组织职权，蔡德快任副组长，核心小组与革委会是领导和被领导的关系。

3月，在实现大联合，建立革命委员会基础上，专属37个单位、8013名干部职工完成清队整党工作，建立党支部或成立党小组的4个单位，清队告一段落。

4月20日，专直41个单位中，已建立党的核心小组20个，共有成员76人，其中领导干部18人（副科、股长以上7人，副经理以上11人）、军队代表2人、原参加群众组织的56人。

5月8日，原泉州运输总站组建福建省汽车第一团。专直机关、单位成立革命委员会或革命领导组，按连、排、班编制。

5月，根据毛泽东“五七”指示，建立生产基地，至8月开荒造田458亩，养猪272头，收获早稻47839斤、大豆10970斤、蔬菜4110斤。

7月13日，省水电工程局下放给晋江专区管辖，成立党的核心小组，陈金元任组长，张金石任副组长。

7月，响应毛泽东“备战备荒为人民”号召，出动1万多人次（工日），抢收粮食1000多亩。

9月15日，对党员情况进行统计，专直单位和省部属驻专区单位共有党员2072人。

9月28日，直属办召开会议，传达专区“三代会”筹备工作会议精神，开展“活学活用”毛泽东“老三篇”，学哲学、用哲学活动。

9月，开展群众性“四好”“五好”运动，一切工作都纳入“四好”“五好”运动中，走政治建一切事业的道路。

10月25日，泉州电厂、泉州合成氨厂归属晋江专区革委会领导，政治运动中的具体工作归直属办负责。

11月，分期分批开展整党建党工作，按照准备工作阶段、思想整顿阶段、组织整顿阶段3个阶段进行。

12月，专直26名“活学活用毛泽东思想积极分子”代表、13名“四好集体”代表、13名“五好”职工代表参加福建省首届“三代会”；140人参加晋江专区革命委员会、晋江军分区召开的首届“三代会”。

是年，省下放28个省属企业由晋江专区革委会管辖，党组织和党员随之划入专直管理。

1971年

3月，晋江专区山美水库工程指挥部党的核心小组成立，由晋江专区革委会主任洪椰子兼任组长、晋江军分区副司令员杨俊英任副组长。

5月，经过整党建党，新建立党支部24个。

7月1日，晋江专区改名为晋江地区，党组织名称相应更改。

7月，开展整团建团工作，对团员青年进行思想路线和政治路线教育，开展组织整顿，建立健全基层团组织。

8月，组织学习毛泽东视察南方时关于“三要三不要”讲话精神，开展路线教育。

10月16日，成立晋江地区革委会政治处组织组党支部，宣教组党支部，民政组党支部，秘书组、外事组党支部，三号办公室党支部5个党支部。

10月，学习中共中央文件，批判林彪的反革命罪行。开展批修整风运动。

10月，地委决定撤销直属办，成立晋江地区革委会生产指挥处政工组（简称政工组），负责地直机关党的日常工作。

10月，政工组召开各单位领导人会议，传达贯彻晋江地区组织工作会议精神，逐个单位审批整党建党计划。至此，地直共有48个单位建立党支部50个。

11月初，各单位开始开展整党建党工作。月底，在泉州电厂召开经验交流会，晋江军分区副政委杨寿之讲话。至1972年4月，整党工作全部完成。

11月，中共晋江地区革命委员会核心小组直属机关工作组成立，孙思德、王文芳任组长，郑博、郑奇任副组长。

12月9日，晋江地区革委会党的核心小组直属机关工作组向晋江地区革委会常委会作《关于思想政治工作几个问题的意见》汇报，提出加强思想政治工作的意见和措施。

12月，在基层建立党支部或党的核心小组。晋江地区革委会机关共设7个党支部，党员371人。

是年，召开4次定案会议，原有“清队”“一打三反”运动审查对象826人，结案484人。至1972年底，共结案599人，占总数的72.5%。

1972年

1月28日起，组织民兵学习毛泽东人民战争思想，开展地直机关民兵长途拉练。

1月，晋江地区电信局党委成立，陈洪章任书记。

年初，晋江地区革委会生产指挥处政工组改为晋江地区革委会政治处直工组（简称直工组），负责地直党的日常工作和企事业单位干部工作。

年初，组织学习中共中央〔1971〕77号，〔1972〕4号、12号文件，批判林彪反革命集团《“571工程”纪要》，开展“批林整风”运动。

2月23日，地委决定成立中共晋江地区直属机关核心小组（简称地直党的核心小组），由孙思德、郑博、王文芳、郑奇4人组成，孙思德任组长，郑博、王文芳任副组长，领导地直党的工作。地直党的日常工作由直工组承担。地直党的核心小组研究决定的问题由直工组发文。

3月24日，经地直党的核心小组同意，成立共青团泉州电厂委员会，张荣泉任书记。

3月起，举办第4期毛泽东思想学习班，学习《毛泽东选集》第四卷，时间50天左右。

4月起，县以上干部学习《共产党宣言》，结合进行批修整风，时间40天。

4月，成立晋江地区养路段党总支。

5月5日，地直党组织29名负责人参加地区第4期学习班，至6月2日结束。

6月13日至9月29日，组织地区革委会机关和直属单位干部学习《共产党宣言》等马列著作。

6月，撤销福建省汽车第一团党的核心小组，成立临时党委，郑汉生任临时党委副书记。

6月，直工组对党组织贯彻执行民主集中制，加强党的“一元化”领导，提出4条具体要求，对党的组织生活作出规定。

6月，对党员进行党的性质、纪律、传统、作风和党员权利与义务教育，严格党的生活和组织纪律。

6月，在落实干部政策工作中，地直115名干部已“解放”安排工作107名，未解放8名。

7月13—15日，召开地直组织工作会议，传达省、地区组织工作会议精神，省五建、泉州电厂、晋江地区第一医院党组织介绍党建工作、思想政治工作经验，参加340人。

7月，开展反对封建迷信“普度”宣传教育活动。

7—9月，组织学习《共产党宣言》、《国家与革命》、毛泽东的5篇哲学著作，召开读书学习经验交流会。开展党员、干部轮训，分期分批参加地区学习班。

8月15日，地直党的核心小组对党纪、政纪处分权限作出规定。

8月19日，地直政工干部参加读书辅导员学习班，学习《国家与革命》《关于正确处理人民内部矛盾的问题》，时间1个多月，学习后辅导本单位学习。

8月31日，晋江地区山美水库指挥部临时党委成立。

9月，开展社会主义劳动竞赛，工业学大庆、农业学大寨、全国学人民解放军，各行各业支援农业的群众运动。

10月，开展党的政策学习教育，解决一部分党员存在的错误倾向。

11月10日，分4个阶段组织县级以上干部学习《唯物主义和经验批判主义》《反杜林论》《哥达纲领批判》，作2—3次辅导报告，至12月29日结束。

12月，地直设省五建党委、泉州合成氨厂党委、省地质六队党委和地区养路段党总支。多数单位已成立党支部，建立健全党的生活，做好发展党员工作，当年，共发展党员33名。

是年，开展整顿共青团工作，建立团委会4个、团支部45个，发展团员118名，输送10名团员加入党组织，办理477名超龄团员离团手续。

1973年

1月起，开展提倡节制生育工作，以降低人口增长率。

3月1日，直工组印发《关于迅速建立和健全通讯报道组织的通知》，基层党组织设立报道组或通讯员。

3月5日，纪念毛泽东等老一辈革命家的学习雷锋题词发表10周年，掀起学习雷锋活动热潮。

3月12—16日，召开地直机关先进单位经验交流会，表彰30名先进生产（工作）者，参加会议379人。

3月12—21日，直工组编发《情况反映》，共3期。

3月22日，直工组编发《简报》第1期，当年共编发23期。

4月10日，地直党的核心小组印发《关于接收新党员审批权限的通知》，已成立党委的单位，接收新党员由本单位党委审批；未设立党委的单位，接收新党员报地直核心小组审批。

4月24—26日，召开共青团地直机关第五次代表大会，到会代表107人，选举产生第五届团委委员16名，其中常委7名，吴业伟、林文明任团委副书记。

4月30日，地直54个单位已有53个单位完成整团、建团工作，建立团委会4个、团总支2个、团支部53个。

4月，开展形势教育，从全局上、主流上、发展规律上看形势。

4月，根据晋江地区革委会政治处《思想建设和作风建设的意见》，加强直工组自身建设，规范办公会议、党日活动、学习日等制度。

4—6月，组织学习《国家与革命》、毛泽东哲学著作，召开学习心得交流会。

同时期，完成地直单位中层干部定案和复查工作，落实党的干部政策。

5—6月，组织领导干部和有阅读能力的干部学习《哥达纲领批判》《国家与革命》《路德维希·费尔巴哈和德国古典哲学的终结》等马列著作。

6月中旬，地直民兵代表60人参加泉州市革委会、人武部召开的泉州市民兵代表大会。

6月27日，成立晋江地区商业党总支，张金志任书记，林国清任副书记。

6月，各级党组织开办学习班，对党员普遍进行一次轮训，开展党的基本路线和党纪教育。

7—8月，组织党员干部学习毛泽东《实践论》《人的正确思想是从哪里来的》等著作。

8—9月，选派84名辅导员参加地区举办的辅导员读书班，学习后回单位辅导学习毛泽东两篇哲学著作。

9月12日，晋江地区革委会生产指挥处党总支成立，朱汉鹰任书记，王天居、杨细思任副书记。

9月14日，晋江地区革委会政治处党总支成立，杨启章任书记，郑博任副书记。

9月23日，晋江地区革委会办公室党总支成立，张海天任书记，李自力、柳开池任副书记。

是年，省水利水电工程局成立临时党委。

是年，贯彻毛泽东“深挖洞、广积粮、不称霸”指示，组织民兵参加人防工程劳动，完成“深挖洞”任务。

1974 年

2月2日，召开地直党组织书记会议，传达贯彻中共中央〔1974〕1号文件精神，开展“批林批孔”运动，写大批判文章。

2月7日，地直机关干部参加在泉州体育场召开的“批林批孔”动员大会，此后掀起“批林批孔”高潮。

10月23—27日，地直党的核心小组召开领导干部会议，参加86人，传达中共中央〔1974〕26号文件精神，掀起“抓革命，促生产”热潮，迎接全国第四届人大会议召开。

是年，编发《批林批孔简报》4期。

1975 年

1月17—20日，组织收听中央人民广播电台关于中共十届二中全会和全国人大四届一次会议的报道。

1月30—31日，先后向地直18级以上干部、其他干部和工人（班组长）传达中共十届二中全会和全国人大四届一次会议精神。

2—3月，进行“基本路线教育”，学习“无产阶级专政理论”。

6月6日，召开基层党组织会议，传达地委“三长”会议精神，部署收缴枪支、弹药等武器。

6月，开展收缴“文化大革命”期间流落的枪支、弹药、雷管、炸药等。至11月18日，收缴结束。

8月上旬至10月下旬，举办学习班，揭批林彪、陈伯达反革命罪行。

10月，撤销中共晋江地区直属机关核心小组，成立中共晋江地区直属机关委员会，石延明任书记，宋仁东任副书记。

11月13日，晋江地区山美水库管理处党委成立，张松武任书记。

11月，贯彻“深挖洞、广积粮、不称霸”方针，组织地直机关单位干部职工参加人防工程劳动。

12月，晋江地区革委会政治处直工组撤销。

是年，晋江地区师范学校党委成立。

1976 年

1 月，地直党委会正式对外办公。

5 月，根据地委通知精神，开展所谓“批邓、反击右倾翻案风”运动。

6 月，晋江地区邮电局党委成立，李毅波任书记。

10 月 20 日，地直单位党委、党总支、党支部书记、副书记，18 级以上党员干部参加地委传达中共中央关于粉碎江青反革命集团打招呼会议，参加 153 人。

10 月 24 日，组织地直党员干部参加晋江地区军民集会，庆祝粉碎江青反革命集团篡党夺权阴谋的伟大胜利。

11 月，根据地委规定，地直党委会工作范围只限于地委、地区革委会本机关党务工作。

12 月 10 日，地直党委会机关党支部委员会成立，由宋仁东、王一峰、陈小芸 3 人组成，宋仁东任党支部书记。

12 月 25 日起，开展揭、批、查同江青反革命集团有牵连的人和事运动。

12 月，规范党员组织关系转移手续，改变开便条办法，统一使用“中国共产党党员介绍信”。

是年，党和国家 3 位主要领导人先后辞世。周恩来于 1 月 8 日逝世，朱德于 7 月 6 日逝世，毛泽东于 9 月 9 日逝世。地直机关广大党员开展各种悼念活动。

1977 年

1 月 12 日，晋江地区农业学校党委成立，郑炳山、黄世忠（未到任）、陈穆穆任副书记。

2 月 28 日起，响应地委号召，宣传落实计划生育政策，控制人口增长。

2—3 月，参加揭批江青反革命集团罪行大会，听取中央领导讲话精神传达，召开揭批大会。

3 月，恢复开展学习雷锋活动。

4 月 5 日，《毛泽东选集》第五卷在晋江地区发行。地直机关党委制订学习计划，于 7 月 31 日前组织党员、干部、职工通读《毛泽东选集》第五卷 75 篇著作。

6 月 8 日，曾子谅任地直机关党委副书记。

6 月 20 日起，开展收缴反动、淫秽、黄色书刊和手抄本活动。

6 月 29 日，地委同意增补赵振辅、张克对、杨启章、马煜、张顺景、鲁沉、陈小芸、王一峰 8 人为地直机关党委临时委员。

7 月下旬，开展庆祝中国人民解放军建军 50 周年活动，邀请部队先进模范人物作报告。

8 月 13 日，对在职干部理论学习作出安排，开展四个专题学习，组织学习马列著作，从哲学、政治经济学和科学社会主义理论上揭批林彪、江青反革命集团。

9月23日至10月3日，在市文化馆举办“毛主席生平照片展览”。

10月，按照地委部署，开始清理“文化大革命”遗留案件，纠正冤、假、错案，落实党的干部政策。

11月，分别在财贸口、工交口举办揭批江青反革命集团罪行展览。

12月，福建省一九七煤田地质大队党委成立，邹汝荣任书记。

是年，晋江地区化工建材党委成立，孙安国任书记，林慧卿任副书记。

1978年

1月18日，地直党委会党支部委员会由曾子谅、王一峰、陈小芸、陈金发、傅秀英等5人组成，曾子谅任党支部书记。

1月24日，地直机关党委印发《关于春节期间做好干部、职工晚婚节育的通知》，开展晚婚和节育相关工作。

3月，组织学习第五届全国人民代表大会会议精神，明确新时期总任务。

4月25日，福建省地质九队临时党委84名党员组织关系集体转入地直机关党委。

5月14日，召开“学习新宪法、宣传新宪法、遵守新宪法、保卫新宪法”大会，开展新宪法学习月活动。

6月4日，地直机关党委印发《关于检查清理党费的通知》，对1975—1977年党费收缴情况进行检查清理，建立党费管理制度。

8月13日起，组织学习毛泽东《在扩大的中央工作会议上的讲话》，围绕坚持民主集中制等4个专题，选学马克思、列宁、毛泽东著作。

9月4日，地直机关党委向地委呈报《关于建立健全地区机关党的基层组织和机构设置问题意见的报告》，对建立健全地直机关党的组织和办事机构提出具体意见，获地委同意。

9月18日，靳三军任中共晋江地区直属机关委员会书记。赵振辅、张克对、杨启章、马煜、张顺景、鲁沉、陈小芸、王一峰8人为委员。

11月，地直机关党委建立党员花名册。

12月5日，地直机关党委向地委呈报《关于召开中共晋江地区直属机关第三次代表大会的请示报告》，定于1978年12月召开，代表人数213人。后因故未按时召开。

12月13日，地委对地直单位党员、干部职工纪律处分审批权限作出规定。

1979年

1月，学习中共十一届三中全会精神和邓小平《解放思想，实事求是，团结一致向前看》讲话精神，理解把全党工作着重点和全国人民的注意力转移到社会主义现代化建设上来和实行改革开放的历史性决策。

2月8日，召开地直机关19级以上党员干部大会，传达中共十一届三中全会精神。

2月14日，地直1000多名干部职工参加地委召开的为被林彪、江青反革命集团迫害的同志平反大会。

3月7日，召开党委、党总支、党支部组织委员和部、办、委政工科长会议，部署建立健全基层党组织工作。

3月27日，冶金地质一队临时党委成立（1975年12月地质机构变更，从地质六队分出冶金地质一队）。

3月，增补蔡炳文、陈金发为地直机关党委委员，陈小芸任地直机关党委组织部部长、王一峰任地直机关党委宣传部部长、陈金发任地直机关党委秘书。

4月1日，地直机关党委向地委呈报《关于建立地区各部、办、委党的组织机构的报告》，提出按口建立7个分党委、4个党总支、1个党支部的建议。

4月5日，地直机关党委为4名被错划为“右派分子”的人恢复党籍。

4月，开展机关党组织整顿工作，整顿18个单位党组织，新建立党支部2个，改选党支部11个，5个党支部增补委员。

5月12日，推广省五建公司第1期武装基干民兵训练经验。

5月，福建省汽车运输总公司泉州分公司党委成立。

5月，地直9名代表出席地委召开的计划生育工作先进单位、先进个人代表大会。

6月4日，地直机关党委对党员教育工作提出意见，开展新时期总任务教育、坚持四项基本原则教育、党的基本知识教育、党的优良传统和作风教育、国内外形势教育、爱国主义和革命英雄主义教育。

6月6日，晋江地区公安处党总支成立，张顺景任书记，翁志远任副书记。

6月6日，召开党组织书记会议，学习《中华人民共和国计划生育法（讨论稿）》，省委《关于抓好计划生育工作的通知》。根据地委决定，地直机关、单位计划生育工作由地直机关党委负责。

6月12日，地委批复同意成立宣传、工交、财贸、农林水、计委、建委、政法建立分党委，党群、统战、科委、地委办公室建立党总支。

6月17日，地直机关党委发出搞好计划生育工作突击战紧急通知，开展计划生育第2个突击战。

7月12日，召开党组织负责人座谈会，分析机关干部思想作风问题，开展机关作风整顿。

7月，泉州仙荣火电厂党委成立。

9月4日，地直机关党委向地委呈报《关于建立健全地区机关党的基层组织和机构设置问题的报告》。9月16日，地委书记陈玉宝批示同意。

9月4日，召开实践是检验真理的唯一标准报告会，由马煜作报告，2000多人参加。

9月13日，召开整顿机关作风报告会，1000多人参加。

9月21日，召开法纪教育报告会，由杨德山作报告，参加2000多人。

11月13日，召开地直机关党委扩大会议，协商并选举出席中共福建省第三次代表大会代表8名：石延明、沈慧、陈玉宝、陈金龙、苏昌培、施宣铁、曾国林、谢亚转。

11月27日，地直机关党委推广泉州电厂党委举办党员轮训班的经验。

12月25日，地直机关党委表彰1979年计划生育工作先进单位和个人。

是年，在开展落实干部政策中，复查案件1246件，清查“两打”案件定案处理复查725件。

是年，恢复党员党籍9名，其中在“文化大革命”中被处理的党员2名，为12名被划为“右派分子”的党员正名。

1980年

1月5日，地直机关党委发出《关于评选和表彰一九七九年度先进党支部、优秀党员的通知》，组织基层党组织在春节前结合年终总结，评选先进党支部和优秀党员。

1月11日，地直机关党委编发《简报》第1期，当年编发11期，抄报地委主委领导，发至党委、党总支、党支部。

2月4日起，地直未配备纪检委员的党委、党总支、党支部配备纪检委员。至12月，7个党委建立纪检机构，党总支、党支部配备纪检委员103名，共承办案件25个。

2月25—26日，地直召开1979年度先进党支部、优秀党员表彰大会，表彰27个先进党支部、67名优秀党员。7个先进党支部、3名优秀党员介绍经验，地委领导讲话，参加140人。

3月15日，地直机关党委推广省五建党委整顿党支部的经验。

3月27日，召开地直党支部书记座谈会，交流、探索加强党支部建设问题。

3月，组织学习中共十一届五中全会精神和邓小平《目前的形势和任务》报告。

4月11日起，组织学习中共中央颁布的《关于党内政治生活的若干准则》。

4月15日，地直机关党委印发《关于计划生育扩大一胎面的决定》，把计划生育工作重点转移到一对夫妇只生1个孩子，党员干部已有1个孩子的，要带头办理独生子女证。

4月18日，地直机关党委推广财贸系统党员训练班轮训计划。

5月12日，对党员宣传教育进行安排，采取统一时间，集中上课，分散讨论办法上党课，每月上1次课，当年，共上8次党课。

6月11日，晋江地区纪律检查委员会机关党支部成立。

6月，福建省汽车运输总公司泉州分公司纪委成立，张克界任书记。

7月21日，福建省湖头水泥厂党委成立。

7月28日起，组织在职干部学习《中国社会主义经济问题》，进行8个专题辅导。

8月15日，召开地直机关党委全委会，选举产生中共晋江地区直属机关委员会纪律检查委员会，靳三军任书记（兼），陈小芸任副书记（兼），蔡炳文任专职副书记。

8月26日，地直机关党委印发《关于加强党员教育，健全党的基层组织的通知》，对党员普遍训练一遍，健全“三会一课”制度，定期召开党员大会或代表大会进行党组织改选。

8 月，福建省第五建筑工程公司纪委成立，吴清添任副书记。

9 月，贯彻晋江地区民兵政治工作会议精神，加强民兵政治思想教育，加强专职武装干部和民兵干部队伍建设，开展创建民兵工作“三落实”先进单位活动。

10 月 25 日起，组织学习中央纪委有关纠正党内不正之风的通知、通报，开展党性党风党纪教育。

10 月，福建省水利水电工程局党委成立，贾殿魁任书记，高竹玉任副书记。撤销该公司临时党委。

11 月 5 日起，组织学习中共中央〔1980〕66 号文件，提高对党和国家领导制度改革重要性的认识，对地委、行署干部制度改革、机关规章制度改革提出建议。

12 月 27 日，召开地直机关党委扩大会，应参加 144 人，实参加 119 人，选举产生出席中共福建省代表会议代表 6 名：常登榜、石延明、苏昌培、李永寿、沈继武、任其藩。

是年，福建省泉州供电局党委成立，党委书记、副书记由上级任命。

是年，蔡炳文兼任地直机关团委书记。

是年，福建省公路局晋江地区分局党委和纪委成立，黄衍宝任党委书记。

1981 年

3 月 6 日，地直机关党委推广省五建党委举办公司党员领导骨干学习班的经验。

3 月 12 日，地直机关党委向地委呈报《关于地直机关、直属单位党的组织机构设置的意见》，采取以口建立机关党委或党总支，以系统建立党总支或基层党委，解决党政不分状况。

3 月，召开以“五讲四美”为主要内容的地直精神文明建设活动动员大会。

5 月 26 日，召开 1980 年度先进党支部、优秀共产党员表彰大会，表彰 21 个先进党支部、89 名优秀党员，5 个党支部介绍经验。地委书记常登榜，地委副书记、组织部部长石延明出席并讲话。

8 月，组织学习中共十一届六中全会通过的《关于建国以来党的若干历史问题的决议》，举办 4 期学习班，培训 564 人，召开 2 场辅导宣讲会。

8 月 26 日，批转地直机关团委《关于召开共青团晋江地区直属机关第六次代表大会的请示报告》，地直各单位党委、党总支、党支部列入议事日程，建立健全团的各级领导班子，为团代会召开创建条件。

9 月，晋江地区邮电局纪委成立，粘金星任书记。

10 月 13 日，召开共青团晋江地区直属机关第六次代表大会，审议通过团委工作报告；选举产生第六届团委委员 17 名，其中常务委员 7 名，吕良茴任书记，洪静华任副书记。

11 月 10 日，晋江地区司法局机关党总支成立，沈鸿志任书记。

11 月 10 日起，组织各党支部进行 1981 年度支部工作总结，形成党支部每年总结 1 次工作的制度。

11月30日起，组织基层党组织评选1981年度先进党支部、先进党小组和优秀共产党员。

12月1日，地直机关党委印发《关于严禁年终突击花钱的通知》，纠正一些单位巧立名目，突击花钱，滥发奖金、补贴的苗头。

是年，泉州罐头厂党委成立。

1982年

1月7日，晋江地区直属机关科学技术党总支、粮食党总支成立。

1月15日起，组织学习福建省委关于搞好党风的6个文件，进行党性党风党纪教育。

1月，开展计划生育工作第一个宣传月活动，宣传国家经济形势和控制人口发展意义。

1月起，在团员青年中开展学政治、学理论、学文化、学科学和争当“新长征突击手”活动。

2月6日，庄玉灿任地直机关党委副书记。

3月，开展第1个文明礼貌月活动，以讲卫生为突破口，开展大规模卫生大扫除突击活动，通过植树节活动，进行热爱社会主义教育，组队参加泉州市群众歌咏比赛，获一等奖。

4月13日，召开地直机关表彰大会，表彰1981年度先进党支部20个、先进党小组4个、优秀共产党员94名。

4月30日，晋江地区直属机关商业党委成立，范若铃任书记，李虎臣、杨其山任副书记；晋江地区行署办公室党总支、供销党总支、进出口党总支成立。

5月12日起，组织学习《中华人民共和国宪法（草案）》，理解邓小平对宪法修改提出的四点意见。

5月13日，召开地直机关干部大会，贯彻《中共中央、国务院关于打击经济领域中严重犯罪活动的决定》，掌握经济违法活动和违纪行为案件线索28件。

5月17日，泉州师范高等专科学校党委成立，施宣铁任书记，黄乐德、陈励金、倪永图任副书记。

5月18日，晋江地区农业学校纪委成立，方金晗任书记。

6月，市直获省委表彰先进基层党组织2个：泉州罐头厂党支部、晋江地区幼儿师范学校党支部；先进党小组1个：晋江地区农科所试验队党小组；优秀共产党员4名：陈家繁、陈根发、颜呈政、万国强。

6月，泉州港务局纪委成立，配备专职纪检干部1名。

8月起，组织学习《三中全会以来重要文献选编》，进一步理解中共十一届三中全会以来路线方针政策的正确性。

9月起，开展中共第十二次全国代表大会精神和新党章的学习教育。

10月9日，福建省泉州供电局纪委成立，杨正余任书记，吴城峰任副书记。

11月，开展领导干部私人建房，亲属“农转非”，亲属招工、提干、招生，子女出国、出境登记和清理工作。

12月2日起，开展做合格党员、合格干部、合格团员、合格职工活动。

12月27日，福建省闽东南地质大队党委成立，叶炳拱任书记。

12月，获省委、省政府表彰“五讲四美”活动先进单位3个：福建省汽车运输总公司泉州分公司修理厂、晋江地区幼儿师范学校、晋江地委对台部；积极分子1名：吴锦章（泉州中旅社）。晋江地委、行署表彰“五讲四美”活动先进单位10个、积极分子12名。

1983年

1月，在元旦、春节期间，开展以“五讲四美三热爱”（讲文明、讲礼貌、讲卫生、讲秩序、讲道德，心灵美、行为美、环境美、语言美，热爱祖国、热爱社会主义、热爱中国共产党）为主要内容的第2个全民文明礼貌月活动。

1月，贯彻中共中央紧急通知，抓紧经济案件审查结案工作。

2月24日，地直机关党委印发《1983年党课教育安排意见》，组织学习中共十二大通过的党章，进行6次集中辅导。

3月，组织学习宣传第六届全国人大第一次会议和第六届政协第一次会议精神。

5月，福建泉州中国旅行社党委成立，李章彬任书记。

8月，配合打击刑事犯罪活动，开展机关安全保卫大检查。

9月，整治福厦公路，清理“文化大革命”时期遗留下来的旧的、过时的、错误的标语，设置新标语、宣传画。

9—11月，地直各级党组织共举办《邓小平文选》读书班151期，参加3674人。

10月，地区党政机关机构改革，免去地直机关党委原任书记、副书记职务，重新任命庄玉灿为地直机关党委副书记，书记暂缺。

11月30日，地直机关党委向地委呈报《关于地区党政机关机构改革后地直机关党委会职责范围、工作任务和内部机构设置意见》。

12月10日起，地直各党支部开展1983年度党支部工作总结。

12月23日起，地直机关党总支、党支部不论任期是否已满，在单位完成机构改革后，人员基本配齐的情况下，进行改选。

是年，贯彻共青团第十一次全国代表大会精神，开展读书活动和创先进团支部、争当“新长征突击手”活动。

是年，获泉州市表彰1983年度爱国卫生先进集体10个、积极分子14名。

1984 年

2月21日起，组织收看反映打击经济领域严重犯罪活动斗争大型纪录片《警钟》，进行反腐蚀和遵纪守法教育。

3月1日，张梓教任地直机关团委书记，原任书记、副书记职务免去。

3月19日，地直机关党委向地委组织部呈报《关于地直党委会内部机构设置和人员配备的报告》，内设组织部、宣传部、纪检会、办公室4个部门，编制11人。

4月，开展“维护妇女儿童合法权益”法制宣传月活动。

5月8日，地直机关党委表彰维护妇女儿童合法权益先进集体11个、积极分子32名。

5月12日起，组织学习人民日报评论员文章《就是要彻底否定“文革”》。

5月29日，地委批转地直机关党委《关于建立地区机关、直属单位党的中层组织的报告》，机构改革后，地直机关单位党的组织根据党政分开的原则进行设置。

7月18日，获地委表彰地直机关先进集体22个、先进工作者56名。

7月30日，晋江地区行署机关党总支成立，黄通兴任书记。

8月22日，晋江地区山美水库管理处纪委成立，杜德铅任书记。

9月20日，晋江地区肖厝经济开发区办公室党支部成立，隶属地区建委党总支。

9月起，从建设优美环境入手，地区机关、公安处等30个单位开展创建第1批花园式绿色单位活动。

9—12月，举办党政机关干部进修班，学习马克思主义哲学、政治经济学、科学社会主义、中国近代史和中国革命史。

10月3日，晋江地区直属机关工交党委成立，胡和金任书记、陈琼任副书记。

10月3日，晋江地区直属机关建委党总支成立，陈秀泰任书记。

10月4日，晋江地区中级人民法院机关党总支成立，祁年水任书记。

10月15日起，组织学习邓小平在庆祝中华人民共和国成立35周年典礼上的讲话，认清国际国内形势。

10月15日，晋江地区直属机关计委党委成立，陈民团任书记。

10月23日，晋江地区直属机关财贸党委成立，王永和任书记。

10月26日，晋江地区直属机关商业党委撤销，改设商业党总支，隶属财贸党委。

11月8日，晋江地区直属机关农林水党委成立，黄紫候任书记；晋江地区直属机关卫生党委成立，范金阶任书记。

11月14—16日，召开中共晋江地区直属机关第三次代表大会，选举产生中共晋江地区直属机关第三届委员会。书记（缺），副书记：庄玉灿，委员：孙盛鑫、张贵川、陈小芸、陈华池、郑建树、詹辉乾、蔡炳文；选举产生中共晋江地区直属机关纪律检查委员会，书记：孙盛鑫，副书记：蔡炳文，委员：陈琼、郭允发、蔡天从；选举产生出席中共福建省第四次代表大会代表8名：叶聪敏、朱江水、江雪华、苏少东、张明俊、周顺明、郑良妙、傅招治。

11月28日，晋江地区直属机关教育党委成立，邓永清任书记。

12月6日，地直机关党委印发《关于收缴党费事项的通知》，重申按照中共中央1956年11月规定标准收缴党费。

12月8日，成立晋江地区直属机关"五讲四美三热爱"活动委员会，庄玉灿任主任，高挺鸿、庄渊泉、张贵川任副主任，成员单位10个，委员会办公室设在地直机关党委宣传部，张贵川任主任，梁挺秀任副主任。

12月8日起，检查发展知识分子入党工作，进一步解决知识分子"入党难"问题。

是年，福建省第五建筑工程公司由省建工总公司下放晋江地区，党员组织关系集体转入地直机关党委。

1985年

1月7日，地直机关、单位根据《中共中央关于整党的决定》，分两批开展整党。至1987年11月，整党基本结束，参加整党的党组织644个，其中党委36个、党总支49个、党支部559个、党员8952名。

1月，组织学习司法部宣传司主持编写的《职工法律常识读本》等通用教材，开展普及法律知识学习。

1月起，开展以"五提倡五反对"为主要内容的移风易俗活动。

3月13日起，组织学习《红旗》杂志编辑部文章《如何把部门的工作做得更好》《胡耀邦谈怎样抓好今年工作》。

3月，福建泉州中国旅行社纪委成立，黄满妹任书记。

6月3日，地直机关党委对基层党委接转党员组织关系作出具体规定，要求严肃认真地做好党员组织关系接转工作。

6月10日，地直机关党委对进一步做好党费收缴工作作出具体规定，要求党员按时按标准交纳党费，党组织定期公布党费收缴情况。

6月29日，晋江地区直属机关外经贸委临时党委成立，温海江任书记，姚冀康任副书记。

7月23日，地直机关纪委对报送结案的信访案件必备材料作出规定。

7月，组织学习全国端正党风工作经验交流会精神和中央纪委致晋江地区公开信（关于晋江假药案问题）。

8月，泉州港务管理局党委成立，林燕梅任书记。

9月，开展纠正"党政机关经商办企业、私发钱物"不正之风。

10月21日至12月5日，举办3期普法宣传骨干培训班，参加381人。

10月27日，地直机关党委对工资制度改革后党员交纳党费作出规定。

11月21日起，对党员、干部进行马列主义理论正规化教育，分为甲、乙两组。

11月，组织党组织和党员召开党风检查专题组织生活会，针对党风方面存在的问题，开展批评和自我批评，制订改进措施。

12月，调阅48个党支部1984—1985年党组织会议记录，针对存在问题，对健全组织生活制度提出4点意见。

1986年

1月1日，晋江地区撤销，泉州市升为地级市，实行市管县体制。中共晋江地区直属机关委员会更名为中共泉州市直属机关委员会（简称市直机关党委）；中共晋江地区直属机关纪律检查委员会更名为中共泉州市直属机关纪律检查委员会（简称市直机关纪委）；原地直各单位党组织和纪检组织相应更名。地直机关团委更名为市直机关团委。

1月11日，根据泉州市委泉委〔1986〕综3号文，地直机关党委会领导班子成员自然转为市直机关党委会领导班子成员，各人的任职时间从1986年1月4日算起。

1月15日起，学习贯彻中共中央领导人在中央机关干部大会的讲话，端正党风，从党政军机关抓起，实现党风根本好转。

2月4日，成立泉州市级机关端正党风办公室，由市直机关工委副书记庄玉灿等4人负责办公室工作，以6个方面问题为突破口，检查清理作风方面的问题。

2月15日，市直机关党委向市委呈报《关于市直党的组织机构设置的报告》，提出泉州市升为地级市后，党组织按行政隶属关系进行组建、调整或充实的意见。5月15日，市委批转该报告。

3月30日，市直机关党委印发《关于加强党员教育工作的通知》，在党员中进行党的宗旨教育、共产主义理想教育；进行党性、党风和党纪教育；进行法制教育；进行科学文化知识教育。

5月3日，地直机关党委表彰闽东南地质大队叶加喜为“模范共产党员”，宣传叶加喜身患癌症坚持工作，竭尽全力的先进事迹。

5月8日，泉州市人大常委会机关党支部成立，陈华池任书记。

5月，开展机关纪律整顿，对遵纪守法情况进行检查。

5月，福建省对外贸易总公司泉州分公司党委成立。

5月下旬至7月下旬，举办读书班3期，参加4136人，开展“共产党员先锋模范作用”讨论。

6月3日起，学习宣传第六届全国人大第四次会议精神，开展形势政策教育。

6月7日，泉州市政治协商会议机关党支部成立，胡和金任书记。

6月21日起，开展庆祝中国共产党成立65周年党建系列活动。

7月1日，举办形势报告会，市委、市政府3名领导人作报告。

7月25日，泉州市委办公室机关党总支成立，王敬萱任书记，陈围围任副书记；泉州市直属机关党群党总支成立，李天乙任书记。

7 月，市纪委、市委组织部、市直机关党委、市直机关端正党风办公室联合检查 7 个党组、6 个党委、3 个党总支、21 个党支部召开以端正党风为主要内容的组织生活会情况。

9 月 18 日，市直机关党委制定 10 项制度和本机关党支部 6 项活动制度。

9 月 24 日起，召开学习贯彻中共中央关于控制我国人口增长问题致全体共产党员、共青团员的公开信发表六周年的会议，进行基本国情教育。

9 月 30 日，泉州市直科委系统党委成立，蔡允治任副书记。

10 月 3 日，市直机关党委批转市直团委《关于市直团的组织机构设置的报告》，建立系统团委、系统团总支、直属基层团委。

10 月 6 日，市委、市政府下达市直机关党委会编制 13 名、纪委会编制 4 名、团委会编制 2 名，共 19 名。

10 月 22 日，泉州市检察院机关党总支成立，王全生任书记；泉州市委党校机关党总支成立，林元勋任书记，尤文端任副书记。

10 月 24 日，泉州市直统战系统党委成立，魏献国任书记，蔡爱萍任副书记。

10 月 25 日，泉州市直属机关交通党委成立，黄钟荣任书记，郑澄演任副书记。

10 月 29 日，泉州市直政法系统党委成立，祁年水任书记，黄印宪任副书记；泉州市直市政府办公室系统党委成立，黄通兴任书记，施学忠任副书记。

10 月 29 日至 12 月 19 日，原泉州市（县级市）所属泉州罐头厂党委、泉州糖厂党委、泉州市机械工业公司党委、泉州味精厂党委、泉州市纺织工业公司党委、泉州市食品工业公司党委、泉州市化工医药公司党委、泉州市建筑材料工业公司党委共 1181 名党员组织关系集体转入市直机关党委。

10 月 31 日起，组织学习中共十二届六中全会通过的《关于社会主义精神文明建设指导方针的决议》，分期分批举办培训班，培训 2667 人，其中骨干 674 人。

12 月 30 日，泉州市直宣传系统党委成立，张敬尊任书记，张清波、龚万全任副书记。泉州市直属机关重工业党委成立，陈谋津任书记，吴仕珍任副书记。

12 月，泉州师范高等专科学校纪委成立，黄种禄任书记。

1987 年

1 月 20 日，泉州市直市政府办公室系统纪委成立，施学忠任书记，孙江森任副书记。

1 月起，市直党组织在原有基础上按行政隶属关系进行组建、调整或充实，建立系统党委、系统党总支、直属党支部。

1 月，举办社会公德和职业道德知识竞赛，14 个系统 42 人参加。组队参加泉州市竞赛。1 人代表泉州市参加全省竞赛，获团体第 1 名。

2 月 3 日，市直机关党委表彰 1985—1986 年度先进党支部 58 个、先进党小组 24 个、优秀共产党员 132 名。

2 月 9 日，市直机关党委表彰 1986 年度市直计划生育工作先进集体 29 个、先进个人 68 名。

2 月 13 日，鲤城区二轻系统 404 名党员组织关系集体转入市直机关党委。

2 月，开展坚持四项基本原则，反对资产阶级自由化学习。

3 月 18 日，鲤城区电子工业公司党委 151 名党员组织关系集体转入市直机关党委。

3 月 26 日，市直机关党委、共青团泉州市委联合印发《关于调整理顺市直团的组织机构设置的意见》。

3 月 30 日，泉州市直属机关轻工业党委成立，刘正水任书记，王清钗任副书记。

4 月 13—23 日，对市直 107 个党支部组织生活制度落实情况进行检查。

4 月 22 日，召开市直机关第一次妇女代表大会，参加 45 人，选举产生执委 15 名，其中常委 7 名，陈琼任市直妇委会主任，黄秀伦任副主任。

4 月 24 日起，举办科级干部“十法一例”法律讲座，每月 1 课，共举办 9 次。

4 月 27 日，市直机关党委召开全委扩大会议，推荐陈荣春为出席中共第十三次全国代表大会代表候选人初步人选。

5 月 7 日，市直机关创建文明单位活动领导小组成立，成员单位 10 个，领导小组由 11 人组成，庄玉灿任组长，林有文任副组长，日常工作由市直机关党委宣传部承担。领导小组印发《关于一九八七年度市直机关创建文明单位活动的通知》和评比细则。

5 月 19 日，市直团组织选举出席共青团泉州市第十一次代表大会代表共 46 名。

5 月 30 日，福建省公路局第二工程处（现为福建省第一公路工程公司）党委 386 名党员组织关系集体转入市直交通党委。

6 月 15—26 日，举办市直机关第 1 期读书班，参加 1678 人。

6 月，开展新时期如何发挥共产党员先锋模范作用大讨论，举办党的基本知识测试，参加率 91.5%。

7 月 30 日，福建省水利水电工程局纪委成立。

7 月 30 日，邓维星任泉州市直科委系统党委书记。

7 月 30 日，泉州市电子工业公司党委成立，黄锦堂任书记，蔡仁义任副书记。

8 月 26 日，召开新时期共产党员先锋模范作用理论研讨会，收到论文 28 篇，评选表彰优秀论文 8 篇。

9 月 11 日，由市委常委傅圆圆主持召开建立市直机关工会筹备会议，统一对成立市直机关工会的认识，决定待多数部门机关工会建立后，成立市直机关工会委员会。

9 月 23 日，泉州赖氨酸厂党委成立，赵成华任副书记。

9 月 28 日，泉州市直属机关文化党委和纪委成立，林毓昆任党委书记，吴天赐任党委副书记；吴天赐任纪委书记，曾国彬任纪委副书记。

10 月 15 日，泉州市直建委系统党委和纪委成立，张一帆任党委书记，卓秀华、林贤德任党委副书记；林贤德任纪委书记，黄衍强任纪委副书记。

10月22日起，进行1987年度市直机关文明单位检查、评比。

10月27日，泉州市第一医院党委和纪委成立，武腾之任党委书记，傅招治、苏水星任党委副书记，苏水星任纪委书记。

11月3日，泉州市直计委系统党委成立，陈民团任书记，倪长林、薛祖年任副书记；泉州市直统战系统纪委成立，魏献国任书记。

11月16日，泉州市直经委系统党委成立，郭国秦任书记，杨德卿任副书记。

11月17日，泉州市直农办系统党委和纪委成立，刘孔永任党委书记，江宝英、柯金河任党委副书记；江宝英任纪委书记，柯金河任纪委副书记。

11月17日，泉州市直财贸系统党委和纪委成立，柯国梁任党委书记，赵荣春、王峰安任党委副书记，许渊朝任纪委书记。

11月17日，泉州市直属机关教育党委成立，郁凤贤任书记，郑开厦任副书记。

11月17日，泉州市直属机关卫生党委和纪委成立，范金阶任党委书记，姚嘉母、李伯达任党委副书记，李伯达任纪委书记。

11月18—20日，召开中共泉州市直属机关第四次党员代表大会（延续晋江专区直属机关第一、二次代表大会、晋江地区直属机关第三次代表大会次数），选举产生中共泉州市直属机关第四届委员会，书记庄玉灿，副书记陈围围、骆贯平，委员孙澄元、吴汉民、林有文、傅赞基、詹辉乾、蔡天从；选举产生中共泉州市直属机关纪律检查委员会，书记孙澄元，委员许渊朝、林贤德、郑玉冰。选举产生市直出席中共泉州市第六次代表大会代表42名。

12月8日，福建省第四监狱党委和纪委成立，蔡汉武任党委副书记，薛育卿任纪委书记。

12月25日，市直8488名党员结束整党，予以登记8410名，占98.9%。

是年，对团组织进行调整、充实、组建，市直机关团委直接领导12个系统团委、4个系统团总支、23个基层团委。

1988年

1月8日，市直机关党委召开精神文明建设经验交流会，表彰1987年度市直“文明机关单位”23个、表扬12个单位。

1月11日，市直机关党委印发《关于加强党的制度建设的若干规定》，对基层党组织工作制度和生活制度作出规定。

2月5日，市直机关党委等部门联合提出《1988年度市直机关开展创建文明单位活动的意见和措施》。

2月8日起，开展创建先进党支部，争当优秀共产党员、优秀党务工作者活动。

3月11日至4月14日，举办3期学习中共第十三次全国代表大会精神轮训班，培训3915人。

4月4日，中国冶金地质工业部第二地质勘探局一队党委和纪委成立，吴汉鼎任党委书记，许书远、黄泗通任党委副书记，黄泗通任纪委书记。

5月，成立市直机关计划生育办公室。

6月6日，召开市直机关、单位思想政治工作研讨会，9个单位介绍经验。

6月11日，开展在职干部马列主义理论正规化教育第三门课程中国革命史的电视教学，1153人参加。至12月下旬结束。

6月15日，举办以学习宣传中共第十三次全国代表大会精神为主题的美术、摄影、书法、篆刻作品展览。

6月21日，总结、交流、推广16个机关、单位加强思想政治工作经验。

7月1日，召开市直机关党的基层建设经验交流会，介绍、推广21个单位的先进经验。

8月11日，福建省一九七煤田地质大队纪委成立，俞维堃任书记。

9月3—12日，开展生产力标准的再学习和讨论。

10月10日，市直机关党委在市司法局党总支试点的基础上，制订关于开展民主评议党员活动，妥善处理不合格党员的实施意见。

10月12—14日，全省地、市直属机关党委横向联系座谈会在泉州召开，总结交流加强机关党建工作的经验，研讨今后工作，参加28人。

10月19—20日，举办民主评议党员骨干培训班，培训305人。

12月26日，开展以治理经济环境、整顿经济秩序、全面深化改革为主要内容的形势教育。

12月，市直机关分2批首次开展民主评议党员活动，687个党支部、11106名党员参加评议。1989年1月结束。此后，坚持每年开展1次民主评议党员活动。

1989年

1月13日，市直机关党委批准泉州供电局第一次党员代表大会选举结果，吴仪秧任党委书记，傅世哲任纪委副书记。

1月，以报告会形式开展形势教育，组织“十年改革与妇女”征文竞赛。

1月16日，福建省闽东南地质大队纪委成立，何启华任书记。

2月23日，市直机关党委制定《关于加强党内监督的具体规定（试行）》。

2月28日起，对参与嫖娼、观看传播淫秽录像等活动进行专项调查，严肃处理违法违纪人员。

3月9日，市直机关党委制定《关于党内选举、表决的实施办法（试行）》。

3月31日，泉州市直属机关二轻党委和纪委成立，蔡炳文任党委书记，林玉椿、黄泗海任党委副书记，林玉椿任纪委书记，魏再枝任纪委副书记。

3月31日，市直机关创建“文明机关单位”活动领导小组表彰1988年度市直“文明机关单位”26个。

4月18日，组织收看全国和全省获奖的党课电教片，运用电化教育形式开展党员教育。

5月3日，举办《泉州改革成就集邮展览》，19部邮集、157个展柜参展。

5月，泉州市龙门滩引水工程管理处党委成立，陈元殿任书记。

6月27日起，在市直单位颁发团员证，加强基层团组织建设。

6月下旬，举办党的基本知识测试活动，742名党务工作者参加。开展“党员奉献日”活动，103个党组织的党员参加。

6月，举办庆祝中国共产党成立68周年黑板报评比，31块板报参评。

6月，市直获省委表彰先进基层党组织2个、优秀党务工作者2名。

7月29日起，抽查部分党组织上半年党建工作情况，针对存在问题，提出整改要求。

7月，泉州市委编制工作委员会确定市直机关妇女工作委员会为科级建制。

8月8日，市直机关党委表彰1988年度计划生育工作先进单位25个、先进工作者54名。

8月11—19日，举办学习中共十三届四中全会精神骨干培训班，参加353人。

8月29日，市直机关党委印发《关于党费收缴留成问题的通知》，按市直留成党费中的40%拨给基层党组织。

9月2日起，开展书报刊物及音像市场整顿清理专项活动。

9月21日，举办庆祝中华人民共和国成立40周年黑板报评比，外经、市府办、党群系统分获第1—3名。

9月下旬，举办市直机关第3届运动会，19个系统900多人参加9个项目竞赛。

9月，组织120人的合唱队参加泉州市、鲤城区举办的庆祝中华人民共和国成立40周年革命历史歌曲演唱会，获一等奖。

10月10日起，组织学习江泽民在庆祝中华人民共和国成立40周年大会上的讲话。

10月15日至12月17日，开展在职干部马列主义理论正规化教育第4门课程建设有中国特色的社会主义的学习，1250人参加。

12月22日起，在市直企业单位评选100名“关心、支持企业青年工作”的好领导。

1990年

1月13日，市直机关党委印发《关于开展学习雷锋精神活动的具体意见》，开展“岗位学雷锋，行业树新风”活动。

1月，完成马克思主义哲学、政治经济学、建设有中国特色社会主义、中国革命史4门基础理论课的学习，4033人（次）取得单科结业证书。

2月23日，福建省石油公司泉州分公司党委成立，王野任书记。

2月27日，举办“三热爱”集邮知识竞赛。

4月13—21日，举办党务干部培训班，参加167人。

4月21日，在市委机关大院宣传栏“五一”专栏开辟“雷锋精神再放光芒”专版。

4月25日，市直机关党委、共青团泉州市委联合表彰刘兆麟等38人为市直“关心支持企业青年工作的好领导”。

5月1日，市直机关集邮协会成立，庄玉灿任会长，陈围围、黄钟荣、吴希明任副会长，傅赞基任秘书长。

5月16日，福建泉州电力学校党委和纪委成立，丁九栋任党委副书记，郑振宗任纪委副书记。

5月起，开展“稳定是压倒一切的任务”教育。

6月25日，举行革命传统报告会，请离休老干部朱义斌、朱展华作报告。

6月28—30日，举办庆祝中国共产党成立69周年黑板报评比活动。

7月3日，市直机关党委、市总工会向市委编制工作委员会报送《关于建立市直机关工会工作机构及人员编制的报告》，提出建立市直机关工会工作委员会办事机构，设在市直机关党委。

7月6日，召开“发挥企业党组织政治核心作用经验交流会”。

7月20日至8月1日，举办庆祝“八一”建军节老干部硬笔书法展览，43名离退休老军人、老干部92幅作品参展。

7月31日，召开市直机关工会工作委员会筹备组第1次会议，研究成立市直机关工会工作委员会事宜。

7月，组织学习哲学，重点学习实践观点、辩证观点和群众观点。

8月6日起，组织向灾区捐款捐物，支援灾区。

8月14日起，检查1990年上半年召开民主生活会情况。

8月23日，召开中共泉州市直属机关党员代表会议，选举产生市直出席中共泉州市代表会议代表18名。

9月24日，泉州黎明职业大学党委成立，郑坚任书记，谢如俊任副书记。

10月10—17日，为庆祝中华人民共和国成立41周年、庆祝第十一届亚洲运动会召开，举办小型运动会。

10月24日，市直机关党委印发《关于推行党支部和党员目标管理考评制的实施意见（试行）》，推行目标管理考评工作。

10月，组织学习《关于社会主义若干问题学习纲要（试用本）》，理解怎样坚持中国特色社会主义。

11月，抽查16个系统（局）党委、党总支、党支部的党费收缴、管理工作，针对存在问题，提出改进措施。

12月5—10日，抽查16个单位学习《关于社会主义若干问题学习纲要（试用本）》落实情况。

12月5—14日，检查10个党委制定落实党支部和党员目标管理考评制度情况。

12月10日，泉州市直教育系统党委成立，黄温基任书记，林志凯任专职副书记。

12月29日，泉州市直科委系统纪委成立，蔡允治任书记。

1991 年

1 月 15 日，根据市委组织部、宣传部关于在基层党委中建立系统党校的通知，市直机关党委要求市直各系统都要建立系统党校，开展教育培训工作。

1 月 18 日，泉州市直教育系统党校成立，黄种禄任校长。之后，各系统分别成立系统党校。

1 月 25 日，组织学习中共十三届七中全会精神，明确国家十年规划和“八五”计划内容。

1 月，全面推行党支部和党员目标管理，采用百分制进行考评。

2 月 8 日，撤销泉州赖氨酸厂党委，改设党总支。

3 月 7 日起，贯彻实施《福建省计划生育条例》和泉州市委泉委〔1990〕15 号文件，推动计划生育工作开展。

3 月 7 日，市直机关妇委会表彰市直机关“三八红旗手”30 名。

3 月，开展马列主义基本理论、党的基本路线和党的基本知识学习活动，学习《“三基”知识 150 题》，组织知识竞赛，参加 7000 多人。

5 月 1 日，举办庆祝中国共产党成立 70 周年集邮展览，15 部专题邮集参展。

5 月 3 日，泉州市邮电局党委成立，刘耀明任书记，许松林任副书记。

5 月 13 日，泉州仙荣火电厂党委 56 名党员组织关系集体转入市直农办系统党委。

5 月 22 日，泉州市直机关工会工作委员会获市总工会批准成立，编制 2 人。

6 月 15—30 日，开展党纪党规百题竞赛活动，5151 人参赛，24 人获个人成绩优秀奖。

6 月 20 日，召开市直机关庆祝中国共产党成立 70 周年暨表彰大会。表彰先进基层党组织 39 个、优秀共产党员 115 名、优秀党务工作者 42 名，先进纪检组织 1 个、优秀纪检干部 4 名。晚上，举办“党在我心中”大型歌咏比赛，22 个党委、23 支歌诵队、1300 多人参加。

6 月 20 日，市直机关党委表彰“三基”知识竞赛成绩优异的 5 个单位和 10 名个人。

6 月 21 日，泉州市四套班子领导和 1500 多名机关党员干部冒雨参加“泉州市万名党员创建福厦文明路线”义务劳动。

6 月 21 日至 7 月 10 日，开展庆祝中国共产党成立 70 周年党建系列活动。共建福厦文明路段、送科技知识下乡、义修义诊、“送温暖”活动。举办集邮展览，宣传中国革命和建设历史。市直妇委会举办“党在我心中”演讲报告会，举办“七一”联欢晚会，主力军心声演唱会。

7 月 1 日，市直机关党委、共青团泉州市委联合表彰王忠智等 38 人为“关心支持企业共青团工作好领导”。

7 月 1 日起，组织学习江泽民在庆祝中国共产党成立 70 周年大会上的讲话和《人民日报》“七一”社论。

7 月 25 日起，开展城市社会主义思想教育活动。

7 月，市直基层党委、党总支召开以“忆传统、讲党性、学先进、做奉献”为主题的 1991 年上半年民主生活会。

8月20日，市直机关党委表彰1990年度计划生育工作先进单位19个、先进工作者51名。

9月10日，召开推行党支部和党员目标管理座谈会，4个党委、6个党总支（党支部）介绍经验。

9月14日，召开泉州市直属机关工会工作委员会成立大会。

9月21—30日，举办庆祝中华人民共和国成立42周年黑板报评比，47块板报参评。举办第2次书法美术展览，15个系统54名作者近百幅作品参展。

10月10日，举办以反“和平演变”为主题的黑板报评比和美术、书法展览活动。

10月19日，泉州市公安局机关党委成立，骆振仑任书记，黄穆龙、蔡燕南任副书记。

10月21日至12月6日，分批举办3期学习中共党史和党建理论轮训班，2830人参加，考试总平均成绩97.9分。

11月7日起，市直机关工会连续3年在机关大院一号楼四层每星期六举办1次周末舞会。后因场所装修一度停办，1995年11月恢复举办。

12月11—20日，抽查市直4个党委、1个党总支、5个党支部党费收缴管理使用情况，进一步健全制度。

1992年

1月9日，泉州市直计委系统纪委成立，黄智远任书记。

2月17日，蔡忠荣任中共泉州市直属机关委员会书记。

3月2日起，检查23个单位1991年下半年民主生活会记录本。

3月7日起，组织学习邓小平视察南方时谈话精神，进一步推动机关职能和作风转变。

3月12日，召开市直机关台湾省籍党员大会，选举出席中共泉州市台籍党员代表会议代表6名，推荐出席省台籍党员代表会议代表候选人初步人选3名。

3月13日，市直机关党委召开全委扩大会议，推荐泉州市出席中共第十四次全国代表大会代表候选人初步人选8名。

3月，举办市直妇女技术练兵活动、技术比赛60多场次200多项，参加2000多人。

4月1日起，组织学习《毛泽东选集》（第二卷）和《邓小平文选》。

4月11日，召开市直机关党员代表会议，选举市直出席中共泉州市代表会议代表29名。

4月15日，召开学习邓小平视察南方谈话精神汇报会，19个系统和8个省部属驻泉单位党委负责人参加。

4月20—25日，举办学习中共党史和马克思主义党的建设理论骨干培训班，参加201人。

4月25—27日，举办“庆五一迎十四大”体育比赛，47个队291人参赛。

4月27日，举办“进一步解放思想”大讨论和“我为党的十四大做什么”为主要内容的黑板报展评，16个系统的25块黑板报参加展评。

5 月 29 日，泉州市直属机关轻工业纪委成立，黄文铃任书记。

6 月 3 日，市直机关党委印发《关于做好党的宣传报道工作的意见》，各级党组织成立报道组，设立宣传信息新闻奖。

6 月 10 日起，开展以清正廉洁、文明施政、全心全意为人民服务为主要内容的教育活动。

6 月 15 日起，在市直机关党员中开展党的宗旨、纪律作风为主要内容的党课教育活动。

6 月 15—30 日，开展党纪党规百题竞赛活动，27 个系统 5151 名党员参赛。

6 月 21 日至 7 月 10 日，开展“讲党性、做奉献、迎接党的十四大”党建系列活动。

6 月，各单位召开以学习贯彻邓小平视察南方谈话精神为主要内容的上半年民主生活会。

6 月，市直机关党委与市委组织部、市委党建办联合召开全市机关党建工作经验交流会，市委书记陈营官出席并讲话。

7 月 6—17 日，市直机关党员干部职工捐款 207901 元，支援南平灾区抗灾，重建家园。

7 月 10 日，市委批转市委组织部、市直机关党委《关于加强和改进市直机关党的工作的意见》，决定中共泉州市直属机关委员会改为中共泉州市直属机关工作委员会，作为市委的派出机构，纳入市委编制序列。中共泉州市直属机关纪律检查委员会改为中共泉州市直属机关纪律检查工作委员会，作为市纪委的派出机构，受市纪委和市直党工委的双重领导，以市直党工委领导为主。

7 月 11 日，泉州市力生实业公司党委和纪委成立，吴家鲜任党委书记，郭桂彬、蔡荣芳任党委副书记，蔡荣芳任纪委书记。

7 月起，贯彻中央组织部、共青团中央关于做好推荐优秀团员作党的发展对象精神，在发展党员工作中，做好推荐优秀团员作党的发展对象。

8 月 22 日，蔡忠荣任中共泉州市直属机关工作委员会书记，蔡天从任市直机关工委副书记，孙澄元任市直纪工委书记。

9 月 21—30 日，举办美术、书法、摄影、篆刻作品展览，60 人 90 多幅作品参展。

10 月 5 日，孙澄元、傅赞基、黄英林、郑玉冰任市直机关工委委员。

10 月 7 日，泉州市物资总公司党委成立，薛祖年任书记，潘水源、柯伙法任副书记。

10 月 23 日起，组织学习宣传中共十四大精神，举办骨干培训班 3 期，参加 1300 多人。宣讲辅导 32 场，参加 4450 人。

10 月，举办“庆国庆，迎十四大”中华大家唱卡拉 OK 演唱会及书法、美术、摄影展览活动。

11 月 25 日，召开中共泉州市直属机关党员代表会议，选举产生市直出席中共泉州市第七次代表大会代表 41 名。

12 月，开展以“七不准”为主要内容的党风廉政建设情况检查，对 60 多个部门进行专项督查，编发反腐倡廉专辑简报 17 期。

是年，泉州源和堂蜜饯公司党委成立。

是年，市直 37 家国营工业企业嫁接外资，泉州力生公司、泉州合成氨厂、泉州源和堂蜜饯公司、泉州罐头厂、泉州糖厂、泉州味精厂 6 个党委及其他单位党组织的党员组织关系集体转移至泉州中侨（集团）公司。

1993年

2月21日，举办经济热点问题讲座，至4月30日共举办5场讲座，参加1700多人次。

3月5日，召开“岗位学雷锋、行业树新风”经验交流会，4个单位、2名个人介绍经验。

3月22日，市直机关工委表彰庄渊泉等68人为市直机关优质服务先进个人。

3月，组织学习《邓小平文选》第三卷和中共十四届三中全会决定。

4月9日，泉州市直党群系统党委和纪委成立，陈国强任党委书记，秦潇湘任党委副书记、纪委书记。

4月15—17日，市直机关工委举办学习中共十四大通过的《中国共产党章程》骨干培训班，参加260人。

4月19日，市委党建办、市直机关工委联合召开学习党章座谈会，12名党务、纪检干部交流学习体会。

4月21日起，市直机关作风整顿工作在103个单位全面铺开。重点整顿运转不灵、效率不高、政令不通问题。整肃机关纪律、工作秩序，改进工作作风，强化服务意识、公仆意识、改革意识。

5月6日，举办市直机关“庆五一”公路、稽征杯交谊舞决赛，12对选手参赛。

5月7日，福建省公路局泉州公路稽征处党委和纪委成立，黄衍宝任党委书记，曾焕然任纪委书记。

5月16日，纪念全国第3个助残日和《中华人民共和国残疾人保护法》发表3周年，举办助残邮品拍卖活动。

5月21日，市委书记陈营官召集市直机关工委等5个市委部门、市政府10个部门党组书记座谈会，研究整顿机关作风抓出成效问题。6月10日，整顿工作告一段落，市直机关共清理803件积压件，103个单位按时完成建章立制工作。

5月，泉州仙荣火电厂纪委成立，王恩来任书记。

6月19日，福建省泉州市邮电局纪委成立，吴希明任书记，林曦任副书记。

6月21日起，开展以“讲党性、学先进、做贡献”为主题的庆祝中国共产党成立72周年党建系列活动。表彰1991—1992年度先进基层党组织76个、优秀共产党员94名、优秀党务干部30名，先进纪检组织3个、优秀纪检干部10名。

6月，市直获省委表彰先进基层党组织2个：市直外经贸委系统党委、市纪委机关党支部；优秀共产党员7名：方庆熙、黄祥川、赖进宝、李献聪、许益愁、张宏钊、郑文伟；优秀党务工作者3名：曾松土、蒋英璠、王惠榕。

7月31日，撤销泉州市直属机关重工业党委、泉州市直属机关轻工业党委，所属党员组织关系隶属市直经委系统党委。

8月10日起，市直机关工委对30个单位1993年上半年党员领导干部民主生活会召开情况进行检查，检查执行中央纪委“五个不准”情况、11个部门专项治理解决的几个重要问题和狠刹几股不正之风落实情况。

8月21日起，学习贯彻中央纪委十四届二次全会精神，理解反腐败斗争的重大意义、指导思想，开展反腐败斗争。

8月28日，市直机关工委、团市委、市妇联联合向泉州市土地局报送《关于集资建房办理征地的申请报告》，获准征地2.09亩（面积1391.50平方米），3个单位联合集资建房30套。

9月18日，泉州市国家安全局机关纪委成立。

10月5日起，组织普及社会主义经济基本知识教育，培训骨干300多人，7000多人参加学习，5000多人参加考试，平均成绩92.55分（百分制）。

10月，市直机关工会参加在湖南召开的30个市机关工会理论研讨暨信息交流会议。

11月10日，组织学习中共十四届三中全会通过的《中共中央关于建立社会主义市场经济体制若干问题的决定》，培训骨干300多人。

12月1日，傅赞基任市直机关工委副书记。

12月，举办纪念毛泽东诞辰100周年专题活动，举办“毛泽东颂”歌诵演唱会，1500多人登台演唱。举办美术、书法、摄影、篆刻作品展览，90多人290多幅作品参展。举办集邮作品展览，12部93框作品参展。

1994年

1月12日，市直纪工委制定《关于处分违犯党纪的党员批准权限的补充规定》，对1987年3月13日市直纪委关于处分违犯党纪的党员批准权限进行重新修订。

1月21日，市直机关工委制定《关于党组织任期、隶属关系和报批权限的补充规定》，规定市直局机关党委由系统党委代管，原由系统党委代管的驻泉部属、省属单位党委由市直机关工委直接管理。

3月5日，市直机关工委表彰“岗位学雷锋，行业树新风”先进单位4个、先进个人8名。开展学习雷锋宣传月活动，召开经验交流会，市委常委、组织部部长李在明出席并讲话。

3月8日，市直机关工委表彰市府办系统党员李东流拾到40万元和出入境证件找到失主归还的事迹。

4月2日，泉州市直教育系统纪委成立，陈古涛任书记。

4月5日，市直机关工委制定《泉州市直机关党工委议事规则（试行）》《关于加强基层党组织生活制度建设的若干规定》《关于党的基层代表大会选举的细则》《关于党费交纳、管理工作的规定》《关于接转党员组织关系的规定》《关于开展“创先争优”活动的意见》《关于开展民主评议党员工作的意见》等10项制度，并汇编成册，发给基层党组织。

4月，泉州市邮电局九一路邮电支局获国家级“青年文明号”，6个单位获福建省“青年文明号”

称号。

4月，市直机关工会表彰张光华等87人为1992—1993年度市直机关优秀工会积极分子。

5月11日，召开学习《邓小平文选》第三卷情况交流会。

5月20日，泉州市直外经系统党委和纪委成立，王明权任党委书记，蒋英璠（专职）、林云强任党委副书记、施维儒任纪委书记。

6月21—30日，市直妇委会举办“七一”书法、美术、摄影展，48件作品参展。举办健身韵律操培训班，200多人参加。

6月21日至7月10日，开展庆祝中国共产党成立73周年党建系列活动，召开市直机关基层党建工作经验交流会。组织学习贯彻泉州市委、市政府《关于加强市级机关廉政建设的暂行规定》，进行党性党风党纪教育。举办学习《邓小平文选》第三卷知识竞赛。

6月，市直机关工委与市委宣传部、泉州电视台联合举办“学习孔繁森，做‘四有’新人”为主题的演讲比赛，14个系统和驻泉省部属党委共18名选手参赛。

7月15日起，组织学习《什么是社会主义市场经济》《现代科学技术基础知识》，举办讲座。

8月16日起，市委组织部、市直机关工委联合举办5场社会主义市场经济理论和基本知识巡回讲座。

9月5—20日，在市直机关大院宣传栏举办美术、书法、摄影、篆刻作品展览，庆祝中华人民共和国成立45周年。

9月24日，举办“万人千队百歌颂中华”大型歌咏演唱晚会，1500多人登台演唱。

9月，发动党员干部为泉州晋江机场建设捐款53万元。

10月5日起，组织学习中共十四届四中全会通过的《中共中央关于加强党的建设几个重大问题决定》，召开全市机关党的组织工作会议，部署深入学习十四届四中全会决定，进行4个专题辅导。

10月19日，开展为福建省革命历史纪念馆建设做贡献活动，捐款40.36万元，超过计划81.8%。

11月4日，召开全市机关党建工作会议，传达贯彻市委七届四次全体（扩大）会议精神，5个党组织介绍经验。市委常委、组织部部长李在明出席并讲话。

11月14日，泉州石油分公司纪委成立，陈守星任书记。

12月5—15日，检查30个机关党支部党建工作情况，针对存在问题，提出整改意见。

1995年

1月6日，市直机关工委制订《关于开展党建“七个一工程”的实施意见》，用3年时间开展“七个一工程”，使党建工作实现“一年一变化、三年大变样”总体要求。

3月1日，市直机关工委编印《基层党建文件汇编》，汇集中央、省、市委以及市直机关工委关于基层党组织建设的相关文件。

3月5日起，组织“一学、二树、三行动”学雷锋活动，抓3月促全年。开展向张鸣岐等8名英雄人物学习活动。表彰刘锡杰等18名学雷锋先进个人。市直机关团委组织400多名青年志愿者为泉州市烈士纪念碑植树，进行革命思想教育。市直妇工委举办“我为‘世妇会’添风采”演讲会。

4月19日，市直机关工委发出号召，开展向孔繁森学习活动。

5月9日，泉州仰恩大学成立党支部，李聪普任书记，周冰宽任副书记。

5月26日起，用3年时间开展一次建设有中国特色社会主义理论和党章的学习活动。

6月16日，泉州市直市委办公室系统党委和纪委成立，曾水来任党委书记，杨福潮任党委副书记，林金南任纪委书记。

6月21日至7月10日，开展“学理论，树典型，抓落实，做奉献”为主题的庆祝中国共产党成立74周年党建系列活动。召开“创先争优”表彰大会，表彰1993—1994年度先进基层党组织81个、优秀共产党员176名、优秀党务工作者89名，先进纪检组织8个、优秀纪检干部16名。举办以歌颂党、歌颂祖国、歌颂社会主义为主题的演唱会。

6月23日，张敬尊任中共泉州市直属机关工作委员会书记。

6月28日起，庆祝《中华人民共和国国旗法》颁布五周年，进行一次教育，举办“福吉杯”有奖征答活动。

6月，市直获省委表彰先进基层党组织3个：泉州邮电局党委、市委组织部机关党支部、市财政局机关党支部；优秀共产党员5名：罗曼玲、周俊、黄清桂、陈超群、郑乙全；优秀党务工作者2名：蔡忠荣、吴天赐。

7月，市直机关团委举办“青少年宫之夏”经济讲座，开展市直、洛江团支部“结对联建”活动。

8月16日，召开企业发展党员工作经验交流会。

8月25日，召开中共泉州市直属机关党员代表大会，选举产生市直出席中共泉州市代表会议代表16名。

9月1日，举办“民族之魂”歌唱晚会，800多人登台演唱抗日歌曲，纪念抗日战争胜利50周年。

9月初，参照省直机关工委名称，中共泉州市直属机关工作委员会名称改为中共泉州市委市直机关工作委员会。

9月11日，市委批转市委组织部、市直机关工委《关于进一步加强和改进我市机关党的建设的意见》，提出开展学习建设有中国特色社会主义理论和党章活动；坚持和完善以民主集中制为核心的党内各项制度；加强和改进机关党的组织建设、党务干部队伍建设；抓好发展党员和党员管理工作；加强党风廉政建设；加强对机关党建工作的领导。决定今后除华侨大学、福建炼油厂外，省部属驻泉单位党组织原则上由市直机关工委管理。

10月6日起，组织学习中共十四届五中全会提出的《中共中央关于制定国民经济和社会发展“九五”计划和2010年远景目标的建议》，举办5场报告会。

10月10日起，开展学习建设有中国特色社会主义理论和党章知识竞赛活动，采取书面答题形式进行，分个人参赛和集体参赛。

10月11日，泉州市供销社机关党委和纪委成立，吴观福任党委书记，李淑贞任纪委副书记。

10月29日，市直机关工委向市委呈报《关于市直机关机构改革中党组织设置的报告》，进一步理顺党组织隶属关系，配齐配强党务干部，市直机关设系统党委13个、局党委10个、系统党总支4个、局党总支15个。

11月30日，市委办公室印发《关于市直机关工委职能配置、内设机构和人员编制方案》。调整市直机关工委3项职能，明确10项主要职责。

1996年

1月3日起，举办“惠源杯”“刺桐花艳”摄影比赛，庆祝泉州市升格为地级市10周年。

1月25日，召开泉州市对口援藏会议，由郑民生介绍援藏情况，开展向西藏朗县人民“送温暖、献爱心”活动，捐款106万元。

1月，开展新春青年志愿者希望工程呼唤爱心宣传募捐活动。

3月5日起，开展“学雷锋、建三德、树新风”主题活动，召开交流表彰会，8个单位进行经验交流。在共青团组织和团员青年中开展“爱我名城”学雷锋系列活动，近千名青年志愿者上街清扫卫生。

4月1日，福建泉州劳教所党委成立，许志升任党委书记，林友钦任党委副书记、纪委书记。

4月，泉州中侨（集团）公司党委（内设5个分党委）划归市直机关工委。

4月，市直机关工会表彰优秀工会积极分子86名，评选并受市总工会表彰优秀工会积极分子9名、热心支持工会工作的党政领导3名、优秀工会工作者1名，先进职工之家2个、先进职工小家2个。

5月4日，开展纪念五四运动活动，组织团员青年进行“爱国、成长、奉献”系列教育。

5月13日起，对1994年以来入党的党员分批进行培训。

5月21日，泉州市直宣传系统纪委成立，林华南任书记。

6月1日，泉州市直机关业余艺术团成立，张敬尊任团长，傅赞基、吴天赐、高锦章、耿永泉任副团长，吴永珍任秘书长。

6月21日至7月10日，开展以“学理论、讲党性、作奉献”为主题的庆祝建党75周年党建系列活动。召开基层党建工作经验交流会。

6月21日，福建省公路一公司纪委成立，吴家仲任书记。

7月22—23日，市直机关工委与泉州军分区政治部联合举办第1届“军旅歌声”演唱比赛，密切军政军民关系。

8月12日起，开展在发展社会主义市场经济中坚持党员标准，充分发挥党员先锋模范作风大讨论。

8月16日，市直机关工委、市直妇工委联合召开“勤廉双优”事迹报告会。

8月25日起，发动干部职工为龙岩灾区捐款203万元及一批衣服。

10月8日起，组织学习宣传贯彻中共十四届三中全会精神，加强社会主义精神文明建设。

10月21日起，对市直开展学习邓小平建设有中国特色社会主义理论和党章的情况进行检查。

10月，纪念红军长征胜利60周年，市直机关团委举办知识竞赛、演讲比赛、征文、座谈、报告会。

11月7日，泉州市商业总公司党委和纪委成立，吴端流任党委书记，吕金锁、苏孝框任党委副书记，苏孝框任纪委书记。

11月9日，市直机关工委表彰1994—1995年度计划生育先进集体和先进工作者。

12月，贯彻中共中央组织部防止党的组织生活娱乐化倾向的通知精神，进一步建立健全组织生活制度，提高组织生活质量。

1997年

1月20日，泉州市工商行政管理局机关党委和纪委成立，王水坤任党委书记，林进通、倪英贤任党委副书记、林进通任纪委书记。

2月13日，召开市直机关台湾省籍党员大会，选举产生市直出席泉州市台湾省籍党员代表会议代表6名。

2月14日，召开市直机关工委全委扩大会议，推荐福建省出席中共第十五次全国代表大会代表候选人初步人选8名。

2月25日起，开展学雷锋、学英模、建“三德”、树新风活动，向雷锋、孔繁森、李国安、李素丽、林炳熙、徐虎、邱娥国，济南交警、漳州110学习。

3月5日，市直机关团委开展“青年志愿者学雷锋活动月”“十佳”评选活动，培养青少年积极向上、努力进取精神。

3月7—8日，市直妇工委举办“庆三八、迎回归”联欢晚会、百名女子登山比赛。

3月10日，泉州市医药管理局机关党委和纪委成立，陈国荣任党委书记、傅子污任纪委书记。

3月21日，市直机关工委召开全委会，根据多数党组织或多数党员意见，推荐市直出席中共福建省代表会议代表候选初步人选12名。

3月26日，举办“讲学习、讲政治、讲正气”活动知识竞赛，15个代表队参赛。

4月上旬，召开“创文明机关、做人民公仆”新闻发布会，市委办公室、市人大常委会办公室、市政府办公室、市政协办公室、市纪委办公室联合发布倡议书，并接受新闻记者采访。

4月11日，市直机关工委、市直妇工委联合召开“勤廉双优”先进事迹报告会，表彰先进集体4个、先进个人10名。

4月20日起，开展《中国共产党发展党员工作细则（试行）》贯彻执行情况检查。

4月22日，市直机关工委、市委老干部局、市关工委联合制订《关于加强市直机关关心下一代工作的意见》，召开座谈会，筹备成立市直机关关工委。

4月23日，召开市直机关党员代表大会，选举产生市直出席中共泉州市代表会议代表62名。

5月5日，市直机关工会举办“庆五一、迎回归”文艺晚会，慰问泉州晚报印刷厂一线职工。

5月8日起，按照动员学习、对照检查、总结提高3个阶段，组织学习贯彻《中国共产党党员领导干部廉洁从政若干准则（试行）》《中国共产党纪律处分条例（试行）》。

5月10日起，市直机关工会与省五建、市公安局、市国家安全局、市中级人民法院联合举办3场庆“五一”文艺晚会，慰问生产第一线城建职工。

5—6月，组织“勤廉双优”先进事迹巡回报告13场。

6月1日起，组织学习江泽民5月29日在中央党校省部级干部进修班毕业典礼上的讲话。

6月21日至7月10日，开展“讲党性、作奉献，迎接党的十五大召开”党建系列活动。组织撰写新时期党的建设理论和实践问题的党建论文，参加全市党的建设理论研讨会。表彰1995—1996年度先进基层党组织71个、优秀共产党员174名、优秀党务工作者72名，先进纪检组织8个、优秀纪检干部18名。

6月22日，举办“迎接香港回归祖国”美术、书法、摄影、篆刻作品和专题集邮展览。

6月25日至7月5日，开展迎接和庆祝香港回归祖国“庆七一、迎回归”系列活动。

6月，举办“爱中华、迎回归”形势报告会，邀请中英土地委员会首席代表陈荣春作香港历史现状、回归后的发展前景报告。举办《中华人民共和国香港特别行政区基本法》讲座，进行爱国主义教育。

7月10日起，市直各单位党组织召开党员领导干部廉洁从政专题民主生活会，从6个方面进行对照检查。

7月17日，泉州市直政法系统纪委成立，饶桑源任书记，苏解放任副书记。

7月18—21日，举办泉州市第2届“军旅歌声”演唱比赛，军队和地方歌手、专业和业余歌手参赛。

7月，省直机关工委常务副书记江祥钦，泉州市委书记何立峰、副书记骆灿堂分别到市直机关工委调研。

9月20日起，组织学习中共十五大精神，举办3期党务干部、理论骨干培训班，参加150人。

10月17日，泉州市直机关关心下一代工作委员会成立，张敬尊任名誉主任，卫康民任主任，孙易鍪、蔡天从任常务副主任，饶声严等9人任副主任，黄英林任秘书长。

10月21日，召开泉州市直机关关心下一代工作委员会成立大会，市委副书记李在明，市委巡视员、市关工委主任尤垂镇出席并讲话。

11月初，召开共青团泉州市直属机关代表会议。

11月6日，市直机关工委副书记蔡天从兼任市直纪工委书记。

11月10日，泉州市公安局机关纪委成立，林国耀任书记，杨万辉任副书记。

11月10日，泉州市直属机关交通纪委成立，傅炳煌任副书记。

11月14日，召开市直机关党员代表大会，选举产生市直出席中共泉州市第八次代表大会代表40名。

12月10日，市直机关工委制订《关于开展民主评议党员工作的意见》，按照中共十五大通过的党章对党员的要求开展民主评议党员。

12月10日，泉州市龙门滩引水工程管理处纪委成立，彭诗针任书记。

12月26日，中国建设银行泉州市分行机关党委和纪委成立，连育青任党委书记，杨丹蓉任党委副书记、纪委书记。

12月26日，泉州港务局纪委成立，许德法任书记。

12月，市直机关团委组织共青团组织开展“联建结对”活动。

1998年

1月8日，贯彻省、市委组织部通知精神，做好党旗党徽配备工作，开展尊重和爱护党旗党徽活动。

1月10日起，基层党委召开1997年下半年党委民主生活会，重点检查在实行民主集中制和干部人事工作、厉行节约制止奢侈浪费行为方面的情况。

1月12日，召开学习中共十五大报告情况汇报会，8个系统、单位党委负责人发言，58个单位领导写出学习体会。

1月15日，泉州市人民检察院机关党委和纪委成立，王胜平任党委书记，柳家枞任党委副书记，庄福兵任纪委书记。

1月，熊建中、陈丽珠任市直机关工委委员。

2月5—10日，市直机关工委开展党费收缴管理使用情况检查，针对存在问题，进一步强化措施，健全制度，加强管理。

2月12日，市直机关工委发出《关于认真做好基层党组织换届选举工作的通知》，要求12个任期届满党委在4月底前全部完成换届选举工作。

3月10—15日，举办3场科级以上干部学习邓小平理论辅导讲座，邀请厦门大学经济学院教授作报告，参加3000多人次。

3月30日，中共中央颁布《中国共产党党和国家机关基层组织工作条例》，采取多种方式，组织基层党组织和党务干部学习，开展调查研究，起草贯彻《中国共产党党和国家机关基层工作条例》的意见。

4月10日，市直机关工会与市直外经系统工会联合会联合举办产业工会联谊会，交流工作经验。

4月12日，在市委机关大院宣传栏举办改革开放20年成就专栏。至12月底，共刊出58篇体会文章。

4月21日起，响应市委号召，开展向郑民生、张忠义、李永远，蔡马追4名援藏干部学习活动。

5月13日至6月13日，举办党务干部理论骨干培训班，进行解放思想、实事求是等6个专题培训，参加499人。

5月19日起，为庆祝中国共产党成立77周年暨纪念中共十一届三中全会召开20周年，组织撰写党建论文参加泉州市党建学会论文交流。

5月，召开党性党风党纪教育工作经验交流会，省五建等4个党组织介绍经验。市委常委、市纪委书记林荣取出席并讲话。

6月9日，市直机关工委制订《关于在市直机关、单位开展建设“五好”党支部活动的实施意见》，以有一个好的领导班子、有一支好的党员队伍、建立健全一套好的党建制度、形成一种好的思想作风、创造一流的好业绩为标准，开展建设“五好”党支部活动。

6月11日，市直机关工委制定《泉州市直机关基层党支部工作细则（试行）》，规范党支部组织设置、主要职责、主要制度、党员教育和思想政治工作、纪律检查工作。

6月14日起，开展“世界环境月”活动，举办“妇女、环境、家园”主题宣传教育，举办环保知识讲座，参加150多人。

6月21日起，开展“振奋精神，增强党性、再创新业”为主题的庆祝中国共产党成立77周年党建系列活动和纪念中共十一届三中全会召开20周年系列活动。

7月10日起，市直机关工委管理驻泉省部属单位党委民主生活会，派人参加会议，收集汇总会议情况。

7月16日，市直机关工委印发《关于兴起学习邓小平理论新高潮的通知》，总结理论教育经验，办好理论骨干培训班，加强检查督促工作，加强对邓小平理论的研究和宣传。

7月24—26日，市直机关工委、泉州军分区政治部、鲤城区委、丰泽区委联合举办第3届“军旅歌声”演唱比赛。7月31日，举办军民联欢晚会暨颁奖仪式。

7月27日，市委书记何立峰到市直机关工委调研，就加强全市机关党建工作提出4条要求。

7月，召开市直机关理论学习经验交流和表彰大会，表彰10名最佳理论学习积极分子和100名理论学习积极分子。

8月11日起，组织10个考评组对208个申报第一轮“五好”党支部进行考评。

8月18日至10月15日，开展1997—1998年上半年党建工作调研，重点调研基层党组织实现机关党建工作走前头的思路、措施、途径。

9月23—25日，举办中国共产党基本信息管理系统培训班，推进在党内统计工作和基层党务管理工作中采用现代化手段。

9月起，组织发动干部职工向宁夏贫困地区募捐28万元，支持南平灾区募捐37万元，支援长江抗洪救灾募捐340万元，以及大量救灾物资。

10月21日，泉州市直经委系统纪委成立，林清汉任书记。

10月21日，撤销福建省泉州市邮电局党委和纪委，分别设立福建省泉州市邮政局、福建省泉州市电信局党委和纪委。同日，福建省泉州市邮政局党委和纪委成立，黄应元任党委书记，寇光亮任纪委书记。

10月22日，召开市直机关党建工作座谈会，交流机关党建“走前头”的经验和做法。市委副书记骆灿堂出席并讲话。

11月1日，市直机关工委表彰77个第一轮先进“五好”达标党支部、122个“五好”达标党支部。

11月10日，福建省泉州市电信局党委和纪委成立，许松林任党委书记、纪委书记。

11月10日，泉州市粮食局机关党委和纪委成立，苏剑飞任党委书记，张天柱、方生才任党委副书记，方生才任纪委书记。

11月16日，召开创建“五好”党支部经验交流会，总结推广28个党支部经验。

11月20日，市直纪工委召开政法、工商等8个单位队伍教育整顿工作座谈会。

12月1日，泉州市中级人民法院机关党委和纪委成立，曾镇钦任党委书记，曾文远任党委副书记，曾镇钦任纪委书记，林丽珍任纪委副书记。

12月4日，市委印发《关于贯彻中国共产党党和国家机关基层组织工作条例的意见》，规定机关党建工作的指导思想；合理设置机关党的组织机构；全面履行机关党组织职责；加强党员的教育、管理和发展工作；强化党内监督；加强和改进机关思想政治工作；加强党务工作人员的队伍建设；加强对机关党的基层组织工作的领导和指导。

12月4日，市委印发《关于同意成立市直业余党校的批复》。同月，市委、市政府编制委员会批准市直业余党校为正科级事业单位，挂靠市直机关工委。

12月7日，市委召开全市机关党建工作会议，进一步贯彻落实《中国共产党党和国家机关基层组织工作条例》，5个县（市）直机关党（工）委，11个市直基层党组织交流经验。市委书记何立峰就全面推进机关党建提出要求。

12月8—10日，市直机关工委与市委宣传部联合对24个部门党组（党委）理论学习中心组学习情况进行检查。

1999年

1月12日起，驻泉省部属单位党委按照市纪委、市委组织部通知精神，召开1998年下半年党员领导干部民主生活会。

1月26日，召开理论学习经验交流会，表彰郑增辉等99人为市直机关“学习邓小平理论积极分子”，其中施能泉等10人为“十佳积极分子”。

1月30日，召开市直机关老年人体育协会第二次会员代表大会，选举产生第二届委员会，张田丁任主席，副主席8人，梁挺秀任秘书长，副秘书长3人，委员43人。

3月1日起，开展“学雷锋，做人民满意公务员”活动，召开报告会。

3月12日，邀请“全国人民满意公务员先进集体”南安市地税局为机关干部作报告，学习他们的先进事迹。

3月30日，市委确定市直机关工委委员黄英林、熊建中、郑玉冰为副处级干部。自此，市直机关工委新任委员均按副处级领导职务配备。

3月，举办3期科级以上干部学习邓小平理论辅导讲座，邀请厦门大学教授作报告。

4月5日起，对1996—1998年发展党员工作情况进行检查，3年共发展党员1743名。接受泉州市委组织部的复查和福建省委组织部的抽查。

4月10—14日，举办市直机关第1期入党积极分子培训班，参加120人。此后，定期举办党的基本知识培训班，对发展对象和入党积极分子进行培训。

4月18—22日，举办纪检干部培训班，参加400多人，进一步提高纪检干部政治思想和业务素质。

4月20日，召开市直关工委报告团成立大会，向报告团团长卫康民、副团长许在全、孙易鍫、朱义斌等14名老干部分别颁发团长、副团长、讲师聘书。市委常委、宣传部部长洪辉煌，市关工委主任尤垂镇到会祝贺。

4月5日至6月4日，举办第1期科级干部理论培训班，学习邓小平社会主义观、经济理论和党建思想，以及金融、法律、科技等知识，100多人参加。

5月6日起，贯彻中央、省、市委组织部关于维护社会稳定的通知精神，发挥基层党组织和党员在维护社会稳定中的作用。

5月10日，市直机关工委制定《关于实行党风廉政建设责任制规定的实施细则》，对党风廉政建设责任范围、责任内容、责任考核、责任追究作出规定。

6月15日起，开展以“学理论、学党章、讲党性、作贡献”为主题的庆祝中国共产党成立78周年党建系列活动。市直机关工委表彰1997—1998年度先进基层党组织51个、优秀共产党员83名、优秀党务工作者47名，先进纪检组织7个、优秀纪检干部15名。召开基层组织建设经验交流会，17个党组织介绍经验。

6月，市直机关工会召开声讨北约野蛮轰炸中国驻南斯拉夫大使馆座谈会，开展形势教育和爱国主义教育。

6月，成立14家新经济组织团支部，市直机关团委派出团干部到清濛科技开发区讲团课。

7月2日，泉州市水利水电局机关党委和纪委成立，陈元殿任党委书记，余早喜任党委副书记，邱国玺任纪委书记。

7月24—26日，为庆祝中国人民解放军建军72周年、中华人民共和国成立50周年，举办泉州市第4届“军旅歌声”演唱比赛和“庆八一”军民联欢晚会。

7月25日，开展领导干部学理论优秀论文评选活动，评出优秀理论文章50篇。

8月6日，市直机关工委印发《关于加强机关党建信息工作的通知》，创办刊物《泉州机关党建信息》，成立以工委分管领导为主任的编委会。当年，编发正刊10期。

8月10—12日，市直机关工会与外资企业工会联合举办文艺骨干培训班，45名会员参加舞蹈、书法、音乐、摄影培训学习。

8月18—22日，按照市委要求，调阅8个部门、单位党组中心组学习记录和个人学习笔记，并向市委作专题报告。

8 月 31 日，举办庆祝泉州解放 50 周年报告会，请离休干部朱义斌作泉州革命斗争历史报告，市政府副市长高厚生作泉州 50 年辉煌成就报告，1000 多人参加。

9 月 8 日，市直机关工会、市直邮协联合举办“庆祝泉州解放 50 周年座谈会”，请老干部、老领导讲泉州解放历史。

9 月 20—30 日，举办“辉煌 50 周年”成就图文展，7 个系统、行业单位参展。开展专题集邮活动，展示中华人民共和国成立 50 周年的辉煌成就。

9 月 29 日，泉州市司法局机关党委和纪委成立，林光顺任党委书记，兰东亮任党委副书记、纪委书记，王荔生任纪委副书记。

9 月，贯彻《中共中央关于加强和改进思想政治工作的若干意见》，推进以理想信念教育为核心的思想政治工作。

10 月 7 日，组织党员干部听取“人民满意公务员”陈欠水、王日新先进事迹报告。

10 月 15 日，市直机关工委领导班子开展以“讲学习、讲政治、讲正气”为主要内容的党性党风教育，制订党性党风方面存在主要问题的整改方案。12 月 22 日，集中学习教育活动结束。

10 月 25 日至 12 月 1 日，举办 2 期市直党组织组织委员培训班，学习邓小平党建理论、《中国共产党党和国家机关基层组织工作条例》，以及基层组织工作业务知识，参加 567 人。

10 月，开展领导干部学理论优秀论文评选活动，参评 117 篇，评出优秀理论文章 50 篇。

11 月 1 日，市直机关工委对建立党员活动室作出规定，各级党组织本着庄重、严肃、整洁、实用的原则建立党员活动室，开展党的活动。

11 月 16 日，召开创建“五好”党支部经验交流会，总结推广 28 个单位的经验，表彰 77 个先进“五好”党支部、122 个“五好”党支部。

11 月 23 日，福建省泉州中国旅行社纪委成立，蔡爱萍任书记。

12 月 5—8 日，省直机关工委常务副书记江祥钦带领检查组，在泉州市委副书记骆灿堂陪同下，对泉州市贯彻《中国共产党党和国家机关基层组织工作条例》、省委《关于贯彻〈中国共产党党和国家机关基层组织工作条例〉实施办法》情况进行检查，对深入贯彻工作提出要求。

12 月 15 日起，贯彻省纪委、省监察厅《关于制止党和国家机关工作人员赠送和接受“红包”的暂行规定》，在元旦、春节期间进行一次整治、遏制送收“红包”。

2000 年

1 月 1 日起，《泉州机关党建信息》除编发正刊外，编发增刊，当年编发正刊 25 期、增刊 17 期。

1 月 18 日，市直机关工委、市计划生育工作委员会联合表彰 1998—1999 年度计划生育工作先进单位 80 个、先进工作者 125 名。

1 月 25 日，市直机关工委成立贯彻落实党风廉政建设责任制领导小组，张敬尊任组长。

1 月 31 日，制订市直机关工委党风廉政建设责任制考评办法，采取量化考评办法，分层次开展党风廉政建设责任制落实情况考核。

2月21日，福建泉州移动通信分公司党委和纪委成立，刘卫国任党委书记，苏明明任纪委书记。

3月1日，市委批转市直机关工委《关于在市直机关开展“创建党建工作先进单位”活动的意见》，创建活动在市委统一领导下进行，由市直机关工委组织实施，原则上评选表彰每两年进行一次，第一年初评，第二年总评。

3月16日，市直机关工委制定《泉州市直企业党建工作基本规范》，对工作机制、班子建设等10个方面进行规范。

3月24日，市直机关工委制定《关于加强市直机关党内监督的实施意见》，规定监督职责、主要方法、责任考核。

4月3日，市直机关工委制定《关于在市直机关开展创建“党建工作先进单位”活动的实施办法》，规定基本条件、组织领导和评选办法。

4月5日，市直机关工委制定《泉州市基层党建工作规范基本要求》，规范基层党委、党支部工作及有关工作程序。

4月6日起，开展向基层党组织先进典型安溪县（铭选）医院党总支学习活动。

4月12日起，执行中央纪委、中央组织部关于党员领导干部民主生活会的规定，每半年召开一次改为每年召开一次，时间安排在4—8月。

4月15—19日，对1996—1998年发展党员工作情况进行检查，抽查80个党支部、653名新党员入党资料。

4月26日至6月25日，举办第2期科级干部理论培训班，参加88人。

5月8日，泉州市委老干部局机关党委和纪委成立，王素华任党委书记、李贻先任党委专职副书记、纪委书记。

5月8日，泉州市国家税务局机关党委和纪委成立，谢燕南任党委书记，吴惠榕任党委副书记、纪委书记。

5月9日，市委办公室印发市直机关工委《关于市直机关党建工作责任制的暂行规定》，规定党组（党委）、党员领导干部、机关党委（党总支、党支部）承担的责任。

5月11日，制定《中共泉州市委市直机关工作委员会工作制度》，规范会议制度、学习中心组制度、机关政治学习制度、财务管理制度等11项制度。

5月，市直机关工会组织首批部分劳动模范、先进工作者、老职工代表赴北京观光学习。

6月12日，对第一轮建设“五好”党支部考评细则进行修改，考评内容五大项19分项49小项。

6月20日起，开展“学习‘三个代表’重要思想，保持共产党员先进性”为主题的庆祝中国共产党成立79周年党建系列活动。

6月28日，召开市直机关“创建党建工作先进单位”活动座谈会，市委副书记骆灿堂对创建活动提出3点要求。

6月30日，泉州市委党校机关党委和纪委成立，陈东水任党委书记，尤文端任党委副书记、纪委书记。

6月30日，泉州市城区农村信用合作社联合社党委和纪委成立，康清桂任党委书记，谢育民任党委副书记，许瑞英任纪委书记。

7月24—28日，为争创泉州市双拥模范城“五连冠”，举办第5届“军旅歌声”演唱比赛和军民联欢暨颁奖晚会。

8月4日，泉州市政协机关党委和纪委成立，黄利禾任党委书记，蔡天从任党委副书记，吴航航任纪委书记。

8月，开展“金秋助学送温暖”活动，帮扶因遭遇灾祸而就学困难的4名职工子女。

9月1日，市直机关工委建立机关党建信息工作考核评比制度，评选信息工作先进单位和优秀信息员，每年召开一次全市机关党建信息工作会议暨表彰会议。

9月11—30日，响应市委、市政府“举全市之力，办泉州师院”号召，发动党员干部为实施科教兴市战略捐款。

9月25日，举行市直机关庆国庆登清源山活动，52支代表队参加。

9月，黄英林任市直机关工委副书记。

10月10日，泉州晋江机场（股份）有限公司党委和纪委成立，李时势任党委书记，姚白任党委副书记、纪委书记。

10月18日起，组织学习中共十五届五中全会通过的《中共中央关于制定国民经济和社会发展第十个五年计划的建议》。

10月29日，经市委批准，原隶属市直机关工委直接管理的泉州市公路局党委、泉州市汽车运输总公司党委和原委托市直经委系统党委代管的泉州港务局党委、泉州港务集团有限公司党委划归市直交通党委代管。

10月，福建泉州海事局党委和纪委成立，吴友恩任党委书记，孙雷锭任党委副书记、纪委书记。

11月7日，泉州港务集团有限公司党委和纪委成立，邱聪明任党委书记，李民义任党委副书记、纪委书记。

11月14日，市直机关工委表彰第二轮先进“五好”党支部121个、“五好”党支部212个，经过两轮创建活动，先进“五好”和“五好”党支部占支部总数的61.3%。

11月15—18日，组队参加省直机关工委举办的全省首届机关党务干部运动会，24人参加4项比赛。

11月24日，召开市直机关创建“五好”党支部活动经验交流暨表彰大会，市委副书记骆灿堂对开展创建活动提出3点要求。

12月13日，市直机关工委制定《关于在民主评议党员中严肃处置不合格党员的意见》，对不合格党员的处置提出具体要求。

12月30日，为迎接21世纪到来，举办“跨越新世纪”环城跑活动，全程5公里。

12月，举办以“迎接新世纪”为主题的专题集邮活动。

2001 年

1 月 8 日，泉州出入境检验检疫局机关党委和纪委成立，蔡桂英任党委书记，陈勤英任党委副书记、纪委书记，陈和杰任党委副书记。

1 月，开展“三个代表”重要思想学习教育活动，在《机关党建信息》开辟领导干部学习体会文章交流专栏，刊出 22 篇，编印学习辅导材料 25000 册，制作软盘 60 盘，抽查 116 个党组织学习教育活动情况。

2 月 1 日，召开加快机关党建走前头工作会议，市委书记刘德章，市委副书记骆灿堂，市委常委周振华、吴汉民，市委党建工作领导小组成员听取市直机关工委书记张敬尊汇报。刘德章讲话。

2 月 8 日，市直机关工委召开学习贯彻中共十五届五中全会精神座谈会，交流学习贯彻情况。

2 月 8 日，制订《关于在市直机关深入开展“三个代表”重要思想学习教育活动的实施意见》，成立学习教育活动领导小组和办公室，每季度安排一次学习教育课程。

2 月 21 日，市委召开全市机关党的工作会议，张敬尊总结 2000 年工作，部署 2001 年工作。市委书记刘德章，市委副书记骆灿堂，市委常委、组织部部长周振华，市委常委、宣传部部长洪辉煌出席会议。刘德章讲话，对机关党建工作走在全市党的建设前列提出要求。

2 月 25 日起，开展以领导班子建设好、“六大员”作用发挥好、制度健全执行好、活动经常效果好为主要内容的创建“五好”关工委活动。

3 月 5 日起，市直团工委开展保护母亲河活动，发动捐款种植“21 世纪青年林”。在青年文明号集体中开展助残活动，举办中国手语培训班。

3 月 11—15 日，市直纪工委开展落实党风廉政建设责任制规定检查，30 多个系统、单位开展自评自查，组织对 9 个单位进行专项检查。

3 月 27 日，制订《市直机关开展党性党风教育的意见》，解决党员干部特别是党员领导干部在坚持党的宗旨和理想信念方面存在的问题，组织收看电视剧《一代廉吏于成龙》。

3 月 30 日至 4 月 30 日，组织参加庆祝中国共产党成立 80 周年党的知识竞赛活动，学习知识竞赛 800 题，以答题卡形式参赛。

4 月 5 日，在市委机关大院宣传栏举办《党旗飘飘——机关党建成就展》，庆祝中国共产党成立 80 周年，展现机关党建新风采。成就展于 12 月结束，共展出 8 期 29 个版面。

4 月 13—25 日，开展“扶贫济困送温暖”捐助活动，完成对口捐助宁夏贫困地区款项任务。

4 月 15 日起，开展庆祝中国共产党成立 80 周年“共产党好”征文和演讲比赛，共收到征文 268 篇，评选出优秀征文稿 50 篇，30 篇参加演讲比赛。

4 月 16—20 日，组织 4 个检查组，对 16 个系统的 32 个党支部开展“三个代表”重要思想学习教育活动第 1 阶段情况进行检查。

4 月 18 日起，按照市委关于增强党的建设活力专题调研的统一部署，组成关于机关党建“走前头”调研组，到南安、惠安、洛江和市直5个系统（局）党委开展调研活动，向市委呈报调研报告。

4月28日，市直机关工会与泉州电业局联合举办庆“五一”联欢晚会。

5月4日起，市直团工委组织团员青年开展“早日站在党旗下”主题教育活动。

5月14日至6月30日，对申报参评“机关党建工作先进单位”的51个单位进行检查考评，评出创建活动好的单位9个、较好的单位33个、一般的单位9个。

5月15日，制订市直机关、事业、企业、离退休人员党支部分类考评标准和内容，实行分类考评“五好”党支部办法。

5月17日，泉州市直交通系统党委和纪委成立，陈明泉任党委书记，林素琴任党委专职副书记，吴荣中任纪委书记。

5月17日起，组织党员参加福建省庆祝中国共产党成立80周年知识竞答活动。

6月7—8日，第10次市、县（市、区）直机关工委书记联席会议在丰泽区召开，市委书记刘德章，市委副书记、组织部部长周振华，市人大常委会副主任魏坚出席会议。省直机关工委常务副书记江祥钦讲话。

6月20日至7月10日，开展以“共产党好、社会主义好、改革开放好”为主题的庆祝中国共产党成立80周年系列活动。开展“党员奉献周”活动，21个党委组织党员在市区东街、文化宫、温陵路、涂门街、威远楼开展利民便民活动。市直集邮协会与市邮政局共同设计“日出东方”纪念邮册。

6月26日，召开市直机关基层组织建设经验交流会暨“创先争优”表彰会。表彰1999—2000年度先进基层党组织40个、优秀共产党员75名、优秀党务工作者38名。

6月28日，中国联通有限公司福建泉州分公司党委和纪委成立，涂育杰任党委书记，许红旗任纪委书记。

6月，举办市直老体协运动会，设5个集体项目、4个个人项目，组团参加泉州市老年人运动会。

6月，市直获省委表彰先进基层党组织3个：市人事局机关党总支、市百源干休所党支部、泉州师院党委。

7月5日，组织党员干部收看中央电视台特别节目《聚焦远华特大走私案》，进行警示教育。

7月6—10日，组织4个检查组，对6个机关党支部和26个企事业单位党支部开展“三个代表”重要思想学习教育活动第2阶段情况检查。

7月21日，市直机关工会举办游泳比赛，22个单位118名运动员参加3项比赛。

7月24—28日，举办党支部书记培训班，学习江泽民“七一”讲话和党务知识，380人参加。

7月25日，市委决定泉州师范学院党委由隶属市直机关工委管理改为隶属市委直接管理；泉州中侨集团股份有限公司党组织划归市直机关工委，隶属市直经委系统党委直接管理。

7月28日，举办全市机关“颂歌献给党”演唱比赛暨颁奖晚会。

8月10日，市直机关工委召开以增强党建活力，找准党性党风方面存在的突出问题为主要内容的2001年党员领导干部民主生活会。

8月27日，市直机关工委召开全委会，在基层党组织酝酿推荐的基础上，推荐市直出席中共福建省第七次代表大会代表候选人初步人选9名。

8月28日，召开学习江泽民“七一”讲话活动汇报会，8个单位领导发言，市直机关工委对下阶段学习提出3条意见。

9月14日，召开市直机关党员代表大会，选举产生市直出席中共泉州市第九次代表大会代表48名。

9月20日起，根据市委《关于调整市直机关党组织设置的通知》，撤销市直科委系统党委，改设科委机关党委，增设市直卫生系统党委，市直共设15个系统党委，增设9个机关党委。

9月29日起，组织学习中共十五届六中全会通过的《中共中央关于加强和改进党的作风建设的决定》，解决思想作风、学风、工作作风、领导作风和干部生活作风五个方面问题。

10月4—9日，检查16个党组（党委）中心组学习情况，市直机关共建立理论学习中心组84个，参加学习的处级以上党员干部389人。

10月24日，市直机关工委制订《关于认真做好机构改革中市直机关党的组织工作的意见》，调整党组织设置，理顺党组织隶属关系和管理权限。

11月3—7日，组织4个检查组，检查16个党组（党委）、16个机关党支部学习贯彻中共十五届六中全会精神和江泽民“七一”讲话精神情况。

11月，市直机关工委副书记黄英林兼任市直纪工委书记，赵育斌任市直机关工委副书记。

12月10日，市直机关工委制订《关于开展民主评议党员工作的实施意见》，按照中共十五大通过的党章对党员的要求进行评议。

12月13日，召开机关党建信息员座谈会，参加50多人，总结《泉州机关党建信息》刊物创办以来情况，表彰信息工作先进集体8个、先进工作者12名。

12月24日，泉州市人大常委会机关党委和纪委成立，王仁山任党委书记，郑泉水任党委专职副书记、纪委书记。

12月25日，市委书记刘德章，市委常委、秘书长吴汉民到市直机关工委调研，对机关党建“走前头”提出具体要求。

12月27日，泉州市第11次市、县（市、区）直机关工委书记联席会议在洛江区召开，总结交流2001年机关党建工作情况，研究2002年工作思路。

12月30日，举办“迎新年”登清源山比赛。

12月31日，市直机关工委表彰第三轮先进“五好”党支部45个、“五好”党支部136个，第一、二轮“五好”党支部在第三轮创建活动中评为先进“五好”党支部61个。表彰组织开展建设“五好”党支部活动先进单位40个、先进工作者20名。

12月，开展学习“三个代表”重要思想优秀体会文章评选活动，收到文章98篇，评选表彰22篇。

是年，市直机关工会组队参加泉州市第五届职工运动会，获第一名1项、第二名2项、第三名2项、第四名1项。

2002年

1月9日，市直机关工委牵头召开市直、鲤城区、丰泽区、泉州经济开发区台湾省籍党员大会，推荐中共全国代表大会台湾省籍代表候选人初步人选1名、福建省台籍代表会议代表候选人初步人选4名，选举出席泉州市台籍代表会议代表8名。

1月14—18日，市直机关工委组织3个检查组，对党组（党委）中心组贯彻中共十五届六中全会情况进行抽查。

1月15日，泉州晚报社机关党委和纪委成立，施能泉任党委书记，朱定波任党委副书记，刘鹏南任纪委书记。

1月23日，市直机关工委召开全委扩大会议，表决通过出席中共福建省代表会议代表候选人初步人选9名。

1月23日，泉州市纪委机关党委和纪委成立，吴丽清任党委书记，陈守川任党委专职副书记、纪委书记。

1月26日，市直机关老年人体育协会召开第三次会员代表大会，选举产生第三届委员会，张田丁任主席，副主席8人，梁挺秀任秘书长。

1月31日，召开全市机关党的工作会议，张敬尊总结2001年机关党的工作，部署2002年机关党的工作。表彰第三轮先进“五好”党支部和“五好”党支部。市委书记刘德章出席并讲话。

2月25日，经基层党组织自下而上推荐，推荐刘德章、苏新添为出席中共第十六次全国代表大会代表候选人初步人选，推荐在省里工作的9名省级领导为十六大代表候选人初步人选。

2月27日，泉州市海洋与渔业局机关党委和纪委成立，朱启平任党委书记，林金辉任党委专职副书记、纪委书记。

2月27日，泉州市地方税务局机关党委和纪委成立，施维雄任党委书记，苏承改任党委副书记、纪委书记，郑永勤任党委副书记。

3月1日，市直机关工委制订《关于市直机关学习贯彻〈公民道德建设实施纲领〉的实施意见》，明确指导思想、具体要求、主要内容、组织领导。

3月1日起，开展“巾帼建功”“建五好文明家庭”活动，举办先进事迹报告会，促进家庭美德建设，举办“姐妹情、伴我行”联欢会。

3月8日，召开市直机关宣传思想工作会议，部署宣传思想工作，为迎接中共十六大召开营造浓厚氛围。

3月21日，调整充实市直关工委成员，张敬尊任名誉主任，卫康民任主任，孙易鳌、肖清辉、黄英林任常务副主任，张文良任秘书长。

4月2日，经市委批准，市直机关精神文明建设领导小组成立，市委常委、秘书长吴汉民任组长，张敬尊任常务副组长，副组长7名，成员14名，下设办公室，依托市直机关工委办公。

4月5日，为迎接中共十六大召开，举办实践“三个代表”先进事迹展，运用摄影、图片、美术、诗歌等形式，宣传先进典型和模范事迹。

4月8—12日，开展中专、中学发展党员情况调研和1999—2001年发展党员工作检查，在市直推行发展党员公示、预审制度。

4月11日，泉州商贸学校党委和纪委成立，李寿钊任党委书记，林秉高任党委副书记，纪委由3名委员组成，未设纪委书记、副书记。

4月23日，市直机关工委制订《关于加强机关效能建设的实施意见》，设置机关事务公开意见箱、举报电话，接受群众监督。

4月25日至6月15日，组织5个考评组，对79个单位开展第一轮创建“党建工作先进单位”活动情况进行考评，并向市委呈报考评情况报告。

4月26日，泉州市公安局交通警察支队党委和纪委成立，王清时任党委书记，朱学盛任党委副书记，柯平均任纪委书记。

4月29日，泉州机关党建网站开通，市委副书记、组织部部长周振华出席演示会并点击开通。

5月1日起，市直团工委开展“青春献十五”为主题的青年文明号创建、青工创新创效、青年岗位能手赛。

5月14日，泉州市直卫生系统党委和纪委成立，苏小青任党委书记，林聪顺任党委副书记，黄朝坚任纪委书记。

5月29日，泉州市广播电视局机关党委和纪委成立，蔡永华任党委书记，温志加任党委副书记、纪委书记，黄珊珊任党委专职副书记。

5月30日，市直机关精神文明建设领导小组召开第一次成员会议，审议通过《关于进一步加强市直机关精神文明建设的意见》。吴汉民就增强机关精神文明建设实效提出要求。

5月31日，仰恩大学党组织划归省委教育工委，153名党员组织关系集体转移。

6月1日起，组织党员干部学习江泽民在中央党校省部级干部进修班毕业典礼上的讲话，统一思想，迎接中共十六大召开。

6月3日起，开展“建五好支部、当人民公仆、迎十六大召开”为主题的庆祝中国共产党成立81周年党建系列活动，为中共十六大召开营造浓厚氛围。

6月24日，泉州市商业银行党委和纪委成立，刘中黔任党委书记，林海强任纪委副书记。

6月27日，召开泉州市创建“机关党建工作先进单位”经验交流暨表彰会，市委表彰市委办公室等7个单位为第一届机关党建工作先进单位，通报表扬创建成效明显单位21个，7个先进单位介绍经验。市委书记施永康出席并讲话。

6月27日，市委办公室印发《中共泉州市委市直机关工作委员会职能配置、内设机构和人员编制规定》，保留市直机关工委，是市委的派出机构，为正处级。

6月29日起，根据市委、市政府《关于市直党政机关内设机构和人员编制调整的若干意见》规定，市直系统党委、机关党委、党总支配备专职副书记，系统党委同时配备办公室主任，其人员编制核定到所在部门。

6月，中共泉州市直属机关纪律检查工作委员会更名为中共泉州市纪委市直机关纪律检查工作委员会。

7月2日，市直计划生育工作领导小组在晋江市召开经验交流现场会，贯彻落实全市计生工作会议精神，推进市直计生综合治理和规范化管理。

7月10—11日，第12次市、县（市、区）直机关工委书记联席会议在泉港区召开，省直机关工委常务副书记江祥钦，市委副书记、组织部部长周振华出席并讲话。

7月14—16日，全省第20次省市工委书记联席会暨第4次全省县级机关党建联系点会议在德化县召开，江祥钦出席会议，对加强和改进县（市、区）直机关党的建设提出要求。

7月17日，省直机关工委常务副书记江祥钦莅临安溪县（铭选）医院调研，安溪县委书记曾荣华，县委副书记、组织部部长林锦明陪同调研。

7月18—19日，举办全市机关党务干部“公仆杯”演唱比赛，演唱形式按独唱、重唱（表演唱）分别进行预、决赛。

7月31日，泉州市质量技术监督局党委和纪委成立，郑乙全任党委书记，陈经文任党委副书记、纪委书记，黄秀云任党委专职副书记。

7月，召开共青团泉州市直属机关代表会议。

8月5日，召开网上教育现场会，观摩市政府办公室等4个单位党建局域网现场演示，市国家安全局等6个单位作典型发言。

8月6日，经市委批准，成立泉州市直公安系统党委和纪委，鉴于市公安局机关第三届党委和纪委2002年6月刚通过选举产生，市直公安系统第一届党委除书记、专职副书记报市委研究任命外，其他党委成员和纪委成员，由市公安局机关第三届党委成员和纪委成员转任。

8月7日，市委办公室印发市直机关工委《关于进一步深入开展创建机关党建工作先进单位活动的意见》，对第二轮开展创建活动提出具体要求。

8月13日，泉州市民政局机关党委和纪委成立，丁金碧任党委书记，傅子容、林炯泉任党委副书记，陈炳钊任党委专职副书记，林炯泉任纪委书记，张荣木任纪委副书记。

8月25日，市直机关工委制订《关于加强和改进市直机关党的作风建设的意见》，从解决思想作风、学风、工作作风、领导作风、干部作风5个方面加强机关党的作风建设。

9月16日，明确16个系统精神文明建设领导小组成员单位，启用领导小组及办公室印章。

9月30日，泉州市科学技术局党委和纪委成员由原市直科委系统党委和纪委成员转任，吴中培任党委书记，洪健中任党委专职副书记、纪委书记。

10月8日起，开展“争创新业绩，迎接十六大”宣传月活动，为中共十六大召开营造浓厚氛围。

10月8日起，组织百名摄影爱好者举行“西湖杯”先锋礼赞摄影大赛。

10月24日，泉州市中医院党委和纪委成立，李启元任党委书记，刘宪俊任党委副书记，戴一娜任纪委书记。

10月24日，泉州市卫生学校党委和纪委成立，黄书定任党委书记，王维铭任党委副书记、纪委书记。

10月25日起，市直机关各系统党委，部、委、办、局机关党组织结合省委提出的增强党的建设活力的要求，召开2002年度党组织生活会。

11月1日，举办市直机关“诚信杯”千人环城跑，153支代表队1000多人参加。

11月5—6日，举办“文明稽征杯”——闪光的誓言演唱比赛，90多名选手参赛，决出一等奖3名、二等奖7名、三等奖10名、优秀奖25名。

11月8日起，组织学习中共十六大精神和江泽民在大会上所作《全面建设小康社会，开创中国特色社会主义事业新局面》的报告。

11月11—25日，对160个申报市级文明单位的单位进行考评，向市委文明委推荐第九届泉州市文明单位34个、先进工作者6名。

12月18日，召开市直党建信息工作座谈会暨表彰会，70人参加。表彰信息工作先进单位8个、先进工作者20名。

12月19—20日，第13次市、县（市、区）直机关工委书记联席会议在鲤城区召开，市委副书记、组织部部长周振华出席并讲话。

12月20日，为履行市委赋予市直机关工委对县（市、区）直机关党建工作的指导职能，制订《关于贯彻省直党工委〈关于加强对市县区机关党建工作指导的意见〉的实施办法》。

12月22日，市直机关工委召开党风廉政建设座谈会，50多名基层纪委书记参加会议，6个单位作交流发言。

12月25日，编发《发展党员工作资料汇编》，按“党章党规”“基本程序”“常用例文”“操作方法”“疑难答询”5部分汇编成册，供党务工作者在工作中应用、参考。

12月27日，市直机关工委表彰第四轮（2001.7—2002.6）先进“五好”党支部73个、“五好”党支部32个。

2003年

1月5日起，在市委机关大院宣传栏举办“西湖杯”先锋礼赞摄影大赛优秀作品展。

1月15日起，开展防抗“非典”（非典型肺炎）工作，宣传防抗“非典”知识，宣传抗击“非典”涌现出来的先进事迹，共筑防抗“非典”网络。

2月11日起，市直机关工委全面推行发展党员预审制和公示制。

2月24日至3月21日，举办4期市直机关科级干部学习中共十六大精神培训班，参加3003人。

3月3日，市直妇工委表彰市委办系统妇委会等6个妇委会为先进妇委会。

3月4日，召开全市机关党的工作会议，张敬尊总结2002年机关党建工作，部署2003年工作。市委书记施永康出席并讲话。

3月5日起，纪念毛泽东“向雷锋同志学习”题词发表40周年，开展“创文明机关、做人民公仆”活动、“十百千万工程”群众性精神文明创建活动。

3 月 9 日起，组织观看大型话剧《人民的谷文昌》，开展向谷文昌学习活动。

3 月 14 日起，学习工会法理论研讨会精神，推动《中华人民共和国工会法》深入贯彻。

3 月 19 日起，在发展党员中试行测评制、预审制、公示制、票决制、责任追究制。

3 月 20 日，市直关工委表彰 1997 年以来先进关工委 10 个、先进工作者 7 名。

3 月 25 日至 4 月 3 日，举办 2 期市直企业党务干部培训班，进行党章和企业党务知识培训，参加 264 人。

3 月 30 日起，开展庆祝《中国共产党党和国家机关基层组织工作条例》颁布实施 5 周年活动，进一步强化机关党建工作。

3 月 31 日，福建一〇五台、四〇一台党支部党员组织关系集体转移至福建广播电视传输发射中心党委。

4 月 1 日起，继续办好“机关实践‘三个代表’先进事迹展”，每月 1 期，每期 15 个版面，运用摄影图片形式，宣传先进典型和模范事迹。

4 月 10 日起，开展“两个务必”学习教育宣传月活动，分为学习教育、对照检查、总结提高 3 个阶段进行。

4 月 12 日起，开展市直“青年科技文化节”，围绕“青春风采、创业成长、文明奉献、团的建设”4 个篇章开展活动。

4 月 15 日起，组织党员和入党积极分子学习中共十六大党章知识竞赛 100 题答题竞赛。

4 月 18 日，举办市直机关大龄青年联谊会，为大龄青年男女牵线搭桥。

4 月 23 日，举办《泉州机关党建信息》工作培训班，进行信息、公文写作基本知识培训，参加 80 多人。

4 月 30 日，泉州市林业局机关党委和纪委成立，杨逸蓉任党委书记，黄国勇任党委专职副书记，黄全承任纪委书记。

4 月 30 日，泉州市农业局机关党委和纪委成立，洪鹏景任党委书记，杜认真、黄建洪（专职）任党委副书记，杜认真任纪委书记。

4 月，响应中共中央、国务院号召，发挥党组织和党员在防治“非典”斗争中的作用，做好思想政治工作。

4 月，市直经委系统党委做好企业改制后党组织整合工作，撤销 4 个党支部，合并 1 个党支部，理顺解除劳动关系和退休人员党员组织关系。

5 月 6 日，召开学习中共十六大精神交流汇报会，进行再动员、再部署。

5 月 12 日，召开市直学校发展党员工作座谈会，民办高职学院，各大中专、中小学、幼儿园党组织负责人共 50 人参加会议。

5 月 20 日，市直机关工委制订《2003—2005 年发展党员规划和 2003 年发展党员工作计划》，明确目标要求，有计划有重点地做好发展党员工作。

5 月 22 日起，在党员特别是党员领导干部中开展向郑培民学习活动，组织市直机关先进事迹报告团，进行巡回演讲。

5月，召开创建“职工之家”活动现场会，组织劳动模范、先进工作者、老职工代表休养参观活动。

6月3日起，市直机关工会开展写一篇工会工作调研文章，开展一场文明健康文体活动，为职工群众做一件实事，联系一户贫困户，献一份爱心，提一条合理化建议“五个一”活动。

6月10日，市直机关工委制订《关于贯彻反腐倡廉工作“六个机制”实施意见的实施办法》，建立和完善思想教育、制度规范、监督制约、查案惩处、干部保护、廉政责任机制。

6月15日至7月5日，开展以“实践‘三个代表’保持党的先进性”为主题的庆祝中国共产党成立82周年党建系列活动。市直机关工委表彰先进基层党组织63个、优秀共产党员109名、优秀党务工作者55名，先进纪检组织7个、优秀纪检干部9名。召开基层组织建设经验交流会，泉州电业局党委等4个党组织介绍经验。

6月16日起，抽调48名党务干部组成6个组，对55个单位第二轮创建“机关党建工作先进单位”情况进行调研督查，总结经验，查找问题，制订措施。

6月，市直获省委表彰先进基层党组织2个：泉州电业局党委、市委政法委机关党支部；优秀共产党员1名：梁世山。

7月1日起，组织学习胡锦涛在庆祝中国共产党成立82周年大会上的讲话，开展“泉州人再思考”讨论。

7月10日起，与东南早报社联合举办中共十六大知识100题答题竞赛，举办“广电杯”学习十六大文件知识竞赛。

7月18日，泉州市公安局巡警防暴支队党委和纪委成立，林金川任党委书记，陈万兴任党委副书记、纪委书记。

7月18日，泉州市公安局刑事侦查支队党委和纪委成立，卓庆忠任党委书记，林元益任党委副书记、纪委书记，李祥平任纪委副书记。

7月28日至11月3日，在全市机关开展学习贯彻“三个代表”重要思想，推进机关党的工作创新理论研讨活动，共收到论文192篇，评选表彰53篇。

8月4—6日，第14次市、县（市、区）直机关工委书记联席会议在晋江市召开，省直机关工委常务副书记江祥钦到会指导并讲话。

8月13日起，市直妇工委举办新时期职工妇女新形象讲座，“魅力女人、美丽人生”研讨会，“巾帼文明岗”培训班和优质服务进社区活动。

8月15日，市直团工委举办“青年文明之歌”文艺晚会。

8月18—22日，举办党务工作者培训班，学习胡锦涛“七一”讲话、中共十六大通过的党章、党务干部必备的党务基本知识，238人参加。

8月29日，市直机关工委制定《泉州市直机关基层委员会规范（试行）》，对基层党委工作的组织原则、工作职责、议事与决策、思想作风与工作作风、工作制度进行规范。

9月14—16日，组建市直机关代表队参加泉州市第七届运动会行业组5个大项比赛，获7个单项冠军，获体育代表团和羽毛球项目体育道德风尚奖。

9月15—19日，举办市直理论骨干培训班，培训党组织宣传委员120人。

9月17日，由省直机关工委常务副书记江祥钦带队，参加省直机关党建创新研讨会的30多名党务干部到泉州参观调研党建工作。

9月，为庆祝《中华人民共和国人口与计划生育法》颁布实施一周年，开展形式多样的宣传活动，促进婚育新风进万家，举办计划生育知识竞赛活动。

10月12日，召开思想政治工作和精神文明建设研讨会，交流新时期加强思想政治工作和精神文明建设的特点和规律。

10月15日起，组织学习中共十六届三中全会通过的《中共中央关于完善社会主义市场经济体制若干问题的决定》，明确深化经济体制改革的指导思想、原则、目标、任务。

11月12日，市直机关工委制定《泉州市直机关基层纪律检查委员会工作规范（试行）》，规范组织原则、工作职责、工作制度。

11月15日，开展工会工作调研活动，评出获奖调研报告12篇。

12月3日，泉州市劳动和社会保障局机关党委和纪委成立，陈成春任党委书记，王胜利任党委专职副书记、纪委书记。

12月20—30日，举办学习《中国共产党章程》和《中国共产党党和国家机关基层组织工作条例》知识测试，14000多名党员参加测试。

12月25—31日，举办"纪念毛泽东诞辰110周年"集邮像章展，展出徐坤荣收藏的毛泽东像章8000多枚。

12月26日，召开党建信息工作座谈会，70多人参加，表彰2003年信息工作先进单位10个、先进工作者20名。

12月26—27日，市直妇工委组织到市收养教育所对150多名失足妇女进行帮教。举办"关爱女性、关注健康"专题讲座，100多名女干部职工参加。

12月31日，市直机关工委表彰第五轮先进"五好"党支部77个、"五好"党支部43个。经过五轮创建活动，已有793个党支部进入先进"五好"或"五好"党支部行列，占党支部总数的84.2%。

2004年

1月上旬，全国党建研究会常务理事、全国机关党建专委会主任，中央国家机关工委原委员、组织部部长李振国一行3人在省直机关工委常务副书记江祥钦陪同下到泉州指导调研机关党建工作。

1月7—9日，第15次市、县（市、区）直机关工委书记联席会议在南安市召开，研讨2003年机关党建工作和2004年工作思路，交流专题调研论文。市委副书记、组织部部长周振华出席并讲话。

1月9日，泉州市直水利系统党委和纪委成立，王金枝任党委书记，郑耀忠任党委专职副书记、纪委书记。

1月20日，召开市直机关精神文明建设交流表彰暨现场观摩会，表彰2002—2003年度市直文明单位103个、先进工作者100名。

2月3日，市直机关工委对基层党委、党总支、党支部任期作出规定，抓好党组织换届选举工作。

2月17日，市直机关工委制订《关于认真做好流动党员组织关系转移工作的意见》，对流动党员组织关系转移工作进行规范，进一步加强对流动党员的管理。

2月20日，市直关工委表彰市直建设系统、宣传系统、计委系统、农办系统等4个关工委为“五好”关工委。

3月3日，召开全市机关党的工作会议，市直机关工委书记张敬尊总结2003年机关党的工作，部署2004年工作，表彰第五轮先进“五好”和“五好”党支部。市委副书记、组织部部长周振华出席并讲话。

3月5日起，响应中国妇女九大号召，开展“创造新岗位、创造新业绩、创造新生活”迎“三八”活动。组织部分妇女职工参加女工卫生知识讲座，参加特病保险。在泉州电视台推出“三八”特别节目、省“三八红旗手”访谈、妇女先进人物系列报道，表彰“好军嫂”。

3月8日至4月2日，分4期举办市直科级干部学习贯彻“三个代表”重要思想培训班，参加3000多人。

3月20日起，为纪念邓小平诞辰100周年，开展“邓小平理论与机关党的建设”研讨活动，组织论文撰写和评选。

3月31日，泉州市市政公用事业系统党委和纪委成立，蔡丽静任党委书记，黄金华任党委专职副书记、纪委书记，吴文富任纪委副书记。

3月，市直机关各级文明单位与特困家庭结对开展济困帮扶活动。

4月5日起，市直机关工委组织到保持共产党员先进性教育活动试点单位漳州市直机关工委学习取经，成立工作机构，建立月报制度，发放调查问卷2446份，对党组织和党员状况进行数据分析，做好保持共产党员先进性教育活动的各项准备工作。

4月5日至5月30日，市直机关工委组织6个考评组，对第二轮（2000—2003年）创建机关党建工作先进单位情况进行总评，并向市委报送考评情况报告。

4月8日起，在市委机关大院宣传栏组织省、市级文明单位举办“泉州市直机关‘创文明单位、做人民公仆’先进事迹展”，每月1期，共16期。

4月12日起，开展《中国共产党党内监督条例（试行）》《中国共产党纪律处分条例》学习教育月活动。

4月25—26日，举办市直机关“庆五一”计算机知识普及应用比赛，40支代表队120多人参赛。

5月3日，召开庆祝五一国际劳动节市直机关历届劳动模范、先进工作者代表座谈会。

5月28日，在市山美水库管理处召开市直精神文明创建活动经验交流暨表彰会。市委常委、宣传部部长宋长青出席并讲话。

6月1日起，简化福建省范围内转移党员组织关系手续，党委之间可以直接转移党员组织关系。

6月20日起，开展庆祝中国共产党成立83周年党建系列活动。开展向人民警察的优秀代表任长霞学习活动。

6月22日，泉州市国土资源局机关党委和纪委成立，邱耿华任党委书记，陈麦陆、洪东宏（专职）任党委副书记，吴荣中任纪委书记，李启泽任纪委副书记。

7月1日，召开泉州市机关党建经验交流暨表彰会，市委表彰第二届（2002—2003年）机关党建工作先进单位17个，通报表扬22个单位，10个先进单位介绍经验。市委书记施永康出席并讲话。

7月10日起，以检查党风廉政建设责任制落实情况和廉洁从政情况为主要内容，召开2004年党员领导干部民主生活会。

7月15—16日，第16次市、县（市、区）直机关工委书记联席会议在惠安县召开。省直机关工委常务副书记江祥钦，市委副书记、组织部部长周振华出席并讲话。

7月27—28日，中共中央委员、国家机关工委副书记张德邻一行7人莅临泉州调研机关党建工作。

8月4日，泉州市直机关工委等4个单位、张敬尊等6人分别获省直机关工委表彰为“全省先进机关党工委”“全省党工委系统先进工作者”。

8月11日起，市直机关工委开展创建学习型党组织活动，明确学习型党组织创建活动的重要意义、指导思想、总体要求、基本原则、阶段性任务、工作措施和保障机制。

8月20日，召开“邓小平理论与机关党的建设工作研讨暨建设学习型党组织动员会”，表彰50篇优秀论文和10个组织奖，启动学习型党组织建设。

8月24日，市委办公室印发市直机关工委《关于市直机关深入开展第三轮创建党建工作先进单位活动的意见》，要求围绕“两个率先”目标，创新工作思路，拓展工作内涵，改进工作方法，增强创建实效。创建活动从每2年一轮改为每3年一轮。

8月30日，国电泉州发电有限公司党委和纪委成立，郑群星任党委书记，岑小路任党委副书记、纪委书记。

9月20日起，组织学习中共十六届四中全会审议通过的《中共中央关于加强党的执政能力建设的决定》，理解加强党的执政能力建设的重要性、紧迫性、指导思想、总体目标和主要任务。

9月21—25日，举办纪检干部培训班，学习党内监督条例、纪律处分条例，180多人参加。

9月23日起，举办“大泉州、新画面”创意主题摄影大赛，展现改革开放以来泉州政治、经济、社会各方面新变化、新成就。收到参赛作品142组，评出优秀作品40组、组织奖3个。

9月25日，开展“歌颂祖国”文艺汇演活动，庆祝中华人民共和国成立55周年。

10月1日起，使用2004年版《中国共产党入党志愿书》，同时停止使用1983年版《中国共产党入党志愿书》。

10月15日至12月15日，举办第1期科级党务干部培训班，70人参加。

10月25日，泉州市药品监督管理局机关党委和纪委成立，吴冠成任党委书记，李书平任党委副书记、纪委书记。

10月，市直大中专学校、小学、幼儿园党员组织关系分批转移至市委教育工委。

11月6日，组织参加市直机关纪检工作会议和科级党务干部培训班学员共150多人，在泉州监狱召开警示教育现场会，开展警示教育。

11月29日，市直机关工委制订《关于开展民主评议党员工作的实施意见》，进一步明确民主评议党员工作的指导思想和方针原则、主要内容和评议档次、步骤和方法、不合格党员处置的基本要求和政策界限。

12月9日，市直机关工委表彰第六轮（2003.7—2004.6）先进“五好”党支部65个、“五好”党支部62个。

12月14—15日，市直关工委举办基层关工委主任、秘书长培训班。

12月14—16日，第17次市、县（市、区）直机关工委联席会议在安溪县召开，回顾总结2004年机关党建工作，研究2005年工作。

12月23日，市直机关工委制订《关于在市直机关单位进一步深入开展“五好”党支部活动的意见》，进一步明确指导思想、总体要求、基本条件、组织领导和评选方法。从第七轮开始由每年评选表彰1次改为每2年评选表彰1次。

2005年

1月5—11日，市直纪工委组织督查组，开展明察暗访，检查7个部门元旦、春节期间廉洁自律情况和反对奢侈浪费工作开展情况。

1月10日起，在市委机关大院宣传栏举办“创文明单位、做人民公仆”先进事迹展，共展出18期。

1月28日，市直81个党委、42个党总支、822个党支部、13850名党员参加第一批保持共产党员先进性教育活动。至6月30日结束。

2月20日，市直关工委表彰市政协机关、市纪委机关、市直交通系统等3个关工委为“五好关工委”。

2月25日，召开全市机关党的工作会议，张敬尊总结2004年机关党的工作，部署2005年工作，表彰第六轮先进“五好”和“五好”党支部。

3月1日起，开展“公民道德宣传日”“学雷锋活动月”道德实践活动。

3月8日，举办“三八”妇女节庆祝活动和大龄未婚青年联欢活动。

3月17日起，市直机关工委在效能建设中实行“三定四讲一追究”绩效评估办法，进一步落实效能建设的各项制度和工作措施。

4月5日起，集中开展一次形势宣传教育，举办以经济发展、可持续发展战略和建设和谐社会为主要内容的2场形势报告会。

4月11日起，开展“保持共产党员先进性”征文活动，在泉州机关党建网刊登部分优秀文章。

4月20日起，市直团工委开展青年文明号优质服务示范月活动，表彰优质服务标杆单位。开展

“共青团城乡百千万工程”活动。

4月，市直机关工委履行市委赋予的职责，参与服务、检查和监督市直各部门党员领导干部民主生活会。当年，市直机关工委领导分别参加30个单位民主生活会。

5月7日，召开市直机关工会工作现场会，总结推广工会工作先进经验。

5月9日，泉州市总工会机关党委和纪委成立，林惠玲任党委书记，吴锡纯任党委专职副书记、纪委书记。

5月19日起，在市直第一批开展先进性教育活动单位开展党的先进性建设知识测试，102支代表队400多人参加测试。

5月19日起，集中一段时间组织学习贯彻中共中央颁布的《建立健全教育、制度、监督并重的惩治和预防腐败体系实施纲要》。举办竞答活动，35个党委1300多名科级以上党员干部参加。

5月24日起，开展2005年度机关思想政治工作课题研究和党建工作调研活动，共收到研讨文章212篇，评选表彰一批优秀文章。

5月27—29日，市直机关工委组织本委党员到井冈山追寻革命足迹，学习井冈山精神，接受革命传统教育。

6月5日起，按照“突出主题、形式多样、内容广泛、注重实效”要求，开展庆祝中国共产党成立84周年党建系列活动，赋予“党员奉献工程”“党员奉献周”“党员奉献日”活动新的内容。

6月12日起，贯彻中央纪委《关于严格禁止利用职务上的便利谋取不正当利益的若干规定》，开展治理商业贿赂专项工作。

6月21—30日，开展义修、义诊、送医送药，开展科技、法律、法规、政策咨询，开展“三下乡”和形式多样的党员利民活动。

6月27日，召开市直机关庆“七一”彰大会，表彰2003—2004年度先进基层党组织80个、优秀共产党员123名、优秀党务工作者84名，先进纪检组织5个、优秀纪检干部10名。市委副书记、市长郑道溪出席并讲话。

6月28日，市直机关工委、团市委、市人事局等6个单位联合表彰王艺斌等10人为“泉州市直十佳”荣誉称号，团市委同时授予“泉州市新长征突击手”称号。

7月4日，市直12个党委，大中专、中小学、幼儿园、企业党组织党员参加第二批保持共产党员先进性教育。至12月30日结束。

7月12日，市直机关工委、团市委、市人事局等7个单位联合开展“快乐学习、快乐工作、快乐成长、快乐生活”为主题的“第2届市直青年科技文化节”活动，至9月30日结束。

7月下旬，第18次市、县（市、区）直机关工委书记联席会议在石狮市召开，总结交流第一批保持共产党员先进性教育活动经验和做法，研究探讨建立长效机制。市委副书记、组织部部长周振华出席并讲话。

7月24日，市直机关工会召开“困难家庭在校大学生座谈会”，10名大学生和部分家长参加。市直机关工会开展“送温暖、捐资助学活动”，受捐助学生中，多人入党或获得奖学金。

8月15日起，5个系统关工委开展8首抗日歌曲演唱，纪念抗日战争胜利60周年。

8月15日，举办市直机关纪念抗日战争胜利60周年“民族魂”歌舞晚会，铭记历史，开创未来。

8月31日，市直机关工委制定《关于加强市直企业党支部建设的若干意见》，规定企业党支部设置、职责任务、班子建设、队伍建设、精神文明建设和思想政治工作。

9月5—20日，对市直贯彻市直机关基层党委工作规范和市直机关基层纪委工作规范进行调查研究。

9月6日至11月4日，举办第2期科级党务干部培训班，参加67人。

9月20日起，举办“爱中华、庆国庆”为主题的庆祝中华人民共和国成立56周年硬笔书法大赛，502件作品参赛，获奖作品在市委大院宣传栏展出。

9月21—23日，市直教育系统党委1373名党员、泉州医学高等专科学校党委97名党员、泉州经贸学院78名党员组织关系分别由市直教育、卫生、财贸系统党委集体转移至市委教育工委。

9月，市直团工委开展增强团员意识活动，组织“学理论、知团情”党团知识竞赛、团干部讲团课竞赛、“我为团旗添光彩”等主题团日活动。

10月5日起，市直17个系统党委、11个直属机关党委、18个驻泉省部署单位党委、1个直属党总支在中央组织部规定的银行开立党费专用账户，加强对党费的管理。

10月25日，市直机关工委、市委老干部局联合制定《关于加强市直离退休干部党支部建设的若干意见》，规定离退休干部党支部设置、职责任务、工作制度。

10月，组织学习中共十六届五中全会精神，编发政治理论学习计划，共举办辅导讲座80多场次、学习培训班100多期。

10月，泉州市直机关思想政治工作研究会成立。

11月1日，在市委机关大院宣传栏举办先进性教育活动事迹展，至2006年10月共举办12期。

11月9日，市直机关精神文明建设领导小组表彰2004—2005年度市直文明单位123个、先进工作者96名。

11月9—10日，举办以“加强党的执政能力建设”为主题的网络论坛理论研讨会。

11月14—20日，市直机关工委组织2个调研组到5个党组、3个系统党委、4个机关党委、4个县（市、区）直机关工委开展党建调研活动。

12月1日起，开展“保持共产党员先进性教育活动与党的先进性建设”理论研究和征文活动。

12月5日起，市直参加第一、二批先进性教育活动党组织1138个、党员16884名，抓紧制定长效机制，做好活动成果的巩固和扩大工作。

12月10日起，开展“当先进、走前头、创一流、做贡献”主题实践活动，深入学习英模、深入调查研究、深化帮扶活动，促进和谐机关、平安机关建设。

12月12日，市直机关工委党员参加第三批保持共产党员先进性教育活动，至2006年3月20日结束。

12月15日起，开展岗位练兵竞赛活动，掌握做好本职工作的“五个应知”“五个应会”。

12月21日，召开党建信息工作座谈会，总结和布置信息工作，表彰2004—2005年信息工作先进

单位10个、先进工作者20名，

12月30日起，建立市直机关基层党组织和党员信息库。

2006年

1月3日，市直机关工会举办2006年元旦“迎春联欢晚会”。

1月5日，举办“泉州市地改市20周年成就”集邮展。

1月19—20日，第19次泉州市、县（市、区）直机关工委联席会议在丰泽区召开，总结交流2005年机关党建工作，探讨2006年机关党建工作思路。

2月5日，市委书记郑道溪，市委常委、秘书长吴汉民到市直机关工委调研，对机关党建“走前头”提出要求。

2月27日，召开泉州市机关党的工作会议，张敬尊总结2005年机关党的工作，部署2006年工作。市委常委吴汉民、宋长青、林武出席，林武讲话。

3月7日，市直机关工委编印《机关党建创新文件汇编》，将中央、省、市委以及市直机关工委有关党建创新文件汇编成册，发给基层党组织，进一步推动“创先争优”活动的开展。

3月8日起，市直妇工委组织参加万名妇女健身长跑、“树四自、倡八荣”家庭才艺展会和“知荣辱、促和谐”普通话演讲比赛。

3月15日起，市直团工委组织开展青年志愿集中服务活动。

3月15日，市纪委、市委组织部、市检察院、市直机关工委、泉州监狱联合在泉州监狱会见中心建立警示教育基地。

3月20日，根据市委组织部通知，原隶属市直机关工委领导、管理的首批21家企业党组织的党员组织关系集体转移至市国资委党委。

3月29日起，开展“学党章、知荣辱、求和谐、促发展”党章集中宣传教育活动和知识测试、征文评选活动，收到61篇论文，评选表彰优秀论文27篇。

3月，学习宣传胡锦涛关于“八荣八耻”讲话精神，进行社会主义荣辱观教育。

4月7日，市直机关工委制定《泉州市直2006—2008年发展党员规划》，做好入党积极分子培养、教育、考察，预备党员接收、教育、考察、转正工作，把好“进口关”。

4月26—27日，市直机关工会、市体育中心工会联合举办“庆五一”趣味体育竞赛活动，36支代表队390多人参赛。

4月，泉州市商业总公司、泉州市物资集团公司、泉州市汽车运输总公司、泉州港务集团公司、福建省第一公路公司等5个党委、3个党总支、56个党支部的1133名党员组织关系由市直机关工委集体转移至市国资委党委。

5月4日起，开展纪念五四运动87周年系列活动，在团员青年中开展“民族精神代代传”主题教育活动。

5月16—20日，举办市直纪检干部培训班，进行党纪条例和业务知识培训，85人参加。

5月，在市山美水库管理处召开市直机关精神文明建设现场会暨先进单位命名表彰会。市委常委、宣传部部长宋长青出席并讲话。

6月2日，开展保持共产党员先进性教育活动群众满意度问卷调查，参加测评1500人，满意1299人、基本满意178人、不满意8人、弃权15人，满意率98.5%。

6月9日，市直机关工委制定《关于建立健全保持共产党员先进性长效机制的意见》，对巩固和发展先进性教育成果提出要求。

6月12日，泉州市城市管理行政执法局机关党委和纪委成立，李祖国任党委书记，林辉忠任纪委书记。

6月13日起，开展“学党章、知荣辱、求和谐、促发展”课题调研，收到研讨文章285篇，表彰优秀文章60篇。

6月16日，开展廉政文化建设竞赛活动。至12月上旬，征集廉政格言警句800多条，60条获奖；书法作品277幅，64幅获奖，50个单位获组织奖。

6月21日起，开展以“葆先进、当先锋、创佳绩”为主题的庆祝中国共产党成立85周年党建系列活动。

6月24日，在建立保持共产党员先进性长效机制中，市直机关工委对党内组织生活制度作出规定，进一步严格党的组织生活。

6月27日，市直关工委在泉州农业学校召开学习社会主义荣辱观现场会。至此，市直机关、宣传系统、卫生系统、文化局4个关工委共建立宣讲团4个，讲师62人，宣讲19场，听众17830人次。

6月，市直获省委表彰先进基层党组织1个：泉州电业局党委；优秀共产党员1名：陈玉树；优秀党务工作者1名：杨建辉。

7月1日起，实行重新修订后的发展党员工作测评制、公示制、预审制、票决制和责任追究制。

7月5—8日，举办“国税杯”乒乓球比赛，8支代表队56人参赛。

7月11日起，开展“保持共产党员先进性教育活动与党的先进性建设”理论研讨和征文活动。

7月13日，举办学习党章知识竞赛活动，42支代表队126人参赛。

7月18日，召开市直机关作风建设座谈会，探索推进机关作风建设长效机制。

8月2日，市委办公室印发市委组织部、市直机关工委《关于开展全市机关党的建设“三级联创”活动实施意见》，开展省、市、县机关创建“机关党建工作先进单位”活动。

8月8—10日，第20次市、县（市、区）直机关工委联席会议在永春县召开，探讨交流全市机关以“学党章、知荣辱、求和谐、促发展”为主题的课题调研成果。省直机关党建研究会会长江祥钦，省直机关工委副书记陈善光，市委副书记、市纪委书记林文杰出席并讲话。

8月13日起，贯彻落实中共中央《关于学习〈江泽民文选〉的决定》，组织开展学习和宣传工作。

8月21日，福建电力职业技术学院党委和纪委成立，洪延艺任党委书记，颜宝塔任党委副书记，王晓彬任纪委书记。

8月26日，举办全市机关“弘扬长征精神，争当时代先锋”革命歌曲歌咏大赛。

9月7日，市直机关工委领导变动，由市委副书记、市纪委书记林文杰兼任市直机关工委书记，李世杰任常务副书记（正处长级）。

9月12日，举办第3期科级党务干部培训班，51人参加。至11月16日结束。

9月14—22日，市直86个党委、43个党总支、884个党支部、13551名党员推荐泉州市出席中共福建省第八次代表大会代表候选人初步人选9名。

9月30日，召开市直机关党员代表大会，选举产生市直出席中共泉州市第十次代表大会代表48名。

10月8日，开展以爱国主义为主题的国庆游园活动，1000多人参加。

10月12日，召开全市机关党建工作暨专题表彰会议，表彰“学党章、知荣辱、求和谐、促发展”课题调研活动中的优秀论文和组织奖单位。林文杰出席并讲话。

10月18日起，组织学习中共十六届六中全会通过的《中共中央关于构建社会主义和谐社会若干重大问题的决定》。

10月30日，福建中国闽台缘博物馆党委成立，谢清海任书记。

11月3—10日，市直机关工委派出2个调研组，到5个党组、13个系统党委、4个机关党委、4个县（市、区）直机关工委开展党建工作专题调研。

11月17日，召开第1次党组（党委）书记党建汇报会，市政府办公室等6个部门党组（党委）书记作交流汇报，市国税局等4个单位党委作书面汇报。林文杰听取汇报并讲话。

11月20日起，举办泉州市直机关精神文明建设成就摄影作品竞赛活动。

12月5日，召开系统党委专职副书记会议，传达学习福建省第八次党代会精神。表彰2005—2006年度市直计划生育工作先进单位和先进个人。研究2007年机关党建工作思路。

12月14日，市直纪工委组织市城市行政执法局等4个单位共180多人到警示教育基地泉州监狱开展警示教育。

12月14日，市直机关精神文明建设领导小组表彰2006—2007年度市直文明单位99个、先进工作者96名。

12月26日，市直机关工委制订《关于加强离退休干部党支部党费管理工作的意见》，按其上缴党费总额的50%比例回拨。

12月30日，举办以“八荣八耻”为主题的迎春晚会，300多人参加。

12月31日，市直机关工委表彰第七轮先进“五好”党支部133个、“五好”党支部71个。

12月，市直关工委调整组成人员，共35名委员，李世杰任名誉主任，卫康民任主任，孙易鍪、肖清辉、黄英林任常务副主任，邓永清等6人任副主任，张文良任秘书长。

12月，集体迁移第二批16个企业单位党员组织关系至市国资委党委。

2007 年

1 月 1 日起，根据中央组织部通知精神，使用中国共产党流动党员活动证，加强对流动党员的管理。

1 月 9 日，市直机关工委、教育工委、国资委政治部、鲤城区委组织部、丰泽区委组织部、开发区党工委党务工作部联合召开台湾省籍党员大会，推荐出席中共第十七次全国代表大会、全国台湾省籍党员代表会议、福建省台湾省籍党员代表会议代表候选人初步人选，选举出席泉州市台湾省籍党员代表会议代表 7 名。

1 月 16 日，市直机关工委完善机关党建信息工作考核评比制度，评选信息工作先进单位和优秀信息员。

1 月 17 日，市纪委、市直机关工委、市妇联联合召开泉州市领导干部家庭助廉座谈会，190 多名处级干部配偶参加。

1 月 18—19 日，第 21 次市、县（市、区）直机关工委书记联席会议在德化县召开，总结 2006 年机关党建工作，研究 2007 年工作思路。林文杰出席并讲话。

1 月 23 日起，根据《泉州市基层理论工作要则》《泉州市基层理论工作考评实施办法》，开展理论工作考评。

1 月，泉州市人民医院党总支 7 个党支部 151 名党员组织关系由鲤城区集体转移至市直卫生系统党委。

2 月 5 日起，市直各级党组织学习中共中央《关于加强党员经常性教育的意见》等 4 个保持党员先进性长效机制文件，制订贯彻措施。

2 月 5 日，市委常委会第 13 次会议听取市直机关工委常务副书记李世杰工作汇报，市委书记郑道溪对机关党建工作提出“四个着力”“两个确保”要求，决定市财政每年拨出 79. 5 万元作为市直机关党建活动经费。

2 月 6 日，举办市直机关党务干部迎春联欢晚会。

2 月 9 日，召开全市机关党的工作会议，李世杰传达全省机关党的工作会议精神，总结 2006 年机关党建工作，部署 2007 年工作。表彰第七轮先进“五好”和“五好”党支部。市委书记郑道溪出席并讲话。

2 月 27 日起，采取自下而上，逐级推荐办法，推荐泉州市出席中共第十七次全国代表大会代表候选人初步人选 3 名，推荐 11 名省领导为十七大代表候选人初步人选。

3 月 1 日，在市委机关大院宣传栏举办“展现新风采、喜迎十七大”先进事迹展。至 2008 年 2 月共举办 11 期。

3 月 8 日起，开展全市机关“好党课”竞赛活动，经过层层竞赛，市级竞赛分预赛、决赛进行。

3 月 12 日起，市直机关工委成立“四个着力”课题组，围绕着力提高机关党员干部素质、着力提高工作效率、着力提高机关党建工作水平、着力转变机关工作作风开展调研，并形成调研报告。

3月13日，市直关工委召开全委扩大会，总结关工委成立10年来的工作和经验。

3月15日起，开展城市道路交通整治主题活动，组织学习《中华人民共和国道路交通安全法》《市民交通行为准则》，进行城市道路交通整治，争当文明交通使者。

3月18日，市直机关工委制定《关于进一步深入学习贯彻保持共产党员先进性四个长效机制文件的意见》，对贯彻4个长效机制文件提出6条措施。

3月23日，市直机关第1次系统党委书记学习交流会在石狮市召开，以“机关党建与社会主义新农村建设”为主题，由市直市委办系统党委承办。

3月28日，市直机关工委召开以解决党员领导干部在思想作风、学风、工作作风、领导作风、生活作风方面存在突出问题为主要内容的党员领导干部民主生活会。

3月，市直机关工委制订《第三轮（2004—2006年）泉州市直“机关党建工作先进单位”考核评估明细表》，首次采用千分制方法进行考评。

4月5日起，市直团工委开展“保持共青团先进性——泉州市青年先锋”和“活力机关、青春家园”主题实践活动，深化“五四红旗团委”“五四红旗团支部”创建活动。

4月6日至5月10日，组织6个考评组，对第三轮（2004—2006年）创建“机关党建工作先进单位”的81个单位进行总评，并向市委呈报总评情况报告。

4月9日，市直机关工委建立党建联系点，确定县（市、区）直机关工委、系统（局）党委、省部属驻泉单位共10个联系点。

4月27日，召开市直机关精神文明建设工作会议，市委老干部局、市城市管理行政执法局、国电泉州发电有限公司作经验介绍。

4月29日，市委、市政府机构编制委员会同意泉州市直机关工会工作委员会调整设置为泉州市直机关工会委员会，核定人员编制3名，其中从市直机关工委调整1名，从市总工会机关事业编制中划转2名。

4月29日，市直机关举办“庆五一”联欢晚会，共庆劳动者的节日。

4月，召开市直系统党委书记第2次学习交流会，由市直市政府办系统党委承办。

4—5月，开展以“着力转变机关工作作风”为主要内容的教育学习月活动，撰写学习心得3721篇，查找干部作风问题309个，1633人到泉州监狱接受警示教育。举办全市机关廉政文化优秀作品展，编印廉政格言警句《公仆铭》3000册。

5月16日起，开展以“当先锋、创佳绩、喜迎十七大”为主题的庆祝中国共产党成立86周年党建系列活动和香港回归10周年、中国人民解放军建军80周年党建系列活动。举办“颂歌献给党、喜迎十七大”诗歌朗诵比赛，18支代表队参赛。举办专题集邮活动。

5月27日，经市委批准，中共泉州市直计委系统委员会更名为中共泉州市直发展和改革委员会系统委员会。

5月29日，泉州市直机关工会第一次代表大会召开，选举陈炯仁为第一届工会主席，曾达坤为常务副主席，林黎明、许玉斌为副主席，许玉斌为经费审查委员会主任，林黎明为女职工委员会主任。

6月1日，召开全市机关党建联系点第1次会议，讨论开展第四轮创建“机关党建工作先进单位“活动的意见，研究党建联系点活动有关事项。

6月6日，第22次市、县（市、区）直机关工委书记联席会议在洛江区召开，总结交流开展“四个着力”课题调研情况，探讨和研究转化运用调研成果。林文杰出席并讲话。

6月10—20日，市直3000多名干部职工参加《中华人民共和国劳动合同法》知识竞赛。

6月13日，市委办公室转发市直机关工委《关于市直机关深入开展2007—2009年（第四轮）创建“党建工作先进单位”活动的意见》。第四轮创建活动参加单位由原来的81个单位增至106个，按照设立系统党委、设立党委（党总支）、设立党支部、驻泉省部属设立党委或党组的单位4种类型进行考评。

6月18日起，在市直机关组建系统工会，实行联合制，接受系统党委和市直机关工会双重领导。

6月20日，市直机关系统党委书记第2次学习交流会召开，由市直市府办系统党委承办，以“深化政务管理创新、促进又好又快发展”为主题。

6月20日，泉州市城乡规划局机关党委和纪委成立，郑显章任党委书记，傅国明、詹明和任党委副书记，詹明和任纪委书记。

6月26日起，学习贯彻中央纪委《关于严格禁止利用职务上的便利谋取不正当利益的若干规定》，加强纠风、效能建设，开展治理商业贿赂工作。

6月27日，召开市直机关第2次党组（党委）书记党建工作汇报会，市经委等10个单位的党组（党委）书记汇报落实4个长效机制文件情况。林文杰听取汇报并讲话。

6月27日起，组织学习胡锦涛6月25日在省部级干部进修班上的讲话，举办培训班16期，1456人参加。

7月1日，召开市直机关庆祝中国共产党成立86周年大会，市委表彰第三轮创建“机关党建工作先进单位”24个，通报表扬17个单位，书面交流创建活动经验。市委书记施永康出席并讲话。

7月1日起，统一使用中央组织部印制的中国共产党党员组织关系介绍信修订式样。

7月8日起，开展“活力泉州迎农运、道德新风伴我行”“迎奥运、办农运、讲文明、树新风”主题实践月活动。

7月31日至9月30日，举办第4期科级党务干部培训班，56人参加。

7月，响应市委号召，开展向“人民的好医生”——李文华学习活动。

8月1日，成立泉州市第八届运动会市直机关代表团，林文杰任团长，李世杰任常务副团长。参加11个项目比赛，获行业组总分第2名、金牌数第3名，并获“体育道德风尚奖”。

8月5日，市关工委、市直关工委在福建中国闽台缘博物馆举行“闽台缘之旅”暨泉州市青少年爱国主义教育基地揭牌开幕仪式。市关工委主任施永康授牌。

8月9—10日，省直机关工委副书记卫榕英一行到泉州对创建全省“先进机关党工委”工作进行考核，充分肯定泉州机关党建创新工作。

8月23日，市直机关工委建立党建联系点工作制度，建立健全调查研究制度、挂钩联系制度、信息交流制度、联席会议制度，确定鲤城区直机关工委、泉州电业局党委等10个单位为党建联系点。

8月27日，市直机关工委制订《关于深入开展机关党的建设“三级联创”活动的意见》，完善联创活动8项制度，按照省、市、县三级机关部门单位设置情况，建立联创对应表。

8月30日，召开全市机关党建“三级联创”工作会议，分析泉州市机关党建“三级联创”活动情况，对开展联创活动进行动员、部署，145人参加。

8月，开展金秋助学活动，捐款14万元，帮扶9名困难职工子女就学。

9月11日，市直机关工委成立“共产党（地方组织）志编纂委员会”，主任李世杰，副主任黄英林，委员郑玉冰、陈丽珠、陈炯仁、陈贤智、王志强。委员会下设编写组。

9月12日，第3次市直机关系统党委书记交流会召开，以学习、参观非公有制党建为主要内容，了解非公有制党建工作情况，开展座谈交流。

9月25日，市直机关工会与市政公用事业局机关工会、市东湖公园管理处联合举办“庆十一”“喜迎十七大”游园活动。

9月28日，市直机关工委表彰全市机关“好党课”竞赛活动优秀单位奖47个、优秀授课者奖17人、优秀教案50篇。

9月29日，召开市直机关党建联系点第2次会议，研究第四轮创建“机关党建工作先进单位”考评细则，参观南安市疾控中心、南安市教师进修学校，30人参加。

9月，开展第4个“公民道德宣传月”活动，倡导爱国守法、明礼诚信、团结友善、勤俭自强、敬业奉献的基本规范。

10月21日起，组织学习胡锦涛在中共十七大所做的《高举中国特色社会主义伟大旗帜，为夺取全面建设小康社会新胜利而奋斗》的报告，理解全面建设小康社会的宏伟目标、以改革创新精神全面推进党的建设新的伟大工程、将科学发展观写入党章的重要意义。

10月，组成3个督查组，到36个部门、单位进行第四轮创建“机关党建工作先进单位”活动督查。

10月，开展“好党课”现场观摩决赛，将优秀党课教案汇编成册，将12课优秀党课录制、刻录成DVD光盘发给基层党组织。

11月1日，调整市直机关精神文明建设领导小组，林文杰任组长，李世杰任常务副组长，苏汉庭、林炯泉、许礼哲、黄利禾、王松柏、张甘荔、邓安娜7人任副组长。

11月13日，召开市直机关精神文明建设领导小组全体成员会议。林文杰主持并讲话。

11月29日至12月19日，举办3期基层组织建设业务知识培训班，342人参加。

11月30日，市委常委会第34次会议原则同意成立福建省机关党的建设研究会泉州市分会。

11月，陈炯仁任市直机关工委副书记、王志强任市直机关工委委员。

11月，召开共青团泉州市直属机关代表会议。

12月4日，调整充实市直机关工委党风廉政建设领导小组，李世杰任组长，黄英林、陈炯仁任副组长，郑玉冰、陈丽珠、王志强任成员。

12月13日，市直机关系统党委书记第4次学习交流会召开，以加强政风行风建设，促进机关作风转变为主题，由市直宣传系统党委承办。

12 月 14 日，市直机关精神文明建设领导小组表彰 2006—2007 年度市直文明单位 99 个、先进工作者 96 名。

12 月 18 日，市直机关工委表彰鲤城区直机关工委等 4 个单位为全市先进机关党工委，薛琼雯等 9 人为全市机关工委系统先进工作者。

12 月 20 日，第 23 次市、县（市、区）直机关工委书记联席会在鲤城区召开，总结 2007 年机关党的工作，研究 2008 年工作思路。林文杰出席并讲话。

12 月 28 日，泉州市港口管理局机关党委和纪委成立，齐永洁任党委书记，夏国基任党委专职副书记，宋慧任纪委书记。

2008 年

1 月 3 日起，市直机关工会开展温馨关爱滞留在泉州过年的外来务工人员和慰问困难职工活动。

1 月 4 日，根据市委组织部通知，市直业余党校工作人员参照公务员法进行管理。

1 月 8 日起，对 5 个部门元旦、春节期间落实“六个严禁”“五个不准”情况进行明察暗访。

1 月 15 日，市直机关工委建立工委领导“2111”挂钩联系机关党建工作制度。

1 月 23 日，福建省中旅集团公司泉州代表处党委和纪委成立，李章彬任党委书记，黄竞红任党委副书记，徐志军任纪委副书记。

1 月 25 日，福建省机关党建研究会泉州市分会第一次会员代表大会召开，聘请林文杰任名誉会长，选举李世杰任会长，黄英林、陈炯仁、郑玉冰、蔡永生、张德山 5 人任副会长，郑玉冰兼任秘书长。第一批会员单位 61 个、会员 129 人。

1 月 30 日，市直机关工委举办市直党务干部迎新春联欢晚会，市领导林文杰、傅福荣，泉州医学高等专科学校党委书记张敬尊与党务干部共庆新春佳节。

2 月 26 日，建立由市委办、组织部、宣传部、统战部、党工委、编委办等市委工作部门组成的全市机关党建工作联席会议，由林文杰负责召集，联席会议下设办公室，挂靠市直机关工委，李世杰兼任办公室主任。

2 月 28 日，召开全市机关党的工作会议，李世杰总结 2007 年机关党的工作，部署 2008 年工作。市委领导郑道溪、林文杰、吴汉民、宋长青、林武出席。市委书记郑道溪讲话。

3 月 6 日，省直机关工委副书记蔡传华一行 3 人莅临泉州开展机关党建工作调研。

3 月 8 日起，市直机关工委领导班子 6 人先后赴宁德、福州、莆田、南平、三明、龙岩、漳州、厦门 8 个市直机关工委学习取经，进行座谈交流。

3 月 12 日，全市机关党建联系点第 3 次会议在市国税局召开，研讨机关党建如何围绕市委“好头当头、先行先试”主线开展工作、发挥作用。

3 月 15 日起，开展学习中共十七大精神知识竞赛，7000 多人参加，开展征文活动和以“先行先试先锋赞”为主题的演讲比赛。

3月21日，在全市机关工委系统开展以“一带三、推全盘”为主要内容的机关党建创先活动，在鲤城区、南安市、德化县直机关工委建立系统带动示范点，推进“三级联创”活动。

3月26—28日，举办学习贯彻中共十七大精神理论骨干培训班，105人参加。

3月28日，市直机关系统党委书记第5次学习交流会召开，以“凝心聚力、服务发展”为主题。

3月，组织工会女工委员举办杰出女性参与和谐社会建设专题论坛。

4月1日，在市委机关大院宣传栏举办“先行先试当先锋、尽心尽责作奉献”先进事迹图片展。至2009年3月，共举办12期。

4月1日起，市直关工委开展“百万大手牵小手”关心下一代活动。

4月5日，开展清明节节庆文化活动，突出缅怀“先人、先贤、先烈”主题。

4月6日至5月30日，对第三轮创建“机关党建工作先进单位”情况进行考评，并向市委呈报总评情况报告。

4月8日起，市直机关工会开展“增强队伍素质、争创一流业绩”系列活动，提高工会工作者素质。

4月14—30日，分批分班对市直科级干部开展学习中共十七大精神培训，3590人参加。

4月16日，市直机关工委贯彻中央组织部关于做好党费收缴、使用和管理工作的规定，规范党费交纳、管理和使用。

4月17日，市直机关工委表彰2007年度机关党建“好信息”，党群系统党委等10个单位提供的10条信息获表彰。

4月27日，由市直机关工会主办，华侨大学、泉州师院等5个单位协办的“我和春天有个约会”青年联谊活动举行，为大龄未婚青年提供交流机会，170多人参加。

4—5月，开展“理想、信念、传统”教育学习月活动，4700多名党员参加，撰写心得体会文章3877篇，提炼征集人生格言2807条。举办4场警示教育现场会，804人参加。

5月4日起，开展“建设先行区、青年当先行”泉州市区青年文明号优质服务示范月活动。

5月12日，四川汶川等地发生大地震后，市直发动干部职工为灾区捐款741万多元，组织党员交纳特殊党费609万多元，支援灾区。

5月13日起，组织3个专题检查组，对18个市直单位和9个县（市、区）直机关贯彻中央《条例》情况进行检查，分别向市委和省直机关工委呈报专题汇报。

5月27—29日，举办泉州市“迎奥运农运、展机关风采”机关党务干部室内运动会，设项目8项，惠安、南安、永春获团体总分前3名。

5月，组织3000多名干部职工参加《中华人民共和国劳动合同法》知识竞赛，开展“海西劳动感言”征集活动，征集感言1200多份。举办工会经审委员业务培训。

6月4日，市直机关工委慰问参加四川灾区抗震救灾医疗队、地质队人员家属。

6月10日起，开展以“当时代先锋、促和谐发展”为主题的庆祝中国共产党成立87周年党建系列活动。市直机关工委表彰2006—2007年度先进基层党组织87个、优秀共产党员123名、优秀党务工作者79名，先进纪检组织10个、优秀纪检干部18名。编印《党徽闪耀——泉州市机关党建巡礼》画册。

6月19日，召开以“打造品牌、推进工作”为主题的系统党委书记第6次学习交流活动，由市直政法系统党委承办并作“打造先进品牌、推进政法工作”主题发言。

6月，各级文明单位共组建志愿服务队41支1057人。

6月，市直获省委表彰先进基层党组织2个：市直水利系统党委、市档案局机关党支部；优秀共产党员2名：杨永强、俞赐湖；优秀党务工作者1名：黄荣峰。

7月8日至9月3日，举办第5期科级党务干部培训班，46人参加。

7月16日，省直机关工委常务副书记李元兴、副书记卫榕英带领调研组莅临泉州调研，指导“三级联创”活动。肯定泉州市敢闯敢创，机关党建工作特别是“三级联创”活动有特色、有成效。

7月19日，组织2500名干部职工参加第六届全国农运会倒计时100天誓师动员大会。

7月21日至9月20日，为落实“科学素质计划”，分批组织参观地震科学知识专题展。

7月，开展“改革开放30周年”主题征文活动，收到征文69篇，评选表彰20篇。

7—8月，开展“活力泉州迎农运、道德新风伴我行”“迎奥运、办农运、讲文明、树新风”主题实践月活动。

8月6日，全市机关党建联系点第4次会议在市城市管理行政执法局召开，交流机关党建“三级联创”活动主要做法、经验和成效，针对存在问题，研究解决办法。

8月28日，举办庆祝改革开放30周年楹联书法大赛。至11月27日，共征集楹联作品396对，表彰122对；书画作品418幅，表彰123幅。在泉州华侨历史博物馆举办作品展，编辑印发《优秀作品集》。

9月3日起，开展“职工书屋”建设活动，深化“读书、创新、敬业、提升”为主题的“百万职工读书”活动。

9月8日，市委组织部、市直机关工委召开全市机关党建“三级联创”活动经验交流会，市委办等13个市直单位、晋江市等5个县（市、区）直机关工委介绍经验。省直机关工委副书记卫榕英，市委常委、组织部部长林武出席并讲话。

9月19日，召开以“先行先试当先锋、尽心尽责作奉献”为主题的系统党委书记第7次学习交流会议，由市直公安系统党委承办并作“铸忠诚警魂、当海西先锋”主题发言，市委常委、市公安局局长张东鸣介绍公安工作情况。

9月24—25日，举办纪检干部培训班，78人参加。

9月25日起，开展以“团结、和谐”为主题的中秋节节庆文化活动。

9月，组织第六个公民道德宣传月活动，开展“知荣辱、树新风、我行动”道德实践和文明礼仪实践活动。

10月8日，市委召开泉州市开展深入学习实践科学发展观活动试点工作动员大会，市直共有423个党组织、6800多名党员参加第一批学习实践活动。

10月13日，市直机关工委召开深入学习实践科学发展观活动动员大会，部署市直机关工委开展学习实践活动，市委市直第一指导检查组到会指导。

10 月 15 日起，开展退出现职、接近或达到退休年龄的党政领导干部在企业兼职情况调查和清理工作。

10 月 16 日，市直机关工会举办学习中共十七大精神演讲比赛，并表彰获奖选手。

10 月 17 日，省机关党建研究会泉州市分会对 2008 年开展 6 个重点课题调研收到的 100 篇调研报告和论文进行评审后，表彰 35 篇，其中一等奖 2 篇、二等奖 5 篇、三等奖 8 篇、优秀奖 20 篇。

10 月 19 日起，在开展深入学习实践科学发展观活动中，围绕“科学发展、四求先行”主题和“海西应先行、泉州走前列”要求，实施“协同、协作、合力”工程。

10 月，市委副书记、市纪委书记朱淑芳兼任中共泉州市委市直机关工作委员会书记。

11 月 5 日起，组织学习宣传中国工会十五大精神，在推进泉州“大产业、大港口、大城市”建设中发挥主力军作用。

11 月 11—12 日，举办基层组织建设业务知识培训班，118 人参加。

11 月 14 日至 12 月 15 日，市直机关工委对市直 36 个单位开展创建“机关党建工作先进单位”活动情况进行督查；考评 103 个申报先进“五好”党支部的党支部；考评 15 个申报省级文明单位的单位。

12 月 15 日，市直机关工委召开学习实践科学发展观活动“科学发展、四求先行”专题民主生活会暨 2008 年度党员领导班子民主生活会。

12 月 15 日，调整市直机关精神文明建设领导小组成员，朱淑芳任组长，陈炯仁任副组长兼办公室主任。

12 月 19 日，召开“以科学发展观指导重点项目建设”为主题的系统党委书记第 8 次学习交流会议，由市直发改委系统党委承办并作主题发言。

12 月 25 日，市直机关精神文明建设领导小组召开全体成员会议，总结 2008 年工作，研究 2009 年工作思路。朱淑芳主持并讲话。

12 月 26 日，福建电力职业技术学院党委 214 名党员（正式党员 146 名、预备党员 68 名）组织关系集体转移至市委教育工委。

12 月 30 日，第 25 次市、县（市、区）直机关工委书记联席会议在晋江市召开，回顾总结 2008 年机关党的工作，研究 2009 年工作思路。朱淑芳出席并讲话。

12 月 30 日，市直机关工委表彰第八轮（2006. 7—2008. 6）先进“五好”党支部 151 个、“五好”党支部 60 个。

12 月，借鉴现代信息手段，建立机关党员、党务干部、党组织换届选举、出国（境）党员、流动党员、非公有制单位党员、困难党员、党费收缴管理 8 个机关党建信息库，每年更新 1 次。

2009 年

1 月 8 日，由市直关工委联系的晋江市凤竹公司董事长捐赠 10 万元建立的市实验小学“少儿图书馆”开馆，市关工委主任施永康揭牌。

1 月 15 日，举办市直机关党务干部新春茶话会，市领导朱淑芳、傅福荣出席。

1 月 20 日起，根据中共中央办公厅通知精神，市直机关工委成立清理规范评比达标表彰工作领导小组，对机关评比达标表彰活动进行清理规范。

1 月 25 日，召开市直机关老年人体育协会第四次会员代表大会，选举第四届委员会，李再生任主席，傅赞基任执行主席兼法人代表，副主席 6 人，梁挺秀任秘书长。

2 月 12 日，泉州市自来水有限公司党委和纪委成立，黄友湘任党委书记，褚联鹏任党委副书记、纪委书记。

2 月 16 日起，开展加强机关效能建设，推进机关协同协作形成合力活动，在泉州机关党建网和《泉州机关党建信息》开办“协同协作、推进发展”论坛和专栏。

2 月，开展“党的建设充分体现科学发展观新要求”专题调研，形成调研报告。

3 月 2 日，市直机关工委召开市直机关工会、市直团工委、市直妇工委工作汇报会，并对工、青、妇工作提出具体要求。

3 月 8 日，开展家庭趣味运动会，举办女性形象美容“心系女职工”知识讲座。

3 月 13 日，召开以“关注企业、促进发展”为主题的系统党委书记第 9 次学习交流会，由市直经委系统党委承办并作主题发言。

3 月 16 日起，根据市委第 65 次常委会精神，市直机关工委牵头开展“五评机关”活动，被评议单位 66 个。

3 月 17 日起，开展机关党建服务发展“五建五创”活动：建学习型团队、合力型团队、服务型团队、创新型团队、廉洁型团队，创一流党员队伍、一流办事效率、一流投资环境、一流工作业绩、一流公仆形象。

3 月 17 日，举办全市机关党员干部“协同协作、推动发展”论坛，采用网上论坛、专栏论坛、会议论坛等方式，围绕市委工作思路建言献策。

3 月 18 日，召开全市机关党的工作会议，李世杰总结 2008 年机关党的工作，部署 2009 年工作。市委书记徐钢，市委副书记、市纪委书记、市直机关工委书记朱淑芳出席。

3 月 20 日，召开全市机关党建信息工作会议，举办党建信息员培训班，60 多人参加。

3 月 27 日，市委召开第二批开展深入学习实践科学发展观活动动员大会。市直 79 个单位、167 个党组织、2113 名党员参加第二批学习实践活动。当年 8 月 31 日结束。

4 月 1 日，在市委机关大院宣传栏举办“服务项目建设、促进先行发展”先进事迹图片展。至

2010年2月，共举办11期。

4月1日，市直机关工委制订廉政文化建设指导意见，提出廉政文化建设的目标任务、主要原则、基本要求。

4月5日起，组织学习《中国特色社会主义理论学习读本》，加深对邓小平理论的理解。

4月9日，市直机关工委制订《2009—2011年发展党员工作规划》。

4月15日起，开展“争当勤廉表率、推动科学发展”学习教育活动，共撰写心得体会10759篇。

4月21日，召开全市机关党的工作座谈会，6个基层党组织负责人交流开展“三级联创”活动情况。

4月28日，在泉州音乐厅举办“四求先行当先锋、项目建设立新功”五一文艺晚会。

4月，开展“我推荐、我评议身边好人”活动，刘国才入选中国好人榜，高瑛瑛、张茜当选第二届泉州市道德模范。

5月5日起，全市服务扶持企业发展大会召开后，开展“我为企业发展尽份心”主题活动和“弘扬惠女精神，提振创业精神，促进科学发展”活动，组织学习国务院《关于支持福建省加快建设海峡西岸经济区的若干意见》精神。

5月7日，召开精神文明建设现场会，参观学习市档案局、市水利水电工程局、广电总局641台精神文明建设活动情况，50多人参加。

5月10日起，开展政府采购执行情况专项检查，落实《中华人民共和国政府采购法》，规范采购行为。

5月19日起，开展“求先行、当先锋、促发展、走前列”为主题的庆祝中国共产党成立88周年党建系列活动。举办“和谐诗篇颂党恩”现代诗歌创作大赛。

5月20日，全市机关党建第5次联系点会议在省一九七地质大队召开，交流推进机关服务科学发展情况，研讨机关党建在“海西”建设中求先行当先锋。

5月21日，制定《泉州市直机关文明单位管理办法》，表彰（2008—2009年度）市直文明单位107个、先进工作者99名。

5月31日至6月8日，举办“协同协作合力、服务科学发展”党建专题研讨班，研讨“以改革创新精神全面推进党的建设新的伟大工程”等4个专题，并到江苏南通、苏州市直机关工委学习取经。

6月8日，召开“关注民生、服务三农”为主题的系统党委书记第10次学习交流活动，由市直财贸系统党委承办并作主题发言。

6月18日，全市机关党员干部“协同协作、推动发展”论坛在泉州音乐厅举行，市直交通系统、德化县直机关工委等7个单位作主题发言。朱淑芳出席并讲话。

6月23日，泉州市国资委系统精神文明建设领导小组及办公室成立。

6月29日，全市机关党建工作联席会议第1次会议召开，讨论通过《泉州市机关党建工作联席会议工作制度》，确定第四轮创建“机关党建工作先进单位”考评标准总体框架。朱淑芳主持会议。

6月，泉州黎明职业大学纪委成立，林长红任书记，刘集平任副书记。

7月6日，举办市直机关共产党员人生格言演讲比赛，36名选手参赛，泉州电业局党委、市直宣传系统党委选送的选手获一等奖。

7月8日，市直机关工会制定《泉州市机关职工（代表）大会暂行规定（试行）》和《开展建设职工之家（小家）活动的实施意见》。

7月9—10日，第26次市、县（市、区）直机关工委联席会议在南安市召开，学习贯彻市委、市政府“千人大会”精神，交流研究机关党建工作。朱淑芳出席并讲话。

7月30日，在开展“金秋助学”活动中，市直共捐款247360元。

7月30日，举行清源山风景区建设生态文化教育基地启动仪式，180人参加。

8月12日起，开展个人通信工具捆绑办公电话专项清理工作，对办公电话费进行公示，接受群众监督。

8月25日，召开全市机关党建服务发展“五建五创”活动座谈会，9个单位介绍经验，70多人参加。朱淑芳出席并讲话。

9月7—17日，举办“服务海西求作为、协同协作走前头”党建专题研讨班，听取“机关党建的优势与创新”等4个专题辅导讲座，到山东济南、青岛市直机关工委学习取经。

9月18日，举办庆祝中华人民共和国成立60周年爱国歌曲大家唱暨机关工委系统“一带三、推全盘”三级联创活动联欢会，由鲤城区直机关工委承办。

同日，泉州市公交发展有限公司党委和纪委成立，谢德雄任党委书记，陈亦农、董伦海任党委副书记，董伦海任纪委书记。

9月20日起，组织学习中共十七届四中全会通过的《中共中央关于加强和改进新形势下党的建设若干重大问题的决定》。

9月25日，举办全市机关党员干部“协同协作、推动发展”第2次会议论坛，市直政法系统党委、惠安县直机关工委等5个单位作主题发言。

9月28日，举办庆祝中华人民共和国成立60周年摄影大赛，收到作品532幅，表彰67幅，在泉州晚报举办优秀作品展，编辑印发《优秀作品集》。

9月29日，市直机关工会举办国庆保龄球比赛，36队100多人参加比赛。

同日，市直关工委在泉州农业学校召开庆祝中华人民共和国成立60周年座谈会，泉州农校2个“周恩来”班藏族学生参加，进行爱国主义教育。

9月30日，泉州市烟草专卖局机关党委和纪委成立，陈兴宝任党委书记，王华曙、李水玉（专职）任党委副书记，王华曙任纪委书记，李芊芊任纪委副书记。

9月，开展“五评机关”活动，对68个市级政府组成部门和部分驻泉省部属单位进行公众评议调查。

10月8日起，开展“破解熟人经济、提升服务水平”专题教育，改进机关作风，提高办事效率。

10月13日，召开以“立足海西、推动发展”为主题的第11次系统党委书记学习交流会，由市直建设系统党委承办并作主题发言。

10月16日起，开展向优秀共产党员、泉州市公路局工程处主任、党支部书记刘国才学习活动。

10月22日，召开全市机关党建联系点第6次会议，探讨以改革创新精神推进机关党建科学化问题。

10月29日至12月15日，开展第四轮创建“机关党建工作先进单位”考评工作，并向市委作专题报告。

11月19日，省机关党建研究会泉州市分会对2009年围绕关于机关开展深入学习实践科学发展观活动的成功经验及建立长效机制等7个重点课题开展调研，对收到的80篇调研报告和论文进行评审后，表彰30篇，其中一等奖2篇、二等奖5篇、三等奖8篇、优秀奖15篇。

11月21日至12月10日，开展市直机关实施“协同、协作、合力”工程情况督查。

11月27日，召开以“深入贯彻落实科学发展观，扎实推进社会主义新农村建设”为主题的第12次系统党委书记学习交流会，由市直农办系统党委承办并作主题发言。

12月1日，省直机关工委常务副书记李元兴带队莅临市直机关工委调研和指导机关党建工作。

12月15日，福建省公安厅交通警察总队泉州高速公路支队党委成立，杨更生任书记。

12月16日，建立驻泉省部属单位党建工作学习交流制度，从2010年起每年4月和9月各进行一次学习交流活动，由驻泉省部属单位党委轮流承办。

2010年

1月15日起，开展“树文明新风、过祥和节日”活动和“我们的节日——春节元宵节”主题文化活动。

2月1日，吴晓雄任市直机关工委副书记，刘玉珊任市直机关工委委员、市直纪工委书记，许贞丽任市直机关工委委员。

2月20日起，学习宣传胡锦涛在福建考察时的讲话精神。

2月起，学习贯彻《中国共产党党员领导干部廉洁从政若干准则》，开展“学廉政准则，做遵纪模范”活动。

3月1日，举办“海西建设求先行、服务发展当先锋”主题图片展。至2001年2月，共举办12期。

3月8日，开展庆祝“三八”国际劳动妇女节100周年活动，举办“庆百年佳节、展巾帼风采”女职工才艺展活动，组队参加泉州市首届女职工健美操电视大赛，获三等奖。

3月10日，市直关工委表彰市直建设系统等12个关工委为2007—2009年度市直机关“五好”关工委。

3月14—18日，举办新任党务干部培训班，100人参加。

3月29日，市委授予市委办公室等35个单位为2007—2009年度（第四轮）“机关党建工作先进单位”，通报表扬19个创建活动成效明显单位。

3月29日，市直机关工委制订《关于进一步加强基层党组织换届选举工作的若干意见》，对换届选举工作作出具体规定。

3月31日，召开全市机关党的工作会议，李世杰总结2009年机关党的工作，部署2010年工作。朱淑芳出席并讲话。

3月，市直机关工委、市人事局联合组成8个考核组，对45个参评单位2009年绩效工作进行考核考评。

4月7日，市直机关工会表彰2009年市直合格“职工之家”单位17个。

4月9日，召开第13次系统党委书记学习交流会，主题“关注企业上市，促进转变提升”，由市直外经系统党委承办并作主题发言。

4月14日，在全市机关开展党建“特色活动”，评选年度“特色活动”一、二、三等奖和优秀奖共10个，组织奖10个单位。

4月14日，青海玉树发生7.1级地震，市直机关开展“情系玉树·抗震救灾”捐款。

4月14日，泉州市机关党建研究分会召开理论研讨会，10篇论文参加大会或书面交流，67人参加。

4月16—20日，举办党支部书记培训班，80人参加。

4月19日，市直机关工委推荐创建学习型机关党组织第一批阅读书目20本。

4月21日，中央直属机关纪工委副书记梁朝平率中直机关部分单位纪委书记莅泉考察。

4月23日起，在市直机关开展“作风建设年”活动，促进机关作风好转和效能提高。

4月29日，调整市直机关精神文明建设领导小组成员，增补洪川夫、李艾克、吴晓雄为领导小组副组长，吴晓雄兼任领导小组办公室主任。

4月下旬，市直机关精神文明建设领导小组召开全体会议，总结2009年工作情况，部署2010年工作任务。

4月30日，召开驻泉省部属单位第1次党建工作学习交流会，由市工商行政管理局机关党委承办。

4月，泉州公交发展有限公司党委134名党员组织关系集体转移至市国资委党委。

5月1日，市直妇工委举办以“建功海西、女子有为”为主题的“五一”联欢会。

5月3日起，开展机关“作风建设年”10项主题活动。

5月4日起，开展“建设先行区，青年当先行”泉州市区青年文明号优质服务示范月活动。举办五四青年节联谊活动，1000多名单身青年参加。

5月7日，全市机关党建工作联系点第7次会议在德化县召开。

5月13日，召开第3次党组（党委）书记汇报会，10个单位党组（党委）书记汇报党建工作情况。朱淑芳主持会议并讲话。

5月13日，组建120人的市直机关女子艺术团。

5月19—28日，市直机关工委组成调研组到15个单位开展“提高机关党建科学化水平”专题调研。

5月21日，制定《泉州市直机关文明单位管理办法》，表彰第四届（2008—2009年度）市直机关文明单位107个、先进工作者99名。

5月，确定23个试点单位在基层党组织换届选举中实行党内直接选举，市信息化管理局机关党支部作为首个直选试点单位完成直接选举。

6月1—10日，对12个省级文明单位进行届中复查，在省级文明单位中组建志愿服务队，各级文明单位共组建10支队伍1057人。

6月4日起，组织学习贯彻新修订的《中国共产党党和国家机关基层组织工作条例》。

6月11日，召开第14次系统党委书记学习交流会，主题“廉洁发展、交通先行”，由市直交通系统党委承办并作主题发言。

6月12日起，开展“认真履职、做好表率”主题教育实践活动，开展公共道德教育等6项活动。

6月21日，市直机关工委制订《关于在全市机关党的基层组织和党员中深入开展“创先争优”活动的贯彻意见》，开展以创建先进基层党组织、争当优秀共产党员为主要内容的“创先争优”活动。

6月29日至7月5日，举办机关工会兼职干部培训班，到外地学习机关工会经验。

6月30日至7月1日，第28次市、县（市、区）直机关工委书记联席会议在安溪县召开，围绕开展“作风建设年”、深化机关党建服务发展“五建五创”活动情况进行总结交流。朱淑芳出席并讲话。

7月5日，泉州机关党建网开辟“学惠女、树典型”专栏，宣传弘扬惠女精神的先进事迹。

7月12日至8月12日，开展以“建海西我先行、优服务立新功”为主题的“工人先锋号”活动月活动。

7月21—28日，开展发展党员工作和党费管理工作检查，针对存在的问题，提出改进措施。

7月30日，在清源山举行泉州青少年生态文化历史之旅夏令营授牌暨启动仪式，200多名学生参加。

7月30日，召开市直机关深入开展“创先争优”活动工作会议，贯彻中央和省市委会议精神，建立“创先争优”领导小组联系点10个。

7月，泉州自来水有限公司党委所属128名党员集体转移党员组织关系至市国资委党委。

7月，开展“金秋助学”活动，市直各单位共捐款100多万元。

8月4日起，在开展“创先争优”活动中，做好基层党组织和党员公开承诺工作。

8月12日，组织干部职工参加“全民健身日”和“迎特奥”火炬传递活动。

8月18日，确定市委办机关党支部等23个党支部为学习型党支部建设示范点。

8月20日起，为推动“创先争优”活动深入开展，编发《泉州机关党建·“创先争优”专刊》。

8月31日，市直机关工委和市行政服务中心管理处联合召开“强化协同协作·推动跨越发展”

现场会。市发改委、市国土资源局等 9 个部门交流打好“五大战役”情况。

9 月 1—3 日，举办建设学习型党组织理论骨干培训班，70 多人参加。

9 月 4 日，建立市直机关廉政文化建设联席会议制度，由市直机关工委、市委文明办等 9 个单位组成，并建立信息沟通机制、工作协调机制、监督考核机制。

9 月 6 日，推荐建设学习型机关党组织第二批阅读书目 10 本。

9 月 9 日，召开第 15 次系统党委书记学习交流会，主题“做好卫生民生工程，完善医疗服务体系”，由市直卫生系统党委承办并作主题发言。

9 月 17 日，召开各系统关工委主任、秘书长座谈会，交流开展“大手牵小手、关爱点亮希望”经验。

10 月 5 日起，按照“五个好”标准开展离退休干部党支部创先活动，按照“四个好”标准开展争当离退休干部优秀党员活动。

10 月 14 日，泉州市妇幼保健院·儿童医院党委和纪委成立，周延安任党委书记，涂仁贵、方一明任党委副书记，方一明任纪委书记。

10 月 18 日，全市机关党建联系点第 8 次会议在泉州电业局召开。

10 月 20 日起，组织学习中共十七届五中全会通过的《中共中央关于制定国民经济和社会发展第十二个五年规划的建议》。

10 月 22 日，驻泉省部属单位第 2 次党建工作交流会议在市质量技术监督局召开。

10 月 27 日，泉州市机关党建研究分会对 2010 年围绕关于建立学习型机关党建等 6 个重点课题开展调研，收到 156 篇调研报告和论文进行评选。表彰 52 篇，其中一等奖 3 篇、二等奖 8 篇、三等奖 15 篇、优秀奖 26 篇。

11 月 12 日，召开第 16 次系统党委书记学习交流会，主题“大干 150 天、打好‘五大’战役、推动跨越发展”，由市直水利系统党委承办并作主题发言。

11 月 15 日，市直机关工会举办机关干部政务礼仪培训班，120 人参加。

12 月 5 日，泉州市机关党建研究分会吸收第二批会员 116 名，共有会员 228 名。

12 月 10 日，市直机关工委召开以“贯彻落实《中国共产党党员领导干部廉洁从政若干准则》，加强领导干部作风建设”为主题的 2010 年度党员领导干部民主生活会。

12 月 13 日，市直机关工委表彰推进学习型党组织建设课题调研获奖论文 13 篇。

12 月 14 日，经市委批准，调整市直机关部门党组织设置，正式启用市直经济贸易系统党委、市直文化广电新闻出版系统党委、市直住房和城乡建设系统党委、市直交通运输系统党委印章。

12 月 27—28 日，第 29 次市、县（市、区）直机关工委书记联席会在石狮市召开，回顾总结 2010 年全市机关党建工作，研究 2011 年工作思路。朱淑芳出席并讲话。

12 月 29 日，市纪委、市委组织部、市直机关工委、市妇联联合召开领导干部家庭助廉会议，431 名处级以上领导干部配偶参加。朱淑芳出席并讲话。

是年，开展为玉树、南平、舟曲灾区献爱心活动，共捐款 210 多万元。

2011 年

1 月 12 日，泉州市直经济贸易系统党委和纪委成立，黄双九任党委书记，杜认真任党委副书记、纪委书记，王洪海任党委专职副书记。

1 月 12 日，召开市直机关学习型党组织建设经验交流会，市直党群系统党委等 8 个单位作交流发言。

1 月 13 日，泉州市直文化广电新闻出版系统党委和纪委成立，张帆任党委书记，肖祖建任党委副书记、纪委书记，周梁升任党委专职副书记。

1 月 20 日起，开展向新时期共产党员的优秀代表、四川省南充市营山县城南镇党委书记文建明学习活动。

1 月 20 日，第十届市委常委会第 122 次会议听取李世杰关于机关党建工作的汇报，对加强机关党建工作提出要求。

1 月 27 日，市直机关工委表彰第九轮（2008. 7—2010. 6）先进“五好”党支部 169 个、“五好”党支部 57 个。

1 月 28 日起，学习贯彻《中共泉州市委关于加强和改进新形势下党对工会工作领导的实施意见》，切实加强工会自身建设，发挥工会组织的作用。

1 月，市直关工委慰问泉州农业学校西藏班 80 多名学生，41 名老师当场作为代理家长认了“子女”。

2 月 9 日，第十届市委常委会第 123 次会议听取 2010 年下半年泉州市直“五评机关”活动情况汇报会，同意从 2011 年起“五评机关”每年开展一次。

2 月 11 日，推荐创建学习型党组织第三批阅读书目《中国共产党历史》（第一卷）等 10 本书。

2 月 11 日起，在全市机关开展“强化创新、强化服务、强化绩效”活动，为大干“十二五”开局之年，打好“五大战役”提供保障。

2 月 15 日，市委编办同意市直机关工委增加 1 名正科级领导职数，用于配备工委机关党总支专职副书记。

2 月 16 日，召开全市机关党的工作会议，李世杰总结 2010 年机关党的工作，部署 2011 年工作。朱淑芳出席并讲话。

2 月 20 日，调整充实全市机关党建联系点，共有 15 个联系点。

2 月 24 日，市直机关工委全体工作人员到中央纪委党务公开工作联系点鲤城区海滨街道办事处学习调研。

2 月，市直机关工会表彰 27 个先进基层工会组织、44 名优秀工会工作者、45 名优秀工会积极分子。

3月10日起，开展“五大战疫当先锋，开局之年作贡献”为主题的劳动竞赛，创建工人先锋号活动。

3月10日，召开市直机关工会一届八次全委（扩大）会议，作全委会工作报告，表彰先进单位，180多人参加。

3月11日，召开第17次系统党委书记学习交流会议，以“深入开展创先争优活动，着力服务和改善民生”为主题，由市直公用事业系统党委承办并作主题发言。

3月16日起，开展红歌传唱活动，传唱革命历史经典歌曲和现代经典歌曲118首。

3月18日，市委办公室印发《2011年度泉州市直机关党群系列绩效评估暨“五大战役”考评工作实施方案》，党群系列绩效考评工作办公室设在市直机关工委。

3月18日，市直机关工会制定《泉州市直机关职工代表大会规范（试行）》，机关职工代表大会每届3—5年，与工会会员代表大会任期一致。

3月21日，泉州市直住房和城乡建设系统党委和纪委成立，苏庆福任党委书记，郑葆飞任党委专职副书记，郭木棍任纪委书记，王建国任纪委副书记。

3月22日，市直机关工委制订《2011年发展党员工作计划》。当年，市直共发展党员255名，基本符合发展党员工作计划的要求。

3月31日，在泉州市区丰泽广场举行市直机关志愿服务活动启动仪式，朱淑芳出席并为志愿服务队授旗，市直共组建志愿服务队112支4600多人。

4月5日，制订《泉州市直工委2011年度机关绩效评估暨“五大战役”考评工作实施方案》，成立绩效管理工作领导小组，李世杰任组长，黄英林、陈炯仁、吴晓雄任副组长。

4月7日，成立党群系列绩效管理领导小组，陈庆宗任组长，李世杰任常务副组长，领导小组办公室挂靠市直纪工委。

4月8—30日，举办3期党的基本知识培训班，390人参加。举办2期党务干部工作实务培训班，262人参加。

4月20日起，开展向党员干部的学习楷模、离退休老同志的优秀代表、云南省保山地委原书记杨善洲学习活动。

4月21日，举办泉州市直机关党建“特色活动”成果评选表彰会，现场展示并评选出2010年度“特色活动”创新成果，晋江市直机关工委“晋江大讲堂”获一等奖。

4月23日，市总工会、市直机关工会等6个单位联合在市行政服务中心举办全市行政服务中心信息技术技能竞赛，130多人参赛。市政协副主席、市总工会主席傅福荣出席并颁奖。

4月25日起，市直机关工委开展全市工委系统机关党建“一带三”推全盘“三级联创”暨“寻红迹颂党恩”活动。

4月26日，召开驻泉省部属单位党建交流会，由市地税局党委等单位作交流发言，39人参加。

4月，紧扣市委“项目带动、转变提升、和谐进步、跨越发展”工作思路和“作风建设年”要求，开展“廉洁从政、秉公用权”主题教育学习月活动，治理“庸、懒、散、混”。

4 月，市直机关工委班子成员到永安八一村参观学习“168”党建工作经验，在市直机关借鉴和推广“168”工作模式。

5 月 4 日起，市直团工委举办五四青年“红歌会”。举办“花季五月、相约聚龙”青年联谊活动。组织团员青年参加祭扫泉州市革命烈士陵园活动。

5 月 10 日至 6 月 6 日，组织参加“福建省庆祝中国共产党成立 90 周年知识竞赛”泉州片区活动。

5 月 20 日，市委宣传部、市直机关工委、市文联等 8 个单位联合制订《2011—2012 年泉州市发展廉政文艺、推进廉政文化建设的工作方案》，推进廉政文化进机关、进农村、进企业、进学校、进社团、进社区、进家庭。

5 月 25 日，召开第 18 次系统党委书记学习交流会，由市直文广新系统党委承办并作“创先争优，增强活力，繁荣发展文化事业和文化产业”主题发言。

5 月 31 日，全市机关党建联系点第 9 次会议在鲤城区召开，围绕机关党建工作创新发展主题研讨交流。

6 月初，召开“治庸治懒治散、问事问效问责”集中活动座谈会，交流活动开展情况。

6 月 10 日起，开展以“学党史、颂党恩、唱红歌、创先进”为主题的庆祝中国共产党成立 90 周年系列活动。市直机关工委表彰 2009—2010 年度先进基层党组织 88 个、优秀共产党员 90 名、优秀党务工作者 44 名、优秀党支部书记 40 名。

6 月 23 日，举办庆祝中国共产党成立 90 周年“光辉的历程”红色歌曲合唱大赛决赛，决出一等奖 4 名、二等奖 4 名、三等奖 7 名。

6 月 28 日，举办全市机关学习党的基本知识竞赛活动决赛。

6 月，市直获省委表彰先进基层党组织 4 个：市委组织部机关党支部、市纪委机关党委、泉州电业局党委、市农业局离退休干部党支部；优秀共产党员 3 名：王文泰、邱江鸿、谢万智；优秀党务工作者 3 名：李世杰、李水玉、蔡良碧。

7 月 1 日起，组织学习胡锦涛在庆祝中国共产党成立 90 周年大会上的讲话，领会讲话中的新思想、新观点、新论述。

7 月 6 日，福建经贸学校党委和纪委成立，郭超明任党委书记，黄小勇、郑坤林任党委副书记，郑坤林任纪委书记。

7 月 6—15 日，对党群系列 37 个单位绩效管理开展情况进行专题调研督查。

7 月 11 日，市直机关工委由鲤城区庄府巷市委、市政府大院 5 号楼整体搬迁至位于丰泽区东海镇的泉州市行政中心 1 号楼 2 层。

7 月 20 日，在市科技馆举办地震应急救援志愿者培训班，190 多人参加。

8 月初，市直机关工委、团市委、市社科联联合举办第 48 期泉州市民文化大讲坛活动，邀请省委党校教授李新生作学习胡锦涛“七一”讲话精神的专题报告，600 多人参加。

8 月 9 日，增聘第一届党群系列绩效评估专家 71 名。

8月17—25日，举办纪检干部培训班，采取异地培训办法，培训纪检干部36人。

8月22日，市直机关工委召开全委会，表决产生泉州市出席中共福建省第九次代表大会代表候选人初步人选推荐名单9名。

8月，黄春淮任中共泉州市委市直机关工作委员会常务副书记（正处长级）。

9月1日，召开市直机关党员代表大会，选举产生市直出席中共泉州市第十一次代表大会代表57名。

9月20日起，为纪念《公民道德建设实施纲要》颁布10周年和响应全国第九个“公民道德宣传日”，开展公民道德宣传教育和实践活动。

9月20—26日，举办市直机关工会专兼职干部培训班，学习省委《关于加强和改进新形势下党对工会工作领导的意见》，开展研讨和考察。

9月27日，在“创先争优”活动中，实施“组织目标管理、个人设岗定责”的公开承诺工作。

9月，开展“五评机关”活动（评服务态度、评办事效率、评工作质量、评协同配合、评廉洁自律），被评议单位共64个。

9月，学习宣传中共十七届六中全会和泉州市第十一次党代会精神，各单位结合实际制订贯彻落实措施。

9—10月，市直机关工委组织100多名运动员参加泉州市第九届运动会11个项目比赛，获8金、7银、2铜牌好成绩，总分榜和金牌榜均列行业组第2名，并获体育道德风尚奖。

9—10月，举办3期市直工会干部培训班，采取理论培训和外出实地考察形式，培训市直系统专兼职工会干部60人。

10月8日，市委常委、市纪委书记沈耀钦兼任中共泉州市委市直机关工作委员会书记。

10月11日，推荐创建学习型党组织第四批阅读书目《中国共产党历史》（第二卷）等10本书。

10月15日至11月20日，对87个第四届市直机关文明单位进行届中复查，79个单位通过复查。

10月28日，市直机关工委选派潘向前担任市级重点帮扶村南安市眉山乡观山村党支部第一书记。

11月7—11日，市直机关工会组织2个调研组到8个系统工会和2个机关基层工会开展“增强机关工会工作活力”“深化‘创先争优’、创建职工之家”专题调研，并形成调研报告。

11月8日，市直机关工委制订《泉州市直机关党的基层组织党务公开工作实施方案》，公开内容包括组织建设、思想建设、反腐倡廉建设等8个方面。11月11日，召开党务工作公开动员会。

11月20日起，开展《中国共产党党员领导干部廉洁从政若干准则》贯彻执行情况专项检查。

11月，学习宣传中共福建省第九次代表大会精神，弘扬“爱国爱乡、海纳百川、乐善好施、敢拼会赢”的福建精神。

12月1日起，学习借鉴“168”党建工作机制，推进工会“创先争优”目标化、常态化、系统化、特色化。

12月5日起，在“创先争优”活动中进一步推动党政机关和干部深入基层为民服务，走访群众，深入基层调研，排查矛盾纠纷，实行驻村蹲点，开展结对帮扶，兴办惠民实事。

12月9日，举办2011年党内统计工作培训班，90人参加。

12月14日，召开市直机关廉政文化建设推进会，4个单位作经验介绍，参观泉州出入境检验检疫局党风廉政建设展示厅和廉政文化走廊。沈耀钦出席并讲话。

12月15日，省直机关工委常务副书记朱清、副书记卫榕英带领省直机关党务干部20多人莅临泉州开展下基层学习、服务和慰问活动。

12月19日，调整市直机关党群系列绩效管理领导小组，市委常委、秘书长、统战部部长翁祖根任组长，黄春淮任常务副组长。

12月26日，泉州出入境检验检疫局机关党委和纪委重新成立，刘建亚任党委书记，范建华任党委副书记，许端凤任纪委书记。

12月下旬，市直机关工委班子成员到对口帮扶的南安市眉山乡开展帮扶活动，带去5万元帮扶款，赠送10台电脑，帮助建立农村实用科技中心，走访慰问5户贫困户。

12月28日，第31次市、县（市、区）直机关工委书记联席会议在永春县召开，总结交流开展“三强化”活动，治理“慵、懒、散”情况，研究2012年工作思路。

12月29日，召开市直机关、教育工委、国资委、鲤城区、丰泽区台湾省籍党员大会，推荐中共十八大台湾省籍代表候选人初步人选，全国台湾省籍党员代表会议、福建省台湾省籍代表会议代表候选人初步人选，选举出席中共泉州市台湾省籍党员代表会议代表7名。

12月31日，市直机关工委召开全委会，表决产生泉州市出席中共第十八次全国代表大会代表候选人初步人选推荐名单3名，以及作为中共十八大代表候选人初步人选的省级党员领导干部11名。

12月，召开2011年市直机关工会妇女工作总结会议暨“心灵后花园”交流活动。

12月，采取网络培训方法，对市直机关工委20名在职干部职工进行机关保密业务培训，全部修完学时并通过考试。

2012年

1月5日，市直机关工委召开党员领导干部民主生活会，主题“坚持以人为本、执政为民理念，发扬密切联系群众优良作风”。

1月9—16日，对党群系列绩效管理36个参评单位进行审核和考评。召开绩效评估领导小组成员会议，审议2011年度绩效评估结果：优秀单位8个、合格单位28个。

2月8日，市政协等8个单位获市委、市政府表彰为2011年度绩效评估暨“五大战役”先进单位。

2月16日起，以完善推广“168”机制为抓手，开展“基层组织建设年”活动，推进“创先争优”活动。

2月25日至3月5日，市直机关工委对26个单位推广“168”党建工作机制及“创先争优”活动情况进行专题调研，推进“168”党建工作机制进机关。

2月28日，市直机关工会表彰泉州市人大常委会机关工会等27个“先进基层工会组织”，表彰黄刚毅等44名“优秀工会工作者”、黄白苇等45名“优秀工会积极分子”。

3月7日，召开全市机关党的工作会议，黄春淮总结2011年机关党的工作，部署2012年工作。沈耀钦出席并讲话。

3月5日起，响应中央文明办号召，弘扬雷锋精神，开展“关爱他人、关爱社会、关爱自然”志愿服务活动。

3月6日，召开市直机关深入开展学雷锋活动座谈会，陈忠晟、吕优生、张茜等3名泉州市道德模范发言，市直市委办、市府办、党群系统党委等党组织介绍开展学雷锋活动经验。组织80名志愿者到泉州开智学校、市聋康中心开展志愿服务活动。

3月7日，市直机关工委、市水利局、市地税局被确定为泉州市党务公开工作联系点，发挥示范引领作用，探索党务公开的新方法、新措施。

3月8日，组织市直机关妇女干部职工开展“快乐运动、健康随行”环西湖跑活动暨“为爱奔跑让爱出发”捐款活动。开展“三八”维权周活动。

3月22日，市直机关工委建立领导挂钩联系“168”党建工作机制典型示范点制度，8名工委领导分别挂钩联系24个示范点。

3月27日起，组织网络文明传播志愿者开展“续写雷锋日记”活动，弘扬雷锋精神，推动学习雷锋活动常态化。

3月28日起，开展基层党组织分类定级工作，按照5项分类定级指标，区别不同类型组织，采取百分制评分方式，分为“好、较好、一般、较差”4个等级。

3月31日，市直机关工委制订《2012年发展党员工作计划》，按照“控制总量，优化结构，提高质量，发挥作用”的总要求，做好发展党员工作。

3月31日起，开展“下基层、解民忧、办实事、促发展”活动，采取走访调研、结对帮扶、驻村蹲点、挂职任职、社区活动等方式。

3月31日至4月6日，举办2期党务干部实务培训班，294人参加。

3月，泉州公路稽征处及直属稽征所的监督处罚职能整合并入新组建的泉州市交通综合行政执法支队。4月9日，泉州公路稽征处党委和纪委撤销。

4月9日起，在“创先争优”活动中开展“基层组织建设年”活动，实施“168”机制延伸提升项目、“创先争优”活动项目、《中国共产党党和国家机关基层组织工作条例》学习贯彻工作项目、机关党建“三级联创”工作项目、党员素质提升项目、“特色党建”工作项目。

4月11日，组织市直机关18个“168”党建工作机制示范点负责人到永春县人民法院、永春公路局“168”机制典型单位参观学习。

4月16日至5月15日，开展机关党员干部“弘扬廉政文化，永葆纯洁党性”教育学习月活动。

4月18日，举办“机关大讲堂”第1讲，中华民营企业联合会会长保育钧以《中国民营经济的昨天、今天和明天》为题进行演讲，参加360多人。

4月23日，中央直属机关工委副书记赵凯一行在省直机关工委常务副书记朱清陪同下莅临泉州开展机关党建工作专题调研，充分肯定泉州机关党建工作的做法和成效。朱淑芳陪同调研，并介绍泉州机关党建工作的新进展、新成效。

4月25日，召开市直机关精神文明建设推进会，总结经验，分析不足，部署工作。

4月25日，建立市直机关党务公开工作示范点，确定市政协机关党委等6个党组织为联系点，并建立工委委员挂钩联系点制度。

4月27日，召开市直机关党务公开工作推进会，总结交流开展党务公开工作情况，部署今后工作任务。

4月28日，调整市直关工委报告团，李寿钊任团长，朱林果、吴天赐任副团长。表彰“五好”关工委14个、先进工作者22名。

4月，在全市工会“职工书屋”开展“读书——助我素质提升”主题读书征文活动。

5月2日，推荐《论文化建设——重要论述摘编》等10本书为创建学习型机关党组织第5批阅读书目。

5月7—9日，省直机关工委常务副书记朱清一行莅临泉州调研贯彻落实《中国共产党党和国家机关基层组织工作条例》情况。沈耀钦参加调研。

5月11日，市直机关文明办、市120急救中心联合举办急救知识与技能培训班，参加160名志愿者。

5月13日，市直机关女子艺术团成立，林黎明任团长，李小玲、苏彬彬任副团长。当晚在泉州音乐厅举办联欢晚会。

5月16日，市直机关工委制订《2012年党员教育培训计划》。全年，举办培训班12期，培训840人。

5月16日，聘请方生才等20人为市直党务公开监督员，对党务公开进行监督，并提出合理化建议、意见。

5月19日，市直机关工委领导专程到泉州晚报社，为96339热线中心授“福建省女职工标兵”牌匾，该热线中心成为唯一获此荣誉的市直单位。

5月20日，举办“五月花季、相约聚龙”市直机关青年交友活动，搭建青年交流平台。100多名未婚青年参加。

5月22日起，开展“面对面、心贴心、实打实服务职工在基层走访调研活动”，联系困难职工开展帮扶工作。

5月25日，组织市发改委、泉州电业局等15个部门几十名志愿者到丰泽区少林社区，开展健康义诊、生育保健、法律服务、电力维修、政策咨询等活动。

5月29日起，学习贯彻中共泉州市委《关于贯彻〈中国共产党党和国家机关基层组织工作条例〉

实施细则》，明确机关党建工作指导思想、党组织设置、党组织职责、党员教育管理和服务、党内民主与监督、思想政治工作、党务工作队伍建设、加强对机关党建工作的领导和指导，抓好中央条例贯彻落实。

5月30日起，进一步贯彻落实省、市委关于开展“下基层、解民忧、办实事、促发展”活动的决策部署，解决好“怎么下、干些啥”问题。

5月，编印《泉州机关党建优秀调研成果选编（2012—2016年）》，选出41篇优秀调研文章，汇编成册。

6月8日，市直妇工委举办家庭教育知识讲座，邀请专家为未成年人家庭教育传授“如何在家庭教育中发展孩子的语言能力”知识。

6月10日起，围绕关于加强机关文化建设问题的研究等8个主题开展2012年度精神文明理论研究和重点课题调研活动。

6月10日，召开市直离退休干部党支部“创先争优”工作交流会，市直离退休干部党支部联席会成员单位、离退休干部党支部书记30多人参加会议，5名离退休干部党支部书记介绍“创先争优”活动经验。

6月13日，市直机关工委制订《2012年党务公开工作方案》，确定党务公开的8个主要内容、责任部室（党组织），党务公开的形式、时限，党务公开程序及台账，组织领导，党务公开制度。

6月14日，召开推广“168”机制观摩学习座谈会，观摩市委老干部局机关党委、市园林局党支部、市公路局直属分局党支部“168”机制推广成果展示，进行座谈交流。

6月18日起，以市直机关食堂为重点，开展文明餐桌行动活动，宣传文明用餐、践行文明用餐、倡导文明餐桌。

6月21日，市直机关工委、市委文明办联合举办“机关大讲堂”第2讲《政务形象塑造及交流礼仪》，邀请闽江学院副教授纪智媛主讲。

6月21日起，做好基层党组织整改提高晋位升级工作，巩固一批先进基层党组织，提升一批一般基层党组织，转化一批后进基层党组织，普遍实现晋位升级。

6月，市直获省委表彰先进基层党组织1个：泉州市水利局机关党支部；优秀共产党员1名：王志强。

7月3日，市直机关工委表彰2010—2012年度市直机关“创先争优”先进基层党组织69个、优秀共产党员49名。

7月18日至8月25日，举办全市机关“挥毫歌盛世、喜迎十八大”书法大赛，作品内容为健康向上的古今诗词、联、赋、格言等，获奖作品在市青少年宫展厅展出。

7月25日，第32次市、县（市、区）直机关工委书记联席会议在德化县召开，回顾上半年全市机关党建服务发展的情况，提出下半年工作安排。沈耀钦出席并讲话。

7月，郑天文任市直机关工委副书记、调研员，林明义任市直机关工委委员、市直纪工委书记，吴志宏任市直机关工委委员。

8月3日，市直机关工委制订《开展“机关道德讲堂”建设实施意见》，宣传社会公德、职业道德、家庭美德、个人品德，讲授中华经典优秀传统文化。

8月16日，市直机关书法家协会加入泉州市书法家协会团体会员，作为二级分会单位。

8月30日，举办“机关大讲堂”第3讲暨“机关道德讲座”第1场活动，3名道德模范分别讲述先进事迹，200多人参加。

8月，市直团工委联合FM881泉州音乐之声举办“泉城对看”系列单身白领婚恋交友联谊会。

9月1日起，实行严重交通违法行为、交通事故情况与推荐评选文明单位挂钩制度。

9月5日，召开省级文明单位创建工作推进会，开展全国文明城市测评、道德讲堂建设、学雷锋志愿服务活动、结对共建、文明餐桌行动和规范“我推荐我评议身边好人”推荐工作。

9月5日，中国联合网络通信集团有限公司泉州市分公司党委和纪委成立，许红旗任党委书记，谢武生任党委副书记，陈春泉任纪委书记。

9月6日，建立《泉州机关党建网管理办法（试行）》，规范网站后台管理、信息发布等工作。

9月14日，调整共产党（地方组织）志编纂委员会，主任：黄春淮，副主任：郑天文、陈炯仁、黄英林，成员：王志强、林明义、吴志宏、陈振裕、郑玉冰。委员会下设编写组。

9月20日，开展第十个“公民道德宣传日”宣传教育实践活动，创新活动载体，深化道德实践。

9月26日，制订《泉州市直机关文明单位考评体系（试行）》，设7个考评项目、12个考评指标、20项考评内容，总分100分。

9月28日至10月9日，组织网络文明传播志愿者开展“喜迎十八大”网络传播活动，通过微博、论坛、博客、播客、QQ群等网络手段进行传播。

9月，开展保密知识普及教育，观看保密宣传教育片，举办专题讲座，进行讲演培训，讲解计算机保密管理知识。

9月起，开展2012年基层“点评机关”活动，被评议单位62个，评论内容为机关服务态度、办事效率、工作质量、协同配合、廉洁自律5个方面。

10月10日，召开市直机关工会第二次代表大会，参加137人，选举产生市直机关工会第二届委员会、经济审查委员会和出席泉州市工会第十五次代表大会代表17名。陈炯仁当选为市直机关工会第二届委员会主席，潘向前当选为常务副主席，李小玲、张希伴当选为副主席。

10月10—15日，对市直文明办推荐和管理的19个福建省第十一届（2009—2011年）文明单位和34个泉州市第十二届（2008—2010年）文明单位进行复查，全部符合标准，建议保留文明单位称号。

10月10—25日，组织党员干部参加省委宣传部、省直机关工委等5部门联合开展的弘扬福建精神知识竞赛活动。

10月16日起，开展“书香泉州”职工读书月活动，组织各类读书会和讲座、知识竞赛，进行学科技、学文化、学业务、学技能等文化教育活动。

10月17日，召开第4次党组（党委）书记党建工作汇报会，10个单位党组（党委）书记汇报。

沈耀钦听取汇报。

10月23日，制订《2010—2012年（第五轮）机关党建工作先进单位考评明细表》，考评项目六大项39小项，总分1000分。

10月23日，调整福建省机关党建研究会泉州市分会会长，黄春淮兼任会长。

10月，召开共青团泉州市直属机关代表会议，选举产生出席共青团泉州市第十六次代表大会代表。

10—12月，建立健全干部职工婚育情况档案，参加计生滚动管理，将婚育情况录入市直人口计生管理系统。

11月5日起，为迎接中共十八大召开，组织党员参加中央组织部共产党员手机报、共产党员网联合推出的“寄语十八大”征集展示活动。

11月8日，调整市直机关女子艺术团组织机构，李小玲任团长、傅蔚茹、郭希纯、苏彬彬、庄泓鸿、李冰芳任副团长。

11月10日起，举办泉州市机关迎接中共十八大召开书法摄影展，编印《翰墨寄情》十八大书法大赛作品集。

11月20日起，按照“试点先行、逐步推广”原则，推行“1263”党建工作机制，培育推广党建品牌。

11月21日，召开市直机关学习、传达、贯彻中共十八大精神会议，沈耀钦传达十八大主要精神，提出市直学习宣传贯彻意见。

11月27日，调整市直关工委组成人员，黄春淮、卫康民任名誉主任，肖清辉任主任，孙易鍪、黄英林任副主任、张文良任秘书长。

11月起，开展市级文明单位与农村结对共建活动，市直（含驻泉省部属单位）中的市级文明单位与农村建制村（社区）结对共建文明单位。

12月4日起，学习宣传贯彻泉州市工会第十五次代表大会精神，围绕推进“二次创业”，团结带领职工建功立业等五大重点，提升工会工作科学化水平。

12月17日起，在窗口单位和服务行业基层党组织和党员中建立“三亮三比三评”制度：亮标准、亮身份、亮承诺，比技能、比作风、比业绩，群众评议、党员互评、领导点评。

12月21日，省机关党建研究会泉州市分会对收到的184篇2012年重点课题调研报告和论文进行评审后，表彰53篇，其中一等奖4篇、二等奖8篇、三等奖16篇、优秀奖25篇。

12月25日，市直机关工委表彰2012年度市直机关精神文明建设理论研究和课题调研论文10篇，其中一等奖1篇、二等奖3篇、三等奖6篇。

12月27日，市直机关工委召开2012年度党员领导干部民主生活会，主题：保持党的纯洁性，永葆党的先进性，加强领导班子思想政治建设。

12月，结合实际，贯彻落实省委组织部印发的《党员干部直接联系群众工作制度》等6项促进“创先争优”常态化长效化制度。

12 月，泉州晋江机场股份有限公司党委、市木材总公司党总支、市直外经系统 8 个党组织党员组织关系集体迁往市国资委党委，共有 1 个党委、2 个党总支、7 个党支部 513 名党员。

2013 年

1 月 1 日起，贯彻中央纪委通知精神，抓好元旦、春节期间改进工作作风，加强廉洁自律各项规定的落实，贯彻执行中央“八项规定”，制止铺张浪费和奢侈享乐，执行党员领导干部廉洁自律各项规定。

1 月 8 日，调整市直机关精神文明建设领导小组及办公室成员，沈耀钦任组长，黄春准任常务副组长，郑天文、李艾克等 8 人任副组长，成员 24 人。郑天文兼任办公室主任。

1 月 10 日起，组织党员干部参加学习贯彻中共十八大精神知识竞答活动，发放答题卡 2 万份。

1 月 23 日，谢江山任市直机关工委委员。

1 月 28 日，召开全市机关工委书记座谈会，回顾交流 2012 年机关党建工作情况，提出 2013 年工作思路。沈耀钦出席并讲话。

1 月 30 日，举行全市机关党建“特色活动”成果评选决赛，15 个项目参加决赛。

1—2 月，在春节期间开展“宣传十八大、亲情暖泉州——红红火火过大年”主题志愿服务活动。

2 月 1 日，召开党群系列绩效评估领导小组成员会议，审议 2012 年度绩效评估结果：优秀单位 8 个、合格单位 28 个。

2 月 20 日，市直机关工委表彰第十轮（2010. 7—2012. 6）先进“五好”党支部 164 个、“五好”党支部 155 个。

2 月 21 日，市纪委（监察局）机关等 11 个单位获市委、市政府表彰为 2012 年度绩效评估暨“五大战役”先进单位。

2 月 22 日，召开市直机关精神文明建设领导小组全体成员会议，回顾总结 2012 年市直机关精神文明建设工作，研究 2010—2012 年度（第五届）市直机关文明单位评选表彰工作。沈耀钦主持并讲话。

2 月 25 日起，贯彻市委决定，开展“增强忧患意识，推动长远发展”大讨论活动，以思想大解放推动事业大发展。

2 月 25 日，泉州市人民政府办公室机关党委和纪委成立，吴友才任党委书记，陆明明任党委专职副书记，何光诺任纪委书记。

2 月，进一步规范“道德讲堂”，明确“道德讲堂”建设的指导思想、工作目标、组建范围、内容形式、标准流程、工作要求。

3 月 1 日，市直机关精神文明建设领导小组表彰第五届（2010—2012 年度）市直文明单位 107 个。

3月5日，市直机关工委联合市直住建系统、市国家安全局开展“学雷锋关爱自闭症儿童志愿服务活动”，到鲤城区爱心儿童培训学校、洛江区北斗星自闭症儿童培训中心开展活动，参加37人。

3月12日，市直机关工委制订《深入开展第十一轮（2013年1月至2014年12月）“五好”党支部建设活动的意见》，改进组织方式和评选办法。

3月13日，组织市直基层党组织书记参加全省基层党组织书记学习贯彻中共十八大精神集中轮训部署动员会议。

3月21日起，根据2013年市直机关志愿服务工作实施意见，组织开展以体现人文关怀为主要内容的关爱他人志愿服务活动，以提升文明素质为主要内容的关爱社会志愿服务活动，以体现生态文明为主要内容的关爱自然志愿服务活动。

3月22日起，市直机关工委按照动员部署、查找评定、风险防范、完善机制4个阶段推进本委机关廉政风险防控工作。

3月，开展“美丽泉州 美丽心灵”关爱山川河流志愿服务主题活动。

4月2日，召开市直机关精神文明建设工作务虚会，参加32个单位。

4月3日起，开展“强化学习、强化服务、强化创新、强化效能”活动，为贯彻落实中共十八大精神，建设经济强市和美丽泉州提供保障。

4月3日起，在市直机关开展评选“百名优秀科长”活动。

4月9日，召开2013年全市机关党的工作会议，黄春淮总结2012年工作，部署2013年工作。沈耀钦出席并讲话。

4月17日，市直机关工会召开二届二次全委（扩大）会议，总结2012年工作，部署2013年工作。

4月18日，召开市直“1263”工作机制现场推进会，到丰泽海事局党支部、市东湖公园党支部、市山美水库管理处党委观摩学习。

4月18日起，开展新一轮创建“合格职工之家（小家）”活动，每3年评选1次。

4月25日，市直机关工委制订《2013年发展党员指导性计划》，全年计划发展党员200名。当年，实际发展197名。

4月27日，泉州广播电视台机关党委和纪委成立，林培煌任党委书记，苏兴秋任党委副书记、纪委书记。

4月28日至5月3日，在市华侨历史博物馆举办“翰墨丹青庆五一”书画精品展，共展出作品99幅，其中书画作品59幅、绘画作品40幅。

4—5月，开展“清廉勤俭转作风、为民务实求发展”主题教育学习月活动，推动中央“八项规定”各项要求落实。

5月6日起，市直机关文明办加强文明单位创建活动动态管理，掌握动态，为评选表彰提供依据。

5月9日，举办“机关大讲堂”第4讲，邀请市委党校副教授林常颖作《传统儒家思想及其现实意义》专题讲座。

5月11日，举办“大爱无疆、祈福雅安”市直机关书画名家作品赈灾拍卖会，60多名书画名家捐献作品，参与赈灾拍卖会，拍卖所得24.8万元捐给四川雅安地震灾区。

5月22—24日，举办市直党组织书记学习中共十八大精神暨党建业务培训班，参加86人。

5月31日，市直机关工委对原有制度进行修订，编制《制度汇编》，包括会议制度、学习制度、管理制度三大类21项制度。

6月5—6日，在泉州师院举办第1期市直工会主席培训班，学习习近平总书记“4·28”重要讲话精神，进行工会业务知识培训。

6月7日，举办“机关大讲堂”第5讲，邀请厦门大学台湾研究院副院长、教授李鹏作《巩固深化新时期两岸关系和平发展前景展望》专题讲座。

6月8日，福建邮电泉州培训中心党总支19名正式党员组织关系由泉州市邮政局党委集体转移至福建省邮政公司党委。

6月27日，市委组织部、市直机关工委、市委老干部局联合召开离退休干部党支部建设和老干部思想政治建设工作经验交流会，3个单位介绍经验，表彰市直离退休党组织建设工作先进单位21个、先进个人32名。

6月28日，市直机关工委、市总工会、共青团泉州市委在泉州音乐厅联合举办“颂歌献给党，同铸中国梦”庆“七一”文艺会演。

6月，对市直省部级以上劳动模范的工作、住房、社会保障等情况进行一次全面调查，进一步解决劳动模范社会保障和生活困难等问题。

7月3日起，党员教育工作重点抓好学习贯彻中共十八大精神，开展党的群众路线教育实践活动，开展党员技能培训，开展网络信息等现代技术培训工作。

7月9日，推荐《十八大报告辅导读本》《十八大党章学习清单》《中国梦 我们的梦》等15本书为创建学习型机关党组织第6批阅读书目。

7月11日，纪念“世界人口日”开展优生优育健康咨询活动，弘扬婚育文明新风尚。

7月12日，组织党员干部参加“吴一心先进事迹报告会”，开展向吴一心学习活动。

7月16日，召开市直机关推进迎接国家卫生城市复审和全国城市文明程度指数测评工作动员会，做好迎接复审和测评的准备工作。

7月24日起，市直机关工委推进本委领导干部“四下基层”：现场接待下基层、现场办公下基层、调查研究下基层、宣传党的方针政策下基层。

7月26日起，开展以“深入学习贯彻党的十八大精神，积极打造泉州优质软环境”为主题的优质党课教案评选活动。

8月10日起，开展“1元微公益”行动，作为一项常态化、长期性的基金募捐形式，通过手机话费捐赠来实现。

8月16日起，对市直机关文明办推荐和管理的19个省级文明单位精神文明创建工作情况，特别是参与泉州创建全国文明城市情况进行督查。

8月19—20日，全省推进“1263”机制现场会暨省市工委书记联席会议在晋江市召开。学习考察晋江市推进“1263”机制经验做法，交流贯彻落实“1263”机制情况。省直机关工委常务副书记朱清出席并讲话。

9月5日，召开共青团泉州市直属机关代表会议，选举产生市直出席共青团泉州市第十六次代表大会代表54名（含5名寄选代表）。

9月5—6日，在晋江市召开持续深化“1263”机制建设全市机关工委书记座谈会，交流推进“1263”机制建设和加强行政服务中心党建工作。

9月11日，举办“机关大讲堂”第6讲，邀请省演讲与口才协会常务副会长、教授龙涛作《语言表达能力技巧》专题讲座。

9月13日起，组织学习中央宣传部理论局组织撰写的《理性看齐心办——理论热点面对面·2013》，联系思想实际，对9个热点问题统一认识，释疑解惑。

9月20日起，为纪念《公民道德建设实施纲要》颁布12周年，开展第十一个“公民道德宣传月”活动，组织实施宣传教育和主题实践活动。

10月9日起，开展2013年基层“五评机关”活动，24个需报送服务或管理相对人的被评议单位各发放1000份测评表，征求服务相对人的意见。

10月9日，聘任王小寅等100人为绩效评结专家，聘用期限3年。

10月9—15日，对市直文明办管理的申报参评2012—2014年度省级文明单位的39个市直单位和驻泉省部属单位进行初评。

10月25日，举办市直机关廉政主题演讲比赛，增强廉洁自律意识，表彰一等奖2名、二等奖3名、三等奖5名、优秀奖7名。

10月29—31日，抽调21名绩效评估专家对市直党群系列35个参评单位进行专题调研督查。

11月8日起，与市邮政局行政中心分局联合举办“我的TA，相约在冬季”单身青年联谊活动，每周星期五中午举办1场。至12月底，共举办8场。

11月26日，厦、漳、泉三市机关工委在厦门召开同城化机关党建协作签约仪式暨第一次会议，参加22人。厦门市委常委、秘书长、市直机关工委书记徐模出席并讲话。

11月28日，市直机关工委召开2013年度党员领导干部民主生活会，围绕保持党的先进性和纯洁性，以“转变作风、服务群众”为主题。

11月29日起，贯彻执行《福建省机关效能建设条例》，党群部门实行绩效管理标准化。

12月5日，举办市直机关道德讲座活动，学习宣传陈其伟先进事迹。

12月6日，组织党员干部参加省委宣讲团中共十八届三中全会精神报告会。

12月10日，举办“机关大讲堂”第7讲，邀请省委党校、省行政学院经济学教研部副主任、教授陈新作《全面改革的行动纲领——深刻认识和总体把握十八届三中全会精神》专题讲座。

12月11日，召开市直党组（党委）书记第5次党建工作汇报会，10个部门党组主要负责人汇报党建工作情况。沈耀钦听取汇报并讲话。

12月17日，市直机关工委、市妇联联合举办“廉政文化进家庭”知识竞赛，以市直各系统（局）党委为参赛单位。

12月19日，市直机关工委制定《中共泉州市委市直机关工作委员会档案管理制度》，完善规范工作制度，提高档案管理水平。

12月19日，市委组织部、市直机关工委、市公务员局联合表彰117名优秀科长。

12月20日，泉州市公安局技术侦察支队党委和纪委成立，白建胜任党委书记，易小克任党委副书记、纪委书记。

12月23日，市直机关工委表彰2013年度泉州市机关“特色党建”活动获奖项目，经层层筛选，共有65项“特色党建”项目参加竞赛，评出一、二、三等奖共18个项目，12个单位获得组织奖。

12月30日起，对申报第十三届（2011—2013年）泉州市文明单位的35个单位进行考评。

2014年

1月3—15日，对党群系列绩效管理35个参评单位进行审核和考评。

1月7日起，开展“山美杯”全市干部职工“中国梦·泉州美”散文大赛，共收到稿件1525篇。4月25日，评出一等奖5篇、二等奖10篇、三等奖15篇、优秀奖50篇，组织奖10个单位。

1月16日，市直机关工委表彰“深入学习贯彻党的十八大精神，积极打造泉州优质软环境”主题优质党课教案30篇，其中一等奖3篇、二等奖6篇、三等奖9篇、优秀奖12篇。

1月20日，推荐57个单位（其中7个备选单位）为泉州市2011—2013年度文明单位，3对军地单位（其中1对备选单位）为泉州市2011—2013年度军民共建文明先进单位，2人为泉州市2011—2013年度军民共建精神文明先进个人。

1月，为深入学习贯彻中共十八大和十八届三中全会精神，学习贯彻习近平重要讲话精神，提高对一些重大思想问题的认识，组织学习中央宣传部理论局组织修订的《六个“为什么”——对几个重大问题的回答（2013年修订版）》。

1—2月，在春节期间，开展“邻里守望、情暖泉州”主题志愿服务活动，以空巢老人、留守儿童、农民工、残疾人等困难群体为服务重点。

2月12日，经考核评价，向泉州市机关效能建设领导小组报送2013年度市直机关党群系列绩效评估情况报告，提出35个参评单位绩效评估意见。

2月13日，市直机关各单位参加市委召开的全市党的群众路线教育实践活动动员大会，坚持“照镜子、正衣冠、洗洗澡、治治病”总要求，开展教育实践活动。至9月底结束。

2月14日，推荐《党的群众路线教育实践活动学习文件选编》等20本书为第7批学习型党组织建设阅读书目。

2月27日起，组织干部职工参加“二次创业立新功·民综改革当标兵”劳动竞赛活动，激发劳动热情和创造力。

2月27日，市直机关工委召开本委机关开展党的群众路线教育实践活动动员大会，集中教育时间3个月。

3月3日，组织市直各单位和驻泉省部属单位650人参加党的群众路线教育实践活动先进事迹报告会。

3月3日，在市聋哑学校等8个单位建立第1批市直机关志愿者服务基地。

3月5日，组织志愿者到市聋哑学校开展“关爱残障儿童志愿服务活动”，进行助学金捐助、卫生保健知识讲座、互动游戏等，41人参加。

3月11日，组织志愿者到市森林公园开展“关爱自然志愿服务活动”，义务植树，50人参加。

3月27日，举办“机关大讲堂”第8讲，邀请泉州市委党校副教授林宏丹作《培育和践行社会主义核心观》专题讲座。

4月2日，市直机关工委建立党建工作挂钩联系点制度，8名工委领导分别挂钩35个系统（局）党委、县（市、区）直机关工委，深入开展调研，认真听取意见，帮助解决问题，总结推广经验。

4月10—11日，举办市直机关党的群众路线教育实践活动基层党组织书记示范培训班，59人参加。

4月11日，市委办公室等12个单位获市委、市政府表彰2013年度绩效考评先进单位。

4月15—30日，举办3期党的基本知识培训班，305人参加。

4月21日，市直机关工委制订《2014年发展党员指导性计划》。当年，共发展178名新党员。

4月23日，召开全市机关党的工作会议，黄春淮总结2013年机关党的工作，部署2014年工作。沈耀钦出席并讲话。

4月23日，市直机关工会授予市中级人民法院机关工会等5个基层工会“合格职工之家”称号；市委老干部机关工会等21个基层工会继续保持“合格职工之家”称号。

4月25日，组织干部职工参加盖军衔先进事迹报告会，开展向盖军衔学习活动。

4月29日，市直机关工会召开二届三次全委（扩大）会议，总结2013年工会工作，部署2014年工作。

4—5月，组织优秀摄影作品参加省委宣传部、省委教育工委、省直机关工委举办的“美丽福建美丽梦想”摄影比赛。

4—5月，开展“走群众路线，当人民公仆”主题教育学习月活动。

5月8日，是“全国助残日”，市委组织部、市直机关工委、市民政局、市老龄办、市国家安全局、市残联、市工商联志愿者到市社会福利中心开展“关爱孤残儿童”志愿服务活动。

5月9日，举办“机关大讲堂”第9讲，邀请省直机关工委委员、组织部部长黄汉基作“提高机关党的建设科学化水平”专题讲座。

5月9—16日，举办3期新任党务干部培训班，市直机关和各县（市、区）直机关工委、泉州开发区机关党委、台商投资区机关党委所属党组织新任党务干部参加，共293人。

5月14日，福建省公安厅交通警察总队泉州高速公路支队纪委成立，沈榕任书记。

5月16日，市直机关各级文明单位110人参加2014年全国模范故事汇（泉州站）巡演活动。

5月16日，组织志愿者到市社会福利中心开展“关爱他人志愿服务活动”，捐赠物资、互动游戏、义诊、生活服务，18人参加。

5月27日，省直机关工委副书记黄青一行3人莅临泉州调研，了解行政服务中心、县直机关工委、重点项目建设和“生态美”、扶贫挂钩村等情况。

6月4日，市直机关工委通报2013年“五评机关”活动情况，总评平均分89.01分，最高分92.69分，最低分82.46分。

6月6日起，开展建设服务型机关党组织典型案例征集活动，共有65个典型案例参加评选，评出最佳案例11个、优秀案例16个。

6月18日，“中国梦·我的梦”百姓演讲团走进市直机关开展宣讲活动，190多人参加。

6月21日至7月20日，落实市委提出的党建重点课题调研任务，开展机关文化建设调研工作。

6月25日至9月10日，开展2014年“金秋助学”暨“感恩·15年”活动，发动干部职工捐资助学，引导受助学生学会感恩，回馈社会。

6月26日，召开市直机关党群系列各参评单位绩效管理工作方案审核业务培训会。

6月30日，市人大常委会机关党委等9个党组织获市委表彰为先进基层党组织、巫锡柱等9人为优秀共产党员、夏国基等9人为优秀党务工作者。

6月，市直获省委表彰先进基层党组织3个：市山美水库管理处党委、市国家安全局机关党委、市委老干部局机关党委；优秀共产党员3名：王景贤、张文土、詹秋冰；优秀党务工作者2名：林培山、邱宝塔。

7月1日至8月25日，组织党员干部参与全省“我们的价值观知识竞答”，采取网络竞答、微信竞答方式进行。

7月3日，召开第一次市直机关党建工作季谈会，学习贯彻中央办公厅《关于加强基层服务型党组织建设的意见》，8个单位作主题发言，汇报交流基层服务型党组织建设情况。

7月7日，市直机关工委表彰85个先进基层党组织、94名优秀共产党员、46名优秀党务工作者、45名优秀党支部书记。

7月9日，市直机关工委制订本委2014年绩效管理工作方案，确定职能工作目标15项，其中重点工作目标5项、常规工作目标10项；共性目标15项，其中科学民主决策3项、依法依规办事3项、优质高效服务3项、党风廉政建设3项、机关管理创新3项。

7月15—18日，开展“机关培育和践行社会主义核心价值观的实践与思考”课题调研，提出改革思想政治工作的思路与对策。

7月17日，在开展党的群众路线教育实践活动中，市直机关工委召开“开放式”民主生活会。

8月4日，泉州市行政服务中心机关党委和纪委成立，李德雄任党委书记，许玉斌任党委副书记、纪委书记，车桐馨任党委副书记。

8 月 5—22 日，市直机关工委、市体育局联合举办 2014 年泉州市直机关运动会，共设拔河等 9 大项 24 项比赛，47 支代表队 1154 人参加比赛，150 多名志愿者参加服务活动。

8 月 11 日起，在党的群众路线教育实践活动中，机关基层党组织召开专题组织生活会及开展民主评议党员活动。

8 月中下旬，开展第六轮创建“机关党建工作先进单位”活动督查，40 个被督查单位中，创建活动好的单位 20 个、“中”的单位 17 个、“差”的单位 3 个。

8 月 25—29 日，对市直机关文明办管理的申报参评福建省 2012—2014 年度（第十二届）文明单位进行考评，向市委文明委推荐国家统计局泉州调查队等 29 个单位为省级文明单位。

8 月起，开展贯彻执行中央“八项规定”，严肃财经纪律和“小金库”专项治理工作，强化财务管理，确保资金合理使用。做好中秋国庆期间廉洁自律工作，防止“四风”问题抬头。

9 月 16 日，市直机关工委、市总工会、团市委联合举办“中国梦 · 泉州美”朗诵大赛，把“中国梦”宣传教育引向深入，71 人参赛，评出一等奖 2 名、二等奖 5 名、三等奖 9 名、优秀奖 14 名。

9 月 24—26 日，举办新党员示范培训班，106 人参加。

9 月 26 日，市委宣传部、市直机关工委、泉州军分区政治部、市委文明办、市教育局、团市委联合举办市直机关 2014 年度泉州市“道德模范”“身边好人”先进事迹报告会。

9 月 29 日，在泉州华侨历史博物馆举办“中国梦 · 泉州美”迎国庆书法展。

10 月 9—30 日，开展 2014 年度基层“五评机关”公众评议调查，对 62 个被评议单位各发放 1000 份测评表进行调查。

10 月 21 日，市直机关工委召开党的群众路线教育实践活动总结会议。沈耀钦作总结。

10 月 22—24 日，对市直机关党群系列 35 个参评单位进行绩效评估工作专题调研督查。

10 月 30 日，推荐《筑梦中国》《民族复兴与中国共产党》等 15 本书为第 8 批学习型党组织建设阅读书目。

10 月 30 日，推荐孙炳庆等 7 人参评第四届泉州市“道德模范”候选对象。

10 月起，贯彻中共中央组织部、中央党的群众路线教育实践活动领导小组关于做好处置不合格党员工作的通知精神，加强对处置不合格党员的组织领导。

10—11 月，对 2010—2014 年发展党员工作进行检查，重点检查实行发展党员总量调控情况，提高发展党员工作质量情况，优化党员队伍结构情况，落实领导责任完善保障措施情况。

11 月 4 日，市直机关工委制定《关于进一步加强和规范党委（党组）中心组学习情况通报制度》，各党委（党组）中心组每季度报送 1 次学习情况总结，市直机关工委每年通报 1 次中心组学习情况。

11 月 5 日起，开展创建“1263”机制建设示范单位活动，每个党委至少确定 1 个示范点，辐射带动本单位“1263”机制升级。

11 月 10—12 日，举办市直系统工会和基层工会主席培训班，进行新时期基层工会组织建设等业务培训。

11月12日，举办“机关大讲堂”第10讲，邀请泉州市委党校副教授黄敬南作《全面推进依法治国——十八届四中全会精神解读》专题讲座。

11月14—28日，市直机关工会与泉州行政中心邮政分公司联合举办3场“书香有缘·读书交友会”。

11月20日，泉州市交通综合行政执法支队党委和纪委成立，李怡中任党委书记，李进碧任党委副书记，陈欲文任党委副书记、纪委书记。

11月24日，陈沙龙任市直机关工委委员、市直纪工委书记。

11月起，在市直机关各级党组织中开展建立微信群试点工作，运用信息化手段，让党的声音直达基层党组织和党员干部。

12月5日，市直机关工委制订市直“五好”党支部考评表，对机关、企事业单位党支部、离退休干部党支部分类采取千分制方法进行第十一轮“五好”党支部考评。

12月10日，举办“机关大讲堂”第11讲，邀请泉州市委党校科社法学教研室副主任、副教授李芳尚作《我国海洋权益与安全》专题讲座。

12月17日起，围绕全国文明城市测评体系要求，利用各种宣传载体，开展创建全国文明城市宣传工作。

12月18日，召开迎接全国文明城市总评工作专题会议，对创建文明城市总评迎检工作进行再动员、再部署。

12月19日，举办2014年度泉州市机关“特色党建”项目评选决赛，共有24个项目进入决赛。12月30日，表彰“特色党建”项目24个，其中一等奖2个、二等奖4个、三等奖8个、优秀奖10个、组织奖10个。

12月29日，市直机关工委报经市委同意，对机构改革后机关党组织设置进行调整，设立市直卫生和计划生育系统党委，撤销市直卫生系统党委；设立市直经济和信息化系统党委，撤销市直经贸系统党委；撤销市直外经系统党委。设立泉州市直卫生和计划生育委员会机关党委；重新设立泉州市人力资源和社会保障局机关党委；设立泉州市商务局机关党委。

12月31日，经考核验收，泉州市被省直机关工委命名为“1263”机关党建工作机制建设示范市、晋江市被命名为示范县（市）。

2015年

1月6—20日，对市直机关党群系列35个参评单位2014年度绩效目标完成情况与实际成效进行考评、评价。评出优秀等次单位6个、良好等次单位11个、合格等次单位12个。6个牵头参照单位确定为优秀等次。

1月12日，福建省邮政公司泉州市分公司党委和纪委成立，许佳庆任党委书记，杜永新任纪委书记。

1月12日，福建省泉州司法强制隔离戒毒所党委和纪委成立，杜心得任党委书记，李香平任党委副书记，林青任纪委书记。

1月16—28日，组织干部职工参加“中国梦·劳动美·海丝情——2015年泉州职工网络春晚”活动。

1月23日，成立《泉州市志》“机关党务工作”编纂委员会，黄春淮任主任，郑天文、陈炯仁、黄英林任副主任，成员：王志强、吴志宏、谢江山、陈沙龙、陈振裕、潘向前、林跃进、郑玉冰。

1月起，进一步规范市直机关网络文明传播志愿服务工作，网络文明传播志愿者每月至少完成1篇原创博文、20篇文明微博的跟帖、留言或转播任务。

2月2日，制订《泉州市直机关工会基层组织建设工作规划（2014—2018）》，明确指导思想、目标任务、工作重点、主要举措、组织保障。

2月13日，组织传达中共中央重要文件，市直机关（单位）处级干部参加。当年，共5次组织处级干部传达中共中央重要文件。

2月13日，市直机关工委表彰第十一轮先进“五好”党支部192个、“五好”党支部200个。

3月4日，庄禾任市直机关工委委员。

3月13日，市委组织部、市直机关工委等7个单位40多人到泉州森林公园开展“关爱自然、绿美泉州”义务植树志愿服务活动。

3月18日，举办“机关大讲堂”第12讲，邀请泉州市委党校党史党建教研室主任、副教授林常颖作《深入领会“四个全面”的战略布局》专题讲座，参加350人。

3月19日，福建省海峡银行泉州分行党委成立，陈发金任书记。

3月20日，中交上航（福建）交通建设工程有限公司党委17名正式党员组织关系由中交上海航道局有限公司党委集体转移至市直交通运输系统党委。

3月25日，由市直机关工委、市计生协会主办，市直住建系统党委、经信系统党委等6个单位协办，在鲤城区鲤中街道西街肃清门开展走进社区志愿服务活动。

3月25日至4月20日，举办2期党的基本知识培训班，共参加195人。

3月，开展2015年女职工维权行动月活动，普及女职工权益保护法律法规，深化女职工权益保护专项集体合同工作，开展群众性女职工劳动安全隐患自查活动，建立完善女职工权益维护工作机制。

4月17日起，实施基层工会建设“落实年”工作，贯彻落实全国总工会关于新形势下加强基层工会建设的意见，依法推进工会组建和发展会员工作，推进“六有”工会建设，加强基层工会干部队伍建设，深化“职工之家”建设，推动工会工作体制和机制创新。

4月23日起，贯彻中央纪委电视电话会议精神，严防“四风”问题抬头，坚持“六个严禁”，做好“五一”节期间廉洁自律工作。

4月28日，市直机关工委制订《2015年发展党员指导性计划》，要求35岁以下青年占发展总数的 85%、高中以上学历占 95%、妇女占 35%。当年，共发展党员 104 名，其中 35 岁以下的占 68.3%、大专以上学历占 91.3%、妇女占 36.5%。

4—5 月，开展“讲政治、懂规矩、守纪律”教育学习月活动，学习《习近平关于党风廉政建设和反腐败斗争论述摘编》等编目，增强党性意识、宗旨意识、纪律意识。

5 月 13 日，召开 2015 年全市机关党建工作会议，黄春淮总结 2014 年机关党的工作，部署 2015 年工作。市委副书记周银芳出席并讲话。

5 月 15 日，推荐《“四个全面”学习读本》《习近平用典》等 15 部书为第 9 批学习型党组织建设阅读书目。

5 月 20 日起，实施泉州市百万职工技能提升行动，开展职工培训、技能竞赛、技术创新 3 项行动。

5 月 20—28 日，在市直机关党校山美水库培训基地举办全市机关第 1、2 期优秀党务工作者研修班，提高党务工作者业务素质，落实全面从严治党主体责任，共 146 人参加。

5 月 21 日，市直统战系统党委、市科协、市财政局、市老龄办、市国家安全局等 7 个单位到鲤城区开智学校开展“关注智障儿童”，走向美好未来助残志愿服务活动。

5 月，市直机关正式启动“三严三实”专题教育（严以修身、严以用权、严以律己，谋事要实、创业要实、做人要实）。12 月，各单位召开领导班子“三严三实”民主生活会。

5 月起，市直机关工委开展干部人事档案专项审核工作，落实上级关于加强和改进干部人事档案工作的意见和措施。

6 月 3 日，举办“机关大讲堂”第 13 讲，邀请泉州市委党校科研处副主任王江波作《把守纪律讲规矩落到实处》专题讲座。

6 月 11 日，制定《泉州市直机关文明单位创建活动管理办法》，规范市直机关文明单位推荐评选、命名表彰工作，促进文明单位创建活动制度化、规范化、常态化。

6 月 16—17 日，省直机关第二党建联系片在晋江市开展“1263”机关党建工作机制建设学习观摩活动，省直机关工委常务副书记朱清，省卫生和计划生育委员会党组书记、主任、直属机关党委书记朱淑芳参加。

6 月 24—26 日，举办市直机关基层党组织书记示范培训班，对获评“先进五好”党支部的支部书记进行集中培训，121 人参加。

6 月 25 日，市直机关工委成立网络与信息安全协调小组，应对网络安全面临的威胁与挑战，遏制境外黑客组织的攻击破坏。

7 月 1 日，举办志愿者骨干培训班，进行志愿服务项目策划与志愿者管理、急救知识与技能培训、助残服务技能培训，170 人参加。

7 月 3 日，召开市直机关第 2 次党建工作季谈会，泉州电信分公司、泉州邮政分公司党委，市国税局、市委党校机关党委作主题发言。

7 月 9 日，制订开展第十二轮“五好”党支部创建活动的意见，从 2015 年 7 月开始至 2017 年 6

月，开展第十二轮建设“五好”党支部活动。

7月10日起，学习贯彻中共中央、国务院《关于构建和谐劳动关系的意见》，发挥工会在构建和谐劳动关系中的作用。

7月16日，市直机关工委起草并由市委办公室印发《2015年度泉州市直机关党群系列绩效评估工作实施方案》。

7月20日，市直机关工委制订本委2015年绩效管理工作方案，明确指导思想、组织领导、考评对象、目标设定与责任分解、管理制度、评估方法、成果运用、实施步骤、工作要求。

7月21日，召开泉州市机关工委书记座谈会，交流上半年工作，研究下半年工作。

7月24日，成立泉州市第十届运动会市直机关代表团组委会，黄春淮任团长，郑天文任常务副团长，副团长10人、成员17人。组委会下设办公室，挂靠市直机关工委宣传部。运动员148人、教练员39人，参赛项目12大项。

8月20日，市直机关工委制订本委创建第十三届（2015—2017年度）省级文明单位规划，明确指导思想、创建目标、工作重点、工作步骤、保障措施。

8月24日，举办“珍爱和平·圆梦中华”——泉州市机关纪念抗日战争胜利70周年书画展。

9月9日，举办“机关大讲堂”第14讲，邀请泉州市中级人民法院行政庭副庭长作《行政诉讼法的修订及其对行政机关依法行政的影响》专题讲座。

9月上旬起，组织职工参加“中国梦·劳动美”福建职工法律知识竞赛网上答题活动。

9月24日，召开推进“1263”机制建设现场会，到泉州电信分公司、市公路局观摩学习，为市直“老党员之家”揭牌，参观市老干部活动中心党群活动室，60多人参加。

9月24日起，开展“争创模范职工之家，争做职工信赖娘家人”活动，以做“七个模范”为活动内容。

9月28—29日，举办新党员示范培训班，加强新党员的党性修养和锻炼。

9月29日至10月30日，完成志愿团体及志愿者在“志愿云”系统上的注册，建立志愿者记录和激励长效机制，促进志愿服务需求和供给的对接。

9—10月，在中秋、国庆期间，严格执行“八个不准、八个不得”要求，严格防止“五种行为”，严肃执纪问责，落实中央“八项规定”。

10月10日，召开市直机关深化文明单位创建活动座谈会，国家统计局泉州调查队等4个单位作典型发言，同步展示PPT，部署开展第六届市直机关文明单位评选表彰和第十四届市级文明单位初评工作。

10月14日，中央国家机关工委副书记邵旭军、中央国家机关工委委员、宣传部部长刘清一行6人莅临泉州市、晋江市调研考察。

10月18日起，学习贯彻中共中央新修订的《中国共产党廉洁自律准则》《中国共产党纪律处分条例》，作为履行全面从严治党主体责任的重要内容。

10月20日起，开展2016年度职工医疗互助活动，以工会组织的力量，帮助困难职工解决实际困难，提高抵御重大风险的能力。

10月21日起，对44个2014—2016年度市级文明单位创建续报对象开展自查自评，对26个新报对象开展评选活动。

10月28日，举办2015年度泉州市机关“特色党建”项目决赛，24个项目进入决赛。市直水利系统党委、交通运输系统党委、安溪县直机关工委、晋江市直机关工委选送的项目获一等奖，获二等奖项目8个，三等奖项目12个，组织奖10个单位。

11月18日起，学习宣传中共十八届五中全会通过的《中共中央关于制定国民经济和社会发展第十三个五年规划的建议》，明确“十三五”发展的指导思想、基本原则、目标要求、基本理念、重大举措。

11月19日，举办“机关大讲堂”第15讲，邀请省委党校哲学教研部教授林建华作《全面建成小康社会的决胜纲领》专题讲座。

11月25日，市直机关工委制订《泉州市直机关党建工作先进单位考评明细表（2015年）》，共六大项27小项。

11月，泉州市港口管理局机关党委所属9个党支部105名党员（正式党员100名、预备党员5名）组织关系集体转移至省交通运输厅机关党委。

12月2日，召开市直机关党组织述职评议会，由系统党委、直属机关党委（党总支），驻泉省部属单位党委进行述职，述职评议后进行第六轮“机关党建先进单位”创建情况测评。

12月8日，市直机关工会表彰市委政法委等6家基层工会为“先进职工之家”，表彰“合格职工小家”4家。表彰“适应新常态，建设新泉州”调研活动论文23篇。

12月22日，调整充实市直机关党群系列绩效管理领导小组成员，翁祖根任组长，黄春淮任常务副组长，张荣宝、陈力平、田恭灿、苏双喜任副组长，李艾克等15人为成员。领导小组下设办公室，挂靠市直机关工委，陈炯仁任主任。

12月24日，省机关党建研究会泉州市分会对报送的2015年重点课题调研报告和论文165篇进行评审后，表彰47篇，其中一等奖9篇、二等奖11篇、三等奖11篇、优秀奖16篇。

12月28日，市直机关工委召开“三严三实”专题民主生活会，开展批评和自我批评，检查存在问题整改落实情况，会后制订整改措施。

12月30日，推荐《习近平关于全面依法治国论述摘编》等15部书为第10批学习型党组织建设阅读书目。

2016年

1月5—13日，对市直党群系列33个绩效考评单位报送的定档加分申报材料进行集中审核、集中考评。

1月14日，召开市直部分单位党组书记抓机关党建工作述职评议会议，市政府办公室等8个单位党组书记回顾总结本人落实抓机关党建工作第一责任人职责情况，与会42人对述职情况进行民主评议。市委副书记周银芳听取汇报并讲话。

1月26日，组织市直各单位党组（党委）书记传达中共中央重要文件精神。当年，共8次组织处级干部传达中共中央重要文件。

1月起，开展党员组织关系集中排查工作，掌握党员基本情况，检查党员身份信息，摸清流动党员底数，理顺党员组织关系，健全完善党员档案，对与党组织失去联系的党员作出妥善处理。

2月7日（除夕夜），中央电视台春节联欢晚会泉州分会场成功举办，市直机关工委全力支持和配合，组织观众，受到市委办公室、市政府办公室表扬。

2月15日起，在新一轮文明单位创建活动中，把文化共建作为重要内容，促进文化共享、文化惠民。

2月23日，市直机关工委推荐福建中国闽台缘博物馆讲解组参评2016年泉州市“学雷锋活动示范点”、泉州海事局苏萌参评2016年泉州市“岗位学雷锋标兵”。

3月5日，市直机关工委、市财政局、市计生协会、泉州晚报社党员志愿者到洛江区虹山乡虹山村留守儿童站开展“关爱留守儿童党员送温暖”活动。

3月7—8日，举办2016年庆“三八”健身运动会，市直党群系统工会获一等奖，获二等奖2个、三等奖5个、体育道德风尚奖17个。

3月11日，召开全市机关党的工作会议，黄春淮总结2015年机关党的工作，部署2016年工作。周银芳出席并讲话。

3月16日，组织市直农办系统党委、市林业局、驻泉海防“红一连”等10个单位志愿服务队到泉州湾河口湿地保护区后渚开展“关爱自然·美丽泉州”义务植树活动。

3月24日，召开市直机关工会二届五次全委（扩大）会议，总结2015年工会工作，部署2016年工作。

3月24日，举办“机关大讲堂”第16讲，邀请省直机关工委委员、组织部部长黄汉基作题为《学党章党规、学系列讲话，做合格党员》专题讲座。

3月，完成“志愿者”系统注册（激活）工作，根据操作指南发布志愿服务活动项目和记录志愿服务时间，推动志愿服务管理规范化。

4月1日起，组织学习《全面小康热点面对面》，准确理解“十三五”规划建设，理解全面建成小康社会新的目标要求等7个问题。

4月7—8日，对市直机关9对申报创建2014—2016年度市级军民共建精神文明先进单位的共建单位开展测评。

4月中下旬，举办2016年“庆五一”泉州市直机关围棋比赛、游泳比赛。

4月19日，推荐《习近平总书记系列重要讲话读本（2016年版）》等15部著作为第十一批学习型党组织建设阅读书目。

4 月 19 日，泉州市商务局机关党委和纪委成立，简国红任党委书记，黄珊珊任党委副书记、纪委书记，林虹任党委专职副书记。

4 月 28 日起，在全体党员中开展“学党章党规、学系列讲话，做合格党员”学习教育活动（简称“两学一做”学习教育）市直机关工委召开学习教育工作部署会议，启动学习教育活动。举办“两学一做”学习教育党支部示范培训班，参加 34 人。建立工委领导挂钩学习教育联系点工作制度。

4 月，苏文笔任市直机关工委委员、市直纪工委书记。

4 月起，开展“名师带高徒”活动，制订活动规划，把好师徒选配和协议签订初始关，融入创建“工人先锋号”、职业技能大赛、创建劳模工作室等活动中。

4—5 月，开展“五一”节、端午节期间廉洁自律工作，重点紧盯违规发放津补贴问题，紧盯公款购买赠送礼品礼金等问题，坚持从严执纪，对顶风违纪问题严查快处。

5 月 18 日起，开展“书香八闽・智慧女性”女职工读书活动，在女职工中开展“写一封家书”活动，发挥女职工在党风建设中的独特作用。

5 月 19 日起，市直机关、事业单位在职党员到社区报到，至少参加 1 次社区党组织“两学一做”学习教育项目，至少帮助社区党组织和党员、群众解决 1 个实际问题。

5 月 19 日，市委宣传部、市直机关工委、市残疾人联合会等 5 个部门联合表彰“绽放生命之花・唱响文化助残”泉州市 2016 年残疾人艺术作品金奖 4 件、银奖 10 件、铜奖 20 件、优秀奖 30 件、入围奖 46 件，组织奖 4 个。

5 月 27 日，举办“机关大讲堂”第 17 讲，邀请泉州市发展和改革委员会副主任王克思作《解读泉州市“十三五”发展规划》专题讲座。

6 月 1 日起，组织学习习近平论如何做合格的共产党员——十八大以来重要论述摘编和《中国共产党章程》，进一步增强政治意识、大局意识、核心意识、看齐意识。

6 月 1 日起，发动党员登录“党员 e 家”平台，参与“两学一做”知识竞赛，进行在线学习和答题。共收到 18196 份答题卡，评出 2088 份满分卷。

6 月 3 日，市直机关工委、市委文明办、市民政局联合举办泉州市心理健康辅导公益行动进机关、进社区首场仪式暨家庭教育心理辅导讲座。

6 月 12 日，市直机关工委表彰“激扬诗篇颂党恩”诗歌大赛特别奖 10 件、一等奖 5 件、二等奖 15 件、三等奖 20 件、优秀奖 30 件，组织奖 8 个。

6 月 14 日，举办“党员 e 家”平台运用培训班，邀请省委组织部“党员 e 家”项目组技术人员进行平台运用培训，60 多人参加。

6 月 22 日，市直机关工委对进一步做好党组（党委）中心组学习作出具体规定，突出学习重点，丰富学习形式，弘扬良好学风，严格考勤制度，建立报备制度，注重宣传报道，加强检查考核。

6 月 27 日，市委组织部、市直机关工委、市委老干部局联合表彰市直离退休党组织建设工作先进集体 39 个、先进个人 53 名。

6 月 27 日，市直机关工委、市总工会联合举办“笔歌盛世・墨颂辉煌”——庆祝中国共产党成立95周年书法邀请展。

6月28日，市直机关工委、市文联、市总工会、团市委在泉州音乐厅联合举办“激扬诗篇颂党恩”为主题的庆祝中国共产党成立95周年诗歌朗诵会。

6月30日至7月1日，举办第1期红十字救护员持证培训班，进行常用应急救护理论和救护技能培训，46人参加。至12月30日，共举办6期培训班，培训377人。

6月，市直获省委表彰先进基层党组织1个：泉州市直机关工委机关党总支；优秀党务工作者1名：郑玉珍。

6月，福建海峡银行泉州分行所属4个党支部、45名正式党员组织关系成建制由福州市直机关工委转移至泉州市直机关工委。

6月，中交上航（福建）交通建设工程有限公司党委13名正式党员组织关系成建制转移至厦门市建设局直属党委。

7月1日，市直机关工委表彰90个先进基层党组织、91名优秀共产党员、42名优秀党务工作者和49名优秀党支部书记。

7月1日起，组织学习习近平《在庆祝中国共产党成立95周年大会上的讲话》，回顾中国共产党走过的95年光辉历程，不忘初心，继续前进。

7月12日，泉州展览城管理处党支部25名党员（其中正式党员23名、预备党员2名）组织关系由市府办系统党委成建制转移至市国资委党委。

7月18日，召开市直机关劳模创新工作室现场会，总结推广泉州高速公路交警支队创建劳模创新工作室的经验与成效。

7月20日起，根据中共中央组织部通知精神，开展对党代会代表和党员违纪违法未给予相应处理情况进行排查清理，对基层党组织按期换届情况进行专项检查，对党费收缴工作进行专项检查。至12月基本结束。

8月3日，召开“两学一做”学习教育推进会，交流学习教育开展情况。

8月11日，举办“机关大讲堂”第18讲，邀请华侨大学法学院院长、教授许少波作《社会大转型下的中国司法体制改革》专题讲座。

8月12日起，在“两学一做”学习教育中进一步加强基层党组织建设，严格党内组织生活，加强党组织带头人队伍建设，扩大党的组织和工作覆盖、整顿不合格基层党组织，发挥基层党组织战斗堡垒作用。

8月18日，黄黎波任中共泉州市委市直机关工作委员会常务副书记（正处长级）。

8月23日，市委副书记陈奕辉兼任中共泉州市委市直机关工作委员会书记。

9月1日起，落实省部级以上劳动模范困难帮扶工作，以困难救助、医疗帮扶、生活补助、节日慰问、就业保障、住房优待等措施为抓手，帮助他们解决实际生活中的困难和问题。

9月2日，召开市直机关工委办公会议，回顾总结8月份工作，安排布置9月份工作，并首次编发《会议纪要》，发至市直系统党委、直属机关党委（党总支、党支部）、驻泉省部属单位党委，各县（市、区）直机关工委，泉州开发区、泉州台商投资区机关党委。当年，共编发4期。

9月2日，经各级党组织推荐，市直机关工委全委会表决通过，推荐郑新聪等9人为泉州市出席中共福建省第十次代表大会代表候选人初步人选，其中党员领导干部7名、先进模范人物1名、专业技术人员1名。

9月8—9日，对2016年度市直党群系列各参评单位绩效管理工作方案及9个单位申报开展二级绩效考评工作的实施方案进行质量评定，评选出年度绩效管理工作优秀方案10个，二级绩效考评工作优秀实施方案4个。

9月9日，召开中共泉州市直机关党员代表大会，选举产生市直出席中共泉州市第十二次代表大会代表50名，其中党员领导干部42名（含离退休老干部7名）、各类专业技术人员6名、各条战线先进模范人物2名。

9月12日起，开展工会经费管理使用专项督查，推动中央“八项规定”落实。

9月13日，为展现机关党建工作动态和成果，“泉州机关党建”微信公众平台上线运行，设置工作动态、文明创建、热点关注3个栏目。

9月20日起，做好创建全国文明城市宣传教育工作，迎接中央文明委对全国文明城市的年度专项测评。

9月21日，召开市直机关党建工作座谈会，市直各系统党委书记或专职副书记参加，征求对机关党建工作的意见建议。

9月26日起，学习宣传泉州市第十二次党代会精神，围绕“不断加强和改进党的建设”六个方面工作，落实管党治党主体责任。

9月28日，泉州市保障性安居工程建设运营有限公司党委和纪委成立，蔡伟忠任党委书记，陈育新任党委副书记、纪委书记。

9月30日，市直机关工委制订《关于开展“机关党旗红，‘五个泉州’在行动”主题实践活动的意见》，并呈报市委。

9—10月，做好2016年中秋、国庆“两节”期间廉洁自律工作，聚焦突出问题，集中排查公款收送节礼、公款吃喝或安排与公务无关的宴请，发津贴补贴奖金和实物、公款旅游、公车私用等不正之风，确保廉洁过节。

10月9日，市直机关工会表彰开展“践行新理念、建功十三五”调研活动论文20篇，其中一等奖2篇、二等奖5篇、三等奖13篇。

10月10日，市直机关工委根据市委办公室《关于我省贯彻落实〈中国共产党党和国家机关基层组织工作条例〉情况督查报告》涉及泉州市存在问题整改任务分解的通知，制订《涉及市直机关工委的整改任务分解表》，针对存在的3个共性问题，明确整改责任单位、责任领导、整改计划、整改时限。

10月13日起，组织动员更多“五老”（老干部、老战士、老专家、老教师、老模范）离退休老同志参加关心下一代工作。

10月19日，召开全市机关学习贯彻泉州市第十二次党代会精神暨“机关党旗红，‘五个泉州’在行动”主题实践活动部署会，市直交通运输系统党委等4个党组织代表作交流表态发言。陈奕辉出席并讲话。

10月19日起，在“两学一做”学习教育中，深化“承诺、践诺、评诺”工作，开展“好党课、微故事、微体会”征集评比。

10月23日，召开市、县（市、区）直机关工委书记暨市直系统党委书记联席会议，交流2016年机关党建工作情况和2017年工作思路。

10月25日，市直机关工委成立“机关党旗红，‘五个泉州’在行动”主题实践活动办公室，黄黎波任主任，郑天文、陈炯仁任副主任，下设综合协调组、指导督查组、宣传报道组。

10月31日，推荐张美珊等12人参评泉州市第五届道德模范候选人，其中敬业奉献类10名、孝老爱亲类1名、助人为乐类1名。

11月8日，举办“机关大讲堂”第19讲，由市直机关工委常务副书记黄黎波作“十八届六中全会精神解读”专题讲座。

11月9日，泉州市直机关党群系列绩效管理领导小组聘请马光斌等86人为第三届绩效评估专家，聘期3年。

11月9日，泉州太平洋集装箱码头有限公司党委和纪委成立，孙凯任党委书记，朱立水任党委副书记，王伟东任纪委书记。

11月11日起，组织学习中共十八届六中全会精神，落实全面从严治党主体责任，振奋精神，统筹推进各项工作。

11月14日起，聚焦“机关党旗红，‘五个泉州’在行动”活动，坚持主题不变，注重品牌打造，树立品牌自信，推进主题实践活动。

11月18日，举办2016年度泉州市机关“特色党建”项目决赛，共有24个项目进入决赛，表彰一等奖4个、二等奖8个、三等奖12个，组织奖10个单位。

11月28日起，动员党员在创建全国文明城市、国家卫生城市“提升攻坚”中，在践行“八不”行为规范上作表率，在服务群众上作表率，在勇当先锋上作表率，在美化环境建设上作表率。

11月30日起，根据中央组织部办公室关于对离退休干部、职工交纳党费问题的答复，离退休干部、职工党员交纳党费以每月实际收取的基本离退休费总额或基本养老金总额为计算基数，可不包括其他津贴补贴。

12月1日，调整市直机关党群系列绩效管理领导小组成员，翁祖根任组长，黄黎波任常务副组长，郑建清、张翼翔、蔡碧毓、方建生任副组长，成员12名。下设办公室，挂靠市直机关工委，陈炯仁兼办公室主任。

12月1—25日，对39个申报参评福建省第十三届（2015—2017年度）文明单位进行测评（不含全国文明单位培育对象）。

12月上旬起，开展市直机关党组织书记抓党建工作述职评议考核工作，对象为系统党委、直属机关党委（党总支）、驻泉省部属单位党委所属基层党组织书记。至2017年1月底结束。

12月13—15日，组织7个考评组，对市直机关文明办管理的申报参评第十三届省级文明单位的39个单位进行考评。

12月20日，召开“机关党旗红，‘五个泉州’在行动”主题实践活动宣传工作会议，之后在《泉州晚报》、泉州网、泉州晚报新媒体中心开设主题实践活动宣传栏。

12月21日，省人力资源和社会保障厅、省直机关工委表彰泉州市直机关工委、晋江市直机关工委、南安市直机关工委为“全省机关工委系统先进集体”；石狮市许春、德化县叶诗苹、安溪县何超良、泉港区郑军为“全省机关工委系统先进工作者”。

12月21日起，在元旦、春节期间开展“幸福泉州——情暖职工”慰问活动。

12月24—25日，举办“农商银行杯”泉州市直机关迎新春象棋比赛暨爱心助学活动，设中国象棋团体赛、个人赛。

12月27日，推荐《习近平关于严明党的纪律和规矩论述摘编》《习近平关于全面建成小康社会论述摘编》《党的十八届六中全会文件学习辅导百问》等15本书为第12批学习型党组织建设阅读书目。

12月29—30日，召开市直部分单位党组（党委）书记抓机关党建工作述职评议会，市经信委党组等8个单位党组（党委）书记进行述职。

2017年

1月4日起，在“两学一做”学习教育中召开专题组织生活会和开展民主评议党员，查找和解决突出问题。

1月10日，联合召开市直机关、教育工委、国资委、鲤城区、丰泽区台湾省籍党员大会，推荐出席中共十九大台湾省籍代表候选人初步人选2名、全国台湾省籍党员代表会议代表候选人初步人选2名、福建台湾省籍党员代表会议代表候选人初步人选5名，选举产生出席泉州市台湾省籍党员代表会议代表11名。

1月18日，市直机关工委发出《“美丽泉州·绿色出行”倡议书》，倡议改变生活方式，绿色出行，低碳生活，打造水更绿、山更青、天更蓝的美丽家园。

1月19日，市直机关工委召开2016年度党员领导干部民主生活会，结合思想和工作实际，进行党性分析，开展批评和自我批评，11人参加。

1月22日，在市总工会等12个单位联合开展的“建功奉献‘十三五’·‘五个泉州’当先锋”主题劳动竞赛中，泉州市法律援助服务窗口等14个单位被命名为“泉州市五一先锋号”。

1月起，组织学习《习近平关于严明党的纪律和规矩论述摘编》，强化党内监督，增强全面从严治党的系统性、创造性和实效性。

1月起，运用集中培训、专题研讨、辅导讲座、在线学习等方式，开展中共十八届六中全会通过的《关于新形势下党内政治生活的若干准则》和《中国共产党党内监督条例》教育培训。

2月13日，市直机关开展的“机关党旗红，‘五个泉州’在行动”主题实践活动列入2017年度泉州市党建工作重点项目之一，实行“五个一”制度：一个项目、一套方案、一名领导、一个小组、一抓到底。

2月15—21日，组织4个考评组，对市直文明办管理的申报创建泉州市第十四届（2014—2016年度）文明单位的72个单位进行考评。

2月22日，市直机关工委召开2016年度领导班子述责述廉工作会，工委领导班子成员逐一述责述廉，逐一进行现场点评，开展现场评议。陈奕辉主持会议。

3月1—20日，组织8个检查组，对24个市直部门党组（党委）2016年度全面从严治党主体责任落实情况开展检查，并延伸检查16个下属单位。

3月16日，市直机关工委常务副书记黄黎波向泉州市委常委会汇报机关党建工作，市委书记郑新聪要求机关各级党组织在迎接、宣传、贯彻党的十九大上走前列，在深化党建工作项目化管理上多探索，在强化机关党务干部队伍建设上下功夫。

3月17日起，市直机关做好党组织书记抓基层党建工作述职评议问题整理工作，建立整改台账，实行季报制度，强化结果运用。

3月21日，市直机关工委印发《关于深入扎实推进“机关党旗红，‘五个泉州’在行动”主题实践活动的实施意见》，持续推进看齐对标、创牌亮旗、示范表率、正风提效、固本强基5个行动，抓好全面从严治党新常态下机关党建工作。

3月21日，推荐69个单位（其中5个备选单位）为泉州市2014—2016年度文明单位，6人为先进工作者，10对军地单位（其中3对为备选单位）为军民共建精神文明先进单位，5人为军民共建精神文明先进个人。

3月22日，召开2017年全市机关党的工作会议，黄黎波总结2016年工作，部署2017年工作。陈奕辉出席并讲话。

3月28日，市直机关工委对落实省委检查组移交的“泉州市2016年度落实全面从严治党主体责任清单”涉及市直机关工委整改事项向市落实党风廉政建设责任制领导小组办公室作出整改报告。

3月30日，潘向前任市直机关工委委员。

3月31日，召开泉州市直机关工会二届六次全委（扩大）会议，总结2016年工作，部署2017年工作。

3月起，在“党员e家”开展“六好”评选活动：“两学一做”好文章、群众身边好党员、基层一线好支部、党员电教好片子、党建创新好案例、党建之友好典型。

3月31日，举办“机关大讲堂”第20讲，邀请华侨大学工商管理学院教授张向前作《儒家思想与文明家风》专题讲座。

4月1日起，开展2017年机关党建工作创新项目征集评选活动，以突出政治性、具有创新性、体现实践性、富有实效性作为评选标准。

4 月 12 日，修订《市直机关工委落实党风廉政建设主体责任清单》，共 19 项，其中市直机关工委领导班子责任 11 项、市直机关工委主要负责人责任 4 项、市直机关工委领导班子其他成员责任 4 项。

4 月 18 日起，根据中共中央组织部办公厅《关于进一步规范党费工作的通知》精神，进一步规范党费收缴工作，细化党费使用项目，做好党费收支情况公示工作，定期开展检查，试行审计制度。

4 月 19 日起，开展向新时期共产党人的楷模、践行“忠诚、干净、担当”要求的好干部、因公殉职的南平市委常委、常务副市长兼武夷新区党工委书记廖俊波学习活动。

4 月 20 日，黄黎波兼任市直关工委名誉主任。

4 月 20 日起，开展“加强党风监督，推动全面从严治党”主题学习教育月活动，增强党内监督意识，提高执行党规党纪的自觉性和拒腐防变、抵御风险能力。

4 月 24 日，市直机关工委印发《关于加强和改进工委理论学习中心组学习的通知》，明确职责任务，规定学习内容形式，落实具体要求。

4 月 27 日，市直机关工委根据十二届市委常委会第 26 次会议精神，商请市财政局对市直机关党组织活动经费列入本单位行动经费预算进行调整，每年列入财政经费预算 184 万元。

4 月 28 日，市直机关工委制定《关于推广实施〈市直机关党支部“5433”工作法（试行）〉的通知》，围绕“五好”目标，聚焦“四项职能任务”，实施“三大项目”工程，实现“三个根本转变”，推进党支部工作规范化、制度化、科学化。

5 月 3 日起，组织学习《习近平关于全面从严治党论述摘编》《全面从严治党面对面》，进一步落实全面从严治党主体责任，加强和规范党内政治生活。

5 月 4 日，市直机关工委成立网络与信息安全领导小组，制定《市直机关工委网络与信息安全管理规定》，加强对网络与信息安全保障工作的领导。

5 月 5 日，市委机构编制委员会同意设立市直机关工委统战部，在工委内设机构“宣传部”加挂“统战部”牌子。

5 月 16—20 日，市委宣传部、市直机关工委、市文联、市残联联合举办“放飞梦想、共享阳光”泉州市 2017 年残疾人艺术作品展暨爱心助残广场活动，共征集到作品 237 幅，64 件作品获奖，4 个单位获组织奖。

5 月 25 日，举办“机关大讲堂”第 21 讲，邀请市政府副市长周真平作《海丝泉州（刺桐）史迹申报世界遗产》专题讲座。

5 月 26 日，市直机关工委根据党支部“5433”工作法（试行）精神，对先进“五好”党支部考评表进行修订、细化，共设置五大方面考评项目、18 项考评内容、57 个评分要点，总分 1000 分。

5 月下旬起，市纪委、市直机关工委、市妇联、市国税局、泉州晚报社联合举办“点赞和美泉州”——家风家规家训征集和展播活动。

5 月 31 日，市直机关工委对落实省委检查组移交的“泉州市 2016 年度落实全面从严治党主体责任清单”涉及市直机关工委需自查自纠的整改事项，经 5 月 24 日市纪委、市委办公室专项督查后，再次向市落实党风廉政建设责任制领导小组办公室作出整改报告。

6月1日，全省机关党建重点课题调研推进会在晋江市召开，50多人参加。陈奕辉参加并致辞，黄黎波介绍党建重点课题调研经验。省直机关工委常务副书记梁晋阳出席会议。

6月5日，市直机关工会报送参加福建省总工会2017年百万职工“小革新、小发明、小改造、小设计、小建议”创新大赛25个项目中，7个项目获奖，其中国电泉州热电有限公司670MW火力发电机组空预器在线清洗项目获一等奖。

6月13—30日，市直机关工委、市体育局、市林业局、市总工会联合举办泉州市“创新杯”市直机关运动会，31支代表队1576人参加11个项目33个组别比赛。

6月15日起，市直机关工委、市文联、市摄影协会联合举办开展“机关党旗红，‘五个泉州’在行动”主题实践活动摄影比赛。表彰110幅（组）优秀作品，20个组织奖。

6月16日起，在“党员e家”平台开展入党积极分子和发展对象党的应知应会知识测试，测试结果作为入党积极分子确定为发展对象和发展对象吸收为预备党员的依据之一。

6月22日，市委组织部、市直机关工委印发《关于推进机关“两学一做”学习教育常态化制度化的指导意见》，加强组织领导和督查指导，以实际工作成效检验学习教育常态化制度化成果。

6月27日，制订《2017年发展党员指导性计划》，实施“培源提质”工程，做好国有企业、社会组织等群体、领域发展党员工作。当年，发展党员142名。

6月28日起，开展“庆祝建党96周年，喜迎十九大”系列活动，进一步增强党员“四个意识”，推进“两学一做”学习教育常态化、制度化，提升党组织的凝聚力、战斗力和创造力。

7月10日起，开展党组织和党员基本信息采集工作，建立党员电子身份信息，推动组织工作信息化、规范化。

7月17日起，组织党员收看微电影《廖俊波》，学习廖俊波“忠诚、干净、担当”精神。

7月25日，市直机关工委制定《关于深化“1263”机关党建工作机制建设的意见》，坚持常态化推进，坚持创新发展，坚持典型示范，坚持“三级联动”，坚持统筹安排，坚持落实责任，不断提升“1263”机制建设的整体水平。

7月25日，市直机关工委重新修订《制度汇编（试行）》，包括工委会议制度、学习制度、内部管理制度共三大类23项制度。

7月26日起，征集“探闽南家风、讲经典故事、展传统国学、传递正能量”的《闽南好家风》案例，开展“家+文化”和“身边故事、共同铭记”主题宣传。

8月4日，市直机关工委、市委巡察工作领导小组办公室联合制订《市委巡察反馈机关党的建设方面存在问题落实整改对接协调工作机制》，共8项工作机制。

8月11日起，组织学习在省部级主要领导干部“学习习近平总书记重要讲话精神，迎接党的十九大”专题研讨班上习近平重要讲话精神。

8月17日，泉州市卫生和计划生育委员会机关党委和纪委成立，王金堆任党委书记，董芙苡（专职）、刘相军任党委副书记，林志仁任纪委书记。

8月23日，市直机关工委表彰市直精神文明建设论文12篇，其中一等奖1篇、二等奖2篇、三等奖3篇、优秀奖6篇。

8月24日，市直申报创建泉州市2017—2019年度文明单位82个，13对本地单位申报创建泉州市 2017—2019 年度军民共建精神文明先进单位。

8 月 29 日，推荐《习近平关于社会主义经济建设论述摘编》等 15 本书为第 13 批学习型党组织建设学习书目。

9 月 5 日，市直机关工委制订《关于进一步推进市直机关“三会一课”常态化制度化的指导意见》，进一步落实“三会一课”制度，严格党的组织生活。

9 月 6 日起，进一步深化创建全国文明城市宣传教育工作，广泛宣传发动，加强舆论引导；让公益广告宣传实现全覆盖；加强理想信念教育和社会主义核心价值观建设；围绕创建文明城市开展主题教育活动。

9 月 20 日，举办“机关大讲堂”第 22 讲，邀请华侨大学国际学院副院长、教授陈慰星作《〈民法总则〉的宪法意蕴与适用展望》专题讲座。

9 月 22 日起，市纪委、市直机关工委、市总工会、市文联联合举办“喜迎十九大·翰墨承家训”泉州市家风家规家训书法邀请展。

9 月 25—26 日，组织对 2017 年度市直党群系列 33 个参评单位绩效管理工作方案及二级绩效考评实施方案进行审核暨质量评定。

9 月 26 日，市委办机关工会等 31 家工会经复查验收，被市总工会重新命名确认为市级“先进职工之家”。

9 月 28 日至 10 月 30 日，组织参观由泉州市委、市政府主办，市委宣传部、市直机关工委、市发展和改革委员会承办的“喜迎十九大、再踏新征程”——“五个泉州”建设成就图片展。

10 月 27 日，制订《2017 年度泉州市直机关党群系列绩效评估目标考评实施细则》，共 16 项。

10 月 31 日，召开泉州市直机关工会第三次代表大会，选举郑天文为第三届工会委员会主席，潘向前为工会常务副主席，张希伴、庄泓鸿为工会副主席，工会委员 27 名；选举刘咏梅等 17 人为市直机关出席泉州市工会第十六次代表大会代表。

10 月 31 日，市直机关工委、市委老干部局、市直关工委联合表彰市政协机关关工委等 19 个先进关工委，魏培嫌等 38 人为关工委工作先进个人，卫康民、孙易鍪、邓永清等 3 人为“突出贡献奖”。

10 月起，组织学习习近平在中共十九大所作的《决胜全面建成小康社会 夺取新时代中国特色社会主义伟大胜利》的报告和修改通过的《中国共产党章程》，明确把习近平新时代中国特色社会主义思想作为党的指导思想写入党章的重大意义。

11 月 2 日，举办“机关大讲堂”第 23 场报告会，黄黎波作《党的十九大精神导读》专题讲座。

11 月 9 日，市直机关工委表彰市委办公室机关党支部等 247 个“先进五好”党支部，市纪委机关第一党支部等 14 个党支部为“先进五好党支部标兵”。

11 月 10 日，经层层选拔和预决赛，市直机关工委从 96 个“特色党建”项目中评出 30 个获奖项目，其中一等奖 6 个、二等奖 10 个、三等奖 14 个；特别成就奖 5 个单位、优秀组织奖 10 个单位。

11 月 13—17 日，组织 3 个组，对开展 2017 年度市直党群系列绩效评估工作的 33 个单位进行专项调研督查。

11 月 14 日，市直机关工委印发《关于认真学习宣传贯彻党的十九大精神的通知》，各级党组织和党员统一思想认识，领会十九大的重要意义；学习领会，把握十九大精神的重要内涵；结合实际，抓好十九大精神的贯彻落实；加强领导，掀起学习贯彻十九大精神热潮。

11月20日，经考核，推荐市委老干部局等28个单位为福建省第十三届（2015—2017年度）文明单位（其中5个为备选单位）。

11月23日，推广石狮市直机关工委实施“亮灯领航”工程，解决机关党建“灯下黑”问题。

11月24日，制定《中共泉州市直机关工作委员会廉政谈话制度》，规定廉政谈话的组织形式、廉政谈话类型及主要内容、谈话要求。

11月27日，市直机关工委制订《加强市委巡察反馈机关党的建设方面存在问题落实整改工作实施方案》，成立整改工作领导小组。

12月14日，省公安厅交警总队泉州高速公路支队杨更生劳模工作室创新的“防御性驾驶技术研究与推广运用”被列入“福建省劳模工作室优秀创新成果名单”。

12月15日起，开展2017年度市直机关基层党组织书记抓党建述职评议考核，市直机关工委开展市直机关单位党委书记述职评议考核，机关党委开展内设机构和直属单位党组织书记述职评议考核。考核工作于2018年1月中旬完成。

12月21日，省机关党建研究会泉州市分会对报送的2017年党建重点课题调研的133篇调研报告和论文进行评审后，表彰42篇，其中一等奖5篇、二等奖8篇、三等奖13篇、优秀奖16篇。

12月21日，由泉州市纪委、市直机关工委等10个部门、单位共同开展的“开启新时代、亮出新作为”全市机关学习宣传贯彻中共十九大精神系列活动巡展在泉州海交馆举办，共展出作品196件，展出时间1个月。

第一章　组织沿革

1949年9月，福建省第五地委和福建省第五行政督察专员公署成立后，抓紧在地委和专署机关建立党组织。1952年6月，成立中共晋江地委直属机关总支部委员会时，共有党支部15个、党员428人。1953年6月，中共晋江地委直属机关总支部委员会改为中共晋江地委直属机关委员会时，地直共有党支部22个、党员556人。1986年1月，中共晋江地区直属机关委员会改为中共泉州市直属机关委员会时，市直共有党组织376个、党员6032人。1992年7月，中共泉州市直属机关委员会改为中共泉州市直属机关工作委员会；至当年12月，市直共有党组织718个、党员10745人。截至2017年12月，市直共有党组织1029个、党员19264人。

机关党的基层组织包括晋江专区、晋江地区和泉州市（地级市）中国共产党机关、人大常委会机关、行政机关、政协机关、监察机关、审判机关、检察机关、人民团体机关的党组织以及党的关系在地（市）直机关党委和市直机关工委的其他单位党组织。随着形势和任务变化，不断改进党组织设置，理顺隶属关系，加强自身建设，提高战斗力，为服务党的中心工作、完成机关各项工作任务提供保证，发挥战斗堡垒作用。

第一节　基本完成社会主义改造时期

1949年10月7—12日，晋江地委召开首次县委书记、县长联席会议，地委书记张慧如提出整顿、建立党组织等工作任务。11月7—11日，地委召开第二次县委书记、县长联席会议，部署建立党政基层组织等工作。根据地委工作部署，抓紧在机关建立党支部。

1950—1951年，根据“严肃慎重”的原则，整顿党组织，对党支部和党员进行登记，有计划、有重点地发展党员。

1952年6月，成立中共晋江地委直属机关总支部委员会，共有党支部15个（其中机关党支部9个）：晋江专署直属党支部、晋江地委群团党支部、晋江地委直属党支部、晋江专区公安处党支部、晋江专区合作总社党支部、晋江地委党校党支部、福建省委联络处党支部、晋江专区税务局党支部、中国银行（人民银行）泉州支行党支部、泉州百货商店党支部、晋江专区粮食局党支部、晋江专区煤炭公司党支部、中国盐业公司泉州支公司党支部、泉州速成小学党支部、晋江专区海防局党支部；共有党员428人（其中机关党员272人），干部、职工总数2001人，党员占干部职工总数的21.39%。

1952年6月至1953年5月，新成立党支部8个：晋江专区土产公司党支部、晋江专区邮电局党支部、晋江专区医院党支部、晋江专区运输公司党支部、晋江专区建筑公司党支部、晋江专区人民法院党支部、晋江专区工会办事处党支部、晋江专区工程处党支部；减少党支部 1 个：晋江专区海防局党支部。

1953 年 6 月，中共晋江地委直属机关总支部委员会改为中共晋江地委直属机关委员会（简称地直机关党委），共有党支部 22 个，其中机关党支部 13 个；共有党员 556 名，其中机关党员 275 名；干部职工总数 3681 名，党员占干部职工总数的 15.1%。

1953 年 6 月晋江地委直属机关党委所属党组织设置表

表 1-1

党　支　部　名　称	党　支　部　名　称
晋江专署直属党支部	晋江专区煤炭公司党支部
晋江地委群团党支部	中国盐业公司泉州支公司党支部
晋江地委直属党支部	泉州速成小学党支部
晋江专区公安处党支部	晋江专区土产公司党支部
晋江专区合作总社党支部	晋江专区邮电局党支部
中国银行（人民银行）泉州支行党支部	晋江专区医院党支部
晋江地委党校党支部	晋江专区运输公司党支部
福建省委联络处党支部	晋江专区建筑公司党支部
晋江专区税务局党支部	晋江专区人民法院党支部
泉州百货商店党支部	晋江专区工会办事处党支部
晋江专区粮食局党支部	晋江专区工程处党支部

1954 年 6 月，晋江专区直属机关（简称专直机关）共有机关、企事业单位 62 个，建立党支部 35 个，干部职工总数 3432 人，党员 681 人，党员占干部职工总数的 19.84%。

1954 年 12 月 7 日，经地委批准，地直机关党委印发总支的划分与总支委员名单，专直机关设 6 个党总支、45 个党支部、党员 970 人。

1954 年 12 月晋江专区直属机关党总支设置表

表 1-2

党总支名称	党总支名称	党总支名称
（一）晋江地委党群党总支（设 7 个党支部） 地委会党支部 地委统战部（侨务局）党支部 机要交通局党支部 农民报社（新华书店）党支部 地青会（托儿所）党支部 工会办事处党支部 省委联络处党支部 （二）晋江专区政法党总支（设 8 个党支部） 专署党支部	农场党支部 人民法院（检察署）党支部 公安处党支部 税务局党支部 粮食局党支部 第一医院党支部 第二医院党支部 （三）晋江地委党校党总支（设 2 个党支部） 地委党校党支部 速成学校党支部 （四）晋江专区企业党总支（设 14 个党支部） 合作总社（省社批发站）党支部	人民银行泉州支行党支部 中国银行泉州支行党支部 百货公司党支部 花纱布公司党支部 食品公司党支部 土产公司党支部 木材公司党支部 交电公司党支部 水产公司党支部 中盐公司党支部 专卖公司党支部 中百转运站（食糖收购处）党支部 石油公司党支部

续表 1-2

党总支名称	党总支名称	党总支名称
（五）晋江专区交通运输党总支（设5个党支部） 运输总站党支部 公路局（养路段）党支部 泉安公司党支部	邮电局党支部 海关（港务局、检疫局）党支部 （六）晋江专区工业党总支（设5个党支部）	企业公司党支部 建筑公司党支部 一〇四工地党支部 印刷厂党支部 油厂党支部

说明：专署党支部包括老区建设委员会、水文站、防疫站、农业技术指导站、建设银行泉州支行、闽南实验剧团、电影院、航管处等单位党员

1956年4月，成立晋江专区建筑工程公司党委，设12个党支部，党员288人。

1956年6月26日，专直机关重新划分党总支。专直共有78个单位，干部职工4166人，设7个党总支、66个党支部、党员1396人（包括党校学员党员200多人）。鉴于新的机构不断增加，党员数量迅速增多，原有党总支划分不能适应形势需要，调整划分为8个党总支：晋江地委党群党总支（以地委会为主）、晋江专区政法党总支（以专署为主）、晋江专区文教卫生党总支、晋江专区交通运输党总支、晋江专区企业党总支、晋江专区公安处党总支、晋江专区建筑党总支、晋江地委党校党总支。

1956年6月晋江专区直属机关党总支设置表

表 1-3

党总支名称	单位数	所辖党支部（党员）的单位名称
晋江地委党群党总支	8	以地委会为主：包括地青委、工会办事处、统战部、侨务局、华侨服务社、宗教事务处、私改办公室
晋江专区政法党总支	8	以专署为主：包括税务局、粮食局、托儿所、水文站、建设银行、农场、水利局
晋江专区文教卫生党总支	11	第一医院、第二医院、鼠疫防疫站、广播电台、农民报社、新华书店、人民电影院、闽南实验剧团、干部业余文化学校、晋江农校、小教班
晋江专区交通运输党总支	6	晋江养路段、交通局、运输总站、海关、港务局、航管处
晋江专区企业党总支	30	中百公司、中百分运站、食糖收购处、花纱布公司、食品公司、专卖公司、食品杂货公司、烟麻公司、油脂公司、木材公司、药材批发部、中盐公司、水产公司、畜产公司、中交公司、交电公司、五金机械公司、石油公司、医药公司、针织品公司、日用百货公司、财贸办事处、中心支行、中国银行、交通银行、合作总站、省社批发站、手工业联社、手工业科
晋江专区公安处党总支	7	公安处、劳改科、民警直属队、民警大队、金门队、人民法院、检察院
晋江专区建筑党总支	2	泉州市建筑党总支与专区建筑公司合并建立党总支
晋江地委党校党总支	1	党校党员287人单独成立党总支

1956年8月3日，原政法党总支改称为专署党总支，原公安处党总支因包括检察院、人民法院党支部改称为政法党总支。

1956年12月，专直共有党组织89个，其中机关党组织49个；党委2个，其中机关党委1个；党总支8个，其中机关党总支4个；党支部79个，其中机关党支部44个；党员1597人，其中机关党员689人。

1952年6月至1956年晋江专区直属机关党组织和党员统计表

表1-4

年份	党组织（个）		党委（个）		党总支（个）		党支部（个）		党员（人）	
	总数	其中机关党组织	总数	其中机关党委	总数	其中机关党总支	总数	其中机关党支部	总数	其中机关党员
1952年6月	16	10	0	0	1	1	15	9	428	272
1953年6月	23	14	1	1	0	0	22	13	556	275
1953年	31	15	1	1	1	1	29	13	536	278
1954年	52	19	1	1	6	3	45	15	970	414
1955年	59	26	1	1	6	3	52	22	1014	380
1956年	89	49	2	1	8	4	79	44	1597	689

说明：数据来源为历年党内统计报表（下同）

第二节 开始全面建设社会主义时期

1957年12月，专直共有党组织96个，其中机关党组织30个；党委2个，其中机关党委1个；党总支10个，其中机关党总支4个；党支部84个，其中机关党支部25个；党员1394人，其中机关党员653人，共有干部职工5538人，党员占干部职工总数的25.17%。

1958年9月，成立晋江地委党校党委，设6个党支部。1959年，成立泉州大学党委，设4个党支部；成立晋江专区交通党委，设1个党总支、8个党支部。专直共设5个党委：地直机关党委、晋江专区建筑工程公司党委、晋江专区交通党委、泉州大学党委、晋江地委党校党委。

1960年，成立泉州师范学院党委。泉州大学党委撤销。12月，专直共设5个党委：地直机关党委、晋江专区建筑工程公司党委、晋江专区交通党委、泉州师范学院党委、晋江地委党校党委；党总支6个：晋江专署党总支、晋江地委党群党总支、泉州报社党总支、晋江专区商业党总支、晋江专区政法党总支、晋江专区卫生党总支。

1961年6月11日，晋江专区建筑工程公司收归省统一领导，党组织名称改为福建省建设厅第五建筑工程公司党委。

1962年，成立福建省交通运输局泉州运输总站党委。

1962年12月18日，地直机关党委向地委报送《地直机关党的基层组织的调整方案》，随着机构调整，在专直机关第二次党代会召开之前，采取基本不动、个别调整方法，对基层党组织作适当调整。12月19日，地委同意地直机关党委关于党的基层组织调整方案。

专直机关党的基层组织调整后，共设5个党委：地直机关党委、晋江地委党校党委、泉州师范学院党委、福建省交通运输局泉州运输总站党委、福建省建设厅第五建筑工程公司党委；13个党总支：党群党总支、专署党总支、政法党总支、泉州报社党总支、商业党总支、卫生党总支、邮电局党总支、供销社党总支、财贸干校党总支、戏剧党总支，以及新成立的统战党总支、农林水党总支、养路段党总支；87 个党支部，其中直属党支部 1 个：华侨大学基建处党支部；党员 1945 人。

1962 年 12 月晋江专区直属机关党组织调整后设置表

表 1-5

党组织隶属关系	党组织隶属关系
一、晋江地委直属机关党委 二、晋江地委党校党委：1 个党支部（不包括学员），党员 39 人 三、泉州师范学院党委：5 个党支部，党员 50 人 四、福建省交通运输局泉州运输总站党委：9 个党支部，党员 219 人 五、福建省建设厅第五建筑工程公司党委：11 个党支部，党员 253 人 六、晋江地委党群党总支：5 个党支部，党员 170 人 第一分党支部（秘书处、团地青委、妇联） 第二分党支部（组织部、监委会、宣传部） 第三分党支部（财贸部、地直党委会、海防部、水产局、养殖场） 第四分党支部（公交部、农工部） 第五分党支部（10 号工地） 七、晋江地委统战党总支（由党群党总支划出）：党员 62 人（待划分党支部），含统战部、华侨服务社、侨务局、华侨投资公司、侨联 5 个单位党员 八、晋江专署党总支：12 个党支部，党员 225 人，含（1）专署办公室党支部（专署办公室、党总支办公室、办公室、支前办公室、民政局、劳动局、人事局、托儿所）（2）交际处党支部（3）文林党支部（文化局、教育局、电影公司、科委、橡胶厂、贮木场、体委）（4）教育干校党支部（5）人民银行泉州中心支行党支部（6）疗养院党支部（7）粮食局党支部（8）计委党支部（计委、工交办、物资局）（9）工业党支部（手工业管理局、轻工业局、重工业局）（10）财税党支部（工商局、财办、税务局、财政局）（11）收购公司党支部（12）交通局党支部	九、晋江专区农林水党总支（由专署党总支划出）：6 个党支部，党员 90 人，含农业局、农场、农科所、气象站、水电局、水文站、水产局、水产养殖场、林业局、农校 10 个单位党员 十、晋江专区政法党总支：6 个党支部，党员 172 人，含公安处 4 个党支部、中级人民法院党支部、检察院党支部 十一、泉州报社党总支：4 个党支部，党员 87 人，含编辑部党支部、印刷厂党支部、新华书店党支部、记者站党支部 十二、晋江专区邮电局党总支：6 个党支部，党员 92 人 十三、晋江专区商业党总支：7 个党支部，党员 180 名，含商业局党支部、中百站党支部、五交站党支部、燃料站党支部、外贸站党支部、冷冻厂党支部、食杂站党支部 十四、晋江专区供销社党总支：4 个党支部，党员 69 人，含供销社党支部、水产公司党支部、盐管站党支部、各县驻泉州采购站党支部 十五、泉州财贸干校党总支：党员 11 人（不包括学生党员），待划分党支部 十六、晋江专区卫生党总支：4 个党支部，党员 104 人，含第一医院党支部、第二医院党支部、卫校党支部，卫生研究所党支部（包括卫生局） 十七、晋江专区戏剧党总支：4 个党支部，党员 24 人，含歌舞团党支部（包括歌舞团、艺术学院、戏剧协会）、京剧团党支部、越剧团党支部、梨园戏剧团党支部 十八、泉州养路段党总支（由运输总站党委划出）：3 个党支部，党员 58 人，含晋江工区党支部、养路工程队党支部、航管站党支部 十九、华侨大学基建处党支部：党员 40 人

1963 年 9 月，晋江专区行政干校党委成立。

1964 年，规范机关党总支、党支部名称，如党群党总支名称为“中共晋江地委直属机关党群总支部委员会”；专署党总支名称为“中共晋江专区直属机关专署总支部委员会”。

1964 年 12 月，专直共有党组织 116 个，其中机关党组织 47 个；党委 6 个，其中机关党委 1 个（地直机关党委）；党总支 14 个，其中机关党总支 6 个；党支部 96 个，其中机关党支部 40 个；党员 2070 人，其中机关党员 891 人。

1957—1964 年晋江专区直属机关党组织和党员统计表

表 1-6

年份	党组织（个）		党委（个）		党总支（个）		党支部（个）		党员（人）	
	总数	其中机关党组织	总数	其中机关党委	总数	其中机关党总支	总数	其中机关党支部	总数	其中机关党员
1957	96	30	2	1	10	4	84	25	1394	65
1958	73	30	4	1	8	3	61	26	1440	695
1959	80	22	5	1	7	4	68	17	1768	581
1960	104	27	5	1	8	4	91	22	2169	570
1961	119	20	5	1	11	3	103	16	2320	469
1962	104	45	5	1	10	6	89	38	1947	889
1963	110	45	6	1	12	5	92	39	2010	904
1964	116	47	6	1	14	6	96	40	2070	891

说明：1965—1969 年未见档案资料

第三节 “文化大革命”时期

1966 年 5 月，“文化大革命”开始后，基层党组织受到冲击，党组织活动无法正常开展。

1970 年，专直企事业单位成立革命委员会或革命领导小组（简称革导组）。

1970 年，福建省下放晋江专区管理的原省属 28 个企业（晋专革产字〔1970〕第 60 号文件附件）：永春化肥厂、泉州合成氨厂、泉州电厂、泉州仙荣火电厂、泉州航管总站、晋江养路段、专区邮局、专区电信局、泉州车辆监理所、晋江水文分站、晋江气象站、晋江金属材料分公司、晋江机电分公司、晋江轻化建分公司、晋江农机供应站、晋江木材分公司、泉州百货站、泉州食品分公司、泉州石油站、泉州五交站、泉州食杂分公司、泉州供销综合站、晋江水产公司、晋江盐业公司、汽车配件公司泉州门市部、山美水库工程指挥部、天湖山煤矿、泉州华侨服务社。上述 28 个省属企业划转后，党组织随之划转。

一、设立党的核心小组

1970 年 2 月 14 日，省革命委员会政治部印发《关于建立领导班子的通知》，专直各单位根据省革命委员会 2 月 19 日电话会议精神，排除派性干扰，尽可能把各单位政治品德好、路线觉悟高、有革命朝气、有一定工作能力的人选拔到领导岗位上，成立党的核心小组。

1970 年 3 月 27 日，中共晋江专区革命委员会核心小组批准省五建未进行整党建立党组织之前，在革委会内设党的核心小组（简称核心小组），核心小组和革委会是领导和被领导的关系。

1970年4月6日，经晋江专区革委会政治处、生产指挥处批准，泉州百货分公司不成立核心小组，由泉州百货站核心小组领导；泉州农机站不成立核心小组，由晋江专区金属材料分公司党支部领导。截至4月20日，专直41个单位，共建立核心小组20个（其中百货分公司与百货站合建百货站核心小组，化工站与五交站合建五交站核心小组），包括：运输总站、省五建、养路段、航管总站、百货站、五交站、综合站、副食品站、外贸站、石油站、冷冻厂、中国银行泉州支行、水产分公司、农科所、反修医院、反帝医院、木材公司、机电公司、华侨大厦、电影公司，共有成员76人，其中领导干部18人（副经理以上11人、副科股长7人），军队代表2人，原参加群众组织的56人。5月1日，专区水文站、气象站合并为专区水文气象服务站，成立核心小组。5月6日，汽车工业公司泉州门市部由泉州运输总站核心小组领导。6月25日，晋江专区革委会生产指挥处根据省革委会5月8日通知精神，决定原泉州运输总站组建福建省汽车第一团，核心小组郑汉生、刘清土、翁寿炳、谢金龙、梁可田为筹备领导小组成员。7月13日，根据省革委会指示，省水电工程局下放给晋江专区革委会管辖，成立核心小组。7月23日，山美水库工程指挥部成立核心小组。10月22日，成立中央广播事业局六四一台核心小组。

1970年10月19日，晋江专区革委会决定泉州电厂、泉州合成氨厂自1970年10月25日起归属专区革委会领导，政治思想工作由专区革委会政治处领导，政治运动中的具体工作由专区直属办事组负责，组织人事工作由专区革委会组织组与泉州市革委会协商接管，生产业务工作由专区革委会生产指挥处领导。

据不完全统计，1970年3月17日至12月5日，晋江专区直属企事业单位共建立党的核心小组35个。

1970年9月，对晋江专区机关、单位党员情况进行统计，共有党员2072人，其中正式党员2032人、预备党员40人，男1885人、女187人。

1970年9月晋江专区直属机关党员分布情况表

表1-7 单位：人

单位	党员总数	正式党员	预备党员	男	女	单位	党员总数	正式党员	预备党员	男	女
省五建	266	264	2	220	46	反修医院	38	38	0	23	15
汽车一团	205	205	0	197	8	防疫站	8	8	0	8	0
养路段	61	60	1	59	2	百货站	78	75	3	72	6
电厂	82	81	1	76	6	五交化工站	55	55	0	50	5
合成氨厂	76	73	3	73	3	水产公司	22	22	0	22	0
轻机厂	35	22	13	32	3	粮油厂	45	44	1	43	2
航管站	26	26	0	24	2	综合站	42	40	2	37	5
邮局	40	39	1	36	4	副食品站	21	21	0	19	2
盐业公司	5	5	0	5	0	外贸站	24	24	0	22	2
电信局	88	88	0	82	6	中国银行	17	17	0	15	2
反帝医院	33	33	0	18	15	冷冻厂	20	19	1	18	2

续表 1-7

单位	党员总数	正式党员	预备党员	男	女	单位	党员总数	正式党员	预备党员	男	女
石油站	45	45	0	45	0	水电工程局	176	173	3	169	7
人民银行中心支行	4	4	0	4	0	六四一台	22	22	0	21	1
医药服务站	3	3	0	3	0	新华书店	14	14	0	10	4
机电公司	11	11	0	10	1	电影公司	5	5	0	5	0
金属公司	19	19	0	16	3	印刷厂	36	36	0	30	6
轻工化工建材	18	18	0	15	3	招待所	24	24	0	23	1
木材分公司	12	12	0	9	3	华侨大厦	35	35	0	29	6
金鸡水闸	4	3	1	4	0	晋专“五七”干校30信箱	252	252	0	238	14
农科所	20	15	5	19	1	专属办	21	21	0	20	1
水文气象站	9	7	2	9	0						
山美水库指挥部	55	54	1	55	0	合计	2072	2032	40	1885	187

二、党的基层组织

1970年开始，逐步成立基层党组织。2月17日，晋江专区新华书店召开党员大会，选举产生支部委员会。

1971年7月1日，晋江专区改称晋江地区，党组织名称相应更改。

1971年10月16日，晋江地区革命委员会政治处以〔1971〕晋地革政字第068号文批准成立：中共晋江地区革委会政治处组织组支部，杨克敬任书记，苏章明任副书记；中共晋江地区革委会政治处宣教组支部，王学先任书记，庄火明任副书记；中共晋江地区革委会政治处民事组支部，张金志任书记；中共晋江地区革委会政治处秘书处、外事组支部，包明文任书记；中共晋江地区革委会三号办公室支部，刘玄配任书记。至10月底，地直48个单位，建立中共支部50个。

1971年12月，晋江地区革委会机关（含招待所），共有党员371人，其中1927年8月至1937年6月入党的1人，1937年7月至1945年8月入党的13人，1945年9月至1949年9月入党的30人，1949年10月至1966年4月入党的267人，1966年5月至1971年12月入党的60人。文化程度：大学21人、高中90人、初中210人、小学以下50人。设党支部7个：革委会办公室党支部、生产处党支部、保卫组党支部、组织组党支部、宣教组党支部（包括通联站）、民事组党支部、政治处秘书组、外事组党支部。

1971 年 12 月晋江地区革命委员会机关党员分布统计表

表 1-8 单位：人

项目	党员总数	首长	办公室				政治处					
			合计	领导组	秘书组等	管理组	合计	领导组	秘书组	组织组	宣教组	民事组
党员人数	371	4	47	1	18	28	195	0	4	50	21	19

项目	政治处				生产处							
	外事组	保卫组	三号办	海防组	合计	领导组	办事组	计划科	农林科	水电科	水产科	商业科
党员人数	7	89	4	1	104	1	3	6	12	5	5	9

项目	生产处									长期休养待分配	地区招待所
	粮油科	财税科	工业科	交通科	卫生科	政工组	支前办	清资办	渔区办		
党员人数	8	7	12	5	4	8	5	12	2	4	17

1971 年 12 月，晋江地区直属机关、单位设立党委 3 个——泉州电厂党委、省五建党委、省地质六队党委，其中驻泉省属单位 2 个——省五建党委（省基本建设局主管）、省地质六队党委（省冶金工业局主管）；设立党支部 45 个，其中机关 7 个，工业 23 个，交通运输业 4 个，农林水业 1 个，商业、金融、生活服务业 4 个，科学研究、文教卫生事业 6 个，共有党员 2128 人。

1971 年 12 月晋江地区直属机关、单位和党员统计表

表 1-9

单位名称	党员总数（人）	建立党委（个）	建立党总支（个）	建立党支部（个）	单位名称	党员总数（人）	建立党委（个）	建立党总支（个）	建立党支部（个）
晋江地区革委会机关	371	0	0	7	外贸站	20	0	0	0
百货站	75	0	0	0	燃料站	53	0	0	0
机电公司	8	0	0	0	航管总站	27	0	0	1
地震台	10	0	0	0	华侨大厦	38	0	0	1
气象台	5	0	0	0	地区招待所	17	0	0	0
福建汽车第一团	265	0	0	1	六四一台	20	0	0	0
轻化建材公司	17	0	0	0	电影公司	6	0	0	1
盐业公司	6	0	0	0	中学教师学习班	12	0	0	0

续表 1-9

单位名称	党员总数（人）	建立党委（个）	建立党总支（个）	建立党支部（个）	单位名称	党员总数（人）	建立党委（个）	建立党总支（个）	建立党支部（个）
新华书店	16	0	0	1	桃源水库	未统计	0	0	0
综合站	40	0	0	0	水产公司	19	0	0	0
食品站	19	0	0	1	五交化站	33	0	0	0
金属材料公司	20	0	0	1	水文站	3	0	0	0
木材公司	12	0	0	0	养路段	64	0	0	2
合成氨厂	84	0	0	3	晋江堤河闸管理处	4	0	0	0
冷冻厂	25	0	0	0	石壁水库管理处	8	0	0	0
粮油加工厂	47	0	0	0	邮电局	37	0	0	0
农科所	21	0	0	1	省五建	244	1	0	8
省地质六队	87	1	0	4	中国银行泉州支行	17	0	0	0
防保站	12	0	0	0	华侨大学	51	0	0	4
医药站	24	0	0	0	电　厂	110	1	0	6
汽车配件供应站	6	0	0	0	轻工机械厂	52	0	0	1
反修医院	41	0	0	1	印刷厂	37	0	0	1
农机站	与金属材料公司合并统计	0	0	0	人民银行晋江地区中心支行	11	0	0	0
反帝医院	34	0	0	0	合　计	2128	3	0	45

1972 年，加强各个方面、各条战线、各行各业的组织建设，特别是党的基层组织建设，整顿和建立共青团和妇女组织。地直党组织设置、成立，书记、副书记、委员任职，由晋江地区革委会政治处直工组审查，地直机关党的核心小组讨论后，报政治处组织组审批。1 月，晋江地区电信局党委成立。3 月，成立晋江地区养路段党总支。6 月，撤销福建省汽车第一团党的核心小组，成立临时党委，郭金明、郑汉生任临时党委副书记。8 月 31 日，成立晋江地区山美水库指挥部临时党委。同年，成立晋江公路工区、木材公司、冷冻厂、医药站、五交化工站、石油煤炭站、地震台、水文站、盐业公司、农科所、金属材料公司、机电公司、防保站、农资站、水产公司、汽车配件供应站、邮局、轻化建材公司、第一医院、第二医院、招待所、百货站、师范学校、中学教师学习班、石壁水库、人民银行中心支行、外贸站、土产公司、六四一台、燃料站、农业机械公司、气象站、印刷厂、电影站等党支部。

1973 年 6 月 27 日，经地区革委会政治处领导小组批准，成立晋江地区商业党总支，张金志任书记，林国清任副书记。9 月 12 日，成立地区革委会生产指挥处党总支。9 月 14 日，成立地区革委会政治处党总支。9 月 23 日，成立地区革委会办公室党总支。至此，晋江地区革委会办公室、政治处、生产指挥处党总支全部建立，对于加强地区革委会机关党的建设具有重要意义。

1973 年 12 月晋江地区革命委员会机关党员分布情况表

表 1-10 **单位：人**

单位		党员总数	男	女	单位		党员总数	男	女
晋江地区革委会常委		4	4	0	生产指挥处	领导组	5	5	0
办公室	领导组	3	3	0		办事组	6	6	0
	秘书组	18	16	2		计　委	9	9	0
	机要组	1	1	0		劳工组	8	8	0
	信访组	5	5	0		物资局	2	2	0
	管理组	34	33	1		基建局	1	1	0
	合　计	61	58	3		农业局	15	15	0
政治处	领导组	3	3	0		林业局	8	8	0
	秘书组	5	4	1		水电局	9	9	0
	组织组	33	31	2		水产局	10	10	0
	纪检组	4	4	0		工业局	16	15	1
	定案办	14	12	2		手管局	10	10	0
	宣传组	12	12	0		交通局	7	7	0
	教育组	15	15	0		财政局	14	13	1
	文化组	9	8	1		粮食局	12	12	0
	体　委	2	2	0		商业局	22	20	2
	民事组	13	12	1		卫生局	7	6	1
	知青办	6	6	0		支前办	5	5	0
	外事组	16	15	1		清资办	9	6	3
	直工组	16	14	2		防空办	4	3	1
	通联站	7	7	0		合　计	179	170	9
	地区工会	7	7	0	公安处		125	123	2
	团地委	6	5	1	中级人民法院		22	21	1
	地区妇联	4	0	4	病　休		5	5	0
	对敌办	3	3	0	待分配		2	2	0
	合　计	175	160	15	总　计		573	543	30

1974 年 11 月 16 日，地区革委会政治处决定福建 7368-5 工程办事处、晋江地区卫生学校的政治思想工作和党团组织工作，由地区革委会政治处直工组负责管理。

1975 年 10 月，地委决定恢复地直机关党委，1976 年 1 月正式办公。

1975 年 11 月 13 日，成立晋江地区山美水库管理处党委。同年，成立晋江地区师范学校党委。

1976 年 6 月，撤销晋江地区电信局党委，成立晋江地区邮电局党委。

1976 年 12 月，地直共有党组织 153 个，其中机关党组织 45 个；党委 7 个，其中机关党委 1 个；党总支 2 个，其中机关党总支 1 个；党支部 144 个，其中机关党支部 43 个；党员 3286 人，其中机关党员 818 人。

1971—1976年晋江地区直属机关党组织和党员一览表

表1-11

年份	党组织（个）		党委（个）		党总支（个）		党支部（个）		党员（人）	
	总数	其中机关党组织	总数	其中机关党委	总数	其中机关党总支	总数	其中机关党支部	总数	其中机关党员
1971	49	7	3	0	0	0	46	7	2128	371
1972	79	7	4	0	1	0	74	7	1864	未统计
1973	93	36	4	0	5	3	84	33	2267	573
1974	91	43	4	0	1	1	86	42	2204	706
1975	100	44	7	1	2	1	91	42	3227	741
1976	153	45	7	1	2	1	144	43	3286	818

说明：表中党组织数和党委数均不含临时党委数（下同）

第四节 社会主义现代化建设新时期

一、设立中共晋江地区直属机关委员会时期

1975年10月，成立中共晋江地区直属机关委员会（简称地直机关党委）。由于历史原因，机关党的工作未能正常开展。

1976年10月，地直党的基层组织建设逐步走上正轨。

1977年1月12日，晋江地区农业学校党委成立。12月，福建省一九七煤田地质队党委成立。同年，晋江地区化工建材公司党委成立。

1978年4月25日，福建省地质九队临时党委84名党员组织关系由龙岩地区集体转入地直机关党委。

1978年9月4日，地直机关党委向地委报送《关于建立健全地区机关党的基层组织和机构设置问题意见的报告》。9月16日，地委同意该方案。地直机关党委直接管理7个分党委、4个党总支、1个党支部。

截至1978年12月，地直共有党委11个，其中机关党委1个（地直机关党委）；党总支6个，其中机关党总支1个；党支部198个，其中机关党支部52个；党员3950人，其中机关党员907人；干部职工12880人，党员占干部职工总数的30.67%。

1978 年 12 月地直机关单位党组织和党员分布情况表

表 1-12

系统名称	党组织总数（个）	党委（个）		党总支（个）		党支部（个）		党员（人）	
		总数	其中机关党委	总数	其中机关党总支	总数	其中机关党支部	总数	其中机关党员
地委办公室口	5	0	0	1	1	4	3	124	87
党群口	8	0	0	0	0	8	8	143	143
政法民政口	8	0	0	0	0	8	7	200	198
统战口	3	0	0	0	0	3	2	91	20
海防部	1	0	0	0	0	1	1	8	8
宣传口	36	1	0	2	0	33	7	472	71
计委口	8	0	0	0	0	8	5	118	55
建委口	14	1	0	0	0	13	1	324	22
工交口	75	5	0	3	0	67	4	1325	57
财贸口	21	0	0	0	0	21	7	612	166
农林水口	33	3	0	0	0	30	6	515	71
科委口	2	0	0	0	0	2	1	18	9
地直机关党委	1	1	1	0	0	0	0	0	0
合　计	215	11	1	6	1	198	52	3950	907

1978 年 12 月晋江地区直属机关、单位已建立党委、党总支、党支部的单位一览表

表 1-13

一、地委办公室

二、行署办公室
行署办公室、管理科、人防办、招待所

三、党群口
组织部、党委会、工会、团委、妇联、落实办、党校、五七干校

四、宣传口
宣传部、5 号工地、新华书店、文化局、歌剧团、梨园剧团、梨园训练班、电影公司、教育局、教育干校、师范学校、卫生局、一院、梅山医院、防疫站、精神病院、卫校、知青办、体委、计生办、通联站

五、统战口
统战部、华侨旅行社

六、海防部（含对台办）

七、工交口
工交办、工业局、电厂、合成氨厂、罐头厂、印刷厂、轻机厂、盐业公司、一九七地质队、冶金一队、地质九队、交通局、汽车分公司、汽配公司、航管总站、养路段、监理所、邮电局、二轻局

八、财贸口
财贸办、财政局、建行、人行、中行、商业局、百货站、五交站、燃料站、医药站、食品站、商业冷冻厂、供销社、农资站、土产站、茶果站、粮食局、粮油加工厂、外贸局、外贸冷冻厂、七四九工地

九、农林水口
农林水办、农业局、农科所、气象台、农机局、农机公司、林业局、木材公司、水产公司、水产局、水电局、山美水库、水电工程队、金鸡水闸、石壁水库、水文站、省水电工程局、农校、社企局

十、计委口
计委、物资局、金属公司、轻化建公司、机电公司、劳动局、增产节约办、高崎办

十一、建委口
建委、省五建

十二、科委口
科委、地震台

十三、公安处

十四、人民法院

十五、民政
民政局、聋哑学校

十六、检察院

1979年3月，冶金地质部第二地质勘探局一队临时党委党员组织关系集体转入地直机关党委（冶金一队系1975年12月地质机构变更，从省地质六队分出）。

1979年4月1日，地直机关党委向地委报送《关于建立地区机关各部、办、委党的组织机构的报告》。根据各部、办、委所属单位范围和基层党组织设置情况，以口分别建立分党委、党总支和党支部；宣传、工交、财贸、农林水、计委、建委、政法（包括公安局、人民法院、检察院、民政局）七个口，建立7个分党委；地委办公室、党群、统战、科委4个口，建立4个党总支；海防部（包括对台办）建立党支部。各口的分党委、党总支和党支部属地直机关党委领导，分党委、党总支负责领导所属机关和直属单位的党务工作。行政公署的各办、委设立党组的，对本口的分党委或党总支实行双重领导。凡设立分党委、党总支的，要配专职干事，各部、办、委设政工科的，分党委或党总支的日常党务工作，由政工科负责办理。

1979年5月，福建省汽车运输总公司泉州分公司党委成立。6月6日，晋江地区公安处党总支成立。

1979年6月12日，地委以晋地委〔1979〕综195号文《批转地直党委会〈关于建立地区机关各部、办、委党的组织机构的报告〉的通知》，同意成立宣传、工交、财贸、农林水、计委、建委、政法分党委，党群、统战、科委、地委办公室建立党总支。职责范围：地直党委工作范围和各部、办、委党组关系：地直党委和地委、县委不一样，是机关党委，不管全面工作，保证地委布置工作贯彻，管党的建设，全面工作由各口党组管，党委会管思想、组织建设。政法分党委以公安处占的成分大，以公安处为主。选举后审批报地直党委会同地委组织部审批。地委党校机关党支部从党群党总支划出来，由党校党委会领导，党校党委会的有关党务工作，也属地直党委会统一领导。地直机关党委管理或代管理基层党委8个，其中省部属驻泉单位3个：省汽车运输总公司泉州分公司党委、省五建工程公司党委、省一九七煤田地质队党委；地区直属单位党委5个：晋江地区邮电局党委、泉州电厂党委、晋江地区山美水库管理处党委、晋江地区农校党委、泉州合成氨厂党委。代管省部属驻泉单位临时党委3个：冶金地质一队临时党委、地质九队临时党委、省水利水电工程局临时党委。上述党委分别委托宣教、工交、农林水、建委分党委管理。

1979年7月，泉州仙荣火电厂党委成立。

1979年12月晋江地区直属机关党组织设置情况表

表1-14

党组织名称	党组织名称	党组织名称
一、办公室口	党委会党支部	**三、宣传口**
办公室口党总支	工会党支部	宣传部党支部
办公室党支部	妇联党支部	五号工地党支部
招待所党支部	团地委党支部	新华书店党支部
人防办党支部	落实办党支部	文化局党支部
二、党群口	干部退休安置所党支部	歌剧团党支部
党群口党总支	地委党校党委	梨园剧团党支部
组织部党支部		教育局党支部

续表 1-14

党组织名称
地区师范党总支
教师进修学院党总支
幼师党支部
卫生局党支部
一院党总支
梅山医院党支部
防疫站党支部
医药研究所党支部
精神病院党支部
卫生学校党支部
知青办党支部
体委党支部
电影公司党支部
四、统战、海防口
统战、侨务党支部
华侨大厦党支部
海防部党支部
五、政法口
公安处党总支
检察分院党支部
中级人民法院党支部
民政局党支部
六、财贸口
医药站党支部
食品分公司党支部
糖烟酒站党支部
商业冷冻厂党支部
农资站党支部
土产站党支部
茶果站党支部
面粉厂党支部
油厂党支部
外贸冷冻厂党支部
中国银行党支部
财办党支部
商业局党支部
供销社党支部
粮食局党支部
外贸局党支部
人民银行中心支行党支部
建设银行党支部
七四九工程党支部
百货站党支部
五交站党支部
石油站党支部
财政局党支部
七、农林水口
农办党支部
水电局党支部
水产局党支部
企业局党支部
省水电工程局临时党委
山美水库党委
木材公司党支部
水产公司党支部
农机公司党支部
水电工程处党支部
石壁水库党支部
金鸡水闸党支部
水文站党支部
气象台党支部
农科所党支部
林业局党支部
农机局党支部
农校党委
农业局党支部
八、计委口
计委党支部
物资局党支部
劳动局党支部
增产节约办党支部
金属公司党支部
机电公司党支部
化建公司党支部
煤炭采购站党支部
九、建委口
建委党支部
省五建党委
十、科委口
科委党支部
地震台党支部
十一、工交口
工交办党支部
交通局党支部
邮电局党委
电厂党委
罐头厂党支部
汽车运输分公司党委
冶金地质一队临时党委
监理所党支部
汽车配件公司党支部
港务处党支部
工业局党支部
二轻局党支部
公路局党总支
印刷厂党支部
合成氨厂党委
地质九队临时党委
一九七煤田地质队党委
轻机厂党总支
盐业公司党支部

1979 年 12 月，共设党委：地直机关党委、晋江地委党校党委、晋江地区山美水库管理处党委、晋江地区农校党委、省五建党委、晋江地区邮电局党委、泉州电厂党委、省汽车运输公司泉州分公司党委、泉州合成氨厂党委、省一九七煤田地质队党委；设临时党委：省水电工程局临时党委、冶金地质一队临时党委、地质九队临时党委。

1979 年 12 月晋江地区直属机关单位党组织和党员分布统计表

表 1-15

单位	党组织(个)		党委(个)		党总支(个)		党支部(个)		党员(人)	
	总数	其中机关党组织	总数	其中机关党委	总数	其中机关党总支	总数	其中机关党支部	总数	其中机关党员
地委办公室口	5	5	0	0	1	1	4	4	116	116
党群口	7	7	0	0	1	1	6	6	105	105
宣传口	41	8	1	0	3	0	37	8	529	83
统战口	3	2	0	0	0	0	3	2	123	25
政法口	10	9	0	0	1	1	9	8	241	239
地委党校	2	2	1	1	0	0	1	1	29	29
地委海防部	1	1	0	0	0	0	1	1	11	11
计委口	9	4	0	0	0	0	9	4	149	51
工交口	74	5	5	0	6	0	67	5	1454	92
财贸口	25	8	0	0	0	0	25	8	622	195
建委口	17	1	1	0	1	0	15	1	352	26
农林水口	36	7	2	0	0	0	33	7	548	89
科委口	2	1	0	0	0	0	2	1	25	15
地直机关党委	1	1	1	1	0	0	—	—	—	—
合　计	233	61	11	2	13	3	212	56	4304	1076

1980 年 6 月 11 日,泉州市纪委机关党支部成立;7 月 21 日,福建省湖头水泥厂党委成立;10 月,福建省水利水电工程局党委成立。同年,福建省公路局晋江地区分局党委成立;泉州供电局党委成立。

1981 年,泉州罐头厂党委成立。

1982 年 4 月 30 日,晋江地区直属机关商业党委成立;5 月 17 日,泉州师范高等专科学校党委成立;12 月 27 日,福建省闽东南地质大队党委成立。

1983 年 9 月,福建泉州中国旅行社党委成立。

1984 年 5 月 29 日,地直机关机构改革基本结束,地委批转地直机关党委《关于建立地区机关、直属单位党的中层组织的报告》(晋地委〔1984〕综 097 号)。根据党政分开原则,按系统成立党委或党总支。地直机关党委抓紧按口建立机关党委、党总支,成立晋江地区直属机关党委 6 个:10 月 3 日,晋江地区直属机关工交党委成立;10 月 15 日,晋江地区直属机关计委党委成立;10 月 23 日,晋江地区直属机关财贸党委成立;11 月 8 日,晋江地区直属机关农林水党委、晋江地区直属机关卫生党委成立;11 月 28 日,晋江地区直属机关教育党委成立。成立晋江地区直属机关党总支 3 个:行署党总支、建委党总支、人民法院党总支。

1984 年 11 月 10 日起,启用"中国共产党晋江地区直属机关委员会"新印章,旧印章同时作废。

1984 年 11 月 25 日,启用 7 个党委新印章:中国共产党晋江地区直属机关计委(工交、财贸、农林水、教育、卫生）委员会、福建泉州中国旅行社委员会新印章，旧印章同时作废。启用 7 个党总支新印章：中国共产党晋江地区直属机关党群（行署、公安、人民法院、司法、科委、建委）总支部委员会新印章，旧印章同时作废。

1984 年，省五建由省建筑工程总公司下放晋江地区，由地区建委直接领导。

1984 年 11 月，召开地直机关第三次代表大会时，党组织设置：地直机关党委，计委党委，财贸党委（辖商业党委），工交党委（辖泉州汽车分公司、晋江公路分局、泉州港务局、地区邮电局、泉州供电局、省闽东南地质大队、省一九七煤田地质队、泉州合成氨厂、泉州罐头厂党委和冶金地质一队临时党委），农林水党委（辖省水利水电工程局、山美水库管理处、农业学校党委），教育党委（辖泉州师专党委），卫生党委；地委机关党总支、行署机关党总支、科委机关党总支、建委机关党总支、文化党总支、公安处机关党总支、中级人民法院机关党总支、司法局机关党总支、检察分院机关党支部；省五建党委、福建泉州中国旅行社党委。

1984 年晋江地区直属机关机构改革后党组织设置情况表

表 1-16

一、按系统建立党委 7 个： 1.计委党委（含 1 个党总支、5 个党支部） 物资党总支（内设 6 个党支部）： 物资公司机关、金属公司、机电公司、轻化建公司、生资公司、金属回收公司党支部 党支部 5 个： 计委、物价委、统计局、 劳动局、技工学校党支部 2.工交党委（含代管省、地属党委 10 个，党总支 2 个、党支部 9 个） 代管省部属 8 个党委： 汽车分公司、公路分局、港务局、邮电局、供电局、闽东南地质大队、一九七煤田地质队党委，冶金一队临时党委 代管地属党委 2 个： 合成氨厂、罐头厂党委 党总支 2 个： 轻机厂、印刷厂党总支 党支部 9 个： 经委、工业局、二轻局、交通局、煤炭局、盐业公司、汽配公司、燃料公司、监理所党支部 3.财贸党委（含代管地属党委 1 个，党总支 3 个、党支部 7 个）	代管地属党委 1 个： 商业党委（内设 1 个党总支、12 个党支部） 石油站党总支（内设 5 个党支部） 党支部 12 个： 商业局、百货站、纺织站、五交站、医药站、烟草公司、糖烟酒站、食品公司、商业冷冻厂、商校、商业车队、七四九指挥部党支部 粮食党总支（含 6 个党支部）： 粮食局、面粉厂、粮油技工学校、油厂、粮食车队、驻厦门粮食转运站党支部 供销党总支（含 6 个党支部）： 供销社、土产站、茶果站、农资站、供销学校、供销车队党支部 财贸干校总支部 党支部 7 个：财办、人民银行、建设银行、农业银行、财政局、税务局、工商局党支部 4.农林水党委（含代管省、地属党委 3 个，党支部 18 个） 代管省属水利水电工程局党委；代管地属山美水库、农校党委 党支部 18 个： 农委、农业局、林业局、水产局、水电局、企业局、农机总站、农科所、农机	公司、水产公司、木材公司、水电工程处、水文站、崇武船舶站、金鸡水闸、石壁水库、桃源水库、气象台党支部 5.外经贸委党委（待成立，含党总支 1 个、党支部 4 个） 外贸党总支（含 7 个党支部）： 外贸机关，外运，外贸抽纱厂，轻工、土畜产、食品、五矿，外贸冷冻厂，畜产加工厂，外贸车队党支部 党支部 4 个： 外经贸委、外经办、商检处、中国银行党支部 6.教育党委（含代管党委 1 个，党总支 2 个、党支部 5 个） 代管泉州师专党委 党总支 2 个： 师范学校、教师进修学院党总支 党支部 5 个： 教育局、南安师范、幼师、一中、五中党支部 7.卫生党委（含党总支 1 个、党支部 7 个） 第一医院党总支（内设 7 个党支部） 党支部 7 个： 卫生局、卫校、医药研究所、梅山医院、精神病院、皮肤病院、防疫站党支部

续表 1-16

二、按系统建立党总支 7 个、党支部 1 个		
1.地委机关党总支(含 14 个党支部) 地委秘书处、纪委、组织部、宣传部、统战部、对台部、政法办、地委二办、党校、党委会、工会、团委、妇联、老干所党支部 2.行署机关党总支(含 19 个党支部) 行署办公室、人大联络组、体委、建委、环保办、人防办、计生委、打击	办、侨务办、人事局、民政局、广播事业局、管理局、设计院、招待所、一〇五台、四〇一台、聋哑学校、八一服务社党支部 3.科委党总支(含 6 个党支部) 科委、科协、地震办、地震台、计量所、情报所党支部 4.文化党总支(含 7 个党支部) 文化局、新华书店、电影公司、歌剧团、梨园剧团、艺术学校、海交馆党支部	5.公安处党总支(内设 9 个党支部) 6.中级人民法院党总支(内设 3 个党支部) 7.司法局党总支(内设 3 个党支部) 8.党支部 1 个:检察院党支部 **三、地直机关党委直属的党委 2 个** 省五建党委 泉州中旅社党委

1985 年 6 月 29 日,晋江地区直属机关外经贸委临时党委成立;8 月,泉州港务管理局党委成立。同年,泉州罐头厂党委党员组织关系集体转往泉州市(县级市);地委党校党委撤销。

1985 年 12 月,晋江地区直属机关、单位共有党组织 374 个,其中机关党组织 104 个;设党委 22 个,其中机关党委 7 个;党总支 27 个,其中机关党总支 12 个;党支部 325 个,其中机关党支部 85 个;党员 6032 名,其中机关党员 1572 名。晋江地区直属机关 22 个党委中,机关党委 7 个:晋江地区直属机关计委党委、工交党委、财贸党委、农林水党委、教育党委、卫生党委、地直机关党委。地直企事业单位党委 5 个:泉州师范专科学校党委、晋江地区农业学校党委、晋江地区山美水库管理处党委、福建省第五建筑工程公司党委、泉州合成氨厂党委。驻泉省部属单位党委 10 个:晋江地区邮电局党委、泉州供电局党委、省汽车运输总公司泉州分公司党委、省公路局晋江地区分局党委、泉州港务管理局党委、省闽东南地质大队党委、省一九七煤田地质队党委、省水利水电工程局党委、广播电视部六四一台党委、泉州中国旅行社党委。临时党委 2 个:冶金地质总局二局一队临时党委、晋江地区直属机关外经贸临时党委。

1977—1985 年晋江地区直属机关党组织和党员统计表

表 1-17

年份	党组织(个)		党委(个)		党总支(个)		党支部(个)		党员(人)	
	总数	其中机关党组织	总数	其中机关党委	总数	其中机关党总支	总数	其中机关党支部	总数	其中机关党员
1977	189	46	11	1	4	1	174	44	3505	850
1978	225	54	11	1	6	1	208	52	3950	907
1979	237	57	12	1	13	3	212	53	4304	1076
1980	256	66	14	1	13	3	229	62	4419	1033
1981	282	73	15	1	14	4	253	68	4722	1042
1982	297	77	17	1	19	6	261	70	5011	1138
1983	311	82	18	2	18	9	275	71	5100	1207
1984	365	101	24	8	26	14	315	79	5434	1345
1985	374	104	22	7	27	12	325	85	6032	1572

1985 年 12 月晋江地区直属机关、单位党组织和党员分布统计表

表 1-18

党组织名称	党组织(个)		党委(个)		党总支(个)		党支部(个)		党员(人)	
	总数	其中机关党组织	总数	其中机关党委	总数	其中机关党总支	总数	其中机关党支部	总数	其中机关党员
计委党委	14	7	1	1	0	0	13	6	159	69
工交党委	99	4	9	1	5	0	85	3	1562	108
财贸党委	48	14	1	1	5	3	42	10	850	151
农林水党委	39	8	4	1	2	0	33	7	650	152
外经贸临时党委	10	4	0	0	0	0	10	4	153	48
教育党委	25	2	2	1	2	0	21	1	446	45
卫生党委	16	2	1	1	1	0	14	1	244	10
省五建党委	16	0	1	0	0	0	15	0	374	0
六四一台党委	4	0	1	0	0	0	3	0	30	0
中旅社党委	9	0	1	0	1	0	7	0	120	0
党群党总支	15	15	0	0	1	1	14	14	255	255
党校党总支	6	0	0	0	1	0	5	0	205	0
行署党总支	21	14	0	0	1	1	20	13	305	227
公安处党总支	11	11	0	0	1	1	10	10	131	131
检察院党支部	1	1	0	0	0	0	1	1	46	46
人民法院党总支	4	4	0	0	1	1	3	3	68	68
司法局党总支	4	4	0	0	1	1	3	3	99	99
国家安全处党总支	5	5	0	0	1	1	4	4	82	82
文化党总支	8	2	0	0	1	1	7	1	82	20
科委党总支	6	3	0	0	1	1	5	2	45	18
建委党总支	7	3	0	0	1	1	6	2	78	43
印刷厂党总支	5	0	0	0	1	0	4	0	48	0
地直机关党委	1	1	1	1	—	—	—	—	—	—
合计	374	104	22	7	27	12	325	85	6032	1572

说明：地直机关党委工作人员中建立的党支部和党员统计在党群党总支中

1985 年 12 月晋江地区改为泉州市前党组织和党员按行业分布统计表

表 1-19

行业(系统)	基层组织(个)			党员(人)
	党委	党总支	党支部	
总　　计	22	27	325	6032
农林牧渔、水利业	1	1	20	392
工业	3	2	24	438
地质普查和勘探业	2	3	37	432
建筑业	1	0	17	394

续表 1-19

行业(系统)	基层组织(个)			党员(人)
	党委	党总支	党支部	
交通运输、邮电通信业	4	1	32	761
商业、公共饮食业,物资供销和仓储业	1	2	34	634
房地产管理公用事业、居民服务和咨询服务业	0	0	0	0
卫生、体育和社会福利业	0	1	15	245
教育、文化艺术和广播电视事业	3	5	48	955
科学研究和综合技术服务业	0	0	5	57
金融、保险业	0	0	6	139
国家机关、政党机关和社会团体	7	12	85	1572
其　　他	0	0	2	13

二、设立中共泉州市直属机关委员会时期

1985 年 7 月,中共福建省委报经国务院批准,决定撤销中共晋江地委,改为中共泉州市委。

1986 年 1 月,撤销晋江地区,建立省辖泉州市,实行市管县体制。同月,泉州市人民政府成立。

1986 年 1 月,原中共晋江地委所属的工作部门,转为中共泉州市委的工作部门,中共晋江地区直属机关委员会转为中共泉州市直属机关委员会。原晋江地区机关、企事业、学校党组织名称相应变更为泉州市机关、企事业、学校党组织。

1986 年 2 月 14 日,泉州市委、市政府印发《关于原泉州市所属企事业单位归属的决定》(泉委〔1986〕003 号),泉州市实行市管县新的行政体制后,除原晋江地区所属单位自然转为市属单位外,对原泉州市所属的企事业单位归属作出决定。

(一)计委口。原泉州市物资公司撤销并入市物资总公司;原泉州市技工分校归属市技工学校管理。

(二)经委口。原泉州市电子、机械、纺织、医药化工、食品、建材等六个工业公司及其下属国营企业(包括集体企业)归属市经委;原泉州市第一运输公司、海运公司归市交通局管理;原泉州市造船厂、后渚搬运站归市港务局管理;原福建省燃料公司晋江分公司改名为福建省泉州市燃料公司;原晋江地区煤炭工业公司改名为泉州市煤炭工业公司,并行使煤炭工业管理的行政职能;原泉州市赖氨酸厂筹建处、啤酒厂筹建处、化纤染织厂筹建处、电冰箱厂筹建处、漂染厂筹建处归属市经委管理;原泉州市二轻局管理的全部企业(共 76 个企业)归属市二轻局管理;原泉州市工交干校并入晋江地区工交干校,改名为泉州市工交干校,隶属市经委管理;原晋江地区计量所(包括原泉州市计量所)改名为泉州市计量所,隶属市标准计量局管理;原泉州市检验所归市标准计量局管理;原泉州市标准化所与晋江地区标准化所撤销,行政业务管理工作,由泉州市标准计量局负责;原泉州市工业品贸易公司归属鲤城区管理。

（三）建委口。原泉州市园林管理处、风景区管理处、市政工程处、公交公司、自来水公司、环卫处归属市城建局管理，其中环卫处委托鲤城区管理，经费由市财政负责；原泉州市规划测绘办公室、抗震办公室归属市建委管理，鲤城区不设房管局，改设房管所，隶属市房管局管理；原泉州市科技档案室、城管队归属市建委管理；原泉州市住宅开发公司、北水厂筹建处归属市建委管理。

（四）农委口。原泉州市防洪堤管理处、北渠管理站归属市农委管理；原泉州市农机公司撤销并入晋江地区农机公司，改名为泉州市农机公司；原泉州市水产公司撤销并入晋江水产公司，改名为泉州市水产公司。

（五）财贸口。原泉州市商业二级批发站、糖烟酒公司的三级批发部、华侨友谊公司、劳保特供公司归属市财委管理。

（六）外经贸委。撤销原中国福建经济技术合作公司泉州市公司，该公司业务与原中国福建经济技术合作公司晋江地区公司合并，改名为中国福建经济技术合作公司泉州市公司，原澳门华泉公司的业务与澳门华泉发展有限公司合并，由市中福公司统一对外经营管理。

（七）文化、广播事业。原泉州高甲戏剧团、木偶戏剧团、民间乐团、影剧院、图书馆、电影发行放映公司归属市文化局管理；原泉州体育场、少年体育学校、军体校、游泳场归属市体委管理；市、区文管会合并，隶属市文化局管理。

（八）教育。原泉州黎明大学、第一中学、第五中学、培元中学、华侨中学、第三中学（拟作为师专附中）、实验小学、晋光小学、师范附属小学归属市教育局管理。

（九）卫生。原泉州中医院、结核病防治所、红十字会、卫生学校归市卫生局管理；原泉州市人民医院归市卫生局管理，经费纳入市财政预算，人、财、物委托鲤城区代管。

（十）民政。原泉州市军队离退休干部安置所归市民政局管理。

（十一）原泉州市职工业余学校、职工技术学校、工人文化宫归属市总工会管理；原泉州市开元寺管委会、清净寺管委会、承天寺修复委员会归市委统战部管理；原泉州市青少年宫归属团市委管理。

（十二）其他。原泉州市旅游公司并入晋江地区旅游公司，改名为泉州市旅游服务公司；市、区两级人防办合并，人防警报通信归属市人防办管理。

除上述单位归属有所变动外，其他原泉州市所属的单位其管理体制仍归鲤城区管理。

企事业单位归属变动后，原晋江地区所属单位的党组织自然转为归市直机关党委管理，原泉州市所属企事业单位的200多个党支部，3000多名党员划归市直机关党委管理。

1986年2月15日，市直机关党委向市委报送《关于市直党的组织机构设置的报告》，根据泉州市升为地级市后的行政机构设置和企事业单位划归情况，使党的组织机构设置适应行政机构的变动，理顺市直党组织隶属关系，在原按口设置党委基础上按行政隶属关系进行组建、调整或充实，成立系统党委15个、直属党总支4个、直属党支部3个。

1986年5月15日，市委批转市直机关党委《关于市直党的组织机构设置的报告》的通知（泉委〔1986〕综054号），规定市直机关单位按系统设党委会或党总支委员会，隶属市直党委会领导。省、市属单位的党委会，有系统的由系统党委会代管，归不了系统的，党务工作由市直党委会直接领导。原泉州市的一部分企事业单位划归大市后，其党组织按行政隶属关系归属各系统的党委、党总支领导。机关的党委会、党总支委员会、直属党支部委员会及其组成人员，按党章规定选举产生报市直党委会审批。党委书记、党总支书记由部、委、办、局一名副职兼任，并配备专职副书记和干事。编制由各系统、单位编制总额内解决2至3名。党委会或党总支委员会的专职副书记，其职级为正科级。经选举产生的正副书记按干部管理权限报批。为便于工作，党委、党总支正副书记可列席党组的有关会议，阅读有关文件，党的纪律检查组织，按党章的规定执行。市直设系统党委15个：经委、计委、财委、农委、外经贸委、建委、科委、政法、统战、宣传、教育、卫生、文化、市府办、师专；按系统建立党总支4个：市委办、党群、对台部、党校；直属党支部3个：市人大常委会机关、市政协机关、市纪委机关。

1986年5—12月，抓紧建立直属党总支、直属党支部。5月8日，泉州市人大常委会机关党支部成立，陈华池任书记，庄建伟任副书记；6月7日，泉州市政协机关党支部成立，胡和金任书记；7月25日，泉州市委办公室机关党总支成立，王敬萱任书记，陈围围任副书记；泉州市直机关党群党总支成立，李天乙任书记；12月17日，泉州市委对台部机关党总支成立，刘天相任书记，庄建伟任副书记。

1986年5月，福建省对外贸易总公司泉州市分公司党委成立。

1986年9月30日，泉州市直科委系统党委成立；10月24日，泉州市直统战系统党委成立；10月25日，泉州市直属机关交通党委成立；10月29日，泉州市直市府办系统党委、泉州市直政法系统党委成立；12月30日，泉州市直宣传系统党委成立；12月30日，泉州市直属机关重工业党委成立。

1986年4月至1987年2月，原泉州市10个党委1423名党员组织关系集体转入市直机关党委，其中泉州市邮电局党委直属市直机关党委管理；泉州糖厂、罐头厂、味精厂党委划归工交党委管理；泉州市电子工业公司党委、泉州市机械工业公司、纺织工业公司、食品工业公司、化工医药公司、建筑材料工业公司党委撤销，所属党组织和党员划归工交、财委系统党委和建委党总支管理。

1986—1987年设党委的党组织党员组织关系集体转入泉州市直机关党委情况表

表1-20 **单位：人**

党委名称	转入时间	转入党员			党组织设置
		总数	正式党员	预备党员	
泉州市邮电局党委	1986. 4. 15	101	98	3	—
泉州罐头厂党委	1986. 10. 29	73	66	7	—
泉州糖厂党委	1986. 11. 22	92	89	3	—
泉州市机械工业公司党委	1986. 11. 28	259	253	6	公司本部党支部、农械厂党总支、拖拉机配件厂党总支、机床厂党支部、光学仪器厂党支部，电器厂党支部、喷雾器厂党支部、车辆厂党支部、试验机厂党支部
泉州味精厂党委	1986. 12. 3	80	76	4	—
泉州市纺织工业公司党委	1986. 12. 4	199	176	23	公司本部党支部、麻纺厂党总支、织布厂党支部、线厂党支部、编织厂党支部、手帕厂党支部、第二针织厂党支部、线毯厂党支部、漂染厂党支部、化纤丝织厂党支部、第二针织厂党支部

续表 1-20

党委名称	转入时间	转入党员			党组织设置
		总数	正式党员	预备党员	
泉州市食品工业公司党委	1986.12.6	264	234	30	公司本部党支部、糖果饼干厂党支部、营养食品厂党支部、综合食品厂党支部、雪茄烟厂党支部、啤酒厂党支部、源和堂蜜饯厂党总支、第一轻机厂党总支、酒厂党支部、轻机厂党支部
泉州市化工医药公司党委	1986.12.12	150	127	23	公司本部党支部、制药厂党支部、第二制药厂党支部、胶鞋厂党支部、橡胶厂党支部、制漆厂党支部、制氧厂党支部、腐植酸厂党支部、橡塑厂党支部
泉州市建筑材料工业公司党委	1986.12.19	64	60	4	公司本部党支部、侨泉锦砖厂党支部、水泥制品厂党支部、建筑机械修造厂党支部、瓷厂党支部
泉州市电子工业公司党委	1987.3.18	141	129	12	公司本部党支部、电子仪器厂党支部、无线电元件厂党支部、半导体器件厂党支部、电子器材供应站党支部、电视机厂党支部、电视机配件厂党支部、无线电三厂党支部、新兴仪器仪表公司党支部、电子技术开发中心党支部、甲第巷35号管委会党支部
合　计	—	1423	1308	115	—

1986年4月至1987年2月，原泉州市未设置党委的835名党员组织关系集体转入市直机关党委，分别划归工交、统战、市府办、宣传系统党委，计委、农林水、卫生党委，外经贸临时党委和建委党总支管理。

1986年4月至1987年2月未设党委的单位党员组织关系集体转入泉州市直机关党委情况表

表 1-21 单位：人

单位名称	转入时间	转入党员人数			单位名称	转入时间	转入党员人数		
		总数	正式党员	预备党员			总数	正式党员	预备党员
房管局	1986.4.17	32	32	0	造船厂	1986.6.20	4	4	0
规划办	1986.4.18	7	7	0	后渚港	1986.6.20	7	7	0
文化系统	1986.4.21	55	51	4	华友公司	1986.7.4	37	34	3
北渠管理处	1986.4.21	3	3	0	经　委	1986.7.8	19	17	2
园林管理处	1986.4.21	13	12	1	青少年宫	1986.7.10	3	3	0
水产公司	1986.4.23	19	18	1	水电农机公司	1986.8.13	5	5	0
自来水公司	1986.4.24	32	31	1	外经贸委	1986.8.13	4	4	0

续表 1-21

单位名称	转入时间	转入党员人数			单位名称	转入时间	转入党员人数		
		总数	正式党员	预备党员			总数	正式党员	预备党员
市政工程处	1986.4.29	20	20	0	工商银行	1986.8.19	6	6	0
公交公司	1986.5.7	19	19	0	总工会	1986.8.25	31	31	0
体　委	1986.5.7	11	10	1	第三中学	1986.8.30	33	24	9
抗震办	1986.5.8	3	3	0	晋光小学	1986.9.1	12	9	3
人防办	1986.5.8	29	28	1	实验小学	1986.9.1	18	16	2
统战部	1986.5.9	3	3	0	培元中学	1986.10.8	28	23	5
外贸局	1986.5.10	16	16	0	烟草专卖局	1986.10.11	4	4	0
中医院	1986.5.14	37	31	6	征迁办	1986.10.16	5	5	0
技工学校	1986.5.26	3	3	0	公安局	1986.10.22	29	28	1
清源山风景区	1986.6.13	5	4	1	华侨中学	1986.11.15	24	21	3
建　委	1986.6.16	20	20	0	二轻系统	1987.2.13	139	132	7
运输公司	1986.6.20	74	63	11					
海运公司	1986.6.20	26	26	0	合　计	—	835	773	62

说明：1. 文化系统包括高甲剧团、民间剧团、文管会、博物馆、图书馆、电影院、木偶剧团
2. 二轻系统共 11 个支部

1986 年 12 月，市直共有党组织 605 个（不含外经贸委、冶金一队临时党委），其中机关党组织 134 个（不含外经贸委临时党委）；设党委 33 个（不含外经贸委、冶金一队临时党委），其中机关党委 13 个（不含外经贸委临时党委）；党总支 44 个，其中机关党总支 13 个；党支部 529 个，其中机关党支部 108 个；共有党员 9350 人，其中机关党员 2406 个。

1986 年 12 月泉州市直机关党组织和党员按行业分布统计表

表 1-22

行业（系统）	基层党组织（个）			党员（人）
	党委	党总支	党支部	
总　　计	33	44	529	9350
农林牧渔、水利业	2	4	26	400
工　　业	5	15	166	2135
地质普查和勘探业	2	2	38	468
建筑业	1	0	19	408
交通运输、邮电通信业	5	2	31	1053
商业、公共饮食业，物资供销和仓储业	2	2	42	716
房地产管理公用事业、居民服务和咨询服务业	0	0	5	94
农林牧渔、水利业	2	4	26	400
卫生体育和社会福利业	0	1	16	364

续表 1-22

行业(系统)	基层党组织(个)			党员(人)
	党委	党总支	党支部	
总　　计	33	44	529	9350
教育文化艺术和广播电视事业	3	5	66	1022
科学研究和综合技术服务业	0	0	6	70
金融、保险业	0	0	6	194
国家机关、政党机关和社会团体	13	13	108	2406
其他	0	0	0	20

1987 年,成立泉州市直系统党委 5 个:10 月 15 日,泉州市直建设系统党委成立。11 月 3 日,泉州市直计委系统党委成立。11 月 16 日,泉州市直经委系统党委成立。11 月 17 日,泉州市直财贸系统党委、泉州市直农办系统党委成立。

1987 年 3 月 30 日,泉州市直属机关轻工业党委成立。7 月 30 日,泉州市电子工业公司党委成立。9 月 23 日,泉州赖氨酸厂党委成立。9 月 28 日,泉州市直属机关文化党委成立。10 月 27 日,泉州市第一医院党委成立。11 月 17 日,泉州市直属机关教育党委、泉州市直属机关卫生党委成立。12 月 8 日,福建省第四监狱党委成立。

1987 年 5 月 30 日,福建省第一公路工程公司党委 386 名党员组织关系集体转入市直机关党委,由市直经委系统党委代管。

1987 年,基本理顺晋江地区改为泉州市后党组织隶属关系,市直机关党委直接管理 10 个系统党委:市直市府办、宣传、统战、政法、计委、经委、财贸、建设、农办、科委系统党委;1 个直属党委:泉州师范专科学校党委;1 个临时党委:外经贸委临时党委;4 个直属党总支:市委办、党群、台办、党校党总支;3 个直属党支部:市人大、市政协、市纪委机关党支部;7 个驻泉省部属单位党委:泉州汽车运输分公司党委、泉州公路分局党委、泉州邮电局党委、泉州供电局党委、省闽东南地质大队党委、省一九七煤田地质队党委、省水利水电工程局党委;1 个驻泉省部属单位临时党委:冶金地质一队临时党委。

1987 年 12 月泉州市直机关党组织设置表

表 1-23

党组织名称	党组织名称	党组织名称
一、系统党委	市政府办党支部	市干休所党支部
1.市直市府办系统党委	市体改委党支部	市老干接待站党支部
市审计局党支部	市人防办党支部	
市土地管理局党支部		**2.市直宣传系统党委**
市人事局党支部	市直民政局党总支	市委宣传部党支部
市机关事务管理局党支部	市民政局党支部	市体委党支部
市旅游局党支部	市八一服务社党支部	市计生委党支部
市档案局党支部	市军队干休所党支部	市广播电视局党支部
市打击办党支部		泉州新华书店党支部
泉州宾馆党支部	市老干部局党总支	泉州四〇一台党支部
市直政府办党总支	市老干部局党支部	省广播电视厅一〇五台党支部

续表 1-23

党组织名称	党组织名称	党组织名称
泉州晚报社党总支	市侨办党支部	**市直交通党委**
泉州晚报社党支部	市侨联党支部	市交通局党支部
泉州晚报印刷厂党支部	市宗教事务处(含工商联)党支部	市汽车配件分公司党支部
	泉州承天寺管委会党支部	市海运公司党支部
市直教育党委	泉州开元寺管委会党支部	市运输公司党支部
市教育局党支部		
泉州电大分校党支部	泉州中旅社党委(省属)	泉州港务局党委
泉州黎明职业大学党支部		港务局党支部
泉州幼师党支部	**4.市直政法系统党委**	后渚装卸站党支部
南安师范党支部	市委政法委党支部	内港作业区党支部
泉州一中党支部	市公安局党总支	港务公司党支部
泉州培元中学党支部	市交通监理所党支部	泉州造船厂党支部
泉州三中党支部	市中级人民法院党总支	
泉州华侨中学党支部	市检察院党总支	**市直重工业党委**
泉州五中党支部	市司法局党总支	市重工业局党支部
泉州实验小学党支部	省四监党委(省属)	市重工业供销公司党支部
泉州晋光小学党支部	市劳教所党支部	泉州拖拉机配件厂党支部
泉州师范党总支		泉州机床厂党支部
泉州教育学院党总支	**5.市直计委系统党委**	泉州喷雾器厂党支部
	市计委党支部	泉州车辆厂党支部
市直卫生党委	市物委党支部	泉州光学仪器厂党支部
市卫生局党支部	市统计局党支部	泉州电器厂党支部
市卫生学校党支部	市劳动局党支部	泉州试验机厂党支部
市医药研究所党支部	市技工学校党支部	泉州农械厂党支部
市国专医院党支部	驻厦门高崎办事处党支部	泉州制药厂党支部
市第三医院党支部	市经济技术协作公司党支部	泉州第二制药厂党支部
市皮肤医院党支部	市物资局党支部	泉州胶鞋厂党支部
市卫生防疫站党支部	市机电公司党支部	泉州制漆厂党支部
市中医院党支部	市化建公司党支部	泉州制氧厂党支部
	市生资公司党支部	泉州腐植酸厂党支部
市第一医院党委	市金属材料公司党支部	泉州豫塑厂党支部
	市金属回收公司党支部	泉州体育器材厂党支部
市直文化党委		
市文化局党支部	**6.市直经委系统党委**	泉州赖氨酸厂党委
市电影公司党支部	市经委党支部	
市歌剧团党支部	市职教办党支部	泉州合成氨厂党委
省艺校泉州戏曲班党支部	市工交干校党支部	
市文管会党支部	市盐业公司党支部	**市直轻工业党委**
福建省梨园戏剧团党支部	市煤炭工业公司党支部	市轻工局党支部
市高甲戏剧团党支部	市煤炭车队党支部	市轻工业供销技术服务公司党支部
市木偶戏剧团党支部	市燃料公司党支部	泉州化纤丝织厂党支部
市南音乐团党支部	市微波站党支部	泉州编织厂党支部
市图书馆党支部	市标准计量局党支部	泉州线毯厂党支部
泉州海交馆党支部	福建省第一公路工程公司党委	泉州手帕厂党支部
		泉州第一针织厂党支部
3.市直统战系统党委	泉州电力学校党总支	泉州第二针织厂党支部
市委统战部党支部		泉州线厂党支部

续表 1-23

党组织名称
泉州染织厂党总支
染织厂党支部
织布一分厂党支部
织布二分厂党支部
漂染分厂党支部
泉州糖果食品总厂党总支
糖果食品总厂党支部
糖果分厂党支部
儿童营养食品厂党支部
糕点分厂党支部
泉州麻纺织厂党支部
泉州第一轻机厂党支部
泉州市轻机厂党支部
泉州酒厂党支部
泉州啤酒厂筹建处党支部
泉州源和堂蜜饯厂党支部
泉州瓷厂党支部
泉州糖厂党委
泉州罐头厂党委
泉州味精厂党委
市直二轻
(1989年3月成立二轻党委)
市二轻局党支部
市二轻供销公司党支部
市五金机电专业联社党总支
市玛钢厂党支部
市五金机械厂党支部
市丝钉厂党支部
市衡器厂党支部
市衡器二厂党支部
市金属制品厂党支部
市电器修配厂党支部
市灯具厂党支部
市自行车零件厂党支部
市模具厂党支部
市闽东电机厂党支部
市铸造厂党支部
市视电厂党支部
市电机厂党支部
市家用电器厂党支部
市电镀厂党支部
市人民电器厂党支部
市五金体育器材厂党支部
市皮革塑料专业联社党总支
市制革厂党支部
市皮鞋厂党支部
市皮件厂党支部
市皮件一厂党支部
市皮件二厂党支部
市皮件三厂党支部
市第一塑料厂党支部
市第三塑料厂党支部
市第五塑料厂党支部
市第六塑料厂（含棉织塑料厂）党支部
市棉塑厂党支部
市家具日百专业联社党总支
市木器厂党支部
市木器二厂党支部
市钢木家具厂党支部
市木制品厂党支部
市纸品厂党支部
市蚊香厂党支部
市玻璃制镜厂党支部
市乐器厂党支部
市文化用品厂党支部
市日用工艺厂党支部
市食品厂党支部
市副食品厂党支部
市豆类制品厂党支部
市工艺美术专业联社党总支
市二轻工艺公司党支部
市二轻工艺厂党支部
市工艺公司塑料厂党支部
市工艺公司竹编厂党支部
市工艺公司彩扎厂党支部
市服装鞋帽专业联社党总支
市服装羽械厂党支部
市制鞋厂党支部
市皮件服装厂党支部
市服装厂党支部
市服装鞋帽公司党支部
市电子工业公司党委
市电子工业公司党支部
市电子仪器厂党支部
市无线电元件厂党支部
市半导体器件厂党支部
市电子器材供应站党支部
市电视机厂党支部
市电视机配件厂党支部
市无线电三厂党支部
市新兴仪器仪表公司党支部
市电子技术开发中心党支部
市甲弟巷35号管委会党支部
福建省第一公路工程公司党委
7.市直财贸系统党委
市财委党支部
市财政局党支部
市工商行政管理局党支部
市人民银行党支部
市农业银行党支部
市建设银行党支部
市工商银行党支部
市保险公司党支部
市医药站党支部
市直商业党总支
市商业局党支部
市百货站党支部
市纺织站党支部
市五交站党支部
市华友公司党支部
市侨乡商品工贸公司党支部
市食品站党支部
市糖烟酒站党支部
泉州商业学校党支部
市商业车队党支部
市肉联厂党支部
市直粮食党总支
市粮食局党支部
泉州面粉厂党支部
泉州油厂党支部
市粮食车队党支部
泉州粮油技工学校党支部
驻厦门粮食转运站党支部
市直供销党总支
市供销社党支部
泉州土产站党支部

续表 1-23

党组织名称	党组织名称	党组织名称
泉州农资站党支部	泉州水文站党支部	市外贸车队党支部
泉州茶果站党支部	泉州气象台党支部	市畜产加工厂党支部
泉州供销车队党支部	市动植物检疫所党支部	
泉州供销学校党支部	泉州木材公司党支部	**二、直属党委**
		泉州师专党委
市烟草专卖局党总支	市水产局党总支	
市烟草专卖局党支部	市水产局党支部	**三、直属党总支**
泉州雪茄烟厂党支部	市水产公司党支部	**1. 市委办党总支**
市税务局党总支	市水产冷冻厂党支部	市委办党支部
市税务局党支部	崇武船舶站党支部	市委政策调研室党支部
市税务分局党支部		市委党史研究室党支部
	市水电局党总支	
泉州财贸干校党总支	市水电局党支部	**2. 党群党总支**
	市水利水电工程处党支部	市委组织部党支部
泉州石油公司党总支	市金鸡水闸党支部	市直党委会党支部
	市石壁水库党支部	市妇联党支部
8.市直建设系统党委	市晋江河道管理处党支部	团市委党支部
市建委党支部	市北渠管理站党支部	市总工会党支部
市肖厝开发办党支部		市工人文化宫党支部
市设计院党支部	市农机总站党总支	市职工技术学校党支部
漳泉铁路指挥部党支部	市农机总站党支部	泉州国际海员俱乐部党支部
市环保局(含环测站)党支部	市农机公司党支部	
市规划抗震办党支部	市农机化学校党支部	**3. 市委对台部党总支**
市房地产管理局党支部		市委对台部党支部
市建材办党支部	市山美水库管理处党委	市台联会党支部
市建材供销公司党支部	泉州农业学校党委	
市农房建材供应公司党支部		**4. 市委党校党总支**
泉州水泥制品厂党支部	**10.市直科委系统党委**	
泉州锦砖厂党支部	市科委党支部	**四、直属党支部**
泉州建筑机械修造厂党支部	市科技情报所党支部	市人大常委会机关党支部
	市科协党支部	市政协机关党支部
市城建局党总支	市地震办党支部	市纪委机关党支部
市城建局党支部	泉州基准地震台党支部	
市自来水公司党支部		**五、驻泉省部属单位党委**
市公交公司党支部	**11. 市直外经贸委临时党委**	泉州汽车运输分公司党委
市园林管理处党支部	(1994年5月成立系统党委)	泉州公路分局党委
市清源山风景区党支部	市外经贸委党支部	泉州邮电局党委
市政工程处党支部	市中泉公司(含外经办)党支部	泉州供电局党委
市城管大队党支部	泉州商检局党支部	省闽东南地质大队党委
省五建党委	中国银行泉州分行党支部	冶金地质总局二局一队临时党委
	驻深圳办事处党支部	省一九七煤田地质队党委
9.市直农办系统党委		省水利水电工程局党委
市农委党支部	市外贸分公司党委	
市农业局党支部	市外贸分公司党支部	
市林业局党支部	市外贸抽纱厂党支部	
市乡镇企业局党支部	市轻工五矿土畜产食品公司党支部	
市农科所党支部	市外贸冷冻厂党支部	

1987 年 12 月泉州市直机关、单位党组织和党员分布情况表

表 1-24

党组织名称	党组织(个)		党委(个)		党总支(个)		党支部(个)		党员(人)	
	总数	其中机关党组织	总数	其中机关党委	总数	其中机关党总支	总数	其中机关党支部	总数	其中机关党员
市直机关党委	1	1	1	1	0	0	0	0	0	0
市政府办公室系统党委	22	19	1	1	2	2	19	16	430	346
宣传系统党委	20	6	6	4	1	1	13	4	234	90
统战系统党委	19	5	2	1	1	0	16	4	198	63
政法系统党委	42	42	2	2	5	5	35	35	644	644
计委系统党委	15	8	1	1	0	0	14	7	218	111
经委系统党委	242	14	12	4	19	1	211	9	2724	209
财贸系统党委	54	14	1	1	5	3	48	10	1092	194
建设系统党委	40	8	2	1	0	0	38	7	727	136
农办系统党委	42	7	3	1	4	0	35	6	547	176
外经贸委临时党委	13	7	1	0	0	0	12	7	241	113
科委系统党委	5	3	1	1	0	0	4	2	48	26
师专党委	14	0	1	0	0	0	13	0	157	0
市委办党总支	4	4	0	0	1	1	3	3	63	63
党群党总支	7	7	0	0	1	1	6	6	151	151
台办党总支	3	3	0	0	1	1	2	2	34	34
党校党总支	5	0	0	0	1	0	4	0	131	0
人大常委会机关党支部	1	1	0	0	0	0	1	1	44	44
政协机关党支部	1	1	0	0	0	0	1	1	20	20
纪委机关党支部	1	1	0	0	0	0	1	1	30	30
汽车运输分公司党委	19	0	1	0	2	0	16	0	513	0
公路分局党委	5	0	1	0	0	0	4	0	118	0
邮电局党委	9	0	1	0	0	0	8	0	184	0
冶金一队临时党委	8	0	0	0	0	0	8	0	102	0
省一九七地质队党委	14	0	1	0	2	0	11	0	143	0
省闽东南地质大队党委	20	0	1	0	0	0	19	0	233	0
省水利水电工程局党委	6	0	1	0	0	0	5	0	213	0
供电局党委	8	0	1	0	1	0	6	0	153	0
合计	640	151	41	18	46	15	553	121	9392	2450

1988 年 4 月 4 日,冶金地质工业部第二地质勘探局一队党委成立。同年,撤销外贸分公司党委。市直共有党委 41 个:市直机关党委;计委、经委、财委、农办、建委、科委、政法、统战、宣传、市府办系统党委等 10 个系统单位;教育、卫生、文化、重工、轻工、交通等 6 个机关党委;山美水库管理处、赖氨酸厂、合成氨厂、糖厂、罐头厂、味精厂、电子工业公司、省五建、港务局、师专、第一医院、农校等 12 个企事业单位党委;供电局、邮电局、省闽东南地质大队、冶金一队、省一九七地质大队、省公路一公司、汽车运输分公司、公路分局、省水利水电工程局、中旅社、省第四监狱等驻泉省部属单位党委。临时党委 1 个:外经贸委临时党委。

1989 年 1 月 13 日,泉州供电局第一届党委成立。3 月 31 日,泉州市直属机关二轻党委成立。

1990 年 2 月 23 日,福建省石油公司泉州分公司党委成立。5 月 16 日,福建省泉州电力学校党委成立。9 月 24 日,泉州黎明职业大学党委成立。12 月 10 日,泉州市直教育系统党委成立。

截至 1990 年 12 月,已建立市府办、宣传、统战、政法、计委、经委、财委、农委、建委、科委、教育 11 个系统党委;市委办、党群、对台部、党校 4 个直属党总支。市直共有党组织 774 个,其中机关党组织 172 个;设党委 47 个,其中机关党委 19 个(不含外经贸委临时党委);党总支 56 个,其中机关党总支 18 个;党支部 673 个,其中机关党支部 135 个;党员 11412 名,其中机关党员 2700 名。

1990 年 12 月泉州市直机关党组织和党员分布统计表

表 1-25

党组织名称	党组织(个)		党委(个)		党总支(个)		党支部(个)		党员(人)	
	总数	其中机关党组织	总数	其中机关党委	总数	其中机关党总支	总数	其中机关党支部	总数	其中机关党员
市直机关党委	1	1	1	1	—	—	—	—	—	—
市府办系统党委	24	17	1	1	2	2	21	14	533	345
宣传系统党委直属	18	6	2	1	1	0	15	5	266	95
卫生党委	33	2	2	1	2	0	29	1	462	24
文化党委	12	2	1	1	0	0	11	1	131	26
统战系统党委	14	6	2	1	0	0	12	5	207	73
政法系统党委	55	55	3	3	4	4	48	48	815	811
计委系统党委	19	8	1	1	0	0	18	7	291	124
经委系统党委直属	33	4	4	1	1	1	28	2	355	46
重工业党委	51	2	2	1	7	0	42	1	551	26
轻工业党委	64	2	4	1	5	0	55	1	842	32
二轻党委	63	2	1	1	5	0	57	1	479	49
交通党委	48	2	3	1	5	0	40	1	621	40
财委系统党委	64	18	3	1	7	5	54	12	1285	262
建设系统党委	44	7	1	1	1	1	42	5	789	77

续表 1-25

党组织名称	党组织(个)		党委(个)		党总支(个)		党支部(个)		党员(人)	
	总数	其中机关党组织	总数	其中机关党委	总数	其中机关党总支	总数	其中机关党支部	总数	其中机关党员
农办系统党委	48	9	4	1	4	2	40	6	598	171
外经贸委临时党委	16	3	0	0	0	0	16	2	309	48
科委系统党委	7	4	1	1	0	0	6	3	56	29
教育系统党委	31	2	2	1	3	0	26	1	622	80
师专党委	18	0	1	0	0	0	17	0	165	0
市委办党总支	3	3	0	0	1	1	2	2	67	67
党群党总支	13	13	0	0	1	1	12	12	237	237
对台部党总支	4	3	0	0	1	1	3	2	38	32
党校党总支	4	0	0	0	1	0	3	0	88	0
人大常委会机关党支部	1	1	0	0	0	0	1	1	49	49
政协机关党支部	1	1	0	0	0	0	1	1	27	27
纪委机关党支部	1	1	0	0	0	0	1	1	38	38
邮电局党委	8	0	1	0	0	0	7	0	201	0
供电局党委	8	0	1	0	0	0	7	0	145	0
冶金一队党委	9	0	1	0	0	0	8	0	98	0
闽东南地质大队党委	15	0	1	0	0	0	14	0	203	0
一九七地质队党委	17	0	1	0	3	0	13	0	139	0
汽车运输分公司党委	17	0	1	0	2	0	14	0	464	0
省水利水电工程局党委	7	0	1	0	0	0	6	0	205	0
公路分局党委	5	0	1	0	0	0	4	0	127	0
合计	774	174	47	19	56	18	673	135	11412	2700

说明：1. 卫生、文化党委单独统计，未统计在宣传系统党委内

2. 重工业、轻工业、二轻、交通党委单独统计，未统计在经委系统党委内

1990年12月泉州市直机关党组织和党员按行业分布情况表

表1-26

项目	基层党组织(个)			党员(人)
	党委	党总支	党支部	
总计	47	56	673	11412
农林牧渔、水利业	0	0	0	0
工业	10	18	208	2670
地质普查和勘探业	3	3	35	435
建筑业	2	0	28	645
交通运输、邮电通信业	5	7	69	1435
商业、公共饮食业、物资供销和仓储业	2	2	49	948
房地产管理公用事业、居民服务和咨询服务业	0	0	13	224
卫生、体育和社会福利业	1	1	27	531
教育、文化艺术和广播电视业	5	6	91	1334
科学研究和综合技术服务业	0	0	10	123
金融、保险业	0	1	8	333
国家机关、政党机关和社会团体	19	18	135	2700
其他	0	0	0	34

1991年1月18日，泉州赖氨酸厂党委撤销，改设党总支。5月3日，泉州市邮电局党委成立。10月19日，泉州市公安局机关党委成立。

1991年5月13日，泉州仙荣火电厂党委56名党员组织关系集体转移至市直农办系统党委。

1991年12月，市直共有党组织807个，其中机关党组织188个；设党委48个(不含外经贸临时党委)，其中机关党委21个(不含外经贸委临时党委)；党总支60个，其中机关党总支19个；党支部699个，其中机关党支部148个；党员11892人，其中机关党员2958人。

1991年12月泉州市直机关党组织和党员分布情况表

表1-27

党组织名称	党组织(个)		党委(个)		党总支(个)		党支部(个)		党员(人)	
	总数	其中机关党组织	总数	其中机关党委	总数	其中机关党总支	总数	其中机关党支部	总数	其中机关党员
市府办系统党委	19	17	1	1	1	1	17	15	455	410
宣传系统党委直属	20	8	2	1	1	1	17	6	279	90
卫生党委	34	2	2	1	2	0	30	1	488	25
文化党委	12	2	1	1	0	0	11	1	140	27
统战系统党委	14	6	2	1	0	0	12	5	213	76
政法系统党委	56	56	4	4	3	3	49	49	837	837
计委系统党委	19	8	1	1	0	0	18	7	311	132

续表 1-27

党组织名称	党组织(个)		党委(个)		党总支(个)		党支部(个)		党员(人)	
	总数	其中机关党组织	总数	其中机关党委	总数	其中机关党总支	总数	其中机关党支部	总数	其中机关党员
经委系统党委直属	40	4	4	1	1	1	35	2	521	47
重工业党委	50	2	2	1	7	0	41	1	575	28
轻工业党委	62	2	4	1	6	0	52	1	841	30
二轻党委	64	2	1	1	5	0	58	1	488	47
交通党委	44	3	2	1	6	0	36	2	502	46
财委系统党委	67	22	2	1	7	5	58	16	1354	293
建设系统党委	47	7	2	1	2	1	43	5	815	75
农办系统党委	58	10	5	1	5	3	48	6	688	170
外经贸委临时党委	16	1	0	0	0	0	16	1	306	41
科委系统党委	7	4	1	1	0	0	6	3	59	33
教育系统党委	45	7	2	1	5	1	38	5	660	80
师专党委	17	0	1	0	0	0	16	0	171	0
市委办党总支	3	3	1	1	0	0	2	2	72	72
党群党总支	13	13	0	0	1	1	12	12	246	246
对台部党总支	4	3	0	0	1	1	3	2	37	31
党校党总支	4	0	0	0	1	0	3	0	101	0
人大常委会机关党总支	4	4	0	0	1	1	3	3	53	53
政协机关党支部	1	1	0	0	0	0	1	1	33	33
纪委机关党支部	1	1	0	0	0	0	1	1	36	36
邮电局党委	8	0	1	0	0	0	7	0	211	0
供电局党委	8	0	1	0	0	0	7	0	157	0
冶金一队党委	8	0	1	0	0	0	7	0	77	0
闽东南地质大队党委	15	0	1	0	0	0	14	0	200	0
一九七地质大队党委	18	0	1	0	3	0	14	0	138	0
汽车运输分公司党委	17	0	1	0	2	0	14	0	484	0
省水利水电工程局党委	7	0	1	0	0	0	6	0	213	0
公路分局党委	5	0	1	0	0	0	4	0	131	0
合计	807	188	48	21	60	19	699	148	11892	2958

1986—1991年泉州市直机关党组织和党员统计表

表1-28

年份	党组织(个)		党委(个)		党总支(个)		党支部(个)		党员(人)	
	总数	其中机关党组织	总数	其中机关党委	总数	其中机关党总支	总数	其中机关党支部	总数	其中机关党员
1986	607	135	34	14	44	13	529	108	9350	2406
1987	698	160	42	20	51	15	605	125	10451	2540
1988	728	165	42	19	54	17	632	128	10855	2599
1989	757	173	44	21	56	19	657	133	11106	2691
1990	776	172	47	21	56	18	673	135	11412	2700
1991	807	188	48	21	60	19	699	148	11892	2958

三、设立中共泉州市委市直机关工作委员会后

1992年7月10日,经市委批准市直机关党委改为市委市直机关工作委员会。市直机关按系统设置机关党的委员会(党总支委员会),领导所属党组织(含本系统直属企事业单位党组织),接受市直机关工委领导和系统党组的指导。

1992年7月11日,泉州力生实业公司党委成立。10月7日,泉州市物资总公司党委成立。同年,泉州源和堂蜜饯公司党委成立。

1992年,市直37家国营工业企业嫁接外资,泉州力生公司、泉州合成氨厂、泉州源和堂蜜饯公司、泉州罐头厂、泉州糖厂、泉州味精厂6个党委及其他单位党组织的党员组织关系集体转移至泉州中侨(集团)公司。截至1992年12月,市直共有党组织718个,其中机关党组织200个;设党委45个,其中机关党委22个;党总支49个,其中机关党总支21个;党支部624个,其中机关党支部157个;党员10745人,其中机关党员3008人。

1992年12月泉州市直机关党组织和党员按行业分布情况表

表1-29

行业(系统)	基层党组织(个)			党员(人)
	党委	党总支	党支部	
总　计	45	49	624	10745
农林牧渔、水利业	0	0	0	0
工　业	5	4	118	1291
地质普查和勘探业	3	3	36	420
建筑业	2	1	30	694
交通运输、邮电通信业	5	8	73	1528
商业、公共饮食业、物资供销和仓储业	2	1	48	951
房地产管理公用事业、居民服务和咨询服务业	0	1	6	127
卫生、体育和社会福利业	1	2	35	655

表 1-29

行业(系统)	基层党组织(个)			党员(人)
	党委	党总支	党支部	
教育、文化艺术和广播电视业	5	7	94	1403
科学研究和综合技术服务业	0	0	7	89
金融、保险业	0	1	10	392
国家机关、政党机关和社会团体	22	21	157	3008
其他	0	0	10	187

1993 年 4 月 9 日,泉州市直党群系统党委成立。5 月 7 日,福建省公路局泉州公路稽征处党委成立。7 月 31 日,泉州市直属机关重工业党委、泉州市直属机关轻工业党委撤销。

1994 年 5 月 20 日,泉州市直外经系统党委成立。

1995 年 9 月 11 日,市委批转市委组织部、市直机关工委《关于进一步加强和改进我市机关党的建设的意见》,规定:党组织设置、党务干部配备与机构改革同步考虑,理顺党组织隶属关系,配齐配强党务干部。今后,除华侨大学、福建炼油厂外,省(部)属驻泉单位党组织原则上由市直机关工委管理。

1995 年 5 月 9 日,泉州仰恩大学党支部成立,直属市直机关工委管理。6 月 16 日,泉州市直市委办系统党委成立;10 月 11 日,泉州市供销社机关党委成立。

截至 1995 年 12 月,市直共有党组织 791 个,其中机关党组织 210 个;设党委 47 个,其中机关党委 21 个;党总支 54 个,其中机关党总支 21 个;党支部 690 个,其中机关党支部 168 个;党员 11882 人,其中机关党员 3792 人。

1995 年 12 月泉州市直机关党组织和党员按行业统计表

表 1-30

行业(系统)	基层党组织(个)			党员(人)
	党委	党总支	党支部	
总　　计	47	54	690	11882
农林牧渔、水利业	2	2	34	202
工　业	3	3	95	1038
地质普查和勘探业	3	2	31	397
建筑业	2	1	37	755
交通运输,邮电通信业	6	11	88	1675
商业、公共饮食业、物资供销和仓储业	4	3	56	1015
房地产管理公用事业、居民服务和咨询服务业	0	1	11	135
卫生、体育和社会福利业	1	2	40	652
教育、文化艺术和广播电视业	5	7	91	1298
科学研究和综合技术服务业	0	0	9	95
金融、保险业	0	1	9	459

续表 1-30

行业(系统)	基层党组织(个)			党员(人)
	党委	党总支	党支部	
国家机关、政党机关和社会团体	21	21	168	3792
其　他	0	0	21	369

1996 年 4 月 1 日,福建泉州劳教所党委成立;11 月 7 日,福建泉州市商业总公司党委成立。

1996 年 4 月 22 日,泉州市委组织部以泉委组干字〔1996〕070 号文,撤销泉州中侨(集团)公司党组,成立中侨(集团)公司党委,党员组织关系集体划归市直机关工委管理。

1997 年 1 月 20 日,泉州市工商行政管理局机关党委成立。3 月 10 日,泉州市医药管理局机关党委成立。12 月 26 日,中国建设银行泉州市分行党委成立。

1997 年 5 月 27 日,泉州市电子工业公司党委撤销,改设党总支。

1998 年 12 月 4 日,泉州市委印发《贯彻〈中国共产党党和国家机关基层组织工作条例〉意见》,规定市直机关各部、委、办及党员人数 100 人以上的局设立机关系统、局党的基层委员会;副处级以上单位党员人数 50 人以上不足 100 人的,根据工作需要,经市直机关工委批准,可设立党的基层委员会,党员人数不足 50 人的,因工作需要,经市直机关工委批准,可设立党的总支部委员会。基层单位凡正式党员 3 人以上的,成立党的支部,正式党员 7 人以上的党支部,设立支部委员会。

1998 年 1 月 15 日,泉州市人民检察院机关党委成立。10 月 21 日,撤销泉州市邮电局党委。同日,泉州市邮政局党委成立。11 月 10 日,泉州市电信局党委成立。同日,泉州市粮食局机关党委成立。12 月 1 日,泉州市中级人民法院机关党委成立。

截至 1998 年 12 月,市直共有党组织 833 个,其中机关党组织 274 个;设党委 54 个,其中机关党委 26 个;党总支 63 个,其中机关党总支 21 个;党支部 715 个,其中机关党支部 227 个;党员 13053 人,其中机关党员 4221 人。

1998 年 12 月泉州市直机关党组织和党员按行业统计表

表 1-31

行业(系统)	基层党组织(个)			党员(人)
	党委	党总支	党支部	
总　　计	54	63	715	13053
农林牧渔业	2	5	37	538
采掘业	0	0	0	0
制造业	0	0	0	0
电力、煤气及水的生产和供应业	4	0	21	604
建筑业	1	1	32	832
地质勘查业、水利管理业	2	2	23	356
交通运输、仓储及邮电通信业	8	13	116	2186
批发和零售贸易、餐饮业	3	4	35	832

续表 1-31

行业(系统)	基层党组织(个)			党员(人)
	党委	党总支	党支部	
金融、保险业	0	1	9	112
房地产业	0	0	10	69
社会服务业	1	1	19	330
卫生、体育和社会福利业	1	3	34	576
教育、文化艺术和广播电影电视业	6	11	111	1928
科学研究和综合技术服务业	0	0	8	60
国家机关、政党机关和社会团体	26	21	227	4221
其　他	0	1	33	410

1999 年 7 月 2 日,泉州市水利水电局机关党委成立。9 月 29 日,泉州市司法局机关党委成立。

1999 年,泉州市银行、保险、证券等金融机构党组织划归其上级主管部门管理,党员组织关系集体转移至其上级主管部门党组织。

2000 年 2 月 21 日,泉州移动通信分公司党委成立。5 月 8 日,泉州市委老干部局机关党委成立、泉州国税局机关党委成立。6 月 30 日,泉州市委党校机关党委成立、泉州市城区农村信用合作社联合社党委成立。8 月 4 日,泉州市政协机关党委成立。10 月 10 日,泉州晋江机场股份有限公司党委成立。10 月,泉州海事局党委成立。11 月 7 日,泉州港务集团有限公司党委成立。

2000 年 10 月 29 日,市委批准原隶属市直机关工委直接管理的泉州市公路局党委、泉州市汽车运输总公司党委和原委托经委系统管理的泉州港务局党委、泉州港务集团有限公司党组织划归泉州市直交通党委管理(共有党员 831 人,其中正式党员 810 人、预备党员 21 人)。

2000 年 2 月,鲤城区国税局 84 名正式党员组织关系集体转移至泉州市国税局机关党委。10 月,南安市、晋江市、惠安县国家安全局共 72 名党员(正式党员 69 人、预备党员 3 人)分别集体转移至泉州市国家安全局机关党委。

截至 2000 年 12 月,市直共有党组织 1000 个,其中机关党组织 294 个;设党委 66 个,其中机关党委 33 个;党总支 76 个,其中机关党总支 23 个;党支部 858 个,其中机关党支部 238 个;党员 14495 人,其中机关党员 6153 人。

2001 年 1 月 8 日,泉州出入境检验检疫局机关党委成立。5 月 17 日,泉州市直交通系统党委成立。6 月 28 日,中国联通有限公司福建泉州分公司党委成立。7 月 25 日,市委印发《关于调整泉州师院党委等党组织隶属关系的通知》,泉州师范党委由隶属市直机关工委管理改为隶属市委直接管理;泉州中侨集团股份有限公司党委划归市直机关工委,隶属经委系统党委直接管理。

2001 年 9 月 20 日,市委印发《关于部分调整市直机关党组织设置的意见》,根据改革后的机构设置,以及业务行政工作和组织人事管理相一致的原则,设立系统党委。原有系统党委 15 个,撤销 1 个:市直科委系统党委,改设科技局机关党委;增设 1 个:市直卫生系统党委。调整后,市直共设系统党委 15 个:市直市委办、市政府办、党群、宣传、统战、政法、计委、经委、财贸、建设、农办、外经、教育、交通、卫生系统党委。宣传系统党委涵盖教育、卫生系统党建工作。

2001年10月24日,市直机关工委印发《关于认真做好机构改革中市直机关党的组织工作的意见》,市直共设置系统党委15个,增设9个机关党委:市人大常委会机关、市政协机关、市科技局、市民政局、市林业局、市海洋与渔业局、市广播电视局、市质量技术监督局、泉州晚报社机关党委。理顺市直党组织隶属关系和管理权限,明确市直机关工委、系统党委和机关党委的管理权限。

系统党委管理(代管)的党组织:管理本系统的机关党组织(含局机关党委、党总支、党支部);按照干部管理权限,管理下属科级以下(含科级)企、事业单位党组织;代管下属处级企、事业单位党组织;代管组织关系在本系统的未设立党委的省部属驻泉单位党组织;市直机关工委委托管理或代管的其他党组织。

机关党委管理(代管)的党组织:管理本部门、单位的机关党组织(含党总支、党支部);按照干部管理权限,管理下属科级以下(含科级)企、事业单位党组织;代管组织关系在本部门的未设立党委的省部属驻泉单位党组织;市直机关工委、系统党委委托管理或代管的其他党组织。

2001年8月,泉州联通分公司党委由市直经委系统党委代管改由市直机关工委管理;12月,泉州市国税局机关党委由市直财贸系统党委代管改由市直机关工委管理。

2001年12月24日,泉州市人大常委会机关党委成立。

市直机关机构改革后设党委82个,其中系统党委15个、机关党委26个、驻泉省部属单位党委16个、高校党委1个、企业单位党委14个、事业单位党委10个。

市直机构改革后市直机关工委直接管理和代管的党组织43个(系统党委15个、机关党委10个、省部属驻泉单位党委16个、直属党总支1个、直属党支部1个)。

2001年12月泉州市直机关机构改革后党组织设置情况表

表1-32

党组织名称	党委(个)	党总支(个)	党支部(个)	党员(人)	副处级及以上单位
市委办系统党委	1	0	7	142	市委办、政研室、档案局、信访局、机要局、保密局、党史研究室
市府办系统党委	3	4	42	719	市府办(法制办)、口岸办(打击办)、人事局、编办、行政学院、民政局(老龄办)、残联、环保局、审计局、旅游局、人防办、体改委、方志委、泉州酒店、驻榕办、接待处、泉州晋江机场
党群系统党委	2	1	18	331	组织部、老干部局、党工委、总工会、团市委、妇联、科协、海员俱乐部(省属)
宣传系统党委	4	1	36	672	宣传部、文化局、广电局、体育局、出版局晚报社、电视台、广播电台、四〇一台、计生委、文明办、文联、社科联、一〇五台(省属)、梨园剧团(省属)
统战系统党委	1	0	7	109	统战部、侨办、民宗局、侨联、商会
政法系统党委	6	4	101	1456	政法委(综治办)、检察院、人民法院、司法局、公安局、刑警支队、巡警支队、技侦支队、交警支队
计委系统党委	1	1	12	251	发展计划委员会、物价局、劳动局、统计局、经济信息中心、技工学校

续表 1-32

党组织名称	党委（个）	党总支（个）	党支部（个）	党员（人）	副处级及以上单位
经委系统党委	8	12	133	1956	经委、乡镇企业局、安监局、二轻总会、盐业公司（省属）、中侨集团
财贸系统党委	7	5	59	1228	贸易发展局、财政局、国资局、侨乡信托公司、地税局、财贸干校、商校、商业银行、医药管理局、粮食局、供销社、供销学校、商业总公司、物资集团公司、烟草专卖局（省属）、省经贸技术学校（省属）
建设系统党委	2	3	60	1184	建设局、规划局、公用事业局、房管局、城监支队、省五建
农办系统党委	8	4	61	891	农办、农业局、林业局、森林公安局、海洋与渔业局、水电局、农机总站、农校、农业工程学校、农科所、山美水库管理处、龙门滩引水工程管理处、气象局（省属）
外经系统党委	1	2	20	302	对外贸易经济合作局、中泉公司、外贸公司、华福公司
交通系统党委	6	10	66	1255	交通局、省公路一公司、公路局、汽车运输总公司、港务局、港务集团公司
教育系统党委	2	7	47	996	教育局、一中、五中、幼师、南师、电大、黎大
卫生系统党委	4	1	38	772	卫生局、防疫站、一院、中医院、卫校、光前医院
人大常委会机关党委	1	1	3	67	市人大常委会机关
政协机关党委	1	0	3	53	市政协机关
纪委机关党委（待成立）	1	0	1	73	市纪委机关（监察局）
科技局机关党委	1	0	7	65	科学技术局、地震局、基准地震台（省属）
党校机关党委	1	0	2	71	党校
工商局机关党委	1	0	7	86	工商局（省属）
国税局机关党委	1	0	17	207	国税局（省属）
技监局机关党委	1	0	4	56	技术监督局（省属）
检验检疫局机关党委	1	0	7	52	检验检疫局（省属）
海事局党委	1	0	1	40	海事局（省属、职能党委）
台工办党总支	0	1	4	56	台办、台联会
仰恩大学党支部	0	0	1	37	仰恩大学
邮政局党委	1	1	11	239	邮政局（省属、职能党委）、邮政培训中心
电信分公司党委	1	0	9	216	电信分公司（省属、职能党委）
移动分公司党委	1	0	3	51	移动分公司（省属、职能党委）
联通分公司党委	1	0	1	51	联通分公司（省属、职能党委）
电业局党委	1	0	12	289	电业局（省属、职能党委）
电校党委	1	0	7	86	电力学校（省属、职能党委）
中旅社党委	1	1	7	145	中旅社（省属、职能党委）

续表 1-32

党组织名称	党委（个）	党总支（个）	党支部（个）	党员（人）	副处级及以上单位
省水电工程局党委	1	0	14	214	省水利水电工程局（省属、职能党委）
泉州监狱党委	1	0	15	212	泉州监狱（省属、职能党委）
闽东南地质大队党委	1	0	15	236	闽东南地质大队（省属、职能党委）
冶金一队党委	1	0	4	60	冶金一队（部属、职能党委）
一九七地质大队党委	1	0	6	92	一九七煤田地质大队（省属、职能党委）
公路稽征处党委	1	0	9	90	公路稽征处（省属、职能党委）
石油分公司党委	1	0	5	116	石油分公司（省属、职能党委）
劳教所党委	1	0	9	67	劳教所（省属、职能党委）

2001 年 12 月 5 日，根据市委泉委〔2001〕148 号、市直机关工委泉委工〔2001〕3 号文件精神，启用“中国共产党泉州市直市委办系统委员会”等 34 枚印章。

2002 年 1 月 15 日，泉州晚报社机关党委成立。1 月 23 日，泉州市纪委机关党委成立。2 月 27 日，泉州市海洋与渔业局机关党委成立、泉州市地方税务局机关党委成立。4 月 11 日，泉州商贸学校党委成立。4 月 26 日，泉州市公安局交通警察支队党委成立。5 月 14 日，泉州市直卫生系统党委成立。5 月 29 日，泉州市广播电视局机关党委成立。6 月 24 日，泉州市商业银行党委成立。7 月 31 日，泉州市质量技术监督局机关党委成立。8 月 13 日，泉州市民政局机关党委成立。9 月 30 日，泉州市科学技术局党委成员由原市直科委系统党委成员转任。10 月 24 日，泉州市中医院党委成立、泉州卫生学校党委成立。同年，泉州中侨集团公司党委成立 6 个分党委：公司本部党委，第一、第二、第三、第四党委，清源啤酒朝日公司党委；泉州市医药管理局机关党委撤销。

2002 年 4 月，市地税局机关党委由市直财贸系统党委代管改为由市直机关工委管理。5 月 31 日，泉州仰恩大学党支部 153 名党员（正式党员 48 名、预备党员 105 名）组织关系集体转移至福建省委教育工委。

2002 年 8 月 6 日，市委以泉委〔2002〕115 号文通知，撤销泉州市直属机关公安党委，成立泉州市直公安系统党委，隶属市直机关工委，接受政法系统党委的协调和指导。鉴于公安局机关第三届党委和纪委 2002 年 6 月刚选举产生，公安系统第一届党委，除书记、专职副书记应报市委研究任命外，其他党委成员和纪委成员由市公安局机关第三届党委成员和纪委成员转任。

2002 年 12 月，市直共设 16 个系统党委：市委办、市府办、党群、宣传、统战、政法、公安、计委、经委、财贸、建设、农办、外经、教育、交通、卫生系统党委。

2003 年 4 月 30 日，泉州市农业局机关党委成立、泉州市林业局机关党委成立。7 月 18 日，泉州市公安局巡警防暴支队党委成立、泉州市公安局刑事侦查支队党委成立。12 月 3 日，泉州市劳动和社会保障局机关党委成立。

2004 年 1 月 9 日，泉州市直水利系统党委成立。3 月 31 日，泉州市直公用事业系统党委成立。6 月

22日,泉州市国土资源局机关党委成立。8月30日,国电泉州发电有限公司党委成立。10月25日,泉州市药品监督管理局机关党委成立。

2005年5月9日,泉州市总工会机关党委成立。

2005年,根据市委组织部泉委组〔2005〕综51号文精神,泉州市直教育系统党委撤销,教育系统除市委教育工委、市教育局机关党员仍由市直机关工委管理,设立泉州市教育局机关党总支,作为市直机关工委管理的直属党总支,泉州黎明职业大学党委、泉州医学高等专科学校党委(泉州市卫生学校升格后设立)、泉州经贸学院党委以及中专(中职)、中小学、幼儿园党组织的1548名党员(正式党员1418名、预备党员130名)组织关系分别由市直教育、卫生、财贸系统党委转移至泉州市委教育工委。

2005年党员组织关系集体转移至泉州市委教育工委统计表

表1-33　　单位:人

党组织名称	转出时间	转出党员		
		总　数	正式党员	预备党员
泉州医学高等专科学校党委	2005.9.21	97	97	0
泉州黎明职业大学党委	2005.9.21	178	158	20
泉州儿童发展职业学校党总支	2005.9.21	74	64	10
福建电大泉州分校党支部	2005.9.21	22	20	2
泉州中营学院党总支	2005.9.21	93	46	47
泉州信息学院党总支	2005.9.21	45	30	15
泉州一中党总支	2005.9.21	119	118	1
泉州培元中学党总支	2005.9.21	123	119	4
泉州五中党总支	2005.9.21	103	101	2
泉州三中党总支	2005.9.21	68	68	0
泉州华侨职校党总支	2005.9.21	100	97	3
泉州八中党总支	2005.9.21	48	46	2
泉州外国语中学党支部	2005.9.21	48	43	5
泉州实验中学党支部	2005.9.21	65	62	3
泉州实验小学党支部	2005.9.21	50	50	0
泉州师范附属小学党支部	2005.9.21	42	38	4
泉州晋光小学党支部	2005.9.21	46	45	1
泉州第二实验小学党支部	2005.9.21	38	38	0
泉州市聋哑学校党支部	2005.9.21	22	21	1
泉州幼师附属幼儿园党支部	2005.9.21	17	17	0
泉州市机关幼儿园党支部	2005.9.21	15	15	0
泉州市刺桐幼儿园党支部	2005.9.21	10	9	1
泉州市丰泽幼儿园党支部	2005.9.21	13	11	2
泉州市教科所党支部	2005.9.21	22	22	0
泉州职业教育中心党支部	2005.9.21	7	7	0

续表 1-33

党组织名称	转出时间	转出党员		
		总 数	正式党员	预备党员
泉州中远学校党支部	2005.9.21	5	2	3
泉州经贸学院党委	2005.9.23	78	74	4
合 计	—	1548	1418	130

截至2005年12月，市直共有党组织1062个，其中机关党组织379个；设党委90个，其中机关党委48个；党总支43个，其中机关党总支16个；党支部929个，其中机关党支部315个；党员15899人，其中机关党员4713人。

2006年3月20日，市委组织部印发《关于集体迁移市国资委首批监管企业党员组织关系的通知》。首批监管企业24个单位共有干部职工6327人。4月，市商业总公司、市物资集团公司、市汽车运输总公司、泉州港务集团公司、省公路一公司5个党委、3个党总支、56个党支部的党员1114人组织关系由市直机关工委集体转移至泉州市国资委党委，由市国资委党委管理。

2006年6月12日，泉州市城市管理行政执法局机关党委成立。8月21日，福建电力职业技术学院党委成立。10月30日，福建中国闽台缘博物馆党委成立。10月，泉州中侨集团公司党委704名党员组织关系由市直机关工委集体转往市国资委党委。

2006年11月至2007年1月，省五建公司党委、泉州仙荣火电厂党委等党组织618名党员组织关系集体转移至市国资委党委。

党员组织关系由市直机关工委集体转移至市国资委党委统计表

表 1-34 单位：人

党组织名称	转出时间	转出党员		
		总 数	正式党员	预备党员
泉州市汽车运输总公司党委	2006.3.31	455	443	12
泉州市物资集团公司党委	2006.3.31	74	74	0
泉州市商业总公司党委	2006.3.31	91	91	0
泉州市医药有限责任公司党总支	2006.3.31	47	45	2
福建省公路一公司党委	2006.4.3	213	193	20
泉州市燃料总公司党总支	2006.4.4	32	32	0
泉州港务集团有限公司党委	2006.4.5	171	166	5
泉州市城建国投公司党总支	2006.4.5	16	13	3
泉州中侨集团公司党委(本部)	2006.4.25	9	8	1
泉州市路桥建设开发公司党支部	2006.4.26	6	6	0
泉州中侨集团公司党委	2006.10.18	704	697	7
泉州市城市建设发展公司党支部	2006.11.30	14	13	1
泉州市液化石油公司党支部	2006.12.4	10	10	0

续表 1-34

党组织名称	转出时间	转出党员		
		总　数	正式党员	预备党员
泉州湄洲湾南岸供水公司党支部	2006.12.5	26	23	3
泉州市闽侨实业投资公司党支部	2006.12.5	7	7	0
泉州市水产公司党支部	2006.12.5	41	41	0
泉州市城市地下管网投资公司党支部	2006.12.6	2	2	0
泉州市农房公司党支部	2006.12.6	31	31	0
泉州市建辉建筑材料公司党支部	2006.12.6	6	6	0
福建省第五建筑工程公司党委	2006.12.6	420	414	6
泉州市仙荣火电厂党委	2006.12.7	37	35	2
泉州市水电综合开发总公司党支部	2006.12.8	6	6	0
泉州市丰泽商城建设有限公司党支部	2007.1.10	18	18	0
合　　计	—	2436	2374	62

2007 年 1 月，原委托鲤城区代管的泉州市人民医院成建制收为市卫生局管理，该院党总支（7 个党支部）151 名党员组织关系集体转移至市直卫生系统党委。

2007 年 6 月 20 日，泉州市城乡规划局机关党委成立。12 月 28 日，泉州市港口管理局机关党委成立。

2008 年 1 月 23 日，撤销泉州中旅社党委，成立福建中旅集团泉州代表处党委。

2008 年 12 月 26 日，原由市直机关工委管理的福建电力职业技术学院改为隶属市委教育工委管理，党员组织关系集体转移。

2009 年 2 月 12 日，泉州市自来水有限公司党委成立。9 月 18 日，泉州市公交发展有限公司党委成立。9 月 30 日，泉州市烟草专卖局机关党委成立。12 月 15 日，福建省公安厅交通警察总队泉州高速公路支队党委成立，归口市直公安系统党委代管。

2009 年 6 月 17 日，市人民医院党总支 155 名党员（正式党员 153 名、预备党员 2 名）由市直卫生系统党委集体转移组织关系至泉州医学高等专科学校党委。

2010 年 4 月，市公交发展有限公司党委 136 名党员（正式党员 120 名、预备党员 16 名）组织关系集体转移至市国资委党委。7 月，市自来水有限公司党委 128 名党员（正式党员 120 名、预备党员 8 名）、泉州鲤城农机公司党支部 7 名正式党员、泉州大泉赖氨酸厂党支部 6 名正式党员组织关系分别转移至市国资委党委。

2010 年 10 月 14 日，泉州市妇幼保健院・儿童医院党委成立。

2010 年 11 月 11 日，中共泉州市委印发《关于调整市直机关部分党组织设置的通知》（泉委〔2010〕96 号），根据省委办公厅、省政府办公厅《关于印发〈泉州市人民政府机构改革方案〉的通知》精神，结合工作需要，对市直机关机构改革调整变动的部分单位，调整党组织设置。设立泉州市直经济贸易系统党委，撤销市直经委系统党委、市直财贸系统党委；设立泉州市直文化广电新闻出版系统党委；设立泉州市住房和城乡建设系统党委,撤销市直建设系统党委;设立泉州市直交通运输系统党委,撤销市直交通系统党委。设立的党委直属市直机关工委领导,文化广电新闻出版系统党委党建工作接受市直宣传系统党委指导。

2010 年 12 月 14 日,启用中共泉州市直经济贸易系统委员会、中共泉州市直文化广电新闻出版系统委员会、中共泉州市直住房和城乡建设系统委员会、中共泉州市直交通运输系统委员会印章。原市直经委、财贸、建设、交通系统党委印章废止。

截至 2010 年 12 月,市直共有党组织 945 个,其中机关党组织 430 个;设党委 79 个,其中机关党委 49 个;党总支 35 个,其中机关党总支 19 个;党支部 831 个,其中机关党支部 362 个;党员 16076 人,其中机关党员 5365 人。

2011 年 1 月 12 日,泉州市直经济贸易系统党委成立。1 月 13 日,泉州市直文化广电新闻出版系统党委成立。3 月 21 日,泉州市直住房和城乡建设系统党委成立。7 月 6 日,福建省经贸学校党委成立。7 月,原泉州出入境检验检疫局、晋江检验检疫局、福建检验检疫局石狮办事处整合升格为副厅级机构;12 月 26 日,整合后的泉州出入境检验检疫局机关党委成立。

2012 年 3 月,泉州公路稽征处及直属稽征所的监督处罚职能整合并入新组建的泉州市交通综合行政执法支队,泉州公路稽征处党委撤销。9 月 5 日,中国联合网络通信集团有限公司泉州分公司党委成立。

2012 年 12 月,泉州晋江机场股份有限公司党委,市木材总公司、市中泉(集团)公司党总支,市华福对外经济贸易公司、市五矿(集团)公司、市轻工工艺进出口(集团)公司、市桐城贸易公司、市对外经济技术服务公司、市粮油食品进出口公司、市对外贸易公司党支部党员组织关系由市直机关工委集体转移市国资委党委,共转出 1 个党委、2 个党总支、7 个党支部、513 名党员。2006 年 4 月至 2012 年 12 月,市直共有 3224 名党员组织关系集体转移至市国资委党委。

2013 年 2 月 25 日,泉州市人民政府办公室机关党委成立。4 月 27 日,泉州广播电视台机关党委成立。12 月 20 日,泉州市公安局技术侦察支队党委成立。

2013 年 6 月 8 日,福建邮电泉州培训中心党总支 19 名正式党员组织关系集体转移至福建省邮政公司机关党委。

为适应市直机关机构改革需要,推动新整合、组建的单位合理设置机关党组织。2014 年 7 月 24 日,市直机关工委向市委报送《关于机构改革后市直机关党组织设置调整意见的请示》。根据中共泉州市委《关于同意机构改革后市直机关党组织设置调整的批复》(泉委〔2014〕65 号)精神,12 月 29 日,市直机关工委印发《关于机构改革后市直机关党组织设置调整的通知》。

(一)市直部分系统党委的设置调整。设立中共泉州市直卫生和计划生育系统委员会,隶属中共泉州市委市直机关工作委员会管理。撤销中共泉州市直卫生系统委员会;设立中共泉州市直经济和信息化系统委员会,隶属中共泉州市委市直机关工作委员会管理。撤销中共泉州市直经济贸易系统委员会;撤销中共泉州市直外经系统委员会。

(二)市直部分机关党委(党总支、党支部)设置及隶属关系调整。设立中共泉州市卫生和计划生育委员会机关委员会,由原中共泉州市卫生局机关支部委员会和原中共泉州市人口计生委机关支部委员会整合组成，隶属中共泉州市直卫生和计划生育系统委员会管理，撤销中共泉州市人口计生委总支部委员会；重新设立中共泉州市人力资源和社会保障局机关委员会，由原中共泉州市人力资源和社会保障局机关委员会和原中共泉州市公务员局机关总支部委员会整合组成，隶属中共泉州市直发改委系统委员会管理，撤销中共泉州市公务员局机关总支部委员会；设立中共泉州市商务局机关委员会，隶属中共泉州市委市直机关工作委员会管理；原中共泉州市贸促会支部委员会划归中共泉州市直党群系统委员会管理；原中共泉州市信息化局支部委员会划归中共泉州市直经济和信息化系统委员会管理。

2014 年 8 月 4 日，泉州市行政服务中心党委成立。11 月 20 日，泉州市交通综合行政执法支队党委成立。

2014 年 12 月 10 日，泉州市烟草专卖局党委 16 名正式党员组织关系集体转移至洛江区直机关工委、21 名正式党员转移至丰泽区直机关工委、17 名正式党员转移至鲤城区直机关工委。

2015 年 1 月 12 日，福建省泉州司法强制隔离戒毒所党委成立；福建邮政公司泉州市分公司党委成立。

2015 年 3 月 20 日，中交上航（福建）交通建设工程有限公司党委 17 名正式党员组织关系由中交上海航道局有限公司党委集体转入市直交通运输系统党委。8 月 7 日，福建省交通运输厅和泉州市人民政府签订《关于泉州市港口管理局移交的协议》。11 月，泉州市港口管理局机关党委所属 9 个党支部 105 名党员（正式党员 100 名、预备党员 5 名）组织关系集体转移至福建省交通运输厅机关党委。

2016 年 4 月 19 日，泉州市商务局机关党委成立。9 月 28 日，泉州市保障性安居工程建设运营有限公司党委成立。11 月 9 日，泉州太平洋集装箱码头有限公司党委成立。

2016 年 6 月，中交上航（福建）交通建设工程有限公司党委 13 名正式党员整建制转移组织关系至厦门市建设局直属党委。

2016 年 6 月，福建海峡银行泉州分行党委所属 4 个党支部 45 名正式党员组织关系成建制由福州市直机关工委转移至泉州市直机关工委。6 月 29 日，泉州市轻艺股份有限公司党支部 10 名正式党员组织关系获准整建制由市商务局机关党委转移至丰泽区丰泽街道党工委。7 月 12 日，泉州展览城管理处党支部 25 名党员（正式党员 23 名、预备党员 2 名）组织关系获准整建制由市府办系统党委转移至市国资委党委。

2017 年 6 月，泉州市财贸干校党总支 44 名党员（正式党员 42 名、预备党员 2 名）组织关系由市直经济和信息化系统党委集体转移至教育系统党委。

2017 年 8 月 17 日，泉州市卫生和计划生育委员会机关党委成立。

1992—2017年泉州市直机关工委所属党组织和党员统计表

表1-35

年份	党组织(个)		党委(个)		党总支(个)		党支部(个)		党员(人)	
	总数	其中机关党组织	总数	其中机关党委	总数	其中机关党总支	总数	其中机关党支部	总数	其中机关党员
1992	718	200	45	22	49	21	624	157	10745	3008
1993	746	203	45	21	50	19	651	163	11068	3600
1994	788	209	45	21	52	20	691	168	11375	3655
1995	791	210	47	21	54	21	690	168	11882	3792
1996	872	238	50	22	57	22	765	194	12404	3832
1997	842	240	52	24	62	21	728	195	13108	3429
1998	833	274	55	26	63	21	715	227	13053	4221
1999	933	289	57	27	78	24	798	238	13800	4400
2000	1000	294	66	33	76	23	858	238	14495	6153
2001	1062	336	74	33	64	19	924	278	16194	5149
2002	1083	376	85	39	58	21	940	316	16484	5462
2003	1142	372	89	46	57	17	996	309	17051	4465
2004	1158	383	93	50	58	14	1007	319	17130	4631
2005	1062	379	90	48	43	16	929	315	15899	4713
2006	930	394	78	49	36	15	816	330	14084	4607
2007	960	408	80	50	42	17	838	341	15034	4987
2008	978	424	80	50	44	20	854	354	15596	5211
2009	958	432	83	51	38	21	837	360	15907	5348
2010	945	430	79	49	35	19	831	362	16076	5365
2011	983	442	80	50	37	21	866	371	16782	5272
2012	986	449	81	51	39	22	866	376	16930	5287
2013	987	476	81	52	37	23	869	401	17324	5601
2014	999	488	82	54	37	24	880	410	17912	5886
2015	994	459	84	54	33	19	877	386	18304	5914
2016	1024	475	84	55	36	20	904	400	18907	6093
2017	1029	423	86	38	33	20	910	365	19264	6244

说明:机关党员数从2003年起只统计机关在职干部职工中的党员,不含机关离退休人员中的党员

泉州市直机关系统党委成立、撤销、合并情况表

表 1-36

党组织名称	成立时间	附　　注
市直科委系统党委	1986.9.30	2001 年 9 月撤销,改设市科学技术局机关党委
市直统战系统党委	1986.10.24	—
市直市府办系统党委	1986.10.29	—
市直政法系统党委	1986.10.29	—
市直宣传系统党委	1986.12.30	—
市直建设系统党委	1987.10.15	2010 年 11 月撤销,改设市直住房和城乡建设系统党委
市直计委系统党委	1987.11.3	2007 年 5 月 27 日更名为市直发展和改革委员会系统党委
市直经委系统党委	1987.11.16	2010 年 11 月撤销,与财贸系统党委合并成立市直经济贸易系统党委
市直财贸系统党委	1987.11.17	2010 年 11 月撤销,与经委系统党委合并成立市直经济贸易系统党委
市直农办系统党委	1987.11.17	—
市直教育系统党委	1990.12.10	2005 年 9 月撤销
市直党群系统党委	1993.4.9	—
市直外经系统党委	1994.5.20	2014 年 12 月撤销,成立市商务局机关党委
市直市委办系统党委	1995.6.16	—
市直交通系统党委	2001.5.17	2010 年 11 月撤销,改设市直交通运输系统党委
市直卫生系统党委	2002.5.14	2014 年 12 月撤销,改设市直卫生和计划生育系统党委
市直公安系统党委	2002.8.6	由市公安局机关党委改设
市直水利系统党委	2004.1.9	—
市直公用事业系统党委	2004.3.31	—
市直经济贸易系统党委	2011.1.12	2014 年 12 月撤销,改设市直经济和信息化系统党委
市直文化广电新闻出版系统党委	2011.1.13	—
市直住房和城乡建设系统党委	2011.3.21	—
市直经济和信息化系统党委	2018. 2. 9	—
市直卫生和计划生育系统党委	2018. 3. 8	—

说明:成立时间从市直机关党委(工委)批复第一次党员大会(代表大会)选举结果时间开始计算

2017年12月建立党的基层组织统计表

表1-37　　单位:个

类　别	总　数	已建立党组织		
		党委	党总支	党支部
机关法人单位	100	35	17	48
事业法人单位	147	18	6	123
公有经济控制的企业法人单位	37	8	2	27
非公有经济控制的企业法人单位	4	0	0	4
社会组织法人单位	41	0	0	41
市(地、州、盟)政府工作部门	39	37	2	0

2017年12月泉州市直机关工委所属系统党委、直属党委(党总支、党支部)、驻泉省部属单位党委(党总支)名表

表1-38

党组织名称

一、系统党委

1.市直市委办系统党委

2.市直市府办系统党委

市府办机关党委

市民政局机关党委

市国土资源局机关党委

3.市直党群系统党委

市委老干部局机关党委

市总工会机关党委

4.市直宣传系统党委

泉州晚报社机关党委

泉州广播电视台机关党委

5.市直统战系统党委

6.市直政法系统党委

市人民检察院机关党委

市中级人民法院机关党委

市司法局机关党委

7.市直公安系统党委

市公安局刑侦支队党委

市公安局技术侦查支队党委

市公安局巡特警支队党委

市公安局交通警察支队党委

市高速公路交通警察支队党委

8.市直发展和改革委员会系统党委

市人力资源和社会保障局机关党委

9.市直经济和信息委员会系统党委

市供销社机关党委

市城镇集体工业联合社机关党委

市粮食局机关党委

福建经贸学校党委

10.市直城乡住房和建设系统党委

市城乡规划局机关党委

11.市直农办系统党委

市林业局机关党委

市海洋与渔业局机关党委

泉州农业学校党委

12.市直交通运输系统党委

市公路局党委

市交通综合行政执法支队党委

泉州太平洋集装箱码头有限公司党委

13.市直卫生和计划生育委员会系统党委

市卫生和计划生育委员会机关党委

市第一医院党委

市中医院党委

市妇幼保健院·儿童医院党委

14.市直水利系统党委

市山美水库管理处党委

市龙门滩引水工程管理处党委

15.市直市政公用系统党委

16.市直文化广电新闻出版系统党委

二、直属党委(党总支、党支部)

1.直属党委

市人大常委会机关党委

市政协机关党委

市纪委机关党委

市科技局机关党委

市委党校机关党委

市城市管理行政执法局机关党委

市商务局机关党委

市工商行政管理局机关党委

市质量技术监督局机关党委

市食品药品监督管理局机关党委

市行政服务中心机关党委

泉州银行党委

2.直属党总支

市委台湾工作办公室机关党总支

市教育局机关党总支

3.直属党支部

市国资委机关党支部

三、驻泉省部属单位党委(党总支)

市国家税务局机关党委

市地方税务局机关党委

续表 1-38

党组织名称	党组织名称	党组织名称
泉州出入境检验检疫局机关党委	中国联通泉州分公司党委	福建泉州石油分公司党委
福建中国闽台缘博物馆党委	国网泉州供电公司党委	福建泉州司法强制隔离戒毒所党委
市烟草专卖局机关党委	福建中旅集团公司泉州代表处党委	国电泉州热电有限公司党委
泉州海事局党委	福建省水利水电工程局有限公司党委	福建海峡银行泉州分行党委
市邮政管理局机关党总支	福建泉州监狱党委	
中国邮政泉州分公司党委	福建闽东南地质大队党委	
中国电信泉州分公司党委中国移动泉州分公司党委	中国冶金地质总局二局一队党委	
	福建一九七煤田地质大队党委	

第二章　机构与工作队伍

1952 年 6 月，成立中共晋江地委直属机关总支部委员会。1953 年 6 月，中共晋江地委直属机关总支部委员会改为中共晋江地委直属机关委员会。1958 年 5 月，撤销中共晋江地委直属机关委员会，同年 10 月恢复。

1966 年 5 月，“文化大革命”开始后，基层党的建设受到严重冲击。1968 年 9 月 25 日，晋江专区革命委员会（简称专区革委会）成立，实行党政“一元化”领导，下设政治处、生产指挥处和办公室，取代地委专署各部、委、办、局工作机构的职能。1971 年 7 月 1 日，晋江专区更名为晋江地区。1971 年 10 月，成立地区革委会生产指挥处政工组，承担地直机关党的日常工作。1971 年 11 月，成立中共晋江地区革命委员会核心小组直属机关工作组，负责地直机关党的工作。1972 年初，生产指挥处政工组改为福建省晋江地区革命委员会政治处直工组（ 简称直工组）。1972 年 2 月 23 日，成立中共晋江地区直属机关核心小组，代行使党委职权，日常工作由直工组承担。

1975 年 10 月，撤销中共晋江地区直属机关核心小组，成立中共晋江地区直属机关委员会。同年 12 月，直工组撤销。1976 年 1 月，地直机关党委会挂牌办公。1986 年 1 月，中共晋江地区直属机关委员会改为中共泉州市直属机关委员会。1992 年 7 月，中共泉州市直属机关委员会改为中共泉州市直属机关工作委员会。1995 年 9 月，更名为中共泉州市委市直机关工作委员会，延续至今。

第一节　领导机构

一、晋江地委直属机关党委

1953 年 6 月，晋江地委批准成立中共晋江地委直属机关委员会，设委员 9 名，孟进城任书记，靳连才任副书记。1954 年 7 月，申万江任书记。1955 年 10 月，岳伟玉任副书记。

1956 年 6 月 2—6 日，召开中共晋江专区直属机关第一次代表大会，选举产生中共晋江地委直属机关第一届委员会，委员 16 名，设常委 7 名。申万江（时任地委组织部副部长）任书记。同年 8 月 4 日，张健（时任地委机要科科长）任专职书记，列申万江之后。

1958 年 5 月 27 日，晋江地委以〔1958〕113 号文通知：“根据省委整编方案精神与地委直属机关的现有情况，经地委研究决定：撤销地委直属机关党委机构，并于 5 月 31 日起停止对外办公，其业务归地委各部直接管理，今后凡有关业务请与地委各部联系解决。”同年 10 月，恢复中共晋江地委直属机关委员会，设委员 13 名，其中江琦任书记，王文芳任专职副书记。1960 年 1 月 18 日，王文芳任地直机关党委书记。

1963年1月9—12日，召开中共晋江专区直属机关第二次代表大会，选举产生中共晋江地委直属机关第二届委员会，委员17名，候补委员4名，设常委7名，王文芳任书记。

1963年2月16日，晋江地委组织部组干调字第1681号：经地委批准，王文芳、李捷、宋春堂、何定忠、朱汉增、王书田、王一峰、李明堂、芦国华、曾文标、沈慧、马煜、杨书香、王茂生、刘愿田、赵德奇、张顺景17位同志为地直党委会委员。其中王文芳、李捷、宋春堂、何定忠、朱汉增、王书田、王一峰7位同志为地直党委会常务委员。王文芳为地直党委会书记。黄伙木、姚文清、庄火明三位同志为地直党委会候补委员。张文明已调任其他工作，不参加地直党委会为委员，候补委员张顺景任党委委员。同年9月13日，张玉英任地直机关党委副书记。

1966年5月，“文化大革命”开始。1968年9月25日，晋江专区革命委员会成立，实行党政“一元化”领导，下设办公室、生产指挥处、政治处，取代地委、专署各部、委、办等工作机构的职能。地直机关党的工作由革委会政治处领导。同年9月，地直机关党委书记、副书记参加学习班、“五七”干校劳动，党委工作停止。1970年1月，为加强对专属各单位“一打三反”运动的领导，专区革委会决定成立专属单位领导小组，下设专属单位办事组，负责专属单位“一打三反”运动。1971年10月，撤销专属单位办事组，成立地区革委会生产指挥处政工组，负责地直机关党的日常工作。1971年11月，成立晋江专区革命委员会党的核心小组直属机关工作组，孙思德、王文芳任组长，郑博、郑奇任副组长。1972年初，生产指挥处政工组改为地区革委会政治处直工组，负责地直机关党的工作和企事业单位人事工作。1972年2月23日，晋江地委以晋地文〔1972〕065号文印发《关于成立晋江地区直属机关党的核心小组的通知》，经地委常委研究，中共晋江地区直属机关核心小组由孙思德、郑博、王文芳、郑奇等4人组成，并由孙思德为组长，郑博、王文芳为副组长。核心小组代行使党委职权，日常工作由直工组承担，重大事项由核心小组研究决定，以直工组名义下文，加盖直工组印章。

二、晋江地区直属机关党委

1975年10月，撤销晋江地区直属机关党的核心小组，成立中共晋江地区直属机关委员会，石延明任书记，宋仁东任副书记。根据地委规定，地直机关党委工作范围只限于地委、地区革委会机关和企事业单位的党务工作，不再管理干部人事工作。同年12月，直工组撤销。1976年1月，地直机关党委会挂牌办公。1977年6月8日，曾子谅任地直机关党委副书记。

1977年6月29日，晋江地委以晋地委〔1977〕组字第106号文印发《关于增补中共晋江地区直属机关委员会临时委员的通知》：中共晋江地区直属机关委员会现有书记石延明，副书记宋仁东、曾子谅三位同志。经地委常委研究决定：在中共晋江地区直属机关委员会正式选举以前，增补赵振辅、张克对、杨启章、马煜、张顺景、鲁沉、陈小芸、王一峰八位同志为临时委员。

1978年9月4日，地直机关党委向地委报送《关于建立健全地区机关党委基层组织和机构设置问题意见的报告》。9月16日，地委同意该方案。地直机关党委直接管理7个分党委、4个党总支、1个党支部，领导地委各部、委中的机关党组织，并对地区革命委员会所属委、办、局、人民团体中的机关党组织实行双重领导，负责管理各机关的党务工作，发展新党员和党纪处理的工作。

1978 年 9 月 18 日，地委以晋地委〔1978〕组字第 121 号文任命靳三军为地直机关党委书记。

1979 年 4 月 6 日，蔡炳文、陈金发任地直机关党委委员。

1982 年 2 月，庄玉灿任地直机关党委副书记。

1983 年，地直机关机构改革。10 月，原任书记、副书记职务免去，重新任命庄玉灿为地直机关党委副书记，书记暂缺。

1983 年 10 月，地直机关机构改革后，制订地直机关党委主要职责和工作任务。

1984 年 11 月 14—16 日，召开中共晋江地区直属机关第三次代表大会（延续原中共晋江专区直属机关代表大会届次），选举产生中共晋江地区直属机关第三届委员会委员 8 名。书记（缺），设副书记 1 名：庄玉灿。

1985 年 1 月，谢镇岳任地直机关党委副书记。

三、泉州市直属机关党委

1985 年 5 月 14 日，国务院批准撤销晋江地区，泉州市升为地级市，实行市管县的行政体制，原泉州市改设鲤城区。同年 6 月，中共泉州市委成立。1986 年 1 月，泉州市人民政府成立。同月，原中共晋江地委所属的工作部门转为中共泉州市委的工作部门，中共晋江地区直属机关委员会转为中共泉州市直属机关委员会。

根据 1986 年 1 月 11 日泉州市委《关于中共泉州市委工作部门设置和领导班子配备的通知》（泉委〔1986〕综 003 号）精神，地直机关党委领导班子成员自然转为市直机关党委领导班子成员，各人的任职时间，一律从 1986 年 1 月 4 日算起。中层领导干部按照干部管理权限和上述精神予以宣布；自即日起，地直机关党委机构不复存在，其领导班子成员的职务自然免除，不再另行办理免职手续。9 月，根据泉州市升为地级市的新情况制订市直机关党委主要职能。

1986 年 11 月，陈琼任市直机关党委副书记。1987 年 10 月，骆贯平任市直机关党委副书记。

1987 年 11 月，召开中共泉州市直属机关第四次代表大会（延续原中共晋江地区直属机关代表大会届次），选举产生中共泉州市直属机关第四届委员会委员 9 名，设书记 1 名：庄玉灿，副书记 2 名：陈围围、骆贯平。

1992 年 2 月 17 日，市委任命蔡忠荣为市直机关党委书记，原任书记离休。

中共晋江地委直属机关委员会历任书记、副书记、委员名表

表 2-1

时 间	书记、副书记、委员
1953．6—1954．7	书　记：孟进城（1953．6—1954．7） 副书记：靳连才（1953．6—1954．7）
1954．7—1956．6	书　记：申万江（1954．7—1956．6） 副书记：岳伟玉（1955．10—1956．6）
1956．6—1963．1	1956 年 6 月召开中共晋江专区直属机关第一次代表大会，选举产生中共晋江地委直属机关第一届委员会委员 16 名： 申万江、张　健、岳伟玉、张竹三、芦国华、张久来、胡中山、崔　华、张荣良、张殿选、黄世民、张汝香、李文华、庞双庆、张凤鸣、王一峰 设常委 7 名：申万江、张健、岳伟玉、张凤鸣、崔华、芦国华、胡中山 书　记：申万江（1956．6—1958．5） 专职书记：张　健（1956．8—1958．5） 期　间：1958 年 5 月撤销晋江地委直属机关党委。同年 10 月恢复晋江地委直属机关党委
	书　记：江　琦（1958．10—1960．1） 王文芳（1960．1—1963．1） 副书记：王文芳（1958．10—1960．1） 委　员：石延明、朱展华、李明堂、姚源堂、王书田、胡　笛、芦国华、何定忠、张竹三、詹　鲁、王一峰
1963．1—1968．9	1963 年 1 月召开中共晋江专区直属机关第二次代表大会，选举产生中共晋江地委直属机关第二届委员会委员 17 名： 王文芳、李　捷、宋春堂、何定忠、朱汉增、王书田、王一峰、李明堂、芦国华、曾文标、沈　慧、马　煜、杨书香、王茂生、刘愿田、赵德奇、张顺景 第二届党委候补委员 3 名：黄伙木、姚文清、庄火明 设常委 7 名：王文芳、李　捷、宋春堂、何定忠、朱汉增、王书田、王一峰 书　记：王文芳 期　间：1963 年 9 月张玉英任地直机关党委副书记（1963．9—1968．9）

说明：1968 年 9 月，晋江专区革委会成立，下设政治处、生产指挥处和办公室，取代地委、专署各部、委、办、局工作机构的职能

中共晋江地区直属机关核心小组历任组长、副组长、成员名表

表 2-2

时 间	组长、副组长、成员
1971．11—1972．2	1971 年 11 月成立中共晋江地区革命委员会核心小组直属机关工作组 组　长：孙思德、王文芳 副组长：郑　博、郑　奇
1972．2—1975．10	1972 年 2 月成立中共晋江地区直属机关核心小组，代行使党委职权。1975 年 10 月撤销 组　长：孙思德 副组长：郑　博、王文芳 成　员：郑　奇

中共晋江地区直属机关委员会历任书记、副书记、委员名表

表 2-3

时　间	书记、副书记、委员
1975. 10—1984. 11	1975 年 10 月成立中共晋江地区直属机关委员会 书　记：石延明（1975. 10—1983. 10） 副书记：宋仁东（1975. 10—1983. 10） 1977 年 6 月曾子谅任地直机关党委副书记（1977. 6—1978. 5） 1977 年 6 月 29 日晋江地委决定增补地直机关党委临时委员 8 名： 赵振辅、张克对、杨启章、马煜、张顺景、鲁沉、陈小芸、王一峰 1978 年 9 月靳三军任地直机关党委书记（1978. 9—1983. 10）； 委　员：赵振辅、张克对、杨启章、马煜、张顺景、鲁沉、陈小芸、 王一峰（上述 8 人何时由临时委员转为正式委员，未见资料） 1979 年 4 月蔡炳文任地直机关党委委员（1979. 4—1984. 11）； 陈金发任地直机关党委委员（1979. 4—1983. 8） 1982 年 2 月庄玉灿任地直机关党委副书记 1983 年 10 月地直机关机构改革后原任书记、副书记职务免去，重新任命庄玉灿为地直机关党委副书记（1982. 2—1984. 11）
1984. 11—1985. 12	1984 年 11 月召开中共晋江地区直属机关第三次代表大会（延续原中共晋江专区直属机关代表大会届次），选举产生中共晋江地区直属机关第三届委员会委员 8 名：庄玉灿、孙盛鑫、张贵川、陈小芸、陈华池、郑建树、詹辉乾、蔡炳文 书　记：（缺） 副书记：庄玉灿（1984. 11—1985. 12） 期　间：1985 年 1 月谢镇岳任地直机关党委副书记 （1985. 1—1985. 12）

中共泉州市直属机关委员会历任书记、副书记、委员名表

表 2-4

时　间	书记、副书记、委员
1986. 1—1987. 11	1986 年 1 月晋江地区改为泉州市，中共晋江地区直属机关委员会改为中共泉州市直属机关委员会，书记（缺），副书记、委员延续 书　记：缺 副书记：庄玉灿（1984. 11—1987. 11） 谢镇岳（1986. 1—1987. 10） 委　员：孙盛鑫、张贵川、陈小芸、陈华池、郑建树、詹辉乾、蔡炳文 期　间：1986 年 11 月陈琼任市直机关党委副书记 （1986. 11—1987. 10） 1987 年 10 月骆贯平任市直机关党委副书记 （1987. 10—1987. 11）
1987. 11—1992. 8	1987 年 11 月召开中共泉州市直属机关第四次代表大会（延续原中共晋江地区直属机关代表大会届次），选举产生中共泉州市直属机关第四届委员会委员 9 名： 庄玉灿、孙澄元、吴汉民、陈围围、林有文、骆贯平、傅赞基、 詹辉乾、蔡天从 书　记：庄玉灿（1987. 11—1992. 2） 副书记：陈围围（1987. 11—1992. 8） 骆贯平（1987. 11—1992. 8） 期　间：1992 年 2 月蔡忠荣任市直机关党委书记（1992. 2—1992. 8）

四、泉州市委市直机关工委

1992年7月10日，市委组织部、市直机关党委向市委报送《关于加强和改进市直机关党的工作的意见》。同日，市委印发《中共泉州市委批转〈关于加强和改进市直机关党的工作的意见〉的通知》（泉委〔1992〕综54号），决定中共泉州市直属机关委员会改为中共泉州市直属机关工作委员会（简称市直机关工委），作为市委的派出机构，纳入市委编制序列，领导市直机关党的工作，管理省部属驻泉单位党组织，对各县（区、市）直属机关党（工）委工作进行业务指导。中共泉州市直属机关纪律检查委员会改为中共泉州市直属机关纪律检查工作委员会（简称市直纪工委），作为市纪委的派出机构，受市纪委和市直机关工委的双重领导，以市直机关工委领导为主。市直机关工、青、妇工作，分别受市总工会、团市委、市妇联和市直机关工委的双重领导，以市直机关工委领导为主。市直机关党委改为市直机关工委，这一决定在机关党的建设发展史上具有重要意义。从此，市直机关工委作为市委的派出机构，在市委的直接领导下开展工作，机关党的建设得到不断改进和加强。

1992年8月，市委任命蔡忠荣任中共泉州市直属机关工作委员会书记，蔡天从任市直机关工委副书记，孙澄元任市直纪工委书记。同年10月，孙澄元、傅赞基、黄英林、郑玉冰任市直机关工委委员。

1993年12月，傅赞基任市直机关工委副书记。至此，市直机关工委领导班子组成人员6名，书记蔡忠荣，副书记蔡天从、傅赞基，委员孙澄元、黄英林、郑玉冰。

1995年6月，张敬尊任中共泉州市直属机关工作委员会书记，原任书记工作变动，职务免去。副书记、委员延续。

1995年9月，参照省直机关工委名称，中共泉州市直属机关工作委员会更名为中共泉州市委市直机关工作委员会（简称市直机关工委），班子成员延续。

1995年11月30日，市委办公室印发《中共泉州市委市直机关工作委员会职能配置、内设机构和人员编制方案》，对市直机关工委职能进行调整：根据市直机关党组织和市直机关直属企事业单位及省、部属单位党组织的地位、作用、任务、职责和领导班子建设的不同特点，做好对不同类型基层党组织的分类指导和管理工作；加强对党员特别是党员领导干部的监督，研究制定并实施有效的监督措施和办法；对各县（市、区）机关党（工）委的工作进行业务指导。

1998年1月，熊建中、陈丽珠任市直机关工委委员。至此，市直机关工委领导班子组成人员7名。书记张敬尊，副书记蔡天从、傅赞基，委员黄英林、郑玉冰、熊建中、陈丽珠。

1998年3月30日，中共中央颁布《中国共产党党和国家机关基层组织工作条例》。同年12月4日，市委印发《中共泉州市委关于贯彻〈中国共产党党和国家机关基层组织工作条例〉的意见》，规定市级党的机关、人大常委会机关、行政机关、政协机关、审判机关、检察机关以及人民团体机关党的组织，由市直机关党的工作委员会管理，省部属驻泉单位党组织由市直机关工委统一管理；市直机关党的工作委员会对县（市、区）机关党的工作委员会负有业务指导责任。规定市直机关工委书记由市委副书记兼任，常务副书记为正处级。委员按副处级配备。同时规定市直机关工委的8项主要职能。

1999 年 3 月，市委确定市直机关工委委员黄英林、熊建中、郑玉冰为副处级干部。自此，市直机关工委新任委员均按副处级领导职数配备。

2000 年 9 月，黄英林任市直机关工委副书记。

2001 年 11 月，赵育斌任市直机关工委副书记。至此，市直机关工委领导班子组成人员 6 名，书记张敬尊，副书记黄英林、赵育斌，委员熊建中、郑玉冰、陈丽珠。

2002 年 6 月 27 日，市委办公室印发《中共泉州市委市直机关工作委员会职能设置、内设机构和人员编制规定》，经市委同意，保留中共泉州市委市直机关工作委员会，为正处级单位。对市直机关工委职能进行调整：新增的职能为领导市直机关关心下一代工作；强化的职能为组织、领导市直机关精神文明建设活动。同时，规定市直机关工委的 12 项主要职责。

2004 年 7 月，陈炯仁、庄木才任市直机关工委委员。

2006 年 9 月，市委副书记、市纪委书记林文杰兼任市直机关工委书记；李世杰任市直机关工委常务副书记（正处长级）。自此，市直机关工委书记由市委领导兼任；设常务副书记（正处长级）主持日常工作。

2007 年 11 月，陈炯仁任市直机关工委副书记；王志强任市直机关工委委员。至此，市直机关工委领导班子组成人员 7 名，书记林文杰（兼），常务副书记李世杰，副书记黄英林、陈炯仁，委员郑玉冰、陈丽珠、王志强。

2008 年 10 月，市委副书记、市纪委书记朱淑芳兼任市直机关工委书记。

2010 年 2 月，吴晓雄任市直机关工委副书记；刘玉珊、许贞丽任市直机关工委委员。至此，市直机关工委领导班子组成人员 8 名，书记朱淑芳（兼），常务副书记李世杰，副书记黄英林、陈炯仁、吴晓雄，委员王志强、刘玉珊、许贞丽。

2011 年 8 月，黄春淮任中共泉州市委市直机关工作委员会常务副书记（正处长级）。10 月，市委常委、市纪委书记沈耀钦兼任市直机关工委书记。

2012 年 5 月 29 日，市委印发《关于贯彻〈中国共产党党和国家机关基层组织工作条例〉实施细则》，规定市直机关工委主要职责：制定机关党的建设规划，对机关党建工作作出部署安排，提出加强和改进机关党的建设的意见和建议；对所属机关基层党组织请示的有关问题作出决定、批复或者答复，督促指导所属机关基层党组织按期进行换届，审批机关基层党组织关于召开党员大会或者党员代表大会的请示，审批所属机关基层党组织选出的书记、副书记，积极推动专职党务工作人员的交流轮岗；会同同级党委有关部门抓好机关思想作风建设，开展经常性的调研检查，把机关思想作风建设与干部考核、机关效能建设、反腐倡廉工作结合起来，形成齐抓共管的合力；配合同级党委有关部门抓好机关领导班子思想政治建设，参与对党员领导干部民主生活会和部门党组（党委）中心组学习的督促检查和指导；指导所属机关基层党组织加强反腐倡廉建设，实施对党员特别是党员领导干部的监督；对所属机关基层党组织和党员贯彻落实同级地方党委决议、决定和重要工作部署情况进行检查；抓好所属机关精神文明建设和机关思想政治工作，促进文明和谐机关建设；对部门党组（党委）和所属机关基层党组织贯彻执行《中国共产党党和国家机关基层组织工作条例》、省委实施办法和本实施细则的情况进行督促检查，并向市、县（市、区）党委报告情况；加强与部门党组（党委）的协调沟通，增强做好机关党建工作的合力；完成市、县（市、区）党委赋予的其他职责任务。

2012 年 7 月，郑天文任市直机关工委副书记、调研员，林明义、吴志宏任市直机关工委委员。至此，市直机关工委领导班子组成人员 7 名，书记沈耀钦（兼），常务副书记黄春淮，副书记郑天文、陈炯仁，委员王志强、林明义、吴志宏。

2013 年 1 月，谢江山任市直机关工委委员。

2014 年 11 月，陈沙龙任市直机关工委委员。

2015 年 1 月，沈耀钦不再兼任市直机关工委书记。3 月，庄禾任市直机关工委委员。

2016 年 2 月，陈沙龙因工作变动，不再担任市直机关工委委员。

4 月，苏文笔任市直机关工委委员。

8 月 18 日，黄黎波任市直机关工委常务副书记（正处长级）。

8 月 23 日，市委副书记陈奕辉兼任市直机关工委书记。

12 月，曾艳松任市直机关工委副调研员。

2017 年 3 月，潘向前任市直机关工委委员。截至 2017 年 12 月，市直机关工委领导班子组成人员 10 名，书记陈奕辉（兼），常务副书记黄黎波，副书记郑天文（正处级）、陈炯仁，委员王志强、苏文笔、吴志宏、谢江山、庄禾、潘向前。

中共泉州市委市直机关工作委员会组成人员名表

表 2-5

时　间	书记、常务副书记、副书记、委员
1992. 8—1995. 6	书　记：蔡忠荣（1992. 8—1995. 6） 副书记：蔡天从（1992. 8—1995. 6） 傅赞基（1993. 12—1995. 6） 委　员：孙澄元（1992. 10—1995. 6） 傅赞基（1992. 10—1993. 12） 黄英林（1992. 10—1995. 6） 郑玉冰（1992. 10—1995. 6）
1995. 6—2006. 9	书　记：张敬尊（1995. 6—2006. 5） 副书记：蔡天从（1995. 6—2000. 2） 傅赞基（1995. 6—2000. 2） 黄英林（2000. 9—2006. 9） 赵育斌（2001. 11—2006. 9） 委　员：孙澄元（1995. 6—1997. 5） 黄英林（1995. 6—2000. 9） 郑玉冰（1995. 6—2006. 9） 熊建中（1998. 1—2002. 7） 陈丽珠（1998. 1—2006. 9） 陈炯仁（2004. 7—2006. 9） 庄木才（2004. 7—2006. 9）

续表 2-5

时 间	书记、常务副书记、副书记、委员名单
2006. 9—2008. 10	书 记：林文杰（时任泉州市委副书记、市纪委书记，2006. 9—2008. 10 兼任市委市直机关工委书记） 常务副书记（正处长级）：李世杰（2006. 9—2008. 10） 副书记：黄英林（2006. 9—2008. 10） 赵育斌（2006. 9—2007. 2） 陈炯仁（2007. 11—2008. 10） 委 员：郑玉冰（2006. 9—2008. 10） 陈丽珠（2006. 9—2008. 10） 陈炯仁（2006. 9—2007. 11） 庄木才（2006. 9—2006. 12） 王志强（2007. 11—2008. 10）
2008. 10—2011. 10	书 记：朱淑芳（时任泉州市委副书记、市纪委书记，2008. 10—2011. 10 兼任市委市直机关工委书记） 常务副书记（正处长级）：李世杰（2008. 10—2011. 8） 黄春淮（2011. 8—2011. 10） 副书记：黄英林（2008. 10—2011. 10） 陈炯仁（2008. 10—2011. 10） 吴晓雄（2010. 2—2011. 10） 委 员：郑玉冰（2008. 10—2009. 6） 陈丽珠（2008. 10—2009. 10） 王志强（2008. 10—2011. 10） 刘玉珊（2010. 2—2011. 10） 许贞丽（2010. 2—2011. 7）
2011. 10—2016. 8	书 记：沈耀钦（时任泉州市委常委、市纪委书记，2011. 10—2015. 1 兼任市委市直机关工委书记） 常务副书记（正处长级）：黄春淮（2011. 10—2016. 8） 副书记：黄英林（2011. 10—2012. 7） 陈炯仁（2011. 10—2016. 8） 吴晓雄（2011. 10—2012. 7） 郑天文（2012. 7—2016. 8，正处级）
	委 员：王志强（2011. 10—2016. 8） 刘玉珊（2011. 10—2012. 6） 林明义（2012. 7—2014. 11） 吴志宏（2012. 7—2016. 8） 谢江山（2013. 1—2016. 8） 陈沙龙（2014. 11—2016. 1） 庄 禾（2015. 3—2016. 8） 苏文笔（2016. 4—2016. 8）

续表 2-5

时　间	书记、常务副书记、副书记、委员名单
2016. 8起	书　记：陈奕辉（时任泉州市委副书记，2016. 8至今　兼任市委市直机关工委书记） 常务副书记（正处长级）：黄黎波（2016. 8至今） 副书记：郑天文（2016. 8至今，正处级） 陈炯仁（2016. 8至今） 委　员：王志强（2016. 8至今） 苏文笔（2016. 8至今） 吴志宏（2016. 8至今） 谢江山（2016. 8至今） 庄　禾（2016. 8至今） 潘向前（2017. 3至今）

第二节　工作机构

一、设立晋江地委直属机关党委时期

1953年6月，中共晋江地委直属机关委员会成立之后，设置地直党委会，为行政编制单位，负责处理地直机关党委日常工作。1954年8月，设立地直机关党委组织部，岳伟玉任部长。1956年7月20日，王一峰任专职组织部副部长；同年8月4日，设立地直机关党委宣传部，张凤鸣任专职副部长。1960年2月1日，启用“中共晋江地委直属机关委员会组织部”“中共晋江地委直属机关委员会宣传部”印章；同年2月20日，启用“中共晋江地委直属机关委员会办公室”印章；同年4月16日，姚文清任办公室主任，许琛树任宣传部副部长。1960年4月，设立专直机关人民武装部。“文化大革命”开始前，地直机关党委设办公室、组织部、宣传部、专直机关人民武装部。

1966年5月“文化大革命”开始后，党政机关受到严重冲击。1967年1月，设立专直机关人民武装部，配备专职武装干部。1968年9月，专区革委会成立后，下设办公室、生产指挥处、政治处，取代地委、专署的原部、委、办、局工作机构的职能。地直机关党委停止办公，工作人员参加学习班学习或去“五七”干校劳动。1971年10月，成立地区革委会生产指挥处政工组。1971年11月，成立晋江地区革委会党的核心小组直属机关工作组。1972年初，生产指挥处政工组改为晋江地区革委会政治处直工组，负责地直党的日常工作。1972年2月，成立晋江地区直属机关党的核心小组，代行使党委职权，日常工作由直工组承担，工作人员从各单位抽调，流动性比较大。1975年10月，设立中共晋江地区直属机关委员会，撤销晋江地区直属机关党的核心小组。同年12月，撤销直工组。

二、设立晋江地区直属机关党委时期

1976 年 1 月，地直机关党委会挂牌办公，在编工作人员由原直工组部分人员转任。1978 年 9 月，地直机关党委配备干部 9 名，其中书记 1 名，组织部 3 名、宣传部 3 名、办公室 2 名。

1979 年 4 月，地直机关党委内设办公室、组织部、宣传部、地直机关人民武装部。陈小芸任组织部部长，王一峰任宣传部部长，陈金发任党委秘书，蔡炳文任武装部部长。1983 年，晋江地区机关机构改革后，地直机关党委配备工作人员 7 名（不含地直纪检会），其中单位负责人 1 名，组织部 2 名、宣传部 2 名、办公室 2 名。

三、设立泉州市直属机关党委时期

1986 年 1 月，中共晋江地区直属机关委员会改为中共泉州市直属机关委员会，为正处级行政编制单位，内设办公室、组织部、宣传部 3 个职能部室和泉州市直机关人民武装部，编制 17 名（含市直机关纪委会 4 名）。1986 年 9 月，市直机关党委制订内设机构工作职责。

1986 年 10 月 6 日，泉州市委、市政府印发《关于下达市级党政机关人员编制的通知》（泉委〔1986〕010 号），市直机关党委会编制 13 名，市直机关纪委会编制 4 名，市直机关团委会编制 2 名，合计编制 19 名。市直团委会编制 2 名放在团市委，实际编制 17 名。

1990 年 11 月 20 日，泉州市编制委员会印发《关于市直机关工会机构编制的批复》（泉编〔1990〕072 号），市直机关工会工作委员会已经市总工会批准成立，同意市直机关工会工作委员会为科级机构，核定行政编制 2 名。1991 年 5 月，市总工会任命郑玉冰为市直机关工会工作委员会专职副主席，市直机关工会工作委员会开始开展工作。

四、设立泉州市委市直机关工委后

1992 年 7 月，中共泉州市直属机关委员会改为中共泉州市直属机关工作委员会，纳入市委编制序列，内设办公室、组织部、宣传部 3 个职能科室和市直机关工会工作委员会、市直机关人民武装部。

1995 年 11 月 30 日，市委办公室印发市直机关工委职能配置，内设机构和人员编制方案，市直机关工委设办公室、组织部、宣传部 3 个职能科室和市直机关工会工作委员会、市直机关人民武装部。核定市直机关工委行政编制 17 名（含市直纪工委 4 名），其中：书记 1 名、副书记 2 名、市直纪工委书记 1 名、科级领导职数 6 名（含市直纪工委副书记 1 名）。按规定核定工勤人员事业编制 2 名。

1998 年 12 月，成立泉州市直业余党校，为正科级事业单位，挂靠市直机关工委，暂定编制 2 名。张敬尊兼任校长。

2002 年，市直机关机构改革，保留市直机关工委，为正处级，内设办公室、组织部、宣传部 3

个职能科（室）和市直机关人民武装部、市直机关工会工作委员会，下设市直业余党校。行政编制13名，其中书记1名，副书记2名，工委委员（副处级）4名（一般兼任内设机构正职领导，其职数包含在内设机构正职领导职数中），科级职数5名（含由工委委员兼任的部室领导）。机关工勤人员2名（事业编制）。市直纪工委行政编制4名。编制数不含1998年12月已核定市直业余党校事业编制2名。

2007年5月，撤销市直机关工会工作委员会，成立市直机关工会联合会。陈炯仁任主席，曾达坤任常务副主席，林黎明、许玉斌任副主席。

2011年2月15日，市委机构编制委员会办公室同意增加市直机关工委1名正科级领导职数，用于配备工委机关党总支专职副书记。至2012年12月，市直机关工委内设办公室、组织部、宣传部（挂市直机关精神文明建设办公室牌子）3个职能科室和市直机关工会联合会、市直机关人民武装部，下设市直业余党校（参照公务员管理事业单位）。编制总数21名，其中行政编制17名（含市直纪工委4名）、事业编制（参照公务员法管理）2名，机关工勤人员（事业编制）2名。

2016年8月1日，泉州市委统战部、市直机关工委向市委编委报送《关于设置市委市直机关工委统战部的请示》，为贯彻落实《中国共产党统一战线工作条例（试行）》和福建省实施细则，根据泉州市委办公室泉委办发〔2016〕11号、33号文件精神，参照省直机关工委统战部设置，设置市直机关工委统战部，进一步加强市直机关统战工作。

2016年12月，市直机关工委核定编制25名（行政编制21名、参公事业编制2名、工勤编制2名），现有24名（行政编制21名，参公事业编制2名，工勤编制1名）。配备科级领导7名（含处级干部兼任3名，不含纪工委副书记、委员2名），科级非领导职数3名。

2017年5月5日，市委机构编制委员会批复，同意在市直机关工委内设机构“宣传部”加挂“统战部”牌子，相应核增科级领导职数1名。

第三节　工作队伍

一、设立晋江地委直属机关党委时期

1953年6月，地直机关党委成立后，配备专职工作人员。根据不同时期为完成地委部署的中心任务，抽调人员参加地直机关党委工作。至1968年9月晋江专区革委会成立时，据不完全统计，曾在地委直属机关党委工作过的在编（非在编）人员和借调人员：孟进城、申万江、江琦、靳连才、岳伟玉、张健、王文芳、张凤鸣、王一峰、姚文清、许琛树、张玉英、钟天骥、苏加祥、康桂法、梁挺秀、许光镇、王学连、彭丁等人。

二、设立政工组、核心小组、直工组时期

1971年10月至1975年10月，据不完全统计，曾在晋江地区革委会生产指挥处政工组、晋江地

区革委会党的核心小组直属机关工作组、晋江地区革委会政治处直工组、晋江地区直属机关党的核心小组工作过人员：孙思德、王文芳、郑博、郑奇、王一峰、陈金发、蔡春水、吴雪峰、吕荣专、苏礼河、叶惠卿、杨拱照、朱金凤、吴天培、谢嘉壁、叶晋丁、黄景辉、吴海德、吴业伟、杜德哲、张铁生、朱桂生、庄振辉、王声敨、苏澄基、陈和、徐春暄、施德辖、曾祖锡、徐金土等人。

三、设立晋江地区直属机关党委时期

1975 年 10 月至 1978 年 12 月，曾在地直机关党委工作过的人员：石延明、宋仁东、靳三军、曾子谅、王一峰、陈小芸、陈金发、傅秀英、梁挺秀、张贵川、蔡春水、吴天培、吴雪峰、吴行在、张铁生、许琛树、黄景辉、叶惠卿等人。

1979 年 1 月至 1985 年 12 月，曾在地直机关党委工作过的在编人员：靳三军、庄玉灿、谢镇岳、王一峰、陈小芸、陈金发、张贵川、蔡炳文、孙盛鑫、詹辉乾、吴雪峰、傅秀英、吴天培、梁挺秀、蔡天从、赖育永、吴秋明、罗淋洲、高群峰、陈洪波、傅赞基、郑玉冰。

四、设立泉州市直属机关党委时期

1986 年 1 月，地直机关党委改为市直机关党委，在编干部职工 17 名：庄玉灿、谢镇岳、陈小芸、张贵川、孙盛鑫、詹辉乾、吴雪峰、梁挺秀、傅秀英、蔡天从、赖育永、吴秋明、罗淋洲、高群峰、陈洪波、傅赞基、郑玉冰。

1986 年 1 月至 1992 年 7 月，共有 32 名在编干部职工在市直机关党委工作过：庄玉灿、蔡忠荣、谢镇岳、陈琼、陈围围、骆贯平、陈小芸、张贵川、孙盛鑫、詹辉乾、蔡天从、傅赞基、孙澄元、吴雪峰、傅秀英、梁挺秀、赖育永、吴秋明、罗淋洲、高群峰、陈洪波、郑玉冰、魏怡南、黄英林、曾达坤、林跃进、张伯平、陈顺华、庄木才、李梅英、熊建中、陈丽珠。

五、设立泉州市委市直机关工委后

1992 年 8 月，市委任命市直机关工委书记、副书记时，在编干部职工 21 名：蔡忠荣、陈围围、骆贯平、蔡天从、傅赞基、黄英林、孙澄元、熊建中、郑玉冰、陈丽珠、庄木才、吴雪峰、梁挺秀、赖育永、吴秋明、罗淋洲、曾达坤、林跃进、张伯平、陈顺华、李梅英。

2002 年 10 月，市直机关机构改革后，在编干部职工 19 名：张敬尊、傅赞基、黄英林、赵育斌、熊建中、郑玉冰、陈丽珠、庄木才、赖育永、吴秋明、曾达坤、林跃进、张伯平、陈顺华、陈贤智、王沥萍、许贞丽、潘向前、王志强。

2017 年 12 月，市直机关工委核定编制 26 名（行政编制 22 名，参公事业编制 2 名，工勤编制 2 名），共有 24 名（行政编制 21 名，参公事业编制 2 名，工勤编制 1 名）。

2017 年 12 月，在编干部职工 24 名：黄黎波、郑天文、陈炯仁、王志强、苏文笔、吴志宏、谢江山、庄禾、潘向前、曾艳松、王沥萍、吴金辉、苏彬彬、许静、陈振裕、陈循祥、黄海波、张彩云、陈思思、刘建锋、刘景峰、赵忠欣、吕桂林、杨瑞华。

自1992年8月至2017年12月，共有57名在编干部职工在市直机关工委工作过：蔡忠荣、张敬尊、李世杰、黄春淮、黄黎波、陈围围、骆贯平、蔡天从、傅赞基、黄英林、赵育斌、陈炯仁、吴晓雄、郑天文、孙澄元、熊建中、郑玉冰、陈丽珠、庄木才、王志强、刘玉珊、许贞丽、林明义、吴志宏、谢江山、陈沙龙、庄禾、苏文笔、潘向前、陈贤智、赖育永、曾艳松、吴雪峰、梁挺秀、吴秋明、罗淋洲、曾达坤、林跃进、张伯平、陈顺华、李梅英、王沥萍、吴金辉、林曙铭、苏彬彬、许静、陈振裕、张惠林、陈循祥、黄海波、张彩云、李玫、陈思思、刘建锋、刘景峰、吕桂林、杨瑞华。

其间，签订劳动合同，在市直机关工委工作过的人员9名：骆敏婷、徐淑婷、张妙龄、蒋佩芸、庄惠明、潘宗杰、蔡健君、李柏雕、吴志坚。

1976年1月至2017年12月共计42年时间，先后有74名在编干部职工在地直机关党委、市直机关党委、市直机关工委工作过。

1976年1月至2017年12月在编工作人员名表

表2-6　**（排名以调入时间先后为序）**

姓　名	起止时间	姓　名	起止时间
王一峰	1976.1—1983.7（离休）	傅赞基	1985.8—2004.2（退休）
陈金发	1976.1—1983.8（退休）	郑玉冰	1985.10—2009.6（退休）
吴雪峰	1976.1—1995.12（退休）	魏怡南	1986.1—1987.7（调离）
陈小芸	1976.10—1988.6（离休）	黄英林	1986.10—2015.8（退休）
傅秀英	1976.11—1990.12（退休）	曾达坤	1986.10—2013.8（退休）
吴天培	1977.8—1982.5（调离）	林跃进	1986.10—2017.8（退休）
梁挺秀	1978.8—2002.1（退休）	陈　琼	1986.11—1988.10（离休）
靳三军	1978.9—1983.10（调离）	陈围围	1987.10—1992.8（调离）
张贵川	1979.2—1987.8（调离）	骆贯平	1987.10—1998.5（退休）
蔡炳文	1979.4—1985.4（调离）	孙澄元	1987.11—1997.5（退休）
庄玉灿	1982.1—1992.5（离休）	张伯平	1987.12—2015.5（退休）
蔡天从	1984.3—2000.2（调离）	庄木才	1988.10—2006.12（调离）
高群峰	1984.3—1987.10（出境定居）	陈顺华	1988.10—2015.11（退休）
赖育永	1984.4—2011.9（退休）	李梅英	1990.7—1996.4（调离）
陈洪波	1984.9—1988.9（调离）	熊建中	1991.8—2002.12（退休）
孙盛鑫	1984.10—1990.11（离休）	陈丽珠	1991.12—2009.10（退休）
詹辉乾	1984.10—1989.10（调离）	蔡忠荣	1992.2—1995.6（调离）
谢镇岳	1985.1—1987.10（调离）	陈贤智	1993.8—2007.11（退休）
吴秋明	1985.3—2004.2（退休）	张敬尊	1995.6—2006.5（调离）
罗淋洲	1985.8—1993.7（退休）	王沥萍	1996.4至今

续表 2-6

姓 名	起止时间	姓 名	起止时间
许贞丽	1999. 2—2011. 7（调离）	黄春淮	2011. 8—2017. 12（退休）
潘向前	2000. 2 至今	张彩云	2011. 12 至今
赵育斌	2001. 11—2007. 2（去世）	郑天文	2012. 7 至今
王志强	2002. 11 至今	林明义	2012. 7—2014. 11（调离）
陈炯仁	2003. 7 至今	谢江山	2012. 12 至今
吴志宏	2003. 12 至今	陈思思	2013. 4 至今
吴金辉	2004. 12 至今	李 玫	2013. 12—2017. 5（调离）
林曙铭	2005. 2—2013. 7（调离）	刘建锋	2013. 12 至今
李世杰	2006. 9—2012. 10（退休）	陈沙龙	2014. 11—2016. 1（调离）
刘玉珊	2007. 8—2012. 6（调离）	刘景峰	2014. 11 至今
苏彬彬	2008. 1 至今	庄 禾	2015. 2 至今
许 静	2008. 1 至今	赵忠欣	2015. 10 至今
陈振裕	2008. 7 至今	苏文笔	2016. 4 至今
张惠林	2008. 7—2010. 10（调离）	黄黎波	2016. 8 至今
陈循祥	2009. 9 至今	曾艳松	2016. 12 至今
吴晓雄	2010. 2—2012. 7（调离）	吕桂林	2017. 8 至今
黄海波	2011. 2 至今	杨瑞华	2017. 11 至今

第四节 党组织设置

1953 年 6 月，地直机关党委成立后，工作人员中的党员未单独设置党支部，党员参加晋江地委直属机关群团党支部活动。1962 年 12 月，地直机关党委工作人员中的党员参加晋江地委直属机关党群党总支第三分党支部活动。1972 年初，直工组工作人员中的党员参加晋江地区革命委员会政治处组织组党支部活动。

1976 年 12 月 10 日，成立中共晋江地区直属机关委员会机关支部委员会，由宋仁东、王一峰、陈小芸 3 人组成，宋仁东任党支部书记。1978 年 1 月 18 日，支部委员会由曾子谅、王一峰、陈小芸、陈金发、傅秀英 5 人组成，曾子谅任党支部书记。1979 年 12 月 24 日，支部委员会改选，由王一峰、陈小芸、陈金发 3 人组成，王一峰任党支部书记。1985 年 4 月，蔡炳文任党支部书记，张贵川任党支部副书记。1986 年 1 月，中共晋江地区直属机关委员会支部委员会更名为中共泉州市直属机关委员会机关支部委员会。6 月，詹辉乾任党支部书记，蔡天从任党支部副书记。1988 年 7 月，支委会改选，蔡天从任党支部书记，黄英林任党支部副书记。1992 年 7 月，中共泉州市直属机关委员会机关支部委员会更名为中共泉州市直属机关工作委员会机关支部委员会。1995 年 9 月，更名为中共泉州市委市直机关工作委员会机关支部委员会。

1976 年 12 月至 2017 年 12 月地（市）直机关党委、市直机关工委机关党支部历任书记、副书记名单

书　记：宋仁东、曾子谅、王一峰、蔡炳文、詹辉乾、蔡天从、陈围围、黄英林、王志强、吴志宏、庄　禾

副书记：张贵川、蔡天从、李　玫

2008 年 8 月至 2017 年 12 月市直机关工委机关党总支历任书记、副书记名单

书　记：黄英林、郑天文

副书记（专职）：潘向前、苏彬彬

2008 年 8 月 21 日，成立中共泉州市委市直机关工作委员会机关总支部委员会，由黄英林、王志强、刘玉珊、潘向前 4 人组成，黄英林任党总支书记。2011 年 1 月，潘向前任党总支专职副书记。2012 年 8 月起，郑天文任党总支书记。2012 年 10 月，苏彬彬任党总支专职副书记。

2008 年 8 月至 2017 年 12 月市直机关工委老干部党支部历任书记名单

书　记：庄玉灿、郑玉冰

2008 年 8 月 18 日，成立中共泉州市委市直机关工作委员会老干部支部委员会，由庄玉灿、潘向前、吴秋明 3 人组成，庄玉灿任党支部书记。

第三章　重大工作

中华人民共和国成立后，专直机关党组织围绕地委的中心任务，开展整党工作、“三反”“五反”“肃反”“整风、反右”“反右倾、整风”“社会主义教育”“五反”等运动；开展“落实知识分子政策”“甄别”等工作；支援工农业生产，组织干部参加劳动，发展机关生产，成立机关人民公社，开展定案复查、整党建党、批林整风运动、社会主义劳动竞赛。粉碎江青反革命集团后，开展揭、批、查运动，纠正冤、假、错案，全面整党。开展“讲学习、讲政治、讲正气”教育，开展保持共产党员先进性教育，学习实践科学发展观，进行党的群众路线教育实践和“两学一做”学习教育等活动。

第一节　基本完成社会主义改造时期

一、开展整党工作

整党工作从1951年下半年开始，到1954年春基本结束。专直机关党组织在全体党员中进行一次关于共产党员必须具备的八项条件的教育，特别是关于社会主义、共产主义前途的教育。在此基础上，对每一个党员进行审查和登记，对犯有严重错误的和不够党员条件的党员进行组织处理。

二、开展“三反”“五反”运动

1951年12月至1952年10月，根据中共中央指示和地委部署，在专直机关、单位内部开展反对贪污、反对浪费、反对官僚主义的“三反”运动；在城镇开展反对行贿、反对偷税漏税、反对盗骗国家财产、反对偷工减料、反对盗窃国家经济情报的“五反”运动。运动中组织干部学习，自我检查，发动群众检举揭发。根据政策规定，对贪污人员分别给予党纪和行政处分。运动惩治贪污，改进干部作风，克服官僚主义，密切党和政府同人民群众的关系。但运动中由于政策界限不清，出现“逼、供、讯”现象，后期得到纠正。1953年，开展反对命令主义、反对违法乱纪、反对官僚主义的“新三反”运动，结合处理老“三反”遗留的问题。两次“三反”运动教育了广大党员，党员违纪现象明显减少。

三、开展“肃反”运动

1955年6月，根据中共中央和省、地委指示，专直机关在地委五人小组领导下，开展肃清内部暗藏的反革命分子运动（简称“肃反”）。共分六批进行，1955年开展一批，1956年开展三批，1957年春开展一批，1958年“大跃进”新吸收大批人员后又开展一批，地直39个单位8586人参加“肃反”运动。绝大部分单位结合业务开展，边工作，边学习，“肃反”、业务两不误。个别单位的部分人员比较复杂，脱离工作进行“肃反”，采取集训方式。“肃反”后新吸收人员，采取个别审查方法。“肃反”过程按照材料准备、发动群众、小组斗争、专案定案、复查验收五个阶段进行，地直成立5人小组，负责“肃反”运动的组织领导。

1956年6月，第一批21个单位的“肃反”斗争转入甄别定案阶段，20个单位“肃反”斗争基本结束，第二批开展“肃反”运动的单位大部分已做好准备工作。结合“肃反”运动进行审查干部工作，初步搞清一部分党员和非党员工作人员政治历史问题，澄清政治情况，纯洁队伍。

1959年1月初，地委5人小组召开“肃反”会议部署大复查，地直机关党委恢复5人小组。1月10日，召开70多人参加的“肃反”审干干部会议，各单位建立复查组织。经复查，发现反、坏、刑嫌疑分子87人，占复查总人数的1.2%。

1959年3月，开展“肃反”大复查验收。4月，完成“肃反”大复查验收工作，各单位的“肃反”工作结束。经地委甄别定案2件，刑事犯罪分子17件未定。协助公安部门以社会镇反名义处置6个反坏刑事案件，查清“普反”22个，弄清13起事故，帮助464人弄清各种政治历史问题。根据不同情况分别处理，依法判处徒刑21人、管制18人、开除清洗15人、捕送当地处理1人。

1959年5月2—5日，晋江地委5人小组专直验收组对专直单位“肃反”运动进行验收。

1961年1月至1962年1月，对“肃反”运动进行甄别。核实甄别材料，划清敌我矛盾和人民内部矛盾，将原来“肃反”挂账和审干遗留问题的人进行材料核对，甄别分类，澄清各类干部情况。

四、支援工农业生产

1955—1956年，动员组织党员干部职工响应地委号召，支援农村。保证抗旱播种，抗旱保苗，争取农业丰收，发展多种经济，开展副业生产，保证90%社员增加收入，其余社员不减少收入。1956年7月，抽调290多人下乡，组织40多人组成13个工作组前往各县落实中心工作。各级党组织开展为中心工作服务的思想教育，加强劳动纪律，开展劳动竞赛，确保地委中心任务、部门工作和生产任务完成。

五、落实知识分子政策

1956年初，专直共有单位78个，知识分子1645名，其中高级知识分子83名、一般知识分子1562名。1月下旬，在专直机关从党内向党外贯彻知识分子政策，检查批判党内在知识分子问题上的宗派主义和迁就麻痹倾向。通过学习，认识科学文化和知识分子在社会主义建设中的重要作用，找出存在的问题，并解决一些急需解决的问题。3月，印发《关于地直机关知识分子工作规划意见》，组织学习中央关于知识分子工作的指示，解决党内忽视科学文化、轻视知识分子的宗派主义情绪和右倾保守主义，调查研究知识分子思想、工作、学习、安排使用和生活待遇，加强对知识分子与科学文化工作的领导，改善知识分子的使用安排、工作条件与生活福利。对历史清楚、思想作风正派、有工作能力、能胜任领导工作的知识分子干部大胆提拔使用，贯彻中央《关于高级知识分子每周至少40小时直接从事业务的规定》。做好薪水调整工作，对薪水明显不合理或生活困难很大的知识分子干部，在省规定的范围内进行调整。克服在建党问题上的关门主义倾向，加强在知识分子中的建党工作。截至5月中旬，在知识分子中发展党员57名，其中高级知识分子5名；调整安排使用不当的高级知识分子4名、一般知识分子22名，占使用不当的46%；提拔31名知识分子担任各种领导工作，其中经理、副经理3名，正副科股长23名，工程师、机房主任5名；补助生活困难的知识分子412名，发款9184元。初步改善知识分子的工作、学习、生活条件，加强与新老知识分子的团结，推动工作。

六、开展救灾捐献活动

1956年9月，泉州市遭受二十多年来空前未有的大水灾。专直各单位大力动员，组织抢救，协助解决受灾单位和群众的物资转移、吃饭、住房等问题。参加抢救的干部职工2707人，出动汽车22辆、手推车20辆、木船16只、木桶87个、抽水机1架，抢救出粮食及其他物资价值约230万元，从洪水中抢救出群众1400多人，机关党组织和党员在抗洪抢救中经受住考验，涌现不少模范人物和先进事迹。

第二节 开始全面建设社会主义时期

一、开展整风运动和反右派斗争

1957年5月，专区机关贯彻中共中央《关于整风运动的指示》，从整顿党的作风入手，克服官僚主义、宗派主义和主观主义，正确处理人民内部矛盾。请干部群众包括党外人士提意见，帮助党整风。据统计，在大鸣大放中，群众共提出意见15351条，大部分是正确的，但也有一些意见是错误或不正确的。随着整风运动的开展，极少数人乘机向党和新生的社会主义制度发起进攻。

经过几个月开展说理斗争，转向第三阶段大鸣大放重点整改阶段。至1957年12月上旬，被划分为左派的1372人，占干部职工3184人的43.09%；中间派1439人，占45.19%；中右派259人，占8.13%；右派114人，占3.58%（其中党员40人，占党员总数1109人的3.6%）。

人民日报社发表题为《这是为什么?》的社论后，整风运动转向以处理敌我矛盾为主要内容的阶段。开展反右派斗争。由于反右派斗争被严重扩大化，把一批知识分子和党员干部错划为“右派分子”。

1959—1963年，根据中共中央指示和省、地委部署，先后分5批为部分“右派分子”摘帽并安排工作。1959—1960年，摘掉“右派分子”帽子32人。1961年底，摘掉“右派分子”帽子19人。

1962年，贯彻中央和省委对“右派分子”改造的指示精神，1月6日，举办地专机关“右派分子”训练班，时间2个月至3个月，参加69人，按照端正学习态度、国际形势、国内形势、改造世界观4个单元组织学习。休整学习后，妥善进行安置。

二、组织干部参加劳动锻炼

1958年，根据中央、省委指示精神，专直机关分期分批组织干部下放劳动锻炼，共有行政干部1978人，应下放1037人。1958—1959年，下放锻炼349人（包括下放3个月在内），占应锻炼总数的33.65%。1960年，下放124人；1961年，下放207人；1962年，下放191人；1963年，下放106人。

抽调知识分子出身的党员干部参加劳动锻炼，是培养干部又红又专，贯彻党的干部工作路线的重要途径。1958—1960年，共抽调5批438名干部下放农村参加体力劳动，占应参加劳动干部977名的46.81%。他们在劳动锻炼中增强劳动观念和群众观念，密切干群关系，帮助基层工作，学习基层工作方法，收获很大。

1959年初，根据地委《关于各级干部参加体力劳动的决定》，地直机关党委组织机关干部听取地委领导关于支援春耕生产和干部参加劳动的动员报告，明确干部下放劳动的意义。积极申请下放劳动的占干部总数的98%以上，抽调428人支援春耕，其中197名干部参加地委春耕生产检查团，批准232名干部下放劳动锻炼，其中县级干部10名、党员65名、团员53名、青年知识分子干部144名。这批干部除24名参加本系统工厂工地劳动外，其余209名组成6个劳动队，到人民公社当社员。于2月20日到永春、永泰、德化、仙游、南安、安海进行劳动锻炼。5月20日，29名留下继续劳动，其余调回机关，另换一批干部下去劳动锻炼。11月3—20日，组织干部职工支援秋收冬种，出动6269人次，收割1760亩地的粮食。

1960年3月，执行中央、省、地委关于干部参加体力劳动的指示，从各单位抽调109名没有参加过体力劳动的干部（其中党员40名、团员23名），下放到工农业生产第一线，参加为期一年左右的劳动，分布在永春天湖山等地方。

1964年，贯彻干部每星期参加集体劳动半天的制度，专署党总支统一组织劳动26次，出动近2000个工日，帮助生产队抢收抢种。当年，有393名干部参加过劳动，出动总工数7200多个工日，平均每人18.3个工日。

三、开展“反右倾”、整风运动

1959年8月6日，专直机关开始进行“反右倾，鼓干劲，继续大跃进”的学习。9月17日，全体党员听取地委领导传达中共八届八中全会《关于“为保卫党的总路线，反对右倾机会主义斗争的决议”》。9月23日，分早晚两场向2000多名党外干部、团支委、学生中的团员传达八中全会精神。10月24—28日，党内外全体干部分别听取地委书记张桂如传达省委第十六次全会（扩大）决议的报告。

1959 年 12 月 3 日，地直机关党委向地委报送《关于开展以反右倾、鼓干劲、保卫总路线为中心的整风运动情况报告》。专直共有 4 个基层党委、6 个党总支、79 个党支部，干部 3210 人，因各种原因未参加运动的 502 人，实际参加运动 2718 人。

在普遍提高基础上，各单位进行一次社会主义建设积极分子评选工作。每一个干部制订红专规划。运动的结尾，对各类分子认真核对材料，做好定性结论和组织处理工作；对严重右倾思想和严重个人主义问题不做处理的进行鉴定；对一般右倾的要写检讨材料，但不搞人人过关，没有右倾的要写学习心得。

“反右倾”运动受过批判、斗争和处理 356 人。受各种处分 48 人，其中 11 人受党团组织和行政双重处分。开除党籍 7 人、留党察看 9 人、党内严重警告 8 人、党内警告 7 人、开除团籍 3 人。

1960 年 4 月，根据省委《关于反右倾斗争中各类分子区分界限和处理原则》，进行研究排队，提出处理意见 41 人，其中开除党籍 6 人、留党察看 11 人、撤销工作 2 人、严重警告 9 人、警告 2 人、免予处分 11 人、尚有 9 人处理待研究。6 月，反右整风运动中揭发出来的各类分子处理问题，经过领导小组研究，平衡政策，已审批结束。属于敌我矛盾 14 人，都给予处分；属于内部矛盾 39 人，应受处分 22 人、免予处分 17 人。1962 年，开展甄别工作时，列为漏网右派 7 件、不纯分子 7 件暂不甄别，实际甄别 342 件，属于基本错和全错的 315 件，占 92.1%；属于部分错的 17 件，占 4.91%；属于正确的 10 件，占 2.93%。

1961 年冬，根据地委指示精神，开展对几年来错案的甄别平反工作。

四、成立机关人民公社

1958 年“大跃进”开始，在农村实现人民公社化的同时，出现城市人民公社。专直机关人民公社是在原来专区直属单位范围基础上，以干部、职工为主体，吸收家属参加而组织起来的。成立不久，投入全民炼铁运动，组织家属参加生产，办工厂 3 个、缝纫组 2 个、洗衣组 1 个、托儿所 4 个、服务部 3 个，412 名妇女参加生产或工作，由消费者变成生产者。

1960 年 5 月 30 日，为了巩固、发展和提高人民公社，地直机关党委制订《关于发展机关人民公社初步方案》，提出机关人民公社的性质、特点和对象；所有制和管理体制；组织生产，建立社、队经济；分配；发展集体生活福利和文教卫生事业；全民皆兵；组织领导。之后，对机关人民公社进行一次整顿，宣传机关人民公社的意义、性质、优越性，成立机构，配备专职和兼职人员，建立工作制度，组织生产。机关人民公社，由地直机关党委领导，大队设基层党委会、分党委或党总支，生产队设党支部。

五、发展机关生产

1959—1961 年，国民经济遭遇严重困难，农业生产减少，口粮标准降低，群众生活发生困难。专直机关成立生产领导小组，胡笛任组长，王文芳、朱汉增任副组长，开展粮食、蔬菜、畜牧、煤、铁等生产。

1959 年，响应地委养猪号召，以养猪为主，发展畜牧业，专直机关新建、扩建养猪场、畜牧场 21 个，毛猪头数由年初 331 头增加到年末的 1795 头，牛 58 头、羊 69 头，鸡、鸭、兔 3267 只。为了解决养猪饲料问题，大搞开荒种菜，建立饲料基地 330.6 亩，政法党总支种菜 67.14 亩，收成 219594 斤，除自给外，出售 69341 斤。专区公安处基本实现猪肉、蛋品、蔬菜三自给。

1960 年 2 月 7 日，地直机关党委召开会议，传达地委扩大会议《关于发展畜牧业生产的决议》，提出发展猪、牛、羊等畜牧的规划。至 3 月 18 日，共种南瓜 72520 株，共种地 687.17 亩。开荒地 270.02 亩。生猪 2160 头、牛 60 头、羊 112 头、鸡、鸭、鹅、兔共 2201 只。5 月，贯彻“自力更生，以土为主，从土到洋，由小到大，土洋并举”生产方针，按照业务系统建立一、二、三立方米的炼铁高炉 10 座，总容积 34 立方米。抽调干部、学生 345 人，并从各县抽调 671 人，共 1016 人，进行基建，备料和生产。政法炉于 5 月 12 日开炉，产铁 35 吨；财贸炉、地专炉于 5 月 24 日、25 日开炉生产。5 月 25 日，地直机关党委召开干部大会，参加 300 多人，布置突击开荒运动。至 5 月 31 日，共出动 6469 人次，在紫帽山和清源山开垦梯田 543.47 亩，插上地瓜苗 485.17 亩，占开垦总数 86.6%。养猪业也有一定进展，共有生猪 2417 头。7 月，生猪存栏 2823 头、家禽 6001 只。建立饲料基地 937 亩，生产饲料 1761 担。12 月，共有土地 1151.48 亩，其中开荒土地 391.4 亩，生产地瓜 212387 斤、蔬菜 475475 斤、其他副产品 246632 斤，下乡支援农业 3119 人次。

1961 年 7 月，共有土地 964.19 亩，其中开荒地 587.94 亩、原耕地 376.25 亩。1961 年上半年，收获粮食 83802 斤（原粮），花生 17839 斤，瓜菜 1459756 斤。畜牧和家禽家畜共 3315 头（只）。鱼池 11 个，养鱼 11535 条。组织专业队，办机关小农场 19 个，共有土地 616.37 亩，畜牧家禽家畜 1719 头，农场共有 194 人，其中在职干部 25 人、长期下放劳动 21 人、短期轮流劳动 40 人。8 月 11 日，地直机关党委印发《关于进一步贯彻大办农业、大办粮食生产的意见》，提出下半年生产发展计划。1961 年，全年生产粮食（包括杂粮）305024 斤，平均每人 25 斤；蔬菜及瓜类 1727970 斤，平均每人 144 斤。职工的生活有所改善，有的单位把一部分蔬菜支援国家市场，同时卖一部分生猪支援国家出口。

开展生产运动，在思想上加强干部劳动观念和群众观念，锻炼了干部。劳动创造财富，增加粮食和副食品，改善生活，机关人员健康情况好转，患水肿病的减少，胜利渡过困难时期。但存在不从实际出发，追求形式，不求实效，使经济上受到一些损失；占用社、队土地，平调社、队的一些物资，影响工农联盟关系。

六、开展技术革新运动

1960 年初，省、地委召开技术革新和技术革命电话会议后，专直各单位开展技术革新和技术革命运动。提合理化建议 8496 条，革新机器 4480 件，其中自己创造 1299 件、仿制 1935 件、仿制改进 1246 件；举办技术革新展览，展出 10 天，观众 1 万多人，参展机器 1191 件，其中自己创造 491 件、仿制 354 件、仿制改进 346 件，其中有推广价值的 149 件。

七、开展爱国卫生运动

1960年4月1日，根据中央爱国卫生委员会和卫生部《关于开展春季爱国卫生运动大检查的通知》，专直机关开展全民总动员，人人齐动手，大搞爱国卫生运动。迅速掀起除害灭病的群众运动，奋战半个月，实现中央关于除害灭病第三步要求。杜绝四害孳生地，彻底消灭残存“四害”（鼠、蝇、蚊、臭虫）。食堂做到“四净”（饮水、食物、工具、室内外）“六无”（无积水、污水、垃圾、蝇、蚊、臭虫、蟑螂）“三热”（饭、菜、汤）“三要”（卫生要专人管、检查评比要定时、卫生工作要经常）。幼儿园、托儿所、娃娃组做到“五好”（吃、睡、玩、健、教）“一无”（无传染病）。

地直机关党委成立指挥部，党总支、党支部成立指挥所或领导小组，书记挂帅，行政具体负责，分三个战役：第一战役主要解决孳生地、厕所、水沟、猪牛栏的处理；第二战役彻底消灭孳生地，并喷射药物，达到中央第三步要求，党总支进行检查验收；第三战役随时发现四害随时扑灭，养成人人讲卫生习惯，制定卫生制度，使卫生工作转为正常化。

八、开展救灾、捐献活动

1960年5月，正当全区开展煤铁、粮食两大战役的时候，发动职工捐献衣物及日常生活用品，支援各县上山的煤铁队伍，共捐献衣服、物资7261件。地直机关党委组织3个“煤铁慰问支援团”，随带捐献物品、1000多封慰问信和电影队，到5个县、12个基地进行慰问。5月12日，为支援尤溪专区灾区人民，发动34个单位，682名炊事员、干部加工面粉24900斤，做成馒头34980斤，运往被洪水围困的灾民手中。捐献衣服14678件、人民币366.2元，抽调10名干部，带着物资和干部职工写的4053封慰问信，参加地委组织的慰问团前往尤溪慰问。6月9日，强台风卷着暴雨袭击泉州地区，专直成立抢救突击队2540人、后勤队68人，分3路参加抢险救灾。1路抢救本单位仓库和物资，1路支援外单位，1路保护防洪堤。抢救物资2022吨、木材4361立方米、毛竹300根、机械22台、饲料1万斤。帮助外单位抢救粮食480吨、木材2230立方米、毛竹800根，其他物资324吨。专区航管总站派出1条汽船，抢救被洪水围困的490多名灾民。出动3665人，冒着强台风，装沙运土，为防洪堤加高加厚，把洪水挡于堤外。

九、开展甄别工作

1961年，根据中央《关于加速进行党员干部的甄别工作的通知》精神和省、地委部署，经过甄别和复查属于批判、处理全错和基本错的，宣布一律平反，其中即使有些轻微错误的也不留尾巴，甄别结论力求简要，是非分明。凡是受过批判处理没有材料的，不再整理材料，由原批判的组织口头宣布平反；对原有整理材料的，要整理材料，写出结论；对属于抵制“五风”和怀疑三面红旗的问题，经过对照政策，可以分清是非的，只写一份简要结论材料。

1961 年 9 月 27 日，地委甄别工作会议结束以后，专直各党委、党总支组织所属党支部对 1957 年以来党员干部受处理，尤其是对“反右倾”中受重点批判和处理的案件进行甄别。

1961 年 12 月 23 日至 29 日，地直机关党委召开党总支、党支部书记和甄别专职干部会议，进行 5 天培训。按照“先易后难，先近后远，先领导后一般”原则，开展甄别工作。截至 1962 年 4 月底，已开展甄别工作的 94 个党支部，尚未开展的 4 个党支部。近几年批判和处分的案件 347 个，需要甄别的案件 252 个，已甄别结束的案件 126 个，占甄别总数的 50%；已写好结论和办好手续待党总支研究的案件 69 个，占甄别总数的 27%；正在进行甄别的案件 38 个，占甄别总数的 15%；尚未开始甄别的案件 19 个，占甄别总数的 7. 5%。

1962 年 1 月，根据地委指示，专直机关对 1958 年以来“双反双比”“反右倾”“拔白旗、插红旗”以及工交、财贸、卫生系统的“三反”整风运动等批判处理的 872 个案件进行甄别工作，至 5 月份结束。甄别结束 832 个案件，占应甄别案件的 95. 4%。甄别结果：原批判处理完全错了或基本错的 779 件，占已甄别总数的 93. 6%；部分错的 26 件，占 3. 1%；正确或基本正确的 27 件，占 3. 3%。6—9 月，开展以查错漏和做好思想团结为重点的甄别复查工作，发现与解决属于应甄别而漏掉甄别 84 个案件，修正甄别结论上不该留尾巴而留尾巴的 35 个案件，是非不清措辞不当 5 个案件；纠正宣布工作上没有按照原批判范围宣布平反纠正和平反后工作安排不当，工资没有补发的 13 个案件。深入进行思想工作和团结工作，党委、党总支、党支部共召开 36 次被甄别对象、原运动积极分子座谈会。单位领导与平反后仍有不同意见的 164 名甄别对象个别谈话。甄别复查工作贯彻党的政策，平反纠正错误批判处理的案件，分清是非，发扬民主，加强团结，调动积极性。

至 1962 年 11 月 30 日，列入甄别范围的 840 件，均已甄别结束。属于基本错和全错的 796 件，占甄别总案件的 94. 26%；属于部分错的 17 件，占 2. 02%；属于正确的 27 件，占 3. 22%。减轻处分的 2 人、不予处分的 19 人、恢复职务 10 人、补发工资 10 人、下放劳动收回 3 人。“双反双比”，插红旗受过重点批判、斗争和插上白旗的 479 人，全部是错案，1962 年甄别时全部平反。

1962 年 4 月开展甄别工作进度情况表

表 3-1

单位名称	近几年处理案件情况			进度情况			
	总案件数	应甄别案件数	其中应报地直党委审批案件	已结束案件数	已写好结论待审批案件数	正在开展甄别案件数	尚未开展甄别案件数
党群党总支	48	36	10	21	5	5	5
专署党总支	72	64	21	14	29	15	6
政法党总支	9	9	9	0	6	3	0
交通党委会	15	15	4	11	0	1	3
建筑公司党委会	60	20	6	19	0	1	0
师院党委会	19	19	1	19	0	0	0
商业党总支	70	54	5	14	28	8	4
邮电党总支	2	2	2	0	0	0	0

续表 3-1

单位名称	近几年处理案件情况			进度情况			
	总案件数	应甄别案件数	其中应报地直党委审批案件	已结束案件数	已写好结论待审批案件数	正在开展甄别案件数	尚未开展甄别案件数
报社党总支	15	15	3	11	0	3	1
卫生党总支	37	18	8	15	1	2	0
合　计	347	252	69	124	69	38	19

1963—1964 年，对在“反地方主义”中受牵连的干部进行甄别，当时认定地方主义的依据是不存在的，性质定错了，进行平反，分别给予恢复党籍、公职，重新安排工作。

十、支援抗旱

1963 年春旱严重，根据地委 3 月 21 日“重新发动群众，开展更大规模的抗旱斗争”指示精神，4 月 1 日和 4 月 7 日，地直机关党委分别召开党支部书记会议，传达地委紧急电话会议精神和地委书记张德贞给地直机关党委的直接指示，在干部职工中进行思想发动，提高认识，统一思想，从人力、物力、技术、业务 4 个方面支援抗旱斗争。人力方面，抽调 76 名人员参加地委抗旱工作组，到各县参加抗旱，抽调 252 名干部下乡，结合业务推动抗旱，222 名专搞业务的干部逐步转到抗旱。4 月 9—20 日，出动干部、工人、学生支援抗旱 2477 个劳动日，帮助 3 个县、7 个公社、18 个大队挑水抢种大豆、花生 20 亩，收割麦子 31 亩，插秧 7.5 亩，车水、戽水 174 亩，挖沙坑、水井 38 个，挖渠道、修水沟 14 处。物力方面，拿出部分物资，支援生产队抗旱，借给抽水机 5 台、动力机 1 台、消防车（代替抽水车用）1 部、杉木 20 条、吊桶石 12 块。技术方面，派出技术工人帮助安装抽水机、动力机等设备。业务方面，供销、商业部门清理库存物资，组织货源，供应给各县抗旱物资：毛竹 36000 支、桐油 1001 担、水浪竹 14526 支、棕片 111 担、黄麻 550 担、竹篾 3000 担、水车原料 15 万件；石油 255 吨、机油 19 吨、照明用具及医药用品 35000 多元、水利排滞机械零件 42000 多元，调拨 5 万多担水产品，增加社员在抗旱中的副食品供应；抽调 51 名医务卫生人员，开展防疫灭病工作；运输部门优先承运抗旱物资 5708 吨。人民银行中心支行发放贷款 355 万元，其中长期无息贷款、短期农业贷款 279 万元。

十一、开展干部鉴定工作

1963 年 1—3 月，专直各级党组织开展 1962 年年终干部鉴定工作。应参加鉴定的 3444 名干部（不包括建筑公司干部 230 名），实际参加鉴定 3216 名，占 93.4%。未参加鉴定 228 名，其中地委副部长、专员以上 28 名，科局长、经理 50 名，其他干部 150 名。通过鉴定进一步全面了解和熟悉干部，为培养提高干部素质提供基础，绝大多数干部质量是好的，经受住几年严重困难考验；进一步密切人与人之间的关系，加强团结；组织性和纪律性得到加强，工作积极性进一步提高；每个干部做认真全面回顾，肯定成绩和缺点，认识问题和优点，明确努力方向，懂得应当发扬什么、克服什么、注意什么。

十二、开展社会主义教育运动

1963—1965 年间，党在部分农村和少数城市基层开展社会主义教育。2 月至 3 月 8 日，专直机关开展社会主义教育工作。召开报告会，听取地委书记李英贵《关于开展社会主义教育运动的报告》，2300 多人参加。学习周恩来在华东农业先进分子代表会上的讲话和学习“雷锋模范事迹”。教育根据机关特点和上级要求，采取正面教育，提高认识方法；对照周恩来报告的“八先八后”，检查思想和工作上的缺点。专署机关党总支结合实际提出“七提倡七反对”：即提倡社会主义，反对资本主义；提倡政治挂帅，反对雇佣观点；提倡公私分明，反对多吃多占；提倡尊法守法，反对违法乱纪；提倡团结互助，反对自由散漫；提倡爱护公物，反对损公利己；提倡认真负责，反对马虎应付。教育中，组织参观泉州市举办的阶级教育展览馆和专区对敌斗争展览馆。通过社会主义教育，恢复、建立、健全规章制度，促进机关各项任务完成。

十三、开展增产节约运动

1963 年 2 月，在社会主义教育和反修正主义学习基础上，开展增产节约运动。7 月，地委书记张桂如对专直机关增产节约运动作出批示，运动进入高潮。7 月上旬，召开专直机关党支部书记会议，学习彭真在全国工交企业座谈会上的讲话和人民日报“一本大账”社论及 3 篇通讯，省第五建筑公司等 5 个企业单位发言，交流开展运动的情况和做法。7 月中旬，再次召开党支部书记会议，地委、专署两个单位汇报运动开展情况，对运动进一步部署。运动大体分三步：学习文件，提高认识；揭发铺张浪费，结合整改；整顿建立各种制度。

运动自始至终坚持思想发动，进行增产节约教育，扭转各种不正确思想和态度。在思想发动基础上从“一厘钱”入手，发动群众查浪费、查漏洞、找原因，采取小组座谈和大字报形式，进行鸣放，揭发浪费问题。据 15 个党委、党总支统计，共揭发 4516 个浪费现象。采取领导与群众相结合方法进行整改，组织专门力量，清财清物清账，并处理“三清”物资；对机关财务制度、财产管理、食堂管理提措施、定制度，加强行政管理，压缩开支；找节约门路，自制自修用具，回收废品，废品新用，找代用品，节约资财；调整职工，合理使用人员，减少人员浪费；取消特殊照顾，凡属中央明文规定照顾范围以外的，全部取消，地委会“小食堂”取消，泉州市特殊照顾的猪肉、水产、蛋品取消，专署科局长的小灶，不分职别，一视同仁；企业加强经济核算，建立责任制，紧缩开支，增加盈利。通过运动，干部职工树立勤俭建国、勤俭办一切事业思想；发扬艰苦朴素，奋发图强优良传统和作风；堵塞浪费漏洞，整顿机关制度；厉行节约，增加生产，提高质量，降低成本，增加企业盈利。但也存在揭发问题多，整改问题少，运动中紧了一阵，运动后松下来；整改中制订的制度落实不够。10月，增产节约运动告一段落。

十四、支援农业和巩固集体经济

1963年，服务中心工作，支援农业和巩固集体经济。上半年，旱情十分严重，地委领导几次向专直机关领导干部和全体干部作抗旱斗争的动员报告，贯彻地委书记张桂如对地直机关党委抗旱生产3条批示。明确机关党委的工作范围和任务，是在地委直接领导下，为地委做助手，组织与动员地委所有直属各部门、各单位贯彻执行地委的指示和决议，保证完成地委在各个时期的中心任务，业务置于以农业为基础，以工业为主导的轨道上来。在制订计划和实际工作中把支援农业和集体经济放在第一位，从物资、财政、技术、组织领导、人才等方面支援农业生产。银行发放农业贷款1574万元。物资部门调拨发电机、柴油机、抽水机757台、水泥1100多吨、钢材150多吨、木材1200立方米。生产资料部门调进化肥43600多吨，比1962年增加224.7%，拨给农村，调拨农药2223吨，比1962年增长155.5%。此外，供应大批水浪竹、毛竹、水车、桐油、戽桶、棕片等农业物资和农具。商业部门供应五金交电类物资78万元，抗旱用机油2134吨。运输部门对抗旱物资优先承运，全年运输农业物资265481吨，占总运量的57.47%。农业管理部门派出技术干部下乡进行技术帮助，全年共写出39篇土壤水分技术资料、病虫情报19期，向各地介绍推广。专直机关、财贸、卫生等单位共抽调1243名干部和技术人员下乡，占单位总人数的46.7%，参加地委、专署抗旱检查组，深入生产第一线调查研究，参加生产，指导业务。留在机关工作的人员，除年老体弱外，轮流到市郊社、队参加收、种、积肥、除草、修水利、车水。5—9月，每天出动200多人，在晋江金鸡桥下挖砂沟、堵江截流。不少单位在不违反物资管理制度原则下，拿出部分物资支援所在地社、队抗旱。有的单位不仅借给抽水机，还派出技术人员帮助安装和管理，农林水党总支组织干部清理垃圾和土肥1720担送给生产队。通过一年来干部参加集体生产劳动，受到一次社会主义思想教育和劳动锻炼，密切党群、干群关系。

十五、开展“五反”运动

1964年3—10月，根据地委工作部署，专直机关、单位开展“五反”运动（反对贪污盗窃、反对投机倒把、反对铺张浪费、反对分散主义、反对官僚主义）。组织学习中央农村工作“十条决定”和“十条规定”文件、反修提纲、中央关于开展增产节约和开展“五反”运动的指示。在提高思想认识基础上，以解放军、大庆油田为镜子，找差距，先党内后党外，吸取群众意见，改正缺点，改善作风，进行“洗手洗澡”。党组织内部找差距做检查，统一思想，提高认识。召开中层干部会议或党员大会听取意见，进一步提高认识。召开干部职工大会，领导干部“下楼检查”。以阶级教育为主，以解放军、大庆油田为榜样，开展群众性自我教育，进行回忆对比教育，放下包袱，轻装上阵，解决立场、观点和思想作风方面问题。有的单位结合“五反”运动，开展“四清”（清物资、清账目、清资金、清悬案）。开展反对贪污盗窃，反对投机倒把方针政策教育，解除思想顾虑，端正态度，发动有问题干部坦白，对暴露出来的问题组织专案调查。进行整改，建立健全规章制度。

第三节 “文化大革命”时期

一、开展两条路线斗争教育

1970年3月，专属单位开展两条路线斗争教育。3月17—18日，晋江专区革命委员会直属办事处组织专区百货站、专区五交站、专区木材分公司3个点的职工大会，由专区革委会组织杨克敏作“提高路线斗争觉悟，团结起来，共同对敌”报告，9个单位2000多人参加。之后，又组织6场10000多人参加的报告会。专属各单位组织各种类型讨论会、谈心会，进行两条路线斗争教育。

二、开展整党建党工作

1970年8月，经过开展路线教育、清理阶级队伍、“一打三反”运动，专直党组织分期分批开展整党建党工作。8月，泉州电厂开始整党。11月，福建汽车第一团等单位党组织开展第一批整党。

1971年10月底，召开各单位领导人会议，传达贯彻晋江地区组织工作会议精神，逐个单位审批整党建党计划。11月初，第二批整党开始。11月底，在泉州电厂召开经验交流会，晋江军分区副政治委员杨寿之讲话，进一步推动整党建党工作。整党重点放在思想整顿上面，开展大批判，斗私批修，自我革命。

在组织整顿时，严格执行福建省革命委员会政治部《对暂缓恢复组织生活的党员的处理意见》，尽量缩小暂缓恢复的面，单位评议结束，都由直工组会同组织组及业务主管部门严格审批。至1972年4月，整党工作全部完成，74个党支部都经过整顿，1880名党员受到教育，1962名党员恢复党的组织生活，占党员总数的98.51%；18名党员暂缓恢复组织生活，占1.49%，经过补审或内查外调，弄清问题，陆续恢复组织生活。

在整党中抓紧建党工作，各级党组织组建任务数由1972年初的46%发展到年底的97%，52个单位的党组织组建工作全部完成，应建的6个党委、1个党总支已建立，应建党支部76个，已建74个。

在整党中抓紧领导班子建设。在对原有的核心组领导班子保持相对稳定的基础上，充实、加强、调整，经过选举，原来133名核心组成员除调动10名以外，有115名参加新领导班子。落实党的干部政策，让已“解放”的领导干部参加老、中、青三结合，培养新干部，地直单位368名党委、党支部委员中原来的领导干部（不包括中层）113名、占30.4%，新干部72名、占19.6%。

三、建立生产基地

1970年，根据毛主席“五七”指示，专属各单位普遍建立生产基地，“以粮为纲”，种植粮油作物和蔬菜。至8月，开荒造田458亩，养猪272头，收成早稻47839斤、大豆10970斤、蔬菜41110斤。晋江专区养路段、反修医院已基本做到蔬菜自给，不少单位扩大晚稻种植面积。

四、开展定案复查工作

1971年，地委在安溪召开现场会，之后地直各单位召开4次定案会议，学习党的政策，交流经验，推动定案处理工作。根据重证据、重调查研究，贯彻坦白从宽、抗拒从严和给出路政策，做到定性准确，处理恰当，结案599人，完成72.5%。不少单位完成定案工作，正在进行复查。有的单位复查工作已结束，已结论案件，政策比较落实，群众比较满意，本人口服心服，不服申诉的很少。

1972年2月起，对1968年以来开展清理阶级队伍、整党建党、“一打三反”和“清查”“五一六”运动中处理和待结案等问题，积极慎重地进行定案处理，坚持重证据，重调查研究，严禁逼供信，严格区分和正确处理两类不同性质矛盾，扩大教育面，缩小打击面，坦白从宽、抗拒从严和给出路的政策，调动一切积极因素，团结一切可以团结的人，尽可能将消极因素转变为积极因素。

1972年底，原有省、地管干部108名，已“解放”107名，占99.07%，除自然减员6名外，安排工作97名；原有科、股级干部318名，大多数得到适当安排使用，91名定职定位。对干部进行全面历史分析，对待犯过错误的干部实行“惩前毖后，治病救人”方针，及时解放，适当安排，合理使用。在发挥老干部作用的同时，培养新干部，安排使用原有中层干部，根据德才表现、业务专长和工作需要安排适当岗位。

五、落实知识分子政策

1971年，全面、历史、辩证看待知识分子，分清技术人员参加企业管理与“专家治厂”、钻研技术与技术挂帅、使用有政治历史问题的知识分子与重用坏人的是非界限，落实党的知识分子政策。1972年底，地直单位有各种技术人员913名，其中工程师、农技师、主治医师以上职称的36人，绝大多数已安排在适当岗位，有些被选进领导班子，参加管理工作。知识分子比较集中的第一、第二医院，多次组织巡回医疗队到山区、农村为群众治病，发挥知识分子专长。

六、开展思想和政治路线教育

1972年，开展批修整风。先后4次传达贯彻中央批修整风文件，开展对林彪反革命集团的批判，揭露林彪反革命集团的阴谋活动。在批修整风中，组织干部职工认真看书学习，掌握马克思主义立场、观点和方法。反复学习中共九届二中全会以来毛泽东一系列重要指示和中央文件，进一步从政治上、思想上、理论上批判林彪的反革命纲领。通过批修整风，干部职工认识到看书学习的重要性，从而提高学习的自觉性，各单位领导抓学习，坚持学习制度，攻读马列的书，取得一定成效。输送一批中层以上干部参加省、地委党校轮训学习，在职干部职工比较系统地学习《共产党宣言》《国家与革命》《实践论》《论人民民主专政》《关于正确处理人民内部矛盾的问题》等马列和毛泽东著作。思想政治路线教育使干部职工加深对党的基本路线的理解，接受一次深刻的路线教育，提高改造世界观的自觉性。

七、开展社会主义劳动竞赛

1972年，各单位发动群众开展社会主义劳动竞赛，开展工业学大庆、农业学大寨、各行各业支援农业的群众运动。工交战线工厂企业开展工业学大庆群众运动，提高劳动生产率和产品数量、质量，降低成本和原材料消耗，完成经济指标，绝大多数单位完成和超额完成全年生产任务，有的单位改变亏损面貌。物资单位完成调运供应，进货销售总额比1971年有较大增长。财贸单位贯彻发展经济、保障供给方针，超额完成经济指标，购销有较大增长。医疗卫生单位开展巡回医疗、疾病防治、农村水改、粪改，改进医疗作风，提高医疗质量，病人死亡率和传染病发病率下降。宣传、文化、教育、外事单位在宣传毛泽东思想，印制发行毛泽东著作，开展对敌斗争，进行教育改革，团结港、澳、台同胞和华侨等方面作出成绩。农科、水文、水利、气象等部门主动为农业生产服务，在灾情严重情况下，为粮食增长贡献力量。

八、开展调整工资工作

1972年，“文化大革命”开始后第一次调整工资。完成地直46个单位3980名干部职工调资工作，其中调高二级有535名。学习传达中央指示精神，用回忆对比方法进行教育，使干部职工认识到这次部分工作人员和工人工资调整，是党对干部职工的关怀，体现社会主义制度优越性。通过讲贡献、讲干劲、讲团结、讲进步，正确对待生活待遇问题，发扬共产主义风格。在提高觉悟基础上，发动群众，发扬民主，落实政策，顺利完成调资工作。

第四节　社会主义现代化建设新时期

一、开展揭批查运动

1976年12月25日起，开展揭、批、查与江青反革命集团有牵连的人和事运动。至1984年11月，专直机关共审查222人，经过全面复查后定为严重错误的5人，其中，开除党籍3人、撤销党内外职务1人、留党察看1人；定为一般错误的9人，其中劝其退党1人、不予处分的8人；定为说错话、做错事的208人，全部不予处分。

二、开展纠正冤、假、错案工作

1977年9月，开始纠正冤、假、错案。1978年5月，开展落实政策工作，至1979年5月，基本完成落实政策任务。对地直机关“文化大革命”中被立案审查处理的1246件案件，进行全面复查。属于冤假错案的129人，分别召开会议给予彻底平反昭雪，对非正常死亡的45人，该补员的补员。发补助费、补工资的74人，金额64468元。平反未立案被戴上反军（队）倒韩（先楚）帽子的234人。按照中共中央〔1979〕55号文件精神，对原被错划为“右派分子”的154人，除11人还在复查，2人拟不予改正外，已全部改正。对清查“两打”案件定案处理问题，按照中央“二十字”要求，严格区分两类不同性质矛盾，进行反复复查和研究、结论定性、处理工作，725个案件已处理479个，占66.06%。对犯过错误，经过教育帮助，已认错改正表现较好的166人，由组织部门安排工作。但存在有的老干部被打成江青反革命集团的帮派头目，由政法部门判刑的问题（后来平反）。还有33.94%案件尚未处理。

1979年4月，贯彻中共中央〔1979〕49号文件精神，对被错划“右派分子”问题进行纠正，对3名被开除党籍的党员恢复党籍，对1名取消候补党员资格的恢复候补党员资格，办理转正手续。当年，共为12名被错划为“右派分子”的党员恢复党籍。

1980年，按照党的政策规定，继续开展清查和“两打”案件复查落实、补充材料、定案处理工作。清查案件192件，其中拟予以党纪处分的99件，地直机关党委已研究定案处理和提出处理意见上报的36件，占应处理案件36.3%。“两打”案件364件，其中拟予以党纪处分的49件，已处理88件，占应处理案件的57%。

1981年9月，落实党的政策，开展“四清”“反右倾”“整风整社”“文化大革命”四大运动案件的复查工作，更好地调动各方面积极因素。复查“清查”案件384件，经地直机关党委研究、定性，提出处理意见的382件，转为经济案件2件，所有案件全部复查完毕。对“反右倾”斗争中的案件，专门成立复查小组，完成333个案件复查改正工作。

1982年，根据中央〔1982〕9号文件和省委〔1982〕29号文件规定，对两案工作做全面复查，按照从宽精神，对原定为严重错误的19人降为6人，原定为一般错误的54人降为11人，原定为说错话、办错事的142人增加到208人。恢复4名受审查同志的党籍，纠正处分偏重倾向，体现党的宽大政策。复查中华人民共和国成立后历史案件遗留问题，清理“四清”运动中和反右派斗争中的案件4件，恢复党籍4人。

1983年3月，加快处理地下党遗留问题。9月，开展“三年为期、三个战役”严厉打击严重刑事犯罪斗争。抓紧“两案”扫尾结案工作，16个案件中定为严重错误的5人，受开除党籍处分3人、恢复党籍改为留党察看1人、撤销党内外职务1人；定为一般错误11人，劝其退党2人、行政记大过2人、不予处分7人，原定严重错误及一般错误改定“双错”不做结论的65人，补调工资3人、补发工资9人。

在清理各个历史时期积案的过程中，对于在“文化大革命”中受处理的1619人，“四清”运动中处理的15人，“反右倾”斗争中处理的118人，反右派斗争中处理的237人，共1989人全部进行复查。对于受处分的234人，各级党组织本着从实际出发，从当时的历史情况出发，宜粗不宜细，宜宽不宜严的原则，分别给予复查结论，重新处理。原被开除党籍的18人予以恢复党籍16人，维持原决定2人；原被开除公职的153人，收回安排和收回后改办退职退休的140人，从根本上纠正长期不能得到纠正的冤、假、错案。积极慎重地做好落实地下党党籍工作，至1985年底，共审批37件，恢复地下党党员的党籍2名，更改党龄16名。

三、开展全面整党工作

1985年1月，根据《中共中央关于整党的决定》，地直机关、单位分两批开展整党。第一批地直机关各部委办局、驻泉省部属单位，共有19个党委、17个党总支、190个党支部、3334名党员；第二批地直企事业单位，共有5个党委、10个党总支、130个党支部、2375名党员。1987年11月，整党基本结束。参加整党的党组织644个，其中党委36个、党总支49个、党支部559个、党员8952名（含在原泉州市参加整党后转入的党组织和党员）。这次整党在统一思想，整顿作风，加强纪律，纯洁组织4个方面，取得比较明显的效果。

整党中，以党性教育为重点，以增强党性观念作为提高党员思想政治素质的中心环节，运用正反两方面典型事例，进行以理想宗旨和纪律为主要内容的党性党风党纪教育，3次组织听取老山英模先进事迹报告，以假药案、购物中心经济犯罪案反面典型为案例，深入剖析，举一反三，使党员从正反两方面受到教育。

整党中，组织学习《中共中央关于经济体制改革的决定》，回顾中共十一届三中全会以来的实践和成就，深刻认识党的路线方针政策的正确性，提高贯彻执行的自觉性，党政机关中党组织端正业务指导思想，明确服务方向，改变工作作风，提出改革措施。企事业单位中的党组织紧密结合改革开放和经济建设实际，坚持社会主义方向，改变生产经营作风，促进各项工作任务完成。

整党中，党内批评和自我批评优良传统作风有所恢复和发扬，以《中国共产党章程》和《中国共产党廉洁自律准则》为镜子，按照合格党员标准对照思想、工作、作风，开展批评和自我批评，自觉揭短亮丑，抓住主要问题，明确努力方向，干部之间、党员之间、党群之间的凝聚力增强，党组织的战斗堡垒作用进一步发挥。

整党中，贯彻边整边改，建立健全党的生活制度，党员领导干部多数能坚持过好双重组织生活，多数党支部每周坚持1个党日活动，从调阅的48个支部会议记录看，87.5%“三会一课”比较落实。开展党风大检查，建立健全党风“一定三包”责任制，初步形成领导带头抓党风，层层抓党风工作网络。

整党中，进行组织处理、党员登记工作，清理“文化大革命”中的“三种人”（造反起家的人、帮派思想严重的人、打砸抢分子）3名，查处严重官僚主义、以权谋私、违法乱纪案件29起，促进党风好转。对一些有严重错误和不合格党员进行处理，党纪处分63名，其中开除党籍20名。组织处理23名，其中不予登记11名、缓期登记10名、取消预备党员资格2名。受到处理的占党员总数的

0.96%，开除党籍31名，占党员总数的0.34%，进一步纯洁了党组织和党员队伍。

四、开展“讲学习，讲政治，讲正气”党性党风教育

在领导干部中进行“三讲”教育，是进一步贯彻中共十五大精神，深化邓小平理论学习、加强领导班子建设、提高领导干部素质的一项重要举措。1999年10月11日，市委召开“三讲”教育活动动员大会。根据中共中央〔1998〕17号文件和省委、市委部署，10月15日，市直机关工委召开动员大会，从10月15日开始至12月18日，市直机关工委领导班子（书记、副书记、委员共8名），分4个阶段开展“三讲”教育。

第一阶段思想发动、学习提高阶段（10月15日至11月10日）。成立教育工作小组，制订实施方案和学习计划，召开不同层次学习会、座谈会、动员大会。先后召开领导班子、领导干部和市直各党委专职副书记、各县（区、市）直机关工委书记和离退休老同志动员大会，加深对“三讲”教育重要意义的认识。采取自学和集中学习相结合，通读和重点研读相结合方式，学习中央规定的必读篇目，重温毛泽东、邓小平、江泽民关于党性党风教育的重要论述，听取“人民满意公务员”陈欠水、王日新的先进事迹报告。认真自我剖析，形成初步剖析框架材料。开门搞“三讲”，采取召开座谈会、个别谈话、个别电话联系、公开举报电话、设立意见箱等方式，收集反映意见和建议，发放征求意见表144分，收回141份，经归纳梳理对领导班子提出意见共202条，对班子成员个人提出意见共244条，原汁原味向班子和个人反馈。联系班子和个人的思想和工作实际，进行理论思考，写好心得体会和发言提纲，多数人写了5万多字的笔记。针对理想、信念、民主集中制、党的宗旨、求真务实和言行一致的优良作风四个专题，对1992年以来在党性党风方面存在的问题进行深刻剖析，查找“三不讲”表现。

第二阶段自我剖析，听取意见（11月11日至12月1日）。按照中央17号文件指出的5个方面问题和4个方面要求，列出党性党风方面必须对照检查的“五查五看”提纲：查学习，看学习自觉性高不高，学风好不好，联系实际改造世界观做得怎么样；查思想，看全心全意为人民服务的宗旨树得牢不牢，共产主义理想和社会主义信念坚定不坚定，事业心责任感强不强，思想路线是否端正，精神是否振作；查党性，看党性观念强不强，是否坚持民主集中制，是否按党章准则和各项规章制度办事；查纪律，看纪律观念强不强，是否自觉遵守党的政治纪律、组织纪律、群众工作纪律、经济工作纪律；查作风，看党的三大作风发扬得怎么样，有没有坚持群众路线，能不能认真开展批评与自我批评，是否廉洁奉公，勤政为民。自我剖析材料形成后，广泛征求各方面意见。11月20日，召开民主评议大会，对每份剖析材料写出评议意见和建议。11月29日，召开民主测评大会，领导班子满意、基本满意率100%。班子成员满意、基本满意平均率98.15%。

第三阶段交流思想，开展批评阶段（12月2—8日）。对自我剖析材料回头看，针对性地提出切实可行的整改措施。贯彻整风精神，开展积极健康的思想斗争。12月3—4日，市直机关工委民主生活会开了13个小时，开展批评和自我批评，有名有姓，有具体事例，追根溯源，一针见血，旗帜鲜明，不留情面。不含含糊糊，不空谈理论，不推诿争论，不互相埋怨，不遮掩护短，不搞内耗。勇于

自我剖析，揭自己“老底”，挖自己“痛处”，使自己“出丑”。开展批评，出于公心，与人为善，坦诚相见，从团结的愿望出发，讲究方式方法，达到动机与效果的统一。

第四阶段认真整改，巩固提高阶段（12月9—22日）。共查摆出领导班子和领导干部在党性党风方面存在的5个突出问题：理论学习不深入，联系实际不紧密，不能适应新形势新任务要求；民主集中制贯彻不力，批评与自我批评氛围不浓；机关党建工作走前头步伐不快，效果不明显；对党员干部教育管理抓得不紧，反腐倡廉力度不大；群众观念淡薄，工作作风不扎实，缺乏知难而进、奋发有为精神。针对存在问题，制订6条整改措施：加强理论学习，增强政治敏锐性和鉴别力；坚持民主集中制，强化领导班子自身建设；认真贯彻《中国共产党党和国家机关基层组织工作条例》，加快机关党建走前头步伐；强化思想政治工作，推进机关精神文明建设；切实加强党风廉政建设，增强拒腐反腐能力；牢固树立公仆观念，密切联系群众，转变工作作风。将整改方案细分为22分项，明确责任人、责任部门、整改要求、整改时限。这次“三讲”教育活动基本实现中央和省、市委提出的目标要求，领导班子和领导干部受到一次深刻的马克思主义理论教育，进一步坚定理想信念，增强贯彻执行党的路线方针政策的自觉性；查找剖析在党性党风方面存在的突出问题，明确努力方向，受到一次生动的群众路线和群众观点再教育，增强勤政廉政意识，密切党群干群关系；受到一次党内政治生活的严格锻炼，初步恢复党的批评与自我批评优良传统，提高领导班子凝聚力和战斗力，振奋精神，转变作风，促进工作。

2000年9月27日，市委召开市直机关“三讲”教育“回头看”动员大会。根据市委“三讲”教育领导小组《关于泉州市市直机关领导班子领导干部“三讲”集中教育结束后开展“回头看”活动的意见》，9月30日，市直机关工委制订《市直党工委领导班子“三讲”教育“回头看”活动工作方案》，成立领导小组。从10月2日开始至11月5日，开展“三讲”教育“回头看”活动。一是深入进行动员，广泛征求意见。10月9日，召开工委班子动员会，动员会前后通过召开座谈会、个别访谈、印发征求意见表等形式，广泛征求对领导班子落实“三讲”教育整改方案的意见和建议，共收回征求意见表65份，其中认为整改成效好的16份，满意、无意见的27份，既肯定成绩又提出意见和改进建议的13份，空白9份。经过梳理，在完善整改方案中加以吸纳。二是认真组织学习，提高思想认识。9月28日至10月15日，组织学习江泽民系列讲话，特别是“三个代表”重要思想，学习中共十五届五中全会精神，利用胡长清等案件进行警示教育。围绕“三个代表”和“致富思源、富而思进”开展讨论，围绕“参加革命为什么，现在当官应该做什么，将来身后应该留点什么”深入思考。三是进行自看自查，修改完善整改措施。班子成员对党性党风方面存在的整改情况，认真回顾、反思、检查，看整改工作做得如何，进步是否明显，哪些问题整改了，哪些方面做得不够，又出现什么新问题。四是开好民主生活会。10月27日，领导班子召开“三讲”教育“回头看”专题民主生活会，进行深刻自我剖析，开展坦率真诚批评，沟通思想，增进团结。五是修改完善整改措施。10月28日，专题研究修订完善整改措施和办法，重新明确整改责任制，规定时限要求。提出下一步整改措施：进一步加强理论学习，不断提高班子成员自身思想政治水平；进一步贯彻执行民主集中制，提高决策民主化和科学化水平；进一步加强反腐倡廉工作，遏制腐败现象发生；进一步解放思想，转变工作作风，不断推进机关党建工作“走前头”；运用“三讲”教育的成功经验，巩固和扩大三讲教育成果等五大项13分项。六是通报整改情况、测评、征求意见。11月3日，召开“回头看”活动通报会，发放征求意见表和民主测评表征求意见和测评，共收到意见建议7条，民主测评满意、基本满意率达到100%。

五、开展保持共产党员先进性教育活动

中共中央决定，从2005年1月开始，用一年半左右时间，在全党分批开展以实践“三个代表”重要思想为主要内容的保持共产党员先进性教育活动。

泉州市教育活动在市委统一领导下，由各单位党组（党委）组织实施，市委向各单位派出督导组。市直分三批开展教育活动，第一批市直机关、事业单位、企业单位（除中侨公司、城镇集体工业联社所属企业）、驻泉省部属单位，共81个党委、42个党总支、798个党支部、13850名党员。从2005年1月至2005年6月基本结束。第二批12个党委：中侨公司6个党委，黎明职业大学、泉州医学高等专科学校、泉州经贸学院、泉州农业学校、福建电力职业技术学校等5个党委，市城镇集体工业联合社党委，中专中职学校、中小学、幼儿园党总支（党支部）。从2005年7月开始至11月基本结束。第三批市纪委、市委组织部、市委宣传部、市委市直机关工委。从2005年12月开始至2006年5月基本结束。

（一）准备工作

根据中央组织部和省、市委组织部通知精神，2004年4月5日，市直机关工委印发《关于认真做好保持共产党员先进性教育活动准备工作的通知》，组织到试点单位漳州市直机关工委学习取经。从6个方面做好准备工作：开展调查摸底工作。通过召开座谈会、个别访谈等形式，听取各方面对开展教育活动的意见和建议，发放和收回调查问卷2446份，摸清基层党组织和党员队伍底数，找出存在突出问题，形成调查报告；调整整顿基层党组织。对规模过大、党员人数过多、设置不合理党组织进行调整，对软弱涣散、不起作用、无力开展先进性教育活动的党组织进行整顿，对不健全的党支部进行增补工作；加强对流动党员教育管理。抓好企业退休人员中党员组织关系转入居住地党组织管理，解除劳动人事关系人员、停薪留职人员、内退人员、离岗人员中党员组织关系转移工作；帮助停产、关闭和进入破产程序企业党组织解决开展先进性教育面临的突出困难。重点帮扶年老体弱、身残多病、丧失劳动能力及家庭特别困难的党员；做好基层党务干部培训工作，学习借鉴试点单位工作经验，了解和掌握基本方法和主要步骤；通过机关党建网站、机关党建信息内刊和宣传栏等渠道做好活动开展前的宣传工作，组织撰写理论文章，选择一些先进典型进行集中宣传。

2004年8月下旬，市直机关工委召开教育活动前期准备工作会议，总结前阶段准备工作进展情况，部署下阶段工作：提高认识，把各项准备工作摆上党委议事日程；摸清底子，重点摸清无力组织先进性教育活动的党支部和不能参加教育活动的党员底子；加强领导，解决好组织机构和工作骨干队伍问题。

（二）组织实施

2005年1月28日，市委召开教育活动动员大会，市委书记施永康作动员，省委督导组组长江祥

钦讲话。第1批教育活动正式启动。

教育活动分三个阶段进行：学习动员阶段（时间不少于5周）。搞好思想发动，召开动员部署大会，提高认识，端正态度。学习《保持共产党员先进性教育读本》《江泽民论加强和改进执政党建设（专题摘编）》和胡锦涛等中央领导讲话。对照党章规定，讨论并提出体现时代精神、符合岗位特点的共产党员保持先进性的具体要求。分析评议阶段（时间不少于4周）。广泛征求意见，采取召开座谈会、个别访谈、设立意见箱、开通热线电话、发放意见表等方式，广泛征求党员和群众意见，并反馈给领导班子、党支部和党员。开展谈心活动，沟通思想，为开展批评和自我批评做准备。撰写党性分析材料，总结思想、工作和作风等方面情况。剖析思想根源，形成党性分析材料。开好专题组织生活会，党员对照检查、自我批评、开展批评，召开党员领导干部专题民主生活会。召开支委会，提出对每个党员的批评意见。向党员反馈意见，指出存在问题。党支部在一定范围内向群众通报民主评议党员情况。整改提高阶段（时间不少于4周）。制订整改方案，党员个人、党支部分别制定整改方案。提出整改目标和措施，明确整改的重点和时限。集中一段时间整改突出问题，开展主题实践活动，主动服务基层。向群众公布整改情况，听取群众意见，接受群众监督。集中教育基本结束后，用2—3个月时间做好巩固和扩大整改成果的工作，对整改情况进行检查梳理，对应当解决没有解决的问题，集中力量解决，对暂时解决不了的问题，向群众作出说明，整改效果不好、多数群众不满意的重新进行整改。党支部对优秀党员进行表扬。对经教育不改、不符合党员条件的进行组织处理，对违纪党员给予纪律处分。搞好建章立制，建立健全保持党员先进性长效机制。各级党组织切实加强对教育活动的领导，采取建立领导责任制、联系督查制度、群众监督评价制度、搞好舆论宣传，确保教育活动取得提高党员素质、加强基层组织、服务人民群众、促进各项工作的目标实现。

（三）巩固提高

根据中央关于“集中学习教育基本结束后，要用一定的时间，切实做好巩固和扩大整改成果的工作”精神，2005年12月5日，市直机关工委印发《关于做好巩固和扩大先进性教育活动成果工作的通知》，组织党员回顾总结先进性教育活动的成果是否进一步巩固和扩大，保持共产党员先进性的长效机制是否建立健全，整改方案和整改措施是否落实，查摆出来的突出问题是否解决。通过“回头看”，进一步提高党员素质，加强基层组织，服务人民群众，促进各项工作。中共中央办公厅印发保持共产党员先进性长效机制4个重要文件后，各级党组织根据本单位实际，制订贯彻落实措施，不断巩固和发展先进性教育活动成果。

市直参加第一、第二批先进性教育活动的党组织1138个、党员16884名。市直机关工委按照市委要求，做好第1、2批学习教育活动的相关工作。派出人员参加市委督导组，发放教育读本17000多册、学习笔记本51000本、音频资料2819册。2005年4—5月，开展“保持共产党员先进性”征文活动，选择部分优秀文章刊登在泉州机关党建网，《泉州机关党建信息》出增刊，刊登党员领导干部学习心得体会，推荐部分文章参加市委宣传部征文活动。5月19日，与市总工会联合组织第1批教育活动的党员，举办党的先进性建设知识测试，按A、B、C 3种卷各100题，制作电脑软件集中测试，组织102支代表队400多人上机答题，设团体奖，个人一、二、三等奖和优秀奖。联系机关实际提出“立足岗位永葆先进性，勤奋敬业创先争一流”的机关党员保持先进性具体要求，开展“葆先进、走前头、创一流、做贡献”主题实践活动，促进3个阶段各环节工作目标的实现。

市直机关工委参加第三批学习教育活动。2005年12月12日，市直机关工委召开先进性教育活动动员大会。全委33名党员除2名离退休党员（1名因病卧床未参加集中学习，由党支部联系人指导其自学，1名参加所在村党支部学习）外，全部参加集中学习教育活动。人均撰写读书笔记超过1万字、心得体会2篇以上。概括提炼出符合工委机关实际的保持共产党员先进性具体要求。深入46个系统党委、单位党委，7个县（市、区）直机关工委，召开3场座谈会，共征求到意见建议164条。修订工委机关整改方案，细化整改措施，明确整改项目、责任领导、责任科室、责任人员、完成时限和目标要求。开展“回头看”工作，确保取得实实在在效果。

市直参加三个批次先进性教育的党组织1154个，党员17225名，在群众满意度测评中满意、基本满意率99.3%。

2006年，按照“取得实效、成为群众满意工程”的要求，做好先进性教育活动整改提高和后继工作，巩固和扩大先进性教育活动的实践成果。从学习教育、管理监督、党内民主、联系群众、服务党员等8个方面，建立健全“党员长期受教育，永葆先进性”长效机制。组织学习中央办公厅印发的《关于加强党员经常性教育的意见》《关于做好党员联系和服务群众工作的意见》《关于加强和改进流动党员管理工作的意见》《关于建立健全地方党委、部门党组（党委）抓基层党建工作责任制的意见》4个长效机制文件，巩固和发展先进性教育活动成果。

2007年3月18日，市直机关工委印发进一步深入学习贯彻保持共产党员先进性4个长效机制文件，组织党员和党务工作者学习4个文件，领会精神实质和基本内容。对教育活动查摆出来问题的整改情况进行“回头看”，抓好延伸整改，巩固实效。4月，开展长效机制文件落实情况检查，重点检查是否坚持重在持续、重在提升、重在运作、重在实效，进一步发现问题，查找不足，总结经验，完善制度。

六、开展学习实践科学发展观活动

2008年9月4日，中共中央印发《关于在全党开展深入学习实践科学发展观活动的意见》。10月8日，市委召开泉州市开展深入学习实践科学发展观活动试点工作动员大会，市委书记徐钢作动员讲话，省委指导检查组组长张学清讲话。泉州市作为福建省试点单位，正式启动学习实践活动。市直单位（包括驻泉省部属单位）分2批参加学习实践活动。第1批，市直机关、人民团体，市管金融机构，市属、部门管理事业单位，共143个单位、747个党组织、12071名党员参加。从2008年10月8日开始至2009年初，集中学习告一段落。

学习实践活动分三个阶段进行：学习调研阶段。搞好思想发动，召开党员干部职工大会，层层进行动员；搞好自学和集中学习培训，以《毛泽东邓小平江泽民论科学发展》和《科学发展观重要论述》为教材，班子成员还要学习《深入学习实践科学发展观活动领导干部学习文件选编》；开展调研活动，制订调研方案，开展专题调研，形成有一定深度的调研报告；开展“解放思想、四求先行”大讨论，明确讨论内容，创新讨论形式，转化讨论成果；坚持边学边查边改，突出实践特色，规定动作不走样，自选动作有特色；把好质量关，开展“回头看”，确保学习实践活动不走过场。分析检查阶段。重点抓好3个环节工作：一是召开领导班子专题民主生活会。明确会议主题，广泛征求意见，开展谈心活动，第一批学习实践活动单位领导班子2008年度民主生活会与学习实践活动的专题民主生活会合并召开；二是形成领导班子分析检查报告。明确努力方向，撰写分析检查报告，讨论修改报告初稿；三是组织群众评议。确定参评对象，组织评议，公开评议情况。三个环节工作结束后进行“回头看”。

市直机关工委参加第一批学习实践活动。2008年10月13日，召开动员大会，市委派出的市直第1督导组到会指导。学习实践活动按照《泉州市开展深入学习实践科学发展观活动试点工作实施方案》和本委的实施方案有序推进。10月25日至11月5日，市直机关工委组织3个调研组，深入7个县（市、区）直机关工委，市直市府办、市政公用事业系统党委开展专题调研，就如何坚持以科学发展观统揽机关党的工作，围绕机关党建科学发展的重点、难点问题及机关工委工作中不适应、不符合科学发展观要求的问题，召开座谈会，个别谈话，实地调查，形成调研报告，提出对策建议。11月6—15日，市直机关工委向基层党组织广泛征求意见和建议。12月15日，召开学习实践活动专题民主生活会暨2008年度领导班子民主生活会。专题民主生活会围绕“科学发展、四求先行”主题，查找和解决在“海西应先行、泉州走前列、机关做贡献”中影响和制约科学发展的突出问题，广泛征求意见，开展谈心活动，开展批评和自我批评，查摆出在领导、指导机关党建工作方式方法上、在机关党建工作体制机制上、在机关干部队伍建设上存在的15个问题。制定强化引领机关党建科学发展观念理念、完善保障机关党建科学发展体制机制、激活促进机关党建科学发展职能作用、创新实现机关党建科学发展方式方法、建设支撑机关党建科学发展干部队伍5项整改意见。

2009年2月9日，市直机关工委制订并实施《学习实践科学发展观活动整改落实方案》。确定14个整改项目：改变“面上的工作部署多，深入基层特别是对驻泉省部属单位的调查少”的现象；加大对机关党建典型的宣传推广力度；改进党建考评的方法，各项指标设置更加科学合理；整合和完善党建载体；改进各层级之间工作联系的手段，厘清职责范围；理顺部门党组（党委）与机关工委的关系，转变党建工作与业务工作“两张皮”的现状；探索建立有效的机关党内激励机制；健全机关党内关怀、帮扶及服务机制；加大机关党建业务培训力度；明确机关工委的地位、职责及上下级工委之间的关系；落实《中国共产党党和国家机关基层组织工作条例》关于机关党务干部队伍建设的有关规定；转变工委干部思想观念和思维方式；更加关心、体谅基层党务干部；关心联系和走访慰问本委离退休老同志。根据项目内容、整改措施、整改目标、时限要求，找准定位，明确责任，充分调动全体人员积极性、主动性和创造性，确保各项整改任务完成。

2009年3月27日，市委召开第一批学习实践科学发展观活动总结大会暨第二批动员大会。市直参加第2批学习实践活动的单位81个、党组织165个、党员2113名。分布在8个系统党委和4个驻泉省部属单位党委。3月29日，市直机关工委印发《泉州市直机关第二批开展深入学习实践科学发展观活动工作方案》和学习调研阶段工作计划。3月30日，成立领导小组及工作机构，建立工委领导联系点，6名工委领导分别挂钩联系8个系统党委、4个驻泉省部属单位党委。同日，召开动员培训大会，活动领导小组组长、工委常务副书记李世杰作动员讲话，市委第6指导检查组组长施维儒作指导性讲话。4 月 30 日前，各参学单位召开动员大会，分 3 个阶段开展学习实践活动。

（一）学习调研阶段（3 月至 4 月底左右）：组织党员通读和精读《毛泽东邓小平江泽民论科学发展观》《科学发展观重要论述摘编》，学习泉州市党政代表团《赴江浙学习考察报告》，学习领会中共十七届三中全会和中央、省、市委应对当前经济形势的决策部署。各班子成员同时学习《深入学习实践科学发展观活动领导干部文件选编》，中心组学习累计 79 次，党员领导干部讲课 60 场。各参学单位累计请专家上辅导课 20 场，观看电教片 159 场，交流心得体会 110 次，撰写心得体会文章 1712 篇，各单位学习时间达到 30 个小时以上。开展调查研究，共形成调研报告 119 篇。围绕“解放思想、四求先行”、实施“协同、协作、合力”工程，开展大讨论，进行专题讨论 179 场。4 月 14 日、5 月 13 日，市直机关工委分别召开学习实践活动工作座谈会，交流总结活动情况。

（二）分析检查阶段（5 月上旬至 7 月上旬）：各参学单位围绕“科学发展、四求先行”“海西应先行、泉州走前列”主题实践活动和“保增长、保民生、保稳定”目标任务，在学习中发现问题，在思考中寻找差距，在实践中明确改进方向，在整改中强化措施。坚持群众路线，广泛征求意见，共召开座谈会 124 场，参加 1618 人，问卷调查 1014 人，收回征求意见表 1700 多份，个别访谈 591 人，征求到意见 571 条。开展谈心活动，撰写发言提纲，修改充实分析检查报告。各参学单位按照规定召开领导班子专题民主生活会，查找班子在贯彻落实科学发展观方面存在的突出问题，讨论修改领导班子分析检查报告，提出整改措施和工作方案。

（三）整改落实阶段（7 月中旬至 8 月下旬）：各参学单位根据整改落实方案要求，对照整改落实项目、目标、时限要求，明确责任领导、承办科室，将任务分解细化到人，逐一落实整改措施。针对存在问题，制定出台政策规定和制度措施，集中力量解决几个影响和制约科学发展的突出问题，基本完成整改落实阶段期限内应完成的近、中期整改任务。

组织领导干部、普通党员代表、离退休干部代表、服务对象代表和人大代表、政协委员参加活动满意度测评，参学单位的总体评价满意率都在 90%以上。

七、开展党的群众路线教育实践活动

2013 年 6 月，开展第一批党的群众路线教育实践活动，中央、省级机关参加第一批教育实践活动。2014 年 2 月 13 日，市委召开全市党的群众路线教育实践活动动员大会。2 月 15 日，市委印发《泉州市深入开展党的群众路线教育实践活动的实施方案》，市直机关参加第 2 批教育实践活动，教育实践活动主要任务是抓住反对“四风”（反对形式主义、反对官僚主义、反对享乐主义、反对奢靡之风）这个重点，着力解决“四风”突出问题，着力解决群众反映强烈的切身利益问题，着力解决联系服务群众“最后一公里”问题。抓好学习教育，听取意见（时间约 5 周）；查摆问题，开展批评（时间约 5 周）；整改落实，建章立制（时间约 5 周）3 个环节。坚持“照镜子、正衣冠、洗洗澡、治治病”总要求。

2014 年 2 月 21 日，成立市直机关工委党的群众路线教育实践活动领导小组，领导小组下设办公室，办公室下设综合组、宣传组、联络组。2 月 25 日，制订市直机关工委《深入开展党的群众路线教育实践活动的实施方案》。教育实践活动从2月开始至9月结束，集中教育时间不少于3个月。

2014年2月27日，召开市直机关工委开展党的群众路线教育实践活动动员大会。工委机关党的群众路线教育实践活动领导小组组长沈耀钦作动员部署；市委第15督导组组长李艾克讲话；市委督导组组织对工委领导班子和处级党员领导干部（含非领导职务）进行民主评议，发放并收回民主测评表28份。处级干部分期分批参加市委县处级领导干部学习贯彻习近平系列重要讲话暨中共十八届三中全会精神集中轮训。组织党员干部学习习近平重要讲话精神，研读《论群众路线——重要论述摘编》《厉行节约　反对浪费——重要论述摘编》。邀请市委讲师团讲师作题为《国外政党处理党群关系的做法与启示》的讲座。围绕学习习近平在河南兰考调研指导教育活动的讲话精神及中央“八项规定”“厉行节约，反对浪费”“培育和践行社会主义核心价值观”等主题，组织17次专题学习。广泛征求意见建议，发放征求意见表102份，召开4场征求意见会，共征集到意见建议50条，梳理归纳为24条。

基层党组织做好“下基层、解民忧、办实事、促发展”活动巩固深化阶段的工作，认真总结好经验、好做法，并将活动中行之有效的做法和经验用制度的形式固定下来，形成干部下基层、群众得实惠的长效机制。组织基层党组织认真学习贯彻中央关于开展党的群众路线教育实践活动的意见、教育实践活动工作会议以及习近平重要讲话精神，配合上级组织做好党的群众路线教育实践活动的前期准备工作。扎实做好工委机关“四下基层”工作，多次深入南安市眉山乡观山村调研指导，帮助推进“美丽乡村”建设，筹资10万元（其中工委5万元）帮扶完善观山村文化阵地建设。

2014年7月17日，召开市直机关工委领导班子“开放式”专题民主生活会。会前，学习习近平指导兰考县委常委班子专题民主生活会的重要讲话精神。工委班子成员7人参加会议，邀请市直机关部分系统党务干部、工委党员处级干部、部室中层负责人列席会议。民主生活会围绕保持党的先进性和纯洁性，按照“照镜子、正衣冠、洗洗澡、治治病”总要求，以为民务实清廉为主题，以“反对‘四风’服务群众”为重点，以“四下基层”“马上就办”和“为民服务走前头，深化改革当标兵”为主要载体，结合领导班子和领导干部思想、工作、作风等方面实际，解决形式主义、官僚主义、享乐主义、奢靡之风问题，以整风精神开展批评和自我批评。工委常务副书记黄春淮代表工委班子进行对照检查，班子成员逐一进行对照检查，班子其他成员对其开展批评。列席会议的工委党员处级干部、受邀参加开放式民主生活会的人员发言。市委第15督导组组长李艾克对开放式专题民主生活会进行点评。坚持边学边改、边查边改、立行立改，制定边学边改项目6个，其中“四风”方面3个，主要包括推进深入基层调研、指导；持续加强单位车辆管理；持续严格公务接待标准。工作方面整改项目3个，主要包括将近几年来的重要文件、制度汇编成册；举办党建业务培训班，强化对基层（包括县、市、区直工委）机关党务干部的教育培训；继续关心观山村“美丽乡村”建设，协调给予人才、资金等支持，确定6个“立即改”项目，已全部完成。

2014年8月1日，召开开放式专题民主生活会通报会。9月2日，召开工委机关党支部委员专题组织生活会。9月3日，各党小组召开组织生活会。9月5日，召开支部党员大会，通报专题组织生活会情况，并进行民主测评，属于测评对象的19名党员全部被评为“好”等次。工委老干部党支部召开离退休党员专题组织生活会，14名离退休党员均被评为“好”等次。在抓好自查自纠工作以及会员卡专项清退活动基础上，制订开展文山会海等9个重点方面的专项整治方案。建章立制，对已有制度进行全面梳理，提出制度建设计划，完善规章制度21项，修改4项。在泉州机关党建网站开设教育实践活动专栏，至9月10日，发布信息272条。工委机关活动信息，在中央直属机关党建网刊发5条、在福建机关党建网刊发20条。10月21日，召开工委机关党的群众路线教育实践活动总结会议，李艾克对工委领导班子活动开展情况和党员领导干部参加活动情况进行评议。

八、开展“三严三实”专题教育

2015年5月，根据中共泉州市委《关于在县处级以上领导干部中开展“三严三实”专题教育实施方案》，6月11日，制订《关于在市直机关工委处级领导干部中开展“三严三实”专题教育实施方案》，工委8名处级干部开展“严以修身、严以用权、严以律己，谋事要实、创业要实、做人要实”的“三严三实”专题教育。“三严三实”专题教育作为党的群众路线教育实践活动的延伸深化，作为加强党的思想政治建设和作风建设的重要举措，融入领导干部经常性学习教育，不分批次、不划阶段、不设环节，不是一次活动，不以抓集中活动的形式开展。6月上旬，工委常务副书记黄春淮讲“三严三实”专题党课，正式启动“三严三实”专题教育。6月中旬，班子成员结合职责分工，在部室或党小组做一次“三严三实”理论学习辅导。6月开始，工委学习中心组开展4个专题学习研讨：学习习近平系列重要讲话，以及对福建工作的一系列重要指示精神，领会核心要义，掌握精神实质；严以修身，加强党性修养，坚定理想信念，筑牢思想和行动的“总开关”；严以律己，严守党的政治纪律和政治规矩，自觉做政治上的明白人；严以用权，真抓实干，实实在在谋事创业做人，树立忠诚、干净、担当的新形象。采取多种学习方式：读原著、学原文、悟原理，研读中央和省、市委规定书目；以先进典型引路，学习《优秀领导干部先进事迹选编》；开展警示教育，学习《领导干部违纪违法典型案例警示录》；开展“比项目落地、比市场拓展、比服务质量、看具体实效”勇担当打头阵实践活动。

2015年12月28日，市直机关工委召开领导班子“三严三实”专题民主生活会，参加8人。查摆“不严不实”问题：对照对党忠诚、个人干净、勇于担当要求，查修身严不严，查用权严不严，查律己严不严，查谋事实不实，查创业实不实、查做人实不实。对照党规党纪、国家法律、正反典型，进行党性分析，撰写党性分析材料。班子成员把自己摆进去，把职责摆进去，把思想和工作摆进去，对照检查，自我剖析，开展批评与自我批评，列出整改清单，排出整改时间表，落实整改措施，一项一项整改。建立整改跟踪督查机制，对存在“不严不实”问题的干部进行谈话、诫勉，促其改进；建制度、立规矩，扎紧织密制度笼子，强化制度执行力。

九、开展“两学一做”学习教育

根据中共中央《关于在全体党员中开展“学党章党规、学系列讲话，做合格党员”学习教育方案》，2016年4月28日，市直机关工委召开“两学一做”学习教育工作部署会议。5月4日，制订

《关于市直机关“两学一做”学习安排的具体方案》，组织全体党员把学习党章党规与学习习近平系列重要讲话统一起来，在学系列重要讲话中加深对党章党规的理解，在学党章党规中领悟系列讲话的基本精神和实践要求。重点解决5个问题：坚定共产党人的理想信念；牢固树立党的意识、党员意识；强化党的宗旨意识；积极践行社会主义核心价值观；在推动改革发展稳定实践中建功立业。处级以上党员领导干部联系领导工作实际，学得更多一些，更深一些。带头坚定理想信念；带头严守政治纪律和政治规矩；带头树立和落实新发展理念；带头攻坚克难，勇于担当；带头落实全面从严治党主体责任。5月5—6日，举办“两学一做”学习教育党支部书记示范培训班，参加34人。5月17日，市直机关工委成立市直机关“两学一做”学习教育协调小组，下设综合组、宣传组。协调小组工作职责：贯彻落实中央和省、市委关于“两学一做”学习教育的决策部署，及时向市委提出工作建议；负责市直“两学一做”学习教育的综合协调、分类指导，督促落实工作，研究学习教育工作重要事项；指导市直“两学一做”学习教育的宣传报道工作；完成市委交办的其他事项。建立市直机关工委8名领导挂钩23个党委、1个党总支学习教育联系点工作制度。5月19日起，机关事业单位党员到社区报到，至少参加1次在社区党组织开展的上党课、学习讨论、设岗定责、志愿服务等“两学一做”学习教育项目，至少帮助社区党组织和党员、群众解决1个实际问题。党员采取个人自学，读原著、学原文、悟原理，开展读书活动和“两学一做”知识测试，运用共产党网、“党员e家”平台、手机报、电信栏目、微信易信、远程教育平台、党建APP等网络载体，线上线下同步学习。6月14日，举办“党员e家”平台运用培训，参加60多人。6月，开展“学党章党规、学系列讲话，做合格党员”知识测试活动，共收到18196份答题卡，评出满分卷2088份。经随机抽选，选出一等奖5名、二等奖8名、三等奖12名、优秀奖18名，评出优秀组织奖12个。开展“我心中的合格党员”讨论活动，召开一次党员大会，对照中央提出的“四种意识”和“四讲四有”要求，讨论合格党员具体标准，形成本部门本单位“合格党员”标准要求。“七一”前后，党支部集中安排一次党课，开展党组织书记上党课竞赛活动。8月3日，召开“两学一做”学习教育推进会，交流学习教育开展情况，作“四个专项排查”工作说明。根据中共中央组织部通知精神，开展党员组织关系集中排查；对党代会代表和党员违纪违法未给予相应处理情况进行排查清理；对基层党组织按期换届情况进行专项检查；党费收缴工作专项检查。8月12日起，在“两学一做”学习教育中，进一步加强基层党组织建设，严格党内组织生活，加强党组织带头人队伍建设，扩大党的组织和工作覆盖，整顿不合格基层党组织，发挥基层党组织战斗堡垒作用。学习教育中，党委（党组）中心组每季度进行1次专题集中研讨。基层党组织4—12月进行坚定理想信念，增强“四种意识”“坚守纪律底线，培养高尚情操”“坚持根本宗旨，发挥党员作用”3个专题学习研讨。党支部以“三会一课”等形式，组织党员集体学习，机关、国有企业和事业单位党员集体学习时间累计不少于12天，其他党员累计不少于6天。

2016年10月19日起，贯彻落实泉州市第12次党代会精神，深化“两学一做”学习教育工作。开展坚持根本宗旨，发挥党员作用学习研讨工作，围绕习近平在《胡锦涛文选》报告会上的讲话精神进行学习研讨。深化“承诺、践诺、评诺”工作，党员围绕承诺事项，履诺践诺，党支部建立台账管理，对党员承诺践诺事项进行综合评议。开展“好党课、微故事、微体会”征集评比工作，组织开展“好党课”竞赛活动，推荐“微故事、微体会”。解决党员队伍中突出问题，坚持边学边查边改，找准找实存在问题，在解决具体问题上争做合格党员。以党支部为主体开展常态化教育，运用好“党员 e 家”平台，参与“每周一练”在线学习考试。落实好中央组织部提出的开展党员组织关系集中排查，基层党组织按期换届情况检查等 7 项重点任务。对 23 名入党志愿书遗失的党员进行调查取证，分别作出入党问题审核结论。

2017 年 6 月 22 日，市委组织部、市直机关工委印发《关于推进市直机关“两学一做”学习教育常态化制度化的指导意见》，把握重大意义和目标要求、明确基本内容和关键环节、抓实主要措施和配套活动、强化组织领导和督查指导。层层压实责任、强化分类指导、注重舆论宣传、加强考核评估、坚持统筹兼顾，以实际工作成效检验学习教育常态化制度化成果。

第四章 重要会议

第一节 代表大会

一、中共晋江专区直属机关第一次代表大会

1956年6月2—6日，中共晋江专区直属机关第一次代表大会召开。专直机关共有76个单位，61个党支部，党员1396人，其中正式党员1142人、候补党员254人。出席大会正式代表111人，列席会议20人。大会共4个议程：地直机关党委作工作报告；地委领导作当前形势和党的工作报告；选举产生中共晋江地委直属机关第一届委员会；选举产生出席中共福建省第一次代表大会代表。

6月2日，地直机关党委副书记岳伟玉代表地直机关党委作《地直机关党委会的工作报告》。报告分两部分，第一部分过去三年的工作回顾：发挥了党的领导作用和保证监督作用；围绕着地委各个时期的中心任务，做好了机关各项工作，完成和超额完成生产计划；组织思想工作；主要缺点与错误：支部的领导作用发挥不够；党的组织生活制度不健全；批评与自我批评开展不够；组织发展不平衡，组织工作赶不上党的政治任务的需要；党的组织缺乏对党员各种学习的具体组织领导；党委会的集体领导制度不健全，工作范围不明确，长期限于行政事务圈子。第二部分今后的任务：贯彻部门工作为中心工作服务方针，保证农业增长和做好机关工作；提高工作效能，做好机关工作，完成与超额完成国家计划；坚持肃反、工作两不误方针，完成机关肃反任务；做好知识分子工作，发挥知识分子作用。同日，地委书记张桂如在专区直属机关第一次代表大会上讲话，讲四个问题：党当前的政治任务；根据马列主义原则进行党的建设；调动一切积极因素，利用一切可以利用的力量，为社会主义建设服务；加强党的领导。

大会选举产生中共晋江地委直属机关第一届委员会委员16名：申万江、张健、岳伟玉、张竹三、芦国华、张久来、胡中山、崔华、张荣良、张殿选、黄世民、张汝香、李文华、庞双庆、张凤鸣、王一峰。设常委7名：申万江、张健、岳伟玉、张凤鸣、崔华、芦国华、胡中山。申万江任书记，张健任专职书记。

大会肯定地直机关党委成立三年来，基本发挥了党的领导作用与保证监督作用，围绕地委各个时期中心任务，做好机关各项工作，贯彻部门工作为中心任务服务的方针，支援中心工作并超额完成各部门工作计划和生产计划。通过贯彻农业合作化、肃反斗争和知识分子工作，提高党员的政治觉悟和学习科学文化积极性，改善党群关系。在党的组织工作和思想工作方面，也有一定的进展。大会同时指出存在的问题：党委会在发挥党的集体领导作用方面做得不够，党总支组织流于形式，

发挥党支部的战斗堡垒作用做得不够；党的组织生活制度不健全，批评与自我批评开展不够；某些党员存在较严重的骄傲自满、计较名利、松懈疲沓情绪等思想；党的组织工作与思想政治工作薄弱。

大会提出今后工作任务：贯彻部门工作为中心工作服务方针，保证完成地委提出的1956年农业增产增收任务；加强肃反领导，坚持肃反、工作两不误方针，保证今年完成机关肃反任务；贯彻党对知识分子政策，做好知识分子工作。为了保证各项任务完成，必须发挥党组织的战斗堡垒作用，调动一切积极因素；必须贯彻“积极慎重”方针，发展党的组织，扩大党的队伍；必须加强党对工会、共青团的领导，进行共产主义和共产党的教育。

大会号召，围绕以农业生产和农业合作化为中心的各项任务，做好各项工作，以实际行动迎接中共第八次全国代表大会和中共福建省第一次代表大会召开。

二、中共晋江专区直属机关第二次代表大会

1963年1月9—12日，中共晋江专区直属机关第二次代表大会召开。专直共有党员1933人，应出席大会代表156人，实际出席142人，列席代表4人。大会主要任务：听取和审查第一届地直机关党委工作报告；选举第二届地直机关党委，选举地直监察委员会，选举出席中共福建省第二次代表大会代表。1月9日，召开预备会。1月10日，举行开幕式，朱汉增致开幕词，地直机关党委书记王文芳作《中共晋江地委直属机关委员会向第二次代表大会的工作报告》。1月11日，地委副书记孟进成讲话，大会发言。1月12日，大会选举，闭幕式。

1963年1月12日，选举产生中共晋江地委直属机关第二届委员会委员17名：王文芳、李捷、宋春堂、曾文标、沈慧、张文明、芦国华、朱汉增、李明堂、王书田、刘愿田、王一峰、何定忠、王茂生、马煜、杨书香、赵德奇；候补委员4名：姚文清、庄火明、黄伙木、张顺景。选举出席中共福建省第二次代表大会代表4名：张桂如（地委第一书记）、李子中（地委书记）、谢白秋（华侨大学党委副书记）、王文芳（地直机关党委书记）。

1963年1月17日，召开地直机关党委第二届第一次会议，选举产生地直机关党委常委7名：王文芳、李捷、宋春堂、朱汉增、何定忠、王书田、王一峰；党委书记：王文芳。选举产生地直机关党委监察委员会委员7名：李明堂、李捷、宋春堂、何定忠、芦国华、姚文清、王一峰，监察委员会书记：李明堂。

1963年2月16日，经地委批准，王文芳、李捷、宋春堂、何定忠、朱汉增、王书田、王一峰、李明堂、芦国华、曾文标、沈慧、马煜、杨书香、王茂生、刘愿田、赵德奇、张顺景17人为地直党委会委员。其中王文芳、李捷、宋春堂、何定忠、朱汉增、王书田、王一峰7人为地直党委会常务委员。王文芳为地直党委会书记。黄伙木、姚文清、庄火明3人为地直党委会候补委员。张文明已调任其他工作，不参加地直党委会为委员。

1963年2月16日，晋江地委组织部组干调字第1692号：经地委批准，李明堂、李捷、宋春堂、何定忠、王一峰、芦国华、姚文清7人为晋江地直机关党委监察委员会委员。并由李明堂任监委书记。

三、中共晋江地区直属机关第三次代表大会

1984年11月14—16日，中共晋江地区直属机关第三次代表大会召开。地直共有党员5172人，出席代表211人。地直机关党委副书记庄玉灿代表地直机关党委作题为《在伟大的历史性转变中奋起，向社会主义四个现代化进军》的报告。地直机关纪委专职副书记蔡炳文代表地直机关纪委作《尽快实现党风的根本好转，保证四化建设的顺利进行》的报告。大会通过了两个报告的决议。选举产生中共晋江地区直属机关第三届委员会委员8名（按姓氏笔画为序，下同）：孙盛鑫、庄玉灿、张贵川、陈小芸、陈华池、郑建树、詹辉乾、蔡炳文。庄玉灿任党委副书记。选举中共晋江地区直属机关纪律检查委员会委员5名：孙盛鑫、陈琼、郝允发、蔡天从、蔡炳文。孙盛鑫任纪委书记，蔡炳文任纪委副书记。选举晋江地区直属机关出席中共福建省第四次代表大会代表8名：叶聪敏、朱江水、江雪华、苏少东、张明俊、周顺明、郑良妙、傅招治。

四、中共泉州市直属机关第四次代表大会

1987年11月18—20日，中共泉州市直属机关第四次代表大会召开。市直共有党员9733人，应出席大会正式代表403人，其中各级干部227人、专业技术人员87人、各条战线先进人物79人，少数民族、台湾省籍10人，妇女63人，中青年197人。实到代表362人，列席代表13人，其中上届党委委员6人、上届纪委委员2人。

市委副书记林文麟到会祝贺并讲话。

市直机关党委副书记庄玉灿代表第三届党委作题为《认真贯彻党的十三大精神，在改革开放中加强党的自身建设》报告。市直机关纪委书记陈围围代表纪委作题为《坚持从严治党，把党的纪律检查工作提高到一个新水平》的报告。大会通过两个报告的决议。

大会采取差额预选产生候选人，后进行正式选举的办法，选举产生中共泉州市直属机关第四届委员会委员9名：孙澄元、庄玉灿、吴汉民、陈围围、林有文、骆贯平、傅赞基、詹辉乾、蔡天从。选举产生中共泉州市直属机关纪律检查委员会委员4名：许渊朝、孙澄元、林贤德、郑玉冰。选举产生市直机关出席中共泉州市第六次代表大会代表42名。

1987年11月21日，分别召开党委、纪委第一次全委会，选举第四届党委书记、副书记和纪委书记。11月30日，泉州市委组织部以泉委组〔1987〕干字149号批复，同意中共泉州市直属机关第四届委员会由庄玉灿、孙澄元、吴汉民、陈围围、林有文、骆贯平、傅赞基、詹辉乾、蔡天从9人组成，庄玉灿任书记，陈围围、骆贯平任副书记；中共泉州市直属机关纪律检查委员会由许渊朝、孙澄元、林贤德、郑玉冰4人组成，孙澄元任书记。

第二节 全市机关党的工作会议

全市机关党的工作会议，以市委名义召开，主要内容：传达上级会议精神；回顾总结上一年度机关党的工作；部署下一年度机关党的工作；市委领导讲话。参加人员：市委领导、市委党建工作领导小组成员；市委各部、委、办、局主要负责人；市直各部门党组（党委）书记；市直机关工委领导班子成员；市直各系统（局）党委书记、专职副书记、党办主任，机关、企事业单位党委书记，直属党总支（党支部）书记；驻泉省部属单位党委主要负责人；县（市、区）委分管领导、机关工委专职书记或常务副书记，泉州开发区、泉州台商投资区机关党委主要负责人。

2001 年 2 月 21 日，市委召开全市机关党的工作会议。市委书记刘德章，副书记骆灿堂，市委常委、组织部部长周振华，市委常委、宣传部部长洪辉煌出席会议。参加会议共 450 多人，市直机关工委书记张敬尊总结 2000 年机关党建工作，部署 2001 年机关党建工作。市直市委办系统党委、市人事局党组、市直建委系统党委等单位在会上交流加强机关党建工作的经验。刘德章在讲话中强调：在跨入 21 世纪实施“十五”计划的起步年，改革开放和经济建设的各项工作任务十分繁重，机关党员干部必须在推进全市各项工作中发挥表率作用，机关党的建设要走在全市党的建设的前列。同时，就新形势下如何做好机关党建工作，加快机关党建工作“走前头”提出要求：一要认清形势，明确目标，切实增强加快机关党建走前头的责任感；二要围绕中心，增强活力，努力开创 21 世纪初机关党建工作新局面；三要加强领导，狠抓落实，确保机关党建工作“走前头”。

2002 年 1 月 31 日，召开全市机关党的工作会议，刘德章出席会议。参加会议共 300 多人，张敬尊总结 2001 年机关党建工作，部署 2002 年机关党建工作。刘德章讲话，充分肯定 2001 年机关党建工作取得的成绩，对 2002 年机关党建工作提出 5 条要求：学以致用，注重实效，从提高实践“三个代表”自觉性上保证机关党建“走前头”；围绕中心，服务大局，从党建工作与经济建设的有机结合上推动机关党建“走前头”；突出重点，把握关键，从加强和改进党的作风建设上加快机关党建“走前头”；依托载体，典型引路，从增强党组织的凝聚力和战斗力上促进机关党建“走前头”；加强领导，落实责任，从健全和完善工作机制上确保机关党建“走前头”。

2003 年 3 月 4 日，召开全市机关党的工作会议，市委书记施永康，市委副书记、组织部部长周振华，市委常委、秘书长吴汉民出席会议。参加会议共 300 多人，张敬尊总结 2002 年机关党建工作，部署 2003 年机关党建工作。施永康讲话，对新时期机关党建工作强调 3 个方面：注重实效，兴起学习新高潮；服务大局，增强党建新活力；转变作风，树立机关新形象。

2004 年 3 月 3 日，召开全市机关党的工作会议，市委副书记、组织部部长周振华出席会议。参加会议 300 多人，张敬尊回顾总结 2003 年机关党建工作，部署 2004 年机关党建工作。周振华讲话，充分肯定 2003 年全市机关党建工作取得的成绩，强调 2004 年要把学习贯彻“三个代表”重要思想新高潮活动进一步引向深入；进一步增强机关党组织的创造力、凝聚力和战斗力；努力建设求真务实、廉洁高效的新型机关。

2005 年 2 月 25 日，召开全市机关党的工作会议，市直各系统（局）党委、直属党总支（党支部）、驻泉省部属单位党委负责人、各县（市、区）直机关工委书记（常务副书记）、专职副书记共100多人参加。张敬尊总结2004年机关党建工作，部署2005年机关党建工作；表彰第六轮先进“五好”和“五好”党支部。张敬尊讲话，强调明确目标任务，切实增强做好新时期机关党的工作的责任感和使命感；认真总结经验，探索和把握机关党建工作规律；坚持务实创新，着力落实机关党的工作任务。

2006年2月27日，召开全市机关党的工作会议，市委常委、组织部部长林武出席会议。张敬尊传达全省机关2006年党的工作会议精神，总结2005年机关党建工作，部署2006年机关党建工作。林武讲话，强调围绕大局，融入全局；抓好创先，当好表率；着力整改，扩大成果；努力探索，开拓创新；加强领导，发挥作用。

2007年2月9日，召开全市机关党的工作会议，市委书记郑道溪，市委副书记、市纪委书记、市直机关工委书记林文杰出席会议。市直机关工委常务副书记李世杰传达全省2007年机关党的工作会议精神，总结2006年机关党建工作，部署2007年机关党建工作；表彰第七轮先进“五好”和“五好”党支部。郑道溪讲话，对加强机关党的工作，推动机关工作走前头提出要求：着力提高机关党员干部素质，着力提高机关工作效率，着力提高机关党建工作水平，着力转变机关工作作风，确保机关党的工作走在全市前列，确保机关党员成为干部群众的表率。

2008年2月28日，召开全市机关党的工作会议，郑道溪、林文杰，市委常委、宣传部部长宋长青，林武出席会议。李世杰传达全省2008年机关党的工作会议精神，总结2007年机关党建工作，部署2008年机关党建工作。郑道溪讲话，要求机关党建工作要服务大局、有效作为；改革创新，增添活力；强化责任，形成合力。

2009年3月18日，召开全市机关党的工作会议，市委书记徐钢，市委副书记、市纪委书记、市直机关工委书记朱淑芳出席会议。李世杰传达全省2009年机关党的工作会议精神，总结2008年机关党建工作，部署2009年机关党建工作。徐钢、朱淑芳分别讲话，对抓好2009年机关党建工作提出要求。

2010年3月31日，召开全市机关党的工作会议，朱淑芳出席会议。李世杰传达全省2010年机关党的工作会议精神，总结2009年机关党建工作，部署2010年机关党建工作；表彰2007—2009年（第四轮）机关党建工作先进单位。朱淑芳讲话，要求提高认识，力求在创建学习型机关党组织上有新作为；转变作风，力求在促进党员干部为民尽责上有新作为；不断创新，力求在提升机关党建工作水平上有新作为。

2011年2月16日，召开全市机关党的工作会议，朱淑芳出席会议。李世杰总结2010年机关党建工作，部署2011年机关党建工作；表彰第九轮先进“五好”党支部和“五好”党支部。朱淑芳讲话，强调坚持围绕大局，服务发展；坚持转变作风，奋发有为；坚持深化教育，提升素质。

2012年3月7日，召开全市机关党的工作会议，市委常委、市纪委书记、市直机关工委书记沈耀钦出席会议。市直机关工委常务副书记黄春淮总结2011年机关党建工作，部署2012年机关党建工作。沈耀钦讲话，强调提升机关的总体服务水平；把握机关党建工作重点；推动学习型党组织建设。

2013年4月9日，召开全市机关党的工作会议，沈耀钦出席会议。黄春淮总结2012年机关党建工作，部署2013年机关党建工作。沈耀钦讲话，强调坚持以党的十八大精神统一思想；始终保持奋发有为的精神状况；抓好当前机关党建工作重点。

2014 年 4 月 23 日，召开全市机关党的工作会议，沈耀钦出席会议。黄春淮总结 2013 年机关党建工作，部署 2014 年机关党建工作。沈耀钦讲话，强调认清形势任务，进一步增强做好机关党的工作的自觉性；突出工作重点，进一步提升机关党建服务水平；加强自身建设，进一步发挥机关党组织作用。

2015 年 5 月 13 日，召开全市机关党的工作会议，市委副书记周银芳出席会议。黄春淮总结 2014 年机关党建工作，部署 2015 年机关党建工作。周银芳讲话，强调机关党建走前头、进前列、作表率，在贯彻全面从严治党要求走前头；服务发展大局走前头；加强作风建设走前头；创新党建工作走前头；落实党建责任走前头。

2016 年 3 月 11 日，召开全市机关党的工作会议，周银芳出席会议。黄春淮总结 2015 年机关党建工作，部署 2016 年机关党建工作。周银芳讲话，强调切实强化全面从严治党主体责任；创造性抓好 2016 年的 5 项工作；切实加强自身建设。

2017 年 3 月 22 日，召开全市机关党的工作会议，市委副书记、市直机关工委书记陈奕辉出席会议。市直机关工委常务副书记黄黎波总结 2016 年机关党建工作，部署 2017 年机关党建工作。陈奕辉讲话，要求全市机关党组织提高政治站位，认真落实全面从严治党主体责任；深化党建项目化管理，扎实开展“机关党旗红，‘五个泉州’在行动”主题实践活动；加强队伍建设，不断增强党务干部履职能力。

第三节　省地（市）机关党委（工委）会议

1988 年 10 月 12—14 日，在泉州举办全省地、市直机关党委横向联系座谈会，省直机关党委负责人，全省 9 个地、市直属机关党委书记共 28 人参加会议，总结交流加强机关党的建设经验，探讨今后加强和改进机关党的工作思路。市委书记张明俊会见与会人员，市委副书记介绍泉州市改革开放成就和变化，省直机关党委副书记顾方侯作总结发言。

1997 年下半年，全省地市机关工委书记第 12 次联席会议在泉州召开。省委组织部、省直机关工委、市委领导出席会议。全省地市机关工委书记参加会议。

2002 年 7 月 14—16 日，全省第 20 次省、市工委书记联席会暨第 4 次全省县级机关党建联系点会议在德化召开。省直机关工委常务副书记江祥钦，副书记卫榕英和 9 个地市工委领导，部分县（市、区）委领导、23 个县（市、区）党建联系点工委领导参加会议。泉州市委常委、宣传部部长黄少萍到会祝贺，德化县委书记许昆贞出席会议。听取德化县委经验介绍，9 个县（市、区）直工委领导做交流，泉州、三明工委做关于开展党建创新活动和机构改革中加强党的建设情况介绍，实地参观德化党建工作。江祥钦就如何加强和改进县市区机关党建工作提出要求：要明确职责，增强做好机关党建工作的责任感和使命感；要厘清思路，改进领导方式和工作方法；要从严管理，切实加强机关工委内部建设；要与时俱进，以改革创新精神开展工作。

2013 年 8 月 19—20 日，全省推进“1263”机制现场会暨省、市工委书记联席会在晋江召开。学习考察晋江市推进“1263”机制的经验做法，交流各地贯彻落实“1263”机制和闽委办发〔2013〕12号文件情况；通报上半年机关党建工作，部署交流下半年机关党建工作；征求各设区市直机关工委、平潭综合实验区直属机关党委和县级党建联系点工委对省直机关工委开展党的群众路线教育实践活动的意见建议。各设区市直机关工委常务副书记和平潭综合实验区直属机关党委书记、省直机关工委党建联系点的县（市、区）直机关工委常务副书记参加会议。省直机关工委常务副书记朱清出席并讲话，市委常委、市纪委书记、市直机关工委书记沈耀钦出席会议并致辞。

第四节　党建专题会议

1992年6月，市直机关党委与市委组织部、市委党建办联合召开全市机关党建工作经验交流会，市委书记陈营官出席会议并讲话。

1998年12月7日，市委召开全市机关党建工作会议，市委书记何立峰出席会议。市委党建工作领导小组全体成员，市直机关各部、委、办、局党组（党委）书记，系统党委书记、专职副书记，机关党委、党总支、党支部书记，驻泉省部属单位党委书记，各县（区、市）委分管副书记、工委书记、常务副书记共400多人参加会议。5个县（市）直机关党（工）委，11个市直基层党组织交流做好机关党建工作经验。会上公布《中共泉州市委关于贯彻〈中国共产党党和国家机关基层组织工作条例〉的意见》，进一步明确机关党的工作的地位和作用，机关党组织的机构设置、人员编制、职级待遇、培训交流等问题，调动机关党务干部的积极性，增强机关党组织的活力。何立峰讲话，对进一步贯彻落实《中国共产党党和国家机关基层组织工作条例》，全面推进机关党建工作走前头提出要求。

2001年2月1日，市委召开加快机关党建走前头工作会议，市委书记刘德章，市委副书记骆灿堂，市委常委、组织部部长周振华，市委常委、秘书长吴汉民，市委党建领导小组成员参加会议，听取市直机关工委书记张敬尊作《关于加快机关党建走前头工作汇报》。刘德章讲话，肯定市直机关党的建设取得很好成绩，在新的历史时期紧紧围绕中心，服务大局，做了大量有效的工作。强调要继续开展创建党建先进单位活动，进一步提高机关党建工作水平，围绕增强机关党的活力下功夫；增强党组抓好机关党建工作意识，充分发挥部门党组（党委）对机关党建工作的领导职责和对机关党组织的指导职能；党组主要领导要真正成为抓党建的第一责任人，按照任期目标做到“一岗双责”“两手抓、两手硬”，提高一手抓经济，一手抓党建的力度。

2002年6月27日，市委召开创建“机关党建工作先进单位”经验交流暨表彰会，总结交流第一轮创建“机关党建工作先进单位”活动经验，授予市委办公室、市政协机关、市委组织部、市委宣传部、市委农工办、市建设局、市档案局7个单位为第一届（2000—2001年）机关党建工作先进单位，表彰市委老干部局等21个单位为创建成效显著单位。市直各部、委、办、局党组（党委）书记，部门主要负责人，各县（市、区）委、清濛科技工业区党工委分管副书记，机关工委专职（常务）副书记，市直各系统（局）党委，企事业单位党委，驻泉省部属单位党委书记、专职副书记共300多人参加会议。市委书记施永康，市委副书记、组织部部长周振华，市委常委、秘书长吴汉民，市委常委、宣传部部长黄少萍出席会议。施永康讲话，强调要认真学习江泽民“5·31”重要讲话，以讲话精神统一思想，统一行动；要按照“三个代表”的要求，努力加快机关党建“走前头”步伐；要切实加强领导班子建设，树立勤学、创新、实干的良好形象。

2006年10月12日，市委召开全市机关党建工作暨专题调研表彰会，表彰“学党章、知荣辱、求和谐、促发展”课题调研活动中的优秀论文和组织单位。市委副书记、市纪委书记、市直机关工委书记林文杰出席会议并讲话，要求要精心组织部署，迅速掀起学习贯彻党的十六届六中全会精神的高潮；要以科学发展为统揽，提高机关党建工作服务大局、服务发展的水平；要以“活力党建”为目标，推动机关党建“走前列”新突破。

2009年4月21日，召开全市机关党的工作座谈会，交流部署机关“三级联创”，开展“争当勤廉表率、推动科学发展”教育学习月活动，举办“协同协作、推动发展”论坛，机关廉政文化建设、第二批学习实践科学发展观活动等工作。

2009年6月26日，召开全市机关党建工作联席会第1次会议。研究通过《泉州市直机关党建工作联席会议工作制度》，讨论确定第四轮创建机关党建工作先进单位考评标准、总体框架。市委常委、市纪委书记、市直机关工委书记朱淑芳主持会议。

2014年，梳理整合前几年建立的系统党委书记学习交流会及驻泉省、部属单位党建工作交流会制度，建立市直机关党建工作季谈会制度，并作为强化机制建设，提升机关党建工作水平的重要载体。7月3日，召开“服务群众，做好群众工作，建设基层服务型党组织”为主题的第1次机关党建工作季谈会。学习贯彻中共中央办公厅《关于加强基层服务型党组织建设的意见》，汇报交流基层服务型党组织建设情况。市直宣传、水利、公用、交通系统党委，泉州电业局、市工商局、市行政服务中心机关党委，泉州邮政管理局党总支8个单位作主题发言。

2015年7月21日，召开全市机关工委书记座谈会，各县（市、区）直机关工委专职书记或常务副书记，泉州开发区、泉州台商投资区机关党委书记，泉州市直机关工委副处级以上干部、各部门负责人参加。各县（市、区）直机关工委、机关党委交流发言，泉州市直机关工委常务副书记黄春淮讲话。

第五节 全市机关工委书记联席会

1996年7月，召开泉州市第1次市、县（区、市）直机关工委书记联席会，从1997年开始，每年上半年和下半年各召开1次联席会，1996—2000年共召开9次联席会议。

2001年6月7—8日，泉州市第10次市、县（区、市）直机关工委书记联席会议（简称联席会议）在丰泽区召开，省直机关工委常务副书记江祥钦，市委书记刘德章，市委副书记、组织部部长周振华，市人大常委会副主任魏坚出席会议。交流一段时间来机关党建工作情况和经验体会，探讨热点难点问题，提出有针对性意见和建议。刘德章肯定联席会有利于加强联系沟通，有利于指导工作，要成为一种制度坚持下去。强调要提高对机关党建工作重要性的认识；要进一步增强机关党建工作的活力；要建设高素质机关党务工作队伍。

2001 年 12 月 27 日，第 11 次联席会议在洛江区召开，总结 2001 年机关党建工作情况，探索 2002 年工作思路：以深入学习实践“三个代表”为重点，扎实推进理论武装工作；以创建机关“党建先进单位”为载体，努力增强党组织战斗力；以迎接中共十六大召开为动力，切实加强和改进机关思想政治工作；以认真履行党内监督为职守，切实加强党风廉政建设和反腐败斗争。

2002 年 7 月 10—11 日，第 12 次联席会议在泉港区召开，总结交流上半年机关党建工作情况，研究部署下半年工作，探索如何按照“三个代表”要求，进一步加强党员先进性教育的措施和办法，省直机关工委常务副书记江祥钦，市委副书记、组织部部长周振华出席会议并讲话。

2002 年 12 月 19—20 日，第 13 次联席会议在鲤城区召开，进一步学习贯彻中共十六大精神，总结 2002 年下半年机关党建工作情况，交流 2003 年工作设想，研究部署深入学习贯彻中共十六大精神，参加 50 多人。市委副书记、组织部部长周振华，鲤城区委书记王亚君出席会议并讲话。周振华强调，精心组织，迅速掀起学习贯彻十六大精神热潮；抓住灵魂，增强全面贯彻“三个代表”的自觉性和坚定性；围绕主题，牢固树立中心意识和服务意识；把握精髓，大力推进机关党建工作创新；狠抓落实，切实加强对机关党建工作的领导。

2003 年 8 月 4—6 日，第 14 次联席会议在晋江市召开，学习胡锦涛“七一”重要讲话精神，座谈交流机关党组织如何成为“三个代表”重要思想的组织者、推动者和实践者，省直机关工委常务副书记江祥钦出席会议并讲话，强调把兴起学习贯彻“三个代表”重要思想新高潮作为机关党建工作的首要政治任务来抓；紧密围绕发展第一要务开展工作；机关党建要进一步改革创新，增强活力。

2004 年 1 月 7—9 日，第 15 次联席会议在南安市召开，研讨 2003 年机关党建工作和 2004 年工作思路，交流专题调研论文。周振华出席会议并讲话，强调 2004 年机关党建工作要坚持用“三个代表”重要思想统揽机关党建工作全局，要充分发挥机关党建工作在服务和保障发展中的积极作用，要不断开创机关党建工作新局面。

2004 年 7 月 15—16 日，第 16 次联席会议在惠安县召开，总结交流上半年机关党建工作，研究贯彻市委九届八次全会精神，加快机关党建走前头。江祥钦出席会议并讲话，充分肯定泉州市机关党建工作所取得的成效，对今后党建工作强调：认真扎实抓好学习，研究探索实践党的执政能力建设，关注宣传服务海峡西岸经济区建设，扎实推进未成年人思想道德建设，开展邓小平诞辰 100 周年和建国 55 周年系列活动。周振华在讲话中强调：进一步深入学习“三个代表”重要思想，认真做好保持共产党员先进性教育活动准备工作；讲究工作方法，不断提高机关党建工作成效；加强各级工委自身建设，努力提高领导和指导机关党建工作水平。

2004 年 12 月 14—16 日，第 17 次联席会议在安溪县召开，传达省直机关党建工作座谈会精神，交流学习贯彻中共十六届四中全会、省委七届七次全会、市委九届九次全会精神，回顾总结 2004 年机关党建工作，研究 2005 年工作。江祥钦出席会议并讲话。周振华对机关党建工作提出要求：围绕增强党的执政能力，进一步明确新时期机关党建工作目标任务；围绕增强党的执政能力，全面推进机关党的建设；围绕增强党的执政能力，进一步提高机关工委工作水平。

2005 年 7 月 25—26 日，第 18 次联席会议在石狮市召开，总结交流第 1 批党员先进性教育活动经验做法，研究建立健全党员教育管理长效机制。周振华出席会议并讲话，要求进一步增强做好机关党建工作的紧迫感和责任感；进一步提高机关党建工作服务大局、推动发展的水平；进一步巩固和发展先进性教育活动成果。

2006 年 1 月 19—20 日，第 19 次联席会议在丰泽区召开，总结交流 2005 年机关党建工作，探讨 2006 年机关党建工作思路。

2006 年 8 月 8—10 日，第 20 次联席会议在永春县召开，学习胡锦涛“七一”讲话精神，落实中央保持共产党员先进性长效机制 4 个文件，交流“学党章、知荣辱、求和谐、促发展”课题调研成果，研究按照“四个围绕”（围绕全局、围绕履职、围绕作风、围绕形象），推进机关党建走前头的思路和对策。省委委员、省人大常委、省机关党建研究会会长江祥钦，省直机关工委副书记陈善光，市委副书记、市纪委书记林文杰出席会议。林文杰对机关党建工作提出 3 点要求：以学习胡锦涛“七一”重要讲话精神为指导，掀起政治理论学习新热潮；以落实“四个文件”精神为抓手，巩固先进性教育活动成果；以县乡党委换届为契机，提高机关工委领导班子和党务干部队伍整体素质。

2007 年 1 月 18—19 日，第 21 次联席会议在德化县召开，总结交流 2006 年机关党的工作，研讨如何按照省、市党代会要求，突出“四个围绕”，提高机关党建科学化水平。市委副书记、市纪委书记、市直机关工委书记林文杰就做好 2007 年机关党的工作，推动机关党的组织有效履职提出要求。

2007 年 6 月 6—7 日，第 22 次联席会议在洛江区召开，总结交流开展“着力提高机关党员干部素质，着力提高机关工作效率，着力提高机关党建工作水平，着力转变机关工作作风”课题调研的经验体会，研究探讨如何转化和运用调研成果。林文杰出席会议并讲话，充分肯定“四个着力”课题调研成效，对转化调研成果提出 4 条要求：围绕建设学习型机关，持续提高党员干部素质；围绕建设实干型机关，持续提高机关工作效率；围绕建设服务型机关，持续转变工作作风；围绕建设创新型机关，持续提高机关党建工作水平。

2007 年 12 月 20 日，第 23 次联席会议在鲤城区召开，进一步学习中共十七大精神和省委八届三次全会、市委十届三次全会精神，回顾总结 2007 年机关党的工作，研究 2008 年工作思路，表彰工委系统先进单位和先进工作者。林文杰出席会议并讲话，要求：突出主线，把学习贯彻中共“十七大”精神的热潮不断引向深入；改革创新，夯实机关党的组织和制度基础；勤政为民，抓好机关党的作风和反腐倡廉建设。

2008 年 8 月 4 日，第 24 次联席会议在泉港区召开，学习贯彻胡锦涛“6·30”讲话和 7 月 14 日市委常委扩大会议精神，总结交流学习贯彻中共十七大精神情况，研究下半年机关党建工作，市委常委、组织部部长林武出席会议并讲话。

2008 年 12 月 30 日，第 25 次联席会议在晋江市召开。学习中共十七大和十七届三中全会、省委八届五次全会、市委十届四次全会精神，回顾 2008 年机关党的工作，研究 2009 年工作思路，市委副书记、市纪委书记、市直机关工委书记朱淑芳出席会议并讲话。

2009 年 7 月 9—10 日，第 26 次联席会议在南安市召开，回顾总结上半年机关党建工作，研究部署下半年工作。朱淑芳出席并讲话。

2009 年 12 月 29 日，第 27 次联席会议在惠安县召开，学习贯彻中共十七届四中全会、省委八届七次全会和市委全会精神，回顾总结 2009 年机关党的工作，研究 2010 年工作思路。朱淑芳出席会议并讲话。

2010 年 6 月 30 日至 7 月 1 日，第 28 次联席会议在安溪县召开，围绕开展“作风建设年”、深化机关党建服务发展“五建五创”活动情况进行总结交流。朱淑芳出席会议并讲话。

2010 年 12 月 27—28 日，第 29 次联席会议在石狮市召开，回顾总结 2010 年全市机关党建工作，研究 2011 年工作思路。朱淑芳出席会议并讲话。

2011 年 7 月，第 30 次联席会议在丰泽区召开，回顾总结上半年机关党建工作，研究部署下半年党建工作。

2011 年 12 月 28 日，第 31 次联席会议在永春县召开，回顾总结交流一年来开展“三强化”活动，推进机关党建工作，治理“庸、懒、散”，深化机关作风建设情况，研究 2012 年工作思路。

2012 年 7 月 25 日，第 32 次联席会议在德化县召开，对上半年全市机关党建工作情况进行回顾交流，市委常委、纪委书记、市直机关工委书记沈耀钦出席会议并讲话。

第六节　其他会议

一、党建联系点联席会议

2007 年 6 月 1 日，市直机关工委召开全市机关党建联系点第 1 次会议，讨论开展第四轮创建机关“党建工作先进单位”活动的意见，研究决定党建联系点活动有关事项。

2007 年 8 月 23 日，全市机关党建联系点第 2 次会议召开，讨论通过《党建联系点工作制度》，建立调查研究、挂钩联系、信息交流、联席会议等 4 项制度，每半年召开 1 次联系点会议，由各联系点轮流承办，总结、交流、推广机关党建工作经验，研究新情况，解决新问题。

2007 年 9 月 29 日，全市机关党建联系点第 3 次会议在南安市召开，讨论第四轮（2007—2009 年）创建机关“党建工作先进单位”考评项目和内容，实地参观党建示范点。

2008 年 3 月 12 日，全市机关党建联系点第 4 次会议在市国税局召开，研讨机关党建如何围绕市委“好字当头、先行先试”主线开展工作，发挥作用。

2008 年 8 月 6 日，全市机关党建联系点第 5 次会议在市城市管理行政执法局召开，交流机关党建“三级联创”活动主要做法、经验和成效，针对存在问题研究解决办法。

2009 年 5 月 20 日，全市机关党建联系点第 6 次会议在省一九七地质大队召开，交流推进机关党建服务科学发展的做法、经验和成效，研讨机关党建如何在海西建设中“求先行、当先锋”。

2009 年 10 月 22 日，全市机关党建联系点第 7 次会议召开，研究和探讨如何把握新形势下机关党建的重点和要求，以改革创新精神推进机关党建工作科学化建设。

2010 年 5 月 7 日，全市机关党建联系点第 8 次会议在德化县召开，以“深入贯彻党的十七届四中全会精神，提高机关党建科学化水平”为主题，研究探讨创新机关党建机制体制，拓展党建内涵，改进活动方式，提高工作实效。

2010 年 10 月 18 日，全市机关党建联系点第 9 次会议在泉州电业局召开，围绕贯彻省委八届九次全会和市委十届七次全会精神，以“创先争优当表率、跨越发展做奉献”为主题，交流融入“五大战役”，开展“创先争优”活动的主要做法，研讨下一步工作思路。

2011 年 5 月 31 日，全市机关党建联系点第 10 次会议在鲤城区召开，研讨如何深入开展“强化创新，强化服务，强化绩效”活动，提出开展“三强化”活动要在服务中心上求提升，在绩效管理上求延伸，在创新机制中求发展。

二、驻泉省部属单位党委学习交流会

为加强驻泉省部属单位党委之间的横向沟通与交流，建立学习交流制度，从 2010 年开始，每年 4 月和 9 月，由 27 个驻泉省部属单位党委确定一个主题，轮流主办 1 次。交流内容：研究交流党建工作如何“服务中心、建设队伍”，有效履行协助和监督职能；如何服务地方党委工作大局，准确定位，积极履职，共同促进地方科学发展、快速发展；如何开展创建党建工作先进单位活动，不断夯实基层党建工作基础；交流各单位业务工作亮点和典型示范经验。

2010 年 4 月 30 日，召开驻泉省部属单位党委第 1 次党建工作学习交流会，市工商局机关党委承办，并作“强基固本、服务发展”专题发言，与会人员实地参观 12315 投诉指挥中心、食品检测室、网络商务监管室、泉州商标馆。

2010 年 10 月 22 日，召开第 2 次党建工作学习交流会，市质监局机关党委承办，并作“创建学习型党组织，提升党员队伍素质”专题发言，研究年底前党建工作任务。与会人员实地参观市质检所、市计量所实验室。

三、工委书记暨系统党委书记联席会议

参加对象：各县（市、区）直机关工委，泉州开发区、泉州台商投资区机关党委负责人，市直各系统党委书记或专职副书记，市直机关工委班子成员及各部室负责人。

2016 年 12 月 23 日，召开泉州市、县直机关工委书记暨市直系统党委书记联席会议，交流 2016 年机关党建工作情况和 2017 年工作思路。泉港、晋江、石狮、南安机关工委负责人，市直宣传、住建、卫计委系统党委书记或专职副书记交流发言。市直机关工委常务副书记黄黎波讲话。

第五章　宣传教育

各级党组织围绕不同时期中共的中心工作，学习宣传马克思列宁主义、毛泽东思想、邓小平理论、“三个代表”重要思想、科学发展观、习近平新时代中国特色社会主义思想，学习贯彻党的路线方针政策，加强思想政治工作和社会主义精神文明建设，动员和组织党员干部职工为实现党和国家的工作目标而奋斗。

第一节　理论学习与研究

一、理论学习

（一）学习马克思列宁主义、毛泽东思想

中华人民共和国成立以后，随着《毛泽东选集》第一卷至第四卷以及各种单行本陆续出版发行，在党员干部普及学习毛泽东著作。1952—1953 年，学习毛泽东《矛盾论》《实践论》，以及有关新民主主义和社会主义经济建设问题的文献。1953 年 8 月至 1955 年，学习《联共（布）党史简明教程》和《经济建设常识读本》。

1956 年，实行干部理论教育 7 年规划。4 月 26 日，地直机关党委要求各级党组织必须认真组织学习马克思列宁主义，提高马列主义水平，掌握马列主义思想武器，提倡干部订个人学习进修计划，开展互助互学，规定干部理论学习每星期不少于 5 个小时。10 月 25 日起，根据中央指示，组织相当于县委书记一级以上干部，学习毛泽东《改造我们的学习》《整顿党的作风》《反对党八股》《关于无产阶级专政的历史经验》等文章和中共六届七中全会《关于若干历史问题的决议》，克服实际工作中的主观主义、教条主义，改进思想作风和领导作风。1957 年 4 月下旬，学习毛泽东的《关于正确处理人民内部矛盾的问题》。

1958 年，开展群众性的学哲学用哲学活动。地直机关党委制定机关干部学习《政治经济学教科书》计划，从理论上认识经济工作中的新问题，了解马列主义政治经济学原理。学习分为中级组和初级组，县级干部和有关部门有一定政治水平的区级干部编为中级组，要求初步掌握政治经济学的理论知识，运用这些原理指导工作；有一定阅读能力的专直机关干部编为初级组，要求初步懂得政治经济学的常识，提高认识搞好工作。学习时间 8 个月，每周不少于 8 个小时，共 240 个小时。医生、护士、民警和需要学习文化的干部不参加这一学习，组织学习中央宣传部编印的“党的方针政策”等内容。1959—1960 年，机关干部学习《苏联社会主义经济问题》和《马恩列斯论共产主义社

会》，学习政治经济学资本主义、社会主义部分。

1960年4月4日起，组织学习毛泽东著作《改造我们的学习》《整顿党的作风》《反对党八股》，进一步树立理论联系实际的学风，端正学习态度，纠正脱离实际和轻视理论两种错误的学习态度，为下一段开展学习政治经济学做好准备。各党总支（党支部）成立毛泽东思想学习委员会，确定专人负责，以党总支为单位配备5—7名兼职讲师（辅导员）。6月23日，地直机关党委宣传部、泉州市委宣传部联合开设“社会主义政治经济学”讲习班，地直机关正式党员150人参加。7月17日，地直机关党委印发《关于下半年大搞群众性学习毛泽东思想运动的意见》。学习毛泽东关于社会主义政治经济学的理论，阅读地委宣传部编写的政治经济学社会主义部分讲授提纲，参阅“马克思主义在中国的胜利”“伟大的十年”“列宁主义万岁”“论帝国主义是现代战争的根源、并论各国人民争取和平的道路”以及全国人大二届二次会议、省委六级干部会议的主要报告。学习时间为7—10月份，共17周，每周1课，共13课。7月26日至8月9日，组织学习《列宁主义万岁》、《莫斯科宣言》、人民日报社论《高举莫斯科宣言的马克思列宁主义革命旗帜》等文章，对国际重大问题加以分析、研究。

1961年3—5月，开展改进作风理论学习，学习毛泽东《〈农村调查〉的序言和跋》《关心群众生活，注意工作方法》《关于领导方法的若干问题》《党委会的工作方法》等著作，使干部改进工作方法和工作作风，切实执行党政干部三大纪律八项注意。

1962年1—6月，组织学习《毛泽东选集》第四卷，举办业余理论学习讲座，参加人数300多人，每两周讲1次课，以个人自学为主，组织讨论。以党总支、党支部为单位划分若干个学习小组。9月12日，召开专直机关政治经济学资本主义部分学习动员大会。从1962年9月开始至1963年6月，用10个月的时间分10章学习政治经济学资本主义部分，学习马克思、列宁、毛泽东有关论著，运用马克思主义原理分析问题、认识问题。11月起，组织学习刘少奇《论共产党员的修养》（重新发表的），认识共产党员为什么要进行修养，怎样进行修养，修养什么？

1963年，组织学习马列主义基本知识和毛泽东思想，学习党的基本知识和刘少奇《论共产党员的修养》。学习中，发扬民主，允许发表不同意见，正确划清政治问题和学术问题界限，对学术性问题不当作思想问题来批判，更不把思想问题引申为政治问题来斗争，使大家敢于联系实际，畅所欲言。贯彻理论联系实际的学习方法，学习理论与总结经验相结合，通过学习提高思想政治水平，正确运用到实际工作中去。

1964年，主要学习毛泽东“老三篇”（《为人民服务》《纪念白求恩》《愚公移山》）和《改造我们的学习》《关心群众生活，注意工作方法》等文章，各单位制订学习规划，安排具体学习内容和时间，每学习一篇文章都进行讨论、记笔记、写心得体会、建立学习园地、出学习简报。

1965年，组织学习毛泽东著作，集中学习时间约3个月，普遍学习“老三篇”和《中国社会各阶级的分析》《关心群众生活，注意工作方法》，写心得体会，出专刊，召开经验交流会，评选学习毛泽东著作积极分子。

1971年5月，根据毛泽东关于“认真看书学习，弄通马克思主义”指示精神，县以上领导干部学习马列主义经典著作。11月，举办第3期毛泽东思想学习班。

1972年初，宣传毛泽东要“认真读书”“要研究马克思、恩斯格、列宁、斯大林的理论”。宣传毛泽东“对于马克思主义的理论，要能够精通它，应用它，精通的目的全在于应用，不应当只是学习马克思列宁主义的词句，而应当把它当作革命的科学来学习”。强调学习马克思主义的立场、观点、方法，倡导理论联系实际学风。3月，举办第4期毛泽东思想学习班，时间50天左右，学习《毛泽东选集》第一卷至第四卷、中央“两报一刊”《纪念中国共产党五十周年》、1972年元旦社论《团结起来，争取更大的胜利》。1972年，开展批修整风，进行思想和政治路线教育，组织学习毛泽东巡视南方时提出的“要搞马克思主义，不要搞修正主义；要团结，不要分裂；要光明正大，不要搞阴谋诡计”原则，批判林彪反革命集团罪行。学习《实践论》《论人民民主专政》《关于正确处理人民内部矛盾的问题》等著作，加深对党的基本路线的理解。组织县级以上干部读《唯物主义和经验批判主义》《反杜林论》《共产主义运动中的“左派”幼稚病》等马列著作，分清什么是唯物论，什么是唯心论，什么是马克思主义，什么是修正主义，提高识别真假马克思主义的能力。4月起，输送一批干部参加省、地委党校轮训学习，县以上干部在职学习《共产党宣言》，学习时间40天左右。6月13日至9月29日，组织地区革委会机关和直属单位全体干部学习《共产党宣言》，了解《共产党宣言》出版的历史背景、意义、基本思想，着重学习马克思主义阶级斗争的学说和资本主义必然灭亡，社会主义必然胜利的原理。结合学习毛泽东《中国社会各阶级的分析》《关于正确处理人民内部矛盾的问题》《论人民民主专政》《统一战线中的独立自主问题》《目前抗日统一战线中的策略问题》，加深对《共产党宣言》的理解。8月19日，举办地直单位政工干部辅导员学习班，时间45天，学习《国家与革命》和毛泽东著作，学习后辅导本单位学习。9月，召开读书学习经验交流会。11月10日—12月29日，分4个阶段组织县以上干部学习《哥达纲领批判》，进行2—3次辅导报告，运用马克思列宁主义基本原理，着重解决方向、路线和执行政策方面的问题。

1973年，在“批修整风”中，领导干部学习上级规定的6本马列著作和《费尔巴哈和德国古典哲学的终结》。4—7月，组织在职干部学习毛泽东《实践论》《矛盾论》《关于正确处理人民内部矛盾的问题》《在中国共产党全国宣传工作会议上的讲话》《人的正确思想是从哪里来的?》5篇哲学著作和《我的一点意见》《毛主席在外地巡视期间同沿途各地负责同志的谈话纪要》。8—9月，选派84名辅导员参加地区学习班举办的辅导员读书班，学习毛泽东《实践论》《人的正确思想是从哪里来的?》和列宁《唯物主义和经验批判主义》，学习后回本单位辅导学习毛泽东两篇哲学著作。10—12月，学习中共第十次全国代表大会精神时，学习毛泽东关于党的建设的有关论述和《党委会的工作方法》《关于健全党委制》，认识党的领导最根本的是正确的思想路线和政治路线的领导，提高党委抓大事的自觉性。

1975年，组织学习毛泽东关于学习无产阶级专政理论、促进安定团结和把国民经济搞上去的“三项指示”。3月，选派53名党员干部参加地委党校第一期理论学习班。

1977年4月15日，《毛泽东选集》第五卷在晋江地区正式发行。4月22日，地直机关党委印发《晋江地区革委会机关和直属单位〈毛泽东选集〉第五卷学习计划》。干部职工采取通读全书和重点选读相结合的办法，有阅读能力的干部职工在7月底前，按照“国民经济恢复时期”（23篇）、“过渡时期”（32篇）、“整风‘反右’时期”（15篇）3个时期共75篇著作通读一遍。着重领会4个重点：关于在生产资料所有制的社会主义改造基本完成以后无产阶级和资产阶级、社会主义和资本主义道路的斗争还长期存在的论断；关于正确区分和处理社会主义社会中敌我矛盾和人民内部矛盾这两类不同性质的矛盾的学说；关于无产阶级专政下继续革命的理论；关于社会主义建设总路线的基本思想。5 月 5 日，地委召开学习汇报会，地直机关各口负责人汇报学习情况，地委副书记李俞平、组织部部长石延明、宣传部部长杨启章听取汇报，并对下阶段学习提出要求。5 月 10 日，地直机关党委编发《简报》第一期，总结推广农林水口学习情况。7 月 12 日，地直机关党委印发《晋江地区革委会机关和直属单位下半年学习计划》。在通读基础上，选学 3 个专题：关于无产阶级专项下继续革命的理论；关于加强党的建设的论述；关于社会主义建设总路线的基本思想，进行 3 次学习辅导。8 月 13 日，印发在职干部理论学习安排，开展 4 个专题学习，选学马克思《关于费尔巴哈的提纲》、列宁《唯物主义与经验批判主义》。

1978 年下半年，组织在职干部进行理论学习。围绕坚持民主集中制，理论与实践的关系，政治与经济、革命与生产的辩证关系，社会主义经济问题 4 个专题，选学马克思《关于费尔巴哈的提纲》《〈政治经济学批判〉序言》；恩格斯《费尔巴哈与德国古典哲学的终结》第二章；列宁《唯物主义与经验批判主义》第二章第六节、《再论工会、目前形势及托洛茨基和布哈林的错误》中的政治和经济、辩证法和折中主义相关内容，《伟大的创举》“共产主义星期六义务劳动”思想；斯大林《苏联社会主义经济问题》，组织学习讨论。8 月，学习毛泽东在扩大的中央工作会议上的讲话，《论联合政府》《关于正确处理人民内部矛盾问题》和党政干部的三大纪律、八项注意。9—10 月，进行关于理论和实践关系问题的专题学习，学习毛泽东《实践论》《人的正确思想是从哪里来的?》《改造我们的学习》《反对本本主义》，邓小平在全军政治工作会议上的讲话。11 月，进行政治与经济、革命与生产辩证关系问题的专题学习，学习毛泽东《一九五七年夏季的形势》《做革命的促进派》，学习中共中央〔1978〕37 号文件。12 月，进行正确认识社会主义社会的按劳分配、商品生产、价值规律问题的专题学习，学习毛泽东《关于农业合作化问题》第七节、《论十大关系》第四节等论著。

1979 年 3 月，根据中共十一届三中全会提出的“全党干部要认真学习马列主义、毛泽东思想，学习经济理论”的要求，县以上领导干部选读马列著作，党政机关和经济部门干部主要学习政治经济学、斯大林的《苏联社会主义经济问题》和毛泽东《论十大关系》。

1980 年 7 月至 1981 年 6 月，在机关干部学习社会主义经济理论中，组织学习马克思《哥达纲领批判》、列宁《国家与革命》、斯大林《苏联社会主义经济问题》等著作。7 月，组织学习毛泽东《论十大关系》等著作，学习社会主义经济理论，并按照经济规律办事、社会主义基本经济规律、国民经济发展规律、价值规律、按劳分配规律、物质利益规律、改进国民经济管理、改进企业管理 8 个专题开展学习辅导。

1981 年 4 月起，组织学习毛泽东《实践论》《矛盾论》《中国革命战争的战略问题》，学习《陈云同志文稿选编》、薛暮桥《中国社会主义经济问题研究》等著作，运用马克思主义立场、观点、方法分析社会主义经济问题。举办 6 个读书班，208 人参加。1982 年上半年，组织学习马克思主义经济理论和《学习马克思关于再生产的理论》。

1984 年 6 月，中央宣传部发出《关于干部马列主义理论教育正规化的规定》。9 月，省委转发省委宣传部《关于实现干部马列主义理论教育正规化的几点意见》。根据干部不同情况，分为甲、乙、丙3级组织学习。甲级为具有高中以上文化程度的县级以上机关干部，理论学习的学业程度要达到大学文科公共政治课同类课程的水平；乙级是具有高中以上文化程度的专业技术干部和行政管理干部，理论学习的学业程度要达到大学理工科公共政治课同类课程的水平；丙级为文化程度低的干部，主要学习文化。9—12月，开展马克思理论正规化教育，举办党政机关干部进修班，学习马克思主义哲学、政治经济学、科学社会主义在中国的实践、中国革命史4门马克思主义基础课，50人参加并获大学公共课单科结业证书。

1985年，在全面整党中组织学习马克思、列宁、毛泽东关于党的建设的论著，学习毛泽东关于发挥共产党员先锋模范作用、纠正党内错误思想、发扬党的优良传统和作风的论述，掌握思想武器。11月下旬开始，根据中宣部〔1984〕26号、闽委〔1984〕17号文件精神，对党员、干部进行正规化的马列主义理论教育。根据各条战线干部工作性质和文化程度，划分为甲、乙2级。甲级：具有高中以上文化程度的县级以上领导干部及其后备干部，县级以上机关、单位从事政治工作的干部和从事意识形态工作的专业干部，系统学习马克思主义哲学、政治经济学、科学社会主义和《中国革命与建设的基本问题》（在这本教材编印之前，学习《中国革命史》），学业程度应达到大学文科公共政治课同类课程的水平；乙级：具有高中以上文化程度的专业技术干部、业务管理和行政管理干部，重点学习马克思主义概论（在教材编制之前，学习马克思主义哲学和政治经济学）、中国革命与建设的基本问题两门课程。学业程度应达到大学理工科公共政治课同类课程水平。课程学习共编7个班，财办口、经委口、农委口自行组织学习。

1986年2月至1987年，采用在职电视教学方法，组织市直干部马列主义理论进修班政治经济学的学习，1072名干部参加，历时5个月。7月15日，举行结业考试，842人参加，及格率99.9%，有32个单位和498人获得总平均成绩90分（百分制，下同）以上。

1987年6月15—25日，举办市直机关第一期读书班，开展新时期共产党员发挥先锋模范作用讨论，1678人参加，其中处级以上干部110人、企事业业务骨干190多人，采用集中辅导、分组讨论方法，进行5个专题13场辅导讲座，共编24个大组、149个小组进行读书讨论。

1988年6月11日开始，组织在职干部马列主义理论正规化教育课程第三课电视教学，主题为中国革命史，1153人参加，其中993人参加考试，参考率86%，90分以上894人、不及格1人。

1989年10月5日至12月17日，开展在职干部马列主义理论正规化教育第四课程的学习，主题为“建设有中国特色的社会主义”，1250人参加，其中1163人参加考试，1155人及格、8人不及格、90分以上的362人。

1990年1月，按照中宣部，省委、市委宣传部规定，完成马克思主义哲学、政治经济学、建设有中国特色社会主义理论和中国革命史4门基础理论课学习，累计4219人（次）参加，其中4033人（次）取得单科结业证书。较好地提高在职干部的马克思主义理论素质，对于加强党的思想建设和精神文明建设，抵制资产阶级自由化思潮侵蚀，维护安定团结，促进改革开放和社会主义现代化建设，发挥积极作用，市直机关党委受到省委表彰。市委宣传部表彰市直先进单位4个、优秀学员8名、先进工作者2名。举办1期党务干部培训班，学习马克思主义哲学的3个基本观点，系统党委、党总支、党支部书记共167人参加学习培训。7月7日，市直机关党委表彰8个先进单位：市文化局、市计量所、市盐业公司、市燃料站、泉州晚报社、市林产公司、市环测站、漳泉铁路建设指挥部；表彰14名优秀学员：傅汉荣、陈解放、俞文炳、黄锦祥、高立华、廖为菱、梁志新、杨明山、柯孙烈、谢小玲、周晶、龚思吉、朱婷婷、李保健；表彰10名先进工作者：傅温典、傅仰潜、吴燕治、黄贞森、蔡允治、陈晓辉、林为钦、黄启川、闫建华、魏武寅。

1991年3月起，开展马列主义基本理论、党的基本路线和党的基本知识学习，组织学习毛泽东部分论著，结合学习《马克思主义哲学学习纲要》《关于社会主义若干问题学习纲要》和中共党史，1万多名党员、5万多名干部职工受到较系统的“三基”知识教育。学习省委宣传部、组织部、党建办主编的“三基”知识150题，有12个单位举办“三基”知识竞赛。市直7000多名党员参加问卷测试，平均成绩290.9分（满分300分），116人获满分。泉州供电局、泉州邮电局、市委党校获总平均成绩前3名，市直机关党委表彰成绩优异的5个单位和10名个人。组队参加泉州市“三基”知识竞赛，市直机关代表队和企业代表队（泉州邮电局）分别获得第1名和第4名。7月25日起，开展城市社会主义思想教育，组织学习毛泽东关于全心全意为人民服务、坚持民主集中制、发扬理论联系实际、密切联系群众、批评与自我批评优良传统和作风的论述。

1992年4月，组织学习《毛泽东选集》。4月20—25日，举办学习马克思主义党的建设理论和中共党史骨干培训班，401人参加。4—9月，组织学习马克思、恩格斯、列宁有关马克思主义政党建设的论述，深刻认识坚持马克思主义基本原理与中国革命和建设具体实践相结合是胜利之本、成功之路。

1993年，举办纪念毛泽东诞辰100周年系列活动，组织学习、宣传毛泽东思想，缅怀毛泽东等老一辈无产阶级革命家的丰功伟绩。

1999年10月，开展“讲学习、讲政治、讲正气”教育，组织学习马克思、列宁、毛泽东有关论述。听取省委党校教授凌厚峰关于“马克思主义世界观和方法论”的专题辅导。

2001年，在学习宣传中共十五届六中全会精神时，组织学习毛泽东论党的作风建设、牢记“两个务必”。

2002年，开展马克思主义发展史教育，弘扬理论联系实际的马克思主义学风，加强对马克思主义基础理论的学习和运用。在贯彻中共中央颁布的《公民道德建设实施纲要》中，组织学习毛泽东关于道德建设的论述。

2003年，学习胡锦涛在西柏坡考察时的讲话，重温毛泽东在中共七届二中全会对全党特别是高级干部提出的“务必使同志们继续地保持谦虚、谨慎、不骄、不躁的作风，务必使同志们继续地保持艰苦奋斗的作风”，树立长期艰苦奋斗思想。

2005年1月至2006年6月，在开展保持共产党员先进性教育活动中，组织学习马克思、列宁建党学说，学习毛泽东《为人民服务》《纪念白求恩》和在中共七届二中全会上的讲话。

2008年10月至2009年8月，在开展深入学习实践科学发展观活动中，组织学习毛泽东论科学发展，提高对科学发展重要性和内涵的认识。

2010年，配合市委宣传部开展“建设马克思主义学习型政党”课题调研。

2011 年，在创建学习型党组织活动中，推荐党员干部学习《马列主义经典著作选编（党员干部读本）》《论党的群众工作——重要论述摘编》。

2014 年 3 月，在开展党的群众路线教育实践活动中，组织学习毛泽东论群众路线和厉行节约、反对浪费的论述，开展马克思主义群众观点和党的群众路线专题学习讨论。

2015 年，在“三严三实”专题教育中，组织学习毛泽东关于坚持党的群众路线的论述，开展“严以修身、严以用权、严以律己，谋事要实、创业要实、做人要实”专题教育。

2016—2017 年，在开展“学党章党规、学系列讲话，做合格党员”学习教育中，组织学习毛泽东关于发挥共产党员先锋模范作用的论述，教育引导党员、干部正确履行党员权利和义务，做一名合格共产党员。

（二）学习邓小平理论

1978 年 12 月，邓小平在中共十一届三中全会上发表《解放思想，实事求是，团结一致向前看》讲话。自全会召开后，各级党组织组织学习邓小平一系列讲话精神。

1979 年 6 月，组织学习邓小平在党的理论工作务虚会上的讲话，讨论“破除迷信，解放思想”“坚持四项基本原则”等问题。9 月，开展关于真理标准问题讨论，批判“两个凡是”错误观点，确立“实践是检验真理的唯一标准”观点，发扬党的一切从实际出发、理论联系实际、实事求是的思想路线。

1980 年 3 月，组织学习中共十一届五中全会精神和邓小平《目前的形势和任务》报告，领会全会关于坚持党的领导，改善党的领导，提高党的战斗力，以适应发展社会主义现代化建设的精神。

1983 年 7 月，根据中宣部和省委、地委宣传部部署，开展学习《邓小平文选》读书活动。9—11 月，各级党组织在坚持政治学习制度，通读和选读原文之后，集中举办 151 期《邓小平文选》读书班，3674 人参加，其中脱产读书 1903 人，在职自读、集中听课 1771 人。地区罐头厂党委利用生产淡季，组织读书小组，190 多名职工参加读书活动。通过学习，党员干部职工进一步明确建设具有中国特色社会主义的重要意义。

1984 年 10 月，组织学习邓小平在庆祝中华人民共和国成立 35 周年典礼上的讲话，认清对外开放基本国策、“一国两制”方针和香港问题和平解决的意义。

1985 年初，在全面整党中，组织学习《邓小平文选》中关于加强党的建设的论述，进一步明确整党的意义和合格党员标准。9 月，组织学习邓小平“有理想、有道德、有文化、有纪律”讲话和陈云在全国党风工作经验交流会上的讲话。

1987 年，组织党员干部学习《建设有中国特色的社会主义》和《坚持四项基本原则、反对资产阶级自由化——十一届三中全会以来有关重要文献摘编》两本书。组织学习建设有中国特色社会主义理论的 12 个观点。

1988 年 7 月，进一步组织学习社会主义初级阶段理论，开展生产力标准的再学习、再讨论。

1989 年春夏之间的政治风波期间，组织党员学习邓小平讲话精神和中共十三届四中全会文件，学习《邓小平同志论坚持四项基本原则　反对资产阶级自由化的论述》和人民日报社论《必须旗帜鲜明地反对动乱》《坚持立国之本，走好强国之路》《党组织要聚精会神地抓党的建设》等，明确坚持四项基本原则，反对资产阶级自由化的必要性和重要性，在思想上政治上与党中央保持高度一致。

1989 年 12 月至 1990 年，在学习马克思主义哲学、政治经济学和建党学说的同时，学习《关于社会主义若干问题学习纲要》和《当代社会主义若干问题讲话》，加深对社会主义有关重大问题的认识，提高走建设有中国特色社会主义道路自觉性。

1990 年 10 月至 1991 年 1 月，组织市直处级以下党员干部学习《关于社会主义若干问题学习纲要》，进一步弄清社会主义若干重要问题，正确认识国际、国内形势，联系中华人民共和国成立 40 年来尤其是改革开放以来实际，联系反对资产阶级自由化和反腐蚀、反颠覆、反和平演变斗争实际，澄清模糊认识，坚定走中国特色社会主义道路的信心。

1992 年 3 月 7 日，市直机关党委印发《关于认真学习邓小平同志重要讲话，进一步推动机关职能和作风大转变的具体意见》，组织学习邓小平视察武昌、深圳、珠海和上海时的重要讲话。编印 16000 份学习材料，收集刊出泉州 8 个成片开发区宣传资料，开展“进一步解放思想”大讨论，加深对邓小平提出的“三个有利于”判断是非得失标准的认识，增强加快改革开放的紧迫感和责任感，坚定走中国特色社会主义道路的信念。

1993 年，组织学习《邓小平文选》（第三卷）和中共十四届三中全会决定，加深对建设有中国特色社会主义理论的认识。举办学习《邓小平文选》（第三卷）报告会，市委副书记作动员。举办 4 期讲座，培训 300 多名学习骨干，发放 5000 多份学习材料，制订并落实分阶段、分层次、分专题学习的实施方案。

1994 年，举办科级干部学习《邓小平文选》（第三卷）培训班，培训科级干部 2590 人、科以下干部和职工 3079 人。12 月底，举办学习《邓小平文选》辅导报告会，300 多名党务干部和学习骨干参加，召开学习情况汇报交流会。举办学习《邓小平文选》和社会主义市场经济知识专题竞赛，通过《泉州晚报》公布试题，2980 名科级干部和社会各界人士、驻泉官兵参加。

1995—1997 年，开展中国特色社会主义理论和党章学习活动，多次召开专题会议。市委副书记李在明和市委常委、宣传部部长洪辉煌出席并讲话。举办各种学习座谈会、辅导报告会、知识竞赛 130 场，4000 多名党员参加省委组织部和宣传部举办的“两学习”知识竞赛，播放教育录像 646 场、受教育 10000 多人。举办培训班 130 期，培训骨干 2590 人、培训党员 5040 人。开展主题活动 675 次，9679 人参加。

1998 年，中共中央《关于在全党深入学习邓小平理论的通知》印发后，市直机关兴起学习邓小平理论新高潮。3 月，举办 3 场科级以上干部辅导讲座，邀请厦门大学教授作“东南亚金融风暴影响与对策”“投资环境与策略”“社会主义初级阶段与思想解放”辅导报告。5 月 13 日至 6 月 13 日，举办党务干部学习邓小平理论培训班，499 人参加，邀请厦门大学教授做“邓小平理论的历史地位和指导意义”等 6 场专题辅导，加深对举什么旗帜、走什么道路、处在什么阶段、实行什么纲领、达到什么目标的理解。下半年，市委宣传部、市直机关工委联合检查党组（党委）中心组理论学习情况。召开汇报交流会，交流科级以上干部理论教育培训和党员干部理论普及情况，推动学习深入开展。

1999 年 1 月 28 日，召开理论学习经验交流和表彰大会，表彰施能泉、连如碧、林开通、郑文伟、王培欣、王维贤、陈钢龙、许松林、苏振华、刘兆麟 10 名学习邓小平理论“十佳积极分子”和

99 名积极分子。5 月，举办市直机关党校第 1 期科级干部理论培训班，100 人参加。举办 3 场专题辅导讲座，邀请市领导、专家学者做辅导报告。组织开展领导干部学理论优秀论文评选活动，收到 117 篇，评出优秀论文 50 篇，其中特等奖 2 篇、一等奖 3 篇、二等奖 5 篇、三等奖 12 篇、优秀奖 30 篇，并编印成册，供基层学习参考。

2000 年，举办第二期科级干部理论培训班，基层党组织举办宣传委员和骨干培训班，培训 4119 人。定期检查、不定期抽查中心组学习记录本和领导干部读书笔记。

2001 年，组织学习《毛泽东邓小平江泽民论党的作风建设》，对照“八个坚持、八个反对”，解决党风和机关作风存在问题。

2002—2003 年，在学习中共十六大精神时，进一步学习邓小平关于建设中国特色社会主义的论述，加深对全面建设小康社会，开创中国特色社会主义事业新局面的理解。在学习贯彻中共中央颁布的《公民道德建设实施纲要》中，组织学习邓小平关于道德建设的论述，加深对公民道德建设重要性的认识。

2004 年，开展纪念邓小平诞辰 100 周年活动。3 月 20 日开始，开展“邓小平理论与机关党的建设研讨活动”，研讨邓小平理论的形成、发展、历史地位、指导意义、科学体系、基本内容、重要观点，了解邓小平的生平活动、革命风格、崇高品德。收到理论研讨文章 168 篇，评出一等奖 3 篇、二等奖 7 篇、三等奖 10 篇、优秀奖 30 篇。市纪委、市直宣传系统党委、市直机关工委宣传部课题组文章分别获一等奖，10 个单位获组织奖。8 月 20 日，召开“邓小平理论与机关党的建设工作研讨会”。

2005 年 1 月至 2006 年 6 月，在保持共产党员先进性教育中，组织学习邓小平关于党的建设的论述，联系思想实际，查摆存在问题，提高教育效果。

2008 年 10 月至 2009 年 8 月，在开展深入学习实践科学发展观活动中，组织学习邓小平论科学发展，提高对科学发展重要性的认识。

2009 年 4 月，组织学习《中国特色社会主义理论体系学习读本》，认识邓小平理论是当代中国的马克思主义，是中国特色社会主义理论体系的开创性成果。

2014 年，在学习型党组织建设活动中，组织阅读《邓小平传》，加深对邓小平伟大一生的认识。在开展党的群众路线教育实践活动中，组织学习邓小平关于群众路线的论述。

2015—2017 年，在开展“三严三实”专题教育和“两学一做”学习教育中，分别组织学习邓小平坚持党的群众路线和做合格党员的论述。

（三）学习“三个代表”重要思想

2000 年，按照市委《关于在全市党员中深入开展“三个代表”教育活动的通知》，紧密联系实际，把学习“三个代表”教育活动与学习邓小平理论结合起来，与学习中共十五届五中全会精神结合起来，与“三讲”教育“回头看”结合起来，与开展“富而思源、富而思进”教育结合起来，与泉州改革开放和现代化建设以及工作实际结合起来，提高学习效果。编发学习辅导材料 6 万多册，2 次组织对 300 多个党支部学习教育活动情况进行督查和抽查。

2001 年 2 月 8 日，市直机关工委印发《关于在市直机关深入开展“三个代表”重要思想学习教育活动的实施意见》，成立领导小组和办公室，按季度分 4 个阶段编印课程表。邀请省社科院研究员潘淑明、省委党校教授蒋伯英作学习辅导。在《泉州机关党建信息》开辟专栏，刊出领导干部 22 篇学习文章，编发学习辅导材料 25000 多册，制作《“三个代表”学习教育问答 200 题》软盘 60 多盘，抽查 16 个机关党委、20 个企事业单位党委、80 个党支部学习教育落实情况。4 月中旬，检查 16 个单位的 32 个党支部第 1 阶段学习教育活动情况。7 月上旬，检查 6 个机关党支部、26 个企事业单位党支部第 2 阶段学习教育活动情况。7 月开始，组织学习江泽民在庆祝中国共产党成立 80 周年大会上的讲话，印发课程安排表，对学习内容、要求和方法、步骤进行安排。举办“明确历史任务，加强党的建设——新时期党组织建设风采”主题宣传活动。8 月 28 日，市直机关工委召开汇报会，8 个单位领导交流学习情况。会议强调今后要在原原本本学习讲话原文上下功夫，在领会精神实质上下功夫，在结合实际推动工作上下功夫。12 月，开展学习“三个代表”重要思想优秀体会文章评选活动，收到文章 98 篇，评选表彰 22 篇。

2002 年 6—7 月，组织学习江泽民 5 月 31 日在中央党校省部级干部进修班毕业典礼上的讲话和“七一”讲话，举办市直机关实践“三个代表”先进事迹图片展，评选优秀理论文章，定期在《泉州机关党建信息》上刊发理论学习文章和学习动态，交流经验和做法。对 29 个党委（党组）学习中心组和 257 个党支部学习教育情况进行督查。开通泉州机关党建网，开辟理论学习专栏，当年网上访客 6 万多人次。

2003 年，学习《“三个代表”重要思想学习纲要》。6—7 月，与《东南早报》联合举办学习“三个代表”重要思想答题竞赛，市直党群系统党委等 10 个单位获组织奖。与市广电中心联合举办“广电杯”知识竞赛，30 个代表队参赛。石狮市直机关工委获一等奖、2 个单位获二等奖、3 个单位获三等奖、13 个单位获优秀奖。市直机关工委制订机关党组织理论学习季度安排表，84 个理论学习中心组、400 多名处级以上党员领导干部在“三个代表”重要思想学习中，发挥“标杆”作用，围绕“泉州人的再思考”，推出一批调研文章，学用并举促进机关各项工作的落实。11 月 16 日，召开市直机关兴起学习贯彻“三个代表”重要思想新高潮经验交流会。

2004 年 3 月 8 日至 4 月 2 日，举办市直机关、驻泉省部属单位科级干部学习贯彻“三个代表”重要思想活动培训班，分 4 期 14 个分班培训 3000 多人。在《泉州晚报》用 3 个专版刊出《在学习贯彻“三个代表”重要思想新高潮作表率走前头》《新课题　新探索》《关于加强机关党的执政能力建设的思考》等调研文章，把优秀论文汇编成《迎接新的起飞》一书，在泉州机关党建网增设机关党建论坛，为理论学习提供服务。

2005 年，在保持共产党员先进性教育中，组织学习江泽民关于党的建设的论述，掌握思想武器，用“三个代表”重要思想指导教育活动。

2006—2007 年，组织学习《江泽民文选》（第一卷至第三卷），引导党员干部把握发展主题，认识什么是社会主义、怎样建设社会主义根本问题，领会建设什么样的党、怎样建设党重大问题，把握解放思想、实事求是、与时俱进马克思主义活的灵魂。

2008 年 10 月至 2009 年 8 月，在开展学习实践科学发展观活动中，组织学习江泽民论科学发展，提高对科学发展重要性的认识。

2009 年 4 月开始，组织学习《中国特色社会主义理论体系学习读本》，引导党员干部充分认识

“三个代表”重要思想反映了当代世界和中国的发展变化对党和国家工作的新要求，是中国特色社会主义理论体系重要组成部分。

2014 年，在开展党的群众路线教育实践活动中，组织学习江泽民论群众路线，开展马克思主义群众观点和党的群众路线专题学习讨论。

2015—2017 年，在开展“三严三实”专题教育和“两学一做”学习教育中，分别组织学习江泽民坚持党的群众路线和做合格党员的论述。

（四）学习科学发展观

2003 年 7 月，学习胡锦涛在庆祝中国共产党成立 82 周年大会上的讲话，开展“泉州人再思考”大讨论，引导广大党员干部职工联系泉州市工作大局实际、本单位实际、个人实际进行理论思考，寻找差距不足，制订改进措施。

2005 年 10 月，学习胡锦涛视察福建时的讲话精神，联系海峡西岸经济区现代化工贸港口城市建设实际，提高对科学发展、跨越发展的认识，明确各部门职责任务，落实各项工作。

2006 年，开展学习科学发展观活动，理解坚持“一个中心、两个基本点”的基本路线，构建社会主义和谐社会，深化改革开放，加强和改进党的建设，转变不适应不符合科学发展观的思想观念。组织落实科学发展观，构建社会主义和谐社会主题宣传和面向基层宣讲活动。围绕加快发展、科学发展主题，构建“和谐机关”“活力机关”“平安机关”等理论和实践问题，开展调研活动，推出一批有价值的调研文章。

2007 年 6 月，组织学习胡锦涛“6・25”讲话，分专题学习辅导读本《推动科学发展，促进社会和谐》，安排 300 多场次辅导课、5000 多人次听课，举办 16 期培训班、1456 人参加。

2007 年 10 月，中共十七大把科学发展观作为党的指导思想写入党章。结合学习中共十七大精神，举办理论骨干培训班，召开宣讲大会，进行专题辅导，掀起学习宣传科学发展观的热潮。深化对科学发展观第一要义是发展，核心是以人为本，基本要求是全面协调可持续，根本方法是统筹兼顾的认识；提高对什么是社会主义、怎样建设社会主义，建设什么样的党、怎样建设党，实现什么样的发展、怎样发展等重大理论和实践问题的认识。

2008 年，在学习中共十七大文件中，学习理解科学发展观是对党的三代中央领导集体关于发展的重要思想的继承和发展，是马克思主义中国化的最新理论成果。开展“海西应先行、泉州走前列、机关作奉献”主题活动，143 个单位、747 个党组织、12480 名党员参加。

2008 年 10 月至 2009 年 8 月，按照中央和省、市委的统一部署，开展深入学习实践科学发展观活动。学习实践活动以“科学发展、四求先行”为主题，以“先行先试当先锋、尽心尽责作奉献”主题实践活动和实施“协同、协作、合力”工程为载体，组织党员干部学习《毛泽东邓小平江泽民论科学发展》《科学发展观重要论述摘编》，领导干部学习《深入学习实践科学发展观活动领导干部学习文件选编》，通过上专题辅导课，开展专题讨论、交流心得体会，进行“解放思想、四求先行”“协同、协作、合力”精神大讨论。深入基层调查研究，广泛征求群众意见，召开领导班子专题民主生活会，形成领导班子分析检查报告，组织群众评议，找准影响本单位和机关党建科学发展的主要问题，在提高对科学发展观认识的基础上，制订整改措施，使学习成果体现在有效履职上。

2009年4月起，组织学习《科学发展观学习读本》《中国特色社会主义理论体系学习读本》，认识科学发展观是我国经济社会发展的重要指导方针，是发展中国特色社会主义必须坚持和贯彻的重大战略思想。

2009年6月，举办服务科学发展党建专题研讨班，组织党务干部集中学习"以改革创新精神全面推进党的建设新的伟大工程"等专题，到江苏南通、苏州市直机关工委学习取经，开展4个专题座谈研讨。

2010年2月，学习宣传胡锦涛在福建考察时的讲话精神，按照"切实加快经济发展方式转变，推动经济平稳较快发展；切实做好保障和改善民生工作，促进社会和谐稳定；切实提高党的建设科学化水平，为经济社会又快又好发展提供有力保证"的工作任务和要求，明确努力方向和工作重点，动员党员干部抢抓机遇，加快发展，为服务海西发展，加快经济强市和现代化泉州建设做贡献。

2016年10月起，组织学习《胡锦涛文选》和习近平在学习《胡锦涛文选》报告会上的讲话。

（五）学习习近平新时代中国特色社会主义思想

2012年，学习习近平在中共十八届一中全会上的讲话和《认真学习党章严格遵守党章》。

2013年2月，学习习近平《紧紧围绕坚持和发展中国特色社会主义，学习宣传贯彻党的十八大精神》，学习习近平在第十八届中央纪委第二次全会上的讲话和中纪委十八届二中全会公报，贯彻落实中央"八项规定"，转变机关作风，厉行勤俭节约，狠刹铺张浪费。3月，学习《在发展中国特色社会主义实践中不断发现、创造、前进》；学习习近平在第十二届全国人大第一次会议上的讲话，凝聚力量，加强经济、政治、文化、社会和生态文明建设。5月，学习《更加科学有效地防治腐败 坚定不移把反腐倡廉建设引向深入》，进一步严明党纪、遵守党章，改进工作作风，密切联系群众。7—8月，学习习近平在全国组织工作会议上的讲话、在全国劳动模范代表座谈时的讲话精神。9月，学习习近平在党的群众路线教育实践活动工作会议上的讲话精神，解决"四风"问题，改进党的干部作风，提升党组织战斗力。9—10月，学习习近平在全国宣传思想工作会议上的讲话精神、《人民日报》关于"学习贯彻习近平总书记8·19重要讲话精神"系列评论员文章，讨论加强意识形态工作，增强社会主义意识形态的吸引力、影响力和感召力，统一思想、凝聚力量、鼓舞人心。11—12月，学习习近平《切实把思想统一到党的十八届三中全会精神上来》，增强推进改革的信心和勇气，深化各领域改革。

2014年，把学习贯彻习近平重要讲话精神作为政治任务，纳入党组（党委）中心组学习内容，融入"三会一课"等活动。1月，学习习近平在纪念毛泽东诞辰120周年座谈会上的讲话。2月起，组织学习《统一思想和推进工作的科学指南——学习习近平总书记一系列重要讲话文章选》。2月24日—3月19日，市直机关处级干部分期分批参加市委县处级领导干部学习贯彻习近平系列重要讲话集中轮训。3月，在党的群众路线教育实践活动中，组织学习习近平在中共十八届二中全会第二次全体会议上的讲话、在十八届中共中央政治局第一次集体学习时的讲话、在第十八届中央纪律检查委员会第二次全体会议上的讲话；学习习近平论党的群众路线和"厉行节约、反对浪费""四下基层"等论述。按照"照镜子、正衣冠、洗洗澡、治治病"的总要求，解决形式主义、官僚主义、享乐主义和奢靡之风。4月，组织学习《习近平关于党的群众路线教育实践活动论述摘编》、习近平在河南省兰考县调研指导党的群众路线教育实践活动时的讲话精神；学习弘扬焦裕禄精神，贯彻落实“三严三实”要求，查摆“四风”问题，培育和践行社会主义核心价值观，推动党的群众路线教育实践活动深入开展。7月，学习习近平指导兰考县委常委班子专题民主生活会时的讲话精神，在民主生活会和组织生活会中，正视存在的问题，增强党内生活的政治性、原则性和战斗性。10月，学习习近平在中共十八届四中全会上的讲话精神，明确“依法治国”在全面深化改革过程中的重要作用。学习习近平在党的群众路线教育实践活动总结大会上的讲话精神，加强党的建设，巩固和拓展教育实践活动成果。11月，学习习近平在纪念邓小平诞辰110周年座谈会上的讲话精神。

2015年，组织学习习近平关于“四个全面”战略思想（全面深化改革、全面建成小康社会、全面依法治国、全面从严治党），学习《“四个全面”学习读本》、《人民日报》有关“四个全面”评论员文章。2月，学习习近平在福建考察时的重要讲话精神，正确理解和把握经济社会发展的新常态，主动作为，在建设“机制活、产业优、百姓富、生态美”的新福建中作贡献。5月，学习习近平《加快建设社会主义法治国家》《习近平谈治国理政》《习近平用典》，把握依法治国和依法治党的关系，理解党章党纪严于国法，党员干部要以更高标准要求自己，学法尊法守法用法，依法办事，提高机关工作法治化水平。6月，学习《推动共建丝绸之路经济带和21世纪海上丝绸之路的愿景与行动》，加强对“一带一路”倡议构想的理解，回顾海上丝绸之路起点泉州的历史，探讨打造“泉州经济升级版、改革创新示范区、生态宜居幸福城”的途径和方法。6—7月，在“三严三实”专题教育中，研读《习近平关于党风廉政建设和反腐败斗争论述摘编》《摆脱贫困》，弘扬习近平在福建工作倡导的“四下基层”“马上就办”“滴水穿石”等好传统好作风。9月，学习习近平在纪念中国人民抗日战争暨世界反法西斯战争胜利70周年大会上的讲话和《人民日报》评论员文章，观看阅兵式，回顾中国人民抗日战争的历程，铭记历史，缅怀先烈，弘扬民族精神和抗战精神。11—12月，学习习近平等中央领导在中共十八届五中全会上的讲话精神，理解习近平治国理政的思想方略。

2016年2月起，学习习近平在全国宣传部长会议、全国组织部长会议、中央政法工作会议、第十八届中央纪律检查委员会第六次全会等会议上的讲话精神。4月，学习习近平在省部级主要领导干部学习贯彻中共十八届五中全会精神专题研讨班开班式上的讲话精神。5月起，在开展“学党章党规、学系列讲话，做合格党员”学习教育中，以《习近平总书记系列重要讲话读本（2016年版）》和《摆脱贫困》为基本教材，掌握与增强党性修养、践行宗旨观念、涵养道德品格等基本要求。领会掌握中国特色社会主义是实现中华民族伟大复兴的必由之路，“四个全面”战略布局是新的历史条件下治党治国理政总方略，自觉用“四个全面”引领各项工作；践行社会主义核心价值观，弘扬社会主义思想道德和中华传统美德；全面从严治党是全体党员共同责任，必须落实到每个党支部和每名党员。6月起，学习习近平《认真学习党章　严格遵守党章》《习近平论如何做合格的共产党员——十八大以来重要论述摘编》，增强政治意识、大局意识、核心意识、看齐意识，坚定正确政治方向，做合格共产党员。7月，学习习近平在庆祝中国共产党成立95周年大会上的讲话和《人民日报》评论员文章，回顾中国共产党走过的95年历程，座谈对“不忘初心，继续前进”八个方面要求的认识和体会。8月，学习习近平关于严肃党内政治生活净化党内政治生态的论述，树立清风正气，严守政治纪律政治规矩。9月，学习《习近平关于全面建成小康社会论述摘编》《为建设世界科技强国而奋斗》，推动创新驱动发展战略实施。10 月，学习习近平在纪念红军长征胜利 80 周年大会上的讲话和在学习《胡锦涛文选》报告会上的讲话。11 月起，学习习近平在中共十八届三中全会上的讲话，贯彻落实全面从严治党要求，加强和改进机关党的建设。

2017 年 1 月，学习《习近平关于严明党的纪律和规矩论述摘编》和在十八届中央纪律检查委员会第七次全会上的讲话，领会标本兼治推进全面从严治党，党员领导干部做严肃党内政治生活的表率，党的各级组织强化党内监督，不断增强全面从严治党的系统性、创造性和实效性。4 月起，学习《习近平关于全面从严治党论述摘编》《全面从严治党面对面》、在省部级主要领导干部学习贯彻中共十八届六中全会精神专题研讨班上的讲话精神，落实全面从严治党主体责任，加强和规范党内政治生活，严格党内监督。4 月，习近平对南平市委常委、副市长、武夷新区党工委书记廖俊波先进事迹作出指示，称赞廖俊波无愧于“全国优秀县委书记”的称号。党员干部按照习近平指示精神，学习廖俊波牢记党的嘱托、尽心尽责、对党忠诚、心系群众、忘我工作、无私奉献的优秀品质。7 月，学习习近平在庆祝香港回归祖国 20 周年大会暨香港特别行政区第 5 届政府就职典礼上的讲话；学习《人民日报》理论版“深入学习贯彻习近平同志系列重要讲话”专栏文章。

2017 年 8 月 11 日起，组织学习习近平在省部级主要领导干部“学习习近平总书记重要讲话精神，迎接党的十九大”专题研讨班上的讲话精神。理解把握中国特色社会主义是改革开放以来党的全部理论和实践的主题；把握中共十八大以来党和国家事业取得的历史性成就和发生的历史性变革；把握我国社会发展的阶段性特征；把握中国特色社会主义进入新的发展阶段；把握坚持和发展中国特色社会主义必须高度重视理论建设和理论指导；把握“两个一百年”奋斗目标的战略部署；把握坚定不移推进全面从严治党的新认识新要求。联系实际，担当作为，做好迎接中共十九大召开和学习宣传贯彻十九大精神工作；推进“两学一做”学习教育常态化、制度化；深化机关“1263”机制建设；持续打响“机关党旗红，‘五个泉州’在行动”主题实践活动品牌；抓好党支部“5433”工作法落实；抓好巡察整改落实，以优异成绩迎接中共十九大召开。8—9 月，学习《习近平关于社会主义经济建设论述摘编》《以习近平同志为核心的党中央治国理政新理念新思想新战略》，用马克思主义中国化最新成果武装头脑、指导实践、推动工作。

2017 年 10—12 月，学习习近平在中共第十九次全国代表大会所作的《决胜全面建成小康社会夺取新时代中国特色社会主义伟大胜利》的报告和中共十九大修改通过的《中国共产党章程》，领会习近平新时代中国特色社会主义思想的核心要义和创新观点，明确把习近平新时代中国特色社会主义思想作为党的指导思想写入党章的重大意义。持之以恒地开展学习贯彻落实习近平在中共十九大报告关于新时代党的建设总要求，加强基层党的建设和党员队伍建设，提高新时代机关党的建设质量，为“五个泉州”建设提供坚强保障。

二、理论研究

坚持党的理论联系实际的优良作风，根据不同时期机关党建的实际，开展党建课题研究，从理论与实际结合上解决机关党建工作的热点、难点问题，提升党建工作水平。

1987年3月，为探索在新时期发挥共产党员先锋模范作用的理论依据、主要内容、方法途径和基本规律，组织撰写论文，共收到28篇论文。8月26日，召开新时期党员先锋模范作用理论研讨会，参加130多人，8名作者宣读论文，市委常委、宣传部部长庄晏成出席会议并讲话。评选表彰优秀论文8篇，其中一等奖2篇、二等奖1篇、三等奖3篇、鼓励奖2篇，季欣荣、陈围围撰写的文章获一等奖。

1996年，组织党务工作者和党员理论骨干撰写党建论文，参加全市庆祝建党75周年党建理论调研。

1998年，组织机关理论工作者和党务干部，围绕机关党建工作的难点、热点和薄弱环节等问题进行调研，写出一批理论文章，推选18篇参加全市党建论文评选，推动基层学理论活动深入开展。

1999年，开展领导干部学理论优秀论文评选活动，共收到参评文章117篇，其中厅级干部2篇、处级干部115篇。7月，经由厦门大学教授组成的评阅组分3轮评阅，共评出优秀理论文章50篇，其中特等奖2篇、一等奖3篇、二等奖5篇、三等奖10篇、优秀奖30篇，并结集成册，供基层学习参考，调动领导干部学理论的积极性和主动性，拓展理论学习的深度和广度。

2001年，开展“共产党好”——征文演讲比赛，评出优秀作品30篇并组织演讲。12月，在市直机关开展学习“三个代表”重要思想研讨活动中，评出优秀体会文章22篇。

2003年7月28日至11月3日，在全市机关开展学习贯彻“三个代表”重要思想推进机关党的工作创新理论研讨，按照“三个代表”要求，深化“泉州人再思考”大讨论，研究机关党建中的热点、难点和重点问题，探索新时期机关党建工作的新思路、新途径和新办法。共收到理论研讨文章192篇，评出优秀文章53篇，其中特等奖3篇、一等奖3篇、二等奖7篇、三等奖10篇、优秀奖30篇。市直宣传系统党委、晋江市直机关工委等10个单位获组织奖。傅圆圆、张东鸣、刘佳景等厅级干部撰写的文章获特等奖，市委宣传部课题组、骆国清、彭丽花撰写的文章获一等奖。

2004年3—8月，开展“邓小平理论与机关党的建设研讨”征文活动，评出优秀文章50篇，汇编成册名为《迎接新的起飞》。

2005年4—5月，开展“保持共产党员先进性”征文活动，择优推荐参加市委宣传部举办的征文活动，部分优秀文章刊载在泉州机关党建网主题征文栏目上。5月，开展机关思想政治工作理论研究和课题调研活动，评出优秀文章50篇。12月，根据省直机关工委工作安排，开展“保持共产党员先进性教育活动与党的先进性建设”理论研讨和征文活动，从各单位报送的研讨文章中择优参加省直机关工委征文评选。

2006年4月，开展学习贯彻党章专题征文评选活动，收到61篇理论研究和心得体会文章，评选表彰一等奖1篇、二等奖5篇、三等奖7篇、优秀奖14篇，市纪委林开通撰写的文章获一等奖。5月18日，省直机关党建研究会表彰“保持共产党员先进性教育活动与党的先进性建设”理论研讨会征文活动获奖论文和优秀组织奖。市直机关工委课题组《以改进作风为着力点，进一步加强机关党的先进性建设》获一等奖；市政协黄利禾《立足本职岗位，体现先进性要求，努力提高为政协履行职能服务的本领》、晋江市直机关工委课题组《关于进一步完善党员教育管理机制的调查与探索》获三等奖；市直机关工委获征文活动组织奖。6月，开展“学党章、知荣辱、求和谐、促发展”课题调研活动，共收到理论研讨文章285篇，评出优秀文章60篇，其中一等奖5篇、二等奖10篇、三等奖15篇、优秀奖30篇。市纪委、市直宣传系统党委、市妇联、泉州经济开发区党工委课题组和市直机关工委吴志宏撰写的文章获一等奖。市委办系统党委等15个党组织获组织奖。

2007年3—4月，开展“四个着力”专题调研，收到调研报告184篇，筛选36篇作为《泉州通讯》增刊出版。4月开始，根据省机关党建研究会《关于组织2007年重点课题调研的通知》，组织开展“关于机关党的建设如何为构建社会主义和谐社会服务的研究”“关于全面加强机关领导干部作风建设的研究”“关于建立社会主义核心价值观的研究”。

2008年3月20日，市直机关工委《狠抓“四个着力”为实现“支撑带动，又好又快”发展提供坚强的组织保证》获市委党建工作领导小组表彰二等奖。

2009年2—6月，开展“党的建设要充分体现科学发展观的新要求”专题调研，形成调研报告报送市委党建办。

2013年，组织机关开展党建理论探索和工作研究，不断提高机关党建理论研究水平，为创新党建工作提供决策参考。市直机关工委结合工作开展多次专题调研，形成《深入贯彻中央〈条例〉提高“三型”党组织建设水平》《“1263”工作机制研究》《深入整治“四风”问题转变作风推动发展——关于进一步加强和改进机关作风建设的思考》等多篇调研论文，并获得全省机关党建研究会年度重点课题调研论文一等奖及泉州市委2013年度党建重点课题优秀调研成果二等奖等多个奖项。

2014年7月15—18日，开展“机关培育和践行社会主义核心价值观的实践与思考”调研，总结做法与成效、存在问题与不足，提炼机关培育和践行社会主义核心价值观的启示与体会，提出以社会主义核心价值观统一思想，凝聚共识，推动深化改革的思想政治工作思路与对策。6月21日至7月20日，落实市委提出的党建重点课题调研任务，开展机关文化建设调研工作，到市直和县（市、区）了解近5年机关文化建设发展情况，新思路、新举措，存在主要问题和薄弱环节，全面掌握机关文化建设情况，推进机关文化建设发展。

2017年，开展“以迎接党的十九大为主线 推动全面从严治党向纵深发展”课题调研，市直机关工委课题组撰写的《求载体之真，务发展之实——泉州市开展“机关党旗红‘五个泉州’在行动”主题实践活动的实践与思考》获市委党建办课题调研一等奖。

2017年10月，由中央国家机关工委主办的紫光阁网站“地方党建”栏目连续刊发通讯《聚焦大局讲政治 开拓创新献良策 努力为推进全面从严治党发挥智库作用》《机关党旗红，“五个泉州”在行动》，分别报道泉州市机关加强党建调研成果转化的实践以及泉州市机关创新载体服务大局的实践。

2005—2017年获有关部门表彰论文情况

表5-1

时间	题　目	作者	奖　项
2005	关于创建“机关党建工作先进单位”活动的调查与思考	泉州市直机关工委课题组	中央国家机关工委征文活动三等奖
2006	以改进作风为着力点，加强机关党的先进性建设	泉州市直机关工委课题组	省直机关工委征文一等奖
2006	立足岗位，体现先进性要求，努力提高为政协履行职能服务的本领	泉州市政协黄利禾	省直机关工委征文三等奖
2006	关于进一步完善党员教育管理机制的调查与探索	晋江市直机关工委课题组	省直机关工委征文三等奖
2006	保持共产党员先进性教育活动与党的先进性建设征文活动	泉州市直机关工委课题组	省直机关工委征文优秀组织奖
2006	加强机关党的建设，增强党的执政能力	泉州市直机关工委课题组	泉州市委党建办二等奖
2006	党章是检验党的先进性的试金石	泉州市直机关工委王志强	泉州市“刺桐论坛”二等奖
2007	落实“四个着力”，为实现“又好又快”发展提供坚强的组织保证	泉州市直机关工委课题组	泉州市委党建办二等奖
2008	泉州市机关党建“三级联创”活动的实践与思考	泉州市直机关工委课题组	泉州市委党建办二等奖
2009	让惠女精神成为现代化泉州建设的思想引擎	泉州市直机关工委课题组	泉州市委文明办二等奖
2010	凸显优势协推发展履行职责共促和谐	泉州市直机关工委课题组	泉州市委党建办二等奖
2010	关于机关工委—部门党组—机关党组织“三位一体”抓机关党建工作的现状与思考	泉州市直机关工委课题组	泉州市委党建办二等奖
2011	关于机关党组织在社会管理和服务中的作用问题的研究	泉州市直机关工委课题组	泉州市委党建办一等奖
2011	转型期加强和创新社会管理与党的执政能力建设探析	泉州市直宣传系统党委课题组	泉州市委党建办二等奖
2011	关于我市社会组织参与化解矛盾促进社会稳定作用的调研报告	泉州市委政法委陈越新	泉州市委党建办二等奖
2011	发挥工会独特优势参与社会管理创新探索	泉州市总工会课题组	泉州市委党建办二等奖
2011	发挥统一战线在社会管理中作用的若干思考	泉州市委统战部课题组	泉州市委党建办三等奖
2011	关于加强未成年思想道德建设问题的研究	泉州市委老干部局课题组	泉州市委党建办三等奖
2011	发挥社会组织化解社会矛盾的作用的思考与建议	泉州市政协社会和法制委课题组	泉州市委党建办三等奖
2011	关于做好新形势下群众工作的实践与思考	洛江区委办公室课题组	泉州市委党建办三等奖

续表 5-1

时间	题　　目	作者	奖　项
2012	泉州加强机关文化建设的实践与思考	泉州市直机关工委课题组	泉州市委党建办三等奖
2012	泉州加强机关文化建设的实践与思考	泉州市直机关工委课题组	泉州市委文明办一等奖
2012	关于“168”党建工作机制进机关的调查与思考	泉州市直机关工委课题组	泉州市委党建办二等奖
2013	深入整治“四风”问题转变作风推动发展——关于进一步加强和改进机关作风建设的思考	泉州市直机关工委课题组	泉州市委党建办二等奖
2016	泉州市机关党的基层组织党内政治生活严肃化研究	泉州市直机关工委课题组	泉州市委党建办一等奖
2017	求载体之真　务发展之实	泉州市直机关工委课题组	泉州市委党建办一等奖

2008 年 1 月 25 日，福建省机关党建研究会泉州市分会成立，由历任市直机关工委常务副书记李世杰、黄春淮、黄黎波担任会长，组织市直各系统（局）党委、直属党总支（党支部）、驻泉省部属单位党委和各县（市、区）直机关工委，泉州经济开发区、泉州台商投资区机关党委开展机关党建课题研究。截至 2017 年 12 月，共向福建省机关党建研究会报送课题调研报告和论文 68 篇，获奖 35 篇，其中一等奖 5 篇、二等奖 10 篇、三等奖 19 篇、优秀奖 1 篇。泉州市分会获组织奖 8 次。

2008 年，推荐 5 篇文稿参加省研究会 2008 年重点课题调研论文评选，获二等奖 1 篇、三等奖 1 篇。泉州市分会获 2008 年重点课题调研活动组织奖。

2009 年，推荐 6 篇文稿参加省研会 2009 年重点课题调研论文评选，获二等奖 1 篇、三等奖 5 篇。泉州市分会获 2009 年重点课题调研活动组织奖。

2010 年，推荐 5 篇文稿参加省研会 2010 年重点课题调研论文评选，获二等奖 1 篇、三等奖 2 篇、优秀奖 1 篇。泉州市分会获 2010 年重点课题调研活动组织奖。

2011 年，推荐 8 篇文稿参加省研会 2011 年重点课题调研论文评选，获二等奖 1 篇、三等奖 2 篇。泉州市分会获 2011 年重点课题调研活动组织奖。

2012 年，推荐 6 篇文稿参加省研会 2012 年重点课题调研论文评选，获二等奖 1 篇、三等奖 2 篇。

2013 年，推荐 7 篇文稿参加省研会 2013 年重点课题调研论文评选，获一等奖 1 篇、二等奖 1 篇、三等奖 1 篇。泉州市直机关工委课题组《深入贯彻中央〈条例〉提高“三型”党组织建设水平》获一等奖。泉州市分会获 2013 年重点课题调研组织奖。

2014 年，推荐 6 篇文稿参加省研会 2014 年重点课题调研论文评选，获一等奖 1 篇、二等奖 2 篇、三等奖 1 篇。泉州市直机关工委课题组《泉州市加强和创新机关文化建设的实践和思考》获一等奖。泉州市分会获 2014 年重点课题调研活动组织奖。

2015 年，推荐 5 篇文稿参加省研会 2015 年重点课题调研论文评选，获一等奖 1 篇、三等奖 2 篇。晋江市直机关工委课题组《晋江市创新机关党建政绩考核的实践与思考》获一等奖。（当年，省研会未表彰重点课题活动组织奖）。

2016 年，推荐 10 篇文稿参加省研会 2016 年重点课题调研论文评选，获一等奖 1 篇、二等奖 1 篇、三等奖 1 篇。晋江市直机关工委课题组《“一系统一品牌一支部一特色”服务区域发展的晋江实践与思考》获一等奖。泉州市直机关工委获 2016 年重点课题调研活动组织奖。

2017 年，推荐 10 篇文稿参加省研会 2017 年重点课题调研论文评选，获一等奖 1 篇、二等奖 1 篇、三等奖 2 篇。晋江市直机关工委课题组《创新落实“支部工作法”的晋江实践与思考》获一等奖。泉州市直机关工委获 2017 年重点课题调研活动组织奖。

2008—2017 年获福建省机关党建研究会表彰论文一览表

表 5-2

年度	奖项	题　　目	作　　者
2008	二等奖	泉州市直机关党建“三级联创”活动的实践与思考	泉州市直机关工委课题组
2008	三等奖	注重人文关怀和心理疏导，创新机关党员干部思想政治工作	泉州市直经委系统党委办公室　林坚栋
2009	二等奖	凸显优势同推发展　履行职责共促和谐	泉州市直机关工委课题组
2009	三等奖	深化和拓展防腐工作领域深入推进反腐倡廉建设	泉州市纪委机关党委课题组
2009	三等奖	立足新起点迎接新挑战实现新作为	泉州市体改办党支部课题组
2009	三等奖	深入贯彻落实科学发展观加强和改进新形势下机关党的工作	泉州市丰泽区直机关工委课题组
2009	三等奖	探索科学发展途径 致力创新机关党建工作活动载体和方式方法	泉州市鲤城区委组织部课题组
2009	三等奖	紧紧围绕现代化工贸侨乡城市建设推进市直机关党建科学发展	南安市直机关工委课题组
2010	二等奖	关于机关工委—部门党组—机关党组织“三位一体”抓机关党建工作的现状与思考	泉州市直机关工委课题组
2010	三等奖	浅谈党员干部学习的若干问题	泉州市委组织部王松柏
2010	三等奖	福建电力项目化运作推进党建“三级联创”的创新实践	泉州电业局党委课题组
2010	优秀奖	浅谈创建学习型党组织的基本内涵和途径	泉州市直党群系统党委　齐丹璇
2011	二等奖	坚持公平正义维护群众利益的思考	泉州市纪委课题组
2011	三等奖	浅谈创先争优活动在机关党组织的实践与思考	晋江市直机关工委课题组
2011	三等奖	加强对党员干部“八小时以外”监督管理的思考	泉州市直宣传系统党委课题组
2012	二等奖	晋江市创新机关文化建设的实践与思考	晋江市直机关工委课题组

续表 5-2

年度	奖项	题　　目	作　　者
2012	三等奖	保持党的纯洁性机关党建的重中之重	泉州市委党校 李尚清
2012	三等奖	关于“168”党建工作机制进机关的调查与思考	泉州市直机关工委课题组
2013	一等奖	深入贯彻《中国共产党党和国家机关基层组织工作条例》提高“三型”党组织建设水平	泉州市直机关工委课题组
2013	二等奖	晋江市创新“四特”模式创造“1263”机制晋江经验的调研报告	晋江市直机关工委课题组
2013	三等奖	深入整治“四风”问题转变作风推动发展	泉州市直机关工委课题组
2014	一等奖	泉州市加强和创新机关文化建设的实践和思考	泉州市直机关工委课题组
2014	二等奖	关于推进机关培育和践行社会主义核心价值观常态化问题的思考	泉州市直机关工委课题组
2014	二等奖	晋江市探索“党员义工进村社”活动创新服务型党组织建设的实践与思考	晋江市直机关工委课题组
2014	三等奖	关于加强石狮市机关作风建设的研究	石狮市直党委综合系统市委办课题组
2015	一等奖	晋江市创新机关党建政绩考核的实践与思考	晋江市直机关工委课题组
2015	三等奖	突出主体责任，从严管党治党	泉港区委　洪自强
2015	三等奖	泉州市机关党的基层组织党内政治生活常态化研究	泉州市直机关工委课题组
2016	一等奖	“一系统一品牌、一支部一特色”服务县域发展的晋江实践与思考	晋江市直机关工委课题组
2016	二等奖	全面从严治党视角下：领导干部家风的突出问题和塑造路径	泉州市纪委课题组
2016	三等奖	关于加强泉州公安基层思想理论建设的探讨	泉州市公安局政治部课题组
2017	一等奖	创新落实“支部工作法”的晋江实践与思考	晋江市直机关工委课题组
2017	二等奖	求载体之真、务发展之实	泉州市直机关工委课题组
2017	三等奖	关于市直机关落实全面从严治党主体责任的实践与思考	泉州市直机关工委课题组
2017	三等奖	发挥部门纪检力量作用　构建多层次监督执法工作格局	泉州纪委监察局课题组

三、中心组学习

1999年，按照市委要求，重点督促检查处级以上领导干部理论学习，每季度对中心组和理论学习检查1次。8月，调阅泉州市中级人民法院等8个部门中心组学习记录和个人学习笔记，并向市委作专题报告。

2001年，根据机构改革和领导干部工作变动情况，及时健全理论学习中心组，统一编制学习中心组人员名册，市直机关共建立理论学习中心组84个，参加中心组学习的处级（含）以上党员领导干部389人。进一步建立健全中心组学习制度，规范学习记录，完善考勤、检查和交流评比制度，提出“述学、评学、考学”的具体内容和要求。制订中心组学习计划，抓好学习内容的落实。10月，组织抽查95个党组和7个党委中心组学习情况。各单位领导干部对照“八个坚持、八个反对”，联系实际，撰写学习笔记，交流心得体会、身体力行“三个代表”，较好发挥“标杆”作用。12月，开展领导干部优秀学习体会文章评选活动，共评出优秀体会文章22篇。

2002年，进一步完善党组（党委）中心组学习制度，加强学习管理，改进学习方法，提高学习质量，发挥领导干部在理论学习中的表率作用。抽查党组（党委）中心组学习贯彻中共十五届六中全会和江泽民在庆祝中国共产党成立81周年大会上讲话精神的情况。中心组有学习制度、计划、考勤、记录，有中心议题、有个人学习专用笔记、有个人年度学习小结，参学率年平均90%以上。每月安排1—2次集体学习讨论，每次重点围绕1—2个专题集中学习研讨，中心组成员每人每年写心得体会文章1篇以上，主要领导干部每年至少1次宣讲或1次学习辅导报告。市直机关工委把中心组学习情况列入“机关党建先进单位”创建考评内容之一。

2003年，中心组学习根据《中共中央关于印发〈“三个代表”重要思想学习纲要〉的通知》精神，充分认识兴起学习贯彻“三个代表”重要思想新高潮的重大意义，在通读基础上，把精读与研读江泽民原著结合起来，加深对“三个代表”重要思想的时代背景、实践基础、科学内涵、精神实质和历史地位的认识。市直机关84个理论学习中心组、400多名党员领导干部撰写一批有深度、有说服力的调研文章。

2004—2005年，中心组学习以中共十六届三中、四中全会通过的《中共中央关于完善社会主义市场经济体制若干问题的决定》《中共中央关于加强党的执政能力建设的决定》为主要内容，学习市委九届九次、十次全会精神，发挥好中心组学习示范带动作用。

2006年6月，在建立保持共产党员先进性长效机制中，规定中心组每年集中学习不少于12天。集中学习有研讨专题，有重点发言、有讨论记录、有出勤登记、有专用笔记本、有体会文章、有年度总结，班子成员每年撰写1—2篇调研报告或学习体会文章，每年至少为机关党员干部上一次党课或辅导报告。市直机关工委会同有关部门制订加强和改进中心组学习的具体措施，加强督促检查，继续开展党员领导干部优秀学习体会文章评选活动。

2007年8月19日，市直机关工委以“学法用法，提高依法执政能力”为主题的中心组学习（扩大）会，学习泉州市依法治市办公室文件和关于加强物权法、地方法法规学习宣传工作会议精神。

2009年，党组（党委）中心组充分发挥龙头作用，做到“五个有”：有制度、有计划、有考勤、有记录、有体会文章，保证“四个落实”：时间、人员、内容、效果落实。

2011年，在市直机关试行建立中心组旁听制度，市直机关工委委员挂钩旁听市直党组（党委）中心组的学习讨论。

2014年11月4日，对加强党组（党委）中心组学习情况通报工作作出规定，市直各单位、各人民团体党组（党委）每季度报送1次学习情况总结，包括学习内容、学习形式、参加人员、学习成果等。市直机关工委每年对中心组学习情况进行通报。

2016年6月22日，针对市直党组（党委）中心组学习存在的问题，印发《关于进一步做好党组（党委）中心组学习工作的通知》。中心组要突出学习重点，丰富学习形式，弘扬良好学风，严格考勤制度，建立报备制度，注重宣传报道，加强检查考评。每年3月25日前，报送中心组年度学习计划，报备中心组成员、学习秘书名单，每季度报送1次学习情况，每年12月25日前报送学习总结。根据2016年全市宣传部长会议和全市理论工作推进会精神，进一步加强市直单位党组（党委）中心组学习，深化党内教育，促进领导班子思想政治建设。市直单位党组（党委）中心组重点学习马克思主义基本原理，学习毛泽东思想和中国特色社会主义理论体系，把学习贯彻习近平重要讲话精神作为重中之重；学习领会“四个全面”战略布局、“十三五”规划和“五大发展理念”；学习《中国共产党章程》《中国共产党廉洁自律准则》《中国共产党纪律处分条例》等党内法规制度；学习“供给侧结构性改革”和“互联网+”行动计划；学习习近平对生态文明建设的新思想、新论断和关于扶贫开发工作的重要论述；学习中央关于意识形态工作的重大部署和基本要求；学习中共十八届六中全会精神；围绕建党95周年开展党史学习。党组（党委）中心组学习采取邀请专家辅导、组织专题讲座、领导干部上党课、集中讨论交流、召开务虚会等形式，全年集体学习研讨的时间累计不少于12天。集体学习时，根据学习要求，有计划确定部分中心组成员作中心发言，发言对象提前做好准备，并形成书面材料。根据需要，适时召开党组（党委）中心组（扩大）会议，扩大学习研讨参加对象。

2017年4月24日，为加强领导班子思想政治建设，市直机关工委印发《关于加强和改进工委理论学习中心组学习的通知》，明确学习中心组成员，工委、常务副书记、分管副书记、班子成员、学习秘书职责。规定学习内容：马克思列宁主义、毛泽东思想、邓小平理论、“三个代表”重要思想、科学发展观、习近平总书记系列重要讲话和治国理政新理念新思想新战略；党章党规党纪和党的基本知识；党的路线、方针、政策和决议；国家法律法规；社会主义核心价值观；党的历史、中国历史、世界历史和科学社会主义发展史；推进中国特色社会主义事业所需要的经济、政治、文化、社会、生态、科技、军事、外交、民族、宗教等方面知识；改革发展实践中特别是落实全面从严治党的重点、难点问题；中央和省委、市委要求学习的其他重要内容。采取集体学习研讨，个人自学研读，专题调研，利用网络学习平台开展学习。

2017年，学习贯彻中共十八届六中全会通过的《关于新形势下党内政治生活的若干准则》和《中国共产党党内监督条例》，党委（党组）中心组制订计划，列出专题，集中几天时间组织学习研讨，加深理解，把握要求，形成共识。

第二节 学习贯彻党的路线方针政策和决策部署

学习执行党的路线方针政策和决议，是党章规定的基层党组织的重要职责。机关党组织始终把组织党员干部学习执行党的路线方针政策，学习执行中央召开的重要会议精神、重大战略决策和省、地（市）委重大工作部署作为重要政治任务来抓，在思想上、政治上、行动上与党中央保持高度一致。

一、基本完成社会主义改造时期

1950 年 3 月起，开展提高人民群众政治觉悟，粉碎国民党势力经济封锁，克服困难，恢复生产的学习宣传活动。朝鲜战争爆发，美国随即进行武装干涉，战火即将烧到鸭绿江边。抗美援朝战争爆发后，开展抗美援朝宣传教育，消除一部分人中存在的“亲美、崇美、恐美”思想，以实际行动支持抗美援朝。结合抗美援朝教育，进行土地改革宣传，讲清进行土改的正义性、必要性和意义。11 月，在干部和群众中进行镇压反革命的必要性和意义的宣传教育。12 月，学习中共中央《关于实行精兵简政、增产节约、反对贪污、反对浪费和反对官僚主义的决定》《关于反贪污斗争必须大张旗鼓地去进行的指示》，提高对“三反”斗争重要性和紧迫性的认识，领导干部带头在群众中开展批评和自我批评，检查干部中的官僚主义、铺张浪费和右倾思想。

1953 年 9 月，中共中央公布党在过渡时期的总路线。1953 年冬到 1954 年春，学习宣传中共中央批转中宣部编写的《为动员一切力量把我国建设成为一个伟大的社会主义国家而斗争——关于党在过渡 时期总路线的学习和宣传提纲》，宣传国家“一化”（社会主义工业化）、“三改”（对农业、手工业和资本主义工商业的社会主义改造）的方针政策、基本要求、重大意义。宣传党的总路线和粮食统购统销政策的意义和政策，宣传个人利益和国家利益的一致性，眼前利益服从长远利益的道理，划清社会主义和资本主义界限。

1954 年，学习贯彻中共七届四中全会精神，认清高岗、饶漱石反党罪行的危害性，党中央对于高、饶的反党活动及时发现和采取的措施是正确的。开展反对官僚主义、分散主义的斗争，组织抗旱及政治理论学习，提高党员干部社会主义觉悟和工作积极性，明确党在过渡时期总路线总任务。抽调机关党员干部参加实际运动，锻炼提高群众观念与劳动观念，克服不关心群众疾苦、轻视劳动的错误思想，脱离实际的官僚主义和文牍主义作风。抽调 9 批 504 名干部下乡，保证地委各项中心任务完成。

1955 年下半年，贯彻毛泽东关于农业合作化问题的指示和中共七届六中全会决议，从上而下地以批评与自我批评方法，检查领导落后于实际的右倾指导思想，检查部门业务工作脱离党委中心、脱离农业生产和农业合作化运动的单纯业务观点和不深入实际的官僚主义作风。经过检查，单纯业务观点，尤其是商业部门的“重城市、轻农村”经营方法有很大扭转。各个部门制订为农业合作化、农业增产运动服务的具体计划。商业、合作部门抽调大批干部，组织38个工作组，深入基层，深入群众，检查工作，调查农民群众的实际需要。10月，机关各部门抽出200多名干部，深入群众调查研究，组织货源，加强农民生产生活资料的供应和农产品的收购。在对私营工商业和手工业社会主义改造中，抽调大批干部，发挥部门业务工作为中心工作服务的作用。党组织已经成为机关、企业、生产部门的政治领导核心。重大方针政策的执行，坚持从党内到党外的原则，贯彻总路线、粮食统购统销、合作化问题和中共七届六中全会决议、肃反斗争、知识分子工作，组织全体党员和机关工作人员深入学习，纠正党内的错误思想，克服思想障碍，在提高认识，统一思想基础上，发挥党员模范带头作用，团结群众保证党的方针政策的实现。

1956年，大力支援农业增产，保证完成全区增产18%争取30%，继续采取措施支援农业增产、农业合作化运动，支援与鼓励农民保证完成增产任务。各部门党组织充分发动职工，做好机关工作，提高工作效率，开展劳动竞赛，挖掘潜力，完成本部门年度计划，为提前完成国家第一个五年计划做贡献。贯彻党对知识分子的政策，纠正党内各种错误思想，深入检查，发现问题，将急需解决的知识分子使用安排、工作条件、生活待遇、建党等问题加以解决。根据省、地委宣传部《关于组织侨区干部学习侨务政策通知》，9月1—15日，组织学习《目前国内侨务工作若干政策问题》等文件。

二、全面建设社会主义时期

1956年9月起，宣传中共第八次全国代表大会重大意义。11月6日，地直机关党委印发《关于进一步深入学习八大文件的几点意见》。各级党组织在精读中共八大主要文件基础上，围绕当前国内外的主要矛盾和当前的任务；党如何积极而又稳妥可靠地推进国民经济建设，如何防止右倾保守主义和“左”倾冒险主义；如何团结国内外一切可以团结的力量开展讨论，特别是加强党的团结，贯彻党的群众路线开展讨论。11月，地委召开传达中共八大精神大会，地直机关共有4141人参加，占总人数95%，其中党员1600多人，占党员总数97%。组织全体人员集中时间系统学习中共八大文件，分两个单元组织学习，由地委领导作辅导报告。通过学习，明确当前国内的主要矛盾是人民对于建立先进的工业国的要求同落后的农业国的现实之间的矛盾，党和全国人民当前的主要任务就是要集中力量来解决这个矛盾，把我国尽快地从落后的农业国变为先进的工业国。进一步认识加强党的领导的重要性。

1957年，根据中共八大精神，开展增产节约运动。地委指示1957年比1956年总产值提高19%。贯彻全党动手，勤俭建国，勤俭办合作社和勤俭办一切事业的方针，把增产节约精神贯彻到一切工作中去。学习贯彻中共八届二中全会精神。进行十月革命节宣传，学习农业发展四十条纲要，认识国内外形势和当前任务，认识发展农业生产的重大意义，批判轻视农业生产的思想，鼓励干部参加农业生产，为干部下放、下乡、上山作思想准备。动员和组织职工参加业余文化学习，实际入校人数585人，占应入校人数的83.6%。

1958年3月，贯彻省、地委会议精神，开展“反浪费、反保守，比先进、比多快好省”的“双反双比”活动。6月5日至7月初，开展总路线宣传月活动，宣传“鼓足干劲、力争上游，多快好省地建设社会主义”总路线。9月起，大张旗鼓地进行大炼钢铁。

中共八届六中全会召开后，组织学习全会通过的《关于人民公社若干问题的决议》，12月24日，召开地直机关动员大会，听取地委领导的动员报告。以党支部或党小组为单位，对决议逐段阅读、逐段领会、逐段讨论。采取小组与大会结合，学习文件与农村调查结合方法，启发认识，开阔思路，进一步理解决议精神实质。12月25日，地直机关党委召开党支部书记会议，部署学习《关于人民公社若干问题的决议》，座谈讨论对成立人民公社的认识。1958年，抽调各部门、各单位党员、干部参加地委工作组或检查团，在地委领导下，深入县、社、队，组织动员群众，开展生产运动和群众性政治运动。1958—1960年，每年抽调400多人参加社、队领导农业生产和整风整社、社会主义教育运动。他们下去以后，参加生产，领导生产，对于推动各项工作，提高觉悟水平和实际工作能力，起到积极作用。

1959年4月，学习全国人大二届一次会议精神，学习周恩来所作政府工作报告，副总理李先念、李富春的报告，明确国内外形势和今后任务。学习报刊上关于西藏问题的评论文章，认识到中央对待西藏问题政策的正确性，明确西藏叛乱事件的性质。1959年，响应地委号召，发展以粮食为主的农、林、牧、渔、副生产，改善职工生活，减少国家负担。专直机关各级党组织组织干部、职工、家属，大办农业、大办粮食、大搞机关生产。采取集中力量突击完成，组织专业队及业余劳动相结合，在机关单位搞“试验田”基础上，建立机关农副业生产基地。截至1962年夏季，机关副食品生产土地1140.29亩（包括19个机关小农场），其中开荒及房前屋后零星土地574.3亩，租借、平调社、队土地565.99亩。

1960年8月28日，召开贯彻中央指示和地委扩大会议精神会议，交流贯彻“中央关于全党动员、大办农业、大办粮食的指示”“中共中央关于开展以保粮保钢为中心的增产节约运动的指示”“中央关于大力紧缩社会集团购买力的指示”情况，贯彻中取得的收获、发现的问题及解决的态度和措施。11月，学习中共中央《关于农村人民公社当前政策问题的紧急指导信》精神，开展以纠正公社化运动中产生的“共产风、浮夸风、强迫命令风、生产瞎指挥风、干部特殊化风”和“贪污、浪费、官僚主义”的整风整社运动，并退回平调的钱、物。执行地委指示，属于“刮共产风”平调农民生产资料和生活资料的一律退赔。

1961年1月，贯彻中共八届九中全会对国民经济实行的“调整、巩固、充实、提高”的方针，精简机构，下放干部，加强农村基层领导。2月，贯彻中共中央《关于农村人民公社当前政策问题的紧急指导信》精神，反对“一平二调”共产风。专直机关平调土地4408亩、劳力334.3万个工日、房屋4877间、工具603件、设备折款277万元，春苗赔偿折大米1427斤、现金1986元，其中已兑现土地408.37亩，劳动力折价赔偿现金519.2万元，房屋212间。除此外，计划第一批兑现现金30.5万元、土地1102.83亩、房屋756间、工具25件。其余分期分批兑现。8月12日，组织党员干部820人参加地委召开的城镇工作会议，听取地委领导关于城市支援农村、工业支援农业，全党全民大办农业、大办粮食的报告，进行党内思想教育。开展讨论，对路线问题、“大跃进”问题、人民公社问题、经济生活问题、“反右倾”问题、第一书记挂帅问题、错误责任问题开展讨论，敢讲真话、心里话。

1962 年 1 月 15—16 日，分二批宣讲周恩来在全国人大二届三次会议上的政府工作报告，参加 4100 多人。围绕国际形势和我国对外政策、国内形势和我国的任务展开专题讨论，统一思想认识。5 月，根据省委关于迅速把国家征而不用和机关、工厂、企事业、学校、部队等占用生产队的土地退回生产队的紧急指示精神，专直机关分批把应当退回的土地全部退回，今后机关生产采取开荒的办法解决。11 月，学习中共八届十中全会公报和周恩来、陈毅在国庆 13 周年庆祝大会和招待会上的讲话。在国际形势方面，讨论“东风压倒西风”“苏联和赫鲁晓夫”“古巴革命”“中印边界”等问题。在国内形势方面，讨论“经济形势”“巩固集体经济”“精简机构”等问题。

1963 年，贯彻中共八届十中全会精神，教育党员干部，正确评估“大跃进”的成绩和缺点，看到形势正在逐步好转和光明前途。贯彻执行中共中央和毛泽东提出的以农业为基础、工业为主导的发展国民经济总方针，做好各项业务工作。各单位在制订计划和采取措施时，把支援农业、支持集体经济放在第一位，从物资方面、技术方面、财政方面、组织领导方面、人才方面，支援农业，支援人民公社集体领导。3 月，开展反修正主义学习，学习中共中央关于国际共产主义运动总路线的建议和“六评”苏共中央的公开信。加强团结、发奋图强，搞好国内工作，坚持三大革命斗争，搞好社会主义教育运动和生产工作。在晋江专区遭受特大旱灾情况下，党组织和党员干部投入抗旱斗争，与群众同甘共苦，苦干实干，不怕劳累，争先出工，争干重活。5 月，学习贯彻中共中央关于目前农村工作若干问题的决定和农村社会主义教育运动的几个政策问题的规定。8 月 22 日，听取地委书记洪椰子传达中央、省委工作会议精神和“关于社会主义教育问题”的报告。开展讨论，解决思想认识问题，抽调干部参加社会主义教育工作。

1964 年，抽调专直机关、单位在职干部 371 人参加社会主义教育工作队，其中专业干部 44 人、轮流 281 人、大中专毕业生 34 人、知识青年和非国家供给的基层干部 12 人；中共党员 237 人、团员 45 人、非党团员 89 人；科局长以上干部 84 人、股长级干部 151 人、一般干部 136 人；党群统战 52 人、专署 24 人、农林水 52 人、工交 55 人、财贸 45 人、文化卫生 52 人、行政干校 23 人、教育干校 17 人、政法 29 人。

1965 年，把社会主义教育运动的重点放在整所谓“党内走资本主义道路的当权派”，把大量不属于阶级斗争的问题，都认为是阶级斗争或者是阶级斗争在党内的反映，致使不少干部受到不应有的打击。

三、“文化大革命”时期

1966 年 5 月，中共中央“五一六通知”发出后，根据地委召开的县（市）委书记会议精神，专直机关开展“文化大革命”。6 月，开始批判所谓“文艺黑线”，专直机关召开声讨会 50 场，贴出大字报 1 万多张。8 月，中共中央发布《关于无产阶级“文化大革命”的决定》后，“红卫兵”开始“踢开党委闹革命”和批判所谓的“资产阶级反动路线”，专直机关工作受到严重干扰，陷入瘫痪状态。1967 年 10—11 月，进行“清理阶级队伍”和整党整风运动，集中机关干部举办毛泽东思想学习班，设专案组，一些参加革命几十年的干部受到迫害。

1970年2月，开展打击现行反革命，反对贪污盗窃、反对投机倒把和反对铺张浪费运动。5月25日至6月下旬，举办“批陈整风”学习班。7月，响应毛泽东“备战、备荒、为人民”和“以粮为纲”号召，专属单位共出动1万多人次（工日），抢收粮食作物1000多亩，并根据各自业务工作，做了大量支农工作。

1971年，中共九届二中全会召开后，开展批修整风运动，批判林彪反革命集团。组织学习中央“两报一刊”社论，领会毛泽东关于加强党的建设和党的领导的指示，认识加强党的建设和领导的基本经验。遵照毛泽东关于“认真看书学习，弄通马列主义”和“进行一次思想和政治路线方面教育”的指示，对干部群众进行党的基本路线教育。广泛学、唱《国际歌》和《三大纪律八项注意》两首歌曲。组织党员、干部、群众学习、讨论中共中央〔1971〕68号文件，进行思想和政治路线教育，进一步增强党的观念，加强党的领导。各级党委学习《党委会的工作方法》《关于健全党委制》《关于领导方法的若干问题》，实行党的民主集中制，提高领导水平，发挥党的领导核心作用。

1973年，开展批修、整风，进行思想和政治路线方面教育。以毛泽东“三要三不要”三条基本原则为内容，抓住林彪反革命修正主义路线实质，开展大批判，准确划分正确路线与错误路线的界限。在批修整风中，不搞上挂下联，要点名批判的，必须经上级党委批准才能进行。对于在斗、批、改中出现新问题、新矛盾，或者工作中的错误缺点，以及思想认识问题，通过路线教育，开展批评与自我批评，划清是非，纠正不正之风。进一步落实党的干部政策，对未安排工作的中层干部根据德才表现安排使用，贯彻老、中、青三结合，发挥老干部作用，培养新干部、妇女干部，从工人中培养干部。4月，完成干部定案工作。6月，完成复查工作。9月，组织党员干部学习中共第十次全国代表大会精神，拥护大会对林彪反革命集团其他成员的处理决定。学习周恩来在中共十大所作的政治报告，围绕对中共九大路线的认识，对中共十大政治路线的认识、阶级斗争和反潮流问题、“左”倾和右倾问题，围绕“五十字建党大纲”、对班子的认识、对反潮流的认识、对形势的认识等问题，开展讨论。同时，继续开展批林整风。10月，省、地“批孔”会议后，直工组于10月16—17日召开地直机关党支部书记会议，学习传达会议精神，有的单位举办批孔学习班，培训骨干，组织学习报刊上的批孔文章，错误地把孔子和林彪联系起来进行批判。

1974年10月23—27日，地直党的核心小组召开地直党的领导干部会议，地直单位党委、党总支、党支部书记、副书记、委员共86人参加会议。传达中共中央〔1974〕26号文件，中央对福建问题的批示，李先念副总理等领导人在全国商业、财贸会议上的讲话和全国抓革命、促生产会议综合简报以及省、地两级会议精神，着重解决对安定、团结、巩固和发展大好形势的认识问题，领会毛泽东关于“以安定为好，全党全军要团结”批示精神，掀起抓革命、促生产热潮，迎接第四次全国人民代表大会召开。

1975年1月17—20日，连续4个晚上组织干部、职工收听中央人民广播电台关于中共十届二中全会和四届全国人大一次会议的报道，进行座谈讨论。1月30日，向18级以上党员干部传达中共十届二中全会精神（2月1日传达到全体党员）。1月31日，福建省出席全国人大四届一次会议代表团晋江地区汇报组向地直干部和工人（班组长）传达会议精神。学习中着重讨论3个问题：关于人事安排问题、关于理论问题、关于安定团结问题。对大会一致通过的新宪法、政府工作报告坚决拥护，表示要更加紧密地团结在党中央周围，努力抓革命、促生产，为实现大会提出的宏伟目标和各项任务而努力奋斗。8月，举办学习班，揭批林彪、陈伯达反革命集团罪行。

1976年2月，根据地委《关于认真学习中央指示，放手发动群众，回击右倾翻案风的意见》，开展“反击右倾翻案风”运动。5月，开展所谓“批邓、反击右倾翻案风”运动，使党组织陷入混乱之中。

四、社会主义现代化建设新时期

（一）粉碎江青反革命集团后

1976年10月20日，地直单位党委、党总支、党支部正副书记、18级以上党员干部参加地委传达中央关于粉碎“江青反革命集团”打招呼会议，153人参加。12月25日起，开展揭批同江青反革命集团有牵连的人和事运动。

1977年2月9—10日，地直机关、单位干部职工参加揭批江青反革命集团罪行大会，分别到地区招待所、群众戏院等附属会场收听广播。3月8日，地直机关干部在地区招待所礼堂听取地委传达中央领导讲话精神。3月25日、26日，地委在影剧院召开揭批大会，机关干部参加。3月29日，地区机关党员及地直单位党支部委员以上干部参加地委在省五建召开的干部大会。9月起，组织学习中共第十一次全国代表大会精神和修改通过的《中国共产党章程》。9月，开始纠正冤、假、错案。10月，开始清理“文化大革命”遗留案件，落实干部政策，至1978年12月8日，先后为1957年12月被开除党籍的吴某某撤销开除党籍处分，恢复党的组织生活；为在“文化大革命”中被迫害致死的王某某平反昭雪，恢复名誉，同时为受牵连的5人平反，恢复名誉；为赵某某、何某某彻底平反，恢复名誉；为蔡某某平反，恢复名誉，恢复党籍。

1978年3月，组织学习全国人大五届一次会议精神，明确新时期总任务。5月，开展落实干部政策工作，至1979年5月，基本完成落实政策任务。

（二）中共十一届三中全会召开后

1979年2月，召开地直机关19级以上党员大会，传达贯彻中共十一届三中全会精神。3月，学习中共中央、国务院《关于进一步加强全国安定团结的通知》，保证全党工作重点的转移。6月，学习宣传国民经济“调整、改革、整顿、提高”方针。9月4日，召开“实践是检验真理的唯一标准”报告会，由马煜作报告，2000多人参加。

1980年4—5月，学习中共十一届五中全会精神，着重领会全会关于解决组织路线方面的一系列重大决策部署，提高对坚持党的领导、改善党的领导、保证社会主义现代化建设顺利进行重要意义认识。学习邓小平关于当前形势和任务报告。学习全国人大五届二次会议精神和华国锋、叶剑英、邓小平等中央领导的讲话，统一对坚持四项基本原则，把党的工作重点转移到四个现代化建设上来的认识，想“四化”，干“四化”，为加速实现“四化”献计献策，拥护中共十一届三中全会所制定的路线方针政策。6月，开展新时期总任务教育、坚持党的优良传统和作风教育、国内外形势教育、爱国主义和革命英雄主义教育，进一步分清思想、理论上的是非问题，解决部分党员中思想不纯、作风不纯和个别单位组织不纯问题。7月21日起，组织学习经济理论，每个月上1次课共10次，树立按经济规律办事观点。9月，学习《关于党内政治生活的若干准则》，教育党员在政治上与党中央保持一致；在政治路线上树立"四化"信心，努力克服困难，带领群众前进；在思想路线上解放思想，实事求是，一切从实际出发，反对思想僵化；在团结方面，反对和根除派性，增强党性；在民主集中制和组织纪律方面，批判封建家长制、一言堂、个人独断专行和无政府主义。在学习教育基础上，开展小整风或过组织生活，组织党员检查对照自己，开展批评与自我批评。

1981年6月，中共十一届六中全会通过《关于建国以来党的若干历史问题的决议》。8月下旬，在地直机关组织2场辅导讲座，600多人参加。举办4期学习培训班，每期10天，轮训564人，培训辅导员60人。807名地管干部到各级党校培训，以系统、以单位集中举办党员短训班23期，培训党员1154人。当年，共轮训党员1961人，占党员总数的41.5%，学习中共十一届六中全会决议和中央〔1981〕1号、2号文件，对中共十一届六中全会中央主要领导的人事变动、对中华人民共和国成立以来党内重大历史事件、对毛泽东的历史地位和高举毛泽东思想伟大红旗等重大是非问题有比较统一的认识。8月起，组织学习《三中全会以来主要文献选编》，进一步领会中共十一届三中全会以来的路线方针政策。

（三）中共第十二次全国代表大会召开后

1982年9月起，组织学习中共第十二次全国代表大会精神，举办专题辅导6场，6000多人次参加，举办宣讲辅导员培训班1期，培训272人；理论骨干培训班7期，培训2545人。基层党组织开展6个专题学习，在通读文件、领会精神基础上，根据中央提出的全面开创社会主义现代化建设新局面的战略方针、战略重点和战略步骤，开展"为在本世纪实现全国工农业年总产值翻两番宏伟目标，我们应该怎么办"专题讨论，激发党员为加快社会主义现代化建设努力工作。重点领会邓小平在开幕词中提出"走自己的道路，建设有中国特色的社会主义"思想。领会大会提出的从1981年到20世纪末，力争使全国工农业总产值翻两番，使人民的物质文化生活达到小康水平的奋斗目标。

1983年，学习中共十二大精神转入第二阶段，进行"对照文件精神，联系思想，联系实际，开展思想斗争，总结经验教训"，学习胡耀邦《四化建设与改革问题》和在马克思逝世一百周年纪念大会上的讲话，以及改革问答25条，认真总结中华人民共和国成立以来特别是中共十一届三中全会前后的亲身经历，吸取正反两方面经验教训，分清是非，弄清"左"的思想影响，明确中共十二大提出的各项方针政策。

1984年11月，组织学习中共十二届三中全会通过的《中共中央关于经济体制改革的决定》，理解以城市为重点的经济体制改革的方向、性质、基本任务和各项要求。

1986年6月3日，印发《关于认真学习和宣传六届全国人大四次会议文件，深入开展形势政策教育的意见》，在学习宣传中把握住改革这个主题，突出"五个重点"：回顾"六五"成就，认清当前形势；深入理解第七个五年计划时期基本任务和建设方针；充分认识"七五"期间把改革放在首位的重大意义；进一步提高"两个文明"一起抓的自觉性；我国奉行独立自主和平外交政策的主要内容和基本原则。请有关部门领导作4个专题辅导报告。10月，学习中共十二届六中全会通过的《关于社会主义精神文明建设指导方针的决议》，领会决议阐明的社会主义精神文明建设的战略地位、根本任务和基本指导方针。

1987年1月起，开展反对资产阶级自由化，坚持四项基本原则，坚持改革开放方针，维护安定团结局面的活动。

（四）中共第十三次全国代表大会召开后

1987年11月起，组织学习中共第十三次全国代表大会精神，市直机关副处级以上干部和企事业单位骨干496人参加市委党校举办的3期轮训班。市直机关党委举办3期科级干部（含）以下轮训班，3915人参加，系统（局）党委、驻泉省部属单位党委轮训9150人，领会社会主义初级阶段理论、党的基本路线和“三步走”发展战略、加快和深化改革的任务。

1988年9—12月，在市直党政机关、企事业单位中，结合对10年来改革开放成就和经验的回顾和总结，开展生产力标准的再学习和讨论，深化对生产力标准的理解，促进思想解放和观念转变。开展以治理经济环境、整顿经济秩序、全面深化改革为主题的形势教育，学习宣讲三中全会精神和《关于当前经济形势和任务的宣传参考提纲》，组织观看《警醒后的奋起》《泉州十年改革的腾飞》《泉州重新走向世界》专题片，认识党中央关于改革开放的路线方针政策的正确性，坚定信心，战胜困难，夺取更大胜利。

1989年7月，组织学习中共十三届四中全会精神，市直机关党委举办骨干培训班1期，353人参加，基层党组织轮训学习骨干660人。坚定对中共十一届三中全会以来路线方针政策的认识，绝不会因为发生政治风波而动摇。10月，学习江泽民在庆祝中华人民共和国成立40周年大会上的讲话，翻录学习辅导录像带46盘，播放136场，观看13731人次。理解中华人民共和国成立以来特别是中共十一届三中全会以来的经验及1989年春夏之交政治风波的教训，领会讲话提出的4个基本结论及阐明党和国家工作中需要特别注意统一认识的10个重要问题，联系机关党的建设实际进行思考和讨论，把思想认识统一到党的路线方针政策上来。

1990年，学习中共十三届六中全会精神。举办骨干培训班，培训167人。录制20部录像带下发各单位，共播放600多场次，受教育面90%以上。举办1场革命传统报告会，请离休老干部朱义斌、朱展华作报告，加深对坚持马克思主义群众观点、群众路线的认识，并付诸实践。在连续遭受多次强台风袭击重灾面前，党员深入抗洪抢险、灾区生产第一线。捐款26万多元，粮票58600多斤，衣服、鞋等46790件（双）。

1991年7月，组织学习江泽民在庆祝中国共产党成立70周年大会上的讲话和《人民日报》“七一”社论，理解讲话中关于党70年奋斗历史、建设中国特色社会主义第二步战略目标、当代中国共产党人的历史使命、奋斗目标和加强党的建设的要求，吸取国际共产主义运动反“和平演变”、反渗透、反颠覆的经验教训。

（五）中共第十四次全国代表大会召开后

1992年10月起，学习宣传中共第十四次全国代表大会精神，举办骨干培训班3期，1300多人参加。开展专题讨论，理解建设有中国特色社会主义理论，坚持党的基本路线一百年不动摇的基本经验；建立社会主义市场经济体制的改革目标；20世纪90年代10大任务和新时期加强党的建设的要求。

1993年，分3个专题学习中共十四大精神，举办2期培训班，培训骨干900多人，宣讲辅导32课次，4450多人次参加学习，编印学习材料21500多册。2—4月，举办5场经济热点问题讲座，1700多名党员干部参加。7—8月，分两步两个层次3个课题，对党员干部和职工进行社会主义市场经济基础知识普及教育。11月，学习中共十四届三中全会通过的《中共中央关于建立社会主义市场经济体制若干问题的决定》，理解经济体制改革的目标、基本原则，进行社会主义市场经济基本知识普及教育，培训骨干300多人，7000多人参加学习，5000多人参加考试，平均成绩92.55分，初步掌握市场经济的基本规律和知识。

1994年10月，组织学习中共十四届四中全会通过的《中共中央关于加强党的建设几个重大问题的决定》，分4个专题进行辅导，理解党的建设面临的形势和任务，把党建设成马克思主义政党，推进党的建设新的伟大工程的重大意义。组织学习《什么是社会主义市场经济》一书，普及社会主义市场经济基本知识。

1995年，组织学习中共十四届五中全会通过的《中共中央关于制定国民经济和社会发展“九五”计划和2010年远景目标的建议》和省第六次党代会精神，举办5场报告会，请市委、市政府领导分5个专题作报告。组织5000多名党员干部参加全省现代科技知识竞赛答卷，248名干部参加英语学习。

1996年，组织学习中共十四届六中全会（扩大）精神和江泽民关于“讲学习、讲政治、讲正气”讲话，开展党性党风教育。

1997年6月，学习宣传江泽民5月29日在中央党校省部级干部进修班毕业典礼上的讲话，领会讲话中阐述的关于邓小平建设有中国特色社会主义理论、关于社会主义初级阶段、关于经济发展和经济体制改革、关于党的建设4个问题。围绕市委关于经济和社会发展总体思路和工作部署，开展学习研究，市委、市人大、市政府、市政协、市纪委5个办公室领导，泉州港务局、泉州汽车运输总公司党委领导在学习研讨会上作交流发言。

（六）中共第十五次全国代表大会召开后

1997年9月起，学习宣传中共第十五次全国代表大会精神，明确大会提出的奋斗纲领、目标、任务和方针政策，把邓小平理论写入党章，作为党的指导思想的重要意义，增强高举邓小平理论伟大旗帜，坚持党的基本路线的坚定性和自觉性。

1998年，召开学习中共十五大精神汇报会和心得体会交流会，58个单位领导提交学习体会文章，部分文章被《泉州晚报》理论专栏刊用，6个党委作交流发言。市直机关工委举办3期理论骨干培训班，150人参加。系统党委、驻泉省部属单位党委采取多种方式轮训党员。11月，中共中央印发《关于在县级以上党政领导班子、领导干部中深入开展以“讲学习、讲政治、讲正气”为主要内容的党性党风教育的意见》，从1998年12月到2000年12月，市直机关各部门、各单位领导班子和领导干部开展“三讲”教育。与此同时，在机关党员干部中普遍开展“三讲”教育，使党员受到一次马克思主义教育和党内政治生活锻炼。

1999年，举办“辉煌50年”成就图文展，集中展现中华人民共和国成立50年来，尤其是改革开放以来各条战线贯彻执行党的路线方针政策所取得的辉煌成就，7个系统、行业单位参展。

2000年10月，组织学习中共十五届五中全会通过的《中共中央关于制定国民经济和社会发展第十个五年计划的建议》，理解“十五”计划期间主要奋斗目标、基本任务，要求各级党组织和党员以此为动力促进各项工作任务完成。

2001—2002年，组织学习中共十五届六中全会精神和江泽民在庆祝中国共产党成立80周年大会上的讲话，学习贯彻省、市党代会精神，组织4个检查组，对9个党组、7个党委以及所在的机关党支部学习贯彻情况进行检查，抽查读书笔记145本，参加座谈和测试243人，测试成绩平均98分。

（七）中共第十六次全国代表大会召开后

2002年11月起，学习宣传中共第十六次全国代表大会精神和江泽民在大会上作的报告。举办各种辅导报告会、座谈会、研讨会，开展专题学习，领会大会提出的全面建设小康社会的战略目标，把“三个代表”重要思想写入党章，作为党的指导思想的重要意义。编制《泉州市机关政治理论学习安排表》，按照通读精读、培训研读、提高深化3个阶段组织学习，理解中共十六大提出的新思想、新观念、新论断。加强对党组（党委）中心组学习的督查，运用党组（党委）中心组学习成果影响和带动机关党员干部的学习。各党委深入了解掌握本单位学习贯彻进展情况，定期检查指导，总结推广经验和做法，把学习任务和效果落实到基层、落实到党员。

2003年2月24日至3月21日，开展全市机关科级干部学习中共十六大精神集中培训活动，采取统一制订实施方案，系统党委为主具体承办，集中办班、分批培训、集中辅导、分组讨论办法，举办4期培训班，培训科级干部3003人。基层党组织以研讨班、培训班、专题讲座、电化教育等形式，分层次分领域组织学习，把学习中共十六大精神与学习党的基本理论、路线、纲领、经验结合起来，与学习马克思主义发展史结合起来。5月，召开学习中共十六大精神交流汇报会，进行再发动再部署。7月，学习胡锦涛在庆祝中国共产党成立82周年大会上的讲话。开展“泉州人再思考”大讨论，对全面建设小康社会的发展目标、动力、内涵、布局、策略、载体、方法、保障等问题进行再思考。围绕贯彻中共十六大精神，泉州“该做什么？能做什么？”深入思考。联系全市工作大局实际、本单位实际、党员干部职工实际进行理论思考，寻找差距不足，制订贯彻落实中共十六大精神推动发展第一要务的措施。10月，学习宣传中共十六届三中全会通过的《中共中央关于完善社会主义市场经济体制若干问题的决定》，理解完善社会主义市场经济体制的主要任务是完善公有制为主体，多种所有制共同发展的基本经济制度。必须贯彻“五个统筹”，做到“五个坚持”。

2004年9月，学习宣传中共十六届四中全会通过的《中共中央关于加强党的执政能力建设的决定》，领会党执政的重要经验，加强党的执政能力建设的重要性紧迫性、指导思想、总体目标和主要任务。研究机关党建如何体现党的执政能力建设，坚持以执政能力建设为重点，加强和改进基层党建工作，夯实执政基础。11月，组织3个调研组，围绕党的执政能力建设的目标要求，对机关党组织在落实党的执政能力建设5个任务中“做什么”“怎么做”开展专题调研，召开学习贯彻中共十六届四中全会精神座谈会。

2005年11月，学习宣传中共十六届五中全会精神和省委七届十次、市委九届十二次全会精神，理解“十一五”规划纲要精神。举办以加强执政能力建设为重点的网络论坛理论研讨会。

2006年10月，学习宣传中共十六届六中全会通过的《中共中央关于构建社会主义和谐社会若干重大问题的决定》和省第八次党代会、市第十次党代会精神。围绕建设海峡西岸经济区现代化工贸港口城市目标，结合本单位实际，找准机关党建服务构建社会主义和谐社会的着力点和落脚点。开展专题调研，召开研讨表彰会议，10个单位作交流发言。

2007年6月25日，胡锦涛在中央党校省部级干部进修班发表讲话。7月2日起，分专题学习讲话精神，举办“推动科学发展，促进社会和谐”辅导讲座30多场，1456人参加。领会讲话中关于党中央对全党工作的重大要求；中国特色社会主义是当代中国社会发展进步的旗帜；“四个坚定不移”对保持党和国家事业顺利发展大局至关重要；科学发展观的内涵和基本要求；全面推进经济、政治、文化、社会建设和党的建设，对全党提出的“四个一定要”“三个始终”的要求。

（八）中共第十七次全国代表大会召开后

2007年10月起，学习宣传中共第十七次全国代表大会精神和胡锦涛在大会上作的报告，理解实现全面建设小康社会奋斗目标的新要求，以改革创新精神全面推进党的建设新的伟大工程的目标要求，中国特色社会主义理论体系的概念，将科学发展观写入党章的重要意义。10月31日，召开学习座谈会，市直市委办系统党委、泉州电业局党委等10个单位交流学习中共十七大精神的初步体会，市委副书记、市纪委书记、市直机关工委书记林文杰对深入学习中共十七大精神提出要求。

2008年1月，组织党员干部参加省委宣传部举办的学习贯彻中共十七大精神，全面推进海峡西岸经济区建设知识竞赛。4月14—30日，市直机关工委统一制订培训方案和课程表，按系统按行业归口设16个分班，举办学习中共十七大精神培训班，3590人参加。5月起，综合运用各种载体，通过演讲会、交流会、座谈会、专题讲座，把握重大理论观点、战略思想和工作部署。7月，学习胡锦涛在抗震救灾先进基层党组织和优秀共产党员代表座谈会上的讲话，弘扬伟大抗震救灾精神，把实现好、维护好、发展好最广大人民的根本利益作为党的建设的核心价值。11—12月，开展庆祝改革开放30周年系列活动，举办“改革开放与机关党建”主题论坛和图片展，宣传改革开放的历史成就和宝贵经验，提高贯彻执行中共十一届三中全会以来路线方针政策的自觉性和坚定性。

2009年1月，学习胡锦涛在纪念中共十一届三中全会召开30周年大会和《告台湾同胞书》发表30周年座谈会上的讲话。5—6月，学习贯彻国务院《关于支持福建加快建设海峡西岸经济区的若干意见》，认识中央支持“海西”建设的重大战略意义。学习市委十届五次全体（扩大）会议精神，开展“海西建设要加快，机关怎么办?”主题讨论，按照泉州新一轮发展总体要求和具体举措，建立与经济社会发展相适应的机关党的建设新格局。9月，学习宣传中共十七届四中全会通过的《中共中央关于加强和改进新形势下党的建设若干重大问题的决定》，把握新形势下党的建设的新要求，明确加强和改进新形势下党的建设的总体部署、目标任务、重大举措，结合市直机关实际，制订贯彻落实措施。

2010年10月起，组织学习中共十七届五中全会通过的《中共中央关于制定国民经济和社会发展第十二个五年规划的建议》，理解中央关于抓住和用好我国发展的重要战略机遇期，促进经济长期平稳较快发展的战略部署和方针、政策。

2011年7月，组织学习胡锦涛在庆祝中国共产党成立90周年大会上的讲话，认识和珍惜党经过90年奋斗、创造、积累所取得的三大成就，认识和把握党保持和发展马克思主义政党先进性的四个根本点以及在新的历史条件下提高党的建设科学化水平的五项基本要求，认识和把握在新的历史起点上全面推进中国特色社会主义事业“五个坚定不移”的目标任务。立足岗位、认真履职，围绕和服务市委、市政府工作大局，主动融入，为推动泉州科学发展、跨越发展作出新贡献。9月，学习宣传中共十七届六中全会、泉州市第十一次党代会精神，结合各单位实际，制订贯彻落实措施。12月，学习宣传中共福建省第九次代表大会精神，领会过去五年福建发展的重大成绩（“三个最”）和宝贵经验（“五个必须坚持”），领会今后五年全省工作总的要求和“三个更加”的奋斗目标，领会提高党的建设科学化水平的基本要求，统一思想和行动，弘扬“爱国爱乡、海纳百川、乐善好施、敢拼会赢”的福建精神，为建设更加优美、更加和谐、更加幸福的福建做贡献。

2012年7月23日，胡锦涛在省部级主要领导干部专题研讨班开班式发表讲话，市直各级党组织组织集中学习座谈，把思想和行动统一到讲话精神上来，把握党和国家工作总要求，深入贯彻落实科学发展观，高举中国特色社会主义旗帜不动摇，继续推进党的建设新的伟大工程。

（九）中共第十八次全国代表大会召开后

2012年11月起，组织机关党员干部学习宣传中共第十八次全国代表大会精神和胡锦涛在大会上作的报告。学习习近平在中共十八届一中全会上讲话精神，领会中共十八大主题，明确中国特色社会主义是当代中国发展进步的旗帜，全党全国各族人民团结奋斗的旗帜；领会过去5年和10年党和国家取得的新的历史性成就，坚定地贯彻执行党中央的决策部署；领会科学发展观的历史地位和指导意义；领会中国特色社会主义的丰富内涵、夺取中国特色社会主义新胜利的基本要求；领会全面建成小康社会和全面深化改革开放的目标；领会中国特色社会主义“五位一体”总体布局和各项重大部署；领会全面提高党的建设科学化水平的新要求。联系实际，以中共十八大精神指导机关党建工作，进一步加强机关党建服务大局工作、党的先进性和纯洁性建设、机关联系基层党员服务群众工作、机关反腐倡廉建设、机关党建制度建设。11月21日，召开市直机关学习传达贯彻中共十八大精神会议，市委常委、市纪委书记、市直机关工委书记沈耀钦传达中共十八大主要精神，提出学习宣传贯彻意见。4次组织机关党员干部共1200多人次听取中共十八大精神宣讲，举办新党员学习中共十八大精神培训班。

2013年，开展市直机关学习贯彻中共十八大精神知识竞答活动，共分发答题卡2万张。4—9月，举办基层党组织书记学习中共十八大精神培训班，采取专题辅导、经验介绍、现场教学、研讨互动等方式进行。组织机关各级党组织书记宣讲中共十八大精神，开展以“深入学习贯彻党的十八大精神，积极打造泉州优质软环境”为主题的党课教案评比活动，共收到教案76篇，评出一等奖3篇、二等奖6篇、三等奖9篇、优秀奖12篇。市纪委林开通、市委讲师团朱林果、市直机关工委吴志宏撰写的教案获一等奖，并将30篇获奖教案汇编成册。举办学习中共十八大精神骨干培训班，分专题学习中共十八大精神。中共十八届三中全会召开后，及时召开专题会议学习传达，12月6日，组织机关党员干部980人听取省委宣讲团的宣讲报告和省委党校教授的辅导报告。

2014年1月起，为深入学习贯彻中共十八大和中共十八届二中、三中全会精神，提高对一些重大思想理论问题的认识，组织学习中央宣传部理论局组织修订的《六个“为什么”——对几个重大问题的回答》（2013年修订版）。组织学习贯彻《中共中央关于全面深化改革若干重大问题的决定》《党的十八届三中全会决定学习辅导百问》，通过举办学习培训班、辅导报告会、开展宣讲活动、召开学习座谈会等形式，理解中共十八届三中全会决定，投身全面深化改革之中。中共十八届四中全会召开后，举办“全面推进依法治国——十八届四中全会精神解读”专题讲座。

2015 年，多次组织市直机关处级干部集中传达学习中央重要文件精神，统一领导干部思想。11 月 18 日起，学习宣传中共十八届五中全会精神，领会《中共中央关于制定国民经济和社会发展第十三个五年计划的建议》和习近平对该建议向大会所作的说明，理解“创新、协调、绿色、开放、共享”新发展理念的内涵，认识“十三五”时期国家经济社会发展的指导思想、基本原则、目标要求、发展理念、任务举措。各级党组织坚持统筹学习，领会贯彻，为“十三五”时期履职尽责打牢思想理论基础；坚持守纪律讲规矩，把力量凝聚到“十三五”时期各项部署上来；坚持围绕中心，服务大局，推动解决好落实“十三五”规划中的重点难点问题；坚持落实党建工作责任制，为实现“十三五”时期各项工作目标提供组织保证。

2016 年 4 月，组织学习中央有关部门和专家学者撰写的《全面小康热点面对面》，理解“十三五”规划建议，把思想和行动统一到党中央决策部署上来；理解全面建成小康社会新的目标要求；坚持创新发展、坚持协调发展、坚持绿色发展、坚持开放发展、坚持共享发展，提高党领导发展能力和水平等 7 个干部群众普遍关注的热点问题，进行形势政策教育。9 月，学习宣传泉州市第十二次党代会精神，领会大会主题，认识“勇当建设‘新福建’领头羊，奋力开创‘五个泉州’新局面”的意义；领会过去 5 年积累的“四个必须”的经验，加快建设“创新、智造、海丝、美丽、幸福”现代化泉州；认识“一条主线”“两个合力”“五个泉州”总要求，以及万亿经济强市、民生品质全面提高、风清气正政治生态等方面目标要求；领会“两个打造、两个建设、六个提升”重大部署；围绕“不断加强和改进党的建设”所部署的 6 个方面工作，全面落实管党治党主体责任。11 月，学习贯彻中共十八届六中全会精神，引导党员领会习近平在全会上的重要讲话精神、《关于新形势下党内政治生活的若干准则》、《中国共产党党内监督条例》。增强党员政治意识、大局意识、核心意识、看齐意识。加强和规范党内政治生活，推动党内政治生活和党内监督制度化、规范化、程序化，以党支部为主体突出常态化教育。建立健全党务干部考核评价机制，加强监督执纪问责，关心、关爱、关怀党务干部，推动全面从严治党各项任务落实。明确部门党组（党委）的主体责任，党组（党委）书记的第一责任，机关党组织书记的直接责任，基层党支部书记的具体责任以及党员行政负责人的“一岗双责”，完善基层党建“述职评议”制度和党建工作责任考评办法，增强抓党建的主动、主业、主责意识。12 月，学习宣传福建省第十次党代会精神，领会大会主题，把握“再上新台阶，建设新福建”的时代特征和丰富内涵；领会“五个必须坚持”的经验，把握过去 5 年工作所取得的成就；领会今后 5 年全省工作的总体要求和奋斗目标，把握福建未来发展的蓝图；领会今后 5 年全省经济社会发展的主要任务，把握一系列重大战略举措；领会关于全面从严治党的部署，把握新形势下加强党的建设各项任务要求，落实全面从严治党主体责任。

2017 年 1 月起，运用集中培训、专题研讨、辅导讲座、在线学习等方式，开展中共十八届六中全会通过的《关于新形势下党内政治生活的若干准则》和《中国共产党党内监督条例》教育培训。进一步增强“四个意识”特别是核心意识、看齐意识，把党中央的各项决策部署落到实处。5 月，市直机关处级干部参加全市“中共十八届六中全会专题研讨班”，学习《关于新形势下党内政治生活的若干准则》和《中国共产党党内监督条例》，推动全面从严治党向纵深发展。

（十）中共第十九次全国代表大会召开后

2017年10月起，组织学习宣传中共第十九次全国代表大会精神和习近平在大会上作的报告。

2017年11月2日，举办学习贯彻中共十九大精神专题报告会，市直机关工委常务副书记黄黎波作“党的十九大精神导读”专题报告，380多人参加。解读中共十九大报告的精髓和要义、新时代党的建设总要求、中央纪委报告主要精神、党章修正要点，并结合实际，提出学习贯彻中共十九大精神的要求。

2017年11月14日，市直机关工委印发《关于认真学习宣传贯彻党的十九大精神的通知》。各级党组织和党员统一思想认识，领会中共十九大的重大意义，中共十九大阐述新时代中国共产党的历史使命，确立习近平新时代中国特色社会主义思想为党的指导思想的重要意义。学习、领会、把握中共十九大精神的重要内涵，聚焦中共十九大报告原文，领会核心要义；聚焦信念立场，坚定“四个自信”，做到“四个看齐”；聚焦战略部署，明确新时代党的建设总要求；聚焦使命责任，力争工作干出实效、干出特色、干出水平；聚焦党章党规，以党的政治建设为统领。结合党建实际，抓好中共十九大精神的贯彻落实。思想建党，用习近平新时代中国特色社会主义思想武装头脑；夯实基础，提高基层党组织的创造力、凝聚力；找准定位，提升机关党建服务效能；制度治党，推动机关党建体制机制创新。加强领导，掀起学习宣传贯彻中共十九大精神热潮，抓好学习教育，通过集中学习、专家辅导、专题培训、举办报告会等形式，把中共十九大精神传达到基层、传达到每个党员干部；开展宣讲活动，增强宣讲的针对性、生动性、思想性，把中共十九大精神讲清楚、讲明白；组织新闻宣传，泉州机关党建网和微信公众号开辟“学习宣传贯彻党的十九大”专栏网页，推动学习成果交流共享；组织研究阐释，确定一批重点课题，推出一批研究成果；做好当前工作，确保2017年目标任务完成，及早谋划2018工作。

2017年，组织处级干部参加全市“学习贯彻党的十九大精神专题研讨班”，学习习近平新时代中国特色社会主义思想，推动全面从严治党向纵深发展。市直机关工委组织4个调研督查组暨中共十九大精神宣讲小分队，到56个单位开展机关党建工作调研督查，召开50多场次督查调研座谈会，宣讲中共十九大精神和新时代党的建设总要求，讲清形势任务。

2017年12月21日，泉州市纪委、市直机关工委等10个部门、单位共同在泉州海交馆举办“开展新时代，亮出新作为”全市机关学习宣传贯彻中共十九大精神系列活动巡展，300多人出席启动仪式，展出196件作品。海交馆展览结束后，组织到石狮、德化巡展，巡展活动至2018年1月底。

第三节　思想政治工作

一、基本完成社会主义改造时期

1949年10月初，组织干部职工参加庆祝大会和游行，庆祝中华人民共和国成立，宣传人民政权的诞生。

1950年下半年，围绕抗美援朝、土地改革、镇压反革命三大运动，进行《中华人民共和国惩治反革命条例》等法律法规和中共中央、中央人民政府有关政策法令的教育。1952年，开展《中华人民共和国婚姻法》宣传教育。1953年8月起，开展过渡时期总路线和总任务教育，通过算账对比提高阶级觉悟。1954年，进行《中华人民共和国宪法（草案）》宣传教育。采取批评和自我批评方式，经过“新三反”，向官僚主义、分散主义和违法违纪行为作斗争，解决骄傲自满、享乐腐化、个人崇拜等思想，机关政治空气不断浓厚。1955年起，配合肃反运动、整风运动和反右派进行法制教育、政治理论及文化学习，提高政治思想水平。下半年，批判右倾麻痹思想、各种忽视政治的倾向和自由主义、个人主义思想，开展肃清一切暗藏反革命分子的斗争，纯洁内部，擦亮眼睛，提高政治觉悟和政治警惕性。

1956年1月29日，在专直机关党支部中设立31名学习教员，负责组织经常性学习教育。8月7日起，组织干部职工参加泉州市1956年普选，在普选前进行法律法规教育。9月，宣传中华人民共和国成立7年来实施过渡时期总任务取得的伟大成就，宣传全国人民当前总任务是团结国内外一切可以团结的力量，充分利用有利的条件和调动一切积极因素，超额完成第一个五年计划，继续巩固人民民主专政、人民民主统一战线。当年，组织学习文化、科学技术，提高工农干部文化水平，动员一部分文化程度较低的人参加地委党校文化班和泉州市机关干部学校学习文化。至1962年，培养出相当于初中、高中文化程度的1800多人。建立党的报告员，每个党支部1名。报告员根据各个时期形势需要和实际情况，不定期向本系统、本单位干部职工及周围居民、农民讲解形势任务和党在各个时期方针政策。报告的参考资料，由上级党委提供。国务院公布“关于工资改革的决定”后，针对部分人员对工资改革的不正确认识，加强思想教育，学习有关文件，领会工资改革精神和意义，树立正确观点，消除错误思想，启发干部职工思想觉悟，发挥社会主义劳动积极性，保证各项任务完成，以符合党中央提出的“调动一切积极因素，利用一切可以利用力量，为加速社会主义建设而奋斗”精神。

二、全面建设社会主义时期

1956年9月，中共第八次全国代表大会召开后，组织学习中共八大文件及其他有关时事和政策文件，认清国内外形势和党的工作任务，动员干部职工为实现中共八大提出的目标而奋斗。9月29

日，根据正规化理论学习需要，对原有业余政治学校重新划分。专直机关中级业余政治学校（系所有中级组学员参加），校长崔梦周，副校长张健，教务主任康火岩、张凤鸣；专直机关第 1 初级业余政治学校校长李自力，副校长袁自珍、张汝香；教务主任陈锦峰、林金麟、陈启明；专直机关第 2 初级业余政治学校，校长胡中山，副校长吴身乓，教务主任汪忠渊、郑世华；专直机关第 3 初级业余学校，校长庞双庆，副校长黄世民、谢清利，教务主任王捷之、何仁瑞。1958 年，专直机关全体干部普遍制订“红专规划”。

1959 年，各级党组织开展经常性的政治思想教育，坚持政治理论和时事政策学习制度。在理论上学习一部分政治经济学，在整风运动中学习社会主义教育课程，学习联系实际，推动工作。在时事政策上，学习国内外形势和方针政策。学习中共八届六中全会《关于人民公社若干问题的决议》，开展鸣放辩论，写出大字报 40774 张，明确人民公社的性质、方针和政策。上半年，开展正确对待西藏叛乱形势教育，认识西藏是中国领土不可分割的一部分，揭露西藏上层反动集团勾结国外敌对势力，妄图把西藏从中国分裂出去的罪行，拥护国务院关于平定西藏叛乱和解散原西藏地方政府的命令。7 月 18 日，总结推广《泉州日报》党总支围绕中心工作，结合干部职工思想，开展思想政治工作的经验。9 月 18 日，推广浦城县干部“红专八化”经验：政治思想先进化、道德品质高尚化、工作作风民主化、生产技能多面化、业务能力精通化、劳动态度纪律化、工农知识化、生活习惯集体化，根据形势和工作要求对“红专规划”进行修订。12 月 21 日，制订《专直机关、干部“社会主义教育课程”的意见》，通过学习几个马列主义基本理论观点，将干部中的右倾思想、个人主义思想，从理论上加以认识和批判，建立一支经得起风险的干部队伍，巩固整风运动成果，共 7 课。内容为保卫总路线、拥护“大跃进”和人民公社；社会主义建设时期的阶级斗争；必须正确对待革命的群众运动；阶级政党和领袖的相互关系，领袖的作用和意义；增强党的团结，反对资产阶级个人主义；确立辩证唯物主义世界观，反对唯心主义世界观；国际主义和爱国主义，分别由地委领导、部门领导讲课。

1959—1961 年，国民经济遭受严重困难，干部职工生活遇到困难，在发动干部职工大搞农副业生产，解决困难中，开展国民经济的“调整、充实、巩固、提高”方针政策教育，提高战胜困难的信心。开展社会主义教育，树立艰苦朴素作风，开展以增产节约为中心的社会主义竞赛，大办农业，大办粮食，改善职工生活，渡过难关。各级党组织加强思想政治工作，增强干部职工共渡难关、战胜困难的信心。广泛动员，自力更生，多搞生产，开荒种地，种粮种菜养猪。党群党总支对经济情况进行站队摸底，机关 166 人中，经济上能过得去或紧一紧能过得去的 135 人，占 81%，经济困难大的 31 人，占 19%。召开经济困难大的人员座谈会，讨论对困难的认识，逐户研究如何从各方面多增加收入，如何计划开支，勤俭持家，克服困难，解决单纯依靠国家救济思想。专署党总支通过思想政治工作，使干部职工政治思想、政策水平、工作作风有很大提高，兢兢业业，和群众同甘共苦，发挥吃苦在先、得利在后优良作风，积极搞好机关工作和生产生活。

1960 年 1 月 2 日至 3 月 31 日，在“反右倾”斗争重点批判普遍检查基础上，开展“整风”8 个问题学习，共学习 7 课，专直 51 个行政单位，干部 3422 人，党员 1346 人，参加学习干部 3046 人，占总数的 88. 2%；党员 1274 人，占总数的 94. 7%。5 月 16 日，地直机关党委推广政法党总支公安处一科做好思想政治工作，取得思想、工作双丰收的经验。5 月 20 日，下放永春天湖山煤矿的地委机关干部李金德等 10 人制订 5 条“红专规划”和 3 条落实措施。6 月 4 日，地直机关党委转发永春锦斗、仙游龙华、华侨农场、各机关畜牧场、专直机关下放干部小组结合实际制订的红专规划。为适应技术革新和技术革命形势发展需要，地直机关党委组织部、宣传部和泉州市委组织部、宣传部从 1960 年 7 月 1 日起至 8 月 16 日止，举办 3 期干部短期脱产文化学习班，达到全日制高小毕业程度，专直机关 127 人参加。

1961 年，开展形势学习，了解以农业为基础大办农业、大办粮食的方针，工业、文教事业采取调整、巩固、充实、提高的方针。重点学习中共八届九中全会公报、《红旗杂志》元旦社论“在总路线的伟大旗帜下前进”、《人民日报》元旦社论“团结一致，依靠群众，争取世界和平和社会主义建设的新胜利”。3—5 月，开展政策学习，重点学习《中共中央关于农村人民公社当前政策问题的紧急指示信》、《人民日报》社论“正确执行党的政策”，从政治上进一步理解党的政策，更自觉地把政策贯彻到实际工作中去。12 月 11 日，印发《关于进一步开展干部业余文化教育的通知》，组织文化程度未达到初中毕业的干部参加业余文化学习，统一安排每星期一、三、五晚上组织文化学习。

1962 年，恢复过去规定的思想汇报制度，党员向党支部或党小组每月汇报 1 次思想，党支部向党总支、党总支向地直机关党委每月报告 1 次党员（包括非党员的干部）思想动态，从实际出发开展思想教育。在动员贯彻、布置重大任务时，按照先党内后党外原则，纠正“一揽子”方法，发挥党支部的战斗堡垒作用和党员的模范作用。1—3 月，组织党员干部学习形势、任务和党的方针、政策、指示、决策，学习《人民日报》《红旗》杂志元旦社论，中央关于改变农村人民公社基本核算单位问题的指示，学习全国人民代表大会报告。2 月，举办形势报告会，听取晋江军分区副政治委员《关于当前形势和防空工作报告》，并对国际形势问题、战争的可能性问题、对战争的态度问题展开讨论，200 多名党员参加。4 月 10 日，地直机关党委印发《关于一九六二年在职干部、党员思想教育工作的意见》，采取轮训和在职干部经常性学习相结合的办法，组织学习时事政策和基本理论。6 月 26 日，为保证干部训练计划完成，专直机关抽调 30 名干部作为政治工作或文化理论教育干部。7 月，新华社揭露台湾敌对势力妄图窜犯大陆沿海地区阴谋的消息发表后，由党政负责人向专直机关党团员、干部职工、学生、家属传达省委书记林修德“关于当前形势和任务”报告精神，开展讨论，揭发敌人军事冒险阴谋，消除一部分人对战争的惊慌害怕情绪，明确以实际行动支援前线，积极投入工作和生产，各单位对备战和支前工作做了人员安排。7 月，经与地委宣传部、文教部研究，政治理论学习的政治、文化教育工作由地直机关党委负责。8—9 月，各级党组织摸清干部政治、文化水平底子，调整健全学习组织，建立学习制度，解决学习时间问题。1962 年起，开展学习解放军和大庆油田经验，在思想政治工作中坚持“四个第一”和“三八作风”，抓“活的思想”。

1963 年，听取地委领导形势报告和专区公安处对敌斗争报告。把思想政治工作放在重要位置，加强对党员干部的教育，既抓“活的思想”，又抓“书本思想”。健全学习制度，保证学习时间，学习各个时期国内外形势和任务，学习党的各项政策和文化科学技术，提高政治觉悟、政策水平和工作能力。3 月起，开展学习雷锋活动，学习南京路上好八连模范事迹。根据省、地委《关于向党内外进行反修教育工作的通知》精神，3 月中旬起，组织全体干部进行反修学习，机关每周学习 2 个半天。学习《人民日报》《红旗》杂志发表的反修文章、“九评”、列宁主义万岁等主题文章。听取地委书记李英贵关于反修学习的动员报告。举办“当代世界矛盾”“国家与革命”“战争与和平”“反修斗争的性质、方针和前途”4个专题辅导。组织阅读文件、小组讨论。通过学习，了解反修斗争的过程，国际共产主义运动分歧的由来，反修斗争的重大意义；明确同当代修正主义的主要分歧，分清是非，克服糊涂观念；认识产生修正主义根源、反修斗争的方针和前途；吸取教训，坚定立场，鼓舞斗志，做好工作。

1964年2月，组织学习中央军委《关于加强军队政治思想工作的决议》和《石油工业部关于大庆石油会战情况的报告》，掀起学习解放军、学习大庆油田经验的热潮。学习解放军的“四个第一”“三八作风”；学习大庆油田“三老”“四严”“四个一样”精神和事迹，大兴思想革命化。开展“五好”评比活动，表扬好人好事。

1964—1965年，开展社会主义教育和培养革命事业接班人的学习，以生活会形式，联系实际，检查和揭发机关中的“四不清”问题：有的滋长图安逸，怕艰苦，考虑个人问题多，工作得过且过；有的过分讲究吃、穿、玩、乐，摆阔气，铺张浪费，甚至特殊多占；少数人骄傲自满，故步自封，名利地位，闹个人主义；个别人贪污盗窃，投机倒把，乱搞腐化。以革命事业接班人5条标准进行衡量，开展“兴无灭资”，端正态度，锻炼改造。

三、“文化大革命”时期

1970年8月，组织学习中央两报一刊（《人民日报》、《解放军报》、《红旗》杂志）8月1日社论《提高警惕，保卫祖国》，重温毛泽东支持世界人民反对美帝国主义的庄严声明，贯彻落实“提高警惕，保卫祖国”“备战备荒为人民”。9月，开展学习解放军，开展群众性“四好五好”运动大宣传、大发动、大普及、大推动，突出政治，把“四好五好”运动引向经常化、正常化，把一切工作都纳入开展“四好五好”运动轨道上来，走政治建一切事业的道路。9月28日，晋江专区革委会专属办事组召开专属单位负责人会议，传达贯彻专区“三代会”筹备工作会议精神，要求各单位迅速行动起来，掀起活学活用毛泽东思想群众运动的新高潮。开展活学活用毛泽东的“老三篇”文章（《为人民服务》《愚公移山》《纪念白求恩》），学哲学、用哲学活动。开展各种类型讲用会，从职工家属到60多岁老职工都上台讲演。

1971年12月9日，向地区革委会常委会作《关于政治工作的几个问题的意见》汇报。（1）要认真总结加强党的领导的经验；（2）继续抓好思想和政治路线教育的问题；（3）关于加强党的组织建设问题。

1972年，响应毛泽东“全国学人民解放军”号召，组织学习《关于纠正党内的错误思想》，学习政治工作三大原则，加强政治思想工作，加强军民团结、军政团结，加强战备。“五一”期间，以报告会、座谈会等方式宣传大好形势，用抓革命、促生产、促工作、促战备的实际行动庆祝“五一”劳动节，组织文艺演出，观看电影、体育表演等。在“批林整风”中，批判林彪“大抓特抓活思想”，光抓生活中的小事，光抓消极的反面的东西，小题大做，无限上纲。贯彻对群众进行正面教育为主的方针，抓路线、方针、政策等教育，抓改造世界观。

1973 年 3 月，纪念毛泽东“向雷锋同志学习”题词发表 10 周年，开展形式多样的学习雷锋活动，把学习雷锋模范事迹作为开展经常性教育的重要内容，立场坚定，爱憎分明，毫不利己，专门利人，在改造客观世界的同时改造主观世界。开展“工业学大庆”群众运动，开展社会主义劳动竞赛。4 月，开展形势教育，正确分析和估量形势，从全局上、主流上、发展规律上看形势，夺取革命和生产更大胜利。

1974 年 2 月 2 日，直工组召开地直单位书记会议，传达中共中央〔1974〕1 号文件精神，布置深入开展“批林批孔”运动。各单位组织学习《解放军报》刊登的“批林批孔”3 篇思想评论，写大批判文章，召开宣讲大会，贴出宣传标语，大造舆论。

1975 年，第四届全国人大一次会议召开后，邓小平根据毛泽东提出的“安定团结”“把国民经济搞上去”的指示，对各方面工作进行整顿。机关工作和党组织进行整顿，力图澄清被颠倒的思想理论、政策是非。但这种发展趋势，遭到江青反革命集团的猖狂反对，11 月开始，开展“反击右倾翻案风”运动，致使整顿中断，各方面工作再度陷入混乱。

四、社会主义现代化建设时期

（一）恢复中共晋江地区直属机关委员会后

1977 年 6 月 20 日，地直机关党委、地区公安处根据省公安厅通知精神，开展收缴反动、淫秽黄色书刊和手抄本活动，广泛宣传、发动群众，收缴、追查和消毒三者紧密结合，向群众说明“手抄本”的危害性，提高群众的识别能力，讲明政策，消除顾虑，打击教唆犯。对一般的传抄和传阅者，着重正面教育，交出“手抄本”，从中吸取教训，达到挽救失足者，教育大多数的目的。收缴的手抄本交由当地公安机关集中登记烧毁，严防继续扩散。7 月 18 日，召开地直机关党委委员及各部、办、委政工干部会议，研究中国人民解放军建军 50 周年庆祝活动。7 月 29 日，组织参加庆祝“八一”建军节文艺晚会，观看地区歌剧团演出的《江姐》。各基层单位召开庆祝会、报告会。地直机关党委召开报告会，请部队先进模范人物作报告，基层单位出专刊、墙报、版报，宣传毛泽东建军思想。

1978 年 5 月 14 日，召开地区机关和地直单位干部、职工“学习新宪法、宣传新宪法、遵守新宪法、保卫新宪法”大会。5 月 16 日，地直机关党委印发学习新宪法计划，开展学习“新宪法、宣传新宪法、遵守新宪法、保卫新宪法”活动月，分 4 个单元组织党员干部职工原原本本学习宪法，明确修改宪法的指导思想、重要意义，新时期总任务、方针政策，根据宪法的原则精神和具体规定，修改和制订本部门、本单位的工作条例、规章制度，搞好机关整顿工作。7—12 月，学习第五届全国人大文件和毛泽东在扩大的中央工作会议上的讲话，深入揭批林彪、“四人帮”，肃清其流毒和影响。

1979 年，晋江地区工农业生产连续 3 年增产，农业总产值达到 5 亿 9000 万元，粮食生产第 1 次突破 10 亿公斤大关。运用财贸商业、基本建设、财政金融、文教卫生、科学技术、政法战线取得的成绩，进行形势教育，更加相信党、相信社会主义。

1980 年，针对坚持机关制度方面存在的问题，进行纪律教育，发动干部职工制订出本单位各种制度，机关面貌有一定改善。

1982年5月起，组织学习《中华人民共和国宪法修改草案》，举办宣讲会3场，2200多人参加，增强主人翁责任感，自觉执行和遵守宪法，同一场违反宪法的行为作斗争。在学习贯彻《中共中央、国务院关于打击经济领域中严重犯罪活动的决定》，举办宣讲会4场，2800多人次参加。召开报告会、动员会，进行形势教育，认清经济领域严重犯罪活动的危害性，开展这场斗争的必要性，领会精神，掌握政策。中共十二大召开后，开展“为在本世纪末实现全国工农业年总产值翻两番的宏伟目标，我们应该怎么办”的专题讨论，明确当前的形势和我们的任务。12月开始，开展“做合格党员、合格干部、合格团员、合格职工”教育活动。着重抓好马克思主义世界观和科学理论教育、共产主义理想、信念和道德教育、主人翁思想和集体主义思想教育、权利义务观念和组织纪律观念教育、为人民献身精神和共产主义劳动态度教育、爱国主义和国际主义教育。教育重点放在党员和干部，尤其是表现一般化的党员和干部身上，做好中间状态转化工作，促进少数后进状态转变。大力表扬好人好事，充分肯定各条战线党员、团员、干部、职工成绩，教育有缺点和错误的同志向先进分子、模范人物学习。建立健全党团和工会组织生活制度、教育制度，使“四合格”活动经常化。

1983年，宣传贯彻中央〔1983〕15、36号文件和省委19号文件精神，对低级的精神污染进行全面清理，登记、查清有录放设备的15个单位19部机器使用情况，协助建立管理使用制度。查禁、收缴反动的、黄色的书刊、图片等淫秽物品，教育党员、群众自觉抵制资产阶级生活作风侵袭。组织学习邓小平、陈云在中共十二届二中全会上的讲话，逐步弄通人道主义和异化问题的概念和含义，坚持社会主义方向。在开展打击经济领域严重犯罪活动，打击严重刑事犯罪活动斗争中，在党员和干部职工中开展执行、维护新宪法，遵守劳动纪律和共产主义道德规范教育，整顿管理制度和工作、生产秩序。通过典型案例分析，剖析罪犯犯罪原因，提高法制观念和公共道德。开展“一忆二比”活动，回忆“极左”路线横行时，国家遭受破坏的情况，对比“文化大革命”中人们物质、文化生活状况，对比中共十一届三中全会以前经济发展速度，提高对三中全会以来路线方针政策正确性的认识，提高贯彻执行中共十二大制定的方针政策和任务的自觉性，提高建设具有中国特色社会主义的信心。组织实施工交、财贸基层党组织工作条例，围绕工交和财贸改革整顿，通过广播、墙报、专栏和会议、专题讨论，振兴中华读书活动，进行社会主义主人翁精神教育、社会主义企业职工自豪感教育和社会主义职业道德教育。坚持社会主义方向，提高经济效益，优质服务，文明经商。

1984年5月，组织学习《人民日报》评论员文章《就是要彻底否定“文革”》，澄清在“文化大革命”问题上的模糊认识，克服派性。围绕贯彻执行中共十二届三中全会通过的《中共中央关于经济体制改革的决定》进行形势教育，了解分析在贯彻党的方针政策中，干部群众在思想认识上与党中央制定方针政策指导思想不一致的地方和执行不准确的原因，帮助干部群众提高对党的路线方针政策的理解，提高执行的自觉性。

1985年1月13日开始，组织学习《红旗》杂志刊登的编辑部文章《如何把部门的工作做得更好些》《胡耀邦谈怎样抓好今年工作》，明确党和国家主要任务和部门、个人责任，一心一意以改革精神做好工作。1月起，组织学习司法部宣传司主持编写的《职工法律常识读本》《法律常识一百条》《县团级领导干部法律知识读本》《法律手册》等通用教材，普及法律常识教育。7月1日，市委机关报《泉州晚报》正式出版发行。地直机关、单位党组织开展读报活动。开展彻底否定“文化大革命”教育，学习中共十一届六中全会通过的《关于建国以来党的若干历史问题的决议》，进行回顾和清理，结合实际开展讨论，真正理解“文化大革命”是一场由领导者错误发动的被反革命集团所利用，给党、国家和各族人民带来严重灾难的内乱。克服派性，增强党性，消除隔阂，搞好团结。1985年，根据中共中央决定，用5年左右时间在全体公民中基本普及法律常识，从10月15日开始用3个多月时间，在泉州中旅社进行普法教育试点，671人参加轮训和考核。10月21日至12月5日，举办普法教育宣传骨干培训班3期，每期15天，培训318人。当年，省闽东南地质大队、泉州公路分局等单位成立思想政治工作研究会，召开交流会、年会，总结交流经验。省五建等单位建立思想政治工作制度，制定《关于思想政治工作的若干规定》，提出《思想政治工作意见》，召开思想政治工作会议，建立一支骨干队伍。

（二）设立中共泉州市直属机关委员会时期

1986年3月，在学习贯彻第六届全国人大四次会议精神时，开展形势政策教育。根据泉州经济开放区特点，有针对性地进行学习“七五”计划、回顾“六五”成就，发展大好形势、坚持把改革放在首位等专题辅导课，市委领导作题为《社会主义商品经济问题》录音讲座，明确“七五”计划的主要内容，增强改革信心，为泉州经济政治建设献计献策，提出6个方面意见和建议。7月1日，举办形势报告会，3名市委、市政府领导作泉州经济形势报告，正确估价“六五”计划成就，阐明“七五”计划重点，论证“七五”远景。为适应改革开放新形势，市直机关党委针对新时期思想政治工作对象在结构、层次、时态上的不同特点，提出实行目标管理的4项内容：制定思想政治工作责任制；建立健全政治工作网络；健全完善活动制度；制订干部职工素质目标。及时抓“座谈”，做好深入细致的思想政治工作，不仅做好送上门的工作，同时注意发现苗头，及时抓“症候”，采取相应措施做好思想政治工作。省闽东南地质大队、泉州味精厂、泉州第二制药厂被评为1986年度福建省思想政治工作优秀企业。

1986年，执行泉州市人大常委会《关于在全市公民中深入开展基本普及法律常识教育工作的决议》，开展“一五”普法教育（1986—1990年），把普法工作更加广泛深入地开展下去，党员干部带头识法、懂法、守法、依法办事。4月，市直机关副局长以上领导干部集中上法律辅导课，学习11个法律。7月下旬，进行第一期普法常识统考，参加测试11192人，平均成绩82.9分。评出泉州中旅社为赴省表彰普法教育先进单位，市建委傅锦水、市教育局陈德利、市计委刘银银为先进个人。编写《普法知识问答》，全面展开普法教育，聘请法律工作者讲辅导课，进行3次统一测试，37262人参加，平均成绩84.1分。8月27日，举办法律常识竞赛，12个代表队36人参加，市直农委口、经委口、市府办口、党群口、建委口代表队分别获得1—5名。

1987年，组织学习中共中央〔1987〕1、2、3号文件，把坚持四项基本原则，反对资产阶级自由化，在思想上政治同党中央保持一致，作为思想政治工作的重要内容。向干部职工宣传党的四项基本原则、宣传经济政治形势、宣传改革开放成果、宣传社会主义制度优越性。根据全国人大常委会《关于加强法制教育维护安定团结的决定》，在1986年学习“十法一例”基础上，举办副科级以上干部法律讲座，4—9月，共进行9次讲座，每月1课，由市委领导、司法部门领导、大学法律专家学者分别讲解全国人大常委会决定与《利用国外资金和引进技术中的法律问题》《涉外经济合同及解决合同中的法律问题》《治安管理处罚条例》《行政案件的范围及诉讼程序》《我市经济犯罪情况及适用法律的若干问题》《我市经济纠纷的情况及加强依法管理的建议》《我市民间纠纷的情况及有关法律的探讨》《经济与法制》等讲座。

1988 年，在学习中共十三大报告时，轮训党员、干部、职工近万名，开展生产力标准的再学习再讨论，进行形势教育，联系实际进行讨论，增强改革意识、竞争意识和参与意识。针对部分干部职工对物价改革问题的思想认识，在政治学习日、党员活动日中，采取多种方法进行物价、廉政、纪律、安定团结、治理整顿教育，引导干部职工对物价、社会分配、党政机关某些腐败现象等问题的正确认识，增强心理承受能力，正确处理个人在改革中得与失问题，以大局为重，理解改革，投身改革。6 月 6 日，召开市直机关、单位思想政治工作研讨会。市水产公司、市华友公司、市山美水库管理处、市糖果饼厂总厂、市源和堂蜜饯厂、省闽东南地质大队、市糖果食品总厂、市第二制药厂、市国家安全局六科等 16 个单位介绍开展思想政治工作经验，归纳起来有 5 条：加强党政领导的团结和配合，发挥思想政治工作在经济建设中的保证作用；重视思想政治工作领导机构和领导方法的改革，适应新形势下经济建设的需要；围绕生产力发展和经济效益的提高，开展思想政治工作；发挥思想政治工作优势，做好人的管理工作；坚持多形式多渠道开展活动，使思想政治工作适应新形势的需要。会议对搞好思想政治工作改革提出 7 条措施：从过去党委统一领导逐步转变为由行政领导全面负责；从过去主要靠少数专职政工人员做思想政治工作转变为靠大多数人来做；思想教育内容要紧密结合生产经营、业务活动和改革实际，把“四有”教育同群众职业实践紧密结合起来；提倡民主、平等、双向疏导交流的新办法；运用和发挥现代化大众传播工具的教育功能和作用；在思想政治教育组织与实施上，尊重基层单位的主动权；党政分开后，机关各级行政领导要十分重视干部的思想政治工作。会议提出要注意解决 5 个问题：关于党政分开后，党政领导协同做好思想政治工作问题；关于思想政治工作活动经费问题；关于政工干部政治经济待遇问题；关于建立思想政治工作研究会问题；关于政工机构设置问题。市委副书记参加会议并讲话。市直经委、宣传系统党委，市直重工业党委，泉州公路分局、泉州邮电局、泉州供电局党委召开研讨会、座谈会，总结交流经验。12 月起，开展以治理经济环境、整顿经济秩序、全面深化改革为主题的形势教育，宣讲中共十一届三中全会召开 10 年来取得的成就、《关于当前经济和任务的宣传参考提纲》，组织观看《警醒后的奋起》《泉州 10 年改革的腾飞》《泉州重新走向世界》，坚定信心，战胜困难，夺取更大胜利。

1989 年，采取学、看、听、议方法进行形势教育，组织观看 10 年改革开放成就电视专题片，由市直机关党委牵头，市委宣传部、泉州邮电局等 9 个单位联合举办《泉州 10 年改革成就集邮展览》。市直重工业党委组织本系统改革取得较好成绩的厂长作典型介绍，并录音到基层播放 52 场、听众 3200 多人。1989 年春夏之交北京地区发生政治风波，为了保证市直机关、单位稳定，组织学习邓小平 3 次讲话精神，澄清模糊认识，干部职工在政治上思想上行动上与党中央保持一致。为加强机关组织纪律和制度建设，对机关上下班制度执行情况进行检查，并在《泉州晚报》上公布检查结果。

1990 年，开展以反演变、反渗透、反颠覆为中心内容的形势教育，组织学习《坚持四项基本原则，反对资产阶级自由化讲话》第 4 讲，认清国际上反动势力对社会主义国家“和平演变”阴谋和国内坚持资产阶级自由化的人的阴谋。

1991 年，在实施十年规划、“八五”计划中，进行形势任务教育，明确建设有中国特色社会主义第二步战略目标和肩负的历史使命。当年，开始进行“二五”普法教育（1991—1995 年）。组织市直机关、单位 2 万多人参加全国百城市普法知识擂台赛，增强法制观念。7 月起，根据省、市委关于开展社会主义思想教育活动的通知，联系国际国内形势和干部职工思想实际，开展城市社会主义思想教育。组织观看《开天辟地》《毛泽东和他的儿子》《中流砥柱》《谷文昌》《黎明曲》等电影戏剧，进行思想教育。

（三）设立中共泉州市委市直机关工作委员会后

1992 年，国际共产主义运动发生剧变，针对干部职工思想反映，组织学习江泽民在庆祝中国共产党成立 70 周年大会上的讲话，汲取国际共产主义运动反“和平演变”、反渗透、反颠覆的经验教训。征订发放社会主义思想教育书籍、材料 45094 册，其他教材 18143 册，开展社会主义思想教育和坚持四项基本原则、反对资产阶级自由化、反“和平演变”教育。

1993 年 2—4 月，举办 5 场经济热点问题讲座，1500 多人次参加。分别作我国“入关”后对泉州地区的影响与对策、科技权益保护、股份制与股票、泉州市场经济发展情况、市场经济与党的建设等讲座。组织播放政论片《泉州潮》300 多场，观看 1 万多人，了解泉州改革开放以来的变化，进行思想教育。

1994 年，针对机关面临机构改革，党员干部思想比较活跃等情况，进行讲党性、讲大局、讲纪律、讲团结，树立正确人生观、价值观，牢记全心全意为人民服务宗旨，弘扬江泽民倡导的“64 字”创业精神，正确处理国家、集体和个人三者关系教育。7 月，组织学习《什么是社会主义市场经济》《现代科学技术基础知识》，配合市科委开办“现代科学知识”讲座。

1995 年，庆祝《中华人民共和国国旗法》颁布施行 5 周年，发动在机关、企事业、学校、宾馆主要领导办公室、会议室及其他重要场所插挂国旗。“十一”期间，组织举办“福吉杯”国旗法有奖征答活动。开展纪念世界反法西斯胜利暨抗日战争胜利 50 周年系列活动，进行爱国主义教育。是年，市直机关进行机构改革，精简分流人员。党务、政工干部深入了解干部职工在机构改革中的思想动态，做好不同时期、不同层次人员的思想政治工作，突出理想、宗旨、世界观、价值观、人生观主题，组织各种活动，有的放矢地开展思想政治教育，保证机构改革工作顺利完成。

1996 年，开展纪念红军长征胜利 60 周年，召开各种座谈会、革命传统报告会、文艺晚会、走访慰问老同志，进行光荣传统和“三热爱”教育。在大中小学开展“祖国在我心中”活动，推广佩戴国旗徽章活动，举行升旗仪式，进行爱国主义教育。是年，开始开展“三五”普法教育（1996—2000 年）。

1997 年，市直机关工委与市委办、市府办联合发出通知，规定凡国庆、元旦等重大节日及本地区重大庆典活动，市直党政机关和企事业单位、团体、学校均应举行升国旗仪式。从此，重大节日举行升国旗仪式，进行爱国主义教育作为一项制度长期坚持下来。与市委宣传部、市司法局联合举办《中华人民共和国刑事诉讼法》讲座，由省法制局领导主讲。6 月，举办《中华人民共和国香港基本法》讲座，进行爱国主义教育。举办“看中华・迎回归”形势报告会，邀请中英土地委员会首席代表、泉州市原市长陈荣春就香港的历史、现状以及回归后的发展前景作报告，加深对邓小平“一国两制”构想的认识，激发民族自豪感。6—7月，开展以迎接和庆祝香港回归祖国为主要内容的“庆七一·迎回归”系列活动。举办形势报告会，开展“升国旗，唱国歌”活动，开展“庆祝回归”文艺体育活动，组织市直机关艺术团深入基层、军营宣传演出，举办“迎接回归”美术、书法、摄影、篆刻作品和专题集邮展览，组织收听、收看香港和北京庆祝活动实况，加深对“一国两制”构想、实现完成祖国统一大业重要意义的认识。

1998年，贯彻《中国共产党党和国家机关基层组织工作条例》，认真履行思想政治工作四项职责，针对机关工作人员的思想政治情况，区别不同对象，做好经常性思想政治工作。重视研究和探索新形势下思想政治工作的特点和规律，提出改进措施和办法。结合纪念周恩来、刘少奇诞辰100周年，毛泽东等老一辈革命家为雷锋题词发表35周年，开展理想、宗旨、人生观和爱岗敬业教育。邀请厦门大学经济学院教授作题为《东南亚金融风波的影响与对策》《当前投资环境与策略》等的报告3场，市直科级以上干部3000多人次参加。举办改革开放20周年成就展，20多个系统、单位党委参展。

1999年3月，开展“学雷锋，做人民满意公务员”活动，与市委、市政府提出的“科技兴教年”“城市管理年”“市场开拓年”结合起来，开展为下岗分流人员、特困家庭“送温暖、办实事、献爱心”活动，举办学雷锋，做人民满意公务员报告会。举办宪法修正案专题讲座，邀请法律专家讲解。5月，按照中央组织部《关于在维护社会稳定中充分发挥基层党组织和广大共产党员作用的通知》和省、市委组织部紧急通知精神，加强对党员干部职工的教育和思想政治工作，保持政治敏锐性，增强维护社会稳定的政治责任感。加强值班特别是节假日值班，做好信访接待工作，了解掌握情况动态，确保信息畅通，发现苗头现象及时报告。不以任何理由参与集体上访，更不能带头或组织群众集体上访和参加任何有碍社会稳定的活动。举办《崇尚科学、反对伪气功》《市场经济与国企改革的关系》专题讲座，邀请市政府领导和专家学者作报告，举办“改革开放20周年成就展”获奖作品评选、表彰和回顾展，教育干部职工准确把握形势，崇尚科学。举办《当前经济形势与对策》《当前沿海形势与国际形势》专题讲座。9月，学习贯彻《中共中央关于加强和改进思想政治工作的若干意见》，认识加强和改进思想政治工作的重要性，明确思想政治工作的方针原则，深入扎实地进行思想政治教育，探索新形势下思想政治工作的规律和方法，把思想政治工作任务落实到基层，加强对思想政治工作的领导，结合市直实际，推动以理想信念教育为核心的思想政治工作。

2000年4月，组织学习《毛泽东邓小平江泽民论思想政治工作》，参照《求是》杂志政治编辑部编辑的《加强和改进思想政治工作若干问题讲话》一节中所列六大部分24个专题学习，掌握基本观点和精神实质、思想政治工作的方针原则、主要规律和方式方法，推进以理想信念教育为核心的思想政治工作。举办国际政治、经济形势主题报告会，邀请高校专家学者讲解国际政治形势和中国采取的对策。

2001年，开展“四五”普法教育（2001—2005年），做好法制宣传教育工作。根据中国加入世贸组织的新变化，组织学习国际通行规则、法律法规知识，举办以现代科技、经济全球化以及加入WTO对中国经济发展影响为主要内容的辅导讲座。开展以“共产党好、社会主义好、改革开放好”

为主题的系列活动；“党旗飘飘——机关党建成就展”；“颂歌献给党”群众性歌诵活动；“共产党好”——征文演讲比赛；与泉州邮政局共同策划“日出东方”——庆祝中国共产党成立80周年纪念邮册，举办中共党史、泉州党史报告会。结合国内外形势、机构改革和医疗改革，以及党员干部职工思想实际，进行理想信念、爱国主义、集体主义、社会主义教育和科学精神宣传。在机关机构改革中，做好一人一事的思想政治工作，确保在机构改革中做到思想不乱、纪律不松、工作力度不减，完成好各项任务。坚持正面引导，结合理论学习和上党课，进行思想稳定教育，使干部职工正确对待机构改革，正确对待干部提拔使用、交流和轮岗。开展谈心活动，处级找科级谈，科级找干部职工谈。开展党员先进性教育，解决党员思想方面存在的突出问题，以自己的稳定带动本单位的稳定。

2002年3月8日，市直机关工委召开宣传思想工作会议，传达贯彻全国和省委、市委宣传部长会议精神，部署2002年宣传思想工作任务。会议强调，引导党员运用批评和自我批评武器，旗帜鲜明地同各种错误思想和观念作斗争；结合实际，把解决思想问题同解决实际问题结合起来，增强思想政治教育的针对性和实效性，化解矛盾，理顺情绪；开展积极向上、健康有益的文化体育活动，活跃机关文化生活。

2003年，开展建设学习型机关活动，落实干部培训计划，组织学习《全国干部学习读本》《社会主义法制理论读本》和与业务工作联系密切的读本，促进机关党员干部综合素质的提高，树立终身教育的思想观念，建立“以终身教育为基础，以在职学习为中心”的学习型机关。3—4月，举办市直企业党务工作者培训班，进行新时期思想政治工作等方面培训，增强企业思想政治工作的针对性和有效性。10月，召开机关思想政治工作研讨会，交流探讨新时期加强机关思想政治工作的特点和规律，进一步提高机关思想政治工作的针对性和有效性。组织学习中共十六届三中全会通过的《中共中央关于修改宪法部分内容的建议》和《宪法知识学习读本》，理解宪法的修改坚持四项基本原则，立足我国国情，充分发扬民主，广泛听取各方面意见，严格依法办事，有利于加强和改善党的领导，有利于发挥社会主义制度的优越性，有利于调动广大人民群众的积极性，有利于维护国家统一、民族团结和社会稳定，有利于促进经济发展和社会全面进步。学习《社会主义法制理论读本》，开展普法教育。

2004年8月11日，根据市委《关于建设学习型城市的意见》，市直机关工委印发《关于开展创建“学习型党组织”活动的通知》。8月20日，召开建设学习型党组织动员会，启动学习型党组织建设，创建活动从2004年8月开始至2014年12月，按照市委确定的9月1日“学习节”要求，做到“日读千字、月看一书、季写一文、年学一技”，每年学习培训时间增加率不低于10%，至2010年机关45岁以下党员干部学历提高到本科层次，100%能熟练运用计算机和电子政务网络，具有研究生学历的比例明显增加。

2005年5—8月，开展2005年度机关思想政治工作理论研究和课题调研活动。以探索建立长效机制为重点，研究思想政治工作中理论和现实问题，群众反映强烈的热点、难点问题和影响改革发展稳定的问题。共收到研讨文章212篇，组织对文章进行评审和表彰。10月，成立泉州市直机关思想政治工作研究会。以重大节日、纪念日为契机，以泉州优秀历史文化为载体，开展“看中华、兴泉州，创新业、奔小康”主题思想教育活动，开展纪念抗日战争胜利60周年系列活动，强化爱国主义教育。

2006年3月，组织学习胡锦涛关于“八荣八耻”的讲话精神，进行社会主义荣辱观教育，认识其现实意义和历史意义，领会其丰富内涵。弘扬真、善、美，摒弃假、丑、恶，自觉践行社会主义荣辱观，抵制不健康思想和生活方式的影响；弘扬以爱国主义为核心的民族精神和以改革创新为核心的时代精神。以庆祝中国共产党成立85周年、纪念红军长征胜利70周年为契机，以泉州优秀历史文化为载体，开展爱党爱国、爱社会主义为主题的思想教育活动。开展“知荣辱、促和谐、求发展”主题征文，推选一批研讨文章，在全市机关党建工作暨专题调研表彰会上进行表彰。建立与社会教育相联系的网上教育平台，开通远程教育网络，发挥“机关党建”网络建设的资源作用，在岗位练兵竞赛活动中推荐第1批学习书目。建立和坚持党员领导干部每年进行1次形势报告制度，使党员及时了解中央和省、市委最新精神和单位工作重要进展。结合泉州地改市20周年庆祝活动，开展回顾“十五”辉煌成就，展望“十一五”美好前景形势教育活动，用“十一五”发展目标振奋精神，凝聚力量。8月31日，泉州市委、市政府表彰2001—2005年（“四五”普法教育）法制宣传教育先进集体和先进个人，市直31个单位获“先进集体”称号，61名个人获“先进个人”称号。

2007年3月中旬至5月中旬，组织学习《中华人民共和国道路交通安全法》《市民文明交通行为准则》和泉州市中心市区道路交通整治宣传提纲，开展交通安全法制教育和普法工作，开展机关党员干部带头学法守法，维护交通安全竞赛活动。开展“展现新风采，喜迎十七大”主题系列活动和庆祝中国人民解放军建军80周年、香港回归10周年活动，每月组织1期先进事迹图片展。

2008年，开展庆祝改革开放30周年主题系列活动，进行国史国情、形势政策和爱国主义教育，引导党员干部进一步增强对推进改革开放事业、全面建设小康社会、应对国际金融危机的信心。开展社会主义核心价值体系教育，使之转化为内在的道德素质和行为规范，夯实团结奋斗的共同思想基础。加强思想政治工作，推进“平安单位”建设，做好矛盾纠纷排查调处工作，维护机关安定稳定。

2009年，围绕服务项目建设，应对国际金融危机等中心工作，及时了解掌握干部职工的思想动态，做好热点、难点问题引导和解惑释疑、心理辅导工作。以庆祝中华人民共和国成立60周年、澳门回归10周年和“海西”建设5周年为契机，开展革命传统教育、爱国主义教育、理想信念教育。

2010年，开展“创先争优当表率、跨越发展作奉献”主题活动，动员党员干部融入“五大战役”中比学赶超。组织学习何祥美、沈浩、李彬、刘国才等先进事迹，举办报告会、观看电影、召开座谈会，学习英模人物。

2011年，围绕贯彻“十二五”规划大局，贯彻泉州市委十届八次全会精神，学习掌握泉州“十二五”规划纲要的指导思想、奋斗目标、主要任务和重大举措，瞄准泉州“五大战役”目标，开展“强化创新、强化服务、强化绩效”活动，提高机关党的工作保障和服务跨越发展的水平。3月16日至7月1日，开展庆祝中国共产党成立90周年歌曲传唱活动，传唱革命历史经典歌曲和现代经典歌曲共118首，在基层传唱、预赛基础上，6月23日，举办歌曲合唱决赛晚会。人民网、福建新闻网、《泉州晚报》、泉州电视台等媒体多次作宣传报道。市直机关工委与团市委、市社科联联合举办第48期“泉州市民文化大讲坛”活动，邀请省委党校教授作学习胡锦涛“七一”讲话精神专题报告。组织党员干部参加“华大讲堂”，听取专家学者讲座。5月10日至6月6日，组织参加“福建省庆祝中国共产党成立90周年知识竞答”泉州片区活动，对党员干部和青少年进行党的光辉历史教育，共发放答题卡15000份。

2012年，开展社会主义核心价值体系教育实践活动，引导干部职工自觉践行社会主义核心价值体系，不断巩固正确的世界观、人生观、价值观。召开学雷锋活动座谈会，开展学雷锋志愿服务活动，组织机关党员志愿者开展关爱残疾人、清洁家园、与山村“留守儿童”结对过节、深入社区现场学雷锋、组织应急救护知识与技能培训等活动。“中直党建”“福建文明风”和“福建机关党建”网站、《泉州晚报》、泉州电视台等主流媒体对市直机关学雷锋志愿服务活动进行报道，扩大活动影响力。9月，开展《中华人民共和国保密法》施行2周年宣传教育活动，普及保密知识，观看保密宣传教育片，举办专题讲座，邀请市保密局领导讲解计算机保密管理知识。10月10—15日，组织党员干部职工参加省委宣传部、省直机关工委等5部门联合举办的弘扬福建精神知识竞答活动，采取网络答题形式进行。

2013年2月25日起，根据市委的决定，组织机关党员干部开展“增强忧患意识，推动长远发展”大讨论活动，以思想大解放推动事业大发展。围绕加快转变发展方式，加快建设强市历史任务，联系实际，解决增强忧患意识、改革体制机制、加快转型升级、推进城镇化、提升文化软实力、营造投资创业环境6个问题，转变安于现状、因循守旧、封闭狭隘、片面发展观念，摒弃“慵、懒、散、奢、浮”不良作风，树立奋起赶超决心和协力协调理念。在泉州机关党建网开辟“增强忧患意识，推动长远发展”大讨论专栏，报道市直机关各单位开展大讨论活动情况，共登载100多篇。分析提出当前机关党建工作10个带有普遍性的问题作为讨论重点，开展讨论、调研，形成一批调研成果，在全省机关党建研究会论文评奖中获一、二、三等奖各1篇。4月3日起，开展“四个强化”活动：强化学习，打造一流队伍；强化服务，培育一流作风；强化创新，创造一流业绩；强化效能，建设一流机关。9月，组织学习中央宣传部理论局组织撰写的通俗理论读物《理性看　齐心办——理论热点面对面2013》，联系思想实际，对9个方面的热点问题统一认识，释疑解惑。11月11日起，组织165个副处级以上单位的党员领导干部观看党内参考片《较量——正在进行》，并开展讨论。

2014年，宣传贯彻《关于培育和践行社会主义核心价值观的意见》，让“三个倡导”24字社会主义核心价值观融入各行各业的实践工作和干部职工的日常生活。开展中国特色社会主义“中国梦”主题宣传教育和爱国主义、集体主义、理想信念教育，坚定共同理想信念，推动形成奋发向上、崇德向善正能量。“中国梦·我的梦”百姓宣讲团走进市直机关开展宣讲活动，190多人听取宣讲。2月起，组织学习由中央宣传部理论局编写出版的《六个“为什么”——对几个重大问题的回答（2013年修订版）》，澄清对一些重大思想理论问题的认识，进一步坚定中国特色社会主义道路自信、理论自信、制度自信、文化自信。7月1日至8月26日，组织党员干部参加全省“我们的价值观知识竞答”活动，采取网络竞答、微信竞答的方式进行，促进社会主义核心价值观内化于心，外化于行。

2015年6月25日，市直机关工委成立网络与信息安全协调小组，针对网络安全面临的威胁与挑战，遏制境外黑恶组织对网站、信息系统的攻击破坏，做好抗日战争胜利70周年纪念活动网络安全保卫工作。

2016年，深化培育和践行社会主义核心价值观活动，在市直机关选树一批培育和践行社会主义核心价值观的先进典型，利用微博、微信、微电影等新型媒体，加强对社会主义核心价值观的宣传。

2017年，进一步把社会主义核心价值观融入法治建设、社会生活和精神文明创建活动中，推动社会主义核心价值观落细落小落实，增强干部职工践行社会主义核心价值观的行动自觉。围绕中国特色社会主义和“中国梦”的宣传教育，培育和践行社会主义核心价值观。落实“百家法学家百场报告会”进机关法治宣讲。联合泉州广播电视台举办“闽南好家风”电视专栏。5月4日，市直机关工委成立网络与信息安全领导小组，加强对工委网络与信息安全保障工作的领导，市直机关工委常务副书记黄黎波任组长；制定《市直机关工委网络与信息安全管理规定》。7月26日至8月6日，以“探闽南家风、讲经典故事、展传统国学、传递正能量”为核心诉求，征集“闽南好家风”案例，收集富有特色、向善向上、便于传诵传讲的家风、家训故事，开展“家+文化”和“身边故事 共同铭记”主题宣传。10月，组织观看中共党史题材3D立体故事片《冲锋号》，该片刻画一批优秀红军指战员的光辉形象，再现长征中的重大事件和撼动人心的场面；观看弘扬爱国主义精神和中华民族精神的文献纪录片《没有共产党就没有新中国》。

第四节 创建学习型党组织、学习型机关

2004年8月11日，为进一步落实市委《关于建设学习型城市的意见》，市直机关工委印发《关于开展创建学习型党组织活动的通知》，从2004年8月开始至2014年12月，在市直机关开展创建“学习型党组织”活动。

一、总体目标。浓厚学习氛围和先进学习理念逐步形成，树立学习型社会理念、学习型方式理念、学习型动力理念、学习型目标理念、学习型本质理念等5种新的学习理念。党员队伍综合素质和业务技能显著提高，学习培训基础设施和现代网络建设全面加强。建立和完善学习培训场所，学习培训经费投入逐年增长，建立网上教育平台，开展远程教育，发挥“机关党建”网络资源作用。党组织学习制度和长效管理机制完善健全，建立健全中心组学习制度、干部学习培训制度、调研制度，树立表彰学习型党组织和学习型党员的先进典型。到2010年，90%以上市直党支部和100%机关党组织达到学习型党组织考核标准。

二、基本原则。目标导向原则，确立创建活动的总体目标和阶段性目标；全员参与原则，构建全员学习、全程学习、终身学习、科室学习的组织机制；率先垂范原则，处级以上党员领导干部发挥示范带头作用；逐步推进原则，分层次、分阶段推进，加强分类指导；学用互动原则，坚持学习工作化，工作学习化，学习与工作紧密结合、互为动力。

三、措施机制。强化组织领导机制，成立领导小组，组长：周振华，副组长：张敬尊、张锡坤、黄英林、赵育斌，成员18人：市直17个系统党委专职副书记、市直机关工委宣传部部长。各部门、各单位成立领导小组，创建活动纳入“机关党建工作先进单位”和“五好支部”考核内容，加强督

促检查和指导推动。健全激励奖惩机制，把学习情况作为文明单位评选内容，宣传表彰先进典型，建立个人学习档案，把学习情况作为职务晋升、评先评优重要条件之一。建立经费保障机制，在单位财政经费年度安排中列入预算计划，在党费使用中加大投入。完善资源共享机制，利用现有培训单位和场所，共建培训基地，充分利用党校、教育机构、高等院校、科研单位等培训资源，加强“泉州机关党建网”建设。推进学习成果转化机制，将调研成果、理论成果、学习成果运用于决策和工作实践，定期召开研讨会、座谈会、交流会，互动学习。

2004 年 8 月 20 日，市直机关工委召开建设学习型党组织动员会，正式启动学习型党组织建设。8—12 月，学习型党组织建设进入组织发动阶段，各单位搞好调查摸底，研究制订实施方案，建立组织领导机构，运用各种媒体营造创建氛围。

2005 年，编印《创建学习型党组织知识读本》，发至基层党组织。开展建设学习型党组织、学习型机关活动，以正在做的事情和解决工作中存在的问题为中心，以岗位为平台，将学习力转化为工作力和创新力，提高参与经济、政治、文化和社会管理的能力。

2005 年 12 月至 2006 年 5 月，市直机关以各系统党委和市人大常委会办公室、市政协办公室、市纪委办公室为牵头单位，组织开展岗位练兵竞赛活动，掌握做好本职工作的“五个应知”（知理论、知政策、知科技、知法纪、知礼仪）、“五个应会”（会谈写、会调研、会技能、会协调、会管理），组织机关干部职工全员参与，在练兵竞赛中提升素质、寻找差距、完善自我，推动学习型机关建设深入开展。

2006 年，树立“建设学习型机关，实现‘三个转变’，服务‘两个率先’”学习型目标理念。基层党委制订党员中长期培训规划和年度培训计划，明确培训的量化指标和考核标准，作为党员年度考核的重要内容。党支部制订集体学习计划，组织好经常性学习。党员制订个人学习计划，开展读书自学活动。加强学习培训设施建设，建立和完善图书室、电教室、基层党校、网络中心等学习培训场所，学习培训经费投入逐年增加。建立与社会教育相联系的网上教育平台，开通远程教育网络，发挥机关党建网络建设的资源作用。在岗位练兵竞赛活动中推荐第 1 批学习书目。

2007 年 1 月 23 日，根据《泉州市基层理论工作要则》《泉州市基层理论工作考评实施办法》，组织基层理论工作考评，考评内容：组织领导、制度落实、学习档案、学习保障、学习成效。采取自评和检查相结合，定期调阅和年终检查相结合方式，在各单位自评基础上，每 2 年组织 1 次综合考评验收。考评实行百分制（不含加分），90 分及以上为优秀，60 分为合格，60 分以下为不合格。3 月 8 日开始，为进一步提高机关基层实际教学质量，增强党课教学的吸引力和感染力，组织由全市基层党支部书记（副书记）参加的“好党课”竞赛活动。市直各系统（局）党委、驻泉省部属单位党委、县（市、区）直机关工委进行层层竞赛，在层层竞赛基础上举行市级竞赛。市级竞赛预赛以拍摄制作 VCD 光盘参赛，决赛以机构授课形式进行。经层层竞赛共产生 61 名优胜者参加决赛。9 月 27 日，表彰全市机关“好党课”竞赛活动获奖单位，一等奖 4 个：泉州电业局党委、晋江市直机关工委、安溪县直机关工委、德化县直机关工委，二等奖 10 个，三等奖 20 个，优秀奖 13 个，优秀组织奖 12 个；表彰全市机关好党课竞赛获奖授课者，一等奖 4 名：泉州电业局阮丽双、安溪县周真实、晋江市施跃腾、德化县陈艺斌，二等奖 10 名，三等奖 20 名，优秀奖 13 名；表彰全市机关“好党课”

竞赛活动获奖优秀教案，一等奖5篇，作者：施跃腾、阮丽双、朱林果、方一明、周真实，二等奖10篇，三等奖15篇，优秀奖20篇。10月，将优秀党课教案汇编成《“好党课”竞赛活动优秀党课教案选编》，将12课优秀党课录像刻录成DVD光盘，发给基层党组织。

2008年7月21日至9月20日，为落实“科学素质行动”计划，组织党员干部分批参加泉州市科技馆地震科学专题展，学习地震科学知识，了解防震减灾措施、地震预测预报、震后自救互动。

2010年4月，推荐创建学习型党组织第1批阅读书目20本。9月，推荐第2批阅读书目10本。6月，开展推进学习型党组织建设课题调研，共收到调研文稿41篇。12月13日，市直机关工委表彰调研文章13篇，其中一等奖1篇、二等奖2篇、三等奖3篇、优秀奖7篇。市政府发展研究中心课题组获一等奖。8月，确定市委办机关党支部等23个党支部为学习型党组织建设示范点。9月1—3日，举办建设学习型党组织理论骨干培训班，培训内容：建设学习型党组织的重要意义、总体要求、主要原则、主要内容、途径方法，国外学习型政党建设的经验与启示，108人参加。

2011年1月12日，召开市直机关学习型党组织建设经验交流会，参加80多人。市直党群系统党委、泉州晚报社、泉州电业局、泉州出入境检验检疫局、市委办公室、市政府发展研究中心、市委统战部、国家统计局泉州调查队8个单位作交流发言。会议对创建学习型党组织建设提出4点要求：着力加强理论武装，提高思想政治素养；着力学以致用，提高工作水平；着力创新方式方法，增强学习实效；着力制度建设，强化机制保障。2月11日，推荐《中国共产党历史（第一卷）》《中国共产党新时期简史》等10本书为第3批阅读书目。10月11日，推荐《中国共产党历史（第二卷）》《马列主义经典著作选编（党员干部读本）》10本书为第4批阅读书目。着眼形势政策发展和焦点热点问题，编发《党员教育学习材料》，启动网上党校项目建设。开展学习型机关、学习型科室、学习型家庭、“职工书屋”活动。市发改委“菁英论坛”，市委老干部局“老干部工作者论坛”，泉州电业局“全员学习节”，市质监局“金质大讲坛”，国家统计局泉州调查队“统计调查讲堂”，泉州广播电台“干部系列讲堂”，市政工程管理处“职工周末讲堂”等论坛、讲坛、讲堂，各种读书会、研讨会、文化沙龙、读书兴趣小组，开辟网上课堂、空中课堂、网上论坛、网上党校、手机课堂、QQ在线学习、数字政工、网上互动学习交流平台，学习氛围浓厚，形式多样，效果明显。

2012年，持续推进学习型党组织建设，实行工委委员旁听党组（党委）中心组学习制度，开展“荐书读书”活动。4月18日，市直机关工委、市直党群系统党委在市行政服务中心大楼联合举办“机关大讲堂”开讲活动。经济学家、中华民营企业联合会会长、国务院参事室特约研究员保育钧以《中国民营经济的昨天、今天和明天》为题，进行机关大讲堂第1场演讲，阐述中国民营经济的发展历史、存在问题、未来前景和政府职责等问题，参加360多人。4月26日，推荐《论文化建设——重要论述摘编》《雷锋》等10本书为第5批阅读书目。6月21日，举办“机关大讲堂”第2讲《政务形象塑造及交往礼仪》，由省礼仪协会常务理事、闽江学院副教授纪智媛讲解仪表礼仪、仪容礼仪、社交礼仪、餐桌礼仪等知识，参加360多人。8月30日，举办“机关大讲堂”第3讲，听取陈欠水、陈忠晟、连美华先进事迹演讲。

2013年5月9日，举办“机关大讲堂”第4讲，邀请市委党校副教授林常颖作《传统儒家思想及其现实意义》专题讲座。6月7日，举办“机关大讲堂”第5讲，邀请厦门大学台湾研究院副院长、教授、博士生导师李鹏作《巩固深化新时期两岸关系和平发展前景展望》专题讲座。9月11日，举办“机关大讲堂”第6讲，邀请省演讲与口才协会常务副会长兼秘书长、教授龙涛作《语言表达能力技巧》专题讲座。12月10日，举办“机关大讲堂”第7讲，邀请省委党校教授、省行政学院经济学教研部副主任陈新作《全面改革的行动纲领——深刻认识和总体把握三中全会精神》专题讲座。7月9日，推荐《十八大报告辅导读本》《十八大党章学习读本》《中国梦 我们的梦》等15本书为第6批阅读书目，开展全民阅读活动暨第七届“书香泉州”全民读书月活动。7月26日至10月15日，开展以“深入学习贯彻党的十八大精神，积极打造泉州优质软环境”为主题的优质党课教案评选活动。推进学习型党组织示范点工作，确定3个市级学习型党组织建设示范点。深化“创建学习型组织，争做知识型职工”活动，引导干部职工比学习、比技能、比能力。继续开展“书香泉州”活动，在市直机关中培育“职工书屋”省级示范点2个、市级示范点1个。

2014年2月14日，推荐《党的群众路线教育实践活动学习文件选编》等20本书为第7批阅读书目。3月27日，举办“机关大讲堂”第8讲，邀请泉州市委党校副教授林宏丹作《培育和践行社会主义核心价值观》专题讲座。5月9日，举办“机关大讲堂”第9讲，邀请省直机关工委委员、组织部部长黄汉基作《提高机关党的建设科学化水平》专题讲座。10月30日，推荐《筑梦中国》《民族复兴与中国共产党》等15本书为第8批阅读书目。11月12日，举办“机关大讲堂”第10讲，邀请泉州市委党校副教授吴敬南作《全面推进依法治国——十八届四中全会精神解读》专题讲座。12月10日，举办“机关大讲堂”第11讲，邀请市委党校法学教研室副主任、副教授李芳尚作《我国海洋权益与安全》专题讲座。至2014年12月，创建学习型党组织10年目标基本实现，新的学习理念形成，学习培训设施和现代网络建设全面加强，浓厚的学习氛围形成，党员干部的思想政治素质和科学文化知识有新的提高。

2015年，与市委组织部、市委党校联合举办6期“东海干部学堂”，机关科级干部2000多人次参加学习，推行干部选学新尝试，打造跨部门学习交流平台。3月18日，举办“机关大讲堂”第12讲，邀请市委党校党建教研室主任林常颖作《深入领会“四个全面”的战略布局》专题讲座。5月15日，推荐《“四个全面”学习读本》《习近平关于党风廉政建设和反腐败斗争论述摘编》《习近平用典》等15本书为第9批学习型党组织建设阅读书目，开展读书活动。6月3日，举办“机关大讲堂”第13讲，邀请市委党校科研处副主任王江波作《把守纪律讲规矩落到实处》专题讲座。9月9日，举办“机关大讲堂”第14讲，邀请市中级人民法院行政庭副庭长陈鹏腾作《〈行政诉讼法〉的修订及其对行政机关依法行政的影响》专题讲座。11月19日，举办“机关大讲堂”第15讲，邀请省委党校哲学教研部教授林建华作《全面建成小康社会的决胜纲领》专题讲座。12月30日，推荐《〈中共中央关于制定国民经济和社会发展第十三个五年规划的建议〉辅导读本》《习近平关于全面依法治国论述摘编》《“一带一路”：机遇与挑战》等15本书为第10批阅读书目。

2016年3月24日，举办“机关大讲堂”第16讲，邀请省直机关工委委员、组织部部长黄汉基作《学习党章党规、学习系列讲话，做合格党员》专题讲座。4月19日，推荐《习近平总书记系列重要讲话读本（2016年版）》《摆脱贫困》《中国经济改革与发展研究报告——“十三五”时期的中国经济》等15本书为第11批阅读书目。5月27日，举办“机关大讲堂”第17讲，邀请市发展和改革委员会副主任王克思作《解读泉州市“十三五”发展规划》专题讲座。8月11日，举办“机关大讲堂”第18讲，邀请华侨大学法学院院长、教授许少波作题为《社会大转型下的中国司法体制改革》的专题讲座。11月8日，举办“机关大讲堂”第19讲，由市直机关工委常务副书记黄黎波作《十八届六中全会精神解读》专题讲座。12月27日，推荐《习近平关于严明党的纪律和规矩论述摘编》《习近平关于全面建成小康社会论述摘编》《党的十八届六中全会文件学习辅导百问》等15本书为第12批阅读书目。

2017年3月31日，举办“机关大讲堂”第20讲，邀请华侨大学工商管理学院教授张向前作《儒家思想与文明家风》专题讲座。5月25日，举办“机关大讲堂”第21讲，邀请市政府副市长周真平作《海丝泉州与古泉州（刺桐）史迹申报世界文化遗产》专题讲座。8月29日，推荐《习近平关于社会主义经济建设论述摘编》等15本书为第13批学习型党组织建设阅读书目。9月20日，举办“机关大讲堂”第22讲，邀请华侨大学国际学院副院长、教授陈慰星作《〈民法总则〉的立法意蕴与适用展望》专题讲座。11月2日，举办“机关大讲堂”第23讲，由市直机关工委常务副书记黄黎波作《党的十九大精神导读》专题讲座。

第五节 宣传阵地

一、黑板报（墙报）

1953年6月，地直机关党委成立后，各级党组织通过黑板报、墙报等形式开展宣传活动。地直机关党委不定期在元旦、春节、“五一”、“五四”、“七一”、“十一”等重大节目组织黑板报评比。

1989年6月，举办庆祝中国共产党成立68周年黑板报评比活动，16个系统、2个直属党组织选送31块黑板报参评，评出前6名，时任市委书记张明俊、市长陈荣春观看黑板报内容，给予一定评价。9月下旬，举办庆祝中华人民共和国成立40周年黑板报评比，宣传中共十三届四中全会精神，讴歌中华人民共和国成立40年尤其是改革开放10年来伟大成就，70块黑板报参评，市直外经、市府办、党群系统分获前3名。

1990年6月，举办庆祝中国共产党成立69周年黑板报评比活动，评出优秀奖10版、鼓励奖14版。9月，举办“庆国庆、庆亚运”黑板报评比，16个系统、单位选送33块黑板报参评，评出优秀奖8版、鼓励奖12版。

1991年6月、9月，分别开展黑板报评比活动，17个系统共选送47块黑板报参加评比展览。

1992年9月，举办迎接中共第十四次全国代表大会召开黑板报展评。

二、宣传栏

1990年4月下旬，市直机关党委开辟机关大院宣传栏。以“雷锋精神再放光芒”为主题，刊登毛泽东等老一辈革命家、江泽民等第三代中央领导人为雷锋题词手书放大稿，刊出“雷锋精神在市直”新闻照片。7 月下旬，举办纪念“八一”建军节老干部硬笔书法展览，展出 43 名离退休老军人、老干部 92 幅作品，讴歌人民军队光辉历史，反映新时期军民共学共建共发扬活动成果。评出优秀作品奖 10 幅、鼓励奖 9 幅。

1994 年 3 月，在机关大院宣传栏刊出毛泽东等第一、二、三代中央领导人为雷锋题词的笔迹和体现学习雷锋精神的先进事迹。9 月，举办美术、书法、摄影、篆刻作品展览。

1998 年 4—12 月，举办改革开放 20 年成就专栏，以配有文字说明的新闻、艺术照片、美术、书法作品形式，反映各系统、单位 20 年改革开放主要成就。

2001 年 4—12 月，举办“党旗飘飘——机关党的建设成就展”，展示机关各部门、单位以“三个代表”重要思想为指导，加强党的建设，推进改革开放和现代化建设，以及在两个文明建设等方面取得的业绩。每月 1 期，共出 8 期 29 个版面。重新设计改建机关宣传栏，增设大型图片语音灯箱。

2003 年 1—2 月，举办“西湖”杯“先锋礼赞”摄影大赛优秀作品展览。

2005 年 1 月，开辟泉州市直机关“创文明单位、做人民公仆”先进事迹展，共展出 18 期。举办国庆硬笔书法大赛获奖作品展。2005 年 11 月 1 日至 2006 年 10 月 31 日，为宣传市直机关在保持共产党员先进性教育活动中涌现出来的先进典型，举办《“做时代先锋 为党旗增辉”——市直机关先进性教育活动事迹展》，每月 1 期，共 12 期，由市直市委办、农办、市府办、建设、交通、财贸、公用、计委、水利、党群、宣传、卫生等 12 个系统党委组织参展。

2007 年 10 月至 2008 年 2 月 8 日，举办“展现新风采・喜迎十七大”先进事迹图片展，运用摄影图片的艺术形式，宣传不同战线、不同岗位先进群体和优秀代表的新风貌和新业绩，以 11 个县（市、区）直机关工委和泉州经济开发区机关党委为单位组织参展，每月 1 期，共 11 期，每期 15 个版面。

2008 年 4 月至 2009 年 3 月，举办“先行先试当先锋，尽心尽责作奉献”先进事迹图片展，每月 1 期，共 12 期，由市直系统党委、直属党总支、驻泉省部属单位党委组织参展。

2009 年 4 月至 2010 年 2 月，举办“服务项目建设，促进先行发展”先进事迹图片展，运用摄影图片形式，宣传学习中共十七大精神和科学发展观，应对金融危机，服务项目建设，推进产业发展、港口发展、城市发展取得的业绩和经验，以 11 个县（市、区）直机关工委为单位组织参展，共 11 期，每期 15 个版面。

2010 年 3 月至 2011 年 2 月，举办“海西建设求先行、服务发展当先锋”主题图片展，每月 1 期，共 12 期，宣传学习十七大精神和科学发展观，抗击金融危机，弘扬惠女精神，破解熟人经济，服务项目建设的业绩和经验。举办“创先争优当表率，跨越发展作奉献”主题图片展。2011 年 7 月 25 日，市直机关工委搬往泉州市行政中心办公，机关大院宣传栏停办。

三、各类简报

1959 年 10 月，在“大跃进”中创办《跃进简报》，宣传报道专直机关开展“大跃进”情况。当年，共编发 14 期。

1970 年 2 月 27 日，晋江专区革命委员会直属办事组编印《情况简报》第 1 期，共编发 9 期。5 月 1 日，第 10 期改为《简报》，共编发 5 期。

1973 年 3 月 1 日，直工组印发《关于迅速建立和健全通讯报道组织的通知》，凡 50 人以上的单位发展 3 名通讯员，建立报道组，凡 50 人以下的单位，至少有 1 名通讯员。挑选政治条件好，热爱党的新闻事业，有一定写作能力，并担任单位材料收集撰写的同志兼任这一工作。各单位领导给予必要支持，经常和他们一起研究报道题目，经常向党报投稿反映情况。

1973 年 3 月 12 日，直工组编印《情况反映》，至 3 月 14 日，共编印 3 期。3 月 22 日，编印《简报》第 1 期。当年，共编印 23 期。1974 年编印“批林批孔”《简报》4 期。

1978 年以来，地直机关党委不定期编印《简报》，报道党建信息，报送地委领导和有关部门，印发基层党组织。1979 年，编印《计划生育工作简报》7 期。

1980 年 1 月 11 日，地直机关党委编印内部刊物《简报》第 1 期。当年，共编印 11 期，报送地委主要领导，发至地直党委、党总支、党支部。1985 年 2 月 11 日，地直机关纪委开始编发《纪检工作情况》。

1992 年 6 月 3 日，市直机关党委印发《关于做好市直机关党的宣传信息报道工作的具体意见》。市直机关党委成立报道组，傅赞基任组长。各系统党委、党总支成立由 2—3 人组成的报道组。设立宣传信息新闻奖，每年 12 月根据报送各报（刊）的质量和数量，进行评奖、表彰和奖励。

1989—1993 年，共编印《简报》105 期，其中 1989 年 12 期、1990 年 13 期、1991 年 9 期、1992 年 28 期、1993 年 43 期。1994 年，编印反腐倡廉专题《简报》38 期。

四、《泉州机关党建信息》

1999 年 8 月 6 日，市直机关工委印发《关于加强机关党建信息工作的通知》，为反映泉州市机关各党组织推进党建工作的新进展、新成效；介绍机关党组织贯彻落实中央、省、市委决策部署情况，创造性地开展党建工作的新思路、新举措、新建议，以及在党建工作实践中积累和总结出来的新做法、新经验，创办《泉州机关党建信息》刊物。成立以工委分管领导为主任的编委会，由各部门负责人组成，实行编委会领导下的主编负责制，挂靠工委办公室。各系统（局）党委、直属党总支（党支部）、各县（区、市）直机关工委、肖厝机关党委成立信息组并指定专人负责信息报道工作。报送的信息和采用情况，每半年定期通报，年终总评，总评成绩作为评先评优的依据之一。当年，编发正刊 10 期。

2000 年 9 月 12 日，建立市直机关党建信息工作考核评比制度。评选先进单位，以市直机关、驻泉省部属单位、县（市、区）直机关工委为评选单位，分别根据当年积分情况，评选出先进单位。评选优秀信息员，由先进性候选单位推荐上报优秀信息员人选，市直机关工委表彰。每年召开 1 次全市机关党建信息工作暨表彰会议，总结、部署工作，表彰先进。从 2000 年起，除编发正刊外，编发增刊。当年，编发正刊 25 期、增刊 17 期。

2001 年，对栏目设置进行调整和细化，分为重要言论、贯彻上级精神、工作指导、党建动态、思想政治工作、创建工作、精神文明建设、党风廉政建设、群团工作、基层经验交流、简讯等 10 多个栏目。创办以来，紧扣机关党建每个阶段的重点工作，及时捕捉重要工作的最新动态，提高机关党建信息价值；抓住领导关注的问题，适时反映基层的真情实况，增强信息服务的主动性；注重特色，抓住本单位党建工作独特之处、创新之处，提高信息工作吸引力；注重时效，捕捉鲜活信息，增强信息工作生命力。12 月 13 日，召开机关党建信息员座谈会，50 多人参加，回顾总结创办以来工作与体会，部署下一步工作意见：认清形势，增强做好信息工作信心；把握重点，增强信息工作实效；精心提炼，提高信息稿件质量；加强队伍建设，增强信息工作后劲。表彰 2001 年度机关党建信息工作先进单位 8 个、先进工作者 12 名。

2002 年，重点报道学习江泽民“5·31”讲话和“七一”讲话，报道学习贯彻中共十六大精神情况；紧扣党建重点工作，捕捉最新动态，对重点工作进展情况、取得成果、存在问题进行全方位、深层次报道，共采编稿件 200 多条。12 月 18 日，召开机关党建信息工作座谈会暨表彰会，参加 70 多人，表彰 2002 年度机关党建信息工作先进单位 8 个、先进工作者 20 名。

2003 年，及时反映学习贯彻中共十六大和十六届三中全会精神，践行“三个代表”，坚持“两个务必”的新情况、新气象、新风貌。4 月 23 日，举办第 1 期信息工作培训班，学习信息、公文写作基本知识，参加 80 多人。为拓宽信息渠道，加强信息调研工作，开展党建信息工作理论创新调研活动，表彰优秀调研文篇 19 篇，其中一等奖 1 篇、二等奖 3 篇、三等奖 5 篇、优秀奖 10 篇，市农办黄黎波获一等奖。12 月 26 日，召开全市机关党建信息工作座谈会暨表彰会，表彰 2003 年度机关党建信息工作先进单位 10 个、先进工作者 20 名。市直机关工委书记张敬尊对办好《泉州机关党建信息》提出要求：认清形势，增强使命感和责任感；务实创新，提供优质高效的信息服务；加强调研，探索机关党建的重大理论和实际问题。

2005 年 12 月 21 日，召开机关党建信息工作座谈会暨表彰会，回顾总结 2004—2005 年机关党建工作情况，查找差距，研究今后一个时期信息工作。会议强调，信息工作要克服无关紧要和无所作为思想，围绕中心，服务大局；健全网络，落实责任；加强领导，夯实基础；确保数量，提高质量。表彰 2004—2005 年度机关党建信息工作先进单位 10 个、先进工作者 20 名。

2006 年 12 月 21 日，召开机关党建信息工作座谈会，回顾总结 2006 年信息工作，研究部署 2007 年工作。

2007 年 1 月 16 日，建立机关党建信息工作考核评比制度，以市直机关、驻泉省部属单位、各县（市、区）直机关工委为 3 个评选版块，根据报道分、用稿分、批示分、“好信息”奖励分，加上责任约束分后所得的总分，评选信息工作先进单位和优秀信息员。

2008 年 4 月 17 日，市直机关工委表彰 2007 年度机关党建 10 条“好信息”，市直党群系统党委、市直宣传系统党委、市纪委机关党委、永春县直机关工委、市直经委系统党委、泉港区地税局党支部、德化县直政法系统党委、晋江市直机关工委、市中级人民法院机关党委、市国税局机关党委 10 个单位提供的信息获表彰。

2009 年 3 月 20 日，召开机关党建信息工作会议，回顾总结 2007—2008 年信息工作，共收到稿件

2531 篇，刊发 728 篇，突出党的中心工作，传达贯彻中央政策和精神；紧贴工委工作部署，注重工作指导；及时报道工作进展，促进经验交流；拓宽视野，丰富机关文化生活；加强沟通联系，提高基层信息水平。市直党群系统党委、市地税局机关党委、泉港区直机关工委作交流发言。60 多人参加会议和业务培训。会议对加强党建信息工作领导、实现党建信息工作规范化、加强信息化队伍建设提出具体要求。

2010 年 8 月开始，为推进市直机关“创先争优”活动深入开展，机关党建信息加强“创先争优”活动宣传报道。编发《泉州机关党建·“创先争优”专刊》。

2011 年，市直机关工委在中央、省、市主流媒体报道刊发的信息 250 篇次，人民网、中国文明网、中直党建、福建新闻联播等都有信息刊发。编发“创先争优”专刊 37 期。

2012 年 9 月 7 日，编发《泉州机关党建信息》2012 年第 40 期，此后停刊。

1999—2012 年，共编发《泉州机关党建信息》804 期，其中正刊 610 期、增刊 194 期。

1999—2012 年《泉州机关党建信息》编发情况表

表 5-3 单位：期

年份	正刊	增刊	合计	年份	正刊	增刊	合计
1999	10	0	10	2007	69	11	80
2000	25	17	42	2008	63	13	76
2001	30	15	45	2009	67	15	82
2002	32	24	56	2010	44	8	52
2003	27	31	58	2011	51	0	51
2004	32	25	57	2012	40	0	40
2005	77	19	96				
2006	43	16	59	合计	610	194	804

《泉州机关党建信息》工作先进单位和先进工作者名表

表 5-4

年度	先进单位	先进工作者
2001 年	市委办系统党委、市政府办系统党委、党群系统党委、宣传系统党委、惠安县直机关工委、永春县直机关工委、泉港区直机关工委（7 个）	杨建辉、何光若、陈宣明、蔡纯贞、吴天赐、吴炳佳、杨仲国、黄朝阳、辜桂英、赖胜德、庄健辉、江振平（12 名）
2003 年	宣传系统党委、党群系统党委、经委系统党委、财贸系统党委、鲤城区直机关工委、泉港区直机关工委、晋江市直机关工委、南安市直机关工委、惠安县直机关工委、永春县直机关工委（10 个）	杨建辉、林志彬、汪亚彬、傅伟林、张丽玲、刘　刚、吴炳佳、何惠忠、陈炳钊、林　晖、陈启源、施海宏、韦移发、庄健辉、周建国、曹丽珍、肖清良、沈鹏飞、辜桂英、叶诗苹（20 名）
2004—2005 年	市委办系统党委、市府办系统党委、经委系统党委、财贸系统党委、教育系统党委、政协机关党委、团市委机关党支部、鲤城区直机关工委、石狮市直机关工委、德化县直机关工委（10 个）	杨建辉、许育斌、林志彬、汪亚彬、魏景堂、刘　刚、林跃鸿、许美华、蔡永生、张晓文、吴炳佳、陈建聪、洪育苗、周必循、黎灵寿、龚书涵、肖国文、王艺明、辜桂英、叶诗苹（20 名）

五、泉州机关党建网

2002 年 4 月 29 日，经过 3 个多月的设计、录入、编辑和调试，由市直机关工委主办的泉州机关党建网开通。市委副书记、组织部部长周振华出席开通演示会，并正式点击开通，这是国内第 2 个开通机关党建网站的地级市。网站广泛运用文字图片、音频视频等媒介，及时发布机关党建信息，共设置党建动态、党建园地、学习资料、书记信箱、网上调查等 20 多个栏目。网站的建立把上情直接、快捷、全面地传送给基层党组织，辐射到党员中，及时、完整、真实地把基层动态、经验、反映上传，加强机关、基层、党员之间的三向互动交流，开阔视野。开通当年，网上访客已近 6 万人次。网站开通使泉州机关党建工作进入现代化信息宣传领域，网上党员教育全面开展。8 月 5 日，为推进理论武装工作信息化、网络化和现代化，召开市直机关网上教育现场会，80 多名党务干部参加会议。观摩市政府办公室、市教育局、泉州电业局党建局域网的现场演示，听取市国家安全局等 4 个单位典型发言，泉州电信公司、市国税局、市直农办等党委书面交流。

2003 年，扩大机关党建网络教育覆盖面，推动有条件的党组织充分利用现代科技手段，在局域网上建立学习教育网页，拓展理论学习领域，进行双向交流，增进理论学习实效。2004 年，增设“学习安排下载”“机关党建论坛”等栏目。

2005 年，机关党建网站设有“书记信箱”“党建动态”“党建园地”“经典著作”“电教之窗”“网络征文”等 30 多个栏目，成为全市机关学习理论和宣传党的路线、方针、政策的重要窗口，交流党建工作和思想政治工作的有效载体。

2006 年，聘请省、市委党校、讲师团，各县（市、区）党务工作者，外地党建专家、学者作为特别撰稿人，围绕专题开展研讨，丰富网站内容。

2007 年，更新网页、内容，发挥宣传、教育、引导、渗透作用。

2008 年，机关党建网站大幅度改版，更新网页，增加内容，开辟学习专栏，办好网上论坛，收集报道好经验、好做法。泉州机关党建网被评为泉州市第 1 届十佳文明网站。

2009 年，围绕中心工作，开办“协同协作，推进发展”等 9 个网上论坛专栏，网上总访问量达 291.3 万。

2010 年 6 月，开辟专栏，宣传学习实践科学发展观，为泉州改革开放和现代化建设作出突出贡献的先进典型。7 月，开辟“学惠女、树典型”专栏，宣传弘扬惠女艰苦奋斗、尊重科学、无私奉献、拼搏创业精神。8 月，开辟“创先争优”专栏，宣传基层党组织和党员创先进争优秀事迹和经验做法。

2011 年，开辟“学习宣传贯彻省、市党代会精神”专栏，对省第九次党代会、市第十一次党代会报告精神进行系列解读，对各单位学习贯彻情况进行跟踪报道。开设“文明创建”“文明风采”“我们的节日”专栏，公布文明建设工作要求和工作动态、经验做法，运用机关党建网“身边的共产党员”专栏等平台，宣传“创先争优”活动中的先进事例。

2012 年 4 月起，在泉州机关党建网、《泉州机关党建信息》开辟专栏专题，宣传报道市直机关开展”下基层、解民忧、办实事、促发展”活动的经验做法。9 月 6 日，制定《泉州机关党建网管理办法（试行）》，规范网站后台管理、信息发布等工作，使网站成为联系各系统、各单位的桥梁和纽带。主动联系，对接新闻媒体，宣传报道机关党建新闻和经验做法，其中福建电视台播发1条、《泉州晚报》发27篇、泉州电视台发15条、《中直党建》16篇、福建机关党建网40篇。投入2万元对机关网站进行重新设计和改版升级，全年，总访问量超过680万人次。

2013年，开设“学习贯彻中共十八大”和“学习遵守《中国共产党章程》”专栏，开辟“增强忧患意识，推动长远发展”大讨论专栏，登载100多篇文章。

2014年2月起，在党的群众路线教育实践活动中，开设“深入开展党的群众路线教育实践活动”专栏。至9月10日，共发布信息272条。市直机关工委活动信息在中直党建网刊发5条、在福建机关党建网刊发20条。

2015年，做好泉州机关党建网的管理和建设工作，紧跟形势加强思想政治理论宣传。中直党建网刊发6篇次、福建机关党建网刊发36篇次、福建电视台刊发1次、泉州电视台刊发5次、《泉州晚报》刊发15次、《海峡都市报》刊发1次、《东南早报》专题报道泉州机关党建工作动态及成效。更换泉州机关党建网站服务主机，有效提升网站运行速度。开设“学习贯彻中共十八届五中全会精神”“‘三严三实’专题教育”“党性党风党纪教育专栏”等3个专栏，紧跟形势加强机关党建工作宣传。

2016年，开辟“开展‘两学一做’学习教育”专栏，集中宣传机关各级党组织开展“两学一做”学习教育新动态。开辟“学习贯彻党的十八届六中全会精神”专栏，对机关党组织学习宣传贯彻活动进行跟踪报道。开设“机关党旗红，‘五个泉州’在行动”专栏，报道机关党组织开展主题实践活动情况和特色做法。

2017年，开展泉州机关党建网站服务器迁移、升级、扩容工作，提升网站运行速度和安全等级。创设“学习宣传贯彻党的十九大”专栏网页，报道市直各单位学习宣传贯彻中共十九大精神的动态情况。开设“机关党旗红，‘五个泉州’在行动”专栏，报道基层开展主题实践活动的情况和特色做法。成立市直机关工委网络与信息安全领导小组，制定出台《市直机关工委网络与信息安全管理规定》。

六、会议纪要

2016年9月2日，市直机关工委召开办公会议，回顾总结8月份工作，安排布置9月份工作，并首次编发会议纪要。市直机关工委每月召开1次办公会议，回顾总结上月工作，安排布置下月工作，并形成会议纪要，发至市直系统党委、直属机关党委（党总支、党支部）、驻泉省部属单位党委，各县（市、区）直机关工委，泉州开发区、泉州台商投资区机关党委。2016年编发4期会议纪要，2017年编发12期。

七、微信公众平台

为加强机关党建工作网络宣传，提高机关党建信息工作时效，展现机关党建工作动态和成果，市直机关工委建立泉州机关党建微信公众平台，并于2016年9月13日上线运行。认证微信名称：泉州机关党建；微信公众号：qzjgdjwx；主要功能：宣传机关党建、展示文明风采、服务机关党员。运行初期设置工作动态、文明创建、热点关注3个栏目。

第六章　组织工作

机关基层组织建设按照党章和《中国共产党党和国家机关基层组织工作条例》的规定，以提升组织力为重点，探索创新党组织设置方式，理顺党组织隶属关系，健全党组织领导班子，提升凝聚力。建设一支信念坚定、素质优良、规模适度、结构合理、纪律严明、作用突出的党员队伍，带领干部职工围绕中心，服务大局，推进工作。

第一节　基层组织

一、社会主义改造时期

1949 年 9 月，中共福建省第五地委和福建省第五行政督察专员公署成立后，即在地委和专署机关抓紧建立党支部，做好发展党员工作，壮大党的队伍。

1950—1951 年，根据地委“严肃慎重”的原则，开展整顿党支部工作，对党支部和党员进行登记。1952 年 6 月，成立中共晋江地委直属机关总支部委员会。至 1952 年 12 月，共建立党支部 15 个，其中机关党支部 9 个、企事业党支部 5 个、学校（速成小学）党支部 1 个；党员 428 名，其中正式党员 301 名、候补党员 127 名；男 305 名、女 63 名。发展党员 81 名，其中机关 57 名、企事业 24 名；大学文化 2 名、高中 18 名、初中 30 名、高小 15 名、初小 6 名。撤销候补党员资格 6 名。

1952 年 5—9 月，专直机关各党支部在“三反”运动第四阶段，结合思想普查进行整党，采取自我检查与相互批评方式，按照“思想检查从严，组织处理从宽”原则，清除混入党内的不纯分子，处分违纪党员。同年底至 1953 年 5 月，专直机关党组织分期分批开展以明确党在农村发展经济方面，结合“三反”问题和纯洁组织为重点的整党工作。

1953 年 1—6 月，把性质不同多单位合一的党支部分开，分别设立党支部，新成立 8 个党支部。发展党员 32 名，重新入党 1 名，恢复党籍 1 名。有 8 个党支部在原有基础上进行改选或补充支委，初步进行整顿，健全党支部组织生活制度。6 月，中共晋江地委直属机关委员会成立时，共有党支部 22 个，党员 556 名，其中正式党员 410 名、候补党员 146 名；男 485 名、女 71 名。

1953 年 6 月至 1956 年 5 月，贯彻“组织工作为政治任务服务”方针，从组织上保证中心任务的完成，培养和发现大批积极分子，提拔大批干部，充实机构和领导骨干，巩固发展党的组织，共建立党支部 48 个。发挥支部委员会集体领导作用，重大问题经过支委会研究讨论作出决定，发挥集体智慧，克服和防止个人包办现象。通过组织生活，以批评和自我批评方法，发扬民主，启发党员觉悟，监督党的领导机关和党的领导干部，纠正各项工作中的错误和缺点，保证党的政策决议的正确执行。

1954年5月14日，建立党支部每月向地直机关党委汇报1次支部工作制度，汇报内容包括支部生活、建党工作、干部工作、对干部学习的领导、配合行政领导完成各项工作，机关保卫工作等情况。

1956年，发挥支委会的集体领导作用，坚持党的集体领导原则，克服和防止个人包办、个人决定重大问题的错误倾向，支部定期召开会议，讨论党的组织工作和思想工作，有关重大问题和组织原则问题，一定要经过支委会讨论作出决议。4月，专直机关有行政单位78个，干部职工4173人，建立党支部63个，党员1004人（不含党校学生党员300多人）。但由于形势迅速发展，党的组织建设跟不上形势发展的需要，尤其是文教卫生、交通运输领域和工厂内党的力量薄弱。对1956年文教卫生、工业交通、企业党总支和建筑党支部提出发展303名党员的计划。机关各党总支党员已占一定比重，暂不提出控制数，各级党组织把在知识分子特别是高级知识分子中建党工作作为重要政治任务和组织任务来完成。7月26日，规定党总支的主要任务：贯彻执行上级党委各个时期的指示任务，经常地检查和督促党支部工作；今后地直机关党委除临时突击任务可直接向党支部传达贯彻外，平时经常性的工作均事先召开党总支专、兼职书记会议研究后，由党总支根据不同情况具体研究贯彻，充分发挥党总支组织的应有作用；定期总结党总支工作，向党委做汇报。1956年起，定期开展党支部和党员评比，树红旗立标兵，提高党支部战斗力和党员模范作用。专区公安处一科党支部坚持定期评比制度，"五好"党员逐年增加。

二、开始全面建设社会主义时期

1956年12月3—15日，进行1956年下半年党支部工作总结，着重总结党总支、党支部领导方面和党组织状况、建党方面情况。

1957年夏，专直机关和学校党组织普遍开展反对官僚主义、反对宗派主义、反对主观主义的民主整风运动。发动群众向党提出批评建议，整风运动后期转向"反击右派向党进攻"的斗争，由于反右派斗争严重扩大化，把一批党员和党内干部错划为"右派分子"。到1958年6月，整风运动基本结束。

1957—1959年，专直机关党支部发挥核心堡垒作用，做了大量工作，保证地委、专署各项中心工作的落实。但有些党支部贯彻重大方针政策和任务时，没有坚持先党内后党外方法，往往以"一揽子"会议代替党的会议；由于"大跃进"以来经济建设任务繁重，党的组织包办行政事务工作，并且忽视共青团和工会、民兵组织的职能作用。

1960年5月10日，建立汇报制度，规定每次组织生活会，基层党委或党总支记录必须在下一季度的第一个月5日前报地直机关党委。各党支部、党小组记录由党总支汇总整理成书面报告材料，于每月5日前报地直机关党委。基层党委、党总支每月进行1次全面工作综合报告，于当月30日前形成书面材料，报地直机关党委。

1962 年，专直机关进一步健全组织生活，党员每月至少过 1 次组织生活，检查履行党员义务，遵守党员权利以及三大纪律八项注意的情况，解决各种现实思想问题，开展批评与自我批评。任何党员干部都要参加党的组织生活会，服从党组织管理，接受党组织监督。各级党委委员内部充分发扬民主，经常开展批评与自我批评，增强团结，统一思想，统一行动。党委和党总支经常检查党支部生活会记录，重点检查要害部门或单位分散而政治工作较为薄弱的部门。12 月，新成立统战、农林水、养路段 3 个党总支和 5 个党支部。除戏剧党总支因党员分散在外地工作，未能进行改选以外，其余 16 个党委和党总支均进行改选。支部委员会除 9 个党支部因特殊情况、21 个党支部因支委任期未满，未进行改选外，63 个党支部进行改选。

1963 年，各级党组织进一步明确工作范围，根据党章规定，发挥在企事业单位的领导作用和在机关对党员干部思想政治的监督作用。根据党章第五十条规定的基层组织 8 项任务开展工作，防止“党不管党”和包揽代替行政事务现象，把行政和群团组织的作用发挥出来，使自己腾出更多精力来领导和管理党的建设工作。各级党组织健全委员会制度，实行集体领导和个人分工负责相结合制度，反对分散主义，加强集中统一。坚持先党内后党外工作程序，改变“一揽子”会议做法。坚持和健全组织制度，定期召开党员代表大会、党委会议（或党总支、党支部委员会议）、党员大会；各级党的委员会内部和党支部党员定期开展批评与自我批评，检查党员对履行党员义务，遵守党员权利以及三大纪律八项注意情况，揭露和消除工作上和作风上的错误缺点，及相互之间关系存在的问题，开展党内思想斗争。

1963—1965 年，着重抓党支部的整顿提高，有控制、有重点地发展党员，在党员中开展“怎样做一个党员”讨论，进行社会主义、爱国主义、集体主义教育，整顿后进党支部。

三、“文化大革命”时期

1966 年 5 月，“文化大革命”运动开始后，在所谓“踢开党委闹革命”口号下，专直机关、单位党组织处于瘫痪、半瘫痪状态。

1970 年，各单位成立革命委员会（简称革委会）或革命领导小组（简称革导组），单位按连、排、班进行编制。3 月，开始成立单位党的核心小组或革导组，临时行使党组织职权。至 4 月 20 日，专直共有 41 个单位，已建立核心小组的单位 22 个，共成立核心小组 20 个（2 个单位合并到其他单位）。3 月，在实现大联合、建立革委会基础上，专直 73 个单位（其中建行、人行中心支行属撤并单位，实行军管；电讯局属军分区，均不计算在内），干部职工 8013 人（包括省部属单位 2593 人）中，完成清队整党、建立党支部或党小组的 4 个单位；清队告一段落，正在进行整党的 6 个单位；正在进行清队的 26 个单位；尚未开展清队整党的 1 个单位。7 月起，对本单位“一打三反”运动进行分析研究，分别不同类型，进行安排部署，对问题已经查清、案件和人员已经处理、运动搞得较好的单位，发动群众进行复查，开展大批判，组织学习中共九大通过的党章，抓好整党建党和“四好五好”运动。9 月，对党员情况进行统计，掌握党员队伍的基本情况。晋江专区直属机关、单位和省部属驻专直单位共有党员2072人，其中正式党员2032人、预备党员40人；男1929人、女143人。10月起，专直分期分批开展整党建党，在整党建党中抓紧建立党支部，开展“四好”总评，至1971年5月新建立党支部24个。

1971年12月，整党建党基本结束。地直共有党员3339人，已参加整党3274人，整党中暂挂党员76人，受党纪处分7人，其中开除党籍4人、留党察看1人、党内警告2人。已建立党委3个：省五建工程公司党委（8个党支部）、泉州电厂党委（6个党支部）、省地质6队党委（4个党支部）。已经建立党支部的单位21个。共有党支部45个。

1972年，基层党委建立后，加强思想政治建设，制定学习制度，领导班子集中看书学习，参加群众性学习活动。加强一班人团结，遇到工作上的分歧或思想认识不一致，把问题摆到桌面上，交心通气，统一认识。实行民主集中制，加强集体领导，学习《关于健全党委制》《党委会的工作方法》，处理好书记和委员的关系，搞好“群言堂”，不搞“一言堂”，凡属重大问题都提交党委会议上讨论决定，多数支部成立后，建立健全党的生活，加强党员思想教育。重大问题先党内后党外传达讨论和贯彻，一些单位建立党课教育制度，有的举办党员轮训班。党员每个月定期参加党的生活，讨论党的方针政策，学习党的基本知识，向党组织提出批评建议，汇报思想、工作和学习，开展批评与自我批评，增强党的观念，发挥先锋模范作用。

1972年6月，直工组对党组织贯彻执行党的民主集中制、加强党的“一元化”领导提出具体要求：（1）党委、支部要认真按照3条政治原则办事。凡是符合毛泽东思想的言行就坚决支持；凡是违背毛泽东思想的言行就批评教育；凡是反对毛泽东思想的言行就坚决斗争，始终保持正确的政治方向。（2）维护党的集体领导，增强一班人团结。处理好个人与集体、书记与委员、委员与委员之间的关系，把自己置于党委的集体领导之下，一切重大问题都要经集体讨论决定，一成决议，就要坚决执行。个人有不同意见可以保留，但绝不能散布不满情绪，甚至于搞小动作。（3）集体领导与分工负责相结合。处理好局部服从全局、一般服从中心、工农商学兵政党7个方面服从党的统一领导，行政领导要尊重党的领导，党的领导要注意发挥行政领导的作用。（4）严格党的组织生活，开展批评与自我批评。党委成员要编入支部和小组，以普通党员身份参加支部和小组会，接受党组织和党员群众的监督。7月13—15日，直工组召开地直单位组织工作会议，参加会议的有支委以上党的领导成员、革委会正副主任（革导组正副组长）、政工干部、专案人员，共340人。传达省、地区组织工作会议精神，省五建、泉州电厂、地区第一医院介绍党的建设、定案工作和落实党的知识分子政策情况，直工组部署今后工作。

1972年，地直干部总数2546人，其中在职干部2518人、非在职干部28人；男2036人、女510人；党员883人，占干部总数的34.68%。各类专业技术人员802人，其中在职797人、非在职5人；男503人、女299人；党员103人，占专业技术人员总数的12.84%。

1973年3月12—16日，召开地直机关先进单位经验交流会。会议期间，学习中共中央〔1972〕12号文件，批判林彪反革命集团的罪行；地直机关党的核心小组作题为《一九七二年工作总结和一九七三年工作意见》的报告；1974年2月，开展“批林批孔”运动。

1976年初，开展所谓“批邓、反击右倾翻案风”运动，使党组织再度陷入混乱之中。

四、社会主义现代化建设新时期

（一）恢复中共晋江地区直属机关委员会后

粉碎江青反革命集团后，对在“文化大革命”中遭受严重破坏，处于瘫痪、半瘫痪状态的党组织进行全面整顿，通过调整和改选，充实党组织领导班子，并随着党政分开、经济管理体制改革，不断加强党组织班子建设。

1978年，对党组织进行全面整顿和改选，充实党组织领导班子。党的组织制度不断完善，党员权利得到有效保证。至1978年9月，地直设立党委12个、党总支4个、党支部83个。干部职工12880人，其中党员3505人，占27.2%。

1979年3月开始，针对地区机关党支部40%不健全，有的党支部很少活动，有的党员几年没有参加组织生活，有的党费没有人收的状况，从检查总结党支部工作入手，开展批评和自我批评，对21个班子不健全的党组织进行整顿，建立党总支1个（地区公安处），整顿和建立党支部27个，发展新党员140人，预备党员转正47人。4月27日，地直机关党委向地委呈报《关于建立健全地区机关党的基层组织和机构设置问题意见的报告》，提出以部、委、办建立分党委、党总支和党支部。设宣教、工交、财贸、农林水、计委、建委、政法7个分党委；地委办公室、党群、统战、科委4个党总支；海防部（含对台办）党支部。地直机关党委直接管辖上述党组织，并对行署各委、办、局、人民团体中的党组织实行双重领导。省五建公司党委、泉州汽车运输分公司党委、省水利水电工程局临时党委、省一九七地质队党委、冶金地质一队临时党委、省地质九队临时党委6个省部属驻泉单位党委组织分别由工交、农林水、建委等分党委管理。上述方案经地委领导同意后，抓紧组织实施，形成6个分党委、4个直属党总支、1个直属党支部的管理格局。

1980年1月，贯彻地区组织工作会议精神，加强各级领导班子建设，开展党员教育，加强党的思想建设，评选表彰先进党支部、优秀党员，加强党的组织建设，发扬党的优良传统。3月27日，召开党支部书记座谈会，地区农业局、地区行署办公室管理科、中国银行泉州分行、地区林业局、泉州罐头厂等5个党支部参加，探索党支部建设问题。8月26日，地直机关党委印发《关于加强党员教育，健全党的基层组织的通知》，针对党组织机构不健全，有的是党的核心小组行使职权，有的长期设临时党委、党总支，有的党支部委员沿袭“文化大革命”中由上级直接任命的办法，进行党组织机构整顿，有51个单位新建立党组织或改选、补选委员会，其中党委8个、党总支3个、党支部40个。至年底，地直共有党员4419名，占干部职工总数的34.3%，设立党委13个、党总支13个、党支部229个。

1981年3月12日，针对机关党组织存在党政不分，组织设置与正常活动不适应状况，地直机关党委向地委呈报《关于地区机关直属单位党的组织机构设置的意见》，提出机构较健全的，在党政尚未分开之前，党组织设置维持现状；采取以口建立机关党委或党总支，以系统建立党总支或基层党委方案，基本解决党政不分状况。抓紧党政分开后的单位组建党组织，对143个单位党组织状况进行调查，改选24个党支部，调整充实33个支部委员会。

1982年8月，地直共有党员4724人，设立党委17个、党总支18个、党支部264个，其中机关党委2个、机关党总支8个、机关党支部75个。根据县（市）委书记会议精神，对15个机关党支部进行调查，存在4个方面问题："三会一课"制度不健全，党日活动不能正常开展，质量不高；坚持按期改选支委会的党支部不多，支委民主生活会大多没有召开；党政不分，机关党支部职责不明确；有的机关党支部战斗力不强，一部分党员不够振奋，思想问题较多。针对存在问题，重点抓好5项工作：改选机关支部委员会，重视党支部领导班子建设；按照中共中央1982年2号文件和工交、财贸两个党的基层工作条例，抓好工业、财贸企业中党的基层组织整顿工作；健全和完善党内制度，明确工作职责，机关党支部担负着对党员干部的监督和教育任务，做好机关范围内党务工作和思想政治工作，提高党员干部政治思想觉悟和业务水平，保证机关工作任务完成，坚持支部党员大会、支部委员会会议、党小组会、党课制度，保证党的基层组织活动正常开展；加强党员教育，切实开展政治思想工作，以党性、党纪、党风教育作为党员教育中心，做好共产主义理想教育、党的路线方针政策教育、反对资本主义思想腐蚀教育和党的基本知识教育；抓紧对入党积极分子培养教育考察，做好发展新党员工作。

1983年，根据机构改革和事业发展的需要，新建党支部14个，改选5个机关党支部，整顿、调整一批企事业党支部领导班子。在改选中发动党员对过去的工作进行全面回顾，开展批评和自我批评，明确工作方向。

1984年5月29日，地委批转地直机关党委《关于建立地区机关、直属单位党的中层组织的报告》。地区机关机构改革基本结束，根据党政分开原则进行设置：（一）机构设置：按系统成立党委或党总支；少数单独党支部，按党、政分开原则分别归入地委和行署党总支。凡所属单位没有党组织的成立党委；所属单位只有党支部的成立党总支。凡建立党委和党总支的，都要成立纪委或纪检组。（二）隶属关系：按系统成立党委、党总支由地直机关党委领导。省、地属单位的党委能归入系统的，由系统党委代管。不能归入的，由地直机关党委直接领导。地直机关党委共直接管理10个党委、7个党总支、1个党支部。（三）班子配备：党委设委员7—9名，党总支设委员5—7名。党委书记、党总支书记由办、委、局领导兼任，各配备专职副书记和干事1—2名，在现有编制内调整，专职副书记可以参加科局长干部会议。正、副书记报经地委组织部审核后，由地直机关党委批准。（四）职责范围：地直各党委、党总支、党支部在党务工作和思想政治工作方面接受地直机关党委领导，向地直机关党委负责。各党委、党总支实施对所属党组织领导。省、地属单位党委和按系统建立的机关党委，可以办理发展新党员审批手续，批准党支部建立和改选。处分违犯党纪党员批准权限，按中纪委中纪审〔1984〕2号以及省纪委闽纪综字〔1984〕11号规定执行。地直机关党委抓紧按口建立机关党委、党总支，成立工交、计委、财贸、农林水、卫生、教育党委和行署、建委、法院、党群党总支。进一步理顺党组织隶属关系，按系统成立的党委、党总支由地直机关党委管理。省、地属单位党委能归入系统的，由系统党委代管，不能归入的由地直机关党委直接管理。地直机关党委直接管理10个党委、7个党总支、1个党支部。

1985年1月开始，按照《中共中央关于整党的决定》和省委、地委部署，地直分2批开展整党，在统一思想、整顿作风、加强纪律、纯洁组织4个方面取得明显成效。对一些有严重错误和不合格党员进行处理，党纪处分63人，其中开除党籍20人。组织处理23人，其中不予登记11人，缓期登记10人。至年底，地直共有党员6032名，建立党委24个、党总支27个、党支部325个。

（二）设立中共泉州市直属机关委员会时期

1986年1月，晋江地区改为泉州市，实行市管县体制，原地直各单位党组织相应更名，启用新印章。5月15日，市委印发市直机关党委《关于市直党的组织机构设置的报告的通知》（泉委〔1986〕综054号），同意市直机关设立14个系统党委，隶属市直机关党委领导。省部属单位的党委，有系统的由系统党委代管，归不了系统的党务工作，由市直机关党委直接领导。原泉州市一部分企事业单位划归大市后，其党组织按行政隶属关系归属各系统的党委、党总支领导。市直机关党委根据地改市后增加200多个党支部、3000多名党员的新情况，1986—1987年，党组织在原有基础上按行政隶属关系进行组建、调整和充实，建立系统党委15个、党总支4个、直属党支部3个，新建立党支部75个。基本理顺隶属关系，系统党委、党总支配备专职副书记和党务干部。

1988年，深入49个党组织调查了解基层组织建设情况，帮助21个党组织总结经验。7月1日，召开党的基层建设经验交流会，进行交流推广。组织撰写5篇党的组织建设论文，参加泉州市党建学会论文交流。举办组织委员培训班，进行基层党务知识培训，抓紧建立103个党组织。1988年10月至1989年5月，在市司法局党总支试点后，第一次在市直范围内开展民主评议党员活动，共有657个党支部、11106名党员参加评议。组织处理77人，其中劝退除名12人，取消党员资格6人，退党除名3人，自行脱党1人，限期改正55人。从此以后，民主评议党员作为一项加强党的基层组织建设、提高党员素质的制度，长期坚持下来。

1989年，抓好党组织领导班子建设，多数党委制定党委议事规则，坚持民主集中制，一些原来党建工作薄弱单位，改变以往党建工作没人抓状况。抓紧在“三资”企业中建立党组织，建立11个“三资”企业党支部。7月29日至8月4日，抽调25名党务干部组成8个小组，抽查19个机关党委、41个机关党支部上半年党建工作情况，主要检查班子建设和廉政建设、党的生活制度落实情况和发展党员情况。基层党委作用发挥“好”的占64%、“一般”的占32%、“较差”的占4%；党支部“好”的占39.91%、“一般”的占54.5%、“较差”的占5.6%；召开廉政生活会的124个单位，占96.9%。抽查41个党支部，总评分数为88分（百分制）。

1990年，推行党支部、党员目标管理考评制。在3个党委、4个党总支、50个党支部、1300多名党员中试行的基础上提出方案。目标管理考评制的实施，使党建工作走上一条依靠制度提高战斗力的路子。召开发挥基层党组织政治核心作用经验交流会，11个企业党组织介绍经验。抽查10个党委落实目标管理考评制度情况，纠正存在问题。

1991年，在试点基础上，全面推行党支部和党员目标管理制度，对18个党委、2个系统党总支、396个党支部推行目标管理情况进行检查。9月，召开座谈会，4个党委、6个党总支（党支部）介绍经验。开展以“忆传统、讲党性、学先进、做奉献”为主题的庆祝建党70周年党建系列活动。

1992年6月，市直机关党委与市委组织部、市委党建办联合召开全市机关党建工作经验交流会，市委书记陈营官出席并讲话，对加强全市机关党的建设提出要求。市直机关党委分5次召集31个系统（局）党委、驻泉省部属单位党委、系统党总支书记座谈会，分析机关党组织设置现状和存在问题，深入基层专题调研。

（三）设立中共泉州市委市直机关工作委员会后

1992 年下半年，针对党支部和党员目标管理考评中发现的问题，总结交流经验做法，使目标管理考评工作健康开展。1992—1993 年，市直 37 家国营企业嫁接外资，党组织发挥战斗堡垒作用，党员发挥先锋模范作用，使之顺利进行。

1993 年，结合传达全省党建工作座谈会和全省地（市）机关党建工作座谈会精神，召开全市机关党建工作座谈会，进一步明确机关党建工作指导思想和工作任务。10 月，103 个机关党组织结合学习贯彻中共十四大精神，找出薄弱环节，研究修订完善各种规章制度。

1994 年 1 月，进一步理顺党组织隶属关系，原由各系统党委代管的驻泉省部属单位党委，改由市直机关工委直接管理。深入 20 多个基层党组织，帮助 14 个党组织总结经验。“七一”期间，召开基层党建工作经验交流会，市委主要领导参加会议，肯定这些经验各具特色，值得学习借鉴。11 月 4 日，召开全市机关党建工作会议，5 个党组织作典型发言。组织对 30 个机关党支部学习贯彻《中共中央关于加强党的建设几个重大问题的决定》的情况进行检查。

1995 年 9 月 8 日，在深入调研基础上，会同市委组织部，向市委呈报《关于进一步加强和改进我市机关党的建设的意见》。9 月 11 日，市委以泉委〔1995〕31 号文批转。10 月，结合泉州市级机关机构改革，对改革后机关党的组织设置、人员变动和隶属关系进行调查，按照有利于加强党的组织建设、有利于发挥机关党组织监督保证作用的要求，提出健全组织，理顺关系，配齐配强党务干部的方案，对部分党组织隶属关系进行调整，做到与机构改革同步进行。督促 21 个机关党委做好换届选举工作。

1996 年，根据市直机关机构改革人员、单位变化大的情况，对机关党组织设置进行调整，理顺隶属关系。抓好典型示范工作，帮助 18 个基层党组织总结经验，召开全市机关党建工作经验交流会，推荐 2 份材料参加全省机关党建工作座谈会交流。组织党务工作者和党员理论骨干撰写党建论文，参加泉州市庆祝中国共产党成立 75 周年党建理论调研。2 次召开中专学校党建工作座谈会，14 所中专学校领导参加，研究探索加强中专学校党的建设和学生思想政治工作的途径。

1997 年，开展基层党建工作大检查，对 8 个系统、15 个基层党组织的班子建设、换届选举、发展党员、党风廉政建设情况进行检查，针对存在问题提出整改意见。

1998 年 3 月，贯彻《中国共产党党和国家机关基层组织工作条例》，举办培训班，召开座谈会，开展调查研究，起草《中共泉州市委关于贯彻〈中国共产党党和国家机关基层组织工作条例〉的意见》。12 月 4 日，市委以泉委〔1998〕11 号文印发。

1998 年 6 月 9 日，市直机关工委印发《关于在市直机关、单位开展建设“五好”党支部活动的实施意见》，开展建设“五好”党支部活动。6 月 11 日，印发《泉州市机关基层党支部工作细则（试行）》，规定党支部组织设置，党支部主要职责，党支部书记、委员主要职责，党支部主要制度，党员教育和思想政治工作，纪律检查工作。7 月，开展“机关基层党建工作规范化建设月”活动，按照“规范化、上水平”要求，对基层党建软硬件设施和制度建设进行检查，提出整改意见，补缺补漏，规范活动阵地和制度。8 月 18 日至 10 月 15 日，开展党建工作调研活动，重点调研 1997—1998 年上半年政治理论学习、班子建设、党内制度、党员队伍建设、机关作风、党建责任制、党组织履职等情况，总结经验，查找问题，制定对策措施，促进机关党建工作走在基层党组织建设前头。10 月 22 日，召开市直机关党建工作座谈会，交流机关党建走前头经验和做法，市委副书记骆灿堂出席并讲话。

1999 年 8 月，组织 10 个考评组对 208 个党支部进行考评。11 月 1 日，表彰 77 个先进达标党支部、123 个达标党支部，印发《关于深入开展创建“五好”党支部活动的意见》，推动活动深入开展。自 1999 年开始，每 1—2 年评选表彰 1 次先进“五好”党支部和“五好”党支部。10 月 25 日至 11 月 1 日，举办市直基层党组织委员培训班，参加 357 人，学习邓小平理论、《中国共产党和国家机关基层组织工作条例》和省委的《实施办法》、市委的《贯彻意见》、基层组织工作业务知识。12 月 5—8 日，省直机关工委常务副书记江祥钦一行对泉州市贯彻情况进行检查，市委副书记骆灿堂和惠安、安溪、晋江等市、县领导汇报，召开 4 场座谈会和情况反馈会，充分肯定贯彻中央《条例》取得的成效，指出存在的问题：5 个县（市、区）直机关工委书记没有按规定由县（市、区）委副书记兼任；系统党委专职副书记职级没到位；党务干部配备不足 1%～2%。提出 4 条意见：加强《中国共产党和国家机关基层组织工作条例》的学习贯彻，健全完善党建工作责任制；抓好贯彻落实情况回头看，补缺补漏；选好机关党建载体，开展创建机关党建工作先进单位活动；及时发现和总结先进典型经验。骆灿堂结合实际提出抓好 4 项工作：把机关党建纳入创建党建先进县（市、区）活动中，组织 1 次回头看，做好补缺补漏工作；在深入开展建设“五好”党支部活动的同时，开展创建机关党建先进单位活动；石狮、南安、惠安、永春、肖厝等县（市、区）委副书记没有兼任机关工委书记的，2000 年 1 月底前全部调整到位。

2000 年，在开展建设“五好”党支部、夯实基层组织建设的基础上，1 月 20 日，市直机关工委提出开展创建“党建工作先进单位”活动的意见。3 月 1 日，市委批转市直机关工委《关于在市直机关开展创建“党建工作先进单位”活动的意见》，创建活动在市委统一领导下进行，由市直机关工委组织实施，原则上 2 年进行 1 次评选表彰。3 月 16 日，印发《泉州市直企业党建工作规范基本要求》，对工作机制、班子建设、发展党员、党员教育、党费收缴、硬件配备、文书材料、企业经营管理和文明建设作出规定。4 月 6 日起，开展向安溪县（铭选）医院党总支学习活动。学习他们理直气壮抓党建，抓好党建促业务的坚定信念；大力加强精神文明建设，培养良好医风医德的执着追求；从严从实抓管理，锐意改革创佳绩的进取精神。

2001 年，按照市委关于增强党的建设的活力专题调研的统一部署，组成关于机关党建“走前头”课题调研组，到南安、惠安、洛江等县（市、区）和市直机关 5 个系统（局）党委开展调研活动，查摆影响和制约机关党建“走前头”的主要问题及原因，有针对性地提出加快机关党建“走前头”的对策和措施，向市委呈报专题调研报告。对机构改革中如何合理调整机关党组织设置、理顺党组织隶属关系，开展专题调研，向市委呈报《关于加强机构改革中机关党的组织建设的意见》。市委专题研究并下发《关于部分调整市直机关党组织设置的通知》，进一步明确市直机关党组织的设置、隶属关系、领导成员及党务工作人员配备和党组织办事机构设置等问题，加强党的组织建设。针对部分关、停、并、转和破产企业党组织机构不健全、活动不正常问题，开展调研，提出“撤、并、挂、联、转”方案，合理调整基层党的组织设置，加强对分流待岗党员的教育和管理，使这部分党组织活动逐步走上规范化。6月26日，召开基层组织经验交流暨“创先争优”表彰会，总结和推广市委办等10个党委、市委组织部机关党支部等30个党支部、市国家安全局机关党委专职副书记任肃玲等20名党务干部的党建工作经验，发挥示范和辐射作用。

2002年，结合市级机关机构改革，进一步合理设置机关党组织，调整理顺机关党组织隶属关系。在机构改革“三定”工作中，党务干部编制按规定确定，不得挤占，专职副书记和党办主任职数专职专用，并不再兼任其他行政职务，切实解决党务干部专职不专问题。新组建系统党委3个，系统党委改为机关党委1个，增设8个机关党委、3个事业单位党委，集体办理党员组织关系转移1000多人。机关党员每人每年70元党建经费由财政一次性核拨到位。市委从2001年党建经费中拨出10万元补充机关党建专项经费。

2003年1—4月，市直经委系统党委做好企业改制后党组织整合工作，对破产、解散、改制企业的党支部撤销4个、合并1个，理顺解除劳动关系和退休党员的组织关系，已解除劳动关系转移组织关系至工作生活所在地党员23名，退休后转归社区管理的党员12名。6月下旬，召开市直机关基层组织建设经验交流会，泉州电业局党委、市政府办公室机关第一党支部、市总工会机关党总支、市地税局直属分局党支部、市委政法委机关党支部、泉州电信分公司党委、市公路局第一党支部等7个党组织介绍经验。8月29日，印发《泉州市直机关基层委员会工作规范（试行）》，根据党章和《中国共产党党和国家机关基层组织工作条例》有关规定，结合市直实际，对党委工作进行规范，规定组织原则、工作职责、议事与决策、思想与工作作风、工作制度，从制度上规范和加强基层党委的自身建设。推行党组织换届选举考核和公示制度。

2004年，开展机关党建创新调研，把优秀论文汇编成《迎接新的起飞》一书。开展加强机关党内民主制度建设调研活动，探索新形势下党内民主制度建设的思路与对策。4月5日，市直机关工委印发《关于认真做好保持共产党员先进性教育活动准备工作的通知》，组织到试点单位漳州市直机关工委学习取经，成立工作机构，建立月报制度，召开准备工作专题会议，发放和回收调查问卷2446份，对党组织和党员状况进行数据分析。

2005年1月，根据《中共中央关于在全党开展以实践“三个代表”重要思想为主要内容的保持共产党员先进性教育活动的意见》和省委、市委的《实施意见》，市直机关党组织分2批开展教育活动，达到提高党员素质、加强基层组织、服务人民群众、促进各项工作的目标要求。市纪委、市委组织部、市直机关工委参加第三批教育活动。8月31日，印发《关于加强市直企业党支部建设的若干意见》，规定企业党支部设置、职责任务、班子建设、队伍建设、精神文明建设和思想政治工作。10月25日，市直机关工委、市委老干部局联合印发《关于加强市直离退休干部党支部建设的若干意见》，按照“政治坚定、思想常新、理想永存”总要求，加强对离退休干部、职工党员的教育管理，永葆先进性和纯洁性。规定离退休干部党支部设置、职责任务、工作制度及书记、委员的主要职责。要求机关党委（党总支）加强对离退休干部党支部的领导，纳入机关党建规划，在活动场地、经费、学习资料等方面给予保证，搞好党支部书记培训，总结推广先进经验，建设“班子建设好、制度坚持好、组织观念好、活动开展好、作用发挥好”的“五好”离退休干部党支部。

2006年，按照“取得实效、成为群众满意工程”的要求，做好先进性教育活动整改提高和后继工作，巩固和扩大先进性教育活动的实践成果。从学习教育、管理监督、党内民主、联系群众、服务党员等8个方面，建立健全“党员长期受教育，永葆先进性”长效机制。组织学习中央办公厅印发的《关于加强党员经常性教育的意见》《关于做好党员联系和服务群众工作的意见》《关于加强和改进流动党员管理工作的意见》《关于建立健全地方党委、部门党组（党委）抓基层党建工作责任制的意见》4个长效机制文件，巩固和发展先进性教育活动成果。11月，组织2个调研组到5个党组、3个系统党委、4个机关党委、4个县（市、区）直机关工委开展党建工作专题调研。

2007年3月12日起，围绕“着力提高机关党员干部素质、着力提高机关工作效率、着力提高机关党建工作水平、着力转变机关工作作风”主题，组织专门力量，开展专题调研活动，进一步健全党内制度，完善长效机制。3月18日，市直机关工委印发进一步深入学习贯彻保持共产党员先进性4个长效机制文件，组织党员和党务工作者学习4个文件，领会精神实质和基本内容。对教育活动查摆出来问题的整改情况进行“回头看”，抓好延伸整改，巩固实效。4月，开展长效机制文件落实情况检查，重点检查是否坚持重在持续、重在提升、重在运作、重在实效，进一步发现问题，查找不足，总结经验，完善制度。各单位上报调研报告184篇，精选36篇汇编成册，作为2007年《泉州通讯》增刊出版，在《泉州晚报》推出调研成果专版。完成市直18个系统（局）党委换届，充实11名专职党务干部。

2008年，庆祝《中国共产党党和国家机关基层组织工作条例》颁布10周年，开展贯彻情况检查和调研，形成专题调研报告。落实机关党组织机构编制和党务干部职级待遇，优化组织设置，探索新的更加务实管用的模式和做法，形成与泉州经济社会发展相适应的机关基层组织新格局。开展新社会组织党建研究，指导推动在新社会组织中建立党组织，在40个新社会组织中建立党组织27个，其中在党员人数少的单位建立8个联合党支部，党组织覆盖面100%。指导14个基层党委按时换届选举。10月开始，开展深入学习实践科学发展观活动试点，市直143个单位747个党组织参加。

2009年，学习贯彻《国务院关于支持福建省加快建设海峡西岸经济区的若干意见》，围绕“促发展、促民生、促稳定”做好服务工作，按照市委“稳住大盘、固本培元、项目带动、奋力发展”工作思路，构建机关党建服务发展的体制机制，认真履职，为应对国际金融危机、服务企业发展、有效稳定大盘发挥积极作用。落实“基层组织建设年”各项任务、新组建4个党委，指导9个党组织做好换届选举工作，建立市直规模以上非公有制企业党组织5个。3—8月，市直79个单位、165个党组织、2113名党员参加第二批学习实践科学发展观活动。9月开始，学习贯彻中共十七届四中全会通过的《中共中央关于加强和改进新形势下党的建设若干重大问题的决定》和市委十届五次全会精神，抓住机关党建工作特点，围绕加强党的执政能力建设和先进性建设主线，以改革创新精神加强机关党组织、党员队伍建设。12月，建立驻泉省部属单位党建工作学习交流制度，每年4月和9月各举办1次学习交流活动。

2010年4月，在全市机关开展党建“特色活动”，注重抓特色、创品牌、抓合力、促提升，探索机关党建工作的新思路、新途径、新办法。5月19—28日，市直机关工委组成调研组，到15个单位开展“提高机关党建科学化水平”专题调研。9月，围绕政府机关机构改革，制订机关党组织设置调整方案，落实机关党组织专职副书记和党办主任调整使用前征求机关工委意见制度。新修订的《中国共产党党和国家机关基层组织工作条例》颁布后，组织基层党务工作者认真研读，理解该条例修改的背景和必要性，把握该条例的特点和重点。针对机关10多年来贯彻该条例存在的薄弱环节，广泛征求意见，起草落实该条例的实施意见。

2011年2月11日，在全市机关开展“强化创新、强化服务、强化绩效”活动。强化创新：以先进思想引领创新，以强烈责任推进创新，以具体措施落实创新；强化服务：增强服务大局意识，提高服务中心本领，凸显服务发展成效；强化绩效：加强教育引导，加强管理监督，加强考核评估。动员和引领机关党组织和党员干部围绕市委“项目带动、转变提升、和谐进步、跨越发展”工作思路，提高党的建设科学化水平，为大干“十二五”开局之年，抓好“五大战役”提供思想、政治、组织保障。2月20日，调整充实全市机关党建联系点，共设联系点15个，其中县（市、区）直机关工委5个：鲤城区、泉港区、石狮市、南安市、德化县；系统党委3个：市直市委办、水利、市政公用事业；机关党委3个：市城市管理行政执法局、市总工会、市国家安全局；驻泉省部属单位党委4个：市工商局、泉州电业局、泉州海事局、省197煤田地质大队。确定2011年度联系点研讨题目9个，每个联系点挑选1—2个题目进行研讨，市直机关工委组织专题研讨交流活动。9月27日起，提升“168”党建工作机制，深化“创先争优”公开承诺工作，把基层党组织和党员要做的事向群众公开，让基层党组织和党员把承诺的事情做起来，落实到位。按照征求意见、确立目标、分解任务、设岗定责、公开承诺、亮岗履职、对岗评诺、兑现奖惩的工作内容组织实施，激发基层党组织和党员干部干事创业激情，构建“组织创先进、党员争优秀、群众得实惠”长效机制。12月5日起，在“创先争优”活动中进一步推动党政机关和干部深入基层为民服务。以“下基层接地气，转变干部作风；察民情办实事，真心为民服务；抓基层打基础，加强基层组织”为目标任务。坚持广泛走访群众，深入基层调研，排查矛盾纠纷，实行驻村设点，开展结对帮扶，兴办惠民实事，保持同人民群众的血肉联系。

2012年，开展基层组织建设年活动。2月，印发《关于在市直机关推广完善“168”党建工作机制的实施意见》，借鉴和推广永安八一村“168”工作模式（见第六章第五节之七）。3月28日起，开展基层党组织分类定级工作。确定“党组织带头人、工作思路、工作制度、活动阵地、保障机制、工作业绩、群众评价”7项分类定级指标。区别机关事业单位、国有企业和金融机构、非公有制经济组织、社会组织等不同领域，按照基层党组织自评，党员群众测评，上级党（工）委评定等程序，采取百分制评分方式进行。参与分类定级的党组织852个，其中“好”的466个，占54.6%；“较好”的279个，占32.8%；“一般”的103个，占12.1%；“差”的4个，占0.5%。6月起，做好基层党组织整改提高晋位升级工作，按照巩固先进、推动一般、整顿后进的要求，坚持“抓两头、带中间”，把整改提高工作重点放在解决基层党组织自身建设及推动发展、服务群众、凝聚人心、促进和谐的突出问题上，有什么问题解决什么问题，什么问题突出解决什么问题，根据不同类型党组织的特点，提出整改措施。巩固一批先进基层党组织，重点解决经验总结不够、创新意识不足、带动辐射不强问题；提升一批一般基层党组织，重点解决争创动力不足、班子整体素质不高、制度落实不到位问题；转化一批后进基层党组织，重点解决班子软弱涣散、工作思路不清、规章制度不健全问题。使基层党组织在原有基础上有新的提高，普遍实现晋位升级。12 月，开展党组织和党员评议工作，接受群众评议的党组织 832 个，占总数的 96.1%，党员 16151 名，占总数的 96.2%。

2012 年，起草《关于贯彻〈中国共产党党和国家机关基层组织工作条例〉实施细则》，5 月 29 日，市委以泉委〔2012〕45 号文印发。市委的《实施细则》规定：坚持机关党建工作指导思想，明确机关基层党组织的地位作用；规范设置机关基层党组织，保证机关党的工作协调运转；全面履行机关基层党组织的职责，充分发挥机关基层战斗堡垒作用；加强党员的教育、管理和服务工作，发挥机关党员的先锋模范作用；积极稳妥地推进机关基层党内民主与监督，确保机关党的先进性和纯洁性；加强和改进机关思想政治工作，筑牢共同奋斗的思想基础；加强党务工作队伍建设，不断提高整体素质；加强对机关党建工作的领导和指导，推动机关党的工作的科学化、制度化；切实抓好《中国共产党党和国家机关基层组织工作条例》及省委的《实施办法》和市委的《实施细则》的贯彻落实，不断提高机关党的工作水平。

2013 年 3 月起，贯彻中央组织部、国务院国资委党委《关于中央企业党委在现代企业制度下，充分发挥政治核心作用的意见》，正确理解驻泉州的中央企业党委发挥政治核心作用的重要意义和内涵，促使各党委发挥政治核心作用组织化、制度化、具体化。保证监督党和国家方针政策在企业的贯彻执行，参与企业重大问题决策；落实党管干部原则和党管人才原则；加强对企业领导人员的监督；领导企业思想政治工作；夯实企业党委发挥政治核心作用的基础。6 月 27 日，市委组织部、市直机关工委、市委老干部局联合召开“加强离退休干部党支部建设和老干部思想政治建设工作经验交流会”，市政府办公室、市总工会、市农业局 3 个离退休干部党支部介绍经验，表彰市直离退休党组织建设先进单位 21 个、先进个人 32 名。

2013 年，牵头开展市直机关“百名优秀科长”评选活动，通过发动部署，研究制定评选工作的实施细则，召开评选工作会议，组织对优秀科长初步人选进行审核把关，120 名候选人初步人选中符合评选条件的有 117 名，以文件形式将优秀科长候选人名单在推荐单位范围内进行公示。评选工作领导小组召开会议，研究确定 117 名优秀科长正式表彰名单，并由市委组织部、市直机关工委、市公务员局联合行文表彰。进一步调动中层业务骨干的工作热情和积极性，在市直机关营造抓落实、比服务、重效能的良好氛围。

2014 年，在第二批党的群众路线教育实践活动中发挥党组织作用，精心组织学习教育，开展“五个一”学习活动：由各单位党委主要负责人上 1 次党课，组织 1 次专题辅导、1 次先进典型报告会、1 次主题党日活动、1 次专题学习讨论；开好专题组织生活会，把民主评议党员作为专题组织生活会的重要内容，针对克服“四风”突出问题，以整风精神开展批评和自我批评；严格履行协助和监督职能，开展专题讨论，收集党员建议，制订、落实整改方案，督促党员领导干部参加专题组织生活会；加强服务型党组织建设，开展党员先锋岗创建活动和态度优、实效优、便利优、质量优的“四优”服务，开展“四下基层”活动，推行在职党员到社区为群众服务及驻村联户、结对帮扶等做法。4月2日，建立机关党建工作挂钩联系点，市直机关工委8名领导共挂钩市直8个系统党委，市人大、市政协、市纪委机关党委，5个直属党委，2个直属党总支，3个驻泉省部属单位党委，11个县（市、区）直机关工委，泉州开发区机关党委，泉州台商投资区机关党委，南安市眉山乡观山村（结对帮扶村）。开展调研，听取意见，解决问题，总结推广经验。为贯彻落实中央办公厅《关于加强基层服务型党组织建设的意见》通知精神，6月6日起，开展建设服务型机关党组织典型案例征集活动，共推荐65个典型案例参加评选。7月24日，市直机关工委表彰泉州广播电视台机关党委等党组织报送的11个“最佳案例”、16个“优秀案例”。11—12月，在市直机关各级党组织开展建立微信群试点工作，运用信息化手段，市直机关工委与各系统党委、直属机关党委（党总支、党支部）、驻泉省部属单位党委等53个单位的党务干部建立微信通信群；各系统党委、直属机关党委（党总支）、驻泉省部属单位党委与下属党组织、党务干部建立微信通信群；以党支部为单位，由党支部书记负责建立本支部全体党员的微信群。配合做好机构改革单位党组织设置调整。晋江人民法院流动的红色法庭案例获中央国家工委、《紫光阁》杂志社全国服务型机关党组织建设最佳案例表彰。征集评选机关党建创新项目，推荐5个项目参加全省评选，晋江市直机关工委“党员义工进村社”获一等奖。

2015年6月，举办市直机关基层党组织书记示范培训班，对获评先进“五好”党支部的支部书记进行集中培训，未参加示范培训班的支部书记由各党委组织培训。培训围绕增强政治意识、组织意识、法治意识，提高服务能力、履职能力进行。重点内容：习近平重要讲话精神和中共十八大以来党和国家重大方针政策；党章等党内法规和党内有关纪律规定；基层依法治理和民主协商的基本要求、基本规章、基本程序；基层党组织基本职责和工作方法。市委老干部局、市委组织部、市直机关工委依托老干部活动中心在全省率先设立首个“老党员之家”，服务市直127个离退休干部党支部、3900多名老党员。探索提高机关党内政治生活质量的途径，把严肃党内政治生活要求落实到全体党员。在全面从严治党大环境下，市直机关工委召开“如何抓好新常态下的机关党建工作”主题党建工作季谈会，研究探讨如何以严的标准和实的作风做好新常态下机关党建工作。7月3日，召开市直机关第二次党建工作季谈会，市直各系统党委、直属机关党委、党总支（党支部）、驻泉省部属单位党委负责人、市直机关工委领导、部室负责人共60多人参加。会议主题：做好新常态下的机关党建工作。市直政法、政府办、发改委、住建系统党委，泉州电信分公司、市国税局、泉州邮政公司党委，市委党校机关党委8个党组织作主题发言。探索建立机关基层党组织书记抓党建工作述职评议考核制度，党支部书记向普通党员述职并接受评议，而后向上级党委（党总支）委员会述职并接受评议。12月2—3日，市直机关工委分3场召开市直机关党组织书记述职评议会议，听取市直各系统党委，直属机关党委、党总支，驻泉省部属单位党委书记抓党建工作述职并进行评议。述职评议后，进行第六轮机关党建工作先进单位创建情况测评。

2016年，创新并推行党组书记抓机关党建工作述职评议考核制度。1月，召开市直部分单位党组书记抓机关党建工作述职评议会，8个单位党组书记进行述职。市委副书记周银芳，市委常委、组织部部长孔繁军听取述职，进行点评，与会人员进行民主评议。贯彻省委《关于加强基层服务型党组织建设的实施意见》，开展机关基层服务型党组织建设活动，强化机关基层党组织的政治功能和服务功能。完善机关事业单位在职党员到社区报到、为群众服务工作制度，抓好机关联系基层、干部联系群众“双联系”工作，每个机关和事业单位党组织结对帮扶1个村（社区），解决联系服务群众“最后一公里”问题。贯彻落实市委《关于实施党建工作项目化管理的意见》，围绕“五个泉州”建设，以抓“项目化”探索推进机关基层党建，进一步明确项目化管理的具体内容、具体责任和实施办法，实现机关党建工作从“软任务”变成“硬指标”。协助市委组织部健全完善部门党组（党委）书记抓机关党建工作述职评议制度，落实党建工作主体责任。开展好机关基层党委（党总支）书记专项述职评议考核工作。9月21日，召开市直机关党建工作座谈会，征求对机关党建工作的意见建议，围绕当前机关党建工作存在的主要问题、主要困难、薄弱环节、改进措施等问题，开展交流。2016年12月上旬至2017年1月底，开展2016年度市直机关党组织书记抓党建工作述职评议考核工作，系统党委，直属机关党委、党总支，驻泉省部属单位党委书记述职以市直机关工委调研督查形式进行。基层党组织述职和评议一并进行，由系统党委、直属机关党委（党总支）、驻泉省部属单位党委组织实施。

2017年2月13日，组织实施2017年度党建工作重点项目，实行“五个一”制度，即“一个项目、一个方案、一名领导、一个小组、一抓到底”。“机关党旗红，‘五个泉州’在行动”主题实践活动被列入2017年度泉州市43个党建工作重点项目之一。4月1日至5月20日，开展2017年机关党建工作创新项目征集评选活动，征集在加强党员干部队伍建设，强化从严治党主体责任和监督责任，加强和规范党内政治生活，加强党内监督，发扬党内民主，推进“1263”机关党建工作机制建设，坚持“三会一课”制度，营造风清气正的政治生态等方面的创新做法。8月4日，市直机关工委、市委巡察工作领导小组办公室联合制定《市委巡察反馈机关党的建设方面存在问题落实整改对接协调工作机制》，共8项工作机制。11月23日起，推广石狮市直机关工委实施“亮灯领航”工程：亮态度明职责；亮旗帜固根本；亮身份展作为；亮标准促规范，推进“1263”机关党建工作机制建设，解决机关党建“灯下黑”问题的做法。11月27日，市直机关工委制定《加强市委巡察反馈机关党的建设方面存在问题落实工作实施方案》，成立整改工作领导小组，确定主要工作，明确职责分工。

2017年，落实项目化管理，筛选确定40个年度重点项目，在《泉州晚报》开设项目落实情况报道专栏，每周1—2期。当年，共刊出72期，倒逼项目落地落实。“机关党旗红，‘五个泉州’在行动”主题实践活动项目在泉州市基层党建重点项目展评中获第二名，调研报告获泉州市委重点课题一等奖、福建省机关重点课题调研二等奖，并在国家机关工委《紫光阁》刊载，福建电视台“八闽机关党建”栏目莅泉拍摄制作专题片，播出时长近12分钟。

第二节 选举与推荐

一、基层选举

中华人民共和国成立后，基层选举按照中共七大、八大通过的《中国共产党章程》规定进行。“文化大革命”开始后，基层党组织成立或换届，多数未召开党员大会或党员代表大会进行选举，而是采用由专区（地区）革命委员会政治处、地委组织部或者地直机关党的核心小组、地直机关党委直接下文任免的办法。

1978 年，在整顿党组织基础上，抓紧党组织选举工作。除个别党支部外，大多数党支部都进行换届选举，纠正由上级党组织任命的现象。党委、党总支、党支部基本实现党员大会、党的代表大会选举委员会的制度和任期届满进行换届选举的规定。

1980 年 6 月，地直机关党委要求多年没有召开党代会或党员大会的基层党组织，必须在中共十二大前后召开党代会或党员大会，报告工作，听取意见，发扬民主，讨论“四化”建设中的大事，讨论思想政治工作，讨论加强和改善党的领导等重大问题，并按照叶剑英在国庆 30 周年大会上提出的干部 3 条标准采用差额选举的办法，选举产生党的委员会。

1982 年，重点抓好超过任期 1 年以上没有改选的 56 个机关党支部，特别是 1979 年以前建立后没有改选的 26 个机关党支部。当年，16 个党组织完成换届选举。经过多年努力，1985 年大部分基层党组织纠正“文化大革命”中由上级任免的现象，实现党员大会、党员代表大会选举委员会的制度和定期换届规定。

1986 年 5 月 15 日起，根据市委批转市直机关党委《关于市直党的组织机构设置的报告的通知》，市直科委、统战、市府办、政法、宣传系统分别召开党员代表大会，选举产生系统党委。当年，经过党员大会选举、新建立党支部 75 个。

1989 年 3 月 9 日，制定《关于党内选举表决的实施办法（试行）》，对民主选举党的各级委员会、按期改选基层党组织、定期召开党的基层各级代表大会作出规定。

1990 年 6 月 27 日起，贯彻《中国共产党基层组织选举工作暂行条例》（中发〔1990〕8 号），规范代表的选举、委员会的选举、选举的实施、尊重和保障党员的民主权利。

1991 年，14 个任期届满党委、104 个党总支（党支部）完成换届改选，41 个委员缺额的党组织增补委员，新建立 27 个党组织。

1994 年 4 月 5 日，市直机关工委制定《关于党的基层代表大会选举的细则》，规定：市直基层党委任期届满，应按期换届选举；召开党的基层代表大会应分 3 次报批，召开党员大会进行选举，由上届委员会主持选举的实施程序。

1996 年，对任期届满党组织实行动态管理，8 个党委完成换届改选，新建立党委 3 个、党总支 5 个。

1997 年，抓紧任期届满后党组织换届选举和委员缺额增补工作，健全基层党组织。当年，办结换届、增补委员批复件 109 件。

1998 年 12 月 4 日起，贯彻市委《关于贯彻〈中国共产党党和国家机关基层组织工作条例〉的意见》，做好换届选举工作。党的基层委员会由党员大会或者党员代表大会选举产生。市直机关系统、局和大中型企业、大专院校党的基层委员会每届任期 4 年，其他党的基层委员会每届任期 3 年。党的总支部委员会由党员大会选举产生，每届任期 3 年。党的支部委员会由党员大会选举产生，每届任期 2 年。当年，根据市级机关机构改革实际，做好党组织组建、改建和委员培训、增补工作，批准新成立党委 3 个、党总支 8 个，完成换届选举党委 13 个，增补书记、委员 17 名。

2000 年 3 月 27 日，印发《关于认真做好任期届满党组织换届选举工作的通知》，督促 20 个任期届满党委做好换届选举工作，完成换届选举的党委 5 个，新批准建立党委 9 个、党总支 3 个，增补书记、委员 14 名。对市直机关党的组织设置、隶属关系进行调查研究，为下一步市直机关机构改革做准备。

2002 年，结合市级机关机构改革，按规定时间和程序，通过召开党员代表大会，选举产生新组建的 3 个系统党委、8 个局机关党委、3 个事业单位党委，完成 31 个任期届满党委的换届选举工作。1986—2002 年，市直基层党委累计召开 162 次党员代表大会或党员大会，完成 162 个（次）党委换届选举。

1986—2002 年泉州市直机关基层党委换届选举统计表

表 6-1　　单位：个

年份	党委总数	任期届满	本年换届	年份	党委总数	任期届满	本年换届
1986	34	3	0	1995	47	24	5
1987	43	16	12	1996	50	20	8
1988	43	10	8	1997	52	22	14
1989	44	10	5	1998	55	21	13
1990	47	22	8	1999	57	13	5
1991	49	28	14	2000	66	17	5
1992	45	32	13	2001	74	24	10
1993	45	21	5	2002	85	35	31
1994	45	24	6				

2003 年 8 月 29 日，印发《中国共产党泉州市直机关基层委员会工作规范（试行）》，规定：党委实行选举制，党委成员由党员大会或党员代表大会选举产生。党委任期届满后应按时换届选举，委员出现缺额的应及时补选；书记、副书记出现缺额的应补选或由上级党组织任命。当年，市直有 325 个党组织进行换届改选，其中党委 10 个、党总支 7 个、党支部 308 个。

2004 年 2 月 3 日，市直机关工委根据党章规定，结合市直实际，规定党组织任期：系统、局党的委员会每届任期 4 年，大中型企业党的委员会和大专院校党的委员会每届任期 4 年，其他党的委员会每届任期 3 年。党总支委员会每届任期 3 年。机关（含参照公务员管理的事业单位）党支部委员会每届任期 2 年，企业和事业单位党支部委员会每届任期 3 年。各级党组织必须严格执行任期期限规定，任期届满必须按时换届选举。

泉州市直机关党的基层委员会每届任期期限表

表 6-2

党委名称	每届任期	党委名称	每届任期	党委名称	每届任期
市委办系统党委	4年	商贸学校党委	3年	巡警防暴支队党委	3年
党群系统党委	4年	物资集团总公司党委	4年	市政公用事业系统党委	4年
老干部局机关党委	4年	商业总公司党委	4年	人大常委会机关党委	4年
宣传系统党委	4年	建设系统党委	4年	政协机关党委	4年
文化局机关党委	4年	省五建党委	4年	纪委机关党委	4年
广电局机关党委	4年	农办系统党委	4年	科技局机关党委	4年
晚报社机关党委	4年	海洋与渔业局机关党委	4年	党校机关党委	3年
统战系统党委	4年	林业局机关党委	4年	工商局机关党委	4年
政法系统党委	4年	农业局机关党委	4年	国税局机关党委	4年
检察院机关党委	4年	水利系统党委	4年	地税局机关党委	4年
人民法院机关党委	4年	山美水库管理处党委	4年	海事局党委	4年
司法局机关党委	4年	农校党委	3年	检验检疫局机关党委	4年
市府办系统党委	4年	龙门滩管理处党委	3年	技监局机关党委	4年
民政局机关党委	4年	仙荣火电厂党委	3年	邮政局党委	4年
泉州晋江机场党委	3年	外经系统党委	4年	电信分公司党委	4年
计委系统党委	4年	交通系统党委	4年	移动分公司党委	4年
劳动与社会保障局机关党委	4年	汽运总公司党委	4年	联通分公司党委	4年
经委系统党委	4年	省公路一公司党委	4年	电业局党委	4年
城镇集体工业联社机关党委	4年	港务局党委	3年	电力职业技术学院党委	4年
中侨集团公司党委	4年	港务集团公司党委	4年	闽东南地质队党委	3年
中侨清源啤酒公司党委	3年	公路局党委	3年	冶金一队党委	3年
中侨公司第一党委	3年	教育系统党委	4年	一九七地质队党委	3年
中侨公司第二党委	3年	黎大党委	4年	省水电工程有限公司党委	4年
中侨公司第三党委	3年	卫生系统党委	4年	中旅社党委	3年
中侨公司第四党委	3年	一院党委	3年	监狱党委	3年
财贸系统党委	4年	中医院党委	3年	石油分公司党委	3年
粮食局机关党委	4年	卫校党委	3年	稽征处党委	3年
供销社机关党委	4年	公安系统党委	4年	劳教所党委	3年
信用联社党委	3年	交警支队党委	3年		
商业银行党委	3年	刑侦支队党委	3年		

2010年3月29日，制订《关于进一步加强基层党组织换届选举工作的若干意见》，切实提高对党组织换届选举工作重要意义的认识，严格执行各级各类党组织的任期规定，明确可以提前或延期进行换届选举的特殊情况，认真履行换届选举报批程序，健全党内选举制度。5月，在市直基层党组织换届选举中试行党内直选工作，各党委选择1—2个规模适中、基础较好的党支部（其中系统党委选择2个），试行由全体有选举权的党员直接选举产生党支部书记、副书记、委员，共确定23个试点单位，市信息化管理局机关党支部作为首个直选试点单位，完成直选工作，为基层提供借鉴。全年，13个机关党组织采取直选方式完成选举工作。

2012年，改进机关基层党组织领导班子成员候选人提名方式，完善选举办法，规范选举程序、投票方式及候选人介绍办法。实行机关基层党组织领导班子成员由党员和群众公开推荐与上级党组织推荐相结合的办法，逐步扩大机关基层党组织领导班子直接选举的范围，推动任期届满的机关党组织采取公推直选方式进行换届工作。当年，采用直选方式完成换届的党支部共有69个。

2017年10月30日，贯彻福建省委组织部《关于进一步严格执行基层党组织按期换届制度的通知》，明确基层党组织任期规定，市直机关党委、大中型企业党委、规模较大的科研院所党委每届任期4年，其中，省管企业党委均执行4年任期。党总支和党支部每届任期3年；建立健全提醒督促机制，每年第1季度前对党组织换届情况进行梳理，对任期将满的党组织，提前半年以书面发函通知形式，提醒做好换届准备工作。把握换届基本要求，基层党组织任期届满前，提前4个月书面报送换届请示，如需延期或提前进行换届选举，报上级党组织批准，延长期限一般不超过1年。解决影响按期换届的突出问题，对暂无党组织书记合适人选或班子不健全的党组织，按照干部管理权限，提前把班子调整配备好；对软弱涣散党组织，先整顿再换届；对党组织设置不合适或隶属关系不顺的党组织，先行做出适当调整；对党员分散或流动党员较多，达不到换届选举规定人数的党组织，做好思想动员和组织引导工作，为按期换届创造条件。

2003—2017年，市直共有5377个（次）党组织进行换届选举，其中党委306个（次）、党总支192个（次）、党支部4879个（次）。

2003—2017年市直党组织换届选举统计表

表6-3 单位：个

年份	党组织		党　委		党总支		党支部	
	总数	本年换届	总数	本年换届	总数	本年换届	总数	本年换届
2003	1142	325	89	10	57	7	996	308
2004	1158	287	93	20	58	14	1007	253
2005	1062	416	90	3	43	15	929	398
2006	930	391	78	15	36	12	816	364
2007	960	384	80	25	42	13	838	346
2008	978	383	80	14	44	10	854	359
2009	958	348	83	16	38	11	837	321
2010	945	309	79	19	35	9	831	281

续表 6-3

年份	党组织		党委		党总支		党支部	
	总数	本年换届	总数	本年换届	总数	本年换届	总数	本年换届
2011	983	385	80	28	37	15	866	342
2012	986	438	81	33	39	22	866	383
2013	987	343	81	23	37	15	869	305
2014	999	303	82	20	37	7	880	276
2015	994	378	84	21	33	17	877	340
2016	1024	383	84	31	36	16	904	336
2017	1029	304	86	28	33	9	910	267

二、代表选举

（一）选举出席中共福建省代表大会代表

1. 选举出席中共福建省第一次代表大会代表

1956 年 6 月 2—6 日，召开中共晋江专区直属机关第一次代表大会，选举产生专直出席中共福建省第一次代表大会代表。（名单不详）

2. 选举出席中共福建省第二次代表大会代表

1963 年 1 月 9—12 日，召开中共晋江专区直属机关第二次代表大会，选举产生专直出席中共福建省第二次代表大会代表 4 名：张桂如、李子中、谢白秋、王文芳。

3. 选举出席中共福建省第三次代表大会代表

根据中共福建省委《关于召开中国共产党福建省第三次代表大会的通知》（闽委〔1978〕4 号），省委分配给晋江地区代表总数为 115 名。地委分配给专直机关代表名额为 8 名，其中干部党员代表 6 名（地委、行署领导 2 名，部办委领导 2 名，科级干部 1 名，基层党组织干部 1 名），工人代表 1 名，知识分子代表 1 名。代表产生办法："由县、市和省、地直机关党代会选举产生。个别地方条件不具备，也可以召开党委全委扩大会议，民主协商、选举产生。"经地委常委会研究并报省第三次党代会筹备处同意，1979 年 11 月 13 日，召开地直机关党委扩大会，地直机关（单位）党委、党总支、党支部负责人参加，应到会 119 人，实到会 102 人。经充分酝酿协商，选举产生出席中共福建省第三次代表大会代表 8 名：石延明、沈慧、陈玉宝、陈金荣、苏昌培、施宣铁、曾园林、谢亚转。

4. 选举出席中共福建省第四次代表大会代表

1984 年 11 月 14—16 日，召开中共晋江地区直属机关第三次代表大会，应到会 211 人，实到会 199 人，选举出席中共福建省第四次代表大会代表 8 名：张明俊、叶聪敏、朱江水、江雪华、苏少东、周顺明、郑良妙、傅招治。

（二）选举出席中共福建省代表会议代表

根据省委组织部通知和地委部署，地直机关党委于 1980 年 12 月 24 日召开全委会议，对上级党委提出的6名代表候选人（分配名额8名，除2名省委候补委员不必参加选举外）进行讨论、研究、通过。当天下午，召开地区各口政工科负责人会议，传达上级选举工作精神，并把常登榜、石延明、苏昌培、李永寿、沈继武、任其藩6名代表候选人提供给地直各单位党员进行酝酿讨论。经过酝酿讨论，基本同意上述6人作为地直机关、直属单位赴省党代表会议代表候选人初步人选。12月27日，召开地直机关党委扩大会议，应参加会议144人，其中地直机关党委委员11人，基层党组织书记133人。实到会人数119人，进行分组讨论，再次民主协商，到会同志基本同意代表候选人名单。会议进行无记名投票等额选举，常登榜、石延明、苏昌培、李永寿、沈继武、任其藩6人当选为出席中共福建省代表会议代表。

（三）选举出席中共泉州市代表大会代表

1. 选举出席中共泉州市第六次代表大会代表

1987年11月20日，召开市直机关党委扩大会，应到会49人，实到会42人，采取无记名投票差额选举办法，选举市直出席中共泉州市第六次代表大会代表42名。

卫康民	王重庆	王振聪	王继超	王敬萱	朱义斌	刘孔永	刘兆麟
刘淑辉	许高问	庄玉灿	庄泉宝	杨国烈	肖立根	吴永珍	吴秀莲
何曼试	张一帆	张敬尊	陈万里	陈民团	陈世兴	陈华池	陈克辉
陈金榜	陈荣春	林小青	林映雪	林赞成	卓秀华	郑宗杰	姜荣鑑
郭国秦	郭荣宗	郭炳章	饶声严	郁凤贤	洪奇才	秦金华	黄钟荣
崔运亮	蔡爱萍						

2. 选举出席中共泉州市第七次代表大会代表

1992年11月25日，召开市直机关党员代表大会，应到会代表47人，实到会代表46人，采取无记名投票差额选举办法，选举产生市直出席中共泉州市第七次代表大会代表41名。

卫康民	王重庆	王福起	朱　明	朱义斌	刘兆麟	庄晏成	许松林
许高问	李明星	肖立根	吴仪秧	何曼试	张千秋	张宏林	张其载
张贻伦	张雪琼	陈世兴	陈民团	陈营官	林木对	周焜民	柯汉民
柯莲妹	柳荣金	胡美金	饶声严	洪序禄	骆灿堂	秦金华	郭景仁
黄少萍	黄丽珍	黄奕缺	黄种美	黄通兴	黄清权	傅镛堃	谢文华
蔡忠荣							

3. 选举出席中共泉州市第八次代表大会代表

1997年11月14日，召开市直机关党员代表大会，应到会代表52人，实到会50人，采取无记名投票差额选举办法，选举产生市直出席中共泉州市第八次代表大会代表40名。

（1）党员领导干部30名（含离退休老干部3名）

王明权	尤垂镇	方贤明	朱义斌	伍秀枞	庄武善	刘佳景	孙庆实
苏渊明	李明星	李淡水	杨俊峰	吴中培	吴家灿	何国栋	张千秋
张敬尊	陈太平	陈东水	陈全顺	陈笃彬	周玉堂	郑建树	郑增辉
骆国金	徐汉宗	黄昆玉	黄晓炎	谢清海	颜伟劲		

（2）生产和工作一线 10 名

吕忠文	刘兆麟	许松林	吴仪秧	吴美玲	张玉华	陈亨亮	陈淑萍
徐振忠	雷志坤						

4. 选举出席中共泉州市第九次代表大会代表

2001 年 9 月 14 日，召开市直机关党员代表大会，应到会代表 74 人，实到会 71 人，采取无记名投票差额选举办法，选举产生市直出席中共泉州市第九次代表大会代表 48 名，其中党员领导干部 33 名、离退休老干部 7 名、各类专业技术人员 7 名、各条战线先进模范人物 1 名。

丁金碧	王水坤	王明权	王爱恳	王福起	尤垂镇	叶一帆	朱义斌
伍秀枞	孙庆实	杜发成	李再生	李明星	李淡水	杨逸蓉	吴中培
吴共湖	吴晓雄	吴群德	张田丁	张其载	张金钩	张敬尊	陈　熙
陈元殿	陈东水	陈全顺	陈荣洲	陈桂民	陈振魁	林建隆	郑建树
郑增辉	柯仲秋	胡美金	钟秀美	施能泉	施维雄	骆国金	徐汉宗
郭丽清	黄利禾	黄应元	黄昆玉	黄勇民	黄清禄	谢燕南	颜伟劲

5. 选举出席中共泉州市第十次代表大会代表

2006 年 9 月 30 日，召开市直机关党员代表大会，应到会代表 79 人，实到会 75 人，采取无记名投票差额选举办法，选举产生市直出席中共泉州市第十次代表大会代表 48 名。

（1）各级党员领导干部 45 名（含离退休老干部 6 名）

王　练	王仁山	王松柏	王金枝	王珊珊	王福起	王增加	尤垂镇
甘端蓉	朱义斌	朱展华	庄志民	庄建宁	庄顺能	刘明亮	齐世和
许瑞察	苏小青	李　建	李世杰	李建辉	李冀平	吴中培	吴共湖
吴群德	邱耿华	何锦龙	张田丁	陈　熙	陈东水	陈其焕	陈桂民
陈碧云	柯仲秋	骆国金	黄水木	黄利禾	黄昆玉	黄勇民	寇富衍
傅福荣	曾荣华	颜伟劲	颜志煌	潘福林			

（2）各类专业技术人员 1 名

陈春武

（3）各条战线先进模范人物 2 名

陈文荣　　林永湖

6. 选举出席中共泉州市第十一次代表大会代表

2011 年 9 月 1 日，召开市直机关党员代表大会，应到会代表 83 人，实到会代表 70 人，采取无记名投票差额选举办法，选举产生市直出席中共泉州市第十一次代表大会代表 57 名。

（1）各级党员领导干部 52 名（含离退休老干部 7 名）

王文泰	王松柏	王福起	尤垂镇	吕　刚	吕炜民	朱展华	庄建宁
庄晏成	庄鸿卿	刘志平	刘明亮	许昆贞	许瑞察	孙碧良	孙增福
苏　悦	苏汉庭	李健康	杨国昕	吴友才	吴春林	张一申	张甘荔
张镇国	陈文塑	陈东水	陈庆宗	陈严辉	陈海基	林建春	林荣取

林贻华　欧秀珠　周文心　周银芳　郑文伟　郑建清　骆国清　钟文成
洪川夫　翁祖根　郭希纯　黄国富　黄春淮　梁玉华　曾　巍　赖开族
赖畅水　蔡丽静　颜志煌　魏山国

(2) 各类专业技术人员 3 名

陈娟娟　郭培明　谢志坚

(3) 各条战线先进模范人物 2 名

刘锡杰　张伟勇

7. 选举出席中共泉州市第十二次代表大会代表

2016 年 9 月 9 日，召开市直机关党员代表大会，应到会代表 89 人，实到会 84 人，采取无记名投票差额选举办法，选举产生市直出席中共泉州市第十二次代表大会代表 50 名。

(1) 各级党员领导干部 42 名（含离退休老干部 7 名）

王福起　尤垂镇　邓安娜　叶一帆　吕　刚　朱　明　庄灿霞　刘志平
刘曙庆　苏　悦　李国坤　李建国　李清景　杨凤翔　吴友才　张翼翔
陈文堃　陈文聪　陈伟平　陈海基　林大穆　林志建　林荣取　欧岩峰
欧阳秋虹　周文心　郑国防　钟文成　施永康　洪川夫　高扬捷　黄文捷
黄世界　黄国富　黄碧煌　黄黎波　傅春添　曾焕楷　赖开族　赖畅水
蔡思红　廖国文

(2) 各类专业技术人员 6 名

苏静璇　张莉萍　陈立群　林泽涯　骆沙舟　廖韶华

(3) 各条战线先进模范人物 2 名

姚芗斌　廖菁菁

（四）选举出席中共泉州市代表会议代表

1990 年 8 月 23 日，召开市直机关党员代表会议，应到会代表 49 人，实到会 43 人，采取无记名投票差额选举办法，选举产生市直出席中共泉州市代表会议代表 18 名：

朱义斌　卓秀华　方宝树　张以平　吴天奉　吴奕明　吴慰萱　陈丁达
李明星　倪英达　郑秀碧　李丽敏　林丽玉　范金阶　洪章变　许松林
曾景川　蔡炳文

1992 年 4 月 11 日，召开市直机关党员代表会议，应到会代表 50 人，实到会 42 人，采取无记名投票差额选举办法，选举产生市直出席中共泉州市代表会议代表 29 名。市直机关共有 67 名代表出席市党的代表会议（含市委委员 21 名，市委候补委员 3 名，市纪委委员 14 名）：

马　煜　王水坤　王文泰　王全生　王重庆　王继超　王敬萱　尤垂镇
方庆熙　方跃祥　丘广钟　朱义斌　朱　明　庄玉灿　庄晏成　刘孔永
刘西水　刘兆麟　刘志栋　刘明益　许高问　孙澄元　杨丕谦　杨国烈
李飞龙　李淡水　肖立根　吴仪秧　吴丽清　张一帆　张千秋　张宏林
张贻伦　张章炳　张敬尊　邹怀辉　陈东水　陈汉民　陈民团　陈世兴

陈克辉 陈营官 林大穆 林木对 林文麟 林宗英 周焜民 郑玉约
郑宗杰 柳荣金 饶声严 洪序禄 洪章变 贺天平 骆灿堂 秦金华
郭荣宗 涂瑞南 黄秀玉 黄应明 黄通兴 梁文和 韩杜琴 傅子污
傅圆圆 曾景川 蔡忠荣

1995 年 8 月 25 日，召开市直机关党员代表会议，应到会代表 50 人，实到会 49 人，采取无记名投票差额选举办法，选举产生市直出席中共泉州市代表会议代表 16 名：

叶白梅 朱义斌 齐世和 苏少东 吴仪秧 何国栋 陈宇尊 陈应辉
卓秀华 胡东红 胡美金 骆国金 黄昆玉 黄钦贵 黄晓炎 粘忠奋

根据泉委〔1995〕综 40 号文件，市委委员、候补委员，市纪委委员（市直共 43 名）为市党代表会议代表。市直机关出席中共泉州市代表会议代表共 59 名：

卫康民 王全生 王重庆 王继超 尤垂镇 叶白梅 丘广钟 朱　明
朱义斌 刘西水 刘佳景 齐世和 孙澄元 苏少东 李飞龙 李天乙
李淡水 李在明 杨其发 杨逸蓉 肖立根 吴仪映 吴丽清 何立峰
何国栋 余茂桂 邹怀辉 张千秋 张章炳 张敬尊 陈太平 陈再成
陈宇尊 陈应辉 陈唤国 陈家富 林木对 卓秀华 周焜民 胡东红
胡美金 洪辉煌 骆灿堂 骆国金 秦金华 高厚生 涂瑞南 黄少萍
黄应明 黄昆玉 黄钦贵 黄晓炎 黄霞国 粘忠奋 傅圆圆 傅镛堃
曾华彬 蔡忠荣 薛祖亮

1997 年 4 月 23 日，召开市直机关党员代表会议，应到会代表 50 人，实到会代表 50 人，采取无记名投票差额选举办法，选举产生市直出席中共泉州市代表会议代表 62 名：

（1）党员领导干部 54 名

卫康民 王全生 王明权 王重庆 尤垂镇 丘广钟 伍秀枞 刘西水
刘佳景 齐世和 孙澄元 苏渊明 李飞龙 李天乙 李在明 李明星
李淡水 杨其发 杨俊峰 杨逸蓉 肖立根 吴丽清 何立峰 何国栋
邹怀辉 余茂桂 张千秋 张敬尊 陈　熙 陈太平 陈家富 林荣取
周焜民 郑增辉 胡美金 施永康 洪辉煌 骆灿堂 骆国金 秦金华
高厚生 涂瑞南 黄少萍 黄应明 黄昆玉 黄晓炎 黄霞国 蒋德明
傅圆圆 傅镛堃 曾华彬 蔡忠荣 颜　波 薛祖亮

（2）生产和工作一线 8 名

叶白梅 刘兆麟 刘锡杰 李天仁 吴仪秧 陈亨亮 陈雅芳 施能泉

（五）选举出席中共泉州市台湾省籍党员代表会议代表

1992 年 3 月 12 日，召开市直机关台湾省籍党员大会，应到会正式党员 21 人，实到会 18 人，采取无记名投票差额选举办法，选举产生市直出席中共泉州市台湾省籍党员代表会议代表 6 名：

柯莲妹 吴雅蓉 骆沙舟 苏少东 姜建鹏 邱　坚

1997 年 2 月 13 日，召开市直机关台湾省籍党员大会，应到会正式党员 18 人，实到会 15 人，采取无记名投票差额选举办法，选举产生市直出席中共泉州市台湾省籍党员代表会议代表6名：

苏少东　吴学勇　张　良　陈严辉　林金田　柯莲妹

2002年1月9日，由市直机关工委牵头，联合召开市直机关、鲤城区、丰泽区、清濛科技工业区台湾省籍党员大会，应到会正式党员30人，实到会27人，采取无记名投票差额选举办法，选举产生出席中共泉州市台湾省籍党员代表会议代表8名：

吴学勇　张　良　陈　熙　陈严辉　郑瑞云　骆沙舟　黄淑卿　曾旭晴

2007年1月9日，由市直机关工委牵头，联合召开市直机关、教育系统、国资委系统、鲤城区、丰泽区、开发区台湾省籍党员大会，应到会正式党员26人，实到会21人，选举出席中共泉州市台湾省籍党员代表会议代表7名：

苏　悦　李良友　张　良　陈　熙　陈严辉　郑瑞云　曾旭晴

2011年12月29日，由市直机关工委牵头，联合召开市直机关、教育系统、国资委系统、鲤城区、丰泽区台湾省籍党员大会，应到会正式党员26人，实到会24人，选举产生出席泉州市台湾省籍党员代表会议代表7名：

苏　悦　苏耿聪　陈　熙　陈严辉　郑瑞云　骆沙舟　曾旭晴

2017年1月10日，由市直机关工委牵头，联合召开市直机关、教育系统、国资委系统、鲤城区、丰泽区台湾省籍党员大会，应到会正式党员31人，实到会27人，选举产生出席泉州市台湾省籍党员代表会议代表11名：

苏　悦　苏耿聪　余冬阳　张　良　张凌燕　陈严辉　林希璇　郑瑞云
骆沙舟　蒋碧辉　曾旭晴

三、推荐党代会代表候选人初步人选

（一）推荐出席中共第十三次全国代表大会代表候选人初步人选

1987年4月27日，召开市直机关党委全委扩大会。应参加会议的有市直机关党委委员、市直各系统党委、直属党总支（党支部）、驻泉省部属单位党委主要负责人共35人，实到会31人。会议通过充分酝酿协商，以举手表决形式，推荐陈荣春为泉州市出席中共十三大代表候选人初步人选。

（二）推荐出席中共第十六次全国代表大会代表候选人初步人选

2002年2月，推荐出席中共十六大代表候选人初步人选，市直共有党委74个、党支部915个，参加推荐党支部904个，占98.8%；应参加推荐党员15154人，实参加推荐党员14026人，占92.6%，推荐泉州市出席中共十六大代表候选人初步人选2名：刘德章、苏新添；推荐在省里工作的省级领导出席中共十六大代表候选人初步人选9名：宋德福、习近平、卢展工、梁绮萍、黄瑞霖、李宏、陈营官、黄小晶、鲍绍坤。

（三）推荐出席中共第十七次全国代表大会代表候选人初步人选

2007年2月27日起，组织基层党组织和党员推荐中共十七大代表候选人初步人选。参加推荐的党组织占总数的100%，党员占总数的98.99%。推荐泉州市出席中共十七大代表候选人初步人选3

名：郑道溪、杨益民、李振生；推荐省级领导出席中共十七大的代表候选人初步人选有：卢展工、黄小晶、梁绮萍、陈文清、张昌平、唐国忠、于伟国、陈桦、袁荣祥、何立峰。

（四）推荐出席中共第十八次全国代表大会代表候选人初步人选

2011 年 12 月，组织基层党组织和党员推荐中共十八大代表候选人初步人选。市直 79 个党委、35 个党总支、869 个党支部全部参加推荐，参加率 100%；共有党员 16784 人，其中有选举权的正式党员 16707 人，参加推荐的有选举权的正式党员 16361 人，参加率 97.93%。12 月 31 日，召开市直机关工委全委会，根据多数党组织或多数党员意见，推荐泉州市出席中共十八大代表候选人初步人选 3 名：徐钢、陈娟娟、陈海伟；推荐作为中共十八大代表候选人初步人选的省级党员领导干部是：孙春兰、梁绮萍、陈文清、张昌平、袁荣祥、陈桦、姜信治、徐谦、陈明义、黄小晶。

（五）推荐出席中共第十九次全国代表大会代表候选人初步人选

2017 年 1 月，组织基层党组织和党员推荐中共十九大代表候选人初步人选。参加推荐的党组织占总数的 100%，应参加推荐有选举权正式党员 18810 人，实参加推荐有选举权正式党员 18623 人，参加率 99.01%。1 月 18 日，召开市直机关工委全委会，根据多数党组织或多数党员意见，推荐泉州市出席中共十九大代表候选人初步人选 3 名：郑新聪、陈娟娟、甘木林。同意推荐尤权等 19 人为福建省出席中共十九大代表候选人初步人选。

（六）推荐出席中共福建省代表会议代表候选人初步人选

1. 1992 年 4 月 11 日，召开市直机关党员代表会议，应参加 50 人，实参加 42 人，推荐市直出席省党代表会议代表候选人初步人选 11 名：李必生、何曼试、林大穆、林文麟、赵世玉、骆灿堂、涂瑞南、郭炳章、蔡忠荣、丘广钟、傅圆圆。

2. 1997 年 3 月 21 日，市直机关工委召开全委会，根据多数党组织或多数党员的意见，推荐市直出席省党代表会议代表候选人初步人选 12 名。其中党员领导干部 9 名（含离休干部 1 名）：朱义斌（离休干部）、伍秀枞、李在明、何立峰、张敬尊、林荣取、郑建树、郭萍萍（回族）、黄少萍；生产和工作一线 3 名：刘锡杰、李天仁、张金钩。

3. 2002 年 1 月 23 日，市直机关工委召开工委扩大会，应到会 53 人，实到会 52 人，根据多数党组织或多数党员的意见，表决通过市直出席省党代表会议代表候选人初步人选 9 名，其中领导干部 7 名：伍秀枞、张敬尊、周振华、施能泉、骆灿堂、骆国清、黄巧丽；生产和工作一线 2 名：郭斌雅（回族）、黄阳春。

（七）推荐出席中共福建省代表大会代表候选人初步人选

1. 推荐出席中共福建省第七次代表大会代表候选人初步人选。2001 年 8 月 27 日，市直机关工委召开全委会，应参加工委委员 6 人，实参加 6 人，根据多数党组织或多数党员的意见，表决产生市直出席省第七次代表大会代表候选人初步人选建议名单 10 名。其中党员领导干部 8 名：刘德章、施永康、骆灿堂、林荣取、周振华、张敬尊、施能泉、伍秀枞；专业技术人员 1 名：郭斌雅（回族）；各条战线先进人物 1 名：王恒山。

2. 推荐出席中共福建省第八次代表大会代表候选人初步人选。2006 年 9 月，市直各级党组织推荐市直出席省第八次代表大会代表候选人初步人选，市直共有党委 86 个、党总支 43 个、党支部 884

个，全部参加推荐，参加率100%。共有党员14896人，其中有选举权的正式党员14240人，参加推荐的有选举权的正式党员13551人，参加率95.2%。共推荐出席省第八次党代会代表候选人初步人选中，党员领导干部有：王松柏、朱明、苏小青、李世杰、林武、林文杰、郑道溪；先进模范人物1名：王恒山。

3. 推荐出席中共福建省第九次代表大会代表候选人初步人选。2011年8月，市直各级党组织推荐市直出席省第九次代表大会代表候选人初步人选，市直共有党委79个、党总支35个、党支部861个，全部参加推荐，参加率100%。共有党员16208人，其中有选举权的正式党员15849人，参加推荐的有选举权的正式党员15294人，参加率96.5%。共推荐市直出席省第九次代表大会代表候选人初步人选9名，其中党员领导干部7名：朱淑芳、沈耀钦、周银芳、徐钢、黄少萍、黄春淮、曾巍；专业技术人员1名：王景贤；先进模范人物1名：吴惠琴。

4. 推荐出席中共福建省第十次代表大会代表候选人初步人选。2016年8月15日至9月2日，市直各级党组织采取自下而上、上下结合、反复酝酿办法，推荐市直出席省第十次代表大会代表候选人初步人选9名，其中党员领导干部7名：郑新聪、康涛、陈奕辉、温惠榕、孔繁军、张翼翔、黄黎波；先进模范人物1名：陈娟娟；专业技术人员1名：黄碧丽。

（八）推荐出席中共全国代表大会台湾省籍代表候选人初步人选，中共全国台湾省籍代表会议、中共福建省台湾省籍代表会议代表候选人初步人选

1. 1992年3月12日，召开市直机关台湾省籍党员大会，市直应参加21人，实参加18人。推荐苏少东、柯莲妹、姜建鹏3人为出席福建省台湾省籍党员代表会议代表候选人初步人选。

2. 2002年1月9日，联合召开市直机关、鲤城区、丰泽区、清濛科技工业区台湾省籍党员大会，应到会30人，实到会27人，经充分酝酿，表决通过出席中共十六大台湾省籍代表候选人初步人选1名：张良；全国台湾省籍党员代表会议代表候选人初步人选1名：张良；福建省台湾省籍党员代表会议代表候选人初步人选4名：吴学勇、张良、陈熙、曾旭晴。

3. 2007年1月9日，联合召开市直机关、教育系统、国资委系统、鲤城区、丰泽区、开发区台湾省籍党员大会，应到会党员26人，实到会21人。表决通过推荐中共十七大台湾省籍代表候选人初步人选1名：陈熙；全国台湾省籍党员代表会议代表候选人初步人选2名：张良、陈熙；福建省台湾省籍党员代表会议代表候选人初步人选3名：苏悦、张良、陈熙。

4. 2011年12月29日，联合召开市直机关、教育系统、国资委系统、鲤城区、丰泽区台湾省籍党员大会；应到会26人，实到会24人。表决通过推荐中共十八大台湾省籍代表候选人初步人选1名：陈严辉；全国台湾省籍党员代表会议代表候选人初步人选2名：陈严辉、曾旭晴；福建省台湾省籍代表会议代表候选人初步人选4名：苏悦、苏耿聪、陈严辉、曾旭晴。

5. 2017年1月10日，联合召开市直机关、教育系统、国资委系统、鲤城区、丰泽区台湾省籍党员大会，应到会31人，实到会27人。表决通过推荐中共十九大台湾省籍代表候选人初步人选2名：陈严辉、曾旭晴；全国台湾省籍党员代表会议代表候选人初步人选2名：陈严辉、曾旭晴；福建省台湾省籍党员代表会议代表5名：苏悦、苏耿聪、陈严辉、林希璇、曾旭晴。

第三节 “创先争优”活动

1960年10月，为确保地委以粮食钢铁为中心的生产计划提前完成，专直机关开展“五好”党支部和“五好”党员评比竞赛活动。“五好”党支部条件：政治思想工作好、支部领导好、组织工作为政治任务服务好、组织建设工作好、大搞群众运动好。“五好”党员条件：政治思想好，组织观念好，工作、劳动生产好，联系群众好，学习钻研好。11月底，进行第一次评比，召开现场会，总结推广“五好”党支部经验。

1970年10—12月，根据省革委会政治部、专区革委会政治处部署，开展“四好单位”、“五好”个人评选表彰活动。评比范围，“四好”单位：厂矿、企事业单位的车间（连队）、工段、班组，人民公社的生产大队、生产队，财贸系统的门市部、商店（班组），公社以上各级革命委员会机关的组和小组，以及其他各行业相类似的单位。厂矿、公社（含相当这一级的单位）以上机关不评“四好”。“五好”个人：职工、社员、学生、不脱产和半脱产的干部。国家脱产干部一律不评“五好”干部，可评选活学活用毛泽东思想积极分子或给予表扬、奖励。上山下乡知识青年可评为“五好”社员。“五好”个人由党支部审查，经上一级同意后宣布。“四好”班组、生产队（含相当这一级的单位）报上一级党组织审批；“四好”车间、生产大队（含相当这一级的单位），报上两级党组织审批。尚未成立党委（核心小组）的单位由革委会审批。

1970年12月，福建省召开首届“三代会”（活学活用毛泽东思想积极分子、“四好”集体、“五好”职工代表大会），晋江专区直属机关单位推荐52人参加省“三代会”：

（一）活学活用毛泽东思想积极分子代表（26人）

吴仁芳 伍长保 杨振华 郭金增 陈必茂 杨祥耀 吴端毛
潘维山 许金鍪 施文褚 郑荣圻 翁元琼 林赞成 沈国华
许淑炼 陈万界 郑玉荣 谢金莲 柯渊旋 汪文玉 苏福寿
蔡瑞钦 吴锦章 卢其民 李金德 林弄琼

（二）“四好”集体代表（13人）

杨天福 陈文才 吴光进 魏世业 苏润咀 陈永福 孙荣如
陈亚畴 吴志聪 黄济镇 庄荣华 黄 灿 杨碧凤

（三）“五好”职工代表（13人）

郭成强 康诗桃 涂福来 王水廷 黄汉荣 黄 印 王炳坤
陈丽琴 蔡章瑞 许景川 王帮托 李月英 吴建谅

1970年12月，晋江专区革命委员会、晋江军分区召开首届“三代会”，专属单位参加140人，其中活学活用毛泽东思想积极分子66人、“四好”集体代表47人、“五好”职工27人。

1973年3月12—16日，召开地直机关先进单位经验交流会，379名代表出席，总结交流18个单位的23份经验材料，其中单位15份、班组6份、个人2份，大会介绍17份、书面介绍6份。

一、争创“一先两优”活动

（一）地（市）直机关党（工）委评选表彰

粉碎江青反革命集团后，根据省、地委组织部、宣传部工作部署，1979 年起，开展创建先进党支部、争当优秀共产党员活动，每年评选、表彰 1 次。

1980 年 1 月 5 日，地直机关党委印发《关于评选和表彰一九七九年度先进党支部、优秀共产党员的通知》。2 月 25—26 日，召开 1979 年度先进党支部、优秀共产党员表彰大会，参加 140 人。表彰先进党支部 27 个、优秀共产党员 67 名。7 个先进党支部、3 名优秀共产党员作经验介绍，地委领导到会讲话。

1981 年起，开展创建先进基层党组织、先进党小组，争当优秀共产党员活动。5 月 26 日，召开表彰大会，参加 760 多人，表彰先进党支部 21 个、优秀共产党员 89 名，3 个先进党支部、2 名优秀党员介绍经验，地委领导常登榜、宋仁东、石延明、傅大文参加大会，地委书记常登榜讲话。

1981 年度、1984 年度、1986 年度共表彰先进基层党组织 114 个、先进党小组 44 个、优秀共产党员 343 名。1987 年起，开展创建先进基层党组织，争当优秀共产党员、优秀党务工作者活动。

1988 年 2 月 8 日，市直机关党委印发《关于开展创建先进党支部，争当优秀共产党员、优秀党务工作者活动的意见》和评比细则，党支部每季度自查、自评 1 次，系统党委、驻泉省部属单位党委每半年进行 1 次分析、排队，市直机关党委每年评选、表彰 1 次。

1989 年，表彰 1988 年度先进基层党组织 42 个、优秀共产党员 125 名、优秀党务工作者 36 名。1990 年，评选表彰先进基层党组织、先进纪检组织、优秀共产党员、优秀党务工作者、优秀纪检干部。

1979—1990 年，地直（市直）机关党委共表彰先进基层党组织 243 个（次）、先进党小组 44 个（次）、优秀共产党员 739 人（次）、优秀党务工作者 77 人（次）、先进纪检组织 1 个（次）、优秀纪检干部 4 人（次）。

1979—1990 年地（市）直机关党委表彰“一先两优”统计表

表 6-4

年度	先进基层党组织（个）	先进党小组（个）	优秀共产党员（人）	优秀党务工作者（人）	先进纪检组织（个）	优秀纪检干部（人）	表彰时间
1979	27	—	67	—	—	—	1980. 2. 25
1980	21	—	89	—	—	—	1981. 5. 15
1981	20	4	94	—	—	—	1982. 4. 7
1982—1984	36	16	117	—	—	—	1985. 7. 1
1985—1986	58	24	132	—	—	—	1987. 2. 3
1987—1988	42	—	125	36	—	—	1989. 6. 27
1989—1990	39	—	115	41	1	4	1991. 6. 2
合计	243	44	739	77	1	4	—

1991 年起，每 2 年作为 1 个创建和表彰周期。1993 年 6 月，市直机关工委表彰 1991—1992 年度先进基层党组织 76 个、优秀共产党员 94 名、优秀党务工作者 30 名，先进纪检组织 3 个、优秀纪检干部 10 名。

1994 年 4 月 5 日，市直机关工委印发《关于开展“创先争优”活动的意见》，规定“创先争优”评比条件和评比方法。

1995 年 6 月 29 日，召开“创先争优”表彰大会，表彰 1993—1994 年度先进基层党组织 81 个、优秀共产党员 176 名、优秀党务工作者 88 名，先进纪检组织 8 个、优秀纪检干部 16 名。

1999 年 2 月 26 日，市委批转市委组织部《关于开展“创先争优”活动的意见》。市直各级党组织按照市委要求，深入开展创建先进基层党组织（纪检组织），争当优秀共产党员、优秀党务工作者（优秀纪检干部）活动。坚持每 2 个年度评选表彰 1 次（因开展先进性教育活动，2005 年度没有评选表彰）。

1991—2000 年，共表彰先进基层党组织 319 个、优秀共产党员 602 名、优秀党务工作者 275 名，先进纪检组织 26 个、优秀纪检干部 59 名。

2001 年 6 月 20 日，市直机关工委表彰先进基层党组织 40 个、优秀共产党员 75 名、优秀党务干部 38 名。“七一”前夕，召开市直机关基层组织建设经验交流会。

2003—2008 年，共表彰先进基层党组织 230 个、优秀共产党员 355 名、优秀党务工作者 218 名、先进纪检组织 37 个、优秀纪检干部 37 名。

2010 年 6 月 21 日，根据中央组织部、中央宣传部《关于在党的基层组织和党员中深入开展创先争优活动的意见》和省、市委通知精神，市直机关工委印发《关于在全市机关党的基层组织和党员中深入开展创先争优活动的贯彻意见》，以创建先进基层党组织、争当优秀共产党员为主要内容。先进基层组织的基本要求是：学习型党组织建设成效明显，出色完成《中国共产党章程》规定的基本任务。做到“五个好”：领导班子好、党员队伍好、工作机制好、工作业绩好、群众反映好。优秀共产党员的基本要求是：正确行使党章规定的权利，模范履行党员义务。做到“五带头”：带头学习提高、带头争创佳绩、带头服务群众、带头遵纪守法、带头弘扬正气。采取公开承诺、领导讲评、群众评议、评选表彰等方式，通过“一个班子一个龙头”“一个党组织一个堡垒”“一名党员一面旗帜”等主题活动，推动“创先争优”活动深入开展。

2010 年 7 月 12 日，成立市直机关“创先争优”活动领导小组及办公室，办公室设指导组、宣传组、综合组，日常工作由工委组织部承担。7 月 29 日，建立市直机关“创先争优”活动领导小组成员联系点 10 个：市发改委、市科技局、市水利局、泉州海事局、泉州电业局、市妇联、市建设局、市林业局、市总工会、市烟草专卖局，由市直机关工委和部室领导 10 名各联系 1 个单位。7 月 30 日，召开市直机关深入开展“创先争优”活动工作会议，贯彻落实中央和省、市委会议精神，明确要着力抓好的工作：大力宣传、造浓氛围；把握重点、扎实推进；突出跨越，增强实效。截至 7 月 30 日，开展“创先争优”活动的党委 80 个、党总支 38 个、党支部 822 个、党员 15551 名。市直机关工委编发《泉州机关党建“创先争优”专版》5 期，市委创先办简报第 5 期专门报道市直机关工委“四个坚持”的做法。

2010年8月4日起，贯彻市委“创先争优”活动领导小组工作意见，进一步推进“创先争优”活动深入开展。主动服务大局，在加快科学发展、转变发展方式中“创先争优”；在改进作风、忠诚履职中“创先争优”；在抗灾救灾、恢复重建中“创先争优”。重点抓好6项工作：学习贯彻中央颁发新修订的《中国共产党党和国家机关基层党组织工作条例》；组织对发展党员工作、党费使用情况进行全面检查；强化“协同、协作、合力”工程建设；学习宣传彭州援建指挥部党支部先进事迹；深化机关党建“三级联创”；开展创建学习型党组织活动。8月10日起，在开展“创先争优”活动中做好基层党组织和党员公开承诺工作。机关党组织围绕服务中心、改进作风、提升效能、服务群众、改善民生等方面作出承诺。党员围绕讲党性、重品行、作表率，在带头学习、提升能力、改革创新、推动发展、认真履职、服务群众、遵纪守法、勤政廉政等方面作出承诺。

2010年8月，根据省委八届九次全会大干150天，全力实施好重点项目建设战役、新增长区域发展战役、城市建设战役、小城镇改革发展战役、民生战役“五大战役”的部署。在推进“五大战役”中深化“创先争优”活动，各级党组织动员一切力量投入实施“五大战役”工作中，各司其职，各负其责，形成合力，充分发挥战斗堡垒作用。广大党员鼓足干劲，发挥主体地位和先锋模范作用，以模范行动彰显共产党员的先进性。10月，根据省委组织部、省委“创先争优”活动领导小组、省委老干部局《关于在离退休干部党组织和党员中深入开展“创先争优”活动的实施方案》，按照支部班子好、党员队伍好、组织设置好、活动开展好、群众反映好“五个好”标准，开展离退休干部党支部创先活动；按照学习活动好、教育后代好、发挥作用好、保持本色好“四个好”标准，开展争当优秀离退休干部党员的活动。

2011年1月，在“创先争优”活动中，召开党员大会或党组织书记会议，回顾总结2010年4月以来“创先争优”工作，分析公开承诺、领导点评和落实承诺等方面存在的不足和问题，提出整改意见和措施。做好上级党组织对下级党组织、党组织书记对党员的点评工作，肯定成绩，提出努力方向和工作要求。6月，以庆祝建党90周年为契机，进一步深化“创先争优”活动，开展“一先两优”评选表彰；围绕继续打好“五大战役”、大干“十二五”开局之年，在服务中心、重大项目、重点工程上开展承诺、示诺、践诺、评诺，普遍开展1次领导点评；组织党员干部走访、回访结对帮扶对象，开展志愿服务活动，为群众办实事、做好事、解难事，开展对老党员、老干部困难党员走访慰问活动。6月27日，市直机关工委表彰2009—2010年先进基层党组织88个、优秀共产党员90名、优秀党务工作者44名、优秀党支部书记40名。9月，借鉴“168”党建工作机制，采取征求意见、确定目标、分解任务、设岗定责、公开承诺、亮岗履职、对岗评诺、兑现奖惩方法，党组织和党员把承诺的事情做起来，落实好。12月，采取广泛走访群众、深入基层调研、排查矛盾纠纷，开展结对帮扶、兴办惠民实事方法，推动党员干部深入基层为民服务。12月23日起，对基层党组织和党员开展“创先争优”活动情况进行群众评议，以党支部为单位进行。对基层党组织评议主要内容包括组织开展“创先争优”情况，推动中心工作和重点任务完成情况，承诺践诺情况，为群众办实事、做好事、解难事情况，加强党组织和党员队伍建设情况。对党员进行评议主要内容包括参加“创先争优”活动情况、立足岗位履行职责情况、承诺践诺情况、联系和服务群众情况。采取征求意见、开展自查、召开会议、进行评议、通报情况、整改提高的方式进行。

2012年4月9日起，在“创先争优”活动中坚持项目带动和品牌带动，实施“168”机制延伸提升项目、“创先争优”活动项目、《中国共产党党和国家机关基层组织工作条例》学习贯彻工作项目、机关党建“三级联创”工作项目、党员素质提升项目、特色党建工作项目。7月3日，表彰2010—2012年市直机关“创先争优”先进基层党组织69个、优秀共产党员49名。11月，开展基层党建项目考评工作，对各单位实施项目进行考评，召开基层党建项目建设亮点展示评选表彰会，由各单位以课件等形式进行演示介绍，组织评委和参评单位负责人进行民主投票，评出一等奖2个、二等奖4个、三等奖6个。12月起，贯彻落实省委组织部印发的《党员干部直接联系群众工作制度》《基层党组织和党员公开承诺制度》《基层党组织和党员接受群众评议制度》《选树和宣传基层先进典型制度》《党内激励关怀帮扶制度》《县乡党委书记抓基层党建工作专项述职制度》6项促进“创先争优”常态化长效化制度，抓好党建机制建设。100%机关党组织和98.5%党员进行公开承诺、践诺。12月17日起，在窗口单位和服务行业基层党组织和党员中建立“三亮三比三评”制度：亮标准、亮身份、亮承诺，比技能、比作风、比业绩，群众评议、党员互评、领导点评活动。

2010年以来，在“创先争优”活动中坚持“党建带群建、群建服务党建”，工青妇开展“工人先锋号”“青年文明号”“巾帼建功”活动。至2012年6月，泉州市总工会授予260多家“工人先锋号”，团市委授予1258家“青年文明号”。2010—2012年6月，抓好“创先争优”活动宣传工作，《人民日报》综合报道2次，人民网、中直党建网分别采用11条和9条，《福建日报》、福建电视台分别报道35篇（次）、34篇（次）；中央创先办工作简报、中国共产党新闻“创先争优”网分别采用4篇、2篇；省委创先办工作简报采用9篇；市委创先办工作简报采用26篇。

2014年7月7日，市直机关工委表彰先进基层党组织85个、优秀共产党员94名、优秀党务工作者46名、优秀党支部书记45名。

2016年7月1日，市直机关工委表彰90个先进基层党组织、91名优秀共产党员、42名优秀党务工作者和49名优秀党支部书记。

1991—2016年，市直机关工委共表彰先进基层党组织881个（次）、优秀共产党员1281人（次）、优秀党务工作者685人（次），先进纪检组织48个（次）、优秀纪检干部96人（次），优秀党支部书记89人（次）。

若干年度市直机关工委表彰“一先两优”统计表

表6-5

年度	先进基层党组织（个）	优秀共产党员（人）	优秀党务工作者（人）	先进纪检组织（个）	优秀纪检干部（人）	优秀党支部书记（人）	表彰时间
1991—1992年	76	94	90	3	10	—	1993.6.19
1993—1994年	81	176	88	8	16	—	1995.6.29
1995—1996年	71	174	72	8	18	—	1997.6.24
1997—1998年	51	83	47	7	15	—	1999.6.15
1999—2000年	40	75	38	—	—	—	2001.6.20
2001—2002年	63	109	55	7	9	—	2003.6.23

续表 6-5

年度	先进基层党组织（个）	优秀共产党员（人）	优秀党务工作者（人）	先进纪检组织（个）	优秀纪检干部（人）	优秀党支部书记（人）	表彰时间
2003—2004 年	80	123	84	5	10	—	2005. 6. 17
2006—2007 年	87	123	79	10	18	—	2008. 6. 24
2009—2010 年	88	90	44	—	—	40	2011. 6. 27
2010—2012 年	69	49	—	—	—	—	2012. 7. 3
2013—2014 年	85	94	46	—	—	—	2014. 7. 7
2015—2016 年	90	91	42	—	—	49	2016. 7. 1
合　计	881	1281	685	48	96	89	—

（二）获省委表彰

1982 年，获省委表彰先进基层党组织 2 个：泉州罐头厂党支部、泉州幼儿师范学校党支部；先进党小组 1 个：晋江地区农科所试验队党小组；优秀共产党员 4 名：泉州幼师陈家繁、泉州罐头厂陈根发、晋江地区公安处颜呈政、晋江地区百货站万国强。

1989 年，获省委表彰先进基层党组织 2 个、优秀党务工作者 2 名。

1993 年，获省委表彰先进党组织 2 个：市直外经贸委系统党委、市纪委机关党支部；优秀共产党员 7 名：市公路局方庆熙、市自来水公司黄祥川、泉州师专赖进宝、市物资局李献聪、市汽车运输总公司许益愁、省第四监狱张宏钊、市委党校郑文伟；优秀党务工作者 3 名：市财贸干校曾松土、市外经贸委蒋英璠、市农办王惠榕。

1995 年，获省委表彰先进基层党组织 3 个：泉州邮电局党委、市委组织部机关党支部、市财政局机关党支部；优秀共产党员 5 名：罗曼玲、周俊、黄清桂、陈超群、郑乙全；优秀党务工作者 2 名:蔡忠荣、吴天赐。

2001 年，获省委表彰先进基层党组织 3 个：市人事局机关党总支、市百源干休所党支部、泉州师范学院党委；优秀党务工作者 1 名：市国家安全局任肃玲。

2003 年，获省委表彰先进基层党组织 2 个：泉州电业局党委、市委政法委机关党支部；优秀共产党员 1 名：市第一医院梁世山。

2006 年，获省委表彰先进基层党组织 1 个：泉州电业局党委；优秀共产党员 1 名：市国税局陈玉明；优秀党务工作者 1 名：市委办公室杨建辉。

2008 年，获省委表彰先进基层党组织 2 个：市直水利系统党委、市档案局机关党支部；优秀共产党员 2 名：市检察院杨永强、泉州电业局俞赐湖；优秀党务工作者 1 名：市纪委黄荣峰。

2011 年，获省委表彰先进基层党组织 4 个：市委组织部机关党支部、市纪委机关党委、泉州电业局党委、市农业局离退休干部党支部；优秀共产党员 3 名：市政协王文泰、市知识产权局邱江鸿、市文广新局谢万智；优秀党务工作者 3 名：市直机关工委李世杰、市烟草专卖局李水玉、市水利局蔡良碧。

2012 年，获省委表彰“创先争优”先进基层党组织 1 个：市水利局机关党支部；优秀共产党员

1 名：市直机关工委王志强。

2014 年，获省委表彰先进基层党组织 3 个：市山美水库管理处党委、市国家安全局机关党委、市委老干部局机关党委；优秀共产党员 3 名：市木偶剧团王景贤、市公路局张文土、市建设工程造价管理站詹秋冰；优秀党务工作者 2 名：市委宣传部林培山、市教育局邱宝塔。

2016 年，获省委表彰先进基层党组织 1 个：市直机关工委机关党总支；优秀党务工作者 1 名：市城市管理行政执法局郑玉珍。

（三）获市委表彰

1989 年，3 个基层党组织、2 名优秀党务工作者获市委表彰。

1991—2016 年度，获市委表彰先进基层党组织 86 个、优秀共产党员 106 名、优秀党务工作者 100 名、优秀纪检干部 14 名。

若干年度获泉州市委表彰“一先两优”名表

表 6-6

表彰时间	先进基层党组织	优秀共产党员	优秀党务工作者	优秀纪检干部
1993 年 6 月	市纪委机关党支部 市委组织部机关党支部 市直机关工委机关党支部 市直外经贸委系统党委 市直计委系统党委 市乡镇企业局机关党支部 省盐业公司泉州分公司党支部 泉州电力学校党委	方庆熙、黄祥川 赖进宝、李献聪 许益愁、张宏钊 郑文伟、陈川河 林木填、许一纬 林胜利、邱和良 方跃祥、蔡振煌 耿连江	曾松土、蒋英播 王惠榕、赵荣春 蔡淑莲、龚万全 黄穆龙、何南昌 黄印宪、陈嘉佑 蔡早治、陈晓灵 马文纪、李天来	—
1995 年 6 月	市汽车运输总公司客运一公司党总支 南安师范学校党总支 市司法局机关党总支 省公路稽征局泉州稽征处党委	曾焕楷、吕秀卿 李木春、陈明国 许丽影、陈丕纯 吴绯纹、李培德 胡东红、陈敏华 袁道金、张攀辉 赖金狮、赖震宇	许松林、郭厚金 郭赞习、林汉津 曾镇钦、吴世艳 陈亨亮、蔡爱萍 林志凯、林贤德 陈宜盛、秦潇湘 刘兆麟	—
1999 年 6 月	市委办系统党委 市龙门滩引水工程管理处党委 市地税局机关党总支 省五建水电公司党支部 市轻工进出口公司党支部 市第三医院党支部	李森建、郑进南 陈清发、刘焕霞 陈安辉、王恒山 洪泉阳、张文土 吴家阳、庄卫东	张锡坤、黄黎波 连如碧、洪健中 吴永熊、陈文秀	蒋德明 万福树 林 曦 林育伟
2001 年 6 月	市委办公室机关党支部 市光前医院行政党支部 市计委机关党支部 市烟草专卖局机关党支部 市林业局机关第五党支部 市建委机关第一党支部 泉州邮政局党委 泉州电业局送电部党支部 泉州师范学院初教系第三党支部	吴建生、赖金狮 潘丰源、张灿琪 林国荣、林木填 康清桂、林国明 苏龙龙、郑华山	杨建辉、陈衍鲍 孙笃材、李冀闽 林春城、林子琪 骆志成、柳文伙 李金麟、粘秋生	俞 捷 傅炳煌 林开通 曾焕然 黄田木

续表 6-6

表彰时间	先进基层党组织	优秀共产党员	优秀党务工作者	优秀纪检干部
2003 年 6 月	市档案局机关党支部 市公安局出入境管理科党支部 市政府办公室第一党支部 市总工会机关党总支 福建省金帝集团公司党支部 泉州轻工工艺进出口公司党支部 市公路局机关第一党支部 市盲聋哑学校党支部 市地税局直属分局党支部 泉州电信分公司党委	邹　雄、林耀平 吴忠刘、郭培明 林庆波、王碧江 黄双基、黄伯钊 吴森森、叶　军	何水文、黄珊珊 张锦宗、王永平 吴德育、方生才 蔡碧毓、黄世烟 吴金旺、黄全瑜	苏培思 李宏兴 黄志强 林传桂 王锦顺
2006 年 6 月	市委办系统党委 市直水利系统党委 市人大常委会机关党委 泉州电业局党委 泉州稽征处党委 市政府办公室离退休干部党支部 市妇联机关党支部 市公安局巡特支队直属大队党支部 市地税局直属分局党支部	王惠佳、彭耕耘 张丽玲、陈开经 吴志明、陈玉明 陈建泉、方万瑚 余日启、吴玮玮	杨建辉、彭垂鼎 黄珊珊、郑　强 刘焕霞、傅伟林 林跃鸿、朱逊红 张传忠、张晓文 梅　永、陈业庆 许辉荣、徐　剑 李丽雄	—
2008 年 6 月	市委办公室机关第一党支部 市公安局收容教育所党支部 市环境保护局机关党支部 市科学技术协会机关党总支 市委文明办机关党支部 市贸易发展局机关党支部 市环境卫生管理处党支部 市国家税务局机关党委 福建泉州监狱党委 福建省闽东南地质大队党委	陈艺坚、赖育永 王秀华、李胜长 刘国才、王家春 刘克华、许剑文	高金全、施叔龙 林坚栋、李水玉 黄国勇、庄荣煌	—
2011 年 6 月	市委文明办机关党支部 市总工会机关党委 市委统战部机关党支部 市政府办公室机关第一党支部 市政协机关办公室党支部 市园林管理局党支部 中国电信泉州分公司党委 省一九七地质队东辰地勘院党支部 市国资委机关党支部	邱庆南、陈海杰 郑新锋、杨晓英 许美华、骆沙舟 薛文新、王沥萍 张志红、吴秋生	张才贵、林志彬 庄稼汉、林炳顺 王曙阳、谢华东 陈欲文、吴家建 杨亚红	—

续表 6-6

表彰时间	先进基层党组织	优秀共产党员	优秀党务工作者	优秀纪检干部
2014 年 6 月	市人大常委会机关党委 市委办公室机关党支部 市直机关工委机关党总支 市政公用事业管理局机关党支部 市图书馆党支部 市急救指挥中心党支部 市农业局机关党委 市政协机关党委 市委党校机关党委	巫锡柱、傅科研 陈守林、傅志宏 郭献文、肖朝照 陈焕斌、吕 婕 张 敏	夏国基、吴奎川 刘朝芳、岳屿兰 郭丽芬、庄丽珍 林扬州、黄炯奇 郑江华	—
2016 年 6 月	市第三医院党支部 市文联机关党支部 市政府办公室机关党委 市总工会机关党支部 市水利局机关第二党支部 市文化广电新闻出版局机关党支部 市人大常委会机关第一党支部 市直交通运输系统党委 市泉秀干休所党支部 市委办公室机关离退休人员党支部	王月娇、黄小寅 陈成业、蔡 敏 傅孙满、巴特尔 陈鸿清、吴希文 林国新、江建华	郑玉珍、黄书毅 刘 滨、陈玉萍 刘坤华、阮丽双 林津禄、廖菁菁	—

二、建设“五好”党支部活动

1998 年，市直机关工委组织机关党委书记、专职副书记分 3 批到惠安、晋江、石狮参观机关、乡镇、村、新经济组织党建工作，统一对开展建设“五好”党支部重要性的认识。将机关党的工作分类归纳为 9 个方面 14 个问题，印发调研提纲征求意见，形成共识，决定从 1998 年 7 月开始开展建设“五好”党支部活动。

第一轮（1998 年 7 月至 1999 年 6 月）

1998 年 6 月 9 日，市直机关工委印发《关于在市直机关、单位开展建设“五好”党支部活动的实施意见》，按照第一年抓典型带动，第二年抓相对规范，第三年抓全面提高，力争经过 3 年努力，90%以上党支部达到“五好”标准：有一个好的领导班子、有一支好的党员队伍、建立健全一套好的党建制度、形成一种好的思想作风、创造一流的好业绩，为开展创建机关党建工作先进单位打好基础。

1999 年 8 月，组织 10 个考评组对申报的 208 个党支部进行考评，确定首批“五好”达标先进党支部 76 个、达标党支部 125 个、未达标 3 个、撤回申报 4 个。1999 年 11 月 1 日，市直机关工委表彰第一轮先进达标党支部 77 个、达标党支部 122 个，先进达标党支部占市直党支部总数的 25.7%。同日，印发《关于深入开展创建“五好”党支部活动的意见》，明确创建目标，坚持分类指导；认真总结经验，发挥典型作用；完善考评内容，规范支部工作；建立工作机制，加强督促检查等5条意见，先进达标党支部和达标党支部不搞“终身制”，实行一年一评制。市委书记何立峰充分肯定创建成效，批示赞成5条意见。11月16日，召开创建“五好”党支部经验交流会，总结推广28个先进达标党支部的经验和做法，为推动第二轮创建活动创造条件。

第二轮（1999年7月至2000年6月）

认真总结第一轮创建活动经验，通过召开经验交流会、现场观摩会，宣传推广第一轮先进“五好”党支部经验。召开2次座谈会，针对不同行业性质、工作特点，修订完善活动内容和考评标准。组织13个考评组对第二轮申报的341个党支部进行考评验收。

2000年11月14日，表彰第二轮先进“五好”党支部121个、“五好”党支部212个。经过两轮创建活动，共有533个党支部达到“五好”标准，占党支部总数959个的61.3%，其中先进“五好”党支部198个，占党支部总数的20.64%。11月24日，召开市直机关创建“五好”党支部活动经验交流暨表彰会议，市委副书记骆灿堂对深入开展创建活动提出3条要求：认真总结经验，精心培育典型；严格党内制度，强化规范管理；加强分类指导，提高整体水平。

第三轮（2000年7月至2001年6月）

2000年11月8日，市直机关工委印发《关于进一步深入开展创建“五好”党支部活动的意见》，提出第3年创建活动总体要求是：通过创建活动，使党支部班子更加坚强有力；党员队伍先锋模范作用更加明显；党建工作制度更加规范；党建工作责任制和党风廉政建设责任制更加落实；两个文明建设业绩更加突出。分别对机关党支部、事业单位党支部、企业党支部和离退休人员党支部提出创建要求，强调对基础薄弱党支部做好转化工作。

2001年5月15日，制订和印发机关、事业、企业、离退休人员党支部等4种不同类型党支部的考评标准和内容。8月开始，组织第三轮建设“五好”党支部考评工作。11月27日，印发《进一步加强市直机关“五好”党支部建设的意见》。实行分类指导，对已授予先进“五好”党支部的实行常规检查，随机考评，每年抽查三分之一，3年全部抽查1次，符合条件的保持荣誉称号，不符合条件的限期整改，改正期限后再次考评，不符合先进“五好”条件的，降格为“五好”党支部，或摘牌。已授予“五好”称号的党支部可申报先进“五好”党支部，由市直机关工委考评。已授予“五好”党支部的，由系统党委、驻泉省部属单位党委每年抽查三分之一，3年抽查1遍，符合条件的保持荣誉称号，不符合条件的限期整改，改正期限后再次检查，认定不符合条件的，摘牌。首次申报“五好”党支部的，由系统党委、驻泉省部属单位党委考评，报市直机关工委复评确认后予以授牌。12月31日，表彰第三轮先进“五好”党支部45个、“五好”党支部136个，第一、二轮“五好”党支部在第三轮创建中评为先进“五好”党支部的61个。表彰组织开展建设“五好”党支部活动的先进单位40个（党委10个、党支部30个）、先进工作者20名。经过3年努力，共有671个党支部评为先进“五好”和“五好”党支部，其中：机关党支部248个，占95.8%；事业单位党支部246个，占90.4%；企业党支部177个，占64.8%，基本实现3年活动规划的目标和要求。

第四轮（2001年7月至2002年6月）

2001年，总结前3轮创建活动经验，制订进一步加强“五好”党支部建设的意见，坚持分级管理，分类指导，重点督查原则，采取限期改正、末位淘汰、摘牌相结合的动态管理办法，提高创建水平。

2002 年 8 月 26 日至 9 月 13 日，对第四轮直接申报先进“五好”党支部的逐个考评；对前三轮表彰的“五好”党支部、第四轮申报先进“五好”党支部的逐个考评；前三轮表彰的先进“五好”党支部由市直机关工委随机抽查三分之一党支部；前三轮表彰的“五好”党支部由系统（局）党委、驻泉省部属单位党委随机抽查三分之一党支部。12 月 27 日，表彰第四轮先进“五好”党支部 73 个、“五好”党支部 32 个。对 2001 年 7 月 1 日以来党员违纪受处分和 2001 年 7 月 1 日以前党员违纪未处理，2001 年 7 月 1 日以后受处分的先进“五好”和“五好”党支部不予保持称号。撤销 3 个党支部先进“五好”党支部称号、9 个党支部的“五好”党支部称号。经过四轮创建，已有 732 个党支部达到先进“五好”和“五好”党支部标准，占党支部总数的 83. 8%。

第五轮（2002 年 7 月至 2003 年 6 月）

2003 年第三季度，组织对各系统“五好”党支部申报先进“五好”或第五轮直接申报先进“五好”党支部的进行验收考评，并对前四轮先进“五好”党支部进行抽查。12 月 31 日，表彰先进“五好”党支部 77 个、“五好”党支部 43 个。撤销 6 个党支部的先进“五好”党支部称号、5 个党支部的“五好”党支部称号。

第六轮（2003 年 7 月至 2004 年 6 月）

2004 年 9 月，组织对 70 个申报第六轮先进“五好”党支部进行考评，抽查前三轮先进“五好”党支部 54 个。12 月 9 日，表彰先进“五好”党支部 65 个、“五好”党支部 62 个。撤销 6 个党支部先进“五好”党支部称号、6 个党支部的“五好”党支部称号。截至 2004 年 12 月，先后有 857 个党支部被评为“五好”党支部，占党支部总数的 91. 9%，其中先进“五好”党支部 513 个，占受表彰党支部的 59. 9%。

第七轮（2004 年 7 月至 2006 年 6 月）

2004 年 12 月 21 日，对前三轮先进“五好”党支部抽查中存在问题较多的 5 个党支部发出限期整改通知书，整改期限 3 个月。12 月 23 日，市直机关工委印发《关于在市直机关、单位进一步深入开展“五好”党支部建设活动的意见》，从第七轮开始，每 2 年评选表彰 1 次先进“五好”和“五好”党支部。第七轮创建活动目标要求：以建好班子、带好队伍为根本，以转变作风、树好形象、创好业绩为目标，以党支部工作的制度化、规范化为重点，切实做好分类指导、培育典型、培训党务干部和规范考评等工作，提高机关党的基层组织建设的整体水平。评选实行届期制，不搞终身制。2005 年 6 月，对整改情况进行复查评议，同意限期整改的 5 个党支部继续保持先进“五好”党支部称号。2006 年 12 月 31 日，表彰先进“五好”党支部 133 个、“五好”党支部 77 个。

第八轮（2006 年 7 月至 2008 年 6 月）

第八轮创建活动围绕“基层组织年”建设活动，抓基层、打基础，不断加强党组织规范化建设。2008 年 12 月 30 日，表彰第八轮先进“五好”党支部 151 个、“五好”党支部 60 个。

第九轮（2008 年 7 月至 2010 年 6 月）

第九轮创建活动采取逐级申报、分类标准、分级考评、统一表彰的办法进行。先进“五好”党支部评选名额由市直机关工委根据前八轮建设“五好”党支部活动成效及本届期内党建情况确定并分配至各单位。2010 年 9—10 月，组织抽查和考评。2011 年 1 月 27 日，表彰第九轮先进“五好”党支部 169 个、“五好”党支部 57 个。

第十轮（2010 年 7 月至 2012 年 6 月）

将建设“五好”党支部活动融入创建机关党建工作先进单位、机关党建“三级联创”活动、机关文明单位创建活动、“一先两优”创建活动之中，党支部建设进一步加强，作用进一步发挥。2013 年 2 月 20 日，表彰第十轮先进“五好”党支部 164 个、“五好”党支部 155 个。

第十一轮（2013 年 1 月至 2014 年 12 月）

2013 年，赋予“五好”党支部建设新的内涵。3 月 12 日，制订深入开展第十一轮“五好”党支部建设活动的意见。对所属基层党组织进行分别排队、评定等级、分类指导、晋位升级。以目标引动、机制促动、典型带动，巩固先进基层党组织；以建好队伍、强化考评、落实保障，提升一般基层党组织；以配强书记、健全制度、结对帮扶，转化后进基层党组织。改进组织方式和评选办法，按照“分级管理、分类指导”原则，市直机关工委做好规划指导、管理监督、协调服务工作。系统（局）党委、直属党总支、驻泉省部属单位党委制订活动规划，细化建设目标，强化建设措施。评选工作采取逐届申报、分级考评、统一表彰的办法进行，原则上每 2 年评选表彰 1 次。

2014 年 12 月 5 日，对原有“五好”党支部考评表进行修改，分别制订《泉州市直“五好”党支部考评表（机关、企事业单位）》和《泉州市直“五好”党支部考评表（离退休干部党支部）》，采取千分制方法进行考评。2014 年 12 月 25 日至 2015 年 1 月 5 日，对申报第十一轮先进“五好”的 209 个党支部进行考评，申报“五好”的 196 个党支部，委托基层党委考评，并报市直机关工委复核。2015 年 2 月 13 日，表彰第十一轮先进“五好”党支部 192 个、“五好”党支部 200 个。

第十二轮（2015 年 7 月至 2017 年 6 月）

2015 年 7 月 9 日，制订《关于在市直机关、单位深入开展第十二轮“五好”党支部创建活动的意见》。从 2015 年 7 月至 2017 年 6 月止，开展第十二轮建设“五好”党支部活动。“五好”党支部的基本条件：在领导班子建设上树标杆；在党员队伍建设上树标杆；在工作机制建设上树标杆；在争创一流业绩上树标杆；在建立良好的党群干群关系上树标杆。采取逐轮申报、同步创建、分级考评与表彰办法进行。

2017 年 5 月 26 日，按照《市直机关党支部“5433”工作方法（试行）》，重新修订“五好”支部考评内容和细则，设置领导班子好、党员队伍好、工作机制好、工作业绩好、群众反映好 5 个方面考评项目，18 项考评内容，57 个评分要点，总分 1000 分。6 月，采取听取汇报、材料审核、实地考察、座谈了解、问卷调查和征求意见等 6 种方式，开展第十二轮先进“五好”党支部考评。11 月 9 日，市直机关工委表彰第十二轮先进“五好”党支部 247 个。

1998—2017年市直机关工委表彰先进“五好”和“五好”党支部统计表

表6-7 单位：个

轮次	开展时间	表彰情况			表彰时间	文号
		先进“五好”党支部	“五好”党支部	合计		
第一轮	1998. 7—1999. 6	77	122	199	1999. 11. 1	泉委工〔1999〕27号
第二轮	1999. 7—2000. 6	121	212	333	2000. 11. 14	泉委工〔2000〕综25号
第三轮	2000. 7—2001. 6	106	136	242	2001. 12. 31	泉委工〔2001〕综42号
第四轮	2001. 7—2002. 6	73	32	105	2002. 12. 27	泉委工〔2002〕综31号
第五轮	2002. 7—2003. 6	77	43	120	2003. 12. 31	泉委工〔2003〕综40号
第六轮	2003. 7—2004. 6	65	62	127	2004. 12. 9	泉委工〔2004〕综35号
第七轮	2004. 7—2006. 6	133	71	204	2006. 12. 31	泉委工〔2006〕综35号
第八轮	2006. 7—2008. 6	151	60	211	2008. 12. 30	泉委工〔2008〕8号
第九轮	2008. 7—2010. 6	169	57	226	2011. 1. 27	泉委工〔2011〕3号
第十轮	2010. 7—2012. 6	164	155	319	2013. 2. 20	泉委工〔2013〕1号
第十一轮	2013. 1—2014. 12	192	200	392	2015. 2. 13	泉委工〔2015〕综6号
第十二轮	2015. 7—2017. 6	247		247	2017. 11. 9	泉委工〔2017〕综64号

2017年11月9日，表彰先进“五好”党支部标兵13个：

泉州市纪委机关第一党支部

泉州市委办公室机关党支部

泉州市档案局机关党支部

泉州市委机构编制办公室机关党支部

泉州市委统战部机关党支部

泉州市人民警察训练学校党支部

国家统计局泉州调查队党支部

泉州市气象局党支部

泉州市第一医院门急诊第二党支部

泉州市水利局机关第一党支部

泉州市山美水库管理处检修分场党支部

泉州市龙门滩引水工程管理处处直机关第一党支部

国网泉州供电公司泉港客户服务分中心党支部

三、创建“机关党建工作先进单位”活动

2000年3月1日，市委批转市直机关工委《关于在市直机关开展创建“党建工作先进单位”活动的意见》，决定从2000年开始，在市直机关开展以“党组（党委）领导班子自身建设抓得好”“党组（党委）对机关党建的领导和指导成效明显”“机关党委积极主动地开展工作”“基层党支部战斗堡垒作用发挥得好”“机关党的建设促进了单位两个文明建设”为基本条件的创建“机关党建工作先进单位”活动。创建活动在市委统一领导下进行，由市直机关工委组织实施，原则上每2年进行1次，第一年初评、第二年总评。首次评选时间定于2002年上半年（评选2000—2001年度），由市直机关工委进行考评，符合条件的，以市委名义授予“机关党建工作先进单位”称号。

第一轮（2000—2001年度）

2000年4月3日，市直机关工委印发《关于在市直机关开展创建“党建工作先进单位”活动的实施办法》，对创建活动的基本条件、组织领导和评选方法进行细化。4月25日至6月15日，组织5个考评组对79个单位第一轮创建活动情况进行考评，按照好、中、差3个档次进行评估，向市委报送考评报告。6月27日，召开泉州市创建“机关党建工作先进单位”经验交流暨表彰会，市委表彰市委办公室、市政协机关、市委组织部、市委宣传部、市委农工办、市建设局、市档案局7个单位为第一届“机关党建工作先进单位”，通报表扬成效明显单位19个。7个先进单位介绍经验。市委书记何立峰出席并讲话。

第二轮（2002—2003年度）

2003年6月4日，组织6个督查组对第一轮创建活动受市委表彰的7个机关党建工作先进单位和通报表扬的19个较好单位进行调研，对7个较一般和18个未申报的单位进行督查。从对51个单位调研督查看，主要做法和成效：宣传发动，创建氛围渐趋浓厚；狠抓落实，创建机制进一步健全；“三级联创”，机关党建更加规范；更有活力，服务大局，机关“三个文明”建设成效显著。但也存在一些单位创建主题不明确，创建责任制不够落实，党建工作规范化水平尚待提高等问题。针对存在问题提出意见和建议：重视宣传造势，营造更加浓厚的创建氛围；坚持与时俱进，赋予创建新内涵；不断规范考评，构建创建新机制；加强领导指导，提高创建工作水平。

2004年4月5日至5月30日，组织6个考评组对第二轮创建活动情况进行总评。对第一届7个先进单位申报继续保持荣誉称号的进行考评，其他64个开展创建活动的单位不再申报，一律进行考评。考评按照“五个基本条件”分解为22个考评项目，实行定量考评。考评内容既考核面上的党建内容，又突出考核贯彻《中国共产党党和国家机关基层组织工作条例》；既考核常规党建工作，又考核党建创新工作，突出考评“氛围、实绩、创新、典型、民意”；既考核党务工作，又考核“三个文

明”协调发展情况。考评方法既坚持按照评分标准综合评价，又采用听取汇报、谈话了解、问卷测试等方法；既坚持看主流、看群众认可程度，又立足于发现苗头性问题，原汁原味、客观公正反馈存在的差距。

2004年7月1日，召开泉州市直机关党建创先活动经验交流暨表彰会，市委表彰第二届（2002—2003年度）“机关党建工作先进单位”17个，通报表扬22个单位。市人大常委会机关、市政府办公室、市纪委（监察局）机关、市委政法委、市委610办公室、市委老干部局、市贸易发展局、市人事局、市国税局9个单位介绍经验。市委书记施永康出席并讲话。

第三轮（2004—2006年度）

2004年8月24日，市委办公室印发市直机关工委《关于市直机关深入开展第三轮创建“党建工作先进单位”活动的意见》，第三轮创建活动紧紧围绕实现“两个率先”目标，创新工作思路，拓展工作内涵，改进工作方法，增强创建实效。从第三轮开始，评选工作由每2年评选1次，改为每3年评选1次。

2007年3月，市直机关工委制订《第三轮（2004—2006年）泉州市直机关党建工作先进单位考核评估明细表》。4月6日至5月30日，组织6个考评组对81个单位第三轮创建活动情况进行总评，考评工作首次采用千分制方法进行。7月1日，召开泉州市机关党建创先活动经验交流暨表彰会，市委表彰第三届（2004—2006年）“机关党建工作先进单位”24个，通报表扬17个单位。书面交流机关党建创先活动经验。施永康出席并讲话。

第四轮（2007—2009年度）

2007年6月13日，市委办公室转发市直机关工委《关于市直机关深入开展2007—2009年（第四轮）创建“党建工作先进单位”活动的意见》，第四轮创建活动按照党组（党委）领导班子好、党员干部队伍好、基层组织建设好、机关作风形象好、单位履职业绩好、工作机制运行好的“六个好”目标要求，重班子、重实效、重形象，充分发挥“三个作用”，努力建设“三个一流”，扎实推动“三个走前头”。扩大创建活动覆盖面，凡党组织隶属市直机关工委管理的正处级以上单位（不含合署办公单位），以及驻泉省部属单位均参加创建活动，创建单位由81个增至106个。按照设立系统党委、设立党委（党总支）、设立党支部的单位及驻泉省部属单位4种类型分别进行考评。10月，组织3个督导组对36个部门、单位进行督查，并向市委呈报督查情况报告。

2008年11月14日至12月15日，组织8个督查组对参加第四轮创建活动的三分之一部门、单位进行督查，接受督查的36个部门、单位采用随机抽查方式确定。督查按听取介绍、查阅资料、综合分析、情况反馈等步骤进行。向市委呈报督查情况报告，提出完善党建创先领导体制和工作机制、修订健全党建创先考评标准、改进创建创先考评办法、强化机关党务干部培养和使用4条建议。

2009年10月29日至12月15日，开展第四轮创建活动情况考评工作，总结3年来创建活动主要做法和成功经验，查找党建工作薄弱点，提出完善考评体系的建议和意见，向市委作专题报告。

2010年3月29日，市委表彰第四届（2007—2009年度）“机关党建工作先进单位”35个，对19个机关党建创先活动成效明显单位给予通报表扬。

第五轮（2010—2012 年度）

2010 年 4 月 26 日，市委办公室转发市直机关工委《关于在市直机关深入开展 2010—2012 年（第五轮）创建“党建工作先进单位”活动的意见》。第五轮创建活动，坚持围绕中心，服务大局；坚持执政为民，服务群众；坚持党要管党，从严治党；坚持改革创新，务求实效；坚持制度建设，规范运作；坚持分类指导，整体推进。以建设一流机关、打造一流队伍、培育一流作风、创造一流业绩，实现机关党的工作、机关共产党员、机关工作“走前头”，做到党组（党委）领导班子好、党员干部队伍好、基层组织建设和机关作风形象好、单位履职业绩好、工作机制运行好为创建目标。进一步落实创建工作责任制，进一步落实创建活动的组织措施，进一步改进活动方式和考评方法。参与创建活动单位 106 个，其中设立系统党委的单位 17 个；设立党委（党总支）的单位 37 个（设立党委的单位 26 个，设立党总支的单位 11 个）；设立党支部的单位 25 个；驻泉省部属设立党组（党委）的单位 27 个。

2012 年 10 月 23 日，制订《2010—2012 年（第五轮）“机关党建工作先进单位”考评明细表》。考评内容：领导班子建设、党员干部队伍建设、基层组织建设、机关作风建设、工作机制运行、单位履职业绩六大项 39 小项，总分 1000 分。组织 9 个考评组对 103 个单位进行综合考评。

2013 年 3 月 15 日，市委表彰第五轮（2010—2012 年度）“机关党建先进单位”36 个，通报表扬成效明显单位 16 个。

第六轮（2013—2015 年度）

2014 年 8 月中下旬，开展第六轮创建“机关党建工作先进单位”活动督查。组织 4 个督查组对 40 个创建单位进行督查。围绕 2013 年以来党组织领导班子建设、党员干部队伍建设、基层组织建设、工作机制建设、机关作风建设、单位履职业绩等内容展开，重点了解创建工作体制机制是否健全；工作措施是否得力；载体运用是否创新；创建实效是否明显。经综合分析，创建活动“好”的单位 20 个、“中”的单位 17 个、“差”的单位 3 个。总结创建活动主要做法和成效，针对存在的 5 个问题提出 5 条建议。

2015 年 11 月 25 日，制订《泉州市直“机关党建工作先进单位”考评明细表（2015 年版）》，共设置领导班子建设情况、党员干部队伍建设情况、基层组织建设情况、机关作风建设情况、工作机制运行情况、单位履职业绩情况六大项 27 小项，总分 1000 分。第六轮创建活动未进行表彰。

在开展创建活动中，市委表彰第一届至第五届“机关党建工作先进单位”共 119 个（次），通报表扬创建成效明显单位 93 个（次）。市委办公室、市委组织部、市委宣传部、市档案局连续五届获“机关党建工作先进单位”称号。

创建“机关党建工作先进单位”表彰一览表

表 6-8

轮次	年度	中共泉州市委表彰“机关党建工作先进单位”	中共泉州市委通报表扬创先工作成效明显单位	表彰时间文号
第一轮	2000—2001 年	泉州市委办公室 泉州市政协机关 泉州市委组织部 泉州市委宣传部 泉州市委农业农村工作办公室 泉州市建设局 泉州市档案局 （共 7 个）	泉州市委老干部局 泉州市妇女联合会 泉州市财政局 泉州市国土资源局 泉州市委机构编制委员会办公室 泉州晚报社 泉州市广播电视局 泉州市对外经济贸易合作局 泉州市委台湾工作办公室 泉州市科技局 泉州市水利局 泉州市总工会 泉州市卫生局 泉州市贸易发展局 泉州市人事局 泉州市计划委员会 泉州市地方税务局 泉州市市政公用事业管理局 泉州市人大常委会机关 （共 19 个）	2002 年 6 月 24 日泉委〔2002〕78 号
第二轮	2002—2003 年	泉州市委办公室 泉州市人大常委会机关 泉州市人民政府办公室 泉州市政协机关 泉州市纪律检查委员会机关 泉州市委组织部 泉州市委宣传部 泉州市委政法委员会 泉州市委农业农村工作办公室 泉州市委防范和处理邪教问题领导小组办公室 泉州市委老干部局 泉州市建设局 泉州市档案局 泉州市人事局 泉州市贸易发展局 泉州市国家税务局 （共 16 个）	泉州市经济委员会 泉州市教育局 泉州市司法局 泉州市妇女联合会 泉州市地方税务局 泉州市水利局 泉州市委精神文明建设领导小组办公室 泉州市海洋与渔业局 泉州市口岸与海防办公室 泉州市卫生局 泉州市气象局 泉州晚报社 泉州市总工会 泉州市委机构编制委员会办公室 泉州市环境保护局 泉州市民政局 泉州市工商行政管理局 泉州市体育局 泉州市经济体制改革办公室 泉州市委台湾工作办公室 泉州市外事侨务办公室 泉州市供销社 （共 22 个）	2004 年 6 月 30 日泉委〔2004〕54 号

续表 6-8

轮次	年度	中共泉州市委表彰“机关党建工作先进单位”	中共泉州市委通报表扬创先工作成效明显单位	表彰时间文号
第三轮	2004—2006 年	泉州市委办公室 泉州市人大常委会机关 泉州市政协机关 泉州市纪律检查委员会机关 泉州市委组织部 泉州市委宣传部 泉州市委政法委员会 泉州市委老干部局 泉州市档案局 泉州市人事局 泉州市国家税务局 泉州市经济委员会 泉州市交通局 泉州市劳动和社会保障局 福建省泉州监狱 泉州市工商行政管理局 泉州市发展和改革委员会 泉州市水利局 泉州晚报社 泉州市总工会 泉州市委精神文明建设领导小组办公室 泉州市地方税务局 泉州市委机构编制委员会办公室 （共 23 个）	泉州市委农村工作领导小组办公室 泉州市贸易发展局 泉州市城镇集体工业联合社泉州市委台湾工作办公室 泉州市气象局 泉州市文化局 泉州市财政局 泉州市市政公用事业管理局 泉州市广播电视局 泉州市民政局 泉州市科学技术局 泉州市环境保护局 泉州市对外经济贸易合作局 泉州市海洋与渔业局 泉州市质量技术监督局 泉州市科学技术协会 泉州市口岸与海防办公室 （共 17 个）	2007 年 6 月 11 日泉委〔2007〕79 号
第四轮	2007—2009 年	泉州市委办公室 泉州市人大常委会机关 泉州市政协机关 泉州市纪律检查委员会机关 泉州市委政研室 泉州市委组织部 泉州市委宣传部 泉州市委统战部 泉州市委台湾工作办公室 泉州市委机构编制委员会办公室 泉州市委老干部局 泉州市委精神文明建设领导小组办公室 泉州市档案局 泉州市国资委 泉州市教育局 泉州市科技局 泉州市民政局 泉州市建设局 泉州市市政公用事业管理局 泉州市水利局	泉州市委政法委员会 泉州市人民政府办公室 泉州市民族与宗教事务管理局 泉州市司法局 泉州市交通局 泉州市林业局 泉州市文化局 泉州市新闻出版局 泉州市卫生局 泉州市审计局 泉州市统计局 泉州市地震局 泉州市社科联 国家统计局泉州调查队 泉州市质量技术监督局 泉州市邮政局 泉州公路稽征处 福建省闽东南地质大队 （共 18 个）	2010 年 3 月 29 日泉委〔2010〕32 号

续表 6-8

轮次	年度	中共泉州市委表彰 “机关党建工作先进单位”	中共泉州市委通报 表扬创先工作成效明显单位	表彰时间 文号
第四轮	2007—2009 年	泉州市海洋与渔业局 泉州市广播电视局 泉州市人口和计划生育委员会 泉州市环境保护局 泉州市口岸与海防办公室 泉州市城镇集体工业联合社 泉州市总工会 泉州市妇女联合会 泉州市科学技术协会 泉州市工商行政管理局 泉州晚报社 泉州海事局 福建泉州电业局 中国电信泉州分公司 (共 34 个)	—	2010 年 3 月 29 日泉委〔2010〕32 号
第五轮	2010—2012 年	泉州市人大常委会机关 泉州市纪律检查委员会机关 泉州市委办公室 泉州市委组织部 泉州市委宣传部 泉州市委统战部 泉州市委政法委员会 泉州市委台湾工作办公室 泉州市委机构编制委员会办公室 泉州市委老干部局 泉州市委精神文明建设领导小组办公室 泉州市委党校 泉州市档案局 泉州市人民政府办公室 泉州市教育局(泉州市委教育工作委员会) 泉州市民族与宗教事务局 泉州市老龄工作委员会办公室 泉州市司法局 泉州市人力资源和社会保障局 泉州市公务员局 泉州市城市管理行政执法局 泉州市农业局 泉州市水利局 泉州市卫生局 泉州市统计局 泉州市环境保护局 泉州市人民政府国有资产监督管理委员会	泉州市委政策研究室 泉州市经济贸易委员会 泉州市民政局 泉州市住房和城乡建设局 泉州市城乡规划局 泉州市交通运输委员会 泉州市人口和计划生育委员会 泉州市外事侨务办公室 泉州市人民防空办公室 泉州市妇女联合会 泉州市工商业联合会 泉州市社会科学界联合会 泉州市食品药品监督管理局 泉州市气象局 泉州晚报社 (共 15 个)	2013 年 3 月 15 日泉委〔2013〕23 号

续表 6-8

轮次	年度	中共泉州市委表彰 “机关党建工作先进单位”	中共泉州市委通报 表扬创先工作成效明显单位	表彰时间 文号
第五轮	2010—2012 年	泉州市地震局 国家统计局泉州调查队 泉州市工商行政管理局 泉州市质量技术监督局 泉州出入境检验检疫局 泉州海事局 泉州市烟草专卖局 中国电信股份有限公司泉州分公司 （共 35 个）	—	2013 年 3 月 15 日泉委〔2013〕23 号

说明：第六轮创建工作资料未详

四、机关党建“三级联创”活动

2006 年 5 月，省委办公厅印发文件，在全省开展机关党建“三级联创”活动。

2006 年 8 月 2 日，市委办公室转发市委组织部、市直机关工委《关于开展全市机关党的建设“三级联创”活动的实施意见》，围绕党的中心任务和各单位各部门职能职责发挥“三个作用”：党组（党委）领导核心作用、基层党组织战斗堡垒作用、党员先锋模范作用；建设“三个一流”：建设一流队伍、培育一流作风、创造一流业绩；实现“三个走前头”：机关党的工作“走前头”、机关共产党员“走前头”、机关工作“走前头”。按照党组（党委）领导班子好、党员干部队伍好、基层组织建设好、机关作风形象好、单位履职业绩好、工作机制运行好的目标要求，采取分级实施、部门创建；系统带动、上下联动；严格考评、动态管理方法，开展省、市、县三级机关联合创建“机关党建工作先进单位”活动。“三级联创”活动开展后，地方党委和部门党组（党委）切实加强领导，党委组织部门加强宏观指导，机关工委精心组织实施，机关各级党组织有效履职，使活动取得实效。

2007 年 8 月 27 日，市直机关工委印发《关于深入开展机关党的建设“三级联创”活动的意见》，建立健全系统带动、上下联动的 8 项制度：党建工作指导制度、党建信息交流制度、党建联席会议制度、党务干部学习培训联动制度、结对共建制度、挂钩联系制度、重要活动相互参与制度、联创考评制度。根据省、市、县（市、区）机构设置不尽一致，明确联创的对应单位，设置对应表。

机关党建“三级联创”部门（单位）对应表（一）

表 6-9 （机构设置上下一致部门、单位对应表）

联创单位	省、市、县（市、区）对应部门（单位）		
	省级机关部门（单位）	市级机关部门（单位）	县（市、区）级机关部门（单位）
一、省、市、县（市、区）委机关	省纪委机关、监察厅	市纪委机关、监察局	县（市、区）纪委机关、监察局
	省委组织部	市委组织部	县（市、区）委组织部
	省委政法委	市委政法委	县（市、区）委政法委
	省委编委办	市委编委办	县（市、区）委编委办
	省直机关工委	市直机关工委	县（市、区）直机关工委
	省委老干部局	市委老干部局	县（市、区）委老干部局
	省委党校	市委党校	县（市、区）委党校
	省党史研究室	市党史研究室	县（市、区）党史研究室
	省档案局	市档案局	县（市、区）档案局
二、省、市、县（市、区）人大常委会机关	省人大常委会机关	市人大常委会机关	县（市、区）人大常委会机关
三、省、市、县（市、区）政府机关	省安全生产监督管理局	市安全生产监督管理局	县（市、区）安全生产监督管理局
	省教育厅、省委教育工委	市教育局、市委教育工委	县（市、区）教育局、教育工委
	省公安厅	市公安局	县（市、区）公安局（公安分局）
	省司法厅	市司法局	县（市、区）司法局
	省财政厅	市财政局	县（市、区）财政局
	省民政厅（老龄办）	市民政局（老龄办）	县（市、区）民政局（老龄办、社区办）
	省国土资源厅	市国土资源局	县（市、区）国土资源局
	省交通厅	市交通局	县（市、区）交通局
	省卫生厅	市卫生局	县（市、区）卫生局
	省人口和计划生育委员会	市人口和计划生育委员会	县（市、区）人口和计划生育局
	省审计厅	市审计局	县（市、区）审计局
	省国资委	市国资委	县（市、区）未设国资委
	省环境保护局	市环境保护局	县（市、区）环境保护局
	省统计局	市统计局	县（市、区）统计局
四、省、市、县（市、区）政协机关	省政协机关	市政协机关	县（市、区）政协机关

续表 6-9

联创单位	省、市、县（市、区）对应部门（单位）		
	省级机关部门（单位）	市级机关部门（单位）	县（市、区）级机关部门（单位）
五、省、市、县（市、区）人民法院、检察院机关	省高级人民法院	市中级人民法院	县（市、区）人民法院
	省人民检察院	市人民检察院	县（市、区）人民检察院
六、省、市、县（市、区）群团机关	省总工会	市总工会	县（市、区）总工会
	共青团省委	共青团市委	共青团县（市、区）委
	省妇联	市妇联	县（市、区）妇联
	省文联	市文联	县（市、区）文联
	省社科联	市社科联	县（市、区）未设社科联
	省侨联	市侨联	县（市、区）侨联
	省科协	市科协	县（市、区）科协
	省残联	市残联	县（市、区）残联
	省工商联	市工商联	县（市、区）工商联
七、省、市、县（市、区）政府直属及部门管理事业单位	省城镇集体工业联合社	市城镇集体工业联合社	县（市、区）城镇集体工业联合社
	省港航管理局	市港口管理局	县（市、区）未设港口管理局
	省供销合作社	市供销合作社	县（市、区）供销合作社

说明：泉州晚报社、泉州晋江机场与省、县（市、区）没有对应单位，参加创建机关党建工作先进单位，不参加“三级联创”活动

机关党建“三级联创”部门（单位）对应表（二）

表 6-10　（机构设置上下不一致部门、单位对应表）

联创单位	省、市、县（市、区）对应部门（单位）			市、县（市、区）联创牵头部门（单位）	市、县（市、区）联创协办部门（单位）
	省级机关部门（单位）	市级机关部门（单位）	县（市、区）级机关部门（单位）		
省、市、县（市、区）委、政府、群团机关、政府直属部门（单位）	省委办公厅	市委办公室	县（市、区）委办公室（加挂政研室牌子）	市委办公室	市委政研室
	省委政研室	市委政研室			
	省委宣传部	市委宣传部	县（市、区）委宣传部	市委宣传部	市委文明办
	省委文明办	市委文明办	县（市、区）委文明办（不含晋江市，该市文明办并入宣传部）	市委文明办	—
	省委统战部	市委统战部	县（市、区）委统战部（泉港区. 石狮市、晋江市、安溪县、德化县委统战部加挂民族与宗教事务局牌子）	市委统战部	市民族与宗教事务局

续表 6-10

联创单位	省、市、县（市、区）对应部门（单位）			市、县（市、区）联创牵头部门（单位）	市、县（市、区）联创协办部门（单位）
	省级机关部门（单位）	市级机关部门（单位）	县（市、区）级机关部门（单位）		
省、市、县（市、区）委、政府、群团机关、政府直属部门（单位）	省民族与宗教事务局	市民族与宗教事务局	鲤城区、丰泽区、洛江区、南安市、惠安县、永春县民族与宗教事务局	市民族与宗教事务局	—
	省委台工办	市委台工办	县（市、区）委台工办（不含泉港区、石狮市、晋江市，其台湾工作由侨台外事局承担）	市委台工办	市台联会
	省台联会	市台联会			
	省外事办公室	市外事侨务办公室	1. 泉港区、石狮市、晋江市侨台外事局 2. 其余各县（市、区）外事侨务办公室	市外事侨务办公室	市委台工办
	省侨务办公室				
	省委农工办	市委农工办	1. 鲤城区、丰泽区委农工办（农工办与农林水局一个机构两块牌子） 2. 洛江区、泉港区委农工办（农工办与农业水务局一个机构两块牌子） 3. 石狮市委农工办（农工办与农业局一个机构两块牌子）	市委农工办	市农业局 市林业局 市水利局
	省农业厅	市农业局	1. 晋江市农业局（农工办、林业局并入，加挂海洋局），惠安县、永春县、德化县农业局 2. 南安市农业与海洋局 3. 安溪县农业与茶果局	市农业局	市林业局 市海洋与渔业局 市水利局
	省海洋与渔业局	市海洋与渔业局			
	省林业厅	市林业局	洛江区、南安市、惠安县、安溪县、永春县、德化县林业局	市林业局	—
	省水利厅	市水利局	晋江市、南安市、惠安县、安溪县、永春县、德化县水利局	市水利局	—
	省政府办公厅	市政府办公室	县（市、区）政府办公室（除晋江市外，加挂打击办牌子）	市政府办公室	市口岸与海防管理委员会办公室

续表 6-10

联创单位	省、市、县（市、区）对应部门（单位）			市、县（市、区）联创牵头部门（单位）	市、县（市、区）联创协办部门（单位）
	省级机关部门（单位）	市级机关部门（单位）	县（市、区）级机关部门（单位）		
省、市、县（市、区）委、政府、群团机关、政府直属部门（单位）	省口岸与海防管理委员会办公室	市口岸与海防管理委员会办公室	晋江市口岸与海防管理委员会办公室	市口岸与海防管理委员会办公室	—
	省发展和改革委员会	市发展和改革委员会	1. 鲤城区、丰泽区、南安市、惠安县、安溪县、永春县、德化县发展改革局 2. 洛江区、泉港区经济贸易发展局 3. 石狮市经济局（加挂物价局） 4. 晋江市经济发展局（科技局合署，加挂粮食储备局）	市发展和改革委员会	市经委 市贸发局 市物价局
	省物价局	市物价局	县（市、区）物价局（不含石狮市、晋江市，石狮市经济局加挂物价局，晋江市物价局并入经济发展局）	市物价局	—
	省经济贸易委员会	市经委 市贸易发展局 市中小企业局	1. 鲤城区、丰泽区、安溪县经济贸易局 2. 南安市、惠安县经贸局（加挂乡镇企业局） 3. 永春县经贸局（粮食局合署办公，加挂乡镇企业局、对外贸易经济合作局） 4. 德化县经贸局（加挂乡镇企业局、对外贸易经济合作局）	市经委	市贸发局 市粮食局 市中小企业局 市对外经济贸易合作局
	省粮食局	市粮食局	鲤城区、丰泽区、洛江区、泉港区、南安市、惠安县、安溪县、德化县粮食局	市粮食局	—
	省对外贸易经济合作厅	市对外贸易经济合作局	县（市、区）对外贸易经济合作局（晋江市、永春县、德化县未单独设外经贸局）	市对外贸易经济合作局	—

续表 6-10

联创单位	省、市、县（市、区）对应部门（单位）			市、县（市、区）联创牵头部门（单位）	市、县（市、区）联创协办部门（单位）
	省级机关部门（单位）	市级机关部门（单位）	县（市、区）级机关部门（单位）		
省、市、县（市、区）委、政府、群团机关、政府直属部门（单位）	省文化厅	市文化局	1. 鲤城区、丰泽区、洛江区、泉港区文体旅游局 2. 石狮市科技文化旅游局 3. 晋江市、南安市、惠安县、安溪县、永春县、德化县文化体育局	市文化局	市科技局 市体育局 市旅游局 市广播电视局 市新闻出版局
	省科学技术厅	市科学技术局	各县（市、区）科技局（不含石狮市，石狮市设科技文化旅游局）	市科学技术局	—
	省广播电视局	市广播电视局	县（市）、泉港区广播电视局（鲤城、丰泽、洛江未单独设立广播电视局）	市广播电视局	—
	省体育局	市体育局	县（市、区）未单独设立体育局	—	—
	省新闻出版局	市新闻出版局	县（市、区）未单独设立新闻出版局	—	—
	省旅游局	市旅游局	晋江市、南安市、惠安县、安溪县、德化县旅游事业局	市旅游局	—
	省人事厅	市人事局	1. 县（市、区）人事局 2. 泉港区、石狮市人事劳动和社会保障局	市人事局	市劳动和社会保障局
	省劳动和社会保障厅	市劳动和社会保障局	县（市、区）劳动和社会保障局（不含泉港区、石狮市）	市劳动和社会保障局	—
	省建设厅	市建设局	1. 鲤城区、丰泽区、洛江区建设局（加挂人防办） 2. 泉港区、石狮市、南安市、惠安县、安溪县、永春县、德化县规划建设局 3. 晋江市规划建设与房产管理局（含人防办）	市建设局	市城乡规划局 市公用事业管理局 市人防办

续表 6-10

联创单位	省、市、县（市、区）对应部门（单位）			市、县（市、区）联创牵头部门（单位）	市、县（市、区）联创协办部门（单位）
	省级机关部门（单位）	市级机关部门（单位）	县（市、区）级机关部门（单位）		
省、市、县（市、区）委、政府、群团机关、政府直属部门（单位）	省建设厅	市城乡规划局	县（市、区）未单独设立规划局	—	—
		市公用事业管理局	晋江市市政园林局、南安市、惠安县、安溪县公用事业管理局，其余县（市、区）未单独设立公用事业管理局	市公用事业管理局	—
		市城市管理行政执法局	鲤城区、丰泽区、洛江区、泉港区城市管理行政执法局，其余县（市）行政执法局	市城市管理行政执法局	—
	省人民防空办公室	市人民防空办公室	县（市、区）人民防空办公室（不含鲤城区、丰泽区、洛江区，这三个区建设局加挂人防办）	市人民防空办公室	—
	省贸促会	市贸促会	县（市、区）贸促会（不含泉港区、永春县，泉港区、永春县未设贸促会）	市贸促会	—
	省地震局	市地震局	晋江市、南安市、永春县地震办，其余县（市、区）未设地震局（挂在市科技局）	市地震局	市科技局

机关党建“三级联创”部门（单位）对应表（三）

表 6-11　（省属驻泉部门、单位对应表）

联创单位	省、市、县（市、区）对应部门（单位）		
	省主管部门（单位）	驻泉部门（单位）	驻县（市、区）部门（单位）
省属驻泉部门（单位）	省工商局	市工商局	县（市、区）工商局
	省国税局	市国税局	县（市、区）国税局
	省地税局	市地税局	县（市、区）地税局
	省质量技术监督局	市质量技术监督局	县（市）质量技术监督局、市局直属分局（区未设质量技术监督局，业务工作由直属分局承担）
	福建检验检疫局	泉州检验检疫局	永春、德化、肖厝港办事处、安溪国检办

续表 6-11

联创单位	省、市、县（市、区）对应部门（单位）		
	省主管部门（单位）	驻泉部门（单位）	驻县（市、区）部门（单位）
省属驻泉部门（单位）	省食品药品监督管理局	市食品药品监督管理局	县（市）食品药品监督管理局（区未设食品药品监督局，业务工作由市局直接承担）
	福建海事局	泉州海事局	丰泽、泉港、石狮、晋江、南安海事处
	省监狱管理局	泉州监狱	—
	省劳动教养管理局	泉州劳教所	—
	省邮政管理局	市邮政局	县（市、区）邮政局
	省电信公司	市电信分公司	县（市、区）电信分公司
	省移动公司	市移动分公司	县（市、区）移动分公司
	省联通公司	市联通分公司	县（市、区）联通分公司
	省电力公司	泉州电业局	县（市）电力公司（区未设电力公司）
		福建电力职业技术学院	—
	省地矿局	闽东南地质大队	—
	省煤田地质局	一九七地质队	—
	省水利厅	省水电工程公司	—
	省中旅集团	省中旅集团泉州代表处	—
	省石油总公司	泉州石油分公司	—
	省公路稽征局	泉州公路稽征处	县（市）公路稽征所
	省烟草局	泉州烟草局	县（市）烟草公司
	省气象局	泉州气象局	县（市）气象局
	福建调查队	泉州调查队	—

说明：国电泉州发电公司与省、县（市、区）没有对应单位，参加创建机关党建工作先进单位，不参加“三级联创”活动

2007 年，扎实推进机关党建“三级联创”活动，突出计划性，纳入年度工作总盘子中；突出实效性，开展机关党建先进单位考评工作；突出导向性，培育先进典型；突出联动性，探索新机制。市委办公室、市委宣传部、市地税局、市中级人民法院、市林业局联创活动起步早，声势大，上下联动取得一定成效。39 个部门和单位召开联创工作会议，举办联创活动。市直机关工委对三分之一部门进行调研督查。7 月下旬，工委领导带队到丰泽、鲤城、石狮、安溪调研“三级联创”活动开展情况。8 月 30 日，召开全市机关党建“三级联创”工作会议，传达全省龙岩会议关于“三级联创”活动“分级创建、夯实基础”“结合实际、系统带动”“明确职责、形成合力”“把握尺度、注重实效”要求。提出下阶段开展活动意见：明确创建主旨，不断深化对“三级联创”活动的认识；立足务实

创新，拓展“三级联创”活动内涵；坚持多措并举，打造“三级联创”活动品牌。

2008年3月，在全市工委系统开展以“一带三、推全盘”为主要内容的机关党建创先活动，建立鲤城、南安、德化3个工委系统带动示范点，在德化召开全市工委系统“三级联创”会议，以工委系统示范作用带动全市联创活动。7月16日，省直机关工委常务副书记李元兴、副书记卫榕英带领调研组，莅临泉州调研、指导“三级联创”活动，肯定泉州敢闯敢创，机关党建工作特别是“三级联创”活动开展有特色、有成效。9月8日，市委组织部、市直机关工委召开全市机关党建“三级联创”活动经验交流会，总结交流两年来“三级联创”活动开展情况，研究部署今后工作。市委常委、组织部部长林武，省直机关工委副书记卫榕英出席会议并讲话。市委办等13个市直单位，鲤城、泉港、晋江、南安、德化5个县（市、区）直机关工委介绍经验。现场参观市中级人民法院、鲤城区计生服务站、鲤城区电力供电分局3个单位。

2009年4月21日，召开全市机关党的工作座谈会，传达学习全省机关党的建设“三级联创”活动座谈会精神，6个基层党组织负责人交流开展“三级联创”活动情况。会议提出深入开展“三级联创”活动4点意见：深入宣传推动，提高思想认识；紧密结合“五建五创”，推动活动扎实开展；建立有效机制，确保“三级联创”深入持久；加强领导指导，形成联创合力。

2011年4月25日，开展全市工委系统机关党建“一带三推全盘”“三级联创”暨“寻红迹颂党恩”活动，36名工委党员干部到南安官桥镇岭兜泉州中心县委旧址、梅岭革命烈士纪念碑、石室岩泉州党代会旧址，寻找先烈红色足迹，重温党的光辉历史。

2012—2013年，在推行“1263”机关党建机制中，市直各部门主动融入省、市、县三级机关联创活动，发挥承上启下的枢纽作用，争创市级机关党建工作先进单位，加强对本系统机关党建的指导，完善系统带动工作，整体推动机关党建工作“走前头”。

2013年11月26日，厦漳泉3市机关工委在厦门举行同城化机关党建协作签约仪式暨第1次党建协作会议，3市机关工委主要领导胡志勇、周肖峰、黄春淮签署机关党建联创共建协议书，规定联创共建目标：共同打造厦漳泉同城化机关党建联创共建协作平台，逐步实现目标同向、项目同步、难题共解、资源同享的协作目标，力争树立全省乃至全国机关党建联创共建优秀品牌。联创共建内容：打造机关党建协作平台，打造项目推进协作平台，打造对台交流联系平台。联创共建形式：协作会议制度，协作活动经费，协作协调机构，共享机关党建资源，健全表彰奖励机制。厦门市委常委、秘书长、市直机关工委书记徐模讲话：明确定位，充分发挥机关党组织服务中心的表率示范作用；主动作用，携手保障厦漳泉同城化五位一体的科学发展跨越发展；持续运作，构建厦漳泉机关党建联创共建的长效常态机制。

五、创建“先进机关党工委”，争当“先进工作者”活动

2002年6月3日，省直机关工委根据《中共福建省委关于〈中国共产党党和国家机关基层组织工作条例〉的实施办法》和省委对省直机关工委职能的规定，制定《关于加强对市县区机关党建工作指导的意见》，采取定期召开省、市工委书记联席会议；开展评选“全省先进机关党工委”“全省

党工委系统先进工作者”活动；完善县级机关党建联系点制度；建立定点挂钩联系制度；坚持市县区党工委领导干部学习培训制度；拓宽上情下达的渠道等方法，加强规范对市县区机关党建工作的指导。

2003 年 9 月 17 日，由省直机关工委常务副书记江祥钦带队，参加省直机关党建创新研讨会的 30 多名党务干部莅临泉州参观调研，参观考察市建设局、市档案局、鲤城区检察院、泉州七中、丰泽区委、丰泽区司法局 6 个单位实践“三个代表”先进事迹图片展，召开座谈会，听取党建创先工作情况汇报。

2004 年 1 月，全国党建研究会常务理事、机关党建专委会主任、中央国家工委原组织部部长李振国等 3 人在省直机关工委常务副书记江祥钦陪同下，深入鲤城、丰泽调研指导机关党建工作。7 月 17 日，省直机关工委常务副书记江祥钦一行莅临丰泽区调研机关党建工作，对丰泽区直机关工委申报全省“先进机关党工委”进行复核，并召开座谈会，要求党工委要进一步围绕区委工作中心、服务工作大局开展机关党建，在培育典型、发挥典型示范作用上下功夫，由“闪光点”向“闪光面”推进，全面提升机关党建工作水平。

2004 年 7 月 27—28 日，中共中央委员、国家机关工委副书记张德邻带领中央国家机关工委考察团一行 7 人，在江祥钦陪同下，莅临泉州市调研机关党建工作。市委书记施永康介绍泉州基本情况和经济社会发展情况以及改革、发展主要成效。市委副书记周振华介绍机关党建工作情况。张德邻对泉州市经济社会发展成就和机关党建工作经验做法给予肯定。强调：机关党建工作与国家政权建设紧密相连，机关各级党组织要更加重视加强机关党建工作；要加强自身建设，严格党的制度；加强思想教育，培养一支政治坚定、业务精通、作风优良的党员队伍。考察团一行还实地考察市直机关、丰泽区、惠安县机关党建工作。

2004 年 8 月 4 日，省直机关工委表彰泉州市直机关工委、晋江市直机关工委、丰泽区直机关工委、惠安县直机关工委为 2002—2003 年度“全省先进机关党工委”；张敬尊（市直）、魏亚超（鲤城）、许约翰（晋江）、蔡为艺（石狮）、苏长贵（德化）、吴珠平（安溪）为 2002—2003 年度“全省党工委系统先进工作者”。

2007 年 8 月 9—10 日，省直机关工委副书记卫榕英一行对泉州开展创建工作进行考核，肯定泉州市、县两级机关工委创建工作基础扎实，大胆探索，勇于创新，富有特色，成效明显。要求善于把握机遇，总结提升，推进机关党建工作上新台阶。

2007 年 12 月，省直机关工委表彰泉州市直机关工委、晋江市直机关工委、惠安县直机关工委、丰泽区直机关工委为 2004—2006 年度“全省先进机关党工委”；郑玉冰（市直）、洪丽萍（丰泽）、王春霖（洛江）、徐进南（南安）、郑秀聪（永春）、李珍贵（安溪）为 2004—2006 年度“全省党工委系统先进工作者”。

2007 年 12 月 18 日，市直机关工委表彰全市先进机关党工委 4 个：鲤城区直机关工委、石狮市直机关工委、南安市直机关工委、德化县直机关工委；表彰全市机关党工委系统先进工作者 9 名：薛琼雯（鲤城）、薛秀凤（洛江）、柯淑萍（泉港）、吴莹莹（晋江）、王丽璇（石狮）、陈悦庆（惠安）、郭玉旭（德化）、潘向前（市直）、赖育永（市直）。

2016 年 12 月 21 日，省人力资源和社会保障厅、省直机关工委表彰泉州市直机关工委、晋江市直机关工委、南安市直机关工委为“全省机关工委系统先进集体”；许春（石狮）、叶诗苹（德化）、何超良（安溪）、郑军（泉港）为全省机关工委系统先进工作者。

六、评选表彰“优秀科长”活动

2013 年 4 月 3 日起，在市直机关开展评选“百名优秀科长”活动，按照带头学习提高，成效明显；带头争创佳绩，业绩名列前茅；带头服务群众，为优化发展环境作出积极贡献；带头遵纪守法，廉洁从政作榜样；带头弘扬正气，作风形象良好等 5 个基本条件。4 月 7 日，成立领导小组，市委常委、市纪委书记、市直机关工委书记沈耀钦任组长，黄春淮、曾巍、陈伟平任副组长，领导小组下设办公室，依托市直机关工委组织部，王志强兼任办公室主任。2014 年 12 月 17 日，市委组织部、市直机关工委、市公务员局联合表彰 117 名优秀科长。

第四节 党务队伍

1954 年 12 月 7 日，经地委批准专直设 6 个党总支，配备专职党务干部。

1954 年 12 月专直党总支书记、副书记、委员名表

表 6-12

党总支名称	书记	副书记	委 员
党群党总支	张 健	李志华	赵景林、倪永图、康西杯、王兆祥
政法党总支	尹如修	李振芳、王贵帮	钱 青、姚子玲、朱汉增
地委党校党总支	何绍光	王芝贞	江坤元、马玉玺、吴身乒
企业党总支	许东汉	黄世民、高万荣	冯殿弼、臧黑材、吕天然、辛春生、费海连
交通运输党总支	倪 田	—	刘荣喜、张 荣、黄书文
工业党总支	赵成禄	—	武振纲、马进捷、李学俭

1956 年，各党总支配备 1 名专职副书记或专职委员。

1962 年 12 月 18 日，地直机关党委向地委报送《地直机关党的基层组织调整方案》。12 月 19 日，地委同意该方案，要求各党委、党总支根据各单位具体情况，相应配备专职或兼职干部。专直机关党的基层组织调整后，党委、党总支配备专职党务干部，其中专署党总支设立党总支办公室，配备 2 名党务干部。

1963 年 12 月，专直设 6 个党委：地直机关党委、晋江专区建筑公司党委、泉州运输总站党委、地委党校党委、泉州师范学院党委、晋江专区行政干校党委；设 11 个党总支：党群、统战、专署、农林

水、政法、泉州报、商业局、供销社、财贸干校、邮电、卫生党总支。党委设专职书记或副书记，设组织、宣传、监察、统战、武装、保卫、生产、工会等委员，有的委员单设或合设。党总支设书记、专职副书记，设组织、宣传、监察、统战、武装、保卫、生产、青年委员，有的委员单设或合设。

1963 年 12 月专直党委、党总支书记、副书记名表

表 6-13

党组织名称	书记	副书记	党组织名称	书记	副书记
地直机关党委	王文芳	—	农林水党总支	张振珠	赵德琦
建筑公司党委	刘愿田	—	政法党总支	何定忠	杨培礼、王宗汉 张顺景
运输总站党委	王书田	王清濯、赵常山	泉州报党总支	姚源堂	黄伙木、于德海
地委党校党委	齐世和	—	商业局党总支	杨书香	魏爱璋
泉州师范学院党委	—	欧　阳	供销社党总支	石芝贵	冯殿弼、庄秋金
专区行政干校 党委	何绍光	—	财贸干校 党总支	黄世民	—
党群党总支	江　琦	曾文标、李　捷	邮电党总支	倪　田	原宜政
统战党总支	崔梦周	郑炳山	卫生党总支	王茂申	钱　青、姜玉斌
专署党总支	朱汉增	袁子珍、李久和 张文明	—	—	—

1970 年 3 月 17 日起，在地直企事业单位设立党的核心小组，代行党组织职权，核心小组和革委会（革命领导小组）是领导和被领导的关系。至 12 月 5 日，据不完全统计，共成立党的核心小组 35 个，增补委员 2 名（农科所增补）。

1971 年 3 月，为加强对山美水库工程的领导，晋江专区革委会党的核心小组决定成立山美水库工程指挥部党的核心小组，组长由时任晋江专区革委会主任洪椰子兼任，副组长由时任晋江军分区副司令员杨俊英担任。11 月，又任命杨俊英为第一副组长。

1971 年 3 月专直企事业单位党的核心小组组长、副组长名表

表 6-14

核心小组名称	核心小组人数	组长	副组长	核心小组名称	核心小组人数	组长	副组长
运输总站核心小组	5	—	郑汉生 刘清土	五交站核心小组	5	黄培良	—
省五建核心小组	5	—	蔡德快	综合站核心小组	3	潘维山	—
养路段核心小组	5	陈维昭	杨忠清	副食品站核心小组	3	柯石崇	—
航管总站核心小组	5	许哲甦	孙荣如	外贸站核心小组	3	杨金钟	—
百货站核心小组	5	刘友泽	洪祖捷	石油煤炭站核心小组	3	丁建强	吴清亮

续表 6-14

核心小组名称	核心小组人数	组长	副组长	核心小组名称	核心小组人数	组长	副组长
冷冻厂核心小组	3	洪爱华	—	山美水库工程指挥部核心小组	5	洪椰子（兼）	杨俊英 陈天彪
中国银行核心小组	3	黄木海	—	中央广播事业局641台核心小组	3	刘洪茂	—
水产分公司核心小组	3	林树田	—	运输总站保修厂核心小组	3	任金生	—
农科所核心小组	3	程竹林	—	运输总站保养车间核心小组	3	陈道汉	—
反修医院核心小组	3	汪文玉	孙　健	运输总站汽车一连核心小组	3	陈道汉	—
反帝医院核心小组	3	黄文卿	王金龙	运输总站货车队核心小组	3	潘儒治	—
木材公司核心小组	3	庄端金	—	养路段晋江工区核心小组	3	刘子群	—
机电设备公司核心小组	3	苏福寿	何仙仔	养路段工程队核心小组	3	王德友	—
华侨大厦核心小组	3	王雪仪	—	专区五七干校筹备组核心小组	5	王金河	—
电影公司核心小组	3	陈国雄	—	专区干部招待所核心小组	3	朱天禄	—
水文气象服务站核心小组	3	林金榜	—	轻工建材分公司核心小组	3	林慧卿	—
粮油加工厂核心小组	5	单开妙	—	轻机厂核心小组	3	柯孙岩	—
省水电工程局核心小组	5	陈金元	张金石	—	—	—	—

说明：陈道汉先后任运输总公司保养车间、汽车一连核心小组组长

1972 年，地直设党委 3 个：省五建党委，书记吴或谊、副书记刘愿田；泉州电厂党委，书记邢成、副书记苏孙洗；泉州合成氨厂党委，书记杨昆耀、副书记蒋忠实、尤辛才。设临时党委 1 个：省地质六队临时党委，副书记王茂礼、谷火山。3 月，成立晋江地区养路段党总支，书记石延明。6 月，撤销福建省汽车第一团党的核心小组，成立临时党委，郭金明、郑汉生任临时党委书记。同年，晋江地区电信局党委成立，陈洪章任书记。

1973 年 6 月 27 日，成立商业党总支，张金志任书记，林国清任副书记；9 月 14 日，成立晋江地区革委会生产指挥处党总支，朱汉鹰任书记；成立晋江地区革委会政治处党总支，杨启章任书记，郑博任副书记；9 月 23 日，成立晋江地区革委会办公室党总支，张海天任书记，李自力、柳天池任副书记。

1975 年 11 月 13 日，成立晋江地区山美水库管理处党委，张松武任书记；1976 年，撤销晋江地

区电信局党委，成立晋江地区邮电局党委，孙义臣、林泽生、粘金星任副书记。

1978年，地直机关部、办、委设立政工科的，分党委或党总支的日常党务工作由政工科负责办理，未设政工科的，配备1—2名专职干事，办理分党委、党总支日常党务工作，编制由该部门编制名额中解决。

1981年3月，地直机关党委向地委建议系统、部门党委、党总支应配备1—2名专职干部，并列入编制。

1984年5月29日，地委同意地直设立党委、党总支的，书记由委、办、局领导兼任，配备专职副书记和党务干部1—2名，在现有编制内调整，专职副书记可以参加科局长干部会议。

1986年，经市委批准，机关党委书记、党总支书记由各部、委、办、局1名副职兼任，并配备专职副书记和干事，编制由各系统单位编制总额内解决2—3名。专职副书记其职级为正科级。经选举产生的正副书记按干部管理权限报批，党委、党总支正副书记可列席党组有关会议。党委（党总支）办公室设在政治部（处），未设政治部（处）的，办公室设在干部（人事）科。

1992年7月10日，市委批转《关于进一步加强和改进市直机关党的工作的意见》，对机关党组织机构设置和党务干部配备作出规定。市直机关系统（局）党委、党总支书记由各部、委、办、局党员领导干部担任。专职副书记由正科级干部担任。

1995年9月11日，市委批转《关于进一步加强和改进我市机关党的建设的意见》，对机关党务干部的培养、选拔、交流、使用等做进一步规定。做好专兼职党务干部的培养和选拔工作，建立机关党委专职副书记的后备干部队伍，落实培养措施，切实改变一些部门、单位党务干部年龄偏大而又后继乏人的状况。市委各部、委、办、局，市直各党组（党委）要重视专职党务干部的交流，关心解决他们在工作、生活、职称、待遇等方面的实际问题。机关党委、直属党总支专职副书记在岗工作满6年的，应采取措施进行交流。通过选拔有培养前途的经济、业务部门的党员干部到党务部门任职和专职党务干部到业务部门挂职等办法，推动交流制度的实施。此后，机关党务干部的培养、选拔、交流、使用工作不断加强，工作、生活、待遇进一步落实。

1998年，市直机关工委做好专职党务干部任前考核、公示、审批工作，坚持和完善“三不批”原则：年龄不能任满一届的不批准，职级达不到本部门内设机构正职的不批准，素质不符合要求的不批准。党务干部年龄偏大、结构不合理现象逐步改善。举办3期党务干部培训班，学习邓小平理论，学习市场经济、现代科技、法制知识和党务知识，600多人参加培训学习。此后，市直机关工委定期举办科级党务干部培训班、党支部书记、宣传委员、组织委员、纪检委员培训班，提高思想政治素质和业务工作能力。选送党务干部参加各级党校学习，增长知识，拓宽思路，鼓励支持党务干部参加学历教育，提高学历层次。

1998年12月4日，市委《贯彻意见》规定，市直各系统、局机关党的基层委员会（直属总支部委员会、支部委员会）书记由部门党组（党委）主要负责人兼任，也可以由同级党员领导干部专任，未设立党组（党委）的由单位党员行政主要领导干部兼任；设立系统党的基层委员会的专职副书记，按同级行政副职配备。加强机关党组织专职副书记后备干部队伍建设，注意从党务、行政和业务管理岗位中选拔优秀中青年干部充实专职副书记后备人选，保证机关党组织专职副书记的正常交替。

机关专职党务工作人员配备，应占机关工作人员总数的1%—2%，人员编制列入行政编制。设立系统党委办公室、配备党办主任和党务工作人员，党办主任按本部门中层正职配备。设立机关党总支的，必须配备专职副书记。设立直属党支部的必须配备专职副书记或专职党务干部。此后，系统党委专职副书记按同级行政副职配备，系统设立党委办公室，配备党办主任并按本部门中层正职配备得到落实。

2001年9月20日，市委印发《关于部分调整市直机关党组织设置的通知》，对机关党务干部配备作出规定。系统党委书记由部门党组（党委）或行政主要领导担任，或由行政副职领导干部担任，系统党委书记、专职副书记按正副处级配备。系统纪委书记由派驻纪检组组长担任，未派驻纪检组的，由党委专职副书记兼任。系统党委办公室列入本单位内设机构系列。配备党办主任和专职党务工作人员，党办主任按本部门中层正职配备。市人大、政协、纪委机关党委书记由秘书长或办公室主任担任，专职副书记按副处级配备。市直部、委、办、局（含法院、检察院）设立机关党委（党总支、党支部）的，党委（党总支、党支部）书记原则上由部门党组（党委）或行政主要领导担任，或由行政副职领导干部担任，专职副书记按部门中层正职配备等规定逐步得到落实。

2001年，市直机关工委组织机关干部参加现代办公技术培训，提高业务能力和工作水平，通过举办培训班、辅导讲座、座谈讨论、组织外出学习考察等形式，帮助基层党务干部提高业务能力和工作水平。

2001—2002年，市委在配备机关部、委、办、局班子时，同步配齐、配强机关党委班子。市直机关工委委员全部按照副处级领导职务配备；纪工委书记由工委副书记兼任；15个系统党委书记由部门党组书记或副书记担任，按正处级领导职务配备，专职副书记按副处级领导职务配备，系统纪委书记由派驻纪检组长或党委专职副书记担任；市人大、政协、纪委机关党委书记由秘书长担任，专职副书记按副处级领导职务配备。系统党委设立办公室，主任按本部门中层正职配备，办公室人员编制、职数核定到所在部门。机关党委、党总支配备专职副书记，按本部门中层正职配备。

2002年6月29日，市委、市政府印发《关于市直党政机关内设机构和人员编制调整的若干意见》规定：市直机关系统党委、机关党委、党总支配备专职副书记，系统党委同时配备办公室主任，其人员编制核定到所在部门。其他专兼职党务工作者由所在单位在编制名额内统筹安排。

2004年，在基层党组织班子选配时，坚持事前考核、公示制度，对新进班子成员做到素质不具备的不批准，年龄不能任满一届的不批准，职级未达到规定要求的不批准。

2005年，实行机关党委书记述职和专职副书记届中考核制度，强化对机关党委专职副书记的任前考核，选好配强基层党支部班子，把懂业务、会党务的年富力强干部选进党支部班子。

2008年，进一步改进机关专职副书记考核考察工作，向市委和部门党组（党委）推荐表现优秀的党务干部，推动党务干部的选拔、培养和交流。实施党务干部培训规划，分类型、分层次培训党务干部，举办基层组织建设业务知识培训班和科级党务干部培训班，培训基层党务干部128名、科级党务干部46名。

2012年5月29日，市委印发《关于贯彻〈中国共产党党和国家机关基层组织工作条例〉实施细则》，对机关党组织领导班子和设置办事机构作出规定。此后，市直机关系统党的基层委员会书记由部门党组（党委）或党员行政主要领导担任，或由党员行政副职担任；系统党委书记、专职副书记按正、副处级领导职务配备。局机关党的委员会（直属总支部委员会、支部委员会）书记一般由单位党组（党委）或党员行政主要领导兼任，机关党委（党总支）专职副书记按单位中层正职配备。市人大、政协、纪委、法院、检察院机关党委书记由所在单位秘书长或院领导担任，专职副书记按副处级领导职务配备。党委书记、专职副书记人选优先从具备良好的思想、政治和业务素质的党务干部中选拔，年龄原则上能任满一届。机关工委与部门党组（党委）共同把好专职副书记的选配关。机关党组织的书记、副书记、纪委书记以及党委办公室主任任免前征求机关工委的意见。市直机关系统党的基层委员会，设置党委办公室，配备党办主任和专职党务工作人员，具体承办机关党组织的日常工作，党办主任按正科级领导职务配备等规定得到落实。自1998年《中国共产党党和国家机关基层组织工作条例》颁布以来，市直机关党务干部各项待遇得到落实，思想政治素质、业务知识和工作能力不断提高，在推进机关党的工作中发挥重要作用。

2012年，审批专职党务干部调整任免15人次，举办2期党务干部工作实务培训班，294名基层党务干部参加培训，推荐6名党务干部参评全市组织系统先进个人评选，市直7名系统党办主任提拔为副处级干部。

截至2017年12月，市直设系统党委16个：市委办、市府办、党群、宣传、统战、政法、公安、发改委、经信、住建、农办、交通运输、卫生和计划生育、水利、公用事业、文化广电新闻出版系统党委；配备党委书记16名，党委专职副书记16名，党委办公室主任15名；系统党委书记由部门党组（党委）或党员行政主要领导、主持日常工作的正处级领导担任，系统党委专职副书记按副处级领导职务配备，系统党委办公室主任按正科级领导职务配备。市人大、政协、纪委、检察院、法院机关党委共配备党委书记4名，党委专职副书记4名，党委书记由所在单位秘书长或院领导担任，党委专职副书记按副处级领导职务配备。局机关党委（直属党总支、党支部）书记由单位党组（党委）或党员行政主要领导兼任，机关党委（党总支）专职副书记，按单位中层正职配备。

据不完全统计，自1953年6月，地直机关党委成立至2018年8月，专直（地直、市直）相继设立过162个党委，其中系统党委24个，机关党委49个。地方党委、机关工委、部门党组（党委）重视党务工作者队伍选拔培养，加强教育培训，注重实践锻炼，推进轮岗交流，打造一支适应时代要求的高素质党务工作者队伍。

晋江专直（地直）、泉州市直，省部属驻泉单位部分基层党委书记、副书记名录

一、基本完成社会主义改造时期成立的党委

晋江专区建筑工程公司党委（1956年4月成立，1961年6月11日收归省统一领导，更名为福建省建设厅第五建筑工程公司党委，1984年由省建工总公司下放晋江地区，已转往泉州市国资委党委）

书　记：刘愿田、吴或宜、黄世琦、沈继武、陈文远、柯再强、林栋材、施能全、卓秀华、许华生、肖　广

副书记：张汝香、崔志礼、张龙田、蔡德快（核心组副组长）、王计龄（军代表）、徐天祥、沈继武、纪华盛、陈文远、柯再强、林栋材、卓秀华、纪金满、施能全、纪金满、肖　广、傅锦水

二、开始全面建设社会主义时期成立的党委

1. 交通部公路总局第三工程局第三工程处党委（1957 年 9 月成立，已更名为福建省第一公路工程公司党委，1987 年 5 月 30 日转入，已转往泉州市国资委党委）

书　记：李焕经、姜义凤、杨玉田、周毓良、陈江握、汪奕明、陈建华

副书记：潘立平、肖培祥、杨俊义、姜洪河、李怀亮、郑中荣、黄有善、何益三、林开章、李德榕、汪奕明、吴家仲、程国平

2. 晋江地委党校党委（1958 年 9 月成立，已撤销）

副书记：姚源堂（1958 年 9 月任）

3. 泉州大学党委（1959 年成立，已撤销）

书　记：不详

副书记：不详

4. 晋江专区交通局党委（1959 年成立，已撤销）

书　记：王嘉田（1959 年任）

副书记：孙浩如（1959 年任）

5. 泉州师范学院党委（1960 年成立，已撤销）

书　记：不详

副书记：欧阳

6. 福建省交通运输局泉州运输总站党委（1962 年成立，已撤销）

书　记：王书田（1962 年任）

副书记：孙清濯（1962 年任）、赵常山（1962 年任）

7. 晋江专区行政干校党委（1963 年 9 月成立，已撤销）

书　记：何绍光（1963 年 9 月任）

三、"文化大革命"时期成立或转入的党委

1. 泉州电厂党委（1970 年由省下放晋江专区，成立时间不详，已撤销）

书　记：邢　成（下放时任）

副书记：洪再造、黄文海、肖筠英（3 人均 1977 年 8 月任）、杨正佘（1977 年 12 月任）

2. 永春化肥厂党委（1970 年由省下放晋江专区，成立时间不详，已转往永春县）

副书记：方国和（任职时间不详，1975 年 8 月免）

第二副书记：李珍冉（任职时间不详，1977 年免）

第一副书记：刘　琦（1977 年任）

3. 泉州合成氨厂党委（1970 年由省下放晋江专区，成立时间不详，1992 年转往泉州中侨集团公司）

副书记：方国和（1975 年 8 月任）

第一副书记：古学良（1977 年 1 月任）

4. 晋江地区电信局党委（1972 年 1 月成立，1976 年撤销）

书　记：陈洪章

5. 晋江地区师范学校党委（1975 年成立，已撤销）

书　记：不详

副书记：不详

6. 晋江地区山美水库管理处党委（1975 年 11 月 13 日成立，更名为泉州市山美水库管理处党委）

书　记：张松武、李标致、张一勤、廖景成、颜沧波

副书记：林为庆、李文瑞、黄加橧、李俊峰、杜德铅、郑亚鸿、王逸民、陈锦天、陈江良、颜长源、郭明德、吴耀锋

7. 晋江地区邮电局党委（1976 年 6 月成立，更名为泉州市邮电局党委，1998 年 10 月 21 日撤销）

书　记：李毅波、于云彬、林宗英、刘耀明、许松林

副书记：许松林、孙义臣、林泽生、粘金星

四、社会主义现代化建设新时期成立或转入的党委

（一）设立晋江地区时期

1. 晋江地区农业学校党委（1977 年 1 月 12 日成立，更名为泉州市农业学校党委）

书　记：郑炳山、李荣贵、陈能琛、张庚礼、柯金河、陈钢龙、郑南曙

副书记：郑炳山、黄世忠（未到任）、陈穆穆、李荣贵、曾华范、杨良典、吴江北、林春成、姜鼎煌、庄　莹

2. 晋江地区化工建材党委（1977 年成立，已撤销）

书　记：孙安国（1977 年任）

副书记：林慧卿（1977 年任）

3. 福建省一九七煤田地质大队党委（1977 年 12 月成立）

书　记：邹汝荣、黄鹏飞、郭元珍、郑振文

副书记：谷火山、林诚棋、郑振文

4. 福建省汽车运输总公司泉州分公司党委（1975 年成立临时党委，1979 年 5 月成立党委，更名为泉州市汽车运输总公司党委，已转往泉州市国资委党委）

书　记：李永寿、陈炳汀、刘兆麟、陈燕燕

副书记：薛国武、方柏年、刘兆麟、万福树、张以平、叶树立、史建波、林亚榕、林思敏、刘振明、刘发国

5. 泉州仙荣火电厂党委（1979 年 7 月成立，已转往泉州市国资委党委）

书　记：王师曾、林惠荣、李克勤、黄兴传、李瑞立、郭明地、李朝生

副书记：王太荣、钟　勇、郭明地、李培峰

6. 福建省湖头水泥厂党委（1980 年 7 月 21 日成立，已转往安溪县）

书　记：不详

副书记：不详

7. 福建省泉州供电局党委（1980 年成立，书记、副书记由上级任命，名单不详。1989 年 1 月 13 日成立泉州供电局第一届党委。1993 年 2 月更名为福建省泉州电业局党委。2013 年 9 月，更名为国家电网福建省电力有限公司泉州供电公司党委）

书　记：吴仪秧、陈春武、曾启钧、胡建旗、蒋木春

副书记：陈献枝、周永忠、王智敏

8. 福建省公路局晋江地区分局党委（1980 年成立，更名为泉州市公路局党委）

书　记：黄衍宝、郭赞习、陈理明

副书记：王文焕、郭赞习、林建筑、翁朝阳、郭根才

9. 福建省水利水电工程局党委（1973 年下放晋江地区时设立临时党委，1980 年 10 月成立党委。2007 年 11 月 1 日更名为福建省水利水电工程局有限公司党委）

书　记：贾殿魁、林玉钰、张新民、曾金水、潘木枝

副书记：高竹玉、刘书文、郭行光、郑文斌、张景如、王锦顺、尤长明

10. 泉州罐头厂党委（1981 年成立，已转往泉州市国资委）

书　记：不详

副书记：不详

11. 晋江地区直属机关商业党委（1982 年 4 月 30 日成立，更名为泉州市直属机关商业党委，已撤销）

书　记：范若铃

副书记：李虎臣、杨其山

12. 泉州师范高等专科学校党委（1982 年 5 月 17 日成立，已升格为泉州师范学院，转往泉州市委教育工委）

书　记：施宣铁、庄晏成、陈笃彬

副书记：黄乐德、陈励金、倪永图、陈世兴、黄种禄、孙庆实、陈围围、赖新民、耿永泉

13. 福建省闽东南地质大队党委（1982 年 12 月 27 日成立）

书　记：叶炳拱、丁天赐、洪天赐、陈亨亮、张跃进、叶显海、张跃进、王志斌

副书记：洪天赐、陈亨亮、王长明、郭立新、张跃进、林建开

14. 福建泉州中国旅行社党委（1983 年 9 月成立，已撤销）

书　记：翁志远、李章彬

副书记：张子钩、黄满妹、林守昌、蔡爱萍

15. 晋江地区直属机关工交党委（1984 年 10 月 3 日成立，更名为泉州市直属机关经委党委，已撤销）

书　记：胡和金、郭国秦

副书记：陈　琼、杨德卿（专职）

16. 晋江地区直属机关计委党委（1984年10月15日成立，更名为泉州市直属机关计委党委，已撤销）

书　记：陈民团

副书记：倪长林

17. 晋江地区直属机关财贸党委（1984年10月23日成立，更名为泉州市直属机关财贸党委，已撤销）

书　记：王永和、柯国梁

副书记：郝允发、赵荣春（专职）

18. 晋江地区直属机关农林水党委（1984年11月8日成立，更名为泉州市直属机关农林水党委，已撤销）

书　记：黄紫候

副书记：江宝英

19. 晋江地区直属机关卫生党委（1984年11月8日成立，更名为泉州市直属机关卫生党委，已撤销）

书　记：范金阶、黄皓春、陈荣洲

副书记：姚嘉母、李伯达（专职）、黄金炮、卢其美、黄金伙（专职）、吴世艳（专职）、林聪顺、杨远志（专职）

20. 晋江地区直属机关教育党委（1984年11月28日成立，更名为泉州市直属机关教育党委，已撤销）

书　记：邓永清、郁凤贤、黄温基

副书记：郁凤贤、颜和奕、郑开厦（专职）

21. 泉州港务管理局党委（1985年8月成立，已撤销）

书　记：林燕梅、丁国炎、王振洲、陈荣芳、齐永洁

副书记：杨德卿

（二）晋江地区改为泉州市后成立或转入的党委

1. 泉州市直系统党委

（1）泉州市直科委系统党委（1986年9月30日成立，2011年9月撤销）

书　记：邓维星、王重庆、吴中培

副书记：蔡允治（专职）、洪健中（专职）

（2）泉州市直统战系统党委（1986年10月24日成立）

书　记：魏献国、许民权、陈桂民、杨国昕、黄碧煌

副书记：蔡爱萍（专职）、陈衍鲍（专职）、黄少宁（专职）、洪陵生（专职）、黄子榕（专职）

(3) 泉州市直市府办系统党委（1986 年 10 月 29 日成立）

书　记：黄通兴、张宏林、杨俊峰、王华民、骆国清、李冀平、吕炜民、苏文雅

副书记：施学忠（专职）、吴四端（专职）、陈唤国、颜宝琼（专职）、曾焕冠（专职）、陈国南（专职）、黄国泰、李冀平、吕炜民、黄建福（专职）、张希伴（专职）、吴友才、高向荣

(4) 泉州市直政法系统党委（1986 年 10 月 29 日成立）

书　记：祁年水、饶桑源、施至概、苏小青、王练、王育琪、周炳忠、曾焕楷

副书记：黄印宪（专职）、饶桑源、苏解放（专职）、王树旗（专职）、谢晓章（专职）、汪祖培（专职）

(5) 泉州市直宣传系统党委（1986 年 12 月 30 日成立）

书　记：张敬尊、陈东水、谢清海、庄顺能、张甘荔、孙碧良、郑国防

副书记：张清波、龚万全（专职）、林华南（专职）、谢斌（专职）、张德山（专职）、庄仁哲（专职）

(6) 泉州市直建设系统党委（1987 年 10 月 15 日成立，2010 年 12 月撤销）

书　记：张一帆、刘天送、张千秋、陈桂生、黄环生、苏庆福

副书记：林贤德（专职）、郭厚金（专职）、连如碧（专职）、郑葆飞（专职）、刘文发

(7) 泉州市直计委系统党委（1987 年 11 月 3 日成立，更名为发展和改革委员会系统党委）

书　记：陈民团、陈泉兴、李永远、赖开族、陈文堃

副书记：倪长林（专职）、薛祖年、何南昌（专职）、郭川水（专职）、吴福荣（专职）、肖印章（专职）、周明星（专职）

(8) 泉州市直经委系统党委（1987 年 11 月 16 日成立，2010 年 12 月撤销）

书　记：郭国秦、吴友恩、李世杰、黄双九

副书记：杨德卿（专职）、陈其呈（专职）、杨建勋（专职）、林清汉、吴晓雄（专职）、杜认真、王洪海（专职）

(9) 泉州市直财贸系统党委（1987 年 11 月 17 日成立，2010 年 11 月撤销）

书　记：柯国梁、陈国荣、许渊朝、李松柏、郭建生

副书记：赵荣春（专职）、王峰安、郭建生、蔡尔纯（专职）、陈守川、张永凯

(10) 泉州市直农办系统党委（1987 年 11 月 17 日成立）

书　记：刘孔永、黄通兴、林亚德、杜发成、陈学振、黄双九、刘锦川

副书记：江宝英、柯金河（专职）、王惠榕（专职）、黄黎波（专职）、傅旺隆（专职）

(11) 泉州市直教育系统党委（1990 年 12 月 10 日成立，2005 年 9 月撤销）

书　记：黄温基、刘一聪、陈伯禹

副书记：林志凯（专职）、毛伟雄（专职）、吴鹏旋、刘一聪

(12) 泉州市直党群系统党委（1993 年 4 月 9 日成立）

书　记：陈国强、骆国金、李卫平、王松柏、曾巍、张翼翔

副书记：秦潇湘（专职）、张锡坤（专职）、林仁达（专职）、尤剑国（专职）、齐丹璇（专职）、陈晓蓉（专职，正处级）、王小寅（专职）

（13）泉州市直外经系统党委（1985 年 6 月 29 日成立晋江地区直属机关外经贸委临时党委；1994 年 5 月 20 日成立泉州市直外经系统党委，2014 年 12 月 29 日撤销）

书　记：王明权、张子镛、张　良

副书记：蒋英璠（专职）、林云强、施维儒、魏建鲁、蔡联辉（专职）、黄珊珊、简国红（专职）

（14）泉州市直市委办系统党委（1995 年 6 月 16 日成立）

书　记：曾水来、柯仲秋、王为民、李艾克、陈文聪

副书记：杨福潮（专职）、李艾克（专职）、吕春香（专职）、郭建鹏（专职）

（15）泉州市直交通系统党委（2001 年 5 月 17 日成立，更名为泉州市直交通运输系统党委）

书　记：陈明泉、林晋练、郭建生、潘新雅

副书记：林素琴（专职）、吴福铭（专职）

（16）泉州市直卫生系统党委（2002 年 5 月 14 日成立，2014 年 12 月 29 日撤销）

书　记：苏小青、郑英兰

副书记：林聪顺、蔡黎明（专职）

（17）泉州市直公安系统党委（2002 年 8 月 6 日由泉州市公安局机关党委改设）

除系统党委书记、专职副书记报泉州市委研究任命外，其他党委成员由泉州市公安局机关第三届党委成员转任。

书　记：刘尔钊、柳新群

副书记：林国耀、傅庆红、傅维明（专职）、黄进乐、郑庆奎、黄建民（专职）

（18）泉州市直水利系统党委（2004 年 1 月 9 日成立）

书　记：王金枝、王惠明、章金良、傅春添

副书记：郑耀忠（专职）

（19）泉州市直公用事业系统党委（2004 年 3 月 31 日成立）

书　记：蔡丽静、庄国镇、郭建生、庄建宁、王天祥

副书记：黄金华（专职）、康景彪（专职）

（20）泉州市直经贸系统党委（2011 年 1 月 12 日成立，2014 年 12 月 29 日撤销，改设泉州市直经济和信息化系统党委）

书　记：黄双久、邱少煌、魏建谊

副书记：杜认真、王洪海（专职）、王春阳（专职）

（21）泉州市直文化广电新闻出版系统党委（2011 年 1 月 13 日成立）

书　记：张　帆、庄灿霞、陈惠平

副书记：肖祖建、周梁升（专职）

(22) 泉州市直住房和城乡建设系统党委（2011 年 3 月 21 日成立）

书　记：苏庆福

副书记：郑葆飞（专职）

(23) 泉州市直经济和信息化系统党委（2018 年 2 月 9 日成立第一届党委）

书　记：黄国富

副书记：曾钟远（专职）

(24) 泉州市直卫生和计划生育系统党委（2018 年 3 月 8 日成立）

书　记：叶一凡

副书记：邱 龙（专职）

2. 泉州市直机关基层党委

(1) 泉州市直属机关交通党委（1986 年 10 月 25 日成立，已撤销）

书　记：黄钟荣

副书记：郑澄演（专职）、吴家任（专职）、林素琴（专职）

(2) 泉州市直属机关重工业党委（1986 年 12 月 30 日成立，1993 年 7 月 21 日撤销）

书　记：陈谋津

副书记：吴仕珍（专职）

(3) 泉州市直属机关轻工业党委（1987 年 3 月 30 日成立，1993 年 7 月 31 日撤销）

书　记：刘正水

副书记：王清钗（专职）、黄文铃（专职）

(4) 泉州市直属机关文化党委（1987 年 9 月 28 日成立，已撤销）

书　记：林毓昆、陈炳坤、庄顺能、蒋夏雨、舒　琳

副书记：吴天赐、吴燕治（专职）、李培德

(5) 泉州市直属机关二轻党委（1989 年 3 月 31 日成立，更名为泉州市城镇集体工业联合社机关党委）

书　记：蔡炳文、邱水龙、黄钟贵、郑金尧、郑文良

副书记：林玉椿、赵守能（专职）、刘焕霞（专职）、陈建树（专职）

(6) 泉州市公安局机关党委（1991 年 10 月 19 日成立，已撤销，改设公安系统党委）

书　记：骆振仑、李再生

副书记：黄穆龙（专职）、蔡燕高（专职）、易小克（专职）、林国耀、傅庆红（专职）

(7) 泉州市供销社机关党委（1995 年 10 月 11 日成立）

书　记：吴观福、朱团能、陈文强、吴开元、郑显章

副书记：陈文强、王明熹（专职）、陶崇灿（专职）、陈幼萍（专职）、吴开元、庄鸿江（专职）

(8) 泉州市工商行政管理局机关党委（1997 年 1 月 20 日成立，成立时为驻泉省部属单位党委）

书　记：王水坤、许瑞察、李金育、陈开基

副书记：林进通、倪英贤（专职）、石留宝（专职）、晏德群（专职）、蔡燕明（专职）、李金育、黄少虹（专职）、王培忠（专职）

（9）泉州市医药管理局机关党委（1997年3月10日成立，已撤销）

书　记：陈国荣

（10）泉州市人民检察院机关党委（1998年1月15日成立）

书　记：王胜平、吴俊民、齐丹璇、叶少风

副书记：柳家枞（专职）、林配成（专职）、林立红（专职）、陈鹭鹭

（11）泉州市粮食局机关党委（1998年11月10日成立）

书　记：苏剑飞、吴友平、李 铭、柯跃峰

副书记：张天柱、方生才（专职）、李　铭、何惠忠（专职）、陈锦霞、黄德彦（专职）、王三华

（12）泉州市中级人民法院机关党委（1998年12月1日成立）

书　记：曾镇钦、杨建明、林玉成、陈淑贤、吴俊民、李小兴

副书记：曾文远（专职）、邱传南（专职）、苏文笔、吴丽菁、方汉阳（专职）、蔡建南（专职）、马雯卿

（13）泉州市水利水电局机关党委（1999年7月2日成立，更名为泉州市水利局机关党委，已撤销，成立市直水利系统党委）

书　记：陈元殿

副书记：余早喜、颜建东（专职）、蔡良碧（专职）

（14）泉州市司法局机关党委（1999年9月29日成立）

书　记：林光顺、许礼哲、黄华强、赵运军、柯秀丽、傅　孙、林培新

副书记：兰东亮（专职）、聂诚（专职）、吴　京（专职）、傅孙满、陈忠诚

（15）泉州市委老干部局机关党委（2000年5月8日成立）

书　记：王素华、肖清辉、周文心

副书记：李贻先（专职）、郑琼娥（专职）、章伟强（专职）、林志彬（专职）、黄建溪（专职）、陈政实

（16）泉州市委党校机关党委（2000年6月30日成立）

书　记：陈东水、黄雄彪、陈毅生

副书记：尤文端（专职）、林春晓（专职）、俞建辉（专职）

（17）泉州市政协机关党委（2000年8月4日成立）

书　记：黄利禾、洪川夫、陈伟平

副书记：蔡天从、方生才（专职）、黄阳辉（专职）

（18）泉州市科学技术局机关党委（根据市委泉委〔2001〕14号文，2001年9月撤销市直科委系统党委，改设泉州市科学技术局机关党委，党委成员由原系统党委成员转任）

书　记：吴中培、颜志煌、黄珍霞

副书记：洪健中（专职）、庄荣煌（专职）、林荣忠、陈嘉祐、颜志煌、陈淑青（专职）、
　　　　黄珍霞、陈岩（专职）、林清京

（19）泉州市人大常委会机关党委（2001 年 12 月 24 日成立）

书　记：王仁山、颜伟劲、吴春林、欧阳秋虹

副书记：郑泉水（专职）、张青阳（专职）

（20）泉州市纪律检查委员会机关党委（2002 年 1 月 23 日成立）

书　记：吴丽清、秦潇湘、苏双喜、林开通

副书记：陈守川（专职）、黄金铭（专职）、许振煌（专职）、戴卓华（专职）

（21）泉州市海洋与渔业局机关党委（2002 年 2 月 27 日成立）

书　记：朱启平、陈文堃

副书记：林金辉（专职）、郭介炮、林晓鸣（专职）、王松青

（22）泉州市公安局交通警察支队党委（2002 年 4 月 26 日成立，2012 年 11 月 2 日更名为泉州市公安局交通巡逻警察支队党委，2016 年 6 月 22 日更名为泉州市公安局交通警察支队党委）

书　记：王清时、谢永强、洪　勇、庄金山

副书记：朱学盛、谢希圣

（23）泉州市广播电视局机关党委（2002 年 5 月 29 日成立，已撤销）

书　记：蔡永华、温志加

副书记：温志加、黄珊珊（专职）、施叔龙（专职）、肖祖建、张宏镕

（24）泉州市质量技术监督局机关党委（2002 年 7 月 31 日成立，原为驻泉省部属单位党委）

书　记：郑乙全、陈经文、庄冰心

副书记：陈经文、黄秀云（专职）、黄国彬（专职）、曾金贵（专职）、王荣明、
　　　　张永盛（专职）、刘　华

（25）泉州市民政局机关党委（2002 年 8 月 13 日成立）

书　记：丁金碧、蒋耕霆、杜朴生

副书记：傅子容、林炯泉、陈炳钊（专职）、林振海、戴方毅（专职）、蒋耕霆、周振强

（26）泉州市农业局机关党委（2003 年 4 月 30 日成立，2017 年 6 月 7 日撤销）

书　记：洪鹏景、王春金、曾焕楷

副书记：杜认真、黄建洪（专职）、陈世忠（专职）、庄木才、周鸿侨

（27）泉州市林业局机关党委（2003 年 4 月 30 日成立）

书　记：杨逸蓉、李经建、林建真、李丽玲

副书记：黄国勇（专职）、戴蓉蓉（专职）

（28）泉州市公安局刑事侦查支队党委（2003 年 7 月 18 日成立）

书　记：卓庆忠、林元益、陈文荣、林元益

(29) 泉州市公安局巡警防暴支队党委（2003 年 7 月 18 日成立，更名为泉州市公安局巡特警支队党委）

书　记：林金川、陈万兴、王艺彬

副书记：陈万兴、张建才、吴志伟

(30) 泉州市劳动和社会保障局机关党委（2003 年 12 月 3 日成立，2011 年 1 月 14 日更名为泉州市人力资源和社会保障局机关党委）

书　记：陈成春、陈伟平、刘炳华、张庭侠

副书记：王胜利（专职）、许旭颖（专职）、杨明涌（专职）、陈连进（专职）

(31) 泉州市国土资源局机关党委（2004 年 6 月 22 日成立）

书　记：邱耿华、吴荣中、戴全福

副书记：陈麦陆、洪东宏（专职）、黄世锋（专职）、方向阳（专职）

(32) 泉州市药品监督管理局机关党委（2004 年 10 月 25 日成立，更名为泉州市食品药品监督管理局机关党委，原为驻泉省部属单位党委）

书　记：吴冠成、朱跃彬、徐文福、郑云超、吴艺阳

副书记：李香平、江小明（专职）、张诗琴（专职）

(33) 泉州市总工会机关党委（2005 年 5 月 9 日成立）

书　记：林惠玲、黄金铭、江永清、王毅扬

副书记：吴锡纯（专职）、宋建华（专职）、黄月瑜（专职）、刘碧泗（专职）、杨晓明（专职）

(34) 泉州市城市管理行政执法局机关党委（2006 年 6 月 12 日成立）

书　记：李祖国、郭文田、王作彪

副书记：李　勇（专职）、苏志清（专职）、郑玉珍（专职）

(35) 泉州市城乡规划局机关党委（2007 年 6 月 20 日成立）

书　记：郑显章、王晓雄、王建国、刘文发

副书记：傅国明、詹明和（专职）、黄友信（专职）、庄建锋（专职）、金志森

(36) 福建省公安厅交通警察总队泉州高速公路支队党委（2009 年 12 月 15 日成立，驻泉省部属单位党委，归口市直公安系统党委）

书　记：杨更生

副书记：金圣福

(37) 泉州市人民政府办公室机关党委（2013 年 2 月 25 日成立）

书　记：吴友才、廖国文、黄文捷

副书记：陆明明（专职）、黄本梅（专职）

(38) 泉州市公安局技术侦察支队党委（2013 年 12 月 20 日成立）

书　记：白建胜

副书记：易小克

（39）泉州市行政服务中心机关党委（2014 年 8 月 4 日成立）

书　记：李德雄

副书记：许玉斌、车桐馨、涂华斌（专职）

（40）泉州市商务局机关党委（2016 年 4 月 19 日成立）

书　记：简国红

副书记：黄珊珊、林　虹（专职）

（41）泉州市卫生和计划生育委员会机关党委（2017 年 8 月 17 日成立）

书　记：王金堆

副书记：董芙苡（专职）、刘相军

3. 泉州市企事业单位党委

（1）福建省对外贸易总公司泉州市分公司党委（1986 年 5 月成立，已撤销）

书　记：不详

副书记：不详

（2）泉州罐头厂党委（1981 年成立，1986 年 10 月 29 日由原泉州市转入，1992 年转往泉州中侨集团公司）

书　记：不详

副书记：不详

（3）泉州糖厂党委（1981 年成立，1986 年 11 月 22 日由原泉州市转入，1992 年转往泉州中侨集团公司）

书　记：不详

副书记：不详

（4）泉州味精厂党委（成立时间不详，1986 年 12 月 3 日由原泉州市转入，1992 年转往泉州中侨集团公司）

书　记：不详

副书记：不详

（5）泉州市电子工业公司党委（1987 年 3 月 18 日由原泉州市转入，1987 年 7 月 30 日重新成立党委，1997 年 5 月 27 日撤销，改设党总支）

书　记：黄锦堂、陈泽国

副书记：蔡仁义

（6）泉州赖氨酸厂党委（1987 年 9 月 23 日成立，1991 年 1 月 18 日撤销）

副书记：赵成华

（7）泉州市第一医院党委（1987 年 10 月 27 日成立）

书　记：武腾之、周诗宣、潘群雄

副书记：傅招治、苏水星、庄建良、潘群雄、苏智军

（8）泉州黎明职业大学党委（1990 年 9 月 24 日成立，已转往泉州市委教育工委）

书 记：郑 坚、谢如俊、尤祖举、林其天

副书记：谢如俊、尤祖举、刘育钢、林松柏、庄一民

（9）福建泉州力生实业公司党委（1992 年 7 月 11 日成立，1992 年转往泉州中侨集团公司）

书 记：吴家鲜

副书记：郭桂彬、蔡蓉芳

（10）福建省泉州市物资总公司党委（1992 年 10 月 7 日成立泉州市直属机关物资党委，后改现名，已转往泉州市国资委党委）

书 记：薛祖年、黄衍亮

副书记：潘水源、柯伙法、卜明远

（11）泉州源和堂蜜饯公司党委（1992 年成立，1992 年转往泉州中侨集团公司）

书 记：不详

副书记：不详

（12）泉州中侨（集团）股份有限公司党委（1996 年 4 月 22 日市委组织部泉委组干字〔1996〕070 号，撤销中侨（集团）公司党组，成立中侨（集团）公司党委，划归市直机关工委。2002 年，内设 6 个分党委，均已转往泉州市国资委党委）

书 记：刘兆威

副书记：庄铭伍、蔡小旭

（13）福建泉州市商业总公司党委（1996 年 11 月 7 日成立，已转往泉州市国资委党委）

书 记：吴端流

副书记：吕金锁、苏孝框（专职）

（14）泉州市龙门滩引水工程管理处党委（1989 年 5 月，任命党委书记。1997 年 12 月 10 日成立第一届党委）

书 记：陈元殿、王金枝、林合龙、林富儒、傅春添、颜建东

副书记：邱国玺、林合龙、王金枝、颜建东、彭诗针、苏荣薰、王惠力

（15）中国建设银行泉州市分行党委（1997 年 12 月 26 日成立，已转往其上级主管部门）

书 记：连育青

副书记：杨丹蓉

（16）泉州市城区农村信用合作社联合社党委（2000 年 6 月 30 日成立，已转往其上级主管部门）

书 记：康清桂、陈伟民

副书记：谢育民、郭刚毅

（17）泉州晋江机场股份（有限）公司党委（2000 年 10 月 10 日成立，已转往泉州市国资委党委）

书 记：李时势、刘进明

副书记：姚 白

（18）泉州市港务集团有限公司党委（2000 年 11 月 7 日成立，已转往泉州市国资委党委）

书　记：邱聪明

（19）泉州晚报社机关党委（2002 年 1 月 15 日成立）

书　记：施能泉、叶燕民、林耀平

副书记：朱定波、陈成春（专职）、张春森（专职）、郑少波、陈永聪

（20）泉州商贸学校党委（2002 年 4 月 11 日成立，已撤销）

书　记：李寿钊

副书记：林秉高

（21）泉州市中医院党委（2002 年 10 月 24 日成立）

书　记：李启元、王家春

副书记：刘宪俊、林振栋

（22）泉州卫生学校党委（2002 年 10 月 24 日成立，已升格为泉州医学高等专科学校，转往泉州市委教育工委）

书　记：黄书定

副书记：杜翠琼、王维铭

（23）泉州市商业银行党委（2002 年 6 月 24 日成立，更名为泉州银行股份有限公司党委）

书　记：刘中黔、苏诺民、林　虹、傅子能

副书记：刘中黔、冯建佳、傅子能、黄建昌、林阳发

（24）泉州市港口管理局机关党委（2007 年 12 月 28 日成立，2015 年 11 月转往福建省交通运输厅机关党委）

书　记：齐永洁

副书记：夏国基（专职）

（25）泉州市自来水有限公司党委（2009 年 2 月 12 日成立，已转往泉州市国资委党委）

书　记：黄友湘

副书记：褚联鹏

（26）泉州市公交发展有限公司党委（2009 年 9 月 18 日成立，已转往泉州市国资委党委）

书　记：谢德雄

副书记：陈亦农、董伦海

（27）泉州市妇幼保健院·儿童医院党委（2010 年 10 月 14 日成立）

书　记：周延安

副书记：涂仁贵、方一明

（28）福建经贸学校党委（2011 年 7 月 6 日成立，驻泉省部属单位党委，归口市经济贸易系统党委）

书　记：郭超明、郑乃吉

副书记：黄小勇、郑坤林

（29）泉州市广播电视台机关党委（2013 年 4 月 27 日成立）

书　记：林培煌、张伟宏

副书记：苏兴秋、杜丹心（专职）

（30）泉州市交通综合行政执法支队党委（2014 年 11 月 20 日成立）

书　记：郑怡中

副书记：李进碧、陈欲文

（31）中交上航（福建）交通建设工程有限公司党委（成立时间不详，2015 年 3 月转入，2016 年 6 月整建制转移至厦门市建设局直属党委）

书　记：不详

副书记：不详

（32）泉州市保障性安居工程建设运营有限公司党委（2016 年 9 月 28 日成立）

书　记：蔡伟忠

副书记：陈育新

（33）泉州太平洋集装箱码头有限公司党委（2016 年 11 月 9 日成立）

书　记：孙　凯、李　杰

副书记：朱立水、张俊生

（34）泉州市光前医院党委（2018 年 8 月 10 日成立）

书　记：黄向阳

4. 驻泉省部属单位党委

（1）福建省第四监狱党委（1987 年 12 月 8 日成立，更名为福建省泉州监狱党委）

书　记：陈　强、谢炳坤、陈由顺，洪泉阳

副书记：蔡汉武、薛育卿、王成礼、孙耀扬、吴国雄、卓利营、杜心彬

（2）中国冶金地质工业部第二地质勘探局一队党委（1988 年 4 月 4 日成立，后更名为中国冶金地质总局第二地质勘查局一队党委）

书　记：吴汉鼎、钟森林、赖震宇

副书记：许书远、黄泗通

（3）福建省石油公司泉州分公司党委（1990 年 2 月 23 日成立，2007 年 12 月 3 日更名为中国石油化工股份有限公司福建泉州石油分公司党委）

书　记：王　野、陈和华、陈守星、杨　勇、吴福生、戴尽良

副书记：陈守星、潘玉思、欧文星

（4）福建泉州电力学校党委（1990 年 5 月 16 日成立，已撤销）

书　记：苏振华、邱潭生、洪延艺

副书记：丁九栋、万达民、颜宝塔

（5）泉州市邮电局党委（1991 年 5 月 3 日成立，已撤销）

书　记：刘耀明

副书记：许松林

(6) 福建省公路局泉州公路稽征处党委（1993年5月7日成立，2012年3月撤销）

书　记：黄衍宝、俞俊祺、郑怡中

副书记：吴金旺

(7) 福建省泉州劳动教养管理所党委（1996年4月1日成立，已撤销）

书　记：许志升、林友钦、孙耀扬、梁长铜

副书记：林友钦、郑水碧、李香平

(8) 福建省泉州市邮政局党委（1998年10月21日成立，已撤销）

书　记：黄应元、黄志斌、许佳庆

副书记：寇光亮

(9) 福建省泉州市电信局党委（1998年11月10日成立，2000年8月30日更名为中国电信股份有限公司泉州分公司党委）

书　记：许松林、张金钩、林永湖、林　威

副书记：郭鹏飞

(10) 福建泉州移动通信分公司党委（2000年2月21日成立，2007年3月5日更名为中国移动通信集团福建公司泉州分公司党委）

书记：刘卫国、环志敏、苏明明、吴扬帆

(11) 泉州市国家税务局机关党委（2000年5月8日成立）

书　记：谢燕南、徐坤荣、王毅安、苏　虎、何卫东、朱国彬

副书记：吴惠榕、黄世烟（专职）、王楚锡、陈德发、李少彬（专职）、杨　明（专职）、李幼农、庄稼仁

(12) 泉州海事局党委（2000年10月成立）

书　记：吴友恩、吴清平、李志强

副书记：孙雷锭

(13) 泉州出入境检验检疫局机关党委（2001年1月8日成立，已升格为副厅级机构，重新成立党委）

书　记：蔡桂英、刘建亚

副书记：刘勤英、陈和杰（专职）、蔡桂英、刘建华

(14) 中国联通有限公司福建泉州分公司党委（2001年6月28日成立，已更名）

书　记：涂育杰、万国清

副书记：许海谋、谢武生

(15) 泉州市地方税务局机关党委（2002年2月27日成立）

书　记：施维雄、苏承改、蔡纪平、黄小平、骆跃建、符夷杰

副书记：苏承改、郑永勤、林炳土（专职）、庄荣辉、骆跃建、蔡斌伟（专职）、许金宽

(16) 国电泉州发电有限公司党委（2004年8月30日成立，2010年1月20日更名为国电泉州热

电有限公司党委）

书 记：郑群星、涂朝阳、张志业、柯恩概

副书记：岑小路、缪应伟、张志业

（17）福建电力职业技术学院党委（2006 年 8 月 21 日成立，已转往泉州市委教育工委）

书 记：洪延艺

副书记：颜宝塔

（18）福建中国闽台缘博物馆党委（2006 年 10 月 30 日成立）

书 记：谢清海、黄籴问

副书记：林建春

（19）福建中旅集团公司泉州代表处党委（2008 年 1 月 23 日成立）

书 记：李章彬、江通福

副书记：黄竞红

（20）泉州市烟草专卖局机关党委（2009 年 9 月 30 日成立）

书 记：陈兴宝、江 晟

副书记：王华曙、李水玉（专职）

（21）泉州出入境检验检疫局机关党委（2011 年 7 月，原泉州出入境检验检疫局、晋江检验检疫局、福建检验检疫局石狮办事处整合，升格为副厅级机构，2011 年 12 月 26 日重新成立泉州出入境检验检疫局机关党委）

书 记：刘建亚、欧阳钦芬

副书记：范建华、郭锦荣（专职）

（22）中国联合网络通信集团有限公司泉州市分公司党委（2012 年 9 月 5 日成立）

书 记：许红旗、万国清

副书记：谢武生

（23）福建省邮政公司泉州市分公司党委（2015 年 1 月 12 日成立，2015 年 4 月 20 日更名为中国邮政集团分公司泉州市分公司党委）

书 记：许佳庆

（24）福建省泉州司法强制隔离戒毒所党委（2015 年 1 月 12 日成立）

书 记：杜心得

副书记：李香平

（25）福建海峡银行泉州分行党委（2015 年 3 月 19 日成立）

书 记：陈发金、李斌伟

说明：党委书记、副书记名录，已撤销党委统计至撤销时；已转出党委统计至转出时

第五节　机制与载体

一、党建工作责任制

1994年6月21日，中共中央组织部转发中央国家机关工委《关于中央国家机关各部门党组指导机关党委工作的意见》，对党组指导机关党委工作的主要任务、主要做法，以及机关党委在党组指导下积极主动地做好工作，工委与各部门党组对加强和改进机关党的工作等重要问题提出明确的意见。

按照中央和省、市委有关规定，市直机关工委对机关党的工作实行领导，部门党组对本部门机关党的工作进行指导。明确市直机关部门党组、机关党委和机关工委主要任务和职责。

（一）党组指导机关党委工作的主要任务

指导机关党委根据新时期党的建设的指导思想及工委工作部署，结合本部门实际，加强和改进党的思想、组织和作风建设，全面履行机关党委职责，提高机关党组织凝聚力、吸引力和战斗力；指导机关党委搞好党员、干部的理论学习，指导机关党委在本部门实现党的路线、方针、政策的过程中，组织党员、干部积极投身改革，协助行政领导完成各项任务，确保政令畅通，做贯彻执行党和国家各项方针政策的模范；指导机关党委建立健全党内监督制度，加强对包括本部门行政负责人在内的每个党员的监督，协助行政领导搞好勤政廉政，加强各级领导班子思想作风建设，提高工作效率，克服官僚主义；指导机关党委配合行政领导做好职工思想政治工作和统战工作，加强对机关工、青、妇等群众组织的领导，调动一切积极因素，促进本部门机关两个文明建设。

（二）机关党委在党组指导下做好工作

机关党委在党组的指导下，认真履行党章赋予的职责，积极主动地开展党的工作，完成党章规定的基层组织的基本任务。紧紧围绕党组的中心任务和重要部署，安排好机关党的工作，积极主动地完成党组交办的任务；深入调查研究，认真听取党员、干部的意见和建议，为党组和行政领导正确决策、改进工作、任用干部，当好参谋，提供服务；认真做好干部和职工的思想政治工作，领导群众组织积极开展社会主义精神文明建设活动；协助党组开好民主生活会，组织好领导干部中心组的学习，促进各级领导班子搞好思想作风建设；积极探索新形势下开展党的工作的新方法、新途径，健全和活跃党内生活，切实加强和改进机关党的自身建设；在召开重要会议、部署重要工作和组织重大活动之前，及时向党组请示报告，取得党组的具体指导和支持。

（三）机关工委主要职责

规划市直机关党的建设，分类指导各部门机关、企业、事业单位党的建设工作；指导各级党组织抓好党的思想、组织、作风建设和党员教育管理，指导各级党组织实施对党员特别是党员领导干部的监督，定期了解各部门党员和群众对部门领导干部的意见，及时向市委反映各部门领导班子和领导干部的情况和问题；指导各级党组织配合行政领导做思想政治工作；负责各部门机关党委和纪委书记、副书记的审批、考核及培训；领导机关党的纪律检查工作和工、青、妇等群众组织的工作；完成市委交办的其他任务。

1995 年 9 月 11 日，市委批转市委组织部、市直机关工委《关于进一步加强和改进我市机关党的建设的意见》规定：切实把机关党的建设作为党组（党委）总体工作的一个重要组成部分，列入工作议程，每半年至少听取一次机关党组织的工作汇报，及时研究和解决机关党建中的重要问题，提出指导性意见。各党组（党委）可根据工作需要吸收机关党委专职副书记参加党组、行政有关会议，参加有关业务活动，参加党组中心组学习和民主生活会，参与机关干部的考核工作。注意听取机关党组织对干部任免、调动、奖惩的意见和建议。把党建经费列入各单位正常经费预算，切实解决机关党建经费不足问题。党组建立抓机关党建工作责任制，党组书记是第一责任人，党组成员都是责任人。兼任机关党委书记的党组成员，切实负起责任，相应集中精力，抓好机关党建工作。市委组织部、市直机关工委每年对党组抓机关党建工作的情况进行一次检查，把机关党建工作的实绩作为考核党组成员和党委委员的重要内容，作为干部使用的重要依据。

1997 年，借鉴抓农村基层组织建设责任制成功经验，以部门党组（党委）领导机关党建，指导机关党组织工作为关键，建立健全党委、党组抓机关党建工作责任制，落实机关党建一级抓一级，一级带一级，人人有责任，层层抓落实的工作机制。

1998 年 12 月 4 日，市委《关于贯彻〈中国共产党党和国家机关基层组织工作条例〉的意见》规定：建立健全党组统一领导，党组书记负全责，分管领导具体抓，机关党委抓落实的机关党建工作机制。部门党组要根据新时期机关党建工作的指导思想和机关工委的工作部署，把机关党的工作列入党组工作议程，每年至少两次听取机关党组织的工作汇报，认真研究解决有关问题，提出指导性意见。吸收机关党组织专职副书记参加党组的有关会议和党员领导干部的民主生活会，以及行政的重要会议和重大业务活动，认真听取机关党组织对重要工作和干部任免的意见。注意发挥机关党组织联系群众、协调各方的作用，经常通过机关党组织了解机关工作人员的思想情况，以及对重要决策和领导干部廉洁自律等方面的反映和意见，支持机关党组织对党员特别是党员领导干部进行监督。加强机关党组织领导班子和党务工作人员队伍建设，选配好机关党组织专职副书记和其他党务工作人员，加强对党务工作人员的培训、交流和使用。按照《中国共产党党和国家机关基层组织工作条例》要求，认真解决机关党组织的工作机构设置、人员编制和经费等问题，努力为机关党组织创造良好的工作条件。党员领导干部要以身作则，支持并积极参加机关党的活动，充分发挥表率作用。中层党员领导干部要实行“一岗双责”，把业务工作和党建工作结合起来抓，两项工作一起部署、一起检查、一起落实。要把党建工作的成效作为考核使用党员领导干部的重要依据之一。

2000 年 3 月 1 日，市委批转市直机关工委《关于在市直机关开展创建“党建工作先进单位”活动的意见》规定：树立起党组（党委）书记第一责任人，党员领导干部都是责任人，一级抓一级，一级带一级，人人有责任的观念。形成党组（党委）统一领导，党组（党委）书记负全责，分管领导具体抓，党员领导干部“一岗双责”共同抓，机关党委（党总支）、党支部实行目标管理抓落实的机关党建工作机制。在开展机关党建工作先进单位创建和考评中，把落实党建工作责任制作为重要内容，并随着形势发展，不断改进和完善。

2000 年 5 月 9 日，市委办公室印发市直机关工委《关于市直机关党建工作责任制的暂行规定》：坚持集体领导与个人分工负责相结合，一级抓一级，层层抓落实。把机关党的工作纳入领导班子、领导干部目标管理内容，与业务工作一起部署、一起落实、一起检查、一起考核。党组（党委）对本部门（单位）机关党建工作负有领导责任，对机关党组织负有指导职能。在市直机关建立齐抓共管党建工作责任体系。规定党组（党委）和党员领导干部在机关党的工作中承担 5 项责任，机关党委（党总支）承担 8 项责任，党支部承担 7 项工作。并对责任考核、责任追究作出规定。

2000 年 6 月 28 日，召开部门党组（党委）书记座谈会，交流发挥党组（党委）领导和指导机关党建的职能作用的体会和做法，市委副书记骆灿堂参加座谈会，并就落实机关党建工作责任制提出具体要求，强调部门党组（党委）书记要增强第一责任人的责任意识，切实改变一些单位主要领导不重视抓机关党建工作的状况。在创建机关党建工作先进单位和第二轮建设“五好”支部活动中，突出以健全党建工作责任制为重点，形成机关党建“第一责任人”到位，“一岗双责”落实，机关党委履行职责，齐抓共管的良好工作机制。

2001 年，市直机关工委对 2001 年党建工作要点进行分解立项，共 18 个项目、56 条主要工作，按照工委领导分工和各部室主要职责，逐项下达到各部室，落实到责任人，并按工作先后顺序建立月工作菜单，连同《2001 年机关党建工作分解立项责任表》下发责任部门，明确规定工作进度和时限，强化责任落实。此后，每年对党建工作要点进行分解立项，实行党建工作项目化管理。

2002 年，各部门各单位普遍建立党组（党委）统一领导，党组（党委）书记负全责、分管领导具体抓、党员行政领导配合抓、机关党委抓落实的党建工作机制。坚持党组（党委）定期听取机关党委工作汇报，研究机关党建工作的制度，使机关党的工作更加贴近党组（党委）意图，贴近党员实际。

2006 年，为总结党组（党委）对机关党建工作领导和对机关党组织指导的经验、做法，进一步落实党建工作责任制，建立党组（党委）书记汇报党建工作的会议制度。同年 11 月 17 日，召开第 1 次党组（党委）书记汇报会。市府办、市人事局、市交通局、城市管理行政执法局、市体育局、省闽东南地质大队等 6 个单位党组（党委）书记作交流汇报。市民政局、市国税局、泉州海事局、泉州电信分公司等 4 个党组（党委）作书面汇报。市委副书记、市纪委书记、市直机关工委书记林文杰听取汇报并讲话，提出 4 条要求：强化党建责任，进一步明确部门党组书记的主要职责；注重措施落实，高度重视机关党建工作在经济发展和社会事业中的独特作用；注重创新创造，深化机关党建“三级联创”活动；重视队伍建设，建设一支高素质、懂业务、有活力的党务干部队伍。

2007 年 6 月 27 日，召开第 2 次党组（党委）书记汇报会。市经委、市司法局、市劳动和社会保障局、市工商局、市文化局、市财政局、市质量技术监督局、市民宗局、市卫生局、市农业局等 10 个单位党组书记汇报落实中央保持共产党员先进性 4 个长效机制文件情况。林文杰听取汇报并讲话。

2008 年 2 月 26 日，市委印发《关于建立全市机关党建工作联席会议制度的通知》，建立由市委领导牵头，市委办公室、市委组织部、市委宣传部、市委统战部、市委市直机关工委、市委编委办公室领导参加的机关党建工作联席会议制度，林文杰负责召集。下设办公室，挂靠市直机关工委，办公室主任由工委常务副书记李世杰兼任。联席会议成员单位共同承担对部门党组（党委）抓机关党建工作的部署、检查、考核和指导，逐步完善“地方党委统一领导、机关工委组织实施、党组（党委）对本单位党建工作负总责、党组（党委）书记亲自抓、分管书记具体抓、其他领导协同抓、机关党委抓落实”的领导体制和工作机制。

2010 年 5 月 13 日，召开第 3 次党组（党委）书记党建工作汇报会，市建设局、市教育局、市广电局、市发改委、市外经局、市国土资源局、市审计局、市地税局、市食品药品监督管理局、泉州检验检疫局等 10 个单位党组主要负责人交流履行党建第一责任人职责，加强对机关党建工作领导和对机关党组织工作指导的做法，分析党建工作存在的主要问题，研究工作思路和措施。市委常委、市纪委书记、市直机关工委书记朱淑芳听取汇报并讲话。

2012 年 5 月 29 日，市委印发《关于贯彻〈中国共产党党和国家机关基层组织工作条例〉实施细则》规定：市、县（市、区）各部门党组（党委）要按照该条例规定和机关党建工作责任制的要求，加强对本单位本系统机关党建工作的领导和指导，各级各部门党组（党委）每年应向同级地方党委书面报告机关党建工作情况，同时抄送同级机关工委。

2012 年 10 月 17 日，召开第 4 次党组（党委）书记党建工作汇报会，10 个单位党组（党委）主要负责人汇报党建工作情况。市委常委、市纪委书记、市直机关工委书记沈耀钦听取汇报并讲话。

2013 年 12 月 11 日，召开第 5 次党组（党委）书记党建工作汇报会，市人口计生委、市林业局、市海洋与渔业局、市人防办、市统计局、市规划局、市物价局、团市委、市科协、泉州晚报社等 10 个部门党组主要负责人汇报交流近 3 年来贯彻落实中共十八大精神和《中国共产党党和国家机关基层组织工作条例》情况及经验做法；当前本部门机关党建工作存在的主要问题和整改对策；提高学习型、服务型、创新型党组织建设水平的思考和设想。沈耀钦听取汇报并讲话。

自 2006 年开始，建立并坚持市委分管领导不定期听取部门党组（党委）书记汇报机关党建工作制度，至 2013 年 12 月，3 名兼任市直机关工委书记的市委领导先后 5 次听取 50 个部门党组（党委）书记汇报机关党建工作情况，相互交流、学习借鉴、取长补短，提高领导机关党建工作和指导机关党组织工作的能力和水平。

2015 年 8 月 7 日，泉州市委书记郑新聪对党组（党委）书记抓机关党建工作述职评议作出批示。8 月 21 日，市直机关工委向市委呈报《关于〈闽办通报〉〔2015〕第 41 期学习情况的请示》，建议于当年第 4 季度召开 1 次市直部分部门党组书记抓机关党建工作述职评议会，借鉴市、县、乡党委书记抓基层党建工作述职评议考核做法，参照省里的做法，规范述职内容，增加点评和民主评议等环节，更好推动市直机关落实全面从严治党主体责任。8 月 27 日、11 月 6 日、12 月 22 日，郑新聪又对述职评议工作先后作出 3 次批示。

2016 年 1 月 14 日，召开市直部分单位党组（党委）书记抓机关党建工作述职评议会，述职评议内容：推动健全机关党建工作责任体系情况；抓思想政治工作情况；落实党内政治生活制度情况；推进机关作风建设情况；抓党风廉政建设和反腐败工作情况；抓机关党务干部队伍建设情况；发挥机关党组织作用情况；抓机关党建特色工作、创新做法和存在问题，进一步加强机关党建的思路、重点和措施 8 项内容。市政府办公室、市发改委、市住建局、市卫计委、市水利局、市市政公用事业局、市人防办、市环保局 8 个单位党组书记进行述职。市委副书记周银芳，市委常委、组织部部长孔繁军听取述职，进行点评。组织42名与会人员进行民主评议。评议最高分95.33分，最低分84.548分。

2016年12月29日，召开市直部分单位党组（党委）书记抓机关党建工作述职评议会，市经信委、市国土资源局、市林业局、市统计局、市质量技术局、市民政局、市旅游局、市公安局8个单位党组（党委）书记进行述职。

2017年1月，受市委委托，组织8个检查组对48个市直单位开展2016年度全面从严治党主体责任落实情况检查，梳理汇总问题清单299条，督办提出39个重点问题的整改。结合第十二轮先进“五好”党支部考评，对落实情况进行“回头看”，受检查单位基本整改到位。3月17日起，做好党组织抓基层党建工作述职评议问题整改工作，建立整改台账，实行季报制度，强化结果运用。各党组织研究制订整改项目，逐一明确整改任务、目标要求、完成时限和责任主体，提出具体措施，防止问题整改流于形式，定一项改一项，改一项成一项。12月15日起，开展2017年度市直机关基层党组织书记抓党建工作述职评议考核。市直机关工委对机关党委书记评议考核，机关党委对内设机构和直属单位党组织书记评议考核。主要内容：学习宣传贯彻中共十九大精神，贯彻机关党建重要会议和重要文件精神情况；履行基层党建工作责任情况；推进“两学一做”学习教育常态化制度化情况；机关党建重点任务落实情况；机关党务工作者队伍建设，党建经费投入情况；机关党建典型培育情况。述职评议考核工作于2018年1月中旬完成。

二、贯彻《中国共产党党和国家机关基层组织工作条例》

1998年3月30日，中共中央颁布《中国共产党党和国家机关基层组织工作条例》（中发〔1998〕5号），这是党的历史上第一部全面规范机关党的建设的重要法规。8月13日，中共福建省委印发《关于〈中国共产党党和国家机关基层组织工作条例〉实施办法》（闽委发〔1998〕11号）。

1998年，举办学习《中国共产党党和国家机关基层组织工作条例》培训班，组织党务工作者认真研读，翻印3000份辅导材料，发至基层党组织。召开系统、单位党委书记、专职副书记，有关部门领导和县（市、区）直机关党（工）委书记座谈会，7个单位介绍学习情况，市委副书记薛祖亮对学习贯彻工作，推进机关党建工作上新水平提出要求。7月，省直机关工委常务副书记江祥钦到市直机关调研，对贯彻《中国共产党党和国家机关基层组织工作条例》和省委的《实施办法》进行指导。7月27日，市委书记何立峰、副书记骆灿堂到市直机关工委调研，强调必须深入调查研究，制订出符合泉州实际的贯彻意见。8月，市直机关工委开展专题调研，广泛征求意见，起草《中共泉州市委关于贯彻〈中国共产党党和国家机关基层组织工作条例〉的意见（送审稿）》。10月22日，召开市直机关党建工作座谈会，交流机关党建“走前头”的经验和做法，骆灿堂强调贯彻《中国共产党党和国家机关基层组织工作条例》要抓好的4项工作。12月4日，市委以泉委〔1998〕11号文印发《关于贯彻〈中国共产党党和国家机关基层组织工作条例〉的意见》。召开全市机关党的工作会议，市委党建工作领导小组全体成员参加会议，5个县（市、区）直机关党委（工委）、11个基层党组织交流经验。何立峰对全面推进机关党建工作提出要求。

1999年，进一步落实《中国共产党党和国家机关基层组织工作条例》、省委的《实施办法》、市委的《贯彻意见》各项规定。一是市、县委把学习贯彻《中国共产党党和国家机关基层组织工作条例》和全市机关党建工作会议精神作为新一轮创建党建先进县（市、区），全面推进机关党建上新水平的重要环节来抓。县（市、区）结合实际制订具体贯彻意见，以县（市、区）委文件下发，使全市上下形成贯彻落实中共中央、省委、市委加强机关基层组织工作部署的良好氛围，全市两级机关工委共编发有关学习材料13489册，举办培训班62期（次），培训党务干部和骨干12160人，开展党建调研、经验交流、知识竞赛、问卷调查等活动。二是全市11个县（市、区）全部成立机关工委，县级机关工委编制人数5—10名。晋江、安溪、德化、鲤城、丰泽、洛江等机关工委书记分别由县（市、区）委分管副书记或常委、组织部部长兼任。南安、永春机关系统党委还设立党委办公室，配备专职秘书。三是落实按机关工作人员1%—2%配备党务干部的规定，原来配备不足的情况有了改变。德化县直机关工委编制由3人增加到5人，永春县从4人增加到5人。专职党务干部职级待遇初步落实。3月30日，市委确认市直机关工委3名委员为副处级。市直系统党委专职副书记按副处级配备，党办主任按正科级配备，正在落实中。县（市、区）常务副书记按正科级配备，工委委员、系统党委专职副书记全部按副科级配备，党办主任按正股级配备，已落实到位。四是党组织活动经费有了保证。市直机关按每个党员每年70元核拨，市直单位党建活动所需经费有的列入行政经费预算，有的采取实报实销。晋江市按党员每人每年80元核拨，另拨4万元添置电脑设备，拨12万元专款扶持各系统党委建立业余党校和电教示范点。当年，安溪县核拨26万元、南安市核拨25万元、丰泽区核拨11.86万元。石狮市、永春县每年核拨15万元，鲤城区、惠安县、德化县、洛江区、肖厝管委会按每个党员每年70元核拨。大部分县（市、区）都为机关工委配备公务车。12月5—8日，省委检查组一行6人由省直机关工委常务副书记江祥钦带队，对泉州市贯彻《中国共产党党和国家机关基层组织工作条例》和省委的《实施办法》情况进行检查，听取骆灿堂和惠安、安溪、晋江等市、县委领导汇报，召开4场座谈会，并召开反馈会，向市委反馈检查情况，肯定贯彻《中国共产党党和国家机关基层组织工作条例》以来机关党建出现的新局面，指出存在的问题：5个县（市、区）直机关工委书记没有按规定由县（市、区）委副书记兼任；市直机关系统党委专职副书记职级配备没有到位，党务干部配备数量不足1%—2%。

2000年，把《中国共产党党和国家机关基层组织工作条例》列入党员教育、党务干部培训的学习内容，加大宣传力度。对照中央的部署要求进行一次“回头看”，重点看是否按规定职级配备系统党委专职副书记、党办主任；看系统党办设置及工作人员配备是否到位；看党委专职副书记是否列席党组有关会议，参与单位行政业务的讨论研究等问题。通过“回头看”，使贯彻工作中存在的一些差距和问题逐步得到解决。按同级行政副职配备系统党委专职副书记的规定基本落实，市委办、市府办、党群、计委、农办等系统已按规定设置党委办公室，并配备党办主任。

2002年12月20日，根据闽委工〔2002〕12号文件和市委对市直机关工委职能的规定，市直机关工委制订《关于贯彻省直党工委〈关于加强对市县区机关党建工作指导的意见〉的实施办法》，采取完善市、县（市、区）机关工委书记联席会制度；开展评选推荐“全省先进机关党工委”“全省党工委系统先进工作者”活动；建立机关党建工作联系点制度；建立定点挂钩联系制度；坚持机关专职党务干部培训考察制度；拓宽上情下达渠道6个方法，履行对县（市、区）机关党建工作指导的职责。

2008年，庆祝《中国共产党党和国家机关基层组织工作条例》颁布10周年。3月4日，市委办公室转发市直机关工委《关于开展贯彻落实中央〈条例〉情况检查的意见》。市直机关工委班子6名成员先后赴宁德、福州、莆田、南平、三明、龙岩、漳州、厦门8市学习取经，围绕贯彻中央的部署，加强基层组织建设，推进机关党建工作创新发展等问题，与各市直机关工委座谈、交流。5月，根据市委常委会第38次会议要求，组织3个检查组对18个市直单位和9个县（市、区）直机关贯彻工作情况进行检查和调研，召开27场座谈会，参加260人，发出并收回问卷调查表365份。总结贯彻工作中强化学习培训、强化责任意识、强化载体推动、强化整体提升的做法和成效。针对宣传贯彻工作不够常态化、党建工作责任制落实不够均衡、机关党组织职能履行不够到位、落实中央的工作部署具体规定还有差距等问题，提出进一步明确工委地位、职责及上下级机关工委关系，明确工委与部门党组抓机关党建中协调配合的方法和途径，明确机关专职党务工作人员的配备比例，明确规定党建经费列入财政年度经费预算，强化对机关党务干部的培养和使用，强化机关党组织人事协管职能，明确机关纪工委与部门纪检组、机关纪委各自职责范围及工作关系等9条建议。形成专题检查调研报告呈报市委，并向省直机关工委作专题汇报，受到充分肯定。

2010年6月4日，中共中央颁布新修订的《中国共产党党和国家机关基层组织条例》。2011年8月19日，中共福建省委印发《关于贯彻〈中国共产党党和国家机关基层组织工作条例〉的实施办法》。举办学习研讨班，组织学习贯彻。落实机关党建工作责任制，健全机关党建工作情况定期向党组（党委）汇报制度，探索建立专职副书记述职考评机制。推动县级工委工作经费列入本级财政预算，机关党组织活动经费列入本单位行政经费预算，落实县级机关工委和基层党组织活动经费。

2012年，市直机关工委起草《关于贯彻〈中国共产党党和国家机关基层组织工作条例〉实施细则》（送审稿）。5月7—9日，省直机关工委常务副书记朱清带领调研组来泉州，调研贯彻《中国共产党党和国家机关基层组织工作条例》和省委的《实施办法》情况，听取泉州、晋江两级机关工委工作汇报，召开座谈会，深入基层党组织调研，充分肯定泉州的贯彻工作，服务泉州“二次创业”取得的成效，对机关党建工作提出要求，市委常委、市纪委书记、市直机关工委书记沈耀钦参加调研。5月上旬，开展贯彻工作情况自查。5月中下旬，省委组织部、省直机关工委等部门联合开展调研督查，了解贯彻落实情况，特别是加强机关党的建设的经验做法、主要成效、特色亮点和突出问题，征求对进一步加强和改进机关党的建设的意见建议。5月29日，市委印发《关于贯彻〈中国共产党党和国家机关基层组织工作条例〉实施意见》，对机关党建工作指导思想；基层党组织的地位作用；基层党组织设置；基层党组织职责；党员教育管理服务；党内民主与监督；思想政治工作；党务工作者队伍建设；对机关党建工作的领导和指导；贯彻落实好《中国共产党党和国家机关基层组织工作条例》、省委的《实施办法》、市委的《实施细则》等方面作了具体规定。

至2013年5月，全市11个县（市、区）全部出台贯彻新修订的《中国共产党党和国家机关基层组织工作条例》的实施方案。当年，组织对54个市直单位、县（市、区）直机关工委、泉州开发区、泉州台商投资区贯彻落实情况进行调研督查，并向市委作专题报告。

2016年10月，针对贯彻落实《中国共产党党和国家机关基层组织工作条例》情况督查报告中指出的“一些基层党组织的组织生活未达规定要求，一些党员领导干部党员意识不够强”问题，指导基层严格执行“三会一课”、支部组织生活会、民主评议党员、党员党性定期分析等制度，把领导班子和领导干部贯彻执行党的政治生活有关规定情况列入党建工作考核内容。10 月 10 日，根据市委办公室《关于我省贯彻落实〈中国共产党党和国家机关基层组织工作条例〉情况督查报告涉及泉州市存在问题整改任务分解的通知》，针对存在的“一些地方和单位组织设置不够规范”“部分机关基层党组织党内组织生活不够严肃认真”“机关党务干部队伍现状亟待关注”等共性问题，市直机关工委制订整改任务分解表，明确整改责任单位、责任领导、整改计划、整改时限。

三、落实党建经费

2006 年 12 月 26 日，根据市委《关于贯彻〈中国共产党党和国家机关基层组织工作条例〉实施意见》中“机关各级党组织的活动经费列入本单位的行政经费预算”的规定。为了解决机关党建活动经费开支无预算，经费难以保证问题，市直机关工委商请市财政局在下拨机关部门年度行政经费时，按照党员人数情况，每年为机关党组织核拨党组织活动经费，600 名（含）以上党员的 2 万—3 万元，200 名（含）—600 名（不含）党员的 1 万—2 万元，200 名（不含）以下党员的 3000 元—1 万元。单列“党建经费”项目，由党组织掌握开支，专款专用，不得挤占，节余部分留存使用，不足部分由单位行政经费实报实销。

2007 年 2 月 5 日，经市委常委（扩大）会批准，从 2007 年起，市直机关党建经费列入市财政预算，由市财政每年拨出 79.9 万元，作为机关各级党组织的党建经费。

2007 年泉州市直机关党组织党建工作经费列入财政经费预算表（一）

表 6-15

党组织名称	财政拨款部门	党员人数	预算数（万元）	党组织名称	财政拨款部门	党员人数	预算数（万元）
市府办系统党委	市府办	1066	3	科技局机关党委	科技局	86	1
宣传系统党委	宣传部	885	3	党校机关党委	党校	101	1
政法系统党委	政法委	855	3	执法局机关党委	执法局	55	1
卫生系统党委	卫生局	911	3	检察院机关党委	检察院	150	1
公安系统党委	公安局	1153	3	法院机关党委	法院	218	1
市委办系统党委	市委办	150	2	文化局机关党委	文化局	240	1
党群系统党委	组织部	422	2	广电局机关党委	广电局	212	1
统战系统党委	统战部	136	2	城镇集体工业联合社机关党委	城镇集体工业联合社	270	1
政协机关党委	市政协	71	1				
公用事业系统党委	公用事业局	411	2	海洋与渔业局机关党委	海洋与渔业局	76	1
人大常委会机关党委	市人大	89	1				
纪委机关党委	市纪委	83	1	供销社机关党委	供销社	73	1

表 6-15

党组织名称	财政拨款部门	党员人数	预算数（万元）	党组织名称	财政拨款部门	党员人数	预算数（万元）
粮食局机关党委	粮食局	134	1	农业局机关党委	农业局	152	1
老干部局机关党委	老干部局	118	1	劳动和社会保障局机关党委	劳动和社会保障局	137	1
司法局机关党委	司法局	115	1				
民政局机关党委	民政局	212	1	国土局机关党委	国土局	98	1
林业局机关党委	林业局	74	1	总工会机关党委	总工会	86	1

说明：共列入财政经费预算 79.9 万元，其中：17 个系统党委合计 39 万元；22 个机关党委合计 22 万元；63 个财政全额拨款的设立党总支、党支部的单位合计 18.9 万元

2017 年 3 月 16 日，十二届泉州市委常委会第 26 次会议原则同意市直机关工委提出的《关于落细落实机关党务干部队伍建设相关规定》，调整机关党组织活动经费的意见。4 月 27 日，市直机关工委根据市委常委会意见，商请市财政局按原有的下拨渠道，适当增加党建经费数额，具体如下：1000 名以上党员的 10 万元，600—999 名党员的 8 万元，200—599 名党员的 6 万元，200 名以下党员的 5 万元，单列“党建经费”项目，由党组织掌握开支，专款专用，不得挤占，节余部分可留存使用，不足部分由单位行政经费实报实销。党建经费审批和报销按现行机关行政经费开支制度执行。

2017 年泉州市直机关党组织党建工作经费列入财政经费预算表（二）

表 6-16

党组织名称	党员人数	财政拨款部门	拨款数（万元）	党组织名称	党员人数	财政拨款部门	拨款数（万元）
市委办系统党委	204	市委办	6	农办系统党委	592	农业局	6
市府办系统党委	1023	市府办	10	交运系统党委	615	交通运输委	8
党群系统党委	552	组织部	6	公安系统党委	1649	公安局	10
宣传系统党委	703	宣传部	8	文广新系统党委	352	文广新局	6
统战系统党委	278	统战部	6	食药监局机关党委	144	食药监局	5
政法系统党委	1175	政法委	10	台办机关党总支	48	台工办	5
发改委系统党委	482	发改委	6	市政公用事业系统党委	377	公用事业局	6
经信系统党委	965	经信委	8	卫计系统党委	1547	卫计委	10
住建系统党委	437	住建局	6	水利系统党委	569	水利局	6

续表 6-16

党组织名称	党员人数	财政拨款部门	拨款数(万元)	党组织名称	党员人数	财政拨款部门	拨款数(万元)
人大常委会机关党委	131	市人大	5	商务局机关党委	100	商务局	5
政协机关党委	105	市政协	5	行政服务中心机关党委	146	行政服务中心	5
纪委机关党委	94	市纪委	5	工商局机关党委	149	工商局	5
科技局机关党委	116	科技局	5	质监局机关党委	257	质监局	6
党校机关党委	114	市委党校	5	教育局机关党总支	143	教育局	5
执法局机关党委	85	行政执法局	5	合 计	184 万元		

四、党建工作规范化

1986 年 9 月 18 日，根据泉州市升为地级市后的新情况，对原有基层党组织建设制度进行梳理修改，印发机关党支部 6 项制度。

1988 年，市直机关党委印发《关于加强党的制度建设的若干规定》，建立健全党的民主集中制，严格实行集体领导和个人分工负责相结合的制度；健全党的定期报告工作制制度；民主评议党员、干部制度；岗位目标责任制；党的组织生活“三会一课”制度。

1989 年上半年，市直机关党委对长期以来形成的党内工作和生活制度进行梳理和修改，将执行党的民主集中制；严格实行集体领导和个人分工负责相结合的制度；健全党的定期报告工作制度；民主评议党员、干部制度；岗位目标责任制；党的组织生活“三会一课”制度；党员领导干部过双重组织生活制度；党风责任制；群众来信来访制度；协商对话制度 10 个方面制度汇编成册，发给基层党组织贯彻执行。

1996 年 3 月 1 日，在广泛征求意见基础上，对市直 10 项党内规章制度进行修订完善，制定《泉州市直机关党工委议事规则（试行）》《关于加强基层党的组织生活制度建设的若干规定》《关于党的基层代表大会选举的细则》《关于党费交纳、管理工作的规定》《关于党组织任期、隶属关系和报批权限的补充规定》《关于接转党员组织关系的规定》《关于开展“创先争优”活动的意见》《关于开展民主评议党员工作的意见》《关于处分违纪党员批准权限的补充规定》9 项制度。并印发《泉州市直机关基层党建文件汇编》，发给基层党组织，进一步加强以民主集中制为核心的党内各项制度建设。

1998年6月11日，为了使支部建设进一步正常化、规范化、制度化，更好地发挥战斗堡垒作用，市直机关工委印发《泉州市直机关基层党支部工作细则（试行）》，规定支部组织设置；支部主要职责；支部书记、委员主要职责；支部主要制度；党员教育和思想政治工作；纪律检查工作7个方面的制度和工作。

1999年，将中央领导人关于加强企业党建工作的讲话、中央和中央有关部门关于企业党建工作文件、企业党建工作问答汇编成册，编印《企业党建文件资料汇编》，发至企业党组织，促进企业党建工作开展。

2000年3月16日，市直机关工委印发《泉州市企业党建工作规范基本要求》，规范工作机制、班子建设、发展党员、党员教育、党员管理、党费收缴、硬件配备、文书材料、企业经营管理和文明建设10个方面。

2000年4月5日，为进一步健全机关党建工作机制，完善党建工作制度，规范党建工作要求，提高党建工作整体水平，市直机关工委印发《泉州市直机关基层党建工作规范基本要求》。第一部分基层党委。（一）党建工作机制：（1）党建责任制；（2）党建领导组织；（3）党建研究部署；（4）党建责任移交；（5）党建检查；（6）党建经费。（二）党建工作制度：（1）会议制度；（2）中心组学习；（3）民主生活会；（4）联系基层；（5）议事与决策；（6）廉政监督；（7）组织设置与任期。（三）党建工作资料：（1）记录表；（2）簿册类；（3）党务报表。第二部分党支部。（一）党建工作机制：（1）党建责任制；（2）党建研究部署；（3）党建阵地。（二）党建工作制度：（1）“三会一课”制度；（2）目标管理与民主评议党员制度；（3）“创先争优”；（4）党员干部培训；（5）流动党员管理；（6）党员活动日；（7）组织关系转移；（8）党费收缴管理；（9）民主生活会；（10）发展党员工作；（11）联系群众。（三）党建工作资料：（1）记录表；（2）簿册表；（3）党务报表；（4）党务材料。第三部分有关工作程序。（1）党（总）支部换届选举程序；（2）发展党员工作程序；（3）民主评议党员程序；（4）党费收缴管理程序。

2001年12月13日，针对基层党委召开党员大会（代表大会）进行选举的工作程序不够系统，不够严密，没有形成规范性选举程序，选举大会的随意性较大。为了严格基层党委选举大会的程序，编印《泉州市直机关基层党委换届选举大会程序》，规范预备会议、正式会议、纪委第一次全体会议、党委第一次全体会议程序。

2002年，进一步落实机关党委工作制度，健全机关党委议事规则，机关党委书记定期听取支部工作汇报制度、委员联系基层支部工作制度、支部书记联席会议制度、党员思想动态分析制度、支部工作检查督促制度、机关党委与工青妇组织联席会议制度等，通过机关党委工作的制度化和规范化，促进党建工作上新水平。

2002年12月，针对有的党组织发展党员工作程序不严格，材料、记录不规范、不完整等问题，编印《发展党员工作资料汇编》，按“党章党规”“基本程序”“常用例文”“操作方法”“疑难答询”5部分汇编成册，发至基层党组织。

2003年8月29日，市直机关工委印发《泉州市直机关基层委员会规范（试行）》，根据党章和《中国共产党党和国家机关基层组织工作条例》有关规定，结合市直实际，制定基层党委工作规范，促进基层党委工作制度化，规范化。规定机关党委协助行政负责人完成任务，改进工作，对包括行政负责人在内的每个党员进行监督，不领导本单位的业务工作。规定党委实行选举制，实行集体领导和个人分工相结合的制度。规定党委和纪委的工作职责，党委书记、副书记、委员和纪委书记的主要职责。规定党委议事与决策，党委会、党委扩大会议、书记办公会、党委专题会议、党支部书记联席会主要任务和要求。规定党委成员思想作风和工作作风建设。规定党委工作制度：民主生活会制度、党委中心组学习制度、审批新党员制度、领导工青妇工作制度、重大事项请示报告制度、廉政制度、文件审批制度以及保密制度、调查研究制度、检查督促制度、群众信访接待制度。市直企事业单位设立的党委和驻泉省部属单位党委参照执行本工作规范。

2005 年 8 月 31 日，印发《关于加强市直企业党支部建设的若干意见》，规定加强企业党支部建设的指导思想和总体要求、党支部的设置、党支部的职责任务、党支部班子建设、党员队伍建设、加强精神文明建设和思想政治工作，努力提高党支部工作水平。

2005 年 10 月 25 日，市直机关工委、市委老干部局联合印发《关于加强市直离退休干部党支部建设的若干意见》，规定加强离退休干部党支部建设的指导思想和基本要求，党支部设置、党支部职责任务，书记、委员主要职责，建立健全党支部工作制度，加强对党支部工作的领导和指导。

2006 年 6 月 9 日，为进一步巩固和发展保持共产党员先进性教育活动成果，全面提高党员素质，市直机关工委印发《关于建立健全保持共产党员先进性长效机制的意见》，建立 6 个方面长效机制：（1）建立党员学习教育机制：建立和完善中心组学习制度、党员学习培训制度、思想政治教育工作制度；（2）建立党员管理机制：落实党内组织生活制度、建立党员目标管理制度、完善民主评议党员制度、严格党员进出制度、健全党员日常管理制度；（3）建立党员监督机制：建立和完善党内监督制度、效能监察制度、群众监督和社会监督制度；（4）建立党内民主参与机制：建立和完善党员权利保障制度、党内情况通报制度、党内选举制度、党务公开制度；（5）建立党员联系群众机制：建立挂钩联系制度、定期征求群众意见制度、主题实践活动制度、办实事办好事制度、立足岗位服务群众制度；（6）建立党员激励引导机制：建立考核激励制度、荣誉激励制度、党员帮扶制度。为确保长效机制落实，从 5 个方面构建运行保障机制：建立健全组织领导体制、督促检查机制、载体推动机制、党务干部选人用人机制、技术和经费保障制度。

2007 年 3 月，为加强系统党委之间学习交流活动，建立系统党委书记学习交流会制度，由市直机关工委主办，各系统党委轮流承办，每季度举办 1 次，系统党委书记、专职副书记、党办主任和市直机关工委领导、部室负责人参加。

2010 年 4 月，建立开展机关党建“特色活动”的工作制度，各基层党组织从实际出发，探索机关党建工作的新思路、新途径、新办法。

2013 年 5 月 31 日，印发中共泉州市委市直机关工委《制度汇编》，规定：（一）市直机关工委会议制度。（1）工委委员会议；（2）工委行政办公会议；（3）工委党员领导干部民主生活会议；（4）工委干部职工会议。（二）市直机关工委学习制度。（1）工委学习中心组学习制度；（2）工委机关党支部学习制度；（3）工委干部职工学习制度。（三）市直机关工委管理制度。包括工委工作制度、工委绩效考评制度等 13 项制度。

2017年4月28日，借鉴中央国家机关“一二三四”机关党支部工作法、省直机关党支部七项基本工作法和市委组织部《关于规范党支部制度建设的指导意见》，立足市直机关特点和实际，市直机关工委制订《市直机关党支部“5433”工作法（试行）》，围绕“五个好”目标：领导班子好、党员队伍好、工作机制好、工作业绩好、群众反映好；聚焦“四项职能任务”：围绕“服务中心、建设队伍”两大核心任务，聚焦“协助”职能、“监督”职能、“引领”任务、“服务”任务；实施“三大项目工程”：规范提升项目工程、主题实践项目工程、“创先争优”项目工程；实现“三个根本转变”：党组织实现由软弱涣散到坚强有力的转变、党员作用实现由不够突出到示范表率的转变、机关党建工作实现由宽、松、软到严、紧、硬的转变。

2017年7月25日，为进一步规范市直机关工委制度机制建设，重新修改印发《中共泉州市委市直机关工委〈制度汇编〉》，包括市直机关工委会议制度6项；市直机关工委学习制度3项；市直机关工委内部管理制度14项。

五、系统党委书记学习交流会

2007年3月23日，第1次系统党委书记学习交流会在石狮市召开，由市直市委办系统党委承办，以“机关党建与社会主义新农村建设”为主题，实地参观石狮市永宁镇前埔村和玉湖社区新农村建设和文明社区建设。

2007年6月20日，第2次系统党委书记学习交流会召开，由市直市府办系统党委承办，以“深化政府管理创新，促进又好又快发展”为主题，实地参观泉州市行政服务中心和城东建设新貌。

2007年9月12日，第3次系统党委书记学习交流会召开，由市直党群系统党委承办，以学习参观非公有制企业党建为主要内容，实地参观南安市水头镇部分非公有制企业，了解党建工作情况，开展座谈交流。

2007年12月13日，第4次系统党委书记学习交流会召开，由市直宣传系统党委承办，以“加强政风行风建设，促进机关作风转变”为主题，实地参观泉州博物馆、泉州晚报社、“政风行风直通车”、东南早报“一线通”工作室。

2008年3月28日，第5次系统党委书记学习交流会召开，以“凝心聚力，服务发展”为主题，由市直统战系统党委承办。与会人员实地参观石狮市王老吉公司和泉州港石湖中心港区。

2008年6月19日，第6次系统党委书记学习交流会召开，由市直政法系统党委承办，以“打造品牌，推进工作”为主题，市直政法系统党委作“打造先进品牌，推进政法工作”主题发言，与会人员实地参观学习晋江市公安局“特别能战斗精神”、法院“司法功夫茶”品牌。

2008年9月19日，第7次系统党委书记学习交流会召开，由市直公安系统党委承办，以“先行先试当先锋、尽心尽责做奉献”为主题，市委常委、市公安局局长张东鸣介绍公安工作情况，市直公安系统党委作“铸忠诚警魂、当海西先锋”主题发言，与会人员实地参观市公安局刑侦支队信息中心、警察史馆、巡特警训练基地。

2008年12月19日，第8次系统党委书记学习交流会召开，以“科学发展观指导重点项目建设”

为主题。市直发改委系统党委承办并作主题发言，与会人员实地参观惠安聚龙小镇、泉州造船厂、青兰山30万吨原油码头。

2009年3月13日，第9次系统党委书记学习交流会召开，主题“关注企业，促进发展”，市直经委系统党委承办并作“以科学发展观为统领，推动泉州工业经济又好又快发展”主题发言。与会人员参观福建光微电子科技有限公司、安踏（中国）有限公司、九牧王（中国）有限公司。

2009年6月上旬，第10次系统党委书记学习交流会召开，主题“关注民生、服务三农”。市直财贸系统党委承办并介绍应对金融危机，扩大内需，服务民生的经验与做法。与会人员实地参观鲤城区延陵无公害蔬菜基地、安溪万村千乡市场工程“农家店”和安溪中国茶都电子商务平台。

2009年10月13日，第11次系统党委书记学习交流会召开，主题“立足海西、推动发展”。市直建设系统党委承办并作“积极探索、着力创新、扎实开展‘三级联创’活动”主题发言。与会人员实地参观泉州东海片区滨海大道（丰泽段）、泉州市机关新办公大楼、泉州迎宾馆、泉州滨江商务区建设。

2009年11月27日，第12次系统党委书记学习交流会召开，以“推进新农村建设”为主题。市直农办系统党委承办并作“深入贯彻落实科学发展观，扎实推进我市社会主义新农村建设”主题发言。与会人员参观晋江市金井镇围头村文化服务中心、敬老院、永平广场、“8·23”炮战史迹、民兵哨所。

2010年4月9日，第13次系统党委书记学习交流会召开，主题“关注企业上市，促进转变提升”。市直外经系统党委承办并作“坚持科学运作，促进外经贸平稳健康发展”主题发言。与会人员参观南安卓越宏昌机械有限公司、中宇卫浴集团和中国水暖城。

2010年6月11日，第14次系统党委书记学习交流会召开，主题“廉洁发展，交通先行”。市直交通系统党委承办并作主题发言，与会人员参观交通基础设施建设项目。

2010年9月9日，第15次系统党委书记学习交流会召开，主题“做好卫生民生工程，完善医疗服务体系”。市直卫生系统党委承办并作主题发言。与会人员参观3个医疗卫生单位。

2010年11月12日，第16次系统党委书记学习交流会召开，主题“大干150天，打好‘五大战役’，推动跨越发展”。市直水利系统党委承办并作“创先争优当先锋，民生水利做奉献”主题发言。与会人员参观永春天缘葡萄园节水灌溉项目、永春金斗洋山地水利工程、龙门滩二级电站。

2011年3月11日，第17次系统党委书记学习交流会召开，市直市政公用事业系统党委承办并作“深入开展创先争优活动，着力服务和改善民生”主题发言。与会人员参观北峰污水处理厂、金浦水厂、清源山风景名胜区游客中心展馆。

2011年5月25日，第18次系统党委书记学习交流会召开，市直文广新系统党委承办并作“创先争优，增强活力，繁荣发展文化事业和文化产业”主题发言。与会人员参观万星国际影城、锦绣庄民间艺术园、“六井孔”文化创意产业园。

六、“协同、协作、合力”工程

2008年10月19日，市委办公室、市政府办公室转发市直机关工委《关于市直机关在开展深入学习实践科学发展观中实施“协同、协作、合力”工程的意见》，用1年半时间，围绕“科学发展、四求先行”主题和“海西应先行、泉州走前列”要求，实施“协同、协作、合力”工程，增强党员干部服务推动泉州产业建设、港口建设、城市建设的意识和能力。“协同、协作、合力”工程由市直机关工委牵头，市直各单位党组（党委、党总支、党支部）组织实施。

各单位采取动员交流会，上专题党课，作专题辅导等形式，摆现象、谈危害、明责任，解决少数单位和个人存在的推诿扯皮、相互掣肘和“门难进、脸难看、话难听、事难办”问题。坚持学习与调研相结合，针对分析查找出的突出问题研究对策和措施，撰写一批调研文章。在深入学习实践科学发展观，提高党员素质上形成合力；在深化“先行先试当先锋，尽心尽责做奉献”主题实践活动，促进有效履职上形成合力；在结合机关党建“三级联创”活动，围绕服务“海西应先行、泉州走前列、机关走前头”上形成合力。

2009年3月17日，建立“协同协作、推动发展”论坛。内容：“协同、协作、推动发展”大家谈、调研成果研讨、经验交流、建言献策、事迹介绍。采取网上论坛：在泉州机关党建网开设论坛专题网页，提供网上交流平台；专栏论坛：在《泉州机关党建信息》内刊上开设专栏，报道工作动态，宣传典型做法经验，刊登研讨文章；会议论坛：每半年举办1场会议论坛，开展交流与研讨，邀请机关部门领导、专家学者，网上论坛、专栏论坛中优秀文章作者和典型单位代表参加。

2009年5月31日至6月8日，举办“协同协作合力、服务科学发展”专题研讨班并到江苏南通市、苏州市直机关工委学习取经。6月18日，全市第1次“协同协作、推动发展”论坛举行。网上论坛投稿123篇，上传82篇，专栏论坛投稿16篇，选登稿件10篇。市直市委办系统、财贸系统、交通系统，市工商局、市人口计生委，南安市、德化县直机关工委作主题发言。9月7—17日，举办“服务海西求作为、协同协作走前头”专题研讨班，并到山东济南市、青岛市直机关工委学习取经。9月25日，举办第2次“协同协作、推动发展”论坛。市直发改委系统、政法系统，市环保局，泉州电业局，晋江市、惠安县直机关工委作主题发言。11月20日至12月10日，市直机关工委组织督察组到36个单位进行督查。

七、机关党建“特色活动”

2011年4月，“特色党建”评选活动向全市机关、驻泉省部属单位全面铺开，以“强化创新、强化服务、强化绩效”为主要内容，45个单位参加评选。“特色活动”列入机关党建创先和市直文明单位考评内容。主题突出、内容新颖，具有创新性；重点明确、特色鲜明，具有典型性；便于操作、能够推广，具有实践性；服务发展、成效明显，具有实效性。评比采取总结自评，逐级筛选；成果演示，民主评选；综合审定，通报表彰方式进行。4月21日，举办全市机关党建“特色活动”成果评选表彰会，现场演示并选出2010年度“特色活动”创新成果一等奖1个、二等奖2个、三等奖3个、优秀奖7个、组织奖10个。晋江市直机关工委选送的“晋江大讲堂”获一等奖。市直市府办系统党委、党群系统党委、政法系统党委、水利系统党委、公用系统党委，市质监局机关党委、泉州海事局党委，鲤城区直机关工委、晋江市直机关工委、永春县直机关工委获组织奖。

2013年1月30日，举行2012年机关党建“特色活动”评选决赛，15个项目参赛。评出一等奖1项、二等奖3项、三等奖5项、优秀奖6项。晋江市直机关工委选送的项目获一等奖。

2013年12月23日，表彰2013年度泉州市机关特色党建活动竞赛获奖项目，经层层筛选，评出一等奖3项、二等奖6项、三等奖9项、组织奖12个。市直水利系统党委选送的“小小洗衣房，写意大民生”（参赛单位：市南渠供水公司党支部）、市地税局机关党委选送的“巾帼党员先锋队——打造机关党建服务二次创业‘排头兵’”（参赛单位：晋江市地税局党总支）、晋江市直机关工委选送的“晋江‘四特’模式”（参赛单位：晋江市直机关工委）获一等奖。市直市府办、宣传、公安、水利、市政公用事业系统党委，市人大常委会机关党委、泉州出入境检验检疫局机关党委、泉州监狱党委，晋江市、南安市、安溪县、永春县直机关工委获组织奖。

2014年12月19日，举办2014年度泉州市机关“特色党建”项目评选决赛，共有24个项目进入决赛，其中市直系统党委、直属机关党委（党总支、党支部）、驻泉省部属单位党委12个项目；县（市、区）直机关工委，泉州开发区、泉州台商投资区机关党委12个项目。12月30日，表彰2014年度泉州市机关“特色党建”项目24个，其中一等奖2个、二等奖4个、三等奖8个、优秀奖10个。市委党校机关第4党支部的“发挥四个作用、彰显咨政作为”、晋江市直机关工委的“党员义工进社区”获一等奖。市直党群系统党委等10个单位获组织奖。

2015年10月28日，举办2015年度泉州市机关“特色党建”项目评选决赛，共有24个项目进入决赛。11月5日，表彰2015年度泉州市机关“特色党建”项目24个，其中一等奖4个、二等奖8个、三等奖12个。市直水利系统党委选送的“临时支部不临时、民生水利惠民生”（参赛单位：泉州彭村水库投资开发公司临时党支部）、市直交通系统党委选送的“典型引领‘创先争优’、特色党建凸显成效”（参赛单位：泉州市公路局党委）、安溪县直机关工委选送的“党建领航、健儿腾飞”（参赛单位：安溪县少体校党支部）、晋江市直机关工委选送并参赛的“流动的红色法庭”获一等奖。市直交通运输系统党委等10个单位获组织奖。市直水利系统党委、晋江市直机关工委、安溪县直机关工委获“特别成就奖”。

2016年11月18日，举办2016年度泉州市机关“特色党建”项目决赛，共有24个项目进入决赛。11月30日，表彰2016年泉州市机关“特色党建”项目24个，其中一等奖4个、二等奖8个、三等奖12个。市直水利系统党委的“精准帮扶补短板、比学共进勇争先”、市城市管理行政执法局机关党委“忠诚履职、倾心守护、当好‘五个泉州’城市护航者”、晋江市直机关工委“乡愁党建”、安溪县直机关工委选送的“南国奇葩花红艳”（参赛单位：安溪高甲剧团党支部）获一等奖，市直政法系统等10个单位获组织奖。市直水利系统党委、晋江市直机关工委、南安市直机关工委、安溪县直机关工委获“泉州市机关特色党建竞赛活动特别成就奖”。

2017年11月10日，经层层选拔和预、决赛，市直机关工委从96个“特色党建”项目中评出30

个获奖项目，其中一等奖 6 个、二等奖 10 个、三等奖 14 个，“特别成就奖” 5 个单位，“优秀组织奖” 10 个单位。市委组织部机关党总支的“我是党员　我承诺——推行党员‘承诺、践诺、评诺’工作　锻造组工先锋队伍”、市直水利系统党委“党建扶贫　固本谋远”、市直政法系统党委选送的“打造‘三亮三比’品牌　树立公正司法形象”（参赛单位：泉州市中级人民法院机关党委）、晋江市直机关工委选送的“共享党建”（参赛单位：晋江市财政局党总支、晋江市广电局党支部）、晋江市直机关工委“亲清党建”、永春县直机关工委“创新‘四带四联’模式——永春县‘机关党建+’助力美丽乡村建设”获一等奖；市直公安系统党委等 10 个单位获组织奖；市直水利系统党委、市城市管理行政执法局机关党委、晋江市直机关党委、南安市直机关党委、安溪县直机关党委 5 个单位获“特别成就奖”。

八、借鉴推广“168”党建工作机制

2011 年 4 月，市直机关工委班子成员到永安八一村实地参观学习“168”党建工作经验，听取三明市交通局等单位拓展延伸“168”党建工作新模式情况介绍，与三明市直机关工委座谈。在市直机关借鉴和推广“168”工作模式：建立一套“目标管理”“设岗定责”机制；实行征求意见、议事决策、任务分解、公开承诺、组织实施、考评奖惩的“六步工作法”；发挥村级各类组织和各支队伍的“八个方面作用”。

2012 年 2 月，印发《关于在市直机关推广完善“168”党建工作机制的实施意见》。推行组织“目标管理”，个人“亮岗履职”，由党组（党委）制订年度计划，并立项分解，明确目标要求、具体措施、完成时限；个人按照“一岗双责、责任到人”的要求，既履行党员义务，又履行岗位职责。实行“一定三评三落实”，机关党组（党委）制订年度目标任务，通过月点评、季小评、年总评，确保年度目标任务责任落实、进度落实、奖惩落实。形成党组（党委）带动基层党组织，推动其他组织联动的格局，发挥党组（党委）领导核心作用，干部队伍骨干作用，党组织协助监督作用，党员队伍先锋模范作用，工会、共青团、妇委会等群团组织生力军作用。2 月底至 3 月初，对推广“168”党建工作机制和“创先争优”活动进行专题调研，召开 26 场座谈会，查阅各单位工作资料。3 月 22 日，建立市直机关工委领导挂钩联系“168”党建工作机制典型示范点制度，8 名工委领导挂钩联系 24 个示范点，蹲点调研和指导，帮助解决存在问题，总结示范工作经验，发挥示范领导作用，推动面上工作。3 月 31 日至 4 月 6 日，举办 2 期党员干部党务工作培训班，对“168”党建工作机制的基本精神、主要内容和延伸推广进行讲解，开展学习讨论。制订延伸提升“168”机制，深化“创先争优”活动的实施意见，实行“一定三评三落实”工作法。4 月 12 日，组织 18 个“168”党建工作示范点负责人到永春县人民法院、永春公路分局观摩学习，实地参观成果展示。5 月，对 18 个“168”工作机制示范点进行调研。6 月 14 日，组织推广“168”工作机制观摩交流活动，实地观摩市园林局党支部、市公路直属分局党支部、市委老干部局机关党建的成果展示，听取经验介绍。提出推广“168”工作机制的“五个进一步”：进一步增进共识、加快速度、保障落实、突显特色、提升实效。

九、推进“1263”机关党建工作机制

2011年11月20日起，贯彻省直机关工委《关于推进“1263”机关党建工作机制建设的实施意见》，按照“试点先行、逐步推广”原则，筛选一批工作基础较好的基层党组织，先行开展试点工作，总结经验后全面铺开。2012年前推进面达到50%以上，2013年6月全面落实“1263”机制要求。坚持“点面结合，整体推进”原则，培育推广市山美水库管理处、丰泽海事处、市东湖公园管理处等典型示范点，以点带面推进机制建设，至2013年7月，全市机关“1263”工作机制的覆盖面达到100%。

2012年9月起，贯彻全省机关党建工作机制建设推进会精神，全面推行“1263”机关党建工作机制，即实现机关党建走前头“一个目标”，落实服务中心、建设队伍“两大任务”，抓好一岗双责、促进履职、思想作风、党内监督、文明和谐、基层组织“六个重点”。坚持省、市、县“三级联创”，不断提高机关党建科学化水平，引导机关党员为推进科学发展跨越发展作出新贡献。2012年底，推行面达到50%以上。

2013年6月，实现全覆盖。8月19—20日，省直机关工委在泉州市晋江召开全省县级机关“1263”党建工作机制建设现场推进会，晋江市机关党建“四特”模式的经验做法得到省直机关工委的充分肯定。9月4日，市直机关工委印发《关于在全市机关学习“晋江经验”持续深化“1263”机制建设的意见》，重点做好4项工作：抓统筹，健全制度体系；抓深化，创新方式方法；抓提升，打造特色品牌；抓督导，拓展建设成果。9月5—6日，在晋江召开全市机关持续深化“1263”机制建设工委书记座谈会，学习推广晋江机关党建工作经验，交流推进“1263”机关党建工作机制建设和加强行政服务中心党建工作情况。学习晋江经验，探索创新，融入大局，坚持贴近实际，注重品牌塑造。10月，市委《党建动态》第10期头条刊发《泉州市直机关党工委落实“四促”举措推进全市机关各级党组织“1263”机制建设》，对推进“1263”机制工作给予充分肯定。

2014年11月5日起，开展创建“1263”机制建设示范单位活动，每个党委至少确定1个“1263”机制建设典型示范点，辐射带动本单位“1263”机制升级。示范单位坚持实践特色鲜明、带动作用突出、党员群众公认的基本要求，突出先进性、典型性和示范性。达到氛围浓厚、制度健全、要求落实、特色鲜明、富有成效的创建标准。12月中旬，接受省委组织部、省直机关工委的联合检查。12月31日，泉州市被省直机关工委命名为“1263”机关党建工作机制建设示范市，晋江市被命名为示范县。示范点进一步深化“1263”机关党建工作机制建设，在营造氛围、健全制度、落实要求、创造特色、体现实效上创造新经验。

2015年6月16—17日，省直机关第2党建联系片在晋江开展“1263”机制机关党建工作机制建设学习观摩活动，省直机关工委常务副书记朱清，省卫生和计划生育委员会党组书记、主任、直属机关党委书记朱淑芳参加。省直机关工委对泉州市、晋江市进行授牌表彰，授予泉州市“1263”机关党建工作机制建设示范市、晋江市“1263”机关党建工作机制建设示范县。9月25日，召开市直机关推进“1263”机制建设现场会，参加60多人。学习观摩泉州电信分公司、市公路局、市老干部

活动中心党群活动室、“老党员之家”活动阵地。

2017年7月25日，市直机关工委制订《关于深化“1263”机关党建工作机制建设的意见》。坚持正向激励，提振深化“1263”机制建设的信心；坚持问题导向，明确深化“1263”机制建设的主攻方向；坚持继承创新，不断提升“1263”机制建设的整体水平。着重在6个方面下功夫：坚持常态化推进，坚持创新发展，坚持典型示范，坚持“三级联动”，坚持统筹安排，坚持落实责任。

十、“下基层、解民忧、办实事、促发展”活动

2012年3月31日起，开展“下基层、解民忧、办实事、促发展”活动。采取走访调研、结对帮扶、驻村蹲点、挂职任职、社区活动等方式，落实信访接待下基层、现场办公下基层、调查研究下基层、宣传党的方针政策下基层的“四下基层”工作制度。活动中，加强组织领导，务求工作实效，严明工作纪律，强化督查考核，重视宣传引导。5月30日起，进一步贯彻落实省委和市委关于开展“下基层、解民忧、办实事、促发展”活动的决策部署，解决好“怎么下、干些啥”问题。抓紧对口衔接，制订活动细化方案，明确工作目标，阶段性安排和“下”的方式；深入走访解难，定期深入挂钩项目、联系点和联系户，帮助厘清发展思路，落实发展举措，排查矛盾纠纷，解决实际困难；记好《民情日记》，记民情、记民意、记感想、记得失；建立民情台账，收集整理基层群众的困难、意见和诉求，能现场解决的，及时帮助协调解决；无法当场解决的，建立民情台账，明确责任主体和解决时限；坚持“5不准”：不准干扰基层正常的生产生活秩序，不准敷衍应付群众诉求，不准接受基层宴请馈赠，不准做违背群众意愿、侵害群众利益、有违当地风俗习惯的事，不准层层陪同迎送。

2012年，在开展“下基层、解民忧、办实事、促发展”活动中，收集到意见、建议1675条，确定县处级以上领导干部联系点458个，领导干部到基层或下级单位调研3853天，落实帮扶资金368万元，解决涉及群众利益的突出问题308个。市直党员干部下基层10911人次，宣讲政策1273场次，个别走访群众6388人次，记民情日记或民情档案1128份，党员结成帮扶对子782个，慰问困难群众2170人次，发放慰问金992857.5元，为群众办实事3851件。窗口单位和服务行业为民服务承诺事项415项，已完成389项，占93.7%，群众满意率91%。

十一、“机关党旗红，‘五个泉州’在行动”主题实践活动

2016年9月，根据市委领导对机关党建工作的要求，开展“机关党旗红，‘五个泉州’在行动”主题实践活动。9月30日，市直机关工委制订《关于开展“机关党旗红，‘五个泉州’在行动”主题实践活动的意见》，并呈报市委，市委办公室以泉委办〔2016〕60号文转发。围绕建设“创新、智造、海丝、美丽、幸福”现代化泉州，实施“看齐对标”行动、“创牌亮旗”行动、“示范表率”行动、“正风提效”行动、“固本强基”行动“5项行动”。达到提升思想认识，积极建言献策；丰富主题实践，打造党建品牌；立足岗位奉献，提升工作业绩；推动转型升级，优化营商环境；夯实组织基础，增强党员素质5个方面出实招见实效。10月19日，召开全市机关学习贯彻泉州市第十二次党代

会精神暨“机关党旗红，‘五个泉州’在行动”主题实践活动动员部署会。市直交通运输系统党委、市城市管理行政执法局机关党委、泉州电信分公司党委、晋江市直机关工委负责人作交流表态发言。会议传达泉州市第十二次党代会主要精神，对开展“机关党旗红，‘五个泉州’在行动”主题实践活动进行部署。市委副书记、市直机关工委书记陈奕辉讲话，强调：学习宣传贯彻市党代会精神，机关要走前头；开展“机关党旗红，‘五个泉州’在行动”主题实践活动，机关要做表率；落实全面从严治党，机关要当先锋。10月25日，市直机关工委成立“机关党旗红，‘五个泉州’在行动”主题实践活动办公室，黄黎波任办公室主任，郑天文、陈炯仁任副主任，下设综合协调组、指导督察组、宣传报道组。11月14日，市直机关工委印发《关于聚焦“机关党旗红，‘五个泉州’在行动”主题，深入扎实推进主题实践活动的通知》，强化品牌意识，结合形势发展和工作需要，把工作特色和重点工作融合到主题实践活动的“5项行动”之中，实行项目化运作、品牌化推广、常态化管理。各单位在“主品牌”下创建“子品牌”。树立品牌自信，通过党组织和党员亮出旗帜、亮出身份、亮出作为，让群众感受到“党员就在身边”，让党员感受到“党组织就在身边”。12月20日，召开“机关党旗红，‘五个泉州’在行动”主题实践活动宣传工作会议。之后，在《泉州晚报》、泉州网、泉州晚报社新媒体中心开设主题实践活动宣传栏。

“机关党旗红，‘五个泉州’在行动”主题实践活动以“十三五”规划（2016—2020年）的5年为周期，以推动全面从严治党在机关基层延伸为方向，实施5项行动：实施“看齐对标”，抓思想提升，明晰努力方向；实施“创牌亮旗”，抓载体实践，服务中心工作；实施“示范表率”，抓党员作为，彰显先锋形象；实施“正风提效”，抓作风纪律，推动提质增效；实施“固本强基”，抓基层基础，强化组织保障。在全面从严治党新形势下，探索将中央部署要求转化为机关党组织和党员管党治党主体责任；探索将政治功能、组织优势转化为工作动力、发展功能。

2017年3月21日，市直机关工委印发《关于深入扎实推进“机关党旗红，‘五个泉州’在行动”主题实践活动的实施意见》，立足“创新、智造、海丝、美丽、幸福”的“五个泉州”建设，持续推进“5项行动”：推进“看齐对标”行动，巩固建言献策和“两学一做”学习教育成果。转化大讨论、主题征文等建言献策活动成果，常态化、制度化推进“两学一做”学习教育；推进“创牌亮旗”行动，巩固丰富主题实践、打造党建品牌成果。在项目化管理中创出品牌，在履职实践中亮出旗帜；推进“示范表率”行动，巩固提炼精品和打造自信成果。以精品意识打造“示范工程”，以党建自信推动“走前头、作表率”；推进“正风提效”行动，巩固推动转型升级、优化营商环境成果。着力解决不担当不作为的“三不”作风问题，着力解决不计成本、低效运作等机关效能方面存在的问题；推进“固本强基”行动，巩固大抓基层、夯实基层基础成果。总结推广“支部工作法”，深化“1263”工作机制建设。市直机关工委对主题实践活动项目实行分级分类管理，对重点项目落实情况进行督察。汇总40个主题实践活动重点项目，明确目标任务、责任单位、进度安排。

2017年12月24日，在市委党建工作领导小组2017年度党建工作重要项目展评中，市直机关工委“开展机关党旗红，‘五个泉州’在行动”主题实践活动在43个项目中列总分第2名，获“优秀项目”奖。

第七章　纪律检查

1963 年 1 月，成立中共晋江地委直属机关委员会监察委员会。1980 年 8 月，成立中共晋江地区直属机关委员会纪律检查委员会。1986 年 1 月，更名为中共泉州市直机关纪律检查委员会。1992 年 7 月，更名为中共泉州市直属机关纪律检查工作委员会。2002 年 6 月，更名为中共泉州市纪委市直机关纪律检查工作委员会。

长期以来，各级纪检组织按照《中国共产党章程》规定，严格执行和维护党的纪律，加强党性党风党纪教育，开展反腐倡廉、查案执纪、改进作风、绩效管理、党内监督等工作，为改革开放和现代化建设保驾护航。

第一节　机构与队伍

一、纪检机构

（一）中共晋江地委直属机关委员会监察委员会

1963 年 1 月 9—12 日，召开中共晋江地委直属机关第二次代表大会。1 月 17 日，召开地直机关第二届党委第一次全体会议，选举李明堂、李捷、宋春堂、何定忠、王一峰、芦国华、姚文清 7 人为中共晋江地委直属机关委员会监察委员会委员。2 月 16 日，地委批准地直监察委员会成立，李明堂任书记。6 月 25 日，启用“中共晋江地委直属机关委员会监察委员会”印章。

中共晋江地委直属机关委员会监察委员会书记、委员名表

表 7-1

时间	书记、副书记、委员
1963. 2—1968. 9	书　记：李明堂 委　员：李　捷、宋春堂、何定忠、王一峰、芦国华、姚文清

（二）中共晋江地区直属机关纪律检查委员会

1975 年 10 月，恢复地直机关党委，未设立纪检机构。违纪党员的党纪处理由地直机关党委按照规定权限研究决定。1979 年后，党的纪律检查机关逐步恢复重建。

1980 年 8 月 15 日，召开地直机关党委会议，选举产生中共晋江地区直属机关委员会纪律检查委员会，经地委批准，书记由时任地直机关党委书记靳三军兼任，副书记陈小芸（兼），专职副书记蔡炳文，委员为胡和金、王永和、高祖禧。

1982年1月10日，启用“中国共产党晋江地区直属机关委员会纪律检查委员会”印章。

1983年5月后，按照中共十二大规定，中共晋江地区直属机关委员会纪律检查委员会更名为中共晋江地区直属机关纪律检查委员会，纪委班子成员延续。

1983年10月，靳三军离任。1984年，地直机关机构改革。4月，地委组织部任命蔡炳文为中共晋江地区直属机关纪律检查委员会副书记，未配书记。

1984年11月，召开中共晋江地区直属机关第三次代表大会，选举产生中共晋江地区直属机关纪律检查委员会。书记孙盛鑫，副书记蔡炳文，委员为陈琼、郝允发、蔡天从。1985年4月，蔡炳文调离。1985年8月，罗淋洲任纪委副书记。

中共晋江地区直属机关纪律检查委员会书记、副书记、委员名表

表7-2

时间	书记、副书记、委员	任职时间
1980. 8—1984. 11	书　记：靳三军 副书记：陈小芸 　　　　蔡炳文 委　员：胡和金 　　　　王永和 　　　　高祖禧	1980. 8—1983. 10（兼） 1980. 8—1984. 11（兼） 1980. 8—1984. 11 1980. 8—1984. 11 1980. 8—1984. 11 1980. 8—1984. 11
1984. 11—1985. 12	书　记：孙盛鑫 副书记：蔡炳文 委　员：陈　琼 　　　　郝允发 　　　　蔡天从 　　　　罗淋洲任副书记	1984. 11—1985. 12 1984. 11—1985. 4 1984. 11—1985. 12 1984. 11—1985. 12 1984. 11—1985. 12 1985. 8—1985. 12

（三）中共泉州市直属机关纪律检查委员会

1986年1月，晋江地区改为泉州市，中共晋江地区直属机关纪律检查委员会改为中共泉州市直属机关纪律检查委员会（简称市直纪委），纪委班子成员延续。2月14日，启用“中共泉州市直属机关纪律检查委员会”印章。

1986年9月，建立岗位责任制，明确市直纪委工作职责：纪检会在党委领导下进行工作，是促进党风根本好转的前哨阵地，对于违纪案件的处理，目的在于教育广大党员、干部遵纪守法，端正党风。

1987年8月，孙盛鑫不再担任市直纪委书记，改任市直机关党委调研员。9月，罗淋洲不再担任市直纪委副书记。10月，陈围围任市直纪委书记。

1987年11月，召开中共泉州市直属机关第四次代表大会，选举产生中共泉州市直属机关纪律检查委员会。书记为孙澄元，委员为许渊朝、林贤德、郑玉冰。

1992 年 1 月，增补熊建中、苏祖讫为市直纪委委员。

中共泉州市直属机关纪律检查委员会书记、副书记、委员名表

表 7-3

时间	书记、副书记、委员	任职时间
1986. 1—1987. 11	书　记：孙盛鑫 陈围围 副书记：罗淋洲 委　员：陈　琼 郝允发 蔡天从	1986. 1—1987. 8 1987. 10—1987. 11 1986. 1—1987. 9 1986. 1—1987. 11 1986. 1—1987. 11 1986. 1—1987. 11
1987. 11—1992. 8	书　记：孙澄元 委　员：许渊朝 林贤德 郑玉冰 期　间：增补熊建中为委员 增补苏祖讫为委员	1987. 11—1992. 8 1987. 11—1992. 8 1987. 11—1992. 8 1982. 11—1992. 8 1992. 1—1992. 8 1992. 1—1992. 8

（四）中共泉州市纪委市直机关纪律检查工作委员会

1992 年 7 月，市委批准中共泉州市直属机关纪律检查委员会改为中共泉州市直属机关纪律检查工作委员会（简称市直纪工委），作为市纪委的派出机构，受市纪委和市直机关工委的双重领导，以市直机关工委领导为主。市直纪工委领导市直机关和市直企事业单位党的纪律检查工作。市直纪工委由 5 人组成。同年 8 月，孙澄元任市直纪工委书记。10 月，熊建中任市直纪工委副书记，陈顺华、吴雪峰、林跃进任市直纪工委委员。

1995 年 11 月 30 日，市委办公室印发市直机关工委职能配置、内设机构和人员编制方案，市直机关工委内设中共泉州市直属机关纪律检查工作委员会。

1997 年 5 月，孙澄元不再担任市直纪工委书记。11 月，由时任市直机关工委副书记蔡天从兼任市直纪工委书记，熊建中不再担任市直纪工委副书记，陈丽珠任市直纪工委副书记。

1998 年 1 月，曾达坤任市直纪工委委员。

2000 年 2 月，蔡天从不再兼任市直纪工委书记。

2001 年 11 月，由时任市直机关工委副书记黄英林兼任市直纪工委书记。

2002 年 6 月，市级机关机构改革时，中共泉州市直属机关纪律检查工作委员会更名为中共泉州市纪委市直机关纪律检查工作委员会。纪工委班子成员延续。市直纪工委编制 4 名，其中：书记 1 名（由党工委副书记或工委委员兼任），副书记 1 名。

2007 年 2 月，吴志宏任市直纪工委委员。8 月，刘玉珊任市直纪工委委员。

2009 年 7 月，陈丽珠不再担任市直纪工委副书记。8 月，张惠林任市直纪工委委员（副科长级）。

2010 年 2 月，黄英林不再兼任市直纪工委书记，刘玉珊任市直纪工委书记。4 月，林曙铭任市直纪工委委员。

2012 年 6 月，刘玉珊不再担任市直纪工委书记。7 月，林明义任市直纪工委书记。

2014 年 2 月，李玫任市直纪工委副书记，陈循祥任市直纪工委委员。11 月，林明义不再担任市直纪工委书记。11 月，陈沙龙任市直纪工委书记。

2016 年 2 月，陈沙龙不再担任市直纪工委书记。4 月，苏文笔任市直纪工委书记。

2017 年 1 月，刘建锋任市直纪工委委员。8 月，吕桂林任市直纪工委委员。

中共泉州市纪委市直机关工作委员会书记、副书记、委员名表

表 7-4

时间	书记、副书记、委员	任职时间
1992 年 8 月起	书　记：孙澄元	1992. 8—1997. 5
	蔡天从	1997. 11—2000. 2（兼）
	黄英林	2001. 11—2010. 2（兼）
	刘玉珊	2010. 2—2012. 6
	林明义	2012. 7—2014. 11
	陈沙龙	2014. 11—2016. 2
	苏文笔	2016. 4 至今
	副书记：熊建中	1992. 10—1997. 11
	陈丽珠	1997. 11—2009. 7
	李　玫	2014. 2—2017. 5
	委　员：陈顺华	1992. 10—2015. 10
	吴雪峰	1992. 10—1995. 12
	林跃进	1992. 10—2007. 2
	曾达坤	1998. 1—2007. 6
	吴志宏	2007. 2—2009. 7
	刘玉珊	2007. 8—2010. 2
	张惠林	2009. 8—2010. 10
	林曙铭	2010. 4—2013. 7
	陈循祥	2014. 2 至今
	刘建锋	2017. 1 至今
	吕桂林	2017. 8 至今

二、专职队伍

1976年1月，地直机关党委恢复办公时，未配备专职纪检干部，纪检工作由地直机关党委组织部承担。1980年8月，成立地直机关纪委时，除蔡炳文任专职副书记外，其余书记、副书记、委员均为兼职。1984年11月，召开地直机关第三次党员代表大会，选举产生地直机关纪律检查委员会，设专职书记1名，专职纪检干部1名。1987年11月，召开市直机关第四次党员代表大会，选举产生市直机关纪律检查委员会，设专职书记1名，专职纪检干部2名。自1997年开始，市直机关纪工委书记由1名工委副书记兼任，配专职副书记1名，专职纪检干部2—3名。2002年6月，市直机关机构改革，明确规定市直纪工委编制4名。2010年2月，纪工委书记由1名工委委员专任，不再由工委副书记兼任，配专职纪检干部3名。2014年2月起，纪工委设书记、副书记各1名，专职纪检干部2名。2016年4月起，纪工委设书记1名，专职纪检干部3名。

1980年8月至2017年12月，地（市）直机关纪（工）委共有专职纪检干部21名，其中专职书记6名、专职副书记4名、专职纪检干部11名。

专职书记：孙盛鑫、孙澄元、刘玉珊、林明义、陈沙龙、苏文笔

专职副书记：蔡炳文、熊建中、陈丽珠、李　玫

专职纪检干部：陈洪波、林跃进、陈顺华、曾达坤、陈贤智、吴志宏、张惠林、林曙铭、陈循祥、刘建锋、吕桂林

三、基层纪委和纪检干部

1956年10月，中共晋江地方监察委员会成立后，基层党委、党支部配有兼职监察干部。1965年2月，中共晋江地方监察委员会改称为中共晋江地委监察委员会，基层党委、党支部基本配有专职或兼职监察干部。

1980年2月4日，地直机关党委根据福建省纪委、省委组织部《关于迅速建立、健全各级纪律检查机构的通知》精神，发出《关于迅速配齐党的纪律检查委员的通知》，要求设立党委、党总支的要配1名纪检委员，党支部人数多的配1名纪检委员，党支部人数少的由组织委员或副书记兼任，要求当年2月底前配好。6月，福建省汽车运输总公司泉州分公司纪委成立。9月，福建省第五建筑工程公司纪委成立。当年，福建省公路局晋江分局纪委成立。至1980年12月，有7个基层党委建立纪委，145个党总支、党支部共配纪检委员103名。

1981年，各级党委加强对纪检工作的领导，268个党总支、党支部共配纪检委员249名。9月，晋江地区邮电局纪委成立。

1982年5月，晋江地区农业学校纪委成立。10月，泉州供电局纪委成立。

1984年7月，基层纪委名称由中共×××委员会纪律检查委员会，更名为中共×××纪律检查委员会。

1986年1月，晋江地区改为泉州市，按系统建立党委或党总支的分别建立纪委或设专职纪检员，在系统党委、党总支和市直机关纪委双重领导下工作，设纪委、纪检组的配专职干部1—3名，未设的配专职纪检员1名。为了适应深化改革和机构调整的需要，至1987年12月，市直单位共建立43个纪委或纪检组，配备52名专职纪检干部及一批兼职纪检干部，并在大多数党总支和党支部中设立纪检委员，基本上健全纪检组织网络。调整充实纪检干部。

1992年7月，市直机关党委改为市直机关工委后，设立机关党委的部门均设立机关纪委，受机关党委和市直纪工委双重领导，以机关党委领导为主。

1994年，督促6个系统党委建立健全党的纪检工作机构，增配专（兼）职纪检干部4名。

1995年，举办4期纪检干部培训班，培训160名纪检干部。

1998年12月4日，泉州市委《关于贯彻〈中国共产党党和国家机关基层组织工作条例〉的意见》规定：凡设立党的基层委员会的部门、单位，一般应设立纪律检查委员会，未设立纪律检查委员会的部门、单位，党的基层委员会（含党总支、党支部）应设立纪律检查委员；纪委书记一般由党委专职副书记兼任，或由派驻纪检组的组长兼任，纪委副书记由本单位中层党员干部担（兼）任。

2004年，执行《福建省纪检监察干部十条禁令》，严格工作纪律、办案纪律和保密纪律。举办纪检干部培训班，培训机关纪委委员和党支部纪检委员180多人。

2012年5月29日，泉州市委《关于贯彻〈中国共产党党和国家机关基层组织工作条例〉实施细则》明确机关党的纪律检查委员会的设立、干部配备、主要职责。

长期以来，市直各基层党委在新成立党委时同步成立纪委，党委换届选举时同步进行纪委换届选举，截至2018年8月，据不完全统计，共设立基层纪委131个。党总支、党支部委员会均设立纪检委员，负责纪律检查工作。

晋江地直、泉州市直、省部属驻泉单位
部分基层纪委书记、副书记名录

一、设立晋江地区时期成立的纪委

1980年起，逐步成立基层纪律检查委员会。

1. 福建省汽车运输总公司泉州分公司纪委（1980年6月成立，更名为泉州市汽车运输总公司纪委。已转往泉州市国资委党委）

书　记：张克界、刘兆麟、万福树、叶树立、林亚榕、刘振明

副书记：万福树、孙　延、陈绍平、吴端生

2. 福建省第五建筑工程公司纪委（1980年9月成立，已转往泉州市国资委党委）

书　记：陈文远、林明生、纪金满、吕金阔、傅锦水

副书记：吴清添、蔡经练

3. 福建省公路局晋江分局纪委（1980年成立，更名为泉州市公路局纪委）

书　记：陈理明、林进坤、林辉煌、刘学思

副书记：吴移莪、陈理明

4. 晋江地区邮电局纪委（1981 年 9 月成立，1986 年 2 月更名为泉州市邮电局纪委，已撤销）

书　记：粘金星、吴希明

副书记：林　曦

5. 晋江地区农业学校纪委（1982 年 5 月 18 日成立，已更名为泉州市农业学校纪委）

书　记：方金晗、张庚礼、曾华范、柯金河、蔡加轴、林春成、庄　莹

副书记：方金晗、林久章、陈黎航

6. 福建省泉州供电局纪委（1982 年 10 月 9 日成立，1993 年 2 月更名为福建省泉州电业局纪委，2013 年 9 月更名为国家电网福建省电力有限公司泉州供电公司纪委）

书　记：杨正余、陈献枝、周永忠、林　红

副书记：吴城峰、傅世哲、张庆土、张福弟、叶章文

7. 晋江地区山美水库管理处纪委（1984 年 8 月 22 日成立，更名为泉州市山美水库管理处纪委）

书　记：杜德铅、郑亚鸿、陈锦天、陈江良、颜长源、吴耀锋

副书记：陈锦天、陈江良

8. 福建泉州中国旅行社纪委（1985 年 3 月成立，已撤销）

书　记：黄满妹、蔡爱萍

二、晋江地区改为泉州市后成立的纪委

（一）系统纪委

1. 泉州市直市府办系统纪委（1987 年 1 月 20 日成立）

书　记：施学忠、陈唤国、黄国泰、黄朝阳、黄清瑜

副书记：孙江森、高挺鸿、潘韵琴、郭跃进

2. 泉州市直建设系统纪委（1987 年 10 月 15 日成立，已撤销）

书　记：林贤德、郭厚金、许华生、许吉平、郭木棍

副书记：黄衍强、连如碧、黄孙民、刘建春

3. 泉州市直统战系统纪委（1987 年 11 月 3 日成立）

书　记：魏献国、陈衍鲍、黄少宁、洪陵生、黄子榕

副书记：黄满妹

4. 泉州市直财贸系统纪委（1987 年 11 月 17 日成立，已撤销）

书　记：许渊朝、赵荣春、郭建生、陈守川、蔡尔纯

副书记：黄水来

5. 泉州市直农办系统纪委（1987 年 11 月 17 日成立）

书　记：江宝英、李　铭、黄黎波、傅旺隆

副书记：柯金河、王世义、曾建国、骆伙明

6. 泉州市直科委系统纪委（1990 年 12 月 29 日成立，已撤销，改设科技局机关纪委）

书　记：蔡允治、洪健中

7. 泉州市直计委系统纪委（1992 年 1 月 9 日成立，更名为泉州市发展和改革委员会系统纪委）

书　记：黄智远、郭惠玲、马立星

8. 泉州市直党群系统纪委（1993 年 4 月 9 日成立）

书　记：秦潇湘、张锡坤、林仁达、蔡永生、尤剑国、齐丹璇、陈晓蓉、王小寅

9. 泉州市直教育系统纪委（1994 年 4 月 2 日成立，已撤销）

书　记：陈古涛、吴鹏璇

10. 泉州市直外经系统纪委（1994 年 5 月 20 日成立，已撤销，改设泉州市商务局机关纪委）

书　记：施维儒、黄珊珊

副书记：蔡如芳、富泉永

11. 泉州市直市委办系统纪委（1995 年 6 月 16 日成立）

书　记：林金南、李艾克、郭建鹏

副书记：杨建辉、李金铭

12. 泉州市直宣传系统纪委（1996 年 5 月 21 日成立）

书　记：林华南、谢斌、张德山、庄仁哲

13. 泉州市直政法系统纪委（1997 年 7 月 17 日成立）

书　记：饶桑源、王树旗、谢晓章、张继红、汪祖培

副书记：苏解放

14. 泉州市直经委系统纪委（1998 年 10 月 21 日成立，已撤销）

书　记：林清汉、杜认真

15. 泉州市直交通系统纪委（2001 年 5 月 17 日成立，更名为泉州市直交通运输系统纪委）

书　记：吴荣中、黄国庆、许吉平、吴福铭

副书记：陈雅芬、曾春密

16. 泉州市直卫生系统纪委（2002 年 5 月 14 日成立，已撤销）

书　记：黄朝坚

17. 泉州市直公安系统纪委（2002 年 8 月 6 日成立，成员由泉州市直属机关公安纪委成员转任）

书　记：林国耀、黄进乐

副书记：魏立新、郑洪波、刘以溪

18. 泉州市直水利系统纪委（2004 年 1 月 9 日成立）

书　记：郑耀忠、江渊、郑耀忠

副书记：林庆民、阮其如、李秀梅、李长高

19. 泉州市直公用事业系统纪委（2004 年 3 月 31 日成立）

书　记：黄金华、康景彪

副书记：吴文富、彭焕源

20. 泉州市直经济贸易系统纪委（2011 年 1 月 12 日成立，已撤销）

书　记：杜认真

21. 泉州市直文化广电新闻出版系统纪委（2011 年 1 月 13 日成立）

书　记：肖祖建、杨春煌

22. 泉州市直住房和城乡建设系统纪委（2011 年 3 月 21 日成立）

书　记：郭木棍、郑葆飞

副书记：王建国、金志森

23. 泉州市直经济和信息化系统纪委（2018 年 2 月 9 日成立）

书　记：曾钟远

24. 泉州市直卫生和计划生育系统纪委（2018 年 3 月 8 日成立）

书　记：邱　龙

（二）机关纪委

1. 泉州市直属机关文化纪委（1987 年 9 月 28 日成立，已撤销）

书　记：吴天赐、陈惠平

副书记：曾国彬、张永忠

2. 泉州市直属机关卫生纪委（1987 年 11 月 17 日成立，已撤销，改设泉州市直卫生系统纪委）

书　记：李伯达、吴世艳

3. 泉州市直属机关二轻纪委（1989 年 3 月 31 日成立，更名为泉州市城镇集体工业联合社机关纪委）

书　记：林玉椿、苏培思、吴开元、蔡文雄

副书记：魏再枝

4. 泉州市直属机关轻工业纪委（1992 年 5 月 29 日成立，已撤销）

书　记：黄文铃

5. 泉州市供销社机关纪委（1995 年 10 月 11 日成立）

书　记：秦小资、庄鸿江

副书记：李淑贞、何文教、秦小资

6. 泉州市工商行政管理局机关纪委（1997 年 1 月 20 日成立）

书　记：林进通、李金育

7. 泉州市医药管理局机关纪委（1997 年 3 月 10 日成立，已撤销）

书　记：傅子污

8. 泉州市直属机关公安纪委（1997 年 11 月 10 日成立、已撤销，改设市直公安系统纪委）

书　记：林国耀

副书记：杨万辉、魏立新

9. 泉州市直属机关交通纪委（1997 年 11 月 10 日成立，已撤销，改设市直交通系统纪委）

副书记：傅炳煌

10. 泉州市人民检察院机关纪委（1998 年 1 月 15 日成立）

书　记：庄福兵、吴贺荣

11. 泉州市粮食局机关纪委（1998 年 11 月 10 日成立）

书　记：方生才、何惠忠、黄德彦

12. 泉州市中级人民法院机关纪委（1998 年 12 月 1 日成立）

书　记：曾镇钦、苏文笔、李清坝

副书记：林丽珍

13. 泉州市水利水电局机关纪委（1999 年 7 月 2 日成立，后更名为泉州市水利局机关纪委，已撤销，改设市直水利系统纪委）

书　记：邱国玺、郭木棍

14. 泉州市司法局机关纪委（1999 年 9 月 29 日成立）

书　记：兰东亮、吴金文、傅蔚茹、陈忠诚

副书记：王荔生

15. 泉州市委老干部局机关纪委（2000 年 5 月 8 日成立）

书　记：李贻先、陈政实

16. 泉州市委党校机关纪委（2000 年 6 月 30 日成立）

书　记：尤文端、林春晓、俞建辉

17. 泉州市政协机关纪委（2000 年 8 月 4 日成立）

书　记：吴航航、方生才、黄阳辉

18. 泉州市人大常委会机关纪委（2001 年 12 月 24 日成立）

书　记：郑泉水、许华生

19. 泉州市纪律检查委员会机关纪委（2002 年 1 月 23 日成立）

书　记：陈守川、黄金铭、许振煌、刘坤华

副书记：洪懿萱、徐兴杖

20. 泉州市海洋与渔业局机关纪委（2002 年 2 月 27 日成立）

书　记：林金辉、郭介炮、林晓鸣

21. 泉州市公安局交通警察支队纪委（2002 年 4 月 26 日成立，2012 年 11 月 2 日更名为泉州市公安局交通巡逻警察支队纪委，2016 年 6 月 22 日更名为泉州市公安局交通警察支队纪委）

书　记：柯平均、刘以溪、朱双春

副书记：洪敦煌

22. 泉州市广播电视局机关纪委（2002 年 5 月 29 日成立，已撤销）

书　记：温志加、肖祖建

23. 泉州市质量技术监督局机关纪委（2002 年 7 月 31 日成立）

书　记：陈经文、于倩佳、王荣明、刘　华

24. 泉州市民政局机关纪委（2002 年 8 月 13 日成立）

书　记：林炯泉、林振海、林文来、刘玉珊

副书记：张荣木

25. 泉州市科学技术局机关纪委（2002 年 9 月 30 日成立）

书　记：洪健中、庄荣煌、林荣忠、陈嘉祐、黄珍霞、林清京

26. 泉州市林业局机关纪委（2003 年 4 月 30 日成立）

书　记：黄全承、黄国勇、黄华南

27. 泉州市农业局机关纪委（2003 年 4 月 30 日成立）

书　记：杜认真、庄木才、李益萌

副书记：林燕英

28. 泉州市公安局刑事侦查支队纪委（2003 年 7 月 18 日成立）

书　记：林元益

副书记：李祥平、陈宗庆

29. 泉州市公安局巡警防暴支队纪委（2003 年 7 月 18 日成立，2011 年 1 月 14 日更名为泉州公安局巡特警支队纪委）

书　记：陈万兴、张建才

副书记：王锦龙

30. 泉州市劳动和社会保障局机关纪委（2003 年 12 月 3 日成立，更名为泉州市人力资源和社会保障局机关纪委）

书　记：王胜利、汪白露、陈巧灵

31. 泉州市国土资源局机关纪委（2004 年 6 月 22 日成立）

书　记：吴荣中、李启泽

副书记：李启泽、潘贤敦

32. 泉州市药品监督管理局机关纪委（2004 年 10 月 25 日成立，更名为泉州市食品药品监督管理局机关纪委）

书　记：李书平

33. 泉州市总工会机关纪委（2005 年 5 月 9 日成立）

书　记：吴锡纯、宋建华、黄月瑜、刘碧泗、杨晓明

34. 泉州市城市管理行政执法局机关纪委（2006 年 6 月 12 日成立）

书　记：林辉忠、张　威、刘庆华、杜建新、苏志清、李　勇

副书记：张　威、陈福明

35. 泉州市城乡规划局机关纪委（2007 年 6 月 20 日成立）

书　记：詹明和、黄友信、庄建锋

36. 泉州市人民政府办公室机关纪委（2013 年 2 月 25 日成立）

书　记：何光诺

37. 泉州市公安局技术侦察支队纪委（2013 年 12 月 20 日成立）

书　记：易小克

38. 福建省公安厅交通警察总队泉州高速公路支队纪委（2014 年 5 月 14 日成立）

书 记：沈 榕

39. 泉州市行政服务中心纪委（2014 年 8 月 4 日成立）

书记：许玉斌

40. 泉州市商务局机关纪委（2016 年 4 月 19 日成立）

书记：黄珊珊

41. 泉州市卫生和计划生育委员会机关纪委（2017 年 8 月 17 日成立）

书记：林志仁

（三）企事业单位纪委

1. 泉州师范高等专科学校纪委（1986 年 12 月成立，已升格为泉州师院，转往泉州市委教育工委）

书 记：黄种禄、赖新民

副书记：王亚书

2. 泉州市第一医院纪委（1987 年 10 月 27 日成立）

书 记：苏水星、李伯达

3. 福建泉州力生实业公司纪委（1992 年 7 月 11 日成立，已转往泉州市国资委党委）

书 记：蔡蓉芳

4. 泉州仙荣火电厂纪委（1993 年 5 月成立，已转往泉州市国资委党委）

书 记：王恩来、郭明地、李培峰、蔡建森

5. 福建省第一公路工程公司纪委（1996 年 6 月 21 日成立，已转往泉州市国资委党委）

书 记：吴家仲、程国平

副书记：柯振亮

6. 福建省泉州市商业总公司纪委（1996 年 11 月 7 日成立，已转往泉州市国资委党委）

书 记：苏孝框

7. 泉州市龙门滩引水工程管理处纪委（1997 年 12 月 10 日成立）

书 记：彭诗针、王惠力

8. 泉州港务局纪委（1997 年 12 月 26 日成立，已撤销）

书 记：许德发、倪怡方

9. 中国建设银行泉州市分行机关纪委（1997 年 12 月 26 日成立，已转往其上级主管部门）

书 记：杨丹蓉

10. 泉州市城区农村信用合作社联合社纪委（2000 年 6 月 30 日成立，已转往其上级主管部门）

书 记：许瑞英

11. 泉州晋江机场股份（有限）公司纪委（2000 年 10 月 10 日成立，已转往泉州市国资委党委）

书 记：姚 白、黄志雄

12. 泉州市港务集团有限公司纪委（2000 年 11 月 7 日成立，已转往泉州市国资委党委）

书 记：李民义

13. 泉州晚报社机关纪委（2002 年 1 月 15 日成立）

书　记：刘鹏南、郭培明、郑少波、陈永聪

14. 泉州商贸学校纪委（2002 年 4 月 11 日成立，已撤销）

成立时，纪委只设 3 名委员，未设书记、副书记

15. 泉州市商业银行纪委（2002 年 6 月 24 日成立，已更名为泉州银行股份有限公司纪委）

书　记：傅子能、冯建佳、黄建昌

副书记：林海强

16. 泉州市中侨（集团）有限公司纪委（2002 年 7 月 9 日成立，已转往泉州市国资委党委）

书　记：蔡小旭

17. 泉州市中医院纪委（2002 年 10 月 24 日成立）

书　记：戴一娜

18. 泉州卫生学校纪委（2002 年 10 月 24 日成立，已升格为泉州医学高等专科学校，转往泉州市委教育工委）

书　记：王维铭

19. 泉州市港口管理局机关纪委（2007 年 12 月 28 日成立，已转往福建省交通运输厅机关党委）

书　记：宋　慧

20. 泉州市自来水有限公司纪委（2009 年 2 月 12 日成立，已转往泉州市国资委党委）

书　记：褚联鹏

21. 泉州黎明职业大学纪委（2009 年 6 月成立，已转往泉州市委教育工委）

书　记：林长红

副书记：刘集平

22. 泉州市公交发展有限公司纪委（2009 年 9 月 18 日成立，已转往泉州市国资委党委）

书　记：董伦海

23. 泉州市妇幼保健院·儿童医院纪委（2010 年 10 月 14 日成立）

书　记：方一明

24. 福建经贸学校纪委（2011 年 7 月 6 日成立）

书　记：郑坤林

25. 泉州广播电视台机关纪委（2013 年 4 月 27 日成立）

书　记：苏兴秋、杜丹心

26. 泉州市交通综合行政执法支队纪委（2014 年 11 月 20 日成立）

书　记：陈欲文

27. 泉州市保障性安居工程建设运营有限公司纪委（2016 年 9 月 28 日成立）

书　记：陈育新

28. 泉州太平洋集装箱码头有限公司纪委（2016 年 11 月 9 日成立）

书　记：王伟东、龚建东

29. 泉州市光前医院纪委（2018 年 8 月 10 日成立）

书　记：李怀阳

（四）驻泉省部属单位纪委

1. 福建省水利水电工程局纪委（1987 年 7 月 30 日成立，更名为福建省水利水电工程局有限公司纪委）

书　记：郑文斌、张景如、王锦顺、尤长明

副书记：郑文斌、王振彪、王锦顺、郑加林

2. 福建省第四监狱纪委（1987 年 12 月 8 日成立，更名为福建泉州监狱纪委）

书　记：薛育卿、黄加明、蔡建峰

副书记：陈永强

3. 中国冶金工业部第二地质勘查局一队纪委（1988 年 4 月 4 日成立，更名为中国冶金地质总局第二地质勘查局一队纪委）

书　记：黄泗通

副书记：黄卿员

4. 福建省一九七煤田地质大队纪委（1988 年 8 月 11 日成立）

书　记：俞维堃、王全成、吴远忠、刘建安

副书记：伍文钦、尹兴勇

5. 福建省闽东南地质大队纪委（1989 年 1 月 16 日成立）

书　记：何启华、陈文秀、林传桂、杨怀信

6. 福建泉州电力学校纪委（1990 年 5 月 16 日成立，已升格为福建电力职业技术学院）

书　记：万达民

副书记：郑振宗、朱天启、李加利

7. 福建省公路稽征局泉州稽征处纪委（1993 年 5 月 7 日成立，2012 年 3 月撤销）

书　记：曾焕然、李进碧、陈欲文

8. 福建省泉州市邮电局纪委（1993 年 6 月 19 日成立，已撤销）

书　记：吴希明

副书记：林　曦

9. 福建省石油公司泉州分公司纪委（1994 年 11 月 14 日成立，更名为中国石油化工股份有限公司福建泉州分公司纪委）

书　记：陈守星、潘玉思、欧文星

副书记：郑飞峰

10. 福建泉州劳动教养管理所纪委（1996 年 4 月 1 日成立，已撤销）

书　记：林友钦、林玉枝

11. 福建泉州市邮政局纪委（1998 年 10 月 21 日成立）

书　记：寇光亮、杜永新

12. 福建泉州市电信局纪委（1998 年 10 月 21 日成立，更名为中国电信股份有限公司泉州分公司纪委）

书　记：许松林、郭鹏飞、张文水、王春芳

副书记：林国防、洪培忠

13. 福建省泉州中国旅行社纪委（1999 年 11 月 23 日成立）

书　记：蔡爱萍

14. 中国移动通信集团福建有限公司泉州分公司纪委（2000 年 2 月 21 日成立）

书　记：苏明明、陈孙彬、吴扬帆、黄锦炎、邓伟群、林立方

副书记：赖礼盛

15. 泉州市国家税务局机关纪委（2000 年 5 月 8 日成立）

书　记：吴惠榕、王楚锡、江　岚

副书记：王跃进、林毅强、林志义

16. 福建泉州海事局纪委（2000 年 10 月成立）

书　记：孙雷锭、吴友恩、吴清平

17. 中国联通有限公司福建泉州分公司纪委（2001 年 6 月 28 日成立，已撤销）

书　记：许红旗、谢青海、万国清

18. 泉州出入境检验检疫局机关纪委（2001 年 1 月 8 日成立）

书　记：陈勤英、陈和杰、刘建亚

19. 泉州市地方税务局机关纪委（2002 年 2 月 27 日成立）

书　记：苏承改、郑永勤、林炳土、许金宽

副书记：傅惠华

20. 国电泉州发电有限公司纪委（2004 年 8 月 30 日成立，更名为国电泉州热电有限公司纪委）

书　记：岑小路、柯恩概、易才斌、程　皓

21. 福建电力职业技术学院纪委（2006 年 8 月 21 日成立，已转往泉州市委教育工委）

书　记：王晓彬

22. 福建中旅集团公司泉州代表处纪委（2008 年 1 月 23 日成立）

书　记：黄竞红

副书记：徐志军

23. 泉州市烟草专卖局机关纪委（2009 年 9 月 30 日成立）

书　记：王华曙、吴怀红

副书记：李芊芊

24. 泉州出入境检验检疫局机关纪委（2011 年 7 月，原泉州出入境检验检疫局、晋江检验检疫局、福建检验检疫局石狮办事处整合，升格为副厅级机构。2011 年 12 月 26 日重新成立泉州出入境检验检疫局机关纪委）

书　记：许端凤、林春能

25. 中国联合网络通信集团公司泉州分公司纪委（2012 年 9 月 5 日成立）

书 记：陈春泉、吴茗芳

26. 福建省泉州司法强制隔离戒毒所纪委（2015 年 1 月 12 日成立）

书 记：林青

27. 福建省邮政公司泉州分公司纪委（2015 年 1 月 12 日成立，2015 年 4 月 20 日更名为中国邮政集团公司泉州市分公司纪委）

书 记：杜永新

说明：以上纪委书记、副书记的名录，已撤销纪委的统计至撤销时；已转出纪委的统计至转出时。

第二节 党性党风党纪教育

一、未设立机关纪委时期

中华人民共和国成立初期，党纪教育主要是组织党员学习中共中央的有关指示和省委、地委的规定，结合地委的中心任务，开展教育，剖析典型案例。

1953 年 6 月至 1956 年 5 月，加强纪律教育，反对党内各种不良倾向。向违反党的政策决议、损害党的利益、个人主义、腐化堕落行为进行斗争，纠正某些党员干部思想作风上的缺点和错误，保证党的团结。

1956 年 8—9 月，以陈村俤冤狱案件、南平化工厂发生的 1 起堕落腐化违法违纪案件为教材，结合晋江地区监委会处理的典型案件，揭发批判机关中存在的官僚主义、文牍主义、不实事求是的思想作风，揭发批判党内一部分党员存在的资产阶级堕落腐化思想。

1958 年，采取上党课、放广播、幻灯、办党刊、出黑板报、墙报等多种形式开展党性教育。

1959—1962 年，党纪教育主要是配合政治运动和生产运动，提出教育要点，表扬先进人物，教育党员加强阶级观点，明确坚持什么、反对什么，批判对资产阶级思想侵袭放松警惕、对坏人坏事迁就姑息的思想，克服纪律松弛的现象。通报典型违纪案件，进行教育。

1963 年，加强党的纪律教育，使党员认真贯彻执行党的各项政策，向不良倾向、违反党的利益和破坏党的团结的行为作斗争。发现违纪案件进行严肃处理，对于混入党内的反坏分子清除出党。对于犯错误干部弄清问题性质，采取团结—批评—团结的公式，坚持“弄清思想、团结同志、惩前毖后、治病救人”方针，帮助他们改正错误，团结他们一起工作。

1972 年，开展党的政策学习教育，明确什么是党的政策允许做的，什么是党的政策不许可做的，解决一部分人存在的“只要方向对头，不怕政策过头”错误思想；忽“左”忽“右”，一种倾向掩盖另一种倾向；从个人好恶出发，以感情代替政策，以派性代替党性等问题。7—9 月，根据党员干部中存在的闹无政府主义、无组织无纪律；搞宗派、拉山头、闹不团结等问题，加强党的纪律教育，用“三大纪律八项注意”教育党员干部，树立正气，反对各种不良倾向。

1979年7月12日，根据省委组织部组织工作简报关于整顿机关作风的精神，召开部分党组织负责人座谈会，分析机关干部思想作风问题。领导作风方面，有的创业精神不足，有守摊思想；有的中层干部工作拖拉，不敢大胆负责；有的领导干部饱食终日，无所用心；有的缺乏深入调查研究；有的执行规章制度不严格。机关作风方面，有的个人主义、特权思想严重；有的组织观念不强，纪律松弛；存在“三多三少”：会议多、文件多、布置多，具体帮助指导少、具体措施办法少、检查督促落实少。采取3项措施进行整顿：严格党的组织生活，抓好党员教育，开展批评与自我批评，敢于触动一些人的个人主义、宗派主义、官僚主义问题；领导干部作出表率，身先士卒，干部群众加强监督；建立健全机关规章制度，执行《关于党内政治生活的若干准则》（简称《准则》），遵守《党政干部三大纪律、八项注意》，建立工作人员岗位责任制和干部考核制，改变功过不分、好坏不分、赏罚不明状况。9月13日，召开整顿党风报告会，参加1000多人。9月21日，召开法纪教育报告会，杨德山作报告，参加2000多人。

1980年4月起，以《中国共产党章程》修改草案和《准则》为主要内容，对党员进行坚持党的政治路线和思想路线，加强党的团结和统一，加强民主集中制和组织纪律性的教育，轮训3696名党员，解决部分党员中存在的对党的路线、方针、政策不理解，执行不坚决问题。对照《准则》规定，检查总结工作，改变个别党组织和党员无组织、无纪律、搞派性和各行其是现象，整顿党风，严肃纪律，增强党性和纪律观念。

二、设立地直机关纪委时期

1980—1981年，组织学习中央纪委、省纪委、地区纪委《关于严禁党员干部利用职权违法违纪建造私人住宅的暂行规定》《关于严禁党员干部为亲属招工走后门的通知》《关于坚决纠正“农转非”中不正之风的通知》《关于严肃党员干部利用职权为家属亲友出境走后门的规定》《关于对外活动中不宴请、不回请、不收礼的规定》等，通过这些条规的学习和执行，党员受到党规党法和党的优良传统作风的教育。

1982年1月，组织学习陈云《要讲真理，不要讲面子》文章。5月，贯彻《中共中央、国务院关于打击经济领域中严重犯罪活动的决定》，举办4场宣讲会，参加2800多人次。

1983年，组织学习中共十二大通过的党章，开展党性、党纪、党风教育，开展社会主义民主和法制教育。针对党员干部中存在的利用职权为亲属、子女办理“农转非”，招工、招干，办理出境出国，违反规定建私房多占公房，利用职权拉关系、搞特殊、走后门，请客送礼等不正之风，开展教育，提高思想认识，保证各项清理工作顺利进行。

1984年2月，组织收看反映打击经济领域严重犯罪活动斗争大型纪录片《警钟》，进行反腐败和遵纪守法教育。

1985年7月，组织学习全国端正党风工作经验交流会上陈云书面讲话和会议总结，学习中央纪委给晋江地委、行署党组的公开信，吸取假药案教训。在整党中，开展以理想、宗旨、全局和纪律为主要内容的党性党风党纪教育，组织收看曲啸谈理想与信念的录像报告，3 次组织听取老山英模报告团事迹报告，请有理想的人讲理想、有党性的人讲党性、守纪律的人讲纪律，进行生动活泼、有说服力的党性教育。以晋江假药案、泉州购物中心经济犯罪案为反面教材，深入剖析，举一反三，从正反两方面进行教育。

三、设立市直机关纪委时期

根据中央纪委 1986 年 2 月 28 日《关于整顿纪律的通知》和省、市纪委统一部署，5 月，结合端正机关作风，开展整顿纪律。组织党员干部学习马列主义关于党的纪律的理论，学习党章、《准则》，学习中央领导人关于党性、党风、党纪的论述。召开党的组织生活会，对照党章、《准则》以及中央、国务院关于纠正不正之风，制止违法乱纪活动的规定，特别是中发〔1986〕4、6 号和中办发〔1985〕57 号及〔1986〕2、3、4 号文件规定，就遵纪守法情况进行认真检查，对本部门、本系统、本单位纪律方面存在的问题进行整顿。整顿纪律与查处违法违纪案件结合起来，改变违纪不究、执纪不严状况。

1987 年，开展坚持四项基本原则，反对资产阶级自由化，维护党的政治纪律教育。组织编写《共产党员要严格遵守党章，反对资产阶级自由化》《共产党员要永远保持人民公仆的本色》等党课教材，各级党组织以“共产党员要做遵纪守法的模范”为内容，给党员上党课。组织党员 2 次收看党性党风党纪教育录像片，增强党性观念。

1988 年，学习贯彻中央〔1988〕5 号文件精神，进行廉政教育，宣讲案例，联系本单位本人实际，严肃认真地过 1 次组织生活会。

1989 年，结合治理整顿，教育党员保持清正，做到令行禁止，一切中央明令禁止、一切有损经济环境、一切违法乱纪的事，坚决不做，保证治理整顿顺利进行。

1990 年，开展党纪规范教育，发放《党纪手册》和单项条规 17162 册，举办党纪培训班，上党纪教育课 78 期（次），观看教育片 18291 人次。开展以案释法、以案释纪教育，发出案件通报 36 期，召开党纪通报会、处理会 74 场次，举办案例剖析会、讨论会 102 场次。开展正面教育，总结推广党风正、廉政建设好的先进经验，运用电视、录像等电化教育手段进行教育，共举办先进事迹报告会 25 场次，播放录像片 35 部、161 场次，组织观看党纪教育话剧《大潮中的漩涡》。

1991 年，开展发扬党的优良传统，反对腐败，保持廉洁教育。纠正和克服抓党风搞廉政吃亏的错误思想，正确认识抓党风抓廉政与发展经济的关系，惩治腐败与稳定大局的关系。

1992 年 6 月，以上党课形式和整风精神，在党政机关党员、干部、执法人员中进行 1 次以党的宗旨、纪律、作风为主要内容的教育活动，结合在清正廉洁、文明施政、全心全意为人民服务方面存在的问题，过 1 次组织生活会。6 月 15—30 日，开展党纪党规知识百题竞赛活动，市直机关 27 个系统、单位，5151 人参赛，参赛率 95.7%，总平均成绩 98.02 分。市直农办、政法系统获泉州市竞赛组织奖，24 人获个人成绩优秀奖。举办教育骨干培训班 13 期，建立教育联系点 137 个，上党纪教育课 355 场，播放教育录像片 53 部，受教育面 90%以上。对市直 3 个重大案件进行通报，增强党员组织纪律观念。

四、设立市直纪工委后

1993年8月26日，市委召开传达贯彻中央纪委二次全会精神大会，市直各级党组织集中时间，集中精力，学习江泽民在中央纪委二次全会讲话和邓小平等中央领导人有关反腐败斗争的论述，认识开展反腐败斗争的重要性和紧迫性，明确反腐败斗争的指导思想和应遵循的原则，把思想统一到中央反腐败斗争的政策和原则上来。组织1900多人观看《新中国第一大案》，组织400多人参加刑事宣判大会，进行反腐倡廉教育。结合党课和政治学习，进行党的纲领、宗旨、理想、纪律和优良传统作风教育，进行正确的人生观、价值观和道德观教育，增强抵御拜金主义、享乐主义、极端个人主义等腐朽思想侵蚀的能力。

1993年，举办党风廉政报告会225场次，受教育54525人次。开展“公仆杯”评选活动，评选先进单位1个、先进个人最佳典型1名、先进个人典型9名、先进个人90名，表彰先进人物392名。进行典型案例教育，发出案件通报42期，剖析案例32个，召开案例讨论会79场次，受教育人数3196人次。开展电化教育，建立录像播放站46个，播放71部322场。

1994年，分层次多形式传达学习中央、省、市委关于反腐败斗争的文件和中央领导人讲话精神，学习邓小平有关党风廉政建设和反腐败斗争的重要论述，组织收听收看有关反腐败录音报告。

1995年，针对泉州所处的特殊地理位置和改革开放实际，围绕建立社会主义市场经济体制和保证机构改革顺利进行，对党员进行党纪党规和反腐倡廉教育。组织观看教育录像片213场次、案例教育178场次，举办报告会、讲座336场次，发出案例通报9期，印发案例手册77册，组织参加泉州市“党风廉政知识竞赛”、反腐倡廉图片展览评比、“忠诚卫士颂”演讲比赛，均取得前3名成绩。

1996年，汇编《党纪手册》《纪检工作问答》，组织参加党规党纪学习活动，10800名党员参加中央纪委组织的知识竞赛。通报党员违纪典型案件，进行案例剖析教育，引导党员干部珍惜荣誉，廉洁自律。深入基层挖掘廉政典型，筹备召开“勤廉兼优”事迹报告会。开展以“讲政治、讲学习、讲正气”为主要内容的党性党风教育活动。

1997年5—10月，按照动员学习阶段（5—6月）、对照检查阶段（7—8月）、总结提高阶段（9—10月）3个步骤，组织学习贯彻《中国共产党党员领导干部廉洁从政若干准则（试行）》（简称《廉政准则》）、《中国共产党纪律处分条例（试行）》（简称《党纪处分条例》）。抓好“六个一”工作：做好1次宣传贯彻《廉政准则》《党纪处分条例》动员报告；上好1次党课；观看1部反腐倡廉电教片；解剖1个腐败问题典型案例；召开1次学习心得交流会；组织1次学习测试。举办市直机关“勤廉兼优”事迹报告会，授予泉州市邮电局等4个单位和吕金阔等10人为“勤廉兼优”先进集体和先进个人称号，应邀到丰泽区直机关和市直单位作巡回报告13场。

1998年，突出抓好党的基本理论和基础知识、党规党法和国家法律法规、党的优良传统作风和反腐倡廉3项教育。5月，召开党性党风党纪教育工作经验交流会，采取现场介绍交流，实地参观学习的做法，听取并参观省五建党委以预防为主，开展党性党风党纪教育的经验介绍和图片展。市委常委、市纪委书记林荣取到会讲话，肯定会议的形式、内容和效果。11 月，召开政法、工商等 8 个单位队伍作风教育整顿工作座谈会。

1999 年，组织机关党员干部学习《邓小平论党风廉政建设和反腐败》，开展以“讲学习、讲政治、讲正气”和学习《廉政准则》《党纪纪律处分条例》为主要内容的党性党风教育，增强党员讲政治、顾大局，忠于职守、克己奉公的自觉性。

2000 年，运用胡长清、成克杰等反面典型案例进行警示教育，选择部分发生在机关的违法违纪典型案件，制成图片在机关展出，提高党员干部拒腐防变能力，促进“关口”前移。

2001 年 7 月，组织收看中央电视台特别节目《聚焦远华特大走私案》，教育党员干部牢固筑起拒腐防变思想防线，在拜金主义、享乐主义和极端个人主义侵蚀面前一尘不染、一身正气、廉洁自律、警钟长鸣。9 月起，组织学习中共十五届六中全会通过的《中共中央关于加强和改进党的作风建设的决定》，按照决定中提出的思想作风、学风、工作作风、领导作风和干部作风 5 个方面要求，联系实际，认真思考“参加革命为什么、当干部应该做什么、将来身后留点什么”，恪守坚持解放思想、实事求是，反对因循守旧、不思进取；坚持理论联系实际，反对照抄照搬、本本主义；坚持密切联系实际，反对形式主义、官僚主义；坚持民主集中制原则，反对独断专行、软弱涣散；坚持党的纪律，反对自由主义；坚持清正廉洁，反对以权谋私；坚持艰苦奋斗，反对享乐主义；坚持任人唯贤，反对用人上的不正之风（简称“八个坚持，八个反对”）。

2002 年 3 月 27 日，印发《市直机关开展党性党风党纪教育的意见》，开展党风廉政专题教育，编发党风党纪学习参考材料 28000 册，建立党风党纪教育测试题库。开展以法释纪，以案释纪的警示教育和优秀党风党纪电教片展播，组织播放 7 部典型案例电视剧，收看《一代廉吏于成龙》电视剧，征订教育录像带、影碟 100 多部（片）。

2003 年 4 月 5 日至 5 月 10 日，在市直机关开展“两个务必”学习教育宣传月活动。重点学习党的三代领导人关于艰苦奋斗、居安思危、保持党同人民群众血肉联系的论述和胡锦涛在西柏坡学习考察时的讲话。召开组织生活会，按照“两个务必”要求，联系实际，进行对照检查。开展作风建设知识测试，进一步健全完善机关党风廉政建设、效能建设、事务公开等规章制度。6 月，建立和完善反腐倡廉思想教育机制。把廉政教育作为一项重要工作列入宣传教育总体规划，作为党员干部学习的重要内容，统一部署，统一安排。每年组织 1 次主题突出的党性党风党纪专题教育，适时选择一些重大典型案例进行警示教育。每年开展 1 次优秀警示电教片展播活动，每 2 年举办 1 期纪检干部培训班。创作反腐倡廉题材的文艺作品，编印学习宣传资料，参与评选“廉内助”活动，举办知识竞赛，增强党员干部的廉政意识。

2004 年 4 月 12 日至 5 月 21 日，根据中央纪委〔2004〕5 号文件精神和省、市纪委要求，学习中共中央颁布实施的《中国共产党党内监督条例（试行》和《中国共产党纪律处分条例》（简称两个《条例》）。学习教育的同时进行调查研究阶段和总结交流。通过学习，使全体党员特别是党的各级领导干部加深对党内监督工作的指导思想、重点对象、重点内容、监督职责、监督制度、监督保障等问题的理解。熟悉党的纪律处分规定，强化党内监督意识，增强纪律观念。16000 多名党员参加宣传月活动，撰写 11300 多篇心得体会文章。对照条例，查找本单位及个人在履行党内监督和执行党的纪律方面存在的主要问题，提出贯彻落实两个《条例》的具体办法和措施，健全完善制度，组织知识测试。各党委选择1—2个调研题目，开展调研活动，形成调研文章，召开座谈会交流调研成果。11月5日，召开市直机关纪检工作会议，80多人参加。市直建设、宣传、水利、公安、计委5个系统纪委作贯彻两个《条例》经验介绍，市纪委机关党委、市委防范和处理邪教问题领导小组办公室作书面交流，会议对学习贯彻中共十六届四中全会精神，推进两个《条例》贯彻落实，提高纪检工作水平作出部署。11月上旬，组织参加市直机关纪检工作会议人员和市直科级党务干部学员共150多人，在泉州监狱召开"加强监督，预防职务犯罪"警示教育现场会，由3名服刑人员进行"职务犯罪反思"现身说法，泉州监狱副监狱长、纪委书记黄加明作关于服刑人员改造情况介绍，接受直观深刻的警示教育。

2005年5月19日起，集中一段时间，组织党员学习贯彻中共中央颁布的《建立健全教育、制度、监督并重的惩治和预防腐败体系实施纲要》，着眼于解决提高党的领导水平和执政水平，增强拒腐防变和抵御风险能力这两大历史性问题，领会纲要基本精神，理解加强教育、完善制度、强化监督的意义，正确把握惩治和预防腐败的关系。9月，召开座谈会，交流学习贯彻情况。

2006年3月24日，市纪委，市委组织部、宣传部，市检察院，市直机关工委，泉州监狱党委联合在泉州监狱会见中心3楼建立警示教育基地，开展警示教育。建立党纪党风知识题库，开展党纪条规教育。建立电教片库，以剖析典型案例，以案释法。上半年，集中一段时间开展以学习贯彻党章为主题的学习教育活动，促进党员进一步学党章、懂党规、守党纪、强党性。整合教育资源，建好用活党风党纪教育资料库、警示教育基地，开设网上党风廉政教育专题，坚持党政主要领导给党员干部上廉政党课制度，组织廉政歌曲创作和传唱活动。结合庆祝中国共产党成立85周年、长征胜利70周年庆典活动，开展以党风廉政建设为主题的书法竞赛。9月，为营造清正廉洁的机关文化环境，培养尊廉崇廉的道德风尚，开展市直机关廉政文化建设竞赛活动，共征集到廉政格言警句800多条，60条获优秀奖，5个单位获组织奖；共征集到书法作品277幅，39幅作品获毛笔书法一、二、三等奖和优秀奖，25幅作品获硬笔书法一、二、三等和优秀奖。市直宣传系统党委等5个单位获组织奖。12月14日，组织市城市行政执法局、市人事局、市总工会、省一九七地质大队共180多人（其中处级干部14人）到警示教育基地开展警示教育。由职务犯罪服刑人员现身说法，参观职务犯罪典型案例图片展，接受反腐倡廉教育。

2007年1月17日，市纪委、市直机关工委、市妇联联合召开泉州市领导干部家庭助廉座谈会，190多名处级干部配偶参加会议，营造文明廉洁、和谐喜庆的舆论氛围，推动倡廉、讲廉、崇廉良好社会氛围的形成。4—5月，开展以"着力转变机关工作作风"为主要内容的"作风教育学习月"活动，学习胡锦涛在中央纪委七次全会上的讲话、《人民日报》关于"八个方面良好风气"的社论、泉州市第十次党代会工作报告。组织党员开好组织生活会，查找在思想作风、学风、工作作风、领导作风、干部生活作风方面存在的问题，边学边改，落实整改措施。参加活动3748人，撰写学习心得3721篇，查找出干部作风问题309个，编印廉政格言警句专集《公仆铭》3000册，分10批组织市直水利系统等单位1633人到警示教育基地接受教育，其中处级干部77人、科级干部705人。

2008年4—5月，开展机关党员干部"理想、信念、传统"教育学习月活动。学习中共十七大党章、十七届中央纪委二次全会精神、社会主义核心价值观基本内容，通过辅导讲座、主题实践、座谈交流等，提高学习效果。党员结合工作职责和岗位特点，撰写学习心得体会，提炼符合个人实际的共产党员人生格言，组织座谈交流，畅谈人生感悟。参加活动的党员 4700 多名，撰写心得体会文章 3877 篇，征集人生格言 2807 条。开展以“加强党风监督、预防职务犯罪”为主要内容的警示教育，举行 4 场警示教育现场会，组织市直纪检干部培训班、科级党务干部培训班学员，市国资委基层企业负责人、财务人员，市行政执法系统、市人口计生系统，泉州检验检疫局党员干部共 804 人到警示教育基地接受教育。组织参加《建立健全惩治和预防腐败体系 2008—2012 年工作规划》知识答题活动。32 个系统、单位，2317 人参加，其中厅级干部 20 人、处级干部 259 人。

2009 年，举办 4 场警示教育现场会，804 名机关党员干部接受教育，其中科级以上干部 280 名。4 月 1 日，市直机关工委制订廉政文化建设指导意见，明确机关廉政文化建设的指导思想、目标任务、主要原则、主要途径和基本要求，探索教育引廉、课堂授廉、阵地育廉、活动导廉、读书思廉、典型树廉、家庭助廉、个人诺廉、制度保廉、警示促廉等多形式活动，发挥廉政文化作用，增强教育针对性。4 月 15 日，开展“争当勤廉表率，推动科学发展”教育学习月活动。组织学习十七届中央纪委三次全会、省纪委八届五次全会和市纪委十届四次全会精神。41 个系统、单位，606 个党支部、12785 名党员干部参加教育学习月活动，其中处级干部 843 名、科级干部 3389 名，共撰写心得体会文章 10759 篇。5 月，以党支部为单位组织人生格言座谈交流，系统（局）党委、驻泉省部属单位党委组织“共产党员人生格言”演讲会，结合实际抒发人生感悟，展示新时期共产党员崇高追求、党性修养、道德情操，诠释对人生格言的认识。注重增强廉政文化趣味性，开展“一把手”讲廉政诗、发送廉政短信、寄送廉政贺卡、征集警示格言、设立廉政文化楼道、廉政走廊、开辟廉政之窗网页，使党员干部在潜移默化中受到教育。提炼并征集到共产党员人生格言 5926 条，并编印《励志铭》。7 月上旬，市直机关工委举办共产党员人生格言演讲比赛，36 名选手参赛，表彰一等奖 2 名、二等奖 5 名、三等奖 8 名、优秀奖 21 名，泉州电业局黄王晔、市直宣传系统康锐获一等奖。组织党员过好组织生活会，对照党章规定和上级要求，查找在“争当勤廉表率，推动科学发展”方面存在的问题和不足，开展批评和自我批评，制订整改措施，促进作风转变，提高工作绩效。9—10 月，组织学习中共中央颁布的《中国共产党巡视工作条例（试行）》，中共中央办公厅、国务院办公厅颁布的《关于实行党政领导干部问责的暂行规定》《国有企业领导人员廉洁从业若干规定》《关于开展工程建设领域突出问题专项治理工作的意见》4 个反腐倡廉制度法规文件，从源头上防治腐败。

2010 年 9 月 4 日，建立市直机关廉政文化建设联席会议制度，由市直机关工委、市委文明办、市文化局、市广电局、市新闻出版局、市总工会、团市委、市妇联、市文联负责人组成，市直机关工委牵头。联席会议任务：研究提出贯彻《建立健全教育、制度、监督并重的惩治和预防腐败体系实施纲要》精神的具体意见；研究分析机关廉政文化建设的状况及存在问题，提出工作规划和实施意见；统筹协调市直机关廉政文化建设，提出指导性意见，协调解决涉及相关部门的问题，促进部门协作配合；对廉政文化建设工作落实情况进行督促检查。建立信息沟通机制、工作协调机制、监督考核机制。开展“学廉政准则，做遵纪模范”教育学习月活动，发放《廉政准则》2250 本，征集领导干部“廉政党课”讲稿 11 篇。组织 6726 名党员干部参加学习活动，撰写心得体会文章 5115 篇、廉政短信 5316 条、调研文章 292 篇。开展“破解熟人经济、提升服务水平”专题教育活动。开展以“学廉政准则、做遵纪模范”为主题的党性党风党纪教育学习月活动。征集“共产党员所喜爱的廉政短信”，对征集到的 3000 多条廉政短信进行遴选，择优结集成册，供党员干部阅读学习，依托信息网络平台，将廉政短信发给党员干部，作为“廉政预警提示”，警钟长鸣。12 月 29 日，市直机关工委、市妇联联合召开领导干部家庭助廉会议，431 名处级（含）以上领导干部、配偶参加，市妇联主席甘端蓉作《做好“廉内助”，树立“好家风”，筑牢领导干部拒腐防线》报告，市委副书记、市纪委书记、市直机关工委书记朱淑芳出席并讲话。

2011 年 4—6 月，开展“廉洁从政，秉公用权”主题教育学习月活动，治理“庸懒散混”。党组（党委）理论学习中心组开展 1 次专题学习讨论，党政主要领导讲 1 次廉政党课，对照《廉政准则》召开 1 次民主生活会，到警示教育基地接受 1 次教育。3 月，3 名厅级干部、169 名处级干部参加廉政准则测试。6612 名党员干部参加教育学习月活动，撰写心得体会 5023 篇、调研文章 361 篇。5 月 20 日，市委宣传部、市直机关工委、市文联等 8 个部门印发《2011—2012 年泉州市发展廉政文艺，推进廉政文化建设的工作方案》。培育和弘扬廉洁价值理念，树立领导干部秉公用权、廉洁从政的价值理念；培育公民廉荣贪耻、诚实守信的道德观念；推进社会有序参与反腐倡廉的责任意识。开展形式多样的廉政文艺进机关、企业、农村、学校、社区、社团、家庭活动。下半年，市直机关工委承办“公仆魂”——泉州市直机关廉政书画展览活动。12 月 14 日，召开市直机关廉政文化建设推进会，听取泉州出入境检验检疫局、市住房和城乡建设局、市质量技术监督局、泉州海事局经验介绍，现场观摩泉州出入境检验检疫局党风廉政建设展示厅和廉政文化走廊。回顾和总结市直机关廉政文化建设的实践成果，提出推进机关廉政文化建设创新发展的工作思路和构建廉政文化建设长效机制的具体要求。市委常委、市纪委书记、市直机关工委书记沈耀钦出席并讲话，提出 5 点要求：增强机关廉政文化的感染力和渗透力；构建廉政文化建设的广阔平台；推动机关廉政文化活动繁荣发展；形成机关廉政文化建设合力；巩固和发展机关廉政文化影响力。

2012 年 4—6 月，开展机关党员干部“弘扬廉政文化，永葆纯洁党性”教育学习月活动。学习《中国共产党党员领导干部廉洁从政若干准则》、十七届中央纪委七次全会精神，进行党性党风党纪教育、理想信念教育、廉洁从政教育。组织 1 次专题学习讨论、1 次廉政党课、1 次民主生活会、1 次警示教育。创办“廉政文化室”“廉政书屋”“廉政文化活动之家”等廉政文化阵地。发挥互联网在传播廉政文化中的作用和手机短信等新兴媒体的作用。市直纪工委征集以廉政为主题，反映廉洁、勤政、爱民、爱岗、敬业、公平、公正、拒腐、诚信等内容的廉政文化书画作品，包括毛笔书法、国画、油画、版画、水粉、水彩、漫画等作品征集，体现开展机关廉政文化的创新举措、特色做法、经验体会的机关廉政文化 PPT，并结合特色机关党建评选活动进行评选表彰。在泉州出入境检验检疫局召开市直机关廉政文化建设现场会，实地观摩党风廉政建设展示厅和廉政文化走廊，交流介绍典型单位的建设经验，推动市直机关廉政文化建设再上新台阶。在泉州机关党建网设立“机关廉政文化建设”栏目，组织和动员党组织和党员参与。举办“公仆魂”市直机关廉政书画展览，制作 8000 个廉政文化宣传鼠标垫发放到各级党组织，营造廉荣贪耻的机关文化氛围。总结 5 年来市直机关廉政文化建设的工作亮点，形成 5 年工作经验做法报告。

2013年，开展政治纪律教育，学习党章、遵守党章、维护党章，增强政治纪律意识，按照党的组织原则和党内政治生活准则办事。绝不发表同中央决定相违背的言论；绝不搞“上有政策、下有对策”；绝不有令不行，有禁不止。4—6月，开展“清廉勤俭转作风，为民务实求发展”主题教育学习月活动，学习习近平在十八届中央纪委二次全会上讲话，推动八项规定各项要求落到实处。10月25日，联合团市委举办市直机关廉政主题演讲比赛，联合中国电信泉州分公司制作发放廉政优盘，联合市妇联举办“廉政文化进家庭”知识竞赛和泉州市领导干部“廉内助”座谈会，增强机关干部廉洁自律意识。通过多种形式、多个载体的廉政文化宣传教育，引导机关干部树立尊廉崇洁、积极向上、无私奉献的高尚思想道德情操，不断增强机关廉政文化的影响力和吸引力。

2014年，继续开展政治纪律教育，纠正无组织无纪律现象，维护党纪严肃性。4—6月，围绕激发创新活力，推进“二次创业”，实现转型升级和长远发展的任务要求，开展“走群众路线、当人民公仆”教育学习月活动，以贯彻落实中央八项规定和市委具体规定为切入点，突出作风建设，贯彻整风精神，坚决反对“四风”（反对形式主义、反对官僚主义、反对享乐主义和反对奢靡之风），解决人民群众反映强烈的突出问题。活动中，组织学习中央纪委推荐干部阅读《焦裕禄》等56本书。以宣传教育和形式多样的文化活动为载体，发挥廉政文化在机关反腐倡廉中教育、示范、熏陶和导向作用，筑牢思想道德防线。联合市妇联举办泉州市领导干部“廉内助”座谈会，发挥家庭在党风廉政建设中的特殊作用。

2015年，学习《党员干部违纪违法典型案例警示录》。从周永康、薄熙来、徐才厚、令计划、苏荣等违纪违法案件中汲取教训。用发生在身边的违反党风党纪的反面典型说法，认识违反党的政治纪律、组织纪律、破坏党的团结的危害，认识以权谋私、贪污腐化对党形象的损害。4—6月，开展“讲政治、懂规矩、守纪律”教育学习月活动。学习《习近平关于党风廉政建设和反腐败斗争论述摘编》等篇目，增强党性意识、宗旨意识、纪律意识，在政治上讲忠诚、组织上讲服从、行动上讲纪律、党内生活上讲规矩，做到忠诚、干净、担当。围绕“什么是党的纪律和党的规矩”等5个问题开展交流讨论。把党章、党纪、国法以及党的优良传统作为长期坚持并自觉遵循的规矩，体现到政治生活和日常行为规范中。

2016年，学习宣传贯彻《中国共产党廉洁自律准则》和《中国共产党纪律处分条例》，领会把握党内法规的主要内容和精神实质。在市直机关开展以学习该准则和该条例为主题的党性党风党纪教育学习月活动，自觉在思想上竖起道德“高线”、在行为上坚守纪律“底线”，切实维护该准则和该条例的严肃性和权威性。

2017年，依托中心组学习、党支部专题学习等形式，抓好《关于新形势下党内政治生活的若干准则》《中国共产党党内监督条例》以及《中国共产党廉洁自律准则》《中国共产党纪律处分条例》等党内法规的学习，组织发动机关党员参加福建省党章党规网络答题活动、“学习贯彻十九大，拥抱法治新时代”泉州市党内法规学习有奖竞赛活动。组织机关党员到谷文昌纪念馆、李光地故居、叶飞故居、安南永德苏维埃政府旧址等上级纪委推介的廉政教育基地参观学习，树牢“四个意识”，坚定“四个自信”，争当“四有”干部。4月20日至6月30日，围绕“发挥基层党组织和党员的监督作用”这一重点，开展“加强党内监督 推动全面从严治党”主题学习教育月活动。通过通读、精读、讲座、交流、网络答题等方式，组织学习党纪党规；针对党内监督中存在的不自觉接受监督、不能监督、不敢监督和不愿监督等突出问题，开展4个专题讨论，制订整改落实措施，建立健全和细化完善各项制度，推动监督工作全面开展。5月下旬至9月上旬，市纪委、市直机关工委、市妇联、市国税局、泉州晚报社联合举办“点赞和美泉州”家风家规家训征集和展播活动。征集和展播内容为家规、家训和家风故事，形式为文字作品、图片作品、视频作品。评出获奖家风故事30篇、家风家教图片作品20件、家规家训格言30条、家风视频10件。制发《点赞“和美泉州”家风家规家训征集优秀作品》3000册，制作视频作品光盘1000碟。

第三节　反腐倡廉

一、设立地直机关纪委时期

（一）开展打击经济领域犯罪活动斗争

1981年12月，贯彻中央纪委〔1981〕25号文件精神，纠正一些单位巧立名目，突击花钱，滥发奖金补贴苗头。

1982年5月，贯彻《中共中央、国务院关于打击经济领域中严重犯罪活动的决定》，对揭发和暴露出来的经济案件和线索，认真站队分析，对38个较为突出案件，组织力量内查外调，其中投机倒把诈骗案12件、走私贩私案3件、贪污受贿案9件、违纪行为案14件。当年查清结案19件，受党纪处分6人，其中开除党籍2人、留党察看2人、党内警告2人。受法律制裁5人，其中党员3人。退回赃款人民币23276.7元、港币480港元，补交税款港币3600港元。

1983年8月，查处泉州中旅社逃汇、漏税、投机倒把等违反法纪问题案件，追究主要领导人责任，分别给予党纪、政纪处分，非法得利上缴国库。

（二）清理4个方面不正之风

1982年，根据省委、地委要求，对公社副主任（地直按相应职务）以上领导干部利用职权为亲属子女办理农转非、招工招干、办理出国出境和占农田建私人住宅4个方面的情况进行调查摸底。经初步调查和群众揭发：领导干部建私房31人，其中副县长级以上6人，公社副主任级以上25人。违反政策办理“农转非”2户，转为非农业人口6人，违反规定办理亲属子女出境2人。通过登记、调查和受理群众揭发领导干部中的不正之风，利用职权拉关系、搞特殊、走后门、请客送礼等有所收敛。

狠刹以权谋私不正之风。1982年11月，贯彻中共中央〔1982〕35号文件精神，对外事活动接受礼品进行检查登记，收缴雷达表59只、电子钟60只、电子计算器4架、收录两用机1架、电子手表4只、衣服48件、布匹11块、雨伞3支、金笔9支、港币480港元、其他物品68件。党员干部受到一次深刻反腐蚀思想教育，对党风好转发挥推动作用。查处一批为亲属子女升学、就业、出境出国、“农转非”拉关系走后门、请客送礼、收受贿赂等案件，受处分64人。党员受党纪处分33人，其中开除党籍6人，受行政处分14人，判刑8人。

查处领导干部建房分房中不正之风。1983年，贯彻中共中央〔1983〕4号文件和中央纪委关于坚决制止党员、干部在建房、分房中的歪风的《致全国党政机关、企事业单位各级领导干部的公开信》，地直成立贯彻该公开信的领导小组，设立办公室。对地直副局长以上干部224人住房建房情况进行摸底，住公房219人、住私房5人。对32户住房超标准或多占住房问题，督促改正，其中应退住房14人、面积610.76平方米，已退8人、退出房屋27间、306平方米，应累进收费18户、面积190.95平方米，解决分房中的不正之风。1990年，按照市清房办的统一部署，对党政干部违法违纪建私房、多占公房进行处理，清理出应退公房138人，已退87人、63套又24个单间，共4550平方米。1991年，完成对市直102名干部违反规定建私房、多占公房的经济处罚和行政处理，补罚金额7.97万元，拆除面积80.078平方米。

（三）开展财务大检查

1983年8月，开展财务大检查，建立健全财经管理制度。至1984年11月，地直立案审查81件经济案件，结案54件，涉及73人，其中党员干部23人、党员7人。非法经营总额人民币120多万元、港币8000多港元，个人非法得利人民币122083元、港币8200港元，追回个人所得赃款人民币93645元、港币8200港元。受党纪处分23人，其中开除党籍7人。受政纪处分34人，其中判刑12人。

（四）清理精神污染工作

1983年，贯彻中共十二届二中全会精神、中共中央〔1983〕15号、36号文件和省委19号文件精神，召开专门会议部署查禁淫秽书刊和物品。以查录像设备为重点，检查15个单位、19部录相机使用情况，建立管理使用制度，提高党员对违背四项基本原则错误言行的识别能力，增强维护政治纪律自觉性。

（五）清理党政机关经商办企业

1984年第4季度，贯彻中共中央〔1984〕27号文件精神，清理“党政机关经商办企业、乱发钱物”不正之风，党政机关办企业19家，实行3脱钩。地直乱发钱物共682388.21元，已纳税145708.55元，占应纳税的100%，多数单位完成清退，一时清退有困难的，作了清退计划，较快刹住这股不正之风。

二、设立市直机关纪委时期

（一）清理6股不正之风

1986年2月4日，泉州市委决定成立市委整党领导小组市级机关端正党风办公室，由市直机关党委副书记庄玉灿等4人负责办公室工作，下设秘书组、检查组、纪检组。按照市委的统一部署，市直机关以6个方面问题为突破口，检查清理机关作风方面的严重问题：关于购置和更换进口小轿车问题；关于滥派人员出国问题；关于挥霍公款到处旅游问题；关于铺张浪费、请客送礼问题；关于党政干部在工资和机关福利以外获取不正当收入问题；关于党政机关领导干部及其子女、配偶利用职权和各种方便违反规定“农转非”，经商谋利问题。市直机关党委除搞好本单位清理工作外，会同市委宣传部、市教育局、市工商行政管理局进行“关于党政干部在工资和机关福利以外获取不正当收入问题”清理情况的检查。市直各部、委、办成立3—4人的端正党风领导小组，提出端正党风具体规划、措施和意见，建立端正党风责任制，一级抓一级，层层抓落实。同时，按规定配齐配好纪检干部。3月31日至4月2日，召开全市党风工作经验交流会，参加278人，16个单位代表在大会上介绍经验，7个单位作书面交流，市委副书记讲话，市委书记张明俊作总结讲话，省纪委书记高胡参加会议并讲话。市直共清理违反规定购置和接受赠送进口小汽车31辆，清退出不正当奖金补贴（含实物折款）139000多元，缴纳奖金税145000多元，清理整顿党政机关和党政干部经商办企业48家，利用公款旅游、滥派人员出国和铺张浪费现象得到控制。

（二）“扫黄禁赌”斗争

1989年2月，针对少数干部、职工、师生参与嫖娼、赌博、观看传播淫秽录像等问题，开展专项调查，对已查实的240人严肃处理。抓住典型案例开展教育，处理一个教育一片，有效清除和查禁这类活动。9月，组织学习中央和省、市委关于整顿清理书报刊及音像市场会议精神，学习市委《告全市共产党员书》。组织对本单位的图书室、资料室、阅览室和录像资料及个人的书报刊、录像带进行1次全面清理。

（三）推行“两公开一监督”

1989年，市直各党委对所属支部每季度进行1次廉政情况自查。市直机关党委、纪委定期与执法、监察和监督机关联系，并把了解的情况向有关党委反馈，有关党委组织力量查清并向市直机关纪委反馈。制定《党内监督的暂行办法》，推行“两公开一监督”，增强党政机关活动的开放性和透明度，使党政机关、党政干部、公职人员置于党内外群众的监督之下。

三、设立市直纪工委后

1992年，贯彻省纪委关于领导干部和领导机关“七不准”要求：不准插手为工程队介绍基建工程；不准接受企业承包者包括乡镇企业承包者送的钱、物；不准利用审批权限的职便收受钱、物，更不准敲诈索贿；执法执纪人员不准贪赃枉法、徇私舞弊；不准党政干部违法违纪建私房；不准用公款送钱送物，不准收受下属单位的钱、物；不准党政干部以权入股，包括空股实股。12月，开展以“七不准”为主要内容的党风廉政建设情况检查，组成5个组对60多个部门进行专项督查，编发反腐倡廉专辑简报17期，召开反腐败工作情况汇报会。配合公安部门对少数党员参与嫖娼、卖淫、赌博、观看传播淫秽录像等丑恶现象进行清理打击。

1993年8月，市直机关工委分5个组包片检查30多个单位执行中央纪委“五个不准”情况，检查11个部门专项治理解决的几个重要问题和狠刹几股不正之风的落实情况。重点解决入股经商办企业、徇私办案、执法犯法，吃、拿、卡、要，乱收费、乱罚款、乱摊派，党政机关办公司等问题。市直纪工委排查4种类型案件30多件，配合公安部门对34名参与嫖娼、赌博等丑恶行为的干部职工进行调查核实，严肃处理。

1994年，重点在“一机关三部门”开展反腐败斗争，把查处“大要案”作为突破口，排除干扰，突出重点，查处案件 15 起，编发反腐倡廉简报 38 期。

1996 年，贯彻执行《领导干部收入申报制度》《在国内公务活动中收受礼品实行登记制度》《业务经费使用情况向职代会报告制度》等反腐倡廉各项规定。

1999 年 12 月，贯彻省委办公厅、省政府办公厅转发省纪委、省监察厅《关于制止党和国家机关工作人员赠送和接受“红包”的暂行规定》，在元旦、春节期间集中进行 1 次整治、遏制送收“红包”不正之风。领导干部管好自己，管好配偶、子女和身边工作人员，管好分管部门和单位，严防出现送收“红包”现象，并向干部职工作出公开承诺，自觉接受监督。结合落实重点岗位工作人员进行重点监督，采取公布举报电话，设立举报箱，组织明察暗访等方法，加大督促检查力度，发现“红包”案件严肃查处。

2001 年，开展处级领导干部家属子女从业登记工作，市直机关 589 名处级领导干部按规定进行登记，其中配偶子女经商办企业的 8 人，在外省独资合资企业任职的 4 人，进一步规范党员领导干部从政行为。继续落实禁止党员干部收送“红帖”和“红包”的规定，在春节、“五一”等重大节日期间，组织明察暗访，对顶风违纪的严肃处理，促进廉洁自律各项规定的落实。

2001—2002 年，学习贯彻中央、省、市委有关领导干部廉洁从政的规定和制止奢侈浪费“八项规定”，执行领导干部重大事项报告制度、礼品登记制度和收入申报制度。坚持重大事项、重要工作方案、重大改革措施、重要项目安排和大额资金使用、重要干部推荐任免和奖惩，经过集体充分酝酿讨论，严格按照规定程序进行。抓好市委“十不准”规定的落实，开展明察暗访。

2003 年 6 月，进一步健全和完善领导干部廉洁从政的行为规范。贯彻执行《中国共产党领导干部廉洁从政若干准则》《国家公务员行为规范》和市委、市政府“十个不准”规定。继续实行和完善领导干部个人重大事项报告制度、领导干部配偶子女在国（境）外定居或留学事宜报备制度、礼品礼金（红包）登记上缴制度。加强对掌管人、财、物等重要岗位的监督，督促有关部门、单位建立健全公开工作的责任、审议、评议、反馈、备案 5 项制度，提高政务公开的层次和质量。

2003—2004 年，清理党政领导干部违反规定兼任企业领导职务、党政机关用公款为干部职工购买个人商业保险和领导干部拖欠公款或利用职权将公款借给亲友、参与赌博和“六合彩”非法活动，以各种名义用公款大吃大喝和高消费等问题。

2005 年 1 月，市直纪工委组织督查组开展明察暗访，检查 7 个单位元旦、春节期间遵守廉洁自律规定，反对奢侈浪费工作开展情况。贯彻中央纪委五次全会精神，对违反规定收送现金、有价证券和支付凭证的，“跑官要官”的，对“跑官要官”制止不力造成用人严重失误的，放任纵容配偶子女及身边工作人员利用领导干部职权和职务影响经商办企业或从事中介活动谋取非法利益的，依据规定严肃处理。

2006 年，学习贯彻中共中央《建立健全教育、制度、监督并重的惩治和预防腐败体系实施纲要》，按照分解立项要求，建立健全抓落实的责任制。各责任单位结合实际，对该实施纲要落实作出具体安排。机关纪委协助党组（党委）将责任目标和工作任务细化为切实可行的具体措施，逐项抓好落实。严肃换届工作纪律，防止和纠正选人用人上的不正之风，教育引导干部讲政治、讲党性、讲大局，正确对待组织安排，正确对待进退留转，严格遵守组织人事纪律。加强党内监督，对跑官要官和买官卖官的，对选举中搞非组织活动的，经发现查实的严肃处理。坚决纠正损害群众利益的不正之风，推进治理教育乱收费、纠正医药和医疗服务中的不正之风专项工作，把民主评议政风活动纳入制度化轨道，建立健全纠正损害群众利益的不正之风的长效机制。

2007 年 6 月，组织学习贯彻中央纪委《关于严格禁止利用职务上的便利谋取不正当利益的若干规定》，贯彻落实市委、市政府纠风、效能建设、治理商业贿赂工作会议精神，开展治理商业贿赂专项工作。

2008 年元旦、春节期间，抓好“六个严禁”“五个不准”落实，营造“组织倡廉、领导守廉、家庭助廉、群众督廉”氛围。对市直公安、发改委系统，市国税局、市质量技术监督局、泉州海事局等部门“加强自律、廉洁过节”情况明察暗访。10 月，开展退出现职、接近或达到退休年龄的党政领导干部在企业兼任职等情况的调查摸底和清理工作。

2009 年，抓好领导干部廉洁自律各项规定的贯彻落实。严禁领导干部违反规定收受现金、有价证券、支付凭证和收受干股；落实领导干部配偶和子女从业、投资入股、到国（境）外定居等有关规定和有关事项报告登记制度；治理违规建房、超标准建房问题；严禁领导干部利用和操纵招商引资项目、资产重组项目，为本人或特定关系人谋取私利；严禁领导干部相互请托，违反规定为对方的特定关系人谋取不正当利益。5 月，开展政府采购执行情况专项检查，落实《中华人民共和国政府采购法》各项规定，规范采购行为，从源头上预防腐败，确保政府采购不出差错和有序进行。8 月，开展个人通信工具捆绑办公电话专项清理工作，加强宣传教育，使大家认识到个人通信工具捆绑办公电话，把应由个人承担的通信费用转由公款支付，违反廉洁自律规定，与加强机关作风建设、厉行节约、反对奢侈浪费背道而驰，并把党员领导干部作为自查自纠重点。通过与电信、移动、联通等通信部门配合，发现捆绑的及时清理，对办公电话话费进行公示，接受群众监督。

2010 年 2 月起，学习贯彻《中国共产党党员领导干部廉洁从政若干准则》，组织处级以上领导干部参加该廉政准则的知识测试，以该准则在禁止“利用职权和职务上的影响谋取不正当利益”等 8 个方面对党员领导干部提出的 52 个“不准”，规范廉洁从政行为。召开党员大会或组织生活会，进行专题讨论，对照检查，制订整改措施。

2011 年 7 月，开展治理庸懒散工作专题调研督查。配合组织全省“创先争优”推进会，协助泉州电视台完成专题片制作，刻印光盘 250 份，印制 250 份泉州经验材料。11 月，开展《中国共产党党员领导干部廉洁从政若干准则》贯彻执行情况专题检查。

2012 年，严肃查办机关党员干部滥用职权、贪污贿赂、腐化堕落、失职渎职的案件，利用司法和行政执法权谋取私利的案件。

2013 年元旦、春节期间，贯彻《十八届中央政治局关于改进工作作风，密切联系群众的八项规定》（简称中央八项规定）及实施细则，教育引导党员干部弘扬艰苦奋斗、勤俭节约作风，本着简约、俭朴原则安排好节日期间各种活动。严禁用公款购买香烟、高档酒和礼品，严禁用公款搞相互走访、送礼、宴请等拜年活动，严禁公车私用，严禁领导干部擅自驾驶公车，严禁以各种名义年终突击花钱和滥发津贴、补贴、奖金、实物。领导干部带头弘扬社会主义道德新风尚，严格执行《中国共产党党员领导干部廉洁从政若干准则》。3 月 22 日，市直机关工委制订本委机关廉政风险防控工作实施方案，重点从3方面查找风险点，并提出防控措施：内部管理中的财务审批、物资采购、国有资产处置、公章管理等；组织人事工作中的干部选拔任用、评先评优、党员发展培养、新进人员录用等；业务工作中的文明单位考评、党员发展管理、机关党建工作考核等。按照动员部署、查找评定、风险防控、完善机制4个阶段推进，进一步建立健全检查考核、预警处置、风险评审、案件倒查、责任追究、动态管理等机制，提升机关作风效能建设水平。认真贯彻落实中央八项规定，在组织承办的会议、活动中厉行节约、反对浪费，调研中轻车简从、减轻基层负担，尽量采用内部明传、短信通知及工作提示等方式精简文件简报，工作中坚持说实话、办实事、求实效，防止和克服弄虚作假、虚报浮夸等不良倾向。根据市委分管领导指示，市直机关工委开展贯彻落实中央八项规定检查活动，选取20个单位进行抽查，重点检查改进调查研究、精简会议活动、精简文件简报、规范公务活动、厉行勤俭节约等方面的情况，督促各单位以更加有力的措施保证中央八项规定落到实处，确保取得实效。

2014年，加强中央八项规定落实情况督促检查，落实党政机关厉行节约，反对浪费条例等有关规定，制止和纠正违反规定的不必要公务活动；抓住“三公”经费开支和节假日等敏感时间节点，延伸督促检查范围，推进节日廉情监控活动；开展会员卡专项清退活动；整治文山会海、检查评比泛滥、“门难进，脸难看，事难办”及办事效率低下；公款送礼、公款吃喝、奢侈浪费，超标配备公车、多占办公用房、滥建楼堂馆所；“三公”经费开支过大；“形象工程”和“政绩工程”；侵害群众利益行为，信访突出问题，会所中的“歪风”，培训中心；大操大办不良社会风气9个重点方面的专项整治工作。8月，开展贯彻执行中央八项规定严肃财经纪律和“小金库”专项治理工作。各单位对预算收入管理情况、预算支出管理情况、政府采购管理情况、资产管理情况、财务会计管理情况、财政票据管理情况、设立“小金库”情况7个内容进行对照检查，进一步严肃财经纪律，确保资金合理使用。学习中央纪委8月22日电视电话会议及省纪委8月27日电视电话会议精神，做好中秋、国庆节期间廉洁自律工作。加强对党员干部特别是领导干部廉政教育，组织学习中央八项规定、廉洁自律相关规定和“三严三实”要求，严防“四风”问题抬头，防止违反中央八项规定的行为披上隐蔽的外衣。突出抓好反对享乐主义和奢靡之风，重点查处公款大吃大喝、公款赠送节礼、公款旅游、出入私人会所、借培训中心奢侈浪费、利用婚丧喜庆敛财等问题。做到“五个严禁”：严禁用公款购买赠送或收受月饼等各种节礼；严禁用公款购买赠送或收受各种商业预付卡、购物卡、消费券和电子礼品卡；严禁出入私人会所或利用培训中心、招待所、疗养院、机关食堂等搞奢靡享受、吃喝玩乐，以及工作日午餐饮酒等；严禁借节日之机，突击花钱和滥发津贴、补贴、奖金、实物，以及借工会、学会、协会等名义滥发钱物；严禁公款旅游、公车私用、组织和参与公款高消费娱乐和健身活动、公款报销或支付应由个人负担的费用。

2015年4月，根据4月23日中央纪委“强化监督执纪问责，深入纠正四风”电视电话会议精神，做好“五一”节期间廉洁自律工作，盯住具体问题，严肃查处公款吃喝、公款旅游、公款购买赠送节礼等行为。严禁用公款相互宴请、送礼，不得组织和参与用公款支付的高消费娱乐、健身活动以及可能影响公正执行公务的私人宴请活动；严禁收送礼品、礼金、有价证券和各种提货券（含电子预付卡、微信红包等）；严禁违规发放津补贴、奖金和实物；严禁公款旅游或利用职务之便向下属单位和其他人员要求提供旅游活动；严禁利用婚丧嫁娶、乔迁履新大操大办和借机敛财；严禁使用公车进行探亲访友、娱乐健身、度假游玩、私人聚会等非公务活动。做好纠正“四风”工作，坚持八项规定。9—10 月，在中秋、国庆期间，防止用公款送月饼、公款吃喝、公款旅游和奢侈浪费等不正之风反弹回潮。严格执行“八个不准”“八个不得”要求。严格防止“五种行为”：以各种名义，转移公款接待费用支出的行为；以年终走访联络工作等名义，变相公款大吃大喝的行为；以商务活动名义，变相搞抽奖、聚餐或滥发奖金、补贴的行为；以工程验收、人员调整、年度庆功会等名义，借机公款大吃大喝的行为；以战友会、同学会、老乡会等名义，聚会吃喝，搞“小圈子”，造成不良社会影响的行为。10 月 18 日起，学习贯彻中共中央新修订的《中国共产党廉洁自律准则》（简称《准则》），以《准则》为重要标尺，按照高线、底线的要求，加强对党员干部苗头性、倾向性问题的廉政约谈，把党章、党规、党纪落到实处。教育引导党员干部廉洁从政、廉洁用权、廉洁修身、廉洁齐家，保持和发扬党的优良传统作风，永葆清正廉洁的政治本色。

2016 年 4—5 月，开展“五一”节、端午节期间廉洁自律工作，自觉遵守廉洁自律规定，紧盯违规发放津补贴问题，特别是以节日费、慰问金、劳保费等巧立名目发放福利的问题，紧盯公款购买赠送礼品、礼金等问题，对顶风违纪问题严查快处。9—10 月，做好中秋节、国庆节期间廉洁自律工作，聚焦突出问题，集中排查公款收送节礼、公款吃喝或安排与公务无关的宴请，滥发津贴补贴奖金和实物、公款旅游、公车私用等不正之风，落实中央“八项规定”，确保廉洁过节。10 月 31 日，制订《市直机关工委落实党风廉政建设主体责任清单》。规定：市直机关工委领导班子对本委党风廉政建设主体责任的落实负全面领导责任，承担 15 项责任；常务副书记对本委党风廉政建设主体责任落实承担第一责任人职责，承担 10 项责任；领导班子其他成员根据工作分工对分管范围内党风廉政建设主体责任的落实负主要领导责任，承担 8 项责任。

2017 年，对行政经费、工会经费、留成党费开支情况进行自查，开展机关办公用房专项整治，对部分超过标准面积办公用房进行报备，规范“三公”经费支出，在重要时间节点开展明察暗访和督促检查。在元旦、春节、“五一”节、端午节、中秋节、国庆节等重要节日节点，累计通报省委巡视组移交查处、违反中央八项规定精神等典型问题案件 13 起。开展 2017 年“五一”节、端午节期间纠正“四风”专项监督检查工作，组成 4 个检查组抽查 16 个市直单位，检查出公款吃喝、公款旅游、公车私用、办公场所使用、公款管理等方面的问题 90 多条，督促各单位即知即改，警示党员干部特别是领导干部引以为戒，守住纪律底线、不踩红线。

第四节　查案执纪

一、未设立机关纪委时期

1950 年 4 月，成立中共福建省泉州地委纪律检查委员会，地直机关党员违纪案件由地委纪委处理。1952 年，开除党员党籍 2 人。1953 年 6 月，地直机关党委成立后，党员违纪案件由地直机关党委组织部承办，地直机关党委按干部管理权限审批。1954 年，开除党员党籍 1 人。

1956 年，开展党的监察工作，向党员干部进行党纪国法教育，不断向违反党的纪律，损害党的利益和贪污腐化行为作斗争，处理了一批违法乱纪案件，从而教育党员干部增强团结，提高党组织战斗力。1957 年，开除党籍 4 人，其中贪污腐化、蜕化变质的 1 人，混入党内的反革命分子与坏分子的 2 人，其他原因 1 人。1958 年，开除党籍 6 人。1959 年，在开展"反右倾"、鼓干劲、保卫总路线为中心的整风运动中，开除党籍 7 人、留党察看 9 人、严重警告 8 人、警告 7 人，在"反右倾"运动中，错误地处理了一些党员干部。1961 年，对"反右倾"案件进行甄别，平反纠正错误处理的案件。

1960 年 5 月，贯彻全国第五次党的监察工作会议精神，领会中央监委提出的城市监察工作的 6 条任务，开展"三抓一反对"和清除腐败分子运动。三抓：抓反对总路线、人民公社、"大跃进"的案件；抓反对党的领导，组织反党集团，进行宗派活动的案件；抓不执行党的决议指示，不执行党的政策，破坏技术革新和技术革命、贪污盗窃、严重损失浪费的案件。

1960 年 6 月以前，专直机关除地委管理的干部外，党纪处分由地直机关党委组织部承办，地直机关党委研究决定。在党委内设 1 名监察委员。1960 年，开除党籍 7 人、留党察看 9 人、严重警告 10 人、警告 3 人，其中定为"右派分子"5 人、右倾机会主义 7 人、严重右倾 5 人、个人主义 6 人、右倾机会主义反党分子 1 人、地方主义分子 3 人。1961—1962 年，在甄别工作中，对历年受到错误处分的党员进行平反。

1962 年，受理控诉、申诉案件 61 件，其中控诉案件 7 件、申诉案件 54 件。处理结案 59 件，其中控诉案件 7 件、申诉案件 52 件。留党察看 3 人、撤销党内职务 1 人、严重警告 1 人、警告 3 人。

1963 年 2 月，地直机关党委监察委员会成立以后，不属地委管理干部发生的违纪案件，由地直机关党委监察委员会处理。党纪处分由地直机关党委下文。加强监察工作，对违反党纪国法的党员干部在耐心教育基础上，贯彻"弄清思想，团结同志，惩前毖后，治病救人"方针，分别给予纪律处分。共处分 15 人，其中开除党籍 8 人、严重警告 3 人、警告 4 人；严重贪污盗窃 4 人，腐化堕落、蜕化变质、违反共产主义道德 8 人，其他 3 人。在执行纪律过程中认真核对材料，弄清错误事实，客观作出结论，反复进行思想教育，按照规定手续办理。

1963 年，受理来信来访 37 件，其中揭发领导干部官僚主义、主观主义、个人主义的 1 件，揭发其他干部投机倒把、贪污腐化问题的 5 件，对被处分不服要求审查处理的 10 件，要求甄别平反的 11 件，反映工作情况和意见的 10 件。当年办理 32 件，占 86.5%，其中直接查处 18 件、转有关单位查处 14 件。

1964 年，受理来信来访 37 件，直接办理 9 件，转有关部门办理 12 件，与有关部门协作查办 2 件，受理检举控告 8 件，结案 8 件，占 100%；受理申诉 15 件，结案 13 件，占 86.6%。查处腐化堕落 3 人，其中开除党籍 2 人、留党察看 1 人。

1966—1971 年，共开除党籍 3 人，其中 1966 年开除党籍 1 人，1967 年 1 月至 1971 年 11 月开除党籍 2 人；阶级异己分子、蜕化变质分子 2 人，其他 1 人；纪律处分 4 人，其中留党察看处分 1 人。

1968 年 9 月至 1972 年 8 月，地直违纪党员党纪处分由晋江专（地）区革命委员会政治处审批。

1972年8月15日，晋江地区革命委员会印发《关于直工组有关组织工作的职责范围中定案组织处理审批权限的补充规定》：（一）凡给予职工或党员职工的重大政历审查结论，开除党籍、行政上开除处分的；给予地直工厂、学校、企事业单位的一般党员干部的重大政历结论，开除党籍、行政上开除处分的；给予地革会机关干部，地直工厂、学校企事业单位的原正副科、课、股长或现领导班子成员中的非地管党员干部的一般政历结论，党内警告、严重警告，行政上警告、记过、记大过的均由直工组审批。给职工“双开”处分的和给干部审查结论、党纪行政处分，报组织组定案办备案。（二）凡给予职工定“九种人”，按人民内部矛盾处理的；给予地直工厂、学校、企事业单位一般干部定“九种人”，按人民内部矛盾处理的；给予地革会机关干部或地直工厂、学校、企事业单位的原正副科、课、股长或现领导班子成员中的非地管干部的政历结论，党内警告、严重警告，行政上警告、记过、记大过的均由直工组审查，提出处理意见，报组织组定案办审批。以上审批权限自1972年8月15日起执行。

1972年8月15日，地直党的核心小组规定：经政治处同意，凡给予职工或职工党员的政治历史问题，一般政治历史问题和历史问题结论的；凡给予职工的党员以党内警告、严重警告处分的；凡给予职工的行政上以警告、记过、记大过处分的由福建省汽车第一团、泉州电厂、合成氨厂、地质六队党委审批；凡给予职工的重大政历结论，党内留党察看和行政撤职以上处分；凡给予干部的审查结论和党纪或行政处分的均由上述同单位党组织提出处理意见，逐级上报审批。以上审批权限自1972年8月20日起执行。

1972—1974年，开除党籍1人、留党察看6人、严重警告和警告22人。

1975年10月，恢复地直机关党委，党员违纪案件由党委组织部承办，地直机关党委按照干部管理权限审批。

1977—1978年，开除党籍18人、留党察看3人、撤销党内职务4人、严重警告和警告8人。

1978年12月13日，地委印发《关于地直单位党员、干部职工纪律处分审批权限通知》。党员党纪处分分为警告、严重警告、撤销党内职务、留党察看、开除党籍5种。组织处理审批权限：（1）担任地委管理职务的党员干部，给予党内撤职以上处分的，上报地委审批；党内撤职以下处分的，报地直党委会审批后，报地委备案。（2）凡属地直党委任命的总支、支部以上委员，以上干部要给予撤职处分的报地直党委会审批。（3）略。（4）一般党员要给予留党察看、开除党籍处分的逐级上报地直党委会审批，报地委组织部备案；留党察看以下处分的，报上一级党组织审批。上一级党组织尚未建立的，报地直党委会审批。（5）（6）（7）略。（8）免予处分的由基层党组织作出审查结论和免予处分的决定，报干部管理部门备案。

1979年，查处个别党员套购国家木材，向客商兑换港币，套购特供手表等走私套汇案件。结合整顿处理违纪党员，开除党籍7人、留党察看6人、撤销党内职务1人、严重警告和警告6人。清查“两打”案件725件，结案479件。对在不同时期被开除党籍的党员恢复党籍15人。

据不完全统计，1952—1979年未设立地直机关纪委期间，处分违反党纪党员188人，其中开除党籍66人、留党察看38人、撤销党内职务6人、严重警告和警告78人。

1952—1979 年党纪处分统计表

表 7-5 单位：人

年份	总数	开除党籍	留党察看	撤销党内职务	严重警告、警告		
					严重警告	警告	合计
1952	2	2	0	0	0	0	0
1953	不详	不详	不详	不详	不详	不详	不详
1954	1	1	0	0	0	0	0
1955	不详	不详	不详	不详	不详	不详	不详
1956	不详	不详	不详	不详	不详	不详	不详
1957	4	4	0	0	0	0	0
1958	6	6	0	0	0	0	0
1959	31	7	9	0	8	7	15
1960	29	7	9	0	10	3	13
1961	不详	不详	不详	不详	不详	不详	不详
1962	8	0	3	1	1	3	4
1963	15	8	0	0	3	4	7
1964	3	2	1	0	0	0	0
1965	不详	不详	不详	不详	不详	不详	不详
1966—1971	7	3	1	0	0	0	3
1972	15	0	1	0	0	0	14
1973	9	1	3	0	0	0	5
1974	5	0	2	0	2	1	3
1975	不详	不详	不详	不详	不详	不详	不详
1976	不详	不详	不详	不详	不详	不详	不详
1977	10	9	0	1	0	0	0
1978	23	9	3	3	0	0	8
1979	20	7	6	1	0	0	6
合计	188	66	38	6	24	18	78

二、设立地直机关纪委时期

1980 年 8 月，地直机关纪委成立后，基层纪检机构逐步建立，并查办党内违纪案件 25 件，处分违纪党员 11 人，其中开除党籍 1 人、留党察看 3 人、严重警告 3 人、警告 4 人。

1981 年，查处党内违纪案件 27 件，处分违纪党员 2 人，其中留党察看 1 人、警告 1 人。查案工作重点放在案件复查，复查“清查”案件 384 件，提出处理意见 382 件，转为经济案件 2 件，案件全部复查完毕。复查“反右倾”案件 333 件，基本完成复查改正任务。

1982 年，根据中央〔1982〕9 号文件、省委〔1982〕29 号文件规定，对“两案”工作进行复查，对198人从宽处理，恢复4名党员党籍，纠正处分偏重问题。复查中华人民共和国成立后历史案件遗留问题，清理“四清运动”和“反右派斗争”中的案件4件，恢复党籍4人。在开展打击经济领域犯罪活动斗争中，对38个揭发和暴露出来的经济案件，组织力量内查外调，清查结案19件。处分违纪党员8人，其中开除党籍3人、留党察看1人、严重警告1人、警告3人。受法律制裁党员3人。11月，根据地委批准地区纪委《关于地管干部受党纪处分审批权限的请示报告》的通知，地直机关纪委处分违纪党员权限：审批地直机关正、副科长警告、严重警告处分；审批地委委托各部、委、办代地委管理的党员干部留党察看（含）以下处分。

1982年，贯彻《中共中央、国务院关于打击经济领域中严重犯罪活动的决定》。5月13日，召开地直机关全体干部和直属单位支委以上大会，地委副书记李明星作贯彻该决定的动员报告。各单位成立贯彻该决定办公室，组织力量进行内查外调。截至5月20日，初步暴露出经济违法活动和各种违纪行为线索共28件，其中投机诈骗12件、走私贩私2件、贪污受贿5件、违纪行为9件。6月上旬，地委召开地直机关科局长以上会议，地委书记常登榜再次作动员部署。地直各口党组和多数党委、党总支、党支部对打击经济领域犯罪活动的斗争态度坚决，行动迅速。地直机关经济案件有的是地委直接掌握的，有的是各口党组掌握的，有的是各党委、党总支、党支部抓的。截至8月25日，地直机关党委掌握的经济案件38件，其中投机诈骗案12件，结案1件，正在查处8件，尚未查处3件；走私贩私案件3件，正在处理2件，尚未查处1件；贪污受贿案9件，结案2件，正在查处6件，尚未查处1件；其他案件14件，结案3件，正在查处8件，尚未查处3件。各级党组织把打击经济领域犯罪活动的斗争，同整顿党风，整顿党组织，整顿企业，严格财经管理制度，改进工作作风结合起来，将查处案件中暴露出来的大案、要案向党员干部群众进行思想教育，增强反腐蚀斗争能力，堵塞漏洞。

1983年，抓紧经济案件审查结案，对1982年立案未结案案件逐件核实，采取定人定时定措施办法，该消除的消除，该处分的处分，该经济处罚的处罚，该法办的移交政法部门处理。查处违纪案件27件，处分违纪党员28人，其中开除党籍8人、留党察看4人、撤销党内职务3人、严重警告7人、警告6人。恢复党员党籍3人。

1984年，处分违纪党员的批准权限，按照中央纪委办公厅《关于审理工作几个问题的通知》和省纪委《关于处分违犯党纪的党员批准权限的补充规定》执行。承办案件26件。处分违纪党员26人，其中开除党籍8人、留党察看2人、撤销党内职务1人、严重警告6人、警告9人。

1985年整党中，对“文化大革命”中有关事件和人员开展调查，大部分事件基本查清，对党员中经济、刑事犯罪和各种违纪案件严肃处理，处分违纪党员27人，其中开除党籍9人、留党察看4人、严重警告6人、警告8人。党员恢复党籍7人，其中原开除党籍被恢复的1人，原不予承认登记被恢复的6人。

三、设立市直机关纪委时期

1986年，抓紧违纪案件审理工作，受理查办案件52件，办结48件，办结率92.3%。处分违纪党员27人，其中开除党籍5人、留党察看7人、严重警告5人、警告10人。恢复党籍4人，其中“文化大革命”中开除党籍3人，反右派斗争中开除党籍1人，均恢复党籍。

1987年3月13日，市直机关纪委印发《关于处分违犯党纪的党员批准权限》，采取分级管理办法，进行案件查处和党纪处分。查处案件28件，办结18件，办结率64.3%。处分违纪党员18人，其中开除党籍5人、留党察看1人、严重警告5人、警告7人。党员恢复党籍2人，其中“文化大革命”中除名1人，原按自行脱党处理的1名，均恢复党籍。“文化大革命”中受纪律处分，撤销处分的1人。

1988年，查处案件33起，结案28起，结案率84.8%。市直机关纪委审理批准和审查报批案件12件，结案12件。牵头、配合、指导查处案件21起，结案16起，其中较大案件6件。处分违纪党员13人，其中开除党籍1人、留党察看3人、严重警告7人、警告2人。

1989年，一手抓廉政制度建设，一手抓案件查处，共查处党员违纪案件51件，结案45件，结案率88.2%。处分违纪党员46人，其中开除党籍7人、留党察看12人、严重警告21人、警告6人。

1990年，市直各级纪委把查处党内违纪案件，惩治腐败作为严肃党纪的中心环节，按干部管理权限分级负责，归口组织力量突破大要案。共查处违纪案件60件，结案32件，查清待结案28件，当年结案率53.3%。处分违纪党员32人，其中开除党籍10人、留党察看8人、严重警告10人、警告4人。配合有关部门，查处经济案件35件，推动惩治腐败斗争深入开展。严格按照党纪处分条例及有关规定，纠正11起执纪偏宽、量纪失度案件，维护党纪的严肃性、权威性。

1991年，查处违纪案件73件，结案21件，查出待结案52件，当年结案率28.8%。处分违纪党员22人，其中开除党籍6人、留党察看10人、严重警告2人、警告4人。配合有关部门，查处经济领域和思想道德方面违纪案件9起，金额93526.66元，查处违纪党员29人。配合有关部门，查出违反规定建私房，多占公房案件5件。

1980—1991年，地（市）直机关各级纪委共承办各类党内违纪案件495件，处分违犯党纪党员260人，其中开除党籍63人、留党察看56人、撤销党内职务4人、严重警告73人、警告64人。对被开除党籍的党员恢复党籍10人，撤销纪律处分的1人。

1980—1991年党纪处分情况

表7-6

年度	查处党内违纪案件（件）			处分违纪党员（人）					
	总数	当年结案	待结案	总数	开除党籍	留党察看	撤销党内职务	严重警告	警告
1980	25	15	10	11	1	3	0	3	4
1981	27	4	23	2	0	1	0	0	1
1982	38	6	32	8	3	1	0	1	3
1983	27	27	0	28	8	4	3	7	6
1984	26	26	0	26	8	2	1	6	9
1985	52	48	4	27	9	4	0	6	8

续表 7-6

年度	查处党内违纪案件（件）			处分违纪党员（人）					
	总数	当年结案	待结案	总数	开除党籍	留党察看	撤销党内职务	严重警告	警告
1986	55	27	28	27	5	7	0	5	10
1987	28	18	10	18	5	1	0	5	7
1988	33	28	5	13	1	3	0	7	2
1989	51	45	6	46	7	12	0	21	6
1990	60	32	28	32	10	8	0	10	4
1991	73	21	52	22	6	10	0	2	4
合计	495	297	198	260	63	56	4	73	64

四、设立市直纪工委后

1992 年，坚持“三个有利于”标准，采取重点查处和专项清理相结合的办法，做好案件查处和清理工作，共立案查处违纪案件 63 件，已查结 42 件，当年结案率 66.7%。处分违纪党员 36 人，其中开除党籍 22 人、留党察看 5 人、严重警告 5 人、警告 4 人。

1993 年，共立案 34 件，涉及党员 34 人，查结 34 人，当年结案率 67.6%。处分违纪党员 21 人，其中开除党籍 12 人、留党察看 3 人、严重警告 4 人、警告 2 人。

1994 年，重点查处“一机关三部门”案件，共立案查结党员违纪案件 26 件，涉及党员 26 人，办结率 100%。其中经济案件 7 起、违反社会道德案件 13 起、失职案件 1 起、违反计划生育政策案件 5 起。涉及“一机关三部门”案件 15 起，占 60%；涉及科级党员干部 10 人，一般党员干部 16 人，已查处 25 人，其中开除党籍 9 人、留党察看 7 人、严重警告 7 人、警告 1 人，免于党纪处分 1 人。

1995 年，加强案卷管理和办案质量检查，严格按照《案件管理条例》规定的时限处理案件，组织对各单位自办案件检查。坚持把查处党内违纪案件作为反腐败斗争的突破口，努力拓宽案件渠道，加大案件查处力度。共立案查处党内违纪案件 29 件，结案 24 件，处分违纪党员 24 名，其中开除党籍 14 人、撤销党内职务 1 人、严重警告 7 人、警告 2 人。建议给予组织处置 1 人。

1996 年，重点查处经济案件、嫖娼案件、赌博案件，共立案查处党内违纪案件 31 件，查结处理 31 件、31 人，其中经济案件 9 件、9 人，嫖娼案件 7 件、7 人，道德败坏案件 1 件、1 人，严重失职案件 1 件、1 人，赌博案件 11 件、11 人，违反计生案件 2 件、2 人。开除党籍 15 人、留党察看 3 人、严重警告 6 人、警告 6 人。政纪处分 1 人。

1997 年，各级纪委发挥“保护、惩处、监督、教育”四项职能，做好反腐败的督查工作。严格按照《案件管理条例》规定的时限处理案件，组织对各单位自办案件检查，提高办案效率和办案质量。坚持把查处案件作为反腐败的突破口，拓宽案件渠道。共查处并结案党内违纪案件 28 件，处理 26 起，其中开除党籍 12 人、留党察看 6 人、严重警告 6 人、警告 2 人，免予处分 2 人。

1998 年，各级纪委实行“分级管理，分级办案”的办案责任制，加强与执法部门的配合与协调，强化办案措施，加大办案力度，共查结各类违法违纪案件 25 件，给予党纪处分 24 人，其中开除党籍 8 人、留党察看 2 人、撤销党内职务 1 人、严重警告 5 人，免予处分 1 人。移送司法部门 11 件，挽回经济损失 43 万多元。

1999 年，查处党员违纪案件 23 件，给予党纪处分 22 人，其中开除党籍 6 人、留党察看 3 人、严重警告 6 人、警告 7 人，严肃党纪，促进市直机关党风廉政建设。

2000 年，加强与执法部门协调配合，强化办案措施，查结各类违纪案件 24 件，其中经济类 2 件、严重违反社会道德类 2 件、失职类 1 件、违反计划生育政策类 19 件。给予党纪处分 24 人，其中开除党籍 3 人、留党察看 1 人、撤销党内职务 1 人、严重警告 9 人、警告 10 人。

2001 年，对几年来发生的 70 多件党内违纪案件党纪处分执行情况进行检查，进一步维护党纪的严肃性。发挥纪检部门的保护职能，为 5 名受到失实举报的党员干部澄清是非。共立案查处党员违纪案件 17 件，涉及贪污受贿 4 人、索取收受财物礼品 1 人、违反税收政策法规 1 人、其他经济问题 2 人、失职类 2 人、违反计划生育政策 1 人、违反管理秩序类 1 人。给予党纪处分 13 人，其中开除党籍 5 人、留党察看 4 人、严重警告 1 人、警告 3 人。

2002 年，落实案件查办工作责任制，加强与执法执纪部门的联系和协调，排查案源，改进办案方法，加大查办案件力度，共查处新立案件 18 件，其中涉及受贿 8 件，违反金融法规 2 件，违反计划生育政策 2 件，行贿、贪污、非法占有、失职、赌博、违反社会主义道德类各 1 件。给予党纪处分 18 人，其中开除党籍 8 人、留党察看 8 人、严重警告 1 人、警告 1 人。受党政纪双重处分 10 人，移送执法部门给予刑事处理 8 人。

2003 年，建立和完善查案惩处机制，严格按法律法规、党政纪条规规定的程序，强化办案措施，建立健全办案工作内部监督制约机制，做到“事实清楚、证据确凿、定性准确、处理恰当、手续完备、程序合法”。定期走访市纪委信访室和市检察院举报中心，拓宽案件线索来源渠道，推广和完善实名举报反馈制度。每年对上一年党纪处分执行情况进行 1 次检查，对执行处分决定不到位的，及时纠正，拒不执行的，追究责任，严肃处理。新立案件 11 件，结案 11 件，给予党纪处分 11 人，其中开除党籍 10 人、留党察看 1 人。

2004 年，着重查办建设工程、土地使用权出让、金融、物资采购领域的案件、企业重组改制和破产中国有资产严重流失的案件；领导干部伙同或支持其亲友非法敛财的案件；严重腐化堕落的案件，司法人员贪赃枉法、徇私枉法的案件，基层干部以权谋私、侵害群众利益的案件。新立案件 19 件，结案 19 件。给予党纪处分 29 人，其中开除党籍 14 人、留党察看 5 人、撤销党内职务 1 人、严重警告 6 人、警告 3 人。组织对 2002—2003 年结案处理的案件质量进行自查并接受市纪委复查。

2005—2006 年，以查办发生在领导机关和领导干部中滥用权力，谋取非法利益的违纪违法案件为主，查办利用人事权、司法权、审批权违纪违法的案件，工程项目中发生的案件，金融、土地管理领域以及物资和服务采购活动中的案件，党政干部、执法人员为黑恶势力充当“保护伞”的案件。市直纪工委及时跟踪案件查处工作和党纪处分决定执行情况，强化制约监督，增强办案效果。2005 年，处分违纪党员 10 人，其中开除党籍 1 人、留党察看 1 人、严重警告 7 人、警告 1 人。2006 年，处分违纪党员 15 人，其中开除党籍 8 人、留党察看 4 人、严重警告 1 人、警告 2 人。

2007 年，共处分违纪党员 7 人，其中开除党籍 5 人、严重警告 2 人。

2008 年，重点查处滥用职权、贪污受贿、腐化堕落、失职渎职案件，利用行政执法权谋取私利案件。立案查处案件 9 件、9 人，其中开除党籍 8 人、严重警告 1 人；受贿 5 件、5 人，挪用公款 2 件、2 人，帮助犯罪分子逃避处罚 1 人，违反财经纪律 1 人；其中行政执法部门 4 件。开展案件质量检查，对近几年存在问题进行整改，将依法依纪办案原则贯穿到立案、调查、审理、处分、执行全过程。共处分违纪党员 14 人，其中开除党籍 10 人、严重警告 1 人、警告 3 人。

2009 年，以查办在领导机关和行政审批、执法部门中的案件为重点，严肃查办官商勾结、权钱交易和利用人事权、司法权、行政执法权、行政审批权索贿受贿、徇私舞弊的案件；行政执法监管部门在行政执法、项目审批、资金分配中谋取非法利益的案件。深入治理商业贿赂，重点查处工程建设、土地出让、产权交易、医药购销、政府采购、资源开发和经销等领域的案件。受理党员违纪案件 12 件、12 人，给予党纪处分 10 人，其中开除党籍 9 人、撤销党内职务 1 人。12 起案件中受贿 10 件、10 人，挪用公款 1 件、1 人，嫖娼 1 件 1 人。12 名党员违纪案件中，司法、行政执法部门 9 件。

2010 年，严肃查办滥用职权、贪污贿赂、腐化堕落、失职渎职案件，利用司法和行政执法权谋取私利案件。查处和审理党员违纪案件 14 起、14 人，给予党纪处分 14 人，其中开除党籍 8 人、留党察看 1 人、严重警告 1 人、警告 4 人，涉及科级干部 13 人。办案中，加强与公检法等部门联络协调，多次走访法院和监所，及时办理“错误事实见面材料”，确保证据材料齐全。严格办案程序，加强对违纪处分结果执行情况的监督检查，“一案一跟踪”“一案一整改”，印制《处分决定执行情况报告表》，填报后归入案件卷宗。

2011 年，密切与市纪委和市直部门党委、派驻纪检机构的沟通联系，加强同执法执纪部门的协调配合，增强办案合力。规范“一案一整改”工作，及时跟踪、定期检查案件查办工作和党纪处分决定执行情况，增强办案效果。开除党员党籍 4 人，其中贪污贿赂 3 人，违反计划生育政策 1 人，党内警告 1 人。

2012 年，加强与公、检、法等相关部门的联络协调，健全制度，规范程序，确保定性量纪准确公正。加强对党员违纪处分结果执行情况的监督和检查，及时跟踪、定期检查机关案件查处工作和党纪处分决定的执行情况。开除党籍 14 人，留党察看 2 人。

2013 年，坚持有案必查，有腐必惩，严厉惩处腐败分子，保持惩治腐败高压态势，遏制一些领域腐败现象易发多发势头。对于党员干部一些苗头性、倾向性问题，早提醒、早解决，防止小错酿成大错。抓好市直机关科级（含）以下党员干部违纪案件查处工作，提高案件审理质量和效率，推进审理工作顺利开展。查办机关党员干部滥用职权、贪污贿赂、腐化堕落、失职渎职的案件，利用司法和行政执法权谋取私利的案件。健全制度规范程序，确保定性量纪准确公正，严把定性量纪关，提高案件审理质量。市直纪工委查处和审理党员违纪案件 9 起，给予开除党籍处分 9 人。做好重大典型案件的剖析和教育工作，促进查办案件成果向专项整治有效防范和警示教育延伸，增强办案综合效果。

2014 年，坚持以零容忍态度惩治腐败，有案必查，有腐必惩，查处党员领导干部、重点领域、关键环节和群众身边的腐败案件。共查处和审理党员违纪案件 15 起，其中给予开除党籍处分 12 人、留党察看 1 人、党内严重警告 1 人、党内警告 2 人。

2015 年 10 月起，学习贯彻新修订的《中国共产党纪律处分条例》，把贯彻落实该条例作为履行全面从严治党主体责任的重要内容，纪检组织找准在全面从严治党中的职能定位，以该条例作为重要依据，把纪律和规矩挺在前面，强化监督执纪问责，运用好监督执纪“四种形态”，探索不敢腐、不能腐、不想腐的有效机制。审理各派驻纪检组移送的违纪案件 13 起，其中开除党籍 6 起、6 人，严重警告 3 起、3 人，警告 4 起、4 人。市直纪工委派出 3 名干部配合上级纪委开展重特大案件查办 3 起、其他案件 14 起。

2016 年，坚持把纪律和规矩挺在前面，加强监督执纪问责的力度，严格纪律审查。进一步强化与市纪委和市直部门党委、纪检组的沟通联系，加强同有关执纪执法部门的协调配合，加大对基层党组织纪检部门查办案件的指导协调力度，增强办案合力，做好涉及科级及科级以上干部违纪案件的审理工作。共处分违纪党员 28 人，其中开除党籍 21 人、留党察看 2 人、撤销党内职务 1 人、严重警告 1 人、警告 3 人。

2017 年，根据市纪委移交的《关于做好我市“1+X”专项督查发现问题线索核实问责工作的函》要求，完成对 6 个单位在专项督查中发现的问题线索初步核查工作。坚持纪在法前，对于已被检察机关立案侦查、逮捕的党员，做好沟通协调，指导有关党组织完成对违纪违法党员的停权和党纪处分，解答市直单位有关案件审查审理工作咨询共 130 多人（次）；共完成 26 件案件的审理工作，其中撤销党内职务 1 件、党内警告 2 件、党内严重警告 2 件、留党察看 3 件、开除党籍 18 件，针对发现的制度问题、管理漏洞等提出审理建议 78 条。市直共处分违纪党员 38 人，其中开除党籍 20 人、留党察看 2 人、撤销党内职务 1 人、严重警告 4 人、警告 11 人。

1992—2017 年，市直纪工委及各级纪委共承办党内违纪案件 476 件，处分违犯党纪党员 489 人，其中开除党籍 265 人、留党察看 61 人、撤销党内职务 7 人、严重警告 84 人、警告 72 人。

1992—2017 年党纪处分统计表

表 7-7　　　　单位：人

年份	总数	开除党籍	留党察看	撤销党内职务	严重警告	警告
1992	36	22	5	0	5	4
1993	21	12	3	0	4	2
1994	24	9	7	0	7	1
1995	24	14	0	1	7	2
1996	30	15	3	0	6	6
1997	26	12	6	0	6	2
1998	16	8	2	1	5	0
1999	22	6	3	0	6	7
2000	24	3	1	1	9	10

续表 7-7

年份	总数	开除党籍	留党察看	撤销党内职务	严重警告	警告
2001	13	5	4	0	1	3
2002	18	8	8	0	1	1
2003	11	10	1	0	0	0
2004	29	14	5	1	6	3
2005	10	1	1	0	7	1
2006	15	8	4	0	1	2
2007	7	5	0	0	2	0
2008	14	10	0	0	1	3
2009	10	9	0	1	0	0
2010	14	8	1	0	1	4
2011	5	4	0	0	0	1
2012	16	14	2	0	0	0
2013	9	9	0	0	0	0
2014	16	12	1	0	1	2
2015	13	6	0	0	3	4
2016	28	21	2	1	1	3
2017	38	20	2	1	4	11
合计	489	265	61	7	84	72

第五节　改进作风

1993 年 4 月，贯彻市委整顿机关作风动员大会精神，市直机关 103 个单位作风整顿全面铺开，分 3 个阶段进行，重点整顿运转不灵、效率不高、政令不通问题，整肃机关纪律、工作秩序，改进工作作风，强化服务意识、公仆意识、改革意识。5 月 21 日，市委书记陈营官召集市委 5 个部门负责人、市政府 10 个部门党组书记座谈会，研究整顿机关作风抓出成效问题。6 月，整顿工作告一段落，各单位有针对性地抓好自身迫切需要解决的一两个问题。市直机关共清理 803 件积压件，《泉州晚报》专题报道 73 篇，103 个单位按时完成建章立制工作，34 个重点单位办事规则、时限在《泉州晚报》向社会公开。解决机关管理混乱、职责不清问题。市中级人民法院审结各类案件 160 多件，市公安局连破 3 个大案，市建委等 8 部门公开办事期限，提高工作效率。市直机关工委共出简报 21 期，及时报道宣传整顿工作经验、做法。

1997 年，以大力推行服务承诺制带动机关作风根本转变为目标，在“讲实际、求实效、抓重点、促深入”“内强素质，外树形象”上下功夫。市委办公室、市人大常委会办公室、市政府办公室、市政协办公室、市纪委办公室向全市机关发出“创文明机关、做人民公仆”倡议书。市直机关 100 多个部门单位从改变行风入手，建立和公开社会服务承诺制，举办新闻发布会，公开接受社会监督。窗口单位党组织推广共产党员佩戴标志上岗，进一步增强党员荣誉感和责任感。组织对社会公开服务承诺的窗口单位践诺情况明察暗访，并将结果在报纸上公开和跟踪报道。市政府许多部门率先在机关推行佩戴胸卡上班，推进机关“三优”建设。

1998 年，贯彻泉州市人民政府勤政建设决定，对机关党员干部进行党的群众观点、群众路线和廉洁奉公、艰苦奋斗优良传统和全心全意为人民服务宗旨教育，进一步简化办事程序，规范行政行为，解决互相推诿、扯皮、拖沓等官僚主义现象和“门难进、脸难看、话难听、事难办”的不良风气。

2001 年起，认真落实“八个坚持，八个反对”，解决党员干部，尤其是领导干部在思想作风、学风、工作作风、领导作风和生活作风方面存在的突出问题。组织党员干部联系实际学习贯彻中共十五届六中全会精神，查找本单位、本部门作风建设方面存在的突出问题，深入剖析原因，解决官僚主义和形式主义问题。根据效能建设要求，转变职能，规范行为，改革行政审批制度，解决机关办事“四难”问题。

2002 年，组织机关干部学习《国家公务员行为规范》，教育机关党员干部自觉做到忠于职守、爱岗敬业、勤奋工作、钻研业务、甘于奉献。力戒形式主义、官僚主义，改进工作作风，讲求工作方法，注重工作效率，提高工作质量，做让人民满意的公仆。4 月 23 日，市直机关工委根据《2002 年全市机关效能建设工作意见》和市级政务公开工作现场会精神，制订《关于加强机关效能建设的实施意见》，成立效能建设工作领导小组，设置“机关事务公开意见箱”和举报电话（2183224），接受群众监督。8 月 25 日，为深入贯彻落实中共十五届六中全会决定，解决市直机关党的思想作风、学风、工作作风、领导作风和干部生活作风等方面的突出问题，加强和改进党的作风建设，市直机关工委根据“八个坚持、八个反对”的要求，制订《关于加强和改进市直机关党的作风建设的意见》，从 5 个方面加强机关党的作风建设：（1）坚持解放思想、实事求是的思想路线，加强机关党的思想作风建设；（2）弘扬理论联系实际的马克思主义学风，切实提高党员干部的理论素质；（3）不断改进领导作风和工作作风，强化领导机关和领导干部的服务意识；（4）大力加强制度建设，从源头上预防和治理不良作风；（5）严格执行党的纪律，充分发挥纪检机关的职能作用，不断强化党内监督，严格执行党风廉政建设责任制，切实加强对党的作风建设的领导，保证中共十五届六中全会决定贯彻落实。

2003 年，严格执行《泉州市机关效能建设工作制度》及机关工作人员绩效考评规定，各单位依据本机关工作人员岗位职责，充实完善工作人员绩效考评内容、标准和方法，建立机关工作人员日常工作考评制度，转变机关工作作风，提高机关工作效率。组织对机关规章制度落实情况检查，讲协作、不推诿，讲风格、不扯皮，提高整体合力。

2004—2005 年，机关作风建设以提高执政能力为重点，树立 4 种形象：一心为民形象、求真务实形象、清正廉洁形象、推动工作形象。从群众反映强烈的问题抓起，从群众最不满意的问题改起，从自己身边的事情做起，与机关效能建设、行风评议、文明建设有机结合，形成一条抓好经常性工作和对存在突出问题重点整顿相结合的新路子。

2006年，坚持纠建并举，综合治理，加大专项治理力度，加强党风政风建设，继续深化以“四优一满意”（优质服务、优良作风、优美环境、优化程序、群众满意）为主题的创建活动，强化宗旨意识、责任意识、服务意识，改善服务环境，提高服务效能，构建宣传教育、监督管理、实践推动、激励评价为一体的机关作风建设长效机制。

2007年3月12日，市直机关工委成立以市委副书记、市纪委书记、市直机关工委书记林文杰为课题指导，市直机关工委常务副书记李世杰为组长的课题调研组，围绕“着力提高机关党员干部素质，着力提高机关工作效率，着力提高机关党建工作水平，着力转变机关工作作风”课题，到县（市、区）直机关工委和市直党组织调研，形成4份子课题调研报告和课题总报告。市直各系统党委和县（市、区）直机关工委成立课题小组，开展调研活动，形成一批有一定深度和价值的调研成果。8月，完成省委党建办“加强党的作风建设”课题调研，报送“关于全面加强机关领导干部作风建设的研究”调研报告。12月，根据泉州市人事局泉人核〔2007〕49号通知精神，市直机关各部门按照德、能、勤、绩、廉等5个方面情况进行2007年机关工作人员年度考核（绩效考评）。考评工作坚持“客观、公正、准确”原则，采取量化考评与定性考评、组织考评与群众测评、平时考评与年度考评相结合的办法，基本程序：个人鉴定、小组评议、民主测评、综合评鉴。绩效考评结果是工作人员年度考核和评定等次的主要依据，也是干部选拔任用、评先评优的基本条件。绩效考评优秀、良好、一般、差相对应为年度考核优秀、称职、基本称职、不称职4个档次。年度考核评为“优秀”等次人员，从绩效考评“优秀”人员中择优产生。

2009年，泉州市效能办将市直部门绩效管理共性工作目标 考评工作交市直纪工委负责。1月，参与市绩效评估办组织对40个市政府组成部门、部分驻泉省部属单位进行绩效指标考核。2月16日，市直机关工委提出贯彻市委、市政府《关于进一步加强机关效能建设，推进机关协同协作形成合力的工作意见》具体要求。各单位按照文件提出的目标要求、主要内容，结合实际，找准着力点，制订贯彻落实措施，查摆协同协作形成合力方面存在的7种情形和5种不良行为，确定项目，重点推进。采取督查、巡回检查和随机抽查等方式进行督促检查。开展“基层评议机关”活动，对机关及工作人员的工作态度、廉洁、勤政、效率、作风等方面进行评议，发现问题及时整改。

2009年3月16日，市委第65次常委会研究确定“五评机关”工作原则，评议范围及相关事宜，明确评议活动由市直机关工委牵头，市委办、市人大办、市政协办和市行政服务中心等单位配合，被评议单位66个。4月11日至5月25日，按照服务态度、办事效率、工作质量、协同配合、廉洁自律5个方面，印制评议表，对市级政府组成部门及部分驻泉省部属单位进行评议。共发出评议表2115份，因地址不详退回94份，回收650份，总回收率为32.16%。其中，向党代表发出405份，回收183份，因地址不详退回4份，回收率为45.6%；向人大代表发出397份，回收167份，回收率为42.1%；向政协委员发出355份，回收110份，回收率为31%；向行政中心部分服务对象发出958份，因地址不详退回90份，回收190份，回收率为21.9%。征集到群众意见建议117条，其中表扬类意见11条、批评类意见65条、建议类意见41条。根据对有效评议票的统计，66个被评议单位的服务态度、办事效率、工作质量、协同配合、廉洁自律等方面的总体评价，满意率平均值及居前十位情况如下表。

66 个被评议单位满意率和不满意率平均值

表 7-8

项目	服务态度	办事效率	工作质量	协同配合	廉洁自律	总　评
满意率（其中基本满意率）	96.32%（35.9%）	96.02%（38.02%）	96.08%（38.19%）	96.34%（37.44%）	96.60%（35.51%）	96.45%（36.74%）
不满意率	3.68%	3.98%	3.92%	3.66%	3.40%	3.55%

满意率居前十位的单位

表 7-9

项目 排序	服务态度	办事效率	工作质量	协同配合	廉洁自律	总评
1	市民宗局 99.51%	市贸发局 99.49%	市粮食局 99.47%	市体育局 99.50%	市交通银行 99.71%	市贸发局 99.75%
2	市贸发局 99.51%	市科技局 99.34	泉州边防检查站 99.43%	市粮食局 99.44%	市科技局 99.51%	市外经贸局 99.55%
3	市审计局 99.33%	市统计局 99.30%	市外经贸局 99.29%	市交通银行 99.44%	市外经贸局 99.50%	市民宗局 99.49%
4	市体育局 99.29%	泉州气象局 99.29%	市民宗局 99.20%	市统计局 99.29%	市贸发局 99.75%	市粮食局 99.48%
5	市发改委 99.18%	市民宗局 99.22%	市科技局 99.09%	市民宗局 99.20%	市民宗局 99.45%	市口岸办 99.43%
6	市科技局 99.15%	市粮食局 99.18%	市经委 99.08%	市发改委 99.13%	泉州边防检查站 99.40%	市科技局 99.34%
7	市统计局 99.11%	市交通银行 99.18%	市口岸办 99.07%	市审计局 99.05%	市发改委 99.32%	市统计局 99.34%
8	市外经贸局 99.11%	市体育局 99.02%	市贸发局 98.96%	市人防办 98.93%	市统计局 99.27%	市审计局 99.32%
9	市农业局 99.1%	泉州边防检查站 98.9%	市体育局 98.92%	市科技局 98.86%	市林业局 99.2%	市农业局 99.28%
10	市交通银行 99.98%	市发改委 98.71%	市审计局 99.84%	泉州边防检查站 98.84%	市粮食局 99.13%	市交通银行 99.22%

从评议结果看，参评群众满意度较高，基层对机关大多数部门尤其是经济主管部门工作比较满意，但对一些行政执法部门、与群众生活密切的部门有不少意见。7 月 15 日，向市委呈报“五评机关”情况报告，对评议结果运用、完善评议办法提出建议。

2009 年下半年，“五评机关”活动与市直机关效能建设中的绩效考评结合进行。

2010 年 3 月，市直机关工委与市人事局联合组成 8 个考核评估组，对 45 个参评单位 2009 年绩效工作进行逐项考核考评。4 月 23 日，制订《关于在市直机关开展“作风建设年”活动的实施意见》，采取10项措施，推进机关“作风建设年”活动：开展以“五查五看”为重点的自查剖析活动；以“创新机关党建、服务科学发展”为主题的机关党建特色活动；以“破解熟人经济，提升服务水平”为主题的专题教育活动；以“倡导协同协作、提速提质提效”为主题的“协同协作合力”工程；以“转变机关作风”为重点的“五评机关”活动；以“学廉政准则、做遵纪模范”为主题的教育学习月活动；以“学惠女、树典型”为主题的实践活动；以“践行宗旨、真诚服务”为主题的志愿服务活动；以“认真履职、做好表率”为主题的主题教育活动；以“建海西我先行、优服务立新功”为主题的实践活动。6月，成立专项调研组，对35个部门的窗口单位开展“作风建设年”活动调研督查。

2010年上半年，开展对市直66个部门“五评机关”活动，突出“作风建设年”活动开展情况。下半年，基层评议活动受访对象增加市委工作部门和县（市、区）党委办、政府办等单位，评议内容突出在“大干150天，打好‘五大战役’”中的作为和表现。按照市委常委会第100次会议精神，在市直21个经济管理部门开展“五评机关”活动。6月4日，市直机关工委召开基层“五评机关”座谈会，听取21个参评单位对评议活动的意见和建议。

2011年5月，协助泉州电视台完成全省“创先争优”推进会上反映泉州机关作风建设专题片的后期修改，完成机关作风建设经验材料汇编工作。开展“治庸治懒治散、问事问效问责”专项活动。在福建省直机关工委召开的“学厦航、学先进，打造优质软环境作表率”活动推进会上，市直机关工委作经验介绍。

2011年9月至2012年1月，“五评机关”重点评议打好“五大战役”、大干“十二五”开局之年和完成“城市建设管理年”任务的作为和表现。“五评机关”活动的范围是泉州市直机关64个部门。经济管理职能部门（19个）：市发改委、市经贸委、市财政局、市农业局、市林业局、市水利局、市海洋与渔业局、市交通运输委员会、市城乡规划局、市住房和城乡建设局、市市政公用事业局、市外经贸局、市城镇集体工业联合社、市粮食局、市旅游局、市国资委、市供销社、市公路局、市港口管理局；执法监管职能部门（11个）：市城市管理行政执法局、市环保局、市物价局、市安监局、市工商局、市海事局、市食品药品监督管理局、市地税局、市国税局、市质量技术监督管理局、泉州出入境检验检疫局；社会管理和公共服务职能部门（22个）：市公安局、市国土资源局、市公务员局、市卫生局、市民政局、市文化广电新闻出版局、市教育局、市科技局、市人力资源和社会保障局、市审计局、市外事办、市统计局、国家统计局泉州调查队、市司法局、市计生委、市体育局、市口岸办、市民宗局、泉州气象局、泉州电业局、市人防办、市交警支队；金融机构（8个）：市建设银行、市工商银行、市中国银行、市农业银行、泉州兴业银行、市交通银行、市中国人寿、市人保财险；其他职能部门（4个）：泉州高速交警支队、泉州消防支队、泉州边防支队、泉州边防检查站。

受访对象为：市4套班子领导；市政府组成部门和部分驻泉省部属单位领导；市党风廉政监督员、机关效能监督员，市绩效考评专家；服务相对人、管理相对人。每个部门调查样本量415个。

2012年9月至2013年1月，开展2012年基层“五评机关”活动，被评议对象62个部门，其中经济管理职能部门19个、执法监管职能部门11个、社会管理和公共服务职能部门4个、金融服务机构8个、其他职能部门4个。重点评议在泉州“两个加快”服务推动“二次创业”中的作为和表现。采用函寄送达、现场调查、电话调查、召开座谈会、综合比较分析、形成书面报告等方式进行。

2012年泉州市基层“五评机关”公众评议结果前20名单位

表7-10 单位：分

序号	单位名称	项目得分				综合得分（按得分高低排序）
		市领导评分	市党风廉政监督员、市机关效能监督员、市绩效目标考评专家	单位互评	服务相对人、管理相对人评分（含窗口）	
1	市统计局	94.19	93.68	93.90	99.08	95.99
2	市审计局	93.74	92.19	89.89	98.94	94.74
3	国家统计局泉州调查队	94.19	94.45	94.20	98.87	94.70
4	市农业局	96.49	92.40	86.16	98.46	94.39
5	市海洋与渔业局	94.41	93.15	88.24	97.75	94.29
6	市林业局	96.27	91.17	85.99	98.46	94.07
7	市发改委	93.13	91.02	89.62	97.46	93.74
8	泉州海事局	91.88	91.24	89.38	97.52	93.51
9	市粮食局	92.00	91.16	86.30	98.77	93.40
10	泉州气象局	92.13	92.94	89.76	96.06	93.39
11	泉州边防检查站	89.51	90.63	90.78	97.84	93.32
12	市外事侨务办公室	89.48	92.44	88.25	98.22	93.32
13	市水利局	86.34	93.52	87.90	99.24	93.25
14	市科技局	94.19	88.86	86.26	98.28	93.18
15	市司法局	93.74	94.26	86.62	95.15	92.98
16	市文化广电新闻出版局	93.74	88.59	87.37	97.50	92.94
17	市供销社	94.19	89.93	88.05	95.88	92.79
18	市经贸委	92.71	88.74	86.24	97.69	92.61
19	市国资委	90.00	88.31	85.46	99.23	92.45
20	泉州兴业银行	97.22	89.17	85.10	95.33	92.43

2013年7月24日，市直机关工委制订本委机关推进领导干部“四下基层”工作实施方案。推进信访接待下基层，致力于解矛盾促和谐；推进现场办公下基层，致力于解难题促民生；推进调查研究下基层，致力于解瓶颈促发展；推进宣传党的方针政策下基层，致力于解疑惑促落实。10月9—30日，2013年度基层“五评机关”活动结合绩效评估公众评议调查同步组织实施。24个需报送服务或管理相对人的被评议单位各上报1000个服务相对人（含窗口），由国家统计局泉州调查队设置专门的意见建议表，收集各调查对象原汁原味的意见建议。对评议结果下降明显的单位进行专题反馈，要求分析查找原因，制订整改措施，督促抓好落实提高，并将整改落实情况形成书面报告报送市直机关工委。报送服务或管理相对人的被评议单位有市公路局、市港口管理局；市工商局、泉州海事局、市食品药品监督管理局、市地税局、市国税局、市质量技术监督管理局、泉州出入境检验检疫

局、国家统计局泉州调查队、泉州气象局、泉州电业局、泉州高速交警支队；市建设银行、市工商银行、市中国银行、市农业银行、泉州兴业银行、市交通银行、市中国人寿、市人保财险；泉州消防支队、泉州边防支队、泉州边防检查站。

2014 年 6 月 4 日，通报 2013 年市直机关基层“五评机关”活动情况，总评平均分 89.01 分，最高分 92.69 分，最低分 82.46 分，各单位评分均达到满意档次以上，呈现 4 个特点：作风效能建设发展比较均衡，但成绩有一定波动，市直机关作风和效能建设水平的提升还跟不上群众心理预期值，评议得分有一定幅度下降，总体低于 2012 年；一些被评议单位表现较为突出，有 9 个单位上升 15 个名次以上，市直机关工委专项督促整改的 10 个下降明显的单位都有不同程度的进步，一些单位长期落后的现象有所改观；部分单位成绩波动较大，下降幅度比较明显，6 个单位下降 15 个名次以上，且排名相对靠后；各个类型受访对象评议成绩相差较大，褒贬不一，在调查的 4 类受访对象中，市领导和服务相对人、管理相对人评分较高，单位互评和市党风廉政监督员、市机关效能监督员、市绩效目标考评专家评分普遍偏低。在 62 个公众评议单位中，得分前 5 名的单位为市水利局、市公务员局、国家统计局泉州调查队、市林业局、市财政局。10 月 9—30 日，开展 2014 年基层“五评机关”公众评议调查，对 62 个被评议单位各发放 1000 份测评表，按照“服务态度、办事效率、工作质量、协同配合、廉洁自律”5 个方面进行“满意、基本满意、不满意、不了解”4 个选项进行测评调查。

2015—2017 年，不再单独开展“五评机关”活动，机关作风建设纳入绩效管理中，每年进行 1 次检查、考核。

第六节　绩效管理

根据中共中央、国务院关于加快推行政府绩效管理制度的要求，充分发挥绩效管理的导向、推进、奖惩和激励作用，营造干事创业、“创先争优”的良好氛围。

2011 年 2 月 9 日，泉州市委第十届常委会第 123 次会议，听取 2010 年下半年泉州市直“五评机关”活动情况汇报，研究 2011 年全市绩效评估暨“五大战役”考评工作方案。同意从 2011 年起市直机关“五评机关”活动，每年只在年底开展 1 次评议，工作重点放在抓好突出问题的整改方面。

一、领导机构

2011 年 4 月 7 日，市委印发《关于成立泉州市直机关党群系列绩效管理领导小组的通知》。泉州市直机关党群系列绩效管理领导小组组长陈庆宗（市委秘书长），常务副组长李世杰（市直机关工委常务副书记），副组长郭成宗（市委副秘书长）、苏进发（市人大副秘书长）、田恭灿（市政协副秘书长、办公室主任）、秦潇湘（市纪委常委、秘书长），成员谢立新、王松柏、孙碧良、陈桂民、林林、邱银富、陈炯仁、何志辉、陈家强、刘玉珊、傅旺隆。泉州市直机关党群系列绩效管理领导小组办公室主任陈炯仁，副主任吕春香、刘玉珊、陈顺华、林国章，成员由 13 个成员单位各选派 1 名业务骨干或绩效评估专家组成，共20人。办公室挂靠市直纪工委，办公地点设在市直机关工委。

2011年12月19日，市委办公室印发《关于调整泉州市直机关党群系列绩效管理领导小组成员的通知》。领导小组组长翁祖根（市委常委、秘书长、统战部部长），常务副组长黄春淮（市直机关工委常务副书记），副组长郭成宗、陈力平（市人大常委会副秘书长）、田恭灿、陈文聪（市纪委常委、秘书长），成员李艾克、曾巍、孙碧良、杨国昕、林林、陈少华、林建春、陈炯仁、何志辉、陈家强、刘玉珊、傅旺隆、蔡芳阳、陈顺华、林国章。领导小组办公室主任陈炯仁，副主任刘玉珊、王小寅、陈顺华、林国章。

2012年10月23日，泉州市直机关党群系列绩效管理领导小组发出《关于调整泉州市直机关党群系列绩效管理领导小组成员的通知》。调整后领导小组组长翁祖根，常务副组长黄春淮，副组长张荣宝（市委副秘书长）、陈力平、田恭灿、苏双喜（市纪委常委、秘书长），成员李艾克、曾巍、孙碧良、杨国昕、林林、陈少华、林建春、陈炯仁、何志辉、廖丽芬、林明义、傅旺隆、蔡芳阳、王小寅、陈顺华、林国章。领导小组办公室主任陈炯仁，副主任林明义、王小寅、陈顺华、林国章。

2014年12月22日，市委办公室发出《关于充实泉州市直机关党群系列绩效管理领导小组成员的通知》。调整充实后领导小组组长翁祖根，常务副组长黄春淮，副组长张荣宝、陈力平、田恭灿、苏双喜，成员李艾克、曾巍、王松柏、杨国昕、曾焕楷、黄振奋、周文心、陈炯仁、何志辉、吕宝贝、廖丽芬、陈沙龙、黄金铭、郭建鹏、陈顺华。领导小组办公室主任陈炯仁，副主任陈沙龙、郭建鹏、陈顺华、蔡崇达。

2016年12月1日，调整市直机关党群系统绩效管理领导小组成员，组长翁祖根，常务副组长黄黎波（市直机关工委常务副书记），副组长郑建清、张翼翔、蔡碧毓、方建生，成员郑国防、黄碧煌、曾焕楷、周文心、陈炯仁、叶舒城、许颖颖、吕宝贝、黄金铭、吴志宏、郭建鹏、黄海波。领导小组办公室主任陈炯仁，副主任吴志宏、郭建鹏、黄海波。

泉州市直机关党群系列绩效管理领导小组成员单位共14个：市人大常委会机关、市政协机关、市纪委（监察局）机关、市委办公室、市委组织部、市委宣传部、市委统战部、市委政法委、市委教育工委、市委台办、市委编办、市委市直机关工委、市委农工办、市委文明办。

二、实施细则

2011年3月18日起，根据市委办公室《2011年度泉州市直机关党群系列绩效评估暨“五大战役”考评工作实施方案》，明确绩效评估暨“五大战役”考评工作的指导思想、考评对象、工作内容与任务分解、实施步骤、工作要求。考评对象为市人大常委会机关、市政协机关（泉州海峡文化交流联谊中心）、市中级人民法院、市检察院、市纪委（市监察局）（市纠风办、市效能办）、市委办（市委政研室、市委机要局、市保密局、市保密技术监测站、市报道组、市委办信息研究中心）、市委组织部（市委组织部干部信息管理中心、市党员电化教育中心、市远程办）、市委宣传部（市委讲师团）、市委统战部、市委政法委（为防范和治理邪教问题领导小组办公室、综治办）、市委台工办（市台湾渔民事务工作站）、市委编办（市事业单位登记管理局）、市直机关党工委（泉州市直业余党校）、市委农工办、市委老干局（含挂靠单位市关工委、市泉秀干休所、市百源干休所、市金山干休所、市老干部活动中心、市老干部保健服务中心、市老年大学）、市委文明办、市信访局、市委教育工委；市总工会（市职工技协办）、团市委、市妇联、市侨联、市台联会、市科协、市工商联、市文联、市社科联、市残联、市贸促会、市计生协会、市红十字会、市海外联谊会、市中华职业教育社、市金联会；市委党校（实行双轨制，仅有部分人员参公，包含市行政学院、市社会主义学院参公人员）、市委党史研究室、市档案局（市档案馆）。

任务分解。党群系列绩效评估暨“五大战役”考评由市委办公室、市直机关工委负责制订《绩效评估工作实施方案》，牵头组织综合绩效考评；市效能办负责查访核验及汇总。各参评单位结合实际制订本单位考评工作方案，报市委办公室、市直机关工委审核，由市机关效能建设领导小组批复实施。

分值权重。职能工作目标（60 分），包括重点工作目标、常规工作目标、动态工作目标；共性工作目标（40 分），由科学民主决策、优质高效服务、依法依规办事、党风廉政建设和机关管理创新 5 个部分构成。

实施步骤。制订工作方案，明确目标任务；分解细化任务，构建责任体系；推进目标实施，确保政令畅通；加强跟踪监控，严肃责任追究。

组织实施。评估方法为自查自评、目标考评、调查评议、察访核验；分值设置和评估等级。分值设置及计算方法是：总分为 100 分（自查自评得分×20%+目标考评得分×60%+市党风廉政监督员、市机关效能监督员、市绩效目标考评专家评议得分×20%+奖励得分-查访核验扣分=总成绩）；评估结果分为优秀、良好、一般、差 4 个档次，原则上按照 20%的比例评出“优秀”等次单位。

考评结果应用。优秀等次单位由市委、市政府给予通报表扬，在职工作人员按照个人月工资总额发给 2 个月绩效奖金（年度考核被评为基本称职基本合格、不称职、不合格等次的人员除外，下同），工作人员年度考核优秀等次比例按 20%核定；良好单位在职工作人员按照个人月工资总额发给 1 个月绩效奖金，工作人员年度考核优秀等次比例按 18%核定；一般等次单位不发给绩效奖金，工作人员年度考核优秀等次比例按 15%核定；差等次单位由市委、市政府给予通报批评，单位主要领导作书面检查，不发给绩效奖金，工作人员年度考核优秀等次比例按 12%核定。

2011 年 12 月 31 日，市委办公室转发市直党群绩效办《泉州市直机关党群系列绩效评估目标考评实施细则（试行）》。

考评内容。绩效目标考评是绩效评估的核心环节。绩效目标考评内容由职能工作目标和共性工作目标两部分组成，绩效目标考评总分=职能工作目标得分+共性工作目标得分。绩效目标考评指标体系的目标构成及其主要考评内容分别是：

1. 职能工作目标（60 分）。职能工作目标是由各参评单位负责自行设定能够体现本单位职能职责、能够反映当年本单位工作绩效的关键业绩一级评估指标 15 项。年度工作目标应围绕一级指标科学设定，应尽可能转化为量化指标，每项一级指标应分解设置不少于两项二级指标，单项分值上限为 2.5 分。职能工作目标由重点工作目标、常规工作目标和动态工作目标等 3 个部分组成。

2. 共性工作目标（40 分）。共性工作目标是指所有部门都涉及的共有工作，主要体现参评单位制度建设、作风建设成效和队伍战斗力水平。共性工作目标由科学民主决策、依法依规办事、优质高效服务、党风廉政建设、机关管理创新5个部分组成。

实施步骤。1. 制订工作方案，明确目标任务；2. 分解细化任务，构建责任体系；3. 推进目标实施，确保政令畅通；4. 加强跟踪监控，严肃责任追究；5. 绩效评估，组织实施。采取"平时考评、单位自评、目标考评、公众评议、察访核验"相结合的综合绩效考评办法。绩效评估总分为100分。评估结果分为优秀、良好、一般、较差4个等次。

三、绩效评估

(一) 2011年度绩效评估

2011年2月12日，市委办公室、市政府办公室印发《2011年度泉州市绩效评估暨"五大战役"考评工作方案》《关于在全市机关加大治理庸懒散力度，服务泉州跨越发展的意见》，明确对各级政府及政府部门、党群工作部门开展绩效评估的基本模式和制度体系。

2011年3月，受考评工作领导小组委托，市直纪工委深入调查研究，广泛征求意见，起草考评工作方案。3月18日，市委办公室印发《泉州市直机关党群系列绩效评估暨"五大战役"考评工作实施方案》，在市直党群部门全面推行绩效管理制度。

2011年4月5日，市直机关工委制订《泉州市直工委2011年度机关绩效评估暨"五大战役"考评工作实施方案》。4月19日，泉州市机关效能建设领导小组同意该方案。参评对象：工委机关各部、室，市直纪工委，市直机关工会、市直机关人民武装部、市直业余党校所有在编在岗工作人员(含工勤人员)。目标设定：(1) 职能工作目标。重点工作目标4项、常规工作目标21项、动态工作目标5项；(2) 共性工作目标。科学民主决策3项、优质高效服务3项、依法依规办事2项、党风廉政建设2项、机关管理创新3项。共43项目标。绩效管理按照责任分解、实施推进、监控分析、考核评估、改进提升5个方面展开，建立"以绩效为基础，以结果为导向"的绩效管理机制。考评采取自查自评、目标考评、调查评议、察访核验、评估考核、结果汇总方法进行。成立本委机关绩效管理工作领导小组，李世杰任组长，黄英林、陈炯仁、吴晓雄任副组长，下设绩效管理办公室，挂靠工委办公室，吴志宏任主任。此后，根据人事变动情况，调整领导小组，黄春淮、黄黎波继任组长，郑天文继任副组长。每年修订本委机关绩效评估实施方案，参加市直机关党群系列绩效评估，并被评为先进单位（优秀单位），受到市委、市政府通报表彰。

2011年4月7日，泉州市效能办增聘绩效管理目标考评专家。4月11日，召开泉州市直机关党群系列2011年度绩效评估暨治理庸懒散工作会议。市委宣传部、市中级人民法院、市科协3个单位作交流发言。市委副书记、市纪委书记、市直机关工委书记朱淑芳讲话。4月22日，市效能建设领导小组批复2011年度市人大常委会机关等37个单位绩效管理工作方案。5月，开展"治庸治懒治散，问事问效问责"集中活动月活动。6月3日，召开党群系列绩效评估暨治理庸懒散工作座谈会，市政协、市纪委、市委组织部、市检察院、市总工会、市信访局、市档案局7个单位作重点发言。7—8月，抽调22人组成3个组，对党群系列37个参评单位绩效管理情况进行专题调研督查，通报调研督查情况。12月31日，市委办公室转发市直党群系列效能办《关于泉州市直机关党群系列绩效评估目标考评实施细则（试行）》，市机关效能建设领导小组办公室发出《关于组织开展泉州市直机关党群系列绩效评估目标考评的通知》。

2012年1月6—18日，开展2011年度市直机关党群系列绩效评估暨“五大战役”考评。1月6日，召开考评工作会议。1月9—16日，组织30多名业务骨干和绩效评估专家，对36个参评单位报送的定档加分申报材料进行集中审核，对2011年绩效目标完成情况及实际成效进行集中考评。1月18日，向市效能办报送考评工作情况报告、绩效评估结果汇总表、公众评议汇总表、评议结果（优秀单位8个、合格单位28个）。

（二）2012年度绩效评估

2012年5月14日，市委办公室、市政府办公室印发《2012年度泉州市绩效评估工作方案》。5月24日，市委办公室印发《2012年度泉州市直机关党群系列绩效评估工作实施方案》。考评内容由职能工作目标（60分）和共性工作目标（40分）两部分组成。按照制订工作方案、明确目标任务；分解细化任务、构建责任体系；推进目标实施、确保政令畅通；加强跟踪监控、严肃责任追究；绩效评估组织实施5个步骤进行。5月25日，召开市直机关党群系列绩效评估工作会，对2012年度绩效评估工作进行部署。各参评单位统一思想，增强对绩效管理工作重要性的认识；精心组织，把握重点，狠抓落实，确保市委、市政府各项决策部署落到实处；落实专门机构人员，构建绩效评估、绩效奖惩和绩效问责“三位一体”绩效管理模式。6月16—20日，审核各考评单位绩效管理工作方案。7月2日，对市政协第十一届会议第20120258号提案作出答复。7月3日，批复市人大常委会机关等35个单位2012年度绩效管理工作方案。9月11日，为贯彻落实时任省委书记孙春兰在《八闽快讯》1018期关于“政府绩效管理进展归纳的几个方面很好，同样适用于党委和群团等系统”的批示精神，省委政研室、省委组织部、省委宣传部、省直机关工委、国家统计局福建调查总队、省统计局等8个部门来泉州进行专题调研，了解党群系列绩效管理工作主要做法、经验体会和工作成效。9月12—21日，抽调22名业务骨干和绩效评估专家组成3个组，对35个参评单位进行专题调研督查。10月30日，召开市直机关党群系列绩效评估工作推进会，市委办公室、市委农工办、市委台工办、市委老干部局作交流发言，组织学习观摩。12月17日，印发《2012年度泉州市直机关党群系列绩效评估目标考评工作方案》。12月28日，召开考评工作会议。

2013年1月7—22日，组织35名绩效评估专家，对市直党群系列35个绩效参评单位2012年度绩效目标完成情况和实际成效进行预审和考评。按照20%比例评出“优秀”等次单位7个。市纪委（监察局）机关、市委办公室、市委组织部、市委市直机关工委4个牵头单位评估总分都在95分以上，并位居前4位。

（三）2013年度绩效评估

2013年5月7日，中央纪委、监察部办公厅纪检监察信息《业务通讯》第5期刊发《福建省泉州市扎实推进市直党群部门绩效评估工作》的经验做法。

2013年6月19日，市委办公室、市政府办公室印发《2013年度泉州市绩效评估工作方案》。7月7日，市委办公室印发《2013年度泉州市直机关党群系列绩效评估工作实施方案》。7月29日，市直机关党群序列绩效管理领导小组批复同意泉州市人大常委会机关等35个参评单位《2013年度绩效管理工作方案》。10月9日，聘任王小寅等100人为泉州市绩效评估专家。10月29—31日，抽调21名绩效评估专家组成3个组，采取“听取汇报、查阅资料、现场核验、座谈走访、分析评价”方法，对35个参评单位进行专题调研督查并进行通报。11月29日，《福建省机关效能建设条例》正式颁布实施，党群部门全面实施绩效管理标准化。12月13日，印发《2013年度泉州市直机关党群系列绩效评估目标考评工作方案》；天津市滨海新区绩效办负责人杨金星等6人莅临泉州考察交流绩效管理工作。

2014年1月3—15日，对35个参评单位报送的定档加分申报材料进行集中审核，对绩效目标完成情况与实际成效进行集中考评。2月12日，召开领导小组成员会议，审议2013年度绩效评估结果。

2013年度绩效评估市直党群部门35个参评单位平均得分92.25分。综合评选出6个优秀单位；评出良好等次单位11个；合格等次单位12个。党群系列4个牵头单位市纪委、市委办公室、市委组织部、市委市直机关工委和2个参照牵头单位市人大常委会机关、市政协机关评估成绩均超过党群系列优秀等次单位最后1名成绩，均为优秀等次单位。

（四）2014年度绩效评估

2014年5月12日，市委办公室、市政府办公室印发《2014年度泉州市绩效评估工作方案》。6月5日，《福建省政府绩效管理规范》正式实施。依据适用范围，泉州市直机关党群部门（党的机关、人大常委会机关、政协机关、审判机关、检察机关、群众团体、民主党派机关和工商联等单位）参照执行。6月13日，市委办公室印发《2014年度泉州市直机关党群系列绩效评估工作实施方案》，要求各参评单位构建“主体明确、层次清晰、量化具体、责任到位”的绩效评估指标体系，制订工作方案，明确目标任务；分解细化任务，构建责任体系；推进目标实施，确保政令畅通；加强跟踪监控，严肃责任追究。6月26日，召开绩效管理工作方案审核业务培训会，对各参评单位2014年度工作方案进行审核，评选工作方案优秀单位10个：市人大常委会机关、市政协机关、市纪委（监察局）机关、市委办公室、市委组织部、市委宣传部、市委统战部、市委政法委、市委市直机关工委、市检察院。7月2日，党群系列绩效管理领导小组批复同意市人大常委会机关等35个参评单位2014年度绩效管理工作方案。8月8日，中央纪委信息刊发《福建泉州积极探索绩效评估方法和途径》一文。10月22—24日，抽调29人组成3个组，对35个参评单位开展专题调研督查。12月11日，市委办公室转发市直党群系列绩效办《泉州市直机关党群系列绩效评估目标考评实施细则》。12月19日，制订《2014年泉州市直机关党群系列绩效评估目标考评工作方案》。

2015年1月6—20日，对35个参评单位报送的定档加分申报材料进行集中审核，对2014年绩效目标完成情况与实际成效进行集中考评。2月9日，召开领导小组成员会议，审议2014年度绩效评估结果。评出优秀等次单位6个、良好等次单位11个、合格等次单位12个。党群系列4个牵头单位和2个参照牵头单位绩效评估综合得分均在同系列优秀单位最低分数线95.07分以上，并位居前列，均被评为优秀等次。

（五）2015 年度绩效评估

2015 年 6 月 26 日，市委办公室、市政府办公室印发《2015 年度泉州市绩效评估工作方案》。7 月 16 日，市委办公室印发《2015 年度泉州市直机关党群系列绩效评估工作实施方案》。7 月 23 日，制订参评单位绩效管理工作方案等审核操作规程。7 月 17 日，召开绩效管理工作方案审核业务培训会，对各参评单位工作方案进行审核。评选 2015 年度绩效管理工作方案优秀单位 12 个：市人大常委会机关、市政协机关、市纪委（监察局）机关、市委办公室、市委组织部、市委宣传部、市委统战部、市委政法委、市委市直机关工委、市中级人民法院、市检察院、市总工会。7 月 29 日，领导小组批复同意市人大常委会机关等 35 个参评单位 2015 年度绩效管理工作方案。8 月 13 日，江苏省委编办巡视员周家新一行 5 人莅临泉州考察交流绩效管理工作。10 月 19—21 日，对 35 个参评单位绩效管理开展情况进行专题调研督查。

2016 年 1 月，对 33 个参评单位 2015 年度绩效目标完成情况与实际成效进行集中考评。评出优秀单位 7 个、良好单位 21 个、合格单位 6 个。4 个牵头单位和 2 个参照牵头单位均评为优秀单位。

（六）2016 年度绩效评估

2016 年 6 月 14 日，市委办公室印发《2016 年度泉州市直机关党群系列绩效评估工作实施方案》，规定绩效管理组织机制、工作内容目标制定、绩效评估实施步骤、工作要求。8 月 2 日，批复泉州市人大常委会机关等 33 个参评单位 2016 年度绩效管理工作方案；批复市人大常委会机关、市委组织部、市委编办、市委文明办、市中级人民法院、市总工会、团市委、市妇联、市计生协会 9 个单位开展二级绩效考评工作（机关内部绩效考评）。9 月 6 日起，对 2016 年度市直机关党群系列各参评单位绩效管理工作方案及部分单位申报开展二级绩效考评工作实施方案进行质量评定。9 月 8—9 日，对 2016 年度市直党群系列各参评单位绩效管理工作方案及 9 个单位开展二级绩效考评工作的实施方案进行质量评定。评出 2016 年度绩效管理工作优秀方案 10 个：市人大常委会机关、市政协机关、市委办、市纪委（监察局）机关、市委组织部、市委宣传部、市委市直机关工委、市委编办、市委文明办、市中级人民法院；2016 年度二级绩效考评工作优秀实施方案的提供单位是：市人大常委会机关、市中级人民法院、市委文明办、团市委。11 月 9 日，聘请马宏斌等 86 人为第三届绩效评估专家，聘用期限为 3 年，自 2016 年 11 月至 2019 年 11 月，颁发泉州市绩效评估专家聘书，纳入泉州市绩效管理专家库，实行动态管理。12 月 16 日，印发《2016 年度泉州市直机关党群系列绩效评估目标考评工作方案》。

2017 年 1 月 5—6 日，组织绩效评估专家对 33 个参评单位报送的定档加分申报材料进行集中审核；1 月 9—13 日，进行集中考评，采用定量与定性相结合、过程与结果相结合、日常监督与年终考核相结合的方法，对 33 个参评单位 2016 年度绩效目标完成情况与实际成效进行考核评价。评出优秀单位 7 个、良好单位 14 个、合格单位 6 个。4 个牵头单位和 2 个参照牵头单位均为优秀单位。

（七）2017 年度绩效评估

2017 年 7 月 6 日，市委办公室、市政府办公室印发《2017 年度泉州市绩效评估工作方案》。7 月 25 日，市委办公室印发《2017 年度泉州市直党群系列绩效评估工作实施方案》。8 月 8 日起，贯彻《泉州市机关效能建设领导小组办公室〈关于强化机关效能建设正向激励措施〉的通知》，坚持绩向导向，鼓励体制机制创新；主动作为免责，鼓励尽责担当；紧盯重点难点，鼓励工作实绩提升；激励加分，鼓励争创一流业绩；争先创优，表扬推广先进；强化结果运用，褒奖先进正向激励。9 月 25—26 日，组织对 2017 年度市直党群系列 33 个参评单位绩效管理工作方案及 8 个二级绩效考评实施方案进行审核暨质量评定。确认 2017 年度绩效管理优秀方案 10 个：市人大常委会机关、市政协机关、市纪委（监察局）机关，市委办公室、市委组织部、市委宣传部、市委统战部、市委政法委、市委市直机关工委、市委文明办；确认 2017 年度二级绩效考评优秀实施方案 4 个：市人大常委会机关、市中级人民法院、市委组织部、市委文明办。10 月 27 日，根据《2017 年度泉州市绩效评估工作方案》《2017 年度泉州市直机关党群系列绩效评估工作实施方案》，制订《2017 年度泉州市直机关党群系列绩效评估目标考评实施细则》，共 16 项。

2018 年 1 月，组织绩效评估专家对 33 个参评单位报送的定档加分材料进行集中审核和考评。评出优秀单位 9 个、良好单位 14 个、合格单位 4 个。4 个牵头单位和 2 个参照牵头单位市人大常委会机关、市政协机关均为优秀单位。

四、表彰

2012 年 2 月 8 日，市委、市政府印发《关于表彰 2011 年度全市绩效评估暨“五大战役”考评先进县（市、区）、先进单位的通报》，2011 年度泉州市直机关党群系列绩效评估暨“五大战役”考评先进单位 8 个：市政协机关、市纪委（监察局）机关、市委办公室、市委组织部、市委宣传部、市委政法委、市委统战部、市委市直机关工委。

2013 年 2 月 21 日，市委、市政府表彰 2012 年度党群系列绩效评估暨“五大战役”考评先进单位 11 个：（1）牵头单位为市纪委（监察局）机关、市委办公室、市委组织部、市委市直机关工委；（2）先进单位：市人大常委会机关、市政协机关、市委宣传部、市委统战部、市委政法委、市委文明办、市委老干部局。

2014 年 4 月 11 日，市委、市政府表彰 2013 年度党群系列绩效评估先进单位 12 个：（1）牵头及参照牵头单位为市纪委（监察局）机关、市委办公室、市人大常委会机关、市委组织部、市委市直机关工委、市政协机关；（2）先进单位为市委宣传部、市委老干部局、市委统战部、市委政法委、市总工会、市委文明办。

2015 年 4 月 29 日，市委、市政府表彰 2014 年度党群系列绩效评估先进单位 12 个：（1）牵头与参照牵头单位为市纪委（监察局）机关、市人大常委会机关、市委办公室、市政协机关、市委组织部、市委市直机关工委；（2）先进单位为市委宣传部、市委统战部、市委老干部局、市委政法委、市委文明办、市总工会。

2016 年 4 月 26 日，市委、市政府表彰 2015 年度党群系列绩效评估优秀单位 13 个：优秀单位有市委宣传部、市委统战部、市委老干部局、市总工会、市委文明办、市委政法委、市委编办；牵头单位有市纪委（监察局）机关、市委办公室、市委组织部、市委市直机关工委和参照牵头单位市人大常委会机关、市政协机关。

2017 年 4 月 26 日，市委、市政府表彰 2016 年度党群系列评估优秀单位 13 个：优秀单位 7 个，分别是市委宣传部、市委统战部、市委老干部局、市总工会、市委文明办、市委政法委、市委编办；牵头单位为市纪委（监察局）机关、市委办公室、市委组织部、市委市直机关工委和参照牵头单位市人大常委会机关、市政协机关。

2018 年 4 月 25 日，市委、市政府表彰 2017 年度党群系列绩效评估优秀单位 15 个：市人大常委会机关、市纪委（监察委）机关、市委办公室、市政协机关、市委组织部、市委市直机关工委、市委宣传部、市委统战部、市委政法委、市委编办、市委老干部局、市委文明办、市总工会、市档案局、市文联。其中，市纪委（监察委）机关、市委办公室、市委组织部、市委市直机关工委等 4 个牵头单位和参照牵头单位的市人大常委会机关、市政协机关等 2 个单位评估成绩均超过该系列优秀等次单位最后 1 名成绩，均定为优秀等次单位。

第七节　党内外监督

一、民主生活会

1979 年开始，机关各级党组织恢复和健全组织生活会，党员领导干部除参加所在党支部、党小组组织生活会外，每年分别在上半年和下半年召开 1 次民主生活会。

1983 年 6 月，围绕学习贯彻《关于党内政治生活的若干准则》，召开民主生活会，开展批评和自我批评。

1985 年 11 月，各单位党委（党组）召开党风检查专题民主生活会，正确分析和估价本单位整党开展情况，组织党风检查，着重搞好领导干部的党风检查。

1986 年 6 月，学习贯彻中央办公厅〔1986〕57 号文件，召开以端正党风为主要内容的民主生活会，市纪委、市委组织部、市直机关党委、市级机关端正党风办公室联合调阅 7 个党组、30 个单位党组织民主生活会记录。

1988 年，召开“如何开好党的民主生活会”经验交流会，提高民主生活会效果。

1990 年 5 月起，根据中共中央印发《关于县以上党和国家机关党员领导干部民主生活会的若干规定》的文件精神，市直各级党组织坚持每半年召开 1 次民主生活会，主要内容：贯彻执行党的路线、方针、政策和决议情况；加强领导班子自身建设，实行民主集中制情况；艰苦奋斗，清正廉洁，遵纪守法情况；坚持群众路线，改进领导作风，深入调查研究，密切联系群众情况；其他重要问题。党员领导干部进行检查总结，统一认识，开展批评和自我批评。市直机关党委和纪委派人参加驻泉省部属单位党委和部分市直单位的民主生活会。6—7 月，各单位召开以检查对照中共十一届六中全会贯彻执行情况，坚持群众路线、群众观点为主要内容的民主生活会。8 月中旬，市直机关党委对 19 个系统党委、3 个党总支、9 个机关党支部召开民主生活会情况，采用百分制办法进行检查，平均 83 分。下半年，根据中发〔1990〕7 号文件和闽委〔1990〕28 号文件要求，召开民主生活会，围绕贯彻党的路线方针政策，执行中共十三届六中全会和省第五次党代会精神情况，以及清正廉洁、遵纪守法情况，进行思想交流。

1991年6月，召开以“忆传统、讲党性、发挥共产党员先锋模范作用”为中心内容的民主生活会，检查在“创先争优”活动中争当新时期合格党员情况。下半年，围绕中办发〔1991〕17号文件精神，以加强党风和廉政建设，按照党中央、国务院重申的四条规定，进行对照检查，纠正用公款吃喝送礼、挥霍浪费等问题。

1992年3月，市直机关党委检查23个单位1991年下半年民主生活会记录本。6月4日，市直机关党委印发《关于召开上半年民主生活会的通知》，各单位召开以检查对照学习贯彻邓小平南方谈话为主要内容的民主生活会，提高对市委、市政府加快改革开放步伐，加速经济发展新举措必要性的认识。36个系统（局）党委、党总支、直属党支部按期召开民主生活会的31个，占86.1%，应参加会议的党员领导干部277名，实参加194名，到会率89.4%。

1993年上半年，市直30个系统（局）党委、党总支、直属党支部围绕经济建设这个中心，联系本单位实际召开民主生活会，应参加151人，实参加139人，到会率92.1%。

1994年上半年，按照上级统一部署，检查督促党员领导干部对照中央纪委“两个五条”规定进行廉洁自律的自查自纠，逐一摸底造册，分门别类提出整改意见。县处级以上领导干部参加民主生活会438人，占应参加人数474人的92.4%，进行自查自纠453人。

1997年7月，各级党组织围绕学习贯彻《中国共产党廉政准则》《中国共产党党纪处分条例》，召开领导干部廉洁从政专题民主生活会，对照检查6个方面问题：有没有利用职权和职务上的影响谋取不正当利益；有没有私自从事营利活动；有没有假公济私、化公为私行为；有没有违反组织人事纪律，借选拔任用干部之机谋取私利的行为；有没有利用职权和职务上的影响为亲友及身边工作人员谋取利益的行为；有没有讲排场、比阔气、挥霍公款、铺张浪费的行为。

1998年1月，基层党委召开1997年下半年民主生活会，在学习中共十五大精神基础上，对照检查在实行民主集中制和干部人事工作、厉行节约制止奢侈浪费行为方面的情况。下半年起，根据分工，市直机关工委管理驻泉省部属单位党员领导干部民主生活会，派人参加民主生活会，收集汇总会议情况。

1999年1月12日，转发市纪委、市委组织部《关于开好1998年下半年党员领导干部民主生活会的通知》，驻泉省部属单位党委于2月5日前将民主生活会会议记录和会议综合情况报市纪委、市委组织部、市直机关工委。上半年起，根据分工，市直机关工委管理市物资总公司党委、泉州晋江机场党委召开的民主生活会。1999年上半年民主生活会与开展“三讲”教育活动结合起来，把增强党性，增强全局观念，为维护社会安定稳定发挥应有作用作为主要内容。学习《中共中央关于在县级以上党政领导班子、领导干部中深入开展以“讲学习、讲政治、讲正气”为主要内容的党性党风教育的意见》，查找领导班子和领导干部中需要解决而尚未解决的突出问题，着重解决在理想、信念、宗旨方面存在的问题。

2000年1月18日至2月20日，驻泉省部属单位党委按照市纪委、市委组织部《关于开好1999年下半年党员领导干部民主生活会的通知》精神和上级主管部门部署，召开1999年下半年民主生活会。

2000年4月12日，中央纪委、中央组织部印发《关于改进县以上党和国家机关党员领导干部民主生活会的若干意见》，各单位按规定将民主生活会由每半年召开1次改为每年召开1次，时间安排在4—8月。会前，找准党性党风方面存在的突出问题，确定民主生活会的主题；组织好学习，为开好民主生活会奠定思想基础；广泛征求群众意见，如实进行反馈；认真撰写发言提纲，深刻进行自我剖析；开展谈心活动，坦诚交流思想。会中，认真开展批评和自我批评，增强民主生活会的思想性和原则性。会后，在一定范围内向干部、群众通报有关情况和整改措施，接受群众监督。在下次民主生活会上，对上次民主生活会整改措施的落实情况进行说明和总结。10月10日，市直机关工委印发《关于认真开好2000年市直各级党组织班子民主生活会的通知》。党组织班子于12月底之前召开民主生活会，总结学习实践“三个代表”重要思想，加强基层党的建设的成功经验和做法，找准党组织自身建设存在的突出问题，开展批评和自我批评。

2001年8月10日，市直机关工委召开党员领导干部民主生活会，会前向11个系统党委、8个党委、7个党总支、94个党支部和本单位干部职工征求到意见和建议37条。结合省委提出的党的建设要增强活力的要求，找准党性党风方面存在的突出问题。以检查落实《中国共产党党和国家机关基层组织工作条例》、党风廉政建设责任制，制止收送“红包”、有价证券、领导干部配偶（子女）从业以及领导干部健身活动、出国（境）等规定和“三讲”整改措施的落实情况为重点，开展批评与自我批评，制订整改措施。

2002年6—8月，市直各系统党委委员中的处级干部，除参加所在单位召开的党员领导干部民主生活会外，还参加系统党委于第4季度召开的民主生活会。结合省委提出的党的建设要增强活力的要求，总结加强党的建设，实现机关党建“走前头”的成功经验和做法，找准党组织自身建设存在的突出问题，开展批评和自我批评，制订整改措施。各部、委、办、局机关党组织的民主生活会参照系统党委办法进行。

2004年7—9月，召开2004年度党员领导干部民主生活会。学习贯彻中共十六大和胡锦涛在十六届三中全会上的讲话精神，树立和落实科学发展观、正确政绩观情况；学习贯彻《中国共产党地方委员会工作条例（试行）》《党政领导干部选拔任用工作条例》，提高领导班子和领导干部执政能力和领导水平的情况；学习贯彻《中国共产党党内监督条例（试行）》《中国共产党纪律处分条例》，增强拒腐防变和抵御风险能力的情况；学习贯彻《中国共产党党和国家机关基层组织工作条例》，机关党建工作“走前头”的情况。运用“三讲”集中教育的成功经验，加强个人谈心，开展批评与自我批评，提高民主生活会质量。

2005年起，市直机关工委履行市委赋予的职责，参与服务、检查和监督市直各部门党组（党委）领导干部民主生活会，及时通报有关情况，反映干部职工对领导班子及成员的意见和建议，总结党员领导干部参加双重组织生活会的经验，提高民主生活会质量。

2007年3月28日，市直机关工委召开党员领导干部专题民主生活会，学习胡锦涛在中央纪委第七次全会上的讲话精神和省、市党代会精神，解决领导干部在思想作风、学风、工作作风、领导作风、生活作风方面存在的问题，在领导干部中倡导八个方面的良好风气。12月25日，市直机关工委召开2007年度党员领导干部民主生活会，回顾总结一年来思想、作风和工作情况，检查2006年度民主生活会和2007年3月专题民主生活会整改措施落实情况，检查党风廉政建设责任制落实情况，开展批评和自我批评，制订整改措施。

2008年，建立健全党内情况通报、情况反映、重大决策征求意见、党务信息发布等制度，拓宽民主渠道，健全监督机制。执行《中国共产党党员权利保障条例》，尊重落实党员主体地位，保障党员各项权利。采取多种措施，广泛征求意见，进一步提高民主生活会质量。

2009年11月30日，市直机关工委召开2009年度党员领导干部民主生活会，加强领导干部党性修养，树立和弘扬良好作风。

2010年12月8日，市直机关工委召开以“贯彻落实《党员领导干部廉洁从政若干准则》，加强领导干部作风建设”为主题的2010年度民主生活会，重点检查党政领导干部选拔任用工作4项监督检查制度落实情况。

2011年，市直机关工委派人参加驻泉省部属单位召开的民主生活会。

2012年1月5日，市直机关工委召开2011年党员领导干部民主生活会，以“坚持以人为本执政为民理念，发扬密切联系群众优良作风”为主题，围绕继续实施“五大战役”，大干“十二五”开局之年的工作部署，巩固发展“作风建设年”活动成果，解决实际工作和干部队伍中存在的违背以人为本执政为民的突出问题，以及损害群众利益的突出问题，进一步强化党的宗旨意识和群众观点。参加会议16人，其中工委党员处级领导干部7人，市纪委、市委组织部各1人莅会；市直系统党委、驻泉省部属单位党委、工委部室与离退休老干部支部共7人列席会议。

2012年12月27日，市直机关工委召开2012年度党员领导干部民主生活会，以“保持党的纯洁性，永葆党的先进性，加强领导班子思想政治建设”为主题。

2013年11月28日，市直机关工委召开2013年度党员领导干部民主生活会，围绕保持党的先进性和纯洁性，以“转变作风，服务群众”为主题，把贯彻落实中央八项规定和省委、市委的贯彻落实办法作为切入点，结合“四下基层”工作，以及领导班子和领导干部个人思想、工作、作风等方面实际，查找和解决形式主义、官僚主义、享乐主义和奢靡之风等问题，树立宗旨意识和马克思主义群众观点，改进工作作风，征求原汁原味的意见建议4个方面共19条，制订3个方面的整改措施。

2014年7月17日，市直机关工委在党的群众路线教育实践活动中召开“开放式”专题民主生活会，班子成员7人参加，邀请市直机关部分系统党务干部和工委处级党员干部、中层部室负责人共7人列席会议，并进行现场提问和解答。市委常委、市纪委书记、市直机关工委书记沈耀钦出席会议并讲话。市委第15督导组组织民主测评，组长李艾克进行点评。市直机关工委常务副书记黄春淮代表工委班子进行对照检查，分析领导班子遵守党的政治纪律和执行中央八项规定的情况，查摆“四风”（形式主义、官僚主义、享乐主义、奢靡之风）方面存在的13个突出问题，提出5条整改措施，班子成员逐个进行对照检查，实事求是地开展批评。

2015年12月28日，市直机关工委召开“三严三实”专题民主生活会，参加8人。会前，于12月25日对班子成员及各部室负责人通报查摆问题整改落实情况。市直机关工委常务副书记黄春淮代表工委班子进行对照检查，班子成员个人进行自我剖析，开展批评。市委组织部派人到会指导并对民主生活会进行点评。会后制订 4 项整改措施。

2017 年 1 月 19 日，市直机关工委召开党员领导干部 2016 年度民主生活会，学习党章和《关于新形势下党内政治生活的若干准则》《中国共产党党内监督条例》，结合思想和工作实际，进行党性分析，开展批评和自我批评，增强领导班子和领导干部发现和解决自身问题的能力。工委常务副书记黄黎波代表工委班子进行对照检查，班子成员及处级干部 11 名逐一进行对照检查，作自我批评，其他成员提出批评意见。到会指导的市纪委、市委组织部、督导组领导讲话。市委副书记、市直机关工委书记陈奕辉主持会议，并总结会议情况，提出整改工作要求。2 月 4 日，针对民主生活会查摆的问题和原因分析，市直机关工委制订主要整改措施：进一步坚定理想信念，不断增强“四个意识”；进一步强化纪律意识，切实落实“一岗双责”；进一步传导工作压力，压实压紧“两个责任”；进一步夯实组织基础，持续改进“三会一课”。全年，市直机关工委派人参加 28 个市直和驻泉省部属单位处级领导班子民主生活会。

二、民主监督

1998 年，开展民主评议行风工作，加强对基层领导干部的监督。

1999 年，根据《中国共产党党和国家机关基层组织工作条例》、省委的实施办法和市委的贯彻意见中有关党内监督规定，各级纪检组织认真履行党内监督的职能。4 月，举办纪检干部培训班，400 多名纪检干部参加培训学习，提高政治思想和业务素质。贯彻落实中央、国务院颁布的《关于实行党风廉政建设责任制的规定》，各单位结合实际，制订实施意见或细则，分解细化，责任到人，使党员干部尤其是党员领导干部置身于制度约束和群众监督之下。针对存在的“监督难”问题进行专题调研，召开市直机关党内监督工作座谈会，研究和探索加强党内监督的新路子、新办法。

2000 年 3 月 24 日，市直机关工委印发《关于加强市直机关党内监督的实施意见》，对党员领导干部在重大决策、思想作风、提拔任用干部、组织生活、勤政廉政 5 个方面 17 个项目进行监督，规定党组织监督、党员领导干部互相之间监督、纪检组织监督的具体方法以及履行党内监督的责任考核。开展党内监督专题调研，召开市直机关党内监督工作座谈会、调研会。结合行风评议，开展对落实党风廉政建设责任制的重点检查，推行公示制，拓宽监督渠道。

2001 年，结合行风评议进行督查，把党风廉政建设责任制落实情况纳入机关效能建设、行风评议和创建党建先进单位活动考评内容，强化对党员领导干部的监督。探索新时期加强党内监督的新路子，在深入基层调研的基础上，撰写《建立健全干部廉政档案，确保领导干部廉洁自律》调研文章，探索对拓宽党内监督渠道和扩展监督方法，调研文章获市委实践“三个代表”重要思想优秀成果奖。

2002 年起，推行党务、机关事务公开制度。基层党组织换届选举候选人、发展党员、评先评优、党代表推荐、党费收缴使用按规定程序，在一定范围公开。部门工作计划、领导干部廉洁自律、财务开支、干部任免奖惩、电话费、车辆费用等列入机关事务公开内容，加强公开内容的审核和监督，确保公开内容的真实和公正。

2003年6月，建立和完善监督制约机制。坚持把维护党的政治纪律放在首位，坚决查处有令不行、有禁不止、各行其是等严重违反纪律的行为。建立健全民主集中制的各项具体制度，加强对执行情况的监督检查。坚持每年召开1次廉洁自律专题民主生活会，领导干部以普通党员身份参加所在党支部（党小组）的组织生活会，接受党员的监督。

2004年，落实《党政领导干部选拔任用工作条例》关于“考察党政领导干部拟任人员，应当听取机关党组织意见”的规定，发挥机关党组织在党内监督中的作用，加强对掌管人、财、物经办权岗位的监督，组织对市直机关36个单位开展政务、事务公开工作情况明察暗访。

2005年，协助行政领导落实行政审批制度、财政管理体制、投资体制和干部人事制度4项改革的各项要求，抓住权力运行中容易产生问题的薄弱环节，以权力制约、资金监控和规范从政行为为重点，加强对管钱、管物、管人等重点领域和重点岗位的监督。

2006年，加强对掌管人、财、物等腐败多发易发部门和领域的监督，抓好领导干部个人重大事项报告、民主生活会、述职述廉、民主评议、诫勉谈话和函询等制度落实。会同有关部门总结党务公开试点单位的做法和经验，规范公开内容、程序、时间、范围，扩大党员对党内事务的知情权、参与权和监督权，增强党组织工作和党内事务的开放度和透明度。

2009—2010年，对市直机关132名科级以下党员干部、17个科级以下单位参加各类评先评优活动进行审核，发挥党内监督的作用。落实《中国共产党巡视工作条例（试行）》，加强对党组织领导班子及其成员贯彻执行党的路线方针政策、执行民主集中制、执行党风廉政建设责任制和自身廉政勤政、开展作风建设以及选拔任用干部等方面情况的监督；落实《关于实行党政领导干部问责的暂行规定》，督促领导干部增强责任意识，忠诚履行职责，达到“问责一人、教育一片”效果；落实《国有企业领导人员廉洁从业若干规定》，围绕党性修养和作风建设，引导企业领导人员增强廉洁从业意识，严格遵守5个方面行为规范，建立健全监督制约机制，坚决惩治各种不廉洁行为；落实《关于开展工程建设领域突出问题专项治理工作的意见》，以政府投资和使用国有资金的项目为重点，查找工程建设重点部位和关键环节存在的突出问题，提出改进措施和办法。

2011年11月8日，根据市委《泉州市党的基层组织党务公开工作实施意见》，印发《市直机关基层组织党务公开工作实施方案》。对党组织基本情况，组织建设，思想建设，决议、决定及执行情况，联系和服务党员、群众，反腐倡廉建设，干部选任和管理情况，其他必要公开而又不涉及党和国家秘密的党内事项等8个方面情况进行党内公开或社会公开。固定内容长期公开，常规性工作定期公开，阶段性工作逐步公开，临时性工作即时公开，确保公开经常性、动态性、及时性。成立党务公开领导小组，下设办公室，办公室内设综合组、宣传组、督导组。11月11日，召开市直机关党的基层组织党务工作动员会。

2012年3月7日，市直机关工委、市水利局、市地税局被确定为泉州市党务公开工作联系点，健全公开机构，完善公开制度，规范公开程序，创新公开载体，建立公开台账，强化公开监督，突出公开效果，发挥示范引领作用，探索党务公开工作的新方法、新措施。4月25日，建立市直机关党务公开工作联系点，确定市政协机关党委、市科技局机关党委、市直农办系统党委、市科协机关党总支、泉州电业局党委、市质量技术监督局机关党委6个党组织为联系点，并建立工委委员挂钩联系点制度。在党务公开中先行先试，研究问题、探索规律、积累经验、树立典型、以点带面、整体推进市直机关党务公开工作。各联系点做到“七有”要求：有健全的组织机构、有完善的公开制度、有规范的公开程序、有严密的监督体系、有科学的公开台账、有良好的公开效果。5 月 16 日，聘请方生才等 20 人为市直机关党务公开监督员。对党务公开的内容、形式、程序、时限及工作执行情况进行全面监督，并提出合理化建议、意见；收集和反馈党员群众的意见和建议；向党员、群众宣传党务公开的内容，监督群众意见、建议的办理情况；列席党务公开工作的有关会议，参加安排的各种监督检查、综合调研活动；监督和帮助党务工作领导小组办公室做好各项工作。

2012 年 6 月 13 日，市直机关工委制订 2012 年本委机关党务公开工作方案，确定 8 个公开内容：决策部署贯彻落实情况；党的思想建设情况；党的组织建设情况；领导班子建设情况；干部队伍建设情况；联系和服务群众情况；党风廉政建设情况；根据实际情况和党员、群众要求有必要公开的其他事项。将 8 个公开内容确定责任部室（党组织）抓落实。公开形式主要以党务公开栏公开为主，其他公开形式为辅，公开时限分为长期、定期、即时 3 种。公开程序除党章和党内其他法规另有规定外，按照“编制目录、实施公开、收集反馈、归档管理”程序进行。成立本委机关党务公开工作领导小组，工委常务副书记黄春淮任组长，领导小组下设办公室，挂靠工委组织部。进一步建立和完善党内通报、党内情况反映、重大决策征求意见、党内事务公开咨询、党员民主评议以及党务公开监督检查、例行公开、依申请公开、责任追究、考核评价等制度。下半年，成立组织机构，形成“党委统一领导、部门各负其责、党员人人参与”的党务公开运行机制，编制公开目录，细化公开内容，完善公开形式，明确公开时限，确定责任部门和责任人。建立联系示范点，市直机关工委建立 6 个联系示范点，在市直市府办、党群、宣传、公安、公用事业、交通委、卫生系统党委建立联系示范点。制定工作制度，市直发改委、水利系统党委制定党务公开制度等 8 项制度，市城市管理行政执法局机关党委规范完善总结讲评制度等 4 项制度，市直文广新、卫生系统党委制订党务公开事项审批表，公开党务信息。采取多种公开形式，运用会议、文件、简报、公开栏等传统形式和网络触摸屏、电子显示屏等现代传播手段实施公开。泉州电业局党委开通党务公开专门网站，市直公用事业系统党委开通“泉州市政”政务微博，泉州烟草专卖局机关党委开发“办事公开民主管理网络平台”。探索党务公开与其他公开有机结合的公开模式，实现资源共享，协调运转。建立党务公开社会监督机制，聘请社会监督员，结合党建检查考评，开展专项检查，对党务公开工作情况进行监督检查。

2013 年，坚持党内监督与党外监督相结合，专门机关监督与群众监督、舆论监督相结合，发挥党风廉政监督员和社会各界的监督作用，增强监督合力。贯彻落实党内监督条例，加强对党员领导干部的监督，加强对权力运行的监督，加强对掌管人、财、物等腐败多发易发部位和领域的监督，落实述职述廉、诫勉谈话、函询质询制度。

2014 年，加强对中央和省委、市委、市政府重大决策部署落实情况的监督检查，确保政令畅通，有效落实。重点检查优化发展环境，落实“马上就办”情况，对窗口单位、办事单位服务态度、工作质量、廉洁自律等进行明察暗访，整治机关“四风”方面存在的突出问题。

2015—2016 年，学习贯彻新修订的《中国共产党廉洁自律准则》和《中国共产党纪律处分条例》。坚持全面从严治党，加强党的建设，强化党内监督。坚持把纪律和规矩挺在前面，以准则和条例为重要标尺，按照高线、底线的要求，加强党内监督，严格纠正和整改存在的问题不足。

2017 年 2 月 22 日，市委副书记、市直机关工委书记陈奕辉主持召开市直机关工委 2016 年度领导班子述责述廉工作会，围绕执行政治纪律和政治规矩、履行管党治党责任、推进党风廉政建设和反腐败工作，以及执行廉洁纪律情况，逐一述责述廉，逐一进行现场点评，开展现场评议，会后制订整改措施，评议结果和整改情况在工委会上通报。3 月 28 日，市直机关工委对落实省委检查组移交的“泉州市 2016 年度落实全面从严治党主体责任清单”涉及市直机关工委整改事项向泉州市落实党风廉政建设责任制领导小组办公室作出整改报告，涉及 7 个共性问题、1 个业务指导问题，制订即知即改情况表，明确整改任务和责任单位、责任人，跟踪督查，取得实效。

2017 年 3 月 1—20 日，组成 8 个检查组对 24 个市直部门党组（党委）2016 年度全面从严治党主体责任落实情况开展检查，并延伸检查 16 个下属单位。检查分为自查自纠、征求意见、实地检查、整改落实、组织“回头看”5 个阶段进行。汇总自查自纠报告 53 份；向市人大、市纪委、市委组织部、市委政法委、市审计局征求对 24 个单位的意见共 141 条；进行党的工作应知应会知识测试 400 多人次，梳理汇总“五抓五看”问题清单 299 条，书面通知受检查单位对 299 条问题逐一进行限期整改，并对 39 条重点整改问题进行整改。受检查单位党组（党委）制订整改方案，落实整改责任，反馈的问题清单基本整改和落实。

2017 年 4 月 12 日，贯彻中共十八届六中全会、十八届中央纪委七次全会和省、市党代会、纪委全会精神，落实全面从严治党的各项要求，市直机关工委修订《市直机关工委落实党风廉政建设主体责任清单》，共 19 项，其中市直机关工委领导班子责任 11 项、市直机关工委主要负责人责任 4 项、市直机关工委领导班子其他成员责任 4 项，推动党风廉政建设主体责任和监督责任的落实。5 月 24 日，市纪委、市委办公室组成联合督查组，对市直机关工委落实全面从严治党主体责任检查问题整改情况开展专项督查。5 月 31 日，市直机关工委再次向市落实党风廉政建设责任制领导小组办公室作出整改报告。11 月 24 日，市直机关工委根据《中国共产党党内监督条例》《党政领导干部选拔任用工作条例》，制订市直机关工委廉政谈话制度，落实全面从严治党主体责任。采取面谈的方式分级进行，每年不少于 1 次。进行任职廉政谈话、诫勉谈话、提醒谈话、廉政责任谈话。谈话以教育为主、常态开展、公正坦诚、程序规范、注重效果、存档备查、注意保密。12 月 22 日，市直机关工委对落实省委对泉州市 2016 年度全面从严治党主体责任“回头看”检查反馈问题，涉及市直机关工委工作的两个共性问题向泉州市落实党风廉政建设责任制领导小组办公室作出整改报告，围绕落实全面从严主体责任，推进机关党建工作取得新进展新成效。

2017 年，加强机关党员干部日常动态监督管理，做好日常评先评优及干部提拔任用的审核工作，共审核评先评优对象 397 人、干部提任对象 32 人。

三、信访举报

在受理来信来访工作中，本着实事求是和对当事人负责的态度，努力做到件件有着落，事事有回音，不断拓宽监督渠道。

1980—1984 年，接待群众来访 89 人，结案 74 件，收到群众来信 337 件，结案 266 件，受理历史案件复查 61 件，维持原结论 6 件，恢复党籍的 21 件，减轻处分的 34 件，纠正处分偏重的倾向，体现有错必纠的政策。

1985 年 7 月 23 日，地直机关纪委对报送要结案的信访案件必备材料作出规定。（一）控告案件要有 1. 调查报告和组织处理结论；2. 控告人和被控告人对调查或处理结果的意见，如果控告人或被控告人提出不同意见时，应附有对这些不同意见的说明；3. 如果被控告人确有错误，组织上已经令其检讨或给予处分的，应附有本人检讨或处分决定；4. 审查机关的审查意见。（二）申诉案件要有 1. 复查或复查结论；2. 申诉人对复查、复议结果的意见。如果申诉人提出不同意见时，应附有原处分决定和对这些不同意见的说明；3. 呈报机关的审查意见。

1987 年，根据全国纪检信访工作会议纪要精神和泉州市纪委要求，开展纪检信访工作达标活动。1985—1987 年，接待群众来访 143 人次，受理群众来信 441 件。

1988 年，接待处理群众来信来访 58 件，坚持分级管理和就地解决原则，减少重复信访。查处“文化大革命”和历史遗留问题 2 起，落实干部政策，解决多年来未解决的问题。

1989 年，接待群众来访 96 人次，办结率 100%，受理群众来信 294 件，办结率 85. 4%。

据不完全统计，1979—1990 年，地（市）直机关纪委共受理接待来信来访 1270 件（人次），其中接待来访 303 人次，受理群众来信 967 件。

1991 年，办理群众来信 207 件，办结 199 件，办结率 96. 1%。

1992 年，接待和处理群众来访和来信 21 人次（件），反映的问题绝大多数是经济问题，坚持正面疏导教育方法，在提高认识的基础上达成共识，没有出现重复或越级上访。

1993 年，做好控申工作，受理群众来信 201 件，办结 186 件，办结率 92. 5%。

1998 年，受理群众来信 11 件，涉及处级干部 3 人、科级干部 5 人、一般干部 3 人，涉及行政机关的信件 4 件、涉及事业单位的 3 件、涉及企业单位的 4 件，为查处党内违纪案件提供了线索。

2009—2013 年，共初查信访件 9 件。2014 年，市直纪工委抽查各类信访件 11 件，独立核查并立案处理 2 件 2 人。

2015 年，完成省巡视组交办的信访件核查 1 起、市党风室交办的案件线索初查 2 起。自收信访件 1 件，转相关部门处理。初查各类信访件 11 件。

2016 年，受理群众来信来访 2 件，已办结。

2017 年，做好信访件核查工作，完成 1 件申诉案件的申诉受查，完成 1 件反映私设小金库等问题的信访件初核工作。

第八章　党员教育管理和发展

加强党员教育，建立健全让党员经常受教育、永葆先进性的长效机制，开展理想信念宗旨等经常性教育和党的建设系列主题实践活动，不断提高党员思想政治素质。加强党员管理，严格党的组织生活，坚持“三会一课”制度，开展民主评议党员活动，表彰优秀党员，妥善处置不合格党员，执行党费收缴管理使用制度，做好党员组织关系接转和流动党员管理工作。按照党员标准，加强对发展对象的培养、教育考察工作，严格履行入党手续，做到成熟一个发展一个。据不完全统计，1952—2017 年共发展党员 14833 名。1980—2017 年，共有 12307 名预备党员转为中共正式党员。

第一节　党员教育

一、经常性教育

中华人民共和国成立初期，比较系统地对党员进行党的基本知识教育，同时结合剿匪反霸、抗美援朝、土地改革等中心工作，对党员进行爱国主义和社会主义教育，采取脱产或业余学习方法，通过举办党训班、文化补习班进行政治理论教育，提高文化水平。

1953 年 6 月至 1954 年 12 月，教育党员和非党员干部明确党在过渡时期的总路线与总任务，划清社会主义与资本主义思想界限。通过机关干部参加实际运动，锻炼提高干部群众观念、劳动观念，克服不关心群众疾苦、轻视劳动的错误思想和不了解下情、脱离实际的官僚主义和文牍主义作风。抽调 9 批 504 名干部参加抗旱。

1955 年 1—6 月，以党总支为单位集体上课，以党章为基本教材进行党的基本知识、党员权利和义务教育，共上 6 次党课。

1956 年 8 月，坚持党课制度，各级党组织认真做好党课教育的思想准备和组织准备。12 月 19 日起，开展收集革命历史档案工作，保护和充分利用党的宝贵历史材料。

1956—1961 年，组织学习党的基本知识，通过定期上党课和抽调党员干部参加党校培训，学习党的性质和任务、党的组织原则、党员义务和权利、“三大纪律、八项注意”、党的优良传统作风。

1962 年，党课教育内容主要是党的基本知识和党的优良传统，使每个党员懂得：党的性质和任务；党的组织原则；党员的权利和义务；党的优良传统、党的作风；党员的思想修养；党支部工作。党课教育每月至少 1 次（每月上课 1 次、讨论 1 次）。采用华东局编的《党的生活学习材料》一书，以党支部为单位进行或几个党支部联合上课，共上 9 课。每个党支部确定 1—2 名党课教员，教员每月到地直机关党委备课 1 次。4—11 月，地直机关党委组织党支部党课教员辅导报告，由机关部门领导、党校教员分别作 8 次党课辅导，培训党课教员。

1963 年，坚持党日活动制度，进行党员思想教育工作，每月 4 个晚上党日活动时间，上党课 1 次、讨论党课 1 次、开展批评与自我批评 1 次、总结布置支部工作和学习上级党的文件 1 次。确定《党内生活的几个问题》一书为党课教材，分为 7 课，加上“论共产党员修养”共 8 课。各党支部确定党课教员，每月到地直机关党委备课 1 次，每课都有专人辅导，辅导员由地委宣传部、讲师团及党校的科长担任。上课形式多数以党支部为单位单独上课，部分党支部以党总支为单位联合上课。据年终检查，专直 93 个党支部中上 7 次课的 46 个党支部，占 49.5%，8 次课的 44 个，占 47.4%。

1964—1965 年，开展社会主义教育运动，掀起学习毛泽东著作新高潮。

1966 年初，在干部和党员中开展学习焦裕禄的宣传教育活动。

1966 年 5 月，“文化大革命”开始后，党员教育工作受到很大冲击和影响，经常性教育基本停止。

1970 年后，党员教育培训工作逐步恢复，组织党员干部参加毛泽东思想培训班。

1972 年，对党员进行党的性质、党的纪律、党的传统作风和党员的权利义务教育，严格党的生活和组织纪律。学习毛泽东关于每个共产党员“应该成为英勇作战的模范，执行命令的模范，遵守纪律的模范，政治工作的模范和内部团结统一的模范”。要求党员对党忠诚老实，实事求是，保持和发扬党的理论和实践相结合的作风，和人民群众紧密联系在一起的作风，以及批评和自我批评的作风。7—9 月，开展党员干部轮训工作，分期分批参加地区学习班，进行轮训学习，党员和纳新对象由单位组织培训。

1973 年，各单位开办学习班，对党员普遍进行 1 次轮训，使党员受到党的基本路线和党纪教育，自觉以党章“五个必须”要求自己，发挥先锋模范作用，成为团结带领群众的骨干。

1976 年，粉碎江青反革命集团之后，深入开展揭发批判江青反革命集团的反革命罪行。

1979 年，组织党员学习中共十一届三中全会公报，开展实践是检验真理的唯一标准的大讨论。针对地直有 1180 名党员是在“文化大革命”期间入党的，占党员总数 27.4%，长期以来未受到系统的党内教育，思想上、作风上存在不同问题，一些党员领导干部受过迫害和打击，政治思想受到创伤，举办党员培训班，解决如何履行党员义务，正确执行民主集中制，遵纪守法，在“四化”建设中起模范带头作用。对犯过错误的人做思想转化工作。6 月 4 日，地直机关党委印发《关于加强党员教育工作的初步意见》，规定地区机关每星期一晚上时间为党员活动时间，工厂、企业单位根据实际情况自行安排时间。

1980 年 5 月 12 日，对地直机关党课教育作出安排，从 5 月开始每月上 1 次课，采取统一时间，集中上课，分散讨论办法进行，由 8 名地委、行署领导分别讲党课。贯彻地委教育工作会议精神，对党组织和党员状况进行调查，针对党员队伍存在的突出问题，开展教育训练，以党章和《关于党内政治生活的若干准则》为主要内容，进行坚持党的政治路线和思想路线、党的团结和统一、加强民主集中制和组织纪律性教育，轮训党员 3696 人，占应训党员 4335 人的 84.5%。

1981 年，针对党员思想现状，加强民主集中制和组织纪律性教育，强调党员要在政治上与党中央保持一致，807 名地管以上干部到党校培训，举办党员短训班 23 期，培训 1154 人。

1982 年 9 月起，开展学习中共十二大通过的新党章教育，明确新党章的主要内容和基本精神，明确党的奋斗目标、性质、指导思想、党章规定的党员条件，增强党性，做合格党员。

1984 年，运用电视录像等现代化手段，开展党员电化教育工作，保证党员教育经常化制度化。

1985 年 1 月开始，分 2 批开展整党工作，进行党性、党风、党纪教育和党的全国代表会议文件的学习贯彻，提高党员政治素质和党性观念，确保整党工作达到预期目的。

1986 年，针对部分机关党员干部对机构改革、职务变动、分房问题的思想反映，进行党课教育，开展批评和自我批评，教育党员正确处理个人利益与国家利益的关系。

1986 年 3 月 30 日，市直机关党委印发《关于加强党员教育工作的通知》，在党员中进行党的宗旨、共产主义理想教育，教育党员坚持全心全意为人民服务宗旨，自觉地为国家富强、人民富裕服务；把党的奋斗目标同当前任务统一起来，为以城市为重点的全面改革和“四化”建设做贡献；进行党性、党风和党纪教育，查纠政治上的自由主义、工作上的官僚主义、经济上的利己主义；进行形势、政策教育，使党员干部正确分析和认识政治经济形势；进行法制教育，使党员带头学法，成为识法、懂法、守法、依法办事的模范；进行科学文化知识教育，使党员在党的工作重点转移中，善于学会用科学文化知识武装自己，搞好知识更新，跟上科学技术发展步伐。6—7 月，组织观看《党的女儿》《高山下的花环》《洪湖赤卫队》等反映党和军队历史，表现共产党员英雄模范形象的影片，教育党员继承和发扬党的优良传统。

1987 年 1 月 14 日，为纪念中共泉州特别支部建立 60 周年，举办党的知识竞赛活动，市直 22 个系统组队参赛，设一、二、三等奖。6 月，开展“共产党员在新时期如何发挥先锋模范作用”大学习、大讨论，举办党的基本知识测试，参加测试人数占党员总数的 91.54%，及格率 99.89%，总平均成绩 95.78 分，有 2006 人获得满分。组织撰写论文，推荐 3 篇论文参加泉州市党建研究会研讨，召开市直优秀共产党员事迹报告会。

1988 年，党员教育以中共十三大提出的党在社会主义初级阶段基本路线为主要内容，开展 3 次较大学习活动，轮训近万人，开展生产力标准再学习再讨论。为基层党组织编印 6 课党课教材，翻录 8 部录像片，发给基层党组织进行理想宗旨教育。

1989 年，贯彻全国党员教育工作会议精神，以中共十三届三中全会精神为中心内容，开展治理整顿和深化改革教育，组织编写《正确处理全局与局部的关系》《共产党员应在廉政建设中发挥先锋模范作用》《严格执行党的纪律》《加强基层党组织保证监督作用》党课教育提纲，提高党员思想觉悟，保证治理整顿和深化改革顺利进行。4 月起，为配合党的基本路线教育、党的基本知识教育和形势任务教育，组织党员收看全国和全省获奖党课电教片 48 部。

1990 年，贯彻中共十三届六中全会精神，开展对党员的群众观念教育，增强党员执行党的群众路线的自觉性，机关四分之一干部深入基层、农村、工厂、学校开展社会主义教育活动。

1991 年 3 月，开展社会主义思想教育，筑起拒腐防变思想防线。以《新时期党员教育十讲》为基本教材，上好 4 次党课。学习省委宣传部、组织部、党建办主编的“三基”知识 150 题，1 万多名党员、5万多名干部职工受到较系统的“三基”知识教育，12个单位举办“三基”知识竞赛，7000多人参加问卷测试，116人获满分（300分），平均成绩290.9分，泉州供电局、泉州邮电局、市委党校获前3名。市直机关党委表彰成绩优异的5个单位和10名个人。市直机关代表队和泉州邮电局代表队参加泉州市“三基”知识竞赛，分别获得第1名和第4名。“七一”期间，市直共举办各种报告会、座谈会173场，5700多人参加，请老干部讲党的光辉历史、讲革命传统、讲本地区的革命斗争史。与市委组织部、老干部局联合召开新老党员座谈会，与会老同志联系自己参加革命，逐步成长的过程，给新党员上了1堂革命传统教育课。9月，召开党员教育经验交流会，参加300多人，7个党组织介绍经验。9月25日起，组织党员学习中共党史和党建理论，分2批举办3期轮训班，参加2830人，考试平均成绩97.9分。认识和把握建设有中国特色社会主义经济、政治、文化的历史使命和基本要求，提高执行党的基本路线自觉性。

1992年，开展党的“三基”知识教育，增强党性观念，提高党员经受三个考验的自觉性。组织学习党建理论，举办培训班，培训201名党务干部和学习骨干。以整风精神，采用上党课形式，进行1次牢记党的宗旨、纪律、作风专题教育。开展社会主义思想教育，促进机关职能和作风转变。

1993年，组织学习中共十四大修改通过的党章。4月15—17日，举办学习党章骨干培训班，参加260人。4月19日，市委党建办、市直机关工委联合召开学习党章座谈会，12名党务、纪检干部交流经验、体会。市直136个党员活动室开展学习党章活动，播放《泉州潮》300多场，10000名党员、干部、职工受到教育。

1994年，组织学习《现代科学技术基础知识》一书，配合市科委举办科技讲座。

1995年，开展“双学”活动，组织党员学习邓小平建设有中国特色社会主义理论和党章，4000多名党员参加省委组织部、宣传部举办的知识竞赛，培训骨干2590人，培训党员5040人次。帮助11个单位、4名党员总结经验材料，召开2次学习经验交流会。开展民主集中制教育，组织收看收听录像、录音报告，举办讲座，开展专题讨论会，使党员特别是党员领导干部进一步了解民主集中制的根本原则、基本内容，增强坚持民主集中制的自觉性。组织5000多名党员、干部参加全省现代科技知识竞赛，248名科级以下干部学习英语。

1996年，继续开展学习党章活动，培训党员9163人，开展主题活动1350次，20000多人次参加活动。

1997年，组织学习中共十五大精神，利用政治学习时间，组织研读十五大报告和十五大修改通过的党章，明确大会提出的奋斗目标和各项方针政策，增强高举邓小平理论伟大旗帜自觉性，掀起学习邓小平理论的热潮。

1998年，学习邓小平理论做到“五个结合”：结合学习马克思主义基本理论和江泽民系列讲话；结合总结泉州改革开放30年经验；结合新一轮创业目标、任务；结合泉州经济发展目标的实现；结合改造世界观。

1999年，在党员中开展“讲学习、讲政治、讲正气”活动，编发“三讲”教育学习材料。组织开展马克思主义唯物论和无神论教育。11月1日，市直机关工委对建立党员活动室作出规定，要求党员活动室的建设本着庄重、严肃、整洁、实用的原则，有利于党支部各项活动的开展，体现“党员之家”的特色。市直机关各部、委、办、局设立的党支部，具有独立法人资格的企事业单位设立的党支部，做到1个党支部有1个党员活动室。党旗、入党誓词、党员必须履行的义务、党员享有的权利、党组织的基本任务、党的干部必须具备的基本条件等内容上墙，装入统一材料制作的镜框，大小匀称、字体美观、颜色协调、悬挂整齐。办公条件好的单位设置党支部工作目标、党员目标管理考评、党支部概况、光荣榜、先锋榜、学习园地。有条件的单位制作党支部工作制度、规划、图表、照片等上墙。党员活动室体现党员电化教育的功能，配备电化教育设备。

2000—2002年，结合国内外形势变化和机关面临机构改革、医疗制度改革，采取上党课、举办辅导讲座、形势报告会，举行升国旗等形式，对党员进行理想信念和爱国主义、集体主义、社会主义教育。编发以党的“三基”知识为主要内容的党课教材6000多册，供党员学习。

2003年，组织学习中共十六大修改通过的党章，把握精神实质，围绕市委“发展要有新思路，改革要有新突破，开放要有新局面，各项工作要有新举措”的要求，引导党员参加“泉州人的再思考”大讨论，进一步明确在全面建设小康社会中“该做什么、能做什么”。4月10日至5月10日，开展“两个务必”教育活动，学习党的三代领导及胡锦涛关于艰苦奋斗、居安思危、保持党同人民群众血肉联系的论述，与学习郑培民、谷文昌精神结合起来，激发党员干部创业热情，为泉州实现“两个率先”贡献力量。4月15日至5月20日，组织党员和入党积极分子参加中共中央宣传部教育局与《党建》杂志社联合举办的学习新党章100题知识竞赛活动。8月，举办以宣讲十六大精神为主要内容的党课优秀教案评选活动，运用党课教育方法促进党员教育。12月，组织学习党章和《中国共产党党和国家机关基层组织工作条例》知识测试，参加16000多人。

2004年8月11日，市直机关工委印发《关于开展创建“学习型党组织”活动的通知》，在党员中开展“日读千字、月看一书、季写一文、年学一技”学习活动。加强泉州机关党建网建设，使之成为党员干部理论学习、知识学习、信息交流、干部培训的网络平台。评选和表彰学习型党员，发挥典型的示范作用。

2005年起，市直机关分2批开展保持共产党员先进性教育活动，16884名党员参加。以《保持共产党员先进性教育读本》为主要教材，学习党章和胡锦涛关于新时期保持共产党员先进性“六个坚持”的基本要求，学习《江泽民论加强和改进执政党的建设（专题摘编）》《中国共产党党员权利保障条例》。党员做好读书笔记，撰写1—2篇学习体会和发言提纲。

2006年3月，在市直各级党组织中开展学习贯彻党章集中教育活动，引导党员学习党章，掌握党章内容和实质；遵守党章，依照党章规范言行；贯彻党章，增强党组织凝聚力和战斗力；维护党章，防止和纠正违反党章的行为。7月13日，为推动“学党章、懂党规、守党纪、强党性”主题实践活动，举行学习贯彻党章知识竞赛活动，42支代表队、126名党员参加。市纪委机关党委、市直宣传系统党委、市国税局机关党委获团体前3名，邓琼、郑进锡、童宝平获个人前3名。

2007年，编印《怎样上好党课》教材，发动党支部书记上党课、评党课，基层党委指导、督查，经过调研备课、普遍讲课、预赛、决赛，评出一等奖4名、二等奖10名、三等奖20名、组织奖10名，提高现代传媒技术在党课教育中的应用水平，增强党课教育针对性、实效性和趣味性。精选30篇优秀党课教案结集成册，选择14篇“好党课”示范录像制作成DVD光盘，供基层党务工作者学习参考。

2008年，运用“好党课”竞赛活动成果，组织党务干部学习《优秀党课教案选编》，进行“好党课”光盘展播，提高党课教育质量。探索网上学习途径和办法，开辟“机关党建论坛”，定期制订研讨主题，聘请专家、学者作研讨点评辅导。1月，创刊并编辑出版《泉州市机关党员教育学习资料》，每月1期，共出版12期。

2008年10月至2009年8月，市直党组织和党员分2批参加学习实践科学发展观活动，采取自学和集中学习培训相结合方式，组织党员学习《毛泽东邓小平江泽民论科学发展》《科学发展观重要论述摘编》，开展“解放思想、四求先行”大讨论，提高党员贯彻落实科学发展观自觉性。

2009年，以庆祝中华人民共和国成立60周年、澳门回归10周年和“海西”建设5周年等重大活动为契机，开展革命传统教育、爱国主义教育、社会主义理想信念教育，推进社会主义荣辱观教育。开展庆祝改革开放30周年系列活动，举办“先行先试当先锋、尽心尽责作奉献”先进事迹展12期，用身边共产党员的先进事迹教育党员。为贯彻落实市委、市政府召开的全市服务扶持企业发展大会精神，开展“我为企业发展尽份心”主题活动，动员机关党员干部围绕服务扶持企业发展，尽责任之心、尽服务之心、尽扶持之心，营造团结协作，拼搏创业的浓厚氛围。

2010年，2批共推荐30本阅读书目，开展荐书读书活动，倡导日学1小时、旬听1堂课、月读1本书，推动机关党员干部多读书、读好书，养成读书习惯。运用读书会、研讨会、文化沙龙、读书兴趣小组等载体，开展知识竞赛、网上论坛等活动，丰富学习内容，创新学习机制。

2011年4月18日起，组织党员学习中国共产党简史（含泉州地方党史）、《中国共产党章程》等党的基本知识。6月28日，由市直机关工委主办，泉州电业局、市文广新局、市委党校协办，泉州电视台承办的党的基本知识竞赛活动决赛。设一等奖1个、二等奖2个、三等奖4个、优秀奖14个、纪念奖30个。5月，组织参加“福建省庆祝中国共产党成立90周年知识竞答”，宣传和普及党史知识。

2012年5月16日，根据《2009—2013年全国党员教育培训工作规划》和省、市委《实施意见》，制订2012年市直机关党员教育培训工作计划。分类开展党员教育培训工作，推进教育培训工作信息化，健全教育培训工作制度，增强教育培训工作实效。做好入党积极分子、基层党务干部、新发展党员等重点对象培训工程。当年，举办培训班12期，培训840人。5月24日至6月25日，举办学习党章及《中国共产党党和国家机关基层组织工作条例》知识测试，采取答题卡方式进行测试，13560名党员参加测试，对满分卷进行现场抽奖，28人分获一、二、三等奖和优秀奖，10个单位获优秀组织奖。

2013年7—9月，为宣传正面典型，集聚党内正能量，开展“党员微故事”征集展评活动，展现平凡岗位党员无私奉献、爱岗敬业、热情为民、崇德向善、带头践行社会主义核心价值观形象。7月起，党员教育工作重点做好学习贯彻中共十八大精神，开展基层党组织书记集中轮训，在全体党员中开展学习党章、党史教育活动，开展“增强忧患意识，推动长远发展”大讨论；开展党的群众路线教育实践活动，树立群众观念，弘扬优良作风，解决突出问题，保持清廉本色；开展网络技术信息等现代技术培训，组织互联网知识普及应用培训，增强党员知网、懂网、用网能力。

2014—2015 年，组织党员学习中国共产党党史和党章，学习《六个“为什么”——对几个重大问题的回答（2013 年修订版）》和《世界社会主义五百年（党员干部读本）》。

2016 年 5 月起，在“两学一做”学习教育中，学习党章，领会党的性质、宗旨、指导思想、奋斗目标、组织原则、优良作风，领会党员条件和义务、权利，牢记入党誓词，明确做合格党员的标准和条件。学习《中国共产党廉洁自律准则》《中国共产党纪律处分条例》《中国共产党党员权利保障条例》等，掌握廉洁自律准则规定的“四个必须”“四个坚持”，掌握各类违纪行为的情形和处分规定。

2017 年 3—10 月，在“党员 e 家”开展“六好”评选活动，评选“两学一做”好文章、群众身边好党员、基层一线好支部、党建电教好片子、党建创新好案例、党建之友好典型。

二、主题实践活动

1986 年 6 月，开展庆祝中国共产党成立 65 周年党建系列活动，组织学习《人民日报》“七一”社论，学习胡耀邦在端正党风座谈会上的讲话，回顾党的光辉历程、优良传统和作风，增强党性，提高党员素质和端正党风自觉性。听取市委召开的“七一”形势报告会，观看传统教育影片《党的女儿》，举行新党员入党宣誓仪式，出版“七一”专刊和墙报，召开庆祝晚会。7 月，市直机关党委建立扶贫联系点惠安小岞乡，协助当地党员调查了解贫困状况及原因，提出脱贫致富措施，加强乡村党的建设，巩固和发展整党成果，宣传党的农村经济政策，开展精神文明建设。

1989 年“七一”期间，开展“时刻牢记我是一名共产党员”党建系列活动。组织大规模“党员奉献日”活动，维修各种电器用具 3296 件，义诊 5383 人次，捐款 18225 元，捐献衣物 5191 件、书刊 364 册，义演戏剧、歌舞 15 场，接待咨询 4300 人次，赠送宣传材料 1910 册，参加义务劳动 3000 多人次，回收废钢铁。

1990 年“七一”期间，举行“革命传统报告会”，请离休老干部朱义斌、朱展华作报告；庆“七一”黑板报评比；召开“发挥企业党组织政治核心作用”经验交流会。当年，泉州多次遭受强台风袭击，市直党员深入抗洪抢险第一线，慰问受灾群众，为群众排忧解难。为灾区人民捐款 26 万多元、衣服 46780 件。

1991 年，开展以“忆传统、讲党性、学先进、做贡献”为主题的庆祝中国共产党成立 70 周年党建系列活动。共举办忆传统、讲党性座谈会、党员先进事迹报告会、演讲会 220 场，受教育 8128 人。组织新党员入党宣誓 29 场，参加 424 人。表彰先进基层党组织 82 个、优秀共产党员 507 名、优秀党务工作者 113 名。6 月 21 日，市 4 套班子领导带领 1500 多名机关党员干部，冒雨参加“泉州市万名党员创建福厦文明路段”义务劳动。出动 8100 多人次、62 台车辆，清理福厦路面 4000 多米，清除垃圾几十车，运垫沙土 50 多吨，义修电器 349 件、自行车 1069 辆、生活用具 956 件，义诊 1929 人，为 3742 人提供咨询服务，赠送图书、宣传品 3760 份。

1992 年，开展“讲党性、做奉献，迎接十四大”系列活动。组织学习邓小平讲话，开展“进一步解放思想”和“我为十四大做什么”大讨论，举办学习党建理论骨干培训班。举办黑板报评比活动，组织小型体育比赛，组织党规党法知识竞赛活动。召开党建、案件检查经验交流会、评选优质服务先进个人。举办书法、美术、集邮展览。评选表彰先进基层党组织、优秀共产党员和优秀党务工作者。开展利民奉献活动，参加3734人次，出动车辆27台次，清除垃圾481吨，疏通排水沟1540米，义诊1214人次，接受咨询6930人次，赠送图书、资料42600册（份），修理家用电器429件、自行车470辆。为南平灾区捐款207901元，为建设侨乡体育中心捐款40多万元。

1993年，开展庆祝中国共产党成立72周年党建系列活动，组织10个系统、28个单位、500多名党员开展便民利民活动，接受咨询2689人次，义诊652人次，修理家电29件（台），1671名党员参加义务劳动。

1994年，开展为福建省革命历史纪念馆建设做贡献活动，捐款40多万元，超过计划83.1%。9月，发动党员干部为泉州晋江机场捐款53万元。开展庆祝中华人民共和国成立45周年系列活动，组织学习《什么是社会主义市场经济》《现代科学技术基础知识》，开展“万人千队歌颂中华”活动，出版国庆专刊。

1995年，开展庆祝中国共产党成立74周年和中华人民共和国成立46周年系列活动，对党员进行“三基”知识教育和开展为党旗增光辉利民奉献活动。举办各种学习座谈会、辅导报告会、知识竞赛130场，开展主题活动675次，参加9679人。

1996年1月25日起，组织向泉州市对口支援县西藏朗县和闽西灾区“送温暖、献爱心”活动。举行支援西藏朗县和龙岩灾区灾情报告会、通报会，发扬“一方有难、八方支援”精神，为朗县捐款106万元。8月，为龙岩灾区捐款203万元，以及大批衣服。组织开展以“学理论、讲党性、作奉献”为主题的“七个一”党建系列活动：上好1次党课，过1次民主生活会，举办1次新党员和入党积极分子培训班，组织1次新党员宣誓，表彰1批先进典型，开展1次无偿献血活动，举办1场文艺晚会。共举办培训班13期，培训1276人。850名新党员参加入党宣誓。表彰18个先进基层党组织、135名优秀共产党员、17名优秀党务工作者。组织1138名党员参加无偿献血。

1997年，开展“讲党性、作奉献，迎接党的十五大”党建系列活动。组织撰写新时期党的建设理论与实践问题为主题的党建论文，参加全市党的建设理论研讨会。召开座谈会、纪念会、演讲会，举办歌诵晚会、知识竞赛，组织义务劳动、义修、义诊、送科技下乡，走访慰问贫困户，对党员进行理想、宗旨、信念教育。

1998年1月，根据省、市委组织部通知精神，做好党旗党徽配备工作，开展尊重和爱护中国共产党党旗党徽教育活动。开展以“振奋精神、增强党性、再创新业”为主题的庆祝建党77周年系列活动和纪念中共十一届三中全会召开20周年活动。组织12个系统、局在威远楼、东湖公园、文化宫摆摊设点，进行义诊、义修和咨询活动。撰写理论文章，推选18篇参加全市党建论文评选。开展送温暖活动，为76名中华人民共和国成立前入党、困难企业和遭受病灾党员送去慰问金。开展扶贫救灾捐赠活动，为南平灾区捐款36万元．为长江灾区捐款349万元和价值155万元物资，为宁夏贫困地区捐款28.6万元。

1999年，开展以“学理论、学党章、讲党性、比贡献”为主题的庆祝中国共产党成立78周年党建系列活动。抽查中心组学习记录和个人读书笔记，评选优秀体会文章，举办第2期科级干部理论学习培训班。开展党员奉献活动，每个党委组织1次利民奉献活动，每个党支部开展1次有意义的党员活动，每个党员为群众做1件好事。6月28日至7月1日，在市区东街、文化宫、温陵路、涂门街开展利民活动。召开“创先争优”表彰大会和经验交流会，举办庆“七一”专刊和第4届“军旅之声”演唱比赛。

2000年，开展以“学习‘三个代表’重要思想，保持共产党员先进性”为主题的庆祝建党79周年党建系列活动。6月27—30日，市直党群、宣传、建委、交通、科委、外经、教育、卫生、公安、财委系统党委，泉州电业、泉州电信、泉州移动公司党委组织开展各种利民活动。9月，响应市委、市政府“举全市之力，办泉州师院”号召，发动党员干部为实施科教兴市战略踊跃捐款。

2001年，根据市委《关于中国共产党成立80周年庆祝活动的通知》，组织开展以“共产党好、社会主义好、改革开放好”为主题的系列活动。开展“党旗飘飘”——机关党建成就展、“颂歌献给党”——群众性歌诵活动、“共产党好”——征文演讲比赛。举办中共党史、泉州党史报告会，新党员宣誓，党员“奉献周”，慰问走访中华人民共和国成立前入党的老党员等活动。3月30日至4月30日，组织参加庆祝中国共产党成立80周年党的知识竞赛活动，以系统（局）党委、驻泉省部属单位党委为单位参加集体竞赛，组织学习知识竞赛800题，以答题卡形式参加竞赛。4月，发动党员干部为泉州市对口支援的宁夏贫困地区捐款10万元。6月25—30日，开展“党员奉献周”活动，在市区东街、文化宫、温陵路、涂门街、威远楼由市直市委办、市府办、宣传系统党委，泉州邮政、泉州电信、泉州移动公司党委等21个党委组织各种利民便民活动。

2002年，开展以“建五好支部、当人民公仆、迎十六大召开”为主题的庆祝中国共产党成立81周年党建系列活动。召开表彰大会、座谈会，举办全市机关党务干部“公仆杯”演唱比赛，慰问特困党员，举行“永远跟党走”党团知识竞赛，“红色一日行”党日活动，开展义诊、义修、义务劳动，组织党员干部参观古田会议旧址和纪念馆、赣南闽西革命根据地、永宁安海革命老区等，进行革命传统教育。10月8日至11月7日，为迎接中共十六大召开，开展以迎接十六大为主题，以认真学习、宣传、身体力行“三个代表”重要思想为主线的“争创新业绩、迎接十六大”宣传月活动。学习、宣传、贯彻“三个代表”重要思想，讴歌党的丰功伟绩和改革开放成就，开展党建创先活动，引导党员立足本职创佳绩，开展丰富多彩主题活动。

2003年4月28日起，响应中共中央总书记胡锦涛号召，弘扬中华民族精神，运用科学技术力量，夺取防治非典型肺炎（简称“非典”）的胜利。各级党组织利用各种载体大力宣传疾病预防知识和相关法律法规，宣传防控“非典”中涌现出来的先进典型，宣传防控“非典”的各种措施和取得的成效，消除疑虑，稳定人心。尊重科学，依靠科学，用科学思想武装头脑，沉着应对，临危不乱，正确认识“非典”是可防、可治、可控制的一种疾病，不听信和传播谣言，不搞封建迷信活动，清除恐惧心理，主动做好群众的解释和宣传工作。教育家人和亲友不参与哄抬物价，制假售假，囤积货物，发动干部职工搞好环境卫生，做好保洁消毒工作，养成良好的个人卫生习惯。党组织和党员在抗击“非典”中发挥战斗堡垒作用和先锋模范作用。

2003年，开展以“实践三个代表，保持党的先进性”为主题的庆祝中国共产党成立82周年党建系列活动，举办理论培训班、研讨会、座谈交流、集中授课，对党员进行一次“三个代表”重要思想的再学习、再教育。开展形式多样的宣传教育活动，举办党的知识竞赛、诗画展览、文体活动，活跃党的生活。组织“党员奉献工程”“党员奉献周”“党员奉献日”和“送温暖、解忧难、办实事”活动，以及科技、法律、法规、政策咨询、“三下乡”等利民便民服务。宣传在防治“非典”斗争中党组织和党员先进事迹，坚持一手抓“防治非典”，一手抓发展。12 月 26 日，为纪念毛泽东诞辰 110 周年，中华爱国工程联合会、市委宣传部、市直机关工委、市国税局联合在威远楼举办毛泽东像章珍藏展，展出市国税局徐坤荣收藏的 8000 多枚珍品像章。

2004 年，开展庆祝中国共产党成立 83 周年党建系列活动，把学习贯彻“三个代表”重要思想不断引向深入，把保持共产党员先进性教育活动准备工作做好做实，把机关党建工作创先活动推上新水平。

2005 年 6 月，开展庆祝中国共产党成立 84 周年党建系列活动，按照“突出主题、形式多样、内容广泛、注重实效”要求，赋予“党员奉献工程”“党员奉献周”“党员奉献日”活动新的内涵。6 月 21—30 日，集中一段时间开展义修、义诊、送医送药，开展科技、法律、法规、政策咨询，开展“三下乡”和形式多样小型分散的利民活动。12 月，遵照胡锦涛关于“切实安排好冬令期间困难群众生活”的指示，开展“送温暖、献爱心”活动，弘扬“扶危济困、团结互助、一方有难、八方支援”的传统美德，踊跃向困难群众捐款。2005 年 12 月至 2006 年 3 月，开展“当先进、走前头、创一流、做贡献”主题实践活动，引导党员立足岗位、振奋精神，争当勤奋学习表率、服务基层表率、促进发展表率、开拓创新表率、廉洁自律表率。

2006 年，开展以“葆先进、当先锋、创佳绩”为主题的庆祝中国共产党成立 85 周年党建系列活动。开展学习贯彻党章集中教育活动，开展社会主义荣辱观教育，不断巩固和发展先进性教育活动成果，开展“创先争优”活动，开好专题组织生活会，开展党员奉献活动，开展生动活泼的庆祝活动，开展“送温暖、解忧难、办实事”慰问活动。9 月，开展纪念红军长征胜利 70 周年活动，动员和激励党员干部职工发扬红军长征精神，投身海峡西岸经济区现代化工贸港口城市建设。

2007 年，开展以“当先锋、创佳绩、喜迎十七大”为主题的庆祝中国共产党成立 86 周年党建系列活动和香港回归 10 周年、中国人民解放军建军 80 周年庆祝活动，组织学习胡锦涛 6 月 25 日讲话和十七大报告。开展党员集中学习党章教育活动，组织党员重温入党誓词，集中上党课，召开组织生活会、心得交流会、理论研讨会；开展贯彻落实保持共产党员先进性 4 个长效机制文件自查自纠活动，强化工作措施，抓好整改落实；开展党建创先活动，整合创先资源，构建“三级联创”格局，提高党建创先水平；开展以“迎接党的十七大”为主题的宣传活动，举办“好党课”竞赛活动，“颂歌献给党、喜迎十七大”“活力泉州迎农运，道德新风伴我行”“树良好形象，做文明使者”活动；开展“作风教育学习月”活动，树立忧患意识、公仆意识、责任意识；开展党建带工建（工会建设）、团建（共青团建设）、妇建（妇女组织建设）活动，拓展党建平台，开展“党员奉献工程”“党员奉献周”“党员奉献日”活动，深化“奉献在岗位，创业在海西”实践活动；开展“送温暖、解忧难、办实事”慰问活动，慰问因重病、重残、重灾生活特别困难党员。

2008 年 5 月 12 日，四川汶川等地发生特大地震。5 月 14 日，市直机关工委召开“向四川灾区人民献爱心”活动部署会，各部门、各单位迅速行动起来，开展救灾捐赠工作，以实际行动为灾区人民献爱心。市直机关共募集740.73万元善款，其中个人捐款595.73万元，单位捐款145万元，用实际行动为灾区人民献爱心。5月21日，市直机关工委召开直属党组织负责人会议，传达中央组织部关于党员自愿交纳“特殊党费”的通知精神，部署机关党组织做好党员自愿交纳“特殊党费”工作，进一步支援灾区抗震和重建，广大党员热烈响应，踊跃交纳“特殊党费”。市直14298名党员共交纳“特殊党费”609.88万元，交纳“特殊党费”党员中有80多岁高龄的老党员，有患重病长期住院的党员，有妻子下岗、子女读书经济困难的党员，体现了“一方有难，八方支援”的精神。市卫生局、省一九七地质队、省闽东南地质大队等单位派出6批41名救援人员（其中20名党员）奔赴灾区，冒着余震、塌方、暴雨、泥石流等险情，参与医疗救援和地质灾害调查工作。市直机关工委领导班子走访慰问赴四川抗震救灾党员家属代表。

2008年，为学习贯彻中共十七大精神和市委十届三次全会提出的“好字当头、先行先试”要求，开展“先行先试当先锋、尽心尽责作奉献”主题活动，引导全市机关党员为“两个先行区”（科学发展先行区、两岸人民交流合作先行区）建设做贡献。5—6月，开展以“当时代先锋、促和谐发展”为主题的庆祝中国共产党成立87周年党建系列活动，开展“学习贯彻十七大，立足岗位比奉献”“回顾三十年，展望新泉州”“党内民主教育”“迎农运，树形象，作表率”等10项活动。10月，开展“当好东道主，办好农运会”主题实践月活动，围绕全国农运会在泉州举办，组织动员党员干部在参与农运、奉献农运中当先锋，做模范，发挥好表率作用，为农运会成功举办作出贡献。

2009年1月，紧扣市委“稳住大盘、固本培元、项目带动、奋力发展”工作思路和“项目建设年”中心任务，开展机关党建服务发展“五建五创”活动：建学习型团队，创一流党员队伍；建合力型团队，创一流办事效率；建服务型团队，创一流投资环境；建创新型团队，创一流工作业绩；建廉洁型团队，创一流公仆形象。5月起，开展庆祝中国共产党成立88周年党建系列活动，开展“学习实践科学发展观，增强党建工作新活力”专题调研，“弘扬惠女精神，提振创业激情，促进科学发展”活动，“凝心聚力攻难关，彰显作为促发展”活动，“共建共享，互学互促”活动，“我为企业发展尽份心”活动，“送温暖、解忧难、办实事”活动，“争当勤廉表率，推动科学发展”主题教育学习月活动，“和谐诗篇颂党恩”现代诗歌创作大赛活动，机关党建和思想政治工作理论研究等10项活动。8月25日，召开全市机关党建服务“五建五创”活动座谈会，市直农办系统、宣传系统等9个单位介绍“五建五创”“我为企业发展尽份心”活动开展情况。市委副书记、市纪委书记、市直机关工委书记朱淑芳出席并讲话。

2010年，开展“创先争优当表率，跨越发展作奉献”主题活动，党员围绕市委“项目带动、转变提升、和谐进步、奋力发展”工作思路，为服务“海西”建设做贡献。举办报告会、观看电影、召开座谈会、学习何祥美、沈浩、李彬、刘国才先进事迹。4月14日，青海玉树发生7.1级地震，市直机关开展“情系玉树、抗震救灾”活动，踊跃捐款，帮助灾区群众渡过难关。8月31日，市直机关工委与市行政服务中心管理处联合召开“强化协同协作，推动跨越发展”现场会，总结在服务重点项目、中心工作中的典型经验予以推广，为“大干150天，打好五大战役”营造浓厚氛围。朱淑芳出席并讲话。

2011年3—7月，开展以“学党史、颂党恩、唱红歌、创先进”为主题的庆祝中国共产党成立90

周年系列活动。开展“红歌传唱”活动，唱响共产党好、社会主义好、改革开放好、伟大祖国好、各族人民好的时代主旋律。开展党的理论、历史和基本知识学习教育活动，正确认识党的光辉历史、伟大成就、宝贵经验、光荣传统和优良作风，举办党的知识竞赛活动。举办市直机关党员志愿服务活动启动仪式，成立机关志愿者协会。组织部分优秀共产党员、党务工作者到革命圣地接受教育，缅怀革命先烈的丰功伟绩。举办1场机关女子艺术团汇报演出晚会，展现机关文化建设成果。

2012年，开展迎接中共十八大胜利召开为主题的庆祝中国共产党成立91周年系列活动，教育党员围绕“抓落实、全覆盖、求实效、受欢迎”4项要求，以强组织、增活力为目标，全面推广“168”党建工作机制，做好机关党组织分类定级工作，深化“创先争优”活动，为十八大召开营造浓厚氛围。

2013年，广泛开展中共十八大精神的学习宣传贯彻活动，利用泉州机关党建网等载体，宣传报道市直党组织和党员学习贯彻动态和做法，营造浓厚氛围，组织机关党组织宣讲十八大精神。开展“增强忧患意识，推动长远发展”大讨论活动，在泉州机关党建网开辟大讨论专栏，报道开展大讨论活动情况，共登100多篇。动员和引领党员干部围绕市委工作大局，为推进泉州建设“金改区”，民营经济综合配套改革、壮大产业集群、促进闽台交流合作等重点领域改革和长远发展作出新贡献。

2014年，在党的群众路线教育实践活动中，以改进作风、密切联系群众为主要内容，组织党员进行1次专题辅导学习，请基层先进代表作1次专题报告，学习詹红荔、李彬、林丹、吴一心、陈其伟等先进事迹和先进典型。开展1次群众路线主题党日活动，参加学雷锋志愿服务活动。开展专题讨论，从思想上弄清“为了谁、依靠谁、我是谁”的问题。

2015年，在党员干部中开展“严以修身、严以用权、严以律己，谋事要实、创业要实、做人要实”的“三严三实”专题教育。突出抓好“三会一课”、民主评议党员、党员党性定期分析等制度的落实，把严肃党内政治生活落实到全体党员。在整合资源、创新形式、拓展渠道上开拓创新，提高党员教育培训工作水平。推动机关事业单位在职党员到社区报到，为群众服务工作，解决联系服务群众“最后一公里”问题。

2016年，在全体党员中开展学党章党规、学习系列讲话，做合格党员的学习教育活动。开展庆祝中国共产党成立95周年系列活动，举办党内法规知识竞赛，加强对党内法规的学习宣传。组织“一先三优”评选表彰。举办现代诗歌创作比赛、书法展活动。

2017年6月28日起，开展“庆祝中国共产党成立96周年·喜迎十九大”系列活动。开展集中走访慰问活动，重点走访慰问中华人民共和国成立前入党、目前生活困难的老党员、因公牺牲困难党员的家庭、因重灾重病重残生活困难党员；开展支部主题党日活动，组织新党员集体宣誓、老党员重温入党誓词，观看《榜样俊波（沙画版）》微电影；开展“两学一做”党的知识问答活动，学好党章党规；深化“承诺、践诺、评诺”工作，开展“基层一线好支部、群众身边好党员”宣传短片展播和“六好”评选活动，开展党员亮身份志愿服务活动，利用党员活动日、节假日、业余时间开展扶危济困、扶孤助残、生态环保、拥军优属、大型公益活动。学习习近平在中共第十九次全国代表大会所作的《决胜全面建成小康社会　夺取新时代中国特色社会主义伟大胜利》的报告和十九大修改通过的《中国共产党章程》。

第二节 党员管理

一、党的组织生活

1953年8月，地直机关党委对党支部组织生活作出规定，每月开展3次活动，召开1次组织生活会、上1次党课、组织1次学习。

1956年4月26日，地直机关党委规定党支部必须坚持正常的组织生活制度，党支部（党小组）至少1个月过1次以批评和自我批评为内容的组织生活会，着重检查工作，向一切违犯党的原则的现象开展斗争，展开同志式的批评，揭发工作中的缺点，反对党内各种错误思想。

1960年4月25日，召开党总支宣传委员会议，对进一步严格执行组织生活会制度作出规定，按时以党支部或党小组为单位召开组织生活会，进行批评与自我批评。交通、建筑、师院等党委和商业、卫生等党总支委员以及独立单位的党支部委员除了参加党小组组织生活会以外，还必须以委员会为单位每季至少召开1次生活会。

1961年起，健全组织生活，定期开展批评与自我批评，多数党支部的组织生活是正常的，虽有少数党支部对组织生活抓得不够，党员的错误观点和相互之间的意见不能及时消除，存在组织涣散现象，一经指出，能及时扭转过来。

1963年，坚持过组织生活，开展批评与自我批评，增强党的组织观念，开展思想斗争，及时纠正与克服党内非无产阶级思想和不良倾向。12月，开展落实组织生活制度情况检查，在93个党支部中，过2—4次组织生活的5个党支部、5—8次的12个党支部、9—12次的76个党支部。

1964—1965年，党支部坚持每月过1次组织生活，有重点地解决一些问题，在社会主义教育运动中，通过生活会形式，自上而下普遍进行自我检查，开展批评与自我批评。

1972年6月，直工组对党的组织生活作出规定：党委、党支部每季度召开1次交心通气会，会议记录交给直工组，每星期一晚上为党日活动，形成制度。各单位党组织建立党课制度，定期或不定期给党员上党课，党费要亲自交，每星期至少参加1次机关劳动。

1973年各级党组织建立健全组织生活制度，每月召开2次组织生活会、1次支委会、1次支部党员大会、上1次党课。

1979年3月，针对有些党支部很少开展活动，有的党员几年没有参加组织生活，开展党支部整顿工作，建立组织生活制度，党员组织生活逐步正常。地直机关党委规定：党委委员、党总支委员除参加支部组织生活外，每季度集体过1次组织生活，开展批评与自我批评。党支部委员每2个月1次，党员每个月1次过组织生活。6月，地直机关党委规定，每星期一晚上为机关党组织活动时间，工厂、企事业单位根据生产实际，自行安排时间，健全党内民主生活，开展批评与自我批评。建立党课制度，以党总支、党支部为单位上党课，或几个党支部联合上党课。教员由党总支、党支部委员担任。

1980年5月12日，对地直机关党课教育作出安排，每月上1次党课，由8名地委、行署领导分别讲党课。每月1个晚上上党课，2个晚上学习文件和讨论，1个晚上过组织生活。6月，根据地委《关于健全党的组织生活的通知》，针对“文化大革命”期间党的组织生活严重混乱和长期停顿，给党的建设造成严重损伤，粉碎江青反革命集团后，党的组织生活虽然逐步恢复，但还存在不少问题的状况。地直机关党委把健全党的组织生活当作党的建设重要内容之一，在各级党组织中严格执行民主集中制原则，实行集体领导和个人分工负责相结合，健全党委制。定期召开以批评和自我批评为内容的组织生活会，党委每半年召开1次，党总支、党支部委员会每3个月召开1次，党小组每月召开1次。党委委员除了参加委员会组织生活会外，还以普通党员身份，参加党小组的组织生活会。恢复和健全“三会一课”制度，定期召开支部大会、支部委员会、党小组会和上好党课。

1981年，建立健全党内制度，建立地直机关党委专职委员每星期三例会制度和全体委员半年1次民主生活会制度、机关党支部星期一党团活动制度、每月1次组织生活制度。

1982年2月24日，印发《一九八二年党课教育安排意见》，参照《福建支部生活》刊登的“认真学习新党章，做一个合格党员”党章辅导材料7讲，每季度上2次党课。多数党支部坚持每星期一的党日活动，按季度召开支委会、支部大会和小组生活会。结合打击经济领域犯罪活动，在组织生活会上发动党员查思想、查经济、查作风，开展反腐蚀斗争。把提高“三会一课”质量放在突出位置，坚持每星期一晚上党日活动制度，按季度召开支委会、支部大会和小组生活会，分阶段、有重点地上党课。

1983年，在查处领导干部建房分房问题上的不正之风期间，在清理精神污染过程中，在开展安全保卫工作检查中，组织党员过组织生活，开展积极的思想斗争。当年，地直275个党支部中，平均每月召开1次支部大会的66个，平均每季度召开1次支委会的208个，有154个党支部以党章和党的路线方针政策为主要内容上党课6次以上。736个党小组中，平均每月召开1次组织生活会的149个。

1984年，通过“三会一课”，开展以党课教育为主要形式，以中共十二大党章、党的基本知识、党内政治生活若干准则和中央整党决定为主要内容的学习教育活动，提高支部和小组生活会质量。

1985年，在整党中把落实党的组织生活制度列入边整边改内容，原来组织生活制度比较健全的更加巩固，原来不够健全的建立健全。多数党支部每周基本坚持1个党日活动。12月，调阅48个党支部1984—1985年党组织会议记录，坚持“三会一课”制度，按要求记录的16个党支部，占33.3%；党的生活制度基本能坚持，记录不很全的16个党支部，占54.2%；“三会一课”制度不健全，交不出会议记录的6个党支部，占12.5%。针对问题，对健全组织生活制度提出4点意见。

1986年，市直机关党委统一印制《“三会一课”和双重组织生活制度出（缺）勤季度考勤登记表》，发至基层党支部，完善考勤制度；落实每季度组织活动情况汇报制度，4次调阅组织生活会记录，通报调阅情况。与市纪委、市委组织部联合检查7个党组、7个党委、4个党总支、22个党支部组织生活会情况。纠正部分党组织“三会一课”制度不健全，组织生活会与行政会议混同，批评和自我批评开展不起来等问题。

1987年，组织8个检查组，采取逐项评分办法检查105个机关党支部落实组织生活制度情况，

“好”的和“比较好”的占49.5%、“一般”的占31.4%、“差”的占19.1%。

1988年1月11日，印发《关于加强党的制度建设的若干规定》，对原有组织生活制度进行梳理，进一步建立健全党的民主集中制、领导班子双重组织生活会制度、“三会一课”制度、党员管理教育制度、民主评议鉴定党员制度、思想政治工作制度等10项制度，汇编成册发至基层党支部。7月16—27日，抽调28名党务干部组成7个小组，抽查25个党委、16个党总支、44个党支部上半年党的组织生活制度落实情况。44个受检查党支部在百分制评分中，平均得分73.33分，“好”的占20.73%、“一般”的占61.37%、“差”的占17.9%。纠正部分单位存在的党组织长期不开展活动、党内生活质量不高、组织不健全等问题。

1989年，每季度由系统（局）党委组织检查或抽查，半年由市直机关党委组织检查，检查60个党委、党总支、党支部，党组织班子“好”的占64%、“一般”的占32%、“差”的占4%。坚持制度“好”的占46.15%、“一般”的占46.35%、“差”的占7.5%。

1990年起，在3个党委、4个党总支、50个党支部，1300多名党员中试行党支部和党员目标管理，探索总结经验，多次召开3种类型党组织负责人座谈会，广泛征求意见，研究修订目标管理具体内容。目标管理考评制的实施，使党建工作走上一条依靠制度建设的新路子。2次检查党的组织生活制度落实情况，大多数单位坚持“三会一课”制度，但普遍存在民主生活会质量不高，批评与自我批评开展不起来问题。

1990年5月25日，中共中央印发《关于县以上党和国家机关党员领导干部民主生活会的若干规定》，党员领导干部参加双重组织生活会制度进一步落实，既参加所在党支部、党小组的组织生活会，接受党内外群众监督，又参加定期召开的党员领导干部的民主生活会。

1991年，召开党支部和党员目标管理汇报会，22个党委、党总支、党支部汇报情况。检查18个党委、2个党总支、396个党支部目标管理和组织生活制度落实情况，“好”的党支部125个，占31.5%；“一般”的267个，占67.5%；“差”的4个，占1%。9月，召开推行目标管理工作座谈会，10个党组织交流经验，推行目标管理考评制，使党的组织生活更加制度化和规范化。

1992年，各级党组织严格执行上党课制度，坚持每季度上1次党课，处以上党员领导干部带头为党员上党课。党课教育以《新时期党员教育十讲》为基本教材，根据形势任务和党员思想实际，选择有针对性内容，提高讲课质量和效果。上半年，36个系统（局）党委、党总支、直属党支部按时召开民主生活会的31个，占86.1%，应参加党员领导干部277名，实参加194名，到会率89.4%。下半年，对“三会一课”制度落实情况进行1次全面检查，多数党组织落实“三会一课”制度较好。

1993年，根据中共十四大党章修正案的规定，结合市直机关工委职能和任务的转变，对机关党的制度、规定进行充实完善，每半年系统（局）党委、党总支对党的生活制度落实情况进行1次检查或抽查。

1994年4月5日，市直机关工委制定《关于加强党的组织生活制度建设的若干规定》，对基层党的组织生活作出具体规定：

1. 党的组织生活

党小组会（含不设小组的支部），应每月召开1次，汇报思想、学习文件，每季度召开1次组织生活会，开展批评与自我批评；党支部委员会，应每月至少召开1次，讨论党支部活动计划，听取党小组汇报，分析党员思想、工作、学习、遵纪守法和发挥先锋模范作用情况，研究改进措施，讨论党员的培养发展工作，每季度召开1次支委组织生活会，开展批评和自我批评；党支部大会，企事业党支部每季度召开1次，机关党支部可适当增加次数，总结和报告工作，听取党员意见，学习贯彻上级党组织决议、文件，接收新党员和讨论预备党员转正，评选和表彰优秀党员，讨论决定对犯错误党员的处分，讨论决定支部的其他重要问题；党课教育，每季度上1次党课，可采用上级有关部门统一编写的或党刊发表的教材，也可以基层党组织自己编写，组织看电教片，请优秀党员介绍先进事迹，参观学习等形式。

2. 党组织领导班子的双重组织生活会

党员领导干部要以普通党员的身份参加所在单位的党支部、党小组的组织生活会，自觉接受党内监督。市直各系统（局）党委、直属党总支、直属党支部和企事业单位党委班子成员的民主生活会，每半年召开1次，上半年的民主生活会，在7月底以前召开，下半年民主生活会，在翌年1月底以前召开。遇有特殊情况需要延期召开的，必须报经市直机关工委同意，系统（局）党委、直属党总支、直属党支部召开民主生活会情况和会议记录本应于召开会后10日之内报市直机关工委。

1995年起，加强对党的组织生活制度落实情况的督查，基层党支部每半年1次、基层党委每年1次自查，系统党委每半年进行1次抽查，市直机关工委每年重点抽查1次。

1997年，检查8个系统、15个基层党组织党内各项制度落实情况，针对个别单位存在的制度不落实、活动不规范问题，提出整改意见，促进提高“三会一课”质量。

1998年，统一印发党支部党员大会会议记录本、党支部委员会会议记录本、党小组会议记录本、党支部理论学习和党课教育记录本、发展党员专用记录本，规定会议记录格式。6月9日，在开展建设“五好”党支部活动的实施意见中，把严格党的组织生活作为建设“五好”党支部的内容之一。第一轮建设“五好”党支部考评中，对落实组织生活制度情况进行全面检查。12月4日，市委贯彻《中国共产党党和国家机关基层组织工作条例》意见中，对坚持党内生活的严肃性、严格党的组织生活作出具体规定。

1999年12月，贯彻中央组织部《防止党的组织生活娱乐化倾向》通知精神，采取措施进一步建立健全党的组织生活制度，提高组织生活质量，防止出现党的组织生活娱乐化的不良倾向。

2000年3月1日，市委批转市直机关工委《关于在市直机关开展创建“党建工作先进单位”活动的意见》中，对党员领导干部参加双重组织生活，按期召开民主生活会，开展批评和自我批评以及基层党支部健全组织生活制度作出具体规定，并列入考评内容。4月5日，市直机关工委印发基层党建工作规范基本要求中，规定：党员领导干部应参加双重民主生活会。领导干部参加所属支部的组织生活会，支部记录应有体现；党委民主生活会每半年召开1次，严格按照会前组织调研、征求意见、汇总问题，会中开展批评和自我批评，会后落实整改措施等阶段进行，切实提高民主生活会质量；每次民主生活会应有书面通知、座谈会征求意见的书面情况、会议记录、存在问题及整改措施（应体现在记录中）；上次民主生活会存在问题的整改情况应在下次生活会上通报。

2001年5月，对申报第一届“机关党建工作先进单位”初评的51个单位考评中，对22个机关党委、15 个党总支、76 个党支部落实组织生活制度情况进行检查。

2002—2003 年，针对部分关、停、并、转、破产企业党的生活不正常问题，合理调整基层党组织设置，使这部分党组织党内生活逐步规范化、制度化。

2004 年 12 月 23 日，市直机关工委在进一步深入开展“五好”党支部建设活动的意见中，对机关、事业单位党支部，企业单位（实行企业化管理的事业单位）党支部，离退休干部党支部“三会一课”制度落实分别提出考评要求，设置一定分值进行考评。

2005 年 8 月 31 日，市直机关工委制定《关于加强企业党支部建设的若干意见》，根据企业实际，进一步完善党内生活制度：“三会一课”制度，党员大会、支委会、党小组会每季度至少召开 1 次，每半年至少上 1 次党课；民主评议党员制度，每年开展 1 次民主评议党员活动，严肃处置不合格党员；组织生活会制度，每半年召开 1 次党员组织生活会，开展批评与自我批评；支委民主生活会制度，每年召开 1 次支委民主生活会，开展批评与自我批评，针对存在问题，提出整改措施；主题活动制度，每年至少组织 1 次主题活动，做到主题鲜明，内容丰富，生动活泼。

2005 年 10 月 25 日，市直机关工委、市委老干部局制定《关于加强市直离退休干部党支部建设的若干意见》，对离退休干部党支部组织生活制度作出规定：定期召开党支部委员会、党小组会和党员大会，上好党课。每年开展 1 次以党员自我教育为主的民主评议活动，每半年召开 1 次组织生活会。党员向党支部（党小组）汇报自己的学习、思想情况，开展批评与自我批评。每月至少坚持集中学习 1 次，及时传达、讨论上级党组织有关重要会议和文件精神。学习方式应多种多样，可采用报告会、座谈会、学习讨论会、读书班、理论辅导讲座等多种方式进行，不断提高党员的思想政治觉悟。

2006 年 6 月，在建立保持共产党员先进性长效机制中，对党内组织生活制度作出规定：党支部每季度至少召开 1 次支部党员大会、1 次支委会；每半年至少召开 1 次党员组织生活会，上 1—2 次党课；每年 1 次支委民主生活会，开展批评与自我批评；每月 1 次党小组（不设党小组的支部）活动。

2007 年，在第三轮创建“机关党建工作先进单位”考评中，检查 81 个参评单位机关党支部的党内生活落实情况，抽查其下属单位 160 多个党支部“三会一课”会议记录。

2008 年，组织第八轮建设“五好”党支部考评中，对 211 个党支部组织生活制度落实情况进行检查。

2013 年，试行党员组织关系一方隶属，参加多种组织生活模式，进一步提高组织生活效果。

2014 年 8 月 11 日至 9 月 20 日，在党的群众路线教育实践活动中，机关基层党组织召开专题组织生活会，通过谈心谈话沟通交流思想，通过撰写对照检查材料明确整改方向，通过梳理问题清单抓好整改。从群众最不满意的地方改起，从联系服务群众最薄弱的环节抓起，把专项整治、落实“三会一课”等党内生活制度，加强机关服务型党组织建设，转化软弱涣散党组织等作为整改落实内容。

2015 年，在“三严三实”专题教育中，借鉴党员领导干部“三严三实”专题民主生活会的做法，机关党组织召开专题组织生活会，采取“三对照六查看”方式，查摆“不严不实”问题：对照对党忠诚、个人干净、敢于担当的要求，查修身严不严，看是否做到加强党性修养，坚定理想信念；

查用权严不严，看是否坚持用权为民，按规则、按制度行使权力；查纪律严不严，看是否严守党的政治纪律和政治规矩；查谋事实不实，看是否做到从实际出发谋划事业和工作；查创业实不实，看是否做到对党、对组织、对人民、对同志忠诚老实。党员领导干部以普通党员身份参加所在党支部专题组织生活会。

2016年，贯彻省委《关于进一步严格党内组织生活的指导意见》，强化对党员的日常管理、组织关系管理，完善并落实双重组织生活会、“三会一课”、主题党日、民主评议等制度，稳妥慎重地做好处置不合格党员工作。

2017年，检查138个党支部“三会一课”记录本。1月4日至3月15日，在“两学一做”学习教育中基层党支部召开专题组织生活会和开展民主评议党员。查找在政治合格、执行纪律合格、品德合格、发挥作用合格方面的差距和不足。党支部班子查找在执行上级党组织决定、严格党的组织生活制度、加强党员教育管理、教育引领和联系服务群众、加强自身建设方面存在的问题，列出整改清单，制订整改措施。9月5日，市直机关工委印发《关于进一步推进市直机关“三会一课”常态化制度化的指导意见》，对进一步落实“三会一课”制度进行专项部署，针对存在的短板问题，提出改进措施。丰富内容，确保“三会一课”规范化；创新方式，确保“三会一课”多样化；明确规定，确保“三会一课”制度化；落实保障，确保“三会一课”常态化。市直各级党组织严格“三会一课”时间要求，设党小组的支部党员大会一般每3个月召开1次，党支部委员会、党小组会及不设党小组的支部党员大会一般每个月召开1次，党课每年至少安排1—2次。采取层层压实责任、加强分类指导、强化督促检查、坚持科学统筹等措施，抓好落实。

二、民主评议党员

1988年10月10日，市直机关党委根据省委闽委〔1988〕14号和市委泉委综〔1988〕062号文件精神，印发《关于开展民主评议党员活动，妥善处置不合格党员的实施意见》，目的是使党员普遍受到一次党员标准的再教育，使优秀党员得到表彰，使不合格党员受到妥善处置，使少数腐败分子受到清除，增强党组织战斗力，发挥共产党员先锋模范作用。民主评议党员活动按照组织准备、动员学习、民主评议、组织处理、总结提高5个阶段进行。评议按合格、基本合格、基本不合格、不合格4个档次进行。处置不合格党员遵循“坚持标准、立足教育、区别对待、综合治理”方针。市委组织部、市直机关党委在市司法局进行试点。10月19—20日，举办骨干培训班，27个党委、15个党总支、188个党支部共305名党务工作者参加培训，学习上级文件精神，听取市司法局党总支试点经验介绍，分组进行讨论。

民主评议党员，即在加强教育，提高党员素质的基础上、依照党章规定的党员标准，用民主评议的方式，衡量每个党员，准确地认定不合格党员。主要评议5个方面：能否认真学习马列主义、毛泽东思想，学习党的基本知识，学习科学、文化和业务知识；能否在思想上政治上同党中央保持一致，自觉地贯彻执行党的路线方针政策；能否积极投身改革，开拓进取，在生产、工作和社会生活中发挥模范带头作用；能否团结周围同志，密切联系群众，廉洁奉公，全心全意为人民服务，有无违法乱纪，以权谋私和侵犯群众利益的行为；能否自觉执行党的决议，遵守纪律，履行党员义务，参加党的活动，完成党组织分配的任务。

各单位以党员标准为依据，从实际出发，制订出具体的易于党员掌握和对照的评议内容。

1988 年 10 月至 1989 年 5 月，市直机关分两批开展民主评议党员活动，有 43 个党委、54 个党总支、632 个党支部开展评议活动，参加党员 10727 名，其中预备党员 317 名，参加率 99.02%。评为合格党员 9174 名，占 88.13%；基本合格 1157 名，占 11.11%；基本不合格 53 名，占 0.51%；不合格 21 名，占 0.2%。受组织处置 71 名，其中劝退除名 16 名、限期改正 1 年 53 名、取消预备党员资格 2 名。

1988 年 12 月 15 日，中共中央批转中央组织部《关于建立民主评议党员制度的意见》，从 1989 年开始，民主评议党员每年进行 1 次，形成制度。

1994 年 4 月 5 日，市直机关工委总结几年来开展民主评议党员活动情况，制订《关于开展民主评议党员工作的意见》，规定民主评议党员活动结合党支部年终工作总结进行，从 5 个方面进行评议，分优秀、合格、基本合格、基本不合格、不合格 5 个档次。

1997 年 12 月 10 日，市直机关工委印发《关于开展民主评议党员工作的实施意见》，按照中共十五大通过的党章对党员的要求，每年结合年度党建工作总结，开展 1 次民主评议党员活动，评议分优秀、合格、基本合格、基本不合格、不合格 5 个档次。

1999 年，民主评议党员评议标准改变过去统一一个标准为按照机关党员、事业单位党员、企业单位党员分类确定评议重点：

1. 机关党员评议重点：能否认真学习马列主义、毛泽东思想、邓小平理论，坚持四项基本原则，坚持改革开放，坚持讲学习、讲政治、讲正气，不断提高鉴别重大原则是非，解决现实问题的能力，不断提高党性修养和政策水平，始终与党中央保持高度一致；能否保持和发扬艰苦奋斗精神，廉洁奉公，勤政为民，坚决反对各种消极腐败现象，带头以自己的模范行为推进党风廉政建设；能否树立全心全意为人民服务、为基层服务的“公仆”意识，改进工作作风，提高办事效率；能否严格遵守党的政治纪律、组织纪律、群众工作纪律和经济工作纪律，以及有关条例条规，贯彻民主集中制原则，自觉执行有关规定的政策、法令、法纪、法规，做到令行禁止。

2. 事业单位党员评议重点：能否认真学习马列主义、毛泽东思想、邓小平理论，树立正确的世界观、人生观和价值观，自觉与党中央保持高度一致；能否树立服务意识，全心全意为群众服务，为社会服务，自觉抵制腐朽思想的侵蚀，坚决与以权谋私等腐败行为作斗争，做廉洁奉公的模范；能否带头倡导高尚的情操，树立良好的职业道德；自觉遵纪守法，抵制行业不正之风，做维护人民利益和社会利益的模范；能否刻苦钻研业务技术，努力成为本职业务的行家里手，努力为各项事业发展，为社会主义精神文明建设多做贡献。

3. 企业单位党员评议重点：能否在学理论、学管理、学科技知识上发挥表率作用，带头掌握适应社会主义市场经济和本职岗位需要的专业知识和技能；能否在深化企业改革中发挥先锋模范作用，带头发扬工人阶级的主人翁精神，带领职工群众把企业的各项工作推向前进；能否在企业的生产经营中发挥先锋模范作用，带头克服困难，以身作则，做好职工群众的思想政治工作，发扬无私奉献精神，维护党和国家的大局，及时化解和消除影响稳定的各种因素；能否在加强企业的科学管理，提高经济效益方面发挥先锋模范作用，做到党员身边无事故、无次品，使企业产品质量、工作质量、服务质量得到切实保证。

2000 年 12 月 13 日，市直机关工委印发《关于在民主评议党员中严肃处置不合格党员的意见》，提出不合格党员的 11 种主要表现：丧失共产主义理想和信念，革命意志衰退，不愿履行党员义务的；不学习宣传马列主义、毛泽东思想、邓小平理论，不学习宣传和不执行党的路线、方针、政策及决议，传播消极言论，在群众中造成不良影响，经教育不改的；组织观念淡薄，没有正当理由连续 6 个月不参加党的组织生活，或不交纳党费，或不做党所分配的工作；已办理停薪留职手续的党员，或已与原单位解除劳动、人事关系的党员，长期不转移组织关系，连续 6 个月不参加党的组织生活，或不交纳党费，或不做党所分配的工作；以及内部退养人员、待岗人员中的党员，连续 6 个月不参加党的组织生活，或不交纳党费，或不做党所分配的工作的；因私出国出境，没有正当理由未经批准逾期不归，超过 6 个月的党员（如发现出国出境期间违犯党纪的，应给予党纪处分）；擅自离开工作岗位，经单位追查教育，仍没有回单位工作或下落不明，超过 6 个月的党员；忘记了党的宗旨，对群众疾苦漠不关心；利用职权或工作之便谋取私利，在群众中造成不良影响的；工作、生产不积极、不认真，疲沓拖拉，敷衍了事，或长期旷工，消极怠工，未履行岗位职责，完不成本职任务的；在大是大非面前不能坚持原则，对坏人坏事和歪风邪气不敢开展斗争，在国家和人民生命财产安全受到威胁时，视而不见，袖手旁观或临阵脱逃的；不讲社会公德、职业道德和家庭美德，在群众中造成恶劣影响的；带头或组织群众集体上访、闹事，造成恶劣影响，给党和人民利益带来严重损害的；参加非法组织，信仰宗教，带头组织或积极参与封建迷信、宗教活动，经组织教育坚持不改的；因丧失信仰和追求，不愿接受党的纪律约束，不愿做一名共产党员，提出退党要求的；无正当理由连续两年不参加民主评议党员活动的。

处置不合格员要坚持“坚持标准、立足教育、区别对待、综合治理”方针，区别不同情况，采取限期改正、劝其退党、党内除名等形式，经支部党员大会讨论通过，报上级党委审批。

2004 年 11 月 29 日，市直机关工委印发《关于开展民主评议党员工作的实施意见》，规定民主评议党员工作的指导思想和方针原则、主要内容和评议档次、步骤和方法、工作要求和注意事项，评议活动每年开展 1 次，分为优秀党员、合格党员、基本合格党员、不合格党员 4 个档次。

带头坚持党员标准，模范履行党员义务，工作实绩突出，绝大多数党员群众认可的党员，可评为优秀党员。符合党员标准，较好履行党员义务，工作实绩较为突出，大多数党员群众认可的党员，可评为合格党员。基本符合党员标准，尚能履行党员义务，工作有一定的成绩，多数党员群众基本认可，但存在一些明显不足或问题的党员，可评为基本合格党员。

不合格党员主要是指丧失理想信念，缺乏革命意志，不履行党员义务，不发挥党员作用，多数党员群众不认可的党员。有下列表现之一者，应评为不合格党员：对马列主义、毛泽东思想、邓小平理论和“三个代表”重要思想不学习、不宣传、不拥护，丧失共产主义理想，动摇中国特色社会主义信念的；思想上、政治上、行动上不能同党中央保持一致，不拥护、不执行党的路线方针政策，有抵触情绪，甚至传播政治谣言，经常散布消极落后言论的；宗旨观念淡薄，拜金主义、享乐主义、极端个人主义思想严重，不关心群众疾苦，不能正确处理国家、集体和个人利益之间的关系，利用职权或工作之便谋取私利的；组织观念差，自由主义思想严重，不执行党组织的决议，对党的纪律不能做到令行禁止，无正当理由连续6个月不参加党的组织生活，或不交纳党费，或不做党组织所分配的工作的；在大是大非面前丧失原则，对违法违纪行为和消极腐败现象不敢斗争，甚至在国家和人民群众生命财产受到威胁时，袖手旁观或临阵脱逃的；违反社会主义道德和社会管理秩序，造成不良影响，损害党的形象的；工作、生产不积极、不认真，疲沓拖拉，敷衍了事或长期怠工，未履行岗位职责，完不成本职工作任务的；已办理停薪留职手续的党员，或已与原单位解除劳动人事关系的党员，长期不转移组织关系，连续6个月不参加党的组织生活，或不交纳党费，或不做党所分配的工作，以及内部退养人员、待岗人员中的党员，没有正当理由，连续6个月不参加党的组织生活，或不交纳党费，或不做党所分配的工作的；出国出境定居，没有办理停止党籍手续，或因私事临时出国出境（探亲、访友、奔丧、旅游、结婚和自费学习等），没有办理保留党籍手续，时间超过6个月以上的，按自行脱党处理；因私事出国出境，无故超期半年左右，或有一般性错误，应根据具体情况，或批评教育，或适当处分，待本人有了认识时，可恢复其组织生活，无故超期1年以上的，按自行脱党处理，如发现有严重问题的，应严肃处理，直至开除党籍；擅自离开工作单位，经单位追查教育，仍没有回单位工作，超过6个月的党员，按自行脱党处理；外出务工、经商、探亲、访友等，长期联系不上，下落不明，时间超过6个月以上的党员，按自行脱党处理；带头或组织群众集体上访、闹事，造成恶劣影响，给党和人民利益带来严重损害，尚未构成犯罪的；参加邪教或非法组织，或笃信宗教、带头组织或积极参与封建迷信、宗教活动，经组织教育坚持不改，尚未构成犯罪的；因丧失信仰和追求，不愿接受党的纪律约束，不愿做一名共产党员，提出退党要求的；无正当理由连续两年不参加民主评议党员活动的。

党组织对优秀党员要给予表彰。对合格党员给予肯定和鼓励。对基本合格党员提出改进意见。对不合格党员处置贯彻“惩前毖后、治病救人”方针，做到事实清楚，理由充分，方式恰当，手续完备。掌握政策界限，区别不同情况分别给予限期改正、劝其退党、党内除名等处置方式。民主评议党员每年开展1次，当年12月开始，机关党组织翌年1月31日前结束，企事业党组织翌年3月31日前结束。

2013年，改进和完善民主评议党员方式，将民主评议结果作为对党员奖惩的重要依据，开展处置不合格党员试点工作，探索党员退出机制。

2014年8月11日至9月20日，在党的群众路线教育实践活动中，开展民主评议党员工作。主要内容是党员发挥先锋模范作用，遵守党的纪律情况。机关和企事业单位党员重点围绕履行党员义务、履行岗位职责、联系服务群众等开展评议。对基层党组织书记，还围绕履行职责、廉洁自律等情况开展评议。在开展批评与自我批评基础上，以无记名投票的方式对党员进行民主测评，进行综合分析，对每名党员提出评定意见和档次。

2014年10—12月，贯彻中央组织部、中央党的群众路线教育实践活动领导小组《关于做好处置不合格党员工作的通知》，对民主评议中被评为“差”的党员，由党支部书记进行一次谈话，党支部逐一研究并落实教育帮助的具体措施。根据整改具体情况，对照该通知的6种不合格党员表现，准确认定不合格党员，根据其表现和态度进行组织处置，方式分为限期改正、劝退、除名。对有继续留在党内的愿望、愿意接受教育并决心改正的不合格党员要求其限期改正，时间一般为1年；对拒不改正或限期改正期满仍无转变的，劝其退党，劝而不退的予以除名。党员如果没有正当理由，连续6个月不参加党的组织生活，或不交纳党费，或不做党所分配的工作，按自行脱党予以除名。处置不合格党员程序按支委会对有不合格表现的党员作出初步认定；进行调查，提出初步处置意见；报基层党委预审，对拟作出劝退、除名处置的，由基层党委报上一级党委组织部门预审；预审同意后，召开支部大会讨论、表决；对作出限期改正处置的，由基层党委审批，对作出劝退、除名的由基层党委提出审批意见，报上一级党委组织部门审查批准。

1988—2017年，市直机关开展民主评议党员中，参加评议党员416935人次，受到各级党组织表彰的39086人次，占9.37%；受组织处理231人，其中劝退除名57人，取消党员资格22人、退党除名18人、自行脱党45人、限期改正89人。

1988—2017年民主评议党员情况表

表8-1

年份	开展评议党支部（个）	参加评议党员（人）	表彰人数（人）	组织处理情况					
				合计（人）	劝退除名（人）	取消党员资格（人）	退党除名（人）	自行脱党（人）	限期改正（人）
1988—1989	657	11106	125	77	12	6	3	1	55
1990	668	11412	0	6	0	0	3	2	1
1991	699	11892	733	34	17	1	3	0	13
1992	624	10475	0	6	3	1	2	0	0
1993	651	11068	243	0	0	0	0	0	0
1994	557	9602	161	12	0	2	0	0	10
1995	678	11002	176	2	0	2	0	0	0
1996	726	11783	182	1	0	1	0	0	0
1997	728	13108	0	1	0	1	0	0	0
1998	715	12701	533	9	5	2	0	2	0
1999	858	13800	606	9	0	0	0	0	9
2000	858	13675	699	4	0	0	1	3	0
2001	924	14471	955	4	2	0	1	1	0
2002	924	15757	766	4	2	0	0	2	0
2003	948	16161	684	8	4	4	0	0	0
2004	982	16254	827	1	1	0	0	0	0
2005	929	15677	1538	11	3	0	2	5	1
2006	789	13580	2416	2	0	0	0	2	0
2007	821	14377	2431	4	0	1	3	0	0
2008	842	15050	2753	3	0	1	0	2	0

续表 8-1

年份	开展评议党支部（个）	参加评议党员（人）	表彰人数（人）	组织处理情况					
				合计（人）	劝退除名（人）	取消党员资格（人）	退党除名（人）	自行脱党（人）	限期改正（人）
2009	833	15240	2017	5	3	0	0	2	0
2010	826	15517	2047	1	0	0	0	1	0
2011	864	16221	2603	2	2	0	0	0	0
2012	855	16422	3333	0	0	0	0	0	0
2013	860	16804	3359	3	0	0	0	3	0
2014	875	17576	3194	5	1	0	0	4	0
2015	876	18039	3044	0	0	0	0	0	0
2016	904	18901	3129	16	2	0	0	14	0
2017	910	19264	532	1	0	0	0	1	0
合计	—	416935	39086	231	57	22	18	45	89

三、党费收缴管理使用

党员交纳党费历来按照中央组织部统一规定交纳标准和比例，由党员交给党支部，党支部上缴党委，党委上缴地（市）直机关党委（工委），地（市）直机关党委（工委）全额（包括银行存款利息）上缴地（市）委组织部。

1952 年 7 月 1 日起，泉州市执行中共中央关于党员交纳党费的规定。

1956 年 12 月 20 日，地直机关党委对党员交纳党费作出规定：凡有工资收入的党员，按照工资比例交纳党费，工资收入每月在 100 元以下者，交纳工资额的 0.5%；工资收入每月在 101 元到 200 元者，交纳工资额的 1%；工资收入每月在 201 元到 300 元者，交纳工资额的 1.5%；工资收入在 301 元到 500 元者，交纳工资额的 2%；工资收入每月在 500 元以上者，交纳工资额的 3%。对于没有正当理由，连续 6 个月不交纳党费的党员，应该按照党章的规定进行处理。党支部党员交纳的党费应于每月 20 日前集中交给党总支，由党总支汇总交给地直机关党委。本规定自 1957 年 1 月实行。

1960 年 1 月 12 日，地直机关党委对 1959 年党费收缴情况进行检查，督促党支部将党费收缴账目公开，通过检查，对全体党员进行交纳党费教育，增强党员组织观念。

“文化大革命”期间，由于党组织不健全，党支部很少开展活动，有的党费没有人收，有的党员几年没有交纳党费。

1977 年 1 月 6 日，地委组织部从留成党费中拨给地直 1000 元，作为党员特殊困难补助款。5 月 31 日，地直机关党委会议研究，将 1000 元补助款拨给各口，补助困难党员 39 名。

1978 年 6 月，根据地委组织部通知精神，地直机关党委检查党费缴交、使用情况，纠正有的党员组织观念淡薄，没有按规定及时交纳党费，有的长期没有交，有的时交时停；有的党组织没有专人负责收缴党费，有的手续不清，管理不严，不填党费证，不向党员公布，不按规定逐级上交，长期积压党费等问题。各级党组织对1975年以来党费缴交情况进行全面检查，召开组织生活会，对长期不交纳党费的党员开展批评，对党费上交情况进行清理，把历年来收缴数字与基层单位和银行进行核对，查清是否按时如数上缴。党员交纳的党费，县（市）和县（市）以下党组织不能留用，必须全部上缴，党员教育的教材费和党员特殊困难补助费，在地委组织部拨给县（市）使用的党费中列支，列支必须专款专用。

1980年，党员交纳党费工作由党支部组织委员负责，统一交到党委或党总支，地直机关党委汇总后，上交地委组织部。

1984年12月6日，地直机关党委印发《关于收缴党费事项的通知》，党员按照中央1956年11月的具体规定交纳党费，地直机关党委在中国银行泉州市支行开设党费账户，党费均存入账户。

1985年6月10日，对党费收缴情况进行检查督促后，印发《关于进一步做好党费收缴工作的通知》，各级党组织收缴党费形成制度，专人管理，专门建账，按期上缴，定期公布。表扬好的单位，批评存在问题较多的单位。

1985年11月27日，地直机关党委根据中央组织部组通字〔1985〕45号通知精神，印发《关于工资制度改革后党员交纳党费问题的通知》，规定：国家机关和事业单位工作人员中的党员，以基础工资、职务（技术或岗位）工资和工龄津贴（包括教龄、护士工龄津贴）、地区工资补贴组成的基本工资收入为基数，交纳党费；离、退休人员中的党员，以离、退休后的基本工资为基数（不包括生活补贴），交纳党费；党员交纳党费的比例仍按中组部原规定执行。每月工资收入（下同）100元以下者，交纳月工资额的（下同）0.5%；101元到200元者，交纳1%；201元到300元者，交纳1.5%；301元到500元者，交纳2%；500元以上者，交纳3%。

1987年3月3日，市直机关党委根据地改市后，党组织设置变动情况，印发《关于进一步做好党费收缴、管理工作的通知》。规定对党员加强教育，宣传交纳党费意义；指派专人负责收缴党费，按月收取，设立账目，严格管理，按月如数上缴，定期公布收缴情况。党费收缴工作形成制度化，党员于每月20日前交纳当月党费，系统党委、系统党总支和基层党委以及市人大、市政协、市纪委等直属党支部收缴党组织和党员上缴的党费，缴入市直机关党委党费账户。

1988年以前，地直（市直）机关党委没有留成党费。1989年，市委组织部印发《关于党费收缴留成问题的通知》，按市直上缴党费总额的40%比例拨给市直机关党委，作为开展党的活动的经费。8月29日起，市直机关党委从留成党费中再按40%比例拨给系统党委、系统党总支、直属党支部和驻泉省部属8个党委，实行集中掌握，统一使用。使用范围是教育、训练党员费用的补充开支；党员日常政治学习和必要的业务学习资料的开支；订阅党员读物，表彰优秀共产党；失掉工作和劳动能力以及有特殊困难的党员的救济和补助费用的开支。

1990年12月，抽查16个系统（局）党委、党总支、党支部的党费收缴、管理工作。多数党组织对这项工作较重视，指定专人负责收缴工作，多数党员按时按标准交纳党费。但有的单位不按时上缴党费，有的1年只上缴1次党费。

1991年，针对党费交纳存在的问题，市直机关党委制订加强党费收缴、管理、使用工作的意见，进一步明确党员交纳党费的标准和比例、基层党组织上缴党费的规定。

1994年4月5日，根据中央组织部《关于共产党员交纳党费办法的规定》，市直机关党委制定《关于党费交纳、管理工作的规定》。党员应于每月20日前向所在党组织交纳党费，如有特殊情况不能亲自交纳或不能按月交纳时，经党支部同意，可以委托其他党员代为交纳或预交、补交，预交、补交时间一般不得超过6个月。党费以系统、局党委，直属党总支（党支部）和基层党委为单位统一收齐，于每季度第3个月的20日前上缴银行，上缴时，应填写三联单。各级党组织应定期对党费收缴情况进行检查督促，每年收缴情况于翌年1月底前报告市直机关工委。

1996年起，市直机关工委把党费收缴管理使用工作作为建设“五好”党支部考评内容之一，设置一定分值，每1—2年检查1次。

1998年2月，传达学习中央组织部《关于吉林省委原党费管理人员王引贪污、挪用党费问题的通报》，教育党费管理人员吸取教训，引以为戒，并组织对市直机关单位党组织的党费收缴、管理和使用情况进行检查。针对少数党员不按时按标准交纳党费，一些基层党组织不按时上缴党费，一些停薪留职人员不按规定交纳党费等问题，采取措施加以纠正。

2000年起，市直机关工委把党费收缴管理使用情况列入创建“机关党建工作先进单位”考评内容之一，设置一定分值，每2—3年检查考评1次。

2001年，原泉州市化工建材公司党支部副书记吴启明临去世前交代其家人，将生前积蓄1.8万元交最后1次党费。

2005年10月开始，为加强党费管理工作，改变党委的留成党费借用行政经费、工会经费或其他经费账户，造成留成党费管理混乱，开支范围难以得到及时有效控制，监督检查困难等问题，市直17个系统党委、11个机关党委、18个驻泉省部属单位党委和1个直属党总支在中央组织部规定的银行开立党费专用账户。

2006年12月26日，市直机关工委制定《加强离退休干部党支部党费管理工作的意见》，每半年按其上缴党费总额的50%比例回拨，作为离退休干部党支部开展活动的经费，将回拨党费拨入党委（党总支）设立的党费账户上，做到专人管理、专款专用，严格党费使用范围和审批制度。离退休干部集中管理的百源、泉秀、金山干休所党支部和仁风、红梅军休所党支部，回拨党费直接拨入干休所、军休所行政账户，单独设立科目。离退休干部党支部每年公布党费收缴和使用情况，并报告上级党组织。

2008年4月16日，市直机关工委根据中共中央组织部印发的《关于中国共产党党费收缴、使用和管理的规定》，印发《关于认真做好党费收缴、使用和管理工作的通知》。组织党员学习中央组织部文件，了解新规定、新要求，明确交纳党费的意义。认真核算党费交纳数额，党员交纳党费数额由党支部核算，基层党委审核。党员按月按标准交纳党费，没有正当理由，连续6个月不交纳党费，按自行脱党处理。党组织按季度全额上缴党费，基层党委于每季度结束后第1个月的10日内向市直机关工委组织部上缴上季度党费。严格党费使用制度，留成党费严格按照中央组织部规定的5种用途开支，执行“一事一报、一事一批”制度，按程序审核、讨论决定。加强党费会计档案管理，开设党费专用账户，严格执行档案管理和财务管理规定。建立党费信息库，依托中国共产党基本信息管理系统和省委组织部党费管理系统软件，每年 1 月对信息库进行调整充实。建立党费工作通报制度，党支部每年至少公布 1 次，党委（党总支）每年通报。实行党费工作责任制，分级管理，一级抓一级，层层抓落实，基层党委每年进行 1 次检查，市直机关工委每年抽查 1 次。

2008 年 4 月起，市直留成党费作为党员教育经费的补充，包括：培训党员；订阅或购买用于开展党员教育的报刊、资料、音像制品和设备；表彰先进基层党组织、优秀共产党员和优秀党务工作者；补助生活困难党员；补助遭受严重自然灾害的党员和修缮因灾受损的基层党员教育设施。建立党费使用制度，留成党费必须严格用于中央组织部规定的五种用途，在任何时候都不得超范围使用党费。党费开支必须填写党费使用审批单，严格执行“一事一报、一事一批”审批制度。

2008 年 5 月 12 日，四川汶川大地震后，市直机关工委根据中央组织部《关于做好部分党员交纳“特殊党费”用于支援抗震救灾工作的通知》精神，组织党员交纳“特殊党费”支援抗震救灾工作。市直 14298 名党员自愿交纳“特殊党费”609. 88 万元，其中交纳 1000 元以上的 2816 名，共 335. 14 万元，交纳 1000 元以下的 11482 名，共 271. 53 万元，入党积极分子、党外人士捐款 1. 54 万元。市直机关工委实行一天一报、一天一汇制度，配合审计部门做好特殊党费审计，确保完整、准确、安全。

2009 年 5 月 22 日，对市直机关工委 2008 年管理党费收支情况进行公示。党费收入总额 485. 2 万元，其中市委组织部拨来 162. 53 万元；基层党组织上缴 320. 66 万元；党费存款利息 2. 02 万元。党费支出总额 452. 09 万元，其中上缴市委组织部 309. 79 万元，回拨基层党委留成党费 71. 5 万元；党员教育培训支出 2. 71 万元，慰问困难党员和老党员支出 15. 75 万元；党内表彰支出 27. 27 万元，支付银行票据、电汇等费用支出 0. 06 万元。

2010 年 7 月 21—28 日，组织 5 个检查组，对 124 个党支部 2008—2009 年度党费收缴管理使用工作进行检查，提出整改措施。

2012 年，共上缴党费 296. 76 万元，按规定的“五种开支渠道”支出留成党费 123. 85 万元。健全党内激励、关怀和帮扶机制，对 303 名特困党员进行慰问，发放慰问金 15. 15 万元。

2014 年 11 月 3 日，公示 2013 年度市直机关工委代管党费收支情况：收入总额 665. 42 万元，支出总额 684. 42 万元（其中按规定全额上缴市委组织部党费 500. 82 万元）。

2015 年，进一步严格按照档案管理和财务管理规定，建立党费有关文件和凭证、账簿、报表等会计资料的立卷、归档、保管、查阅等制度。严格实行会计、出纳分设制度，会计档案不得由出纳保管。

2016 年，开展党费收缴情况排查，对未及时足额交纳党费的党员提醒补缴。11 月 30 日起，执行中央组织部办公厅《关于在规范党费收缴管理工作中对离退休干部、职工党员交纳党费问题的答复》，离退休干部、职工党员交纳党费应为每月实际领取的基本离退休费总额或基本养老金总额，可不包括其他津补贴。

2016 年，在“两学一做”学习教育中开展党费收缴工作专项检查。印发《机关事业单位在职党员工资中扣缴的养老保险费、职业年金不列入党员交纳党费的计算基数的通知》《关于在规范党费收缴管理工作中对离退休干部、职工党员交纳党费问题的答复》。对党费收缴、使用和管理工作中出现的新情况、新问题作出新的解释和规定。

2017年1月12日，市直机关工委印发《关于加强和规范市直机关党费收缴、使用和管理工作的意见》，要求各级党组织严肃认真地做好党费收缴工作，党员自觉、按时、足额交纳党费，党组织认真核算党员交纳党费的基数和比例；规范透明地做好党费使用工作，准确把握党费的使用原则，严格控制党费使用范围，建立健全党费使用审批制度；落细落实做好党费管理工作，市直机关工委直属的党委（党总支）单独设立银行账户，严格执行党费工作制度。5月1日前，各级党组织对党费收缴、使用和管理工作进行自查和整改，解决党员交纳党费基数偏低、党费补交不到位问题。

2017年4月18日起，执行中共中央组织部办公厅印发的《关于进一步规范党费工作的通知》，进一步规范党费收缴工作，细化党费使用项目，加强党费管理。党费工作的业务管理和财务管理分开，财务管理工作由党委组织部内设财务机构或同级党委的财务机构代办，做好党费收支情况公示工作，定期开展党费工作情况检查，试行党费审计制度。把落实党费收支管理制度情况作为全面从严治党主体责任落实情况检查内容之一，推动各级党组织收缴。当年，市直11200名党员补交党费1518.22万元，慰问帮扶困难党员307人次，慰问金额24.56万元。

长期以来，市直党费收缴管理坚持6项制度：党费交纳数额核算。党支部组织委员核算每名党员应缴数额，基层党委审核；党员按月按标准交纳党费，党员每月按标准足额交纳1次党费；党组织按季度全额上缴党费，党支部于每季度最后1个月的25日前向党委上缴党费，党委于每季度结束后第1个月的10日前上缴党费；建立党费信息库，依托中国共产党基本信息管理系统和省委组织部党费管理系统软件，建立党费信息库，每年1月对信息库进行调整充实；建立党费工作通报制度，党支部每年公布1次党费收缴情况，党委每年通报1次党费收缴、使用和管理情况；实行党费工作责任制。实行分级管理，一级抓一级，层层抓落实的工作机制，基层党委每年检查，市直机关工委每年抽查。

据市直机关工委公示2017年度代管党费收支情况表明：党费收入总额为3489.56万元，其中市委组织部拨来留成党费905.03万元；市委组织部拨来党员教育培训、慰问党员、基层党支部建设专项补助86.65万元；各级基层党组织上缴党费2494.3万元；党费存款利息收入3.58万元。党费支出总额为3217.52万元，其中按规定全额上缴市委组织部党费2960.97万元；按规定比例回拨给基层党委留成党费166.77万元；慰问补助生活困难党员和老党员支出30.12万元；党员教育培训等支出59.57万元；支付银行手续费0.09万元。

四、党员组织关系接转和流动党员管理

1953年6月起，党员组织关系接转工作由地直机关党委按照地委组织部规定办理。专直范围内党员组织关系接转由党总支（党支部）开具介绍信到地直机关党委办理手续。从专直范围外转入组织关系，经地委组织部办理手续；转出专直范围组织关系，由地直机关党委开具介绍信，经地委组织部办理手续。

1954年5月14日，地直机关党委对党员组织关系转移作出规定，党员调动工作或离职学习必须转移组织关系；临时外出，由地直机关党委介绍临时组织关系，党支部指定专人负责办理组织关系。

1955年6月22日，对简化党员组织关系转移作出规定，转移党员组织关系由地委组织部直接办

理，党支部直接到地委组织部办理，不必经过地直机关党委。

1956年3月5日起，专直机关党员组织关系转移手续由地委组织部办理改由地直机关党委办理，分为正式转移和临时转移，时间在3个月以上的办理“党员关系介绍信”；时间在3个月内办理“党员证明信”。

1972年初至1975年12月，党员组织关系接转工作由晋江地区革命委员会政治处直工组按晋江地区革命委员会政治处、晋江地委组织部规定办理。

1976年1月，地直机关党委挂牌办公后，党员组织关系接转工作由地直机关党委办理。12月，统一使用“中国共产党党员介绍信”，改变过去开便条转移组织关系的做法。

1985年6月3日，地直机关党委印发《关于基层党委接转党员组织关系问题的通知》，规定在地直机关、直属单位所建立的党委之间，可以直接相互转移党员组织关系；地直各党委不能直接向地直范围外转移组织关系，也不能接受地直范围外直接转来的组织关系；从外地调入地直范围，或调出地直范围的党员，其组织关系必须经地直机关党委办理接转手续。

1986年1月，晋江地区改为泉州市（地级市）后，市直机关党员组织关系接转沿用1985年6月3日地直机关党委的规定。

1994年1月4日起，贯彻中央组织部关于党员流动中组织关系管理的暂行规定，加强对流动党员组织关系管理工作。4月5日，市直机关工委印发《关于接转党员组织关系的规定》。市直党员调动工作，时间超过6个月的，开具“中国共产党党员组织关系介绍信”转移组织关系。时间在6个月内的，开具“中国共产党党员证明信”。对被招聘的正式党员，将党员组织关系转入用工单位党组织。离退休人员中的党员，就地安置归原单位的，组织关系仍留原单位。易地安置的，转到接受安置地区的党组织。党员因私事短期出国、出境或自费出国留学，其组织关系保留在原单位党组织。出国出境定居的党员，停止党籍，将组织关系转到居住地党组织。市直各党委之间，可以直接相互转移党员组织关系。转移、接受市直范围外党员组织关系，必须经过市直机关工委组织部办理接转手续。党员如无正当理由，超过6个月不转移组织关系，不参加党的组织生活，以自行脱党论处。

1994年12月19日起，根据中央组织部规定试行流动党员活动证。对持流动党员活动证的党员，原所在党组织应做到：对外出党员进行教育并提出要求，按规定登记发放流动党员活动证；通过适当方式与党员继续保持联系，了解党员外出后的思想、工作情况，及时向外出党员通报党组织的重要情况；党员返回后，认真查验流动党员活动证内记载的有关内容，详细了解党员外出期间的表现。党员外出后不按规定将流动党员活动证交外出所在地组织，无正当理由连续6个月不参加党的组织活动，或不交纳党费，或不做党所分配的工作的，按党章有关规定办理。外出所在地党组织应做到：对持有流动党员活动证的外来党员，验证后及时接收并将其编入党支部、党小组，同时报上级党组织备案。不得借各种理由拒绝接收；安排他们参加党的组织生活和其他党内活动，收缴党费，并分配他们做适当工作；认真填写流动党员活动证内有关内容。

1998年，添置计算机设备，培训操作人员，建立党员基本信息管理库，每年结合年度党内统计工作，对信息库进行更新，提高党员管理工作水平。在离退休人员党员较多的单位建立离退休人员党支部，定期开展组织活动，异地安置的离退休人员中的党员及时将组织关系转到居住地，停薪留职人员中的党员在办理停薪留职同时，办理组织关系转移手续。

1999 年 11 月 11 日，贯彻省委组织部《关于加强和改进流动党员教育管理工作的意见》，结合市直实际，就加强和改进市直流动党员管理工作要着重抓好的 10 项工作提出意见。

2003 年 7 月 18 日，中共中央办公厅、国务院办公厅印发《关于转发劳动和社会保障部等部门〈关于积极推进企业退休人员社会化管理服务工作的意见〉的通知》，明确要求企业退休人员中党员的组织关系要转入居住地党组织。市直机关工委做好企业退休人员党员组织关系管理工作，企业退休人员中的党员实行属地化管理是全面推行企业退休人员社会化管理服务工作的重要内容，各级党组织在办理组织关系转移工作中要做好耐心细致的思想工作，消除老同志的思想顾虑，取得他们的理解和支持。党员组织关系转移之后，原单位党组织要继续从政治上经济上生活上关心老同志，帮助他们解决实际困难；企业退休人员中党员的组织关系要转入居住地（街道、社区或乡镇、村）党组织，其居住地与户口所在地分离的，应将组织关系转入居住地党组织，退休后又被原单位返聘的，组织关系继续留在原单位，退休后受聘于其他单位或外出务工经商半年以上的，组织关系转入所去地区或单位的党组织；企业离休人员中的党员异地安置的，应将党组织关系转入居住地党组织。同地安置但居住地远离原单位不便参加党的活动的，在征得本人同意后，可将党组织关系转入居住地党组织；党组织关系保留在原单位的，可将他们编入原单位党组织参加活动或单独建立离休人员党支部；企业退休人员中的党员办理组织关系转移手续时，如本人自己办理有困难的，党组织可派人帮助他们办理接转手续，并及时通知本人。

2004 年 2 月 17 日，市直机关工委印发《关于认真做好流动党员组织关系转移工作的意见》，对企业退休人员中党员、离休人员和机关事业单位退休人员中党员、解除劳动人事关系人员中党员、企业（含实行企业化管理的事业单位）离岗职工中党员、企业内退人员中党员、停薪留职人员中党员、大中专毕业生中党员、临时外出人员中党员、外来人员中党员的组织关系接转以及因私出国出境或自费留学人员中党员组织关系和党籍处理问题作出规定。离休、退休、内退、离岗人员中的党员组织关系转移后，原单位党组织应继续关心他们，帮助他们解决实际困难，属于特困党员的，在救济特困党员时予以统筹考虑。

2004 年 6 月 1 日起，根据省委组织部《关于简化本省范围内转接党员组织关系手续的通知》，简化在福建省范围内转接党员组织关系手续。市直各系统（局）党委、驻泉省部属单位党委、市直企事业单位党委、学校党委（不含中侨集团公司党委所属的分党委），在福建省范围内可以直接相互转接党员组织关系。需转去外省（市、区）、中央和国家机关各部委及军队等单位或由外省（市、区）、中央和国家机关各部委及军队等单位转入福建省各党组织的，仍按照中组部有关规定办理。

2004 年 6 月，根据省委组织部《流动党员教育管理工作暂行规定》，加强对流动党员管理工作。（一）流动党员是指时间在 6 个月以上，外出务工经商或从事其他职业，暂时无法转移组织关系，且无法正常参加原所在地党组织活动的党员。从业单位相对固定，且从业的单位已建立党组织的，应将组织关系转至所去单位党组织。所去单位尚未建立党组织的，应将组织关系转至所去单位上级主管部门的党组织或转至所去单位的乡镇（街道）党组织。（二）流动党员外出前要向流出地党组织报告，办理流动党员活动证；外出后应及时将流动党员活动证交流入地党组织查看，凭证在流入地党组织参加党的组织生活、交纳党费，但不享有表决权、选举权和被选举权；外出期间要按照党员标准严格要求自己，接受流入地党组织的教育管理，完成党组织交给的任务，发挥党员的先锋模范作用；每半年以适当方式向流出地党组织汇报在外的思想、工作和参加当地党组织活动的情况，外出返回后，应及时将流动党员活动证交给流出地党组织审查，如实向党组织汇报外出期间的情况。（三）流动党员活动证实行年审制，三年换证。年审的内容包括：党员外出期间是否积极参加党的组织生活，按时交纳党费，完成党组织分配的工作，以及外出期间的工作表现和遵纪守法情况。年审的情况作为民主评议党员的重要依据。党员外出6个月以上不报告或不按规定申办流动党员活动证，或不及时将流动党员活动证交流入地党组织，一经发现后党组织要对其进行严肃的批评教育；没有正当理由，连续6个月不参加党的组织生活，或不交纳党费，或不做党所分配的工作，就被认为是自行脱党。

2004年11月1日起，根据中央组织部《关于进一步加强党员组织关系管理的意见》，明确转出党员组织关系党组织主要职责、接收党员组织关系党组织主要职责，以及对党员的要求，加强组织关系管理。

2007年1月1日起，根据中央组织部通知精神，使用中国共产党流动党员活动证，此证由县级党委组织部门按照中国共产党基本信息管理系统（2005）设定的编码进行统一编号，基层党委加盖印章后，由党支部负责登记、填写、发放；流出地（单位）党支部负责填写党员的基本信息；流入地（单位）党支部栏、流入时间栏、党支部联系人及联系方式栏，一般由流入地（单位）党支部接收流动党员时查验填写；党员参加党的活动和交纳党费情况栏，一般由流入地（单位）党支部在持证党员离开时查验、填写。主要填写该党员在流入地的表现和参加党的组织生活、交纳党费等情况；年审（查验）栏由年审时流动党员正式组织关系所在党支部或组织生活所在党支部负责填写，年审结合党员民主评议进行，每年1次，一般在当年12月底前完成。党支部盖章或党支部书记签章栏填写时，党支部有公章的须加盖公章，没有公章的可由党支部书记个人签单。

2007年7月1日起，根据中央组织部通知精神，使用新版中国共产党党员组织关系介绍信（修订式样），增加性别、民族、身份证号码、联系方式、介绍信回执联。党员组织关系介绍信一式三联。

2008年12月，借鉴现代信息手段，建立机关党员、党务干部、党组织换届选举、出国（境）党员、流动党员、非公有制单位党员、困难党员、党费收缴8个信息库，每年对信息库内容进行1次更新，提高党员管理工作规范化、信息化水平。

2013年6月起，根据泉州市委组织部《关于加强新形势下发展党员和党员管理工作的实施意见》，明确责任主体、分类管理服务、多方协同配合，做好流动党员组织生活、教育培训、关爱帮扶、权益保障等工作。探索建立流动党员一体化网络管理平台，逐步实现学习培训、活动登记、组织关系接转、党费交纳等党务工作网络化管理。

2016年1月起，根据中央组织部和省、市委组织部的统一部署，在市直开展党员组织关系集中排查工作，掌握党员基本情况，核查党员身份信息，摸清流动党员底数，理顺党员组织关系，健全完善党员档案，对与党组织失去联系党员作出妥善处理。从严落实党员管理制度，规范党员组织关系管理，从源头上治理党员组织关系“空挂”“失联”等现象，解决“口袋党员”“隐身党员”等问题，确保每一名党员都纳入党组织的有效管理之中。

2017 年 7 月 10 日至 8 月 5 日，在党员组织关系集中排查基础上，开展党组织和党员基本信息采集工作，登录“党员 e 家”平台在线填写《党组织和所在单位基本信息采集表》《党员基本信息采集表》，建立党员电子身份信息，运用信息系统开展业务应用，推动组织工作信息化、规范化。

1980—2017 年，地（市）直共接收党员组织关系 27545 人，转出党员组织关系 21476 人。持流动党员活动证外出 79 人。

1980—2017 年接转党员组织关系统计表

表 8-2 单位：人

年份	接收党员组织关系	转出党员组织关系	年份	接收党员组织关系	转出党员组织关系
1980	259	232	2000	841	749
1981	121	284	2001	363	603
1982	342	125	2002	482	496
1983	242	183	2003	536	431
1984	684	494	2004	776	1007
1985	856	747	2005	835	2313
1986	3126	371	2006	596	222
1987	1048	380	2007	886	361
1988	556	491	2008	673	458
1989	428	292	2009	809	749
1990	377	256	2010	692	737
1991	734	536	2011	675	453
1992	341	247	2012	1129	1144
1993	312	254	2013	1305	1029
1994	369	348	2014	1118	611
1995	506	467	2015	965	596
1996	550	554	2016	1650	1034
1997	541	347	2017	844	568
1998	369	908			
1999	609	399	合计	27545	21476

第三节　发展党员

1952 年，发展党员 81 名，其中，男 68 名、女 13 名；25 岁以下 71 名，26 岁至 45 岁 10 名；大学文化 2 名、高中（中专）28 名、初中 30 名、小学及以下 21 名。

1953 年，贯彻“积极慎重”建党方针，注意在知识分子中进行建党，发展科学、技术、艺术部门知识分子，对候补党员进行教育考察转正工作。当年，共发展党员 70 名。

1954 年 2 月，召开党支部书记联席会议，根据地委指示，部署发展党员工作，对全体干部进行全面审查、分类、站队，订出年度建党工作计划。至 6 月底，共发展 68 名党员，占上半年计划总数的 55%，其中机关 17 名、企业 38 名、工厂 5 名、学校 8 名。6 月 29 日和 7 月 13 日，分别召开学校和机关企业党支部书记联席会议，布置下半年建党工作。要求今后接收新党员必须根据省委提出的“发展新党员应以承认党员八项条件，并愿为达到党员标准而努力的、成分纯洁、斗争坚决、工作积极、有群众信仰的积极分子为对象”。要求申请入党的必须写出历史自传和入党申请书交党支部审查，支部大会讨论新党员入党的决议上应全面填写本人具体表现和主要缺点。10 月，确定发展对象 55 名，贯彻“积极慎重”发展方针，坚持党员标准，严格审查培养对象政治历史。当年，共发展党员 195 名，其中机关 56 名，企业、工厂 115 名，学校 24 名。机关政治空气不断增长，工作人员觉悟和积极性不断提高。对培养对象政治历史和社会关系进行调查，作出结论，保证建党计划的完成。

1955 年，培养和发现大批积极分子，培养提拔大批干部，充实领导骨干，积极慎重地发展党的组织。当年，共发展新党员 117 名，分布在工业、农业、交通运输、基本建设、商业、学校、卫生保健、金融等部门，其中专直机关发展 32 名。150 名候补党员转正。但在高级知识分子和技术人员中没有发展 1 名党员，88 名高级知识分子中只有 4 名党员，个别技术部门没有党员。

1956 年上半年，对建党计划进行检查，已完成全年发展党员计划的 59.4%。下半年，加强对建党对象审查教育工作，定期检查其效果。对不关心建党工作，不愿履行党员义务的党员给予批评教育，对已分配给建党任务，有条件完成而完不成任务的党支部和党小组，追究其责任。地直机关党委指定专人负责，协助解决建党中的疑难问题。当年，共发展党员 319 名。

1958 年 11 月以后，各级党组织制订建党计划，实行委员包片，小组包人，一人包一人或两人包一人，对建党对象实行包教育、包培养、包审查、包质量、包发展办法。结合肃反复查对建党对象的政治历史和社会关系进行全面调查，历史不清、社会关系复杂的不发展。当年，共发展党员 23 名。

1959 年 1 月，召开基层党委、党总支、党支部组织委员会议，检查建党工作情况，交流经验。当年，共发展党员 150 名。

1960 年 1—5 月，专直发展党员 127 名，完成地委分配任务数的 48.84%，占全年计划数的 22.01%。当年，共发展党员 217 名。

1962 年，各级党组织贯彻“积极慎重”建党方针，培养考察积极分子，绝大多数新党员质量是好的，在实际工作中起模范带头作用，发挥积极性和创造性，为社会主义建设事业贡献力量。但个别新发展的党员不够党员条件，党的力量比较薄弱的单位，建党工作做得不够。当年，共发展党员97名。截至1962年12月，专直共有党员1939名，其中正式党员1910名、预备党员29名。

1963年，根据中央组织工作会议关于在完成党员登记工作以前一般不发展党员的精神，专直暂停发展党员工作，只对39名预备党员进行教育考察和转正，对积极分子进行教育和培养。当年，共发展1名党员。

1964年，把培养积极分子、发展党员作为党组织一项经常性工作。根据“更加严肃慎重”的建党方针，按照党章规定，经常地、个别地接收党员，防止把接收党员当作一项突击工作去做。对于工厂、企业、文教、卫生党员很少或空白单位，适当发展一些确实具备党员条件的老工人、老医生、老艺人入党。

1966—1971年12月，晋江专（地）区革命委员会直属企事业单位共发展新党员19人，其中1966年发展13人，1967年1月至1971年12月共发展6人；男17人、女2人；工业9人，交通运输业2人，农林业6人，科学研究、文教卫生事业2人。发展党员由晋江专区革委会政治处审批。

1972年，建党工作中全面贯彻“积极慎重”方针，注意保证质量，把好“三关”（入党动机对党的认识关、政治历史社会关系关、先进分子关），注意克服慎重有余，积极不够倾向。党支部列入议事日程，制订计划，加强对纳新对象的教育考察，地区燃料站党支部举办积极分子培训班，学习党的知识，提出严格要求，交给任务。在挑选发展对象时，组织群众评议，听取群众意见，做到成熟一个发展一个。当年，发展33名新党员，抓紧新党员教育，使他们在岗位上发挥先锋模范作用。发展党员由地直党的核心小组审批。

1973年，贯彻“积极慎重”方针，做好纳新工作，对要求入党的积极分子，党支部分工专人负责抓好教育和培养工作。对纳新党员深入调查，召开各种座谈会，广泛征求群众意见。4月10日，地直机关党的核心小组印发《关于接收新党员审批权限的通知》，经请示地区革委会政治处同意，决定对已经建立党委、临时党委、党总支的省第五建筑工程公司、省汽车运输公司泉州分公司、泉州电厂、晋江地区电信局、省地质六队、晋江地区水利水电工程局、晋江地区山美水库管理处、泉州合成氨厂、晋江地区养路段等9个单位接收新党员的审批权限交由本单位党委、党总支负责审批。当年，共发展新党员38名。

1966—1976年，地直共发展党员133名。至1976年年底，地直共有1180名党员是在“文化大革命”期间入党的（含转入组织关系的党员），占党员总数的27.4%。

粉碎江青反革命集团后，发展党员工作走上正常轨道。坚持积极慎重，有计划地发展党员方针，改变长期以来对知识和知识分子的偏见，把发展党员工作重点放在培养和吸收中青年知识分子和第一线生产骨干分子入党上来。同时有意识地在妇女和其他青年分子中发现和培养入党对象。

1977年，地直发展党员11名。1978年，发展99名。

1979年，在整顿和建立党支部基础上，发展党员140名，预备党员转正47名。

1952—1979年，地直共发展党员1689名（不含1964年、1965年发展数）。

1952—1979 年发展党员统计表

表 8-3 单位：人

年份	总数	年份	总数	年份	总数	年份	总数
1952	81	1958	23	1966	13	1976	1
1953	70	1959	150	1967—1971	6	1977	11
1954	195	1960	217	1972	33	1978	99
1955	117	1961	15	1973	38	1979	140
1956	319	1962	97	1974	40		
1957	21	1963	1	1975	2	合计	1689

说明：1964、1965 年未见发展党员统计表

1980 年，按照“积极慎重”方针，注意在科技和教师队伍中发展党员。当年，发展党员 106 名，其中科技人员 19 名，文教人员 6 名，工人、服务员 53 名。预备党员转正 82 名，恢复党籍 3 名。

1981 年，发展党员工作坚持长期教育培养，认真调查考核，严格入党手续，履行宣誓仪式，成熟一个发展一个。当年，发展党员 112 名，其中各类专业技术人员 36 名、教师 5 名、生产工人 48 名。87 名预备党员转正。

1982 年，共青团第十一次全国代表大会将推荐优秀团员做党的发展对象写入团章，团组织开始做“推优”工作。

1982 年，按照中共十二大通过的党章，做好发展党员工作。地直机关党委制订发展党员计划，在中青年知识分子和第一线生产骨干中发现积极分子，培养入党对象。在坚持党员条件前提下，有计划、有重点、按程序发展党员。3 月 10 日，地直机关党委决定收回党总支审批党员权利，由基层党委审批。当年，发展党员 70 名，其中妇女 12 名、年龄在 30 岁以下的 30 名、各类专业技术人员 29 名、生产第一线骨干 28 名，逐步改变党员队伍结构。加强对预备党员培养考察，99 名预备党员转正。

1983 年，执行中央组织部关于有领导、有计划、有重点地发展党员的指导方针，召开组织委员会议进行部署。加强在中青年知识分子和第一线生产骨干中发展党员，正确掌握知识分子入党标准，明确知识分子是工人阶级的一部分，是社会生产力的重要组成部分，把发展知识分子入党作为党组织的一项重要工作。共发展党员 61 名，其中知识分子占 59.1%、中青年占 67.2%、专业技术人员占 55.7%、第一线骨干占 19.6%，新党员年龄结构、知识结构、分布状况有了改善。

1984 年 12 月，检查中华人民共和国成立以来发展知识分子入党工作，解决知识分子入党难问题，制订 1985—1990 年发展知识分子入党规划，地直共有知识分子 3626 名，其中党员 1253 名，占知识分子总数的 43.4%，占地直党员总数的 24.7%。自“文化大革命”结束以来，共发展党员 691 名，其中大中专以上文化 243 名，占 35.17%；妇女 85 名，占 12.3%；35 岁以下 267 名，占 38.64%。

1985 年，把大量发展优秀知识分子和先进青年入党作为发展党员工作的重点，配合地委组织部对地直 18 个单位发展知识分子入党工作进行检查。当年，共发展党员 414 名，其中大中专以上知识

分子327名，占79%；35岁以下青年243名，占38.7%；地直知识分子入党难问题基本解决。一些多年没有发展党员的党支部，加强培养教育和考察，发展新党员。一些长期争论不清的遗留问题得到解决。改革发展党员审批制度，发挥基层党委作用。

1980—1985年，地直共发展党员939名，其中专业技术人员379名，占40.36%；35岁以下的380名，占40.47%，较好地贯彻上级党委发展党员工作要求。

1986年初，检查18个单位发展知识分子入党工作，贯彻省、市委组织工作会议关于“两个大量发展”精神（大量发展优秀知识分子入党、大量发展先进青年入党），在发展党员工作中突出一个重点：重点解决好知识分子入党难问题；处理好两个关系：处理好两个大量发展与保证质量、与经常性发展工作的关系；把好三个关：把好培养教育、考察政审、谈话审批关。当年，发展党员599名，其中知识分子434名，占72.4%；青年280名，占46.7%。泉州师专解决对知识分子的思想偏见，积极发展优秀中青年教师和优秀大学生入党。福建梨园剧团近30年没有发展党员，党支部统一思想认识，发展4名编剧、导演、舞美等有较高造诣知识分子入党，不少老演员改变争取入党信心不足状况，递交入党申请书。

1986年，中央组织部批准共青团中央书记处《关于认真做好推荐优秀团员作党的发展对象工作的报告》，进一步做好“推优”工作。

1987年2月18日，市直机关党委授权市委党校党总支审批接收新党员和预备党员转正。

1988年9月1日，加强调查研究，针对存在问题，制订《关于发展党员工作的几项规定》，明确规定发展工作的11项程序，印发《关于当前发展党员工作应注意的几个问题》，解决发展党员工作中存在的7个方面问题，坚持对入党积极分子未经培训的不发展，没有考察意见的不发展，手续不完备的不发展，预备党员转正没有考察材料的上级党委不审批。

1989年，贯彻“坚持标准、保证质量、改善结构、慎重发展”方针，各系统党委举办培训班，培训发展对象和入党积极分子500多名，加强培养、教育和考察工作。全年，发展党员199名，新党员在工作中和制止动乱斗争中较好地发挥先锋模范作用。

1990年，贯彻中央组织部《中国共产党发展党员工作细则（试行）》，组织党务工作者学习该细则，做好入党积极分子培养教育、预备党员接收、预备党员教育考察和转正各个阶段工作，形成制度化规范化。举办培训班22期，培训入党积极分子607名、新党员98名，发展党员262名。

1980—1990年，共发展党员2861名；共审批预备党员转正2355名，其中按期转正党员2314名，占98.26%；延长预备期23名，占0.98%；取消预备党员资格18名，占0.76%。

1991年，加强对发展对象的培养教育考察工作，事业单位、学校党组织在中青年教师和优秀大学生中发展党员，企业单位党组织在生产第一线骨干中发展党员，取得较大进展。当年，发展党员353名，其中大专以上文化129名，占37%；生产第一线骨干99名，占28%。

1992年7月，贯彻中央组织部、共青团中央《关于进一步做好推荐优秀团员作党的发展对象工作的意见》，28周年以下青年入党，一般应从团员中发展，发展团员入党一般应经过团组织推荐，加强在企业、农村生产一线和青年中发展党员工作，把培养推荐生产一线和关键岗位上的优秀团员作为“推优”工作的重点。

1993—1994 年，共发展党员 655 名，其中大专以上文化占 47.23%；生产一线工人占 15.78%。1994 年发展 25 岁以下 101 人入党，均经过共青团组织“推优”。

1995 年，重点帮助多年没有发展党员的党支部分析原因，采取措施，使多年没有发展党员的党支部和在学校青年教师、大学生中发展党员工作有较大进展。加强共青团组织“推优”工作，120 名优秀团员经过“推优”入党。召开企业发展党员工作经验交流会，推动企业发展党员工作。

1996 年，按照市委“一年打基础、两年见成效、三年变面貌”发展党员规划，进一步完善入党积极分子的培养、教育、考察和共青团组织“推优”制度，重点做好在生产一线、青年职工、技术业务骨干、优秀青年教师和学生中发展党员工作。

1997 年 4 月，开展《中国共产党发展党员工作细则（试行）》贯彻执行情况检查，对 6 年来发展党员工作进行全面回顾检查，对泉州市“12345”发展党员配套性措施的落实情况进行对照检查，基层党委自查互查，市直机关工委抽查。11 月，市直机关工委配备组织员 1 名，负责组织实施发展党员计划，指导党组织发展党员工作，审查新发展党员和预备党员转正材料和有关手续。

1997 年，按照市委发展党员工作“421”工程和“12345”配套措施，坚持一个标准（合格党员标准）、完善两项制度（入党积极分子培养教育考察和发展对象跟踪管理制度）、突出三个重点（重点发展生产一线优秀分子、先进模范人物和优秀团员）、处理好四个关系（数量与质量、突出重点与改善结构、宏观指导与微观把握、加强培养与跟踪管理）、坚持“五不发展”（未列入重点发展对象的不发展、培养时间不够的不发展、未经政治审查的不发展、没有参加培训的不发展、入党动机不端正的不发展）。召开发展党员工作座谈会，8 个党组织总结介绍发展党员工作经验。当年，共发展党员 580 名，其中 217 名团员经共青团组织推优入党。

1998 年，制订发展党员工作目标：每年建立 3000 名左右入党积极分子队伍，培养 1200 名重点对象，发展 600 名左右新党员。发挥业余党校作用，举办入党积极分子培训班 6 期，培训 1000 多人。发展党员 596 名，经共青团组织“推优”入党 131 名。对 1994 年以来入党未经系统培训的党员进行培训。

1999 年 4 月，对 1996—1998 年发展党员工作情况进行检查，总结发展党员工作经验，切实纠正一部分党组织在发展党员工作中存在的标准掌握不严、程序不规范、手续不完备等问题，进一步做好发展党员工作，保证新党员质量。抽查 20 个党委所属的 80 个党支部、653 名新党员入党资料。从检查结果看，市直 776 个党支部，发展党员工作“好”的 426 个，占 54.8%；“一般”的 331 个，占 42.6%；“差”的 19 个，占 2.4%。举办各种培训班 40 期，培训党支部书记、组织委员 878 人，进行发展党员工作等业务知识培训，制发各种材料表格 2000 多份。各系统成立检查组 70 个，对 1996—1998 年发展的 1743 名党员进行审核。省委组织部和市委组织部分别抽查市直部分党组织发展党员工作情况。通过检查，摸清存在的问题和薄弱环节，针对存在的标准掌握不严、程序不规范、手续不完备、重数量轻质量问题，进一步健全和完善发展党员工作制度和程序，把好“入口关”，提高发展党员质量。

2000 年，推行发展党员预审制、公示制，采取集中办班，指定专人培养等方法，对发展对象、入党积极分子进行培训考察，对新发展党员进行跟踪了解。对 1998 年 7 月至 2000 年 6 月期间入党未经过系统培训的新党员和近期拟发展未经过党的基本知识培训的发展对象进行培训。

2002年12月，市直机关工委编印《发展党员工作资料汇编》，收集有关发展党员工作资料，按“党章党规”“基本程序”“常用例文”“操作方法”“疑难答询”等5部分汇编成册，供党务工作者在实际工作中应用参考。

2003年2月11日，在总结发展党员预审、公示试点工作经验的基础上，全面推行发展党员预审和公示制度。规定发展党员预审、公示工作的程序、内容和方法，预审和公示工作由基层党委组织实施，直属党总支送市直机关工委组织部预审。5月，市直机关工委和教育系统党委在泉州幼师召开学校发展党员工作座谈会，全市各民办高职学院、市各大中专学校、中小学、幼儿园党组织负责人50人参加，会前举行教育系统业余党校成立和授牌仪式。会议强调认清形势，增强搞好学校发展党员工作使命感；落实责任，规范学校发展党员工作程序；开拓创新，提高学校发展党员工作水平。

2003年5月20日，制订《泉州市直2003—2005年发展党员工作规划》和《泉州市直2003年发展党员计划》。提高思想认识，切实增强做好发展党员工作的责任感和使命感；明确目标要求，有计划有重点地做好发展党员工作；强化工作措施，进一步提高发展党员工作整体水平。目标要求：2003—2005年市直发展党员的总体目标，每年保持3000名左右的入党申请人队伍，培养1500名左右入党积极分子和750名左右重点发展对象，发展450名左右新党员；把握好新党员结构，每年发展的新党员中，35岁以下的一般占80%以上，高中以上文化程度的占80%以上，妇女占25%以上，生产、工作一线占45%以上，行业分布不断趋于合理。

2004年3月19日起，在市直发展党员工作中试行测评制、预审制、公示制、票决制和责任追究制。加强业务培训，掌握总体操作方法，对未能坚持党员标准，违反发展党员工作程序和不履行发展党员工作职责的行为，追究党组织和责任人的责任。市直机关工委授权市直市委办、党群、宣传、统战、政法、市府办、计委、经委、财贸、建设、农办、外经、交通、教育、卫生、公安、水利17个系统党委，市人大、政协、纪委3个机关党委和16个驻泉省部属单位党委负责所属党组织发展党员的预审工作。系统党委在基层党委审查后再进行预审。未授权的直属党委发展党员工作统一由市直机关工委组织部预审。统一印制民主测评表、民主测评情况汇总表、预审表、公示表、票决表、票决情况汇总表，党组织认真填写，并按规定上报和存档。

2004年7月9日，中央办公厅转发中央组织部《关于进一步做好新形势下发展党员工作的意见》。市直各级党组织认识做好新形势下发展党员工作的重要性和紧迫性，明确指导思想和基本要求，重点做好在工人、知识分子和干部中发展党员，壮大党的队伍最基本的组成部分和骨干力量。重视在生产工作第一线和高知识群体、青年中发展党员。按部署做好在新的社会阶层中发展党员的试点工作，把承认党的纲领和章程、自觉为党的路线和纲领奋斗、经过长期考验，符合党员条件的其他社会阶层的先进分子吸收到党内来，增强党在全社会的影响力和凝聚力。

2004年10月1日起，发展党员统一使用中央组织部2004年制《中国共产党入党志愿书》，同时停止使用1983年制《中国共产党入党志愿书》，基层党组织加强党务干部培训，指导党支部按照中央组织部《中国共产党入党志愿书》(2004年制) 填写说明的要求、规定填写。

2005年3月2日，制订《泉州市直2005年发展党员工作计划》，以发展生产、工作第一线、青年、妇女、少数民族及高知识群体和各类人才中的优秀分子入党为重点，新党员中35岁以下占80%以上，高中以上文化程度占80%以上，妇女占25%以上，生产、工作一线占45%以上，行业分布趋于合理。

2006年4月7日，制订《泉州市直2006—2008年发展党员规划》。进一步把好“进口关”，坚持一个方针“坚持标准，保证质量，改善结构，慎重发展”；把握两个原则：入党自愿原则、成熟一个发展一个原则；做好三个阶段工作：入党积极分子培养教育考察阶段、预备党员接收阶段、预备党员教育考察转正阶段工作；开好四个会：确定入党积极分子的会议、确定发展对象的会议、吸收预备党员的支部大会、预备党员转正的支部大会；推行五制：民主测评制、公示制、预审制、票决制、责任追究制。7月起，实行修订后的《中国共产党发展党员工作基本程序图》《中国共产党入党积极分子考察表》。

2008年3月25日，制订《泉州市直2008年发展党员工作计划》。总体目标：保持2000名左右入党申请人队伍，培养1000名左右入党积极分子和500名左右重点发展对象，发展400名左右新党员。新党员中，35岁以下占85%以上，高中以上文化程度力争100%，妇女占40%以上，生产、工作一线占45%以上，行业分布不断趋于合理。当年，培训219名发展对象，发展255名新党员。

2009年4月9日，制订并实施《泉州市直2009—2011年发展党员工作规划》。总体目标是：每年保持1500名左右入党申请人队伍，培养900名左右入党积极分子和300名左右重点发展对象，发展240名左右新党员；35岁以下占85%以上，高中以上学历占98%以上，妇女占40%以上。努力建设一支素质优良、结构合理、规模适中、作用突出的党员队伍。

2010年7月21—28日，组织5个检查组对17个系统党委、42个党委、124个党支部2006—2009年度发展党员工作进行检查，督促基层党组织对存在的问题进行整改。

1991—2010年，市直共发展党员9026名，其中：妇女2793名，占30.94%；少数民族114名，占1.26%；35岁以下7156名，占79.28%；大专及以上文化5571名，占61.72%；专业技术人员2391名，占26.49%；机关发展新党员2326名，占25.77%；企事业、学校发展新党员6587名，占72.98%；其他社会阶层发展新党员113名，占1.25%。

1991—2010年，市直共审批预备党员转正8537名，其中按期转正党员8472名，占99.24%；延长预备期32名，占0.37%；取消预备党员资格30名，占0.35%。预备期未满被取消预备党员资格4名，占0.04%。

2011年3月22日，制订《泉州市直发展党员工作计划》。总体目标：保持1500名左右入党申请人，培养900名左右入党积极分子和350名左右重点发展对象，发展300名左右新党员。在新党员中35岁以下占85%左右，高中以上学历达到100%，妇女占35%左右。当年，共发展党员255名，35岁及以下的224名，占87.8%；高中及以上学历达到100%；妇女82名，占32.16%。

2012年7月1日起，按照“控制总量、优化结构、提高质量、发挥作用”的总要求，夯实基础，抓好入党积极分子队伍；把握重点，优化党员队伍结构；规范程序，提高发展党员工作质量；加强教育，提高新党员的素质能力。当年，共发展党员263名，其中妇女80名，占30.42%；35岁以下205名，占77.95%；大专及以上文化227名，占86.31%。

2013年4月25日，制订《泉州市直2013年发展党员指导性计划》，当年，计划发展200名新党员。7月10日，对新形势下做好发展党员工作提出6项具体要求：坚持和完善入党前短期集中培训制度，时间为5—7天（或不少于40学时）；实行发展党员征求意见制度，改进发展党员工作测评制、公示制、预审制、票决制和责任追究制，推行征求执纪执法部门意见制度；坚持和完善发展党员公示制度，在讨论接收预备党员和预备党员转正前进行公示；坚持和完善发展党员预审制度，从2013年7月15日起，原来委托市直各系统党委，市人大、市政协、市纪委机关党委、驻泉省部属单位党委的发展党员预审权限统一收回，改由市直机关工委组织部预审；实行发展党员总量调控制度，基层党委根据上级的规划和计划，制订工作方案和落实措施，报上一级党（工）委审批；健全完善发展党员工作责任制，基层单位可设置聘任专兼职组织员。探索建立发展党员工作预警制度，控制发展总量，提高发展党员质量。11—12月，开展贯彻《中共中央办公厅关于加强新形势下发展党员和党员管理工作的意见》情况检查，重点检查实行发展党员总量控制情况，保证发展党员质量情况，优化党员队伍结构情况，落实领导责任、完善保障措施情况。

2014年4月21日，制订《泉州市直2014年发展党员指导性计划》。10—11月，对2010—2014年发展党员工作进行自查和检查。当年，共发展党员178名，其中妇女57名，占32.02%；35岁及以下148名，占83.15%；大专及以上文化157名，占88.20%；专业技术人员53名，占29.78%；机关52名，占29.22%；企事业、学校126名，占70.78%。

2015年4月28日，制订《泉州市直2015年发展党员指导性计划》，按照“控制总量、优化结构、提高质量、发挥作用”总要求，实施“培源提质”工程，突出发展重点，优化队伍结构，在35岁以下青年、高中以上学历、妇女中发展的党员分别占发展总数的85%、95%、35%。当年，共发展党员104名，其中妇女38名，占36.54%；35岁以下71名，占68.27%；大专及以上文化95名，占91.35%；专业技术人员44名，占42.31%；机关27名，占25.96%；企事业、学校71名，占68.27%；其他社会阶层6名，占5.77%。

2016年2月25日，制订《泉州市直2016年发展党员指导性计划》。全面把握政治标准和党性要求，加强对入党积极分子的培养教育，从源头上保障发展党员质量，落实发展党员工作测评制、公示制、预审制、票决制和责任追究制。开展党员组织关系集中排查，对入党志愿书等入党材料遗失的党员，指定专人进行调查，按照规定作出审核结论。当年，发展党员124名，其中妇女43名，占34.68%；35岁及以下93名，占75%；大专及以上文化111名，占89.52%；专业技术人员54名，占43.55%；机关30名，占24.19%；企事业、学校89名，占71.77%；其他社会阶层5名，占4.03%。

2017年6月16日起，在“党员e家”平台开展入党积极分子和发展对象党的应知应会知识测试。测试内容：党的历史和优良传统、党的基本理论和基本知识、党的路线方针政策和形势任务、传统文化和国情省情等。测试结果作为入党积极分子确定为发展对象和发展对象接收为预备党员的重要依据，测试成绩必须达到60分（含）以上。6月27日，市直机关工委制定《泉州市直2017年发展党员指导性计划》，把政治标准放在发展党员首位，抓好思想教育这个根本，确定一批基层党组织作为发展党员工作联系点，建立挂钩联系制度，加强点对点的指导督促检查。对2016年以来发展党员工作进行自查和检查。

1980—2017 年，地（市）直共发展党员 13144 名，其中妇女 3712 名，占 28.24%；少数民族 162 名，占 1.23%；35 岁及以下 9515 名，占 72.39%；大专及以上文化 7714 名（1980—1982 年此项未统计），占 1983—2017 年发展总数 12856 名的 60.00%；专业技术人员 3760 名，占 28.61%；机关 3292 名，占 25.05%；企事业、学校 9714 名，占 73.90%；其他社会阶层 138 名，占 1.05%。审批预备党员转正 12414 名，其中按期转为正式党员 12307 名，占 99.14%；延长预备期 55 名，占 0.44%；取消预备党员资格 48 名，占 0.39%。预备期未满被取消预备党员资格 4 名，占 0.03%。

1980—2017 年度发展党员统计表

表 8-4　　　　**单位：人**

年份	总数	女	少数民族	35 岁及以下	大专及以上	专业技术人员	机关	企事业、学校	其他社会阶层
1980	106	13	0	44	未统计	25	11	95	0
1981	112	16	0	48	未统计	41	24	88	0
1982	70	12	1	30	未统计	29	10	60	0
1983	61	8	0	11	26	34	9	52	0
1984	176	22	2	62	70	79	27	149	0
1985	414	63	4	185	224	171	106	308	0
1986	599	119	4	310	235	200	107	492	0
1987	473	95	7	212	181	156	101	372	0
1988	389	75	0	172	138	116	109	280	0
1989	199	49	2	126	66	54	67	132	0
1990	262	57	4	179	114	74	57	205	0
1991	353	91	8	233	147	129	99	254	0
1992	314	67	3	231	142	117	90	224	0
1993	325	75	4	240	149	97	40	285	0
1994	330	87	2	239	178	71	155	175	0
1995	558	144	9	446	312	156	137	421	0
1996	594	159	14	452	339	188	143	451	0
1997	580	163	9	473	288	175	199	381	0
1998	596	162	12	437	321	116	180	416	0
1999	589	207	4	497	374	114	164	425	0
2000	674	229	7	550	452	149	252	422	0
2001	724	268	6	604	518	170	138	561	25
2002	458	147	4	361	277	134	134	296	28
2003	489	156	6	375	315	121	96	380	13
2004	496	194	3	395	297	145	95	384	17
2005	334	92	5	263	254	123	78	244	12
2006	303	102	1	256	213	60	52	250	1
2007	234	83	5	205	222	114	18	215	1

续表 8-4

年份	总数	女	少数民族	35 岁及以下	大专及以上	专业技术人员	机关	企事业、学校	其他社会阶层
2008	405	135	4	336	248	88	86	316	3
2009	361	134	4	304	270	95	92	262	7
2010	309	98	4	259	255	29	78	225	6
2011	255	82	2	224	203	62	83	171	1
2012	263	80	3	205	227	41	44	218	1
2013	197	58	5	141	164	77	64	125	8
2014	178	57	4	148	157	53	52	126	0
2015	104	38	4	71	95	44	27	71	6
2016	124	43	3	93	111	54	30	89	5
2017	136	32	3	98	132	59	38	94	4
合计	13144	3712	162	9515	7714	3760	3292	9714	138

1980—2017 年度预备党员转正统计表

表 8-5　　单位：人

年　份	已经上级党组织审批的				预备期未满被取消预备党员资格
	合计	转为正式党员	延长预备期	取消预备党员资格	
1980	82	82	0	0	0
1981	81	81	0	0	0
1982	102	99	1	2	0
1983	62	59	3	0	0
1984	66	63	0	3	0
1985	166	166	0	0	0
1986	436	432	2	2	0
1987	505	498	5	2	0
1988	330	321	6	3	0
1989	321	309	6	6	0
1990	204	204	0	0	0
1991	218	213	0	2	3
1992	242	239	2	1	0
1993	237	236	0	0	1
1994	257	250	2	5	0
1995	275	271	3	1	0
1996	348	341	6	1	0
1997	486	483	2	1	0
1998	743	740	2	1	0

续表 8-5

年　份	已经上级党组织审批的				预备期未满被取消预备党员资格
	合计	转为正式党员	延长预备期	取消预备党员资格	
1999	500	497	3	0	0
2000	493	487	5	1	0
2001	570	567	1	2	0
2002	628	626	0	2	0
2003	609	603	2	4	0
2004	602	600	0	2	0
2005	431	429	0	2	0
2006	387	386	0	1	0
2007	405	401	3	1	0
2008	366	365	0	1	0
2009	382	381	0	1	0
2010	358	357	0	1	0
2011	341	340	1	0	0
2012	276	276	0	0	0
2013	253	253	0	0	0
2014	190	190	0	0	0
2015	197	197	0	0	0
2016	123	123	0	0	0
2017	142	142	0	0	0
合计	12414	12307	55	48	4

第九章　社会主义精神文明建设

1981 年起，地直机关党委把精神文明建设列入党委工作议程，由党委宣传部具体负责。1984 年 12 月，成立地直机关“五讲四美三热爱”（简称“五四三”）活动委员会。1987 年 5 月，成立市直机关创建文明单位活动领导小组，开展创建文明单位活动。2002 年 4 月，成立市直机关精神文明建设领导小组，负责市直机关、驻泉省部属单位精神文明建设的指导、协调、监督、检查，以及市直精神文明单位审批工作。

开展学习宣传各条战线先进典型活动，“五讲四美三热爱”活动，“六提倡、六反对”活动，职业道德、社会公德、家庭美德建设活动，公民道德建设活动，机关文体活动，机关大讲堂活动。开展文明单位创建和表彰活动。2017 年度，共有文明单位 165 个，其中福建省文明单位 25 个、泉州市文明单位 73 个、泉州市直机关文明单位 67 个。

第一节　组织机构

随着改革开放的起步和社会主义现代化建设的全面发展，地直机关各级党组织坚持“两个文明建设一起抓”的方针，建立健全社会主义精神文明建设（简称精神文明建设）工作机构，加强组织领导。

1981 年起，地直机关党委把精神文明建设列入党委工作议程，作为机关党的思想建设重要内容，做到有计划、有部署、有检查、有总结。

1984 年 12 月 8 日，成立地直机关“五讲四美三热爱”活动委员会，领导地直机关精神文明建设。委员会成员单位 10 个：地直机关党委、地区纪检会、地委秘书处、行署办公室、地区人事局、地区机关事务管理局、地区“五四三”办公室、地委政法委、地区卫生局、地区审计局。委员会由庄玉灿、高挺鸿、庄渊泉、詹辉乾、张贵川、杨德卿、肖克信、郝允发、郭奉宣、梁挺秀、洪静华、黄文成、陆养夫、刘宗荣 14 人组成。地直机关党委副书记庄玉灿任主任，高挺鸿、庄渊泉、张贵川任副主任。委员会办公室设在地直机关党委宣传部，张贵川任主任，梁挺秀任副主任。1985 年 1 月 6 日，启用“晋江地区直属机关五讲四美三热爱活动委员会”印章。1986 年 1 月，更名为“泉州市直属机关五讲四美三热爱活动委员会”，成员单位和成员延续。

1986 年 9 月，中共中央印发《关于社会主义精神文明建设指导方针的决定》。为加强对精神文明建设的领导，经市直机关“五四三”委员会成员单位协商，1987 年 5 月 7 日，成立市直机关创建文明单位活动领导小组，成员单位10个：市直机关党委、市委办公室、市政府办公室、市纪检会、市人事局、市委政法委、市计生委、市“五四三”办公室、市机关事务管理局、市卫生局。领导小组由庄玉灿、林有文、施学忠、邹怀辉、傅子容、黄印宪、许锦鹏、郭清玉、林荣宗、戴碧祥、傅赞基11人组成。市直机关党委副书记庄玉灿任组长，林有文任副组长，日常工作由市直机关党委宣传部承担。

2002年4月2日，市委办公室印发《关于成立市直机关精神文明建设领导小组的通知》，为加强机关精神文明建设，经市委研究决定，成立市直机关精神文明建设领导小组，负责市直机关、驻泉省部属单位精神文明建设的指导、协调、监督、检查，以及市直精神文明单位的审批工作。领导小组由吴汉民、张敬尊、骆国金、张甘荔、赵育斌、张一申、江义民、王伟民、邓安娜、熊建中、王树旗、郑天文、吴福荣、吴晓雄、陈桂生、黄黎波、蒋英璠、李松柏、洪建中、李再生、任秀斌、陈伯禹、林聪顺23人组成。市委常委、秘书长吴汉民任组长，市直机关工委书记张敬尊任常务副组长，骆国金、张甘荔、赵育斌、张一申、江义民、王伟民、邓安娜任副组长。领导小组办公室设在市直机关工委宣传部，市直机关工委副书记赵育斌兼任主任。5月9日，启用“泉州市直属机关精神文明建设领导小组”和“泉州市直属机关精神文明建设领导小组办公室”印章。5月30日，召开领导小组第一次成员会议，审议通过《关于进一步加强市直机关精神文明建设的意见》，吴汉民对增进机关精神文明建设提出要求。6月3日，印发《关于进一步加强市直机关精神文明建设的意见》。

2003年7月7日，潘向前任市直机关精神文明建设领导小组办公室副主任。9月，明确市直机关各系统精神文明建设领导小组成员单位，启用市直机关16个系统精神文明建设领导小组及办公室印章。

2007年1月29日，许贞丽任市直机关精神文明建设领导小组办公室副主任。11月1日，调整领导小组成员，市委副书记、市纪委书记、市直机关工委书记林文杰任组长，市直机关工委常务副书记李世杰任常务副组长，苏汉庭、林炯泉、许礼哲、黄利禾、王松柏、张甘荔、邓安娜任副组长。11月13日，召开领导小组全体成员会议，林文杰出席并讲话。

2008年12月15日，调整领导小组成员，市委副书记、市纪委书记、市直机关工委书记朱淑芳任组长，增补市直机关工委副书记陈炯仁为副组长兼办公室主任。12月25日，召开领导小组全体成员会议，总结2008年市直机关精神文明建设情况，研究部署2009年工作。朱淑芳出席并讲话。

2009年6月23日，泉州市国资委系统精神文明建设领导小组及办公室成立。7月31日，陈振裕任市直机关精神文明建设领导小组办公室副主任。

2010年4月29日，调整领导小组及办公室成员，黄利禾、苏汉庭、陈炯仁不再担任领导小组副组长，增补洪川夫、李艾克、吴晓雄为副组长，吴晓雄兼任领导小组办公室主任。

2013年1月8日，调整领导小组及办公室成员，市委常委、市纪委书记、市直机关工委书记沈耀钦任组长，市直机关工委常务副书记黄春淮任常务副组长，李艾克、苏文雅、陈力平、洪川夫、林开通、曾巍、孙碧良、郑天文任副组长，成员24人。郑天文兼任领导小组办公室主任。

2019年3月5日，调整领导小组及办公室成员，市委副书记、市直机关工委书记张永宁任组长，市直机关工委常务副书记黄黎波任常务副组长，郭培明、李金鼠、陈炯仁任副组长，成员22人，陈炯仁兼任领导小组办公室主任，庄禾（兼）、陈振欲任副主任。

第二节　主要活动载体

一、学习先进典型

（一）学习宣传各条战线先进典型

中华人民共和国成立以后，机关党组织开展学习“南京路上好八连”，学习大庆，学习大寨，学习解放军，学习王进喜、雷锋、焦裕禄、谷文昌等先进典型活动，以先进典型为榜样，提高思想政治觉悟，树立正确世界观、人生观、价值观。

1963年3月5日，毛泽东题词“向雷锋同志学习”。专直机关各级党组织响应毛泽东等老一辈革命家号召，掀起向雷锋学习热潮。“文化大革命”期间，学习雷锋活动一度中断。1977年3月，恢复开展学习雷锋活动。

1983年，开展学习赵春娥、蒋筑英、罗健夫、张海迪活动。

1985年，组织收看曲啸谈理想与信念的录像报告。3次组织听取中越自卫还击战老山英模报告团的报告，请有理想的人讲理想，有党性的人讲党性，守纪律的人讲纪律。

1990年1月13日，市直机关党委印发《关于开展学习雷锋精神活动的具体意见》，深入开展“岗位学雷锋、行业树新风”活动。根据省、市委关于在春节前掀起一个学习雷锋精神高潮的意见，结合市直实际，引导党员和干部职工学习雷锋高度的政治觉悟和爱憎分明的政治立场，全心全意为人民服务的思想，刻苦钻研革命理论的“钉子”精神，艰苦奋斗的精神，干一行、爱一行、专一行的精神。走出机关，开展为民办好事、办实事、“送温暖”活动，慰问烈军属、孤寡老人、五保户，参加义务劳动、义修义诊义演。召开学雷锋讨论会、演讲会、知识竞赛、专题讲座、经验交流会、表彰会，使雷锋精神深入人心，学雷锋活动持久健康地开展下去。8月，召开岗位学雷锋经验交流会，5个先进单位、2名先进个人作经验介绍。市直宣传系统党委、市文化局机关党委组织“威远楼之夏”文艺晚会，市直统战系统党委组织民主党派人士为群众义诊，市直农办系统党委召开学雷锋经验交流会，市卫生局机关党委召开学雷锋事迹报告会。

1991年，开展学习焦裕禄、谷文昌先进事迹，争当人民好公仆活动，组织干部职工到东山县参观谷文昌先进事迹展览。

1993年3月，召开“岗位学雷锋、行业树新风”活动经验交流会，4个单位、2名个人介绍经验。

1994年3月，开展“学雷锋活动月”活动，召开学雷锋先进事迹报告会暨表彰会，表彰4个学雷锋先进单位：市文化局艺术科、市委组织部档案室、市直机关卫生所、省公路通行费泉州大桥征管所；8名先进个人：蔡其仁、赖振宇、庄铭略、吴水来、李卿泽、余庭湖、郑标民、黄素芬。市委常委、组织部部长李在明出席表彰会，并就社会主义市场经济条件下如何开展学习雷锋活动提出具体要求。

1995 年，组织“一学、二树、三行动”学雷锋活动。开展“抓三月，促全年；抓学雷锋，促思想道德教育；抓为民办实事，促树社会新风”的三抓三促活动。开展向张鸣歧等 8 名英雄人物学习活动，表彰刘锡杰等 18 名学雷锋先进个人。开展学习领导干部的楷模孔繁森活动，组织播放《领导干部的楷模——孔繁森》教育录像片 646 场次。6 月，与市委宣传部、泉州电视台联合举办以“学习孔繁森，做四有新人”为主题的演讲比赛，14 个系统党委和省属党委共 18 名选手参赛。

1996 年 3 月，组织开展“学雷锋、建三德、树新风”主题活动。召开交流表彰会，表彰学习雷锋活动先进单位和先进个人，8 个单位在会上进行交流。把学习雷锋同学习本行业本单位先进典型模范人物结合起来，立足岗位学雷锋。

1997 年 2 月 25 日起，开展学雷锋、学英模、“建三德”（职业道德、社会公德、家庭美德）、树新风活动。以雷锋、孔繁森、李国安、李素丽、林炳熙、徐虎、邱娥国，济南交警、漳州 110 等为榜样，促进机关精神文明建设。

1999 年，纪念毛泽东等老一辈革命家“向雷锋同志学习”题词发表 36 周年，开展“向雷锋同志学习，做人民满意公务员”主题活动。

2003 年 3 月，纪念毛泽东等老一辈革命家“向雷锋同志学习”题词发表 40 周年，组织开展以“学雷锋、树新风”为主题的奉献利民活动；开展以“优美环境、优良秩序、优质服务、优异业绩”为主要内容的“创文明机关、做人民公仆”活动；开展“十百千万”工程群众性精神文明创建活动。市直宣传系统党委、团委在威远楼举办图片展、雷锋精神问答、义诊、血型检查、体能测试、计生政策咨询、现场受理群众投诉、木偶表演等活动。根据中央组织部和省、市委要求，开展向谷文昌学习活动，组织参观谷文昌事迹展览，观看大型话剧《人民的谷文昌》，以谷文昌为榜样，找差距，定措施，加强党性修养和锻炼。5 月，开展学习郑培民活动，学习他坚定的理想信念、崇高品格、公仆情怀、革命精神、高尚情操。9 月，组织听取省政法战线英模事迹报告团在泉州的巡回报告。

2004 年 6 月，开展向人民警察优秀代表任长霞学习活动。学习任长霞爱党、爱国、爱人民、爱岗敬业、廉洁奉公的高尚情操，以高度事业心和责任感做好本职工作。

2005 年 3 月，观看影片《张思德》，组织座谈讨论，交流观后感，学习张思德全心全意为人民服务先进事迹，发扬革命传统。8 月，组织观看情景剧“我是共产党员”，学习郑培民、谷文昌、牛玉儒、郑忠华等先进事迹，组织机关党员到“谷文昌纪念馆”参观学习。

2007 年 6 月，组织观看反映“立党为公、执政为民”典型谷文昌先进事迹的彩色故事片《公仆》。引导党员干部特别是领导干部进一步增强公仆意识，坚持理想信念，永葆共产党员先进性。10 月，组织观看反映优秀基层干部亲民为民、清正廉洁，在突发事件来临时化解各方矛盾，保护群众利益，保证一方平安的故事片《突发事件》，推进社会主义核心价值体系建设。

2009 年，开展向优秀共产党员吴大观，李朗红学习活动。

2010 年 10 月 28 日至 11 月 28 日，组织党员干部观看电影《第一书记》，开展向农村基层干部楷模、安徽省凤阳县小岗村原党委第一书记、村委会主任沈浩学习活动。

2011 年 1 月，响应中央组织部、宣传部等部门号召，开展向新时期共产党员的优秀代表、新时期乡镇党委书记的学习楷模、四川省南充市营山县城南镇党委书记文建明学习活动。4 月，贯彻胡锦涛批示，开展向党员干部的学习楷模、离退休老同志的优秀代表、原云南省保山地委书记杨善洲学习活动。3 月 5 日，是第 49 个全国学雷锋活动日，组织开展“中国青年志愿者服务日”主题志愿服务活动，开展“讲文明树新风”“便民利民”“提升市民文明素质”“绿色环保低碳生活”志愿服务活动。

2012 年 3 月 6 日，召开市直机关深入开展学习雷锋活动座谈会，陈忠晟、吕优生、张茜 3 名泉州市道德模范在会上发言，市直市委办、市府办、党群系统党委等党组织介绍开展学习雷锋活动经验体会。会议要求机关各级党组织和党员干部要在学习雷锋活动中“走前头”、作表率，做雷锋精神的践行者和倡导者。3 月 27 日起，组织网络文明传播者开展“续写雷锋日记”活动，利用博客、微博、播客等多种方式续写“雷锋日记”，记录自己以及身边人学雷锋的点滴情况和心得，通过网络进行交流和传播，在网民中营造学雷锋氛围。

2013 年 7 月 12 日，组织党员干部参加吴一心先进事迹报告会，并进行座谈讨论。推动市直机关学雷锋活动常态化，继续开展“续写雷锋日记”活动，50 多个单位参与活动，泉州机关党建网专栏共发表“续写雷锋日记”168 篇。

2014 年，组织 650 名党员干部参加省党的群众路线教育实践活动先进事迹报告会。4 月 25 日，组织 600 多名党员参加省组织的盖军衔先进事迹报告会。5 月 16 日，市直机关 110 人参加由中央文明办、中国文联、中国曲艺家协会主办，福建省委文明办、泉州市委、泉州市政府承办的 2014 年全国道德模范故事汇（泉州站）巡演活动。

2015 年，学习《优秀领导干部先进事迹选编》，学习焦裕禄、谷文昌、杨善洲、沈浩等先进典型事迹。

2016 年，学习吴大观、杨善洲、吴一心、陈艺伟等先进事迹。7 月 29 日，听取福建省“两学一做”先进事迹巡回报告团报告。12 月 7 日，听取“八闽楷模”周炳耀先进事迹报告团报告。

2017 年 4 月 19 日起，开展向新时期共产党人的楷模、践行“忠诚、干净、担当”要求的好干部，南平市委常委、常务副市长兼武夷新区党工委书记廖俊波学习活动。7 月，组织党员学习收看微电影《廖俊波》，作为开展向廖俊波学习活动的重要内容，学习他不忘初心，扎实工作，廉洁奉公，身体力行，把党的方针政策落实到基层和群众中去的精神。

（二）学习宣传本地区先进典型

1982 年，学习宣传受省委表彰的泉州幼师陈家繁、泉州罐头厂陈根发、地区公安处颜呈政、地区百货站万国强的先进事迹。

1985 年，宣传优秀共产党员、省闽东南地质大队叶加喜身患癌症坚持工作，竭尽全力的先进事迹。

1986 年，在普法教育中学习宣传市妇联干部、共产党员朱婉京认真学法用法，为维护妇女儿童合法权益仗义执言，配合司法机关为多名受虐待妇女伸张正义，被誉为“慈母心肠姐妹情”的事迹。“七一”期间，举办先进典型演讲会，学习宣传泉州师专校长、党委副书记陈世兴地位变了，人民公仆本色不变，不为亲朋好友谋取特殊照顾，在分房中把大套房安排给老同志；市石油站党员林赞成 33 年如一日，立足本职做贡献，安全行车 194 万公里，出席全国石化系统“两先”代表大会；市糖烟酒站经理洪仁润大胆改革、开拓进取，被评为省商业系统先进工作者的事迹。

1987 年，召开市直优秀共产党员先进事迹报告会，请 6 名优秀党员和先进工作者介绍先进事迹。市直市府办系统党委请本单位军队转业干部中的全国战斗英雄李金斧作报告。

1989 年，总结 11 个廉洁奉公的典型单位和个人经验，召开廉洁奉公事迹报告会，将先进事迹印发基层党组织，在《泉州晚报》上逐个宣传，推动机关廉政建设。

1993 年，开展向勇于与歹徒搏斗，用生命保卫国家财产的泉州市银行系统先进人物施秀棉学习活动。

1997 年 4 月 11 日，表彰“勤廉兼优”先进集体 4 个：市邮电局、市第三医院、市实验小学、泉州大桥征管所；先进个人 10 名：周贻赐、盛明、吕金阔、吕温周、黄金跋、蔡敬东、张文土、陈衍贺、张炳枝、庄希文，召开先进事迹报告会。

1998 年 4 月 21 日起，响应市委号召，开展向郑民生、张忠义、李永远、蔡马追 4 名泉州援藏干部学习活动。

1999 年，邀请“全国人民满意公务员先进集体”南安地税局为机关干部作报告，学习南安地税局的先进事迹。10 月，在“三讲”教育中组织党员干部听取“人民满意公务员”陈欠水、王日新作报告。

2000 年 4 月 6 日起，开展向基层党组织的先进典型安溪县（铭选）医院党总支学习活动。学习宣传他们理直气壮抓党建、抓好党建促业务的坚定信念；大力加强精神文明建设，培养良好医风医德的执着追求；从严从实抓管理，锐意改革创佳绩的进取精神。3 次组织市直机关党务干部到安溪（铭选）医院、南安地税局参观学习。

2001 年，市直纪工委组织评选“廉内功”活动和先进人物事迹报告会，用身边的先进典型教育激励党员干部，构筑拒腐防变防线。

2003 年，组织市直机关践行“三个代表”先进事迹报告团到各县（市、区）、市直单位进行巡回演讲。学习宣传赴北京小汤山参加治疗“非典”的南京军区 180 医院医疗分队先进事迹。

2007 年 7 月，响应市委向“人民的好医生”——李云华学习的号召，学习李云华“平凡之中的伟大追求、平静之中的满腔热血、平常之中极强烈的责任感”精神，进一步增强党性观念和宗旨意识。

2009 年 5 月起，各级党组织和党员响应市委号召，开展“弘扬惠女精神，提振创业精神，促进科学发展”活动，组织党员参观惠女水库和惠女精神展览，发扬“艰苦奋斗的意志，尊重科学的态度，无私奉献的品格，拼搏创业的激情”的惠女精神。10 月，开展向优秀共产党员、泉州市公路局工程处主任、党支部书记刘国才学习活动。刘国才身患癌症，32 次化疗、23 次伽马射线治疗，仍坚持一线工作岗位，用刘国才感人事迹和崇高精神教育党员。

2014 年 9 月 26 日，市委宣传部、市直机关工委、泉州军分区政治部、市委文明办、市教育局、团市委联合举办市直机关 2014 年度泉州市道德模范、身边好人先进事迹报告会。

2016 年，以评选推荐第五届泉州市道德模范为契机，选树一批道德典型，开辟网上宣传平台，展示道德模范、身边好人、最美人物的先进事迹，发挥道德典型的示范引领作用。推荐泉州市科技馆为福建省“学雷锋活动示范点”参评单位，市委宣传部林培山为福建省“岗位学雷锋标兵”参评个人。

2017 年 2 月 28 日，推荐泉州市住房公积金管理中心永春县管理部、泉州海事局泉港海事处参评 2017 年泉州“学雷锋活动示范点”，市计量所陈火成、市住房公积金管理中心安溪县管理部徐文真参评 2017 年泉州市“岗位学雷锋标兵”。

二、“五讲四美三热爱”活动

1980 年，开展讲文明、讲礼貌、讲道德和整顿思想、整顿作风、整顿纪律活动。

1981 年 3 月，地直各单位响应全国总工会、共青团中央、全国妇联等 9 个单位联合发出的《关于开展文明礼貌活动的倡议》和中央宣传部、教育部、文化部、卫生部、公安部联合发出的《关于开展文明礼貌活动的通知》，开展以讲文明、讲礼貌、讲卫生、讲秩序、讲道德和心灵美、语言美、行为美、环境美为内容的“五讲四美”活动。选择省汽车运输总公司泉州分公司大修厂为典型，组织各单位领导到现场，召开以“五讲四美”为主要内容的精神文明建设活动动员大会，进行参观学习、经验介绍。开展以“讲卫生、环境美”为入手的、见效快的“五讲四美”活动。

1982 年 3 月，开展第 1 个文明礼貌月活动，以讲卫生为突破口，通过大规模卫生大扫除突击活动，坚持每星期六下午清洁周围环境制度，通过植树节活动，进行热爱社会主义祖国教育，组织大唱革命歌曲，进行革命传统教育和热爱党、热爱社会主义教育。在第一个文明礼貌月和植树节活动中，地委、行署和各部门领导带头清理卫生死角，冒雨到清源山栽树。组队参加泉州市群众歌咏比赛，获一等奖。

1982 年，各单位制定文明公约和评比制度，利用公约实施监督，通过评比检查，开展竞赛。12 月，受省委、省政府表彰“五讲四美”活动先进单位 3 个：泉州汽车分公司修理厂、泉州幼儿师范学校、地委对台部；积极分子 1 名：泉州中旅社吴锦章。受地委、行署表彰“五讲四美”活动先进单位 10 个：泉州汽车分公司修理厂、泉州罐头厂、建设银行晋江地区中心支行、晋江地区农机公司、晋江地区农业局、泉州幼儿师范学校、泉州师范学校附属小学、省五建公司机关、晋江地区卫生学校、泉州五中。“五讲四美”积极分子 12 名：黄晏兴、何绍先、黄秀伦、李群、孙建光、吕晓玲、汪忠渊、曾文金、黄奕枝、陈子才、吕玲玲、吴锦章。省、地区、泉州市（县级市）共授予文明单位称号 25 个、文明楼 4 座。

1983 年 1 月，根据中央宣传部等 20 多个部门提出的在“五讲四美”活动中开展“热爱祖国、热爱社会主义、热爱人民”教育活动，进一步丰富精神文明建设内容。开展以“五讲四美三热爱”（讲文明、讲礼貌、讲卫生、讲秩序、讲道德，心灵美、行为美、环境美、语言美，热爱祖国、热爱社会主义、热爱中国共产党）为主要内容的第 2 个全民文明礼貌月活动。由于党委重视、领导带头、全民动手、事先部署、月后总结，以“五讲四美三热爱”和“三优一学”（创优质服务、优良秩序、优美环境，学雷锋和先进人物）为主要内容，以“学雷锋、树新风”为行动口号，涌现出一批先进典型和模范事迹。9 月，结合整治福厦公路，彻底清理“文化大革命”时期遗留下来的旧的、过时的、错误的标语，设置新标语宣传画。评选赴泉州市表彰的先进单位10个、积极分子14名。

1984年9月，以倡导“做历史文化名城文明人、创建城乡文明单位、建设文明城市”为目标，开展“三优一学”竞赛，从建设优美环境入手，确定地区机关、公安处等30个单位为地直第1批创建花园式绿化单位。

1985年，开展“文明礼貌月”检查和表彰活动，清理精神污染，净化社会风气，配合有关部门进行文化市场整顿，抽检部分有录像设备的单位，杜绝淫秽录像、物品传播，针对“拜金主义”思想影响，进行以共产主义思想为核心的“四有”（有理想、有道德、有文化、有纪律）教育。

三、“六提倡六反对”活动

1985年初，开展以“五提倡五反对”（提倡崇尚科学，反对封建迷信；提倡健康娱乐，反对聚众赌博；提倡婚事新办，反对买卖婚姻；提倡村邻和睦，反对宗族纠纷；提倡艰苦奋斗，反对铺张浪费）为主要内容的移风易俗活动。树立良好的社会风尚，做“文明公民”。开展读书会、文艺晚会、知识竞赛、小型运动会等内容健康、形式多样的文化体育活动，活跃干部职工精神生活。结合中心工作和传统节日，运用专刊、墙报、板报、广播、座谈等形式宣传尊老护幼、尊师敬贤、尊重妇女、婚事新办、丧事简办、破除封建迷信和陋俗的新人新事。

1991年，“五提倡五反对”活动又加上“提倡优生优育，反对超生早育”，成为“六提倡六反对”活动。

1999年，开展以“六提倡六反对”为主要内容的移风易俗活动，开展马克思主义唯物论和无神论教育，与开展精神文明建设结合起来，崇尚科学，反对迷信。

2000年，举办《科学思想与科学方法论》《崇尚科学文明、反对迷信愚昧》专题讲座，邀请高校专家学者作辅导报告。

四、职业道德、社会公德、家庭美德建设

1987年初，根据省、市委部署，突出抓好职业道德和社会公德教育，把社会风气、社会秩序、服务质量、环境卫生、文化市场管理等各方面工作带动起来，实行综合治理。职业道德重点抓党政机关和“窗口”服务单位，根据不同情况提出职业责任和工作规范，开展多种形式的优质服务活动竞赛，进行检查评比，奖勤罚懒，营造鼓励先进和鞭策后进的良好氛围。社会公德建设重点抓教育、抓规范，提高人们维护公共秩序、遵守社会公德的文明素质，抓公共场所的整顿和管理，做文明顾客、文明乘客、文明观众、文明游客。在“两德”建设中，把普及常识、思想教育、建章立制、实践活动融合起来，使“两德”建设有机结合。举办市直机关“两德”知识竞赛，14个单位、42人参加。组队参加全市“两德”知识竞赛，1人作为泉州市队成员之一参加全省“两德”知识竞赛，获团体第一名。

1996年3月，组织开展“学雷锋、建三德（职业道德、社会公德、家庭美德）、树新风”主题活

动，召开学习交流表彰会，8 个单位介绍经验。

1998 年，开展“三德”教育，落实“创文明机关、做人民公仆”各项任务，协助有关部门抓好“创文明行业、建满意窗口”活动，提高机关精神文明建设水平。

五、公民道德建设

2002 年 9 月 20 日，中共中央颁布《公民道德建设实施纲要》。2003 年 3 月 1 日，市直机关工委制定《关于市直机关学习贯彻〈公民道德建设实施纲要〉的实施意见》，明确贯彻中央颁布《公民道德建设实施纲要》的指导思想、具体要求、主要内容和组织领导。加强机关的公民道德教育，开展机关群众性公民道德实践活动，营造有利于公民道德建设的社会氛围。以为人民服务为核心，把市直机关建设成为勤政廉政优政的模范集体；以集体主义为准则，以爱祖国、爱人民、爱劳动、爱科学、爱社会主义为基本要求；以家庭美德为行为准则，使党员干部职工成为家庭邻里的好成员。市直各单位把公民道德建设摆在突出位置，提供有利条件，把理想信念教育作为核心，把思想道德建设作为基础，因人制宜、因地制宜、因时制宜，从具体事情抓起，把自身单位和人抓好。宣传“爱国守法、明礼守信、团结友善、勤俭自强、敬业奉献”的基本道德规范。创建“优质服务、优良秩序、优美环境、优异业绩”四优工程，以“满意服务、情暖侨乡”为主题，推进“创文明行业，建满意窗口”竞赛活动。9 月 20 日，开展第 1 个“公民道德宣传日”活动。以此为契机，每年 9 月动员干部职工关心、支持、参与公民思想道德建设，推进“迎国庆、讲文明、树新风”主题活动开展，推进社会主义核心价值体系建设，提升公民道德素质和社会文明建设。

2004 年，学习《公民道德建设实施纲要》，开展“三德”教育活动，开展“诚信泉州”“讲文明、讲科学、讲卫生、树新风”活动，弘扬正气，倡导新风。在机关大院宣传栏开辟每月由 1 个市级以上文明单位主办的泉州市直机关“创文明单位，做人民公仆”先进事迹展，直观展现机关精神文明创建实效。

2007 年，围绕《公民道德建设实施纲要》颁布 5 周年，组织开展第 4 个“公民道德宣传日”活动，倡导公民道德基本规范。进行“三德”教育，以北京承办奥运会和泉州承办第六届全国农民运动会为契机，开展“共迎奥运、共建文明”“魅力泉州迎‘农运’、道德新风伴我行”“公民道德宣传日”活动，推动“诚信泉州”建设。开展文明礼仪宣传教育活动和“创文明和谐机关、做人民满意公仆”活动，组织干部职工参加全国道德模范评选投票工作，学习福建省推荐的 10 名正式人选的先进事迹。参加投票 13578 份，其中书面投票 11368 份、网络投票 2210 份。3 月 15 日至 5 月中旬，开展“带头守法、树好形象”城市道路交通综合整治主题教育活动，遏制违章驾驶、争道超车、乱停乱放等不良现象，树立文明行路为荣、乱穿马路为耻，安全礼让为荣、违章行车为耻的荣辱意识，自觉维护交通安全秩序。宣传交通文明，提高安全意识，争当文明交通使者，促使城市道路交通文明有序畅通。

2008 年 7—8 月，开展“活力泉州迎农运、道德新风伴我行”“迎奥运、办农运、讲文明、树新风”主题实践月活动。7 月 19 日，组织 2500 多名干部职工参加第六届全国农民运动会倒计时 100 天誓师动员大会。协助组织51个单位、3000多人参加农运会开幕式和闭幕式。8月14—21日，开展推荐“泉州市助人为乐模范”“见义勇为模范”“诚实守信模范”“敬业奉献模范”“孝老爱亲模范”活动，市直推荐福建梨园剧团曾静萍、市住房公积金中心黄连生、市物价局王毓仁、泉州电业局苏东青、市交警支队潘东进5人为泉州市首届道德模范候选人。

2009年4月，开展“我推荐、我评议身边好人”活动，发挥网络优势，在熟悉的人群中推举好人，在日常生活中发现好事。通过生动具体的道德实践，在群众中推进社会主义核心价值体系建设。刘国才入选中国好人榜，高瑛瑛、张茜当选第二届泉州市道德模范。7月，组织市直机关干部职工参加全国道德模范和首届福建省道德模范评选投票。

2010年6—12月，开展“认真履责、做好表率”主题教育实践活动，以社会主义核心价值体系为根本，以《公民道德建设实施纲要》《泉州市民文明公约》《泉州市民文明行为“十不准”规定》《泉州市民文明交通行为准则》为基本要求，开展公民道德教育，制定文明行为规范，开展优质服务活动、市民道德实践活动、志愿服务和便民利民活动、健康向上的群众性文化体育活动，把着力点放在机关、执法部门、窗口单位上，根据不同对象选择教育内容。7月，开展第二届泉州市道德模范评选推荐活动。8月，召开市直机关第二届泉州市道德模范组委会成员会议，评选推荐市直机关参评第二届道德模范人选。发动干部职工积极参与全省“迎特奥、讲文明、树新风”礼仪知识网络（有奖）竞答活动。9月，开展第8个“公民道德宣传日”宣传教育实践活动。

2011年，开展学习宣传“身边的道德模范”活动，通过泉州机关党建网的“文明风采”专栏，宣传报道“好人”的先进事迹和崇高精神，倡导讲道德、做好人，推动机关形成争做好人好事，争当道德模范的良好风尚。7月22日，组织干部职工参加第二届福建省道德模范网络投票。开展“我推荐、我评议身边好人”活动，泉州公路局刘国才、泉州晚报社颜雅婷、泉州人民广播电台张茜、市公用事业局王德辉成为4个身边好人。刘国才、颜雅婷、张茜分别入选福建省2月、10月、12月“好人榜”，张茜入选“中国文明网”见义勇为好人榜。开展学习宣传身边的道德模范活动，泉州机关党建网“文明风采”专栏集中宣传报道“好人”的先进事迹和精神。8月27日，市直机关工委举办本委机关“道德讲堂”首场活动，讲述首届福建省道德模范陈欠水心系群众、助人为乐事迹。9月20日，以《公民道德建设实施纲要》颁发10周年、全国第9个“公民道德宣传日”为契机，开展公民道德宣传教育和实践活动。宣传社会主义核心价值，倡导爱国、敬业、诚信、友善等道德规范，宣传《泉州市民文明礼仪手册》《泉州市文明礼仪基本知识三十条》《泉州市文明交通行为准则》，进行文明礼仪常识教育。

2012年8月17日至10月9日，开展第三届泉州市道德模范推荐工作。共推荐候选对象32人，经市直机关工委研究，决定推荐10人为参评第三届泉州市道德模范候选对象，其中孝老爱亲1人：陈蓉；见义勇为2人：史振邦、汪细章；助人为乐1人：颜雅婷；诚实守信1人：林逸明；敬业奉献5人：杨赞峰、蔡淑华、陈跃进、章明财、杨永强。9月20日，纪念《公民道德建设实施纲要》颁布11周年，开展第10个“公民道德宣传日”活动。以“迎接十八大，讲文明树新风”为主题，宣传社会主义核心价值；宣传文明礼仪常识；宣传志愿服务精神和志愿服务理念；宣传道德模范和“身边好人”先进事迹。开展“我推荐、我评议身边好人”“关爱他人、关爱社会、关爱自然，学雷锋志愿服务”“创文明行业、建和谐海西”活动。11月12—22日，组织干部职工参与泉州市第三届道德模范公众投票。候选对象共33名，其中市直3名：颜雅婷、林逸明、蔡淑华。

2013年，开展“我推荐、我评议身边好人”活动，推荐助人为乐好人、见义勇为好人、诚实守信好人、敬业奉献好人、敬老爱亲好人。9月20日，开展第11个“公民道德宣传日”活动，纪念《公民道德建设实施纲要》颁布12周年，开展社会主义核心价值体系教育，普及公民基本道德规范，加强公益广告宣传，提升市民文明素质，做好先进典型学习、帮扶工作，开展学雷锋志愿服务工作。

2014年，开展“我推荐、我评议身边好人”活动，推荐、评议日常生活中发生的感人事迹，引导干部职工树立正确的道德观、价值观。开展推荐第四届泉州市道德模范活动，共推荐候选对象20名。10月30日，市直机关工委推荐参评第四届泉州市道德模范候选对象7名，其中助人为乐类1名：孙炳庆；见义勇为类1名：林培山；敬业奉献类4名：蔡立忠、曾静萍、吴志成、王烽；孝老爱亲类1名：张梅仙。

2016年10月31日，推荐市直机关参评第五届泉州市道德模范候选人12名，其中敬业奉献类10名：张美珊、曾再兴、刘跃军、陈剑洪、郑清伟、张国文、林岳、许玲玲、刘芳、陈清瑜；孝老爱亲类1名：洪艺；助人为乐类1名：吴维馨。

六、志愿服务活动

2009年9月，开展“迎国庆、讲文明、树新风”志愿服务活动，组织职工志愿服务、青年志愿服务、扶贫助残志愿服务、应急救援志愿服务、爱心助老志愿服务、巾帼志愿服务、家庭志愿服务、科普志愿服务活动。

2010年6月，在省级文明单位中组建志愿服务队，在编人数50人以上单位，按不低于20%比例组建；不足50人单位，动员干部职工踊跃参加。志愿服务队参加当地文明办统一组织的志愿服务活动，结合业务工作，开展社会公益活动。各级文明单位共组建41支队伍、1057人。

2011年1月，泉州市自来水有限公司傅佳前往福州肿瘤医院为1名白血病患者捐献造血干细胞，成为中国第2016例、福建省第56例、泉州市第9例非亲缘关系造血干细胞捐献者。9月，他再次为该患者捐献造血干细胞，成为福建省首例第2次造血干细胞捐献者。

2011年3月31日，在市区丰泽广场举行泉州市直机关志愿服务活动启动仪式，弘扬奉献、友爱、互助、进步的志愿精神，市直机关精神文明建设领导小组组长朱淑芳出席启动仪式，并为志愿服务队授旗，680多人参加启动仪式。仪式结束后，各单位志愿服务队在广场设摊服务，开展节能环保、城乡规划、健康保健、公积金业务、产品检测、维权、科普、产权、人民防空咨询和无偿献血、关爱孤寡老人活动。至此，市直机关已组建志愿服务队112支、4600多人。

2011年3月，泉州市被中央文明办列为全国首批网络文明传播工作试点城市。7月，在市直机关各文明单位发展网络文明传播志愿者117名。传播先进思想文化和精神文明理念，宣传精神文明创建活动经验，参与网络互助活动，支持网上文明宣传活动。7月20日，在市科技馆举办市直机关地震应急救援志愿者培训班，讲解防震减灾及地震应急救援知识，参加190多人。

2011 年，市直参与志愿服务活动 8187 人次，受到省委表彰 1 个优秀志愿组织、2 名先进个人、1 个优秀志愿服务项目。打造志愿服务品牌，市直水利系统的青年护水行动、市直文化系统的文艺志愿活动、泉州电业局的电力义工、市司法局的法律援助服务、市工商局的便民便企服务、泉州检验检疫局的业务技术咨询、市海洋渔业局的环保志愿行动、市科技局的科普进社区，已形成活动品牌。

2012 年，推动社会主义核心价值体系教育实践，发动志愿者开展关爱残疾人、“清洁家园”、与山村“留守儿童”结对过节、深入社区做好事、组织应急救护知识和技能培训活动。3 月起，响应省文明委号召，开展“福建省百万志愿者学雷锋十大行动”：城乡环境整治志愿服务行动、公共秩序维护志愿服务行动、岗位学雷锋志愿服务行动、送欢乐下基层文化志愿服务行动、网络文明志愿服务行动、关爱空巢老人志愿服务行动、关爱农民工志愿服务行动、关爱残疾人志愿服务行动、关爱未成年人志愿服务行动、关爱“道德模范”和“身边好人”志愿服务行动，推进学雷锋活动常态化。5 月 11 日，市直机关文明办和市 120 急救中心联合开展急救知识与技能现场培训会，通过 PPT 讲解现代救护的概念、自救互助的重要性、急诊和意外伤害现场救护知识，开展现场急救技能演练，160 多名志愿者参加。9 月 28 日至 10 月 9 日，组织网络文明传播志愿者开展“喜迎十八大”网络传播活动，通过微博、论坛、博客、播客、QQ 群等网络手段传播迎十八大公益广告，传播优秀共产党员先进事迹，传播道德模范、时代楷模感人故事，推荐专题宣传片，传播红色经典作品。

2013 年 1—2 月，在春节期间组织开展“宣传十八大、亲情暖泉州、红红火火过大年”主题志愿服务活动，以“快乐返乡”为主题，开展春运便民志愿服务；以“亲情暖心”为主题，开展亲情关爱志愿服务；以“喜庆欢乐”为主题，开展文化体育志愿服务；以“美丽家园”为主题，开展环境保护志愿服务；以“平安守望”为主题，开展平安建设志愿服务。为纪念毛泽东等老一辈革命家“向雷锋同志学习”题词 50 周年，开展以“美丽泉州、美丽心灵”为主题的关爱山川河流学雷锋志愿服务活动。以保护山岭、森林、湿地、大气、耕地、生物、江河、湖泊、海洋为重点，开展关爱泉州湾、关爱母亲河、绿满泉州、家园清洁、低碳节能 5 项志愿服务活动。市直机关工委、市直住建系统、市国家安全局联合组织开展“学雷锋、关爱自闭症儿童”志愿服务活动，到鲤城区爱心儿童培训学校、洛江区北斗星自闭儿童中心开展志愿活动，37 人参加。3 月 21 日，印发《2013 年市直机关志愿服务工作实施意见》，广泛开展“三关爱”志愿服务活动：以体现人文关怀为主要内容的关爱他人志愿服务活动；以提升文明素质为主要内容的关爱社会志愿服务活动；以体现生态文明为主要内容的关爱自然志愿服务活动。5 月 8 日起，在文明单位中组织志愿者开展“续写雷锋日记”活动。在机关各级文明单位组建网络文明传播志愿者队伍 55 支、165 人，常年开展活动传播社会文明，引领社会新风尚。8 月，启动“关爱他人、关爱社会、关爱自然”服务活动所设立的“一元微公益”行动，作为一项常态化、长期性的基金募捐形式，通过手机话费捐赠方式，通信运营公司每月从其手机话费中扣取一元钱，作为“一元微公益”活动专项基金。9—12 月，开展“文明传播资源库”重要内容传播、理论热点面对面传播、中国梦网上传播、道德模范网上宣传、“我们的节日·中秋”网上寄语、“文明单位风采”展示、公益广告网上传播、整治网络谣言传播、文明旅游网上传播等志愿活动。

2014 年 3 月 3 日，在市盲聋哑学校、市社会福利中心、市森林公园管理处、市客运中心汽车站、市中心血站、市晋江河道堤防管理处、市图书馆、市海西聋康中心8个单位建立首批市直机关志愿者服务基地。围绕“关爱他人，关爱社会，关爱自然”主题组织实施扶弱助残、无偿献血、环境整治、社会公益、交通疏导、秩序维护等志愿服务。5月8日（全国助残日），市委组织部、市直机关工委、市民政局、市老龄办、市国家安全局、市残联、市工商联7个单位志愿者联合到市社会福利中心开展“关爱孤残儿童志愿服务”活动。上半年，由市直机关文明办牵头组织4场学雷锋志愿服务活动。3月5日，市直18个系统精神文明建设工作分管领导、市直机关工委、市委统战部、市教育局、市卫生局、8个市直机关志愿者服务基地所在单位负责人共41人，到市盲聋哑学校开展“关爱残障儿童”志愿服务活动，举行“泉州市直机关志愿者服务基地”授牌仪式，开展助学金捐赠、卫生保健知识讲座、互动游戏；3月11日，市直机关工委、市委统战部、市林业局、市老龄办等单位共50人，到市森林公园开展“关爱自然”志愿服务活动，义务植树；5月16日，市委组织部、市直机关工委、市民政局、市老龄办、市工商联、市残联共21人，到市社会福利中心开展“关爱他人”志愿服务活动，捐赠物资、互动游戏、义诊、生活服务。

2015年，举办市直机关志愿者骨干培训班，进行志愿服务项目策划与志愿者管理、急救知识与技能、助残服务技能培训，170人参加。1月起，进一步规范市直机关网络文明传播志愿服务工作，网络传播志愿者每月至少完成1篇原创博文、20篇文明微博的跟帖、留言或转播任务。各单位开展独具特色的网络文明传播服务工作项目。3月13日，市委组织部、市直机关工委、市直农办系统党委、市文明办、市林业局、市老龄办、市信访局7个单位、40多名志愿者到市森林公园开展“关爱自然、绿美泉州”义务植树。3月25日，由市直机关工委、市计生协会主办，市直住建系统党委、经信系统党委，福建医科大学附属二院、市老龄办、市急救指挥中心、鲤城区计生协会6个单位协办，到鲤城区鲤中街道西街肃清门开展“志愿活动走基层·党团员干部送服务”活动，包括健康义诊、石头房改造、慰问贫困老人等7项活动内容。5月21日，市直统战系统党委、市科协、市财政局、市老龄办等7个单位机关党员志愿者到鲤城区开智学校开展“关注智障儿童，走向美好未来”助残志愿服务活动，举行爱心捐赠、互动游戏等关怀活动。推广使用中国志愿服务联合会研发的“志愿云”志愿者信息综合管理系统。10月30日前，完成志愿团体及志愿者在“志愿云”系统上的注册，志愿者注册人数达到单位总人数的30%以上。建立志愿者记录和激励长效机制，促进志愿者服务需求和供给对接。

2016年3月，完成“志愿云”系统注册（激活）工作，根据操作指南发布志愿服务活动项目和记录志愿服务时间，推动志愿服务管理规范化。3月5日，市直机关工委、泉州晚报社、市财政局、市计生协会党员志愿者到洛江区虹山乡虹山村留守儿童站开展“关爱留守儿童，党员送温暖”活动，捐赠学习用品、课外读物和体育用品，与留守儿童开展文化体育等互动交流活动。3月16日，组织市直农办系统党委、市林业局、驻泉海防“红一连”等10个单位志愿服务队到泉州湾河口湿地保护区后渚开展“关爱自然·美丽泉州”义务植树活动。6月3日，举办泉州市心理健康辅导公益行动进机关、进社区首场仪式暨家庭教育心理辅导讲座。6月30日至7月1日，举办第1期市直机关红十字救护员持证培训班，46人参加，进行常用应急救护理论和救护技能培训，对考证合格者发给救护证书。至12月30日，共举办6期培训班，培训377人。

2017年，多措并举推进学雷锋志愿服务活动，主要做法和经验在泉州市“志愿情·泉州红”工作座谈会上做典型发言。6月13—30日，举办泉州市“创森杯”市直机关运动会，向市直机关各级文明单位招募80名运动会志愿者，开展文明引导、秩序维护、赛事接待、应急服务、医疗保健等志愿服务。

七、节庆活动

2008年4月，组织开展清明节节庆活动，突出“缅怀先人、先贤、先烈”的节日主题，倡导文明祭扫，组织祭扫革命烈士陵园，参观先烈事迹展览，开展健康向上的群众性节庆活动，剔除封建糟粕，引领文明风向。9月，开展以“团圆、和谐”为主题的中秋节节庆文化活动，挖掘中秋节的历史文化内涵，开展群众性民俗活动、文化娱乐活动和中华经典诵读活动。

2009年，以社会主义核心价值体系作为道德主线，夯实团结奋斗的共同理想。以庆祝中华人民共和国成立60周年、澳门回归10周年、纪念古田会议召开80周年、“海西”战略实施5周年为契机，开展民族精神和时代精神宣传教育和“爱祖国、爱泉州、爱家园、促和谐”主题教育。3—4月，响应中央文明办号召，开展“我们的节日·清明节”主题活动，祭奠先烈、先人、先贤，在慎终追远、缅怀先辈的情怀中认知传统、尊重传统、继承传统、弘扬传统，增进爱党、爱国、爱社会主义情感，为中华人民共和国成立60周年营造文明和谐的社会环境。5月，开展“我们的节日·端午节”主题活动。9月，开展“我们的节日·中秋节”主题活动。

2010年元旦、春节期间，开展“树文明新风、过祥和节日”活动。开展“我们的节日——春节、元宵节”主题活动，送电影下乡、送戏下乡、送文化下乡和科技、文化、卫生“三下乡”，为群众送上精神文化粮食。开展中华经典诵读活动，把积极的人生追求、崇高的情感境界、健康的生活情趣传递给群众。开展“迎世博、迎特奥、讲文明、树新风”“喜迎文化节、服务八方客”活动，为上海办世博、福州办特奥营造良好环境。开展网吧和网络专项整治，清除“黑网吧”，规范网吧营业，打击网络传播淫秽色情信息和接纳未成年人上网，净化社会文化环境。开展扶贫济困、空巢老人关爱志愿服务行动等社会志愿服务和慈善公益活动。开展移风易俗活动，遏制赌博、封建迷信、大操大办等不良风气。9月，开展“我们的节日·中秋节”“爱国歌曲大家唱”“中华经典诵读”“祝福祖国”“福段子手机短信传播”“道德模范巡讲”等主题活动，开展“清洁家园”活动，整治环境。市直文明办与市直机关工会联合举办机关公务礼仪知识讲座，邀请省礼仪协会会长孙芳仲作专题讲解，230人参加。

2011—2012年，围绕春节、元宵节、清明节、端午节、中秋节等传统节日和“三八”“五四”“七一”“十一”等重要纪念日，开展“我们的节日”机关文化活动，认知、继承、弘扬民族精神和优秀文化。

2013年，开展“我们的节日”主题活动，春节、元宵节期间，突出辞旧迎新、团圆平安、尊老爱幼的主题；清明节期间，突出纪念先人、缅怀先烈的主题；端午节期间，突出人与自然和谐共处的主题；中秋节期间，突出团结、团圆、丰收的主题；七夕节、重阳节期间，突出爱情忠贞、家庭幸福、敬老孝亲的主题。根据传统节日的不同主题，开展学习经典、诵读经典的活动，让干部职工熟知经典、亲近经典、热爱经典，培养良好的道德情操，弘扬中华民族的优秀传统。

2014 年春节期间，组织开展“邻里守望、情暖泉州”主题志愿服务活动，传承中华民族传统美德，赋予志愿服务传统文化内涵。开展关爱空巢老人“邻里相伴”、关爱留守儿童“邻里相携”、关爱农民工“邻里相帮”、关爱残疾人“邻里相扶”、维护社区环境“邻里相助”、推广文化体育“邻里相悦”6 项志愿服务活动，作为践行社会主义核心价值观的有效途径。

2015—2017 年，开展以经典诵读、节日民俗、文化娱乐和体育健身活动为载体的“我们的节日”主题活动。春节、元宵节期间，突出辞旧迎新、团圆平安、尊老爱幼、扶贫济困主题，开展文明礼仪、道德守礼、孝老爱亲、关爱服务活动；清明节期间，突出纪念先人、缅怀先烈主题；端午节期间，突出人与自然和谐共处主题；中秋节期间，突出团结、团圆、庆丰收主题；七夕节、重阳节期间，突出爱情忠贞、家庭幸福、敬老孝亲主题。根据传统节日的不同主题，开展学习经典、诵读经典活动，弘扬中华民族的优秀传统。围绕泉州的节日，开展传统节庆活动，倡导和谐理念和文明新风。

八、机关道德讲堂

2012 年 8 月 3 日，制定《开展机关道德讲堂建设的实施意见》，宣讲社会公德、职业道德、家庭美德、个人品德，结合历史文化传承，讲授中华经典及优秀传统文化。社会公德主要指：文明礼貌、助人为乐、爱护公物、保护环境和遵纪守法等，以“礼仪”为核心。职业道德主要指：爱岗敬业、诚实守信、办事公道、服务群众、奉献社会等表现，以“诚信”为核心。家庭美德主要指：尊老爱幼、男女平等、夫妻和睦、勤俭持家、邻里团结等行为，以“和睦”为核心。个人品德主要包括：友善互助、正直宽容、明礼守信、热情诚恳、自强自立等品质，以“友善”为核心。按照道德讲堂“七化”标准，即场所标准化、教材生活化、活动常态化、形式多样化、讲堂流程化、队伍社会化、管理规范化的要求，采取“听、看、讲、演、议、选、行”等活动形式，吸引干部职工参加。组织本单位先进典型，请“有道德的人讲道德”，建设好本单位的道德主讲堂。为贯彻实施《公民道德建设实施纲要》，推进社会主义核心价值体系建设。8 月 30 日，举办“机关大讲堂”（第 3 讲）暨“市直机关道德讲堂”（第 1 讲），3 名道德模范分别讲述先进事迹，通过自己的道德实践，诠释社会主义核心价值，体现中华民族传统美德。

2013 年 2 月，进一步规范“道德讲堂”建设，明确“道德讲堂”建设的指导思想、工作目标、组建范围、内容形式、标准流程、工作要求。按照机构健全、场地规范、活动常态、资料齐全、重在成效标准进行建设；按照“唱一首歌曲、看一部短片、诵一段经典、讲一个故事、作一番点评、作一个承诺、送一段吉祥”要求开展活动。5 月 9 日，举办“市直机关道德讲堂”活动。请市委党校副教授林常颖作《传统儒家思想及其现实意义》专题讲座。12 月 5 日，联合市直党群、宣传系统党委举办市直机关道德讲堂活动，学习陈其伟先进事迹。

第三节　创建文明单位

一、创建活动

1984年8月，根据福建省委《关于进一步加强社会主义精神文明建设的决议》和晋江地委工作部署，学习三明经验，开展创建基层文明单位活动。

1986年10月31日至11月22日，举办4期轮训班，学习中共十二届六中全会通过的《关于社会主义精神文明建设指导方针的决议》，由市委领导上辅导课，参加2667人，其中培训骨干674人，参加考试2350人，总平均成绩91.4分。通过学习讨论，认识精神文明建设的战略地位，初步领会精神文明建设的基本指导方针，提高对精神文明建设根本任务的认识，明确共同的理想和崇高理想的关系，增强共产党员在精神文明建设中的责任感。围绕开放、改革、搞活经济，开展职业道德教育，按22个系统编为22个大组，由市委领导做开放、改革与更新观念，加强机关职业道德建设等2次辅导，部分单位作典型发言，制定加强机关职业道德措施。

1987年5月7日，市直机关成立创建文明机关单位活动领导小组，要求市直党政机关要率先创建文明单位，党政机关干部要率先倡导职业道德，为全市作出表率，确定市直党政机关局以上单位及驻泉省部属相当于局以上机关单位都要参加创建文明机关单位活动，并制定《创建文明机关单位活动评比细则》。12月，对89个创建单位进行检查考核。从1987年开始，采取年终一次性检查评比方法，由各系统对所属单位采用百分制方法逐一检查评分，达到90分以上的单位，由领导小组复查，表彰为“文明机关单位”。

1988年2月5日，由市直机关党委牵头，联合有关部门印发《关于一九八八年度市直机关开展创建文明单位活动的意见》，规定市直机关各部、委、办、局及相当于这一级别的机关单位均参加创建评比，创建活动由市委办公室、市政府办公室、市纪委、市委政法委、市人事局、市政府机关事务管理局、市审计局、市卫生局、市“五四三”办公室、市直机关党委共同负责，办公室设在市直机关党委宣传部，每年进行2次检查评比。

1997年，开展“创文明机关、做人民公仆”活动，进一步推动社会服务承诺。3月26日，举办“讲学习，讲政治，讲正气”活动知识竞赛，15个代表队参赛，举办《中华人民共和国刑事诉讼法》讲座，请省法制局领导主讲。开展“利民奉献、扶贫帮困、助残助学、献爱心、送温暖”活动。组织“积极、向上、献爱心、送温暖”活动。4月上旬，召开“创文明机关、做人民公仆”新闻发布会，市委办公室、市人大常委会办公室、市政府办公室、市政协办公室、市纪委办公室联合发布倡议书，并接受新闻记者采访。

2000—2001年，以学习贯彻《公民道德建设实施纲要》为契机，围绕“创文明机关，做人民公仆”，开展精神文明创建活动，深化机关“三德”教育，提高思想道德素质，推动机关“四优”工程和效能建设。结合市直机关实际，进一步明确机关精神文明建设的指导思想、目标任务、活动载体、领导体制和工作机制。

2002 年 5 月 30 日，市直机关精神文明建设领导小组召开第一次成员会议，审议通过《关于进一步加强市直机关精神文明建设的意见》。市委常委、秘书长、领导小组组长吴汉民就增强精神文明建设实效强调：统一思想，振奋精神，增强紧迫感、使命感和责任感；明确目标，开拓创新，在增进实效上下功夫；突出重点，全面推进，把机关精神文明建设提高到新水平。6 月 3 日，印发《关于进一步加强市直机关社会主义精神文明建设的意见》。

2003 年，修订《关于进一步加强市直机关社会主义精神文明建设的意见》，完善党委（党组）负总责、分管领导具体抓、依托系统（机关）党委成立文明办协调落实、党办具体抓、各方力量齐抓共管的工作格局，发挥好抓机关、促系统、带基层的示范和带动作用。6 月，开展讲文明、讲卫生、讲科学、树新风活动。9 月，明确市直市委办、市府办、党群、宣传、统战、政法、公安、计委、经委、财贸、建设、农办、外经贸、交通、教育、卫生等 16 个系统精神文明建设领导小组成员单位，启用 16 个系统精神文明建设领导小组及其办公室印章。10 月，召开机关精神文明建设研讨会，交流探讨新时期加强机关精神文明建设的特点和规律，增强精神文明建设实效。

2004 年 3 月，组织市直机关各级文明单位与特困家庭结对开展济困活动，印发《泉州市机关 2004 年精神文明建设工作要点》。4 月，依托市委大院宣传栏，组织省、市级文明单位举办“泉州市直机关‘创文明单位、做人民公仆’先进事迹展”，每月 1 期，共 16 期。

2005 年，开展“四优一满意”工程（优美环境、优良秩序、优质服务、优异业绩、群众满意）和“道德新风与你同行”活动。5 月 23 日，启用市直水利系统、市政公用事业系统精神文明建设领导小组及其办公室印章。

2006 年，组织开展深入学习实践社会主义荣辱观主题实践活动，加强机关思想道德建设。11 月，组织市直机关摄影爱好者参加“泉州市精神文明建设成就摄影作品竞赛活动”。

2007 年 2 月，开展“洁我家园、共创文明”主题活动。4 月，开展 2007 年度精神文明建设理论研究和重点课题调研活动。4 月 27 日，召开市直机关精神文明建设工作会议，传达市委文明委全体成员会议精神，部署 2006—2007 年度市直机关文明单位和先进工作者评选表彰工作，市委老干部局、市城市管理行政执法局、国电泉州发电有限公司作经验交流发言。7 月，开展文明礼仪宣传教育实践活动，迎接 2008 年全国农运会在泉州举办。11 月 13 日，召开市直机关精神文明建设领导小组全体成员会议，市委副书记、市纪委书记、市直机关工委书记、领导小组组长林文杰出席并讲话。

2008 年，按照创建文明城市的工作要求，落实共建任务，开展共建省级文明城市活动。开展 2008 年度精神文明建设 8 个重点课题调研和理论研究，经筛选向市委文明办提交 18 篇论文参赛。以“八荣八耻”为主要内容，以践行社会主义荣辱观为重点，开展社会主义核心价值观教育。以“迎奥运、办农运”为契机，开展文明机关和文明单位创建活动。继续贯彻实施《福建省精神文明建设活动管理办法》和《泉州市文明单位建设管理办法》，对市直文明单位实行规范化管理。开展和谐机关建设活动，以“五一”“七一”“十一”和“农运”“奥运”等重大活动为契机，开展形式多样具有机关特色的文体娱乐活动。

2009 年，参照《福建省精神文明创建活动管理办法》和《泉州市精神文明创建活动管理办法》，制定实施《泉州市直机关文明单位建设管理办法》，规范市直文明单位申报评选表彰工作。建立跟踪检查制度，坚持日常考核与申报考核相结合，严格复查确认工作。围绕争创省、市、市直3级文明单位目标，创市直文明单位的，立足于抓常规，夯实基础；创市级文明单位的，着眼于完善机制推动，努力上新水平；创省级文明单位的，着眼于特色创建，争创一流业绩。4—9月，开展关于文明城市（城区、县城）创建活动研究、关于公民思想道德建设工作研究、关于未成年人思想道德建设研究、关于社会主义核心价值体系建设工作研究等8个2009年度精神文明创建重点课题调研和理论研究。5月7日，召开市直机关精神文明建设现场会，市直各系统精神文明建设领导小组、直属单位和驻泉省部属单位的分管领导50多人参加会议，会前先行组织参观学习市档案局、市水利水电工程局和国家广电总局六四一台精神文明创建活动情况。6月23日，市国资委系统精神文明建设领导小组及领导小组办公室成立。8月，发动市直各级文明单位广泛开展“爱国歌曲大家唱”群众性歌咏活动，开展争创“红十字爱心公益单位”活动，参与全国“祝福祖国”文明公益短信创作评选及优秀短信传递活动。

2010年4月29日，召开市直机关精神文明建设领导小组成员会议，回顾总结2009年市直机关精神文明建设工作，部署2010年工作。讨论通过《泉州市市直机关文明单位管理办法》和第四届市直机关文明单位和精神文明建设先进工作者表彰名单。

2011年，在争创全国文明城市活动中，按照市委文明委工作部署，开展“讲文明、树新风”活动，组织文明宣传和交通劝导志愿服务，做好全国文明城市测评体系和未成年人道德建设测评体系填报和资料收集工作。3月28日至9月30日，开展2011年度精神文明建设理论研究和重点课题调研，研究先进文化引领经济社会发展的实现途径、社会志愿服务活动发展规律、新时期提高精神文明创建工作水平的规律等8个重点课题。

2012年4月24日，为加强创建单位日常管理工作，市直文明办建立日常创建工作评价机制，制订每季度1次汇报制度，进行动态管理。4月25日，召开市直机关精神文明建设推进会，总结经验，分析不足，部署工作。市直机关共有133个单位（不包括行业）获各级文明单位称号，其中省级文明单位19个、市级文明单位35个、市直文明单位79个，文明单位覆盖面不断扩大，示范辐射作用日益明显。6月18日起，开展文明餐桌行动活动，以市直机关食堂为重点，宣传文明用餐，践行文明用餐，普及餐桌文明礼仪。倡导节俭用餐，反对铺张浪费；倡导文明用餐，反对陋习消费；倡导健康用餐，反对暴饮暴食；营造文明消费、节俭惜福的社会风气。6—9月，围绕关于加强机关文化建设、提升市民文明素质、传承和弘扬雷锋精神、文明城市创建活动、社会志愿服务活动发展、基层文明创建、思想政治工作研究、未成年人思想道德建设8个课题，开展2012年度精神文明理论研究和重点课题调研。9月1日起，实行严重交通违法行为、交通事故情况与推荐评选文明单位挂钩制度，纳入文明单位考评内容。对公安部门通报的辖区内严重交通违法行为、交通事故情况排名前5名的文明单位负责人进行约谈，1年内2次被通报约谈的，视情况给予通报批评、限期整改、黄牌警告直至撤销荣誉称号。9月初，召开市直机关推进迎接全国文明城市测评工作动员会，市委常委、市纪委书记、市直机关工委书记、领导小组组长沈耀钦出席并讲话。各单位迅速行动起来，打好迎评攻坚战，对照指标要求，一项一项抓好落实。整治环境卫生，清洁优美，车辆停放整齐，无乱张贴图画现象。倡导和树立亲民为民之风、负责敬业之风、文明祥和之风，把创文明城市工作列入精神文明建设和绩效考评内容，作为文明单位评选前置条件。9月初，召开市直机关省级文明单位创建工作推进会，推进全国文明城市测评、道德讲堂、学雷锋志愿服务、结对共建工作、文明餐桌行动和“我推荐、我评议身边好人”先进典型工作。9月26日，制定《泉州市直机关文明单位考评体系（试行）》，设置7个考评项目：领导班子坚强，创建工作扎实；工作效能突出，社会效益显著；道德建设有效，社会责任落实；科教文体活跃，队伍健康向上；管理制度健全，工作氛围和谐；工作环境优美，服务规范高效；特色创建指数。总分100分，另设5个加分项目，分值10分。11—12月，采取单位自查、系统初评、综合考评、征求意见、审核公示、命名表彰程序，组织6个考评小组对108个第五届市直机关文明单位候选单位进行复核考评，评选表彰市直机关2010—2012年度（第五届）文明单位107个。

2012年11月至2013年11月，开展市直（含驻泉省部属单位）机关中的市级文明单位与农村建制村（社区）结对共建，1个或2个市级文明单位与1个村（社区）结对共建。围绕经济共促、环境共建、道德共教、文化共办、创建共抓、典型共育6个方面进行共建。12月25日，表彰2012年度市直机关精神文明建设理论研究和调研优秀论文，共收到40篇论文，表彰10篇，其中一等奖1篇、二等奖3篇、三等奖6篇，市政府发展研究中心课题组获一等奖。

2013年2月22日，召开市直机关精神文明建设领导小组全体成员会议，回顾总结2012年工作，部署2013年工作任务，研究市直机关第五届（2010—2012年度）文明单位评选表彰工作，沈耀钦出席并讲话。4月2日，召开市直机关精神文明建设工作务虚会，围绕培育和践行社会主义核心价值观，推进创建全国文明城市活动，开展学雷锋志愿服务活动，打造机关特色创建品牌，建立精神文明创建长效机制进行交流，32个单位参加会议。5月6日起，进一步强化文明单位创建活动动态管理，对各创建单位落实上级部署情况进行跟踪管理，掌握创建动态，为文明单位评选表彰提供依据。5—8月，做好迎接国家卫生城市复审和全国城市文明程度指数测评工作。推进环境卫生整治，保持和提升机关环境卫生清洁度；推进文明交通建设、开展交通文明劝导、安全行车教育，促进干部职工文明交通行为养成；推进文明社区建设，结合干部下基层组织科教、文体、法律、卫生、环保、慈善、治安等服务项目进社区；推进道德教育实践，推进“道德讲堂”建设；推进志愿服务行动，加强志愿者培训，宣传志愿文化，提升志愿服务能力，倡导志愿精神；深化“文明餐桌”行动，加强宣传教育，引导饮食观念，由“爱面子”向“重实惠”转变，由“讲排场”向“求健康”转变，由“畸形消费”向“惜福心态”转变，传播“节俭惜福”理念，营造“文明用餐”氛围。7月9日起，贯彻落实《福建省精神文明创建活动管理办法（修订版）》。7月26日起，学习宣传全国文明城市有关知识，迎接中央文明办组织的城市文明程度指标测评。8月，对市直文明办推荐和管理的19个省级文明单位2012年8月以来精神文明创建工作情况，特别是参与泉州创建全国文明城市情况进行督查。规范建设161个创建单位档案，实行季度工作报告制度，及时跟踪督促，常态化推进各项创建工作。组织开展新一届省级文明单位初评工作和第十三届（2011—2013年度）市级文明单位评选推荐工作，编制考评体系，推进各单位创建水平的提升。建立党建网站上的“机关精神文明建设”栏目，营造机关文明创建工作氛围。2次组织调研督查组，到市直机关19个省级文明单位以及公园、医院、车站等考察点，对各单位的创城创卫迎检情况进行全面检查，发现、整改存在突出问题，保障泉州市顺利通过创城、创卫检查。

2014 年 12 月 17 日至 2015 年 1 月 31 日，围绕全国文明城市测评体系要求，利用各种载体，开展创建全国文明城市宣传工作，宣传社会主义核心价值观基本内容、“中国梦”“讲文明、树新风”、创建全国文明城市宣传标语，提高市民对创建文明城市的知晓率、参与率和支持率。12 月 18 日，市直机关工委召开迎接全国文明城市总评工作专题会，对创建全国文明城市总评迎检工作进行再动员再部署。沈耀钦出席并讲话，要求认清形势，全力以赴；把握重点，攻坚克难；明确任务，共同协作；落实责任，失职追究，确保取得优异成绩。

2015 年 6 月 11 日，制定《泉州市市直机关文明单位创建活动管理办法》，规定创建标准、申报和评选、表彰和奖励、监督和管理。每 3 年一届，期满后重新参加新一届申报、评选和表彰。10 月 10 日，召开市直机关深化文明单位创建活动座谈会，国家统计局泉州调查队、市委党校、市科协、市方志办 4 个单位作典型发言，同步展示幻灯片。部署开展第六届市直机关文明单位评选表彰和第 14 届市级文明单位初评工作。

2016 年 2 月 15 日起，在新一轮文明单位创建中，把文化共建作为文明创建重要内容，开展文化设施建设、文化阵地帮扶、文化活动下乡、志愿服务活动下乡、结合职能特色帮扶活动，促进文化共享、文化惠民。9 月 20 日起，做好创建全国文明城市宣传教育工作，进行社会主义核心价值观基本内容、“中国梦”“五个泉州”等 10 个方面宣传，迎接中央文明委对全国文明城市的年度专项测评。11 月 28 日起，在创建全国文明城市、国家卫生城市“提升攻坚”中，市直机关党员在践行“八不”行为规范上做表率，“八不”指安全出行不违规、垃圾分类不落地、节俭用餐不浪费、红白喜事不奢办、言谈举止不粗俗、文明上网不低俗、旅游观光不任性、经济生活不失信；在服务群众上做表率：公共服务和窗口行业在窗口设立“党员先锋岗”“党员示范岗”“党员工作室”，开展代理服务、承诺服务、上门服务；在勇当先锋上作表率，开展“公共生活好言行”“文明礼让斑马线”活动，普查车辆乱停乱放、“清除违章广告和维护公共设施”专项整治，开展交通协勤、文明宣传、便民利民、医疗救护、科普宣传等志愿服务活动；在美化环境建设上做表率，进行卫生大扫除和环境大清理，落实“门前三包、门内达标”，参加绿化美化、节能减排、整治污染、修复生态和保护母亲河生态文明实践活动。

2017 年，开展“讲文明树新风”公益宣传，多阵地多载体宣传“中国梦”“讲文明树新风”“图说我们的价值观”“八不行为规范”。开展网络文明建设，发展积极向上的网络文化，净化网络空间，春节、“五一”“十一”等重要时间节点，开展文明旅游主题宣传，普及公民文明旅游知识。开展市直机关精神文明建设优秀论文评选，共收到论文 49 篇，表彰 12 篇，其中一等奖 1 篇、二等奖 2 篇、三等奖 3 篇、优秀奖 6 篇，市政府发展研究中心课题组《提升城市软实力　打造文明新形象》获一等奖。

2017 年 1 月 18 日，市直机关工委、市委文明办发出《“美丽泉州 · 绿色出行”倡议书》，针对泉州道路越拓越宽，车辆越来越多，车速越来越慢，停车越来越难，雾霾侵扰越来越频繁，粉尘、尾气、油烟充斥呼吸空间状况，倡议改变生活方式，绿色出行，从你我做起；低碳出行，从现在开始；

文明出行，从细节出发；走绿色之路，建美丽泉州，打造水更绿、山更青、天更蓝的美丽家园。8月31日，调整市直机关文明单位文明奖金发放标准，由按现行每年年底每人按“不超过月应发工资总额60%”发给奖金，调整为按“不超过上一年度人均工资总额的1个月60%”发给奖金。9月6日起，进一步深化创建全国文明城市宣传教育工作。广泛宣传发动，加强舆论引导，使创建工作家喻户晓、人人皆知；让公益广告宣传实现全覆盖，干部群众抬眼可见，举足即观；加强理想信念教育和社会主义核心价值观建设，开展中国特色社会主义和“中国梦”学习宣传教育；围绕创建文明城市组织开展主题教育活动，开展讲文明树新风、学雷锋志愿服务、学习宣传道德模范、“文明餐桌行动”“我推荐、我评议身边好人”“我们的节日”活动；开展全民读书活动，全民健身活动。11月20日，推荐熊建军家庭参评福建省2015—2017年度文明家庭。

二、评选表彰

（一）市直文明单位

1988年1月8日，市直机关创建“文明机关单位”活动领导小组召开精神文明建设经验交流会，表彰市计委等23个单位为1987年度市直“文明机关单位”。

1989年3月31日，市直机关创建“文明机关单位”活动领导小组表彰市委宣传部等26个单位为1988年度市直“文明机关单位”。

1996年，市直机关精神文明建设协调小组表彰32个市直“文明单位”，20名市直“精神文明建设先进工作者”。

2003年4月，启动2002—2003年度市直机关文明单位和精神文明建设先进工作者评选表彰活动。11月，组织对160个申报市直机关文明单位的单位进行考评。

2004年1月，召开市直机关精神文明建设交流表彰暨现场观摩会，表彰市委预防和治理邪教组织领导小组办公室等105个单位为泉州市直机关第一届（2002—2003年度）文明单位，许友烈等100人为市直机关精神文明建设先进工作者。5月28日，在市山美水库管理处召开市直机关精神文明建设经验交流会，市委常委、宣传部部长宋长青出席并讲话。

2005年2月，印发2004—2005年度市直机关文明单位和精神文明建设先进工作者评选表彰活动的通知。表彰123个单位为泉州市直机关第二届（2004—2005年度）文明单位，陈家祥等96人为市直机关精神文明建设先进工作者。

2007年12月14日，表彰市委统战部等99个单位为泉州市直机关第三届（2006—2007年度）文明单位，吴中培等96人为市直机关精神文明建设先进工作者。

2009年4月，启动2008—2009年度市直文明单位和精神文明建设先进工作者评选表彰活动。162个单位申报泉州市直机关第四届（2008—2009年度）文明单位，经各系统筛选，推荐118个候选单位，市直文明办复评，推荐109个单位参评。

2010年5月21日，表彰市人民防空办公室等107个单位为泉州市直机关第四届（2008—2009年度）文明单位，李金铭等99人为市直机关精神文明建设先进工作者。

2011 年 12 月，对第四届（2008—2009 年度）市直机关文明单位进行届中复查，复查采取单位自查、组织考核、实地抽查和部门审查相结合的形式，有 79 个单位通过届中复查。根据《泉州市直机关文明单位管理办法》规定，撤销 3 个单位市直机关文明单位荣誉称号，取消下一届申报资格，停止执行相关奖励办法。

2013 年 3 月 1 日，表彰泉州市地方志编纂委员会办公室等 107 个单位为泉州市直机关第五届（2010—2012 年度）文明单位。

2015 年 10—12 月，按照单位自查、系统初评、综合考评、审核公示、上报审批、命名表彰的评选程序，开展市直机关文明单位评选表彰活动。12 月 29 日，表彰泉州市无线电管理局等 85 个单位为市直机关第六届（2013—2015 年度）文明单位。

2017 年 9 月，开展第七届（2016—2018 年度）市直机关文明单位创建申报对象初评工作，共 76 个单位，其中续报单位 45 个、新报单位 31 个。表彰 67 个单位为市直机关第七届（2016—2018 年度）文明单位。

自 2002 年开展市直机关第一届文明单位创建活动以来，至 2018 年评选表彰第七届文明单位，共有 693 个（次）单位获“泉州市直机关文明单位”称号、391 人（次）获“泉州市直机关精神文明建设先进工作者”表彰。

获泉州市直机关第一——七届文明单位和先进工作者统计表

表 9-1

届　　次	文明单位（个）	先进工作者（人）
第一届（2002—2003 年度）	105	100
第二届（2004—2005 年度）	123	96
第三届（2006—2007 年度）	99	96
第四届（2008—2009 年度）	107	99
第五届（2010—2012 年度）	107	—
第六届（2013—2015 年度）	85	—
第七届（2016—2018 年度）	67	—
合　　计	693	391

（二）市级文明单位

2002 年 5 月 30 日，市直机关精神文明建设领导小组召开第一次成员会议，推荐参加泉州市第八届（2000—2001 年度）文明单位和精神文明建设先进工作者评选名单。

2003 年 8 月，推荐福建金帝集团有限公司、泉州奇龙超市有限公司参评泉州市第一届文明企业。11 月，推荐市委办公室等 34 个单位参评泉州市第九届（2002—2003 年度）文明单位，苏汉庭等 6 人参评泉州市精神文明建设先进工作者。

2006 年 1 月，推荐市山美水库管理处等 39 个单位参评泉州市第十届（2004—2005 年度）文明单位，赵育斌等 6 人参评泉州市精神文明建设先进工作者。12 月，推荐福建亿兴电力设计院有限公司等4家企业参评泉州市第二届文明企业。向市委、市政府、泉州军分区推荐市粮食局与73313部队51分队共建结对子参评第四届（2003—2005年度）泉州市军民共建精神文明先进单位，推荐谢招南参评泉州市军民共建精神文明先进个人。

2008年4月15日，推荐市委老干部局等36个单位参评泉州市第十一届（2006—2007年度）文明单位，推荐黄英林等6人参评泉州市精神文明建设先进工作者；推荐市城市管理行政执法局等3个单位参评2006—2007年度泉州市军民共建精神文明建设先进单位，推荐黄金铭参评泉州市军民共建先进个人。

2009年9月下旬至10月中旬，对32个泉州市第十一届（2006—2007年度）文明单位进行届中复查，采取听取汇报、查阅资料、实地考察、民主测评、综合评议、情况反馈方式，对思想道德建设、志愿服务活动、文明创建活动、档案规范管理情况进行检查考核，档次为“好”的8个、“中”的24个。

2010年11月23日，推荐市委统战部等43个单位参评泉州市第十二届（2008—2010年度）精神文明建设先进单位，陈振裕等6人参评泉州市精神文明建设先进工作者；市建设局、泉州电业局、市山美水库管理处3个单位参评泉州市（2008—2010年度）军民共建精神文明先进单位，郑碧钦参评泉州市（2008—2010年度）军民共建精神文明先进个人。

2011年12月9日，市直共有59个单位申报参评泉州市第十三届（2011—2013年度）文明单位，其中市委党史研究室等36个单位是泉州市第十二届（2008—2010年度）文明单位；市科技局是泉州市第十一届（2006—2007年度）文明单位；市人防办等20个单位是泉州市直机关第四届（2008—2009年度）文明单位，并申报参评泉州市直机关第五届（2010—2012年度）文明单位；台盟泉州市委机关、市信访局正在申报参评泉州市直机关第五届（2010—2012年度）文明单位。

2012年11月10—15日，对市直文明办推荐和管理的34个泉州市第十二届（2008—2010年度）文明单位，2011年以来文明创建工作情况进行复查，并送纪检、综治、计生、安全生产部门审核征求意见。经复查审核，34个单位全部符合市级文明单位标准，建议保留泉州市文明单位称号。

2013年12月30日至2014年1月6日，对35个申报泉州市第十三届（2011—2013年度）文明单位的单位进行考评，其中泉州市第十一届（2006—2007年度）文明单位1个、泉州市第十二届（2008—2010年度）文明单位13个、泉州市直机关第五届（2010—2012年度）文明单位21个。

2014年1月20日，推荐泉州市委老干部局等57个单位（其中7个备选单位）为泉州市第十三届（2011—2013年度）文明单位；市直机关工委与73312部队51分队、市金鸡拦河闸管理处与73141部队、市住房和城乡建设局与180医院（备选）为泉州市（2011—2013年度）军民共建精神文明先进单位；王建芬、陈步迪为泉州市（2011—2013年度）军民共建精神文明先进个人。

2014年4月29日，市委、市政府表彰泉州市第十三届（2011—2013年度）精神文明建设先进集体和先进个人，市直和省部属驻泉单位127个单位获“泉州市2011—2013年度文明单位”、陈振裕等10人获“泉州市2011—2013年度精神文明建设先进工作者”称号。10月10日至11月14日，开展申报泉州市第十四届（2014—2016年）文明单位，共有80个单位申报参评，其中51个单位为泉州市第十三届（2011—2013年度）文明单位，属续报对象；29个单位为泉州市直机关第五届（2010—

2012 年度）文明单位；8 对军地单位申报参评 2014—2016 年度泉州市军民共建精神文明先进单位。

2015 年 10 月 21 日至 11 月 10 日，对 70 个申报泉州市第十四届（2014—2016 年度）文明单位的单位进行考评，其中 44 个为续报对象，开展自查自评；26 个新报对象均属泉州市直机关第六届（2013—2015 年度）文明单位申报对象，组织开展考评，并作为第六届市直机关文明单位评选的基本依据。

2016 年 4 月 7—8 日，对市直机关 9 对申报 2014—2016 年度泉州市军民共建精神文明先进单位的共建单位进行测评，考察共建机制、共建内容、共建成效、共建资源情况。

2017 年 2 月 15—21 日，组织 4 个考评组，对市直机关工委管理的申报创建泉州市第十四届（2014—2016 年度）文明单位的 72 个单位进行考评。3 月 21 日，市直机关精神文明建设领导小组推荐市住房公积金管理中心等 69 个单位（其中 5 个备选单位）为泉州市（2014—2016 年度）文明单位，宋祥鹏等 6 人为泉州市（2014—2016 年度）精神文明建设先进工作者，市直机关工委与解放军 73312 部队 51 分队等 10 对军地单位（其中 3 对为备选单位）为泉州市（2014—2016 年度）军民共建精神文明先进单位，程兴华等 5 人为泉州市（2014—2016 年度）军民共建精神文明先进个人。8 月 24 日，确定 82 个单位申报创建泉州市（2017—2019 年度）文明单位，其中市住房公积金管理中心等 64 个单位为泉州市（2014—2016 年度）文明单位，属续报对象；市无线电管理局等 18 个单位为最新一届市直文明单位、中断一届的市级文明单位，属新报对象。市直机关工委、73312 部队 51 分队等 13 对军地单位申报创建泉州市（2017—2019 年度）军民共建精神文明先进单位。

自 2003 年市直机关精神文明建设领导小组推荐参评泉州市第九届（2002—2003 年度）文明单位和先进工作者以来，至 2019 年，市直共有 336 个（次）单位获第 9—15 届“泉州市文明单位”称号，共有 38 名（次）个人获“泉州市精神文明建设先进工作者”称号。

获泉州市第九—十五届文明单位和先进工作者统计表

表 9-2

届　　次	文明单位（个）	先进工作者（人）
第九届（2002—2003 年度）	34	6
第十届（2004—2005 年度）	32	6
第十一届（2006—2007 年度）	36	6
第十二届（2008—2010 年度）	42	5
第十三届（2011—2013 年度）	51	6
第十四届（2014—2016 年度）	68	6
第十五届（2017—2019 年度）	73	3
合　　计	336	38

（三）省级文明单位

2004 年 9 月，对已表彰为福建省第八届（2000—2002 年度）文明单位的市直单位开展复查。

2005 年 12 月 31 日，推荐市委宣传部等 11 个单位为福建省第九届（2003—2005 年度）文明单位，推荐市直机关工委张敬尊、市政协黄利禾为福建省精神文明建设先进工作者。

2007年11月25—27日，对已表彰为福建省第九届（2003—2005年度）文明单位的11个单位开展届中复查。

2008年11月24日至12月4日，对参评福建省第十届（2006—2008年度）文明单位的13个单位进行考评。12月25日，召开市直机关精神文明建设领导小组成员会议，确定推荐12个单位参评省级文明单位：市委宣传部、泉州公路稽征处、市纪委机关（含监察局）、市档案局、市委文明办、市委组织部、市政协机关、市直机关工委、泉州晚报社、市委办公室（含政研室、机要局、保密局）、市人大常委会机关、市财政局；推荐3名个人参评福建省精神文明先进工作者：市委宣传部张德山、省闽东南地质大队叶显海、市直机关工委陈炯仁。

2010年6月1—10日，对市档案局等12个第十届省级文明单位进行届中复查。12个单位的文明创建工作目标明确、思路清晰、措施有力、基础扎实、成效明显，走在市直机关前列，发挥了表率、示范、引领作用。7月5日，市直29个单位申请参评福建省第十一届（2009—2011年度）文明单位，其中12个单位是福建省第十届文明单位，17个单位是泉州市第十一届文明单位。2011年5月，开展福建省第十一届（2009—2011年度）文明单位推荐、考评工作，有19个单位获得“福建省文明单位”称号。

2012年3月25日，经市直机关文明办初步审查，市直机关41个单位申报参评福建省第十二届（2012—2014年度）文明单位，其中福建省第十一届文明单位19个，泉州市第十二届文明单位22个。10月，对市直机关文明办推荐和管理的19个福建省第十一届（2009—2011年度）文明单位，2012年以来文明创建工作情况进行复查，并送市纪检、综治、计生、安全生产部门审核，征求意见。经复查审核，19个单位全部符合省级文明单位标准，建议保留福建省文明单位称号。

2013年10月9—15日，对市直机关文明办管理的39个参评福建省第十二届（2012—2014年度）文明单位的单位进行初评，其中17个福建省第十一届文明单位，22个泉州市第十二届文明单位。

2014年8月25—29日，对市直机关文明办管理的申报参评福建省第十二届（2012—2014年度）文明单位的36个单位（不包括国家统计局泉州调查队和泉州市档案局2个全国文明单位培育对象，其中17个福建省第十一届文明单位、19个泉州市第十三届文明单位）进行考评推荐。9月8日，向市委文明委推荐福建省第十二届（2012—2014年度）文明单位29个。

2015年5月，福建省委、省政府表彰福建省第十二届（2012—2014年度）文明单位，其中市直单位和驻泉省部属单位22个。

2015年8月20日，市直机关工委制定《创建第十三届（2015—2017年度）省级文明单位规划》，以领导班子坚强、工作成效显著、精神状态良好、管理制度科学规范、工作环境整洁优美为创建目标；以加强领导班子建设、加强思想理论武装、加强基层组织建设、加强文明创建活动、加强党风廉政建设、加强机关作风建设为工作目标；按照宣传发动、全面实施、初评迎检、总结迎检4个阶段推进。

2016年12月1—25日，对39个申报参评福建省第十三届（2015—2017年度）文明单位进行测评（不含全国文明单位培育对象），其中福建省第十二届（2012—2014年度）文明单位申报福建省第十三届（2015—2017年度）文明单位21个，泉州市第十三届（2011—2013年度）文明单位申报福建省第十三届（2015—2017年度）文明单位18个。

2017年10月30日至11月8日，组织4个考评组，对37个申报第十三届（2015—2017年度）福建省文明单位进行考评。37个申报单位中，20个福建省第十二届（2012—2014年度）文明单位，17个泉州市第十四届（2014—2016年度）文明单位。11月20日，推荐市委老干部局等28个单位为福建省（2015—2017年度）文明单位（其中备选单位5个）。12月13—15日，组织7个考评组，对市直机关文明办管理的申报参评福建省第十三届（2015—2017年度）文明单位的39个市直单位和驻泉省部属单位（不包括全国文明单位培育对象国家统计局泉州调查队）进行考评，其中21个单位为福建省第十二届文明单位，18个单位为泉州市第十三届文明单位。

2000—2017年，市直机关在创建第8—13届福建省文明单位活动中，共有96个（次）单位获“福建省文明单位”称号，6名个人获“福建省精神文明建设先进工作者”称号。

获福建省第八—十三届文明单位和先进工作者名单

表9-3

届　　次	文明单位	先进工作者	
		姓名	所在单位
第八届（2000—2002年度）	市委组织部、市档案局、泉州晚报社、市委宣传部、市总工会、市财政局、市收容教育所	林黎明	市委办公室
第九届（2003—2005年度）	市委组织部、市档案局、泉州晚报社、市委宣传部、市总工会、市财政局、市收容教育所、省公路稽征局泉州稽征处、市人大常委会机关、市委文明办、市纪委机关（监察局）	张敬尊 黄利禾	市直机关工委 市政协
第十届（2006—2008年度）	市委宣传部、泉州公路稽征处、市纪委机关（监察局）、市档案局、市委文明办、市委组织部、市政协机关、市直机关工委、泉州晚报社、市委办公室（含政研室、机要局、保密局）、市人大常委会机关、市财政局	张德山 叶显海 陈炯仁	市委宣传部 省闽东南地质大队 市直机关工委
第十一届（2009—2011年度）	市总工会、市委办公室、市人大常委会机关、市政协机关、市纪委机关（监察局）、市委组织部、市委宣传部、市直机关工委、市委文明办、市财政局、市档案局、泉州晚报社、市政府办公室、市委政法委、市委统战部、市质量技术监督局、市人口和计划生育委员会、国家统计局泉州调查队、市妇联	—	—
第十二届（2012—2014年度）	国家统计局泉州调查队、市档案局、市总工会、市人大常委会机关、市政府办公室、市委宣传部、市委统战部、市妇联、市委文明办、市直机关工委、市政协机关、泉州晚报社、市委办公室、市纪委机关（监察局）、市委组织部、市质量技术监督局、市委政法委、市财政局、市委老干部局、闽台缘博物馆、市委党校、市文联	—	—

续表 9-3

届　　次	文明单位	先进工作者	
		姓名	所在单位
第十三届 （2015—2017 年度）	市委老干部局、市政府办公室、市委统战部、市委文明办、市文联、市人大常委会机关、市委组织部、泉州晚报社、市委办公室、市直机关工委、中国闽台缘博物馆、市委党校、市妇联、市档案局、市总工会、市纪委机关（监察局）、市委政法委、市政协机关、市财政局、市住房公积金管理中心、市委编办、市林业局、市科协、泉州老年大学、市经济和信息化委员会	—	—

第四节　机关文体活动

一、文艺活动

1982 年，地直机关组建合唱队，由地直机关党委领导担任领队，地区文化局局长担任合唱队指挥，参加泉州市 1982 年群众歌咏比赛大会，获一等奖。

1989 年国庆节期间，地直机关组织 120 人的合唱队，参加市、区庆祝中华人民共和国成立 40 周年革命历史歌曲演唱会，获一等奖。

1991 年“七一”期间，举办“党在我心中”歌咏晚会，22 个系统的 23 支歌咏队 1300 多名队员参加演出。市直共举办歌咏比赛、文艺晚会 15 场，观众 1 万多人次，市直各学校共举办歌咏、诗歌、故事演讲、朗诵、演讲会 290 多场。11 月开始，市直机关工会连续 3 年在机关大院 1 号楼 4 层会议室举办机关周末交谊舞会，以自娱自乐的卡拉 OK 和交谊舞为主，并适当邀请本市文艺界专业人员表演，丰富干部群众业余生活。

1992 年 1 月，与市直妇工委、市人大常委会机关工会联合举办“迎春联欢晚会”。10 月，举办“迎接党的十四大”为主题的“中华大家唱”卡拉 OK 演唱会，21 名歌手参演。在机关大院每周举办 2 场交谊舞会，当年，举办 104 场，参加 1 万多人次。

1993 年 4 月下旬，与泉州公路稽征处、市公路局联合举办“公路稽征杯”交谊舞比赛，10 个系统 26 对选手参加预赛。5 月 6 日，进行决赛，12 对选手参赛。12 月，举办纪念毛泽东诞辰 100 周年“毛泽东颂”歌咏演唱会，1500 多人登台演唱，评出一等奖 2 名、二等奖 5 名、三等奖 5 名。

1994 年 3 月，举办“雷锋颂”卡拉 OK 演唱会，分专业组和业余组进行比赛。7 月开始，开展“万人千对万歌颂中华”演唱活动，在基层普遍开展，层层选拔基础上，9 月 24 日，市直机关工委举办大型歌咏演唱晚会，1500 多人登台歌颂党、歌颂祖国、歌颂社会主义。全年，举办交谊舞会 128

场，参加12500多人次。

1995年6月下旬，举办庆祝建党74周年演唱晚会，90多名老党员和20多名歌手演唱歌颂党、歌颂社会主义的优秀歌曲。9月，举办“民族之魂”歌唱晚会，纪念抗日战争胜利50周年，800多名党员干部登台演唱抗日战争时期的优秀歌曲，颂扬中华民族不屈不挠，追求和平光明的崇高精神。

1996年6月1日，泉州市直机关业余艺术团成立。6月，艺术团组织演出活动10多次，在泉州市庆祝建党75周年和慰问“严打”斗争中的政法、公安民警、交警大队等大型文艺晚会和机关节日活动中发挥骨干队伍作用。“八一”期间，与泉州军分区、驻泉部队联合举办第一届“军旅之声”卡拉OK比赛，密切军政军民关系。

1997年7月，开展以庆祝香港回归祖国为主题的文艺活动，市直机关业余艺术团深入工矿、企业、车间、学校、军营进行宣传演出。7月中下旬，庆祝中国人民解放军建军70周年，与泉州军分区政治部联合举办第二届“军旅之声”演唱比赛。

1998年7月下旬，泉州军分区政治部、市直机关工委、鲤城区委、丰泽区委联合举办泉州市第三届“军旅之声”演唱比赛，预赛和决赛分专业组和业余组，各决出一、二、三等奖和优秀奖。“八一”前夕，举办庆祝中国人民解放军建军71周年军民联欢晚会暨颁奖仪式。市直机关业余艺术团深入公安民警、建筑工人中宣传中共十五大精神。

1999年4月，组队参加泉州市职工“庆五一、颂祖国”演唱比赛，获二等奖。7月下旬，为庆祝建军72周年、中华人民共和国成立50周年，密切军政军民关系，市直机关工委、泉州军分区政治部联合举办泉州市第四届“军旅之声”演唱比赛，参赛歌手278人，并举行泉州市庆“八一”军民联欢暨“军旅之声”演唱比赛颁奖晚会。

2000年7月24—26日，争创泉州市双拥模范城“五连冠”，市直机关工委、泉州军分区政治部联合举办第五届“军旅之声”演唱比赛。7月28日，举行泉州市庆“八一”军民联欢暨颁奖晚会。

2001年4月28日晚，为庆祝“五一”国际劳动节，市直机关工会和泉州电业局工会联合举办联欢晚会，晚会有独唱、小组唱、舞蹈、服饰表演等寓教于乐的节目。为庆祝中国共产党成立80周年，举办“颂歌献给党”群众性歌咏活动，在基层开展群众性歌咏比赛基础上，7月下旬，在泉州影剧院举行全市机关“颂歌献给党”演唱比赛暨颁奖晚会。

2002年7月18—19日，为庆祝中国共产党成立81周年，迎接中共十六大召开，市直机关工委举办“公仆杯”演唱比赛，演唱形式按独唱、重唱（表演唱）分别进行预、决赛。共决出独唱组一等奖1名、二等奖3名、三等奖4名、优秀奖12名，鲤城区吴婷婷获一等奖；重唱（表演唱）一等奖1名、二等奖3名、优秀奖4名，永春县陈丽芳、洪岩获一等奖；团体优秀奖7个。10月，为迎接中共十六大召开，市直市委办、党群、教育系统党委，泉州检验检疫局、泉州电信局、泉州邮政局、泉州电业局、泉州港务局党委等单位分别举办迎“十六大歌咏晚会”，歌唱共产党好、社会主义好、改革开放好。11月初，市直机关举办“争创新业绩，迎接十六大”系列活动——“文明稽征杯，闪光的誓言”演讲比赛，市直各级党组织、各县（市、区）直机关工委层层选拔，共选送90多名选手参加比赛，决出一等奖3名、二等奖7名、三等奖10名、优秀奖25名。泉州公路稽征处李蓉、市直教育系统陈巧容、洛江区赵剑获一等奖。

2004年，开展“歌颂祖国”文艺调演活动，庆祝中华人民共和国成立55周年。市直机关工会与泉州电业局联合举行国庆联欢晚会。

2006年1月，市直机关工会举办元旦“迎春”联欢晚会。9—10月，为纪念红军长征胜利70周年，举办全市机关“弘扬长征精神、争当时代先锋”为主题的革命歌曲歌咏大赛，用革命传统教育激励干部职工。

2007年2月6日晚，市直机关工委举办党务干部迎春联欢晚会，党务干部登台表演各种文艺节目，林文杰、傅福荣、张敬尊等厅级干部和党务干部欢聚一堂，共庆新春佳节。4月29日，市直机关举办“庆五一”联欢晚会，庆祝劳动者的节日，晚会由市直机关工会、市林业局机关工会承办，300多名职工参加。5月16日，为庆祝中国共产党成立86周年、喜迎香港回归10周年、迎接中共十七大胜利召开，举办“颂歌献给党、喜迎十七大”诗歌朗诵比赛，由各单位组织初赛，选拔选手参加决赛。6月26日，市直机关诗歌朗诵会决赛在市青少年宫音乐厅举行，18支代表队参赛，评出一等奖3个、二等奖5个、三等奖10个、组织奖8个。市直宣传系统党委、市教育局机关党委、市直公安系统党委等3支代表队获一等奖。

2008年1月30日，市直机关工委举办党务干部迎春联欢晚会，市直机关业余艺术团表演精彩节目，党务干部演唱歌曲，共庆新春佳节。

2009年4月，在市青少年宫音乐厅举办“四求先行当先锋、项目建设立新功”文艺晚会。5月起，开展“爱国歌曲大家唱”群众性歌咏活动，演唱歌曲以中央宣传部等主办单位推荐的100首爱国歌曲为主要内容，适当选用内容健康、旋律优美、群众喜欢传唱的歌曲，以及歌唱“海西”和体现泉州历史文化，具有地域特色和时代精神的歌曲，营造万众一心共创伟业的浓厚氛围。

2010年5月13日，市直机关工会、市直妇工委、市妇女儿童活动中心联合组建120人的市直机关女子艺术团，林黎明任团长，李小玲、苏彬彬、李冰任副团长，聘请叶端芳、李琼琼、陈以力、孙建军为艺术指导。当晚，在市青少年宫音乐厅举办以“建海西我先行、优服务立新功”为主题的联欢晚会。

2011年3月16日至5月31日，开展红色歌曲传唱活动，发动干部职工演唱《没有共产党就没有新中国》《走进新时代》《歌唱祖国》等经典红歌。6月15—16日，举办庆祝中国共产党成立90周年“光辉的历程”合唱预赛，46支代表队、2000多人参赛。6月23日晚，在泉州影剧院举行红歌合唱决赛，15支代表队参赛，决出一等奖4名、二等奖4名、三等奖7名、15支代表队获组织奖。市领导朱淑芳、沈耀钦、潘燕燕、吴共湖、傅福荣、苏小青出席决赛晚会。

2012年6月，市直机关女子艺术团到南安眉山乡观山村慰问演出。组织文艺节目参加市总工会的才艺比赛。组织100人的市直机关合唱团参加泉州市群众歌咏大会，获优秀组织奖。

2013年6月28日，市直机关工委、市总工会、团市委在市青少年宫音乐厅联合举办“颂歌献给党、同筑中国梦”为主题的“庆七一”文艺会演，观众600多人。

2015年1月16—28日，组织干部职工参加“中国梦·劳动美·海丝情”——2015泉州职工网络春晚活动，用原创歌曲、翻唱歌曲、创意相声或小品、口技模仿、歌舞、乐器演奏等形式，展示泉州经济社会文化建设成果和职工文化风采。

2016年6月28日，市直机关工委、市文联、市总工会、团市委联合在泉州音乐厅举办以“激扬诗歌颂党恩”为主题的泉州市庆祝中国共产党成立95周年诗歌朗诵会。

2017年6月，举办庆“七一”文艺汇演，庆祝中国共产党成立96周年，宣传党的丰功伟绩和改革开放丰硕成果。

二、体育活动

1986年，举办市直机关第一届运动会，有21个系统90个单位、867名运动员参加11个项目比赛，活跃机关生活，增强团结友谊，增强身体健康，增强集体荣誉感。

1987年，举办市直机关第二届运动会，有1200多人次参加14个项目比赛。

1989年10月，举办市直机关第三届运动会，19个系统900多人次参加9个项目比赛。市直宣传、政法、财委系统代表队分获团体总分前3名，市直建委系统代表队获精神文明奖。举办市五套班子领导参加的乒乓球单打、广播体操表演、羽毛球比赛。各系统参加广播体操评比。

1990年10月10—17日，为庆祝中华人民共和国成立41周年，庆祝第11届亚洲运动会举办，举办市直“庆亚运”小型运动会，举行男子排球、男女射击、女子健美操比赛，19个系统代表队参赛。

1991年11月，组织市直党群、市府办系统等4个代表队参加市总工会、市体委举办的“劳动杯”乒乓球赛。

1992年4月下旬，举办“庆五一、迎十四大”体育比赛，47个队、291人分别参加男子拔河、女子飞镖、男女军事射击比赛。

1999年5月，与市建委机关工会联合举办市直机关庆“五一”职工保龄球比赛活动，有53个基层工会、200多人参加比赛。10月，组队参加全市国庆登山活动。

2000年6月，与外商投资企业工会联合举办“水上乐园杯”趣味体育比赛。9月，举行市直机关工会庆国庆登清源山活动，52支代表队参加登山比赛。11月15—18日，组队参加省直机关工委在福州举办的全省首届机关党务干部运动会，竞赛项目有田径、篮球、乒乓球、羽毛球、游泳5项。泉州市机关党务干部代表团由34人组成，其中运动员24人，参加篮球、乒乓球、羽毛球、游泳4项比赛。12月30日，为迎接21世纪到来，举办市直机关“跨越新世纪”环城跑，全程约5公里。活动设个人奖30名，其中男子20名、女子10名、团体奖10名和组织奖。

2001年，组队参加泉州市第五届职工运动会，获得好成绩。7月21日，市直机关工会举办庆祝建党80周年游泳比赛，共有22个单位、118人参加团体4×50米混合接力，个人男、女50米自由泳3个项目比赛。市公安局、市侨联、市国家安全局、泉州电业局、市纪委获团体第1—5名。12月30日，举办迎新年登山比赛。

2002年11月7日，市直机关“争创新业绩、迎接十六大”——“诚信电业杯”千人环城跑在市侨乡体育馆举行。153支代表队、1000多人参加环城跑，19个单位获组织奖。

2003年9月，市直机关工委牵头组建市直代表队，参加泉州市第七届运动会行业组男子篮球、男女羽毛球、男女乒乓球、男子中国象棋和男子保龄球5个项目比赛，夺得男子篮球冠军；羽毛球男女团体、男女单打、男女双打冠军、男子单打第三名、女子单打第四名；乒乓球男子团体第四名、双打第三名、单打第六名、女子团体第二名、双打第四名、单打第五、第八名；保龄球男子团体第三名、个人第六、第七名；中国象棋男子团体第三名、个人赛第三名的成绩。团体总分行业组第四名。获泉州市第七届运动会体育代表团和羽毛球项目体育道德风尚奖。

2006 年 4 月，与市体育中心工会联合举办市直机关工会定点投篮、乒乓球、接力跑、自行车慢骑等庆“五一”趣味体育竞赛活动，36 支代表队、390 多人参加竞赛。7 月，与市委宣传部、市国税局联合举办市直机关“国税杯”乒乓球比赛，8 支代表队、56 人参加比赛，市委常委、宣传部部长宋长青出席颁奖仪式。

2007 年，组建市直机关代表团参加泉州市第八届运动会，抽调教练员和运动员 51 人组成方队，出席市第八届运动会开幕式。参加象棋、羽毛球、乒乓球、网球、田径等 11 个项目比赛，获行业组总分第 2 名、金牌数第 3 名的成绩，并获“体育道德风尚奖”

2008 年 5 月 27—29 日，举办泉州市“迎奥运农运、展机关风采”机关党务干部室内运动会，设集体项目 2 项：拔河、后退运球接力；个人项目 6 项：迷你“铁人三项”、跳绳、飞镖、定点投篮、抢种抢收、乒乓球。51 支代表队、813 人参加比赛。惠安、南安、永春获总分前 3 名。

2009 年 3 月，组织家庭趣味运动会。9 月 29 日，市直机关工会举办国庆保龄球比赛，设团体赛、男子个人赛、女子个人赛 3 个项目，36 队、100 多人参赛。

2010 年，做好机关体育健身工作，组织 18 个单位、490 多人参加“全民健身日”启动仪式暨万人健康跑活动，20 个单位、400 多人参加第五届全国特奥会泉州站火炬传递仪式。3 月，组队参加“泉州市首届女职工健美操电视大赛”，获 3 等奖。4 月，市直机关工会与市直党群系统工会联合会、市政公用事业系统工会联合会联合举办“五一”乒乓球、升级（80 分）比赛等文体活动。组建 11 个文体兴趣小组。

2011 年 3 月中旬，市直机关工会举办“泉州市直机关全健排舞骨干培训班”。40 多个单位、60 多人参加，培训结束后举办 1 场汇报演出。4 月 25 日，市直机关工会、市直妇工委承办首届全健排舞比赛，290 多人参加比赛，市直文广新系统代表队、市教育系统培元中学代表队等 12 支代表队分获一、二、三等奖。市委领导朱淑芳、王亚君观看比赛并颁奖。9—10 月，市直机关工委组织由市委办、市府办、市人大办、市政协办、市纪委办、市台工办、市文广新局，市直党群、宣传、统战系统共选派 100 多人组成市直机关代表团，参加泉州市第九届运动会 11 个项目比赛，获 8 枚金牌、7 枚银牌、2 枚铜牌，总分和金牌数均名列行业组第 2 名，并获得“体育道德风尚奖”。

2012 年 3 月，组织市直机关妇女干部职工开展“快乐运动、健康随行”环西湖跑活动。贯彻中共十八大关于广泛开展全民健身运动，促进群众体育和竞技体育全面发展精神。

2014 年 8 月 5—22 日，市直机关工委、市体育局联合举办 2014 年泉州市直机关运动会，设拔河、乒乓球、飞镖、网球、定点投篮、羽毛球、游泳、中国象棋、围棋 9 大项目、24 项比赛，47 支代表队、1154 人参加比赛，其中处级以上干部 120 多人。150 多名机关志愿者参加服务活动。拔河比赛团体取前 8 名，其他 8 个竞赛类别个人项目取前 6 名进行表彰，市直市委办系统党委等 47 个单位获“组织奖”。

2015 年 7 月 24 日，成立泉州市第十届运动会市直机关代表团组委会，黄春淮任团长，郑天文任常务副团长，副团长 10 人，成员 17 人，组委会下设办公室，挂靠市直机关工委宣传部。运动员 148 人、教练员 39 人，参加 12 大项比赛。

2016 年 3 月 7—8 日，市直机关工委、市体育局、市总工会联合举办 2016 年市直机关庆“三八”健身运动会，25 支代表队参赛。获一等奖 1 个、二等奖 2 个、三等奖 5 个、体育道德风格奖 17 个，市直党群系统工会代表队获一等奖。4 月中旬，举办 2016 年“庆五一”市直机关围棋比赛；4 月中下旬，举办“庆五一”市直机关游泳比赛，设男子 4 项比赛、女子 3 项比赛。12 月 24—25 日，举办“农商银行杯”市直机关迎新春象棋比赛暨爱心助学活动，设中国象棋团体赛、个人赛。

2017 年 1 月，市直机关工委、市教育局、市体育局、市总工会、泉州农商银行主办，市直机关工会等 5 个单位承办“泉州农商银行杯”市直机关迎新春象棋比赛，福建联合石化队获团体第一名，市直党群系统党委等 12 个单位获组织奖。3 月 7—8 日，为庆祝“三八”国际劳动妇女节 107 周年，市直机关工委、市体育局、市总工会联合举办 2017 年市直机关庆“三八”拔河比赛，47 支代表队参赛。农行泉州分行等 8 支代表队获前 8 名，7 支代表队获优秀奖，32 支代表队获体育道德风尚奖。6 月 13—30 日，市直机关工委、市体育局、市林业局、市总工会联合举办以“一起动起来，全民健身与您同行”和“森林城市·森林惠民”为主题的泉州市“创森杯”市直机关运动会，共设拔河、集体跳绳、乒乓球、羽毛球、网球、游泳、中国象棋、围棋、定点投篮、飞镖、台球 11 个比赛项目。51 支代表队、1576 人参加 11 个项目、33 个组别比赛。

三、美术、摄影、书法、篆刻

1988 年 6 月，举办以宣传中共十三大精神为主题的美术、摄影、书法、篆刻作品展览，展示改革开放和经济建设的新成就，反映党员干部的精神面貌，反映泉州文化古城、著名侨乡、港口城市的风情民俗。

1990 年 7 月下旬，举办庆祝“八一”建军节老干部硬笔书法展览，市直系统党委、驻泉省部属单位党委，金山、百源干休所，省军区、红梅军休所 43 名离退休老军人、老干部 92 幅作品参展，讴歌人民军队光辉历史、反映新时期军民共学共建共发扬活动的成果。评出优秀作品奖 10 幅、鼓励奖 9 幅。

1991 年 9 月，举办第 2 次书法、美术、摄影展览，来自 15 个单位的 54 名作者提交 98 幅作品参展，讴歌中华人民共和国成立 42 年来，特别是改革开放以来的伟大成就，体现机关党员干部的精神面貌。

1992 年 9 月，举办美术、书画、摄影、篆刻作品展览，60 名机关干部职工的 90 多幅作品参加展览。

1993 年 12 月，举办纪念毛泽东诞辰 100 周年美术、书法、摄影、篆刻作品展览，90 多名干部职工的 290 多幅作品参展。

1994 年 9 月，举办美术、书法、摄影、篆刻作品展览，歌颂党、歌颂祖国、歌颂社会主义、歌颂改革开放伟大成就。

1996 年 1 月，举办惠源杯“刺桐花艳”摄影比赛，歌颂泉州市升为地级市 10 年巨大变化，配合 10 周年庆典宣传活动。

1997 年 6 月，举办“迎接香港回归祖国”美术、书画、摄影、篆刻作品和专题集邮展览。

2002 年 10 月初，组织百名摄影爱好者在西湖公园举行“西湖杯”“光辉礼赞”摄影大赛、“采风开镜”仪式及授旗仪式。评出一等奖 1 名、二等奖 3 名、三等奖 10 名、优秀奖 50 名。

2003 年 1—2 月，将“光辉礼赞”摄影大赛优秀作品在市委机关大院宣传栏展出。

2004 年 4 月，举办市直机关“创文明单位、做人民公仆”摄影图片展。9 月，为纪念邓小平诞辰 100 周年暨庆祝中华人民共和国成立 55 周年，市直机关工委、东南早报社、泉州市摄影家协会联合举办“大泉州 · 新画面”创意主题摄影大赛，展现泉州在政治、经济、社会各方面发生的新变化新成就，共收到参赛作品 142 组，评出特等奖 1 组、一等奖 2 组、二等奖 3 组、三等奖 9 组、优秀奖 25 组。市档案馆詹秋冰获特等奖，市教育局吴少锋、鲤城区杨水明获一等奖。市直建设、水利系统党委，鲤城区直机关工委获组织奖。获奖作品在市委机关大院宣传栏展出，选择部分作品在《东南早报》刊登。

2005 年 9 月，为庆祝中华人民共和国成立 56 周年和抗日战争胜利 60 周年，推进“爱中华、兴泉州、创新业、奔小康”为主题的思想教育活动，市直机关工委与泉州市书法家协会联合举办全市机关“爱中华、庆国庆”硬笔书法大赛。从 502 件作品中评出优秀作品 100 件，其中一等奖 5 件、二等奖 10 件、三等奖 15 件、优秀奖 20 件、入围奖 50 件。市公安局黄良标、省 197 地质队黄子立、鲤城区黄少辉、丰泽区杨建设、晋江市张谋含作品获一等奖。市直市府办、财贸、水利、公用事业系统党委，黎明大学党委，鲤城、泉港、晋江、石狮、南安等县（市、区）直机关工委获组织奖。

2006 年 7 月，组织以廉政建设为主题的书法（硬笔、毛笔）竞赛活动。

2008 年，举办全市机关廉政文化优秀作品展。8—11 月，举办全市机关庆祝改革开放 30 周年楹联书法大赛。征集楹联作品 396 对，评选表彰 122 对；书画作品 418 幅，评选表彰 123 幅。书法作品特等奖 3 名：宋长青、郑增辉、庄晏成；一等奖 5 名：林剑仆、林英明、丁金潮、陈进发、刘顺华。楹联作品特等奖 2 名：宋长青、庄晏成；一等奖 5 名：潘高鹏、黄建聪、张英涛、胡温平、吴少锋。市直党群、宣传系统党委等 15 个单位获组织奖。11 月 27 日起，在华侨历史博物馆举办优秀作品展览，编印《优秀作品集》。

2009 年 3—6 月，举办“和谐诗篇颂党恩”现代诗歌创作大赛，庆祝中国共产党成立 88 周年，共收到参赛作品 418 篇，表彰 64 篇，其中一等奖 5 篇、二等奖 9 篇、三等奖 20 篇、优秀奖 30 篇，陈建强、张权斌、涂元伟、林丽燕、吴远安作品获一等奖，市府办等 15 个单位获组织奖。5—9 月，举办“迎国庆、颂辉煌”主题摄影大赛，庆祝中华人民共和国成立 60 周年，真实记录泉州 60 年社会、经济、政治、文化等方面发生的巨大变化。共收到参赛作品 532 幅，表彰 67 幅，其中荣誉奖 2 幅、一等奖 5 幅、二等奖 15 幅、三等奖 20 幅、优秀奖 30 幅。王亚君、陈敬聪作品获荣誉奖，李芸生、王柏峰、王品、吴少锋、卓天然作品获一等奖，市直党群系统党委等 15 个单位获组织奖。9 月 28—30 日，在泉州晚报社举办优秀作品展，编印《泉州市机关“迎国庆颂辉煌”摄影大赛优秀作品集》。

2012年，成立泉州市直机关书法家协会，共有会员40多人，其中中国书法家协会会员8人、省书法家协会会员20多人。市委常委、市纪委书记、市直机关工委书记沈耀钦任名誉主席，陈伟平任主席，黄春淮任常务副主席。8月16日，泉州市直机关书法家协会加入泉州市书法家协会团体会员，作为二级分会单位。

2012年7月18日至8月25日，举办全市机关“挥毫歌盛世、喜迎十八大”书画大赛。作品内容为健康向上的古今诗词、联、赋、格言等文学作品。共收到作品312件，评出一等奖5个、二等奖10个、三等奖15个、优秀奖20个，入选作品50个，组织奖10个。张聪明、陈文雅、陈昌轮、陈赋斌、康聪颖获一等奖。国庆节期间，在泉州市青少年宫展厅展出获奖作品，将部分优秀作品汇集成册。10月，市直机关书画家协会举行重阳节书画作品敬老慈善拍卖会，所得善款12.44万元捐赠鲤城区社会福利院。到惠安嘉惠中学开展“书法进校园”笔会活动。参加第十三届中国“海西”铁观音茶王大赛暨墨香泉州茶韵大型书法创作交流笔会。投入2万多元，在市青少年宫建立市直机关书画家协会创作基地。11月，承办由市纪委、市直机关工委、市文广新局、市书画家协会联合举办的泉州市机关迎十八大书法摄影展，采用书法摄影艺术形式，共展出145篇书法作品、79幅摄影作品，其中100幅书法作品是机关干部职工创作的。特邀市领导和书法界人士创作45幅，共有70多名国家级和省级书法名家参与。编印《翰墨寄情——挥毫歌盛世喜迎“十八大”书法大赛作品集》，免费赠送全市机关书法爱好者交流。

2013年4月28日至5月3日，市直机关工委、市公务员局、市总工会、市侨联在泉州华侨历史博物馆联合举办“翰墨丹青庆五一”书画精品展，共展出作品99幅，其中书法作品59幅、绘画作品40幅。5月11日，举办“大爱无疆、祈福雅安”慈善拍卖会，捐赠69幅书画作品，180多名爱心人士参加赈灾义拍，拍得善款24.8万元，转交市民政局。市直书协与中国闽台缘博物馆联合举办为期1个月的西安碑林书法图片展，制作《泉州市直机关书协2013年书法台历》，到惠安嘉惠中学开展“书法进校园”，到市烟草专卖局开展“书法进企业”，到鲤城区龙岭开展“书法进老区”笔会活动。参加第十三届中国（海西）铁观音茶王大赛暨墨香泉州茶韵大型书法创作交流笔会。举办文化讲堂活动，邀请泉州师院美术与设计学院副院长、副教授黄文中作题为《中国山水画形态及演变》的专题讲座。通过各种活动，营造浓郁的机关文化氛围。市直书法家协会创办内部刊物《书品》，为季刊，免费赠送。

2014年，做亮“翰墨书香文化”，与市教育科学研究所联合组织中小学美术教师到观山村进行写生创作教研活动，为观山村征集90多幅书画摄影作品，筹建完成“观山艺术馆”和“农耕文化馆”。举办2场“机关文化大讲堂”，邀请中国书法家协会会员作书法专题讲座。联合市教育局在泉州5所中小学开展“书法名家进校园”活动。在华侨历史博物馆举办“中国梦·泉州美”迎国庆书法展，展出86幅书法作品，遴选69幅作品结集成册，编发书协会刊《书品》3期。4—5月，组织参加省委宣传部、省委教育工委、省直机关工委举办的“美丽福建、美丽梦想”优秀摄影作品比赛，展现投身建设美丽福建、为实现中华民族伟大复兴“中国梦”而努力奋斗的图景。9月28日，市直机关工委、市侨联在泉州华侨历史博物馆举办“中国梦·泉州美”泉州市干部职工迎国庆书法展。

2016年3月16日起，市直机关工委与市委宣传部、市文联、市残联、泉州广播电视台联合开展

“绽放生命之花、唱响文化助残”泉州市2016残疾人艺术作品展，共在残疾人中征集到书法、绘画、摄影、工艺等作品183件，并进行网络预展和网络投票活动。5月19日，评选表彰金奖作品4件、银奖作品10件、铜奖作品20件、优秀奖作品30件、入围奖作品46件，组织奖4个。6月27日，市直机关工委、市总工会联合在市青少年宫文化中心举办“笔歌盛世·墨颂辉煌”泉州市直机关庆祝中国共产党成立95周年书法邀请赛。

2017年5月16—20日，市委宣传部、市直机关工委、市文联、市残联联合举办“放飞梦想·共享阳光”泉州市2017残疾人艺术作品展暨爱心助残广场活动，共征集到作品237幅，其中书画作品121幅、摄影作品30幅、工艺美术作品86件，作品充分展示残疾人自强不息、积极向上、追求美好梦想的精神风貌。共评出金奖4件、银奖10件、铜奖20件、优秀奖30件。惠安县黄庆和、德化县徐福坤、石狮市蔡武概、安溪县徐万庆的作品获金奖，鲤城区残联、南安市残联、惠安县残联、德化县残联获组织奖。6月15日至9月15日，市直机关工委、市文联、市摄影协会联合举办开展“机关党旗红，‘五个泉州’在行动”主题实践活动手机摄影比赛。12月20日，表彰110幅（组）优秀作品，市直政法系统党委等20个单位获组织奖。

2017年，组织书法“进校园、进企业、进老区”，开展教学、笔会活动，送出春联600多幅，编辑出版《书品》1期。围绕重大节庆纪念日，举办“翰墨丹青庆五一”书画精品展、蔡襄主题书法展、“珍爱和平·圆梦中华”纪念抗日战争胜利70周年书画展、“笔歌盛世·墨颂辉煌”庆祝建党95周年书法邀请展、喜迎十九大书法展等主题书画活动。

四、其他活动

1994年，组织200多名女职工参加全国总工会女职工部组织的“迎95世界妇女大会”知识竞赛。

1999年10月，庆祝开展市直机关“庆国庆、迎澳门回归”游园活动。

2001年4—7月，为庆祝中国共产党成立80周年，组织以“共产党好、社会主义好、改革开放好”为主题的征文和演讲比赛，共收到征文268篇，评选出优秀征文稿50篇，其中一等奖5篇、二等奖10篇、三等奖15篇、优秀奖20篇，30篇发给征文入围证书。选出30篇修改后参加演讲比赛，决出一等奖1名、二等奖3名、三等奖5名、优秀奖6名、鼓励奖11名。

2003年4月，举办机关大龄青年联谊会。

2004年11月，配合市总工会组织2次“缘分天空”联谊活动，为大龄未婚青年牵线搭桥。

2005年3月，举办“三八”妇女节庆祝活动和大龄青年联欢活动。

2007年9月，与市政公用事业局机关工会、市东湖公园管理处联合举办“庆十一、喜迎十七大”游园活动。

2008年4月27日，由市直机关工会主办，华侨大学、泉州师院、市总工会直属工委、市卫生工会、市教育工会协办的“我和春天有个约会”——青年联谊活动，为大龄未婚青年提供交流机会，170多人参加。开展“改革开放30周年”征文活动，收到征文68篇。10月，举办“市直机关（产业）工会青年联谊活动”，200 多名青年职工参加联谊活动。

2009 年 3 月，举办“心系女职工”女性形象美容知识讲座。5 月，组建 11 个项目 490 多人参加兴趣小组。8 月，开展以“健身心、促和谐、添活力”为主题的兴趣活动。9 月，开展庆祝中华人民共和国成立 60 周年系列活动，印发以歌颂祖国为主题邮册《辉煌 60 年》。

2010 年 3 月，开展庆祝“三八”国际劳动妇女节 100 周年活动，举办“庆百年佳节，展巾帼风采”女职工才艺展示活动，组队参加“泉州市首届女职工健美操电视大赛”，获三等奖。

2012 年 4 月，在全市工会“职工书屋”开展“读书——助我素质提升”主题读书征文活动。5 月，与市教育工会、市直水利系统工会、市工商银行工会联办“五月花季，相约聚龙”青年联谊交友活动，100 多名未婚青年参加活动。6 月，举办“如何在家庭教育中发展孩子的语言能力”家庭教育知识讲座。

2013 年，组织参加市总工会等单位联合举办的首届闽南文化（民俗）知识大赛。“七夕”前，开展大型青年联谊活动，参加 200 多人。11—12 月，每星期五中午与泉州邮政局行政中心分局联合举办“我的 TA，相约在冬季”为主题的单身青年联谊会，共举办 8 场，参加 300 多人次。

2014 年 1 月 7 日起，为把“中国梦”宣传教育活动引向深入，发挥泉州“东亚文化之都”独特文化优势，市直机关工委、市总工会、市水利局、市山美水库管理处、泉州广播电视报社联合举办“山美杯”全市干部职工“中国梦 · 泉州美”散文大赛。共收到稿件 1525 篇，初选作品 130 篇。4 月 25 日，表彰一等奖 5 篇、二等奖 10 篇、三等奖 15 篇、优秀奖 50 篇，组织奖 10 个单位。永春县刘辉煌、丰泽区姚雅丽、市金鸡拦河闸管理处龚韵霖、市人大常委会机关廖伏树、鲤城区魏艳琳的作品获一等奖。

2014 年 9 月，由市直机关工委、市总工会、团市委主办，市直机关工会、市演讲与口才学会承办，市青少年宫协办，举行“中国梦 · 泉州美”全市干部职工“迎国庆”朗诵大赛，参赛 71 人，评出一等奖 2 名、二等奖 5 名、三等奖 9 名、优秀奖 14 名。福建经贸学校林彦馨、泉州广播电视台赵琳硕获一等奖。与市委宣传部等 5 个单位联合举办首届“东亚文化之都”辩论邀请大赛，市直机关 4 个辩论队参赛。推荐市直政法系统参加市总工会举办的“祖国颂 · 中国梦”职工文艺汇演。11 月 14 日、21 日、28 日中午，市直机关工会与泉州邮政行政中心分公司团委联合举办“书香有缘——读书交友会”，每场活动邀请 40 名青年男女围绕一个主题，开展读书交流活动，组织趣味游戏和香道文化品鉴会专场。

2017 年，举办大龄青年联谊活动，为机关大龄青年搭建交流平台。9 月下旬，市纪委、市直机关工委、市总工会、市文联联合举办“喜迎十九大 · 翰墨承家训”泉州市家风家规家训书法邀请展，弘扬中华民族优秀文化和传统美德，倡导和谐家风，传播文明新风。12 月 21 日起，在泉州海交馆举办“开启新时代，亮出新作为”全市机关学习宣传贯彻中共十九大精神系列活动巡展，300 多人参加启动仪式。展出优秀党风故事、影像作品和书法作品共 196 件。

第十章　军事、党校、计划生育工作

1960年4月，成立地直机关人民武装部；7月，成立专直机关民兵师。1962年4月，成立专直机关人民武装委员会。1971年10月，成立晋江地区革命委员会民兵营。地（市）直机关人民武装部成立后，认真完成上级武装部门交给的工作任务，组织民兵进行军事训练，提高军事政治技术水平；开展国防教育，加强民兵思想政治工作；搞好民兵组建、整组工作和预备役登记、兵员储备工作；做好宣传发动，完成征集兵员任务。

1998年12月，成立市直机关业余党校。至2017年，共举办或协办科级党务干部培训班、宣传理论骨干培训班、党务工作者培训班、纪检干部培训班、党的基本知识培训班等12类培训班、131期（次），参加16357人（次）。

1977年2月起，贯彻晋江地委关于搞好计划生育工作指示，开展计划生育宣传发动工作，抓好干部职工晚婚节育工作和3次计划生育突击战。1980年4月起，工作重点转移到一对夫妇只生一个孩子，落实超生子女费收缴工作。1988年5月，成立市直计划生育工作办公室，开展计生“五清理”。1997年，建立婚育情况登记制度。2002年起，学习执行《中华人民共和国人口与计划生育法》。2014年起，宣传贯彻中共中央、国务院《关于调整完善生育政策的意见》，健全基础档案，提高计生服务水平。

第一节　人民武装工作

一、组织状况

1952年10月起，根据《中华人民共和国民兵组织暂行条例》规定：凡年满18岁至40岁的男性公民，身无残疾或精神病者，均有参加民兵的权利和义务。将过去参加民兵组织的自愿原则改变为参加民兵组织是应尽义务的法定原则，在专直机关、单位中抓紧建立民兵组织。1953年下半年，实行普遍民兵制，年满18岁至25岁，政治纯洁、身体强壮、家庭劳力充裕者，编为基干民兵，其余编为普通民兵。1958年人民公社化以后，在毛泽东人民战争思想指导下，开始大办民兵师。

1960年4月29日，地委组织部任命地直机关人民武装部部长。地直机关人民武装部是地直机关党委的军事部。5月30日，地直机关党委制定《关于发展机关人民公社初步方案》，在专直机关人民公社中实行全民皆兵，凡符合规定条件，年龄16—30岁的男女青年参加基干民兵，31—50岁的参加普通民兵。

1960 年 7 月 16 日，地直机关党委印发《关于地直机关整顿民兵组织工作意见》，分 3 个阶段进行整顿。第一阶段，大发动、大宣传、大教育，报名参加民兵，做好排队摸底，机构调整，选配干部，营以下干部选举准备工作。第二阶段，公布民兵名单，编营、连、排、班，进行民主选举，宣布干部名单，健全组织，制定制度。第三阶段，总结，提出战斗口号，民兵开展竞赛，树立标兵，掀起生产热潮。随着形势发展和民主建设任务的要求，把专直机关民兵团改编为专直机关民兵师。调整以系统业务对口，便利生产、便利领导为原则，按基层党委为单位分别成立民兵团、直属营、文工团。各团、直属营分别成立若干营、连、队、排、班。

1960 年 7 月 24 日，经地直机关党委研究，报请地委批准，任命专直机关民兵师师长、政治委员、副师长、司令部参谋长、副政治委员、政治部主任。设团、营，任命团长、政治委员。任命营长、教导员。

1961 年 11 月 24 日，地委机关党委任命专直机关人民武装部兼职部长。经过几年民兵组织整顿和政治思想教育，特别是 1962 年支前备战期间，民兵工作以备战为动力，起了很大推进作用，民兵组织不断巩固和壮大，在保卫生产和促进生产、学习、工作上起了很好作用。

1962 年 4 月，根据中共中央、国务院关于颁发民兵工作条例和各级民兵工作组织改为人民武装委员会的通知精神，成立专直机关人民武装委员会。

1963 年，地直机关民兵工作的重点放在工厂和学校，探索一套适应机关、企事业、学校特点的路子，建设一支“召之能来、来之能战、战之能胜”的人民武装队伍。春节前后和夏秋之间，开展季节性民兵组织整顿工作。机关、工厂、企事业、学校单位完成调整民兵组织工作。通过整顿，加强对民兵工作领导，巩固和提高民兵组织，保证武器掌握在可靠的民兵手里。做好技术对口调查编组工作，在工厂、企事业调整技术兵。

1964 年，对民兵组织进行整顿，调整组织，设立民兵团、营、连、排、班体系，调整一批素质好、比较年轻的民兵担任民兵干部。组织军事训练，提高军事素质，发挥民兵作用，加强机关保密保卫工作，保证安全，不出事故。

1967 年 1 月至 1968 年 9 月，专直机关设专职武装干事。

1969 年 4 月，开始恢复一年一度的民兵整组工作。

1971 年 10 月 18 日，成立晋江地区革命委员会机关民兵营。

1972 年，在整党建党基础上，基本完成民兵整组工作，建立民兵组织。

1973 年 6 月中旬，地直民兵代表 60 人参加泉州市革命委员会、人民武装部召开的泉州市民兵代表大会。

1976 年，民兵队伍建设逐步加强。

1978 年 8 月，配备专职武装干事。

1980 年，地直机关、单位民兵成为各条战线上完成各项任务的一支重要力量。

1981 年，开展民兵整组工作，组织参加泉州市举办的基干民兵集训，提高民兵思想素质和军事素质。

1982—1983 年，地直机关党委加强对民兵工作的领导，分工 1 名党委委员兼抓民兵工作。整组基干民兵和普通民兵。进行复退军人预备役登记和核实工作。

1986 年 1 月，晋江地区改为泉州市，晋江地区直属机关人民武装部改为泉州市直机关人民武装部。9 月，市直机关党委制定内设机构工作职责，规定市直机关人民武装部工作职责。

1986—1987 年，贯彻“减少数量、提高质量、抓住重点、抓好基础、实事求是、因地制宜”方针，完成民兵组织整顿试点任务，形成一支少而精的骨干队伍，加强以基干民兵为基础的民兵与预备役相结合的后备力量建设。

1988—1989 年，完成民兵组织整顿和预备役、退伍军人、战争动员潜力调查登记工作，重新组建民兵组织。1997 年，完成邮电、通信系统民兵组织扩建，由排建制改为连建制。进行复退军人登记，完成 1997 年民兵训练任务。

2001 年，贯彻泉州市政府、泉州军分区司令部关于加强民兵预备役部队组织建设的要求，市直机关人武部做好民兵预备役部队组建工作。

2002 年 6 月 4 日，市直机关机构改革，规定市直机关人武部工作职能。

2005 年，组建民兵专业分队，完成专业民兵比例与组建任务。开展国防动员潜力核查工作，了解和考察市区有关单位无线电通信、微波通信和卫星地面站通信设备情况，以及地质勘探、测绘、气象、环保等单位的技术力量、设备数量质量情况。

2007 年 4 月，组建民兵组织，完成作战分队、勤务保障分队、卫生勤务分队、通信装备维修分队、供水设备抢修分队组建工作。

2008 年，为加强对民兵预备役整组工作组织领导，成立泉州市直基干民兵整组工作领导小组，领导小组下设办公室。针对台海局势，配齐配强民兵干部，在市直机关组建民兵组织。组织修订对台作战行动方案，明确任务，区分责任。开展宣传造势，健全各项规章制度。

2009 年，确立军事斗争准备的“龙头”地位，把握“应对多种安全威胁、完成多样化军事任务”。协调机关单位和部门整组织、建队伍、抓训练、促保障，完成组建市直机关基干民兵、人防分队的队伍建设，尤其是注重抓好负责市委、市政府重点政治目标警戒分队的组织建设和思想政治工作，指导和协助有关部门处理突发性群众上访任务，维护和保证市委、市政府的安全与稳定，较好地发挥民兵队伍的职能作用。

2010 年 4 月，抓好民兵预备役组织建设，对适龄青年、退伍军人和专业技术人员进行调查摸底，掌握第一手资料。核对出入队人员，搞清楚基干民兵资料，强化民兵动态管理。配齐配强民兵干部，健全规章制度。着眼大规模作战动员保障和执行多样化任务需要，抓好民兵重点队伍编组。

2011 年，贯彻落实国务院、中央军委《关于规范国防后备力量队伍组建工作的意见》，进一步深化城市民兵工作调整改革、综合整组任务，组织人员对市直机关的适龄青年、退伍军人和专业技术人员情况进行调查摸底。以军委、总参谋部关于民兵预备役部队建设有关法规，强化规范化建设，推进新形势下市直机关后备力量建设有新的发展，服务保障泉州科学发展、跨越发展有新的作为，快速动员和执行任务能力有新的提升。

2012 年，随着使命任务的拓展，民兵建设稳步实现从数量规模型向质量效能型转变。在市直机关组建基干民兵队伍。

2016—2017 年，抓好市直机关国防动员潜力核对调查。抓好经济、交战、科技和测绘气象等方面潜力调查；抓好兵员动员基础性工作，准确掌握近 5 年复转军人和军民通用装备数质量及分布情况。突出抓好现役部队预备役人员预编、预备役退伍军人和地方与军事专业对口人员登记核对和统计工作。采取“统一编组、归口建设、归口使用、各负其责”的原则，抓好预备役部队预任预编工作。按照“平时能参训，战时能打仗”要求选好配强预编人员，坚持“相对集中、专业对口”原则进行选编。

二、主要活动

（一）军事训练

1960 年，开展民兵训练，提高军事政治技术水平，做到能文能武、又红又专，搞好工作、学习、生产、保卫国防、维护社会治安。7 月 27—29 日，举行军事训练。

1963 年 1 月，组织基干民兵参加泉州市民兵军事体育检阅游行活动大会，组织射击、投手榴弹、武装赛跑、献花赛跑、拔河等军事体育代表队，在部分项目中获得优良成绩。7 月起，根据总参谋部、总政治部下达的民兵工作要点和省军区、晋江军分区指示及泉州市人民武装部民兵军事训练计划，在条件较好的工厂、企业单位基干民兵中开展军事训练。训练以军事为主，并与政治教育相结合，军事训练主要学会使用手中武器、利用地形地物、懂得民兵岗哨勤务和班、组战斗动作，政治教育以阶级教育为重点。

1972 年，开展各种军事训练，举行野营、拉练活动，组织实弹射击和战伤救护演习。各单位民兵在加强治安保卫工作中发挥骨干作用。1 月 28 日，组织地直单位民兵进行野营训练。工交、财贸、卫生等系统成立民兵营，营成立临时党支部。1 月 29 日，从泉州市区出发，经清源山、河市公社、南安梅山公社、山美水库、洪濑公社、丰州公社等地，沿途进行路线教育，宣传毛泽东思想，参加劳动，听贫下中农讲“三史”，参加批判会，参加军民联谊，听经验介绍，学习军事。2 月 9 日，返回泉州，历时 13 天，步行 113 公里。通过野营训练，进一步增强战备观念，学习军事技术和提高组织指挥能力。4 月，加强民兵组织建设和军事训练，机关民兵坚持每星期 2 个早晨的民兵操练，每个月召开 1 次民兵干部会议。以民兵编制参加集会、游行等活动。5 月 12 日，总结开展第一期武装基干民兵训练经验。

1979 年，开展武装基干民兵队列、射击、投弹、刺杀训练。1982 年，组织厂矿企业单位集中军事训练，集训民兵。1983 年，在打击刑事犯罪活动斗争中，配合有关部门开展机关安全保卫大检查，每 10 天收集 1 次情况，抓动态，抓落实，组织检查组深入车间、工地、厂房、库区等基层单位，发现问题当场处理，组织 7 个单位集中军训 3 期。1989 年，开展射击比赛，组织民兵参加英模事迹报告会和智力比赛。

1992 年 1 月，组织民兵训练，分基干民兵、普通民兵。3 月，开展军事训练，基干民兵参加。4 月下旬，举办男、女军事射击比赛。6 月，组队参加鲤城区军事射击比赛。

1993 年 3 月，组织基干民兵参加军事训练，及格率 100%、优秀率 60%。

1994 年，加强民兵训练，组队参加鲤城区 3 项军事项目竞赛，取得好成绩。3 月，组织医务人员参加卫生兵军事训练，无线电人员参加通信兵训练。5 月，组织民兵参加鲤城区人武部组织的射击、投弹比赛，开展市直机关射击比赛。

1995 年 3 月，组织民兵参加鲤城区有线电训练和防化训练。5 月，组建基干民兵排，进行短期集训，实弹射击。组织民兵营、连长参加鲤城区培训，落实 1995 年民兵训练任务。

1996 年 3 月，组织基干民兵进行军事训练。4 月，进行实弹射击训练。

2003 年 7 月，为纪念毛泽东发表“民兵工作三落实”题词 41 周年，检阅民兵军事化水平，组织基干民兵专业分队开展军事强化训练和实弹射击演练，提高民兵的军事素质和军事技能。

2008 年 4 月 10 日，根据泉州市政府、泉州军分区年度工作部署，着眼应对多种安全威胁、完成多样化军事任务和“平时应急、战时应战”需要，进一步抓好按纲训练落实，不断提高平战转换、支前保障和执行任务能力，在新的起点上推进民兵预备役建设科学发展。

2010 年 9 月，着眼应对多种安全威胁、完成多样化军事任务的需要，指导市直部分民兵分队完成防化训练任务。

2012 年，市直机关工委干部职工到市公安局巡警防暴支队训练基地开展射击训练和比赛。2016 年，组织民兵演练。

2017 年，开展领导干部过“军事日”活动，组织军事训练。优化人民武装工作，修订完善各类方案计划，适应由应急向常态化保持和提升转变的新要求、新变化，为平时推进动员准备和战时快速高效组织实时提供依据。落实好泉州军分区、丰泽区人武部下达的各项训练指标。

（二）国防教育

1962 年，加强民兵思想政治工作，巩固提高民兵组织。开展民兵任务和要求、革命传统和“三八”作风等教育，树立“兵”的思想，增强国防理念和战斗意志，发扬民兵光荣传统。骨干民兵每季度进行 1 次集中教育，普通民兵每半年进行 1 次教育。随着组织整顿，对民兵开展大宣传、大教育、大发动，提高对民兵重要地位、全民皆兵意义的认识。以全国民兵十大倡议为动力，劳武结合，进行三防教育、科学讲座，结合国防体育活动，组织游泳、射击等。

1963 年，根据中央关于民兵工作实行“政治、组织、军事三落实”指示精神，结合反修、社会主义教育，对民兵开展宣传毛泽东人民战争思想、民兵的战略地位、革命传统和国内外形势教育，提高民兵的阶级觉悟和国防观念。开展学习雷锋宣传活动。利用“五一”“八一”“十一”等节日，开展民兵军事体育活动。开展广东民兵歼灭 9 股武装特务及纪念东山战斗 10 周年宣传活动。

1963 年，“五一”国际劳动节和五四青年节，各单位基干民兵普遍开展活动，举办球赛、拔河、田径、射击、棋类等比赛，组织听传达报告，召开民兵积极分子、复退军人、适龄青年、应征青年座谈会和邀请泉州市人民武装部领导向民兵作报告，请英雄小八路、五好战士向适龄青年作报告。强化宣传教育，解决思想问题。

1963—1964 年，听取晋江军分区杨政委关于民兵工作的报告，学习《福建日报》1963 年 11 月 17 日、18 日、19 日 3 篇社论，提高对“全民皆兵”重要性的认识，检查和解决机关民兵组织涣散、形式主义和“三不落实”等问题。

1973 年，贯彻毛主席“深挖洞、广积粮、不称霸”指示精神，落实地委人防会议精神，发挥民兵组织作用，完成“深挖洞”任务。

1980 年 9 月，贯彻晋江地区民兵政治工作会议精神，民兵政治工作逐步转到围绕“四化”、服务“四化”轨道上来。加强民兵思想教育，进行社会主义民主和法制教育，民兵的性质、任务和形势战备教育，攻“心战”、防腐蚀教育。加强专职武装干部和民兵干部队伍建设，逐步实现年轻化、知识化、专业化。开展创建民兵工作“三落实”先进单位活动，争当劳动模范和新长征突击手，在完成急、难、险、重任务中打头阵。

1984—1985 年，开展兵役登记宣传，对市直单位进行调查摸底和兵役登记。

1991 年，组织开展国防教育，抓好民兵基层建设调查和民兵整组，提高民兵素质，在维护社会治安秩序，保护国家、集体和人民群众生命财产安全等方面发挥积极作用。

1995 年，做好民兵整组、预备役登记和征兵工作，落实民兵训练任务，结合形势任务开展国防教育。

1998 年，开展“高举旗帜、维护核心”用中共十五大精神指导民兵预备役工作专题教育，组织开展民兵预备役组织整顿和基干民兵军事训练，进一步提高军政素质；按时完成战争潜力调查和退伍军人的兵种、技术特点及物资设备、交通车辆、通信设施的统计工作；协助开展《中华人民共和国兵役法》教育，做好征兵工作。

2002 年，加强对民兵的思想政治教育和形势任务教育，配合做好征兵工作，开展民兵预备役组织整顿，完成年度民兵军事训练任务。2004 年 11 月，配合市民政局开展“国防教育日”活动，组织党员干部职工体验军营生活，增强国防意识。

2006 年 5—6 月，学习宣传《反分裂国家法》，维护祖国团结统一，反对分裂国家活动。

2007 年 7—8 月，开展庆祝中国人民解放军建军 80 周年活动，召开“情系军营”双拥共建座谈会、转业复员退伍军人座谈联欢会，走访慰问部队官兵。贯彻落实泉州市国防动员委员会召开的军事化动员工作会议精神，着眼大规模作战动员保障和执行多样化任务的需要，着眼应对多种安全威胁、完成多样化军事任务和“平时应急、战时应战”的需要。

2012 年 6 月 10 日至 7 月 15 日，开展国防教育宣传用语征集和评选活动，宣传用语采用格言、警句、诗句、对联、短语及广告用语等形式，体现《中华人民共和国国防教育法》和中共中央、国务院、中央军委关于《加强新形势下国防教育工作的意见》精神，反映国防的全民性特征和公民的国防义务，启迪和警示人们居安思危，树立忧患意识。

2013 年，开展军民共建活动，建立市直机关“国防教育基地”。

2016 年，发挥石狮“红一连”国防教育基地作用，深化军民共建精神文明先进单位活动。

2017 年，开展“全民国防教育日”活动，坚持以活动为载体、以社会资源为依托，运用思想灌注、活动渗透、媒体宣传、环境熏陶、典型推动、文学艺术感染等形式，使国防教育融入工作、学习、生活之中。

（三）征兵工作

1958—1959 年，在专直机关开展征兵工作。通过广泛思想发动，提高觉悟，职工报名参军，经过政治审查和体检，正式入伍。

1960—1962 年，经过细致的政治思想动员和政治审查、体格检查，完成新兵征兵任务。

1972 年 12 月，按照上级武装部门的部署，地直机关完成征兵任务。

1981 年，在征兵工作中认真调查摸底，做好细致思想工作，选拔适龄女青年应征入伍。

1982 年，选拔女青年应征入伍。

1983 年，按时按质按量完成女兵征集任务。

1984—1985 年，开展冬季、夏季征兵工作，超额完成征兵任务。

1986 年以后，配合鲤城区、丰泽区人民武装部开展市直机关征兵宣传、调查摸底和兵员征集工作。

（四）武器管理

1956 年 12 月 20 日起，对机关各单位枪支进行登记、审批发证和收缴工作。

1963 年，根据省军区、省公安厅、省体育运动指导委员会“关于民兵武器弹药普查和管理范围规定的联合通知”精神，深入 21 个单位开展民兵武器普查工作，核实民兵武器，步、骑枪、冲锋枪、卡宾枪、驳壳枪等各种武器及弹药。

1975 年 6 月 6 日，直工组召开直属单位负责人、政工组长、民兵干部、保卫干部会议，传达贯彻地委召开的“三长”会议精神，部署收缴武器工作。采取先党内后党外，层层传达贯彻，指定专人负责，充分发动群众，把收缴武器、军用器材这一政治性工作完成好。

1984—1985 年，进行武器装备工作大检查时，武器装备始终处于良好状态。之后，武器装备由上级军事部门实行集中统一保管。

第二节 党校教育工作

一、教育机构

（一）基层党校

1991 年 1 月 15 日，市直机关党委转发市委组织部、宣传部《关于在我市基层党委中建立系统党校的通知》，要求建立健全系统党校的组织机构，校长由党委书记或副书记兼任，配备 1 名相对专职副校长或教务主任，具体负责教学、行政管理工作，成立校务委员会。

1991 年 1 月 18 日，市直机关教育党校成立，黄种禄任校长，林志凯、郑开厦任副校长。3 月 16 日，市直农办系统党校成立，黄通兴任校长，江宝英、柯金河任副校长。5 月 18 日，泉州邮电局党校成立，林宗英任校长。

1992 年，市直财贸、经委、外经贸委、宣传、科委系统党校成立。此后，各系统党委均成立系统党校，部分驻泉省部属单位成立业余党校。

1996 年 2 月 6 日，福建泉州电力学校党校成立，苏振华任校长，丁九栋任副校长，万达民任教务主任。市直大中专学校相继成立业余党校。

机关、企事业、学校业余党校成立后，开展理论骨干、党务干部、党的基本知识等培训，促进各单位的党建工作，培养一批党的发展对象。

（二）泉州市直业余党校

1998 年 10 月 19 日，市直机关工委向市委呈报《关于成立泉州市直机关业余党校的请示》，拟成立市直机关业余党校，挂靠市直机关工委，实行党工委领导的校务委员会的领导体制，校长由市直机关工委主要领导兼任，配备 1 名常务副校长。市直业余党校作为对机关科级以下干部、党员实施马列主义、毛泽东思想、邓小平理论和党的路线方针政策教育的重要阵地，是党务工作者、纪检干部、入党积极分子接受集中培训的主要基地。

1998 年 12 月 4 日，市委印发《关于同意成立泉州市直业余党校的批复》，同意成立泉州市直业余党校，为正科级事业单位，挂靠市直党工委，暂定编制 2 人（事业），实行市直党工委领导的校务委员会负责制，校长由党工委主要领导兼任，配备的常务副校长为正科级干部，主持日常的教育培训和管理工作。

1998 年 12 月，泉州市委、市政府编制委员会批准成立市直业余党校，为正科级事业单位，挂靠市直机关工委。12 月，市直业余党校成立，市直机关工委书记张敬尊兼任校长。此后，李世杰、黄春淮、谢江山先后兼任校长。

2007 年 10 月 22 日，市直机关工委向市委组织部报送《关于要求市直业余党校参照公务员管理的报告》，市直业余党校编制 2 人（事业），根据《中国共产党党校工作暂行条例》和省委《贯彻〈中共中央关于面向 21 世纪加强和改进党校工作的决定〉的实施意见》精神，参照省直机关工委党校的做法，将市直业余党校列入参照公务员管理序列。

2008 年 1 月 4 日，市委组织部印发《关于市委党校等 47 家事业单位参照公务员法管理的通知》，泉州市直业余党校工作人员参照公务员法进行管理。

市直业余党校成立时，没有固定的培训基地，借用泉州财贸干校、市委党校和基层单位场所办培训班。2013 年起，有培训基地 2 个：泉州市妇女儿童活动中心、泉州市山美水库管理处。教育培训经费从市直机关工委党建经费和留成党费按照财务规定据实开支。

高素质的授课教师是保证教育质量的关键。市直业余党校师资队伍按照“结构合理、动态管理、资源共享、优质服务”原则，从各级党校、高等院校等培训机构，各级机关、社会团体和企事业单位中选择政治素质较好、理论水平较高、专业知识扎实、教学经验丰富、热心干部教育的 30 多名优秀师资，纳入党校师资信息库，不断优化师资队伍结构，提高干部教育成效。根据培训内容，邀请一批理论上造诣较深，党务工作经验较丰富的专家学者和领导干部为学员授课。

建立学员信息库，加强培训管理，对参加科级党务干部培训班、基层组织建设业务知识培训班、宣传理论骨干培训班、纪检干部培训班、党的基本知识培训班的人员，分别建立学员档案登记表（册），运用微机管理。

2011—2012 年，立足实际，拓宽培训领域。培训范围除入党积极分子、党员发展对象、新党员、党务工作者和党支部书记外，扩展到工会业务知识培训、精神文明建设、理论研讨、政务礼仪专题讲座、党建专题研讨等多个领域。2011 年，举办各类培训 10 个班次，参加 900 多人。借力借智、探索培训新模式。提升师资力量，创新培训载体，建立“客座”师资库，规范“客座”师资管理，优化师资结构，汇集各类优秀师资 30 多名；开通“网上党校”培训平台，发布学习培训信息，组建培训“信息资源库”，构建教育培训新平台。

2013 年，坚持和完善市直入党积极分子、发展对象、新党员、党务干部及党组织负责人分级分类培训制度，依托市直业余党校举办各类培训班 11 个班次，调训党员、干部 1217 人次，干部教育培训质量明显提高。为进一步改善办学条件，推进市直机关党员干部教育培训工作，建立市直业余党校山美水库培训基地。

2014 年，市直业余党校制定《关于进一步规范开展党员干部教育培训的若干制度规定》，提出把握总体要求，明确目标任务；明确培训内容，抓好重点工程；强化工作措施，创新方法载体；加强组织领导，健全工作机制 4 条实施意见。同时，制定《泉州市直业余党校学员管理规定》，包括学员管理机构、思想政治教育和党性锻炼、组织管理、学习管理、生活管理；《泉州市直业余党校班主任工作规定》，包括班主任的设立、条件、工作职责、工作内容、考核；《泉州市直业余党校优秀学员评选办法》，包括评选条件、量化办法、评选比例、评选程序、表彰和奖励。

2014 年，依托市直业余党校举办 5 种类型培训班共 8 个班，培训 725 人次。举办市直机关第 1 期新任党务干部培训班，参加 98 人次；第 1 期、第 2 期全市机关党务工作者研修班，参加 146 人；市直机关党的群众路线教育实践活动基层党组织书记示范培训班，参加 70 人；第 22、23、24 期发展对象和入党积极分子培训班，参加 305 人；新党员示范培训班 1 期，参加 106 人。

2015 年，举办 4 种类型培训班共 6 个班，培训 565 人次。举办第 1、2 期全市机关优秀党务工作者培训班，参加 146 人；市直机关基层党组织书记示范培训班，参加 121 人；第 25、26 期发展对象和入党积极分子培训班，参加 195 人；新党员示范培训班，参加 103 人。

2016 年，举办“两学一做”学习教育党支部书记示范培训班，参加 97 人；第 27、28 期发展对象和入党积极分子培训班，参加 191 人。

2017 年，举办市直机关新任党务干部业务培训班 2 期，参加 178 人；第 29、30、31 期发展对象和入党积极分子培训班，参加 275 人；举办党小组长示范培训班 2 期，参加 146 人。

二、教育培训

（一）科级党务干部培训班

培训对象：担任基层党组织书记、副书记、委员的科级干部，培训时间一般脱产培训 2 个月左右。

2004 年 10 月中旬至 12 月中旬，市直业余党校举办第一期科级党务干部培训班，参加 70 人。学习机关党建业务知识，掌握机关党建创先、基层党支部建设、思想政治建设、精神文明建设、纪检工作等方面知识，提高党务干部素质。了解泉州市情，掌握反邪教、国家安全、保密和对台工作等方面的方针、政策。

2005年9月6日至11月4日，举办第二期科级党务干部培训班，参加67人。培训以党的建设理论（“三个代表”重要思想、保持共产党员先进性教育、执政能力建设、科学发展观和构建和谐社会等知识）、机关党建业务知识（机关党建创先、基层支部建设、思想政治建设、精神文明建设、纪检工作）和泉州市情及相关知识（如反邪教知识和国家安全以及旅游、保密、法制教育、沿海局势和对台工作等方面的知识）作为教学的主要内容。收看收听中央组织部、宣传部领导，中央党校理论专家、经济学家等录像报告。

2006年9月12日至11月16日，举办第三期科级党务干部培训班，参加51人。课程以党的建设理论（“三个代表”重要思想、保持共产党员先进性教育、执政能力建设、科学发展观和构建和谐社会等知识）、机关党建业务知识（机关党建创先、基层支部建设、思想政治建设、精神文明建设、纪检工作）和泉州市情及相关知识（反邪教和国家安全以及旅游、保密、法制教育、沿海局势和对台工作）作为教学的主要内容。集中观看中央组织部、宣传部领导，中央党校理论专家、经济学家等录像报告。

2007年7月31日至9月28日，举办第四期科级党务干部培训班，参加56人。学习胡锦涛“6·25”讲话精神、中共十六届六中全会精神；举办坚持党的思想路线、弘扬求真务实精神、以科学发展观统领经济社会发展全局、道德与法律、领导干部形象塑造、《反分裂国家法》、国家安全知识讲座；进行深化行政管理体制改革、推进社会主义新农村建设、泉州经济社会发展分析、台海局势分析等形势教育；进行党章和党务工作基本知识、纪检工作和案件审理与查处、机关精神文明建设等学习培训。

2008年7月8日至9月3日，举办第五期科级党务干部培训班，参加46人。培训内容与第四期培训班基本相同。

（二）宣传理论骨干培训班

培训对象：基层党组织书记、副书记、宣传委员和理论骨干。

1999年4月5日至6月4日，举办第一期科级干部理论培训班，学习邓小平社会主义观、经济政治和党建思想，参加100多人。

2000年4月26日至6月25日，举办第二期科级干部理论培训班，参加88人。

2003年2月24日至3月21日，开展全市机关科级干部学习中共十六大精神集中培训。采取机关带基层和行业相近原则，由市直机关工委编制培训方案，提供教材，系统党委牵头，举办四期培训班，培训3003名科级干部，以中共十六大主题、灵魂、精髓，全面建设小康社会目标，加强和改进党的建设为重点，进行辅导和讨论，准确把握中共十六大精神。9月，举办全市机关理论骨干培训班，对机关党组织宣传委员进行集中培训，发挥理论骨干作用，参加120人。

2008年3月26—28日，举办学习中共十七大精神理论骨干培训班，培训80人。进行贯彻落实科学发展观、构建社会主义和谐社会、加强机关党的建设、加强反腐倡廉建设、建设社会主义核心价值体系、推动社会主义文化大发展大繁荣6个专题的学习培训。4月14—30日，举办市直机关科级干部学习中共十七大精神培训班，分期分批组织17个系统党委、25个驻泉省部属单位党委、6个直属机关党委、3个直属机关党总支（党支部），3556名科级干部参加培训。设16个分班，举办44期培训班，召开学习交流会155场，撰写心得体会3565篇。

2010年9月1—3日，举办市直机关建设学习型党组织理论骨干培训班，参加70多人。深化对学习型党组织建设重大意义的认识，进一步明确学习型党组织建设的总体要求、主要内容和方法途径。

（三）党务工作者培训班

培训对象：基层党组织书记、副书记、组织委员、党务工作者。

1999年10月25日至11月1日、11月25日至12月1日，分别举办市直党组织组织委员培训班，学习邓小平党建理论、《中国共产党党和国家机关基层组织工作条例》以及基层党组织工作业务知识，参加567人。

2001年7月24—28日，举办党支部书记培训班，进行5个专题学习辅导和研究交流，参加380人。

2003年3-4月，举办市直企业党务工作者培训班，参加264人。开设中共十六大精神、新党章学习辅导、新时期思想政治工作、企业党的组织建设、支部工作制度、发展党员工作等方面培训。7—8月，举办机关、事业单位党务工作者培训班，参加231人。进行中共十六大精神、创建“机关党建工作先进单位”和“五好”党支部、当好党支部书记、党支部工作制度和发展党员工作等方面培训。8月18—22日，举办党务工作者培训班，参加238人。学习胡锦涛“七一”讲话、中共十六大党章辅导讲座、学习党务干部必备的基本知识，并进行考试，成绩82.1—95分。

2006年举办2期基层组织建设培训班，参加210人。

2007年11月29日至12月19日，举办3期基层组织建设业务知识培训班，参加342人。

2008年11月11—12日，举办基层组织建设业务知识培训班，参加118人。

2010年3月，举办新任党务干部培训班，参加100人。4月，举办党支部书记培训班，参加80人。

2011年4月，举办2期党务干部工作实务培训班，参加262人。

2012年3月3日至4月6日，举办2期党务干部工作实务培训班。讲解条例、基层党组织工作规范、发展党员若干问题解答、如何写好党建信息等主题课程，参加294人。

2013年5月22—24日、5月27—29日，分别举办1期市直党组织书记学习中共十八大精神暨党建业务培训班，提高业务素质和工作能力，参加人数分别为86人、87人。

2014年4月10—11日，举办市直机关党的群众路线教育实践活动基层党组织书记示范培训班，参加70多人。学习习近平系列重要讲话、中央八项规定和中央、省、市委关于开展教育实践活动的文件。5月8—9日，举办市直机关第一期新任党务干部培训班，市直机关新任党务干部和各县（市、区）直机关工委、开发区机关党委、台商投资区机关党委分管组织建设的负责人共98人参加。5月13—14日，举办市直机关第二期新任党务干部培训班，市直参加98人。5月15—16日，举办市直机关第三期新任党务干部培训班，市直参加97人。

2015年5月20—22日、5月26—28日，在泉州市直机关党校山美水库培训基地分别举办第1、2期全市机关优秀党务工作者研修班，提高党务工作者业务素质，落实全面从严治党主体责任，参加共146人。6月24—26日，举办市直机关基层党组织书记示范培训班，对获评先进“五好”支部的党支部书记进行集中培训，参加121人。

2016 年 5 月 5—6 日，举办市直机关“两学一做”学习教育党支部书记示范培训班，参加 97 人。学习党章党规、习近平重要讲话精神、党支部开展“两学一做”学习教育应知应会知识。

2017 年 5 月 23 日至 6 月 8 日，举办 2 期市直机关新任党务干部业务培训班，参加 178 人。设置“规范基层党的组织生活”“撰写党建调研论文”“党支部‘5433’工作法解读”“党务工作者职业素养”“文明单位创建工作实务”“抓特色创品牌 促党建工作提档升级”课程。

（四）纪检干部培训班

培训对象：基层纪委书记、副书记、纪检委员、纪检干部。

1999 年 4 月，举办纪检干部培训班，培训 400 多人，进一步提高纪检干部政治思想和业务素质。

2004 年 9 月，举办纪检干部培训班，参加 180 人。聘请市委党校和市委讲师团专家学者就加强党的执政能力建设和树立科学发展观与正确政绩观进行辅导，邀请省直机关工委讲师团和市纪委干部就《中国共产党党内监督条例》《中国共产党纪律处罚条例》学习与贯彻进行解读，领会主要特点、精神实质和基本内容。

2006 年 5 月，举办 1 期纪检干部培训班，参加 85 人。

2008 年 9 月 24—25 日，举办纪检干部培训班，参加 78 人。

2011 年 8 月，举办纪检监察干部业务培训班时，借力省纪检监察干部培训中心，首次采取异地办学模式，得到福建省纪委、山西省纪委、太原市直机关工委的支持和帮助，培训学员中处级以上领导干部超过 40%。

2014 年，举办纪检监察干部培训班，参加 336 人。

（五）党的基本知识培训班

培训对象：党的发展对象、入党积极分子。

1994 年 4 月 10—15 日，举办市直机关第 1 期党的基本知识和入党积极分子培训班，进行党的基本知识培训，参加 120 人。

2000 年 4 月 12—16 日，举办第 2 期党的基本知识培训班，参加 360 人。

2003 年，举办第 3、4 期党的基本知识培训班，参加 423 人。

2006 年，举办第 5、6 期党的基本知识培训班，参加 479 人。

2007 年，举办第 7、8 期党的基本知识培训班，参加 346 人。

2008 年，举办第 9、10 期党的基本知识培训班，参加 218 人。

2009 年，举办第 11、12 期党的基本知识培训班，参加 270 人。

2010 年，举办第 13 期党的基本知识培训班，参加 100 人。

2011 年，举办第 14、15、16 期党的基本知识培训班，参加 390 人。

2012 年 3 月，举办第 17、18 期党的基本知识培训班，参加 261 人。

2013 年 4 月 22—26 日、5 月 6—10 日、5 月 13—17 日，分别举办第 19、20、21 期党的基本知识培训班，参加人数共 513 人。

2014 年 4 月 15—17 日、4 月 22—24 日、4 月 28—30 日，分别举办第 22、23、24 期党的基本知识培训班，参加人数共 305 人。

2015 年 3 月 25—27 日、3 月 31 日至 4 月 2 日，分别举办第 25、26 期党的基本知识培训班，参加人数共 195 人。

2016 年 4 月 6—8 日，举办第 27 期党的基本知识培训班，参加 93 人。4 月 12—14 日，举办第 28 期党的基本知识培训班，参加 98 人。

2017 年 3 月 20 日至 4 月 14 日，举办第 29、30、31 期党的基本知识培训班，每期 5 天，参加人数共 275 人。进行"党的光辉历程""加强全面从严治党下的党性修养""理解和贯彻全面从严治党要求""做一名合格共产党员"专题培训。

（六）专题研讨班

参加人员：基层党组织书记、专职副书记、县（市、区）直机关工委常务副书记、副书记。

2009 年 5 月 31 日至 6 月 8 日，举办党建专题研讨班，参加 14 人。学习研讨"以改革创新精神全面推进党的建设新的伟大工程""全球金融危机对我国的影响及对策""泉州经济与社会发展分析""协同协作合力、服务科学发展"4 个专题，并到江苏南通、苏州市直机关工委学习取经。

2009 年 9 月 7—17 日，举办党建专题研讨班，参加 12 人。采取集中学习，听取"全面推进海峡西岸经济区建设""机关党建的优势与创新""政府绩效评估""泉州市绩效管理工作"专题辅导讲座，到山东济南、青岛市直机关工委实地学习取经和交流座谈，就"服务海西求协作，协同协作走前头"主题进行研讨。

（七）党建信息培训班

2003 年 4 月 23 日，举办机关党建信息工作培训班，市直单位、县（市、区）80 多名机关党建信息员参加培训，邀请专家、学者、教师进行信息写作、公文写作、新闻写作、信息网络应用知识讲授，拟定一些理论性、针对性和探讨性较强的研讨课题进行讨论，提高信息写作质量。

2009 年 3 月 20 日，举办机关党建信息员培训班，参加 60 多人。进行信息写作、新闻写作业务知识培训。

（八）工会干部培训班

2010 年 6 月 29 日至 7 月 5 日，举办市直机关工会专兼职干部培训班，参加 80 人。学习贯彻省总工会十二大精神，开展机关事业单位工会建设辅导和研讨，学习外地工会工作经验。

2011 年 9 月 20—26 日，举办工会干部培训班，参加 95 人。

2013 年 6 月 5—6 日，举办市直机关工会主席培训班，参加 100 人。在市山美水库管理处教育基地召开系统工会主席培训会，开展交流与研讨。

2014 年 11 月 10—12 日，举办市直系统工会和基层工会主席培训班，参加 43 人。

（九）政务礼仪培训班

2010 年 11 月，市直机关工会举办机关干部政务礼仪培训，参加 120 人。

（十）精神文明建设培训班

2010 年 10 月，举办精神文明建设理论研讨班，市直、驻泉省部属单位党组织负责人、县（市、区）直机关工委专职党务干部共 15 人参加。

2013 年，举办市直机关精神文明建设培训班，参加 180 人。

（十一）新党员示范培训班

2010 年，举办 1 期新党员示范培训班，参加 80 人。

2014 年 9 月 24—26 日，举办市直机关新党员示范培训班，参加 106 人。

2015 年 9 月 28—29 日，举办新党员示范培训班，参加 103 人。

（十二）党小组长示范培训班

2017 年 6 月 14—23 日，举办 2 期党小组长示范培训班，共 146 人参加。进行“党建资料管理与档案工作”“怎样当好党小组长”5 个党务课题培训。

据不完全统计，1999—2017 年市直机关业余党校共举办或协办 12 类培训班、131 期（次），参加 16357 人（次），其中科级党务干部培训班 5 期，参加 290 人；宣传理论骨干培训班 51 期，参加 6829 人（次）；党务工作者培训班 27 期，参加 3338 人（次）；纪检干部培训班 3 期，参加 343 人（次）；党的基本知识培训班 30 期，参加 4326 人（次）；专题研讨班 3 期，参加 41 人；党建信息培训班 2 期，参加 140 人（次）；工会干部培训班 4 期，参加 315 人（次）；政务礼仪培训班 1 期，参加 120 人；精神文明建设培训班 1 期，参加 180 人；新党员培训班 2 期，参加 289 人；党小组长培训班 2 期，参加 146 人。

第三节　计划生育工作

1963 年 12 月 11 日，地委成立计划生育领导小组，专直机关开始开展计划生育工作。

1977 年 2 月 28 日，地委就搞好计划生育工作发出指示，要求地直机关宣传落实计划生育政策。6 月 23 日，地直机关单位党支部书记、政工干部参加地区计划生育工作会议，抓好会议精神贯彻落实。1977 年，各单位重视晚婚和计划生育工作，取得一定成效。

1978 年 1 月 24 日，地直机关党委、地区卫生局、地区计划生育办公室联合印发通知，宣传晚婚、计划生育政策，提倡晚婚（城市男 28 周岁、女 25 周岁，农村男 25 周岁、女 23 周岁）、婚事新办，反对早婚、封建包办、买卖婚姻、铺张浪费。成立计划生育领导小组，指定 1 名专职或兼职干部负责计生工作。

1979 年 5 月，地直 9 名代表、21 名列席代表参加地委召开的计划生育工作先进单位代表、先进个人会议。5 月 19 日，地直机关党委召开各部、办、委政工科负责人会议，贯彻地区计划生育工作先进代表会议精神，部署大抓 5—6 月的要求。6 月 6 日，召开党委、党总支、党支部书记和政工科长会议，180 余人参会。会议传达《中华人民共和国计划生育法（讨论稿）》、省委《关于做好计划生育工作的通知》和地委关于地直机关、单位计划生育工作由地直机关党委负责抓的决定。分析地直计划生育工作形势，确定从 6 月 7 日起，以 10 天时间打好第一个“突击战”，要求书记挂帅、全党动员、发动群众、大宣传、大活动、大造声势；领导带头、党员保证、人人表态。会后，许多单位成立计生领导小组，抽调专人负责，进行全面摸底。

1979 年 6 月 17 日，地直机关党委发出《关于认真搞好计划生育突击战的紧急通知》，要求抓住政策落实，妥善处置；经济上确有困难的，酌情给予补助，有条件的给予副食品供应。各单位主动与所在公社、街道联系，无条件接受户口所在地公社、街道计生工作的领导和管理。

1979 年 9 月 8 日，地委召开地直机关计划生育工作动员大会，地直开展“第三战役”。10 月 5 日，召开地直党委、党总支、党支部书记、政工科长会议。根据地委 9 月 23 日关于计生工作紧急通知精神，布置 10 月份计生工作，专署副专员沈慧讲话。12 月 25 日，地直机关党委表彰计划生育工作先进单位、只生一个孩子的个人、先进计划生育个人、先进计划生育工作者、先进计生医务工作者。12 月 29 日，召开计划生育工作先进单位、先进个人代表大会，地直机关党委书记靳三军回顾总结 1979 年计划生育工作情况。

1980 年 4 月 15 日，印发《关于计划生育扩大一胎面的决定》，计划生育工作重点转移到一对夫妇只生一个孩子，要求党员、干部已有一个孩子的，要办理独生子女证。职工（含计划内临时工），其配偶是全民所有制工作人员或吃商品粮居民，已有一个孩子的，要办理独生子女证。

1980 年 5—6 月，打好大战 5—6 月计划生育工作战役。9 月，学习宣传中共中央《关于控制我国人口增长问题致全体共产党员共青团员的公开信》（简称中央《公开信》）。

1982 年初，开展计划生育工作第一个宣传月活动，着重解决思想认识问题，开展共产主义革命人生观讨论，进行国家经济形势与控制人口发展意义的教育，加深对计划生育政策的理解，反对多子多福、重男轻女思想。8—9 月，开展计划生育工作和政策大检查，推动政策兑现。

1983 年，开展以维护妇女儿童合法权益为主要内容的计划生育工作第二个宣传月活动，组织 2 场人口理论报告会，加深对计划生育工作意义的认识。

1984 年，计划生育工作在地直已经形成经常化、制度化。各级党组织把计划生育工作作为一项重要任务，从组织力量上和思想发动上保证计划生育工作落实，把思想教育贯穿始终。

1985 年，进行高龄夫妇婚育情况登记建卡工作，维护计生政策的严肃性。进一步建立健全计生领导机构，成立计生领导小组，初步形成领导带头、共同抓计生的局面。

1986 年，泉州市升为地级市后，市直各口均建立由领导干部任组长的计生领导小组，充实工作人员。5—6 月，贯彻全省计划生育工作会议暨“双先”会精神，大力抓好五六月计生工作。9 月 24 日，召开市直单位学习贯彻中央《公开信》发表六周年动员大会，宣传该公开信和中发〔1986〕13 号文件精神。

1987 年 2 月 9 日，市直机关党委表彰市直 1986 年度计生工作先进单位 29 个、先进个人 69 名。

1988 年 5 月，成立市直计划生育工作办公室，配备 2 名计生专职干部。

1989 年 8 月 8 日，市直机关党委表彰 1987—1988 年度计划生育工作先进单位 25 个、先进工作者 54 名。受省表彰计划生育先进工作者 3 名。贯彻《福建省计划生育工作条例》，推进计划生育工作。

1990 年，贯彻执行市委〔1990〕15 号文件精神，对市直计生情况进行清理，作出处理。组织计生干部参加市计生委举办的法规培训班学习，提高业务能力。

1991 年 8 月 20 日，市直机关党委、市计生委联合表彰 1990 年度计划生育工作先进单位 19 个、先进工作者 51 名。进一步建立健全各种计生簿卡，开展“五清理”工作。9 月，召开计划生育工作表彰暨经验交流会，3 个先进单位和 2 名先进个人介绍经验。

1992—1995年，开展计划生育“五清理”工作，建立健全各种登记、表册。

1996年，做好计划生育“五清理”回头看工作。11月9日，市直机关工委、市计生委联合表彰1994—1995年度计划生育工作先进集体48个、先进工作者125名。

1997年，围绕泉州市“奋力拼搏、巩固成果、继续前进、争创一流”目标，各系统、各单位在6月1日前建立健全计生领导小组，指定专（兼）职计生干部负责处理日常工作。贯彻“三为主”方针，加强人口与计生基础知识教育。强化孕前管理，坚持一年一度“三查”工作。抓好计生“五清理”工作，建立规范的计生台账，每月进行一次台账滚动管理，做到底子清、情况明。建立干部职工婚育情况“一卡八表”登记制度。

1998—1999年，开展“五清理”工作，审核各种计生证明。

2000年1月18日，市直机关工委、市计生委表彰1998—1999年度计生“五清理”先进单位80个、先进工作者125名。当年，审核各种计生证明，对干部职工婚姻变化情况进行审核，完成电脑建档录入工作，推进计生工作规范化管理。

2002年，抓好《中华人民共和国人口与计划生育法》等计生法规的学习和宣传，举办计划生育工作培训班，培训计生专干，提高计生专干人员的业务素质和工作能力。7月2日，市直计生领导小组和市直机关工委联合召开经验交流会，贯彻落实全市计生工作会议精神，推进计生综合治理和规范化管理，市直单位分管计生工作领导参加会议。

2003年，结合实际开展形式多样宣传活动，促进婚育新风进万家，组织计生知识竞赛活动。加快计生管理信息网络建设，提高规范化管理水平。

2004—2006年，抓好学习宣传，推进计生综合治理，把好计生审核关，加快计生微机管理网络建设，提高规范化水平。2006年12月5日，召开计划生育工作表彰会，表彰2005—2006年度市直机关计划生育工作先进单位和先进个人。

2007年2月12日，市直机关工委与市人口计生委召开协调会，专题讨论理顺市直机关计生办工作管理关系问题，并形成会议纪要，市直机关计生领导小组履行市计生领导小组赋予的职权职责，主要是指导和督促市直机关包括驻泉省部属单位抓好人口计生工作。市直计生办承担领导小组的日常工作，市直机关工委一名副书记兼任办公室主任，市人口计生委一名副主任兼任办公室副主任。市直计生办依据机构“三定”方案，其工作职能、隶属关系、人员配备、任免奖惩、日常考勤、经费财产及日常工作归属市人口计生委统一管理。市直机关工委不再负责市直计生办日常事务管理工作，市直计生办在市直机关计生领导小组统筹安排下，负责管理、指导市直各系统、各单位的人口计生具体工作。

2011年6月，市委办公室、市政府办公室印发泉州市人口和计划生育委员会主要职责内设机构和人员编制规定：市直机关计划生育办公室负责办理、审核市直单位有关计划生育的证明和手续。

2012年1月，各系统计划生育领导小组与所属单位签订《2012年度人口计生工作责任书》。5月，举办新上岗的人口计生专兼职人员业务培训班。抓好人口计生法律法规和中央、省、市有关文件精神学习。巩固和提高人口计生政策符合率、独生子女办证率等。10—12月，建立健全干部职工婚育情况档案，实行计生滚动管理，将婚育情况录入网络版的市直人口计生管理系统。3月12日，调整市直机关人口和计划生育领导小组，领导小组下设办公室。5 月 25 日，组织市 15 个单位几十名党员志愿者到丰泽区少林社区，现场开展健康义诊、生育保健、法律服务、电力维修、政策咨询等活动。6 月 15 日，召开市直各系统和驻泉省部属单位人口计生工作会议，回顾总结 5 年来人口计生工作情况，部署下阶段工作。

2013 年，坚持计划生育“三个为主”（宣传教育为主、避孕为主、经常性工作为主）方针，组织学习人口计生工作法律法规和新时期人口计生工作政策，开展优生优育健康咨询活动，弘扬婚育文明新风尚。

2014 年，学习宣传中共中央、国务院《关于调整完善生育政策的意见》，坚持正面宣传，增强舆论引导的针对性和实效性。宣传晚婚晚育、优生优育、生殖健康科学知识，引导干部职工树立科学、文明、进步的婚育观念，增强实行计划生育的自觉性。

2014 年，健全基础档案，提高服务管理水平。完善干部职工婚育情况档案，婚姻、生育、节育等情况有变更的及时将变更新信息录入人口计生微机管理系统。6 月，对档案资料进行检查验收，建立婚育情况信息报告制度，婚育情况发生变化的 30 天内向单位报告，单位每月的最后一天，将婚育变化情况登记造册，并在每年婚育情况滚动管理时间内报告市直计生办存档。

2014 年后延续 2014 年的管理办法。

第十一章　人民团体工作

1991年5月，成立泉州市直机关工会工作委员会。2007年5月，改设泉州市直机关工会工作委员会。市直机关工会组织开展职工思想教育，创建“职工之家”，劳动竞赛，维权帮扶，劳动模范评选和服务，组织文体活动，发挥工人阶级主力军作用。

1953年6月，地直机关党委成立之后，成立共青团晋江专区直属机关委员会。1986年1月，地直机关团委改为市直机关团委。2000年，设立泉州市直属机关共青团工作委员会。地（市）直共青团组织开展团员青年思想教育，主题实践活动，评选和表彰先进，劳动竞赛，志愿服务，慰问帮扶，组织文体活动，发挥共青团组织作为党的助手和后备军的作用。

1987年4月，成立泉州市直属机关妇女委员会。1989年7月，设立泉州市直属机关妇女工作委员会。市直机关妇女组织开展妇女儿童思想教育，主题活动，岗位建功，妇女儿童维权帮扶，素质提升，组织文体活动，发挥妇女“半边天”作用。

第一节　工会工作

一、组织机构

（一）市直机关工会工作委员会

1990年7月3日，市直机关工委、市总工会向市委编委报送《关于建立市直机关工会工作机构及人员编制的报告》，拟成立泉州市直属机关工会工作委员会，主持市直机关工会日常工作；建立泉州市直属机关工会工作委员会办事机构，办公地点设在市直机关党委会；编制干部3名，其中专职副主席1名（正科级）、一般干部2名。

1990年7月31日，召开市直机关工会工作委员会筹备组第一次会议，研究确定下一阶段组建机关工会的任务，争取在1990年年底前80%以上机关单位建立工会组织；研究筹建机关工会工委编制、办公室、经费等问题。

1991年5月22日，泉州市总工会批准成立市直机关工会工作委员会（简称市直机关工会工委），任命1名专职副主席，编制2名。9月14日，召开市直机关工会工委成立大会。市直机关工会工委的建立，有效推动市直机关基层工会的建设，应建立基层工会的81个单位工会全部建立，共有会员3500多人。市直机关工会工委历任主席、专职副主席分别为：郑玉冰（1991年5月至1992年10月任专职副主席、副科长级）、陈丽珠（1992年10月至1997年10月任专职副主席、副科长级）、陈贤智（1997 年 11 月至 1999 年 3 月任专职副主席、副科长级，1999 年 3 月至 2007 年 4 月任主席、正科长级）。

1993 年 3 月，市直机关工会工委表彰市直机关优质服务先进个人 68 人。

1994 年 4 月，市直机关工会工委表彰 1992—1993 年度市直机关优秀工会积极分子 87 人。

1996 年 5 月，市直机关工会工委表彰 1994—1995 年度市直机关优秀工会积极分子 76 人。

2000 年 4 月，召开市直机关工会工委会议，机关各基层工会负责人及有关领导 70 多人参加会议。

2001 年 12 月，召开市直机关工会工委会议，学习贯彻《中华人民共和国工会法》。

2002 年 3 月，经市直机关工委和市总工会批准，泉州市直机关工会第二届工作委员会组成人员名单：陈贤智任主席，林黎明、陈良才任副主席，胡泽生、李惠玲、李建峰、陈金法、庄秋月、蔡尔纯、戴克良、骆忠南、钱飞鸣 9 人为委员。

2003 年 11 月，开展工会工作调研活动，评出特等奖 2 篇、一等奖 2 篇、二等奖 3 篇、三等奖 5 篇。

2005 年 1 月，在市总工会（百源大厦）8 楼第一会议室召开市直机关工会年度工作会议。2 月，召开市直机关工会委员会议。5 月，组织召开市直机关工会工作现场会。

（二）市直机关工会委员会

2006 年 11 月 1 日，市直机关工委向市委编办、市总工会报送《关于要求成立泉州市直属机关工会委员会和核定编制的报告》。撤销“泉州市直属机关工会工作委员会”，依法成立“泉州市直属机关工会委员会”，作为独立法人团体。12 月 19 日，向市总工会报送要求成立泉州市直机关工会委员会的函。

2007 年 4 月 29 日，市委机构编制委员会印发《关于泉州市直机关工会委员会机构编制问题的批复》（泉委编〔2007〕23 号），同意将泉州市直机关工会工作委员会调整设置为“泉州市直机关工会委员会”，对内作为市直机关党工委的内设机构，核定人员编制 3 名（其中从市直机关党工委现有行政编制中调整 1 名，从市总工会现有机关事业编制中划转 2 名），核定科级领导职数 1 名（从市直机关党工委现有科级职数中调整）。

2007 年 5 月，泉州市委常委会研究同意成立泉州市直机关工会委员会。5 月 8 日，成立市直机关工会第一次代表大会筹备工作领导小组，李世杰任组长，黄英林、陈炯仁、林惠玲任副组长。领导小组下设办公室，曾达坤任办公室主任。5 月 10 日，泉州市总工会批准召开泉州市直机关工会第一次代表大会。5 月 29 日，召开市直机关工会第一次代表大会，155 名代表和 14 名特邀代表参加会议。福建省直机关工会主席侯铸龙、泉州市直机关工委常务副书记李世杰、泉州市总工会副主席林惠玲到会讲话。大会总结市直机关工会工作委员会成立以来的工作，选举市直机关工会第一届委员会，主席陈炯仁；常务副主席曾达坤；副主席林黎明、许玉斌；委员 21 名。第一届经费审查委员会，主任许玉斌；副主任潘向前；委员 5 名。第一届女职工委员会，主任：林黎明；副主任：庄秋月、李小玲；委员 11 名。大会向市直机关 125 个基层工会组织、8600 多名会员发出《从我做起从现在做起切实转变机关作风共创人际关系和谐机关》倡议书。

2008年1月15日，召开市直机关工会委员会第一届三次全体（扩大）会议，增补蔡永生、张德山、黄黎波、谢晓章、洪陵生、王洪海、黄金华7人为市直机关工会委员会委员。6月，召开市直机关系统工会联合会创新工作研讨会。开展2006—2007年泉州市“十佳职业道德先进集体”和“十佳职业道德标兵”评选推荐工作。

2009年12月，评选表彰2019年优秀调研文章10篇。

2010年4月，召开市直机关工会一届七次全委（扩大）会议。6月，在市直机关开展工会工作理论研讨交流活动，共征集到优秀理论文章53篇。

2011年3月10日，市直机关工会召开一届八次全委（扩大）会议，参加180多人。市直机关工委副书记、机关工会主席陈炯仁作全委会工作报告，传达泉州市总工会十四届五次全委（扩大）会议及省直机关工会工作会议精神，表彰2010年获得泉州市“工人先锋号”、市级先进“职工之家”、市直合格“职工之家”称号的单位。会议要求各级工会要始终坚持围绕中心、服务大局；竭诚为职工群众办实事、做好事、解难事，努力提高服务水平；增强责任，提升能力，推进工会建设科学化，管理上水平。9月，参加市直产业（系统）工会工作会议。11月，开展评选表彰市直机关先进基层工会组织、优秀工会工作者和优秀工会积极分子活动。11月28日起，学习贯彻《中共泉州市委关于加强和改进新形势下党对工会工作领导的实施意见》，认识新形势下加强和改进党对工会工作领导的重要意义，重视和发挥工会在服务泉州科学发展、跨越发展中的重要作用，发挥工会组织在共建共享和谐社会中的重要作用，提升基层工会组织建设科学化水平。12月，召开2011年市直机关妇女工作总结会议暨“心灵后花园”交流活动。同时，在市人防办召开市直系统工会主席联席会议。是年，经省直机关工会提议，各设区的市机关工会响应，由泉州市直机关工会承办“全省机关工会研讨会”，交流做好新时期机关工会的新思路、新方法，推动机关工会创新发展，全省设区市直机关工会正、副主席，省直机关工会部室以上领导共50人参加。

2012年2月28日，市直机关工会表彰27个“先进基层工会组织”、44名“优秀工会工作者”、45名“优秀工会积极分子”。3月，召开市直机关工会委员会一届九次全委（扩大）会议。8月27日，泉州市总工会批准召开市直机关工会代表大会。10月10日，召开市直机关工会第二次代表大会，应到会代表150名，实到会代表137名。市总工会党组书记、常务副主席赖畅水，省直机关工会副主席黄积钳，市直机关工委常务副书记黄春准到会讲话。陈炯仁代表第一届委员会作《爱岗敬业勤奋劳动　开拓创新建功立业　在推进现代化泉州建设中发挥主力军作用》工作报告。大会选举产生市直机关工会第二届委员会，主席陈炯仁；常务副主席潘向前；副主席李小玲、张希伴；委员25名。第二届经费审查委员会，主任张希伴；副主任潘向前；委员5名。第二届女职工委员会，主任李小玲；副主任郭希纯、傅蔚茹、苏彬彬、庄泓鸿；委员12名。同时选举产生17名市直机关出席泉州市工会第十五次代表大会代表：李小玲、汪祖培、陈炯仁、刘咏梅、刘素玉、李宏、刘建鸣、周梁升、郭希纯、潘向前、庄仁哲、李天辉、杨建辉、吴钦桂、傅旺隆、洪陵生、陈若茵。大会分别通过关于第一届委员会工作报告、第一届工会经费审查委员会工作报告、第一届财务工作报告的决议。大会向市直机关182个基层工会、12400多名会员发出《在推进现代化泉州建设中发挥主力军作用》倡议书。10月16日，市总工会批准市直机关工会第二次代表大会选举结果。

2012年，评选2012年工会工作理论调研文章，评出一等奖1篇、二等奖2篇、三等奖3篇。

2013年4月17日，召开市直机关工会二届二次全委（扩大）会议，回顾总结2012年工作，部署2013年工作任务。开展以“讨论谋发展、建功十二五”为主题的工会工作调研活动，共收到调研论文46篇。表彰调研论文15篇，其中一等奖2篇、二等奖5篇、三等奖8篇。市委组织部吴鸿荣、市委讲师团蔡军青获一等奖。

2014年4月29日，召开市直机关工会二届三次全委（扩大）会议，陈炯仁作工作报告，市直机关工委常务副书记黄春淮讲话。参与全省党建重点课题调研活动，《泉州市加强和创新机关文化建设的实践和思考》论文获一等奖。参加泉州市产业（系统）工会建设现场会经验交流、研讨，市直机关工会、市人防办、泉州高速公路交警支队等5篇论文参评，获三等奖1篇、优秀奖2篇。

2015年，开展“适应新常态、建功新泉州”调研活动，共收到调研报告和论文40多篇。12月8日，市直机关工会表彰调研报告和论文23篇，其中一等奖2篇、二等奖5篇、三等奖7篇、优秀奖9篇。市直机关工会刘建锋、宣传系统工会联合会获一等奖。

2016年3月24日，召开市直机关工会二届五次全委（扩大）会议，陈炯仁作工作报告。总结2015年工作情况，布置2016年工作任务。黄春淮出席并讲话。开展“践行新理念、建功十三五”调研活动，共收到论文60篇。10月9日，表彰优秀调研论文20篇，其中一等奖2篇、二等奖5篇、三等奖13篇。

2017年3月31日，召开市直机关工会二届六次全委（扩大）会议，陈炯仁总结2016年工作，部署2017年任务，市直机关工委常务副书记黄黎波出席并讲话。4月21日至7月31日，市直机关工会开展“建功‘五个泉州’，献礼‘十九大’”为主题的调研活动，研究新常态下工会工作面临的新情况、新问题和解决办法。共收到论文44篇。5月15—26日，市直机关5名分管女职工工作的领导和女职工干部参加市总工会举办的市县两级工会干部培训班，进行新形势下如何做好女职工工作；女职工权益保护等培训。赴深圳市盐田区委党校，进行深圳的改革与创新发展；新形势下打造深圳优越营商环境等培训和现场教学。7月10日，市直机关工委副书记、调研员郑天文任市直机关工会主席。10月1日起，执行《福建省工会劳动法律监督条例》，抓紧进行工会劳动法律监督的组织建设，已建立的基层工会，按该条例要求进行规范；未建立的，2018年要全部建立。

2017年10月31日，召开市直机关工会第三次代表大会，应到会代表150人，实到会代表137人，特邀代表10人。市总工会党组书记、常务副主席王茂泉，市直机关工委常务副书记黄黎波分别讲话，陈玉萍代表群团组织致辞。郑天文代表第二届委员会作题为《亮出新作为建功新时代，为加快推进“两个泉州”建设作出积极贡献》的工作报告。大会选举产生市直机关工会第三届委员会，主席郑天文；常务副主席潘向前；副主席张希伴、庄泓鸿；委员27名。第三届经费审查委员会，主任张希伴；副主任潘向前；委员5名。第三届女职工委员会，主任庄泓鸿；副主任苏彬彬、杨明、杨丽影；委员15名。同时选举产生17名市直机关出席泉州市工会第16次代表大会代表。大会分别通过关于第二届委员会工作报告，第二届工会经费审查委员会工作报告，第二届委员会财务工作报告的决议。

2017年11月10日至12月15日，做好工会网上工会平台数据信息采集工作，建立工会系统电子档案信息表、工会基层工会组织电子档案信息表。

2013—2017年，组织工会干部、工会主席参加省、市各类培训班、研修班培训学习，培训工会干部600多人次。每年围绕工作主线开展工运理论研究，组织5次重点课题调研论文评比，评选出优秀论文77篇，受到市级以上表彰或刊登17篇次。

（三）基层工会

改革开放以来，逐步在市直机关建立工会组织。至1990年，市直机关共成立基层工会77个、会员2162人。1991年，共有基层工会81个、会员3573人。

1996年，完成13个任期届满基层工会换届选举工作，新组建8个基层工会。

1999年，贯彻全国总工会第十三次代表大会精神，建立健全机关工会组织机构和工作网络。加强对干部职工的思想政治教育，组织开展“送温暖”活动，慰问特困党员，发动机关、企事业单位为困难职工排忧解难，做好职工稳定工作，继续深入开展创建“职工之家”活动，利用节假日和业余时间开展文化体育活动。

2004年，贯彻《中华人民共和国工会法》，做好18个基层工会组织换届选举工作。5月，组织开展2004年度工会工作调研活动。8月，在市老年活动中心举办市直机关工会干部培训班。

2005年，市直机关共有基层工会95个，会员6698人。6月，开展2005年工会工作调研活动，举办工会干部培训班。

2006年9月，举办市直机关工会干部培训班，邀请省直机关工会领导授课。

2007年6月18日，市直机关工委印发《关于组建市直机关系统工会联合会的意见》，为落实市委常委会“同意设置市直系统工会联合会，实行联合制，与市直系统党委对应设置，接受系统党委和市直机关工会双重领导”精神，进一步发挥机关工会组织的桥梁纽带作用，建立系统工会联合会。系统工会联合会按党建带工建，党的组织建到哪里，工会组织就延伸到那里的原则，在市直17个系统党委的部门中建立系统工会联合会，实行联合制，系统工会联合会接受系统党委和市直机关工会委员会双重领导，以系统党委领导为主。系统工会联合会委员不直接选举。各系统所属基层工会为系统工会联合会成员单位，各基层工会主席（专职副主席）作为系统工会联合会党委委员，并实行替补制。系统工会联合会应同时成立经费审查委员会和女职工委员会。系统工会联合会的委员任期3至5年。系统工会联合会设主席1人、副主席2—3人；经费审查委员会设主任1人、副主任1人；女职工委员会设主任1人、副主任1人（女职工委员会主任由联合会委员中的女性主席或副主席或委员兼任，女职工委员会主任由不低于中层副职级干部担任）。主席、副主席，主任、副主任在系统工会联合会委员中选出，报市直机关工会委员会批准。主席一般由系统党委专职副书记或同级机关党委副书记职级的干部担任，专职副主席按相应职级的干部配备。会员在200人以上的系统工会联合会应配专职副主席，专职副主席应按单位中层职级的干部配备。系统工会联合会主要负责人是党员未担任同级机关党组织委员的，应列席机关党组织的有关会议。联合会主席、副主席和经费审查委员会主任、女职工委员会主任缺额时，应当及时补选。

2007年8月29日，市直党群系统工会联合会成立，蔡永生任主席。10月19日，市直宣传系统工会联合会成立，张德山任主席。10月26日，市直农办系统工会联合会成立，黄黎波任主席。11月

1 日，市直统战系统工会联合会成立，洪陵生任主席。11 月 2 日，市直政法系统工会联合会成立，谢晓章任主席。12 月 18 日，市直公用事业系统工会联合会成立，黄金华任主席。

2008 年，机关工会健全完善职代会制度，推进政务公开。通过“党建带工建、工建服务党建”，探索系统工会联合会开展活动新模式。严格执行工会主席任职资格规定，推进工会主席直选。在系统工会联合会成立基础上，增补市直机关工会委员会委员、经费审查委员会委员、女职工委员会委员，推进系统工会、基层工会的工作衔接。2 月 28 日，市直建设系统工会联合会成立，连如碧任主席。5 月 25—30 日，组织经审委员会委员进行业务培训。9 月 22 日，闽台缘博物馆工会成立，粘秋生任主席。9 月，举办工会干部培训班，学习工会业务知识。按照上级工会要求，组织赴外地学习交流和疗养休假。调查了解基层工会法人资格登记情况，推进基层工会法制化建设。开展工会经审工作规范化建设，强化对工会经费收支管理和监督。开展系统工会工作创新课题调研，形成《加强系统工会工作的若干意见》，成立系统工会 1 个，新增基层工会 4 个。

2009 年 7 月 8 日，制定《泉州市直机关职工代表大会暂行规定（试行）》。职工总数在 100 人以上的单位，建立职工代表大会制度；职工总数在 50 人至 100 人的单位，建立职工代表大会或职工大会制度；职工总数在 50 人以下的单位，建立职工大会制度。职工代表大会每届任期 3 年或 5 年。职工代表大会每年至少召开 1 次。规定职工（代表）大会职权、职工代表、组织制度、工作制度、工作机构等。7 月 15 日，市直发改委系统工会联合会成立，陈若茵任主席。10 月，加强工会法人资格登记工作，督促 74 个未登记法人资格的基层工会，抓紧法人登记。

2010 年 6—9 月，开展工会工作理论研讨交流活动，组织撰写理论研讨文章，研究新形势下机关工会工作。6 月 29 日起，举办市直机关工会专兼职干部培训班，学习省总工会十二大精神，开展机关事业单位工会自身建设的辅导和研讨，组织外出学习机关工会经验。12 月 31 日，市直 16 个系统党委中已组建 8 个系统工会联合会：党群、宣传、农办、统战、政法、公用事业、建设、发改委系统工会联合会。

2011 年 1 月 31 日，市直经贸系统工会联合会成立，王洪海任主席。3 月 18 日，印发《泉州市直机关职工代表大会工作规范（试行）》，对机关职工代表大会的基本要求，职工代表的产生和撤换，职工代表大会的会前、会中和会后工作，职工代表大会和工会会员代表大会的召开，职工代表大会行使职权的工作程序，职工代表大会联席会议，职工代表大会的档案管理作出规定。机关职工代表大会每届 3—5 年，一般与工会会员代表大会任期相一致。4 月 20 日至 6 月 10 日，开展增强基层工会组织活力调研活动，围绕坚持“党建带工建、工建服务党建”的成效与对策开展调研，撰写研讨文章。5 月 24 日，市直市府办系统工会联合会成立，韩卫华任主席。9 月 20—26 日，举办市直机关工会专兼职干部培训班，学习省委《关于加强和改进新形势下党对工会工作领导的意见》和省委工会工作会议精神，进行工会工作业务知识培训。10 月，开展创建职工之家活动研讨，召开工会理论文章评审会。11 月 7—11 日，市直机关工会组织 2 个调研组，到市直党群、宣传、统战、政法、发改委、建设、经贸、公用 8 个系统工会联合会和市政府发展研究中心、泉州调查队工会开展“增强机关工会工作活力的实践和思考”“深化创先争优、创建职工之家”专题调研，并形成调研报告。12 月 1 日起，学习借鉴“168”党建工作机制，推进工会创先争优“五化”：目标化、责任化、常态化、系统化、特色化，深化“党工共建，创先争优”活动。

2012 年 3 月 7 日，市直公安系统工会联合会成立，李宏任主席。5 月，开展 2012 年工会工作理论调研活动和“面对面、心贴心、实打实服务职工在基层”走访调研活动。12 月，贯彻泉州市工会十五大精神，推动健全工会工作领导体制和工作机制，召开学习研讨会，学习中央和省、市委关于新时期工人阶级和工会工作的指示精神，认清形势，把握机遇，加强工会组织建设，改善工会工作条件，发挥工会作用，增强吸引力、凝聚力。开展工会工作理论研讨评选活动，推荐 10 篇论文参加市总工会征文比赛，选派工会干部参加省直机关工会和市总工会举办的各种培训班。

2013 年 4 月 12 日，市直文广新系统工会联合会成立，周梁升任主席。6 月 5—6 日，市直机关工会与市总工会联合举办第一期工会主席培训班，学习习近平“4·28”重要讲话精神，进行现代社会管理与工会组织建设、文学阅读与生命沟通、社会心理学等培训，参观示范机关工会，参加 100 人。在市山美水库管理处召开系统工会主席培训会，开展交流与研讨。

2014 年，组织 9 名基层工会主席参加全省机关事业单位工会主席培训班。10 月 29 日至 11 月 1 日，组织 30 名市直机关工会所属基层工会主席、副主席参加市总工会举办的基层工会主席培训班，学习习近平关于工会工作系列重要讲话精神，进行《中华人民共和国工会法》“社会心理学”“文学阅读与生命沟通”等内容相关培训。11 月 10—12 日，举办市直机关系统工会和基层工会主席培训班，学习贯彻中共十八届四中全会精神，进行新时期基层工会组织建设等培训，提升工会干部履行职责的能力，参加 43 人。

2015 年 2 月 2 日，制定《泉州市直机关工会基层组织建设工作规划（2014—2018）》。目标任务：巩固扩大工会组建工作，市直机关法人单位职工人数较多的工会建会率动态保持在 95%以上；职工入会率动态保持在 95%以上；加强基层工会组织规范建设，至 2018 年底，规范率达到 90%以上；拓展机关“建家”活动，“建家”活动覆盖率动态保持在 90%以上，5 年内“职工之家”达标（合格）率达到 85%以上；加强基层工会干部培训，基层工会主席上岗一年内参加培训，系统工会对所属基层工会干部 5 年内全部轮训一次。自 4 月 17 日起，实施基层工会建设“落实年”工作，贯彻落实全国总工会《关于新形势下加强基层工会建设的意见》，依法推进工会组建和发展会员工作，推进“六有”工会建设，加强基层工会干部队伍建设，深化职工之家建设，推动工会工作体制机制创新。

2016 年 6 月，市直农办系统工会联合会进行换届，傅旺隆任第二届委员会主席。2017 年 1 月，市直公用事业系统工会替补选举，康景彪任主席。5 月，市直发改委系统工会联合会替补选举，周明星任主席。9 月，宣传系统工会联合会进行换届，庄仁哲任第二届委员会主席。

2013—2017 年，21 个基层单位成立工会组织，41 个基层工会完成换届选举。至 2017 年年底，市直机关单位共有基层工会 196 个，职工 14895 人，工会会员 14675 人。

2005—2017 年各基层工会组织统计表

表 11-1

年份	基层工会数（个）	职工数（人）	会员数（人）	“职工之家”数（合计各级）（个）
2005	95	6796	6698	66
2006	106	7441	7369	68
2007	134	8401	8321	75
2008	149	9723	9198	85
2009	163	11780	11755	98
2010	193	12481	12306	113
2011	200	12863	12715	120
2012	202	12631	12483	134
2013	181	14381	14267	139
2014	184	14520	14372	139
2015	189	14675	14518	143
2016	192	14782	14623	145
2017	196	14895	14675	149

泉州市直机关系统工会联合会历任主席、副主席名录

1. 泉州市直党群系统工会联合会（2007 年 8 月 29 日成立）

主　席：蔡永生、尤剑国、齐丹璇、王小寅

副主席：吴鸿荣、柳瑞榕、李贻先、陈竞、吴艺晖

2. 泉州市直宣传系统工会联合会（2007 年 10 月 19 日成立）

主　席：张德山、庄仁哲

副主席：李德志、庄仁哲、林志彬、张伟宏、黄　强、谢华汀

3. 泉州市直农办系统工会联合会（2007 年 10 月 26 日成立）

主　席：黄黎波、傅旺隆

副主席：钱瑞峰、傅伟林、李益萌、王松青、吴晓雄、陈世忠、陈振荣、廖道彬

4. 泉州市直统战系统工会联合会（2007 年 11 月 1 日成立）

主　席：洪陵生、黄子榕

副主席：兰德志、许秀凤、洪伟东

5. 泉州市直政法系统工会联合会（2007 年 11 月 2 日成立）

主　席：谢晓章、汪祖培

副主席：戴克良

6. 泉州市直公用事业系统工会联合会（2007年12月18日成立）

主　席：黄金华、康景彪

副主席：刘素玉、蔡耀灿、蔡彬彬、陈其斌

7. 泉州市直建设系统工会联合会（2008年2月28日成立）

主　席：连如碧

副主席：李　晖、刘桂庭、陈进平

8. 泉州市直发展和改革委员会系统工会联合会（2009年7月15日成立）

主　席：陈若茵、肖印章、周明星

副主席：苏志强、陈清发、王惠清、郭跃进、郑　强

9. 泉州市直经贸系统工会联合会（2011年1月31日成立）

主　席：王洪海、王春阳

副主席：黄我成

10. 泉州市直市府办系统工会联合会（2011年5月24日成立）

主　席：韩卫华、张希伴

副主席：刘进明、郭希纯、陈云萍、陈雄南

11. 泉州市直公安系统工会联合会（2012年3月7日成立）

主　席：李　宏

副主席：张陆英、黄江全、朱双春

12. 泉州市直文化广电新闻出版系统工会联合会（2013年4月12日成立）

主　席：周梁升

副主席：陈俊泽、叶艳艳

二、主要活动

（一）思想教育

1991年10月，联合市直机关党委宣传部举办以反“和平演变”为主题的黑板报评比和美术、书法展览活动。12月，组织市政府办公室、市委宣传部、市重工业局、市二轻局、市司法局、市财委（保险公司）等基层工会组织参加鲤城区海滨办事处“社会主义思想教育版报展评”活动，获“优秀奖”。

1993年10月，参加在湖南长沙召开的30个市机关工会理论研讨暨信息交流会议。

1998年，围绕机关工作实际，加强干部职工思想政治教育，做好深化改革中的思想政治工作，进一步建立健全基层工会组织，不断深化创建“职工之家”活动内容，开展节假日文体活动，活跃业余文化生活。4月，与市直外经系统工会联合会举办产业工会联谊会，交流工作经验。7月，组队参加市总工会组织的商银杯“学习邓小平理论、歌颂泉州改革开放20年”演讲比赛。

1999 年 6 月，组织召开机关工会声讨北约野蛮轰炸中国驻南斯拉夫大使馆座谈会，协助机关党组织抓好形势教育和爱国主义教育。8 月，与外资企业工会联合举办文娱骨干培训班，45 名会员参加舞蹈、书法、音乐、摄影业余培训学习。9 月，与市直机关集邮协会联合举办“庆祝泉州解放 50 周年”座谈会，邀请参加泉州解放战争的老干部、老领导讲泉州解放盛况，讲革命前辈为了中华人民共和国的诞生前仆后继、英勇奋斗的史实。

2001 年，市直机关工会组织学习贯彻修改后的《中华人民共和国工会法》，加强对干部职工的思想政治教育，做好职工稳定工作，利用节假日和业余时间开展环城跑、登山、游泳活动，丰富机关业余文化生活。组队参加泉州市第五届职工运动会，获得保龄球男子团体第 1 名、篮球男子团体第 2 名、羽毛球女子团体第 2 名、羽毛球男子团体第 3 名、门球团体第 3 名、乒乓球男子团体第 4 名的好成绩。7 月，在闽侨航空旅游城举行市直机关庆祝建党 80 周年游泳比赛。

2003 年 3 月，学习贯彻工会法，组织理论研讨会，推动《中华人民共和国工会法》深入贯彻。6 月，在机关各级工会中开展写一篇工会工作调研文章、开展一场文明健康文体活动、为职工群众做一件实事、联系一户困难户献一份爱心、提一条合理化建议“五个一”活动。

2004 年 9 月，组织开展庆祝中华人民共和国成立 55 周年活动，与泉州电业局在泉州市宝洲路宝洲宾馆七楼多功能厅联合举行国庆联欢晚会，市直有关单位领导及 300 多名干部职工参加。

2006 年 10 月，开展以“爱国主义”为主题的国庆游园活动，1000 多名干部职工参加，12 月，举办以“八荣八耻”为主题的迎春晚会，300 多名干部职工参加。

2007 年 6 月，发动市直 3000 多名干部职工参加“劳动合同法”知识竞赛，推动“学习型机关、知识型职工”创建活动不断深入。

2008 年 3 月，组织近 7000 名干部职工参加学习中共十七大精神知识竞赛，40 人获优秀奖。4 月，开展“增强队伍素质，争创一流业绩”系列活动，举办各类培训班，培训工会干部，学习中国工人日报编印的《学习十七大精神知识竞赛百题问答》《中华人民共和国劳动合同法》；开展岗位练兵竞赛活动，学习《泉州市工会干部专业知识岗位练兵竞赛活动学习材料汇编》。7 月，开展“改革开放 30 周年”“我为和谐泉州做贡献”“以人为本之我见”“我体验的科学发展”“社会主义核心价值大家谈”“先行先试先锋赞”“新时期机关工会工作探索”主题征文活动，收到征文 69 篇。评出一等奖 3 篇、二等奖 5 篇、三等奖 12 篇。市纪委、市直宣传系统、市政府发展研究中心工会征文获一等奖。10 月，举办“先行先试先锋赞”“我为和谐泉州作贡献”演讲比赛，参加 24 人，获一等奖 3 人、二等奖 5 人、三等奖 10 人。9 月，组织学习《惠女精神职工学习教育读本》，开展“职工书屋”建设活动，深化“读书、创新、敬业、提升”为主题的“百万职工读书”活动，力争每天读书 1 个小时，每月读 1 本书，每年参加 1 次有意义的学习培训，每三年个人学历或技能提升 1 个档次。10 月，表彰主题活动组织奖 10 个机关工会。组队参加市总工会“迎农运、讲礼仪”知识竞赛，获二等奖。3 名干部参加市总工会“庆祝改革开放 30 周年读书演讲比赛”，获二等奖 1 名、三等奖 1 名。11 月，组织学习宣传中国工会十五大精神，学习胡锦涛讲话、习近平祝词和王兆国工作报告。

2010 年 7—8 月，开展以“建海西我先行，优服务立新功”为主题的“工人先锋号”活动月活动。开展服务泉州跨越发展“创先争优”活动、“我为节能减排献一策”活动、“五小创新”（小发明、小革新、小改造、小设计、小建议）活动、“工人先锋号”素质提升活动、服务便民咨询活动、创建承诺表彰活动。在市妇女儿童活动中心举办市直机关工会专兼职干部培训班，并分2批外出考察学习。9月，在华侨大厦4楼会议室召开市直机关“迎中秋国庆，促跨越发展”座谈会。

2012年10月，开展“书香泉州”职工读书月活动，以“弘扬福建精神，推动科学发展”为主题，各级工会组织各类读书会和讲座、知识竞赛，进行学科技、学文化、学业务、学技能等文化教育活动。开展以技术创新、技术改造、技术演示、技术比武为主要内容的劳动竞赛，提高职工技能和素质。开展“创先争优”活动，组织动员职工建功立业，开展“喜迎十八大　建功十二五”主题实践活动、“五比五看”活动、创建“工人先锋号”活动、征集合理化建议、岗位练兵、技术比武、技能竞赛等活动。

2013年4月25日起，建立健全“面对面、心贴心、实打实服务职工在基层”活动长效机制，开展大走访活动，开展大讨论活动，畅通职工群众诉求渠道。开展“书香泉州”活动示范点培育活动，培育省级示范点2个、市级示范点1个。引导干部职工比学习、比技能、比能力，培养知识型、技术型、创新型职工队伍。市中级人民法院、市委党校工会获省级“职工书屋”，市食品药品监督管理局等3个单位获市级“职工书屋”称号。苏彬彬等5人获得全国总工会女职工委员会和省总工会女职工委员会颁发的《女职工劳动保护特别规定》知识竞赛“优秀个人奖”。在市环卫处成立市直机关首家女职工心理咨询室，帮助女职工缓解工作、生活、家庭压力。与市直女工委联合举办女性“奋发工作、幸福生活”风采文化节。

2014年，组织各级工会学习宣传中共十八届三中全会精神和习近平重要讲话精神，理解全面深化改革的重大意义、指导思想、总体目标、主要任务、重大举措，广大职工拥护改革、参与改革。

2014年，按照“创建学习型组织，争当知识型职工”要求，制定《关于加强市直机关“职工书屋”建设的意见》，提出“职工书屋”建设目标要求、工作步骤，促进工会大学校建设。市委党校获全国“职工书屋”，市中级人民法院获福建省“职工书屋”，市食品药品监督管理局、泉州出入境检验检疫局、泉州新华发行公司获泉州市“职工书屋”称号。

2015年7月10日起，组织学习贯彻《中共中央、国务院关于构建和谐劳动关系的意见》，将思想和行动统一到该意见精神上来，提升工会在构建和谐劳动关系中的作用，推动构建和谐劳动关系工作落到实处。9月上旬至10月下旬，组织职工开展“中国梦·劳动美”福建职工法律知识竞赛网上答题活动，营造法治活动的良好氛围，增强法律意识，自觉尊法、学法、懂法、用法。

2016年5月18日起，开展“书香八闽·智慧女性”女职工读书活动，发动女职工“写一封家书”，发挥女职工在家风建设中的独特作用，营造注重家庭、注重家教、注重家风的社会氛围。

2017年，先后举办庆“七一”文艺汇演、女性风采展示、单身青年联谊会、“东亚文化之都”辩论大赛、“中国梦·泉州美”散文大赛和朗诵比赛、“丝海扬帆潮如歌”端午诗会暨诗歌创作交流会、庆“三八”趣味运动会、“十佳巾帼服务品牌”评选活动。至2017年10月，市直6个单位获“职工书屋示范点”称号。11月，学习贯彻《福建省工会劳动法律监督条例》。自11月起，各级工会学习宣传贯彻中共十九大精神，领会思想精髓，统领推进工会工作，坚持工会工作的正确方向，发挥产业工人主力军作用，打造服务职工品牌，推进工会改革创新。

2013—2017 年，开展“创建学习型组织，争做知识型职工”活动，创办“机关文化大讲座”、邀请部门领导和专家教授开设文学书法、茶叶养生、摄影、文化遗产保护、政务礼仪、家庭孝道等专题讲座。实施女职工素质提升工程和女职工建功立业活动，有 3 个单位获“福建省五一巾帼女职工标兵岗”称号、6 个单位获“泉州市女职工标兵岗”称号、3 人获“福建省五一巾帼女职工标兵”称号、6 人获“泉州市女职工标兵”称号。

（二）创建职工之家

1984 年，全国总工会开展创建职工之家活动。自 1992 年 3 月起，市直机关工会工委组织开展建设“职工之家”活动。

1994 年，贯彻泉州市总工会十届六次全委（扩大）会议精神，考核验收 4 个合格“职工之家”，表彰 89 名工会积极分子。

1996 年，开展“创先争优”和创建“职工之家”活动复查，验收 4 家“职工之家”。“五一”期间，市直工会工委表彰优秀工会积极分子 86 名，评选并受市总工会表彰优秀工会积极分子 9 名、热心支持工会工作的党政领导 3 名、优秀工会工作者 1 名；先进职工之家 2 个、先进职工小家 2 个；财务先进单位 5 个、财务先进工作者 9 名、财务工作积极分子 25 名。

1999 年 3 月，召开市直机关工会工委扩大会议，传达全市工会工作会议精神，研究贯彻落实意见。4 月，印发《关于认真贯彻市委文明办、市总工会〈关于把创建“职工之家”列入“文明单位”评选考核内容的通知〉的意见》，深入开展创建“职工之家”活动。同年，被评为“市级职工小家”2 个。

2000—2007 年，被评为“合格职工之家”29 个、“市级职工之家”36 个、“市级职工小家”1 个。

2008 年，按照市委关于“工会就是职工需要什么，工会就去解决什么”的要求，开展以构建和谐机关、服务干部职工和促进工会基础建设为重点的建设“职工之家”活动，拓展建家内容和方式，把建会建制建家紧密结合起来，提高建家层次和质量，构建“温馨型”工会。

2009 年 2 月，为纪念全国开展建设“职工之家”活动 25 周年，组织到省直机关工会就创建“职工之家”学习取经，并对市直机关创建“职工之家”开展调研活动，找出差距，寻找对策。3 月，召开市直机关工会委员会一届六次全体（扩大）会；6 月，召开市直机关深化“职工之家”创建活动研讨会，分别对如何深化“职工之家”创建活动进行研究和研讨。

2008—2009 年 7 月，全国总工会、福建省总工会、泉州市总工会及市直机关工会分别命名“模范职工之家”“先进职工之家（小家）”“合格职工之家”共 18 家：全国模范职工之家 1 家为市自来水有限公司工会；省级模范职工之家 3 家为市档案局机关工会、市司法局机关工会、市审计局机关工会；市级先进职工之家 7 家为市人大常委会机关工会、市纪委机关工会、市市政公用事业管理局机关工会、市城市管理行政执法局机关工会、市水利局机关工会、市外经贸局机关工会、市工人文化宫工会；市级先进职工小家 1 家为市自来水有限公司工会；市直合格职工之家 6 家。

2009 年 7 月 8 日，市直机关工会制定《深入开展建设职工之家（小家）活动的实施意见》和评选规则、评分细则。把基层工会建设成为组织健全、维权到位、工作规范、作用明显、职工信赖的职工之家，发挥工会在组织、引导、服务职工和维护职工合法权益中的作用。职工之家（小家）分为合格职工之家（小家）、先进职工之家（小家）、省模范职工之家（小家）、全国模范职工之家（小家）4个层级。合格职工之家（小家）由基层工会申报，市直机关工会考核、命名。12月20日，市直机关工会表彰“合格职工之家”13家。

2010年11月，根据省总工会《关于进一步加强建设职工之家充分发挥基层工会作用的意见》，把握建家新动向、明晰建家新思路、提出建家新目标、采取建家新举措。健全基层工会委员会、经费审查委员会、女职工委员会组织体系。开展以“当好主力军、海西立新功”为主题的活动和劳动竞赛，职工技术创新和“我为节能减排作贡献”活动，树楷模、立标兵、“创先争优”活动。建立和完善民主管理制度，履行维权职责。开展“创建学习型组织，争做知识型职工”活动，培养知识型、技术型、创新型的职工队伍。开展生活救助、医疗互助、“金秋助学”等活动，履行服务职工群众职责。坚持民主集中制，完善各项制度，加强自身建设。

2010年，开展创建职工之家活动，获省模范职工之家、市级先进职工之家、市直机关合格职工之家共18家：省级模范职工之家5家为市人大常委会机关工会、市委市直机关工委机关工会、市总工会机关工会、市科学技术局机关工会、市林业局机关工会；市级先进职工之家2家为市人防办机关工会、市教育局机关工会；市直合格职工之家10家。

2011年，7个单位获得市直“合格职工之家”称号。

2012年，开展创建“职工之家”活动，宣传贯彻全国总工会《关于开展会员评议职工之家活动的意见》、省总工会《福建省工会会员评议职工之家活动实施细则》精神，落实《泉州市直机关工会深入开展建设职工之家（小家）活动的实施意见》，修订《职工之家考核评分细则》，规范职工之家创建台账。市国家安全局机关工会、市环卫处工会获省级“模范职工之家”称号；市发展和改革委员会机关工会、市质量技术监督局机关工会等单位获市级先进“职工之家”称号；市森林公园管理处获市级“先进职工小家”称号。

2013年4月18日起，开展新一轮创建“合格职工之家（小家）”活动，市直机关工会对申报单位进行考核，对符合条件的单位进行审定、确认、命名和授牌，每3年评选1次。做好7家省级模范职工之家和20个“合格职工之家”复查验收工作，对5家新申报“合格职工之家”的单位进行考评验收。

2013年，市总工会机关工会获“全国模范职工之家”称号。考评验收7家省级“模范职工之家”、20家市直“合格职工之家”和5家新申报市直“合格职工之家”。

2014年，组织市直政法系统、市委老干部局、市直宣传系统工会参加职工之家“‘1+X’示范带创、规范提升”活动，8个单位获市级“先进职工之家”称号：市中级人民法院机关工会、市委老干部局机关工会、市生产力促进中心工会、国电泉州热电有限公司工会、市地方志编纂委员会机关工会、市职工技术协作中心工会、市职工中等专业学校工会、市卫生局机关工会。

2015年，泉州晚报社工会、市园林管理局工会、市工人文化宫工会获“福建省模范职工之家”称号；泉州森林公园管理处机关工会小组获省级“模范职工之家”称号。

2015年9月24日起，开展“争创模范职工之家，争做职工信赖的娘家人”活动，以做“七个模范”为活动内容：做依法规范建会的模范、做组织服务农民工的模范、做教育引导职工群众的模范、做团结动员职工群众建功立业的模范、做维护职工合法权益的模范、做服务职工群众的模范、做“绝对忠诚党的事业，竭诚服务职工群众”的模范。开展以“如何建设职工之家”“如何成为职工信赖的娘家人”学习研讨活动。建立完善各层级职工之家（小家）的先进库。大范围建设“六有”工会，做实职工之家“1+X”带创活动，采取“五帮”措施，带创一组、提升一批、激活一片。宣传先进基层工会组织和优秀工会干部，扩大“双争”活动的参与面和影响力。12 月 8 日，市直机关工会表彰“先进职工之家”6 家、合格职工之家 6 家、合格职工之家 4 家。

2016 年 4—5 月，对市级先进职工之家进行复查，复查范围为 2012 年（含）以前市总工会表彰的先进职工之家，按照《职工之家考核验收评分细则》进行复查。

2017 年 6—8 月，市总工会对 2012 年及以前评选表彰的市级先进职工之家进行复查，市直机关工会所属基层工会有 8 家被列入“暂缓确认泉州市级先进职工之家名单”。9 月 26 日，市委办公室机关工会等 31 家基层工会经复查验收，被市总工会重新命名确认为市级先进职工之家：市委办公室机关工会、市地方税务局机关工会、市政协机关工会、市民政局机关工会、国家广播电影电视总局六四一台工会、市食品药品监督管理局机关工会、市环境保护局机关工会、市市政公用事业管理局机关工会、市纪委机关工会、市城市管理行政执法局机关工会、市水利局机关工会、市委统战部机关工会、市无线电管理局机关工会、国家统计局泉州调查队机关工会、市质量技术监督局机关工会、市东湖公园管理处工会、市城镇集体工业联合社机关工会、市贸促会机关工会、市农业科学研究所工会、泉州出入境检验检疫局机关工会、市住房公积金管理中心工会、泉州职工休养所工会、泉州高速公路交警支队工会、市人防办机关工会、市国家税务局机关工会、市体育中心工会、市委宣传部机关工会、市排水管理中心工会、市人力资源和社会保障局机关工会、泉州港务管理局工会、泉州药品检验所工会。

2013—2017 年，制定《职工之家考核评分细则》，规范职工之家建设台账，从“重验收、轻过程”向“既重过程、更重实效”转换。有 1 个单位获“全国模范职工之家”称号、6 个单位获“福建省模范职工之家”称号、18 个单位获“泉州市先进职工之家”称号。1 个单位获“福建省先进职工小家”称号、3 个单位获“泉州市先进职工小家”称号。

（三）劳动竞赛

1992 年 3 月，开展优质服务竞赛活动。

1993 年 6 月，市广播电视局机关工会成立职工技协组织，开展以技术协作、技术开发、技术培训、技术咨询等主要内容的服务性技术活动。

2004 年 4 月，举办市直机关工会庆“五一”计算机知识普及应用比赛，40 支代表队 120 多名选手参赛。

2007 年 7 月，参加文明城市、文明机关、文明科室、文明行业、文明岗位的创建，配合开展“迎农运，做文明市民”活动。

2008 年，开展“争当劳模”、创建“工人先锋号”“创新示范岗”活动，开展“创建学习型工会组织，争做知识型职工”活动。开展“女职工建功立业工程”“女职工素质提升工程”。3 月，组织全体女工委员学插花技术，并以各种形式组织春游等有益活动，举办一场杰出女性参与和谐社会建设的专题论坛。4 月，配合开展“迎农运，做文明市民”活动，组队参加市总工会等单位组织的“迎农运、讲礼仪”知识竞赛，获得第 2 名。同时，开展“增强队伍素质，增创一流业绩”活动。5 月，发动市直 3000 多名干部职工参加“劳动合同法”知识竞赛，并开展“海西劳动感言”征集活动，征集“海西劳动感言”1200 多份。

2010 年 8 月，在市直机关开展以“建海西我先行，优服务立新功”为主题的“工人先锋号”活动月。开展服务泉州跨越发展“创先争优”、“五小”创新、“工人先锋号”素质提升行动、“工人先锋号”服务便民咨询、“工人先锋号”创建承诺表彰等活动。根据信息化部、全国总工会通知精神，开展“我为节能减排献一策”活动。开展节能减排建功立业活动，机关事业单位从节电、节水、节油、节约办公成本等入手，开展节约竞赛活动。开展群众性节能减排合理化建议和技术创新活动，围绕发展循环经济，抓住能源和环境污染问题，提出合理化建议，收集“金点子”和优秀文章。

2011 年，3 个单位获得福建省“工人先锋号”称号：泉州市重点项目建设领导小组办公室、泉州市排水管理中心、泉州广播电视传输中心工程维护组。2 月 23 日起，组织市直各系统工会联合会、直属机关工会参加全市开展“五大战役当先锋、开局之年作贡献”为主题的劳动竞赛、创建“工人先锋号”活动。在“五大战役”中开展以“比技术创新、比科学管理、比工程质量、比工程进度、比成本控制、比安全生产、创精品工程”为主要内容的“六比一创”劳动竞赛。4 月 23 日，市总工会、市直机关工会等 6 个单位在市行政服务中心联合举办“全市行政服务中心信息技术技能竞赛”，市、县两级机关 130 多人参加网上审批操作技能和电脑操作技能竞赛。市卫生局陈端龙、惠安县行政服务中心温扬钦获一等奖、“泉州市五一劳动奖章”，市发改委黄德钦等 6 人获“泉州市技术能手”称号。市政协副主席、市总工会主席傅福荣出席并颁奖。

2012 年，市环卫处中转站机修组获全国“工人先锋号”荣誉称号。泉州晚报社 96339 热线中心获福建省女职工标兵岗，泉州人民广播电台主播张茜获福建省女职工标兵，市委统战部办公室、市住房公积金管理中心、市妇女儿童活动中心活动部、市直机关工会等单位获泉州市女职工标兵岗，王沥萍、吴月霞、陈亚芬等人获泉州市女职工标兵。

2013 年，开展“建功十二五、同铸中国梦”主题实践活动，开展创建“工人先锋号”“五比五看”、征集合理化建议、岗位练兵、技术比武、技能竞赛等活动。7 月，做好泉州市“工人先锋号”推荐评选工作。组织参加市总工会举办的第六届职工技能运动会竞赛活动。与市总工会、市环卫处联合举办环卫工人技能运动会竞赛活动。泉州晚报印务中心 D380 生产线获福建省“工人先锋号”，市公安局出入境管理支队等 10 个单位获泉州市“工人先锋号”称号。

2014 年 2 月 27 日起，组织干部职工参加全市“二次创业立新功 · 民综改革当标兵”劳动竞赛活动，开展争创“工人先锋号”劳动竞赛、职工技能竞赛、劳模创新工作室等活动，在打造泉州经济升级版、改革创新示范区、生态宜居幸福城中发挥工人阶级主力军作用。开展创建“工人先锋号”活动和典型选树示范。市地税局办税服务厅获“全国工人先锋号”称号，市老干部活动中心文体活动科、市总工会困难职工帮扶中心、市检察院办公室等 3 个单位获福建省“工人先锋号”称号，11 个单位获泉州市“工人先锋号”称号。泉州高速公路交警支队获福建省“五一劳动奖状”，市公积金管理中心会计核算科、市检察院办公室获福建省“五一巾帼岗”称号。开展技能竞赛，市直政法系统探索开展庭审观摩、评议活动、疑难案件研讨及案件质量评查。市直住建系统成功承办全省建筑行业“桃城杯”职工岗位技能竞赛、建筑行业安全管理岗位职工技能竞赛。市直宣传系统举办广电技能竞赛。

2015 年 5 月 20 日起，贯彻市总工会等 7 部门关于推进实施泉州市百万职工技能大提升行动的通知精神，实施职工培训促提升行动、技能竞赛促提升行动、技术创新促提升行动。通过 3 年努力，基本形成“培训、练兵、比武、创新、晋级”五位一体的职工技能提升活动模式。

2016 年，开展“建功奉献‘十三五’·‘五个泉州’当先锋”主题劳动竞赛活动，做好泉州市“工人先锋号”推荐申报工作。10 月 28 日起，贯彻《泉州市总工会 2016—2020 年劳动竞赛规划》，动员职工投身“建功奉献‘十三五’”主题劳动竞赛，推进群众性技术创新活动，推进职工素质建设工程，弘扬劳模精神、劳动精神。

2017 年 1 月 22 日，在市总工会等 12 个单位联合开展的“建功奉献‘十三五’·‘五个泉州’当先锋”主题劳动竞赛中，市直机关 14 个单位被命名为泉州市“五一先锋号”：市法律援助中心服务窗口、市城市管理综合考评中心宣传组、市公安局巡特支队二大队（特勤大队）、泉州广播电视台专题节目中心、市海洋与渔业局执法支队直属一大队、泉州海事局指挥交管中心、市交通运输委员会行政审批窗口、市人民检察院金融检察处、市食品药品认证与不良反应监测中心现场核查组（食品、药品）、泉州清源山风景名胜区管委会清源山景区管理行政执法大队、市农业局沼气综合开发利用领导小组办公室、市安全生产监督管理局矿山安全监察科、市中级人民法院民事审判第一庭、市科技馆展教部。

2017 年 7 月，市直机关工会报送 25 个参评福建省总工会 2017 年百万职工“小革新、小发明、小改造、小设计、小建议”创新大赛项目中，获一等奖 1 个、二等奖 1 个、三等奖 5 个，国电泉州热电有限公司邱明生、严晓生、林永江发明的“670MW 火力发电机组空预器在线清洗”获一等奖。10 月 9 日，推荐市图书馆少儿分馆等 14 个单位申报泉州市“工人先锋号”（五一先锋号）；市财政投资评审中心等 8 个单位申报泉州市“五一巾帼标兵岗”；张彩云等 18 人申报泉州市“五一巾帼标兵”；张彩云申报泉州市“五一劳动奖章”。

2013—2017 年，组织开展“建功十二五·同筑中国梦”“汇聚正能量·同筑中国梦”等主题实践活动，立足岗位、“创先争优”、建功立业。开展“工人先锋号”“五比五看”、征集合理化建议、岗位练兵、技术比武、技能竞赛等活动，参加市总工会举办的各类竞赛比武，提高服务泉州现代化建设的能力。有 3 个单位获福建省“五一劳动奖状”，9 个单位（班组、科室）获全国“工人先锋号”，10 个单位（班组、科室）获福建省“工人先锋号”、40 个单位（班组、科室）获泉州市“工人先锋号”。

（四）维权帮扶

1995 年，发动基层工会为困难企业职工办实事，组织实施“送温暖工程”。

1996 年，发动为送“温暖工程”基金捐款 6500 多元，慰问 7 名特困、重病职工。

1997 年 5 月，组织市直机关基层工会开展“庆五一、迎回归”文艺晚会，对生产第一线的泉州晚报印刷厂职工进行慰问。

1998 年 5 月，与省五建工会，市公安局、市国家安全局、市中级人民法院机关工会联合组织庆“五一”文艺晚会 3 场，慰问生产第一线的城建职工。9 月，向宁夏贫困地区募捐 28 万余元，支援南平灾区募捐 37 万余元，支援长江抗洪救灾募捐 340 万余元，以及大量救灾物资，参与向省运会捐款的宣传发动工作。

2000 年 1 月，对市直机关 21 户特困职工家庭逐户走访慰问。8 月，参加市总工会等部门组织的以“金秋助学”为主题的“送温暖”活动，募集 1 万多元充实市“送温暖工程”基金，帮扶因家庭遭遇灾祸而就学困难的 4 名职工子女。

2003 年 8 月，开展“金秋助学”活动，帮助特困及单亲子女上学，解决一些实际困难。

2004 年 3 月，组织市直机关部分女职工参加女工卫生知识讲座，发动机关女职工参加特病保险。6 月，组织开展 2004 年度“扶困助学”活动，帮助 10 名困难职工子女解决部分学习费用。10 月，通报 2000—2004 年“金秋扶困助学”捐资情况，5 年来共向市总工会“送温暖工程”基金捐款 20 多万元。

2005 年 1 月，慰问市直特困职工家庭和退休工会主席。7 月，组织开展 2005 年度“扶困助学”活动。召开“市直机关困难家庭在校大学生”座谈会，10 名大学生和部分家长参加。机关工会开展“送温暖捐资助学”活动，受捐助学生中多人入党或获得奖学金。

2007 年 8 月，开展金秋助学活动，市直各工会捐出“金秋助学”资金 14 万元，帮扶市直 9 名困难职工子女。

2008 年，贯彻“组织起来，切实维权”工作方针，坚持中国特色社会主义工会维权观，健全维权机制。参与有关职工教育、就业、分配、社保、医疗、住房权益等涉及职工切身利益的法规政策宣传、贯彻和实施，落实国务院关于《职工带薪年休假条例》，维护职工的休息休假权益。宣传《中华人民共和国劳动合同法》，开展机关聘用工劳动关系和劳动工资调查，推进市直机关聘用工、临时工加入工会。推动聘用工、临时工社会保障待遇落实，督促用人单位依法为其办理养老、医疗、工伤等保险。将聘用工、临时工加入工会作为评选“职工之家”的考核内容之一。开展扶贫帮困，促进维权延伸，建立健全挂钩帮扶、节日慰问、“金秋助学”制度，形成帮扶特困职工长效机制。发挥工会在完善社会保障体系中的拾遗补阙作用，开展职工医疗互助活动，让职工感受参加互助活动的好处，扩大覆盖面。5 月，在“5·12”四川大地震中，市直机关工会配合市直机关工委组织干部职工为灾区累计捐款 700 多万元。7 月，开展“金秋助学”活动，市直各基层工会捐助“金秋助学”资金 14 万多元，市直有 7 名困难职工子女得到帮扶。

2009 年 7 月，开展“金秋助学”活动，市直机关各级工会“金秋助学”活动捐款计 24.73 万元。

2010 年，开展为玉树、南平、舟曲灾区献爱心活动，共捐款 210 多万元。组建市直志愿者服务队 41 支 1057 人。推动市直“职工医疗互助”工作，234 个单位 8693 名干部职工参加互助活动，278 人次获得医疗补助 48.5 万元。

2010 年 7 月，开展 2010 年“金秋助学”活动，市直各单位共捐资 100 多万元。12 月，开展 2011 年元旦、春节“送温暖”活动。

2011年2月，组织市直各系统工会联合会、直属机关工会开展“特别关爱女职工行动”。开展职工医疗互助、扶贫帮困、“金秋助学”活动。7866人参加职工医疗互助，220人获得补助金计36.32万元；29个单位“金秋助学”捐款计14万元；走访慰问干部、职工400多人次，发放慰问金19万多元。

2012年5月22日起，开展“面对面、心贴心、实打实服务职工在基层”走访调研活动，调研工会组织服务生产经营情况；职工队伍素质情况；职工群众的利益诉求；基层工会建设情况。召开基层党政领导、企业经营管理人员、基层工会干部、一线职工座谈会，进行基层工会干部问卷调查、职工情况问卷调查。走访一线职工和基层工会干部，察看职工生活和文体活动场所，联系困难职工，开展帮扶。6月下旬至9月上旬，开展2012年“金秋助学”活动，帮助解决困难职工和农民工子女就学困难和困难职工家庭高校毕业生就业困难。做好职工医疗互助工作，动员更多单位和职工参加医疗互助，超额完成市总工会下达的任务，扩大覆盖面。做好扶贫帮困“送温暖工程”，开展“五必访”活动，建立更新困难职工档案，对遇灾患病职工及时走访慰问，对困难职工集中走访慰问，共慰问60多人、3万多元。组织女职工妇科普查，120多个单位、600多名女职工参加体检。

2013年，开展“五必访”活动，对困难职工调查摸底，更新困难职工档案。全年，慰问困难职工60多人，送去慰问金3万多元。8月，推荐12名困难学生申请“金秋助学金”。举办“大爱无疆，祈福雅安”慈善拍卖会，收到69幅书画作品，组织180多名爱心人士到场参加赈灾义拍，共拍得善款24.8万元，交给市民政局。10月，开展2014年职工医疗互助活动，完成任务数的103%。慰问100名女环卫工，送去100个保温饭盒。

2014年，开展职工维权帮扶工作，元旦、春节期间开展“送温暖”活动，慰问困难职工90人，发放慰问金6.1万元。开展文化下乡活动，在泉州市文化宫和南安市眉山乡观山村举办2场迎新春书法家义务写春联活动，送出春联1600多对，慰问观山村5名困难群众，送上慰问金2500元。超额提前完成泉州市职工医疗互助计划任务，10009名职工参加医疗互助活动，完成计划任务的125%。

2014年6月25日至9月10日，开展“同圆就学梦，再续正能量”为主题的“金秋助学”暨“感恩15年”活动启动仪式，发动职工捐资20多万元助学，引导受助学生学会感恩回馈社会。7月，泉州出现持续高温，部分地区出现近40℃高温。各级工会做好职工防暑降温工作，加强监督检查，确保防暑降温各项措施落到实处。做好特殊岗位职工的防暑降温工作和户外劳动者的高温防护，加强高温防中暑安全知识宣传，确保平安度夏。

2015年3月，开展2015年女职工维权行动月活动，以“女职工法治宣传教育与权益维护”为主题，普及女职工权益保护法律法规，深化女职工权益保护专项集体合同工作，开展群众性女职工劳动安全隐患自查活动，建立完善女职工权益维护工作机制。7月起，发动机关、企事业单位和爱心人士捐资助学，开展“金秋助学”爱心捐助活动，引导受助学生学会感恩，增强社会责任感，回馈社会。10月起，开展2016年职工医疗互助活动，以工会组织的力量帮助职工特别是困难职工解决看不起病、住不起院等实际困难，提高抵御重大疾病风险的能力。12月中旬至2016年2月中旬，开展“幸福泉州·情暖职工”主题活动，组织开展大接访、“送温暖”、文体惠职工、困难劳模慰问、外来务工人员免费游泉州、农民工“平安返乡”6项活动。

2016 年 7 月 5 日至 8 月 31 日，开展 2016 年“金秋助学”活动，号召干部、职工、工会会员“捐献一日工资”，动员单位或个人与贫困学生结对帮扶、对口资助、劳模爱心帮扶、文明单位挂钩帮扶等形式进行助学帮扶。10 月 14 日起，对困难职工进行精准识别，了解困难状况，分析致困原因，摸清帮扶需求。做好困难职工解困脱困建档立卡工作，按照“分级负责、精准识别、一户一档、动态管理”原则，为困难职工建立档案，并向其发放联系卡。摸清帮扶需求，明确帮扶主体，落实帮扶措施，实施动态管理。

2017 年元旦、春节期间，开展以“幸福泉州・情暖职工”为主题的“送温暖”慰问活动，掌握困难职工数量、分布和致困原因，帮助他们解决生产生活实际困难。7 月 4 日至 8 月 31 日，开展“为困难职工子女圆梦”2017 年“金秋助学”活动，动员干部、职工、工会会员“捐献一日工资”，做好助学帮扶工作。11 月 7 日起，组织市直已参加城镇职工基本医疗保险的机关事业单位在职职工（含合同工，在法定在职年龄内）参加 2018 年泉州市职工医疗互助活动。参加职工医疗互助活动单位的职工数为本单位在职职工总数的 80%以上；在职职工人数在 30 人（含 30 人）以下的单位，符合条件的全部参加。

2013—2017 年，每年提前超额完成泉州市职工医疗互助和金秋助学任务，帮助 57 名困难学生申领助学金，走访慰问困难职工 369 人，慰问金额 34. 35 万元。举办重阳节书法作品拍卖会，拍得善款 37. 24 万元，全部捐献给鲤城区敬老院和雅安地震灾区。

（五）劳模服务

2000 年 5 月，组织首批部分劳动模范、先进工作者、老职工代表赴首都北京观光学习活动，举办市直机关工会庆“五一”联欢晚会，并参加市总工会庆“五一”职工大游园及“五一”文艺演出。

2003 年 5 月，组织市直机关部分劳动模范、先进工作者、老职工代表疗休养参观学习。

2004 年 4 月，组织市直机关劳动模范、先进工作者及职工代表到广西等地观光考察、疗休养。5 月，召开庆祝“五一”劳动节市直机关历届劳动模范、先进工作者代表座谈会。

2005 年 4 月，组织劳模、先进工作者赴外地疗休养，举办“党的先进性建设知识测试”、向先进典型学习、“送温暖”等庆“五一”系列活动。

2006 年 9 月，组织部分劳动模范、先进工作者、老职工代表赴新疆短期观光疗休养。

2007 年 10 月，组织市直机关劳模及工会工作积极分子到云南、东北参观学习。

2011 年 5 月，组织市级以上劳动模范和“五一劳动奖章”获得者参加“关爱劳模、免费体检”活动。

2012 年 8 月，组织 50 多名市直劳模参加上级工会组织的“关爱劳模、免费体检”和疗休养活动。

2013 年 6 月 15—23 日，组织市级劳动模范和先进工作者参加体检。6 月，对市直省部级以上劳动模范的工作、生活、住房、社会保障等情况进行一次全面调查，落实七部委《关于进一步解决劳动模范社会保障和生活困难等问题的通知》精神。10 月，分 2 批组织 19 名劳动模范疗休养。推荐泉州市木偶剧团王景贤参加省级劳模创新工作室创建工作。

2013 年，推荐全国“五一劳动奖状”：福建中国闽台缘博物馆；全国工人先锋号：泉州市排水管理中心；全国“五一劳动奖章”：福建安溪丰田国有林场；福建省劳动模范和先进工作者：市中级人民法院王建南、市环保局陈曦、永春碧卿国有林场黄开明。候补：泉州南音乐团李白燕、泉州地税局童欲晓。

2014 年 1 月 1 日起，提高市级以上劳动模范退休荣誉津贴。对于退休的仍保持荣誉称号的市级劳动模范（包括福建省“五一劳动奖章”获得者）退休荣誉津贴标准从每月 80 元提高到 130 元；福建省省（部）级劳动模范（包括全国“五一劳动奖章”获得者）退休荣誉津贴标准从每月 100 元提高到 150 元；全国劳动模范退休荣誉津贴标准从每月 150 元提高到 200 元。

2014 年 4 月 30 日起，贯彻习近平在乌鲁木齐接见劳模和先进人物代表时发表重要讲话精神，进一步明确对劳模和先进工作者的新要求。各级工会进一步做好劳动模范服务、宣传工作，发挥劳模的社会参与作用和在工会工作中的作用；扩大劳动模范的社会影响，营造“学习劳模、崇尚劳模”的良好氛围；传播劳动观念，强化劳动模范的时代引领；建立健全劳模管理服务制度，完善劳动模范的服务体系。

2014 年，做好劳模管理服务工作。对中华人民共和国成立以来的全国、省部级、市级劳模全面调查，实行动态管理。共有劳模 177 人，其中全国劳模和先进工作者 4 人，全国“五一劳动奖章”获得者 11 人，省（部）级劳模和先进工作者 40 人，省“五一劳动奖章”获得者 41 人，市级劳模和先进工作者 81 人，已退休 53 人。2 名市级劳模参加省总工会组织的赴厦门疗休养，20 多名市级劳模参加市总工会组织的疗休养，市直机关工会带队组织 12 名市级以上劳模赴河南疗休养，组织市级劳模参加“关爱劳模、免费体检”活动。宣传弘扬劳模精神，做好劳模创新工作室培育和推荐工作，完成市木偶剧团王景贤省级劳模创新工作室验收。通过泉州晚报、泉州电视台、泉州机关党建网、市直书协会刊《书品》宣传劳模先进事迹。

2015 年 8—11 月，分批组织市级以上劳动模范参加市总工会赴江西、新疆、安徽、哈尔滨、江苏等地疗休养活动，每期休养 5—7 天。在泉州高速公路交警支队开展劳模创新工作室创建试点工作，杨更生劳模创新工作室以杨更生、金星 2 名劳模为带头人，以技术创新、管理创新、服务创新为工作方向，通过共同参与创新实践，影响和带动职工立足本职、诚实劳动、创新劳动、勤奋劳动，激励劳模再立新功。

2016 年，在巩固提升已创立的劳模创新工作室基础上，扩大创建工作覆盖面，规范运作，劳模创新工作有劳模领衔、有创新团队、有场地设施、有攻关项目、有工作制度、有经费保障、有创新成果。4 月起，进一步开展名师带高徒活动，制定活动规划，把好师徒选配和协议签订初始关，确保当年新进职工 100%有人带、100%签订协议书，作为培养新一代劳动者的基本途径，营造勤于拜师、乐于授徒、教学相长、人才辈出的氛围。自 9 月 1 日起，贯彻落实国务院和福建省政府通知精神，做好省部级以上劳模困难帮扶工作，以困难救助、医疗帮扶、生活补助、节日慰问、就业保障、住房优待等措施为抓手，重点关注患病受灾致困劳模、职工老劳模，为他们解决实际生活困难和问题。

2017 年 5 月 4 日，分别拨给市直文广新系统工会联合会 1 万元、拨给市直市政公用事业系统工会联合会 1 万元，用于创建劳模工作室。12 月 27 日，核拨市文联许旭明劳模创新工作室经费 1 万元。

11 月 3 日至 12 月 15 日，组织市直单位市级以上（含）劳动模范（包括全国、福建省“五一劳动奖章”获得者）参加体检，劳模体检套餐内项目费用由市总工会负责。12 月 14 日，福建省公安厅交警总队泉州高速公路支队杨更生劳模工作室“防御性驾驶技术研究与推广运用”被列入福建省劳模工作室优秀创新成果名单。

2013—2017 年，对中华人民共和国成立以来市直机关的全国、省、市级劳模进行全面调查摸底，对他们的工作、学习、生活等基本情况逐一登记造册，建立数据库，实行分级、有序和动态管理，基本实行劳模一体化管理。组织劳模参加全国、省、市总工会举办的疗休养活动和读书班，参加关爱劳模免费体检。做好困难劳模补助工作，为 12 名劳模申报困难补助资金。宣传劳模，组织劳模巡回宣讲，通过泉州电视台、泉州晚报、泉州机关党建网、泉州机关党建微信公众号和市直书协会刊《书品》，宣传劳模先进事迹，扩大劳模精神影响力、辐射力。

（六）经费审查

2012 年 10 月 10 日，许玉斌在泉州市直机关工会第二次代表大会上作第一届经费审查委员会工作报告。

经审定，2008 年 1 月至 2012 年 6 月，市直机关工会总收入为 204. 71 万元。其中上级补助收入 204. 24 万元，占总收入的 99. 77%，市直机关工会收入主要是市总工会按照年度预算拨入工作经费；其他收入 0. 47 万元，占总收入的 0. 23%，主要是银行存款利息收入。

2008 年 1 月至 2012 年 6 月，市直机关工会经费总支出 201. 59 万元。其中补助下级支出 35. 50 万元，占总支出的 17. 61%，包括对各系统工会及直属机关工会的经费补助；行政支出 25. 83 万元，占总支出的 12. 81%，主要是职业工会工作者人员工资、办公费用，以及其他行政费用；职工活动支出 45. 89 万元，占总支出的 32. 76%，主要用于开展职工教育、文娱、体育、宣传活动等方面的费用，包括组织大型文体宣传活动，报刊宣传及慰问困难职工等活动费用；业务支出 43. 12 万元，占总支出的 21. 39%，主要是用于对各级工会干部进行培训的费用，印制学习材料、基层工会组织建会建家活动，工会维护职工合法权益开展各项服务工作，全委会、女职委、经审委接待等费用；维权支出 12. 01 万元，占总支出的 5. 96%，主要是用于两节慰问困难职工，为职工“送温暖”等费用；资本性支出 29. 89 万元，占总支出的 14. 82%，主要是用于购置车辆、办公用电脑、传真机等固定资产费用；其他支出 9. 36 万元，占总支出的 4. 65%，主要是银行手续费，专项调研活动费用等。2008 年 1 月至 2012 年 6 月，市直机关工会收支相抵，经费结余 3. 12 万元。

自 2016 年 9 月 12 日起，开展工会经费管理使用专项督查，重点督查购发购物卡、代金券，滥发补贴、奖金、高消费娱乐健身活动，行政利用工会账户设立小金库等违规问题，开展首次集中专项督查，之后实行常态化、长效化日常督查，确保工会经费按照“统一领导、分级管理”基本原则，规范管理、合理使用，推动中央八项规定精神落实工作。

2017 年 2 月 27 日至 3 月 31 日，开展工会经费“1+X”专项督查工作，推动中央“八项规定”精神落实。督查 2016 年 10 月至 2017 年 2 月工会经费使用情况，尤其是 2017 年元旦、春节期间工会经费使用情况督查，是否存在利用工会经费发放津补贴、购发购物卡等情况，检查工会经费规范开支情况。4 月 24 日起，执行市总工会《泉州市基层工会经费管理使用若干意见》，严格工会经费收入、工会经费支出、财务管理和检查监督。7 月 3—15 日，开展 2017 年工会经费“1+X”管理使用专项督查，对 2017 年 1—6 月工会经费使用情况进行督查，重点检查是否存在利用工会经费发放津补贴、购发购物卡等情况。

2017 年 10 月 31 日，张希伴在泉州市直机关工会第三次代表大会上作第二届经费审查委员会工作报告。

经审定，2012 年 1 月至 2017 年 9 月，泉州市直机关工会总收入 333. 91 万元。其中补助收入 333 万元，占总收入的 99. 73%，主要是泉州市总工会按照年度预算拨入工作经费；其他收入 0. 91 万元，占总收入的 0. 27%，主要是银行存款利息收入。

2012 年 1 月至 2017 年 9 月，泉州市直机关工会经费总支出 285. 43 万元。其中补助支出 79. 90 万元，占总支出的 27. 99%，主要是用于各系统工会联合会及直属机关工会的经费补助；行政支出 46. 88 万元，占总支出的 16. 42%，主要是用于职业工会工作人员工资、购置电脑、办公费用以及其他行政费等；活动支出 127. 29 万元，占总支出的 44. 60%，主要是用于开展职工教育、文娱、体育、宣传活动等方面的费用，包括组织大型文体宣传活动、报刊宣传等活动费用；业务支出 20. 47 万元，占总支出的 7. 17%，主要是用于各级工会干部培训、基层工会组织建会建家活动、工会开展各项服务工作等费用；维权支出 10. 89 万元，占总支出的 3. 82%，主要是用于慰问困难职工，为职工送温暖活动。2012 年 1 月至 2017 年 9 月，泉州市直机关工会收支相抵结余 48. 48 万元，历年累计结余 174. 92 万元。

2013—2017 年，加强工会经审和财务工作规范运作，工会经费集体研究审批，合法合理使用，财务管理规范有序。对年度机关工会财务会计管理情况进行集中考核，接受审计审查，完成对 43 个基层单位的年度经审工作，落实“1+X”专项督查整改。

（七）文体活动

市直机关工会与市直机关工委联合举办或者承办、协办各种文件活动。（详见第九章社会主义精神文明建设第四节“机关文体活动”）

三、评选表彰

1991—2017 年，共有 3 人获全国劳动模范称号，12 人获全国“五一劳动奖章”；63 人（次）获省部级劳动模范称号，67 人（次）获福建省“五一劳动奖章”称号；152 人（次）获泉州市劳动模范称号。

泉州市直机关 1991 年—2017 年各级劳模统计表

表 11-2　单位：人（次）

年份	全国劳模（先进工作者）	“全国五一劳动奖章”	省部级劳模（先进工作者）	省“五一劳动奖章”	市级劳模（先进工作者）
1991	0	0	3	0	9
1992	0	0	0	0	0
1993	0	0	0	1	0
1994	0	0	1	0	12
1995	0	0	1	1	0
1996	0	0	0	3	0
1997	0	0	4	0	14
1998	0	0	0	1	0
1999	0	0	0	2	0
2000	0	0	3	1	8
2001	0	0	0	1	0
2002	0	0	0	1	0
2003	0	1	2	0	15
2004	0	1	2	4	0
2005	0	0	0	1	0
2006	0	4	0	3	13
2007	0	0	22	2	0
2008	0	3	5	1	0
2009	0	0	4	1	25
2010	1	1	0	6	0
2011	0	1	1	8	0
2012	0	1	3	3	29
2013	0	0	8	3	0
2014	0	0	0	4	0
2015	1	0	1	9	27
2016	1	0	3	5	0
2017	0	0	0	6	0
总计	3	12	63	67	152

说明：2007 年 22 名省部级劳动模范（先进工作者）含批准享受福建省劳动模范（先进工作者）21 名；2009 年 4 名省部级劳动模范（先进工作者）为批准享受福建省劳动模范（先进工作者）4 名；2012 年 3 名省部级劳动模范（先进工作者）为批准享受福建省劳动模范（先进工作者）3 名；2015 年 1 名省部级劳动模范（先进工作者）系认定；2016 年 3 名省部级劳动模范（先进工作者）系认定

全国、省、市级劳动模范（先进工作者）、五一劳动奖章获得者名录

【1991 年】

福建省劳动模范（先进工作者）

戴泉明　　泉州电视台记者
黄仁生　　泉州市市政工程处副主任
叶根元　　泉州市环境卫生管理处驾驶员

泉州市劳动模范（先进工作者）

黄仁生　　泉州市市政工程处
陈文灿　　泉州供销社汽车队
戴泉明　　泉州电视台
张文辉　　福建省梨园戏剧团
刘贤龙　　泉州晚报印刷厂
林栋梁　　泉州晚报社
郑桂秋　　泉州图书馆
叶根元　　泉州市环境卫生管理处

【1993 年】

福建省五一劳动奖章

郑标民　　泉州市公安局交警支队办公室副主任

【1994 年】

部级劳动模范（先进工作者）（建设部授予全国建设系统劳动模范）

车照明　　泉州市清源山风景名胜区管理处主任

泉州市劳动模范（先进工作者）

陈宇尊　　泉州高甲剧团团长
杨云婷　　泉州晚报印刷厂工人
李登俊　　农工党泉州市委主任委员
李惠滨　　泉州市侨联科长
何融民　　民建泉州市委副主任委员
林纯楷　　泉州市公安局干部
陈民团　　泉州市计划委员会主任
李献聪　　泉州市物资局副科长
苏建设　　泉州统计局司机
周贻赐　　泉州市农业局农机站农艺师

庄淑燕　　泉州市环卫处工人

【1995 年】

部级劳动模范（先进工作者）（文化部、人事部授予全国文化系统先进工作者）

许一纬　　泉州市歌舞剧团创作组组长、一级编剧

福建省五一劳动奖章

林丽珠　　泉州市环境卫生管理处驾驶员

【1996 年】

福建省五一劳动奖章

郑文娥　　泉州晚报印刷厂厂长

施志强　　泉州市公安局交警直属大队大队长

苏富达　　泉州市计划生育委员会主任

【1997 年】

福建省劳动模范（先进工作者）

万定芳　　泉州市市政工程处副主任

王仙龙　　泉州市公安局科员

吕忠文　　泉州市艺术馆副馆长

吴世艳　　泉州市卫生局市直卫生党委副书记

泉州市劳动模范（先进工作者）

万定芳　　泉州市政工程处副主任

吴世艳　　泉州市直卫生党委副书记

李得民　　泉州市抗震办主任

吕忠文　　泉州市艺术馆馆长

颜胜美　　泉州晚报社印刷厂工人

王仙龙　　泉州市公安局出入境科科员

周建三　　泉州市公安局交警直属大队教导员

李志芳　　泉州市委办公室电脑操作员

洪贵煌　　泉州市劳动局副科长

郑建程　　泉州市环境卫生管理处副主任

颜卿哲　　泉州晚报社技术部主任

龚万里　　福建省梨园戏实验剧团演员

谢希鹏　　泉州市中级人民法院民一庭庭长

苏维景　　泉州市公安局技侦支队副支队长

【1998 年】

福建省五一劳动奖章

李森建　　泉州市公安局探长

【1999年】

福建省五一劳动奖章

张建才　　泉州市公安局巡警支队直属大队大队长

傅碧珠　　泉州市总工会基层部部长

【2000年】

福建省劳动模范（先进工作者）

蒋亚龙　　泉州市环境卫生管理处驾驶员

刘锡杰　　泉州市人民检察院副处长

谢希鹏　　泉州市中级人民法院庭长

福建省五一劳动奖章

蔡淑华　　泉州市环卫处工人

泉州市劳动模范（先进工作者）

周建三　　泉州市公安局交警直属大队教导员

李志芳　　泉州市委办公室电脑操作员

洪贵煌　　泉州市劳动局副科长

郑建程　　泉州市环境卫生管理处副主任

颜卿哲　　泉州晚报社技术部主任

龚万里　　福建省梨园戏实验剧团演员

谢希鹏　　泉州市中级人民法院民一庭庭长

苏维景　　泉州市公安局技侦支队副支队长

【2001年】

福建省五一劳动奖章

黄松青　　泉州市地方税务局稽查局

【2002年】

福建省五一劳动奖章

林建永　　泉州市国家税务局服务中心副主任

【2003年】

全国五一劳动奖章

颜伟宏　　泉州市地方税务局办公室主任

福建省劳动模范（先进工作者）

颜伟宏　　泉州市地方税务局办公室主任

谢燕南　　泉州市国家税务局局长

泉州市劳动模范（先进工作者）

陈贤智　　泉州市直属机关工会工作委员会

黄双基　　泉州市财政局国库科

王连拱　　泉州市地方税务局征管科
刘聪和　　泉州市环境卫生管理处
陈秉发　　泉州市农业科学研究所
郭　宁　　泉州画院
郭培明　　泉州晚报社
钟指堂　　泉州市公安局巡警防暴支队直属大队
孙瑞川　　泉州市人民检察院反贪局
陈以力　　泉州市青少年宫
黄雅莉　　泉州市国税局进出口税收管理局
郑娅莲　　泉州出入境检验检疫局
黄天凭　　泉州市劳动和社会保障局劳动监察大队
杨繁荣　　泉州市总工会
曾文钦　　泉州市工人文化宫

【2004年】

全国五一劳动奖章

谢燕南　　泉州市国家税务局局长

福建省劳动模范（先进工作者）

陈月昭　　泉州市计生委主任
郑宝珠　　泉州市体育中心

福建省五一劳动奖章

高华达　　泉州市地方税务局信息技术科
王庆福　　泉州市国家税务局办公室
钟指堂　　泉州市公安局巡警防暴支队直属大队
蔡金宝　　泉州市总工会

【2005年】

福建省五一劳动奖章

李祖润　　泉州市环境卫生管理处

【2006年】

全国五一劳动奖章

蔡金宝　　泉州市总工会
刘锡杰　　泉州市人民检察院
傅福荣　　泉州市总工会
陈雄南　　泉州市总工会

福建省五一劳动奖章

何心全 泉州出入境检验检疫局
林丽珠 泉州市地税征收分局
施能泉 泉州晚报社

泉州市劳动模范（先进工作者）

王景贤 泉州市木偶剧团
王德辉 泉州市园林管理局绿化管理所
陈 曦 泉州市环保局
张国荣 泉州市煤炭工业行业管理办公室
林立红 泉州市检察院
林峰毅 泉州市房屋管理所
施峥嵘 泉州市环境卫生管理处
洪一新 泉州市总工会
洪完明 泉州市中级人民法院
钱飞鸣 泉州市农办人秘科
黄永超 泉州电视台
黄江全 泉州市公安局
赖尾兴 泉州市安全生产监督管理局

【2007 年】

福建省劳动模范（先进工作者）

陈月昭 泉州市计划生育委员会主任

福建省五一劳动奖章

杨更生 福建省公安厅交警总队泉州高速公路支队支队长
郑群星 泉州国电发电有限公司

2007 年 5 月新一批享受省部级劳动模范人员

洪序酒 泉州市水土保持委员会主任
吴观福 泉州市供销合作社联合社主任
王重庆 泉州市科学技术委员会主任（已病故）
黄金九 泉州市建设委员会副主任
陈太平 泉州市人事局局长
王惠榕 泉州市林业局副局长
伍秀枞 泉州市妇女联合会主席
陈欠水 泉州市残疾人联合会副处级干事
吴共湖 泉州市建设局局长
郭景仁 泉州市归国华侨联合会副主席
骆灿堂 泉州市委政法委书记

曾静萍 福建省梨园戏实验剧团团长

林建春 泉州市委宣传部副部长、文明办主任

陈元殿 泉州市水利局局长

吴友平 泉州市粮食局局长

杨逸蓉 泉州市林业局局长

李火生 泉州市民政局救济科科长

骆良益 泉州市民族与宗教事务局局长

龚万全 泉州市文化局局长

蔡文雄 泉州市城镇集体工业联合社办公室主任

刘文儒 泉州市建设局局长

【2008 年】

全国五一劳动奖章

孙志平 泉州市人民检察院

洪一新 泉州市总工会

郑宝珠 泉州市体育局

福建省劳动模范（先进工作者）

陈成联 泉州市房地产管理局

陈永水 泉州市农业科学研究所

林丽珠 泉州市地方税务局征收分局

洪完明 泉州市中级人民法院

陈英杰 泉州晚报社

福建省五一劳动奖章

郑宝珠 泉州市体育局

【2009 年】

福建省五一劳动奖章

王增加 泉州市地方税务局局长

泉州市劳动模范（先进工作者）

王金水 泉州市委党校理论研究室主任、教授

郑玉冰 泉州市委市直机关工作委员会委员、组织部部长

叶汉成 泉州市行政执法局直属大队 110 联动中队中队长

许文坤 泉州市委办公室通讯员

温双庆 泉州市环保局自然生态保护科科长

祁世尧 泉州市府办车队长

洪冬青 泉州市委组织部知工办主任

周必循 泉州市总工会经保部副部长

游玫洁　　泉州人民广播电台节目主持人
许兆恺　　泉州市图书馆馆长
卓晨雷　　泉州市委统战部机关工会主席
郑　敏　　泉州中级人民法院审判员
王惠清　　泉州市发改委行政审核审批科科长
梁柏良　　泉州市物价局党总支专职副书记
王春阳　　泉州市经委电力与资源利用科科长
庄绍宁　　泉州市住宅统建事务所副主任
丁一红　　泉州市房地产交易与房屋权属登记发证处科长
苏春花　　泉州市农校讲师
傅文泽　　泉州市农科所旱粮研究中心主任
连建成　　泉州市公安局巡特支队特警大队一中队指导员
郁晓文　　泉州市公安局交警支队指挥中心指挥长
薛文生　　泉州市环境卫生管理处机械修理工
陈　娟　　泉州出入境检验检疫局政工科科长
郑秀婷　　泉州市地方税务局征收分局办公室主任
黄育文　　泉州市国家税务局征管科科长

2009 年新一批享受省部级劳动模范人员名单

刘明亮　　泉州市对外贸易经济合作局局长
陈文堃　　泉州市委机构编制委员会办公室主任
辜景峰　　泉州市统计局局长
吴中培　　泉州市科技局局长

【2010 年】

全国劳动模范名单（先进工作者）

曾静萍　　福建省梨园戏实验剧团团长

全国五一劳动奖章

韩卫华　　泉州市政府办公室副调研员

福建省五一劳动奖章

苏承改　　泉州市地方税务局纪检组长
彭流枝　　泉州市建设局建设系统工会副主席
杜志刚　　泉州市环卫处副主任（环卫节授予奖章）
郭川水　　泉州市发展和改革委员会调研员、泉州市铁路建设办公室主任
林素琴　　泉州市直交通系统党委专职副书记、泉州市高速公路建设指挥部征迁处负责人
吴群德　　泉州市发展和改革委员会党组书记、主任

【2011 年】

全国五一劳动奖章

赖畅水　　泉州市总工会党组书记、常务副主席

省部级劳动模范

邱华彪　　泉州市经济贸易委员会科员

福建省五一劳动奖章

洪建农　　泉州市西北洋滞洪排涝工程管理处主任

杨永强　　泉州市人民检察院检察员

洪珊珊　　泉州电视台新闻中心记者

万淳慧　　福建中国闽台缘博物馆党政办公室主任

吴伟忠　　泉州市殡葬管理所办公室主任

陈小玲（女）　泉州市总工会经保部部长

郑志勇　　泉州海事局政务中心主任

黄国华　　泉州市交通局路政科科长

【2012 年】

全国五一劳动奖章

王景贤　　泉州市木偶剧团团长、党支部书记

享受省部级劳模待遇人员

刘思源　　泉州市司法局法规教育科科长

何坚强　　泉州监狱三大队大队长

黄秋水　　安溪丰田国有林场技师

福建省五一劳动奖章

林立红　　泉州市人民检察院检察员

游玫洁　　泉州人民广播电台节目主持人

傅文泽　　泉州市农业科学研究所旱粮研究中心主任

泉州市劳动模范（先进工作者）

马仙玉　　泉州市委党校哲学教研室副主任

尤竞飞　　泉州市气象局气象业务管理人员

王建南　　泉州市中级人民法院司法警察支队支队长

王晓峰　　泉州市委统战部宣传信息中心主任

刘咏梅　　泉州市审计局行政事业审计科科员

刘素玉　　泉州市市政公用事业管理局财务科科长

庄国建　　泉州市委宣传部网络舆情科科长

许旭颖　　泉州市人力资源和社会保障局主任科员

张伟勇　　泉州市公安局出入境管理处科员

杨凯扬　　泉州市政府办电子政务服务中心主任
沈诵酬　　泉州市人大常委会行政科科长
苏紫燕　　泉州市检察院检察员
邱江鸿　　泉州市知识产权局副局长
陈玉华　　泉州市委办公室驾驶员
陈劲峰　　泉州市城市卫生管理考评中心市政设施组组长
陈俊杰　　泉州市强制隔离戒毒所所长
陈剑洪　　泉州市农科所油料中心副主任
陈洋锋　　泉州市政协研究室宣传调研科副科长
陈娟娟　　泉州市高甲戏剧团演员
季建刚　　泉州市地方税务局征收分局副局长
郑朝晖　　泉州出入境检验检疫局卫生检疫监督科科长
洪亚清　　泉州市委组织部办公室副主任
郭　瑜　　泉州市财政局教科文科主任科员
曾源福　　泉州市经贸委中小企业科科长
蒋舒翔　　泉州市对外贸易经济合作局办公室副主任
蔡伟忠　　泉州市住建局村建建设科长
潘向前　　泉州市委市直机关工委党总支专职副书记
颜俊伟　　泉州市统计局办公室主任
戴天圣　　泉州市安监局副局长

【2013 年】

福建省劳动模范（先进工作者）

黄永超　　泉州广播电视台工会主席
王建南　　泉州市中级人民法院法警支队支队长
洪建农　　泉州市西北洋管理处主任、支部书记
刘素玉　　泉州市市政公用事业管理局计财科科长
王　芳　　泉州市工商局科长
童欲晓　　泉州市地税局主任
郑朝晖　　泉州出入境检验检疫局卫检处卫生检疫科科长
郑志勇　　泉州市海事局政务中心主任

福建省五一劳动奖章

叶舒畅　　泉州市发展和改革委员会调研员（享受正处级领导待遇）
黄俊杰　　泉州市交通运输委员会副主任
潘新雅　　泉州市交通运输委员会副主任

【2014 年】

福建省五一劳动奖章

林志铭　泉州市人民检察院反贪局政委

陈娟娟　泉州市高甲戏传承中心副团长、国家一级演员

林培山　泉州市委宣传部市直宣传系统党委办公室主任

吕联合　泉州市水利局水土办主任

【2015 年】

全国劳动模范（先进工作者）

李白燕　泉州市南音传承中心副团长

福建省劳动模范（先进工作者）

叶宾宾　泉州市气象局气象台台长（认定）

福建省五一劳动奖章

吴家阳　泉州晚报社总编室主任

林丽玲　泉州市总工会女职工部部长

王加贺　泉州市人民检察院侦查监督处副处长

金　星　福建省公安厅交警总队泉州高速公路支队副支队长

黄忠族　泉州出入境检验检疫局宣传科科长

吴鸿荣　泉州市委组织部市直党群系统党委办公室主任

李秀梅　泉州市水利局监察室主任

吴永德　泉州市交通运输委员会调研员

庄瑜蓉　泉州市地方税务局规费科科长

泉州市劳动模范（先进工作者）

王　烽　泉州海事局财务会计处处长

王月娇　泉州市政协办公室人秘科机要秘书、《泉州政协》编辑部干部

王江波　泉州市委党校市情研究所副所长、科研处副主任

王金星　泉州市纪委党风政风监督室副主任

王昭昭　泉州市委统战部办公室主任

王哲林　泉州市国家税务局大企业税收管理局局长

刘跃军　泉州市环境卫生管理处职工

刘锡海　泉州市地方税务局人教科科长

庄丽芬　泉州市南音传承中心演员

吴妹妹　泉州市委台湾工作办公室科长

张晓阳　泉州市市政工程管理处主任

张素卿　泉州市审计局经济责任审计科科长

李志燕　国家统计局泉州调查队商业调查科科长

陈丽水　泉州市委机构编制委员会办公室副科长
陈宗仁　泉州市住建局城建科科长
陈智明　泉州市委办公室驾驶员
卓树丛　泉州市委组织部办公室副主任，兼任泉州市党员电教中心主任
林坚栋　泉州市经信委经信系统党委办公室主任
林清伏　泉州市政府办公室综合科科长
林渊辉　泉州市节能监测中心主任
郑宗星　泉州市安全生产执法支队职员
郑洪波　泉州市公安局办公室副主任
黄秀云　泉州市质量技术监督局计量科科长
曾国泉　泉州市城市管理行政执法局执法综合科科长
蔡　亮　泉州市人民检察院公诉处助理检查员
颜硕丰　泉州市委农工办扶贫小康科科员
薛　蓉　泉州市公安局技侦支队二大队大队长

【2016年】

全国劳动模范（先进工作者）

陈娟娟　泉州市高甲戏传承中心副团长、国家一级演员

福建省劳动模范（先进工作者）

曾国泉　泉州市城市管理行政执法局执法综合科科长（认定）
洪国联　泉州市海洋与渔业局（认定）
龚时荣　泉州市发展和改革委员会主任科员（认定）

福建省五一劳动奖章

李晓玫　泉州市人民检察院民事行政检查处副处长
许景源　泉州市环境卫生管理处主任
黄炯奇　泉州市发展和改革委员会系统党委办公室主任
庄稼汉　泉州市住房公积金管理中心主任科员、党总支副书记
蔡如明　泉州市地方税务局科长

【2017年】

福建省五一劳动奖章

陈成业　泉州市委组织部办公室副主任
连细春　永春碧卿国有林场生产技术股股长
蔡如明　泉州市地方税务局科长
庄丽榕　泉州市地方税务局主任科员
郑玉珍　泉州市城市管理行政执法局机关党委专职副书记
杨更生　福建省公安厅交警总队泉州高速公路支队支队长

第二节　共青团工作

一、组织机构

1949年1月，中共中央作出《关于建立中国新民主主义青年团的决定》。泉州的中共组织加强对青年工作的领导，在党组织的活动区域内建立新民主主义青年团（简称新青团组织）。1950年6月，成立新青团福建省泉州地方工作委员会，基层单位开展团的活动，发展团员。1953年6月，地直机关党委成立之后，加强对共青团工作的领导，列入党委工作计划，成立共青团晋江专区直属机关委员会。1955年4—9月发展团员38名。

1956年8月30日，地直机关党委对加强工会、共青团工作提出要求，地直各党总支、党支部加强对共青团工作的领导和指导，发挥共青团组织在完成党的各项工作任务中的助手作用。

1963年，召开共青团专直机关第四次代表大会，选举产生共青团专直机关第四届委员会。

1966年5月"文化大革命"开始，共青团组织处于瘫痪状况。1968年9月，共青团晋江地委划归晋江专区革委会政治处组织组。1971年3月，专直单位共有团支部71个、团员1352名。

1971年7月起，分期分批开展整团建团工作，进行思想和政治路线教育，在思想整顿的同时进行组织整顿。在整团建团中，重视抓好团组织班子建设，地区电信局、泉州电厂、省五建、省地质六队等团员青年较多的单位，配备专职团干部。整团建团较早的单位，挑选一批经过锻炼、表现好的团员参加各级共青团组织的班子。

1972年3月24日，经地直机关党的核心小组同意，成立泉州电厂团委。至12月，地直71个团委会、团支部，1421名团员，多数已整顿完毕。在整团基础上建立团委会4个、团支部45个，发展新团员118名，办理477名超龄团员离团。至1973年4月，地直54个单位，完成整团建团的53个单位，共建立团委会4个、团总支2个、团支部53个，发展新团员161名，做好597名超龄团员离团工作，输送10名共青团员加入中共党组织。

根据"中共晋江地委关于召开共青团晋江地区第一次代表大会的决定"精神，为了迎接地区首次团代会的召开，进一步发挥地直各级共青团组织的作用，地直机关党的核心小组决定1973年4月召开共青团地直机关第五次代表大会。3月22日，成立筹备工作领导小组，由郑博、郑奇、王一峰、张金煜、陈其山、林金发、辛天赐、柯玉春、林文明等9人组成，下设办公室。

1973年4月24—26日，召开共青团晋江地直机关第五次代表大会，应到会代表111人，实到会代表107人。大会议程：受地直机关团代会筹备领导小组委托，吴业伟作题为《坚定地沿着毛主席指引的青年运动方向奋勇前进》的工作报告；选举产生共青团晋江地直机关第五届委员会委员16名，其中共产党员2名，女委员7名，平均年龄21.6岁；选举产生出席共青团晋江地区第一次代表大会代表；通过代表大会工作报告的决议。地委副书记洪海出席大会，地区革委会政治处负责人杨启章讲话。

1973年4月27日，召开第五届第一次全体委员会会议，通过7名常委、2名副书记名单。5月3日，地直机关党的核心小组向地委报送《关于成立“中国共产主义青年团晋江地区革委会直属机关第五届委员会”的请示报告》。7月22日，启用“中国共产主义青年团晋江地区直属机关委员会”印章。8月，地委以晋地委〔1973〕054号文件批复，同意共青团晋江地区直属机关委员会以叶雅英、许秋贵、吴业伟、吴惜、陈少如、陈国平、陈婉芳、林文明、张汉富、张金煜、郑景旗、胡杏娜、洪静华、郭振发、高缘红、蔡伟南等16人组成；常务委员会由叶雅英、吴业伟、林文明、张金煜、胡杏娜、洪静华、郭振发等7人组成；吴业伟、林文明为副书记。

1976年以后，地直机关团委班子成员由于工作调动等原因，变动较大。1978年4月，建立临时团委。1979年1月，配备一名专职团干部，团的工作正常开展。开展做合格团员教育，改选团支部委员会，建立健全规章制度，抓好松散、瘫痪团支部整顿，省属、地属厂矿、学校召开团代会。1980年，蔡炳文兼任地直机关团委书记。

1981年10月13日，召开共青团晋江地区直属机关第六次代表大会，代表200人，选举产生第六届团委。10月26日，地直机关党委批复：第六届团委由刘农民、吕良茴、朱淑宝、李宣锋、吴中培、吴海味、苏少宁、林大本、林虹、林林、张修本、张景如、郑宗实、施志河、洪静华、江联来、谢建等17人组成。吕良茵、洪静华、吴海味、施志河、张修本、张景如为常务委员。吕良茴任书记，洪静华任副书记。同年，吸收新团员581名，307名超龄团员办理离团手续，35名团员加入中国共产党。

1984年3月1日，张子教任地直机关团委书记，免去原任书记、副书记职务。

1986年1月，泉州市升为地级市，地直机关团委改为市直机关团委。在青年比较多的系统建立团委会或团总支，配专职或兼职团干1—2名。

1986年10月3日，市直机关党委批转市直团委《关于市直团的组织机构设置的报告》，理顺泉州市升为地级市后市直团组织隶属关系，团组织设置在原有基础上进行调整、充实、组建，建立系统团委、团总支，直属基层团委，其团务工作由市直团委领导。省、市属单位团组织已归系统的由系统团委、团总支领导，未归系统的由市直团委直接领导。系统团委会、总支部委员会，直属基层团委会及其他组成人员按团章规定选举产生后报市直团委审批。正、副书记按干部管理权限报批，是党员的应列席同级党委有关会议，阅读有关文件。

1987年开始，市直团委对团组织进行调整、充实、组建工作，理顺团组织隶属关系，直接领导市直经委、计委、财委、农委、建委、政法、宣传、教育、卫生、市府办、文化、外经12个系统团委和市委机关、科委、统战、泉州电大分校4个系统团总支，以及泉州师专等23个基层团委。

1989年6月，在市直单位颁发团员证，加强基层团组织建设，发挥共青团的助手作用、突击队作用和桥梁作用。

1999年上半年，成立14家新经济组织团支部，加强对其工作指导，派出干部到清濛科技开发区讲授团课，取得良好效果。

2000年，泉州市直机关共青团工作委员会委员设立。继续做好市直非公有制经济组织建立团组织工作，共批复新建团组织22个。

2007 年上半年，举办市直团干部培训班，进行团的建设业务知识培训。

2012 年，市直共有团委 30 个、团总支 10 个、团支部 146 个、团员 3011 人。2013 年，共有团委 121 个、团总支 46 个、团支部 914 个、团员 23319 人。

2000—2017 年，市直机关团工委历任书记：倪景云、黄文成、刘锡山、蔡梓林、黄俊荣、陈涌、吴艺晖、黄华君、蔡裕厚。

二、主要活动

（一）思想教育

1953 年，进入社会主义改造时期，组织团员、青年学习中共中央在过渡时期的总路线，号召团员在社会主义建设中发挥突击作用。

1958 年，组织团员、青年学习马列主义、毛泽东思想，进行坚持社会主义道路的思想教育。1960 年，在团员、青年中建立学习毛泽东著作小组，掀起学习毛泽东著作热潮。

1963 年 3 月，地直各单位团组织引导团员、青年开展“向雷锋同志学习”活动。以雷锋为榜样，把做好本职工作与共产主义远大理想结合起来。通过广播、简报、专刊等形式宣传本单位学习雷锋中涌现出来的好人好事，推动劳动竞赛开展。各级团组织围绕党在各个时期中心工作，开展适合青年特点的活动，组织以团员为主的业余文艺宣传队（宣传组）、自编自演节目，宣传毛泽东思想，宣扬本单位的新人新事新风尚。一些单位团组织建立图书阅览室，开展读书活动。多数单位团组织坚持开展经常性多种多样文体活动，利用节假日组织各种比赛。

1964 年，组织学习共青团第九次代表大会精神。机关团组织恢复开展机关文体活动，坚持广播操，组织会操、爬山、射击，获泉州市会操评比一等奖、万人登山成绩优良奖。

“文化大革命”开始后，共青团组织处于瘫痪半瘫痪状况，团员的思想教育活动基本停止。1971 年 7 月，分期分批开展整团建团工作，进行思想和政治路线教育，提高团员三大觉悟。整团后，建立健全学习和组织生活制度，地区师范学校、地区轻机厂、地区电信局、省五建团组织坚持每个月召开一次团员大会，上一次团课，过一次团小组生活会。

1972 年，对团员青年进行思想和政治路线教育、组织纪律性教育。围绕中心工作，开展适合青年特点的活动，做到学习好、工作好、身体好，发挥共青团组织在三大革命斗争的积极作用，成为党的好助手。4 月 14 日，晋江地区革命委员会政治处印发《关于开展“五四”青年节纪念活动的通知》，组织团员青年学习毛泽东《五四运动》《青年运动的方向》，以基层团委和团支部开展革命传统教育、共产主义道德品质教育，开展向模范共青团员张江学习活动。

1973 年，纪念毛泽东等老一辈革命家学习雷锋题词发表 10 周年，掀起学习雷锋热潮。抓紧团组织建立健全工作，健全团内活动，每星期开展一次团的活动，每季度上一次团课。加强对青年培养教育，做好发展团员工作。超龄团员占团员总数的比例较大，分期分批办理离团手续。组织团员开展文体活动，唱革命歌曲，开展球类比赛，有的单位组织业余文艺宣传队，活跃业余文化生活。

1978 年 12 月，中共十一届三中全会召开后，组织团员青年开展“争当新长征突击手”活动。

1979年8月10日，地直机关党委研究地区“新长征突击手”8人：国家广播事业局641台陈祖雄、冶金地质一队潘桂兰、晋江地区公安处吴春来、泉州罐头厂林扬扬、福建梨园剧团陈美拉、省五建陈松海、泉州汽车分公司蔡伯达、泉州冷冻厂陈江路。出席省表彰大会：陈祖雄、潘桂兰。“新长征突击队”：省五建翻斗车小组、省地质9队932钻机组。陈祖雄被评为全国“新长征突击手”。

1982年，把学政治、学理论、学文化、学科学作为青年工作的重点，围绕党的工作中心，开展各种适合青年特点的有益活动。从“史”入手开展“三热爱”教育，坚持用共产主义道德陶冶青年情操，开展“创一流、争贡献”，争当“新长征突击手”活动，发挥先锋突击作用。整顿各级组织和班子，开展“创先进团支部”活动、“合格团员”教育和团干培训，不断提高共青团组织战斗力。

1983年，贯彻中共十二大和共青团十一大精神，开展读书活动，组织团员青年学习《邓小平文选》。开展“三优一学”“振兴中华”歌咏活动以及各种文化体育活动，寓“五讲四美三热爱”教育于生动形象、有趣有益的形式之中。通过“创先进团支部”“争当新长征突击手”活动，鼓励团员青年学习成才，成为有理想、有道德、有文化、守纪律的一代新人。

1985年，开展“创先进团支部”“争当新长征突击手”“学习整党文件”“读书会”活动，支持鼓励青年自学成才。

1989年11月7—11日，举办市直单位学习江泽民在庆祝中华人民共和国成立40周年大会上的讲话读书班，市直（含省属单位）各团委、团总支书记、部分团支部书记参加。

1995年，举办各类培训班、研讨会、知识竞赛等。把《邓小平文选》作为政治理论培训和思想教育的重要教材。清明节期间，组织市直400多名青年志愿者开展为泉州市革命烈士纪念碑植树活动，进行一次深刻的思想教育。

1996年，以纪念五四运动，纪念红军长征胜利60周年为契机，开展“爱国、成长、奉献”系列教育活动。

1998年，根据市委提出的“振奋精神、再创新业”要求，以此为主题，在《泉州青年报》进行宣传报道，在团员青年中组织宣传教育、学习讨论活动；团市委与市直机关工委联合召开市直机关青年“争创青年文明号、争当青年勤政标兵”座谈会。

2001年，组织市直单位团员青年参与“早日站在党旗下”主题教育活动。利用重大纪念活动，对市直青年进行政治思想教育，举办学习班学习江泽民在庆祝中国共产党成立80周年大会上的讲话。

2002年11月，举办市直团干部学习中共十六大精神辅导讲座。继续深化市直团员青年“三个代表”重要思想学习教育活动，引导基层团组织开展“青”字号活动，实施两个工程，加强青少年思想教育活动。

2004年，开展创建学习型团组织活动，每星期一为团委“学习日”，推进团干部学理论、学科技、学经济、学业务。开设青年论坛，邀请专家学者作主题报告。围绕“青春、理想、创业”主题，开展青年才艺技能表演赛，动员组织团员青年树立正确的学习观，落实科学发展观，为建设海峡西岸经济区中部枢纽城市奉献青春。

2005年，围绕建设学习型团组织，继续深化“新世纪青少年读书计划”，在第二届市直青年科技文化节中开展“月读悦读”读书活动，联合市青促会举办读书诵读活动，组织市直各团组织订阅

《中国青年报》。9月，组织市直及青工战线团员青年开展增强团员意识教育活动，组织参与市直单位"学理论、知团情"党团知识竞赛、团干部讲团课竞赛活动、"我为团旗添光彩"主题团日活动、"增强团员意识　服务和谐社会"主题实践周活动、"高举团旗跟党走、立足泉州献青春"主题团日活动。

2006年3月开始，在青少年中开展社会主义荣辱观教育，理解其时代背景、重要意义、丰富内涵。强化实践育人，围绕"八荣八耻"要求，开展生动活泼、丰富多彩的道德实践活动，争当社会主义荣辱观实践者。以建党85周年、红军长征胜利70周年、五四运动87周年等重大活动、重大事件和重大节庆日为契机，广泛开展"民族精神代代传"等主题教育活动。

2009年，为学习和弘扬"惠女精神"，市直团工委根据团市委要求向机关青年发出倡议，组织各级团组织深入现场学习，并协助发行泉州青少年思想道德教育读物《泉州合力之惠女精神青春丰碑》画册。组织开展"泉州青年支援灾区重建先进事迹报告会""抗震救灾诗歌吟诵会"等一系列活动，大力弘扬抗震救灾精神。

2011年，发动市直单位、驻泉部队团员青年参加泉州市革命烈士陵园举办的泉州市青少年祭扫烈士墓活动。

（二）主题活动

1995年，组织学习江泽民"七一"讲话，开展学党章活动。抓好团建，全面铺开向党组织"推优"工作，健全各级团组织。开展"青年文明号"活动，全面开展争当"青年岗位能手"活动。举办市直团干部培训班，指导和帮助市直团组织举办培训班。举办青少年宫之夏市直青年经济讲座，开展市直、洛江团支部"结对联建"活动。根据青少年特点，开展"青年志愿者学雷锋活动月""十佳评选"活动，培养青少年积极向上、努力进取的精神。

1997年，根据青少年特点，组织"青年志愿者"和举办少年军校等主题活动。

1998年，贯彻全国团代会精神，围绕培养跨世纪人才，开展适合青少年特点，形式多样、内容丰富的主题活动，举办"青少年宫之夏"知识讲座，成立市直青年健身俱乐部，继续举办少年军校，引导和培养青年树立追求知识的创新精神和文明高尚的思想道德情操。在新经济组织中开展创建示范单位活动，推动新经济组织团建工作。6月，动员组织各级青年文明号投身服务"三大活动"热潮，召开泉州市表彰1997年度"青年文明号"暨服务三大活动动员大会。

1999年，以纪念五四运动80周年为契机，开展各种适合青少年特点的主题活动，引导和培养广大青年树立追求知识的创新精神和文明高尚的思想道德情操。

2000年，协调市直各系统做好"青年文明号"创建工作，规范市级"青年文明号"的申报、考核、命名工作。设立号码96866315为市"青年文明号"活动监督语音信箱，并聘请20名为"青年文明号"特邀监察员。

2001年，协调市直各系统做好"青年文明号"创建工作，组织开展"青年文明号"信用建设示范月活动。

2002年，组织市直单位团员青年参加团市委志愿者、庆祝建团80周年及节假日重大活动。

2004年，开展市直团建工作检查，市直、驻泉省部属单位分成7个大组，通过一查、二谈、三访形式，对各单位团员思想教育、团组织建设、共青团活动进行检查，促进团建水平的提高。

2005 年，组织市直、驻泉省部属单位团组织参与“共青团城乡百千万工程”活动。7—9 月，参与市直机关工委、团市委、市人事局、市青年联合会、泉州晚报社、泉州电视台、省一九七煤田地质队联合开展的以“快乐学习、快乐工作、快乐成长、快乐生活”为主题的第二届市直青年科技文化节活动。召开总结表彰会，评选活动创新奖、组织奖，并对演讲比赛、读书征文、岗位技能竞赛等专项活动进行评比表彰。

2007 年，围绕开展“保持共青团先进性一泉州青年先锋”行动，深化“五四红旗团委”“五四红旗团支部”创建活动。上半年，加强对泉州市直机关青年中心的工作指导，扩大青年中心的影响力，以中心为主，以市直单位团组织为依托，开展“活力机关 青春家园”主题系列活动。

2008 年，组织“建设先行区、青年当先行”泉州市区“青年文明号”优质服务示范月活动。

2009 年，开展“提速增效促发展、尽心尽责作奉献——争当人民满意的青年公务员（公职人员）”主题实践活动。加强团员队伍建设，继续深化“保持共青团先进性——泉州青年先锋行动”，采取有效措施切实做好团员管理基础性工作，坚持做好市直团员发展工作和“推优入党”工作。

2012 年，在全市“青年文明号”集体中开展“争当勤廉表率推进二次创业”主题实践活动和争创“勤廉示范岗”活动

（三）表彰先进

1990 年 4 月 25 日，市直机关党委、团市委联合表彰刘兆麟等 38 人为市直“关心、支持企业青年工作的好领导”，表彰一批贯彻党的路线方针政策，以培养工人阶级新一代为己任，以治理整顿深化改革为目标，为促进企业青年政治、技术、素质提高，关心支持企业团组织开展各项活动的好领导：

刘兆麟、王来成、林国茨、陈泽良、傅子污、林赞贵、刘荣川、郑云南、戴昌辉、邱水龙、
李加励、何永贤、王建明、蔡永辉、许奕权、洪天赐、吴仪秧、王忠智、黄凌晖、颜清波、
吴江北、郑文斌、陈延朝、李必生、杜丕足、陈文富、曾文送、谢如川、张建忠、卓秀华、
陈晓灵、龚诗楷、周贻赐、李今民、吴谨度、田健全、林世雄、黄锦堂

1991 年 7 月 1 日，市直机关党委、共青团泉州市委联合表彰王忠智等 38 人为“关心支持企业共青团工作好领导”：

王忠智、江银其、高金辉、石幼钦、庄金山、蔡耀祖、林和发、林敦亮、蔡丹炘、吴活水、
庄垂昌、曾文送、苏天赐、倪看水、刘荣川、柳荣金、郭桂彬、戴昌辉、陈瑞国、陈贻凤、
吴元寿、陈奕培、林宗英、范柳青、黄杨寿、刘兆麟、刘征瑞、郑文斌、陈春华、许书远、
陈昆良、江多福、黄衍宝、汪奕明、杨永安、林汉津、许伦敦、郑建新

1995 年，组织市直青年参与市直机关工委、泉州晚报社、泉州电视台联合主办的“评选市直单位十佳青年”。

1999 年，在纪念五四运动 80 周年活动中，配合开展“百佳十杰”推荐评选工作，共推荐 30 名候选人，有 15 人当选“百佳”，3 人当选“十杰”。国庆节期间与劳动部门联合举办新经济组织青工岗位能手赛，表彰一批市级青年岗位能手。

2000 年 4 月下旬，举办旅游系统青年岗位能手赛，33 人获奖。

2005 年，组织开展“五四红旗团委”“五四红旗团支部”创建活动。五四青年节前表彰一批市直团建先进单位与个人，扩大市直团组织的影响力，推进市直团建工作。贯彻市委关于人才强市战略，推进“海峡西岸青年创业行动”和“魅力泉州青年文化行动”活动，培养一批青年典型。6 月 28 日，市直机关工委、团市委、市人事局、市青年联合会、泉州晚报社、泉州电视台联合表彰王艺彬、王志强、方一明、庄卫东、孙志平、吴滨如、陈玉树、周斌、柳璟、傅志雄 10 人为“泉州市市直十佳青年”称号，团市委同时授予“泉州市新长征突击手”称号；刘建安、许行伟、苏悦、陈寅生、周金火、郑理玲、涂朝阳、黄少鸿、梁球寿、蔡向阳获“泉州市市直十佳青年”提名奖。举办“青年文明号”优质服务示范月活动，确定一批市级青年文明号优质服务标杆单位，进行授牌命名。完善“青年文明号”创建活动机制，加强“青年文明号”集体自我管理自我服务能力与机制建设，评选表彰全市“十佳青年文明号”。推进青年岗位能手和青工技能培训活动，开展青年岗位能手竞赛、表彰。

2008 年，指导基层青年突击队组建、参加省市竞赛活动，并与市发改委等部门联合表彰一批省市重点项目建设先进青年突击队、优秀青年突击手。为弘扬抗灾精神，与泉州电业局联合表彰一批支援闽北地区抗冰抢险保供电的先进青年突击队、优秀青年突击手。

2010 年，开展“建设先行区、青年当先行”泉州市区“青年文明号”优质服务示范月活动。开展新一批市级“青年文明号”评选命名表彰，表彰 77 家市级“青年文明号”，获省级“青年文明号”称号 25 个单位。创建集体被团省委及省有关行业评为 2010 年度省级“青年文明号”称号。

2012 年，开展“争当勤廉表率、推进二次创业”青年岗位能手赛活动，共有 126 名一线青年职工参加，22 名青年职工被授予“泉州市青年岗位能手”称号，2 名一等奖获得者被授予“泉州青年五四奖章”。

（四）劳动竞赛

1996 年，市直旅游、服务窗口开展“金秋迎客”青年群体竞赛活动、“港口与泉州青年海岸行”活动。

1998 年，开展“百、千、万”青年技术练兵、岗位能手赛活动。

2002 年，为庆祝中国共产主义青年团成立 80 周年，以“永远跟党走，青春献十五”为主题，开展“青年文明号”创建，青工创新创效及青年岗位能手赛活动。

2007 年，开展青工培训活动，开展青工岗位练兵、技能比武活动，选择试点单位开展“海西青春蓝领计划”。

2007 年，联合有关部门开展全市性青年岗位能手竞赛，评选表彰一批青年岗位能手活动先进集体和个人，以青工技能训练为抓手，进一步推进青年岗位技能竞赛活动。

2009 年，推进“青春奉献在海西・重点工程立新功”主题竞赛活动，抓好省市重点建设项目青年突击队活动。开展“建设先行区，青年当先行”泉州市“青年文明号”优质服务示范月活动。

2012 年，联合市行政服务中心、市旅游局、泉州高速公路公司开展青年岗位能手赛，参与人数 980 多名，表彰 38 名青年岗位能手。

（五）志愿服务

1996年，开展青年志愿者新春奉献活动、新春青年志愿者希望工程呼唤爱心宣传募捐活动，在3月学雷锋活动期间开展义修、义诊等青年志愿者活动；结合党的工作中心，结合创卫工作，开展“爱我名城”系列活动，市直970多名青年志愿者上街清扫卫生。推进“服务万村行动”，开通泉州到福山客运线，并合作开发100亩龙眼果园。

1998年3月，在学雷锋活动中组织开展“共建文明卫生小区”创卫行动。

2001年，开展青年志愿者活动，配合保护母亲河活动，发动市直单位捐植“21世纪青年林”。

2006年，在“3·5”“12·5”继续组织开展市直青年志愿集中服务活动，推动青年志愿服务活动持续开展。组织青年志愿者为泉州举办的旅游文化节等重大活动提供志愿服务，组织志愿者到农村开展志愿服务，扩大志愿服务影响力。

2009年，发动市直单位团组织、团员青年开展抗震救灾捐赠爱心款共12万元和“扬南少林雄风，根植大泉州精神”青年林捐款活动，共募捐102650元。

（六）慰问帮扶

1995年，组织市直青年志愿者老区行学习服务团到安溪、南安学习服务，行程几百公里，为老区人民办好事、实事，受到老区人民的欢迎。开展青年志愿者活动和希望工程1+1助学行动。

1996年，组织开展“向龙岩灾区献爱心”活动，发动团员青年发扬“一方有难，八方支援”精神，奉献爱心，当场捐款8000多元。开展青年志愿者新春奉献活动、新春青年志愿者希望工程呼唤爱心宣传募捐活动。泉州中旅社团支部捐资上涌乡15个失学儿童上学直至小学毕业，并捐赠部分衣物、学习用品。市公安局刑警大队团支部负责马甲芦田村5名失学儿童的学杂费及部分生活费。省五建团委与惠安“建筑之乡”东园锦川村开展联建活动，主动送科技下乡。

1998年，开展“青年文明号助万家”活动，为困难群众，孤残对象和下岗职工提供生活照顾、医疗保健、子女家教等服务。以慰问孤寡老人、残疾人、特困户为重点，开展以青年志愿者“送温暖、献爱心”“青年文明号助万家”、少先队员“雏鹰假日小队手拉手文明行动”为主要内容的“讲文明、树新风”活动。12月，开展“联建结对”活动。

2000年，组织开展和引导开展以“统一活动日”“服务卡进万家”为主题的活动。

2001年，在各级青年文明号集体中开展助残活动，举办中国手语培训班。

2002年，以“青年文明号信用建设示范行动”为重点，开展“号户结对”“服务卡助万家”“号手联动”“青年文明号进社区”系列活动。

2006年，开展“三下乡”“健康直通车开进千村万户”“青年文明号结对帮扶农村”等活动，引导团员青年为社会主义新农村建设服务。在重大节日期间，特别是春节、五四青年节期间集中开展“真情助困进万家”活动。

2008年，组织团组织和“青年文明号”集体（创建单位）以“爱心同行”为主题，开展“共青团城乡互动联动工程”“青年文明号结对帮扶”“真情助困进万家”等活动。

2009年，继续开展“共青团城乡互动联动工程”“青年文明号结对帮扶农村”“真情助困进万家”等活动。

2010 年，贯彻落实团中央、团省委关于开展“共青团关爱农民工子女志愿服务行动”。部署、组织各团组织、“青年文明号”单位与农民工子女学校 1 助 1 结对，发动市直部门、省级“青年文明号”创建单位参加“共青团关爱农民工子女读书漂流活动”，向结对学校捐献图书等文具，组织市直“青年文明号”单位参与“关爱农民工子女”系列创建活动，与泉州高速公路管理公司团委联合举办“心手相牵·感受城市”泉州市青年志愿服务关爱活动城市行。

2011 年，联合多家市直单位共同举办“心手相牵·感受城市”关爱农民工子女志愿服务城市行活动。

（七）文体活动

1995 年，与泉州晚报社、兴业银行泉州分行等单位举办市直团员青年“兴业杯”侨乡建设建言征文比赛。在庆祝中国共产党成立 75 周年活动中，与兴业银行泉州分行、市青年报社共同举办“兴业杯”市直青年“党在我心中”征诗比赛。

1996 年，结合纪念红军长征胜利 60 周年，举办知识竞赛、演讲比赛、征文、书法赛、座谈会、报告会等活动，市公安局团委组织团干部和青年志愿者赴红都瑞金学习考察。

1997 年，为庆祝建团 75 周年，总结一个时期市直团建工作，展现青年风采，举办市直机关团工作风采路摄影展。

1998 年，组织市直单位参加“五月的花海”联欢活动。参加“泉州市青年科技创业与科技成果展”。

1999 年，组织市直公安、农业科研等系统的 11 个单位参与泉州市青年科技成果与科技创业成果展，赴省参展，获银奖。

2000 年，做好青年岗位能手赛活动，“五四”期间开展“中旅杯”系统青工技能展示活动。配合团市委编撰《青春盛开文明花》一书，总结开展“青年文明号”5 年的经验。

2002 年，以“永远跟党走，青春献十五”为主题，按照“立足支部、面向团员、主题鲜明、务求实效”原则，开展庆祝建团 80 周年活动。

2002—2003 年，开展“共青团文化节”活动，扩大活动参与面，提高活动知识含量。

2003 年，组织参与“志愿抗非典，青春在行动”自行车环保宣传活动。在市直团组织中开展“生态、青春、责任”主题团日活动，登清源山，进行环保宣传。4—8 月，在市直、驻泉省部属单位及“青年文明号”集体中开展“市直青年科技文化节”活动，各级团组织以“展青春风采 创侨乡新业”为主题，围绕“青春风采、创业成才、文明奉献、团的建设”4 个篇章开展活动。与泉州电信公司联合举办“世纪青年网上行”——“电信杯”青年页设计大赛。8 月，在泉州音乐厅举办“青年文明号之歌”文艺晚会。

2005 年 9—11 月，在市直、驻泉省部属单位团员青年中开展“东辰杯”第二届市直青年科技文化节，举办市直青年篮球赛、“魅力泉州”青年演讲比赛、读书活动、市直团组织联谊活动。

2006 年，开展市直青年“跃动的青春”“警营体验”“浪漫的舞夜”“激情足球之夜”大联欢活动。围绕创建“五个城市”要求，推进保护母亲河行动。以世界水日、世界地球日、世界环境日为契机，开展生态文化宣传活动，开展“节约一滴水、一度电、一粒米、一张纸”活动。

2007年下半年，组织市直团组织开展形式多样、内容丰富的文体活动，寓教于活动之中，扩大团组织影响力，营造氛围，迎接泉州市第十五次团代会召开。围绕“志愿泉州、绿色农运”主题，组织“青年文明号”集体开展以“文明交通、健康出行”“爱护环境、美好家园”“绿色消费、高尚生活”“微笑泉州、绿色服务”为主题的志愿服务行动。

2009年，加强人才培养机制，参与组织市民文化大讲坛，连续组织15期2000多名市直团员青年参加讲坛。联合泉州晚报等单位开展“活力机关·青春家园”之“青春相约·情满西湖”单身青年联谊活动，600多名单身青年参加活动。开展“活力机关青春家园”大型青年交友联系活动日，举办市直党群系统歌咏比赛。

2010年，开展“情人节”单身派对、“活力机关青春家园”之五四青年节大型青年联谊活动，1000多名单身青年参加活动。引导团组织、团员青年为玉树、舟曲灾区捐献爱心，参加“我与祖国共奋进”国庆升国旗大型观礼活动。

2011年，组织联谊活动，丰富团员青年业余生活，利用周末和晚上等业余时间开展联谊活动、交友晚会，配合市委举办的歌咏大会的排练工作。在五四、七一期间举办青春红歌会。组织参加“活力机关·青春家园”大型青年交友联谊活动。

2012年8月，联合FM881泉州音乐之声举办“泉城对看”系列单身白领婚恋交友联谊会。

三、评选表彰

【1994年】

全国“青年文明号”单位

泉州市邮电局九一路邮电支局

福建省“青年文明号”单位

泉州华联集团总公司永兴化工原料公司

泉州市粮食局驻厦门转运站

泉州市公交公司03-2764号车组

泉州市公安局交警支队直属大队一中队九一路岗亭

泉州市邮电局九一路邮电支局

泉州电业电力工程公司安装调节班

【1995年】

福建省“青年文明号”单位

泉州华联商厦

泉州市粮食局驻厦门转运站

泉州市公交公司修理厂大修组

泉州市邮电局电信营业部

泉州酒店客房部（国家级）

泉州电业局调度所远动班

工行泉州分行营业部（国家级、省十佳单位）

建行泉州分行房贷部

人行泉州分行营业部

人保泉州分公司营业部（国家级、省十佳单位）

【1996 年】

全国“青年文明号”单位

工行泉州分行营业部

福建省“青年文明号”单位

泉州市公安局交警支队直属大队刺桐岗亭

泉州市公安局巡警支队直属大队 110 报警服务台

泉州市公交公司闽 C-10276 号车组

泉州市 128 寻呼台

泉州电业局送电高压维护二班

中行泉州分行汇兑综合科

兴业银行泉州分行营业所

【1997 年】

全国“青年文明号”单位

人保泉州分公司营业部

福建省“青年文明号”单位

泉州市公交公司 C-10292 号车组

泉州电业局送电部带电班

泉州市第一医院呼吸内科

泉州市交通局征收厅

泉州商检局检务科（省十佳单位）

【1998 年】

福建省“青年文明号”单位

泉州交警直属大队 15 号交通治安岗

泉州电业局变电运行部 500 千伏变电站（国家级）

泉州市国税局对外分局

农行泉州分行营业部

建行泉州分行营业部储蓄专柜

福建兴业证券公司泉州证券营业部（国家级）

泉州工商局第二检查大队 96315 投诉服务台

【1999 年】

全国“青年文明号”单位

泉州市邮政局九一路支局

兴业证券泉州营业部

福建省“青年文明号”单位

泉州市清源山管理处接待科（国家级）

泉州交警直属大队 16 号交通治安岗

泉州出入境检验检疫局永春办事处

泉州市移动公司九一路移动通信营业组

泉州市地方税务局直属分局

泉州中旅社旅游业务中心

【2000 年】

全国“青年文明号”单位

泉州市清源山风景区管理处接待科

福建省“青年文明号”单位

中国人寿保险泉州分公司营销部

泉州市国税局征收分局

泉州市建设工程交易中心

泉州市城监支队直属大队综合中队

福建省五四红旗团委

泉州电业局团委

【2001 年】

全国“青年文明号”单位

泉州电信账务计算机中心

福建省“青年文明号”单位

泉州市儿童医院眼科中心

泉州公交公司第一分公司

泉州电业局城区供电公司

泉州市公安局巡警支队防暴大队

福建省优秀共青团干部

陈国平（市直宣传系统）

陈冰凌（泉州电信公司）

福建省优秀共青团员

王 珏（市直市府办系统）

吴 军（泉州市邮电局）

王炳跃（市建委）

【2002 年】

福建省“青年文明号”单位

泉州市交警直属大队一中队

泉州市邮政局温陵路邮政储蓄所

泉州电业局电力工程公司市场开发部

泉州市地税局征收局

泉州市第一医院急诊科

人保公司泉州客户服务中心

泉州市城监支队 110 联动中队

泉州海事局

中石油泉州分公司紫帽加油站

中国联通泉州分公司丰泽营业厅

福建省优秀共青团员

杜炳军　市工商行政管理局团支书

福建省优秀共青团干部

吴咏雄　泉州市交通局团委副书记

福建省五四红旗团委

泉州市建委系统团委

【2003 年】

全国“青年文明号”单位

泉州市建设工程交易中心

泉州电业局送电部高压维护二班

泉州市国税局办税服务厅

泉州出入境检验检疫局检务科

泉州移动通信公司九一路客服中心

福建省“青年文明号”单位

泉州市房地产交易与房屋权属登记发证处受理发证股

福建移动通信有限责任公司泉州分公司刺桐客户服务中心

泉州电业局 95598 电力呼叫中心

中石化福建泉州石油分公司大桥加油站

福建省优秀共青团员

郑金阳　泉州市公安局团委副书记

福建省五四红旗团委

福建省电信公司泉州市分公司团委

【2004 年】

全国“青年文明号”单位

泉州联通公司丰泽营业厅

福建省“青年文明号”单位

泉州市公安局巡防支队直属大队

泉州公交发展有限公司 22 路公交线车组

泉州市环境卫生管理处

泉州市国税局进出口税收管理科

福建电信有限公司泉州市分公司增值业务中心

福建省优秀共青团干部

庄东颖 泉州市国税局团委书记

蔡伟忠 泉州市建设系统团委书记

福建省五四红旗团委

泉州市直交通系统团委

【2005 年】

全国“青年文明号”单位

泉州市公安局巡防支队防暴大队

泉州市房地产发证处

泉州市地方税务局征收分局

福建电力有限公司泉州电业局 95598 呼叫中心

全国五四红旗团委

泉州市直建设系统团委

福建省“青年文明号”单位

泉州广播电视传输中心有线数字电视演示厅

泉州电业局清濛供电公司

福建电信有限公司泉州电信分公司 1000 客户服务中心

福建省闽东南地质大队勘查院

福建省优秀共青团员

张幼萱 泉州移动分公司市区营销服务部刺桐营业厅值班长（十佳）

福建省五四红旗团委

泉州市邮政局团委

福建省五四红旗团支部

泉州市工商行政管理局团支部

【2006 年】

全国“青年文明号”单位

泉州广播电视信息中心有线数字电视演示厅

福建省"青年文明号"单位

泉州市建设工程质量监督站效能大厅

泉州市行政服务中心

泉州市契税征收中心

泉州市石壁水库管理处

福建省优秀共青团员

陈英杰　泉州晚报社东南早报记者（十佳）

王小西　泉州市国家安全局科员

福建省优秀共青团干部

王克禹　泉州市邮政局团委书记

福建省五四红旗团委

泉州市国家税务局团委

福建省五四红旗团支部

泉州市自来水公司团总支

【2007 年】

全国"青年文明号"单位

泉州市行政执法局直属大队 110 联动中队

泉州电业局城区供电公司营业班

福建省"青年文明号"单位（含届期制）

泉州海事局政务中心

泉州市烟草公司卷烟营销中心订单部

泉州市财政国库支付中心

泉州市儿童医院新生儿救护中心

泉州市疾病预防控制中心预防保健科

福建省优秀共青团员

李子亮　泉州市公安局政治部人事训练科科员

福建省优秀共青团干部

李移林　泉州电信分公司团委副书记

福建省五四红旗团委

中国联通泉州分公司团委

福建省五四红旗团支部

泉州电业局供电分局团支部

【2008 年】

全国"青年文明号"单位

泉州市行政服务中心

福建省优秀共青团干部

王森江 泉州市直市政公用系统团委书记

【2009年】

全国优秀共青团员

赖俊华 泉州市公交发展有限公司第二分公司办公室文员

全国五四红旗团委

泉州电业局团委

福建省优秀共青团员

颜炳炎 泉州市公安局交通警察支队办公室科员

福建省优秀共青团干部

陈艳玲 泉州市直党群系统团委书记

福建省五四红旗团委

泉州市公安局团委

福建省青年五四奖章标兵

陈忠晟 泉州电业局“陈忠晟供电延伸服务组”组长

福建省青年五四奖章

史晓方 泉州市人民检察院检察员

白建胜 泉州市公安局行动技术支队副支队长

吴志成 泉州电业局送电部安全助理

福建省“新长征突击手”

叶汉成 泉州市行政执法局直属大队110联动中队中队长

傅 昕 泉州电业局城区供电分局营业班

陈国柱 泉州市商业银行惠安支行行长

【2010年】

福建省“青年文明号”名单

1. 团省委、省住房和城乡建设厅联合命名

泉州市房地产测绘队

2. 团省委、省广电局联合命名

泉州人民广播电台889新闻频道《政风行风热线》栏目组

3. 团省委单独命名

泉州市烟草公司德化分公司服务窗口

泉州银行股份有限公司丰泽支行

实行届期制行业（届期2011—2013年）

1. 团省委、省卫生厅联合命名

泉州市中医院手术室护理组

2. 团省委、省电力有限公司联合命名

泉州电业局调度所调控中心

福建省优秀共青团干部

汤金龙　泉州监狱团委书记

福建省五四红旗团支部

福建中国闽台缘博物馆团支部

【2011 年】

全国“青年文明号”单位

福建中国闽台缘博物馆展览开放部讲解组

全国五四红旗团（总）支部

福建中国闽台缘博物馆团支部

福建省“青年文明号”单位

泉州监狱狱内 110

泉州海事局泉港海事处

福建特种设备检验研究院泉州分院

泉州市疾病预防控制中心预防保健科

泉州市皮防院医学美容科

泉州晚报社“政风行风直通车”栏目组

福建省优秀共青团员

林俐利　泉州电业局配电管理中心带电班配电带电作业工

福建省优秀共青团干部

林益昌　泉州市公路局团委副书记（主持工作）

福建省青年安全生产示范岗

国家电网泉州电业局 220 千伏惠安运行维护操作站

泉州移动通信分公司网终部核心网维护中心

福建省第八届青年五四奖章

庄东颗　泉州市国家税务局团委书记

陈英杰　泉州晚报社

蔡伟忠　泉州市住建系统团委书记

福建省青年安全生产示范岗

国家电网泉州电业局 220 千伏惠安运行维护操作站

泉州移动通信分公司网络部核心网维护中心

【2012 年】

福建省“青年文明号”单位

1. 团省委、省公安厅联合命名

泉州市公安局指挥中心

2. 团省委、省政府口岸工作办公室联合命名

泉州晋江海事处

3. 团省委、省住房和城乡建设厅联合命名

泉州市住房公积金管理中心

4. 团省委、省广电局联合命名

福建广电网络集团泉州分公司呼叫中心

泉州电视台新闻中心

实行届期制行业（届期 2013—2015 年）

1. 团省委、省国税局联合命名

泉州市国家税务局进出口税收管理科

泉州市国家税务局大企业税收管理局

2. 团省委、中国移动福建公司联合命名

中国移动福建公司泉州分公司刺桐营业厅

3. 团省委、省电力有限公司联合命名

泉州亿兴电力工程建设有限公司经营部

泉州电业局洛江供电营业厅

泉州电业局清濛供电营业厅

福建省优秀共青团员

张晓梅 泉州市人民检察院宣传处助理检察员

福建省优秀共青团干部

曾华丰 泉州市公安局团委书记

谢静艺 泉州晚报社团委书记

福建省五四红旗团委

泉州海事局团委（标兵）

福建省青年突击队

泉州市房地产测绘队青年突击队

泉州湾跨海大桥有限责任公司青年突击队

泉州市市政工程开发总公司重点项目建设青年突击队

泉州电业局后溪 220 千伏变电站扩建青年突击队

四、重要会议

1996 年，召开市直共青团三次工作例会，把发展团员、推优入党、新经济组织团建工作放在全部工作的基础位置来抓。

1997 年 11 月初，召开共青田泉州市直属机关代表会议。

1998 年 5 月 22 日，在省盐业公司泉州分公司召开市直第九次团工作例会。

2000 年，在晋江召开创建省“青年文明号”会议。召开市直团工委第十六次工作例会，部署市直单位第四季度工作。召开“青年文明号”组委会成员会议，安排部署各系统对口开展互相观摩测评活动。召开各系统创建办主任会议，确定 1999 年度市级“青年文明号”单位。召开 2000 年度市级“青年文明号”表彰大会暨信用建设示范行动宣誓活动。

2001 年，召开市级“青年文明号”申报公示工作务虚会。

2002 年 6 月，组织市直、省部属驻泉单位参加全市党建带团建工作会议。7 月，召开市直团代表会议。

2003 年，召开市直机关团建工作会议，对加强市直机关团建工作进行总结和部署。8 月，召开市直机关团建工作会议。

2004 年，先后召开三次市直团工委工作例会，安排布置工作。

2005 年，在天湖山召开市直团委工作例会，部署全年工作，研讨新形势下开展机关团组织建设新思路、新办法。

2006 年 2 月，在石狮黄金海岸召开 2006 年市直团工委第一次工作例会。10 月，召开市直团工委 2006 年第二次工作例会及创建青年文明号活动组委会办公会。

2007 年 11 月，在泉州金星酒店多功能厅召开共青团泉州市直属机关代表会议。

2008 年，召开市直团工委工作例会。召开泉州市青年文明号组委会成员会议。

2011 年 10 月，在泉州市地税局培训中心召开市直共青团工作例会。

2012 年 10 月，召开共青团泉州市直机关代表会议，选举出席市第十次团代会代表。

2013 年 1 月，召开区域团建联席会。1 月，在泉州宝洲宾馆召开 2013 年市直单位共青团工作例会。召开共青团市直机关代表会议，共有 94 名团员代表到会，选举产生市直单位出席泉州市十六次团代会代表 54 名。

第三节　妇女工作

一、组织机构

1987 年 4 月 22 日，召开市直机关第一次妇女代表大会，应到会代表 51 名，实到会参加选举代表 45 名，选举执委 15 名：倪景云、陈若茵、郭爱萍、庄荔莉、陈莲稿、黄秀伦、李保健、张琪、黄满妹、李培琼、张雪琼、李超英、林黎明、陈琼、柯莲妹；选举执委常委 7 名：陈琼、李超英、林黎明、陈莲稿、柯莲妹、倪景云、黄秀伦；选举陈琼为主任，黄秀伦为副主任（专职）。

1989 年 7 月，泉州市委编制委员会确定市直妇女工作委员会为科级建制。

2012 年 11—12 月，选举产生市直出席泉州市妇女第十三次代表大会代表 44 名（包括市妇联 11 名），推荐市妇联第十三届执委会市直执委候选人 23 名（包括市妇联 10 名）。

2015年，市直机关妇工委设主任1名，编制1人，主要负责制定市直机关妇女工作计划，了解、反映妇女干部、职工的意见、建议和要求，维护妇女的合法权益；指导市直各机关妇女组织开展工作。

1989—2017年泉州市直机关妇女工作委员会（简称市直妇工委）历任主任为黄秀伦、林晖、李小玲、庄泓鸿。

二、主要活动

（一）思想教育

1984年，开展“维护妇女儿童合法权益”法制宣传月活动。5月8日，地直机关党委表彰维护妇女儿童合法权益先进集体11个、积极分子32名。

1987年起，市直妇委会在不同时期开展形式多样妇女政治思想教育和爱国主义、社会主义、集体主义教育，自力更生、艰苦奋斗革命传统教育。

1989年，召开两次执委会座谈会，交流学习心得。是年，以报告会形式在市直范围内开展形势教育、组织“十年改革与妇女”征文竞赛，利用市妇联专职妇干班基地，对市直妇干进行国情、国防教育。

1990年，组织机关妇女干部职工听取“福建省新女性的奉献”报告及《闽南革命史》宣传，启发妇女发扬“四自”“四有”精神。

1991年，组织“党在我心中”演讲报告会和庆祝中国共产党成立70周年活动，教育妇女坚定不移跟党走。

1994年，指导妇女组织党员干部学习中共十四届四中全会精神，提高政治觉悟。

1995年，召开市直机关女干部会议，传达贯彻第四届世界妇女大会精神，学习大会文件，开展“四有”教育和“巾帼建功”活动，激发妇女为“四化”建功立业。

1996年，配合省妇联开展《家庭伦理道德现状》《当前我省城乡操办婚礼状况》问卷调查，开展读《道德箴言》《新编增广贤文》活动，提高妇女思想素质。

1998年，组织市直机关副科级以上女干部、各系统妇委会负责人、各条战线女代表200多人参加市委召开的传达中国妇女“八大”精神大会。

2002年，与市建委妇委会组织50名女干部、女职工参加市委文明委举办的“道德新风与你同行”主题活动暨“小公民”道德建设计划启动仪式，贯彻落实《公民道德建设实施纲要》，弘扬传统道德。开展“巾帼建功”和“五好文明家庭”活动，举办先进事迹报告会，促进家庭美德建设。

2003年，在“泉州人的再思考”大讨论中，结合实际，开展“妇女工作再思考”大讨论，贯彻落实泉州市第十一次妇代会提出的五年工作任务，进一步围绕中心，服务第一要务，做大妇女工作；认清形势，明确任务，做强妇女工作；与时俱进，开拓创新，做新妇女工作。8月13日至9月26日，市直妇工委开展形式多样活动，展示巾帼风采。举办新时期职业妇女新形象讲座，邀请华侨大学教授讲授《职业女性形象的综合理解》；举办“魅力女人、美丽人生”研讨会，参加100多人；举办

“巾帼文明示范岗”培训班，参观市区部分国家级、省级“巾帼文明示范岗”；推动“巾帼文明示范岗”创建活动向社区拓展，50多名妇女志愿者在文庙广场为市民提供富有特色的便民利民活动；组织25名妇委会、妇女小组负责人赴云南学习当地机关妇女工作经验。12月26—27日，组织16个单位妇委会负责人到市收容教育所对150多名失足妇女进行帮教，捐赠书籍、报纸杂志、日用品、衣物，举办“关爱女性、关注健康”专题讲座。

2004年，响应中国妇女“九大”提出的“创造新岗位、创造新业绩、创造新生活”号召，举办形式多样活动，在泉州电视台推出“三八”特别节目、省“三八红旗手”访谈、妇女先进人物系列报道，在《泉州晚报》刊出题为《妇女撑起侨乡“半边天”》的报道，开展法律、卫生、科技“三下乡”活动，表彰“好军嫂”。

2005年，在市直机关妇女中开展先进性教育活动，配合市妇联举办“创文明单位，做人民公仆”先进事迹展，强化妇女干部宗旨意识和服务意识。

2006年配合市妇联开展社会主义荣辱观宣传教育实践系列活动，树立“八荣八耻”观念。

2007年，开展社会主义荣辱观系列宣传教育活动，提高妇女的思想道德素质、科学文化素质。

2008年，开展学习实践科学发展观活动试点工作，注重实效，促进思想认识提升。

2012年，组织妇女干部参加全市妇联系统“学习十八大　建功十二五”专题会议及中央、省级、市级媒体在泉州市开展的“走基层十八大宣讲”采访座谈会，在市直机关女性中掀起学习十八大精神热潮。

2013年12月17日，举办市直机关“廉政文化进家庭”知识竞赛，引导家庭成员增强廉洁意识、法纪意识和自尊意识，筑牢家庭反腐倡廉防线。以市直各系统（局）党委为参赛单位，6支代表队获奖，其中一等奖1个、二等奖2个、三等奖3个，市直宣传系统党委代表队（领队：张蓉蓉，参赛选手：林丽珍、马彩虹、童婷香）获一等奖。

（二）主题活动

长期以来，市直妇工委坚持“党建带妇建，妇建服务党建”原则，通过党建带妇女组织建设、妇女活动，以妇女党员为骨干，扩大活动面，党建工作与妇女工作同步推进。

1990年，市直机关34个系统和单位建立妇女组织，初步形成组织网络。

1991年起，市直妇工委拓展妇女组织、主动与尚未建立妇委会的单位领导沟通，就妇委会的设置和人员选配问题进行协调督查，推动妇委会组建，泉州市直机关妇女组织逐年壮大。组织各级妇女组织贯彻中央文件精神，加强妇女组织建设，指导市财委系统妇委会根据妇委业务特长实行包片、包单位分头工作制度、向党委请示汇报制度，组织妇女党员干部学习、研究、总结系统妇女工作。协助各级妇女组织争取党委部门对妇女活动经费的支持。

1993年，组织市直妇女党员干部开展联谊活动，探讨机关妇女工作新路子。

1995年，组织机关女干部职工学习党的建设理论知识，找准机关妇女工作与党建工作结合点，结合“三八”妇女节开展活动。

1996—2000年，围绕党建抓妇建，以巩固纵向组织带动横向组织发展，构筑多样化组织网络。

2003年，组织撰写《关于妇女工作联系制的探索与思考》调研文章，被市委党建办公室评为优秀调研文章三等奖。《建设群众型妇联组织的思考》被市直机关工委评为“学习贯彻‘三个代表’重要思想，推进机关党的工作创新理论研讨活动”二等奖。翌年，该文被市委党建办公室评为2003年全市党建重点调研课题优秀成果三等奖。

2004年，配合泉州市委、市政府“送温暖、解忧难、办实事”活动，开展“送温暖、三下乡”活动。

2007年，党建带妇建活动突出关爱留守（流动）儿童主题。

2008年，延伸党建带妇建工作。市直妇工委，市工商银行工会、妇委会联合资助南安市金淘镇占石村4名革命“五老”后代上大学；陪同市妇联主席与市妇联全体党员到鲤城区五星社区、上村社区、新盛机械有限公司走访，了解社区妇女组织开展各项妇女工作情况。协助组织市妇联机关和妇女儿童活动中心、金山幼儿园党支部的全体党员以交纳“特殊党费”方式向四川汶川地震灾区人民捐献爱心款11650元。

2009年，配合市妇联开展机关党建“三级联创”活动，先后走进市“惠女精神教育基地”——惠女水库和省“妇女爱国主义教育基地”——鲤城龙岭社区参观学习。

2010年，落实党建共建“创先争优”活动要求，推进妇联组织、队伍、阵地建设。参与争创“和谐机关”，成立“市直机关女子艺术团”，并定期组织活动，为机关妇女常年开设瑜伽、舞蹈、健身、花艺等培训课堂。

2012年，配合市妇联争创第五轮市直机关党建工作先进单位和年度绩效考评先进单位，加强妇联干部队伍建设，21人次参加各类学习培训。

（三）岗位建功

1991年，市直妇工委响应全国妇联等12个单位联合发出的《关于在城市妇女中开展“巾帼建功”活动》号召，在市直机关科教文卫妇女中开展“创最佳经济效益、创最优秀服务质量”“献一策”“献一技”为内容的竞赛活动。

1992年“三八”期间，与市直统战、卫生系统妇委会，泉州晚报印刷厂、泉州邮电局妇委会举办各种岗位技术练兵活动，技术比赛60多场次、200多项，参加人数2000多人。各妇女组织立足行业开展“建功”促进活动，200多人通过各种渠道参加学习，成才30多人，提出合理化建议428条，创经济效益29万元。

1993年，泉州邮电局、泉州晚报印刷厂分别被评为省、市“巾帼建功”先进单位。

1994年，举办《市场经济下职业妇女面临的问题及对策》讲座，鼓励妇女更新观念、更新知识，提高适应能力和生存能力。

1995年，举办“我为‘世妇会’添风采”演讲会，鼓励妇女为社会主义现代化建设做贡献。

1996年，配合市妇联举办计算机文字录入处理、珠算、美工制作、蒙眼识药、餐饮服务、服装设计、裁缝技能比赛，市直26人获奖。是年，市直2名女职工获省“巾帼建功”先进个人、劳动能手称号，38人获得市级称号。

1997年，泉州新华书店开展“优质服务、优质书籍、优质环境百日赛活动”，被省新闻出版局授予“三优门市部”；市工商局53%女职工被评为最佳柜员。市自来水公司查表员堵住偷水漏洞，为国家追缴拖欠水费、增额费及各种损失32万元。市致公党女党员引进外资200多万元，捐建晋江平山中学。市直外经贸委系统女干部职工与男干部职工共同努力，创外汇 1.3 亿元。市直女干部、女职工提合理化建议 500 条，被采纳 200 条，创经济效益 200 多万元。有 900 多人函授进修，撰写论文 200 多篇，290 多人晋升为中高级职称，90 多名女性被评为市直单位以上各类先进。

1998 年，开展“巾帼建功”活动，根据行业、岗位特色建功立业，市公安局女警官协会开展岗位练兵和业务技能比武活动，98 名女民警参加，23 人受到嘉奖表扬。泉州邮电妇委会开展业务练功比赛，表彰 40 个“巾帼建功”先进个人。市轻工进出口集团在女经理范柳青带领下，完成销售收入 3500 万元，上交各项税费 260 多万元，实现利润 298 万元。

2002 年，市直妇工委指导各“巾帼文明示范岗”及争创单位规范管理工作，泉州邮政局结合邮政“效益年”开展竞赛，表彰 17 名营销业务女能手。市直妇工委推荐 7 个“巾帼文明示范岗”赴省表彰，16 个争创岗位赴市表彰，市清源山风景区管理处接待科获得首届“巾帼文明示范岗十佳明星”。

2006—2007 年，开展适合行业特点的岗位技能比赛、培训，泉州邮政局各“巾帼文明岗”开展“我为科研成果技兴邮献计”为主题的技术革新活动中，提出合理化建议 980 多条。市地税局征收分局局长林丽珠被授予全国“巾帼建功标兵”，泉州邮政局刘红英被评为全国“三八红旗手”。4 人被授予省“三八红旗手”，6 人被授予市“三八红旗手”。

2008 年，市直妇工委搭建活动平台，推动有条件妇委会、“巾帼文明岗”参与新农村建设或与欠发达地区进行“结对互动、山海协作”。市科技局及其妇委会，组织举办 20 多期养殖培训班，培训农村妇女 3560 人次，市直 5 个“巾帼文明岗”、妇委会与欠发达地区签署“岗村对接”和“委村对接”协议，其中泉州邮政局赠送 15 台电脑帮助洛江区马甲镇新民村小学发展电教教学，市建设局妇委会支持永春蓬莱镇观山村部分基础设施建设及捐赠 10 名贫困母亲和 15 名特困女童，共计 25000 元。

2012 年，引导市直 20 个机关妇委会与农村结对帮扶，扶贫助困妇女 27 人，帮助 50 多名女童就学，捐资金额 10 万多元。5 月，泉州晚报社 96339 热线中心获“福建省女职工标兵岗”称号，成为市直唯一获此荣誉称号的单位。

2014 年，庄泓鸿获福建省“五一巾帼标兵”称号。

（四）妇女维权

采用多种形式在机关妇女干部中进行普法教育，协助开展妇女维权工作。

1984 年，各级党组织把维护妇女儿童合法权益作为重要任务，摆上党委的议事日程，选择打击刑事犯罪、社会治安日趋好转的有利时机，开展“维护妇女儿童合法权益”法制宣传月活动。5 月 8 日，表彰维护妇女儿童合法权益先进集体 11 个、积极分子 32 名。总结交流宣传《中华人民共和国宪法》《中华人民共和国婚姻法》《中华人民共和国刑法》《中华人民共和国刑事诉讼法》中有关保护妇女儿童合法权益条款，同歧视、虐待、遗弃、残害妇女儿童违法行为作斗争经验。

1989 年，组织市直兼职妇干听取法律讲座，组织学习《福建省保护妇女儿童合法权益的若干规定》。

1990 年，结合庆祝《中华人民共和国婚姻法》颁布 40 周年，配合市妇联等部门开展“婚姻法知识”竞赛，帮助妇女学法、懂法、守法，接待妇女来信来访 20 多人次。

1991 年，联合市直财委系统妇委会举办近 500 人参加的“维权”讲座。

1992 年，与市政协青年妇女工作委员会和市司法局妇女小组联合举办妇女法知识有奖问答赛、妇女法咨询活动，扩大《中华人民共和国妇女权益保障法》宣传面。配合有关部门处理来信来访 70 多件。

1993 年，配合市妇联、市人大常委会机关对部分县（市、区）和市直 15 个单位妇女维权问题进行调查，为省人大常委会制定《福建省实施〈妇女法〉办法》提供参考资料，举办 200 多人参加该实施办法宣传讲座。配合有关部门处理来访 30 多人次。

1994—1996 年，学习宣传《福建省实施〈妇女法〉办法》，了解妇女维权知识，提高妇女维权意识。

1997 年，配合市妇联在全市范围内开展《妇女与发展》知识竞赛。根据省妇联要求，开展“家庭伦理道德规范、侵犯妇女、儿童权益问题”课题调研。

2002 年，组织开展女职工妇科普查工作，为女职工体检，做好女职工劳动保护工作。结合（2001—2010 年）《泉州市妇女发展纲要》《泉州市儿童发展纲要》，宣传党和政府有关妇女儿童工作的法律法规，宣传妇女权益和愿望、要求。

2003 年，协助举办妇联干部陪审员培训班，召开信访工作分析会，提高妇联干部依法维权能力。以新《中华人民共和国婚姻法》颁布 1 周年和《福建省妇女发展纲要》全面实施为契机，加大妇女权益保障法律知识宣传，实施“妇女素质工程”。

2007 年，结合“平安泉州”建设和“五五”普法宣传，开展妇女法律法规宣传教育活动，提高学法、守法、用法意识和能力。

2009 年，结合福建省妇联系统“法制宣传年”活动，围绕全国妇联“促进创业就业，维护妇女权益”主题，宣传贯彻新修订的《福建省实施〈中华人民共和国妇女权益保障法〉办法》。

2012 年，开展妇女维权宣传活动，结合“三八”维权周活动，开展维权咨询服务，预防拐卖、禁毒和家庭拒绝邪教等知识宣传图片展，开展宣传咨询活动 20 多场次，分发宣传材料 5 万多份。

（五）素质提升

1998 年，中国妇女八大召开后，全国妇联和教育部、科学技术部联合决定实施“女性素质工程”。市直妇工委将 1999—2003 年作为工程的首期规划阶段，实施“女性素质工程”，引导各级妇女组织开展职业培训和岗位技能竞赛。

2003 年，以《妇女干部素质教育丛书》为教材，开展妇委会干部“岗位读书”活动，配合市妇联举办百名妇联干部岗位培训班、全市妇联系统信息员培训班。市直妇工委定期举办“增素质，树形象”讲座。

2004 年，将妇委会干部培训工作纳入《泉州市妇联干部教育培训规划》之中，定期选调妇委会干部参加女干部培训班和岗位培训，参加培训 125 人次。组织妇委会干部到外地学习考察机关妇女工作。

2008 年，围绕实施“女性素质工程”开展活动，邀请专家举办 2008 年资本市场分析及投资规划讲座。邀请《中国妇女报》泉州记者站站长许真学为机关妇女干部介绍传授有关新闻、信息采写方面知识，提高机关干部写作水平，提升妇委会干部“向社会宣传妇女、向妇女宣传社会”能力。

2010年，开展形式多样的“现代女性大讲堂”活动，满足女性群体多元化、多层次需要。

2012年，围绕实施“女性素质工程”，举办女性文化节，开设书法、国画培训班，组建女子时装表演队，举行“美丽大讲堂”美丽健康宣传巡讲。建立市直机关妇女人才库，把正科级以上优秀妇女干部纳入人才库进行跟踪管理，并以各级党委、政府换届为契机，通过泉州市妇联向组织部门推荐市直机关优秀妇女干部。6月8日，举办家庭教育知识讲座“如何在家庭教育中发展孩子的语言能力”，邀请专家为未成年人家庭讲授家庭教育理念和现代家庭教育知识。

（六）文体活动

市直妇工委坚持每年利用“三八”“五一”“母亲节”“六一”“七一”“中秋”“十一”等节日开展文体活动。

1991年，开展“七一”联欢会、创建文明晚会、主力军心声演唱会、拔河比赛、门球比赛和妇女知识猜谜活动。

1993年，举办美容讲座。

1994年，举办健身韵律操培训班，200多名机关女性参加。“七一”举办庆祝建党73周年书法、美术、摄影展，展出48件作品。

1995年，组织机关女性创作的65幅作品参加市妇联举办的“巾帼艺苑”书画摄影展。

1997年，在泉州晚报印刷厂协助下举办“庆三八、迎回归”联欢晚会。举办百名女子登山比赛活动。

1998年，围绕“6·5”世界环境日，与市环保局联合开展“妇女、环境、家园”主题宣传教育活动，组织150多名女干部职工参加环保知识讲座。

2001年，发挥妇女儿童活动中心作用，举办健康知识讲座、演讲报告会、家庭运动会、联欢会、声乐培训等活动。

2002年，举办庆“三八”“姐妹情、伴我行”联欢会、庆“六一”幼儿情景设计与制作技能比赛及美容健康知识、插花艺术、厨艺技巧、家庭保健、家庭环保知识等讲座。

2004年，举办“庆‘三八’携手共创新生活”游园活动、“巾帼艺苑”书画摄影作品展、插花比赛、健身秧歌比赛。

2005年，举办健美操比赛、巾帼健身秧歌舞培训班，组织参加市直机关举办的健身活动。与市妇女儿童活动中心联合举办2期健美操培训班、民族民间舞培训班。

2006年，组织参加市妇联举办的“共创和谐社会、同促平等发展”万名妇女健身长跑活动、“侨乡妇女周末休闲购物一日游”“树四自　倡八荣”家庭才艺展会和“知荣辱、促和谐”普通话演讲比赛活动。

2007年，举办美容美发、女性着装、瑜伽健身、家庭理财等知识讲座，为妇女干部职工创造学习机会。

2008年3月，市妇联、市直妇工委、市妇女儿童活动中心联合举办市直机关妇女插花艺术展。

组织市直女性进行每周 2 次健美操、瑜伽运动，成立市直机关女子合唱团。

2009 年，与市直机关工会依托市妇女儿童活动中心组建市直机关女子艺术团，举办“女性心理后花园”沙龙，打造女性美丽健康生活。

2010 年，“三八”妇女节 100 周年期间举办“庆百年佳节、展巾帼风采”女性才艺展示，提升机关女性自信心。组织参加中华中医药协会等单位主办的“时尚中医、简单养生”健康中国大型公益养生讲座。

2011 年，组织 12 支队伍参加“泉州市直机关首届全健排舞比赛”。

2012 年 3 月 8 日，组织参加市妇联和市体育局主办的泉州市庆“三八”快乐运动、“健康随行”环西湖跑暨泉州市 2012 年“为爱奔跑 让爱出发”慈善捐款活动。

2014 年，市直妇工委举办市直机关女性“中国梦 我们的梦”风采展示活动，表彰妇女工作“一系统一品牌”创建活动先进单位 4 个、市直机关女性“奋发工作 幸福生活”文化节活动优秀组织奖单位 5 个，参与市妇联举办的市直机关“放飞巾帼梦想 展示文都魅力”职业风采大赛，展示新时代和机关女性新风貌。参与以“女职工巧手共绘中国梦”为主题的全省女职工才艺作品展，推荐 3 件作品参展，其中 1 幅纸织画作为省级参展作品。

三、评选表彰

（一）表彰活动

1991 年 3 月 7 日，市直机关妇工委表彰市直机关“三八红旗手”30 名。

2003 年 3 月 3 日，市直机关妇工委表彰市直市委办系统妇委会、市政协机关妇委会、市公安局收容教育所妇委会、市司法局妇委会、民革泉州市妇委会、九三学社泉州市妇委会 6 个妇委会为市直机关先进妇委会。

（二）受表彰情况

1. 国家级表彰

1987—2012 年底，获全国“三八红旗手”称号 4 人，获全国妇联各类表彰 8 人次。

泉州市直机关女干部职工获全国“三八红旗手”称号名表

表 11-3

姓名	工作单位	获奖年份
刘红英	泉州市邮政局	2006
柳瑞榕	泉州市妇联	2008
甘端蓉	泉州市妇联	2010
高瑛瑛	泉州市妇幼保健院·儿童医院	2010

1999 年 10 月，中华人民共和国人事部、中华全国妇女联合会授予泉州市妇联全国妇联系统先进集体称号。2001 年，泉州市邮政局刺桐支局、泉州市公安局交警支队文化宫女子岗亭获全国“巾帼

文明示范岗”称号。泉州市妇联于2001年、2006年2次被全国妇联授予全国“三八红旗集体”称号，泉州市妇幼保健院·儿童医院及泉州市海关报关大厅于2008年、泉州市建设局驻市行政服务中心窗口于2010年获全国“三八红旗集体”称号。1987—2012年，泉州市直机关妇女组织获得全国妇联各类表彰19次。

2. **省级表彰**

1991—2012年，获福建省“三八红旗手”称号29人。

泉州市直机关女干部职工获福建省“三八红旗手”荣誉称号名表

表11-4

姓　名	工作单位及职务	获奖年份
黄松青	泉州市税务局直属分局干部	1991
郑宝珠	泉州市体育中心职工	1994
苏淑勉	泉州市妇联宣传部部长	2000
伍秀枞	泉州市妇联主席	2002
黄秀伦	泉州市妇联儿童部部长	2002
郭希纯	泉州市建设局人事教育科副科长	2002
刘红英	泉州市邮政局工会主席、女工委主任	2004
傅圆圆	泉州市人大常委会党组书记、主任	2006
蔡思红	泉州市财政局副局长	2002
陈丽那	泉州市妇幼保健院·儿童医院副院长	2006
牟泉华	泉州市公安局收容教育所干部	2007
郑黎虹	泉州市邮政局九一路支局局长	2007
郑英兰	泉州市卫生局副局长	2008
张月娥	泉州市妇联办公室主任	2008
丁美芳	泉州市中级人民法院副科级审判员	2008
李秀梅	泉州市水利局办公室主任科员	2010
许党惠	泉州市民政局审核审批科主任科员	2010
周　俊	泉州市旅游局副局长	2010
林　晖	泉州市妇联宣传部部长	2010
黄美英	泉州市交通局基本建设工程质量监督站高级工程师	2010
庄蓉蓉	中国工商银行泉州分行女工委主任	2010
姚　丹	泉州儿童发展职业学院副院长	2010
陈娟娟	泉州市高甲戏剧团演员	2010
蔡淑华	泉州市环境卫生管理处工人	2010
苏淑勉	泉州市妇女联合会副主席	2011
赖建玲	泉州市公安局公共信息网络安全监察支队支队长	2011
郭雯雯	福建特种设备检验研究院泉州分院副院长	2011
郑理玲	泉州市第一医院心外科主任	2011
王素萍	泉州市森林公安局干事	2011

1997年，泉州市直机关妇工委、泉州市中医院外科护理组分别被评为省“巾帼建功”先进单位、省“三八文明号”。2001年，福建兴业银行泉州分行营业部、泉州市直金山幼儿园、泉州清源山风景区管理处接待科获福建省“巾帼文明示范岗”称号。2000—2012年，泉州晚报印刷厂、泉州市妇女联合会、泉州市幼儿师范学校、泉州移动通信公司刺桐营业厅、泉州华侨职业中专学校、泉州市第一医院重症监护室、泉州市住房公积金中心市区管理部、泉州市直卫生系统妇委会、泉州市人民政府办公室、泉州市妇女儿童活动中心获福建省“三八红旗集体”。

3. **市级表彰**

据统计，2000—2012年，市直机关女干部、职工获得泉州市“三八红旗手”称号36人，获泉州市“三八红旗集体”称号单位12个。12个系统（单位）妇委会被评为“市先进基层妇女组织”，6个妇委会被评为市“维权先进集体”。

第十二章　社团组织

1990年5月，泉州市直机关集邮协会成立。1990年6月，泉州市直机关老年人体育协会成立。1996年6月，泉州市直机关业余艺术团成立。1997年10月，泉州市直机关关心下一代工作委员会成立。2008年1月，福建省机关党建研究会泉州市分会成立。

各社团组织成立之后，按照《社会团体登记管理条例》和相关章程规定，分别开展集邮文化活动、老年人体育活动、业余艺术活动、关心下一代活动、党建研究活动，为市委、市政府中心工作和精神文明建设服务，发挥积极作用。

第一节　集邮协会

一、组织机构

1990年5月1日，召开泉州市直机关集邮协会第一次会员代表大会，成立泉州市直机关集邮协会（简称市直邮协）。省领导林一心、市委书记张明俊为大会题词。市领导林文麟、老领导张田丁出席会议并讲话。市直机关党委书记庄玉灿当选为会长，陈囤囤、黄钟荣、吴希明当选为副会长，施能泉等14人当选为常务理事。傅赞基任秘书长，黄英林、曾达坤任副秘书长。市直邮协第五届理事会会长傅赞基，副会长孙振东、张文章、施伟志、林晓鸣、高清；秘书长傅赞基（兼），副秘书长梁挺秀、徐国伟、洪学文、曾晓东、邱振美；郑亚鸿6人为常务理事，理事9人。市直邮协第六届理事会会长傅赞基，副会长孙振东、赖祖地、郑亚鸿、张文章、林晓鸣、高清、傅志雄；秘书长傅赞基（兼），副秘书长王志强、梁挺秀、徐国伟、蔡传礼、邱振美、曾晓东、富泉永7人为常务理事，理事11人。自1990年至市直邮协注销，傅赞基组织日常活动。

1995年11月1日，在市直邮协协助下，泉州市直老年集邮协会成立（简称市直老年邮协）。

1999年10月，经市直机关工委同意，市直机关集邮协会符合国务院颁布的《社会团体登记管理条例》有关规定，向市民政部门办理重新登记手续。

市直邮协成立以前，集邮爱好者不定期开展集邮活动。市直邮协成立后，共有会员150人，每个党委所在机关单位都有一个集邮分会或集邮小组。随着单位和人员变化，集邮分会、集邮小组均已不存在，坚持参加市直邮协和市直老年邮协活动人数70—100人，大部分是基层单位人员，机关人员较少。

二、主要活动

市直邮协活动采用自办、与市直老年邮协合办、依托基层单位联办等多种形式开展活动。基本坚持每个月最后1个星期日举行1次活动，重大节庆日增加1次活动。参加活动的有晋江地委原副书记张田丁等原任地厅级老领导，有市直机关、企事业单位老同志，邮协还不断补充吸收新人入会。截至2012年12月，市直邮协共举办283次活动，每次活动都发行一枚纪念封，供邮友收藏。

开展融思想性、艺术性、观赏性、知识性、收藏性、交流性为一体的集邮文化活动，有集邮知识竞答、集邮观摩、国内邮情通报、邮识有奖抽签、年度佳邮预评、邮品交流等主题活动，传播中华文化，弘扬民族精神。举办万维生设计邮票专题展览，了解其作品的艺术价值。举办"卧人"张嘉滨作品展，宣传身残志坚、自强不息精神。

弘扬扶贫济困精神，每年的助残日期间，市直邮协都开展形式多样的助残活动，先后举办多次为残疾人张嘉宾义捐活动，邮友们踊跃参加"一助一"送温暖、认购纪念封、"百名邮友签名"活动；开展奉献爱心，为灾区群众捐资助学活动，体现"一方有难，八方支援"精神；开展敬老尊老活动，分别为70岁、80岁高龄老邮友举行祝寿集邮活动，邮协分会为老寿星送花篮，老寿星为邮友签名留念。通过集邮活动，人们在一起交流学习、切磋艺术、丰富知识、陶冶情操，从方寸之中汲取营养，感受快乐。

为全国邮联、中央电视台联合拍摄的专题片《集邮在中国》提供素材，邀请专家开设集邮知识讲座，出版林清池著作《邮票上的中国少数民族》画册、集邮文选《邮情》等。先后有31人次组编专题集邮展，其中张田丁的《邓小平一心系天下，强民富国》获全国首届民间文化邮展特邀纪念奖。陈锦章的《老邮工的一封信》获省邮展金奖，林清池的《残疾人与社会》获全国首届民间文化邮展银奖，李泰山的《华侨》获省职工邮展铜奖等。吴天赐撰写的反映市直邮协活动的《方寸之间天地宽》刊登于《中国集邮报》《泉州集邮》等刊物。

1989年，举办"十年改革成就"集邮展。

1991年"五一"期间，举办"庆祝建党70周年集邮展览"，9个系统14人的15部专题邮集参加展览。市直邮协被省邮协评为先进单位。"七一"期间，举办庆祝中国共产党成立70周年专题集邮活动。

1993年，举办1期纪念毛泽东诞辰100周年专题集邮作品展览，14名干部职工的12部93框集邮作品参加展览。

1994年，市直邮协每月开展1次集邮文化活动。全年，举办13次、500多人次参加活动。

1995年，市直邮协开展各种有意义的专题集邮活动，组织为残疾人张嘉滨捐款慰问活动。制作发行江泽民考察泉州讲话精神的专题集邮活动，内容丰富，形式多样，受集邮爱好者欢迎。

1996年5月，围绕"三德"教育，配合机关文化建设，开展有意义的专题集邮活动，广泛联系机关干部职工，努力把市直邮协办成机关文化和精神文明建设的一个窗口。

1997—1998年，市直邮协开展各种适合机关和老年人特点，寓教于乐的集邮活动，推进机关精神文明建设。

1999年，开展庆祝中华人民共和国成立50周年专题集邮活动，展示中华人民共和国成立50年取得的光辉成就。

2000年，开展以迎接21世纪为主题的专题集邮活动，陶冶情操，激发为泉州新一轮创业努力工作的热情。

2001年，与泉州市邮政局共同筹划设计“日出东方”——庆祝建党80周年纪念邮册，把党的80年奋斗历史浓缩于方寸之中，把对党的热爱和忠诚寓于高雅艺术之中，成为学习党史，弘扬光荣传统的好教材。

2003年12月25—31日，举办“隆重纪念毛泽东诞辰110周年集邮像章展”，回顾以毛泽东为主要代表的中国共产党人领导中国革命，创建中华人民共和国和建设社会主义，为中华民族伟大复兴作出的卓越贡献。展出梁奕川收藏的毛泽东像章、纪念邮集，张田丁等12人收藏的纪念毛泽东邮集，举行纪念毛泽东诞辰110周年邮票首日封首发式。市直各单位组织党员、干部、职工到现场参观。

2004年，开展纪念邓小平诞辰100周年专题集邮活动。

2006年，举办泉州市改为地级市20周年成就集邮展。

2007年，举办庆祝香港回归10周年、建军80周年专题集邮活动，突出爱党、爱国、爱军主题。

2008年，开展庆祝改革开放30周年为主题的集邮活动，宣传改革开放的历史成就和宝贵经验，增强对推进改革开放事业，全面建设小康社会，积极应对国际金融危机的信心。

2009年，以庆祝中华人民共和国成立60周年、澳门回归10周年、“海西”建设5周年重大节庆为契机，开展专题集邮文化活动。

三、评选表彰

（一）集体

1999年9月5日，泉州市邮政局、泉州市集邮协会表彰市直机关集邮协会为“集邮先进集体”。

1999年10月，福建省集邮协会表彰市直机关集邮协会为“1996—1999年集邮先进集体”。

2007年12月，福建省集邮协会表彰市直机关集邮协会为“2004—2007年集邮先进集体”。

2013年3月26日，泉州市集邮协会表彰市直机关集邮协会为“泉州市集邮先进集体”。

（二）个人

2012年10月，在庆祝福建省集邮协会成立30周年评选表彰活动中，傅赞基被福建省集邮协会评为“福建省集邮先进个人”。

2013年3月26日，傅赞基被泉州市集邮协会评为“泉州市集邮先进个人”。

2013年3月30日，傅赞基被福建省集邮协会第八次代表大会授予“福建省集邮协会荣誉会员”称号。

1990—2012 年市直邮协开展集邮文化活动一览表

表 12-1

年份	活动次数	年份	活动次数	年份	活动次数	年份	活动次数	年份	活动次数
1990	3	1995	17	2000	11	2005	13	2010	12
1991	4	1996	14	2001	13	2006	18	2011	12
1992	4	1997	19	2002	11	2007	13	2012	12
1993	9	1998	19	2003	15	2008	12		
1994	15	1999	17	2004	8	2009	12	合计	283

第二节 老年人体育协会

一、组织机构

泉州市直机关老年人体育协会(简称市直老体协)由市直机关工委、市委老干部局、市人事局牵头发起组建。1990 年 6 月 9 日,召开第一次会员代表大会,通过协会章程和第一届委员会成员。聘请袁自珍、石芝贵、宋仁东、崔运亮、吕学骞、张岫崑、李插花 7 人为顾问。张田丁任主席,陈围围、高志铨、郭思琳、朱汉曾、魏坤童、宋春堂、王国干、陈琼、王惠玑任副主席。秘书长梁挺秀,副秘书长黄国元、王维宣、曾纪忠;委员 40 人。成立时共有基层老体协 11 个,会员 441 人。同年建立市直机关辅导站。

1999 年 1 月 30 日,召开第二次会员代表大会,选举第二届委员会,聘请顾问 8 人。张田丁任主席,副主席 8 人,梁挺秀任秘书长,副秘书长 3 人,委员 43 人。基层老体协 23 个,会员 2300 多人。12 月 1 日, 傅赞基、肖清辉、陈文堃兼任副主席。

2002 年 1 月 26 日,召开第三次会员代表大会,选举第三届委员会,聘请顾问 9 人,张田丁任主席,副主席 10 人。梁挺秀任秘书长,副秘书长 4 人,委员 54 人。基层老体协 25 个,会员 2500 多人。

2009 年 1 月 25 日,召开第四次会员代表大会,选举第四届委员会,不设顾问,主席李再生,执行主席(兼法人代表)傅赞基,副主席 6 人。秘书长梁挺秀,副秘书长 4 人,委员 44 人。至 2010 年底,基层老体协 26 个,会员 4126 人。

泉州市直机关基层老体协分布一览表

表 12-2

单位	成立时间	负责人	单位	成立时间	负责人
百源干休所	1990	林少雄	统战系统	1990	蔡爱萍
金山干休所	1990	郑小梅	闽东南地质大队	1986	张燕华

续表 12-2

单　　位	成立时间	负责人	单　　位	成立时间	负责人
泉秀干休所	1990	陈族柑	电业局	1990	岳屿兰
泉州军分区干休所	1990	洪小明	电力学院	1998	赖海城
军休所	1990	黄建彪	汽车运输公司	1990	李宗棕
28 军军休所	1990	刘德义	邮政局	1998	刘昆明
市直宣传系统	1988	林良辉	泉州电信分公司	1998	许松林
市直经贸委系统	1990	赖祖地	市直公安系统	2001	陈全发
市直农办系统	1990	王柏楠	泉州银行	2001	郑汉生
市直建委系统	1990	颜贻宝	省一九七地质队	2001	张大校
市直发改委系统	1990	余玉棋	市直丰泽小区	1998	黄夏莹
市直市府办系统	1990	庄渊泉	永春天湖山煤矿	2008	姚玉辉
市直党群系统	1990	万清海	泉州移动分公司	2010	张　岳

二、主要活动

市直老体协活动经费由泉州市财政局拨给，成立之初拨到泉州市老体协代管。后转拨到泉州市委老干部局财务科兼管。2000 年，拨款近 8 万元。2001 年，因举办首届老年人运动会，拨给 12 万元。2002 年，拨给 9 万元。2003 年，拨给 10 万元。2004—2012 年，每年拨给 11 万元。2000—2012 年，市财政共拨给活动经费 138 万元，各项活动正常开展。

市直老体协活动开展主要依托市金山干休所、市老年大学活动中心场地，面积 1008 平方米。现有气排球场 14 个（室内 5 个）、门球场 10 个、地掷球场 10 个。配备阅览室、健身房、乒乓球、棋牌、台球活动室共 24043 平方米。基层老体协活动开展依托本单位活动场所，泉州电业局自建大淮、象峰、北门 3 个活动室，室内面积 1780 平方米，室外气排球场 1 个、塑料地掷球场 1 个、网球场 1 个、柔力球场 1 个，配备健身器材，共投入 800 多万元。泉州汽车运输总公司把出租的场地收回翻建为老年人活动中心，并举办邀请赛，投入 50 多万元。

自 1990 年成立后，每年根据省、市老体协工作安排，制定年度活动计划。每年组织 1 次比赛、2 次钓鱼。活动项目有球类：门球、地掷球、柔力球、气排球、乒乓球、台球；棋牌类：桥牌、中国象棋、围棋、竞技麻将，以及拳、剑、操、舞、激灵圈、泰迪健身球、钓鱼、体育游泳等适合老年人特点的活动。

2001 年，为庆祝中国共产党成立 80 周年，举办第一届市直老体协运动会，设门球、地掷球、气排球、钓鱼、拳剑操舞 5 个集体项目，中国象棋、竞技麻将、乒乓球、桥牌（双人）4 个个人项目。

选拔运动员参加泉州市老体协举办的各项比赛，组团参加 4 年一届的泉州市老年人运动会，加强交流。组队参加县（市、区）老体协单项邀请赛、协作赛，邀请县（市、区）老体协派人参加市直比赛。

基层老体协除组队参加市直比赛外，结合单位实际开展活动。泉州电业局、泉州邮政局、泉州电信分公司，泉州市汽车运输总公司老体协把退休干部职工组织起来，参加活动的人数分别达到几百上千人。

三、评选表彰

1990—2012 年，获各级表彰老体协 20 个(次)、辅导站 1 个、部门 10 个，个人 58 人次，其中获省老体协表彰单位 7 个、个人 13 人(次)；获省体委表彰辅导站 1 个、个人 3 人；获市委、市政府表彰单位 9 个、部门 10 个、个人 24 人(次)；获市老体协表彰单位 4 个、个人 18 人(次)。

(一)获福建省老体协表彰

1990 年，获表彰健康老人 1 名：孙浩如。

1992 年，获表彰先进单位 4 个：市直机关老体协、市直宣传系统老体协、省闽东南地质大队老体协、市百源干休所老体协；先进工作者 4 名：朱汉增、吕学骞、程乾盛、张岫崑。

1997 年，获表彰先进单位 2 个：省闽东南地质大队老体协、市泉秀干休所老体协；先进工作者 7 名：朱展华、洪碧霜、程乾盛、黄夏莹、杨正余、孙笃才、梁挺秀；健康老人 1 名：吴琦敏。

2001 年，获表彰先进单位 1 个：市直宣传系统老体协。

(二)获福建省体委表彰

1994 年，获表彰优秀辅导员 1 名：庄文华。

2001 年，获表彰先进辅导员 1 名：郭钦亮。

2010 年，获表彰先进辅导站 1 个：市直机关辅导站；先进辅导员 1 名：黄红柿。

(三)获泉州市委、市政府表彰

1994 年，获表彰先进单位 6 个：市直桥牌组、市泉秀干休所老体协、市府办老体协、省闽东南地质大队老体协、市直农办系统老体协、泉州军分区干休所老体协。

1997 年，获表彰先进单位 10 个：市建委、泉州晚报社等 10 个单位老体协；协助老体协贡献奖 1 名：张田丁；先进工作者 12 名：孙笃才、高桐生、孙正兴、张尚和、杜正拐、程乾盛、杨书香、郑仕照、王志福、陈竞智、洪碧霜、梁挺秀；重视老体协工作领导奖 3 名：陈太平、傅赞基、江宝英。

2004 年，获表彰先进单位 3 个：市百源干休所老体协、市直宣传系统老体协、省闽东南地质大队老体协；开拓奖 8 名：庄火明、王国干、朱汉增、李玉成、李插花(女)、郭敬诚、崔运亮、邹振绪；贡献奖 3 名：张田丁、宋仁东、吕学骞。

2008 年，获表彰先进集体 1 个：市直机关工委；先进个人 2 名：傅赞基、梁挺秀；贡献奖 1 名：朱汉增。

(四)获泉州市老体协表彰

1997 年，获表彰先进单位 2 个：省闽东南地质大队老体协、市泉秀干休所老体协；先进工作者 7 名：程乾盛、孙笃才、洪碧霜、朱展华、杨正余、黄夏莹、梁挺秀。

2003 年，获表彰先进工作者 3 名：张田丁、杨正余、郭碧珍。

2007 年，获表彰先进工作者 2 名：王惠玑、李再生。

2008 年，获表彰先进工作者 2 名：傅赞基、梁挺秀；优秀辅导员 1 名：朱汉增。

2011 年，获表彰先进单位 2 个：市邮政局老体协、泉州电信分公司老体协；先进工作者 3 名：黄红柿、李宗标、梁挺秀。

第三节　业余艺术团

1996年6月1日，为加强市直机关精神文明建设，倡导文明、健康、积极向上的娱乐活动，丰富机关业余文化生活，成立泉州市直机关业余艺术团，隶属市直机关工委领导和管理。名誉团长：李在明，名誉副团长：黄少萍、庄大川。团长张敬尊，副团长傅赞基、吴天赐、高锦章、耿永泉，秘书长吴永珍，副秘书长熊建中、黄英林、叶端芳、张婉斌。团员由市直机关、直属企事业单位和省部属驻泉单位爱好文化艺术的干部职工组成。艺术团成立以后，坚持党的四项基本原则，贯彻执行党的基本路线，坚持社会主义文艺的“两为”方向和“双高”方针，立足为市委、市政府各项中心任务和市直机关、单位精神文明建设活动服务，参与并承办各类联谊、联欢、演唱等文化艺术活动，承担文艺活动的评判和文艺人才的推荐、选拔、培训工作。提高干部职工的文化素养，活跃机关业余文化生活，为培养机关文艺人才，加强机关思想、道德、文化建设作出了贡献。（主要活动情况见第九章第四节“机关文体活动”之“文艺活动”）

第四节　关心下一代工作委员会

一、组织机构

1997年4月22日，市直机关工委、市委老干部局、市关工委联合印发《关于加强市直机关关心下一代工作的意见》，为了动员更多的市直机关离退休老同志参加关心下一代工作，决定召开市直机关关心下一代工作座谈会，筹备成立市直机关关心下一代工作委员会。要求市直各系统单位，都要在党政的直接领导下，由系统党委、党总支、直属党支部牵头，老干部工作领导小组、老干部工作委员会及组织人事部门配合，尽快成立关工委或协会。关心下一代组织成立后，要在系统党政领导下，以机关党委为依托，工、青、妇组织密切配合，开展各种活动。单位党政领导要把这一工作提上议事日程，要有一名领导同志分管，定期研究和听取工作汇报，帮助解决经费、办公地点、用车等问题，为关心下一代工作创造必要的条件。

1997年10月17日，为加强市直机关关心下一代工作的组织领导，经市直机关工委、市委老干部局、市关心下一代工作委员会协商，并报市委有关领导同意，成立市直机关关心下一代工作委员会（简称市直关工委），张敬尊任名誉主任，卫康民任主任；孙易鍪、蔡天从任常务副主任；饶声严、李自力、孙笃才、肖清辉、刘一聪、苏诺民、陈脑秀、叶一帆、范丰仙任副主任；黄英林任秘书长，邱国雄、赖育永任副秘书长；丁家全等33人任委员。1999年6月7日，增补张文良为市直关工委委员，任副秘书长。

2000年12月6日，增补黄英林为市直关工委副主任。

2002年3月21日，调整充实市直关工委组成人员，共46名委员，市直机关工委书记张敬尊任名誉主任，卫康民任主任；孙易鍪、肖清辉、黄英林任常务副主任；张留和、余玉棋、孙笃才、陈桂生、邓永清、陈脑秀任副主任;张文良任秘书长,邱国雄、赖育永任副秘书长。

2005 年 3 月 1 日,增补饶桑源、黄钟荣为市直关工委副主任。2006 年 3 月 7 日,增补肖则庭为市直关工委副主任。

2006 年 12 月,调整充实市直关工委组成人员,共 35 名委员,市直机关工委常务副书记李世杰任名誉主任,卫康民任主任;孙易鍪、肖清辉、黄英林任常务副主任;邓永清、余玉棋、饶桑源、孙笃才、肖则庭、陈脑秀、张留和任副主任;张文良任秘书长,邱国雄、赖育永任副秘书长。

2012 年 11 月 27 日,调整市直关工委组成人员,市直机关工委常务副书记黄春淮、市直关工委原主任卫康民任名誉主任,市委老干部局原局长、市直关工委原常务副主任肖清辉任主任;孙易鍪、黄英林任副主任;张文良任秘书长。

2015 年 12 月 9 日,周鸿桥任市直关工委常务副主任。

2017 年 4 月 20 日,市直机关工委常务副书记黄黎波任市直关工委名誉主任。

泉州市直机关关心下一代工作委员会组成人员名单

1.1997 年 10 月至 2002 年 3 月

名誉主任:张敬尊

主　　任:卫康民

常务副主任:孙易鍪、蔡天从

副主任:饶声严、李自力、孙笃才、肖清辉、刘一聪、苏诺民、陈脑秀、叶一帆、范丰仙、黄英林、肖则庭

秘书长:黄英林

副秘书长:邱国雄、赖育永

委　员:李艾克、施海滨、庄火明、张德山、魏宪国、陈衍鲍、饶桑源、王　练、刘天相、丁家全、陈存姝、陈东水、郑泉水、陈国南、郭惠玲、赵成华、李世杰、赖祖地、何克丁、黄衍强、黄黎波、吕学骞、施维儒、汪金浦、洪建中、黄孙洗、陈永新、梁文和、吴丽清、陈荣成、李辉跃、柳瑞榕、张文良

2.2002 年 3 月至 2006 年 12 月

名誉主任:张敬尊

主　　任:卫康民

常务副主任:孙易鍪、肖清辉、黄英林

副主任:张留和、余玉棋、孙笃才、陈桂生、邓永清、陈脑秀、饶桑源、黄钟荣、肖则庭

秘书长:张文良

副秘书长:邱国雄、赖育永

3.2006 年 12 月至 2012 年 11 月

名誉主任：李世杰

主　　任：卫康民

常务副主任：孙易鍪、肖清辉、黄英林

副主任：邓永清、余玉棋、饶桑源、孙笃才、肖则庭、陈脑秀、张留和

秘书长：张文良

副秘书长：邱国雄、赖育永

4.2012 年 11 月至 2017 年 4 月

名誉主任：黄春淮、卫康民

主　　任：肖清辉

常务副主任：孙易鍪、黄英林、周鸿侨

秘书长：张文良

副秘书长：邱国雄、赖育永

5.2017 年 4 月至 2017 年 12 月

名誉主任：黄黎波、卫康民

主　　任：肖清辉

常务副主任：孙易鍪、黄英林、周鸿侨

副秘书长：邱国雄、赖育永

泉州市直机关各系统关工委名录

一、泉州市直宣传口系统 26 个

1. 泉州市直宣传口系统关工委（2001 年 2 月成立）
2. 泉州晚报社关工委
3. 泉州市广电局关工委
4. 泉州市卫生局关工委
5. 泉州市文化局关工委
6. 泉州市体育局关工委
7. 泉州市计生委关工委
8. 泉州市教育局关工委
9. 泉州一中关工委
10. 泉州外国语中学关工委
11. 泉州培元中学关工委
12. 泉州五中关工委
13. 泉州实验中学关工委

14. 泉州三中关工委
15. 泉州八中关工委
16. 泉州幼师关工委
17. 泉州聋哑学校关工委
18. 泉州华侨职校关工委
19. 泉州实验小学关工委
20. 泉州晋光小学关工委
21. 泉州师院附小关工委
22. 泉州第二实小关工委
23. 泉州市机关幼儿园关工委
24. 泉州幼师幼儿园关工委
25. 泉州刺桐幼儿园关工委
26. 泉州市丰泽幼儿园关工委

二、泉州市农工办系统 8 个

1. 泉州市农工办系统关工委
2. 泉州市农业局关工委
3. 泉州市林业局关工委
4. 泉州市水利局关工委
5. 泉州市农科所关工委
6. 泉州市农校关工委
7. 泉州市海洋与渔业局关工委
8. 泉州市农业工程学校关工委

三、泉州市发改委系统 5 个

1. 泉州市发改委系统关工委
2. 泉州市劳动局关工委
3. 泉州市物价局关工委
4. 泉州市统计局关工委
5. 泉州市高级技工学校关工委

四、泉州市建设系统 3 个

1. 泉州市建设系统关工委
2. 泉州市规划局关工委
3. 泉州市房管局关工委

五、泉州市公用事业局系统 8 个

1. 泉州市公用事业局系统关工委(1999 年 4 月成立)
2. 泉州市清源山风景管理区关工委

3. 泉州市公交公司关工委

4. 泉州市园林局关工委

5. 泉州市自来水公司关工委

6. 泉州市市政工程处关工委

7. 泉州市环境卫生处关工委

8. 泉州市东湖公园关工委

六、泉州市政法系统 5 个

1. 泉州市政法委系统关工委(2000 年 8 月成立)

2. 泉州市公安局关工委

3. 泉州市司法局关工委

4. 泉州市中级人民法院关工委

5. 泉州市检察院关工委

七、泉州市党群口系统 5 个

1. 泉州市党群口系统关工委(2002 年 9 月成立)

2. 泉州市委组织部关工委

3. 泉州市委老干部局关工委

4. 泉州市总工会关工委

5. 泉州市科技协会关工委

八、泉州市政府系统 3 个

1. 泉州市政府系统关工委(2000 年 1 月成立)

2. 泉州市政府办公室关工委

3. 泉州市民政局关工委

九、泉州市交通系统 3 个

1. 泉州市交通系统关工委(2003 年 4 月成立)

2. 泉州市公路局关工委

3. 泉州市港口管理局关工委

十、泉州市经委系统关工委 3 个

1. 泉州市经委系统关工委(1997 年 12 月成立)

2. 泉州市城镇集体工业联合社关工委

3. 泉州市乡镇企业局关工委

十一、泉州市人大常委会机关关工委(1998 年 10 月 21 日成立)

十二、泉州市纪委机关关工委(2002 年 5 月成立)

十三、泉州市科技局关工委

十四、泉州市政协机关关工委(2002 年 3 月成立)

十五、泉州市质量技术监督局关工委

十六、泉州市贸发局系统 1 个

1. 泉州市财贸干校关工委

十七、泉州市外经委关工委(2002 年 3 月成立)

2017 年 10 月,市直机关关工委成立 20 周年时,共设关工委 89 个。

二、主要活动

1997 年 10 月 21 日,召开泉州市直机关关心下一代工作委员会成立大会,市委副书记李在明,市委巡视员、市关工委主任尤垂镇以及市委组织部、宣传部、市直机关工委、财政局等部门领导出席。市直关工委主任卫康民发言,李在明、尤垂镇讲话。

1998 年 1 月,市直关工委主任卫康民主持召开全委(扩大)会议,传达漳州市关工委在市直机关组建关工委经验;部署 1998 年在市直各系统单位组建关工委任务。强调市直组建关工委工作的过程中,要注重推广典型,边组建,边活动,边总结经验。

1999 年 4 月 20 日,召开市直关工委报告团成立大会,市委常委、宣传部部长洪辉煌,市关工委主任尤垂镇到会祝贺,向朱义斌、朱展华、杨德山、余伯斌、潘维权、潘聪谋、高厚生等 14 名老干部颁发讲师聘书;向团长卫康民,副团长许在全、孙易鳌颁发聘书。8 月 31 日,由市委宣传部、市直机关工委、市关工委联合举办纪念泉州解放 50 周年报告会,请晋江地委原副书记、闽中游击队泉州团队副指挥朱义斌作泉州革命斗争历史报告,泉州市原副市长高厚生作泉州 50 周年辉煌成就报告,1000 多名机关干部、师生参加。

2001 年 2 月,贯彻泉州市关工委《关于基层关工委创建"五好"活动的意见》,开展以领导班子建设好、"六大员"作用发挥好、制度健全执行好、活动经常效果好为主要内容的创建"五好"关工委活动。

2002 年 3 月 23 日,召开第五次全委(扩大)会议。传达贯彻市关工委全委会精神;总结 2001 年工作和部署 2002 年工作。市关工委主任尤垂镇,市直机关工委书记、市直关工委名誉主任张敬尊出席会议并讲话。市直关工委主任卫康民作工作总结和工作部署。调整充实市直关工委班子成员。

2002 年 7 月 24 日,召开主任座谈会。学习江泽民"5·13"重要讲话精神;传达市关工委"德化会议"精神;各系统关工委汇报组织建设工作,研究发展组织及调整充实关工委班子建设。尤垂镇参加会议并讲话。

2003 年,市直各级关工委贯彻市委、市政府《关于进一步加强关工委工作的意见》。3 月 20 日,市直关工委表彰先进集体 4 个:市直宣传、计委、建设、农办系统关工委;先进个人 7 名:张文良、庄铭达、余玉棋、黄衍强、郭希纯、张留和、郑南曙。

2004 年 3 月 10 日,召开关工委全委扩大会议,总结 2003 年工作,部署 2004 年工作。市直关工委表彰市直建设、宣传、计委、农办系统关工委为"五好"关工委。卫康民作总结报告,市委组织部常务副部长、市关工委副主任李卫平,尤垂镇、张敬尊等到会讲话。3 月 19 日,省关工委副主任李宗时、张陆新到市直宣传系统、市卫生局关工委调研。7 月 13 日,组织关工委主任、常务副主任学习中共中央、国务院《关于进一步加强和改进未成年人思想道德建设》。9 月 16 日,组织学习胡锦涛在邓小平诞辰 100 周年纪念大会上的讲话，贯彻市关工委召开的各县（市、区）关工委主任会议精神。12 月 14—15 日，举办基层关工委主任、秘书长培训班。

2005 年 3 月 9 日，召开全委扩大会议暨创“五好”经验交流会，总结 2004 年工作，部署 2005 年工作，交流创“五好”关工委经验。市委正处级组织员、市委老干部局副局长肖清辉，市关工委常务副主任潘聪谋到会讲话。8 月 15 日，组织市直建设、宣传、交通、计委、党群 5 个系统关工委开展 8 首抗日歌曲演唱、联欢活动，纪念抗日战争胜利 60 周年。9 月 16 日，召开系统关工委主任、秘书长座谈会，学习全国关工委表彰会精神，抓基层创“五好”经验交流，加强“五老”队伍建设。

2006 年 3 月 28 日，召开全委（扩大）会议，总结 2005 年工作，部署 2006 年工作，进行创“五好”关工委经验交流。6 月 27 日，在市农业学校召开“学习社会主义荣辱观现场会”。至此，市直共有报告团（宣讲团）4 个，讲师 62 人，作报告 49 场，听众 17830 人，其中市直关工委报告团讲师 19 人，作报告 17 场，受教育人数 1730 人；市直宣传系统关工委思想道德教育报告团讲师 9 人，作报告 16 场，受教育人数 10100 人；市直卫生系统关工委医学专家报告团讲师 22 人，作报告 13 场，受教育人数 5000 人；市文化局关工委乡土文化宣讲团，讲师 12 人，作报告 3 场，受教育人数 1000 人。

2007 年 3 月下旬，市委、市政府和市关工委联合督查组对市直宣传系统、市直发改委系统、市卫生局、市劳动和社会保障局关工委进行督查。8 月 5 日，市关工委、市直关工委在闽台缘博物馆举行“闽台缘之旅”暨泉州市青少年爱国主义教育基地授牌开幕仪式，市关工委主任施永康授牌。

2008 年 2 月 1 日，召开全委（扩大）会议，传达市关工委会议精神，部署开展“百万大手牵小手”关爱活动。4 月 1 日，召开各单位关工委主任、秘书长会议，学习市委办公室、市政府办公室《关于转发泉州市关工委〈“百万大手牵小手”关爱活动实施方案〉的通知》。4 月 25 日，市关工委顾问王继超、郭荣宗对市直宣传系统关工委、市科技局关工委开展关爱活动进行调研，与市教育局、市卫生局、市体育局、市文化局关工委领导座谈。6 月 11 日，召开各系统关工委主任座谈会，交流关爱活动开展情况。9 月 10 日，召开家教经验座谈会，市关工委领导周子澄、秦金华、林惠珍到会指导。10 月 17 日，组织市直系统关工委主任前往惠安斗尾造船厂、聚龙小镇、泉港惠屿岛、炼油厂、石化一体化工程参观，开阔眼界。

2009 年 1 月 8 日，由市直关工委组织联系的晋江市凤竹集团公司董事长捐赠 10 万元，给泉州市实验小学建立的“少儿图书室”正式开馆，施永康揭牌。7 月 30 日，配合市关工委和市清源山风景区管委会举行市清源山风景区建设生态文化教育基地启动仪式，180 多名中小学生与老领导、老干部一起参加启动仪式，参观清源山生态文化园。9 月 29 日，会同市关工委、市直农办系统关工委在市农业学校召开庆祝中华人民共和国成立 60 周年座谈会，市农校 2 个“周恩来班”学生 100 多人参加座谈活动，进行爱国主义教育。

2010 年 3 月 16 日，召开全委（扩大）会议，总结 2009 年工作，部署 2010 年工作，表彰 2007—2009 年“五好”关工委 12 个。4 月，组织各系统关工委主任或常务副主任参加市关工委举办的第 4 期基层关工委主任培训班，学习中央、省、市有关文件，学习《中国关心下一代工作委员会工作条例》和 3 月 31 日市委召开的全市关心下一代工作会议精神。5 月 6 日，召开各系统关工委主任、秘书长会议，传达泉委办〔2010〕26 号文件和省关工委常务副主任张明俊、市委领导和市关工委领导讲话精神，推动“百万大手牵小手”关爱活动深入开展。7 月 30 日，在市清源山游客中心举行泉州市青少年生态文化历史之旅夏令营授牌暨启动仪式,12 个单位关工委组织 200 多名学生参加,并参观老君岩、展览馆,听讲道德经。9 月 17 日,召开各系统关工委主任、秘书长座谈会、市城镇集体工业联合社关工委介绍“大手牵小手,关爱点亮希望”经验;市直市政公用事业系统党委介绍创建“泉州市清源山生态文化教育基地”做法;市科技局关工委介绍开展活动情况;市劳动和社会保障局关工委介绍“对技校学生开展社会主义核心价值体系教育”方法。

2011 年,开展“学党史、颂党恩、跟党走”庆祝中国共产党成立 90 周年主题教育活动,由市对外经济贸易合作局原调研员、市直关工委委员施维儒执笔编写《中国共产党历次全国代表大会简介》,全文 68000 多字,印刷 2000 册发给泉州市各级关工委,为学习党史提供较系统简便的宣传学习资料。元旦春节期间,市直关工委前往市农校慰问西藏班学生,召开联欢会,向西藏班 80 多名学生赠送读书文具和书籍,8 名学生发言表决心,41 名老师当场作为代理家长认了“子女”。市教育局关工委编写中小学生征文集《党在我心中》,印制 500 册赠送各系统关工委和中小学校。吴天赐、蔡长溪、朱林果撰写 3 篇纪念文章,分别被省关工委评为二等奖、三等奖和优秀奖。

2012 年 3 月 20 日,召开全委(扩大)会议,总结 2011 年工作,部署 2012 年工作。4 月 28 日,调整充实市直关工委报告团成员,李寿钊任团长;朱林果、吴天赐任副团长;成员有卫康民、魏献国、施维儒、孙易鳌、张文良。表彰 2010—2012 年创“五好”关工委活动先进单位 14 个、先进工作者 22 名。10 月 23 日,提出《泉州市直机关关工委工作意见》,关心机关干部职工子女学习情况,帮助解决学习中遇到的困难,对学习成绩优异者给予奖励;不定期组织干部职工参加家教讲座,交流家庭教育心得,提高素质和家教水平;坚持用社会主义核心价值体系引领未成年子女,组织参观学习,到艰苦的地方体验生活,促进身心全面发展。

2013 年 4 月 28 日,召开全委(扩大)会暨创“五好”活动先进单位和先进工作者表彰会。市关工委常务副主任宋长青,市直机关工委常务副书记、市直关工委名誉主任黄春淮出席并讲话。

2013 年 11 月,组织各系统关工委主任、20 个挂钩活动中心负责人到安溪尤俊活动中心参观学习。掀起共建挂钩活动中心热潮。

2014 年 3 月 27 日,召开全委(扩大)会议,以“百万大手牵小手”关爱活动为载体,以积极参加党的群众路线教育实践活动为动力,总结 2013 年工作,部署 2014 年任务,努力推进关工委工作创新发展。宋长青、黄春淮出席并讲话,市委组织部副部长、老干部局局长周文心,市直关工委名誉主任卫康民出席会议。

2014 年 7 月 11 日,召开各系统关工委主任、秘书长和首批 20 个青少年社会教育活动中心挂钩关工委负责人会议。卫康民到会讲话,市直关工委主任肖清辉作题为《健全联系制度,力推活动常态化》的讲话。

2015 年 4 月 24 日,召开全委(扩大)会议,传达贯彻市关工委全委(扩大)会议精神,总结 2014 年工作,部署 2015 年任务。宋长青、黄春淮出席并讲话。市委老干部局副局长、市关工委专职副主任陈政实出席会议。

2015 年 7 月 14 日,在石狮市鸿山镇东埔三村召开市直关工委与活动中心挂钩联系工作座谈会。听取开展挂钩联系的做法和经验。市关工委常务副主任余伯斌充分肯定市直关工委建立与首批青少年社会教育活动中心挂钩联系是关工委工作的一种创新。

2015年，为纪念抗战胜利70周年，开展“读一本抗战书、看一部抗战电影、讲一个抗战故事、唱一首抗战歌曲”活动，并在9月联合市委老干部局开展唱抗战歌曲比赛。共有12支队伍参加表演赛和比赛。市委老干部局关工委、市直市政公用事业局系统关工委获得一等奖。特邀献演单位：泉州老年大学合唱团、市老年活动中心歌友会、市文广新局老干部艺术团获表演奖。

2016年4月26日，召开全委（扩大）会暨创建基层“五好”关工委表彰大会。宋长青出席并讲话，黄春淮、周文心、卫康民出席会议。肖清辉作工作报告。

2016年7月7日，在台商投资区洛阳镇召开市直关工委挂钩活动中心工作座谈会。市关工委常务副主任余伯斌、林泉顺出席会议并讲话。

2017年4月26日，召开全委（扩大）会。市关工委常务副主任赖新民，市直机关工委常务副书记、市直关工委名誉主任黄黎波、周文心、卫康民出席并分别讲话。肖清辉总结2016年工作，部署2017年工作。

2017年6月29日，召开挂钩活动中心关工委负责人会议。市关工委常务副主任傅福荣讲话、陈政实、卫康民出席会议。肖清辉作《坚持“建、管、用”并重，推动活动中心发展》讲话。20个市直挂钩活动中心负责人分别汇报5年来挂钩成效和经验做法。

2017年10月31日，召开市直关工委成立20周年暨表彰先进大会。傅福荣、黄黎波、周文心出席并分别讲话。肖清辉回顾市直关工委成立20周年来所取得的5个方面成效。对20年来为关工委事业作出贡献的20个先进集体、40个先进个人和3名突出贡献的老领导老同志进行表彰。

三、评选表彰

1. 上级表彰

1999年，获泉州市关工委表彰全市关工委先进单位1个：市直建设系统关工委。

1999年，获泉州市关工委、泉州市委宣传部表彰报告团先进单位1个：市直关工委报告团。

2003年，获福建省关工委表彰全省关工委先进单位1个：市直关工委；先进个人5名：卫康民、孙易鍪、张留和、余玉棋、黄衍强。

2003年，获泉州市人民政府表彰全市关工委先进单位2个：市直宣传系统关工委、市直建设系统关工委，先进个人4名：张文良、邓永清、余玉棋、范金阶。

2004年，获泉州市关工委表彰全市关工委创“五好”关工委先进单位2个：市直宣传系统关工委、市直建设系统关工委。

2013年，获福建省关工委表彰先进集体1个：市直宣传系统关工委；先进个人3名：张文良、江雪华和许玲玲。

2013年12月13日，获泉州市委、市政府表彰关心下一代工作先进集体4个：市直关工委、市委老干部局关工委、市直市政公用事业系统关工委、市直卫生系统关工委；突出贡献奖1名：孙易鍪；先进个人4名：庄铭达、陈淑青、张庚礼、肖清辉。

2016年，获福建省关工委表彰先进集体1个：市直教育系统关工委。

2. 泉州市直机关工委表彰

(1)先进集体和先进个人

2002年表彰关工委先进单位3个:市直宣传系统关工委、市直建设系统关工委、市直农办系统关工委;先进个人7名:张文良、庄铭达、余玉棋、黄衍强、郭希纯、张留和、郑南曙。

2007,表彰关工委先进单位21个:市直发改委系统关工委、市直卫生系统关工委、市体育局关工委、市第八中学关工委、泉州师院附属小学关工委、市劳动和社会保障局关工委、市公交公司关工委、市直市政公用事业系统关工委、市清源山风景区关工委、市总工会关工委、市科协关工委、市政协机关关工委、市质量技术监督局关工委、市纪委机关关工委、市国家安全局关工委、市检察院关工委、泉州港口管理局关工委、市政府办公室关工委、市直建设系统关工委、市农业局关工委、市农业学校关工委;先进个人38名:卫康民、孙易鳌、张文良、黄炳忠、陈伯强、金国渊、蒋重庆、吴裕挺、张天津、吴天赐、余玉棋、金世达、梁柏良、李振宗、王国良、吴元元、刘培兰、刘元伴、陈脑秀、邱国雄、施海滨、苏孙洗、刘火若、黄金铭、张鼎铭、饶桑源、姜启文、洪福星、林燕梅、孙笃才、许玲玲、肖则庭,黄衍强、吴火渊、余早喜、林彦云、王贵台、蔡长溪。

2010—2012年,表彰创"五好"关工委活动先进工作者22名:张文良、刘焕霞、黄太平、李寿钊、洪建中、张翎、洪福星、姜启文、林赛华、吴裕挺、谢汉瑜、洪江凌、苏孙洗、陈再伏、杜丕足、刘允律、许玲玲、杨向阳、何克丁、金世达、江雪华、黄国勇。

(2)"五好"关工委

2003年,表彰"五好"关工委4个:市直宣传系统关工委、市直农办系统关工委、市直建设系统关工委、市直发改委系统关工委。

2004年,表彰"五好"关工委4个:市直建设系统关工委、市直宣传系统关工委、市直发改委系统关工委、市直农办系统关工委

2005年,表彰"五好"关工委4个:市政协机关关工委、市纪委机关关工委、市直交通系统关工委、市直公用事业系统关工委。

2007—2009年,表彰"五好"关工委12个:市直建设系统关工委、市直经委系统关工委、市直发改委系统关工委、公用事业系统关工委、市科技局关工委、市直农办系统关工委、市政协机关关工委、市纪委机关关工委、市直宣传系统关工委、市直党群系统关工委、市直政法系统关工委、市直交通系统关工委。

2010—2012年,表彰创"五好"关工委活动先进单位14个:市直党群系统关工委、宣传系统关工委、市科技局关工委、市直市政公用事业系统关工委、市直住房和城乡建设系统关工委、市直农办系统关工委、市质量技术监督局关工委、市中级人民法院关工委、市财贸干校关工委、市政府办公室关工委、市物价局关工委、市农业学校关工委、市体育局关工委、市园林局关工委。

2016年4月19日,表彰"五好"关工委14个:市直宣传系统关工委、市直教育系统关工委、市直住建系统关工委、市直市政公用事业管理局系统关工委、市农业局关工委、市直卫生系统关工委、市体育系统关工委、市科协关工委、市农业学校关工委、市排水管理中心关工委、市园林管理局关工委、市市政工程管理处关工委、市环境卫生管理处关工委、市公园管理中心关工委。

2017年10月31日,市直机关工委、市委老干部局、市直关工委联合表扬市政协机关关工委等19个

先进关工委、魏培嫌等38名先进个人，卫康民、孙易鍪、邓永清等3名获“突出贡献奖”。

第五节　党建研究分会

一、组织机构

（一）机构设置

2007年11月1日，根据福建省机关党的建设研究会（简称省研会）《关于福建省机关党的建设研究会成立分会、联络组及缴纳会费的若干意见》，市直机关工委向省研会报送泉州市分会筹备组成员名单，组长：李世杰，副组长：黄英林。11月12日，省研会批复同意。11月30日，市直机关工委经商泉州市民政局、社科联同意，并报泉州市委组织部同意后，向市委报送《关于成立福建省机关党的建设研究会泉州市分会的请示》。11月30日，市委常委会第34次会议听取市直机关工委关于成立泉州市分会有关情况的汇报。原则同意成立“福建省机关党的建设研究会泉州市分会”（简称泉州市分会），由市直机关工委按照《社会团体登记管理条例》负责筹备，按省有关文件规定的程序做好成立各项工作，按相关章程规定开展活动。12月29日，市直机关工委向省研会报送《关于福建省机关党的建设研究会泉州市分会会长、副会长、秘书长候选人的请示》。

2008年1月16日，省研会批复同意成立泉州市分会，同意领导机构设置和组成人员名单。建议林文杰为名誉会长。1月25日，泉州市分会召开第一次会员代表大会，应到代表70名，实到代表60人。大会通过名誉会长名单，选举产生泉州市分会第一届会长、副会长、秘书长。名誉会长：市委副书记、市纪委书记、市直机关工委书记林文杰；会长：市直机关工委常务副书记李世杰；副会长：黄英林、陈炯仁、郑玉冰、蔡永生、张德山；秘书长：郑玉冰；副秘书长：赖育永、许贞丽、林坚栋、陈海龙。

参照省机关党建研究会的做法，泉州市分会设理事会、常务理事会。第一届理事会设理事70名，由市直机关工委根据需要指定，原则上由会员单位党组织专职副书记担任。设常务理事30名，由分会会长、副会长、秘书长、副秘书长及理事会推选出的人员担任。

泉州市分会第一届理事会常务理事名单

（30名）

李世杰	黄英林	陈炯仁	郑玉冰	陈丽珠	王志强
李艾克	黄建福	蔡永生	张德山	洪陵生	谢晓章
傅庆红	吴富荣	王洪海	蔡尔纯	连如碧	黄黎波
蔡联辉	林素琴	蔡黎明	郑耀忠	黄金华	郑泉水
方生才	黄金铭	周永忠	李少彬	周泗情	陈悦庆

2009年9月28日，制定《福建省机关党的建设研究会泉州市分会工作制度（试行）》，进一步明确会员及会员单位，组织机构，会长、副会长、秘书长的设置和职权，经费来源和使用，规定分会的主要任务：

学习贯彻中央、省、市委关于党的建设的指示、决定，落实福建省党的建设研究会和市直机关工委的工作部署，组织会员开展机关党的建设的理论探讨和工作研究；参与机关党建创先、思想政治工作、精神文明建设等调研活动；交流机关党的工作方面的信息，总结先进经验，推广和运用优秀研究成果，每年组织1次理论研究和论文评选、交流活动；推荐、评选和奖励机关党建的优秀研究成果以及作出显著成绩的单位和个人；推荐、介绍分会的研究成果，反映党员、干部的意见、要求和建议，为党委部门做好党的建设工作提供服务；编印机关党建工作方面的研究成果和有关信息资料；组织会员开展学习考察交流活动，开阔视野，提高素质；主动向福建省机关党的建设研究会请示汇报，加强与县（市、区）分会联系。

2010年4月14日，召开第一届理事会第二次会议，回顾分会第一届理事会第一次会议召开以来的工作，布置2010年工作。补选分会副会长、常务理事、理事、副秘书长。蔡永生因工作变动，不再担任副会长，补选吴晓雄为副会长；许贞丽不再担任副秘书长，补选陈振裕为副秘书长；补选吴晓雄、刘玉珊、许贞丽、吕春香、齐丹璇、张继红、简国红7人为常务理事，补选后常务理事30名；补选陈淑青、刘建平、汪亚彬、陈秀珍、李水玉、李红英、郑新文、庄东航8人为理事，补选后理事71名。

2012年10月，市直机关工委常务副书记黄春准任会长；2017年4月，市直机关工委常务副书记黄黎波任会长。

（二）分会性质

根据国务院颁布的《社会团体登记管理条例》第三章第十九条规定，泉州市分会是省机关党建研究会的组成部分，隶属省机关党建研究会领导，不具有法人资格，不单独制定章程，按照《福建省机关党的建设研究会章程》所规定的宗旨和所授权的范围开展活动、发展会员。

（三）会员单位

市直正处级部门单位党组织、驻泉省部属单位党委、各县（市、区）直机关工委，经申请同意，可成为泉州市分会的会员单位。第一批会员单位由61个部门、单位党组织组成，包括分会的牵头单位市直机关工委；市直机关工委直接管理的17个系统党委、6个直属机关党委、24个驻泉省部属单位党委、2个直属党总支；11个县（市、区）直机关工委。

省机关党的建设研究会泉州市分会第一批会员单位名单

（61个）

1. 牵头单位：泉州市直机关工委。

2. 系统党委17个：市直市委办、市府办、党群、宣传、统战、政法、公安、发改委、经委、财贸、建设、农办、外经、交通、卫生、水利、公用事业系统党委。

3. 直属机关党委6个：市人大常委会机关、市政协机关、市纪委机关、市科技局、市委党校、市城市管理行政执法局机关党委。

4. 直属党总支2个：市委台工办、市教育局机关党总支。

5. 驻泉省部属单位党委23个：市工商局、市国税局、市地税局、市质监局、市检验检疫局、泉州海事局、市食品药品监督管理局、泉州邮政局、泉州电信分公司、泉州移动通信分公司、泉州联通分公司、泉州电业局、福建电力职业技术学院、省中旅泉州代表处、省水电工程局有限公司、泉州监狱、省闽东南地质大队、冶金一队、省一九七地质大队、泉州公路稽征处、泉州石油分公司、泉州劳教所、国电泉州发电公司党委。

6. 县(市、区)直机关工委 11 个:鲤城区、丰泽区、洛江区、泉港区、石狮市、晋江市、南安市、惠安县、安溪县、永春县、德化县直机关工委。

2010 年,新吸收会员单位 31 个,共有会员单位 92 个。新吸收会员单位:

1. 省部属驻泉单位党委 1 个:市烟草专卖局机关党委。

2. 机关和事业单位党委 29 个:市检察院、市中级人民法院、市文化局、市广电局、市城镇集体工业联合社、市海洋与渔业局、市供销社、市粮食局、市委老干部局、市司法局、市民政局、市林业局、市农业局、市劳动和社会保障局、市国土资源局、市总工会、泉州晚报社、泉州港口管理局、市城乡规划局、市公路局、市山美水库管理处、市龙门滩引水工程管理处、市农业学校、市第一医院、市中医院、市城区信用联社、泉州银行、泉州晋江机场、市自来水公司党委。

3. 直属党支部 1 个:市国资委机关党支部。

(四)会员吸收

1. 第一批会员

市直各党组织及县(市、区)直机关工委从事党的建设、党建研究和党务工作,具有一定研究能力和实际工作经验的人员(包括从事党务工作多年的离退休老干部),经本人申请和所在党组织推荐,由分会理事会批准,即可成为分会会员。由分会筹备组发出邀请,经本人申请和所在党组织推荐,由市直机关工委批准。

第一批会员 127 人,包括市直机关工委部分干部;市直 17 个系统党委专职副书记、党办主任或专职党务干部;市直除 17 个系统党委以外的 38 个市直机关、企事业单位党委、2 个直属党总支专职副书记或专职党务干部、市国资委机关党支部党务干部;24 个驻泉省部属单位党委负责人或党办主任(政工科长)或专职党务干部,闽台缘博物馆党委党务干部;11 个县(市、区)直机关工委书记或常务副书记或副书记。

省机关党的建设研究会泉州市分会第一批会员分布情况表

表 12-3 **单位:人**

单位	人数	单位	人数	单位	人数	单位	人数
市委办	2	经贸	4	公用事业	1	教育局	1
市府办	3	财贸	7	市人大常委会机关	1	国资委	1
党群	4	建设	4	市政协机关	1	闽台缘博物馆	1
宣传	5	农办	6	市纪委机关	1	工商局	1
统战	2	外经	2	科技局	1	国税局	1
政法	6	交通	4	党校	1	地税局	1
公安	5	卫生	4	城市管理行政执法局	1	质监局	1
发改委	3	水利	4	台工办	1	检验检疫局	1

续表 12-3 **单位:人**

单位	人数	单位	人数	单位	人数	单位	人数
海事局	1	省中旅泉州代表处	2	泉州劳教所	2	晋江市直机关工委	1
食品药品监督管理局	1	省水电工程局有限公司	1	国电泉州发电公司	1	南安市直机关工委	1
邮政局	2	泉州监狱	2	泉州市直机关工委	11	惠安县直机关工委	1
电信分公司	1	闽东南地质大队	1	鲤城区直机关工委	1	安溪县直机关工委	1
移动通信分公司	1	冶金一队	1	丰泽区直机关工委	1	永春县直机关工委	1
联通分公司	1	一九七地质大队	1	洛江区直机关工委	1	德化县直机关工委	1
电业局	2	公路稽征处	1	泉港区直机关工委	1		
电力职业技术学院	2	石油分公司	1	石狮市直机关工委	1	**合　计**	127

2. 第二批会员

泉州市分会成立以后,部分会员已不再从事市直机关党建工作,至 2010 年 4 月共有会员 112 名。2010 年 5 月 18 日,泉州市分会印发《关于做好第二批会员吸收工作的通知》吸收第二批会员。第二批会员吸收范围:系统党委书记,系统(局)党委、直属党总支(党支部)、驻泉省部属单位党委专职副书记、党办主任(党群工作部主任、政工科长)、专职党务干部应吸收为会员;委托系统党委管理的机关党委、企事业单位党委专职副书记和专职党务干部应吸收为会员;设立党总支的单位和单独设立党支部的机关单位(含参照公务员法管理的事业单位)应各吸收 1—2 名副书记或委员为会员;各县(市、区)直机关工委要有 2—3 名专职党务干部作为会员。

2010 年 12 月,吸收第二批会员 114 人,共有会员 226 名。

2010 年 12 月泉州市分会会员分布一览表

表 12-4

单位	人数	单位	人数	单位	人数	单位	人数
市委办	2	发改委	9	卫生	16	党校	1
市府办	19	经贸	6	水利	7	城市管理行政执法局	1
党群	10	财贸	6	公用事业	2	台工办	2
宣传	13	建设	6	市人大常委会机关	2	教育局	1
统战	7	农办	11	市政协机关	1	国资委	1
政法	7	外经	2	市纪委机关	1	国税局	2
公安	8	交通	4	科技局	4	地税局	1

续表 12-4

单位	人数	单位	人数	单位	人数	单位	人数
质监局	1	闽台缘博物馆	2	泉州劳教所	1	南安市直机关工委	2
检验检疫局	2	省中旅泉州代表处	2	国电泉州发电公司	1	惠安县直机关工委	3
海事局	3	省水电工程局有限公司	2	泉州市直机关工委	13	安溪县直机关工委	3
食品药品监督管理局	1	泉州监狱	3	鲤城区直机关工委	3	永春县直机关工委	3
邮政局	2	闽东南地质大队	1	丰泽区直机关工委	3	德化县直机关工委	1
电信分公司	1	冶金一队	1	洛江区直机关工委	3		
移动通信分公司	1	一九七地质大队	1	泉港区直机关工委	3		
联通分公司	1	公路稽征处	3	石狮市直机关工委	2		
电业局	2	石油分公司	1	晋江市直机关工委	3	合　计	226

(五)活动经费

泉州市分会开展活动经费由市直机关工委从党建活动经费中开支(按每年 5 万元掌握),经费开支严格按财务管理规定办理。

二、主要活动

(一)推进调研

自 2008 年起,每年根据省研会重点课题调研通知精神,结合泉州实际,提出课题调研指导思想、调研内容、调研要求。市直各系统党委、直属机关党委和各县(市、区)直机关工委,泉州开发区、泉州台商投资区机关党委整合资源,发挥优势,牵头成立 1—2 个课题调研组,明确课题指导、课题组组长、成员、执笔者和调研具体要求,完成 1—2 个课题或子课题调研。驻泉省部属单位党委成立课题调研组,开展专题调研。各会员单位调动各方面的参与意识和积极性,组织开展调研活动,撰写调研报告或论文,择优报送泉州市分会。

2012 年 6 月 13 日,泉州市分会召开 2012 年重点课题调研推进会。市直 17 个系统党委,市人大、市政协、市纪委机关党委负责人交流重点课题调研进展情况、存在的主要问题、今后打算。会长李世杰对开展重点课题调研提出具体要求,市直机关工委常务副书记黄春淮听取汇报,并就开展 2012 年重点课题调研提出 3 点意见:充分认识开展重点课题调研的重要性;努力提高重点课题调研质量;大力推进重点课题调研成果转化。

2013 年 7 月 4 日,召开 2013 年重点课题调研推进会。市直 17 个系统党委,市人大、市政协、市纪委机关党委负责人参加会议,市委办公室系统党委等9个单位交流2013年重点课题调研进展情况、今后打算、意见和建议。市直机关工委常务副书记、市分会会长黄春淮讲话,对开展重点课题调研提出3点意见:注重实效,破解难题;调查研究,掌握实情;加强学习,发挥优势。

2014年6月27日,召开2014年重点课题调研推进会。市直17个系统党委,市人大、市政协、市纪委机关党委负责人参加会议,市政府办公室系统党委等16个单位交流2014年重点课题调研进展情况、今后打算、意见和建议。黄春淮讲话,对搞好重点课题调研提出4点要求:抓好学习;认真选题;深入调研;加强组织。

2015年7月30日,召开2015年重点课题调研推进会。市直16个系统党委,市人大、市政协、市纪委机关党委负责人参加会议,传达省机关党建研究会第二次会员代表大会精神,8个系统党委和市政协、市纪委机关党委交流2015年重点课题调研进展情况、今后打算。黄春淮出席会议并讲话,要求领导挂帅,成立课题组;结合部门实际,选择调研课题;深入基层一线,开展针对性调研。

2016年8月9日,召开2016年重点课题调研推进会。市直16个系统党委,市人大、市政协、市纪委机关党委负责人参加会议,传达省机关党建研究会重点课题调研推进会精神,市直水利系统党委等9个单位交流2016年重点课题调研进展情况、主要做法和今后安排。黄春淮出席会议并讲话,要求坚持正确政治方向;加强力量开展调研;探索创新提升水平;聚焦主线破解难题;推动调研成果转化。

2017年6月1日,由省研会举办,泉州市直机关工委、晋江市直机关工委协办2017年全省机关党建重点课题调研推进会在晋江召开。总结2016年重点课题调研情况,布置2017年重点课题调研工作,表彰2016年重点课题调研获奖论文,进行大会交流发言。泉州市直机关工委常务副书记、市分会会长黄黎波在大会上作如何做好调研成果转化的经验介绍。

(二)课题调研

1. 2008年重点课题调研

2008年4月8日,泉州市分会印发《关于组织2008年党建课题调研的通知》。各会员单位围绕关于党的建设如何为深入贯彻落实科学发展观提供思想和组织保证;关于加强各级领导班子思想政治建设;关于以改革创新精神加强机关基层党组织建设;关于进一步推进全省机关党的建设"三级联创"活动;关于思想政治工作注重人文关怀和心理疏导;关于机关党建如何在"先行先试"中发挥作用6个重点课题,开展机关党建和思想政治工作的理论与实践问题研究,共收到调研报告和论文100篇。

2008年10月17日,泉州市分会表彰2008年重点课题调研论文35篇,其中一等奖2篇、二等奖5篇、三等奖8篇、优秀奖20篇。

泉州市分会表彰2008年重点课题调研论文一、二等奖一览表

表12-5

奖项	题　目	作　者
一等奖(2篇)	年轻干部培养方式问题研究	泉州市委组织部课题组
	我市机关党建"三级联创"活动的实践与思考	泉州市直机关工委　王志强

续表 12-5

奖项	题　目	作　者
二等奖（5篇）	发挥职能作用，坚持改革创新，努力推进反腐倡廉建设	泉州市纪委课题组
	创建学习型党组织　营造长期学习、终身学习和团队学习的良好氛围	泉州市委宣传部课题组
	关于机构改革后晋江市直机关党工委领导机构和运行机制的实践与思考	晋江市直机关工委课题组
	加强离退休干部党支部建设的实践与思考	泉州市委老干部局课题组
	福建电力党建“三级联创·一带二”活动的创新实践和理论探索	泉州电业局课题组

2. 2009 年重点课题调研

2009 年 5 月 4 日，泉州市分会印发《关于组织 2009 年党建课题调研的通知》。各会员单位围绕关于机关党建工作如何为保发展、保民生、保稳定服务；关于机关开展深入学习实践科学发展观活动的成功经验及建立长效机制；关于加强机关领导班子思想政治建设；关于以为民、尽责为重点，加强机关思想作风建设；关于创新机关党建工作方式方法；关于加强机关基层党组织建设；关于发扬古田会议精神与发挥党的思想工作政治优势 7 个重点课题，开展调研，共收到调研报告和论文 80 篇。

2009 年 11 月 19 日，泉州市分会表彰 2009 年重点课题调研论文 30 篇，其中一等奖 2 篇、二等奖 5 篇、三等奖 8 篇、优秀奖 15 篇。

泉州市分会表彰 2009 年度重点课题调研论文一、二等奖一览表

表 12-6

奖项	题　目	作　者
一等奖（2篇）	关于建立党内激励关怀帮扶机制的若干思考	泉州市委组织部　王松柏
	深化机关党建“三级联创”活动的实践与思考	泉州市直宣传系统党委课题组
二等奖（5篇）	关于充分发挥机关党组织在推进“协同协作合力”工作中的优势和作用的若干思考	泉州市直机关工委　王志强
	紧紧围绕现代化工贸城市建设推进市直机关党建科学发展	南安市直机关工委　曹丽珍
	营造环境优化服务，拓宽反腐倡廉建设领域	泉州市纪委课题组
	基于对标管理的数字政工建设	泉州电业局课题组
	探索科学发展途径，致力创新机关党建工作活动载体和方式方法	鲤城区委组织部　黄阳春

3. 2010 年重点课题调研

2010 年 4 月 8 日，泉州市分会印发《关于组织 2010 年党建课题调研的通知》，确定重点课题，并结合实际提出 20 个自选课题。各会员单位围绕关于提高机关党的建设科学化水平研究；关于建设学习型机关党的组织研究;关于推进机关党内民主建设研究;关于机关党组织服务中心、建设队伍发挥作用研究;关于发挥思想政治工作优势,加强机关思想作风建设研究;关于深化“三级联创”活动,推进机关党建“走前头”研究6个重点课题,开展调研,共收到调研报告和论文156篇,其中市直98篇、县(市、区)58篇。

2010年10月27日,泉州市分会表彰2010年重点课题调研论文52篇,其中一等奖3篇(市直2篇、县市区1篇),二等奖8篇(市直5篇、县市区3篇),三等奖15篇(市直10篇、县市区5篇),优秀奖26篇(市直16篇、县市区10篇)。

泉州市分会表彰2010年度重点课题调研论文一、二等奖一览表

表12-7

奖项	题 目	作 者
一等奖(3篇)	浅谈党员干部学习的若干问题	泉州市委组织部 王松柏
	关于机关工委—部门党组—机关党组织“三位一体”抓机关党建工作的现状与思考	泉州市直机关工委 王志强
	关于新形势下如何以科学发展观推进机关党建科学化水平的思考	泉港区直机关工委 郑 军
二等奖(8篇)	福建电力项目化运作推进党建“三级联创”的创新实践	泉州电业局课题组
	浅谈学习型党组织的基本内容和途径	泉州市委组织部 齐丹璇
	加强党员领导干部党性修养的对策探微	泉州市纪委机关党委课题组
	实践是检验干部作风的基本标准	泉州市总工会 林惠玲
	关于加强和改进党务公开工作的实践与思考	鲤城区委组织部机关党支部课题组
	加强新形势下离退休干部思想政治建设的实践与思考	泉州市委老干部局课题组
	建设学习型党组织构建学习型城区	丰泽区委宣传部 梁玉华
	关于提升机关党员干部综合素质的思考	泉港区直机关工委 肖国文

4. 2011年重点课题调研

2011年3月28日,泉州市分会印发《关于组织2011年党建课题调研的通知》。各会员单位围绕关于深化建设学习型党组织,提高机关党员干部学习力的研究;关于深入开展创先争优活动,努力营造机关学先进、赶先进、当先进的良好氛围的研究;关于学习贯彻《中国共产党党和国家机关基层组织工作条例》,提高机关党建科学化、制度化、规范化水平的研究;关于积极发展机关党内民主,落实党员知情权、参与权、选举权、监督权的研究;关于以解放思想、治庸治懒为重点,加强机关思想作风的研究;关于做好新形势下的群众工作的研究6个重点课题调研。同时,根据市委党建办的要求,开展关于加强和创新社会管理的课题调研。共组织48个课题组,开展调研活动。共收到调研报告和论文159篇,其中市直101篇、县(市区)58篇。

2011年11月30日,泉州市分会表彰2011年重点课题调研论文48篇,其中一等奖3篇(市直2篇、县市区1篇),二等奖9篇(市直6篇、县市区3篇),三等奖16篇(市直10篇、县市区6篇),优秀奖20篇(市直12篇、县市区8篇)。

泉州市分会表彰2011年度重点课题调研论文一、二等奖一览表

表12-8

奖项	题　目	作　者
一等奖（3篇）	加强对党员干部“八小时以外”监督管理的思考	泉州市直宣传系统党委课题组
	浅谈创先争优与机关党建“三级联创”活动	泉州市直机关工委　王志强
	浅谈创先争优活动在机关党组织的实践与思考	晋江市直机关工委课题组
二等奖（9篇）	浅谈当前基层党建工作的发展趋势	泉州市委宣传部 王松柏
	关于加强未成年人思想道德建设问题的研究	泉州市委老干部局机关党委课题组
	转型期加强和创新社会管理与党的执政能力建设探析	泉州市直宣传系统党委课题组
	发挥统一战线在社会管理中作用的若干思考	泉州市委统战部机关党支部课题组
	坚持公平正义维护群众利益的思考	泉州市纪委课题组
	对供电企业重点领域和关键环节防治腐败的思考	泉州电业局纪委课题组
	推进基层党内民主建设的探索与思路	惠安县委党建办课题组
	安溪网络舆情管理的现状与对策	安溪县直宣传系统党委课题组
	推进社会管理创新，构建大调解新格局	南安市司法局　颜海曼

5. 2012年重点课题调研

2012年2月28日，泉州市分会发出《关于组织2012年党建重点课题调研的通知》。各会员单位围绕关于加强机关文化建设的研究；关于加强机关思想作风建设的研究；关于贯彻落实《中国共产党党和国家机关基层组织工作条例》和省委《关于贯彻〈中国共产党和国家机关基层组织工作条例〉实施办法》的研究；关于机关党员干部始终保持党的纯洁性的研究；关于不断提高机关党的建设科学化水平的研究；关于机关党建工作主动有效服务泉州“二次创业”的研究6个重点课题，开展调研活动。共收到调研报告和论文184篇，其中市直113篇、县（市、区）71篇。

2012年12月21日，泉州市分会表彰2012年重点课题调研报告和论文53篇，其中一等奖4篇（市直3篇、县市区1篇），二等奖8篇（市直5篇、县市区3篇），三等奖16篇（市直11篇、县市区5篇），优秀奖25篇（市直13篇、县市区12篇）。

泉州市分会表彰2012年度重点课题调研论文一、二等奖一览表

表12-9

奖项	题　目	作　者
一等奖（4篇）	尊重保障党员主体地位努力推进党务公开工作	泉州市纪委监察局课题组
	党建工作服务“二次创业”的若干思考	泉州市直市委办系统党委课题组
	关于“168”党建工作机制进机关的调查与思考	泉州市直机关工委课题组
	晋江市创新机关文化建设的实践与思考	晋江市直机关工委课题组

续表 12-9

奖项	题　目	作　者
二等奖（8篇）	提升党建服务能力，着力推进“二次创业”	泉州市人大常委会机关党委课题组
	围绕大局突出重点，主动作为有效履职	泉州市人民政府发展研究中心党支部课题组
	关于为泉州民营企业“二次创业”提供优质法律保障和服务的若干思考	泉州市中级人民法院课题组
	加强机关作风建设服务民营企业“二次创业”	泉州市直宣传系统党委课题组
	让权力在监督下规范运行	福建省一九七煤田地质大队课题组
	贯彻落实条例　提高机关党建工作科学化水平的实践与探索	鲤城区直机关工委课题组
	关于探索建立党员意愿表达机制，保障党员民主权利问题研究	德化县委组织部课题组
	创建党建特色品牌的实践与探索	石狮市国土规划建设系统党委课题组

6. 2013 年 3 月 19 日，泉州市分会印发《关于组织 2013 年党建课题调研的通知》。各会员单位围绕关于增强党的先进性和纯洁性研究；关于建设学习型、服务型、创新型机关党组织研究；关于加强机关作风建设，密切联系群众研究；关于深化“1263”机关党建工作机制建设研究；关于机关文化建设研究 5 个重点课题开展调研活动。共收到调研报告和论文 185 篇，其中市直 123 篇、县（市、区）62 篇。

2013 年 12 月 12 日，泉州市分会表彰 2013 年重点课题调研论文 58 篇，其中一等奖 3 篇（市直 2 篇、县市区 1 篇），二等奖 9 篇（市直 6 篇、县市区 3 篇），三等奖 17 篇（市直 12 篇、县市区 5 篇），优秀奖 29 篇（市直 17 篇、县市区 12 篇）。

泉州市分会表彰 2013 年度重点课题调研论文一、二等奖一览表

表 12-10

奖项	题　目	作　者
一等奖（3篇）	深入贯彻中央条例 提高“三型”党组织建设水平	泉州市直机关工委课题组
	努力建设健康和谐的机关文化	泉州市人大常委会机关第一党支部　廖伏树
	晋江市落实“1263”机关党建机制“四特模式”调研报告	晋江市直机关工委课题组
二等奖（9篇）	育品牌促发展　不断提升基层党建科学化水平	泉州市直文广新系统党委课题组
	“1263”机关党建工作机制研究	泉州市直机关工委课题组
	规范异地商会党的建设，实现党的组织和党的工作“两个覆盖”	泉州市直统战系统党委课题组
	深化机关党建“三级联创”，着力提高机关党建科学化水平	泉州市直宣传系统党委课题组
	关于加强泉州机关文化建设的实践与思考	泉州市人民政府发展研究中心课题组
	深入破除“四风” 展现机关良好形象	泉州市直机关工委课题组
	创新服务型机关党组织建设的研究	石狮市直机关工委课题组

续表 12-10

奖项	题 目	作 者
二等奖 (9篇)	构建"温文优雅"文化 推动机关内涵建设	泉港区教育系统党委 庄少君、庄志忠
	关于机关党建工作融入中心服务发展的探索与实践	惠安县直机关工委课题组

7. 2014年3月27日,泉州市分会印发《关于组织2014年重点课题调研的通知》。各会员单位围绕关于机关党组织服务保障全面深化改革研究;关于深化机关党的建设制度改革研究;关于加强机关精神文明建设研究3个重点课题,开展调研活动。共收到调研报告和论文181篇,其中市直93篇、县(市、区)88篇。

2014年12月16日,泉州市分会表彰2014年重点课题调研报告和论文52篇,其中一等奖6篇(市直3篇、县市区3篇),二等奖8篇(市直6篇、县市区2篇),三等奖16篇(市直11篇、县市区5篇),优秀奖22篇(市直11篇、县市区11篇)。

泉州市分会表彰2014年度重点课题调研论文一、二等奖一览表

表 12-11

奖项	题 目	作 者
一等奖 (6篇)	泉州市作风建设常态化的实践与思考	泉州市纪委课题组
	关于机关党建创先活动的机制探索	泉州市直机关工委课题组
	关于推进机关培育和践行社会主义核心价值观常态化问题的思考	泉州市直机关工委课题组
	晋江市探索"党员义工进社区"活动创新服务型党组织的实践与思考	晋江市直机关工委课题组
	发挥12345平台,推进机关效能建设	石狮市便民服务中心课题组
	关于完善从严管理干部制度研究的调研报告	德化县委组织部课题组
二等奖 (8篇)	以核心价值托起党员干部的"梦"	泉州市人大常委会机关党委课题组
	泉州市加强和创新机关文化建设的实践和思考	泉州市直机关工委课题组
	构建党员服务群众立体化、网络化的实践与思考	泉州市直水利系统党委课题组
	"二次创业"背景下泉州民营企业党组织发挥作用机制研究	泉州市社科联课题组
	创新基层纪检监察组织建设的几点思考	泉州市纪委课题组
	关于强化权力运行制约和监督体系问题的研究	泉州市纪委课题组
	网络环境下创新基层工作的思考	鲤城区政府系统党委课题组
	关于加强石狮市机关作风建设的研究	石狮市直党委综合系统市委办课题组

8. 2015年3月30日,泉州市分会印发《关于组织2015年重点课题调研的通知》。各会员单位围绕关于机关党建政绩考核具体化研究;关于践行党的群众路线常态化研究;关于严肃党内政治生活研究;关于纪检组织在党风廉政建设中的作用研究4个重点课题,开展调研活动。共收到调研报告和论文165篇,其中市直88篇、县(市、区)77篇。

2015 年 12 月 24 日,泉州市分会表彰 2015 年重点课题调研论文 47 篇,其中一等奖 9 篇(市直 6 篇、县市区 3 篇),二等奖 11 篇(市直 7 篇、县市区 4 篇),三等奖 11 篇(市直 7 篇、县市区 4 篇),优秀奖 16 篇(市直 8 篇、县市区 8 篇)。

泉州市分会表彰 2015 年度重点课题调研论文一、二等奖一览表

表 12-12

奖项	题 目	作 者
一等奖(9 篇)	全面从严治党新常态下“一案双查”的实证分析	泉州市纪委课题组
	泉州市机关党的基层组织党内政治生活常态化研究	泉州市直机关工委课题组
	晋江市创新机关党建政绩考核的实践与思考	晋江市直机关工委课题组
	突出主体责任 从严管党治党	泉港区委书记 洪自强
	关于常态化推进“五好”党支部建设的调查与思考	泉州市直机关工委课题组
	以深化“1263”机制为抓手促进党建问责制度的落实	泉州市直水利系统党委课题组
	积极探索和创新实践“互联网+机关党建”新模式	泉州市直文广新系统党委课题组
	异地商会党组织党员发展和管理问题探索	泉州市直统战系统党委课题组
	基层党建工作责任制的实践与思考	泉州台商投资区党建课题组
二等奖(11 篇)	贯彻落实“抓早抓小,有病就治”的几点思考	泉州市纪委课题组
	关于开展学习型党组织创建活动的实践与思考	泉州市直党群系统党委课题组
	泉州市纪检监察系统派驻机构改革问题研究	泉州市直市府办系统纪委课题组
	发挥党建引领作用,探索基层协商民主	泉州市政协机关党委课题组
	关于加强城管执法党员队伍建设的实践与思考	泉州市城市行政管理执法局课题组
	新时期打造“四有”党员队伍的思考	国家统计局泉州调查队课题组
	加强统战干部队伍建设问题研究	泉州市委统战部课题组
	关于落实机关党建工作主体责任的探索与研究	德化县委组织部课题组
	关于石狮市服务型党组织建设的研究	石狮市委办公室课题组
	以作风建设新常态凝聚改革发展正能量	南安市直机关工委课题组
	以人为本 创新载体 强化服务	泉州台商投资区党工委党群工作部课题组

9. 2016 年 5 月 23 日,泉州市分会印发《关于组织 2016 年重点课题调研的通知》。各会员单位围绕关于以新发展理念引领机关党的建设研究;关于提高机关党组织履职能力研究;关于加强机关党员队伍建设研究;关于把握运用监督执纪“四种形态”研究 4 个重点课题开展调研活动,共收到调研报告和论文 147 篇,其中市直 95 篇、县(市、区)52 篇。

2016 年 12 月 20 日,泉州市分会表彰 2016 年重点课题调研报告和论文 45 篇,其中一等奖 6 篇(市直 4 篇、县市区 2 篇),二等奖 10 篇(市直 7 篇、县市区 3 篇),三等奖 12 篇(市直 8 篇、县市区 4 篇),优秀奖 17 篇(市直 11 篇、县市区 6 篇)。

泉州市分会表彰2016年度重点课题调研论文一、二等奖一览表

表12-13

奖项	题　目	作　者
一等奖（6篇）	全面从严治党视角下：领导干部家风的突出问题和塑造路径	泉州市纪委课题组
	全面从严治党新常态对机关党务干部队伍建设的挑战及对策	泉州市直机关工委课题组
	关于新形势下进一步落实基层普通党员事前监督的调查与思考	泉州市直水利系统党委课题组
	关于党群组织联动联推园区非公企业党建的探索与思考	泉州市直党群系统党委课题组
	“一系统一品牌一支部一特色”服务县域发展的晋江实践与思考	晋江市直机关工委课题组
	新形势下推进领导干部队伍专业化建设问题研究	德化县委组织部课题组
二等奖（10篇）	把握运用监督执纪“四种形态”的思考	泉州市中级人民法院监察处　王桂香
	对监督执纪“四种形态”的实践与思考	泉州市纪委课题组
	强化党员创新带动　增强服务内动力	泉州市人民政府发展研究中心党支部课题组
	运用泉州党史资源 加强新形势下党员教育研究	泉州市委党史研究室课题组
	运用互联网思维提升商会组织党建工作水平的实践与思考	泉州市工商联课题组
	春风化雨培育价值认同　文化内驱引领青年建功	泉州市山美水库管理处党委课题组
	新媒体时代推进党建工作的思考	国家统计局泉州调查队课题组
	关于党建项目化的思考	泉州台商投资区党建课题组
	志愿服务中充分发挥党员先锋模范作用的实践和思考	鲤城区宣传系统党委课题组
	关于落实全面从严治党党委主体责任的认识与思考	石狮市委办公室课题组

10. 2017年4月24日，泉州市分会印发《关于组织2017年重点课题调研的通知》。各会员单位围绕关于习近平总书记全面从严治党战略思想研究；关于增强机关党员干部“四个意识”，特别是核心意识、看齐意识研究；关于严肃机关党内政治生活、加强机关党内监督研究；关于“建设新福建，机关走前头”及“机关党旗红‘五个泉州’在行动”主题实践活动研究4个重点课题开展调研，共收到调研报告和论文133篇，其中市直77篇，县（市、区）56篇。

2017年12月21日，泉州市分会表彰2017年重点课题调研论文42篇，其中一等奖5篇（市直3篇、县市区2篇），二等奖8篇（市直5篇、县市区3篇），三等奖13篇（市直8篇、县市区5篇），优秀奖16篇（市直8篇、县市区8篇）。

泉州市分会表彰2017年度重点课题调研论文一、二等奖一览表

表12-14

奖项	题目	作者
一等奖（5篇）	求载体之真 务发展之实	泉州市直机关工委课题组
	激发组工干部活力 营造干事创业氛围	泉州市委组织部课题组
	关于市直机关落实全面从严治党主体责任的实践与思考	泉州市直机关工委课题组
	晋江市创新落实“支部工作法”的若干实践与思考	晋江市直机关工委课题组
	做好虚实功 唱响扶贫曲	南安市委党建办课题组
二等奖（8篇）	关于激励普通党员积极建言献策的调查与思考	泉州市直水利系统党委课题组
	泉州市文化领域社会组织党建工作的思考与对策	泉州市直文广新系统党委
	关于推进离退休干部党工委建设的实践与思考	泉州市委老干部局课题组
	司法改革形势下法院党建工作的挑战及对策	泉州市中级人民法院课题组
	新常态下党建智能化建设的实践与思考	中国电信泉州分公司课题组
	思想建党与制度治党高度结合的途径与措施研究	石狮市委党校课题组
	石狮市探索实施“亮灯领航”工程的实践与思路	石狮市直机关工委课题组
	适应新常态 提升精气神 绘制发展新蓝图	泉州台商投资区机关党委课题组

2008—2017年，泉州市分会根据省研会工作部署，结合泉州实际，每年确定几个重点课题，组织会员单位和会员深入基层，深入实际开展课题调研。2008—2017年，共确定51个重点课题，收到调研报告和论文1490篇，表彰462篇，其中一等奖43篇、二等奖81篇、三等奖132篇、优秀奖206篇。

2008—2017年重点课题调研一览表

表12-15　　单位：篇

年度	文稿篇数	评奖情况				
		总数	一等奖	二等奖	三等奖	优秀奖
2008	100	35	2	5	8	20
2009	80	30	2	5	8	15
2010	156	52	3	8	15	26
2011	159	48	3	9	16	20
2012	184	53	4	8	16	25
2013	185	58	3	9	17	29
2014	181	52	6	8	16	22
2015	165	47	9	11	11	16
2016	147	45	6	10	12	17
2017	133	42	5	8	13	16
合计	1490	462	43	81	132	206

(三)成果转化

文以载道,以用为贵,为了更好地学习交流、推广运用调研成果,为机关党建工作服务。泉州市分会加强研讨交流,做好调研成果转化工作。

2010 年 4 月 14 日,泉州市分会召开理论研究会,参加 67 人。王志强、张德山、曹丽珍在大会上作论文交流。市直机关工委副书记、泉州市分会副会长黄英林总结 2008 年以来的工作,布置 2010 年工作任务。市直机关工委常务副书记、泉州市分会会长李世杰讲话。理论研讨会共交流论文 7 篇:《关于建立党内激励关怀帮扶机制的若干思考》(作者:泉州市直党群系统党委王松柏)、《深化机关党建"三级联创"活动的实践和思考》(作者:泉州市直宣传系统党委课题组)、《关于充分发挥机关党组织在推进"协同协作合力"工程中的优势和作用的若干思考》(作者:泉州市直机关工委王志强)、《紧紧围绕现代化工贸城市建设推进市直机关党建科学发展》(作者:南安市直机关工委曹丽珍)、《营造环境优化服务拓宽反腐倡廉建设领域》(作者:泉州市纪委课题组)、《基于对标管理的数字政工建设》(作者:泉州电业局课题组)、《探索科学发展途径致力创新机关党建工作活动载体和方式方法》(作者:泉州市鲤城区委组织部黄阳春)。

2008—2017 年,根据省研会工作部署,共报送省研会参评论文 73 篇,获奖 35 篇,其中一等奖 5 篇、二等奖 10 篇、三等奖 19 篇、优秀奖 1 篇。泉州市分会 8 次获"组织奖"。共有 35 篇调研报告和论文被省研会收入《重点课题调研获奖论文汇编》。泉州市分会会长 3 次在省研会召开的重点课题调研推进会上作交流发言。

2017 年 5 月,编印《泉州机关党建优秀调研成果选编(2012—2016 年》,将 2012—2016 年获泉州市分会表彰的一等奖调研报告和论文 28 篇,从获二等奖的调研报告和论文中选择 13 篇,共计 41 篇汇编成册,发至各会员单位和论文作者,进行学习交流。这些调研成果从多个层面、不同维度针对泉州市机关党建的新问题、新情况,探索新形势下全面从严治党的新路子,思想性、导向性、可读性比较强,对调研成果转化发挥一定作用。

2018 年 1 月,编印《泉州市 2017 年度机关党建重点课题调研获奖论文选编》,将泉州市分会表彰的 2017 年调研报告和论文 42 篇,其中一等奖 5 篇、二等奖 8 篇、三等奖 13 篇、优秀奖 16 篇,汇编成册,发至各会员单位和论文作者,进行学习交流。

第十三章　人物与先进集体

地(市)直机关党委、市直机关工委按照《中国共产党章程》和《中国共产党和国家机关基层组织工作条例》规定,把握服务中心、建设队伍两大任务,以改革创新精神加强党的建设,完成好各项工作任务。干部职工理想信念坚定,对党忠诚,勇于担当,勤奋工作。据不完全统计,截至 2017 年 12 月,单位受到省部级以上表彰 5 次、地厅级表彰 17 次;干部职工受到省部级以上表彰 31 人次、地厅级(师级)以上表彰 52 人次。

第一节　人物简历

孟进城

四川苍溪人,男,汉族,1917 年 8 月出生。1933 年,年仅 16 岁的儿童团长孟进城参加红军。1935 年 8 月,面对敌人的疯狂围剿,红四方面军不得不进行战略大转移,开始艰苦卓绝的长征。孟进城所在的红 30 军直属大队在横渡嘉陵江后向北挺进。长征胜利后,孟进城到了延安,成为抗大第三期学员。经过一年半的抗大学习,留在抗大保卫部工作。在河北邢台抗日对敌工作期间,1942 年 8 月,大批敌人进入邢台和太行山区,扬言要消灭抗大和八路军兵工厂,他多次将兵工厂以及当地乡亲转移到安全地带。1945 年 8 月日本投降后,他历任邢台县公安局局长、社会部部长、组织部部长等职。1949 年,随长江支队 3 中队南下支援福建建设,先后担任仙游县委组织部部长、安溪县委书记、晋江地委副书记兼专署专员、宁德地委副书记、福建省委组织部副部长、福建省纪委副书记等职务。其间:于 1953 年 6 月至 1954 年 7 月担任中共晋江地委直属机关委员会首任书记。

庄玉灿

福建惠安人,男,汉族,1931 年 10 月出生,1949 年 6 月参加革命,1956 年 3 月加入中国共产党,高中学历。1946 年 9 月至 1949 年 6 月,在惠安县私立立达中学上学。1949 年 6 月至 1949 年 9 月,参加惠安县后田村闽中地下游击队任队员、惠安县私立立达中学学生。1949 年 9 月至 1950 年 8 月,华东军大福建分校学员。1950 年 8 月至 11 月,任某军某师某团政工组组员,随部队在闽北剿匪。1950 年 11 月至

1952年3月，任华北军区空军政治部秘书处文印组组长。1952年3月至1953年4月，任北京军区空军张家口文化干校教员。1953年4月至11月，任中朝空军联合指挥所平壤辅助指挥组工作员。1953年11月至1956年2月，任北京军区空军某大队保密室保密员。1956年2月至1963年1月，任航空兵某师司令部参谋。1963年1月至1964年1月，空军第一高等专科学校学员。1964年1月至1981年1月，历任空军某部队司令部参谋，空军某部队副政治委员、政治委员。1981年1月至1982年2月，任空军86234部队副政治委员。1982年2月至1985年12月，任中共晋江地区直属机关委员会副书记。1986年1月至1987年11月，任中共泉州市直属机关委员会副书记。1987年11月至1992年2月，任中共泉州市直属机关委员会书记。1992年5月离休。是中共泉州市第六次代表大会代表，中共泉州市第六届委员会委员。

蔡忠荣

福建闽清人，男，汉族，1948年9月出生，1968年3月参加工作，1969年9月加入中国共产党，高中学历，中央党校函授本科毕业。1968年3月至1978年3月，历任解放军晋江军分区独立营战士、排长，晋江军分区政治部宣传科干事。1978年6月至1980年3月，任晋江军分区政治部宣传科科长。1980年3月至1985年6月，任永春县人民武装部副政治委员。1985年6月至1986年3月，任晋江市人民武装部政治委员。1986年3月至1992年2月，任泉州市鲤城区人民武装部政治委员。1992年2月至8月，任中共泉州市直属机关委员会书记。1992年8月至1995年6月，任中共泉州市直机关工作委员会书记。1995年6月至2000年11月，任泉州市人民政府口岸与海防管理办公室主任。其间，1999年11月至2000年10月，任泉州海事局筹备组组长。2000年10月至2005年5月，任泉州海事局局长。2005年5月逝世。是中共泉州市第七次代表大会代表，中共泉州市第七届委员会委员。

张敬尊

福建惠安人，男，汉族，1948年9月出生，1970年4月参加工作，1979年6月加入中国共产党，大学本科学历、理学士学位。1970年4月任惠安县荷山中学民办教师、校团委副书记。1978年4月就读于福建师范大学化学系，任系团委副书记，获得学士学位。毕业后，1982年2月至1984年5月，任泉州师范专科学校教师、理科党支部书记。1984年5月至1985年5月，任中共晋江地委宣传部文教科副科长。1985年5月至12月，任中共晋江地委宣传部文教科科长。1986年1月至1995年6月，任中共泉州市委宣传部副部长。其间：1991年11月至1993年4月，挂职福建省广播电视厅任办公室主任。1995年6月至2006年4月，任中共泉州市委市直机关工作委员会书记。2006年4月至2008年12月任中共泉州医学高等专科学校委员会书记。2008年12月退休。2013年1月逝世。是中共福建省第六次、第七次代表大会代表，中共泉州市第六次、第八次、第九次代表大会代表，中共泉州市第八届、第九届委员会委员，第六届、第七届纪律检查委员会委员，中共泉州市第十届人民代表大会代表。

李世杰

福建南安人,男,汉族,1952年8月出生,1972年12月参加工作,1973年12月加入中国共产党,大专学历(复旦大学自学马列主义理论专业毕业)。1972年12月应征入伍,历任战士、班长、排长、股长、营教导员。1986年12月至1987年8月,在中共南安县委办公室工作,其间:1987年4月至8月,任南安县委办公室调研科科长。1987年8月至1989年3月,任南安县体改委专职副主任。1989年3月至1992年7月,任中共南安县委组织部副部长。1992年7月至1997年8月,任中共南安市委组织部副部长、正科级组织员。其间:1992年12月至1993年12月挂职任福建省土地管理局用地处处长助理。1997年8月至1998年11月,任中共永春县委常委、组织部部长。1998年11月至2001年5月,任中共永春县委副书记、组织部部长。2001年5月至2001年11月,任中共永春县委副书记。2001年11月至2006年9月,任中共泉州市经委党组副书记、经委副主任,中共泉州市直经委系统委员会书记(正处长级)。2006年9月至2011年8月,任中共泉州市委市直机关工作委员会常务副书记(正处长级)。是中共泉州市委第十届委员会委员。2011年8月至2012年10月,因年龄原因,改任泉州市直机关工委调研员。2012年10月退休。是中共福建省第八次代表大会代表,中共泉州市第十次代表大会代表,中共泉州市第十届委员会委员。

黄春淮

福建南安人,男,汉族,1957年11月出生,1984年8月参加工作,1984年1月加入中国共产党,大学本科学历、历史学士学位。1980年9月至1984年7月,福建师范大学历史系历史专业学生。1984年8月至1985年1月,任中共晋江地委讲师团干部。1985年1月至1986年3月,任中共晋江地委宣传部宣传科科员、中共泉州市委宣传部宣传科科员。1986年3月至1988年10月,任中共泉州市委宣传部干部科科员。1988年10月至1994年4月,任中共泉州市委宣传部干部科副科长。1994年4月至1996年4月,任中共泉州市委宣传部干部科副科长、主任科员。1996年4月至1997年10月,任中共泉州市委宣传部干部科科长。1997年10月至2003年11月,任中共德化县委常委、宣传部部长。2003年11月至2006年7月,任中共德化县委副书记。2006年7月至2009年11月,任中共惠安县委副书记、纪委书记。2009年11月至2010年1月,任中共惠安县人大常委会党组书记。2010年1月至2011年8月,任惠安县人大常委会主任、党组书记。2011年8月至2016年8月,任中共泉州市委市直机关工作委员会常务副书记(正处级)。是中共泉州市第十届纪律检查委员会委员、中共泉州市委第十一届委员会委员。2016年8月至2017年12月,因年龄原因,不再担任中共泉州市委市直机关工作委员会常务副书记,保留正处级待遇。2017年12月退休。是中共福建省第九次代表大会代表,中共泉州市第十一次代表大会代表,中共泉州市第十一届委员会委员。

黄 黎 波

福建南安人,男,汉族,1962 年 12 月出生,1982 年 8 月参加工作,1985 年 11 月加入中国共产党,大学本科学历,学士学位。中央党校研究生毕业(在职教育),工程师职称。1978 年 9 月至 1982 年 7 月,福建林学院林产化工专业学生。1982 年 8 月至 1987 年 1 月,任福建林产工业公司晋江分公司技术干部。1987 年 1 月至 1991 年 12 月,任泉州市林业局科员。1991 年 12 月至 1992 年 10 月,任中共泉州市直农办系统委员会干部、科员。1992 年 10 月至 1993 年 6 月,任泉州市农委监察室监察员(副科级)。1993 年 6 月至 1996 年 2 月,任泉州市农委政研科副主任科员。1996 年 2 月至 2000 年 1 月,任中共泉州市直农办系统委员会专职副书记(正科长级)。2000 年 1 月至 2001 年 11 月,任中共泉州市直农办系统委员会专职副书记(副处长级)。2001 年 11 月至 2009 年 10 月,任中共泉州市直农办系统委员会专职副书记、市委农工办室务会议成员。其间:2002 年 9 月至 2005 年 7 月参加中央党校研究生院经济学(经济管理)专业学习;2003 年 2 月至 2003 年 7 月,参加福建省委党校第 5 期中青班学习;2004 年 6 月至 2008 年 10 月参与第六届全国农运会申办、筹办、举办工作,历任筹委会委员、副秘书长、办公室驻会副主任。2009 年 10 月至 2016 年 7 月,任中共泉州市丰泽区委员会常委、纪委书记。2016 年 8 月起,任中共泉州市委市直机关工作委员会常务副书记(正处长级)。是中共泉州市第十一次、第十二次代表大会代表,中共泉州市第十一届纪律检查委员会委员,中共泉州市委第十二届委员会候补委员。

第二节　人物名表

一、1953 年 6 月至 2017 年 12 月党委、党的核心小组、党工委领导人

(一)中共晋江地委直属机关委员会

书　记:孟进城、申万江、张　健、江　琦、王文芳

副书记:靳连才、岳伟玉、王文芳、张玉英

(二)中共晋江地区革命委员会核心小组直属机关工作组

组　长:孙思德、王文芳

副组长:郑　博、郑　奇

(三)中共晋江地区直属机关核心小组

组　长:孙思德

副组长:郑　博、王文芳

成　员:郑　奇

(四)中共晋江地区直属机关委员会

书　记:石延明、靳三军

副书记:宋仁东、曾子谅、庄玉灿、谢镇岳

(五)中共泉州市直属机关委员会

书　记:庄玉灿、蔡忠荣

副书记:庄玉灿、谢镇岳、陈　琼、陈围围、骆贯平

(六)中共泉州市委市直机关工作委员会

市委领导兼任书记:林文杰、朱淑芳、沈耀钦、陈奕辉

专任书记、常务副书记(正处级):蔡忠荣、张敬尊、李世杰、黄春淮、黄黎波

副书记(副处级):蔡天从、傅赞基、黄英林、赵育斌、陈炯仁、吴晓雄、郑天文(正处级)

委员(副处级):孙澄元、傅赞基、黄英林、郑玉冰、熊建中、陈丽珠、陈炯仁、庄木才、王志强、刘玉珊、许贞丽、林明义、吴志宏、谢江山、陈沙龙、庄禾、苏文笔、潘向前

二、1953年6月至2017年12月党委、党的核心小组、党工委组成人员

(一)中共晋江地委直属机关委员会

表13-1

姓　名	性别	党组织名称	职　务	任职时间
孟进城	男	中共晋江地委直属机关委员会	书　记	1953.6—1954.7
靳连才	男	中共晋江地委直属机关委员会	副书记	1953.6—1954.7
申万江	男	中共晋江地委直属机关委员会	书　记	1954.7—1958.5
岳伟玉	男	中共晋江地委直属机关委员会	副书记	1955.10—1956.6
张　健	男	中共晋江地委直属机关委员会	专职书记	1956.8—1958.5
岳伟玉	男	中共晋江地委直属机关委员会	常　委	1956.6—1958.5
张凤鸣	男	中共晋江地委直属机关委员会	常　委	1956.6—1958.5
崔　华	男	中共晋江地委直属机关委员会	常　委	1956.6—1958.5
芦国华	男	中共晋江地委直属机关委员会	常　委	1956.6—1958.5
胡中山	男	中共晋江地委直属机关委员会	常　委	1956.6—1958.5
张竹三	男	中共晋江地委直属机关委员会	委　员	1956.6—1958.5
张久来	男	中共晋江地委直属机关委员会	委　员	1956.6—1958.5
张荣良	男	中共晋江地委直属机关委员会	委　员	1956.6—1958.5
张殿选	男	中共晋江地委直属机关委员会	委　员	1956.6—1958.5
黄世民	男	中共晋江地委直属机关委员会	委　员	1956.6—1958.5
张汝香	男	中共晋江地委直属机关委员会	委　员	1956.6—1958.5
李文华	男	中共晋江地委直属机关委员会	委　员	1956.6—1958.5
庞双庆	男	中共晋江地委直属机关委员会	委　员	1956.6—1958.5
王一峰	男	中共晋江地委直属机关委员会	委　员	1956.6—1958.5
江　琦	男	中共晋江地委直属机关委员会	书　记	1958.10—1960.1

续表 13-1

姓　名	性别	党组织名称	职　务	任职时间
王文芳	男	中共晋江地委直属机关委员会	副书记	1958. 10—1960. 1
王一峰	男	中共晋江地委直属机关委员会	委　员	1958. 10—1963. 1
詹　鲁	男	中共晋江地委直属机关委员会	委　员	1958. 10—1963. 1
朱展华	男	中共晋江地委直属机关委员会	委　员	1958. 10—1963. 1
何定忠	男	中共晋江地委直属机关委员会	委　员	1958. 10—1963. 1
张竹三	男	中共晋江地委直属机关委员会	委　员	1958. 10—1963. 1
石延明	男	中共晋江地委直属机关委员会	委　员	1958. 10—1963. 1
李明堂	男	中共晋江地委直属机关委员会	委　员	1958. 10—1963. 1
姚源堂	男	中共晋江地委直属机关委员会	委　员	1958. 10—1963. 1
王书田	男	中共晋江地委直属机关委员会	委　员	1958. 10—1963. 1
胡　笛	男	中共晋江地委直属机关委员会	委　员	1958. 10—1963. 1
芦国华	男	中共晋江地委直属机关委员会	委　员	1958. 10—1963. 1
王文芳	男	中共晋江地委直属机关委员会	书　记	1960. 1—1968. 9
李　捷	男	中共晋江地委直属机关委员会	常　委	1963. 1—1968. 9
宋春堂	男	中共晋江地委直属机关委员会	常　委	1963. 1—1968. 9
何定忠	男	中共晋江地委直属机关委员会	常　委	1963. 1—1968. 9
朱汉增	男	中共晋江地委直属机关委员会	常　委	1963. 1—1968. 9
王书田	男	中共晋江地委直属机关委员会	常　委	1963. 1—1968. 9
王一峰	男	中共晋江地委直属机关委员会	常　委	1963. 1—1968. 9
李明堂	男	中共晋江地委直属机关委员会	委　员	1963. 1—1968. 9
芦国华	男	中共晋江地委直属机关委员会	委　员	1963. 1—1968. 9
曾文标	男	中共晋江地委直属机关委员会	委　员	1963. 1—1968. 9
沈　慧	女	中共晋江地委直属机关委员会	委　员	1963. 1—1968. 9
马　煜	男	中共晋江地委直属机关委员会	委　员	1963. 1—1968. 9
杨书香	男	中共晋江地委直属机关委员会	委　员	1963. 1—1968. 9
王茂生	男	中共晋江地委直属机关委员会	委　员	1963. 1—1968. 9
刘愿田	男	中共晋江地委直属机关委员会	委　员	1963. 1—1968. 9
赵德奇	男	中共晋江地委直属机关委员会	委　员	1963. 1—1968. 9
张顺景	男	中共晋江地委直属机关委员会	委　员	1963. 1—1968. 9
黄伙木	男	中共晋江地委直属机关委员会	候补委员	1963. 1—1968. 9
姚文清	男	中共晋江地委直属机关委员会	候补委员	1963. 1—1968. 9
庄火明	男	中共晋江地委直属机关委员会	候补委员	1963.1—1968. 9
张玉英	女	中共晋江地委直属机关委员会	副书记	1963. 9—1968. 9

说明:1953 年 6 月至 1956 年 6 月,中共晋江地委直属机关委员会设委员 9 名,未见名单;1958 年 5 月,撤销中共晋江地委直属机关委员会,1958 年 10 月恢复;1968 年 9 月,晋江专区革命委员会下设办公室、生产指挥处、政治处,取代地委、专署的各部、委、办局等工作机构的职能

（二）中共晋江地区革命委员会核心小组直属机关工作组

表 13-2

姓 名	性别	党组织名称	职 务	任职时间
孙思德	男	中共晋江地区革命委员会核心小组直属机关工作组	组 长	1971. 11—1972. 2
王文芳	男	中共晋江地区革命委员会核心小组直属机关工作组	组 长	1971. 11—1972. 2
郑 博	男	中共晋江地区革命委员会核心小组直属机关工作组	副组长	1971. 11—1972. 2
郑 奇	女	中共晋江地区革命委员会核心小组直属机关工作组	副组长	1971. 11—1972. 2

（三）中共晋江地区直属机关核心小组

表 13-3

姓 名	性别	党组织名称	职 务	任职时间
孙思德	男	中共晋江地区直属机关核心小组	组 长	1972. 2—1975. 10
郑 博	男	中共晋江地区直属机关核心小组	副组长	1972. 2—1975. 10
王文芳	男	中共晋江地区直属机关核心小组	副组长	1972. 2—1975. 10
郑 奇	女	中共晋江地区直属机关核心小组	成 员	1972. 2—1975. 10

（四）中共晋江地区直属机关委员会

表 13-4

姓 名	性别	党组织名称	职 务	任职时间
石延明	男	中共晋江地区直属机关委员会	书 记	1975. 10—1983. 10
宋仁东	男	中共晋江地区直属机关委员会	副书记	1975. 10—1983. 10
曾子谅	男	中共晋江地区直属机关委员会	副书记	1977. 6—1978. 5
赵振辅	男	中共晋江地区直属机关委员会	委 员	1977. 6—1984. 11
张克对	男	中共晋江地区直属机关委员会	委 员	1977. 6—1984. 11
杨启章	男	中共晋江地区直属机关委员会	委 员	1977. 6—1984. 11
马 煜	男	中共晋江地区直属机关委员会	委 员	1977. 6—1984. 11
张顺景	男	中共晋江地区直属机关委员会	委 员	1977. 6—1984. 11
鲁 沉	男	中共晋江地区直属机关委员会	委 员	1977. 6—1984. 11
陈小芸	女	中共晋江地区直属机关委员会	委 员	1977. 6—1984. 11
王一峰	男	中共晋江地区直属机关委员会	委 员	1977. 6—1983. 7
靳三军	男	中共晋江地区直属机关委员会	书 记	1978. 9—1983. 10
陈金发	男	中共晋江地区直属机关委员会	委 员	1979. 4—1983. 8
蔡炳文	男	中共晋江地区直属机关委员会	委 员	1979. 4—1985. 12
庄玉灿	男	中共晋江地区直属机关委员会	副书记	1982. 2—1985. 12
陈华池	男	中共晋江地区直属机关委员会	委 员	1984. 11—1985. 12
陈小芸	女	中共晋江地区直属机关委员会	委 员	1984. 11—1985. 12
郑建树	男	中共晋江地区直属机关委员会	委 员	1984. 11—1985. 12

续表 13-4

姓　名	性别	党组织名称	职　务	任职时间
孙盛鑫	男	中共晋江地区直属机关委员会	委　员	1984. 11—1985. 12
张贵川	男	中共晋江地区直属机关委员会	委　员	1984. 11—1985. 12
詹辉乾	男	中共晋江地区直属机关委员会	委　员	1984. 11—1985. 12
谢镇岳	男	中共晋江地区直属机关委员会	副书记	1985. 1—1985. 12

说明：1975 年 10 月恢复晋江地区直属机关委员会，未见委员名单；1977 年 6 月 29 日，地委决定增补赵振辅、张克对、杨启辛、马煜、张顺景、鲁沉、陈小芸、王一峰等 8 人为地直机关党委临时委员，何时为正式委员，未见资料

（五）中共泉州市直属机关委员会

表 13-5

姓　名	性别	党组织名称	职　务	任职时间
庄玉灿	男	中共泉州市直属机关委员会	副书记	1986. 1—1987. 11
谢镇岳	男	中共泉州市直属机关委员会	副书记	1986. 1—1987. 10
陈华池	男	中共泉州市直属机关委员会	委　员	1986. 1—1987. 11
陈小芸	女	中共泉州市直属机关委员会	委　员	1986. 1—1987. 11
郑建树	男	中共泉州市直属机关委员会	委　员	1986. 1—1987. 11
孙盛鑫	男	中共泉州市直属机关委员会	委　员	1986. 1—1987. 8
张贵川	男	中共泉州市直属机关委员会	委　员	1986. 1—1987. 8
詹辉乾	男	中共泉州市直属机关委员会	委　员	1986. 1—1987. 11
蔡炳文	男	中共泉州市直属机关委员会	委　员	1986. 1—1987. 11
陈　琼	女	中共泉州市直属机关委员会	副书记	1986. 11—1987. 10
骆贯平	男	中共泉州市直属机关委员会	副书记	1987. 10—1992. 8
陈围围	男	中共泉州市直属机关委员会	副书记	1987. 11—1992. 8
庄玉灿	男	中共泉州市直属机关委员会	书　记	1987. 11—1992. 2
吴汉民	男	中共泉州市直属机关委员会	委　员	1987. 11—1992. 8
林有文	男	中共泉州市直属机关委员会	委　员	1987. 11—1992. 8
孙澄元	男	中共泉州市直属机关委员会	委员（市直机关纪委书记）	1987. 11—1992. 8
傅赞基	男	中共泉州市直属机关委员会	委　员	1987. 11—1992. 8
詹辉乾	男	中共泉州市直属机关委员会	委　员	1987. 11—1992. 8
蔡天从	男	中共泉州市直属机关委员会	委　员	1987. 11—1992. 8
蔡忠荣	男	中共泉州市直属机关委员会	书　记	1992. 2—1992. 8

（六）中共泉州市委市直机关工作委员会

表 13-6

姓　名	性别	党组织名称	职　务	任职时间
蔡忠荣	男	中共泉州市委市直机关工作委员会	书　记	1992. 8—1995. 6
蔡天从	男	中共泉州市委市直机关工作委员会	副书记	1992. 8—2000. 2

续表 13-6

姓　名	性别	党组织名称	职　务	任职时间
孙澄元	男	中共泉州市委市直机关工作委员会	委　员	1992.8—1997.5
傅赞基	男	中共泉州市委市直机关工作委员会	委　员	1992.10—1993.12
黄英林	男	中共泉州市委市直机关工作委员会	委　员	1992.10—2000.9
郑玉冰	男	中共泉州市委市直机关工作委员会	委　员	1992.10—2009.6
傅赞基	男	中共泉州市委市直机关工作委员会	副书记	1993.12—2000.2
张敬尊	男	中共泉州市委市直机关工作委员会	书　记	1995.6—2006.5
熊建中	男	中共泉州市委市直机关工作委员会	委　员	1998.1—2002.7
陈丽珠	女	中共泉州市委市直机关工作委员会	委　员	1998.1—2009.10
黄英林	男	中共泉州市委市直机关工作委员会	副书记	2000.9—2012.7
赵育斌	男	中共泉州市委市直机关工作委员会	副书记	2001.11—2007.2
陈炯仁	男	中共泉州市委市直机关工作委员会	委　员	2004.7—2007.11
庄木才	男	中共泉州市委市直机关工作委员会	委　员	2004.7—2006.12
林文杰	男	中共泉州市委市直机关工作委员会	书记(兼)	2006.9—2008.10
李世杰	男	中共泉州市委市直机关工作委员会	常务副书记(正处长级)	2006.9—2011.8
陈炯仁	男	中共泉州市委市直机关工作委员会	副书记	2007.11 至今
王志强	男	中共泉州市委市直机关工作委员会	委　员	2007.11 至今
朱淑芳	女	中共泉州市委市直机关工作委员会	书记(兼)	2008.10—2011.10
吴晓雄	女	中共泉州市委市直机关工作委员会	副书记	2010.2—2012.7
刘玉珊	女	中共泉州市委市直机关工作委员会	委　员	2010.2—2012.6
许贞丽	女	中共泉州市委市直机关工作委员会	委　员	2010.2—2011.7
黄春淮	男	中共泉州市委市直机关工作委员会	常务副书记(正处长级)	2011.8—2016.8
沈耀钦	男	中共泉州市委市直机关工作委员会	书记(兼)	2011.10—2015.1
郑天文	男	中共泉州市委市直机关工作委员会	副书记(正处级)	2012.7 至今
林明义	女	中共泉州市委市直机关工作委员会	委　员	2012.7—2014.11
吴志宏	男	中共泉州市委市直机关工作委员会	委　员	2012.7 至今
谢江山	男	中共泉州市委市直机关工作委员会	委　员	2013.1 至今
陈沙龙	男	中共泉州市委市直机关工作委员会	委员(市直纪工委书记)	2014.11—2016.2
庄　禾	男	中共泉州市委市直机关工作委员会	委　员	2015.3 至今
苏文笔	男	中共泉州市委市直机关工作委员会	委员(市直纪工委书记)	2016.4 至今
陈奕辉	男	中共泉州市委市直机关工作委员会	书记(兼)	2016.8 至今
黄黎波	男	中共泉州市委市直机关工作委员会	常务副书记(正处长级)	2016.8 至今
潘向前	男	中共泉州市委市直机关工作委员会	委　员	2017.3 至今

三、1963年2月至2017年12月监委、纪委、纪工委

（一）中共晋江地委直属机关委员会监察委员会

表13-7

姓　名	性别	党组织名称	职　务	任职时间
李明堂	男	中共晋江地委直属机关委员会监察委员会	书　记	1963.2—1968.9
李　捷	男	中共晋江地委直属机关委员会监察委员会	委　员	1963.2—1968.9
宋春堂	男	中共晋江地委直属机关委员会监察委员会	委　员	1963.2—1968.9
何定忠	男	中共晋江地委直属机关委员会监察委员会	委　员	1963.2—1968.9
王一峰	男	中共晋江地委直属机关委员会监察委员会	委　员	1963.2—1968.9
芦国华	男	中共晋江地委直属机关委员会监察委员会	委　员	1963.2—1968.9
姚文清	男	中共晋江地委直属机关委员会监察委员会	委　员	1963.2—1968.9

（二）中共晋江地区直属机关纪律检查委员会

表13-8

姓　名	性别	党组织名称	职　务	任职时间
靳三军	男	中共晋江地区直属机关委员会纪律检查委员会	书记（兼）	1980.8—1983.10
陈小芸	女	中共晋江地区直属机关委员会纪律检查委员会	副书记（兼）	1980.8—1984.11
蔡炳文	男	中共晋江地区直属机关委员会纪律检查委员会	专职副书记	1980.8—1984.11
胡和金	男	中共晋江地区直属机关委员会纪律检查委员会	委　员	1980.8—1984.11
王永和	男	中共晋江地区直属机关委员会纪律检查委员会	委　员	1980.8—1984.11
高祖禧	男	中共晋江地区直属机关委员会纪律检查委员会	委　员	1980.8—1984.11
孙盛鑫	男	中共晋江地区直属机关纪律检查委员会	书　记	1984.11—1985.12
蔡炳文	男	中共晋江地区直属机关纪律检查委员会	副书记	1984.11—1985.4
陈　琼	女	中共晋江地区直属机关纪律检查委员会	委　员	1984.11—1985.12
郝允发	男	中共晋江地区直属机关纪律检查委员会	委　员	1984.11—1985.12
蔡天从	男	中共晋江地区直属机关纪律检查委员会	委　员	1984.11—1985.12
罗淋洲	男	中共晋江地区直属机关纪律检查委员会	副书记	1985.8—1985.12

说明：1983年5月，中共晋江地区直属机关委员会纪律检查委员会更名为中共晋江地区直属机关纪律检查委员会，纪委班子成员延续

（三）中共泉州市直属机关纪律检查委员会

表13-9

姓　名	性别	党组织名称	职　务	任职时间
孙盛鑫	男	中共泉州市直属机关纪律检查委员会	书　记	1986.1—1987.8
罗淋洲	男	中共泉州市直属机关纪律检查委员会	副书记	1986.1—1987.9
陈　琼	女	中共泉州市直属机关纪律检查委员会	委　员	1986.1—1987.11
郝允发	男	中共泉州市直属机关纪律检查委员会	委　员	1986.1—1987.11
蔡天从	男	中共泉州市直属机关纪律检查委员会	委　员	1986.1—1987.11

续表 13-9

姓　名	性别	党组织名称	职　务	任职时间
陈围围	男	中共泉州市直属机关纪律检查委员会	书　记	1987. 10—1987. 11
孙澄元	男	中共泉州市直属机关纪律检查委员会	书　记	1987. 11—1992. 8
许渊朝	男	中共泉州市直属机关纪律检查委员会	委　员	1987. 11—1992. 8
林贤德	男	中共泉州市直属机关纪律检查委员会	委　员	1987. 11—1992. 8
郑玉冰	男	中共泉州市直属机关纪律检查委员会	委　员	1987. 11—1992. 8
陈顺华	男	中共泉州市直属机关纪律检查委员会	委　员	1989. 4—1992. 8
熊建中	男	中共泉州市直属机关纪律检查委员会	委　员	1992. 1—1992. 8
苏祖讫	男	中共泉州市直属机关纪律检查委员会	委　员	1992. 1—1992. 8

说明:1986 年 1 月,中共晋江地区直属机关纪律检查委员会更名为中共泉州市直属机关纪委检查委员会,纪委班子成员延续

(四)中共泉州市纪委市直机关纪律检查工作委员会

表 13-10

姓　名	性别	党组织名称	职　务	任职时间
孙澄元	男	中共泉州市纪委市直机关纪律检查工作委员会	书　记	1992. 8—1997. 5
熊建中	男	中共泉州市纪委市直机关纪律检查工作委员会	副书记	1992. 10—1997. 11
陈顺华	男	中共泉州市纪委市直机关纪律检查工作委员会	委　员	1992. 10—2015. 10
吴雪峰	女	中共泉州市纪委市直机关纪律检查工作委员会	委　员	1992. 10—1995. 12
林跃进	男	中共泉州市纪委市直机关纪律检查工作委员会	委　员	1992. 10—2007. 2
蔡天从	男	中共泉州市纪委市直机关纪律检查工作委员会	书　记（兼）	1997. 11—2000. 2
陈丽珠	女	中共泉州市纪委市直机关纪律检查工作委员会	副书记	1997. 11—2009. 7
曾达坤	男	中共泉州市纪委市直机关纪律检查工作委员会	委　员	1998. 1—2007. 6
黄英林	男	中共泉州市纪委市直机关纪律检查工作委员会	书　记(兼)	2001. 11—2010. 2
吴志宏	男	中共泉州市纪委市直机关纪律检查工作委员会	委　员	2007. 2—2009. 7
刘玉珊	女	中共泉州市纪委市直机关纪律检查工作委员会	委　员	2007. 8—2010. 2
张惠林	男	中共泉州市纪委市直机关纪律检查工作委员会	委　员（副科长级）	2009. 8—2010. 10
刘玉珊	女	中共泉州市纪委市直机关纪律检查工作委员会	书　记	2010. 2—2012. 6
林曙铭	男	中共泉州市纪委市直机关纪律检查工作委员会	委　员	2010. 4—2013. 7
林明义	女	中共泉州市纪委市直机关纪律检查工作委员会	书　记	2012. 7—2014. 11
李　玫	女	中共泉州市纪委市直机关纪律检查工作委员会	副书记	2014. 2—2017. 5
陈循祥	男	中共泉州市纪委市直机关纪律检查工作委员会	委　员（副科长级）	2014. 2—2016. 11
陈沙龙	男	中共泉州市纪委市直机关纪律检查工作委员会	书　记	2014. 11—2016. 2
苏文笔	男	中共泉州市纪委市直机关纪律检查工作委员会	书　记	2016. 4 至今
陈循祥	男	中共泉州市纪委市直机关纪律检查工作委员会	委　员（正科长级）	2016. 11 至今

续表 13-10

姓　名	性别	党组织名称	职　务	任职时间
刘建锋	男	中共泉州市纪委市直机关纪律检查工作委员会	委　员（副科长级）	2017.1 至今
吕桂林	男	中共泉州市纪委市直机关纪律检查工作委员会	委　员（副科长级）	2017.8 至今

四、1953 年 6 月至 2017 年 12 月处级非领导职务

表 13-11

姓　名	性别	机构名称	职　务	任职时间
陈小芸	女	中共晋江地区直属机关委员会	调研员	1985.4—1986.8
孙盛鑫	男	中共泉州市直属机关委员会	调研员	1987.8—1990.11
骆贯平	男	中共泉州市直属机关委员会	调研员	1992.8—1998.5
傅赞基	男	中共泉州市委市直机关工作委员会	调研员	2000.2—2004.2
陈贤智	男	中共泉州市委市直机关工作委员会	助理调研员	2004.10—2007.10
郑玉冰	男	中共泉州市委市直机关工作委员会	调研员	2009.6 确定，并退休
赖育永	女	中共泉州市委市直机关工作委员会	副调研员	2011.9 确定，并退休
黄英林	男	中共泉州市委市直机关工作委员会	调研员	2012.7—2015.8
曾艳松	男	中共泉州市委市直机关工作委员会（军队正团职转业）	副调研员	2016.12 至今

说明：表中不含因年龄原因由正、副处长级改任调研员、助理调研员名单

五、1953 年 6 月至 2017 年 12 月内设机构负责人

（一）办公室

表 13-12

姓　名	性别	内设机构名称	职　务	任职时间
姚文清	男	中共晋江地委直属机关委员会办公室	主　任	1960.4—1965.7
陈金发	男	中共晋江地区直属机关委员会办公室	党委秘书	1979.4—1983.8
詹辉乾	男	中共晋江地区直属机关委员会办公室	主　任	1984.11—1985.12
傅赞基	男	中共晋江地区直属机关委员会办公室	副主任	1985.8—1985.12
詹辉乾	男	中共泉州市直属机关委员会办公室	主　任	1986.1—1989.10
傅赞基	男	中共泉州市直属机关委员会办公室	副主任	1986.1—1987.10
黄英林	男	中共泉州市直属机关委员会办公室	副主任	1990.1—1992.10
黄英林	男	中共泉州市委市直机关工作委员会办公室	主　任	1992.10—2002.11
庄木才	男	中共泉州市委市直机关工作委员会办公室	主　任	2002.11—2007.1
王志强	男	中共泉州市委市直机关工作委员会办公室	主　任	2007.1—2009.7

续表 13-12

姓 名	性别	内设机构名称	职 务	任职时间
吴志宏	男	中共泉州市委市直机关工作委员会办公室	主 任	2009.7—2017.10
吴金辉	男	中共泉州市委市直机关工作委员会办公室	主 任	2017.11 至今

(二)组织部

表 13-13

姓 名	性别	内设机构名称	职 务	任职时间
岳伟玉	男	中共晋江地委直属机关委员会组织部	部 长	1954.8—1955.8
王一峰	男	中共晋江地委直属机关委员会组织部	副部长	1956.7—1968.9
陈小芸	女	中共晋江地区直属机关委员会组织部	部 长	1979.4—1985.4
蔡天从	男	中共晋江地区直属机关委员会组织部	副部长	1984.7—1985.12
蔡天从	男	中共泉州市直属机关委员会组织部	副部长	1986.1—1987.9
蔡天从	男	中共泉州市直属机关委员会组织部	部 长	1987.9—1992.8
郑玉冰	男	中共泉州市委市直机关工作委员会组织部	部 长	1992.10—2009.7
王志强	男	中共泉州市委市直机关工作委员会组织部	部 长	2009.7 至今

(三)宣传部(统战部)

表 13-14

姓 名	性别	内设机构名称	职 务	任职时间
张凤鸣	男	中共晋江地委直属机关委员会宣传部	副部长	1956.7—1960.4
许琛树	男	中共晋江地委直属机关委员会宣传部	副部长	1960.4—1968.9
王一峰	男	中共晋江地区直属机关委员会宣传部	部 长	1979.4—1983.7
张贵川	男	中共晋江地区直属机关委员会宣传部	副部长	1984.4—1985.12
梁挺秀	男	中共晋江地区直属机关委员会宣传部	副部长	1985.3—1985.12
张贵川	男	中共泉州市直属机关委员会宣传部	副部长	1986.1—1987.7
梁挺秀	男	中共泉州市直属机关委员会宣传部	副部长	1986.1—1992.8
傅赞基	男	中共泉州市直属机关委员会宣传部	部 长	1987.10—1992.8
傅赞基	男	中共泉州市委市直机关工作委员会宣传部	部 长	1992.8—1997.11
梁挺秀	男	中共泉州市委市直机关工作委员会宣传部	副部长	1992.8—1997.12
熊建中	男	中共泉州市委市直机关工作委员会宣传部	部 长	1997.11—2002.12
陈炯仁	男	中共泉州市委市直机关工作委员会宣传部	部 长	2003.7—2008.5
许贞丽	女	中共泉州市委市直机关工作委员会宣传部	部 长	2008.5—2011.7
陈振裕	男	中共泉州市委市直机关工作委员会宣传部	部 长	2012.10—2017.11
陈振裕	男	中共泉州市委市直机关工作委员会宣传部(统战部)	部 长	2017.11 至今
杨瑞华	女	中共泉州市委市直机关工作委员会宣传部(统战部)	副部长	2017.11 至今

(四)工会

表 13-15

姓　名	性别	内设机构名称	职　务	任职时间
郑玉冰	男	泉州市直属机关工会工作委员会	专职副主席	1991. 5—1992. 10
陈丽珠	女	泉州市直属机关工会工作委员会	专职副主席	1992. 10—1997. 10
陈贤智	男	泉州市直属机关工会工作委员会	专职副主席	1997. 11—1999. 4
陈贤智	男	泉州市直属机关工会工作委员会	专职主席	1999. 4—2007. 5
陈炯仁	男	泉州市直属机关工会联合会	主席(兼)	2007. 5—2012. 10
曾达坤	男	泉州市直属机关工会联合会	常务副主席	2007. 5—2012. 10
陈炯仁	男	泉州市直属机关工会联合会	主席(兼)	2012. 10—2017. 7
潘向前	男	泉州市直属机关工会联合会	常务副主席	2012. 10 至今
郑天文	男	泉州市直属机关工会联合会	主席(兼)	2017.7 至今

(五)业余党校

表 13-16

姓　名	性别	内设机构名称	职　务	任职时间
张敬尊	男	泉州市直业余党校	校长(兼)	1998. 12—2006. 5
林曙铭	男	泉州市直业余党校	副校长	2005. 12—2008. 5
李世杰	男	泉州市直业余党校	校长(兼)	2006. 9—2011. 8
林曙铭	男	泉州市直业余党校	常务副校长	2008. 5—2010. 3
黄春淮	男	泉州市直业余党校	校长(兼)	2011. 8—2013. 2
黄海波	男	泉州市直业余党校	副校长	2012. 10—2015. 12
谢江山	男	泉州市直业余党校	校长(兼)	2013. 2 至今
黄海波	男	泉州市直业余党校	常务副校长	2015. 12—2017. 11
赵忠欣	男	泉州市直业余党校	副校长	2017. 12 至今

(六)总支部委员会

表 13-17

姓　名	性别	党组织名称	职　务	任职时间
黄英林	男	中共泉州市委市直机关工作委员会机关总支部委员会	书　记	2008. 8—2012. 8
潘向前	男	中共泉州市委市直机关工作委员会机关总支部委员会	专职副书记	2011. 1—2012. 8
郑天文	男	中共泉州市委市直机关工作委员会机关总支部委员会	书　记	2012. 8—2015. 8
苏彬彬	女	中共泉州市委市直机关工作委员会机关总支部委员会	专职副书记	2012. 10—2015. 8
郑天文	男	中共泉州市委市直机关工作委员会机关总支部委员会	书　记	2015. 8 至今
苏彬彬	女	中共泉州市委市直机关工作委员会机关总支部委员会	专职副书记	2015. 8 至今

第三节　先进个人名表

一、受省部级及以上表彰

表 13-18

姓　名	性别	工作单位	荣誉称号	授予单位	授予时间
孙澄元	男	福建省第二劳改管教队	全省政法先进工作者	福建省委、省政府	1958
张敬尊	男	泉州市委宣传部	全国新长征突击手	共青团中央	1979. 7
郑天文	男	泉州市委文明办	福建省 1991—1992 年度精神文明建设先进工作者	福建省委、省政府	1993. 8
蔡忠荣	男	泉州市直机关工委	福建省优秀党务工作者	福建省委	1994. 6
黄春淮	男	德化县委宣传部	1998—1999 年度全省理论学习先进工作者	福建省委	1999. 12
王志强	男	洛江区委组织部	福建省优秀党务工作者	福建省委	2001. 7
陈炯仁	男	安溪县委组织部	福建省优秀党务工作者	福建省委	2003. 7
黄春淮	男	德化县委宣传部	福建省第八届（2000—2002 年度）精神文明建设先进工作者	福建省委、省政府	2003. 8
郑天文	男	泉州市委文明办	福建省第九届（2003—2005 年度）精神文明建设先进工作者	福建省委、省政府	2006. 11
谢江山	男	在军队工作期间	双拥先进个人	福建省委、省政府、福建省军区	2006. 12
陈炯仁	男	泉州市直机关工委	福建省第十届（2006—2008 年度）精神文明建设先进工作者	福建省委、省政府	2009. 8
李世杰	男	泉州市直机关工委	福建省优秀党务工作者	福建省委	2011. 6
王志强	男	泉州市直机关工委	全省创先争优优秀共产党员	福建省委	2012. 6
王志强	男	泉州市直机关工委	福建省优秀共产党员	福建省委	2016. 6

二、受军级及以上表彰

表 13-19

姓　名	性别	工作单位	荣誉称号	授予单位	授予时间
谢江山	男	在军队工作期间	福建省军区优等营职指挥员	福建省军区	1999. 12
谢江山	男	在军队工作期间	福建省军区优秀党务工作者	福建省军区	2000. 7
谢江山	男	在军队工作期间	福建省军区优等营职指挥员	福建省军区	2000. 12
吴志宏	男	在军队工作期间	优秀党务工作者	某集团军政治部	2001. 7
庄　禾	男	在军队工作期间	优秀基层主官标兵	海军福建基地	2003. 12

续表 13-19

姓　名	性别	工作单位	荣誉称号	授予单位	授予时间
谢江山	男	在军队工作期间	福建省军区优等团职指挥员	福建省军区	2005.12
谢江山	男	在军队工作期间	全军科技发明三等奖	解放军总参谋部	2005
谢江山	男	在军队工作期间	科技发明二等奖	南京军区	2005
庄　禾	男	在军队工作期间	作战部队优秀科技人才奖	海　军	2006.1
庄　禾	男	在军队工作期间	“精武强能”标兵	海军福建基地	2006.12
谢江山	男	在军队工作期间	南京军区“两维”先进个人	南京军区	2006.12
谢江山	男	在军队工作期间	南京军区营房建设房地产管理先进个人	南京军区	2006.12
谢江山	男	在军队工作期间	福建省军区优等团职指挥员	福建省军区	2007.12
谢江山	男	在军队工作期间	全军科技人才奖	解放军总参谋部	2008.12
曾艳松	男	在军队工作期间	军事斗争准备突出贡献个人	某集团军	2008.12
曾艳松	男	在军队工作期间	优秀共产党员	某集团军政治部	2012.7
曾艳松	男	在军队工作期间	优秀团职指挥军官	某集团军	2012.12

三、受地厅级表彰

表 13-20

姓　名	性别	工作单位	荣誉称号	授予单位	授予时间
陈小芸	女	江苏省直机关	江苏省直机关优秀共产党员	江苏省直机关党委	1956
黄春淮	男	泉州市委宣传部	泉州市直机关先进工作者	泉州市委、市政府	1987.4
郑天文	男	泉州市委文明办	泉州市直机关1990年度先进工作者	泉州市委、市政府	1991.2
陈顺华	男	泉州市直机关党委	泉州市优秀纪检干部	泉州市委	1991.6
吴秋明	男	泉州市直机关工委	民兵预备役工作贡献奖	泉州市委、市政府、泉州军分区	1991.7
梁挺秀	男	泉州市直机关党委	“二五”普法先进工作者	福建省司法厅	1992.1
郑天文	男	泉州市委文明办	泉州市1992—1993年度精神文明建设先进工作者	泉州市委、市政府	1994.1
郑天文	男	泉州市委文明办	泉州市直机关1993年度先进工作者	泉州市委、市政府	1994.9
陈丽珠	女	泉州市直机关工委	福建省优秀工会工作者	福建省总工会	1995.5
陈顺华	男	泉州市直机关工委	泉州市精神文明建设先进工作者	泉州市委、市政府	1995
谢江山	男	军队工作期间	师优秀党支部书记	南京军区某师	1995.7
林跃进	男	泉州市直机关工委	泉州市扶贫先进工作者	泉州市人民政府	1997
傅赞基	男	泉州市直机关工委	重视老体协工作领导奖	泉州市委、市政府	1997
梁挺秀	男	泉州市直机关工委	老体协先进工作者	泉州市委、市政府	1997
赖育永	女	泉州市直机关工委	泉州市老干部工作先进个人	泉州市委	1997
赖育永	女	泉州市直机关工委	泉州市优秀共产党员	泉州市委	1997.6

续表 13-20

姓 名	性别	工作单位	荣誉称号	授予单位	授予时间
郑玉冰	男	泉州市直机关工委	福建省地方党委 组织系统先进工作者	福建省委组织部	1998
陈炯仁	男	安溪县委组织部	泉州市优秀党务工作者	泉州市委	1999.6
王志强	男	洛江区委组织部	泉州市优秀党务工作者	泉州市委	1999.6
黄春淮	男	德化县委宣传部	福建省科技兴县先进工作者	福建省人事厅、省科委	1999.12
陈沙龙	男	泉州市乡镇企业局	全省乡镇企业质量管理先进工作者	福建省乡镇企业局	2000.1
赖育永	女	泉州市直机关工委	“三五”普法先进个人	泉州市委	2000
陈炯仁	男	安溪县委组织部	泉州市优秀党务工作者	泉州市委	2001.6
黄春淮	男	德化县委宣传部	1996—2000 年全省法制宣传教育先进个人	福建省依法治县领导小组	2001.8
赖育永	女	泉州市直机关工委	泉州市保密工作先进个人	泉州市委	2002
黄春淮	男	德化县委宣传部	2000—2002 全省党委宣传部先进工作者	福建省委宣传部、省人事厅	2003.1
陈贤智	男	泉州市直机关工委	泉州市先进工作者	泉州市委、市政府	2003.4
谢江山	男	在军队工作期间	优秀机关干部	南京军区某师	2003.12
郑天文	男	泉州市委文明办	泉州市 2002—2003 年度精神文明建设先进工作者	泉州市委、市政府	2004.2
李世杰	男	泉州市经委	全省节能减排工作先进个人	福建省经贸委	2004.8
苏彬彬	女	南安市诗山镇政府	2002—2003 年度计划生产先进工作者	泉州市委、市政府	2004.10
李世杰	男	泉州市经委	全省用电需求工作先进个人	福建省经贸委	2005.8
黄英林	男	泉州市直机关工委	2005 年度社会治安综合治理先进工作者	泉州市委、市政府	2006.3
王志强	男	泉州市直机关工委	泉州市综治与平安建设先进工作者	泉州市委、市政府	2007.2
郑玉冰	男	泉州市直机关工委	全省党工委系统先进工作者	福建省直机关工委	2007.2
吴金辉	男	泉州市直机关工委	全市社会治安综合治理先进工作者	泉州市委、市政府	2008.1
黄英林	男	泉州市直机关工委	泉州市精神文明建设先进工作者	泉州市委、市政府	2008.3
谢江山	男	在军队工作期间	师“高危期准备”先进个人	南京军区某师	2008.7
谢江山	男	在军队工作期间	泉州市军民共建精神文明先进个人	泉州市委、市政府、泉州军分区	2008.12
陈炯仁	男	泉州市直机关工委	2006—2007 年度人口和计划生育先进工作者	泉州市委、市政府	2008.12
梁挺秀	男	泉州市直机关工委	2004—2008 年度泉州市老体协先进个人	泉州市委、市政府	2008.12
傅赞基	男	泉州市直机关工委	2004—2008 年度泉州市老体协先进个人	泉州市委、市政府	2008.12
郑玉冰	男	泉州市直机关工委	泉州市先进工作者	泉州市委、市政府	2009.4
陈顺华	男	中共泉州市直机关工委	中共党校 2009 届本科班优秀学员干部	福建省委党校	2010.1

续表 13-20

姓 名	性别	工作单位	荣誉称号	授予单位	授予时间
黄英林	男	泉州市直机关工委	泉州市人口和计划生育先进工作者	泉州市委、市政府	2010. 11
陈振裕	男	泉州市直机关工委	泉州市 2008—2010 年度精神文明建设先进工作者	泉州市委、市政府	2011. 4
王沥萍	男	泉州市直机关工委	泉州市优秀共产党员	泉州市委	2011. 6
潘向前	男	泉州市直机关工委	泉州市先进工作者	泉州市委、市政府	2012. 4
陈振裕	男	泉州市直机关工委	泉州市 2011—2013 年度精神文明建设先进工作者	泉州市委、市政府	2014. 4
陈思思	女	泉州市直机关工委	泉州市 2014—2016 年度精神文明建设先进工作者	泉州市委、市政府	2017. 5

第四节 先进单位名表

一、受省部级表彰

表 13-21

单 位	荣誉称号	授予机关	授予时间
中共泉州市委市直机关工作委员会	福建省 2006—2008 年度文明单位	福建省委、省政府	2009. 12
中共泉州市委市直机关工作委员会	福建省 2009—2011 年度文明单位	福建省委、省政府	2012. 12
中共泉州市委市直机关工作委员会	福建省 2012—2014 年度文明单位	福建省委、省政府	2015. 12
中共泉州市委市直机关工作委员会机关总支部委员会	福建省先进基层党组织	福建省委	2016. 6

二、受厅级表彰

表 13-22

单 位	荣誉称号	授予机关	授予时间
中共泉州市委市直机关工作委员会	泉州市 1999—2001 年度计划生育工作先进单位	泉州市委、市政府	2002. 6
中共泉州市委市直机关工作委员会	第二届(2002—2003 年度)福建省先进机关党工委	福建省委省直机关工作委员会	2004. 8
中共泉州市委市直机关工作委员会	第三届(2004—2006 年度)福建省先进机关党工委	福建省委省直机关工作委员会	2007. 12
中共泉州市委市直机关工作委员会	泉州市老体协先进集体	泉州市委、市政府	2008

续表 13-22

单 位	荣誉称号	授予机关	授予时间
中共泉州市委市直机关工作委员会工会	模范职工之家	福建省总工会	2010. 10
中共泉州市委市直机关工作委员会	泉州市 2006—2010 年法制宣传教育成绩突出集体	泉州市委、市政府	2011. 8
中共泉州市委市直机关工作委员会	2011 年泉州市绩效考评先进单位	泉州市委、市政府	2012. 2
中共泉州市委市直机关工作委员会	2012 年泉州市绩效考评先进单位	泉州市委、市政府	2013. 2
中共泉州市委市直机关工作委员会机关总支部委员会	泉州市先进基层党组织	泉州市委	2013. 6
中共泉州市委市直机关工作委员会	2013 年泉州市绩效考评先进单位	泉州市委、市政府	2014. 4
中共泉州市委市直机关工作委员会	“1263”机关党建工作机制建设示范市	福建省人力资源和社会保障厅、省委省直机关工作委员会	2014. 12
中共泉州市委市直机关工作委员会	2014 年泉州市绩效考评先进单位	泉州市委、市政府	2015. 4
中共泉州市委市直机关工作委员会	2015 年泉州市绩效考评先进单位	泉州市委、市政府	2016. 4
中共泉州市委市直机关工作委员会	全省机关工委系统先进集体	福建省人力资源和社会保障厅、省委省直机关工委	2016. 12
中共泉州市委市直机关工作委员会	2016 年泉州市绩效考评先进单位	泉州市委、市政府	2017. 4

第十四章　重要文献选编

本章仅选录1992年成立中共泉州市直属机关工作委员会以来,涉及泉州市机关党建工作的重要文件。其中,中共泉州市委文件4份,中共泉州市委办公室文件2份,泉州市直机关精神文明建设领导小组文件1份,中共泉州市委市直机关工作委员会文件13份。

第一节　中共泉州市委文件

中共泉州市委批转《关于加强和改进市直机关党的工作的意见》的通知

泉委〔1992〕综54号

市委同意市委组织部、市直机关党委《关于加强和改进市直机关党的工作的意见》,现转发给你们。

为了适应改革开放的新形势,进一步加强和改进市直机关党的工作,市委决定,中共泉州市直属机关委员会改为中共泉州市直属机关工作委员会,作为市委的派出机构,纳入市委编制序列,领导市直机关党的工作,管理省部属驻泉单位党组织,对各县(区、市)直属机关党(工)委工作进行业务指导。

机关党的工作是整个党的工作的重要组成部分。搞好机关党的建设,对加强党的领导,巩固党的执政地位,坚定不移地贯彻执行党的基本路线,加快改革开放步伐,集中精力把经济搞上去,有着十分重要的意义。各级党组织要十分重视并认真抓好机关党的工作。市直机关党工委要全面贯彻执行党的基本路线,围绕经济建设这个中心,搞好市直机关党的政治、思想、组织和作风建设,发挥党组织的战斗堡垒作用、保证监督作用和党员的先锋模范作用,努力把市直机关党的建设提高到一个新的水平。

中共泉州市委

1992年7月10日

关于加强和改进市直机关党的工作的意见

市委：

为了深入贯彻中共中央〔1983〕3号文件和闽委综〔1992〕23号文件精神，按照市委常委会一九九二年六月六日关于市直机关党委改为市直机关党工委的决定和要求，现就设立市直机关党工委，加强和改进市直机关党的工作，提出如下意见。

一、关于市直机关党工委工作的指导思想和主要职能

市直机关党工委工作的指导思想是：全面贯彻执行党的基本路线，围绕经济建设这个中心，搞好党的政治、思想、组织和作风建设，提高党员素质，发挥党组织的战斗堡垒作用和保证监督作用。努力把党组织建设成为政治上坚强、班子团结协调、党内制度健全、职能正常发挥、密切联系群众、基层充满活力的坚强堡垒。

市直机关党工委的主要职能是：（一）拟定市直机关党的建设规划，指导基层党组织搞好党的政治、思想、组织、作风和制度建设，做好党员的管理、教育和党务干部的培训工作。（二）负责审批机关党委（直属总支、支部）和机关纪委的建立、改选，书记、副书记以及市直党工委科级以下干部的任免。（三）指导机关各级党组织实施对党员特别是党员领导干部的监督，及时向市委反映市直机关部、委、办、局领导班子、领导干部的情况，配合组织部门对机关干部进行考核，根据掌握的情况，实事求是地对机关处级干部的任免、调动和奖惩，提出意见或建议。（四）按照规定的权限，查处党组织和党员的违纪案件，审批党员违反党纪的处分决定。（五）指导基层党组织做好发展党员工作，审批直属总支、支部发展新党员和预备党员的转正。（六）发动党员干部积极投身到经济建设和改革开放中去，为建设有中国特色的社会主义贡献力量。加强对市直机关工会、共青团、妇联等群众组织的领导，进一步密切党群关系。（七）在搞好自身建设，抓好市直机关党建工作的同时，对各县（区、市）直属机关党（工）委的党建工作进行业务指导。通报机关党建工作情况，总结交流经验和信息，开展党建理论研讨，协助培训党务干部.（八）完成市委交办的其他有关党建工作任务。今后，凡是市委有关部门明文部署的工作，市直党工委一般不再重复布置，主要是加强督促检查。按照党政分开的原则，目前机关党委承担的一些行政事务性工作，应分别交各部门的职能机构办理，机关党（工）委积极协助和配合，使机关党（工）委能够集中精力抓好党的工作和自身建设。

二、关于市直机关党工委的建制、机构设置及干部配备

按照市委常委会的决定，中共泉州市直属机关委员会改为中共泉州市直属机关工作委员会，作为市委的派出机构，纳入市委的编制序列，领导市直机关和市直企事业单位党的工作。市直党工委由七名委员组成，其中书记一名，副书记二名。下设办公室、组织部、宣传部等工作部门。

为适应工委体制，经与市纪委商定，中共泉州市直属机关纪律检查委员会改为中共泉州市直属机关纪律检查工作委员会，作为市纪委的派出机构，受市纪委和市直党工委的双重领导，以市直党工委领导为主。市直纪工委领导市直机关和市直企事业单位党的纪律检查工作。市直纪工委由五人组成。

市直机关工、青、妇工作，分别受市总工会、团市委、市妇联和市直党工委的双重领导，以市直党工委领导为主。

三、关于市直机关党组织机构设置和工作任务

市直机关按系统设立机关党的委员会（总支委员会），领导所属党组织（含本系统直属企事业单位党组织），接受市直党工委领导和系统党组的指导。

机关党委、总支书记由各部、委、办、局党员领导干部担任。专职副书记由正科级干部担任。设立机关党委的部门应设立机关纪委，受机关党委和市直纪工委的双重领导，以机关党委领导为主，与市纪委派驻纪检组合署办公。

市直机关各级党组织的主要任务是：组织党员学习、宣传、执行党和国家的方针政策，以党的基本路线统一党员的思想和行动；坚持从严治党，加强党的思想、组织、作风建设；参与干部考核工作，根据掌握的情况，对本部门行政干部主要是科级以下干部的任免、调动和奖惩，提出意见或建议；按照权限，审批所属党组织的建立、改选，书记、副书记的任免；充分发挥党员的先锋模范作用，保证各项工作任务的完成，关心并协助行政领导改善群众的物质文化生活；对党员特别是党员领导干部实行有效的监督；配合行政领导做好思想政治工作和统战工作，对本机关的群众组织实行领导；承担上级党组织交办的任务。

四、关于加强党内监督

机关党（工）委要大力加强党内监督，具体做法是：（一）加强对党员领导干部民主生活会的管理。督促领导班子每半年召开一次民主生活会，并认真开展批评与自我批评。（二）定期召开党员大会，听取本部门党员行政负责人通报一个时期的主要工作情况，沟通领导干部与党员的联系。（三）党（工）委书记、专职副书记参加或列席有关会议。（四）各级纪委对所属党组织和党员违纪案件要认真查处，对打击报复者要严肃执行纪律。采取各种形式，广泛发动群众积极参与监督。

以上意见如无不妥，请批转各有关党组织。

中共泉州市委组织部
中共泉州市直属机关委员会
一九九二年七月十日

中共泉州市委关于贯彻《中国共产党党和国家机关基层组织工作条例》的意见

泉委〔1998〕11号

《中国共产党党和国家机关基层组织工作条例》（简称中央《条例》）是我党历史上第一部关于党和国家机关基层党组织工作的法规，是贯彻落实十五大精神，加强和改进机关党建工作的重要文件。为了全面正确贯彻执行《条例》，保证机关党建工作的规范化、制度化和科学化，按照省委《关于〈中国共产党和国家机关基层组织工作条例〉实施办法》的要求，结合泉州市实际，提出以下贯彻意见。

一、坚持机关党建工作的指导思想，充分发挥机关基层党组织的战斗堡垒作用

1. 牢牢把握机关党建工作的指导思想。机关基层党组织必须以马克思列宁主义、毛泽东思想、邓小平理论为指导，紧紧围绕党的基本路线，结合本部门的工作任务和特点，加强党的思想、组织和作风建设，加强党内监督，坚持从严治党，充分发挥党的思想政治优势、组织优势和密切联系群众的优势，促进本部门各项工作任务的完成，为改革开放和社会主义现代化建设服务。因此，机关党组织要摆正党建工作在机关整体工作中的位置，主动了解党组（党委）的工作意图，紧紧围绕党的中心任务开展工作，充分发挥机关党组织的战斗堡垒作用。当前，要紧密围绕新一轮创业，为我市实现跨世纪宏伟目标提供保证。

2. 进一步明确机关党组织的地位和作用。机关党组织是整个基层党组织中的重要组成部分。市直机关党组织在市直党工委领导下工作，县（区、市）机关党组织在上级党的委员会或党的工作委员会领导下工作，同时接受本部门党组的指导；机关党组织要积极协助行政负责人完成本单位的各项任务，改进机关工作作风，提高工作效率；对包括行政负责人在内的每个党员在执行党的路线、方针、政策，遵守民主集中制原则，遵纪守法，廉洁自律，联系群众，以及思想、作风、道德品质等方面的情况进行监督。各县（区、市）党委、各部门党组（党委）要正确认识机关党组织的地位作用，充分发挥机关党组织在完成本部门各项任务中的协助和监督作用。

二、合理设置机关党的组织机构，保证机关党的工作协调运转

3. 合理地设置机关党的组织机构。根据《条例》规定的机关党员人数和工作需要，设置机关党的组织机构。机关党的组织设置，要有利于加强机关党的建设，有利于全面履行党章和《条例》赋予的职责，有利于充分发挥机关党组织的战斗堡垒作用和党员的先锋模范作用，有利于促进经济发展和业务工作任务的完成。市直机关各部、委、办及党员人数100人以上的局设立机关系统、局党的基层委员会；副处级以上单位党员人数50人以上不足100人的，根据工作需要，经市直党工委批准，可设立党的基层委员会，党员人数不足50人的，因工作需要，经市直党工委批准，可设立党的总支部委员会。基层单位凡正式党员3人以上的，成立党的支部，党员7人以上的党支部，设立支部委员会。

4. 认真做好换届选举工作。党的基层委员会由党员大会或者党员代表大会选举产生。市直机关系统、局和大中型企业、大专院校党的基层委员会，每届任期4年；县（区、市）直机关和其他党的基层委员会，每届任期3年。党的总支部委员会由党员大会选举产生，每届任期3年。党的支部委员会由党员大会选举产生，每届任期2年。

做好机关党组织任期届满按期换届工作，是机关党组织和所在部门党组（党委）的共同责任，要把换届工作摆上议事日程，周密计划，精心组织。部门党组（党委）应重视机关党组织的换届工作，适时提出机关党组织主要负责人候选人建议人选，及时给予工作指导和提供必要条件，保证机关党组织换届工作的顺利进行。市、县（区、市）机关党工委要加强对换届工作的组织管理、督促检查，保证所属党组织按期、规范地做好换届工作。因特殊情况需要延期或提前换届的单位，应由党组织讨论决定，并按规定报上级党组织审批。

5. 机关党组织办事机构的设置。市直机关设立系统党的基层委员会的，应设置党委办公室，配备党办主任和党务工作人员，具体承办机关党组织的日常工作。党办主任按本部门中层正职配备。设立机关党的总支部委员会的，必须配备专职副书记。设立直属党支部委员会的必须配备专职副书记或专职党务干部。

凡设立党的基层委员会的部门、单位，一般应设立纪律检查委员会，未设立纪律检查委员会的部门、单位，党的基层委员会（含总支、支部）应设立纪律检查委员；纪委书记一般由党委专职副书记兼任，或由派驻纪检组的组长兼任，纪委副书记由本单位中层党员干部担（兼）任。

6. 选好配强机关党组织领导班子。机关党的基层委员会、总支部委员会、支部委员会书记、副书记通过选举产生，报上级党组织批准。市直各系统、局机关党的基层委员会（直属总支部委员会、支部委员会）书记由部门党组（党委）主要负责人兼任，也可以由同级党员领导干部专任，未设立党组（党委）的由单位党员行政主要领导干部兼任；设立系统党的基层委员会的专职副书记，应按同级行政副职配备。机关党组织的书记、副书记、纪委书记以及系统党委办公室主任任免前必须征求机关党工委的意见。县（区、市）机关党组织专职党务干部按照市直机关规格相应配备。

要加强机关党组织专职副书记后备干部队伍建设。注意从党务、行政和业务管理岗位中选拔优秀中青年干部充实专职副书记后备人选，保证机关党组织专职副书记的正常交替。

7. 改善机关党组织的工作条件。机关各级党组织的活动经费列入本单位的行政经费预算，市直机关党工委的党建经费除了办公经费之外，按所辖党员数（上年度统计数）每人每年 70 元核拨，由党工委统一掌握，专款专用，保证机关党组织活动的需要。机关包括企、事业单位党组织的工作条件与本单位业务部门一视同仁，专职党务干部的工资、住房、职称评定、奖金福利等的待遇与同级行政干部同等对待。

三、全面履行机关党组织职责，充分发挥协助和监督作用

8. 全面履行职责。《条例》对机关党组织的职责作了全面、明确、具体的规定，机关党组织必须坚持“党要管党”“从严治党”的原则，按照《条例》规定的内容和要求，结合本单位实际，提出具体的贯彻落实意见，保证机关党的基层委员会九项职责和党的纪律检查委员会五项职责落到实处。

9. 建立健全工作机制。机关党的基层委员会要建立健全党建工作责任制、委员会议事规则等一系列工作制度。机关党委书记要确实履行职务所赋予的责任，做到思想到位、工作到位、精力到位。专职副书记要专心致志地抓好工作，每个委员都要恪尽职守，认真遵守委员会的工作制度，按分工抓好工作落实。要通过建立支部（总支）书记汇报会、委员会扩大会、专题会等多种形式，了解、督查、指导支部开展工作，促使基层组织全面履行职责。

10. 创造性地开展工作。机关党组织要进一步解放思想、实事求是，以改革的精神研究解决新形势下机关党的建设面临的新情况、新问题，及时发现、总结、推广不同类型的先进典型，发挥典型辐射示范作用，以点带面，推动面上工作。要建立党建工作激励机制，健全必要的检查、考核制度。要加强分类指导，根据机关企事业单位以及学校等不同情况，提出不同的任务要求。并将履行党建工作责任制和支持机关党建工作的情况，列入考核领导班子和党员领导干部的一项重要内容，作为使用选拔干部的重要依据。要深入开展创建“五好”党支部和评选“机关党建工作先进单位”等活动，推动机关党建工作走在基层组织建设前头。

11. 党组(党委)要支持机关党组织全面履行职责。部门党组(党委)要根据新时期党的建设的指导思想、机关党组织的九条主要职责及机关党工委的工作部署,结合部门实际,帮助和支持机关党组织开展工作,完成任务。要督促党员行政领导自觉接受所在机关党组织的教育、管理和监督。要为机关党组织协助、配合行政领导开展工作、履行职责创造必要的条件,使机关党的工作与行政业务工作真正做到相辅相成、相得益彰。

四、加强党员的教育、管理和发展工作,发挥共产党员的先锋模范作用

12. 加强机关党员的思想教育。机关党组织要坚持对党员进行马克思列宁主义、毛泽东思想、邓小平理论的教育,党的基本路线和党的基本知识的教育,引导党员努力学习和掌握社会主义市场经济知识、科学文化知识、法律知识和各种业务知识,使党员不断增强党性,提高素质。要组织党员分期分批进党校、干校或各级培训班进行系统培训,建立干部学习档案,并把学习情况作为使用干部的重要条件之一。机关党员教育要坚持理论联系实际,加强教育的针对性;坚持正面教育为主,做到正面灌输与自我教育相结合;坚持分类分层次进行,区别不同对象提出教育重点;坚持解决思想问题同解决实际问题相结合,增强教育实效性。要力求形式多样,生动活泼,富有成效。

13. 加强对机关党员的管理。要坚持党内生活的原则性,严格党的组织生活,健全党内生活制度,加强对党员经常性的管理。要坚持"三会一课"制度,按期召开党支部的民主生活会,党员领导干部要认真参加双重民主生活会,认真开展批评和自我批评,提高民主生活会质量。要加强对流动党员的教育、管理和监督。坚持每年一次的民主评议党员制度,表彰优秀党员,处置不合格党员。要建立健全党支部目标管理和党员目标管理,积极开展建设"五好"党支部和"创先争优"活动,提高机关党组织的战斗力。

14. 认真做好发展党员工作。发展党员必须认真贯彻"坚持标准,保证质量,改善结构,慎重发展"的方针,成熟一个,发展一个。做到有计划、有步骤、经常化。要加大在优秀青年和业务骨干中发展党员工作的力度,重点做好在生产、工作、教学、科研第一线的优秀青年和妇女中发展党员工作。

五、强化党内监督,确保党的先进性和纯洁性

15. 充分认识加强党内监督的重要性。加强党内监督,是为了保证认真执行党的路线、方针、政策和国家的法律、法规,维护党的团结和统一,维护和执行党的纪律,保持党的先进性和纯洁性,增强党组织的凝聚力和战斗力的有效措施,也是防止和克服腐败现象,增强党组织解决自身问题能力的重要手段。机关党组织要认真组织全体党员学习党内监督的主要内容,做好党内监督的宣传教育,不断增强党员干部的监督意识。

16. 加大党内监督力度。机关党组织要紧紧围绕《条例》规定的党内监督八项内容,逐项抓好落实。要针对机关党组织监督工作还比较薄弱的状况,采取积极有效的措施,建立健全党内监督制度,把党内监督、群众监督、舆论监督和民主党派监督有机地结合起来,形成完善科学的监督机制。要克服畏难情绪和无所作为的思想,以高度的政治责任感和敢于碰硬的精神,认真履行监督职责。各级党委、各部门党组要为机关党组织实施监督创造良好条件,党员领导干部要自觉接受党组织和群众的监督。

17. 正确运用党内监督方法。机关党组织在开展监督中,要正确运用《条例》规定的实施党内监督的七条主要方法,使监督恰当而有力。

要定期检查党员参加支部组织生活会的情况，特别是党员领导干部参加双重组织生活会的情况，经常了解党员特别是党员领导干部的思想、作风和工作情况，及时向上级党组织或本部门党组（党委）反映，增强监督的针对性和有效性。

要督促定期开好党员领导干部民主生活会。会前收集党员群众对领导干部意见，如实转告本人或在会上报告；会后督促党员领导干部根据党内外群众提出的主要意见，进行整改；将领导干部执行民主生活会制度、开展批评与自我批评的情况和生活会上反映出的主要问题，如实向上级党组织报告。

每年至少召开一次机关党员干部大会，听取本部门行政负责人通报主要工作情况。要认真做好群众来信来访工作，对群众意见较大的党员干部，要及时谈话提醒，必要时责成其作出说明。对党员的违纪行为要认真调查核实，严肃处理。对纪检机关和纪检干部正当行使职权，要给予支持和保护。

六、加强和改进机关思想政治工作，保证机关各项工作任务顺利完成

18. 认真履行思想政治工作的四项职责。做好思想政治工作，是机关党的工作的重要组成部分。各级党组织必须充分认识思想政治工作的重要性，增强做好思想政治工作的责任感和使命感，认真履行思想政治工作四项职责。围绕党和国家的重要工作部署，以及本部门的业务工作，针对机关工作人员的思想政治情况，区别不同对象，做好经常性的思想政治工作。要重视研究和探索新形势下思想政治工作的特点和规律，提出改进工作的措施和办法，不断加强机关思想政治工作，确保党的路线、方针、政策的贯彻执行和机关各项工作任务的完成。

19. 坚持不懈地抓好思想理论建设。机关党组织要把思想理论建设放在首位，坚持不懈地抓好理论武装工作。要对机关工作人员进行党的路线、方针、政策教育，形势和任务教育，职业道德教育，帮助机关工作人员树立正确的世界观、人生观、价值观，增强全局观念、法治观念和服务意识，转变工作作风，更好地为基层服务，为群众服务。

20. 加强思想政治工作的针对性和实效性。思想政治工作要紧密联系实际，经常了解和掌握机关工作人员的思想动态，把解决思想问题与解决实际问题结合起来。要深入基层，认真倾听意见和要求，有针对性地做好思想政治工作；要采取措施，切实解决群众反映的难点、热点问题，积极化解各种矛盾。要引导干部职工正确处理国家、集体和个人的利益关系，维护社会安定，保证改革的顺利进行。党员领导干部要重视并带头做好思想政治工作。

七、加强党务工作人员的队伍建设，不断提高整体素质

21. 配齐配强专职党务干部。机关专职党务工作人员的配备，应占机关工作人员总数的1%—2%，人员编制列入行政编制。机关工作人员总数在50人以下的，一般配备1名专职党务干部；工作人员总数在50人至100人的配备2人；工作人员总数在100人至150人的配备3人；工作人员总数在150人至200人的配备4人；工作人员在200人以上的配备5人以上。直属单位及其人员较多的部门，应适当增加配备人数。

22. 要认真做好机关党务工作人员的培养、选拔和配备工作。机关党务工作人员应具备的基本条件是：党性强，作风正，有一定的马克思主义理论水平和党务工作知识，熟悉本部门的业务工作情况，得到群众信任，工作能力较强，具有敬业、奉献精神。对那些党性观念淡薄，责任心不强，工作能力较弱，作风疲沓，私心杂念重，群众关系不好的人，不能选拔从事机关党务工作。

23. 加强对专职党务干部的培训。专职党务工作人员应经过相应层次党校培训。培训要坚持学用一致的原则，培训内容要以党建理论、党建知识、业务知识为主，全面提高他们的政治和业务素质。要把理论学习与实地考察结合起来，进一步开拓工作思路，增强培训效果。要把培训和交流、使用结合起来。党组织要注意对党务干部的培训情况进行考察，并及时向干部人事部门反馈，为党务干部的交流、使用提供依据。

24. 积极推进专职党务干部交流工作。要本着有利于优化结构、增强活力、相对稳定、合理流动的原则，有计划、有组织地安排专职党务工作人员与行政业务工作人员的双向交流，这是加强机关党务工作人员队伍建设的一项重要措施和主要途径。机关党组织专职副书记的任职时间满两届，其他专职党务工作人员在同一职位连续工作满六年以上的，一般应进行交流。

25. 加强党务干部队伍的自身建设。广大党务工作人员要认真学习马克思列宁主义、毛泽东思想和邓小平理论，树立正确的世界观、人生观、价值观，淡泊名利，热爱本职工作；刻苦钻研党建业务，努力熟悉本单位业务情况，提高党建工作为经济和业务服务的水平；带头发扬党的优良传统和优良作风，模范遵守党规党纪，树立党务工作者的良好形象。机关兼职党务工作人员是做好机关党务工作的重要力量，要重视发挥其作用，加强培养和教育，帮助他们掌握机关党建工作的基本方法，正确处理好党务工作和业务工作的关系，做到两副担子一起挑，两项工作一起抓，两个责任一起承担。

八、加强对机关党的基层组织工作的领导和指导，推动机关党建工作上新水平

26. 建立健全机关党的工作委员会。市、县（区、市）直属机关分别设立党的机关工作委员会，作为地方党委的派出机构，领导直属机关党的工作。同时，设立党的纪律检查工作委员会，在上级党的纪律检查委员会和党的机关工作委员会的领导下，领导直属机关党的纪律检查工作。市直机关党的工作委员会书记由市委副书记兼任，常务副书记为正处级，委员按副处级配备；市直纪工委书记由党工委副书记兼任或同级干部专任，纪工委副书记、委员按正科级配备。县（区、市）机关党的工作委员会领导班子按照市里的规格相应配备。市、县（区、市）党的机关、人大常委会机关、行政机关、政协机关、审判机关、检察机关以及人民团体机关的党组织，由市、县（区、市）直机关党的工作委员会管理。省部属驻泉单位党组织由市直党工委统一管理。市直机关党的工作委员会对县（区、市）直机关党的工作委员会负有业务指导责任。

27. 地方党委要切实加强对机关党建工作的领导。要按照党的十五大提出的党的建设新的伟大工程的总目标，制定机关党建工作规划，并组织实施。要建立机关党的工作责任制，切实把机关党建工作摆上党委工作的议事日程，定期听取机关党建工作的汇报，指导机关党组织开展工作，每年有针对性地解决一两个突出问题。要为机关党组织参与中心工作创造条件，充分发挥其应有的作用。

28. 部门党组要加强对机关党建工作的领导和对机关党组织工作的指导。要认真执行省委组织部、省直工委关于《省直机关各单位党组领导机关党建和指导机关党组织工作的有关制度》，建立健全党组统一领导，党组书记负全责，分管领导具体抓，机关党委抓落实的机关党建工作机制。

部门党组要根据新时期机关党建工作的指导思想和机关党工委的工作部署，把机关党的工作列入党组工作议程，每年至少两次听取机关党组织的工作汇报，认真研究解决有关问题，提出指导性意见。要吸收机关党组织专职副书记参加党组的有关会议和党员领导干部的民主生活会，以及行政的重要会议和重大业务活动,认真听取机关党组织对重要工作和干部任免的意见。注意发挥机关党组织联系群众、协调各方的作用,经常通过机关党组织了解机关工作人员的思想情况,以及对重要决策和领导干部廉洁自律等方面的反映和意见,支持机关党组织对党员特别是党员领导干部进行监督。要加强机关党组织领导班子和党务工作人员队伍建设,选配好机关党组织专职副书记和其他党务工作人员,加强对党务工作人员的培训、交流和使用。按照《条例》要求,认真解决机关党组织的工作机构设置、人员编制和经费等问题,努力为机关党组织创造良好的工作条件。

29. 党员领导干部要在机关党建工作中起表率作用。党员领导干部要以身作则,支持并积极参加机关党的活动,充分发挥表率作用。中层党员领导干部要实行"一岗双责",把业务工作和党建工作结合起来抓,两项工作一起部署、一起检查、一起落实。要把党建工作的成效作为考核使用党员领导干部的重要依据之一。

30. 机关党委要在党组指导下做好工作。机关党组织要在党组的指导下,认真履行党章和《条例》赋予的职责,积极主动地开展工作,为完成机关各项工作任务提供保证。要紧紧围绕党组的中心任务和重要工作部署,安排好机关党的工作,努力完成党组交办的任务;深入调查研究,认真听取党员、干部的意见和建议,为党组和行政领导正确决策、改进工作、任用干部当好参谋,提供服务;组织好党员的理论学习,协助抓好党组中心组的学习,促进领导班子搞好思想政治建设;在召开重要会议、部署重要工作和组织重大活动之前,及时向党组请示报告,取得党组的具体指导和支持。

31. 机关工委与各部门党组要加强联系和协调。在加强机关党建工作过程中,机关工委和各部门党组应互相尊重和支持,及时沟通情况,并着重在以下几方面搞好协调配合:机关党组织的机构设置、人员编制和专职副书记的配备;党员领导干部民主生活会、中心学习组和干部理论培训等工作的落实;各部门领导班子和领导干部政治、思想、作风等方面情况的检查和监督;经工委审议或审批的违纪党员干部的处理;机关党委工作的检查和考核,以及其他重要问题的研究和解决。工委和各部门党组领导同志要建立经常的工作联系,采取汇报会、座谈会、研讨会、个别走访等形式,加强联系、互通情况、交换意见,共同做好机关党的工作。

市直各委、办、局党组(党委),各县(区、市)委可以从自己的实际出发,制定具体措施,保证《条例》和市委的贯彻意见落到实处。市直学校、企事业单位的党组织可参照执行市委《关于贯彻〈中国共产党和国家机关基层工作条例〉的意见》(简称市委《贯彻意见》)。市直机关党工委要做好检查督促工作,及时把学习贯彻《条例》和市委《贯彻意见》的情况报告市委。

中共泉州市委

1998年12月4日

中共泉州市委批转市直党工委《关于在市直机关开展创建“党建工作先进单位”活动的意见》的通知

泉委〔2000〕综13号

市委各部、委、办、局，市直各党组（党委、总支、支部）：

现将市直党工委《关于在市直机关开展创建“党建工作先进单位”活动的意见》转发你们，请按照意见中的要求，积极开展活动，争创先进单位。市直机关各部门党组（党委）特别是领导干部，必须从市直机关所处的地位和肩负的责任出发，深入贯彻江泽民同志关于“治国必先治党，治党务必从严”的指示精神，深刻认识加强机关党的建设的重要性、紧迫性，紧紧围绕贯彻落实党的十五大和十五届三中、四中全会精神，按照党的建设新的伟大工程的总目标，进一步推动机关党建“走前头”，为实现我市跨世纪发展宏伟目标提供有力保证。

中共泉州市委

2000年3月1日

关于在市直机关开展创建“党建工作先进单位”活动的意见

为了认真贯彻党的十五大精神和《中国共产党党和国家机关基层组织工作条例》（以下简称中央《条例》），推动机关党建工作“走前头”，促进机关两个文明建设和各项任务的完成，经市委研究同意，在市直机关开展创建“党建工作先进单位”活动。

一、开展创建机关“党建工作先进单位”活动的目的意义和指导思想

机关党建工作是党的基层组织建设的重要组成部分。机关党建工作搞得好不好，直接关系到党的路线、方针、政策的贯彻落实和省委、市委重要决策部署的有效实施，关系到我市改革、发展和稳定的大局。开展创建活动是进一步贯彻落实党的十五大和中央《条例》精神，全面加强机关党建工作的重要举措；是实现机关党建“走前头”的有效载体和激励机制；是促进党的建设与机关业务工作、精神文明建设有机结合的最佳结合点。深入开展这项活动，有利于提高党员干部的思想政治素质和业务素质，改进机关工作作风，促进机关各项任务的完成，为我市新一轮创业提供强有力的思想组织保证。

开展创建“党建工作先进单位”活动，要以邓小平理论和党的十五大精神为指导，以“三讲”教育为推动力，紧紧围绕全党工作大局和机关中心工作，坚持党要管党、从严治党，认真履行部门党组（党委）和机关党组织的职责，全面加强机关党的思想、组织、作风建设，切实抓好思想政治工作和精神文明建设，开拓机关党建工作新局面。

二、机关党建工作先进单位的基本条件

（一）党组（党委）领导班子自身建设抓得好

1. 坚决贯彻党的基本路线和各项方针政策，在思想上政治上与党中央保持高度一致，自觉维护党中央权威，保证政令畅通。认真执行市委、市政府的决议和指示，并结合本单位实际，创造性地开展工作。

2. 认真学习马克思列宁主义、毛泽东思想、邓小平理论，坚持中心组学习制度，理论联系实际，解放思想，实事求是，政治业务素质和领导水平有新的提高。

3. 坚持民主集中制原则，健全工作（议事）规则，自觉执行党内政治生活的各项准则。“班长”的“标杆”作用好，班子团结协调，整体功能发挥好。

4. 坚持党的全心全意为人民服务的宗旨，密切联系群众，带头贯彻廉政准则和“八项规定”，领导班子成员中没有发生违法违纪案件，本单位的党风廉政建设不断加强。

（二）党组（党委）对机关党建的领导和指导成效明显

1. 机关党建工作责任制健全。树立起党组（党委）书记是第一责任人，党员领导干部都是责任人，一级抓一级，一级带一级，人人有责任的观念。形成党组（党委）统一领导，党组（党委）书记负全责，分管领导具体抓，党员领导干部“一岗双责”共同抓，机关党委（总支）、党支部实行目标管理抓落实的机关党建工作机制。

2. 指导机关党组织的工作有力。每年至少二次专题听取机关党组织的工作汇报，认真研究解决有关问题；落实机关党委（总支）专职副书记列席党组（党委）会议，参加党员领导干部民主生活会；配强机关党委（总支）书记、专职副书记，解决好机关党办主任和党务工作人员配备问题，重视和关心机关党务干部的使用、培训和交流；在经费、时间等方面为开展党的工作提供必要的条件。

3. 党员领导干部在机关党建中表率作用好。支持机关党组织履行监督职责，积极参加机关党的活动，坚持参加双重组织生活，按期召开民主生活会，开展批评与自我批评，自觉接受机关党组织和党员的监督，认真完成机关党组织布置的各项任务。坚持把党建工作和业务工作结合起来抓，一起部署，一起检查，一起落实。

（三）机关党委积极主动地开展工作

1. 在党组的指导下，机关党委认真履行职责。围绕本单位的中心任务，认真履行中央《条例》规定的九项职责，积极主动地开展工作；进一步解放思想，转变观念，振奋精神，努力完成上级党组织交办的各项任务，本机关支部在创建“五好”党支部活动中评为“先进达标党支部”或“达标党支部”。

2. 坚持分类指导，抓好基层党支部建设。定期分析研究机关党的建设的状况，研究制定机关党建工作计划，并组织实施。搞好调查研究，抓住重点，实施分类指导。以改革精神不断改进工作方法和活动方式，充分发挥党支部的战斗堡垒作用和党员的先锋模范作用，发挥群团组织的桥梁纽带作用，基层党建整体水平不断提高。

3. 加强自身建设，形成整体合力。建立健全党委工作责任制、委员会议事规则等工作制度。机关党委书记要切实履行职责，做到思想到位、工作到位、精力到位，专职副书记要专心致志地抓好工作，每个委员都要按分工抓好工作落实。专（兼）职党务干部热爱党建工作，努力学习邓小平理论和党务工作知识,具有较强的事业心和良好的工作作风,综合素质明显提高,机关党的工作坚强有力。

(四)基层党支部战斗堡垒作用发挥得好

1. 积极开展创建“五好”党支部活动。以建设一个好的领导班子、培养一支好的党员队伍、建立健全一套好的党建制度、形成一种好的思想作风、创造一流的好业绩为目标,采取有力措施,推动创建活动上新水平。明确创建目标,精心培育先进典型,发挥示范作用;坚持分类指导,狠抓薄弱环节;健全基层组织,培训党务干部;完善各项制度,规范支部工作;建立工作机制,加强督促检查。所属党支部60%以上被评为“先进达标党支部”或“达标党支部”;60%以上的后进党支部经整顿已转化;党支部工作的规范建设已达标。

2. 基层党支部战斗堡垒作用得到充分发挥。企、事业单位和机关党支部分别发挥政治核心作用和保证监督作用,认真完成党章规定的八项任务。围绕中心工作,积极主动地开展党的工作和思想政治工作,不断改进工作方法和活动方式,按照各自特点,创造性地开展工作。

3. 党员队伍先锋模范作用得到充分发挥。健全组织生活制度、民主评议党员制度、党员管理监督制度、“创先争优”活动制度、选举工作制度、发展党员工作制度、接转组织关系制度、党费收缴管理制度,切实加强机关党员干部的教育、管理和监督工作。加强对入党积极分子的教育、培养和考察,做好经常性的发展党员工作和预备党员转正工作,保证新党员的质量。党员严格履行八项义务,正确行使民主权利。

(五)机关党的建设促进了本单位两个文明建设

1. 积极做好市委、市政府部署的各项工作任务,努力完成本部门年度各项工作目标。

2. 社会治安综合治理、计划生育达到市委、市政府确定的标准。

3. 深入开展“创文明机关,建满意窗口”活动,努力形成安定团结的政治环境、健康向上的舆论环境、高雅有序的文化环境、和谐文明的社会环境、优质规范的服务环境、整洁优美的生活环境、安定团结的治安环境,提高机关精神文明建设层次。

4. 认真落实市委、市政府勤政决定,工作作风好、效率高,进一步树立廉洁、高效、务实、全心全意为人民服务的良好形象。

三、组织领导和评选方法

1. 组织领导:开展创建市直机关“党建工作先进单位”活动在市委统一领导下进行,由市直党工委组织实施。部门党组(党委)领导班子自身建设和领导干部廉洁自律情况,评选中要征求市纪委、市委组织部的意见。

2. 评选时间:评选表彰市直机关“党建工作先进 单位”工作原则上两年进行一次,第一年初评、第二年总评。首次评选时间定于2002年上半年(评选2000—2001年度的机关党建先进单位)。

3. 评选程序:先由各单位对照评选标准,进行自评,向市直党工委作出自评情况的书面报告,然后由市直党工委组织有关部门进行考评,符合条件的报市委研究批准,以市委名义授予机关“党建工作先进单位”称号。

4. 评选要求:坚持实事求是,走群众路线,严格评选条件,好中选优,不搞平衡,坚决反对弄虚作假和形式主义。评选实行届期制,不搞“终身制”,获得称号的单位在两年期满后要重新参加下届评比,可以连评连获称号。获得称号后,若发现有重大问题,经市委研究予以撤销称号,以保证受表彰单位的先进性和代表性,真正起到榜样作用。

5. 市直机关各党组(党委)可以从自己的实际出发,制定具体的创建措施,保证创建活动落到实处。各县(区、市)直机关开展创建机关“党建工作先进单位”活动,应纳入创建“党建工作先进县”活动内,由县(区、市)直机关党工委提出实施办法,报县(区、市)委批准后实施。

中共泉州市委市直机关工作委员会

2000年1月20日

中共泉州市委印发《关于贯彻〈中国共产党党和国家机关基层组织工作条例〉实施细则》的通知

泉委〔2012〕45号

各县(市、区)党委,泉州开发区、泉州台商投资区党工委,市委各部、委、办、局,市直各党组(党委),各人民团体党组,各高校党委:

经市委常委会研究同意,现将《关于贯彻〈中国共产党党和国家机关基层组织工作条例〉实施细则》印发给你们,请结合本地区、本部门实际,认真贯彻执行。

中共泉州市委

2012年5月29日

关于贯彻《中国共产党党和国家机关基层组织工作条例》实施细则

为贯彻执行《中国共产党党和国家机关基层组织工作条例》(中发〔2010〕8号,简称《条例》)和中共福建省委《关于贯彻〈中国共产党党和国家机关基层组织工作条例〉实施办法》(闽委〔2011〕46号,简称《实施办法》),结合我市实际,制定如下实施细则。

一、坚持机关党建工作指导思想,明确机关基层党组织的地位作用

(一)把握机关党建工作的指导思想。机关基层党组织要高举中国特色社会主义伟大旗帜,以马克思列宁主义、毛泽东思想、邓小平理论、“三个代表”重要思想为指导,深入贯彻落实科学发展观,认真贯彻党的路线、方针、政策,紧紧围绕党委、政府的决策部署和本地区、本部门的中心工作,坚持党要管党、从严治党，按照走前头、作表率的目标要求，牢牢把握服务中心、建设队伍两大任务，以改革创新精神加强党的思想、组织、作风、制度和反腐倡廉建设，提高机关党的建设科学化水平，充分发挥党的思想政治优势、组织优势和密切联系群众的优势，促进本地区本部门各项工作任务的完成，为在更高起点上推进现代化泉州建设提供坚强保证。

（二）明确机关基层党组织的地位作用。机关党组织在上级党的基层委员会或党的机关工作委员会（以下简称机关工委）领导下工作，同时接受本部门党组（党委）的指导。机关基层党组织要履行协助和监督职责，充分发挥党员领导干部的示范表率作用、党组织的战斗堡垒作用和党员的先锋模范作用，保证各级机关有效履职、改进工作，创造一流业绩。

（三）坚持党的民主集中制原则。凡属重要事项都要按照集体领导、民主集中、个别酝酿、会议决定的原则，由机关党的基层委员会、总支部委员会、支部委员会集体讨论、作出决定。机关基层党组织负责人应当带头发扬民主，自觉接受党员监督。

二、规范设置机关基层党组织，保证机关党的工作协调运转

（一）科学设置机关党的基层组织。根据《条例》规定的机关党员人数和工作需要，设置机关党的基层组织。机关党的基层组织设置，要有利于全面履行党章和《条例》赋予的职责，有利于充分发挥机关党组织的战斗堡垒作用和党员的先锋模范作用，有利于促进经济社会发展和业务工作任务的完成。市直机关党员人数 100 人以上的可设立系统、局党的基层委员会；党员 50 人以上、100 人以下的，设立党的总支部委员会。党员人数 50 人以上不足 100 人的，因工作需要，经市直机关工委批准，也可设立党的基层委员会。党员不足 50 人的，因工作需要，经市直机关工委批准，也可设立党的总支部委员会。机关正式党员 3 人以上的，成立党的支部。党员 7 人以上的党的支部，设立支部委员会。党员不足 7 人的党的支部，不设支部委员会，由党员大会选举支部书记 1 人，必要时增选副书记 1 人。

设立机关党的基层委员会的，应同时设立机关党的纪律检查委员会。机关党的纪律检查委员会书记由机关党的基层委员会副书记兼任或由相应职级的党员干部担任；设立总支部委员会、支部委员会的，应设立纪律检查委员。

（二）认真做好机关基层党组织的换届工作。市直机关系统、局和大中型企业、大专院校党的基层委员会，每届任期 4 年；县（市、区）直机关和其他党的基层委员会，每届任期 3 年。党的总支部委员会每届任期 3 年。党的支部委员会和不设支部委员会的支部书记、副书记，每届任期 2 年或 3 年。机关基层党组织要严格执行任期规定，按期换届。因特殊情况需要延期或提前换届的，应事先报上级党组织批准，延长期限一般不超过一年。

严格遵循党组织换届工作程序。机关党的基层委员会由党员大会或党员代表大会选举产生，党的总支部委员会、支部委员会和不设支部委员会的书记、副书记由党员大会选举产生。换届工作应报上级党组织批准。

做好机关基层党组织任期届满按时换届工作，是机关基层党组织和所在部门党组（党委）的共同责任，部门党组（党委）应重视机关党组织的换届工作，适时提出机关基层党组织主要负责人候选人建议人选，及时给予工作指导和提供必要条件，保证机关基层党组织换届工作顺利进行。市、县（市、区）机关工委要加强对换届工作的组织管理、督促指导，保证所属机关基层党组织按期、规范地做好换届工作

（三）实行机关党员代表大会代表任期制。凡由党员代表大会选举产生的机关基层党组织，应当实行党代表任期制。机关基层党组织要根据有关规定，结合实际细化党代表的权利和职责，建立健全党代表调查研究、联系党员群众、提案提议、列席党内会议和开展评议等相关制度，规范党代表开展工作的内容和方式，推进党代表任期制工作的制度化、规范化。

（四）选好配强机关基层党组织领导班子。市直机关系统党的基层委员会书记由部门党组（党委）或党员行政主要领导担任，也可以由党员行政副职担任；系统党委书记、专职副书记按正、副处级领导职务配备。局机关党的委员会（直属总支部委员会、支部委员会）书记一般由单位党组（党委）或党员行政主要领导兼任，机关党委（党总支）专职副书记按单位中层正职配备。市人大、政协、纪委、法院、检察院机关党委书记由所在单位秘书长或院领导担任，专职副书记按副处级领导职务配备。党委书记、专职副书记人选应优先从具备良好的思想、政治和业务素质的党务干部中选拔，年龄原则上能任满一届。本部门（单位）没有合适人选的，由上级党组织与所在部门（单位）党组（党委）协商后另行选派。机关工委要与部门党组（党委）共同把好专职副书记的选配关。机关党组织的书记、副书记、纪委书记以及党委办公室主任任免前应当征求机关工委的意见。县（市、区）机关党组织专职党务干部参照市直机关做法，按本级相应规格配备。

要加强机关党组织专职副书记后备干部的选拔和培养，保证机关党组织专职副书记的正常交替。

（五）按规定设置机关基层党组织的办事机构。机关基层党组织应根据工作需要，本着精干、高效和有利于加强党的工作的原则，设置办事机构，配备必要的工作人员。市直机关系统党的基层委员会，应设置党委办公室，配备党办主任和专职党务工作人员，具体承办机关党组织的日常工作。党办主任按正科级领导职务配备。

（六）改善机关党组织的工作条件。机关基层党组织的活动经费，列入本单位的行政经费预算，保障工作需要。机关包括企、事业单位党组织的工作条件与本单位业务部门一视同仁，专职党务干部的职级工资、职称评定、奖金福利等待遇与同级行政干部同等对待。

三、全面履行机关基层党组织的职责，充分发挥机关基层战斗堡垒作用

（一）明确机关基层党组织的基本职责。《条例》对机关基层党组织的基本职责 作了全面、明确、具体的规定。各级机关基层党组织要结合实际创造性开展工作，全面履行各项职责。

1.宣传和执行党的路线方针政策，认真学习贯彻中央、地方党委以及本部门党组（党委）的决策部署，充分发挥党组织的战斗堡垒作用和党员的先锋模范作用，为完成本单位中心工作提供有力保证；

2.坚持用中国特色社会主义理论体系武装党员，组织党员深入学习社会主义核心价值体系、国家法律法规和党的历史，广泛学习经济、政治、文化、科技等各方面知识，推进学习型党组织建设；

3.对党员进行教育、管理和服务，督促党员履行义务、保障党员的权利不受侵犯，做好党内激励、关怀和帮扶工作；

4.对党员进行监督，督促党员干部和其他任何工作人员严格遵守国法政纪，加强党风廉政建设和机关思想作风建设；

5.做好机关干部职工的思想政治工作，了解和反映群众的意见，维护群众的正当权益，帮助群众解决实际困难，推进机关精神文明建设与和谐机关建设；

6.对要求入党的积极分子进行教育培养和考察,做好发展党员工作;

7.协助党组(党委)管理机关基层党组织和群众组织的干部,配合干部人事部门对机关行政领导干部进行考核和民主评议,对机关行政干部的任免、调动和奖惩提出意见和建议;

8.领导机关工会、共青团、妇委会等群众组织,支持这些组织依照各自的章程独立负责地开展工作,重视发挥他们的重要作用;

9.按照党组织的隶属关系,领导直属单位党的工作。

(二)明确机关党的纪律检查委员会的主要职责。《条例》对机关党的纪律检查委员会的主要职责作出了明确规定。各级机关党的纪律检查委员会要切实抓好落实。

1.维护党的章程和其他党内法规,经常对党员进行遵纪守法教育,作出关于维护党纪的决定;

2.检查党组织和党员贯彻执行党的路线方针政策和决议的情况,对机关党员干部行使权力进行监督;

3.协助机关党的基层委员会加强党风廉政建设和组织协调反腐败工作;

4.检查、处理党组织和党员违反党的章程和其他党内法规的案件,按照有关规定,决定或取消对这些案件中的党员的处分;

5.受理对党组织和党员违犯党纪行为的检举和党员的控告、申诉,保障党员的权利。

(三)着力提升履行职责的能力水平。机关基层党组织书记要确实履行职务所赋予的责任,做到思想到位、工作到位、精力到位;专职副书记要恪尽职守、专心致志地抓好工作;委员要按分工积极发挥作用,形成履职的整体合力。健全规章制度,完善工作机制,提高工作制度化、规范化水平。坚持以改革创新精神研究新情况、解决新问题,探索有效履职的新途径、新办法。

四、加强党员的教育、管理和服务工作,发挥机关党员的先锋模范作用

(一)建设学习型党组织。机关基层党组织应当按照建设学习型党组织的要求,抓好党员的学习培训,建立健全让党员经常受教育、永葆先进性的长效机制,不断增强机关基层党组织的学习力、创造力和执行力。组织党员参加党内集中教育活动,建立健全党员集中轮训制度,完善党员领导干部中心组学习、定期讲党课制度。对党员参加学习情况进行严格考核,并作为民主评议党员、考核评价党员特别是党员领导干部的重要内容。注重发挥各级机关党校在党员教育培训中的重要作用。

(二)深入开展创先争优活动。按照推动科学发展、促进社会和谐、服务人民群众、加强基层组织的目标要求,紧密结合本单位实际,广泛深入开展创先争优活动。深入开展创建机关党建工作先进单位活动,推进全市机关党的建设“三级联创”。大力宣传先进典型,激励各级机关基层党组织和广大党员履职尽责创先进、立足岗位争优秀。落实“党建带三建”的要求,深化和拓展党群共建,促进创先争优成为机关干部职工的共同价值取向。

(三)认真做好发展党员工作。按照坚持标准、保证质量、改善结构、慎重发展的方针,加强入党积极分子的教育、培养、考察。健全和完善发展党员预审制、民主测评制、公示制、票决制和责任追究制,扩大发展党员工作中的民主。

(四)做好党费收缴、使用和管理工作。严格按照规定做好党费收缴、使用和管理工作,指定专人负责,严格审批手续,保证党费有效使用。

（五）严格党的组织生活。坚持党内生活的原则性和实效性，改进“三会一课”，健全党内生活制度。注重探索创新，改进方式方法，不断提高党内生活的质量。按期召开民主生活会，认真开展批评与自我批评。党员领导干部应按党章规定参加党员领导干部民主生活会和所在支部的组织生活会。定期开展党员党性分析评议活动，经常分析党内思想状况，加强党员思想教育。做好每年一次的民主评议党员工作，严肃处置不合格党员。

（六）做好党员服务工作。建立健全党内激励、关怀、帮扶机制，关心党员的思想、学习、工作和生活，了解党员需求，及时反映涉及党员切身利益的重要情况，认真解决党员的实际困难和问题。建立党员领导干部定期同党员谈心制度。认真做好离退休干部职工党员、流动党员的服务工作。

五、积极稳妥地推进机关基层党内民主与监督，确保机关党的先进性和纯洁性

（一）切实保障党员民主权利。建立基层党的委员会向党员大会或党员代表大会定期报告工作并接受监督的制度。建立健全充分反映党员意愿的机关党内民主制度和党员定期评议基层党组织领导班子成员等制度，营造党内民主讨论、民主监督环境。机关基层党组织讨论决定重要事项前，应当充分听取党员的意见。

（二）扎实推进党务公开。健全党内情况通报制度，及时公布党内信息，畅通信息沟通渠道。党组织的决议、决定及执行情况，党的思想建设、组织管理、领导班子建设、干部选拔和管理、联系和服务党员群众、党风廉政建设等情况，凡是按规定可以公开的，都应以适当的方式向党员群众公开。把机关党务公开同机关事务公开、职代会民主管理结合起来，提高党务公开的针对性和实效性。

（三）不断完善党内选举制度。改进机关基层党组织领导班子成员候选人提名方式，完善选举办法，规范选举程序、投票方式及候选人介绍办法。实行机关基层党组织领导班子成员由党员和群众公开推荐与上级党组织推荐相结合的办法。逐步扩大机关基层党组织领导班子直接选举的范围。

（四）着力加强机关党内监督。《条例》规定了机关党内监督的主要内容。各级机关基层党组织要认真履行职责，对党员特别是党员领导干部的以下情况进行监督：

1.能否遵守党的章程和其他党内法规，执行党的路线方针政策，执行中央、省、市委和上级党组织、本组织的决议、决定和工作部署；

2.能否参加所在党的支部的组织生活，履行党员义务，完成党组织分配的工作任务；

3.能否贯彻党的民主集中制，实行科学决策、民主决策、依法决策；

4.能否坚持解放思想、实事求是，认真调查研究，做到讲实话、办实事、求实效；

5.能否坚持全心全意为人民服务，尽职尽责、勤奋工作、开拓进取、创先争优；

6.能否坚持党管干部原则，坚持德才兼备、以德为先的用人标准，坚持民主、公开、竞争、择优的方针，做好干部工作；

7.能否带头践行社会主义荣辱观，落实党风廉政建设责任制，模范遵纪守法，严格按照制度办事，遵守职业道德和社会公德，廉洁自律，作风正派，情趣健康；

8.能否坚持原则，敢于同各种错误倾向和违纪违法行为作斗争。

（五）正确运用党内监督方法。《条例》规定了机关基层党组织实施监督的主要方法。各级机关基层党组织要以高度的政治责任感和敢于碰硬的精神，认真履行监督职责。要结合实际，健全监督制度、逐项抓好落实,增强党内监督的实效。各级党委、各部门党组要为机关党组织实施监督创造良好条件,党员领导干部要自觉接受党组织和群众的监督。

1.定期检查党员参加组织生活的情况,并向全体党员通报;党员领导干部参加所在党的支部组织生活的情况,应向上级党组织报告。

2.督促按期开好党员领导干部民主生活会。会前,收集党员、群众对党员领导干部的意见,如实转告本人或者在会上报告;会后,监督党员领导干部根据党内外群众提出的意见进行整改,将执行民主生活会制度、开展批评与自我批评的情况和民主生活会上反映出的主要问题及整改措施,如实向上级党组织报告,并及时在一定范围内通报。督促本部门内设机构和直属单位党员领导干部开好民主生活会,加强指导,定期检查并按规定报告情况。

3.不是部门(单位)党组(党委)成员的机关基层党组织专职书记或副书记列席本部门党员领导干部民主生活会和部门党组(党委)有关会议,以及本单位负责人召开的有关会议。

4.了解掌握机关党员以及领导干部的思想、作风和工作情况,及时向本部门党组(党委)反映。对于群众意见较大的党员干部,要及时谈话提醒。按照有关规定查处党组织和党员的违纪行为。

5.每年至少召开一次机关党员干部大会,听取本部门主要负责人通报工作情况。

6.做好群众来信来访工作。

7.如实向上级党组织报告本部门党员领导干部的思想、作风和工作情况。

8.充分发挥机关党员监督作用,支持他们行使监督权利,防止各种形式的打击报复。

六、加强和改进机关思想政治工作,筑牢共同奋斗的思想基础

(一)明确主要任务。《条例》规定了机关思想政治工作的四项主要任务。机关基层党组织要围绕地方党委、政府的重要工作部署以及本部门的业务工作,针对机关工作人员思想状况,加强和改进思想政治工作。

1.加强机关、直属单位领导班子和领导干部的思想政治建设;

2.经常了解掌握机关党员干部职工的思想动态,有针对性地做好思想政治工作;

3.指导机关工会、共青团、妇委会等群众组织根据各自的特点,发挥各自优势,共同做好思想政治工作;

4.建立干部职工思想状况分析制度,定期向部门党组(党委)汇报思想政治工作情况,提出改进工作的意见和建议。

(二)开展经常性思想政治教育。对机关工作人员进行党的基本理论和路线方针政策教育,形势任务和国情教育,社会公德、职业道德、家庭美德、个人品德教育,帮助机关工作人员树立正确的世界观、权力观、事业观,增强全局观念、法治观念和服务意识,大兴密切联系群众、求真务实、艰苦奋斗、批评和自我批评之风,更好地为基层服务,为群众服务。

(三)改进思想政治工作的方法。要坚持以人为本,注重人文关怀和心理疏导,把思想教育与解决实际问题结合起来,增强思想政治工作的实效。深化群众性精神文明创建活动,活跃机关文化生活,建设文明和谐机关。运用网络信息技术等新手段、新载体开展工作,增强思想政治工作的吸引力和感召力。

七、加强党务工作队伍建设,不断提高整体素质

(一)坚持党务工作人员基本条件。以提高素质能力为重点,建设一支政治坚定、结构合理、精干高效、充满活力的机关专兼职党务工作人员队伍。机关党务工作人员应当具备的基本条件是:党性强,品行好,作风正,有一定的马克思主义理论水平和党务工作知识,熟悉本部门的业务工作情况,得到群众信任,工作能力较强,具有敬业、奉献、创新精神。

(二)配齐配强专职党务工作人员。机关专职党务工作人员的配备,一般占党员所在单位工作人员总数的百分之一至百分之二;党员所在单位工作人员较少或者直属单位较多的部门,可适当增加比例。机关专职党务工作人员的编制,列入机关编制。专兼职的党务工作人员要认真负责地做好党务工作。

(三)提高党务工作人员的履职能力。党务工作人员要忠诚党的事业,增强党的观念,熟悉本单位业务工作,提高围绕发展抓党建、抓好党建促发展的能力水平。定期安排机关党务工作人员特别是机关基层党组织负责人参加轮训,对新任机关基层党组织负责人进行业务培训,经常为他们的学习、实践提供机会和条件。按照讲党性、重品行、作表率的要求,加强机关基层党组织书记队伍建设,以明确责任、考核监督、保障服务为重点,加强对机关基层党组织领导班子管理。机关基层党组织书记每年一次向党员作述职报告,接受党员群众的评议。

(四)增强专职党务工作队伍的生机活力。本着有利于优化结构、增强活力、相对稳定、合理流动的原则,有计划、有组织地安排专职党务工作人员与行政、业务工作人员的双向交流。机关党组织专职副书记一般应任满一届、不超过两届。注重从有发展潜力、年轻有为的业务干部中培养选拔党务工作人员。机关基层党组织要会同干部人事部门提出专职党务工作人员交流的意见和措施。关心和爱护机关党务工作人员,及时发现、表彰和宣传他们中的先进典型,妥善解决职级待遇等实际问题,充分调动他们工作的积极性、主动性、创造性。

八、加强对机关党建工作的领导和指导,推动机关党的工作的科学化、制度化

(一)地方党委要加强对机关党建工作的统一领导。市、县(市、区)党委要把机关党的工作纳入党的建设总体部署,切实加强领导指导,推动机关党建走在基层组织建设的前头。建立健全抓机关党建工作责任制,主要负责同志要高度重视,带头做好机关党的工作;常委要结合分管工作,抓好机关党的建设。市、县(市、区)党 委常委会每年至少 1 次听取本级机关党的工作情况汇报,研究解决机关党建工作中的重大问题。坚持把抓机关党建工作情况纳入部门(单位)领导班子和领导干部考核内容,作为干部选拔任用的重要依据。坚持以市、县(市、区)党委名义开展创建机关党建工作先进单位活动,定期表彰先进单位,并给予物质奖励。市、县(市、区)机关工委的工作经费列入本级财政预算。市直机关工委的党建经费除了办公经费之外,按所辖党员数(上年度统计数)每人每年 100 元核拨,并根据经济发展和实际工作需要等情况逐年增加,由工委统一掌握、专款专用;市直各系统(局)党委、直属党总支、支部的党建经费,每年由机关工委根据各单位党员数和工作实际提出方案,由财政按原有渠道拨付。县(市、区)级财政应结合实际确定具体标准,保障工作需要。

市、县(市、区)党委党建工作领导小组和组织部门要把机关党建工作摆在突出位置,加强宏观管理和具体指导,及时总结、宣传先进典型和新鲜经验,帮助解决实际问题。

(二)建立健全市、县(市、区)机关工委。市、县(市、区)机关工委,作为地方党委的派出机构,领导直属机关党的工作,向同级地方党委负责并报告工作。同时,设立党的纪律检查工作委员会(简称机关纪工委),在上级党的纪律检查委员会和机关工委的领导下,领导直属机关党的纪律检查工作。市直机关工委书记由市委分管领导兼任,常务副书记按市委部门正职配备,副书记、委员按市委部门副职配备。机关纪工委书记由党工委副书记或党工委委员兼任,纪工委副书记、委员按正科级配备。县(市、区)直机关工委领导班子参照市里的规格相应配备。市直机关工委对县(市、区)机关工委负有业务指导责任。上级纪委、机关工委要加强对机关纪工委工作的领导,关心干部队伍建设,帮助他们解决工作中的困难和问题。

(三)强化机关工委职能作用。《条例》明确规定了机关工委的主要职责。市、县(市、区)机关工委要按照《条例》的规定,全面正确地履行职责。

1.制定机关党的建设规划,对机关党建工作作出部署安排,提出加强和改进机关党的建设的意见和建议;

2.对所属机关基层党组织请示的有关问题作出决定、批复或者答复,督促指导所属机关基层党组织按期进行换届,审批机关基层党组织关于召开党员大会或者党员代表大会的请示,审批所属机关基层党组织选出的书记、副书记,积极推动 专职党务工作人员的交流轮岗;

3.会同同级党委有关部门抓好机关思想作风建设,开展经常性的调研检查,把机关思想作风建设与干部考核、机关效能建设、反腐倡廉工作结合起来,形成齐抓共管的合力;

4.配合同级党委有关部门抓好机关领导班子思想政治建设,参与对党员领导干部民主生活会和部门党组(党委)中心组学习的督促检查和指导;

5.指导所属机关基层党组织加强反腐倡廉建设,实施对党员特别是党员领导干部的监督;

6.对所属机关基层党组织和党员贯彻落实同级地方党委决议、决定和重要工作部署情况进行检查;

7.抓好所属机关精神文明建设和机关思想政治工作,促进文明和谐机关建设;

8.对部门党组(党委)和所属机关基层党组织贯彻执行《条例》《实施办法》和本实施细则的情况进行督促检查,并向市、县(市、区)党委报告情况;

9.加强与部门党组(党委)的协调沟通,增强做好机关党建工作的合力;

10.完成市、县(市、区)党委赋予的其他职责任务。

(四)切实负起部门党组(党委)的责任。市、县(市、区)各部门党组(党委)要按照《条例》规定和机关党建工作责任制的要求,加强对本单位、本系统机关党建工作的领导和指导。

1.建立健全党组(党委)统一领导、党组(党委)书记负总责、分管领导具体抓、班子成员协同抓、机关基层党组织抓落实的领导体制和工作机制;

2.每年至少 2 次听取机关基层党组织的工作汇报,提出指导意见和工作要求,及时研究解决机关党建工作中的重要问题;

3.党组(党委)主要负责同志要亲自谋划、带头推动机关党的工作,党组(党委)成员要支持和参加机关党的活动,同时结合工作分工,建立基层党建工作联系点,抓好分管范围的党建工作;

4.坚持把党员领导干部抓机关党建工作纳入年度述职述廉的范围,作为评价领导班子和领导干部的重要内容;

5.重视发挥机关基层党组织的作用,支持机关基层党组织履行监督职责和参与干部管理工作等;

6.加强机关基层党组织领导班子和党务工作人员队伍建设,重视机关基层党组织书记、专职副书记配备,有计划地做好专职党务工作人员的交流轮岗工作;

7.解决机关基层党组织的工作机构设置、人员编制、活动经费等问题,从实际出发,制定机关基层党组织活动经费的具体标准,列入本部门行政经费预算。

各级各部门党组(党委)每年应向同级地方党委书面报告机关党建工作情况,同时抄送同级机关工委。

九、切实抓好《条例》《实施办法》和《实施细则》的贯彻落实,不断提高机关党的工作水平

(一)各级党组(党委)要认真学习、宣传和贯彻中央《条例》、省委《实施办法》和本《实施细则》,加强对贯彻执行情况的监督检查,及时发现和解决工作中存在的问题,推动机关党的工作创新发展。

(二)本《实施细则》适用于县以上各级党的机关、人大常委会机关、行政机关、政协机关、审判机关、检察机关以及人民团体机关的党组织。党的关系隶属机关工委的其他单位的基层党组织参照本《实施细则》执行。

(三)各县(市、区)党委和部门党组(党委)应根据《条例》、省委《实施办法》和本《实施细则》,结合实际,制定具体实施方案。

(四)本《实施细则》自发布之日起施行。此前凡与本《实施细则》不一致的,按本《实施细则》执行。

(五)本《实施细则》由市委组织部、市直机关工委负责解释。

第二节　中共泉州市委办公室文件

中共泉州市委办公室印发市直党工委《关于市直机关党建工作责任制的暂行规定》的通知

泉委办〔2000〕综39号

市委各部、委、办、局,市直各党组(党委、总支、支部):

经市委同意,现将市直党工委《关于市直机关党建工作责任制的暂行规定》印发你们,请认真遵照执行。

在市直机关实行党建工作责任制,是进一步贯彻党的十五大精神和江泽民总书记关于“治国必先治党、治党务必从严”指示精神的重要步骤,也是全面实施《中国共产党党和国家机关基层组织工作条例》,深入开展创建“党建工作先进单位”活动,推动机关党建工作走前头的具体措施。市直机关各级党组织特别是党员领导干部,必须深刻认识加强机关党的建设的重要性、紧迫性,认真实行机关党建工作责任制,切实履行职责,进一步加强和改进机关党的工作,为我市"思源思进、再创新业"提供可靠的组织保证。

中共泉州市委办公室

2000年5月9日

关于市直机关党建工作责任制的暂行规定

第一章 总 则

第一条 为了进一步加强和改进机关党的建设,推进机关党建工作走前头,保证党中央和省、市委关于加强党的建设、推进新的伟大工程决策部署的贯彻落实,保证和促进本单位各项工作任务的完成,根据党章规定和《中国共产党党和国家机关基层组织工作条例》以及省委《关于〈中国共产党党和国家基层组织工作条例〉实施办法》(简称省委《实施办法》)、市委《关于贯彻〈中国共产党党和国家机关基层组织工作条例〉的意见》(简称市委《贯彻意见》),制定本规定。

第二条 实行机关党建工作责任制,要以马列主义、毛泽东思想和邓小平理论为指导,坚持"两手抓,两手都要硬"的方针,认真贯彻党的十五大精神和中央《条例》、省委《实施办法》、市委《贯彻意见》的有关规定,全面加强机关党的思想、组织和作风建设。

第三条 实行机关党建工作责任制,要坚持党要管党、从严治党;坚持对党员尤其是党员领导干部严格教育、严格管理、严格监督;坚持集体领导与个人分工负责相结合,一级抓一级,层层抓落实。要把机关党 的工作纳入领导班子、领导干部目标管理内容,与业务工作一起部署、一起落实、一起检查、一起考核。

第二章 责任体系

第四条 党组(党委)对本部门(单位)机关党建工作负有领导责任,对机关党组织负有指导职能。在市直机关建立起党组(党委)书记是第一责任人,党员领导干部都是责任人,一级抓一级,一级带一级,人人有责任的齐抓共管党建工作责任体系。形成党组(党委)统一领导,党组(党委)书记负全责,分管领导具体抓,机关党委(总支)、党支部实行目标管理抓落实的机关党建工作机制。

第三章 责任内容

第五条 党组(党委)和党员领导干部在机关党的工作中承担以下责任:

(一)党组(党委)书记按照"讲学习、讲政治、讲正气"的要求,重视和指导好机关党的工作。将机关党的建设作为党组(党委)总体工作的重要组成部分,列入工作议程。每年至少两次专题听取机关党委(总支)工作汇报,讨论机关党的工作,研究机关党的思想、组织、作风建设的重要问题,提出指导意见。加强党内监督,落实党风建设责任制。

（二）抓好理论学习，坚持不懈地用邓小平理论武装党员干部。党员领导干部要坚持每月至少一次的中心组学习制度，认真写好心得体会和读书笔记。同时，重视和支持机关党组织抓好党员干部的理论学习。

（三）发挥机关党委（总支）在完成本部门（单位）各项任务中的协助、监督作用，落实机关党委（总支）专职副书记参加（列席）党组（党委）会议、参加党员领导干部民主生活会以及行政重要会议和重大业务活动、参与机关干部考核、评议等有关规定。经常通过机关党委了解干部和职工的思想动态，听取他们对单位重要决策、领导干部廉洁自律等方面的意见和建议。

（四）党员领导干部以身作则，发挥表率作用。支持机关党委履行监督职责，积极参加机关党的活动，坚持参加双重组织生活，按期召开民主生活会，开展批评与自我批评，接受机关党组织和党员的监督。督促各级党员干部，认真执行机关党委（总支）的决议，做好党的工作。

（五）按照有关规定，选好配强机关党委（总支）书记、专职副书记，解决好机关党组织机构和人员配备问题；重视和关心机关党务干部的使用、培训和交流；在经费、时间等方面为开展党的工作提供必要的条件

第六条　机关党委（总支）在党的工作中承担以下责任：

（一）宣传和执行党的路线、方针、政策，贯彻落实中央、省、市委关于加强党的建设的工作部署和要求，定期分析研究机关党的建设的状况，研究制定机关党建工作计划，并组织实施。搞好调查研究，抓住重点，实施分类指导，检查、督促所属基层党组织工作。

（二）加强思想政治教育。坚持用邓小平理论武装机关党员干部，不断提高思想政治素质。协助党组（党委）抓好处级以上党员干部的理论学习，坚持和完善党组（党委）中心组理论学习制度、党员领导干部理论学习考核制度。

（三）加强党组织自身建设，按期换届改选。机关党委（总支）书记、副书记、委员在任期内出现缺额，要在一个月内按规定增补；委员按职责分工，各负其责组织机关党支部（总支）开展“创先争优”活动和创建“五好”党支部活动。

（四）严格党的组织生活，健全党内生活制度。对党员进行严格管理，督促党员履行义务，保障党员的权利不受侵犯。定期检查所属党支部、党小组的组织生活和党员领导干部参加双重组织生活的情况。

（五）对党员进行监督，严格执行党的纪律，加强党风廉政建设，协助党组（党委）检查督促党风廉政建设责任制的落实，坚决同腐败现象作斗争。

（六）协助党组（党委）管理机关党组织和群团组织的干部，配合干部人事部门对机关行政领导干部进行考核和民主评议，对机关行政干部的任免调动和奖惩提出意见和建议。

（七）严格按照“坚持标准、保证质量、改善结构、慎重发展”的方针，加强对发展党员工作的指导，严把审批关。

（八）加强和改进机关思想政治工作和精神文明建设，定期分析机关工作人员的思想状况，紧密结合本单位实际，有针对性地做好经常性的思想政治工作，保证和促进本单位精神文明创建活动的深入开展。领导机关工会、共青团、妇委会等群众组织，支持他们依据各自的章程独立负责地开展工作。

第七条 党支部在机关党委(总支)的领导下,全面负责所在部门(单位)的党的工作:

(一)根据上级党组织的工作部署和要求,结合实际,研究制定党建工作计划和措施,明确责任人,并组织实施。

(二)组织党员认真学习马列主义、毛泽东思想、邓小平理论和党的路线、方针、政策,学习党的基本知识、科学文化和业务知识。宣传、执行党中央和上级党组织的决议,充分发挥党支部的战斗堡垒作用和党员的先锋模范作用,积极协助行政领导完成本部门(单位)担负的任务。

(三)加强党支部自身建设。按期做好换届选举工作,做好任期内书记、副书记、委员缺额的增补工作。以“好班子、好队伍、好制度、好作风、好业绩”为目标,深入开展创建“五好”党支部活动。

(四)加强对党员的教育管理,严格执行“三会一课”制度;对党员实行目标管理,开展民主评议党员工作,严格执行党员组织关系接转制度,加强对流动党员管理工作;加强党费收缴管理工作,增强党员的组织观念。

(五)围绕中心任务,积极主动地开展思想政治工作,经常了解群众对党员、党的工作的批评和意见,维护群众的正当权益,做好群众的思想政治工作。

(六)加强对入党积极分子的教育、培养和考察,按照“坚持标准、保证质量、改善结构、慎重发展”的方针,做好发展党员工作,确保党员的质量。

(七)加强党风廉政建设,抓好党性党风党纪教育,监督党员严格遵守廉洁自律的各项规定,自觉抵制不良倾向和各种消极腐败现象,坚决同各种违法犯罪行为作斗争。

第四章 责任考核

第八条 各部门(单位)党组(党委)执行机关党建工作责任制的情况,列入领导班子、领导干部任期考核和年度考核的重要内容,由市委组织部一并考核,对考核中发现的问题,及时向市委报告。

第九条 机关党委执行党建工作责任制情况,列入创建机关“党建工作先进单位”的考核内容,每2年考核一次。各系统党委由市直党工委会同部门党组(党委)检查、考核。局机关党委(总支)、直属企事业党委(总支),由部门党组(党委)负责检查、考核。对考核中发现的问题,要及时解决。

第十条 党支部执行责任制情况的考核由机关党委(总支)负责。应与每年度民主评议党员和开展创建“五好”党支部活动的考评工作结合起来,广泛听取党内外群众的意见,及时解决存在的问题。

第十一条 党建工作责任制执行情况的考核结果,作为对党员领导干部的业绩评定、奖励惩处、选拔任用的重要依据,同时列为党员领导干部民主生活会和述职报告的一项重要内容。

第十二条 各单位机关党组织应将贯彻落实党建工作责任制的情况,列入年度工作报告内容,及时报告市直机关党工委。

第五章 责任追究

第十三条 党员领导干部和机关党组织负责人 违反本规定,造成不良影响的,视情节轻重,按干部管理权限,由主管部门分别追究其责任。党组(党委、总支、支部)主要负责同志对机关党的工作不重视、不过问、不指导的,党组(党委、总支、支部)分管领导(或专职副书记)工作不到位、不履行职责的,上级党组织应及时进行谈话提醒，促其改正。对多次教育仍不改正的，可建议任免机关调整其党内和行政职务。

第六章　附　则

第十四条　本规定适用于市直机关各单位。市直企事业单位、各县（区、市）直机关单位、肖厝、清濛直属机关单位、驻泉省部属单位党委（总支、支部）参照执行。

第十五条　本规定由市直机关党工委负责解释。

第十六条　本规定自发布之日起施行。

中共泉州市委市直机关工作委员会
2000 年 4 月 30 日

中共泉州市委办公室关于印发《中共泉州市委市直机关工作委员会职能配置、内设机构和人员编制规定》的通知

泉委办〔2002〕58 号

各县（区、市）委、清濛科技工业区党工委，市委各部、委、办、局：

《中共泉州市委市直机关工作委员会职能配置、内设机构和人员编制规定》经市机构改革领导小组、市委编办审核，并报市委批准，现予印发。

中共泉州市委办公室
2002 年 6 月 27 日

中共泉州市委市直机关工作委员会职能配置、内设机构和人员编制规定

根据《中共福建省委、福建省人民政府关于泉州市党政机构改革方案的通知》（闽委〔2001〕37 号）、《中共泉州市委、泉州市人民政府关于泉州市市级党政机构改革的实施意见》（泉委〔2001〕71 号）和《中共泉州市委办公室、泉州市人民政府办公室关于制定泉州市市级党政机构“三定”规定的通知》（泉委办〔2001〕59 号），保留中共泉州市委市直机关工作委员会。中共泉州市委市直机关工作委员会是市委的派出机构，为正处级。

一、职能调整

（一）新增的职能

领导市直机关关心下一代工作。

(二)强化的职能

组织、领导市直机关精神文明建设活动。

二、主要职责

根据以上职能调整,市委市直机关工作委员会的主要职责是:

(一)领导市直机关党的工作。负责制定市直机关党的建设规划,对机关党建工作作出部署和安排;组织开展创建党建工作先进单位等创先争优活动,搞好党建工作督促检查和调研;对所属的机关、事业、企业单位以及中央、省有关部门驻泉单位基层党组织工作进行分类指导。

(二)抓好市直机关党的思想政治建设。组织广大党员、干部和职工学习马列主义、毛泽东思想和邓小平理论、江泽民同志"三个代表"重要思想,指导各级党组织实施对党员干部和职工的政治教育及培训工作,做好党员、干部和职工的思想政治工作;会同有关部门做好市直各单位党组(党委)中心组学习的督促、检查工作。

(三)抓好市直机关党的组织建设。审批市直机关党组织的机构及换届选举工作;审批机关党委(直属总支、支部)和机关纪委书记、副书记的人选及市直党工委科级及以下干部的职务任免;审批直属总支、支部发展的党员;负责对市直机关专兼职党务干部的培训工作。

(四)抓好市直机关精神文明建设工作。制定市直机关精神文明建设规划;组织、管理、指导和督促市直机关精神文明创建活动。

(五)指导市直机关各级党组织实施对党员特别是党员领导干部的教育、管理和监督。定期了解党员、群众对市直部门党员领导干部的意见,督促、指导基层党组织做好民主生活会的会前准备、会中监督、会后整改等工作及党员领导干部民主生活会情况的汇总和上报工作。

(六)负责市直机关科级以下党员干部理论教育和入党积极分子的培训工作。

(七)审议市直机关党员领导干部的党纪处分;审批市直机关科级党员干部"留党察看"以上党纪处分。

(八)指导市直机关党组织做好统战工作,加强与党外人士、知识分子的联系,做好思想政治工作。

(九)领导中共泉州市纪委市直机关工作委员会工作,领导泉州市直机关工会工作委员会、市直机关人民武装部工作,领导市直机关党校工作。

(十)领导和指导市直机关关心下一代工作。

(十一)对全市各县(区、市)机关党工委的工作进行业务指导。

(十二)承办市委交办的其他事项。

三、内设机构

根据上述职责,市直党工委设3个职能科(室)和市直工会工委、市直机关人民武装部。

(一)办公室

负责提出市直机关党的建设规划和年度工作计划;负责综合和反映市直机关党的工作情况;负责工委的文秘、信息和督查工作;负责工委机关内部人事管理工作;负责工委内部的工作协调和各项规章制度的实施;负责工委机关内部经费开支、财产管理、文书档案、安全保密、信访接待、计划生育、车辆使用等行政后勤工作;负责本委机关离退休老干部的服务工作;负责联系县(区、市)机关党工委工作。

（二）组织部

负责提出市直机关党的组织建设和党员的教育管理工作规划；负责市直机关创建党建工作先进单位活动、“一先两优”评选和民主评议党员等日常工作；承办市直机关党组织及其办事机构、纪检组织负责人的审批工作，督促基层党组织按时换届选举；督促检查基层党组织落实党内生活制度，协助了解市直各单位党员领导干部民主生活会情况；负责指导市直机关发展党员工作，做好直属总支、支部发展新党员、预备党员转正审批、谈话工作；负责党费收缴管理、党员组织关系接转及党员出国、出境有关手续的审批工作；组织开展党建带团建活动。

（三）宣传部（挂市直机关精神文明建设办公室牌子）

负责提出市直机关党的思想政治建设和宣传工作规划；指导、督促、检查市直机关党组织开展理论学习，了解掌握市直各单位党组（党委）中心组学习的情况；指导市直机关党组织开展形势政策教育等各项宣传活动；指导市直机关党组织围绕经济建设中心，做好思想政治工作，了解反映党员、干部和职工的思想动态，为领导决策提供信息；组织、管理、指导和督促市直机关精神文明工作，协调有关部门开展机关精神文明创建活动；协同组织部做好市直机关专职党务干部培训工作；加强与群团组织联系，组织开展文化体育活动。

（四）泉州市直机关工会工作委员会

制定市直机关工会工作计划，领导市直机关基层工会工作；指导市直各基层工会开展职工民主管理和各项活动；了解反映机关干部、职工的思想动态和意见要求，做好职工的思想政治工作，维护干部职工的合法权益；审批市直基层工会机构及基层工会主席、副主席、委员的职务任免；组织开展建设“职工之家”活动，评选、表彰工会先进集体和个人。

（五）市直机关人民武装部

负责市直机关民兵预备役的组织建设、军事训练和思想政治教育工作；负责兵役登记和战争动员潜力调查工作，做好战时兵员动员和带领民兵参军参战；负责组织民兵配合部队、武警、公安部门完成战备执勤和治安保卫任务。

四、人员编制和领导职数

市直党工委机关行政编制为13名，其中：书记1名，副书记2名，工委委员（副处级）4名（一般兼任内设机构正职领导，其职数包含在内设机构正职领导职数中）；科级职数5名（含由工委委员兼任的部室领导）。

机关工勤人员按有关规定核定事业编制2名（含市直纪工委）。

五、市直纪工委

中共泉州市纪委市直机关工作委员会是市纪委的派出机构，主要职责是：领导市直各机关党组织的纪律检查工作，研究、制定市直机关党风廉政建设和反腐败斗争的措施和办法；负责市直机关党员的党性党风党纪教育；查处市直机关党员干部的重大违纪案件；审议有关党员领导干部的党纪处分，审批市直机关科级党员干部“严重警告”及以下的党纪处分，一般党员干部“开除党籍”及其以下的党纪处分；指导市直机关加强案件查处工作；受理党组织和党员检举、控告、申诉及来信、来访工作。

市直纪工委机关行政编制为4名，其中：书记1名（由党工委副书记或工委委员兼任），副书记1名。

第三节 泉州市直机关精神文明建设领导小组文件

关于印发《泉州市市直机关文明单位管理办法》的通知

泉直文明组〔2010〕4号

市直各系统精神文明建设领导小组，市直和省、部属驻泉有关单位：

《泉州市市直机关文明单位管理办法》已经市直机关精神文明建设领导小组研究通过，现印发给你们，请结合实际，认真贯彻执行。

泉州市市直机关精神文明建设领导小组

2010年5月21日

泉州市市直机关文明单位管理办法

一、总 则

1. 为规范市直机关文明单位评选表彰工作，提高评选表彰质量，充分发挥文明单位在社会主义物质文明、政治文明、精神文明和生态文明建设中的示范带动作用，促进创建文明单位活动制度化、规范化，推动创建文明单位活动健康发展，根据《福建省精神文明创建活动管理办法》和《泉州市精神文明创建活动管理办法》，结合市直机关实际，特制订本办法。

2. 本办法的管理对象是市直机关文明单位(相当于县级文明单位)。

3. 创建文明单位活动是群众性精神文明创建活动的主要形式，是提高干部职工素质、提升机关文明程度的重要举措，是贯彻落实科学发展观、加快现代化进程的客观需要，是改善投资环境、弘扬道德新风、融洽人际关系、构建和谐机关的有效途径。

4. 市直机关文明单位是由市委市直机关精神文明建设领导小组授予积极开展精神文明创建活动，物质文明、政治文明、精神文明和生态文明协调发展，精神文明建设成效显著、业务工作实绩突出并位于同行业前列，能够在市直机关发挥示范作用的综合性最高荣誉称号。

5. 市直机关文明单位的评选表彰，以中国特色社会主义为旗帜，以邓小平理论和“三个代表”重要思想为指导，以构建和谐机关为目标，以践行社会主义核心价值体系为根本，以培养有理想、有道德、有文化、有纪律的职工队伍为主要任务，以提高人的思想道德素质、科学文化素质和健康素质为重点，全面贯彻落实科学发展观和构建社会主义和谐社会的重大战略思想，围绕中心，服务大局，坚持贴近实际、贴近群众、贴近生活，重在建设、注重实效、多办实事，广泛动员干部职工积极参与创建活动，促进社会建设与经济建设、政治建设、文化建设协调发展，推动社会各项事业全面进步。

二、评选标准

6. 市直机关文明单位评选标准：

(1)领导班子坚强，创建工作扎实。认真实践邓小平理论、“三个代表”重要思想，贯彻落实科学发展观，自觉坚持物质文明、政治文明、精神文明和生态文明一起抓，创建文明单位活动实行一把手负责制，纳入单位发展规划，摆上议事日程，做到领导重视、计划周全、目标明确、措施具体、责任落实。创建工作有健全的机构、有可行的规划、有完善的制度、有稳固的阵地、有活动的计划、有必要的经费和有专兼职的工作人员，实现与业务工作同规划、同部署、同检查、同奖惩。领导干部团结协作，作风民主，开拓创新，勤政廉政，在群众中有较高威信。认真落实党委、政府和精神文明领导小组交付的各项任务，党组织战斗堡垒作用强，党员先锋模范作用好。深入开展“做文明市民、当文明职工、争文明家庭、创文明科室、建文明单位、树文明新风”活动，积极参与所在地文明社区创建活动，完成所在地文明委交付的创建任务。

(2)工作效能突出，社会效益显著。围绕市委、市政府工作大局，按照“加快转变发展方式，加快建设经济强市”的要求，协同协作，认真履职，改革创新，举措有力，争先创优，经验突出，综合和单项工作荣获上级奖励和表彰。党政机关执法部门及非生产经营单位依法行政、管理规范，办事公平公正、程序公开，工作效率高，服务质量好，业务成效显著，各项工作处于系统领先水平。生产经营单位能遵循社会主义市场经济发展规律，依法经营和管理，保护环境，节能减排，市场竞争能力强，经济效益和社会效益好，主要经济发展指标居当地和本行业前列。

(3)道德建设有效，社会责任落实。认真落实《公民道德建设实施纲要》，加强社会主义核心价值体系建设，社会主义荣辱观教育活动扎实开展。干部职工自觉遵守道德规范，爱国守法、明礼诚信、团结友善、勤俭自强、敬业奉献成为道德风尚。广泛开展社会公德、职业道德、家庭美德、个人品德实践活动，政务诚信、商务诚信、社会诚信建设有成效，无政策外生育、无铺张浪费、无封建迷信、无“黄、赌、毒”行为和邪教活动。积极承担社会责任，踊跃参与文明城市、文明社区等创建活动，积极参与结对济困、捐款捐物、环境保护、无偿献血等社会公益活动。大力加强和改进未成年人思想道德建设。普及志愿理念、弘扬志愿精神，积极关心、支持和参与志愿服务活动。

(4)科教文体活跃，队伍健康向上。重视干部职工的科学文化教育与和谐精神、和谐理念的培育，充分利用网络阵地开展网络文化建设，文化教育体育设施完善，干部职工文化生活活跃。坚持科学理论、科学技术、文化知识和法律常识的普及宣传教育，建设学习型单位，形成全员学习、终身学习、自觉学习的良好风尚，增强创新意识。工青妇群团组织充分发挥作用，围绕中心开展建功立业等活动。广泛开展文体活动，干部职工精神文化生活丰富多彩、健康向上。积极参与市直机关和所在社区群众性文体活动，最大限度开放文体资源，为群众多做好事实事。

(5)管理制度健全，工作氛围和谐。规章制度健全，有明确具体、便于操作、易于考核的工作规范。

综合运用各种现代科学管理手段,各个工作环节有序、高效运行。深入开展反腐败斗争和廉政文化建设,加强党风廉政建设。民主法制教育经常化、制度化,民主气氛浓厚,纪律严格,奖罚分明;见义勇为,自觉维护公共秩序;“平安建设”工作上轨道,社会治安综合治理措施落实,治安防范网络健全,安全工作落实。无重大刑事案件、无重大安全质量责任事故、无严重违法违纪案件。

(6)工作环境优美,服务规范高效。坚持绿化、美化、净化制度,内外环境清洁整齐,无脏、乱、差现象。环保制度健全、措施落实,环境宣传教育工作成效明显。工业企业建立了切实有效的环境管理体系,环境污染控制等指标达到国家环保标准。服务性行业重视窗口、大厅环境建设,便民利民服务项目配置齐全,服务规程等软环境设置合理、美观。工作条件优良,生产、服务设施配套,卫生防疫达到国家与行业标准。

三、申报和评选

7. 市直机关文明单位实行届期表彰制,每3年一届一表彰。每届期满后,获得荣誉称号的单位需重新参加下一届申报、评选。

8. 凡是符合市直机关文明单位评选标准、党的关系隶属于市委市直机关工作委员会的党政机关、司法机关、民主党派、人民团体机关及其所属的基层单位,驻泉省部属单位,实行独立核算、有独立法人资格的各种所有制形式的企业、事业单位(正式工作人员一般不少于5人),可申报市直机关文明单位。

凡是连续获得3届市直机关文明单位称号、届中复查没有被通报或限期整改、并通过新一届考评的单位,可申报市直机关文明单位标兵。

9. 市直机关文明单位评选坚持标准、从严掌握,按照“自愿申报、资格审查、综合考评、逐级推荐、审核公示、上报审批”的程序进行。

(1)自愿申报。党的关系隶属市直系统党委的市直各单位向本系统精神文明建设领导小组提出申请,由市直各系统精神文明建设领导小组按程序向市直机关精神文明建设领导小组办公室(简称市直机关文明办,下同)申报;党的关系隶属市直机关工委的市直各单位,以及驻泉省部属单位,直接向市直机关文明办申报;市国资委及其直属各单位,向国资委系统精神文明建设领导小组提出申请,由国资委系统精神文明建设领导小组按程序向市直机关文明办申报。各单位申报时以文件形式按规定程序提交书面申请报告。各单位的申请报告同时报送市直机关文明办。

申报时间原则上是每届第1年6月30日前。各申报单位在提出书面申请报告前,必须将创建目标和创建任务在单位内部进行为期7天的公示,广泛征求干部职工意见,动员和吸引干部职工积极参与。

下列情形之一者,取消申报资格:领导班子成员严重违法违纪的;违反计划生育政策的;社会治安综合治理工作不达标的;出现重大安全生产责任事故或质量责任事故的;不参加所在地文明委组织开展文明创建活动的。

(2)资格审查。市直各系统精神文明建设领导小组负责对所属的申报对象进行资格审查,市直机关文明办复核;党的关系直属市直机关工委的市直各单位,以及驻泉省部属单位,由市直机关文明办组织进行资格审查。

(3)综合考评。考评由届中复查和总评构成。届中复查在届期第2年进行,总评在届期第3年进行。考评依据“市直机关文明单位评选标准”，采用听取汇报、查阅资料、实地考察、座谈了解、问卷调查等形式进行。

届中复查由市直各系统精神文明建设领导小组组织，市直机关文明办组织抽查；党的关系直属市直机关工委的市直各单位，以及驻泉省部属单位所申报的对象由市直机关文明办组织复查。市直机关文明单位的总评由市直机关精神文明建设领导小组统一组织进行。

(4)逐级推荐。市直各系统(单位)精神文明建设领导小组按照市直机关文明单位评选标准、申报资格和下达名额，对系统(单位)所属申报单位进行资格审查、确认申报资格；并根据择优推荐原则，初步确定候选单位推荐名单，上报市直机关文明办；市直机关精神文明建设领导小组再根据推荐名单，组织实地考评，按分配名额等额择优评选。

市直机关文明单位的候选对象应填写《市直机关文明单位呈报审批表》，附本届创建活动总结材料，在规定时间内送交市直机关文明办。

(5)审核公示。市直机关文明单位候选对象须由市直机关文明办送市直纪检监察、计生、综治、安全生产等有关部门征求意见。审查后，市直机关精神文明建设领导小组将拟表彰的市直机关文明单位候选名单通过媒体进行为期7天的公示，接受群众的评议和监督。

(6)上报审批。市直机关文明办将候选对象汇总后，提出建议表彰名单报市直机关精神文明建设领导小组审批。

四、表彰和奖励

10. 市直机关文明单位由市直机关精神文明建设领导小组授予牌匾和荣誉证书。

11. 各系统(单位)可从实际出发，制定奖励办法，对在创建市直机关文明单位活动中作出突出贡献的人员进行奖励。

12. 获得市直机关文明单位和文明单位标兵称号的单位，命名后三年内每年发给在职干部和职工一定数额的奖金。每年所发奖金按不突破工作人员一个月的国家基本工资和规范后津贴补贴起步水平标准之和的60%发放。行政和事业单位奖金从本单位预算包干经费中开支，未规范津贴补贴的单位按原工资标准发放。企业奖金发放标准由企业自行确定，但每人每年不得突破一个月工资；企业奖金从效益工资中开支，纳入生产成本。

13. 市直机关文明单位在被命名后的3年内，是该单位评选上一级别先进党组织的必备条件，是该单位主要领导评选上一级别劳动模范和党内各类先进的必备条件。原则上应从连续两届(含本届)以上的市直机关文明单位中推荐参评市级文明单位。

五、监督管理

14. 市直机关文明单位命名表彰后，市直机关文明办必须将命名表彰文件报送市文明委及其办公室备案。

15. 推荐评选工作要坚持客观公正、实事求是原则。对弄虚作假、隐匿问题不报的，经查实，即取消申报资格，撤销荣誉称号并通报，问题严重的将追究有关领导和当事人的责任。

16. 市直机关文明单位实行分级管理。按照“谁推荐谁负责”的原则,由接受申报的文明办负责创建工作的日常管理。各有关部门要加强对创建工作的规划、组织、协调、调研、督促、指导,以及日常管理和检查考核工作,及时总结推广先进经验,帮助解决工作中的困难和问题,推动创建工作上新水平。市直机关文明单位应根据要求,向接受申报的文明办及时报送相关资料,接受创建工作的指导和监督。

17. 市直机关文明单位的日常管理:

(1)档案管理。市直机关文明单位必须建立健全文明创建活动档案,加强档案管理。档案包括:单位概况,文明创建活动的领导机构、会议记录、届期规划、年度计划、年度总结、申请报告,重大创建活动的实施方案和活动情况,单位表彰先进情况,各类检查考核及奖惩情况,公示制实施情况,申报审批表、届中复查记录、命名表彰文件,干部职工对创建活动的建议,社会各界、群众反映问题和整改情况,主要新闻媒体对创建工作的报道等。

(2)年度报告。市直机关文明单位必须在每届第一年 6 月 30 日前向接受申报的文明办报送新一届创建规划,在每年 3 月底前报告创建活动年度计划、年底报告创建活动年度总结(包括活动情况、主要成效、存在问题和整改措施)。

(3)学习交流。市直机关文明办和各系统(单位)文明办要对市直机关文明单位加强指导,通过定期召开会议,传达上级指示,交流创建经验,组织参观考察,部署创建任务,开展各类活动,及时帮助解决实际问题,加强文明单位之间的横向联系,促进交流,总结推广先进经验,推动文明创建活动深入发展,提高整体创建水平。

18. 市直机关文明单位实行动态管理制度。市直各系统(单位)文明办要在市直机关精神文明建设领导小组统一部署下,对所负责推荐的市直机关文明单位进行一次届中复查,并向市直机关文明办提出复查报告。市直机关文明办对届中复查落实情况进行抽查,采取通报、讲评等形式总结经验,提出整改意见。鼓励单位对存在的突出问题进行自查自纠。市直机关精神文明建设领导小组对在届中复查中工作停滞不前、出现突出问题或工作严重滑坡、出现重大问题或整改不力的单位,根据情况,分别给予通报批评、限期整改、黄牌警告、撤销荣誉称号,并停发当年度奖金。

对领导不重视,没有届期创建规划,没有年度创建计划,没有开展创建活动,不能按时完成市直机关精神文明建设领导小组及其办公室交付的各项创建任务,创建工作出现停滞不前的单位,给予通报批评。

对领导班子不团结,班子成员受到党内警告或行政警告以下处分,环境建设、卫生状况较差,不参与市直机关精神文明建设领导小组及其办公室组织的创建活动,创建工作出现突出问题的单位,给予限期整改。

对领导班子成员受到党内严重警告或行政记过以上处分,行政管理或执法工作不到位、不作为或乱作为,经济效益、社会效益、工作实绩、服务水平明显下降,生产、经营假冒伪劣商品,传播淫秽书报刊音像制品,参与聚众赌博、封建迷信活动,创建工作出现严重滑坡的单位,给予黄牌警告。

对领导班子成员严重违法违纪,发生重大刑事案件、社会治安综合治理工作不达标,发生重大安全生产责任事故和质量责任事故、造成社会不稳定,违反计划生育政策、出现政策外生育,环保意识差、违反环保法规、造成严重环境污染,乱占土地、违反土地管理法规,隐瞒事实、弄虚作假骗取荣誉,创建工作出现严重问题或整改不力的单位，撤销荣誉称号，收回奖牌。

19. 市直机关文明办要建立健全督查制度。适时邀请组织人大代表、政协委员或者新闻单位、社会监督员对市直机关文明单位进行视察和暗访。暗访情况要及时向市直机关精神文明建设领导小组报告。

20. 市直机关文明单位和文明单位标兵若变更名称、变动隶属关系，应及时向市直机关文明办备案，并申请保留荣誉称号，否则视为自动取消荣誉称号；重划、重组、撤销、分立、合并的，其荣誉称号自行终止，并报市直机关文明办备案。重组、分立、合并的，其主体若是成建制转换的，可重新申报新一届市直机关文明单位。

21. 被撤销荣誉称号的，不得参加新一届评选。经过认真整改，符合条件并达到创建标准的，可参加下一届市直机关文明单位的评选。

22. 市直机关文明单位牌匾要规范悬挂。获得市直机关文明单位荣誉称号的单位，必须在单位大门前或大厅等显眼位置悬挂最新一届的荣誉称号牌匾，自觉接受社会监督。其他届别的荣誉称号牌匾一律存放荣誉室。新一届未被命名表彰的单位，不得再悬挂其往届获得的荣誉称号牌匾。

六、附　则

23. 本办法由市直机关文明办负责组织实施。

24. 市直各系统（单位）精神文明建设领导小组可根据本办法制定创建市直机关文明单位实施细则和办法。各单位制定的实施细则和办法，如与本办法相抵触的，以本办法为准。

25. 市直各系统（单位）不得自行命名文明单位和文明单位标兵。对本系统（单位）精神文明建设成效显著的单位，可命名为精神文明建设工作先进单位，或以文明窗口、文明科室等具体名称命名，不得冠以文明单位和文明单位标兵称号。凡不符合本办法规定精神命名的文明单位和文明单位标兵，由市直机关精神文明建设领导小组督促原命名机关负责清理。

26. 本办法由市直机关文明办负责解释。

27. 本办法自发布之日起实施。

第四节　中共泉州市委市直机关工作委员会文件

关于在市直机关、单位开展建设“五好”党支部活动的实施意见

泉委工〔1998〕15号

市直各系统（局）党委，直属党总支，直属党支部，省部属驻泉单位党组织：

为了全面贯彻落实党的十五大精神，适应我市新一轮创业，努力使机关党建工作走在基层党组织建设的前头，牢固树立“抓基层、打基础、抓重点、创特色”的指导思想，充分发挥党组织战斗堡垒作用和

共产党员的先锋模范作用，促进市直机关"两个文明"建设深入发展，保证我市跨世纪宏伟目标的顺利实现，经市直机关党工委研究，决定在市直机关、单位开展建设"五好"党支部活动，并提出如下实施意见。

一、指导思想和总体要求

开展建设"五好"党支部活动，要坚持以邓小平理论和党的基本路线为指导，紧紧围绕全党工作大局和中心工作，密切联系泉州和本单位党建工作的实际，坚持以经济建设为中心，坚持党要管党，从严治党，大力加强党的思想、组织、作风建设，努力提高统揽全局的能力，推动改革开放和现代化建设更快地向前发展。

开展建设市直机关、单位"五好"党支部总体要求：第一年抓典型带动，第二年抓相对规范，第三年抓全面提高。力争经过三年努力，使市直机关、单位90%以上的党支部达到"五好"标准。各级党组织在实施过程中要注意发现、培育典型，总结推广先进经验，扎实有效地抓好建设。

市直各级党组织要按照"五好"标准，切实加强机关、单位党支部建设，进一步提高支部的战斗力，发挥机关、单位党组织的战斗堡垒作用和共产党员的先锋模范作用，促进各项工作的开展。并严格按验收要求结合年度党建目标管理考核，由党支部申报系统、局党委、直属党总支、省部属驻泉单位党委组织验收。市直党工委在负责直属党支部达标检查验收的同时，对各单位验收合格的"五好"党支部进行抽检，合格者发给合格证书。年度检查验收达标的党支部和所属党支部30%以上达标的党委、总支方可参加省、市及市直机关两年一度的先进党组织和党建先进单位的评选，以进一步促进党支部建设整体水平提高和"创先争优"活动深入发展。

二、建设标准

1. 有一个好的领导班子。

党支部班子健全，结构合理，分工明确，整体素质好，能发挥战斗堡垒作用。能认真执行《党章》、《中国共产党党和国家机关基层组织工作条例》和市直党工委制定的《泉州市直机关基层党支部工作细则（试行）》及8个配套性制度。

支部书记政治素质好，工作能力强，一般由党员行政主要领导人担任，热心支部工作。熟悉支部工作的基本内容，掌握支部工作的基本方法。能够正确处理业务工作与党建工作的关系，做到一起布置、一起检查、一起落实。

班子能坚持民主集中制原则，正确处理集体领导与个人分工负责的关系，内部分工明确，既各负其责又通力协作。支委一班人带头学习党的路线、方针、政策，认真执行上级党组织和本支部的工作部署，班子有较强凝聚力和战斗力。

2. 有一支好的党员队伍。

党员政治信念坚定，具有正确的世界观、人生观、价值观，带头执行党和国家的各项政策。自觉学理论、学党章、学业务、学科学文化知识。忠于职守、精通业务，是本行工作的骨干。遵守职业道德和社会公德，坚决同不良现象作斗争。

做好发展党员工作。深入贯彻《中国共产党发展党员工作细则（试行）》，按照市委提出的"421"发展党员工程的要求，结合实际，以"坚持标准、保证质量、改善结构、慎重发展"的方针为指导，制定年度发展党员计划，加大在优秀青年和业务骨干中发展党员工作的力度，重点做好在企事业生产、工作、教育、科研第一线的优秀青年和妇女中发展党员工作。党员队伍的年龄、文化结构和分布状况有明显改善。指导共青团做好“推优”工作。做好预备党员的转正工作。妥善处置不合格党员。

3. 建立健全一套好的党建制度。

建立党支部委员会实行集体领导与个人分工负责相结合制度、组织生活制度、民主评议党员制度、党员教育管理监督制度、“创先争优”活动制度、选举工作制度、发展党员工作制度、党员组织关系接转制度、党费收缴管理制度等。

采取有力措施，抓好制度落实。必须把每个党员编入党的组织，参加党支部的各项活动；党员必须在党的一个组织中过组织生活，向党组织汇报自己的思想和工作；党支部组织党员依据党章对党员的有关规定和要求，制定出党员在各自工作岗位上应当承担和完成的责任、任务等目标，提出具体的数量、质量和时间要求，坚持半年初评和年终总评，建立奖惩约束机制；支部每年开展一次民主评议党员工作，参评党员总数在98%以上；民主生活会每半年1次；认真执行中组部《关于中国共产党党费收缴、管理和使用的规定》，党员按照标准向党组织交纳党费；党员变更工作单位、居住地点或临时外出时，按规定办理转移党员组织关系或开具党员证明信、流动党员活动证；按照党章规定认真做好党员党籍的管理，切实加强和改进对流动党员的管理；支部委员会任期届满应按期换届选举，需延期或提前换届的应报上级党委批准；落实“三会一课”的规定，支部党员大会、支部委员会每季度至少召开1次；党小组会每月召开1次；党课每半年1—2次；积极开展“创先争优”活动，年度受各级各类表彰的党员占党员总数的20%以上。

4. 形成了一种好的思想作风。

继续深化党员“双学”和“三讲”活动，牢固树立马克思主义的世界观、人生观和价值观，坚决贯彻执行党的路线、方针、政策，围绕大局，服务中心，立足岗位作奉献，认真执行市政府《关于加强政府机关勤政建设提高办事效率的规定》。开展党的优良作风和优良传统的再教育，牢记宗旨，端正作风，提高工作效率，积极为群众办实事和好事。继续深入开展“当公仆、办实事”活动，全面推进社会服务承诺制，树立良好的党风和社会风气，塑造“人民公仆为人民”的光辉形象，提高党在人民群众中的威信。教育党员干部严格遵守《中国共产党党员领导干部廉洁从政若干准则(试行)》，发挥表率作用，做到自重、自省、自警、自励。严格执行《中共中央、国务院关于党政机关厉行节约、制止奢侈浪费行为的若干规定》，大力倡导艰苦奋斗、勤俭节约的良好风气，坚决反对铺张浪费、挥霍公款的不良行为。发挥党内监督、群众监督和舆论监督的作用，不断铲除腐败现象滋生蔓延的土壤，进一步推进党风廉政建设。

5. 创造一流的好业绩。

支部的战斗堡垒作用明显。机关党支部能有效协助行政负责人团结和带领群众，高标准、高效率、高质量地完成单位的工作任务。企事业单位党支部的领导核心或政治核心作用得到充分发挥，党员的先锋模范作用得到群众公认。支部工作受到上级党组织的表彰。

三、验收要求

(一)有一个好的领导班子

1.做好任期届满党支部的换届改选工作，市直机关党支部支委缺额及时补选，市直企事业单位党支部书记、副书记缺额能及时提出候选人预备人选，按干部管理权限审批补选。

（提供换届改选的批复文件、两届支委花名册）

2.支部书记作用突出，工作落实好。

3.支部书记"班长"民主作风好，班子内部团结，工作协调。

（提供支部民主生活会记录，召开座谈会听取意见）

（二）有一支好的党员队伍

1. 党员干部的政治理论学习。

（提供上一年度和本年度学习计划、学习记录、学习考勤等资料及支委、党员撰写的学习体会文章）

2. 落实入党积极分子培养、教育、考察工作。

（提供申请入党人数、入党申请书、积极分子培训计划、参训情况和培养对象考察表）

3. 发展党员和预备党员转正工作。

（提供上年度和本年度发展党员计划、新党员花名册、转正党员花名册和入党志愿书）

（三）建立健全一套好的党建制度

1. 党支部的党员花名册完整，党员进出登记清楚，组织关系转移正确。

2. 党支部制定有年度党建工作目标，党员有岗位责任目标，并做到有检查、督促、落实。

（提供党建目标管理方案、汇报实施情况）

3. 民主评议党员工作。

（提供支部、小组和党员自评的有关材料）

4. 落实党员民主生活会。

（提供党小组民主生活会记录和党员领导干部双重民主生活会专题报告，查看整改措施）

5. 坚持按时、按规定比例收缴党费。

（提供党费收缴记录和部分党员的党费证）

6. 落实"三会一课"规定。

（提供支部、支委会、党小组的学习、活动记录、党课内容、党员签到记录）

7. 检查流动党员的管理情况。

（提供流动党员的花名册、时间）

8.做好按时换届改选工作。

（提供应换届改选和拟换届改选时间、换届改选的批复）

9. 积极开展"创先争优"活动。

（提供本年度和上一年度受表彰的先进党组织、优秀共产党员、优秀党务工作者和优秀纪检干部名单）

（四）形成一种好的思想作风

1. 党员干部的思想教育。

（提供上一年度和本年度党员教育计划，汇报开展教育情况、播放电教片场次、受教育人数、心得体会文章）

2. 执行市政府有关勤政建设规定和推行社会服务承诺制。

（听取汇报，举出实例）

3. 学习党纪条规和党风廉政教育。

（提供党纪教育记录、党员签到记录）

4. 党员和党员领导干部的廉洁自律。

（提供礼品收缴、工资申报情况的材料）

5. 执行中央关于党政机关厉行节约、制止奢侈浪费行为若干规定。

（汇报执行情况，提供有关材料）

6. 定期检查本单位的党风党纪状况。

（提供检查计划、内容和记录）

7. 党内监督。

（汇报本单位党内监督情况和采取的措施）

（五）创造一流的好业绩

1. 积极协助本单位行政负责人开展工作。

（汇报在各项行政工作中发挥服务、保证作用的重要做法和收效）

2. 企事业单位党支部的领导核心或政治核心作用得到充分发挥。

（汇报，提供有关材料依据）

3. 党员在“两个文明”建设中先锋模范作用发挥情况。

（提供党员干部在年度责任制考核中的有关材料）

4. 支部工作受上级党组织的表彰情况。

（提供受表彰的有关证书或证明）

中共泉州市委市直机关工作委员会

1998 年 6 月 9 日

关于印发《泉州市直机关基层党支部工作细则（试行）》的通知

泉委工〔1998〕17 号

市直各基层党委、总支、支部：

现将《泉州市直机关基层党支部工作细则（试行）》印发给你们，请认真贯彻执行。

各系统、局党委、直属总支、省部属驻泉单位党委要将所属党支部执行情况以及出现的新问题和建议收集报市直党工委组织部。

中共泉州市委市直机关工作委员会

1998 年 6 月 11 日

泉州市直机关基层党支部工作细则(试行)

第一章 总 则

第一条 为了加强市直机关基层党支部建设,使支部建设进一步正常化、规范化、制度化,更好地发挥战斗堡垒作用,根据《中国共产党章程》和党内有关规定,结合市直实际,制订本细则。

第二条 党支部是党的基层组织,是党联系群众的桥梁和纽带。党支部工作以马克思列宁主义、毛泽东思想、邓小平理论为指导,紧紧围绕党的基本路线,结合本部门、本单位的工作任务和特点,加强党的思想、组织和作风建设,加强党内监督,坚持从严治党,充分发挥党的思想政治优势、组织优势和密切联系群众的优势,促进本部门、本单位各项工作任务的完成,为改革开放和社会主义现代化建设服务。

第三条 市直国有(集体)企业单位党支部发挥政治核心作用,围绕企业生产经营开展工作。保证监督党和国家的方针、政策在本企业的贯彻执行;支持厂长(经理)依法行使职权,坚持和完善厂长(经理)负责制;全心全意依靠职工群众,支持职工代表大会开展工作;参与企业重大问题的决策;加强党组织的自身建设,领导思想政治工作和工会、共青团等群众组织。

市直实行行政领导人负责制的事业单位党支部发挥政治核心作用;实行党支部领导下的行政领导人负责制的事业单位党支部,对重大问题进行讨论和作出决定,同时保证行政领导人充分行使自己的职权。

市直机关党支部协助行政负责人完成任务,改进工作,对包括行政负责人在内的每个党员进行监督。

第四条 市直机关、企事业单位党支部在上级党的委员会或党的机关工作委员会领导下工作,同时接受本部门、本单位党组的指导。

第二章 党支部组织设置

第五条 凡有正式党员 3 人以上的基层单位,都应当成立党支部。正式党员不足 3 人的,可与邻近单位的党员组成联合党支部。外出执行某项临时性任务、参加短期学习或会议、被抽调参加某一个临时机构的工作,凡有正式党员 3 人以上的,可成立临时党支部。离退休人员正式党员达到 3 名以上,可成立离退休人员党支部。

第六条 党支部的设置根据工作需要和党员人数,由上级党组织批准。有正式党员 7 人以上的党支部,设立支部委员会,支部委员会由党员大会选举产生;正式党员不足 7 人的党支部,不设支部委员会,由党员大会选举支部书记 1 人,必要时增选副书记 1 人。

第七条 市直机关、企事业单位设立支部委员会和不设支部委员会的书记、副书记,每届任期 2 年。任期届满应按期换届选举,需延期或提前换届的应报上级党组织批准。延长换届选举期限一般不超过一年。任期内,支部书记、副书记缺额时,设立支部委员会的召开支部委员会全体会议补选;不设支部委员会的召开党员大会补选。必要时也可由上级党组织指派。委员缺额时召开党员大会补选。

第八条　党的支部委员会(不设立支部委员会的党支部)、支部书记、副书记通过选举产生,报上级党组织批准。市直各部、委、办、局机关支部书记应由副处级以上党员领导干部担(兼)任。企事业单位支部书记可以专设;也可以由具备支部书记条件的行政负责人兼任,并配备专职副书记。专职书记、副书记享受同级行政负责人的政治、经济待遇,其在任期内调动,应事先征得上级党组织的同意。

党支部的活动经费,列入本部门、本单位行政经费预算。

第三章　党支部主要职责

第九条　党的支部委员会(含不设支部委员会的党支部)的主要职责是:

(一)宣传和执行党的路线、方针、政策,宣传和执行党中央、上级组织和本组织的决议,发挥党组织的战斗堡垒作用和党员的先锋模范作用,支持和协助行政负责人完成本单位所担负的任务。

(二)组织党员认真学习马克思列宁主义、毛泽东思想、邓小平理论和党的路线、方针、政策以及决议,学习科学、文化和业务知识。

(三)对党员进行严格管理,督促党员履行义务,保障党员的权利不受侵犯。

(四)对党员进行监督,严格执行党的纪律,加强党风廉政建设,坚决同腐败现象作斗争。

(五)做好本部门、本单位工作人员的思想政治工作,推进本部门、本单位社会主义精神文明建设;了解、反映群众的意见,维护群众的正当权益,帮助群众解决实际困难。

(六)对入党积极分子进行教育、培养和考察,做好发展党员和预备党员转正工作。

(七)机关党支部协助党组(党委)和干部人事部门对本机关科级以下干部进行考核和民主评议,对其任免、调动和奖惩提出意见和建议。

企事业单位党支部参与本单位重大问题的决策;参与对本单位中层以上干部和管理人员的推荐、考核和民主评议,对其任免、调动和奖惩提出意见和建议。

(八)领导工会、共青团、妇委会等群众组织,支持这些组织依照各自章程独立负责地开展工作。

(九)完成上级党组织交办的其他工作任务。

第四章　党支部书记、委员主要职责

第十条　党支部书记在支部委员会的集体领导下负责党支部的日常工作。其主要职责是:

(一)负责召集支部委员会和党员大会,结合本单位的具体情况,认真传达贯彻执行党的路线、方针、政策和上级的决议、指示;研究安排支部工作,将支部工作中的重大问题及时提交支部委员会或党员大会讨论决定。

(二)做好经常性的思想政治工作,了解掌握党员的思想、工作和学习情况,发现问题及时解决。

(三)检查党支部的工作计划、决议的执行情况和出现的问题,及时向支部委员会、党员大会和上级党组织报告工作。

(四)经常与支部委员和同级行政负责人交流情况,保持密切联系,支持他们的工作,协调单位内党、政、工、团关系,充分调动各方面的积极性。

（五）抓好支部委员自身的学习，按时召开支委民主生活会，充分发挥支部委员会的集体领导作用。

支部副书记协助支部书记进行工作，书记不在时，主持支部的日常工作。

第十一条 组织委员的主要职责是：

（一）了解和掌握支部的组织状况，根据工作需要，提出党小组的划分和调整意见。检查、督促党员过好组织生活。

（二）了解掌握党员的思想状况，配合宣传委员、纪检委员，对党员进行思想和纪律教育，收集、整理党员的模范事迹，向支部提出表扬和奖励建议。

（三）负责做好发展党员工作，及时了解掌握入党积极分子的情况，并负责培养、教育和考察，按照发展党员工作方针和原则，有计划地提出发展党员的意见。具体办理接收新党员和预备党员转正的手续。

（四）接转党员组织关系，收缴党费、定期向党员公布党费收缴情况。

（五）做好党员和党组织的统计工作。

另外，不设纪检委员的党支部，有关纪检方面的工作，一般也由组织委员负责。

第十二条 宣传委员的主要职责是：

（一）了解掌握党员和群众的思想状况，根据不同时期党的工作中心和任务以及上级党委的指示，宣传党的路线、方针、政策，提出宣传教育工作的计划和意见。

（二）组织党员学习党的基本理论、基本知识和时事政策，组织党课教育，做好思想政治工作。

（三）围绕本单位的中心工作，开展多种形式的宣传鼓动活动，活跃党员和群众的文化体育生活。

（四）搞好党报、党刊的发行工作，办好本单位的宣传阵地。

第十三条 纪律检查委员的主要职责是

（一）对党员进行党规、党法和党的纪律教育，抓好党风建设。

（二）检查党员执行党的章程和其他党内法规情况，对党员违纪问题进行调查，并提出处理意见。

（三）保障党员的民主权利，受理党员的申诉和控告，并及时向支部委员会、上级党组织汇报。

（四）教育、帮助受处分党员改正错误，考察他们改正错误的情况。

第十四条 青年委员的主要职责是：

（一）指导共青团支部开展活动，关心团干部的成长。

（二）支持团支部根据团员、青年的特点，开展文娱、体育活动。

（三）指导团支部加强团员、青年的政治思想教育，督促团员、青年学习文化、科学知识，热爱本职工作。

（四）注意充分发挥共青团的突击作用和联系青年的桥梁作用。

第十五条 统战委员的主要职责是：

（一）组织党员学习党的统一战线理论、方针、政策和有关统战工作的文件等，提出本单位贯彻落实统战政策的措施、意见。

（二）召开党外人士座谈会，向他们通报有关情况，认真听取意见和建议，与党外人士交朋友，关心他们的思想、工作和生活。

（三）帮助民主党派组织加强自身建设，协助他们把好发展新成员的政治质量关，支持他们开展工作和活动，帮助解决一些实际问题。

第十六条　党小组长的主要职责是：

（一）按照党支部的要求，组织好党员的学习。

（二）组织党员贯彻执行支部的决议和上级指示，分配党员的工作，指导党员的活动。

（三）按时召集和主持开好党小组会，严格党的组织生活。

（四）组织党员做群众工作，及时反映群众的要求和意见。

（五）做好党员的思想政治工作，及时向党支部反映本小组的情况。

（六）按时收缴党费。

第五章　党支部主要制度

第十七条　党支部委员会实行集体领导与个人分工负责相结合的制度。坚持民主集中制原则，决定重要问题必须集体讨论表决，按照多数人的意见作出决定。对少数人的不同意见，应当认真考虑并允许保留。书记要当好班长，发扬民主，善于集中委员的意见，个人不能擅自决定重大问题。委员要尊重和支持书记的工作，按照各自的分工，认真负责地完成任务。

第十八条　组织生活制度。党支部每季度至少召开一次党员大会、一至二次支部委员会，每月召开一次党小组会，每半年上一至二次党课。党小组（含不设小组的支部）每季度召开一次组织生活会。支部委员会每半年召开一次民主生活会。党员领导干部除参加所在小组（或支部）的生活会外，每半年参加一次党员领导干部民主生活会。

第十九条　民主评议党员制度。民主评议党员以支部为单位，每年进行一次，一般结合年终总结和党员目标管理工作进行。认真开展批评与自我批评；对优秀党员进行表扬表彰；对不合格党员进行妥善处理；对违纪党员进行处理。

第二十条　党员管理监督制度。党支部应按照党章和党内的有关规定，建立健全党员管理、监督机制，规范党员言行，使党员认真履行义务，正确行使权利。

第二十一条　“创先争优”活动制度。党支部对“创先争优”活动，应坚持年初计划、半年考评、年终总评。评选出的先进集体、优秀个人，在支部范围内表扬，事迹突出的可报上级党组织表彰。

第二十二条　党支部选举工作制度。党支部的选举工作应采用差额选举的方式，候选人数应多于应选人数的20%，到会有选举权的党员人数应超过应到会有选举权的党员人数的80%，被选举人获得赞成票应超过实到会有选举权人数的一半始得当选。

第二十三条　发展党员工作制度。党支部应认真贯彻“坚持标准，保证质量，改善结构，慎重发展”的方针，加强对入党积极分子的培养、教育、考察，严格履行入党手续，做好新党员发展和预备党员转正工作。

第二十四条　党员组织关系接转制度。党员因工作单位发生变化，外出学习或工作等情况，应按照有关规定，分别办理“组织关系介绍信”“党员证明信”或“流动党员活动证”。党员转移组织关系，应由本人办理、携带，不能自己携带的，应由党内交通或机要邮政传递。

第二十五条 党费收缴管理制度。党员应按规定交纳党费。党支部应指定专人负责党费收缴管理工作。党员无正当理由连续六个月不交纳党费,按自行脱党处理。

第六章 党员教育和思想政治工作

第二十六条 党支部应围绕党的中心任务,联系党员思想实际,有计划、有针对性地开展党员教育工作。教育内容主要是:

(一)对党员进行马克思列宁主义、毛泽东思想、邓小平理论的教育,党的基本路线和党的基本知识教育。

(二)组织、引导党员努力学习和掌握社会主义市场经济知识、科学文化知识、法律知识和各种业务知识。

(三)进行党性、党风、党纪教育。

(四)进行共产主义思想和全心全意为人民服务宗旨教育。

(五)进行廉洁奉公,遵纪守法教育。要求党员立足本职,无私奉献,开拓进取,艰苦奋斗,做新时期合格的共产党员。

党员教育采取讲党课、短期轮训、自学讨论、看录像和参观访问等多种形式。

第二十七条 党支部应围绕单位的业务和中心工作,结合干部职工的思想实际,与行政领导共同做好思想政治工作。主要任务是:

(一)组织干部群众学习政治理论,进行马克思列宁主义、毛泽东思想、邓小平理论和党的路线、方针政策教育。

(二)进行基本国情、形势任务和爱国主义、集体主义、社会主义、共产主义思想教育。

(三)进行理想、纪律、优良传统作风和职业道德、社会公德、家庭美德教育。

(四)进行社会主义市场经济知识、科学文化知识、法律知识和各种业务知识教育。

(五)针对本单位工作人员的思想政治状况,做好经常性的思想政治工作。

思想政治工作要区别不同对象,采取多种方式,增强工作实效。党员行政领导干部要重视并带头做好思想政治工作。

第七章 纪律检查工作

第二十八条 党支部纪律检查工作主要任务是:

(一)维护党的章程和其他党内法规,对党员进行遵纪守法教育,带领党员和群众同一切违法乱纪行为作斗争,使每个党员都能自觉遵纪守法。

(二)检查党员贯彻执行党的路线、方针、政策和决议的情况。

(三)协助上级党委、纪委加强党风廉政建设。

(四)在上级党委、纪委领导下,检查和处理党员违反党的章程和其他党内法规的案件,按照有关规定,讨论决定或取消对这些案件中的党员的处分。

(五)受理党员的控告和申诉。

第二十九条 党支部讨论处分违纪党员的主要程序是：

(一)党支部发现党员有违纪行为，应立即向上级党委和纪委汇报，对违纪党员所犯错误，要及时进行调查、核实、取证，责成本人写出书面检查，调查结束时写出调查报告。

(二)由党支部书记、纪检委员或委派其他委员找违纪党员谈话，将拟对违纪党员进行处理所依据的错误事实，与本人见面，听取意见。

(三)支部委员会研究提出对犯错误党员的处理意见并提出给予处分的初步意见。

(四)召开党员大会讨论，作出处分决定。

(五)党支部将党员大会作出的处分决定交给受处分者签署意见，然后按审批权限报上级党组织审批。

第八章 附 则

第三十条 本细则适用于党组织关系隶属于市直各系统、局党委、直属党总支管理的机关、企事业单位党支部和省部属驻泉单位党委所属党支部。

第三十一条 本细则中有关党支部的思想、组织、作风建设的具体规定分别由市直党工委宣传部、组织部、市直纪工委负责解释。

第三十二条 本细则自一九九八年七月一日起试行。如上级党组织有新的规定，以上级规定为准。

关于印发《中国共产党泉州市直机关基层委员会工作规范(试行)》的通知

泉委工〔2003〕11号

市直各系统(局)党委，直属党总支，省部属驻泉单位党委：

为了加强机关党的建设，促进机关党的基层委员会工作制度化、规范化，现将《中国共产党泉州市直机关基层委员会工作规范(试行)》印发给你们，请结合本单位机关基层党建工作实际贯彻执行。

中共泉州市委市直机关工作委员会

2003年8月29日

中国共产党泉州市直机关基层委员会工作规范(试行)

第一章 总 则

第一条 为了加强和改进党对机关的领导,加强机关党的建设,促进机关党的基层委员会(以下简称党委)工作制度化、规范化,根据《中国共产党章程》和《中国共产党党和国家机关基层组织工作条例》等有关规定,结合市直实际,制定本工作规范。

第二条 党委协助行政负责人完成任务,改进工作,对包括行政负责人在内的每个党员进行监督,不领导本单位的业务工作。

第三条 党委必须以马列主义、毛泽东思想、邓小平理论和"三个代表"重要思想为指导,紧紧围绕党的基本路线,结合本部门的工作任务和特点,加强党的思想、组织和作风建设,并把制度建设贯穿其中。加强党内监督,坚持党要管党、从严治党,充分发挥党的思想政治优势、组织优势和密切联系群众的优势,促进本部门各项工作任务的完成,为全面建设小康社会和中国特色社会主义事业服务。

第二章 组织原则

第四条 党委实行选举制。党委成员由党员大会或党员代表大会选举产生,对党员大会或党员代表大会负责并报告工作。市直机关设立的系统、局党委和大中型企业、大专院校及规模较大的科研院所设立的党委每届任期四年,其他基层党委每届任期三年,党委任期届满应按时换届选举,委员出现缺额的应及时补选;书记、副书记出现缺额的应补选或由上级党组织任命。

第五条 党委及其成员必须遵守个人服从组织、少数服从多数、下级服从上级、全党服从中央的基本原则,维护党的集中统一。

第六条 党委实行集体领导和个人分工负责相结合的制度。凡属党委职责范围内的重大问题,都要按照集体领导、民主集中、个别酝酿、会议决定的原则,由集体讨论决定,任何个人或少数人无权决定重大问题。委员在集体研究决定问题时,应畅所欲言,充分发表意见,委员对集体作出的决定如有不同意见,在坚决执行的前提下,可以保留个人意见,也可以向上级组织报告,但无权改变党委的决定。

党委成员要明确分工,每个委员对分管的工作应敢于负责,切实履行职责;对不属于自己分管的工作也要关心,主动提出意见和建议。

第七条 党委决定重大问题,应充分酝酿讨论,然后进行表决。对于少数人的不同意见,应认真考虑。如对重要问题发生争论,双方人数接近,除在紧急情况下必须按多数意见执行外,应当暂缓作出决定,进一步调查研究、交换意见,下一次会议再表决;在特殊情况下,也可以将问题向上级党组织报告,请求裁决。

第八条 党委成员应自觉维护党委内部团结,互相信任,互相谅解,互相支持,互相帮助,互相监督。

第九条 党委要支持下级组织创造性开展工作,正确行使职权。党委在作出重大决定时应坚持走群众路线,听取和征求下级组织和党员群众的意见,并及时通报有关情况。

第三章 工作职责

第十条 党委的主要职责是:

(一)宣传和执行党的路线、方针、政策,宣传和执行党中央、上级组织和本组织的决议,发挥党组织的战斗堡垒作用和党员的先锋模范作用,支持和协助行政负责人完成本单位所担负的任务。

(二)组织党员认真学习马克思列宁主义、毛泽东思想、邓小平理论、“三个代表”重要思想和党的路线、方针、政策以及决议,学习科学、文化和业务知识。

(三)对党员进行严格管理,督促党员履行义务,保障党员的权利不受侵犯。

(四)对党员进行监督,严格执行党的纪律,加强党风廉政建设,坚决同腐败现象作斗争。

(五)做好机关工作人员的思想政治工作,推进机关社会主义精神文明建设;了解、反映群众的意见,维护群众的正当权益,帮助群众解决实际困难。

(六)对入党积极分子进行教育、培养和考察,做好发展党员工作。

(七)协助党组(党委)管理所属党组织和群众组织的干部;配合干部人事部门对机关行政领导干部进行考核和民主评议;对机关行政干部的任免、调动和奖惩提出意见和建议。

(八)领导机关工会、共青团、妇委会等群众组织,支持这些组织依照各自的章程独立负责地开展工作。

(九)按照党组织的隶属关系,领导直属单位党的工作。

第十一条 机关党的纪律检查委员会的主要职责是:

(一)维护党的章程和其他党内法规,对党员进行遵纪守法教育。

(二)检查党组织和党员贯彻执行党的路线、方针、政策和决议的情况。

(三)协助机关党的基层委员会加强党风建设和组织协调反腐败工作。

(四)检查、处理党组织和党员违反党的章程和其他党内法规的案件,按照有关规定,决定或取消对这些案件的党员的处分。

(五)受理党员的控告和申诉。

第十二条 党委成员工作职责

党委设书记一名,副书记和委员若干名。

(一)党委书记主要职责

1. 主持党委全面工作并负主要责任,召集、主持党委会、党委扩大会和书记办公会,传达、贯彻党的路线、方针、政策和上级的决议和指示。

2. 坚持“党要管党”原则,调动党委一班人的积极性,集中精力抓好党的思想、组织、作风和制度建设。

3. 带头执行民主集中制,主持党委民主生活会,充分发扬民主,正确开展批评与自我批评,保证党委一班人的团结统一。

4. 加强与群众组织的联系和协调,支持他们开展工作,充分调动各方面的积极性,保证各项工作任务的完成。

5. 深入基层调查研究,总结经验,作好决策,指导、帮助基层干部正确贯彻执行党的路线、方针、政策。

6. 抓好党委的自身建设,检查党委工作计划和决议的执行情况。

(二)副书记主要职责

1. 协助书记开展工作,受书记委托代行书记职责。

2. 根据分管的工作范围,履行各自的工作职责。

(三)纪委书记主要职责

1. 认真贯彻执行党的纪检工作的方针、政策,维护党的章程和各项制度的严肃性,对党员进行党性党风党纪教育。

2. 抓好党风廉政建设,表彰先进,查处违反党规党纪的案件,提出对违纪党员的处理意见。

3. 维护党的民主集中制,保障党员的民主权利,受理党员的申诉以及对党员干部的检举、揭发、控告。

4. 检查、监督党委成员、所属党组织和党员贯彻执行党的路线、方针、政策及决议的情况。

(四)组织委员主要职责

1. 了解掌握所属党组织和党员的状况,及时向党委提出加强组织建设的意见及建议。

2. 配合干部人事部门了解掌握干部的基本情况和现实表现,定期考核,向党委提出干部培养和使用的意见及建议。

3. 经常检查所属党组织的组织生活和"三会一课"活动情况,发现和培育典型,做好评比表彰工作。

4. 掌握入党积极分子的情况,指导所属党组织做好发展党员工作。

5. 抓好党员干部的教育管理工作,制定和实施党员干部教育培训计划;指导搞好党员活动室建设;提出对不合格党员的处置意见;抓好党费收缴、党员组织关系接转和年度党内统计等工作。

6. 接受党员的来信来访,帮助党员解决思想问题和实际问题。

(五)宣传委员主要职责

1. 宣传贯彻党的路线、方针、政策,调查了解党员、干部、群众的思想动态,提出宣传教育工作的意见和建议,拟定学习计划;组织党员干部学习党章、党的基本知识和邓小平理论、"三个代表"重要思想。

2. 抓好宣传队伍和宣传阵地建设。

3. 开展社会主义思想道德教育和崇尚科学、破除迷信教育,开展创建文明单位等活动。

4. 组织、发动、协调有关单位积极开展群众性文体活动。

第四章 议事与决策

第十三条 党委会。组成人员为党委委员,必要时可请有关领导列席;每季度至少召开一次,视情况也可随时召开。

会议的主要任务是:贯彻执行党的路线、方针、政策和上级党组织的指示、决议;部署党委的重要工作;讨论决定基层党组织和工、青、妇等组织提交审定的重大问题;讨论决定党委管理范围的干部任免和奖惩;讨论决定发展新党员和党员表彰、处分;分析形势,交换意见,互通情况。

党委会议题由书记,副书记研究确定。会议由书记(或书记委托一名副书记)召集。会议决定的事项由分管领导负责组织实施,党委办公室负责催办、督办。

会议议题应提前两天以上通知每个委员。党委会必须有半数以上委员到会方能举行(研究重大问题时应有三分之二以上委员参加),委员因故不能参加会议应事先请假,其意见可用书面形式表达。进行表决时,赞成票超过应到会委员半数为通过,未到会委员的书面意见不能计入票数。表决可根据不同内容分别采取举手、无记名投票等方式,会议决定多个事项时,应逐项表决,表决结果由主持人当场宣布。会议应有专人记录,记录格式按《泉州市直机关基层党建工作规范基本要求》处理。

第十四条　党委扩大会议。参加会议人员扩大到所属单位党组织负责人,列席范围根据实际需要确定。会议由书记召集,一般每半年一次,或根据需要随时召开。表决时,党委委员有表决权,列席人员有发言权,无表决权。

会议主要任务是:传达、学习上级党委及有关部门重要文件和会议精神,研究贯彻落实的具体措施;讨论通过党委工作计划和年度总结;讨论决定其他需要会议决定的重大事宜。

党委扩大会议题由书记办公会议或党委会议确定。会议决定的事项由分管领导负责组织实施,党委办公室负责催办、督办。

第十五条　书记办公会。由书记、副书记、纪委书记组成,主要任务是沟通情况,交换意见,议定工作,处理事务。主要议事范围包括:议定近期工作安排、重大活动和重要会议;议定党委会或党委扩大会的议题;研究对政策性、突发性问题的处理意见;酝酿需要提交党委会讨论决定的干部任免等重大问题;对党委决定事项的组织实施进行协调;交流日常工作情况。

书记办公会可根据工作需要召开,由书记召集主持。书记办公会不是一级决策机构,不得代替党委会决定重大问题。

第十六条　其他议事例会

(一)党支部书记联席会。参加对象为本党委所辖的党支部书记;会议议题由党委书记或主持工作的副书记确定;会议召开时间、议题应提前两天以上通知与会对象。联席会的内容主要是听取基层的工作汇报,部署有关工作,并就一些重大问题征求意见,一般每半年召开1—2次。

(二)党委专题会议。参加对象为党委委员和有关人员,主要是围绕中心工作,研究处理某些重要问题。会议不定期召开。

第五章　思想与工作作风

第十七条　党委委员要加强思想作风和工作作风建设,努力做到:

(一)认真学习马列主义、毛泽东思想、邓小平理论、“三个代表”重要思想和党的路线、方针、政策及决议,努力用马克思主义的立场、观点、方法分析和解决实际问题。

(二)坚持解放思想、实事求是、与时俱进、开拓创新,讲真话、办实事、求实效。

(三)坚持全心全意为人民服务,密切联系群众,经常深入基层调查研究,每年不得少于两个月。

(四)清正廉洁,勤政为民,以身作则,公道正派,艰苦朴素。

(五)集中精力议大事、抓大事,精简不必要的会议和文件,减少事务性活动和应酬活动,提高工作效率和质量。

（六）坚持民主集中制，自觉维护党委的团结统一。

第六章 工作制度

第十八条 民主生活会制度

（一）党委委员应参加双重组织生活会，既参加所在党支部的组织生活会，又参加党委的民主生活会，通过民主生活会，加强党内监督和领导班子的思想、组织、作风建设，提高解决自身问题的能力。

（二）党委委员民主生活会应按照上级党委确定的主题，主要内容是总结检查贯彻执行党的路线、方针、政策和决议的情况，加强领导班子自身建设情况，实行民主集中制的情况，艰苦奋斗、清正廉洁、遵纪守法的情况；坚持群众路线，改进领导作风，深入调查研究，密切联系群众的情况和整改措施及其他重要问题。

（三）要按照“会前、会中、会后”三个阶段要求，严格会议程序，切实把好民主生活会的质量关。会前应集中学习，并认真做好准备工作，在总结领导班子成员思想、工作情况和广泛征求党内外群众意见的基础上，确定要整改的工作和重点解决的问题；会上要围绕议题交流思想认识，总结经验教训，认真开展批评与自我批评，增强民主生活会的思想性和原则性；会后要认真抓好整改，明确整改的时限要求和责任人，并将整改措施落实情况在一定范围内向干部、群众通报。

（四）党员领导干部民主生活会由书记召集主持，一般每年召开一次，根据需要也可随时召开。民主生活会召开的日期和议题应提前报告上级党（工）委、纪（工）委，邀请派员参加，民主生活会检查和反映出来的问题，应切实加以解决，并向上级党（工）委、纪（工）委报告。

第十九条 党委中心组学习制度

（一）成立中心学习组的党委，由党委书记任中心组组长，分管副书记任副组长，可根据学习需要适当吸收有关人员参加。党委中心组组长的职责是审定学习计划，确定研讨专题，提出学习要求，主持集中研讨活动，指导和检查中心组成员的学习。党委中心组要配备学习秘书，职责是做好学习的各项服务工作。学习秘书可由同级党委办公室负责同志担任。

（二）要根据中央要求和本单位实际，制定年度学习计划和阶段性学习安排，明确学习的主要内容和具体实施办法。要建立并严格执行学习考勤制度、档案制度、通报制度、经验交流制度和考核制度，确保各项学习任务落到实处。

（三）党委中心组成员要围绕构建学习型机关、学习型党组织的目标，积极开展读书自学活动，充分利用八小时以外的时间认真看书学习，并做好个人学习记录；要勤于思考，每年撰写1—2篇理论联系实际的文章或调研报告。

（四）精心组织集中学习研讨，在搞好自学和调研的基础上，深入开展集中学习研讨活动。要安排好重点发言，也可组织一些专题讲座。年度集中学习研讨时间不少于12天。

（五）上级党委要加强对下级党委中心组学习的检查和考核，重点是检查和考核党委中心组组长履行职责的情况、中心组成员坚持学习制度、完成学习任务的情况及运用理论指导工作和加强党性锻炼等方面的情况，并作为使用干部的重要依据。

第二十条　党委审批新党员制度

（一）吸收新党员和预备党员转正应从支部大会通过之日起三个月内审批。

（二）应召开党委会集体讨论，不能由个人或少数人代替党委审批。

（三）审批时必须逐个讨论、逐个表决。

第二十一条　党委领导工青妇工作制度

（一）党委要加强对工会、共青团、妇联等群众组织工作的领导，做到政治原则上把关、发挥作用上重视、具体工作上放手、制度措施上督促，支持他们按照各自章程独立负责地开展工作。

（二）党委要研究、决定本单位工青妇工作的重大问题，协商、推荐同级工青妇的领导成员，落实工青妇组织的待遇，吸收工青妇组织作为党建工作领导小组成员单位，把工青妇工作纳入党建工作。

（三）党委要健全和完善对工青妇的领导制度，有一名领导分管工青妇工作，并建立由党委分管领导主持、工青妇组织和有关部门负责人参加的协调会议制度，定期召开会议及时解决工青妇工作中出现的新情况新问题，党委有关会议应吸收工青妇组织主要负责人参加或列席。要在各级党校开设群团工作课，作为党政干部培训的必修课程。工青妇组织党员主要领导干部应参加党委中心组学习，党委每年专门研究工青妇工作不少于一次。

第二十二条　重大事项请示报告制度

凡属下列重大事项，必须及时请示报告：

（一）突发事件、重大灾情、险情、民情和发生重大事故及处置情况。

（二）对上级党委作出的重大决定、部署的贯彻执行情况，基层党组织应按有关要求作出口头或书面报告。

（三）基层党组织年度计划、年终总结应有书面报告。

（四）涉及班子情况、个人重大情况。

第二十三条　廉政制度

（一）党委委员要在贯彻落实省委提出的反腐倡廉工作思想教育机制、制度规范机制、监督制约机制、查案惩处机制、干部保护机制、廉政责任制中起表率作用。

（二）党委委员应严于律己，清正廉洁，自觉遵守执行《中国共产党党员干部廉洁从政若干准则》《中国共产党纪律处分条例》和《关于党政机关厉行节约制止奢侈浪费行为的若干规定》，认真学习贯彻上级有关反腐倡廉文件精神。

（三）党委委员应坚持原则，敢抓敢管。对不正之风要坚决制止和纠正，对查处违纪违法案件不说情，不袒护，不干扰。

第二十四条　文件审批制度

（一）严格实行文件的签发制度。以党委名义上报的重要请示报告和下发的重要文件，原则上应由党委会讨论通过，由书记审核签发。

（二）上报和下发的日常工作文件，由主要领导或分管领导签发。

（三）经党委讨论决定的任免、推荐提名干部的文件，由书记审核签发。

（四）以党委名义发文，应按程序办理，文件送批、送签之前，如所提内容涉及其他部门单位的，要事先协商,取得一致意见,然后送党委办公室审核,再送有关领导审批。

(五)所属各部门和各单位,凡报送党委审批的文件和请示报告,均应送交党委办公室审核,再送有关领导审批。

第二十五条 其他制度

(一)保密制度。党委委员应严格遵守《国家保密法》的有关规定,杜绝失密事故的发生。

(二)调查研究制度。每个领导成员挂钩1—2个基层单位,经常深入基层调查研究,了解情况,总结经验,发现和培育典型。

(三)检查督促制度。党委成员按分管范围抓好党委决定、决议和指示的贯彻落实。

(四)群众信访接待制度。设立信访接待室,由党委办公室统一安排党委委员轮流接待。

第七章 附 则

第二十六条 本工作规范的章节、条款如与上级党组织的决议、决定和条例不一致的,按上级党组织的决议、决定和条例执行。

第二十七条 市直企事业单位设立的党委和省部属驻泉单位党委可参照执行本工作规范。

第二十八条 本工作规范由中共泉州市委市直机关工作委员会负责解释。

第二十九条 本工作规范自下发之日起实施。

关于印发《中国共产党泉州市直机关基层纪律检查委员会工作规范(试行)》的通知

泉委工〔2003〕12号

市直各系统(局)党委、纪委,直属党总支,省部属驻泉单位党委、纪委:

为了加强机关党的作风建设,促进机关基层纪律检查委员会工作制度化、规范化,现将《中国共产党泉州市直机关基层纪律检查委员会工作规范(试行)》印发给你们,请结合本系统、单位党风廉政建设和反腐败工作实际贯彻执行。

中共泉州市委市直机关工作委员会

2003年11月12日

中国共产党泉州市直机关基层纪律检查委员会工作规范

第一章 总 则

第一条 为了加强和改进机关党的纪律检查工作,充分发挥机关党的纪律检查委员会(以下简称纪委)在党风廉政建设和反腐败斗争中的作用,根据《中国共产党章程》和《中国共产党党和国家机关基层组织工作条例》《中国共产党纪律检查机关案件检查工作条例》等有关规定,结合市直机关实际,制定本工作规范。

第二条 纪委的主要任务是,维护党的章程和其他党内法规,检查党的路线、方针、政策和决议的执行情况,协助党委加强党风建设和组织协调反腐败工作。

第二章 组织原则

第三条 纪委在同级党的委员会和上级纪委的双重领导下进行工作。

第四条 纪委由机关党员代表大会或党员大会选举产生,每届任期和同级党的委员会相同。

第五条 纪委及其成员必须遵守个人服从组织、少数服从多数、下级服从上级、全党服从中央的基本原则,维护党的集中统一。

第六条 纪委实行集体领导和个人分工负责相结合的制度。凡属纪委职责范围内的重大问题,必须由集体民主讨论决定,任何个人或少数人无权决定重大问题。委员在集体研究决定问题时,应畅所欲言,充分发表意见,委员对集体作出的决定如有不同意见,在坚决执行的前提下,可以保留个人意见,也可以向上级组织报告。

第七条 纪委成员要明确分工,每个委员对分管工作应敢于负责,切实履行职责。纪委成员应自觉维护纪委内部团结,互相信任,互相谅解,互相支持,互相帮助,互相监督。

第八条 纪委要支持下级组织创造性地开展工作,正确行使职权。纪委在作出重大决定时应坚持走群众路线,听取下级组织和党员群众的意见。

第三章 工作职责

第九条 纪委的主要职责:

一、维护党的章程和其他党内法规,对党员进行遵守纪律的教育。

要经常对党员进行党性党风党纪教育,每年可确定一段时间,开展一个专题教育;会同有关部门经常对党员进行党员先进性教育;进行理想信念、思想道德、群众观念、法律法规和党纪政纪教育,积极引导党员牢固树立正确的世界观、人生观、价值观,着力解决好权力观、地位观和利益观问题。要围绕每个时期纪检工作重点,开展典型案例教育,做好纪检宣传报道工作。

二、检查监督党组织和党员贯彻执行党的路线、方针、政策和决议的情况。

要按照党章和《中国共产党党和国家机关基层组织工作条例》有关党内监督的要求，对所属党组织和党员特别是党员领导干部贯彻执行党的路线、方针、政策和决议，执行民主集中制、遵纪守法、联系群众、廉洁自律等方面进行监督，特别是对党员领导干部行使权力的监督和加强对权力相对集中的重点岗位的监督。

协助抓好机关党组织监督工作机制的建立和完善，督促所属单位领导班子定期召开民主生活会，不断提高民主生活会的质量；严格检查领导干部执行个人重大事项报告制度，积极探索和实践党员民主监督的途径和办法。

三、协助机关党的基层委员会加强党风建设和组织协调反腐败工作。

认真检查所属党组织和党员领导干部贯彻执行党风廉政建设各项规定的情况，检查贯彻反腐倡廉“六个机制”的情况，重点检查党员领导干部落实党风廉政建设责任制、廉洁自律规定、党内监督制度的情况。

配合有关部门抓好机关效能建设和公开办事制度的落实。积极参与市直机关有关部门(行业)民主评议行风活动，促进机关和工作人员勤政廉政，不断改进工作作风，努力提高工作效率。

四、受理党员的控告和申诉，保障党员的权利。

要认真受理信访举报件，注意保护检举人、控告人的合法权利；及时向有关领导、有关部门提供党风党纪信息和违法违纪案件线索，对涉及科级干部或重大问题的信访件，要及时向市直纪工委报告；对上级机关和领导交办的信访件，要积极组织核查，并按规定时间上报结果，对委托下级组织处理的信访件，要负责督促和催办；对举报事实和线索清楚，需初步核实的问题，应及时组织核查。信访件一般应在三个月内、违纪案件一般应在六个月内办结。

五、检查处理党组织和党员违反党的章程和其他党内法规的案件，按照有关规定，决定或取消对这些案件中的党员的处分。

经初步核实，如确有违纪事实，并需追究党纪责任的应按干部管理权限呈报审批立案，认真组织案件调查，提出处理意见，移送审理，作出处理决定，并按处分违纪党员的批准权限办理报批手续。调查中，若发现违纪党员同时又触犯刑律，应适时将案件材料移送有关司法机关处理，经调查核实发现举报失实的，应及时为受到失实举报的党员澄清是非。

第十条 纪委书记(专职副书记)的职责

一、认真贯彻执行党的纪检工作的方针、政策，维护党的章程和各项制度的严肃性，对党员进行党性党风党纪教育。

二、抓好党风廉政建设，表彰先进，查处违反党纪党规的案件，提出对违纪党员的处理意见。

三、维护党的民主集中制，保障党员的民主权利，受理党员的申诉以及对党员干部的检举、控告。

四、检查、监督党委成员、所属党组织和党员贯彻执行党的路线、方针、政策及决议的情况。

第四章 工作制度

第十一条 纪委会议制度。组成人员为纪委委员，必要时可请有关领导列席；市直纪工委每个月召开一次，市直基层纪委一般情况下每季度召开一次，视情况也可随时召开。

会议的主要任务是：贯彻执行党的路线、方针、政策和党委、上级纪委的指示决议；部署纪委的重要工作；讨论决定基层党委、纪委组织提交审定的重大问题；讨论决定纪委管理范围的党员违纪案件及审核报送同级党委及上级党委（纪委）审批的案件。

纪委会议题由书记、副书记研究确定。会议由书记（或书记委托一名副书记）召集。会议决定事项分管领导负责组织实施，纪委办公室负责催办、督办。

会议议题应提前两天通知每个委员。纪委会必须有半数以上委员到会方能举行，委员因事不能参加会议应事先请假，其意见可用书面形式表达。进行表决时，赞成票超过应到会委员半数为通过，未到会委员的书面意见不能计入票数。表决可根据不同内容分别采取举手、无记名、记名投票或其他方式。会议决定多个事项时，应逐项表决，表决结果由主持人当场宣布，会议应有专人记录。

第十二条　纪委工作责任制。市直各级纪委要根据工作职责，明确委员分工，建立工作责任制，充分发挥委员会的整体作用。切实做好纪检干部的培养、使用和交流工作，充分调动各级纪检组织和纪检干部的工作积极性、主动性和创造性。认真做好纪委委员和总支、支部纪检委员的教育培训，不断提高纪检干部的思想政治素质和业务工作水平。

第十三条　完善考核制度。要在建立工作责任制的基础上，逐步完善考核制度。对市直机关各级纪委的考核每半年进行一次自查，年终上级纪委组织对下级纪委进行考核。（考核表另行下发）

第十四条　工作汇报制度。纪委每半年都要向同级党委（党组）和上级纪委作一次全面的纪检工作报告，以取得同级党委（党组）和上级纪委的领导和支持。要严格按照有计划、有落实、有总结的工作要求，根据机关纪委的工作职责和上级纪委的工作部署，结合单位实际，认真制定年度工作计划，科学安排每项工作并逐项督促检查落实；根据半年有小结、年度有总结、专项工作有反馈的要求，及时做好工作总结，及时反映工作进展情况和重要问题，并提出解决问题的意见；对市纪委明确要求由市直纪工委协调汇总的工作，机关纪委（纪检组）应按规定要求及时向市直纪工委汇报。

第五章　附　则

第十五条　本工作规范各章节、条款如与上级党委、纪委的决议、决定、条例相抵触时，按上级党组织的决议、决定和条例执行。

第十六条　本规定适用于党的组织关系在市直党工委的市直单位机关纪委。市直企事业单位设立纪委的可参照执行。

第十七条　本规定由中共泉州市纪委市直机关工作委员会负责解释。

第十八条　本规定自下发之日起实施。

中共泉州市委市直机关工作委员会关于开展创建“学习型党组织”活动的通知

泉委工〔2004〕综25号

市直各系统(局)党委、直属党总支,驻泉省部属单位党委,各县(市、区)党工委:

为深入贯彻党的十六大精神和“三个代表”重要思想,进一步落实中共泉州市委《关于建设学习型城市的意见》,现将市直机关创建“学习型党组织”活动有关事项通知如下:

一、切实增强开展学习型党组织创建活动重大意义的认识

1. 建设学习型党组织是全面贯彻“三个代表”重要思想的客观要求。市直机关开展“学习型党组织”创建活动,是实践“三个代表”重要思想的具体行动,是推进机关更好地实现立党为公、执政为民的重要途径;要发挥机关党组织的主导作用、广大共产党员的主体作用和党员领导干部的示范作用,把学习政治理论、业务知识和世界优秀文明成果,包括最先进、最能反映时代要求和人民利益的科学理论、实践经验,体现在贯彻党和国家的各项方针、政策的实际行动中,从而更好地推动先进生产力和先进文化的发展,不断实现人民的根本利益。

2. 建设学习型党组织是增强机关党组织生机与活力的迫切需要。新世纪新阶段对机关党的建设提出了新的更高的要求。目前,机关一些党组织仍存在与“三个代表”要求不相适应的问题,创造力、凝聚力和战斗力有待于进一步提高。开展学习型党组织创建活动,有利于进一步提高机关党组织的领导水平和工作水平,充分发挥协助和监督的两项职能,进而增强广大党员的执政意识和大局意识,使机关党组织真正成为团结带领广大党员投身全面建设小康社会、推动泉州加快实现经济社会“新的起飞”的战斗堡垒。

3. 建设学习型党组织是全面提高党员队伍素质的重要举措。当前,我们正进入一个信息网络化、科技高新化、经济全球化的新经济时代。机关广大党员要跟上时代前进的步伐,适应社会发展的要求,最重要的途径就是学习。开展学习型党组织创建活动,有利于组织和引导机关广大党员加强学习、终身学习,不断提高自身思想道德素质、科学文化素质和健康素质,不断增强围绕中心、服务大局、善谋发展、善推发展的本领,始终保持共产党员先进性。

4. 建设学习型党组织是推动建设学习型城市的关键。市直机关是市委、市政府贯彻落实党和国家各项重大方针政策的参谋部、指挥部和工作部,又是我市三个文明建设的组织者、实践者和推动者。建设学习型党组织,既是建设社会主义政治文明、精神文明的核心内容,又是带动和影响整个学习型城市建设活动的重要支撑,以学习型党组织建设,推进学习型机关的创建,带动全社会形成全员学习、终身学习的氛围,与时俱进地提高执政能力、管理水平和服务质量,实现领导和管理方式的创新,不断推进效能建设,切实转变工作作风,为实现市委提出“三个三”和“三个加快”的奋斗目标提供良好的环境。

二、明确学习型党组织创建活动的指导思想、总体要求和基本原则

（一）指导思想

开展学习型党组织创建活动必须坚持以邓小平理论和“三个代表”重要思想为指导，坚持立党为公、执政为民，认真贯彻落实市委《关于建设学习型城市的意见》，围绕建设高素质机关党员队伍的目标要求，以学理论、学知识、学技能为主要内容，倡导向实践学习、向基层学习、向先进学习，促进市直机关党员干部开阔视野、开阔思路、开阔胸襟，不断提高领导机关的执政能力、服务能力和创新能力，进一步转变观念、转变职能、转变作风，为全面建设小康社会的宏伟目标和推进大泉州经济社会“新的起飞”提供人力资源保障和优质服务。

（二）总体目标

1. 浓厚学习氛围和先进学习理念逐步形成。树立五种新的学习理念，即“带头学习、终身学习、促进人的全面发展”的学习型社会理念；“学习工作化、工作学习化，工作与学习紧密结合”的学习型方式理念；“学习为了创新，创新才能进步”的学习型动力理念；“建设学习型机关，实现‘三个转变，服务两个率先’”的学习型目标理念；“加强学习是建设高素质机关党员队伍的必然要求”的学习型本质理念，营造时时、处处、人人重视学习的浓厚氛围。

2. 党员队伍综合素质和业务技能显著提高。按照市委确定的 9 月 1 日“学习节”的要求，广泛发动机关党员以此为载体，开展各种学习活动，做到“日读千字、月看一书、季写一文、年学一技”。机关党员每年的综合理论知识和专业知识学习培训时间增加率不低于 10%，至 2010 年，机关 45 岁以下党员干部的学历提高到本科层次，100%能够熟练运用计算机和电子政务网络，并获得相应的外语和计算机等级考试证书。积极鼓励在职学历学习，使党员干部的知识结构更趋合理，具有研究生学历的比例明显增加。

3. 学习培训基础设施和现代网络建设全面加强。建立和完善学习培训场所，如图书室或图书角、电教室、基层党校、网络中心等，每年直接用于基础设施建设和党员干部职工学习培训的经费投入逐年增长，在市直机关中普遍建立与社会教育相联系的网上教育平台，开通远程教育网络，充分发挥“机关党建”网络建设的重要资源作用，打破时空限制，解决工学矛盾，提高党员干部学习的主动性。

4. 党组织学习制度和长效管理机制完善健全。在建立健全市直各部门党组（党委）中心组学习制度、干部学习培训制度基础上，建立健全调研制度，每年研究确定一批调研课题，并在调研时间、参与人员、调研成果上有量化要求和具体部署。树立并表彰一批学习型党组织和学习型党员的先进典型，到 2010 年 90%以上的市直支部和 100%的机关党组织达到学习型党组织考核标准。完善具有相对稳定性、连续性的学习型党组织的领导机制，学习与工作相互促进的激励约束机制，学习成果的应用机制、人才的培养使用机制和学习经费的投入机制等。

（三）基本原则

1. 目标导向原则。机关各级党组织要围绕加快发展的要求，确立创建工作的总体目标和阶段性目标。坚持以务实的目标和深入人心的共同愿望为导向，有计划、有针对性地推进创建。

2. 全员参与原则。形成机关各级党组织、全体党员积极参与的组织体系，努力构建全员学习、全程学习、终身学习、科室学习的组织机制。

3. 率先垂范原则。机关党员领导尤其是处级以上党员领导干部既要认真负起学习型党组织创建活动的组织、发动、引导的工作责任，又要积极主动地参与学习，切实发挥示范带动作用，促进学习深入持久地开展。

4. 逐步推进原则。分层次、分阶段推进创建工作，针对不同年龄、不同职业、不同工作特点，加强分类指导，树立典型示范，提高创建工作的科学性、先进性和实效性。

5. 学用互动原则。坚持学习工作化、工作学习化，学习与工作紧密结合，互为动力，坚持从实际出发，安排学习内容，组织学习活动。坚持运用新的理论和知识指导创新工作实践，注重以工作的实际成效检验学习效果。

三、落实学习型党组织创建活动的阶段性任务和工作要求

1. 组织发动阶段。这阶段从现在起至年底，搞好调查摸底，研究制定开展学习型党组织创建活动实施意见；建立组织领导机构，负责组织创建实施工作；充分运用各种媒体营造创建氛围。

2. 全面实施阶段。这阶段从2005年1月起至2009年12月，主要分为打牢基础、典型示范、全面发展三个阶段：2005—2006年，着力打牢基础。重点是在推动实现“三个转变”上见成效。即进一步兴起学习贯彻“三个代表”重要思想新高潮，认真开展党员先进性教育活动，以深入的理论学习研讨和调查研究，推进市直机关进一步解放思想、切实转变观念；以学习贯彻十六届三中全会和市委九届七八次全会为契机，推进机关行政体制改革，切实转变职能；以提高机关服务质量和办事效率为抓手，加强机关效能建设，切实转变作风。2007—2008年，注重典型示范。重点是大力树立典型，加强示范指导，积极创新载体，开展读书活动、知识竞赛、网上论坛、参观考察等活动，运用新闻媒介、学习论坛、文体活动等载体，展示建设学习型党组织活动的事迹和成果，进一步形成浓厚的学习氛围，使新的学习观念深入人心。2009年，致力全面发展。重点是以人的全面发展为中心，以增强机关党员干部职工的执政能力、服务能力和创新能力为重点，进一步提高机关党员干部队伍的整体素质。

3. 深化巩固阶段。2010—2014年，主要是总结深化、巩固提高、健全机制阶段。要以建立健全学习型党组织长效管理机制为重点，努力构筑“人人处于学习之中，时时体现学习之风”的学习环境；着力营造一种“人人是学习的主人，处处是学习的场所，时时是学习的机会”的学习氛围；形成保证和推动党员干部重视学习、善于学习、坚持学习的有效机制。

四、强化学习型党组织创建活动的工作措施和保障机制

1. 强化组织领导机制。一是建立市直机关开展学习型党组织创建活动领导小组(名单附后)。领导小组由市委分管领导和市直党工委、各系统党委领导组成，对创建活动统一规划、统一部署、统筹协调、整体推进；并把开展学习型党组织创建活动纳入创建“机关党建工作先进单位”和“五好支部”的考评内容，加强对创建工作指导。二是各部门各单位党组织相应成立创建工作领导小组。把创建学习型党组织列入年度工作计划和考核的重要内容，形成主要领导负总责，分管领导具体抓，各级党组织密切配合的工作机制。三是要加强督促检查和指导推动。2004年，主要对市直各单位开展创建学习型党组织的启动情况特别是宣传发动和调查摸底情况进行督查。2005年起，要结合机关党建创先和“五好”支部考评对各级各单位开展创建学习型党组织的情况进行检查考评，对学习型党组织创建活动成效显著的单位和个人及时总结、推广，对后进单位提出限期整改要求。

2. 健全激励奖惩机制。一是分层次开展建设学习型党组织和党员的评比活动，把学习情况作为机关党建工作“一先两优”和文明单位评选的重要内容。二是大力宣传典型。对创建过程中涌现出的先进集体和个人给予表彰奖励。三是通过定期、不定期的考核、评议，建立单位和个人的学习档案，并把学习情况作为单位领导和干部个人职务晋升、评优评先的重要评判条件之一。四是要把学习成果、理论水平创新能力作为干部使用的重要依据，推进机关人才资源开发，着力培养具有创新精神和适应现代市场经济发展、适应政府职能转变的党员队伍。五是完善人才竞争、评价、分配机制，为党员优秀人才的成长、使用创造条件。

3. 建立经费保障机制。一是要在单位财政经费年度安排中列入建设学习型党组织的预算计划；二是要在党费使用中加大党员干部学习培训经费投入；三是多方筹措资金，为建设学习型党组织的激励机制提供经费保证；四是鼓励机关党员干部参加学历教育，按照泉州市人民政府泉政文〔2004〕40 号文件规定，对公务员持培训单位证书、毕（结）业证书的，所在单位应兑现支付 50%的学费。

4. 完善资源共享机制。一是利用现有的培训单位和场所，共建市直机关党员干部培训基地；二是充分利用市委党校、市区教育机构、高等院校、科研单位的教育培训资源，加强机关党员干部的综合素质和多方面能力的学习培训；三是加强市直各机关党组织间的学习交流，互相借助和充分利用现有的教育培训资源；四是加强“泉州机关党建”网络建设，使之成为党员干部理论学习、知识学习、信息交流、干部培训的网络平台。

5. 推进学习成果转化机制。一是加强与事业发展相关的专题理论研究、工作思路研究、重要决策研究，充分调动机关广大党员干部参政议政的积极性和聪明才智，形成科学民主决策的机制；二是积极将调研成果、理论成果、学习成果运用于决策和工作实践，形成重要决策事前调研和论证制度，充分研讨、广泛征求意见特别是专家学者和基层同志的意见。定期召开学习与工作相结合的专题研讨会、座谈会、交流会，运用互动学习、集思广益的方法，对工作实践进行经常性的反思和研讨，使学习的过程直接成为研究和推进工作的过程。

附：泉州市直机关开展学习型党组织创建活动领导小组名单（略）

中共泉州市委市直机关工作委员会

2004 年 8 月 11 日

泉州市直机关开展学习型党组织创建活动领导小组名单

组　长：周振华（市委副书记、组织部部长）

副组长：张敬尊（市直党工委书记）、张锡坤（市委副秘书长）、黄英林（市直党工委副书记）、赵育斌（市直党工委副书记）

成　员：李艾克（市委办系统党委专职副书记）、陈国南（市府办系统党委专职副书记）、林仁达（党群系统党委专职副书记）、张德山（宣传系统党委专职副书记）、王树旗（政法系统党委专职副书记）、傅庆红(公安系统党委副书记)、吴福荣(计委系统党委专职副书记)、吴晓雄(经委系统党委专职副书记)、蔡尔纯(财贸系统党委专职副书记)、连如碧(建设系统党委专职副书记)、黄黎波(农办系统党委专职副书记)、蔡联辉(外经系统党委专职副书记)、林素琴(交通系统党委专职副书记)、谢如俊(教育系统党委副书记)、蔡黎明(卫生系统党委专职副书记)、郑耀忠(水利系统党委专职副书记)、黄金华(市政公用事业系统党委专职副书记)、陈炯仁(市直党工委委员、宣传部部长)。

关于深入开展机关党的建设“三级联创”活动的意见

泉委工〔2007〕综 52 号

市直各系统(局)党委、直属党总支、驻泉省部属单位党委,各县(市、区)机关工委:

自去年 8 月《中共泉州市委办公室转发市委组织部、市直党工委〈关于开展全市机关党的建设“三级联创”活动的实施意见〉的通知》(泉委办〔2006〕67 号)下发以来,我市各级机关围绕海峡西岸经济区建设大局,按照省委卢展工书记“四个围绕”和市委郑道溪书记“四个着力”要求,紧紧抓住市委“好中求快、支撑带动”发展主线,扎实推进机关党的建设“三级联创”活动,取得了一定成效。但是,“三级联创”活动“联”的工作发展不平衡,部分单位还存在等待、观望思想,在系统带动、上下联动方面措施不多,效果不明显。为深入贯彻泉委办〔2006〕67 号文件,现就进一步推进机关党的建设“三级联创”活动提出如下意见:

一、认清创建主旨,夯实活动基础

开展机关党的建设“三级联创”活动,是省委为切实加强机关党的执政能力建设和先进性建设,不断增强机关党的建设的生机与活力,为加快建设海峡西岸经济区和全面建设小康社会提供有力保证而开展的以创建机关党建工作先进单位为主要内容的全省性活动。根据省委办公厅文件(闽委办〔2006〕39 号文)要求,省、市、县(市、区)三级都要以地方党委的名义,在本级机关开展创建活动。抓好分级创建,是“三级联创”的前提和基础,是系统带动的载体和平台。市、县(市、区)机关部门党组(党委)和单位领导班子要认真贯彻落实《中共泉州市委办公室关于转发市直机关党工委〈关于市直机关深入开展 2007—2009 年(第四轮)创建“党建工作先进单位”活动的意见〉的通知》(泉委办〔2007〕76 号)精神,充分认识深入开展创建活动的重要意义、指导思想、工作原则、目标要求。按照省委提出的“六个好”创建目标,即党组(党委)领导班子好、党员干部队伍好、基层组织建设好、机关作风形象好、单位履职业绩好、工作机制运行好,扎扎实实搞好分级创建。当前,在开展“三级联创”活动中,要认真落实中办《关于建立健全地方党委、部门党组(党委)抓基层党建工作责任制的意见》等四个长效机制文件,不断健全完善党组(党委)负总责,党组(党委)书记是第一责任人亲自抓,分管领导是直接责任人具体抓,领导班子其他成员都是责任人协同抓,机关党组织抓落实,有关职能科室密切配合,全体党员共同参与的机关党建领导体制和工作机制。要进一步细化工作任务,明确联创对象,围绕“六个好”目标要求,结合本单位实际,完善创建活动方案,加强督促检查,做到责任落实到人,保证机关党的工作扎实有效地开展,真正夯实“三级联创”工作基础。

二、完善联创体系，实现系统联动

省、市、县（市、区）机构设置不尽一致，特别是县（市、区）机构设置差异较大，给联创工作增加一定难度。因此，必须明确联创的对应单位，强化联创主体意识，完善联创责任体系，建立健全系统带动、上下互动活动机制。

1. 省、市、县（市、区）机构设置一致的部门（单位），直接接受上级对应部门（单位）的系统带动。如组织部、政法委、财政局等。

2. 市直机关一个部门（单位）对应省直机关两个或两个以上部门（单位）的，同时接受省直两个或两个以上部门（单位）的系统带动。如市外事侨务办对应省外事办和侨务办。

3. 市直机关多个部门（单位）对应省直机关一个部门（单位）的，同时接受省直同一部门（单位）的系统带动。如市经委、贸发局、中小企业局对应省经贸委。

4. 市直机关多个部门（单位）对应县（市、区）直机关一个部门（单位）的，以市直一个部门（单位）牵头开展系统带动，其他部门（单位）做好协办工作。如市文化局、体育局、旅游局等对应多数县市的文体旅游局。

5. 实行垂直管理的驻泉省属单位，县（市、区）均设立或部分设立机构的，分别接受上级主管单位的系统带动。如工商局、国税局、地税局等各县（市、区）均设立机构，海事局、出入境检验检疫局等只有部分县（市、区）设立。

6. 实行垂直管理的驻泉省属单位，县（市、区）未设立机构的，在泉机构接受其上级主管单位的系统带动。如泉州监狱、劳教所、一九七地质队等。

7. 实行垂直管理的驻泉部属单位，省、县均未设相应机构的，应加强沟通联系，创造性地搞好自身创建工作。如国电泉州发电公司等。

三、履行各自职责，形成齐抓合力

“三级联创”活动在市、县（市、区）委的统一领导下开展。市、县（市、区）直机关工委的主要职责是组织实施本级机关的创建活动，开展经常性的指导检查，及时总结新鲜经验，整合创建资源，创新联动方式，做好考评考核，推动系统带动、上下联动。部门党组（党委）或单位领导班子的主要职责是加强对本单位创建工作的领导指导，强化系统带动责任，促进、带动对应部门（单位）及本系统机关党建工作整体水平的提高。系统党委的主要职责是配合所在党组（党委）或单位领导班子抓好创建工作，同时负责协调系统党委所属党组织积极开展“三级联创”活动。机关党委、总支、支部的主要职责是按照工委、党组（党委）或单位领导班子部署，抓好创建工作各项任务的落实，认真做好系统带动、上下联动的具体工作。

系统带动实行下带一级的原则。市直机关各部门（单位）要发挥好枢纽作用，既要主动接受省直机关对应部门（单位）的系统带动，又要积极开展对县（市、区）直机关对应部门（单位）的系统带动。实行垂直管理的驻泉省属单位要根据行业特点，在系统带动、上下联动的深度广度上多作探索。县（市、区）直机关部门（单位）在搞好本级创建的基础上，要主动接受市直机关对应部门（单位）的系统带动和省直机关对应部门（单位）的辐射。在系统带动的方法上，只要有利于促进上下联动互动，形式可以不拘一格、多种多样，不断创新联动、互动的方式方法，增强创建的活力。开展活动时要注意克服形式主义的做法。

四、完善各项制度，务求更好实效

建立健全必要的系统带动、上下联动制度，才能确保联创活动落到实处，取得实效。

1. 建立党建工作指导制度。市直机关部门党组（党委）和单位领导班子要坚持业务工作和党建工作一起部署、一起检查、一起落实。在研究、布置全市业务工作的同时，要对县（市、区）机关“三级联创”对应部门（单位）的党建工作提出要求；班子成员下基层开展调研或检查工作，要同时了解下级业务部门（单位）的党建工作情况，给予具体指导；总结业务工作时，要把党建工作情况一起总结。

2. 建立党建信息交流制度。市直各部门（单位）党组织的党建工作计划、总结、重要活动以及党建动态等，应及时报送省直对应部门（单位），并印发县（市、区）对应部门（单位）。县（市、区）直各部门（单位）应充分运用办公自动化传媒技术，加快信息的沟通交流，及时向市直对应部门（单位）报送创建工作情况、党建工作动态和典型经验。《泉州机关党建》和泉州机关党建信息网要及时宣传和报道全市“三级联创”活动的做法和成效。

3. 建立健全党建联席会议制度。市直机关各部门（单位）每年召开本级和县（市、区）对应联动部门（单位）党建联席会议或座谈会不少于2次，并邀请省直机关对应部门（单位）派人指导。通过召开交流会、研讨会、现场会、表彰会，交流新情况，研究新问题，总结新经验，提出新措施，培育新典型，不断增强机关党建工作的生机与活力。

4. 建立党务干部学习培训联动制度。市直机关部门（单位）组织党务干部培训、学习考察或较大学习教育活动，应邀请县（市、区）对应部门（单位）党务干部参加。

5. 建立结对共创制度。市直机关部门（单位）设立党委（总支）的，其所属各支部要分别与县（市、区）对应部门（单位）1—2个党支部结对共创。以建设“五好”党支部为目标，组织党务工作者到基层党支部和联系点交流党建工作经验；设立党支部的，要选择2—3个县（市、区）对应部门（单位）党支部结对共创。

6. 建立挂钩联系制度。市直机关部门（单位）党员领导干部要结合工作分工，每人挂钩联系几个县（市、区）直对应部门（单位），经常调查研究，在开展业务工作时结合进行党建工作指导；业务科室也可以与县（市、区）机关对应部门（单位）的业务股室结对，在进行业务指导同时交流党建工作。

7. 建立重要活动相互参与制度。市、县（市、区）机关部门（单位）与对应部门（单位）每年开展一次党日活动。两级对应部门（单位）重要党务活动，要互相邀请参加。

8. 完善联创考评制度。“三级联创”活动不单独作为一个活动载体进行考评和表彰，但要列入“机关党建工作先进单位”考评内容。各级在考评机关党建工作先进单位时，要把“系统带动、上下联动”落实情况单列为考评项目进行考评，其分值在创先考评中占一定比例（具体考评内容和考评方法另行制定）。

五、切实加强领导，提升整体水平

1. 成立领导机构，制定工作方案。部门党组（党委）、单位领导班子要切实加强对“三级联创”活动的组织领导，充实完善创建活动领导机构，精心制订方案，做好统筹规划，认真组织实施，并指定有关科室具体负责日常工作；要认真制定联动、带动计划，建立健全相关制度，保证“三级联创”各项工作落到实处。部门党组(党委)、单位领导班子主要负责人要履行第一责任人的职责,分管领导要履行直接责任人的职责,机关党组织要履行具体抓落实的职责。要深入基层调查研究,加强督促指导,研究新情况,解决新问题,增强创建工作的针对性、实效性,为创建活动提供必要的工作条件和经费保障。

2. 坚持分类指导,培育推广典型。“三级联创”活动要在创特色、出“亮点”上下功夫,有步骤、有重点地培育和推广看得见、学得来的先进典型。市直机关各部门(单位)和县(市、区)直机关工委要把培育和树立典型作为联创活动的重要环节,在加强分类指导的同时,选择1—2个下属单位作为“三级联创”活动联系点,加强探索指导,及时总结经验,推广典型做法,有效地推动面上工作的开展,不断提高联创的整体水平。

3. 加强督促检查,确保取得实效。市、县(市、区)直机关工委每年对创建单位进行不定期督查。督查时,要把“三级联创”目标任务落实情况作为一项重要内容,一并检查,一起考评。市直机关工委将采取分批督查或随机抽查的办法,每年对市直机关三分之一创建单位进行督查。督查重点为:创建活动的体制机制是否健全,联创对象任务是否明确,创建工作措施是否到位,工作方式方法是否改进,载体运用是否创新,创建实效是否明显。市直各部门(单位)、各县(市、区)直工委要及时总结经验,找准薄弱环节,进一步改进和完善联创措施,争取全市“三级联创”活动取得更大实效。

附:机关党建“三级联创”部门(单位)对应表(略)。

中共泉州市委市直机关工作委员会

2007年8月27日

关于在市直机关开展“强化学习、强化服务、强化创新、强化效能”活动的意见

泉委工〔2013〕4号

市直各系统(局)党委,直属党总支(党支部),驻泉省部属单位党委:

今年是全面贯彻落实党的十八大精神的开局之年,是实施“十二五”规划承前启后的关键一年,也是为我市提前实现全面建成小康社会奠定坚实基础的重要一年。为认真贯彻市委关于开展“增强忧患意识　推动长远发展”大讨论活动的决策部署,深化创先争优活动、基层组织建设年活动及“下基层”活动,统筹推进机关党的各项工作,经工委研究,决定在市直机关开展以“强化学习、强化服务、强化创新、强化效能”为主要内容的“四个强化”活动。现提出如下具体意见:

一、目的意义

市直机关各级党组织要从机关党建工作面临的新形势、新任务、新要求出发,充分认识开展“四个强化”活动是深入贯彻党的十八大精神,推进学习型、服务型、创新型机关党组织建设的实际举措,是落实“增强忧患意识　推动长远发展”大讨论活动要求、深化创先争优活动的有效载体,也是提升机关党

建科学化水平、保障经济强市和美丽泉州建设的现实需要。牢牢把握“走前头、作表率”的目标要求，把“服务中心、建设队伍”贯穿于活动的全过程，转化和运用学习型机关党组织建设、机关党建服务发展“五建五创”、机关党建工作先进单位及文明单位等创建活动成果，切实在强化学习、强化服务、强化创新、强化效能上做文章、出成效，为全面贯彻落实党的十八大精神、加快产业集群发展、建设经济强市和美丽泉州提供坚强的思想、政治和组织保障。

二、主要内容

“四个强化”活动的内涵是：动员和引领市直机关党组织和党员干部围绕市委工作大局，强化学习、强化服务、强化创新、强化效能，建设一流机关、打造一流队伍、培育一流作风、创造一流业绩，使市直机关党建工作始终走在党的基层组织建设的前头。

（一）强化学习，打造一流队伍

党的十八大强调，要深入推进学习型党组织创建工作。今年3月1日，习近平总书记在中央党校建校80周年庆祝大会暨2013年春季学期开学典礼上的讲话中指出，全党同志特别是各级领导干部，都要有本领不够的危机感、加强学习的紧迫感，把加强学习思考作为转变工作作风的重要内容，大兴学习之风，坚持学习、学习、再学习，坚持实践、实践、再实践。市直机关各级党组织要正视“四大考验”和“四个危险”的挑战，着眼于增强自我净化、自我完善、自我革新、自我提高“四个能力”，着力解决党内存在的“新办法不会用，老办法不管用，硬办法不敢用，软办法不顶用”状态，努力把学习作为一项关系党的事业兴旺发达的战略任务来抓。要引导党员干部把学习作为一种追求、一种爱好、一种健康的生活方式，经常想一想能不能担当重任，与实践需要相比，在知识储备、学识智慧等方面还有多大差距，从而努力增强本领，一刻不停地增强本领。

一要拓展学习内容。我们的学习应该是全面的、系统的、富有探索精神的，既要抓住学习重点，也要注意拓展学习领域。既要向书本学习，也要向实践学习；既要向人民群众学习，向专家学者学习，也要向国外有益经验学习。首先要组织党员干部认真学习马克思主义理论这一工作制胜的“看家本领”，当前尤其要原原本本通读精读十八大报告和党章，牢牢抓住坚持和发展中国特色社会主义这条主线，深刻领会精神实质。要组织学习党的路线方针政策和国家法律法规，增强党员干部的政治素养。要结合工作需要学习经济、政治、历史、文化、社会、科技、军事、外交等方面的知识，不断提高党员干部的知识化、专业化水平。同时要坚持干什么学什么、缺什么补什么，有针对性地学习掌握做好领导工作、履行岗位职责所必备的各种知识，加强以创新能力为核心、以胜任本职工作为目标的相关能力培养，努力使机关党员干部真正成为行家里手、内行领导。

二要创新学习形式。要发扬理论联系实际的马克思主义学风，贴近党员干部的思想、工作、生活实际，创新学习方式和载体。推广自主选学，开展研究式、体验式学习，逐步建立“菜单式”培训体系，满足不同层次的学习需求。充分整合教育资源，利用党校、干校、团校等的师资力量和教育设施，同时把本单位党员活动室建设成为机关干部在职学习和素质教育的主阵地，完善机关干部“集中学习日”这一行之有效的形式，广泛开展党员干部读书、理论研讨、课题调研、实地考察及干部群众喜闻乐见、健康向上的机关文体活动，增强学习的吸引力、针对性和实效性。

三要健全学习制度。要建立开放互动的学习制度，规范学习内容，明确学习时间与要求，提出考核学习成果的硬性指标,营造一种时时、处处、人人学习的制度环境。完善和落实党委(党组)中心组和党支部、党员学习制度,落实基层党员教育培训规划,完善考勤、档案和考核激励等学习制度,把奖惩激励与改革干部人事制度结合起来,通过竞争上岗、年终考评等措施,变"要我学"为"我要学",使党员干部真正学有压力、学有动力、学有效力。

(二)强化服务,培育一流作风

当前,全市正按照市委、市政府的统一部署,全面建设全国"金改区",推动民营经济综合配套改革,努力实现更高水平、更宽领域、更好质量的发展。市直机关各级党组织一定要认真贯彻中央"八项规定"和省、市配套文件,把机关工作作风转变作为机关党的工作服务经济业务工作的切入点,以服务群众、做群众工作为主要任务,努力建设服务型党组织。

一要增强服务大局的意识。机关党建的生命力在于服务大局。市直机关各级党组织要按照党章和《中国共产党党和国家机关基层组织工作条例》规定,以坚决服从大局的态度,找准服务发展的切入点和着力点,切实履行好协助和监督职能,做到胸中有大局、工作有目标、行动有方向。要按照市委的决策部署精心组织"增强忧患意识　推动长远发展"主题学习讨论,广泛动员党员干部围绕继续打好"五大战役"、推动产业集群发展、"美丽乡村"建设等重点,从各自的职能和岗位出发,主动对接部署、细化任务措施,为服务泉州发展多尽一份心、多出一份力。当前,我市面临着经济、社会双重发展的形势和改革发展的"攻坚期",不少企业生产经营还比较困难,完成全年发展预期目标的任务比较艰巨。越是困难多、挑战大的时候,机关工作越是要强化大局意识、服务意识,把各类建功立业主题实践活动开展得富有声势,引导党员干部立足岗位当先锋,勇挑重担争先进,努力争创一流、展现风采。各级领导干部要做好表率,带头更新观念、转变作风,以此来感染、带动更多的干部群众。

二要提高服务发展的本领。市直各级机关党组织要善于突破就机关党建抓机关党建的定势,围绕本单位工作"中心点"抓党建,积极解决机关党建与中心工作相脱节的"两张皮"问题;要抓住本单位工作"切入点"抓党建,积极解决机关党建工作协调与配合不到位等问题;要找准本单位工作"结合点"抓党建,积极解决机关党建工作对中心工作支撑和保障不力的问题;要把握本单位工作"共同点"抓党建,形成整体联动、一体运作的工作合力,实现机关党建工作和中心工作同频共振、相得益彰。机关党员干部要主动应对新形势新要求,积极投身于"五大战役"、综合配套改革、"招商大会战"等第一线,在实践磨炼中经受考验、提高素质,增强谋划发展、推动发展和群众工作、公共服务、社会管理、维护稳定等本领。

三要培育服务群众的作风。按照中央部署,今年全党将开展党的群众路线教育实践活动。市直机关各级党组织要充分准备、精心组织,紧扣"保持党的先进性和纯洁性"这条主线,突出"为民、务实、清廉"这一主题,从现在做起,把活动的着力点放在解决存在的突出问题和群众反映强烈的实际问题上。要持续推进"下基层、解民忧、办实事、促发展"活动,贯彻落实党员干部直接联系群众工作制度等六项促进创先争优常态化长效化制度,进一步把走访慰问、随机调研、驻村蹲点、结对帮扶、挂职任职等工作做得更好,真正做到在深入基层深入群众中改进工作作风、在真心实意帮助基层办实事解难题中赢得信任支持、在面对面、手拉手工作中提高做群众工作能力。领导干部要带头遵守八项规定,要求别人做到的自己首先做到,要求别人不做的自己坚决不做。要广泛开展基层服务型党组织创建活动,拓展服务内容、创新服务方式、健全服务机制,总结推广组建党员志愿服务队等做法,培育一批示范点和服务品牌,增强基层党组织联系群众、服务群众、凝聚群众功能,使机关党的基层组织和广大党员干部深深扎根在人民群众中,团结带领人民群众为实现全面建成小康社会目标共同奋斗。

(三)强化创新,创造一流业绩

创新是时代的要求,也是一个政党永葆生机活力的源泉。当前,新一代年轻党员干部逐步成为机关干部的主体。市直机关各级党组织要立足新的实际,适应党员干部的认知、结构、需求特点的变化,从思想观念、内容形式、手段方法等方面进行探索创新。

一要注重理念与思路创新。市直机关各级党组织必须强化创新意识,培养创新思维,弘扬爱拼敢赢、敢为人先的创新精神,把创新的理念、意识融入党员干部教育培训和服务产业集群发展的全过程,通过组织开展大讨论,大力开阔眼界、开阔思路、开阔胸襟,营造敢于创新、勇于竞争、宽容失败的氛围,让创新成为美丽泉州建设的强劲动力,让侨乡大地响彻创新的时代最强音。要创新工作思路,把机关党建的着力点从开会发文等一般性指导转向激发机关效能上来,从偏重常规性工作转向机关党建的全局性、战略性、有效性研究上来;同时协助和推动各部门、单位以更加宽阔的视野、更加具体的措施,积极引导创新要素向基层、企业集聚,努力破解不愿创新、创新推进难、创新应用难等问题,营造积极主动创新、齐抓共管创新、激励奖励创新的格局。

二要注重方法与载体创新。要围绕机关党建“走前头”的目标要求和“服务中心、建设队伍”两项核心任务,准确定位机关党建工作,防止游离于党和政府中心工作抓党建,或以职能业务代替机关党建的“两张皮”现象。要顺应信息化、网络化的时代潮流,不断创新工作方法,大力推行机关电子党务,构建机关党建工作网上平台,强化平时工作的客观记录和日常考核,实现考核评价常态化,避免考评前突击“做台账”的迎检式创建。要积极探索适合时代特点、符合群众需求、得到党员拥护的党组织活动途径与形式,开展经常性的调研督导、专题督查和重点解剖,增强机关党建工作的吸引力、影响力和鲜活力。要坚持创新之举与务实之策的有机结合,做大做强创建“机关党建工作先进单位”这一机关党建服务全局的综合性载体,统领和推动学习型党组织、文明单位、平安单位、“五好”党支部等各具特色的亮点和品牌,形成破解难点、推进工作的机关党建品牌集群。

三要注重机制与制度创新。继续抓好党和国家机关基层组织工作条例及省市委配套文件的贯彻实施,认真研究解决执行中存在的问题,重点对机关党建工作责任制、党员领导干部双重组织生活制度、班子成员落实“一岗双责”情况、党务干部配备和经费保障情况等开展检查监督,全面落实机关党建工作责任制和党风廉政建设责任制,健全领导体制和工作机制。要按照“试点先行、逐步推广”的原则,全面推广“1263”机制,并结合新的实践不断加以完善,确保到今年“七一”前在市直机关全面落实“1263”机制要求。持续深化机关党建“三级联创”,市直单位要进一步提升系统带动能力,加强与省、县两级的联创联动,形成一整套具有自身特色、务实管用、行之有效的机关党建工作机制。同时大力推进制度创新,建立完善党员旁听基层党委会议、党代会代表列席同级党委有关会议等制度,积极发展党内基层民主,不断提高机关党建工作的科学化水平。

(四)强化效能,建设一流机关

机关党建工作不仅出凝聚力、战斗力,也会出生产力。要找准机关党建与机关工作的结合点,通过卓有成效的努力提高工作效率，推动实干型、效能型机关建设。

一要倡导效能党建。机关党建效果虽不像经济效益指标那样可以精确计算，但同样要强调效益。市直机关党组织要大力倡导效能党建观念，把机关党建工作的效率、质量与效果作为第一追求，在制度设计、办事流程、计划安排上，力求科学简化、实用有效，防止人为复杂而影响效率。要充分发挥思想政治工作优势，最大限度地激发机关党员干部的个人激情和奉献意识，将工作状态调整到最佳水平，追求工作质量的最优化、工作效能的最大化。

二要加强教育管理。要整治“庸懒散奢浮”等不良风气，重点在思想教育作风养成、强化制度执行力上下功夫。要抓好思想理论建设这个根本，教育党员干部不断增强为中国特色社会主义共同理想奋斗的责任感、使命感，弘扬爱岗敬业、乐于奉献的精神，把勤政务实、清廉高效的理念和作风培植到党员干部的精神世界里，构建党员干部在其位谋其政、履其职尽其责的文化体系。大力倡导“马上就办”的服务理念，创新工作方式，并在人员配备、部门协调、业务咨询、受理权限及经费保障等方面建立一套合理有效的协调联动机制，构建岗位职责一绩效评估一责任追究“三位一体”的治理“庸懒散奢浮”的制度体系，使“马上就办”成为一种工作常态，营造党员干部追求工作效率、提高执行力的干事创业环境和氛围。

三要强化考核评估。完善基层“五评机关”制度，运用考评成果，认真解决机关服务态度、办事效率、工作质量、协同配合、廉洁自律等方面存在的突出问题，促使机关干部爱岗敬业、恪尽职守、积极进取、勤勉理政，进一步树立为民、务实、清廉的机关形象。工委将继续协同市委办公室认真制定第三系列绩效考评的总体工作方案，分解细化任务，推进目标实施，加强跟踪监控，适时组织考评，着力构建科学可行的制度框架、常态化的工作机制。综合运用公众评议、“五评机关”的成果，并逐步与绩效评估的奖惩工作对接，做到“一项成果、多家应用”，合力推动机关作风根本好转，为打造“环湾活力都市、滨海幸福之城”发挥坚强的保障作用。

三、工作措施

市直机关各级党组织要高度重视，加强组织协调，采取得力措施，扎实有效推进，确保“四个强化”活动取得实效。

一要加强领导，精心组织。各级党组织要把“四个强化”活动作为贯穿全年工作的总载体、总抓手，列入重要议事日程，认真研究制定活动的实施细则，并把责任分解落实到人，精心组织实施。各系统党委要牵头抓总，加强指导，注意总结提升，保证活动的正确发展方向。党员领导干部要以身作则，带头讲学习、讲服务、讲创新、讲效能，引领和带动广大党员干部积极投身活动之中，努力提高机关党的工作保障和服务跨越发展的水平。

二要宣传造势，营造氛围。市直各部门、各单位要充分发挥党建信息网络和手机短信平台等媒介的作用，切实抓好“四个强化”活动的舆论宣传工作，同时注意总结经验，发现、培育和推广先进典型。市直工委将在泉州机关党建网站、信息内刊开设活动专栏，广泛宣传活动中涌现出来的好经验、好做法，营造良好的活动氛围。

三要讲究方法，务求实效。要结合本部门、本单位的性质、职能和党员干部队伍的实际情况，把开展“四个强化”活动与“增强忧患意识　推动长远发展”大讨论活动衔接起来，与深化创先争优活动结合起来，与第六轮机关党建创先协调起来，与落实2013年机关党的各项工作任务统筹起来，周密安排、有序推进，确保取得扎扎实实的成效。市直工委将不定期进行检查，及时跟踪掌握活动进展情况，并把活动开展情况纳入机关党建工作责任制的考核范畴，作为机关党建工作先进单位、“五好”党支部和文明单位的考评内容。

中共泉州市委市直机关工作委员会

2013年4月3日

关于印发《制度汇编》的通知

泉委工〔2013〕10号

本委各部、室，市直纪工委、机关工会、武装部、业余党校：

中共泉州市委市直机关工委制度汇编已经工委委员会议研究同意，现印发给你们，请遵照执行。

本委原有制度，如与本制度相抵触的，以本制度为准。

本制度由工委办公室负责解释。

中共泉州市委市直机关工作委员会

2013年5月31日

中共泉州市委市直机关工委制度

一、中共泉州市委市直机关工委会议制度

（一）工委委员会议

1.工委委员会议一般每月召开一次，如遇重要情况可随时召开。

2.工委委员会议由工委常务副书记召集并主持。

3.工委委员会议议题由工委常务副书记确定。会议召开的时间、议题应提前通知，研究重要议题应在会前将相关材料发各委员阅知。

4.工委委员会议必须有半数以上委员到会方能举行。讨论人事干部问题时，应有三分之二以上委员到会方能召开。工委委员因故不能参加会议，应在会前请假，其意见可用书面形式表达。

根据工作需要，工委委员会议主持人可确定有关人员列席。

5.工委委员会议进行表决时，赞成票超过应到会委员数的半数为通过，未到会委员的书面意见不能计入票数。表决可根据讨论事项的不同内容，分别采取口头、举手、无记名投票或记名投票方式进行。会议决定多个事项，应逐个表决。

推荐、提名人事干部和决定人事干部任免以及奖惩事项，应逐个表决。

6.工委委员会议要有专人记录,决定重要事项应编发会议纪要。

7.经工委委员会议讨论通过并以工委名义上报或下发的文件,由工委常务副书记签发。

8.对重大突发事件或紧急情况,来不及召开工委委员会议,工委常务副书记可临机处置,事后及时向工委委员会议报告。

9.工委委员会议主要研究贯彻落实党的路线、方针、政策,组织实施市委确定的中心任务和上级工委下达的主要任务,讨论决定工委工作的重大问题和人事问题。具体内容包括以下八个方面:

(1)传达、学习上级有关文件、指示、会议精神,通报重要情况;

(2)讨论决定机关党建工作和精神文明建设年度计划、阶段性部署、重大活动安排;

(3)审批基层党组织请示、报告及有关党员发展工作;

(4)研究机关党员违纪案件,并按规定的处理权限作出处理决定;

(5)研究有关群团工作的重要事项;

(6)研究本委人员调整、选拔任用科级干部;

(7)研究选拔科级后备干部,推荐市管副处级后备干部;

(8)研究行政管理、年度考核和需要提交工委委员会讨论的有关问题。

(二)工委行政办公会议

1.工委行政办公会议每月召开1次。

2.工委行政办公会议由工委常务副书记召集并主持。

3.工委行政办公会议参加对象为工委委员、各部室负责同志。根据工作需要,行政办公会议主持人可确定有关人员列席。

4.工委行政办公会议会务工作和会议记录、会议纪要、会议决定执行情况的督查和催办由办公室负责。

5.工委行政办公会议主要交流汇报和研究安排工委阶段性工作任务。具体内容包括以下三个方面:

(1)传达学习上级有关文件、指示、会议精神;

(2)研究具体工作,主要交流汇报本月工作任务的完成情况和研究安排下一个月主要工作任务;

(3)研究决定机关行政管理和工作协调、督查等有关问题。

(三)工委党员领导干部民主生活会议

1.工委党员领导干部民主生活会召开的时间、议题和参加对象严格按上级有关文件通知规定精神执行。

2.办公室等部室负责做好会前准备工作(征求意见建议、准备相关材料、报告召开时间等)和会后总结汇报。

(四)工委干部职工会议

1.工委干部职工会议一般每月召开1次。

2.工委干部职工会议由工委常务副书记或委托副书记召集并主持。

3.工委干部职工会议参加对象为全体干部职工。

4.工委干部职工会议主要是汇报交流上月工作情况,研究讨论当月工作任务。

5.工委干部职工会议会务工作由办公室负责落实。

(五)工委机关党支部会议

1.支部党员大会一般每季度召开1次。支部委员会议一般每月召开一次,根据需要,也可随时召开。

2.党小组会议一般每月召开1—2次,每季度或半年召开1次组织生活会。

3.支部组织生活会一般每年召开1次。

4.支部党员大会、支部委员会、党小组会议、组织生活会按有关文件规定要求执行。

二、中共泉州市委市直机关工委学习制度

为进一步强化干部职工理论学习,全面提高干部职工的思想政治素质和理论素养,特制定中共泉州市委市直机关工委学习制度。

(一)工委学习中心组学习制度

1.工委学习中心组一般每月安排1次集中理论学习,每季度进行1次集中专题讨论,每年举行1次学习心得交流会。做到工余自学和集中学习相结合,个人撰写学习心得和开展专题研讨相结合。

2.工委学习中心组(扩大)成员由工委委员、处级干部、有关部室负责人组成。

3.工委学习中心组设组长、副组长和学习秘书。工委常务副书记担任学习中心组组长,副书记担任副组长,宣传部部长担任学习秘书。

4.组长、副组长按照上级有关部门关于政治理论学习的指示精神,结合本委的实际情况,提出每季度(半年)的学习计划和学习要求,审定学习内容,确定学习时间和研讨专题,主持学习中心组的集中学习和专题讨论,指导、检查学习中心组成员的学习。学习秘书负责落实组长、副组长安排的有关政治理论学习的具体事宜和服务工作。

5.工委学习中心组根据上级精神,结合工委实际,认真制定年度学习计划,明确学习主要内容和具体实施办法,做到学习有考勤,讨论有记录,研讨有专题,发言有内容。

6.工委学习中心组成员根据工作需要和工作实际,制定个人理论学习计划,积极开展读书自学活动,利用工余时间认真读书学习,认真写好学习心得笔记,每季度至少撰写一篇学习心得。

7.工委学习中心组长要对工委学习中心组成员的自学情况进行定期督查。学习中心组成员进行述职要同时进行"述学",民主生活会时要进行"评学"。

8.工委学习中心组以学习马列主义、毛泽东思想和邓小平理论、"三个代表"重要思想、科学发展观以及中央、省委、市委的重大决策(决定)为主要内容,联系机关党建工作和精神文明建设实际,联系班子成员的思想和工作实际,结合学习党务知识和现代科技、经济、法律等方面知识,结合加强班子作风建设,有计划、有步骤地组织集中学习和开展专题研讨。

9.工委学习中心组注重学习的针对性和实效性,注重运用学习成果指导和推动实际工作,努力提高学习中心组的学习质量。

(二)工委机关党支部学习制度

1.工委机关党支部一般每年组织4次党课。

2.工委机关党支部根据实际情况,不定期组织全体党员学习党的基本理论知识和党的重要会议精神以及主要文件精神。

3.工委委员每年至少为机关党员上1次党课或讲授1次业务知识。

(三)工委干部职工学习制度

工委干部职工学习采取个人自学和集体学习相结合、集中学习和分散学习相结合、定期学习和不定期学习相结合、学习政治理论和学习业务知识相结合形式进行,以个人自学为主。

1.每星期一下午为机关全体工作人员集中学习或自学时间。学习由办公室(或机关党支部)负责组织。办公室(或机关党支部)根据全市机关学习总体计划安排,结合本委机关的工作实际,确定学习内容,组织集中学习、座谈和讨论,增强学习效果。

2.集中学习主要内容包括学习马列主义、毛泽东思想、邓小平理论、"三个代表"重要思想和科学发展观,传达各种重要会议精神,学习中央、省委、市委重要文件精神和省委、市委的重要工作部署,结合工作实际,组织学习业务知识和政治、经济、科技、法律、金融等知识。

3.按上级通知要求,及时收听、收看党和国家的重要会议、重大事件的广播新闻;定期播放电视教育录像片。

4.集中学习每月不少于2次,学习座谈或专题研讨每季度不少于1次,并按季度做好学习小结、总结成效、分析存在问题,不断增强学习的针对性和实效性,努力提高学习质量。

5.干部职工要自觉遵守学习制度,积极参加学习。如遇特殊情况不能参加,要经部室和工委领导同意并向办公室报备。

6.办公室负责抓好学习考勤登记,机关党支部负责定期抽查学习心得笔记。干部职工学习情况作为年度考核内容和评优评先的重要依据。

7.全体干部职工要科学安排工作,挤出时间加强学习,做好自学工作,及时了解国内外时事,掌握上级会议精神,学习政治理论和业务知识,提高自身素质和理论修养。

8.鼓励干部职工参加各种学习、培训,按有关规定给予报销学习费用。每年有计划组织干部职工参加各种各类培训学习。

三、中共泉州市委市直机关工委管理制度(略)

关于在全市机关学习"晋江经验"持续深化"1263"机制建设的意见

泉委工〔2013〕16号

市直各系统(局)党委、直属党总支(支部),驻泉省、部属单位党委,各县(市、区)直机关工委,泉州开发区、泉州台商投资区机关党委:

"1263"机制,是近几年来全省机关各级党组织按照中央和省委提出的机关党建"走前头"要求,认真落实《中国共产党党和国家机关基层组织工作条例》(以下简称条例)和省委《实施办法》,在实践中探索形成的具有福建特色、务实管用、行之有效的好机制,又是总结创先争优活动的做法、经验,上升为制度机制建设的一项重要成果。2012年9月,在全省基层党建工作机制建设推进会上,省委省直机关工委提出了在全省机关各级党组织中全面推行“1263”机关党建工作机制,即实现机关党建走前头“一个目标”,落实服务中心、建设队伍“两大任务”,抓好一岗双责、促进履职、思想作风、党内监督、文明和谐、基层组织“六个重点”,坚持省、市、县“三级联创”,不断提高机关党建科学化水平,引导机关党员为推进福建科学发展跨越发展作出新贡献。去年以来,泉州市各级机关党组织按照省直机关工委、泉州市委的统一部署,围绕中央条例、省委实施办法和市委实施细则要求,全面推进“1263”机制建设,进一步夯实机关基层组织基础,增强机关党组织和党员队伍的生机活力,促进机关党组织和党员在服务发展、服务民生、服务群众中更好地发挥作用,进一步加强机关党的建设,不断提升制度化、科学化、规范化水平,涌现出一大批行业、类型、特色各异的先进典型。2013年8月,省直机关工委在泉州市晋江召开全省县级机关“1263”党建工作机制建设现场推进会,晋江机关党建“四特”模式的经验做法得到省直机关工委的充分肯定。全市各级机关党组织要认真学习领会习近平总书记8月19日在全国宣传思想工作会议上的讲话精神,坚决贯彻落实省委、市委的决策部署,学习借鉴“晋江经验”,把持续深化“1263”机制建设作为 当前机关党建工作中一项基础性、长远性的重要任务来抓,不断开创泉州机关党建工作新局面。

一、认真学习借鉴晋江经验做法,鼓励支持先行先试和创新实践。晋江市委把中央和省委指导党建工作的原则性要求与本地实际、机关实际相结合,将2013年确定为落实“1263”机制典型培育年,先行先试,大胆创新,在“1263”机制建设过程中采取了一系列创新举措,探索形成机关党建“四特”模式,即“彰显时代特征、突出晋江特色、融入单位特点、展现品牌特质”,抓好“两上”工作,即“点上有典型、面上全覆盖”,凸显“五有”业绩,即“管事有权、做事有人、理事有钱、干事有位、办事有绩”,为晋江科学发展提供了坚实政治保障,推进“1263”机制建设取得明显成效。一是与时俱进,工作思维彰显时代特征。这是“晋江经验”值得学习的首要因素。按照中央、省委和泉州市委对机关党建工作的新要求,晋江机关党建紧贴时代脉搏,认真研究和解决当前工作面临的新情况、新挑战。注重夯实思想作风,深入开展以“学雷锋、学厦航、学经典、学八项规定”为主要内容的“四学”活动,有力推动机关党员队伍思想作风和工作作风的转变,服务推动经济社会发展的伟大实践,从而砥砺品质、锤炼作风、增长才干。注重党建载体创新,在完善创建党建工作先进单位、“三级联创”等已有载体的基础上,推出“一系统一品牌、一支部一特色”的做法,探索务实管用的新载体新抓手,积极推进“1263”机制建设。二是发挥优势,服务中心体现地域特色。主动融入中心,才能更好地服务中心。晋江城市建设步伐较快和民营经济较为活跃,推进“1263”机制较好地发挥了潜在优势。创新性推出“项目成建制”,以系统党委为单位,以机关各党支部为依托,成建制包干城市建设工作安征迁任务。推行“一线工作法”,抽调机关党员干部到重点建设项目一线,结对子,解难题,在一线锻炼、培养、发现和使用干部,充分发挥机关党组织和党员作用。同时,针对国(境)外、省(市)外经商的侨胞、企业家较多的特点,积极开展“回归工程”,推动产能回归、税源回归、总部回归、项目回归。这些都是机关党建服务中心的体现。三是结合实际,典型培育突出单位特点。增强机关党建工作的可操作性和实效性,不断扩大“1263”机制建设的正能量。按照本部门、本系统、本单位的功能定位和职责任务，因地制宜、分门别类、灵活推进“1263”机制建设。加强“1263”机制理论问题研讨，着力解决一些理论、观念和对策问题，避免囫囵吞枣，防止生搬硬套。通过典型培育，发挥引领作用，对不同类型、不同层面的党组织，进行面对面指导，努力提升“全覆盖”的深度、广度与效力。四是精心运作，项目载体展现品牌特质。重视机关党建工作载体创新，认真规划和组织，努力搭建机关党建工作新平台，加强“1263”机制建设项目化运作和品牌意识，是晋江经验的又一特色。晋江机关“1263”机制建设在实现“面”上“全覆盖”的“硬指标”中，着力创新培育“点”上的“软实力”，重视典型培育和示范引领，使持续深化“1263”机制建设的过程，成为机关党建内容不断拓展、载体不断丰富、成效不断提升的过程。

“晋江经验”具有很强的创新性和实践性，内涵丰富，特色鲜明。各级机关党组织要认真学习借鉴晋江推进“1263”机制的好经验好做法，以开放的姿态，积极探索，因地制宜，创造性地推进“1263”机制建设。

二、深入贯彻落实全省会议精神，不断增强机关党建引导力影响力。全省县级机关“1263”党建工作机制建设现场推进会上，总结了全省县级机关推行“1263”机制“服务大局、联系实际、强化基础、着力创新、典型带动”的五个特点，提出推进全省县级机关“1263”机制建设“四个强化”要求，全市机关各级党组织要认真学习领会，抓好贯彻落实。一要抓住根本。机制建设管方向、管长远，是根本，必须始终牢牢抓住。“1263”机制是对机关党建长期实践的内容概括和经验总结，持续深化这个机制建设，就是抓住机关党建工作的根本。要以高度责任感和强烈事业心，认真贯彻落实全省县级机关“1263”党建工作机制建设现场推进会精神，不断深化思想认识，以踏石留印、抓铁有痕的劲头，开创新局面，抓出新成效。二要推动落实。要切实把推行“1263”机制建设摆在机关党建重要议程，落实任务分解，研究制定持续推进“1263”机制建设的中长期和短期计划，明确分步骤推进的措施和进度，把目标任务细化分解到岗、到人，使“1263”机制在机关基层组织建设中深深扎下根来，汲取营养，不断开新花、结硕果。三要开拓创新。根据形势变化，丰富新的内涵，把“1263”机制建设作为机关党建工作的重点品牌加以培育、宣传和完善。要重视典型培育，选取适当数量基础条件不同的基层党组织，加强工作指导，总结成功经验，以点带面，加速推进，使“1263”机制不断焕发新的生机与活力。四要加强指导。要加强对推行“1263”机制的调研督查，尤其要加强日常性指导，着力创特色、出经验。要下大功夫提升水平，在充分调研和论证的基础上，制定加强机关党建的指导性意见，推动机关党建工作上新台阶。

三、持续深化“1263”机制建设，着力提升机关党建科学化水平。持续深化“1263”机制建设，是全面贯彻落实党的十八大精神，着力提升机关党建科学化水平的重要举措。学习借鉴晋江经验做法，推动“1263”机制建设取得新成效，必须认真总结前段工作实践，注意分析存在的问题及薄弱环节，在实现“全覆盖”的基础上继续抓好完善提升工作。重点做好以下四项工作：一要抓统筹，着力健全制度体系。推进机制建设的过程，是把机制要求不断细化、具体化，最终落实到行动层面的过程，需要一系列的具体制度来保障。一方面，力争把推进“1263”机制“全覆盖”工作做细、做实，不留死角，不含水分，切实把“1263”机制中的宏观要求转化为可操作的工作措施；另一方面，善于把实施“1263”机制与贯彻落实中央条例和省委实施办法、市委实施细则，与推进“四下基层”、推进“马上就办、办就办好”、推进行政服务中心党的建设、推进落实“八项规定”和廉政风险防控、推进机关党建和文明创建先进考评等当前和今后机关党建工作重点有机结合,围绕解决机关党建工作中的深层次问题,不断健全完善各项具体制度,形成“1263”机制有效运行的制度体系。二要抓深化,着力创新方式方法。始终把持续深化“1263”机制建设摆上重要位置。要持续抓好学习宣传,把“1263”机制作为机关党员干部日常学习教育的主要内容,作为机关党建主要舆论阵地的宣传重点,通过专题学习、开设宣传专栏、开展知识竞赛等形式,进一步提高机关党员干部对“1263”机制的知晓率。要讲究工作方法,突出工作重点,加强工作前瞻性研究,选准切入点,探索新抓手,集中精力先抓一两个根本问题,分步实施推进。要不断创新工作载体,抓好典型引路,以点带面抓好落实,把制度要求转化为具体实践,转化为党员干部的具体行动。三要抓提升,着力打造特色品牌。晋江机关党建“四特”模式是在推进“1263”机制建设实践中探索形成的,一个明显特点,就是“品牌意识”浓厚,注重打造和展现品牌特质。因此,要把“1263”机制作为机关党建特色品牌来建设,在体制机制、活动载体、工作措施上驱动创新,做到高起点谋划、高标准要求、高质量推进。通过理论研讨会、经验交流会、工作推进会以及下基层活动等形式,总结经验、改进不足、推动落实,使“1263”机制建设成为机关党员干部的共识共为。同时,加强对“1263”机制建设的分类指导,鼓励创新创造,挖掘潜在特色,注重上联下引,加强横向交流,及时总结推广,建设一批既有党政机关、又有企事业单位,既有党委、又有党支部的立得住、过得硬、推得开和见长效的“1263”机制建设示范点,努力培育具有本区域、本行业、本单位特色的党建工作品牌,不断打造特色涌现、生动活泼的党建工作新局面。四要抓督导,着力拓展建设成果。要加强对“1263”机制建设进行指导和督查,及时掌握工作动态、纠正工作偏差、解决工作难题。按照省直工委要求,把“1263”机制建设列入今后“五好”支部和机关党建工作先进单位的考评一级项目指标,检验工作成效,评定工作业绩,树好工作导向,推动机关党建走前头、作表率,创一流。

新时期新形势下,扎实推进“1263”机制建设空间很大,意义深远,持续深化“1263”机制建设使命光荣,任务繁重。市委高度重视机关党的建设,在今年“七一”全市党建工作会议上,对进一步推进“1263”机制建设,强化机关党建工作提出明确要求,寄予厚望。全市机关党务工作者要开拓进取,主动作为,不断强化学习、强化服务、强化创新、强化效能,努力推动“1263”机制建设成果转化,切实提升泉州机关党建科学化水平,为泉州科学发展跨越发展作出新的更大贡献。

中共泉州市委市直机关工作委员会

2013 年 9 月 4 日

中共泉州市委市直机关工作委员会关于印发《市直机关工委落实党风廉政建设主体责任清单》的通知

泉委工〔2016〕23 号

本委各部、室，市直纪工委，机关工会、武装部、业余党校：

经工委会研究同意，现将《市直机关工委落实党风廉政建设主体责任清单》印发给你们，请认真抓好贯彻落实。

中共泉州市委市直机关工作委员会

2016 年 10 月 31 日

市直机关工委落实党风廉政建设主体责任清单

为强化全面从严治党的政治责任，深化落实党风廉政建设主体责任和监督责任，切实把纪律和规矩挺在前面，推进本委机关党风廉政建设和反腐败工作，根据《泉州市关于进一步落实各级党委抓全面从严治党主体责任的实施细则》（泉委办发〔2016〕5 号）、《中共泉州市委办公室关于印发〈泉州市委、市纪委落实党风廉政建设“两个责任”清单〉的通知》（泉委办发〔2016〕27 号）精神，结合本委实际，制定市直机关工委落实党风廉政建设主体责任清单。

一、市直机关工委领导班子责任（15 项）

市直机关工委领导班子对本委党风廉政建设主体责任的落实负全面领导责任。

1.在思想上政治上行动上与党中央保持高度一致，自觉维护中央权威和党的团结统一，带头学习、遵守、贯彻、维护党章，认真落实全面从严治党的政治责任，严格执行党的政治纪律与政治规矩、组织纪律、廉洁纪律、群众纪律、工作纪律和生活纪律。

2.认真学习贯彻党中央、中央纪委以及省委、省纪委和市委、市纪委关于党风廉政建设和反腐败工作的部署要求，坚持把党风廉政建设纳入全市机关党建工作之中，研究提出工委机关党风廉政建设工作规划、年度计划和阶段性任务安排。

3.充分发挥市直机关工委落实党风廉政建设责任制工作领导小组职能作用，定期听取工作汇报，分析研判形势，研究相关落实意见，指导和督促党风廉政建设和反腐败工作深入开展。

4.加大对党风廉政建设和反腐败斗争形势、任务、制度、措施和成效的宣传力度，坚持把党章党纪党性党风教育纳入工委学习的重要内容，认真抓好《中国共产党廉洁自律准则》《中国共产党纪律处分条例》《中国共产党问责条例》和《关于新形势下党内政治生活的若干准则》《中国共产党党内监督条例》的学习宣传和贯彻落实。坚持正面典型示范教育和反面典型警示教育相结合，开展经常性警示教育活动,大力推进廉政文化建设。

5.严格按照《党政领导干部选拔任用工作条例》和好干部“五条标准”选拔任用干部,认真贯彻《推进领导干部能上能下若干规定(试行)》(中办发〔2015〕42 号)要求,严格执行 6 种干部“下”的规定,对该若干规定中明确的 10 种不适宜担任现职的干部及时予以调整。强化领导干部任职前廉政教育,实行任前领导干部个人有关事项报告核查与廉政谈话等制度,完善综合考核评价指标体系,树立正确的选人用人导向。对拟提任科级干部(含非领导职务转任领导职务),要在认真学习《中国共产党廉洁自律准则》《中国共产党纪律处分条例》等廉政法规的基础上,对照岗位履职要求撰写对照检查材料,存档备案。

6.加强对干部选拔任用工作的管理和监督,及时发现和制止违反有关规定的行为,严肃查处违反组织人事纪律的行为,加大责任追究力度,坚决纠正和查处选人用人上的不正之风和腐败问题。

7.继承发扬党的优良传统和作风,践行党的群众路线和“三严三实”要求,严格落实中央八项规定精神,驰而不息纠正“四风”,持续整治“庸懒散奢”“吃拿卡要”等不作为,乱作为问题;着力解决省委尤权书记提出的“不冷不热、不急不忙、不疼不痒”的“机关病”;认真受理来信来访举报,着力解决发生在身边的不正之风和腐败问题;完善作风建设制度,推动作风建设常态化、长效化。

8.把严明党的政治纪律和政治规矩作为首要任务,严格执行《中国共产党廉洁自律准则》《中国共产党纪律处分条例》《中国共产党问责条例》《关于新形势下党内政治生活的若干准则》《中国共产党党内监督条例》等党规党纪制度,加强对党员干部的日常教育和监督管理,把纪律和规矩挺在前面,注重抓早抓小,让“红红脸、出出汗、咬耳朵、扯袖子”成为常态。认真落实《市纪委、市委组织部关于建立健全市管干部廉政谈话提醒机制的意见》(泉委办发〔2014〕13 号),对干部队伍出现的苗头性和倾向性问题,及时打招呼提醒,防止小错酿成大错,促进领导干部廉洁自律。

9.加强对党内监督工作的领导,认真执行述廉述责、民主生活会、提醒、函询、诫勉和领导干部报告个人有关事项等党内监督制度。

10.认真贯彻民主集中制,严格执行“三重一大”集体决策制度,个人不得擅自改变集体研究决定的事项,研究决定“三重一大”事项必须有会议记录并永久保存,推进党内关系正常化。

11.加强党风廉政法规制度建设,建立健全和严格执行权力清单、责任清单、负面清单以及党务公开和办事公开等制度,强化对权力运行的制约和监督。

12.支持和配合巡察工作,对巡察组反馈意见认真整改,对移交问题线索逐一落实,及时公开整改情况。

13.认真落实“双报告”制度,每年 12 月底,工委年度落实党风廉政建设责任制情况,以书面形式专题报告市委、市纪委。重大情况要及时报告。

14.落实党风廉政建设主体责任情况作为年度考核的重要内容,加强考核和评价结果运用。

15.根据《中共福建省委办公厅关于深化落实党风廉政建设党委主体责任的暂行规定》及《泉州市关于落实党风廉政建设党委主体责任的意见》精神,对照《泉州市关于党风廉政建设责任追究实施细则(试行)》(泉委发〔2015〕3 号)中规定的责任追究情形,对不履行主体责任或者履行不力,造成严重损害或者严重不良影响的,严肃追究责任。

二、市直机关工委常务副书记责任(10 项)

常务副书记对本委党风廉政建设主体责任的落实承担第一责任人职责。

1.认真学习贯彻党中央、中央纪委以及省委、省纪委和市委、市纪委关于党风廉政建设和反腐败工作部署要求，做好学习传达、研究谋划、动员部署、责任分解、督办落实、责任追究等组织领导工作。

2.每年至少2次主持召开工委会，分析研判形势，及时研究部署党风廉政建设和反腐败工作。自觉履行党风廉政建设主体责任第一责任人职责，坚持重要工作亲自部署、重大问题亲自过问、重点环节亲自协调。

3.对党风廉政建设和反腐败工作任务的安排部署、责任分工、推进落实以及专项工作的请示或报告、述廉述责报告等文件材料把关审签，提出明确意见。

4.加强对领导班子其他成员的日常教育和监督管理，认真落实廉政谈话、廉政党课、检查考核等制度，及时了解掌握思想、工作动态和干部群众的评价反映，有针对性地提出具体要求。

5.严格落实"一岗双责"，督促领导班子其他成员廉洁自律，发现班子成员有苗头性、倾向性问题或对被反映个人廉洁自律、"四风"方面有问题的，及时谈话提醒并督促整改，对于问题比较严重的，及时向市委、市纪委报告。

6.主动接受和支持纪检监察机关对工委领导班子及成员的监督，支持纪检监察机关对发生问题的工委科级及科以下干部进行纪律审查，严格执行"一为主两报告"制度，协调解决实际困难和具体问题。

7.对被发现问题较多、群众来信来访反映问题集中、民主测评满意度较低的部(室)，及时约谈其主要负责人，提出具体整改意见。

8.积极践行"三严三实"要求，带头遵守党的纪律特别是政治纪律和政治规矩，带头落实中央八项规定精神，带头执行《中国共产党纪律处分条例》《党政机关厉行节约反对浪费条例》《泉州市厉行节约文明举办婚丧喜庆事宜的暂行规定》等廉洁自律各项规定，带头执行《关于新形势下党内政治生活的若干准则》《中国共产党党内监督条例》，管好班子、带好队伍，教育管理好配偶、亲属，主动接受组织和群众的监督。

9.认真贯彻民主集中制，严格执行"三重一大"集体决策制度，在议事中充分听取班子成员的意见，不提前作倾向性发言。严格党内组织生活，定期组织召开领导班子民主生活会，积极参加所在党小组组织生活会，带头开展批评和自我批评。

10.每年围绕个人履行党风廉政建设主体责任、本人履行第一责任人责任以及本人廉洁自律等情况，认真撰写述廉述责报告，主动接受监督和评议。

三、市直机关工委领导班子其他成员责任(8项)

市直机关工委领导班子其他成员根据工作分工对分管范围内党风廉政建设主体责任的落实负主要领导责任。

1.认真学习贯彻党中央、中央纪委以及省委、省纪委和市委、市纪委关于党风廉政建设和反腐败工作部署要求，立足自身职责，协助主要负责人落实党风廉政建设主体责任。

2.将党风廉政建设的各项要求融入分管业务工作中，对分管范围内的党风廉政建设和反腐败工作定期研究、部署、检查和报告，主要任务具体主抓。

3.督促指导分管部(室)结合实际制定加强纪律建设、作风建设、廉政教育、规范权力运行等具体措施，抓好各项制度措施的落实。

4.督促指导分管部(室)党员干部特别是部(室)主要负责人的日常教育和监督管理,通过定期谈话、了解等形式,及时掌握思想、工作情况以及群众反映,提出具体要求。

5.对分管部(室)存在的苗头性、倾向性问题,及时提醒和纠正,对于问题比较严重的,及时向工委会报告。

6.严格党内组织生活,积极参加领导班子民主生活会和所在党小组组织生活会,结合工作分工,严格对照检查,深入开展批评和自我批评。

7.主动接受纪检监察机关的监督,支持纪检监察机关对发生问题的分管部(室)进行纪律审查。

8.践行"三严三实"要求,严格遵守党的纪律特别是政治纪律和政治规矩,严格落实中央八项规定精神,严格执行廉洁自律各项规定,带头执行《关于新形势下党内政治生活的若干准则》《中国共产党党内监督条例》,管好配偶、亲属,主动接受组织和群众的监督。

关于深入扎实推进"机关党旗红,'五个泉州'在行动"主题实践活动的实施意见

泉委工〔2017〕综20号

市直各系统党委,直属机关党委(党总支、党支部),驻泉省、部属单位党委,各县(市、区)直机关工委,泉州开发区、泉州台商投资区机关党委:

为贯彻落实党的十八届六中全会和省、市党代会精神,抓好全面从严治党新常态下的机关党建工作,讲好机关党建故事,破解党建工作与业务工作"两张皮"现象,切实发挥机关党组织的战斗堡垒作用和共产党员的先锋模范作用,助推"项目攻坚年"和"创新、智造、海丝、美丽、幸福"现代化泉州建设,现就深入扎实推进"机关党旗红,'五个泉州'在行动"主题实践活动提出如下实施意见:

"机关党旗红,'五个泉州'在行动"主题实践活动是机关党建工作围绕中心、服务大局的新载体,是机关党组织落实全面从严治党主体责任的新抓手,也是党员干部履职尽责、建功立业的新平台。深入扎实推进主题实践活动,就是要以迎接党的十九大胜利召开和学习贯彻党的十九大精神为主线,围绕市委"稳中求进、突围攻坚"工作总基调,主动瞄准全市"项目攻坚年""五个泉州"建设目标,紧扣年度党建工作任务,结合地区、部门、行业实际,继续坚持把加强学习、增强素质,解放思想、改革创新,振奋精神、担当作为,实干高效、提升业绩贯穿始终,以"快马加鞭未下鞍"的气魄和"撸起袖子加油干"的斗志,立足"五个泉州"建设,持续推进"五项行动",务求取得实实在在的成效。

一、持续推进"看齐对标"行动,巩固建言献策和"两学一做"学习教育成果

十八届六中全会强调,党的各级组织、全体党员特别是高级干部都要向党中央看齐,向党的理论和路线方针政策看齐,向党中央决策部署看齐。全市机关党组织既要强化思想上的看齐,又要有行动上的紧跟和工作中的担当,在看齐过程中同党中央保持高度一致,形成"人心齐,泰山移"的强大力量。

一要转化大讨论、主题征文等建言献策活动成果。机关各级党组织要扭住对中央和省市委精神学

得不深、跟得不紧，对"五个泉州"建设掌握不够、理解不透，对立足自身职责服务"五个泉州"方向不明、心中无底等问题，把学习教育贯穿于活动始终，巩固和转化"机关党旗红，'五个泉州'在行动"主题征文、"建设'五个泉州'，机关怎么做"大讨论等活动的成果，继续开展"我为推进'项目攻坚年'献一策""金点子"征集活动，完善工作部署，拓宽工作思路，增强工作本领，更好推动发展。同时，引导机关党员干部向中央和省、市委的要求对标看齐，增强政治定力、担当精神、敬业态度，保持清正廉洁，争当"忠诚、干净、担当"的好干部；向群众和企业的期盼对标看齐，增强民本意识，提高行政服务效率，营造更加省心快捷的办事环境和更加清爽的政治生态；向时代的高标准对标看齐，告别"过去一直如此"的低标准，提振创业激情，完善相关制度，优化工作流程，以高标准推动工作。

二要常态化制度化推进"两学一做"学习教育。机关各级党组织要深入贯彻习近平总书记重要讲话精神和治国理政新理念新思想新战略，坚持重在平时、抓在经常，持续推进"两学一做"学习教育。要引导党员干部以学促做、知行合一，坚持学习党章党规和系列讲话，经常参加党的组织生活，进一步增强"四个意识"，坚定"四个自信"；时刻严格按照"四讲四有"标准来衡量检视自己、剖析改进自己，强化经常看齐的清醒、主动看齐的自觉、坚定看齐的担当、善于看齐的能力，不断解决理想信念模糊动摇、党的意识淡化、宗旨观念淡薄、精神不振、道德行为不端等问题，着力在政治、纪律、品德、作为等方方面面都"合格"。同时，对照习近平总书记关于"三严三实""四个铁一般"等要求，调准行为"标尺"，调高作为"标杆"，在做合格党员的基础上，争当优秀共产党员。

二、持续推进"创牌亮旗"行动，巩固丰富主题实践、打造党建品牌成果

全市机关党组织要针对党建项目模糊不实，党组织凝聚力、向心力弱化，缺乏品牌辨识度和带动力等问题，注重品牌引领，亮出鲜明旗帜，积极探索实践新形势下服务中心工作的新载体、新途径，让党建工作更加精细化、更富实效性。

一要在项目化管理中创出品牌。全市机关党组织要按照市委《关于实施党建工作项目化管理的意见》(泉委发〔2015〕20号)要求，把抓经济工作的理念和项目化管理的手段植入党建工作，逐步探索形成精细化管理、规范化推进、数据化考评的党建工作项目化管理模式。当前要结合年度工作安排，紧扣业务工作中暴露出来的党员干部思想、能力、作风方面的短板来设计载体、选定抓手，通过科学谋划项目、扎实推进项目、要素保障项目、全程监管项目、宣传推介项目等手段，对机关党建领域重点难点工作实行目标责任考核，做大做强"机关党旗红，'五个泉州'在行动"主题实践活动这个主品牌，推动党建工作从"软任务"变成"硬指标"、从"虚功"变成"实做"，着力解决管党不力、治党不严等问题，以项目化带动全面从严治党各项目标任务落到实处。

二要在履职实践中亮出旗帜。要发挥优势增强凝聚力。充分发挥机关党组织在思想引领、凝聚人心、推动发展、促进和谐等方面的优势和作用，最大限度聚集合力，强化服务全市"项目攻坚年"及"五个泉州"建设的政治自觉、行动自觉。要立足各自的资源禀赋、职能职责和党建工作基础，找准党建工作服务市委、市政府中心工作的着力点和突破口，在如何加快项目建设、推进项目攻坚，如何精准扶贫、实现全面小康，如何实施创新驱动、推动供给侧结构性改革，如何防范金融风险、建设诚信机制，如何推进"创城创卫"、实现"保牌提升"等方面明晰方向、扛旗领跑，展现风采、提升各自的美誉度。要立足岗位强化服务力。以加强服务型机关党组织建设为抓手，突出服务这一根本价值取向，重点围绕服务中心、建设队伍搞好服务,在服务中亮出旗帜,使服务成为机关党建的鲜明主题。进一步落实"1263"工作机制亮岗履职要求,结合"承诺、践诺、评诺"活动,运用"党员先锋岗""党员示范区""党员志愿服务队"等载体,以服务窗口为重点,推动党员亮身份、亮作为,在落实重点工作中履职尽责,在服务全市工作大局中成长成才。要认真落实党员干部直接联系群众制度,推动机关干部深入基层、服务基层,在服务型机关党组织建设中走前头、作表率。

三、持续推进"示范表率"行动,巩固提炼精品和打造自信成果

机关党的建设状况,对于新形势下党的建设各项工作的进展具有重要的表率和示范作用。全市机关党组织必须把"走前头、作表率"融入机关党建工作的全过程,贯彻于机关党的各项建设中,既用先进标准来衡量和提升自己,又积极为其他领域党的建设提供有益的探索和经验。

*一要以精品意识打造"示范工程"。*机关各级党组织要及时总结提炼主题实践活动的好做法、好经验,建立主题实践活动"示范点""样板房",增强辐射带动作用,推动主题实践活动多出务实成果、多出管用经验、多出可学典型。同时根据主题实践活动的进展情况,适时召开经验交流会、现场观摩会、工作推进会,及时宣传报道各地各单位开展主题实践活动的好经验、好典型,发挥典型的引领示范作用,做到以点带面、抓点促面,把主题实践活动打造成为机关工作的一个示范工程,推动"看不见"的机关党建内化于心、外化于行,真正成为机关工作的精神引领。

*二要以党建自信推动"走前头、作表率"。*机关各级党组织要牢记习近平总书记关于"机关党建工作必须适应新形势新任务的需要,走在党的基层组织建设的前头"的嘱托,充分认识机关党建的特殊重要地位和不可或缺的示范带动作用,理直气壮地抓好机关党建,心无旁骛地推动主题实践活动,切实增强机关党建自信。要立足于破解机关党建"虚、软、远"的认识误区和党务干部"小马拉大车"的实践尴尬,克服对机关党建"说起来重要、做起来次要、忙起来不要"的"灯下黑"现象,认真研究和把握机关党建具有示范引领作用和服务保障功能等特殊规律,树立"有为才有位"导向,安心、专心、用心地开展主题实践活动,推动机关党建走前头、作表率,共同营造各职能主体明确任务、尽心履职及全社会理解关心支持机关党建的良好氛围。

四、持续推进"正风提效"行动,巩固推动转型升级、优化营商环境成果

"五个泉州"建设离不开一流的营商环境。转变作风、提升效能,机关党建是主心骨、主力军,要通过深入扎实推进"机关党旗红,'五个泉州'在行动"主题实践活动展示正能量、提振精气神。

*一要着力解决不担当不作为的"三不"作风问题。*要引导机关主动适应作风建设"新常态",严格落实中央八项规定精神,持续整治"四风",推动党风廉政建设向基层延伸,认真解决好少数机关党员干部不担当不做事、冷拒横推、"中梗阻"等问题,切实解决一些机关干部存在的"不冷不热、不急不忙、不疼不痒"等工作积极性不高、责任感不强、对群众诉求感同身受不足的问题,不断提升群众满意度,致力于构建"亲""清"新型政商关系,建设一流营商环境城市。

*二要着力解决不计成本、低效运作等机关效能方面存在的问题。*要巩固"四个强化"(即强化学习、强化服务、强化创新、强化效能)活动成果,动员和引领机关党组织和党员干部围绕市委工作大局,打造一流队伍、创造一流业绩、建设一流机关。市直各部门党组(党委)要根据市委要求,发挥"总揽全局、协调各方"作用,善于整合各级各类组织的力量,共同提高工作效率;要进一步完善相关体制机制,特别是

选人用人机制，把项目攻坚作为检验干部能力、作风的“试金石”和“主战场”，以实绩论英雄，在一线考核干部、发现干部，让一批想干事、能干部、敢担当、善作为的优秀干部脱颖而出。机关基层党组织要发挥“组织者、推动者和实践者”的作用，大力倡导“马上就办、真抓实干”的服务理念，使之成为一种工作常态，营造党员干部追求工作效率、提高执行力的干事创业氛围。

五、持续推进“固本强基”行动，巩固大抓基层、夯实基层基础成果

要树立大抓基层的鲜明导向，持续推进“固本强基”行动，扎实抓好以严肃党内政治生活为重点的基层组织建设。

一要总结推广“支部工作法”。机关各级党组织要认真学习借鉴中央国家机关“一二三四”支部工作法和省直机关党支部七项基本工作法，结合自身实际，总结提炼富有地域特点和行业特色的党支部工作法。基层党支部要围绕“五个好”目标，在领导班子、党员队伍、工作机制建设及争创一流业绩、密切党群干群关系上争先进、树标杆。要推动《新形势下党内政治生活的若干准则》落地见效，强化基层党组织的政治功能，严肃党内政治生活，净化党内政治生态。市直机关工委将认真做好第十二轮（2015年7月—2017年6月）“五好”党支部创建活动的分类指导、考评验收等工作，市直各系统党委、直属机关党委（总支）、驻泉省部属单位党委要突出工作重点，狠抓薄弱环节，提升基层党支部建设整体水平。

二要深化“1263”工作机制建设。“1263”工作机制符合机关党建发展规律和全面从严治党的内在要求。机关各级党组织要协力推进“全省‘1263’机关党建工作机制建设示范市”建设，通过抓均衡发展，把“1263”工作机制建设与贯彻落实中央《条例》、基层党组织书记述职评议考核、机关特色党建竞赛活动等各项工作有机结合起来；抓完善提升，明晰目标任务、集聚工作力量、强化工作规范；抓品牌打造，以联创突显行业特点，以创新形成基层特色，以提升展现品牌特质，构建横向到边、纵向到底的责任体系，提升机关党建科学化水平，引领全面从严治党新常态。

六、聚焦、聚神、聚力抓实抓好主题实践活动

市直各系统党委，直属机关党委（党总支、党支部），驻泉省部属单位党委，各县（市、区）直机关工委，泉州开发区、泉州台商投资区机关党委要立足“五个泉州”建设，结合地域、部门和行业实际，围绕持续推进“五项行动”，以钉钉子的精神抓好主题实践活动既定项目的落地，列入重点项目汇总表的项目可以仿照今年全市项目攻坚年动员部署视频会提出的指挥部体制，建立专门工作班子负责协调推进；未列入重点项目汇总表的项目由各单位按照本实施意见要求抓好落实。机关各级党组织负责人要亲力亲为，问进度成效、问质量效率、问责任担当，“一杆子插到底”抓好落实。

市直机关工委将对主题实践活动项目实行分级分类管理，适时对重点项目落实情况进行精准督察，既督任务、督进度、督成效，又察认识、察责任、察作风，对发现问题列出清单、明确责任、挂账整改；从重点项目中筛选出10—15个示范项目，投入一定的补助资金，上下互动共同加以推进。同时，将各单位主题实践活动开展情况纳入部门党组（党委）、基层党组织书记抓党建工作述职评议考核内容，纳入“五好”党支部创建考评内容，纳入全面从严治党主体责任落实情况检查内容，建立通报制度，表扬先进、鞭策落后。

中共泉州市委市直机关工作委员会

2017年3月21日

关于推广实施《市直机关党支部“5433”工作法(试行)》的通知

泉委工〔2017〕综28号

市直各系统党委,直属机关党委(总支、支部),驻泉省、部属单位党委:

为树立大抓基层、党的一切工作到支部的鲜明导向,推动全面从严治党要求落实到市直机关每个党支部、每名党员,在学习借鉴中央国家机关“一二三四”机关支部工作法、省直机关党支部七项基本工作法和市委组织部《关于规范党支部制度建设的指导意见》的基础上,立足于市直机关的特点和实际,总结、提炼了《市直机关党支部“5433”工作法(试行)》,现印发给你们,请结合实际抓好落实。实施中有什么意见建议,请及时向市直机关党工委组织部反馈。

中共泉州市委市直机关工作委员会

2017年4月28日

市直机关党支部“5433”工作法(试行)

为认真贯彻习近平总书记关于机关党建的重要论述、党的十八届六中全会和省、市党代会精神,推动全面从严治党要求落实到市直机关每个党支部、每名党员,根据全省“1263”机关党建工作机制及市直机关“五好”党支部建设实际,提炼形成市直机关党支部“5433”工作法,进一步推动市直机关党支部工作规范化、制度化、科学化,更好发挥党支部的战斗堡垒作用和党员的先锋模范作用。

1. 围绕“五个好”目标

市直机关基层党支部要根据上级党组织的要求,围绕“五个好”建设目标(即领导班子好、党员队伍好、工作机制好、工作业绩好和群众反映好),确定一定时期既具有挑战性又具有可及性的总体建设目标,并据此按班子成员职责分工制定明确的个体目标。坚持目标引领和问题导向,制定切实可行的年度工作计划,努力完成《中国共产党章程》规定的八项基本任务,扎实推进学习型、服务型、创新型党组织建设,全面加强机关基层党的思想、组织、作风、反腐倡廉和制度建设,真正把党组织的形象树起来,成为激浊扬清的战斗堡垒;把党员的标准立起来,成为扶正祛邪的先锋战士;把机关党建的品牌和自信亮出来,成为管党治党的示范工程。

2. 聚焦“四项职能任务”

机关基层党支部要聚焦“服务中心、建设队伍”两大核心任务和“协助和监督”两大根本职能来谋划、部署和推进机关党建工作。一要聚焦“协助”职能。要致力于克服党建与业务“两张皮”现象,坚持

“业务工作部署到哪里，党建工作就服务延伸到哪里”，从业务工作中暴露出来的党员干部思想观念、工作作风和执行能力问题入手，设计工作抓手、平台和载体，抓实党建工作。同时协助党组（党委）管理机关基层党组织和群众组织的干部，团结、组织党内外干部群众，支持、协助本单位负责人完成工作任务。二要聚焦“监督”职能。要认真落实《中国共产党党内监督条例》《中国共产党党和国家机关基层组织工作条例》规定的监督内容和方法，定期检查党员参加组织生活情况，督促党员领导干部参加双重组织生活会，了解掌握机关党员以及领导干部的思想、作风和工作情况，并如实向上级党组织反映，支持党员行使监督权利。三要聚焦“引领”任务。要强化机关基层党组织的政治功能，注重政治引领，听党话、跟党走，完成《中国共产党章程》赋予的基本任务，切实从思想上政治上组织上引导教育党员和群众，杜绝把基层党组织混同于一般社团组织的现象，充分发挥落实党的路线方针政策和各项工作任务的战斗堡垒作用。四要聚焦“服务”任务。要深化基层服务型党组织建设，强化服务理念，完善服务体系，提高服务能力，重点围绕服务中心、建设队伍搞好服务，做到在强化服务中建设一流机关、打造一流队伍、培育一流作风、创造一流业绩，更好地服务改革、服务发展、服务民生、服务群众、服务党员，在服务中体现党的政治优势，增强基层党组织的凝聚力和感召力。

3. 实施“三大项目工程”

市直机关党支部要按照市委《关于实施党建工作项目化管理的意见》（泉委发〔2015〕20 号）要求，把抓经济工作的理念和项目化管理的手段植入基层党建工作，逐步探索形成精细化管理、规范化推进、数据化考评的党建工作项目化管理模式，形成“一支部一特色”工作格局，打造富有生命力的党建品牌。

（1）*规范提升项目工程*：要按照组织健全、制度完善、运行规范、活动经常、档案齐备、作用突出的要求，抓住继承和创新这两个关键，下大力气推进党支部规范化建设，特别是在健全完善基本制度、推动制度严格落实上下功夫：一是“三会一课”制度。定期召开支部党员大会、支部委员会、党小组会，按期上好党课。原则上，设党小组的支部党员大会每三个月召开 1 次，党支部委员会、党小组会及不设党小组的支部党员大会每月召开 1 次，党课每年至少安排 1—2 次。“三会一课”可根据实际需要随时召开，视情邀请入党积极分子、发展对象和党外人士等对象参加。要突出政治学习和教育、突出党性锻炼，把“两学一做”作为“三会一课”基本内容固定下来、坚持下去，坚决防止表面化、形式化、娱乐化、庸俗化，教育引导党员做到政治、执行纪律、品德和发挥作用“四个合格”。支部每年制定年度“三会一课”计划并报上级党组织备案，并如实记录“三会一课”开展情况。二是组织生活会制度。一般每季度或每半年召开一次组织生活会，也可根据需要随时召开。党员人数较多的党支部，可分党小组召开组织生活会。每次组织生活会要突出主题，紧密联系党员思想和工作实际，认真开展批评与自我批评，既解决实际问题，又解决思想问题。党员领导干部除参加党委（党组）的民主生活会外，还必须参加所在党支部（党小组）的组织生活会。要做好会前、会中、会后各环节工作，同时及时向上级党组织报送组织生活会情况报告及会议记录等。三是谈心谈话制度。每年党支部书记与班子成员、班子成员之间、班子成员和普通党员开展谈心谈话至少 2 次，可采取个别谈话、集体座谈、随机交流等多种形式进行。党员领导干部要带头谈，也要接受党员、干部约谈，提倡党员之间互相谈。要针对不同谈心谈话对象，选好“话题”，突出谈心谈话重点，改进谈心谈话方式方法，真正达到交流思想、加强了解、加深理解、消除误解的目的，疏导不良情绪，增进党内团结。党员要定期向党组织汇报自己的思想和工作情况，自觉接受党组织的教育管理和监督。对党员遇到的实际困难，党组织要真情关怀,帮助解决具体问题。党支部要将党内谈心谈话工作列入年度计划,抓好跟踪落实,如实记录谈心谈话工作开展情况。四是党性定期分析和民主评议党员制度。党性定期分析和民主评议党员在支部年度组织生活会上进行,原则上每年1次,一般安排在年底或次年初。组织党员对照“四讲四有”(讲政治、有信念,讲规矩、有纪律,讲道德、有品行,讲奉献、有作为)合格党员标准,按照个人自评、党员互评、民主测评、组织评定等程序开展民主评议,重点评议党员思想表现、工作作风、遵守纪律、履行职责、发挥作用、道德品质等情况,确定相应等次。可采取发放民主测评表等方式,组织党员测评,邀请群众代表、党外人士、服务对象等参加。民主评议可结合党员目标管理考核、“三诺”(承诺、践诺、评诺)中的评诺工作一并进行。党性分析和民主评议结果作为党内表彰和不合格党员处置的重要依据。五是报告工作和述职评议制度。党支部委员会每半年或按工作阶段向党员大会作工作报告和自身建设情况的报告,接受监督。同时,形成年度总结报告,报上级党组织。党支部书记每年一次参加述职评议会,围绕抓全面从严治党主体责任落实、深入改进作风、机关党内政治生活和思想政治工作、落实党内监督责任等情况撰写述职报告,分别向党组(党委)、机关党委和党员述职,接受党员群众的评议。要针对述职评议中提出的问题,制定整改措施并抓好落实。六是主题党日制度。原则上每月安排一次,每次活动时间不少于半天,党日的主题、时间、地点,一般由党支部根据实际自行确定,也可由基层党委根据实际需要,对所辖党支部作出统一安排。主题党日主要用于召开党的会议、进行党的教育、开展组织生活、组织实践锻炼、处理党务工作,可视情况邀请入党积极分子、发展对象和党外人士参加。党支部应指定专人做好主题党日的相关记录,必要时可拍摄照片或录制音视频作为资料;主题党日结束后,要及时将活动记录、签到表等台账整理归档。七是发展党员工作制度。党支部要严格按照中央办公厅关于印发《中国共产党发展党员工作细则》的通知(中办发〔2014〕33号)和《中共泉州市委组织部关于修订完善发展党员工作测评制、公示制、预审制、票决制和责任追究制的通知》(泉委组综〔2015〕55号)要求,严格履行发展党员程序和手续,认真做好发展党员四个阶段的工作。指导发展对象和预备党员规范填(撰)写文书材料,并做好存档工作。八是党费收缴、使用和管理制度。党支部应严格按照中央组织部印发《关于中国共产党党费收缴、使用和管理的规定》的通知(中组发〔2008〕3号)和中央组织部办公厅关于进一步规范党费工作的通知(组电明字〔2017〕5号)做好党费收缴、使用和管理工作。教育党员自觉、按时、足额交纳党费,对无正当理由、连续6个月不交纳党费的,按自行脱党处理。党支部每月月底前向基层党委(总支)上缴本月党费,不得垫交或扣缴党员党费,不得要求党员交纳规定以外的各种名目的“特殊党费”,不得擅自留存党费,每年至少向党员公布一次党费收缴使用情况。党费核算一般每年进行一次,党员收入有变化时,应及时做好党费核算及收缴工作。党费使用必须严格遵循中组发〔2008〕3号文件规定的五项基本用途,具体使用项目参照组电明字〔2017〕5号文件规定的范围执行,主要用于开展党的活动,作为党员教育经费的补充。九是党内激励关怀帮扶制度。落实“五必访”“五必谈”制度,在党员患重病住院、遭受灾害、生活遇到特殊困难、家庭成员去世、党员本人亡故时,党支部应派人进行走访慰问;在党员遇到困难挫折、岗位变动、工作失误、矛盾纠纷、群众有不良反应等情形时,党支部负责人应及时与党员谈心。每年春节、“七一”等重大节日,集中对生活困难党员和老党员进行走访慰问。要帮助符合条件的困难党员向相关单位申请医疗、助残、助学等帮扶项目。鼓励组建党员、团员志愿者服务队,定期为困难党员提供义务诊疗、生活救助、就业咨询、权益保障等帮扶服务。十是党建工作台账制度。要依托党支部记录本,建立综合管理台账,记录支部落实“三会一课”、组织生活会、民主评议党员、谈心谈话、换届选举、发展党员、评先评优、收缴党费、党务公开等工作，客观真实地记载支部的工作和活动。要顺应时代发展需要、立足支部实际，探索建立“电子党务”工作平台，实现党务工作信息化、指导监督实时化、台账管理多样化。

(2)主题实践项目工程：市直机关党支部要持续扎实推进“机关党旗红，‘五个泉州’在行动”主题实践活动，充分发挥其作为机关党建围绕中心、服务大局的载体作用、落实全面从严治党主体责任的抓手功能、党员干部履职尽责、建功立业的平台作用。一是广泛开展“我为‘五个泉州’建设献一策”“金点子”征集活动。巩固和转化主题征文、大讨论等活动成果，继续完善工作部署，开拓工作思路，增强工作本领，助推“项目攻坚年”和“创新、智造、海丝、美丽、幸福”现代化泉州建设。二是扎实开展党员“亮身份、亮承诺、亮作为”实践活动。深入开展党员“承诺、践诺、评诺”工作，进一步落实“1263”工作机制亮岗履职要求，运用党员示范岗、党员责任区等载体，以服务窗口为重点，推动党员亮出身份和岗位责任、接受群众监督，公示承诺内容、为民办实事，亮出作为、在落实重点工作中履职尽责、在服务全市工作大局中成长成才。三是深入开展“马上就办、真抓实干”实践活动。针对一些机关干部存在的“不冷不热、不急不忙、不痛不痒”等工作积极性不高、责任感不强、对群众诉求感同身受不足等问题，以及少数机关党员干部不担当不做事、冷拒横推、“中梗阻”等作风方面存在的问题，要大力倡导“马上就办、真抓实干”的服务理念，引导党员在加快项目建设、推进项目攻坚，实施精准扶贫、实现全面小康，实施创新驱动、推动供给侧结构性改革，防范金融风险、建设诚信机制，推进“创城创卫”、实现“保牌提升”等方面扛旗领跑、展现风采，致力于提高执行力和工作效率，致力于提升群众满意度，致力于构建“亲”“清”新型政商关系，建设一流营商环境城市。

(3)创先争优项目工程：市直机关党支部要认真履行《中国共产党章程》规定的“积极创先争优”这一基本任务，紧密联系机关实际，深入开展创先争优活动，引导党员干部在推动科学发展、促进社会和谐、服务人民群众、加强基层组织的实践中建功立业。一是持续开展“五好”党支部创建活动。认真总结市直机关近二十年的“五好”党支部建设活动经验，围绕领导班子、党员队伍、工作机制、工作业绩和群众反映“五个好”目标，深入开展“五好”党支部创建活动，努力完成党内法规规定的基本任务，扎实推进“三型”党组织建设，在坚持政治属性的同时强化服务功能，更好地发挥协助监督和战斗堡垒作用，提升支部工作整体水平。二是常态化开展“一先两优”评选表彰活动。创建先进基层党组织、争当优秀共产党员、优秀党务工作者是创先争优活动的主要内容。机关基层党支部要对照“五好”目标要求，努力做到领导班子好、党员队伍好、工作机制好、工作业绩好和群众反映好；党员要对照“四讲四有”的具体要求，在模范履行《中国共产党章程》规定义务的前提下，努力做到学习提高、争创佳绩、服务群众、遵纪守法和弘扬正气“五带头”。党务工作者要对党绝对忠诚，带头践行“三严三实”要求，自觉遵守《中国共产党章程》，严格遵守党的各项纪律特别是政治纪律和组织纪律，热爱党务工作，认真履行工作职责，努力在本职岗位上作出显著成绩。要注意发现、培育基层党组织和党员先进典型，适时推出一批事迹过硬、特色鲜明、代表性强、影响力大的先进典型，并大张旗鼓地加以宣传，在全社会营造学习先进、崇尚先进、争当先进的良好氛围，使创先争优成为全社会的价值取向。三是广泛开展党群共创活动。认真贯彻中共中央《关于加强和改进党的群团工作的意见》(中发〔2015〕4号)及省委、市委实施意见精神，进一步健全完善“党建带群建、群建服务党建”工作机制，把工青妇基层组织建设纳入党建工作规划和考核体系,以基层党组织和党员的创先争优活动,带动工会、共青团、妇联等群团组织开展创建先进集体、争当先进个人活动,激励广大职工、青年、妇女在实现“两个一百年”奋斗目标、中国梦,以及建设“五个泉州”中贡献聪明才智,使创先争优成为党内带党外、党员带群众的宏大社会实践活动,进一步提高党群工作的科学化水平。

4.实现“三个根本转变”

坚持问题导向,通过围绕“五个好”目标,聚焦“四项职能任务”,实施“三大项目工程”,达到实现三个根本转变的目的。

一是党组织实现由软弱涣散到坚强有力的转变。针对部分基层党支部一定程度上存在的地位下降、缺乏领导力,组织涣散、缺乏凝聚力,班子软弱、缺乏战斗力,职能削减、缺乏监督力,威信下降、缺乏吸引力等问题,通过推广实施支部工作法,加强党支部标准化、规范化建设,充分发挥党的优势和协助监督作用,成为激浊扬清的战斗堡垒。

二是党员作用实现由不够突出到示范表率的转变。针对党员队伍建设一定程度上存在的学习容易教育难、表扬容易批评难、“进口”容易“出口”难、协助容易监督难等倾向,通过实施“三大项目工程”,激发党员的主体意识,使每一个党员都负起责任来,成为支部工作的参与者、推动者、受益者,都能充分发挥先锋模范作用,成为扶正祛邪的先锋战士。

三是机关党建工作实现由宽松软到严紧硬的转变。针对机关党建工作一定程度上存在的“平淡化”“虚泛化”“形式化”“边缘化”等倾向,通过推广市直机关党支部“5433”工作法,抓好统筹谋划、整合资源力量、倡导项目运作,以开放的视角、思维、心态来谋划推进机关党建工作,推动机关党建工作从“软任务”变成“硬指标”、从“虚功”变成“实做”,确保全面从严治党各项目标任务在机关落到实处,成为管党治党的示范工程。

附件:市直机关党支部“5433”工作法(试行)实施示意图。

市直机关党支部“5433”工作法（试行）实施示意图

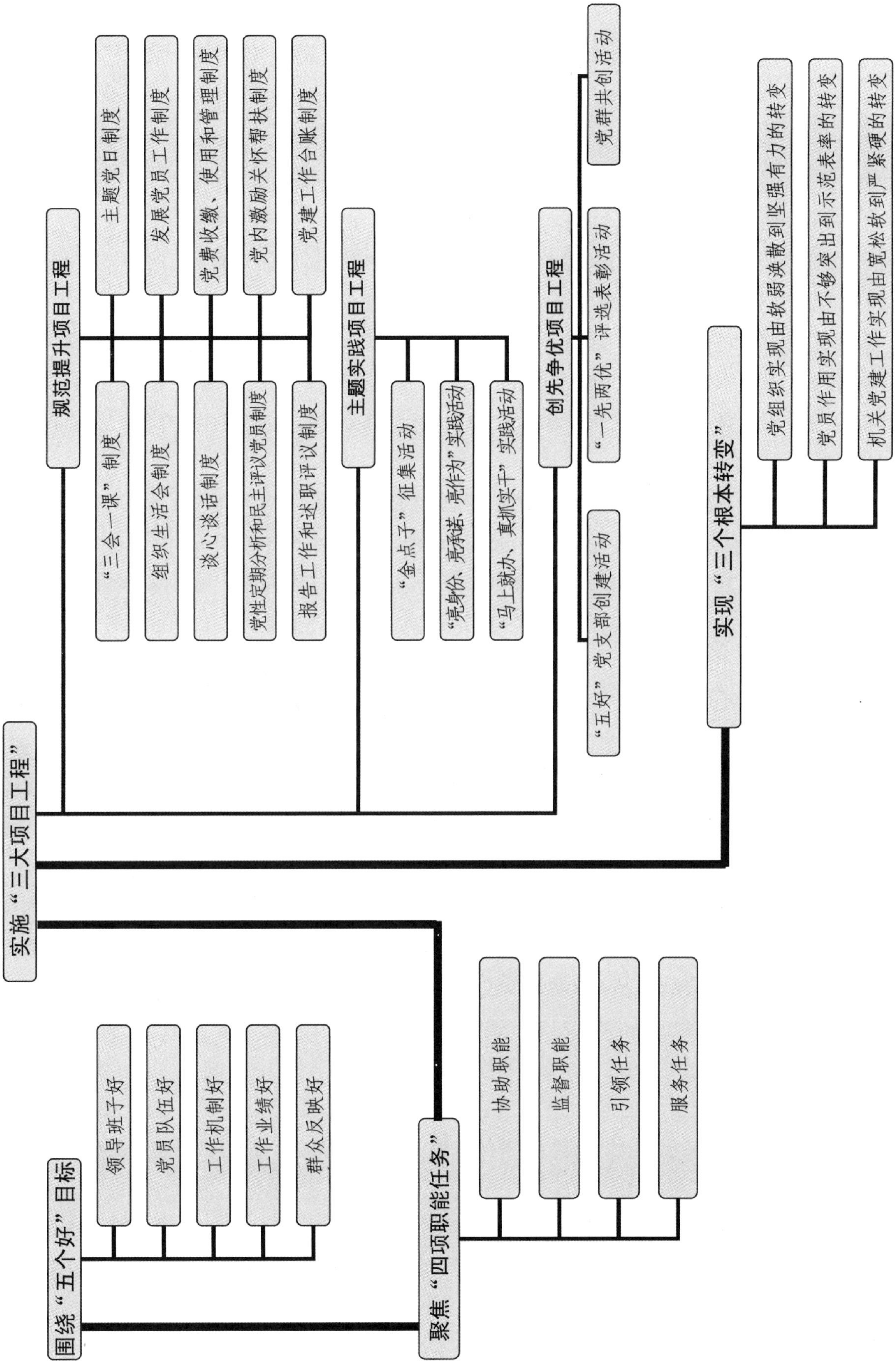

中共泉州市委市直机关工委关于深化“1263”机关党建工作机制建设的意见

泉委工〔2017〕综49号

市直各系统党委，直属机关党委（党总支、党支部），驻泉省部属单位党委，各县（市、区）直机关工委，泉州开发区、泉州台商投资区机关党委：

为深入贯彻党的十八届六中全会精神，落实全省基层党建工作会议和全省“1263”机关党建工作机制建设暨“两学一做”学习教育常态化制度化工作推进会精神，巩固和拓展“1263”机关党建工作机制（简称“1263”机制）建设成果，充分发挥“1263”机制对机关党的建设的强大推动作用，现就深化“1263”机制建设提出如下意见：

一、坚持正向激励，提振深化“1263”机制建设的信心

2012年9月以来，我市机关各级党组织认真贯彻《中国共产党党和国家机关基层组织工作条例》、省委实施办法和市委实施细则，落实省委办公厅《转发〈省委组织部关于大力推进农村、社区、非公有制企业和机关基层党建工作机制建设的意见（试行）〉的通知》（闽委办发〔2012〕6号）和省直机关工委《关于推进“1263”机关党建工作机制建设的实施意见》（闽委工综〔2012〕61号）的部署要求，扎实推进本地本部门“1263”机制建设，创造出许多典型经验和实践成果，实现了“1263”机制在机关的全覆盖。市直机关工委坚持强化认识造氛围、强化督导促提升、强化运作推创新、强化特色育品牌的“四强化”措施，丰富“1263”机制的内涵，探索“1263”机制的多种实现形式，激发机关基层党组织和党员队伍的创新创造活力，进一步提升了机关党建工作制度化、科学化、规范化水平，为“五个泉州”建设提供强有力的政治组织保障。2014年12月，省直机关工委授予我市“全省‘1263’机关党建工作机制建设示范市”称号，《坚持“五个新”，深化“1263”机关党建工作机制建设》经验材料在2017年6月召开的全省机关“1263”机制建设暨“两学一做”学习教育常态化制度化工作推进会上交流，并被收入会议材料汇编。

五年来的实践证明，“1263”机制切合实际、务实管用，是具有福建特色、契合机关党建规律的基础性、长效性及科学性的工作机制。“1263”机制集中解决了机关党建工作“做什么”和“怎么做”的问题，既是我省机关党建长期实践的内容概括和经验总结，又体现了我省机关通过制度治党来落实全面从严治党要求的坚持和把握。总结和肯定过去五年我市“1263”机制建设的成功经验，强化正向激励作用，对于统一全市机关各级党组织和党员干部的思想认识，坚定深化“1263”机制建设的信心具有十分重要的意义。

二、坚持问题导向，明确深化“1263”机制建设的主攻方向

省委书记尤权强调，加强基层党建工作，要坚持问题导向，持续用力、久久为功。在深化“1263”机制建设的过程中，同样要坚持问题导向。

应该看到，我市机关在“1263”机制建设中还存在一些问题：一是一些单位把“1263”机制当作标签和摆设，需要时拿出来贴一下，不需要时束之高阁，存在研究不够、落实不够、成果转化运用不够的现象；二是个别单位的实施方案脱离实际，照抄上级文件或照搬兄弟单位做法，没有自己的行业特点和地方特色；三是一些单位的典型培育力度不够，个别示范点的示范带动作用不够明显，在取得阶段性成效后出现厌倦和松劲的倾向。同时，当前机关党建中存在的抓主业意识不强、"一岗双责"履行不到位、党员经常性教育不扎实、党员领导干部双重组织生活制度落实不好等问题，也与"1263"机制落实不好息息相关。

问题是时代的声音。全市机关各级党组织只有正确把握这些问题、研究解决这些问题，深化"1263"机制建设才不会偏离正确的方向。

三、坚持继承创新，不断提升"1263"机制建设的整体水平

"1263"机制是机关党建工作中一项牵头抓总的机制，在全面从严治党向纵深推进的新形势下，"1263"机制建设只能加强，不能削弱。全市机关各级党组织要拿出应有的责任和担当，把深化"1263"机制建设作为机关党建创新工程来抓，既坚持用"1263"机制指导机关党建工作实践，又坚持在实践中不断完善"1263"机制，着重在以下六个方面下功夫：

一要坚持常态化推进。"1263"机制指明了机关党建的工作目标、核心任务、工作重点和方法要求，机关党建的所有工作都可以从"1263"机制中找到位置。深化"1263"机制建设，必须抓常抓细抓长，防止和克服紧一阵松一阵、表面化形式化等不良倾向。机关各级党组织要围绕"一个目标"来凝聚共识，工作中坚持高标准、严要求，把"走前头"的理念贯穿于党建工作的方方面面，使之内化于心、外化于行；要围绕"服务中心、建设队伍"两大任务来创设载体，通过建设队伍来服务中心，坚持在完成各项任务中锤炼队伍；要围绕"六个重点"来谋划、部署、开展工作，做到纲举目张、开拓创新；要围绕"三级联动"来构建格局，促进系统带动与属地管理的优势互补和良性互动，全面加强机关党的建设。具体地说，要研究制定持续推进"1263"机制建设的中长期和短期计划，明确分步骤推进的措施和进度，把目标任务细化分解到岗、到人；要依托"三诺"（承诺、践诺、评诺）、"三亮"（亮身份、亮承诺、亮作为）等工作抓手，高质量落实党员"亮岗履职"要求，进行考评和确定等次并严格兑现奖惩；健全每月一点评、每季一小评、年度一总评制度，并与"三会一课"、民主评议党员等结合起来，加长组织生活制度执行中"短板"，实现机制落地、常态推进的闭环管理。

二要坚持创新发展。"1263"机制是一个动态的、发展的机制，实践在发展、机关党建工作内容和形式在变化，"1263"机制也需要不断丰富和发展。要根据不同时期的不同工作任务和工作要求，以"六个重点"带动一般工作任务的落实，使"1263"机制体现时代性、保持生命力。在"一岗双责"方面，要更加强调"抓好党建是最大政绩"的观念，通过开展抓党建工作述职评议考核等措施，推动各级党组织书记落实党建工作责任制，解决全面从严治党主体责任不落实或落实不好问题；在促进履职方面，要紧紧围绕"五个泉州"建设目标任务，通过设岗定责、目标管理、奖惩激励等手段，引导党员干部履职尽责、岗位建功，解决少数党员干部不善为、不能为、不作为问题；在思想作风方面，要大力弘扬"四下基层""马上就办、真抓实干"等优良作风，通过开展机关党组织与挂钩扶贫村结对帮扶、机关在职党员到社区报到服务群众活动，以及加强机关效能建设、推进行政服务中心党的建设等措施，引导党员干部全心全意为人民服务，解决少数党员干部"不急不忙、不冷不热、不疼不痒"问题；在党内监督方面，要通过严格党内

政治生活、推进党务公开等办法,加强机关党组织日常监督和党员的民主监督,确保党章党规党纪在机关有效执行,重点解决党员领导干部不按规定参加支部组织生活和党组织开展的活动,不自觉接受党组织和党员监督,以及“四种形态”把握不好等问题;在文明和谐方面,要通过深化群众性精神文明及平安机关创建活动,营造党员干部积极向上、协同奋进的干事创业氛围,消除不文明表象和不和谐隐患,解决重形式、轻效果,重外在观感、轻内在素质提升等问题;在基层组织建设方面,要通过树立大抓基层的鲜明导向,大力推行市直机关党支部“5433”工作法以及深化“五好”党支部创建活动,重点解决落实组织生活制度不严格以及基层党组织不按期换届、党费收缴管理不规范、对党员教育管理失之于宽、失之于软,少数基层党支部书记不会做、不愿做党务工作等问题。

三要坚持典型示范。近年来,市直机关工委根据省直机关工委的要求,结合泉州实际,通过召开现场推进会、推广特色做法等方式,培育了一批“1263”机制建设示范点,对推进“1263”机制建设发挥了一定的辐射带动作用。下一步,省直机关工委将对现有的示范点重新进行考核,并增加示范点的数量,市直机关工委也将完善示范点培育推广工作制度。机关各级党组织要根据工委的后续通知要求,抓紧做好申报工作,并在抓好现有示范点的基础上,进一步建立健全典型培育计划方案,按照实践特色鲜明、带动作用突出、党员群众公认等基本要求持续抓好示范点建设工作,力争每年新培育1—2个示范点,努力打造一批立得住、过得硬、叫得响的机关党建工作品牌,并通过召开现场观摩、拉练推进等形式大力宣传推广示范点经验,形成“点上培育典型、面上合成精品”的工作格局,达到“点亮一盏灯、照亮一大片”的效果。

四要坚持“三级联动”。省、市、县“三级联创”机关党建工作先进单位是我省机关党建的一项创新举措,坚持多年,形成机制。这一评选表彰活动被取消后,“三级联创”虽然调整为省、市、县机关党建“三级联动”,但其系统带动、上下联动的核心内涵没有变,其突破属地管理局限、形成条块结合的优势仍然存在。根据形势发展和实际需要完善系统带动工作、使机关党建“三级联动”永葆生机活力是我们共同的使命。市、县机关要主动融入系统带动,借鉴上级机关运作模式,积极抓好本级机关党的建设,做到既促进属地管理与系统带动之间的优势互补,又促进同一个系统上下之间、同级单位之间的联动互动,推动形成全省机关党建同频共振的良好局面。县级机关工委要认真履行指导推动责任,加强科学谋划,注重分类指导,适时调研检查,促进基层单位结合实际创特色、出经验。

五要坚持统筹安排。机关各级党组织要深刻领会习近平总书记关于基层党建“全面进步、全面过硬”的重要要求,扭住全面从严治党这一主题和主线,把深化“1263”机制建设与推进“两学一做”学习教育常态化制度化结合起来,建立健全“三会一课”、党员活动日、民主生活会和组织生活会等基本组织生活制度,深入开展向廖俊波同志学习活动,引导党员克服“四不”问题,争当“四个合格”党员;要与推广市直机关党支部“5433”工作法结合起来,大力加强党支部建设,将“1263”机制的要求进一步落实落细落小,使之成为机关基层党组织的常态工作和党员干部的自觉行为规范;要与开展“机关党旗红,‘五个泉州’在行动”主题实践活动结合起来,更加注重创新,深化党建工作项目化探索,以各地区、各部门的特色载体作为子品牌,通过大力实施“五项行动”,推进形成品牌经营的工作新格局,服务“五个泉州”建设,争当“建设新福建”的领头羊。下一步要按照泉州市直机关“1263”党建工作机制示意图(2017年7月修订)(见附件)的要求,统筹做好“1263”机制各项目标任务的分解落实工作。

六要坚持落实责任。在深化“1263”机制建设中，各部门党组（党委）是职能主体，要以抓“最大政绩”的劲头，把“1263”机制建设纳入本部门党的建设总体布局，把工作指导的重心放在尚未解决的难点问题上、放在影响全局的重点问题上，放在群众关注的热点问题上；机关党组织是工作主体，要做好组织推动、督查考评、总结提升等工作。党组（党委）书记要落实第一责任人的责任，领导班子其他成员根据分工抓好职责范围内的基层党建工作，党员领导干部既要参与“1263”机制建设年度工作目标的谋划，又要指导挂钩联系点落实“1263”机制的新要求；既要做好自身的“亮岗履职”工作，又要下功夫、花精力去思考和加强思想政治工作，做好一般党员干部“亮岗履职”的点评，督促指导党员干部落实好承诺事项。机关党组织书记要认真履行职责，按照工委年度工作要点的要求，将“1263”机制与业务工作同部署、同落实、同考核，年底要进行专项述职。要善于整合行政组织、经济文化组织及群团组织的优势资源，健全各责任主体齐抓共管的工作格局，共同把机关党建工作打造成为管党治党的示范工程。

附件：泉州市直机关“1263”党建工作机制示意图（2017年7月修订）。

中共泉州市委市直机关工作委员会

2017年7月25日

附件：

泉州市直机关“1263”党建工作机制示意图（2017年7月修订）

『1263』机关党建工作机制

- 一个目标
  - 全面贯彻中央对机关党建提出的目标要求，通过理念贯穿、措施强化、氛围营造来找准定位，激发党组织协助监督作用和党员先锋模范作用，推动机关党建走在党的基层组织建设的前头。
- 两大任务
  - 服务中心：围绕市委中心工作和单位业务工作，充分发挥机关党的思想、政治、组织和密切联系群众的优势，协助、促进本单位各项工作任务的完成，在推进“五个泉州”建设中彰显作为。
  - 建设队伍：引导党员对照“四讲四有”标准，增强党性、锤炼作风、增长才干，争做“四个合格”共产党员，成为现代化泉州建设的先锋战士和骨干力量。
- 六个重点
  - 抓“一岗双责”：党组（党委）书记认真履行第一责任人的职责，重视并带头抓好党建工作，每年至少两次听取机关党的工作汇报，机关基层党组织书记坚持党建工作与业务工作一起抓、两促进，解决全面从严治党主体责任不落实或落实不好问题。
  - 抓促进履职：完善“一定三评三落实”，深化“机关党旗红，‘五个泉州’在行动”主题实践活动和党员“三诺”、“三亮”工作，提升党员干部履职水平，解决机关党建与中心工作贴得不紧及少数党员干部不善为、不能为、不作为问题。
  - 抓思想作风：加强理想信念教育，治理“庸懒散混”和“冷拒横推”，培育为民、务实、清廉的机关风气；推动“两学一做”学习教育常态化制度化、深化“下基层”活动，解决少数党员干部“不急不忙、不冷不热、不痛不痒”问题。
  - 抓党内监督：贯彻《党内监督条例》，坚持“五抓五看”，全面查找岗位廉政风险，运用“四种形态”强化监督执纪工作，解决党员领导干部不按规定参加组织生活和党的活动，不自觉接受党组织和党员监督等问题 。
  - 抓文明和谐：加强社会主义核心价值观教育，推进机关诚信建设；深化群众性精神文明创建活动，引领和参与全国文明城市创建活动；开展“志愿情、泉州红”志愿服务等活动，解决重形式、轻效果，重外在观感、轻内在素质提升等问题。
  - 抓基层组织：树立大抓基层导向，推广市直机关党支部“5433”工作法，深入开展“五好”党支部建设，优化党务干部队伍结构，解决落实组织生活不严格以及基层党组织不按期换届、党费收缴管理不规范、对党员教育管理失之于宽、失之于软，少数党支部书记不会做、不愿做党务工作等问题。
- 三级联动
  - 加强与省直对应部门（单位）的上下联动
  - 增进同级部门（单位）之间的工作互动
  - 强化对县（市、区）级对应部门的系统带动
  - → 形成省市县三级机关党建同频共振的生动局面

编 后 记

根据中共泉州市委办公室、泉州市人民政府办公室转发泉州市地方志编纂委员会关于修志工作意见的通知精神,2013 年 1 月,中共泉州市委市直机关工作委员会成立《中共泉州市委市直机关工作委员会工作志》编纂委员会和编辑部。

2013 年 1 月至 2016 年 9 月,查阅、整理存放在泉州市档案馆和市委市直机关工委档案室的档案资料。查阅范围为:1952 年 6 月至 2017 年 12 月,其间,因"文化大革命",1965—1969 年档案资料缺失,采用《泉州市志》和部分老同志的回忆撰写。2016 年 10 月,开始撰写志书初稿。随后对初稿进行 3 次修改。

2020 年 3 月,志书初稿送中共泉州市委党史和地方志研究室审核。经审核,对志书名称、凡例、大事记、内容 4 个方面提出许多宝贵意见。根据审核意见,进行第四次修改,形成送审稿。2021 年 11 月,志书送审稿印制 30 份,分别送泉州市纪委监委、市委办、市委组织部、市委宣传部、市委编办、市委党史和地方志研究室、市委保密局、市档案局、市档案馆审阅。同时,将送审稿送市直机关党委(工委)离退休干部,市委市直机关工委委员和各部、室以及在编干部、职工征求意见。在此基础上,再次根据市委党史和地方志研究室《关于市直机关工委工作志审读意见》,方志出版社评审意见、审稿意见和市直有关部门审阅意见,市委市直机关工委委员和各部、室以及在编干部、职工修改意见,进行第五次修改。

在志书编撰过程中,市委市直机关工委办公室、组织部、宣传部,市直机关纪检监察工委,市直机关工会,市直机关人民武装部,市直业余党校,市委市直机关工委机关党总支提供了大量翔实资料,市直团工委、市直妇工委、市直关心下一代工作委员会、市集邮协会、市直机关老年人体育协会、省党建研究会泉州市分会提供了相关部分内容初稿,使志书撰写工作顺利完成。在此,谨向关心、支持、参与志书编纂工作的单位和个人致以崇高敬意和衷心感谢。

由于志书时间跨度长,部分历史资料缺失,加之编写水平有限,难免存在诸多疏漏与不足。为此,特表歉意,并敬请广大读者予以谅解,赐教指正。

编 者

2021 年 12 月